Marita Bromberg
Dirk Kruse-Etzbach

USA-Südwesten

IWANOWSKI´S REISEBUCHVERLAG

Im Internet:

www.iwanowski.de

Hier finden Sie aktuelle Infos zu allen Titeln, interessante Links – und vieles mehr!

Einfach anklicken!

Schreiben Sie uns, wenn sich etwas verändert hat. Wir sind bei der Aktualisierung unserer Bücher auf Ihre Mithilfe angewiesen.

info@iwanowski.de

10. Auflage 2013

Salm-Reifferscheidt-Allee 37 • 41540 Dormagen
Telefon 0 21 33/26 03 11 • Fax 0 21 33/26 03 33
info@iwanowski.de
www.iwanowski.de

Titelbild: Bildagentur Huber / Fichtl
Alle anderen Farb- und Schwarzweißabbildungen: s. Abbildungsnachweis S. 644
Redaktionelles Copyright, Konzeption und deren ständige Überarbeitung:
Michael Iwanowski
Layout: Ulrike Jans, Krummhörn
Karten: Palsa Grafik, Lohmar
Reisekarte: Astrid Fischer-Leitl, München
Titelgestaltung: Point of Media, www.pom-online.de

Gesamtherstellung: Werbedruck GmbH Horst Schreckhase
Printed in Germany

ISBN: 978-3-86197-081-1

INHALT

Reiserouten

Interessantes

Außerdem weiterführende Informationen ...

Karten und Grafiken:

Umschlagkarten:
vordere Umschlagklappe: USA Südwesten: Routen und Highlights
hintere Umschlagklappe: Grand Canyon South Rim und Las Vegas

Interessantes

Legende

Autobahn	Information
Hauptstraße	Busbahnhof
Nebenstraße	Bahnhof
beschr. Route /Autobahn	Museum
beschr. Route/Hauptstraße	Theater
beschr. Route/Nebenstraße	wichtige Gebäude
Wandern	Fähre
Toiletten	Intern. Flughafen
Post	Nation. Flughafen
Markt	Aussichtspunkt
Einkaufen	Picknick
Sehenswürdigkeiten	Camping
Berg	Strand
Kirche	Tankstelle
Kathedrale	Übernachten
Grenzübergang	Golfplatz

EINLEITUNG

Ziel dieses Reisehandbuches ist es, Ideen und Tipps zu vermitteln, wie man eine schöne Reise durch den Südwesten der USA planen und durchführen könnte. Die Angaben beruhen auf unseren persönlichen Erfahrungen und können somit nicht als „Enzyklopädie des Südwestens" bewertet werden, sondern stellen oft eine subjektive Meinung dar. Wir hoffen, dass unsere Erläuterungen und Beschreibungen, gespickt mit dem einen oder anderen Geheimtipp, bei der Planung zu Hause und dann natürlich auf der Reise einen nützlichen Dienst erweisen werden. Unterwegs sind es dann Ihre Interessen und Ihr Reiserhythmus, die die Reise zu einem unvergesslichen Erlebnis werden lassen. Und es gibt so vieles, was dazu beitragen wird: Landschaften mit unendlicher Weite, Canyons, Gesteinsformationen, Steppen, Berge und die reißenden Flüsse, und nicht zu vergessen die historischen Hintergründe.

Gleich vorweg: Nehmen Sie sich nicht zu viel vor, man kann in drei oder vier Wochen nicht alles sehen! Alleine New Mexico ist fast so groß wie die gesamte Bundesrepublik. Wählen Sie ein paar sehenswerte Punkte, aber haben Sie vor allem „Mut zur Lücke". Planen Sie bereits zu Hause eine Route und nehmen Sie sich nur Teile des Gebietes vor. Fahren Sie z.B. von Texas aus langsam bis nach New Mexico und wenn Sie dann noch etwas Zeit haben, fahren Sie weiter nach Westen zum Grand Canyon oder nach Phoenix, je nachdem von wo aus Sie zurückfliegen. Wenn Sie das gesamte Gebiet bereisen möchten, entscheiden Sie sich vorher für bestimmte Parks und Städte. Und vergessen Sie eines nicht: Es gibt eine Reihe kleinerer Sehenswürdigkeiten an den Strecken, die zwar in diesem Buch nicht alle aufgeführt werden, aber durchaus Ihr Interesse wecken könnten. Planen Sie also lieber kürzere Strecken, das gewährt den nötigen Freiraum für spontane Stopps und Umwege.

Der Südwesten ist für die „regenverwöhnten" Mitteleuropäer ein Wetterparadies mit meist angenehmer, trockener Luft. An Aktivitäten mangelt es ebenfalls nicht: Wandern, Schlauchboot fahren, Golfen, Mountainbiking, Skilaufen, Bergsteigen u.v.m. Seien Sie aber auf sehr heiße Tage im Juli/August vorbereitet. Begeistern werden Sie auch die Gastfreundschaft der Menschen und ihre Ausgelassenheit, die sie sich trotz der teilweise sehr harten Lebensbedingungen erhalten haben. Kehren Sie unterwegs einfach mal in eine kleine Western-Bar ein, um sich ein Bild zu machen. Cowboyhut, Jeans und Westernstiefel gehören hier zum normalen Outfit.

Dallas und Houston sind die größten Städte im Südwesten und vermitteln einen Eindruck der Geschäftigkeit des pulsierenden Amerika. San Antonio dagegen ist eine verschlafene Millionenstadt, die aber eine Reihe von touristischen Höhepunkten und einen Einblick in die Geschichte von Texas bietet. Bei El Paso haben Sie die Gelegenheit, einen kurzen Abstecher nach Mexiko zu unternehmen. Der Big Bend National Park ist die erste Station, die Sie erahnen lässt, welche landschaftlichen Erlebnisse noch bevorstehen. In New Mexico, Arizona und Utah überwältigen schließlich die „Wunder der Natur": Carlsbad Cavern's NP, White Sands NM, Canyon de Chelly NM, Petrified Forest NM, Monument Valley, Zion NP, Bryce Canyon NP, Arches NP und natürlich der Grand Canyon sind nur einige der Höhepunkte.

Wer sich mit den Kulturen der Indianer näher befassen möchte, dem sei dringend angeraten, sich bereits zu Hause damit zu beschäftigen. Unterwegs wird man sonst von der Fülle der Informationen erdrückt und verliert leicht den Überblick. Um vor Ort einen ersten Eindruck zu erhalten, bietet sich z.B. ein Besuch des Indian Pueblo Cultural Center Museum in Albuquerque an. In Salt Lake City wiederum treffen Sie auf eine ganz andere Kultur: die der Mormonen, die bei uns vor allem durch ihre Vielehen bekannt geworden ist – von denen es übrigens gar nicht so viele gibt.

Colorado ist der Rocky-Mountain-Staat. Hier kann man wandern, Skilaufen, Wildwasserfahren oder/und sich die Landschaften der zahlreichen Naturparks ansehen. Der Rocky Mountain National Park ist sicherlich der interessanteste Park im Staat.

Zum Schluss noch ein Hinweis auf die kulinarischen Genüsse des Südwestens. Hier isst man nicht nur Steaks und Burger. Besonders die mexikanische Küche hat ihren Einfluss geltend gemacht, aber auch, und das immer mehr, die asiatische. In den Großstädten finden Sie unzählige internationale Restaurants. Und übrigens gibt es mehr deutsche, österreichische und schweizerische Restaurants, als man erwarten würde. Wir haben uns bemüht, besonders Restaurants aufzuführen, die regional Typisches bieten oder die neben einer guten Küche auch ein ansprechendes bzw. historisches Ambiente aufweisen. Und dazu gehören oft auch Western-Bars und Diner.

Abschließend möchten wir all denen unseren herzlichsten Dank aussprechen, die uns bei unserer Arbeit unterstützt und tatkräftig zur Seite gestanden haben. Zunächst Herrn Ulrich Quack für die nette Zusammenarbeit am Abschnitt über „Death Valley". Auch sind wir Frau Stefanie Drengenberg und Herrn Sönke Beiß dankbar für die ausgezeichnete Begleitung bei den ersten Rechercheireisen sowie den Angestellten der einzelnen Fremdenverkehrsämter in den USA, die uns bei unseren Recherchen vor Ort immer Hilfe und gute Tipps zukommen ließen.

Marita Bromberg und Dirk Kruse-Etzbach

Die USA auf einen Blick

Fläche	9.809.155 km², inkl. Alaska, Hawaii sowie den Wasserflächen (Weltrang: 3)
Einwohner	ca. 314 Mio., fast 80 % städtische Bevölkerung, 31 Städte mit mehr als 500.000 Einwohnern; Einwohnerdichte: ca. 33 E./ km². Sehr ungleichmäßige Verteilung.
Bevölkerung	68,0 % Weiße (Caucasians), 14 % Hispanics, 13 % Afroamerikaner (African Americans), 4 % Asiaten, 1,5 % Indianer (Native-Americans), Inuit, Hawaiianer, 4,2 % Angehörige mehrerer ethnischer Gruppen (Summe über 100 %, da z.T. Mehrfachnennungen)
Staatssprache	Englisch, wobei ca. 20 Mio. Amerikaner kaum Englisch sprechen (vorn. zugewanderte Hispanics)
Hauptstadt	Washington D.C. (602.000 E.)
Religionen	Protestanten 52 %, Katholiken 25 %, Juden 2 %, Orthodoxe Kirchen 1 %, Mormonen 2 %, Muslime 1 %, Buddhisten 1 %, andere 7 % (zahlreiche Splittergruppen und Sekten), keine Religionszugehörigkeit 9 %
Flagge	13 waagerechte abwechselnd rote und weiße Streifen für die 13 Gründerstaaten, im blauen oberen Eck 50 weiße Sterne, welche die Bundesstaaten repräsentieren
Nationalfeiertag	4. Juli (Tag der Unterzeichnung der Unabhängigkeitserklärung)
Staats- und Regierungsform	Präsidialrepublik mit bundesstaatlicher Verfassung, wobei der Präsident Kabinettsmitglieder ernennen und entlassen kann. 2-Kammer-Parlament: Senat und Repräsentantenhaus
Städte-Auswahl (Einwohnerzahlen innerhalb der offiziellen Stadtgrenzen; in Klammern Einwohner im Großraum/ Metropolitan Area)	New York: 8,2 Mio. (18,9 Mio.), Los Angeles: 3,85 Mio. (12,9 Mio.), Chicago: 2,75 Mio. (9,75 Mio.), Houston: 2,1 Mio. (5,9 Mio.), Philadelphia: 1,5 Mio. (5,7 Mio.), Phoenix: 1,53 Mio. (6 Mio.), Dallas 1,25 Mio. (Großraum Dallas-Fort Worth: 6,4 Mio.), San Diego: 1,2 Mio. (2,9 Mio.), San Antonio: 1,35 Mio. (2,06 Mio.)
Wirtschaft	Import größer als Export. Wichtigste Exportgüter: Flugzeuge, Stahl, Waffen, elektronische Geräte (Computer), chemische und pharmazeutische Produkte, Nahrungsmittel und Agrarprodukte. Wichtigste Handelspartner: Kanada, Mexiko, Japan, China, Deutschland, Großbritannien. Regional sehr unterschiedliche Wirtschaftsstruktur. Dienstleistungssektor = 73,3 %, Industrie = 24,3 %, Landwirtschaft = 2,4 %. Das jährliche Handelsbilanzdefizit schwankt um 1.000 Mrd. US$ (!), das Bruttoinlandsprodukt (BIP) beträgt 14,1 Mrd.; pro Kopf 44.403 US$
Problematiken	wachsendes Handelsdefizit und Staatsverschuldung, Bewältigung der fortdauernden Finanzkrise, niedriger allgemeiner Bildungsstandard, immer weiter klaffende Sozialschere, Anzahl illegaler Einwanderer, hohe Jugendarbeitslosigkeit, hoher Energieverbrauch, hohe Umweltbelastung in Ballungsräumen

Daten und Ereignisse

30000-10000 v. Chr.	Einwanderung von asiatischen Völkern über eine Kontinentalverbindung im Bereich der Behringstraße.
5000 v. Chr.	Anfänge von Ackerbau.
700 v. Chr. - 1300 n. Chr.	Hohokamkultur.
500 v. Chr. - 600 n. Chr.	Korbmacherkultur.
300 v. Chr. - 1300 n. Chr.	Mogollonkultur.
600-1200 n. Chr.	Pueblokultur.
Ca. 1400	Wanderungsbewegung der Apachen und Navajos in das Gebiet der Pueblokultur.
1492	„Entdeckung" Amerikas durch *Christoph Kolumbus* und Gründung eines spanischen Kolonialreichs.
1680	Die Indianer des Rio-Grande-Gebietes setzen sich gegen die Missionsbemühungen der span. Kolonialherren zur Wehr.
1773	Bei der „Boston Tea Party" versenken Bewohner der englischen Kolonien drei Schiffsladungen Tee im Hafen von Boston, um gegen die Zölle des Mutterlandes zu protestieren.
1776-1783	Unabhängigkeitskrieg der 13 nordöstlichen Kolonien, der zur Gründung der Vereinigten Staaten führt.
1803	Die Vereinigten Staaten kaufen den Franzosen die Kolonie „Louisiane" ab. Somit kommt ein großer Teil des heutigen Landes in den Herrschaftsbereich der USA.
1823	Die Monroe-Doktrin setzt langfristige Grundzüge der amerikanischen Außenpolitik fest. Betont werden die Unabhängigkeit der Vereinigten Staaten von Europa und das Prinzip der Nichteinmischung in europäische Konflikte. Europäische Länder werden davor gewarnt, sich in amerikanische Angelegenheiten einzumischen.
1846-1848	Mexikanisch-Amerikanischer Krieg.
1848	Mexiko tritt im Frieden von Guadalupe-Hidalgo die Gebiete Kalifornien, Utah, New Mexico, Arizona, und Nevada an die Vereinigten Staaten ab.
1861-1865	Amerikanischer Bürgerkrieg. Die nördlichen Unionstruppen kämpfen gegen die Konföderierten im Süden.
1869	Erste transkontinentale Eisenbahnlinie wird fertig gestellt.
1886/1887	Die Gefangennahme des Apachenhäuptlings *Geronimo* beendet die Auseinandersetzung mit den Indianern im Südwesten, eine neue Gesetzgebung schränkt den Freiraum der Indianer weiter ein.
1901	Die Vereinigten Staaten erhalten den Zuschlag für den Bau des Panama-Kanals und kontrollieren das Gebiet um diesen Kanal.
1917	Die Vereinigten Staaten treten in den 1. Weltkrieg ein.
1929	Der Zusammenbruch der New Yorker Börse am „Schwarzen Freitag" ruft eine schwere Wirtschaftskrise hervor.
1941	Der japanische Angriff auf Pearl Harbor hat den Eintritt der Vereinigten Staaten in den 2. Weltkrieg zur Folge.
1945	Die Abwürfe von amerikanischen Atombomben über Hiroshima und Nagasaki beenden den 2. Weltkrieg.
1947	Mit der Truman-Doktrin wird die Grundlage für amerikanische Eingriffe in die Angelegenheiten anderer Länder bei Bedrohung der Freiheit der Bürger gelegt.
1950-1953	Die Vereinigten Staaten kämpfen auf südkoreanischer Seite im Koreakrieg.
1962	Die Kubakrise bringt die Welt an den Rand eines dritten Weltkrieges.
1964-1973	Amerikanische Truppen kämpfen in Vietnam auf südvietnamesischer Seite.
1972	Mit einem Vertrag über Rüstungsbeschränkungen mit der UdSSR wird die Entspannungsphase zwischen dem Ost- und Westblock eingeleitet.
1974	Präsident *Nixon* muss wegen des Watergate-Skandals sein Amt niederlegen.
1977	Der Panama-Vertrag wird von Präsident *Jimmy Carter* unterzeichnet
1987	Unterzeichnung des INF-Vertrages, der die Abrüstung von Kurz- und Mittelstreckenraketen der UdSSR und der USA regelt.
1992	Die USA nehmen als führende Nation am Golfkrieg teil.

1995	Aufnahme diplomatischer Beziehungen mit Vietnam.
1995/96	Die Affäre Präsident *Clintons* mit einer Praktikantin setzt eine beispiellose Medienkampagne in Gang.
1998	Annäherung an die Volksrepublik China.
1999	Die USA beginnen, Abrüstungsverträge und Vereinbarungen über Atomteststopps zu ignorieren.
2000	Lockerung des Kuba-Embargos.
2000/01	Nach einer mehr als knappen Wahl setzt sich *George W. Bush* als Präsidentschaftskandidat gegen den ehemaligen Vizepräsidenten *Al Gore* durch und wird US-Präsident.
2001	Aufbau des Nationalen Raketenabwehrsystems und Ablehnung des Umweltabkommens von Kyoto durch die USA.
2001	Am 11. September werden Flugzeuganschläge auf die beiden Türme des World Trade Center in New York sowie auf das Pentagon verübt. Die Türme stürzen ein und mehr als 3.000 Menschen sterben bei den Anschlägen.
Herbst 2001	Die USA bombardieren Afghanistan.
2002	Die Administration von *George W. Bush* verschärft den Druck auf den Irak.
2003	Beim zweiten Absturz einer amerikanischen Raumfähre sterben alle 7 Besatzungsmitglieder.
März 2003	Die USA begründen den Einmarsch in den Irak mit dem angeblichen Vorhandensein von *weapons of mass destruction*. Im Sommer wird der Staatschef *Saddam Hussein* entmachtet und der Demokratisierungsprozess im Irak beginnt.
2005	Hurrikan „Katrina" überflutet weite Teile von New Orleans, Louisiana und Mississippi. Der Regierung wird vorgeworfen, nicht schnell und umfangreich genug gehandelt zu haben.
2007	Amerikanische Truppen sind weiterhin im Irak stationiert, um Bemühungen um Frieden im Land zu unterstützen und um befürchteten weiteren Terrorismus zu bekämpfen.
2008/09	Der nicht endende Konflikt im Irak, die prekäre Marktlage und unsichere wirtschaftliche Zukunft der USA auf dem Weltmarkt führen zu größerer Unsicherheit in der Bevölkerung. Die Wahl des ersten Afro-amerikanischen Präsidenten *Barack Obama* soll eine Veränderung herbeiführen. Die Auswirkungen der Wirtschafskrise, die seit Ende 2008 die gesamte Welt erschüttert, sind weitreichend spürbar.
2010	Im April explodiert im Golf von Mexiko die Bohrinsel „Deepwater Horizon", aus dem Leck in rund 1.500 m Tiefe strömen bis Anfang Juni über 150 Millionen Liter Rohöl. Die ökologischen und ökonomischen Folgen für das Meer sowie die Küstengegenden von Louisiana, Mississippi, Alabama und Florida sind verheerend.
	Der geplante Abzug der amerikanischen Truppen aus dem Irak wird weiterhin aufgeschoben, der Verteidigungsetat steigt in immense Höhen.
2011	Präsident *Obama* setzt gegen massive Widerstände seine Gesundheitsreform im Kongress durch, die bis 2018 allen Amerikanern Zugang zu einer Krankenversicherung ermöglichen soll.
2011	Im Mai wird das Anwesen von *Osama Bin Laden* in Pakistan von amerikanischen Soldaten gestürmt und der lang gejagte Terrorist, der für die Anschläge des 11. September verantwortlich gemacht wird, wird getötet.
2012	Das von Präsident *Obama* ins Leben gerufene gigantische Konjunkturpaket zeigt zwar erste positive Auswirkungen (Arbeitslosenzahlen sind gesunken, die Wirtschaft erholt sich langsam), das Land ist aber weiterhin in der Krise. Die Nation ist politisch gespalten wie nie zuvor.
2012	Bei den Präsidentschaftswahlen am 6. November setzt sich Amtsinhaber *Obama* (Demokrat) gegen seinen Herausforderer *Romney* (Republikaner) durch und wird für weitere vier Jahre das Land regieren.

Präsidenten der Vereinigten Staaten von Amerika

Nr.	Name	Amtszeit	Partei
1	George Washington (1732-1799)	1789-1797	Föd.
2	John Adams (1735-1826)	1797-1801	Föd.
3	Thomas Jefferson (1743-1826)	1801-1809	Dem.-Rep.
4	James Madison (1751-1836)	1809-1817	Dem.-Rep.
5	James Monroe (1758-1831)	1817-1825	Dem.-Rep.
6	John Quincy Adams (1767-1848)	1825-1829	Dem-Rep.
7	Andrew Jackson (1767-1845)	1829-1837	Dem.
8	Martin van Buren (1782-1862)	1837-1841	Dem.
9	William Henry Harrison (1773-1841)	1841-1841	Whig
10	John Tyler (1790-1862)	1841-1845	Whig
11	James Knox Polk (1795-1849)	1845-1849	Dem.
12	Zachary Taylor (1784-1850)	1849-1850*	Whig
13	Millard Fillmore (1800-1874)	1850-1853	Whig
14	Franklin Pierce (1804-1869)	1853-1857	Dem.
15	James Buchanan (1791-1868)	1857-1861	Dem.
16	Abraham Lincoln (1809-1865)	1861-1865**	Rep.
17	Andrew Johnson (1808-1875)	1865-1869	Dem.
18	Ulysses Simpson Grant (1822-1885)	1869-1877	Rep.
19	Rutherford Birchard Hayes (1822-1893)	1877-1881	Rep.
20	James Abram Garfield (1831-1881)	1881-1881*	Rep.
21	Chester Alan Arthur (1830-1886)	1881-1885	Rep.
22	Stephen Grover Cleveland (1837-1908)	1885-1889	Dem.
23	Benjamin Harrison (1833-1901)	1889-1893	Rep.
24	Stephen Grover Cleveland (1837-1908)	1893-1897	Dem.
25	William McKinley (1843-1901)	1897-1901**	Rep.
26	Theodore Roosevelt (1856-1919)	1901-1909	Rep.
27	William Howard Taft (1857-1930)	1909-1913	Rep.
28	Thomas Woodrow Wilson (1856-1924)	1913-1921	Dem.
29	Warren Gamaliel Harding (1865-1923)	1921-1923*	Rep.
30	Calvin Coolidge (1872-1933)	1923-1929	Rep.
31	Herbert Clark Hoover (1874-1964)	1929-1933	Rep.
32	Franklin Delano Roosevelt (1882-1945)	1933-1945	Dem.
33	Harry S. Truman (1884-1972)	1945-1953	Dem.
34	Dwight David Eisenhower (1890-1969)	1953-1961	Rep.
35	John Fitzgerald Kennedy (1917-1963)	1961-1963**	Dem.
36	Lyndon Baines Johnson (1908-1973)	1963-1969	Dem.
37	Richard Milhous Nixon (1913-1994)	1969-1974	Rep.
38	Gerald Rudolph Ford (1913-2006)	1974-1977	Rep.
39	James Earl Carter (1925-)	1977-1981	Dem.
40	Ronald Wilson Reagan (1911-2004)	1981-1989	Rep.
41	George Bush (1924-)	1989-1993	Rep.
42	Bill Clinton (1946-)	1993-2001	Dem.
43	George W. Bush (1946-)	2001-2009	Rep.
44	Barack Obama (1961-)	2009-	Dem.

** im Amt verstorben, ** während der Amtszeit ermordet*

Föd. = Föderalisten; Dem.-Rep. = Demokratische Republikaner, Dem. = Demokraten; Rep. = Republikaner; Whig = gegr. von Gegnern des Demokraten Andrew Jackson

I. DER SÜDWESTEN DER USA: LAND UND LEUTE

Geschichtlicher Überblick

Überall im Südwesten der USA sind Zeugnisse der Geschichte zu finden: von den Jahrtausende alten indianischen Kulturen über die „wilden" Zeiten der Besiedlung bis hin zur explosionsartigen Wirtschaftentwicklung in der zweiten Hälfte des 19. Jh. In diesem Kapitel soll ein kurzer historischer Überblick der USA im Allgemeinen und des Reisegebietes im Besonderen gegeben werden.

Die ersten Bewohner Amerikas: die Indianer

Hinter dem Wort „Indianer" verbirgt sich heute ein Sammelbegriff für Menschen unterschiedlichsten Aussehens, unterschiedlichster Kultur und unterschiedlicher Sprachen. Man denke nur an die Bewohner des peruanischen Hochlandes oder die für lange Zeit als Nomaden lebenden Stämme der nordamerikanischen Wüstengebiete.

Gemeinsam haben die Indianer ihren **asiatischen Ursprung**. Vor mehr als 10.000 Jahren setzte eine Wanderbewegung von Asien ein. Sie führte über die – aufgrund des niedrigeren Meeresspiegels – damals bestehende Kontinentalverbindung zwischen Asien und Amerika (im Bereich der Behringstraße). Die Völkerwanderung setzte sich von Alaska aus entlang der Rocky Mountains in Nordamerika über Mittel- bis zur Spitze Südamerikas fort. Sie vollzog sich über viele Jahrtausende hin, in Schüben z.T. mit jahrhundertelangen Pausen.

Steinbruch der frühen Indianer

Man schätzt, dass es zurzeit von *Christoph Kolumbus* etwa 15 bis 20 Millionen Indianer auf dem amerikanischen Kontinent gab. Davon bewohnte allerdings nur ein geringer Anteil die Gebiete der heutigen USA. Schätzungen gehen von ungefähr 850.000–1.000.000 Indianern aus. Heute ist der Gesamtanteil der Indianer (auch *American Indians* oder *Native Americans* genannt) an der Gesamtbevölkerung der USA gerade einmal 1 %.

Sammler und Jäger

Archäologische Funde lassen darauf schließen, dass die ersten Indianer – allgemein als Paläo-Indianer bezeichnet – Jäger waren, denn es wurden Speer- und Pfeilspitzen aus Stein sowie Steinmesser zum Häuten und Zerlegen der erlegten Tiere gefunden. Zu den ältesten Funden zählen die Speerspitzen von Sandia Cave bei Albuquerque in New Mexico, deren Alter auf ca. 20.000 Jahre geschätzt wird. Anfänge des Ackerbaus sind in der Zeit von ca. 5000 v. Chr. anzusiedeln. Im Südwesten der USA gab es vier unterschiedliche kulturelle Gruppen von Indianern:

Die Plains-Kultur

Die Plains-Indianer (Oklahoma, Texas, Kansas) sind zwar zahlenmäßig nie bedeutend gewesen, repräsentieren aber doch für Europäer den „typischen" Indianer. Als Nomaden lebten sie vorwiegend von der Büffeljagd. Sie zogen mit ihren mit Büffelhäuten bespannten Zelten umher und trugen Lederkleidung. Die Pferde, mit denen sie ihre Büffeljagd effizienter machten, stammten nicht vom amerikanischen Kontinent, wie vielleicht mancher Karl-May-Leser vermuten mag, sondern wurden erst von den Spaniern importiert. Die Stämme der Plains-Indianer lebten relativ autonom. Innerhalb des Stammes waren die Mitglieder einem strengen Regelsystem unterworfen, das auf festen Vorstellungen von Schande beruhte und bei schwereren Vergehen den Ausschluss aus dem Stamm vorschrieb.

Archäologisch gut erschlossen: die Southwest-Kultur

Die Southwest-Kulturen (Arizona, New Mexico, West-Texas) zählten zu einer der größten Gruppen von Indianern und von deren Bedeutung zeugen zahlreiche **archäologische Funde** wie die Speerspitzen und Knochenreste von Sandia und Folsom und natürlich die Felsenhäuser (Cliff Dwellings). Sie ernährten sich hauptsächlich von der Landwirtschaft. Aufgrund der Größe dieser Kultur wird sie in weitere Kulturstufen unterteilt, die sich aus unterschiedlichen Merkmalen in der Lebensweise und dem Zeitraum ihrer Existenz ergeben.

Die Hohokam-Kultur

Hochstehende Kulturen im Südwesten

Die Hohokams („Die, die verschwunden sind") sind als Nachfolger der ersten Indianer aus dem Gilabecken hervorgegangen, deren Blütezeit zwischen 700 v. Chr. und 1100 n. Chr. anzusetzen ist. Sie erbauten bereits um Christi Geburt landwirtschaftliche Siedlungen in der Nähe der heutigen Stadt Phoenix. Die Hohokams pflanzten Mais und Baumwolle an, pflückten Bohnen und Kaktusfrüchte, entwickelten verschiedene Arten der Töpferei und rauchten bei Zeremonien Zigaretten. Diese Eigenschaften rücken sie in die Nähe der mexikanischen Indianer, jedoch waren sie im Gegensatz zu diesen sehr friedliebend und entwickelten ein fast schon demokratisch zu nennendes Sozialsystem. Es wird angenommen, dass die Hohokam-Kultur ein Bewässerungssystem zur Versorgung der Felder entwickelte, was auf eine hohe Organisationsebene der Gesellschaft schließen lässt. Als Nachfolgestämme der Hohokams sind die Pima- und Papagostämme zu sehen, die sich dann vornehmlich in den fruchtbareren Flusstälern (bes. Rio-Grande-Tal in New Mexico) niederließen.

Die Mogollon-Kultur

Über die Mogollon-Kultur ist relativ wenig bekannt. Es wird angenommen, dass diese Kultur, wie die der Hohokams, ihren Ursprung in der Chosie-Wüstenkultur hat. Die Indianer der Mogollon-Kultur lebten nahe der heutigen mexikanischen Grenze (Arizona und New Mexico). An Funden sind besonders die Schwarz-auf-Weiß-Töpfereien aus dem 11. und 12. Jh. n. Chr. erwähnenswert.

Die Korbmacher-Kultur

Die Korbmacher-Indianer sind nach ihren kunstvoll geflochtenen Werken benannt. Ihre Techniken waren von großer Bedeutung, da sie von anderen Stämmen auch in der

Töpferei übernommen wurden. Die Korbmacher lebten in Höhlen oder einfachen Häusern, bauten Gemüse, Mais und Kürbis an und hielten Haustiere wie Hunde oder Truthähne. Sie sind zeitlich vor den Pueblo-Kulturen anzusiedeln (ca. 500 v. Chr.–600 n. Chr.) und werden mit letztgenannten zu den Anasazi zusammengefasst, was in der Sprache der Navajos „die Alten" bedeutet.

Die Pueblo-Kultur

Durch ihre spezielle Art zu wohnen erhielt die Pueblo-Kultur ihren Namen, der vom spanischen Wort für Stadt/Siedlung abgeleitet ist. Ihren Höhepunkt erreichte diese Kultur im 11. und 12. Jh. n. Chr. In der Nähe ihrer Behausungen, die auch spezielle Vorratsräume enthielten, legten sie ihre Felder an. Bekannte Pueblo-Siedlungen sind **Mesa Verde** (Südwest-Colorado) und **Chaco Canyon** (Nordwest-New Mexico). Jede Pueblo-Siedlung hatte den Status einer unabhängigen „Stadt", und mit Ausnahme der Revolte gegen die Spanier 1680 gab es keine politische Verbindung zwischen den einzelnen Siedlungen. Die Bewohner der Pueblos galten als friedlich, was auch in dem Namen einer ihrer Stämme, der Hopi („die Friedlichen"), zum Ausdruck kommt. Die östlichen Siedlungen wurden aus Ziegeln, die westlichen aus mit Lehm verbundenen Natursteinen gebaut. Häufig bestieg man die einzelnen Räume nicht durch eine Tür, sondern mittels einer Leiter durch das Dach.

Friedliche „Städter"

Infolge von Dürreperioden und Wanderungsbewegungen der Vorfahren von Apachen und Navajos starben diese Pueblo-Kulturen aber Ende des 13. bzw. Anfang des 14. Jh. aus.

Apachen und Navajos

Die Apachen- und Navajostämme (auch *Navaho* geschrieben) lebten ursprünglich im Nordwesten Kanadas und zogen zwischen 900 und 1200 n. Chr. in südlicher Richtung nach New Mexico und Arizona, wo ihre Nachfahren auch heute noch leben. Beide Stämme lebten ursprünglich als Nomaden und Jäger. Sie galten als besonders kriegerisch, und erst 1886 wurden die Apachen von den Regierungstruppen der Vereinigten Staaten endgültig geschlagen. Der letzte Kampf der Navajos fand 1864 statt (gegen *Kit Carson* und seine Truppen). Sie sind heute der größte Stamm in Nordamerika, wobei die Angaben der Mitglieder schwanken.

Größter Indianerstamm

Karge Lebensbedingungen: Great-Basin-Kultur

Diese Kultur (Nevada, Utah, West-Colorado) zeichnete sich durch kleine Stämme aus, die zu Fuß durch die karge Umgebung wanderten und alles zu ihrer Ernährung nutzten, was sie vorfanden. Aufgrund der ungünstigen Bedingungen ihres Lebensraumes in der Wüste, im Gebirge der Rocky Mountains oder auf den relativ unfruchtbaren Ebenen konnten sie den Boden nicht landwirtschaftlich nutzen und sesshaft werden. Da sie sich zu einem großen Teil von Wurzeln ernährten, die sie mit einem Stock ausgruben, wurden sie auch „Digger Indians" (Graberindianer) genannt. Ebenso wie diese Form der Ernährung ergab sich ihre Fertigkeit, wasserdichte Körbe herzustellen, aus der Notwendigkeit, sich den harten Lebensbedingungen anzupassen. Zu einem gewissen Reichtum kamen sie erst, nachdem sie um 1700 durch die Weißen zu Pferden kamen und damit auch größeres Wild jagen konnten.

Optimale Lebensbedingungen: Southeast-Kultur

Organisiertes Dorfleben

Im Gegensatz zu den Great-Basin-Kulturen hatten die Southeast-Kulturen (Ost-Texas, Südost-Oklahoma) geradezu paradiesische Voraussetzungen für den Anbau von landwirtschaftlichen Produkten. Außer der Kultivierung von Mais und Sonnenblumen war der Anbau von Tabak weit verbreitet. Entsprechend waren diese Kulturen sesshaft und entwickelten ein gut organisiertes Dorfleben. Die Stämme schlossen sich sogar zu Gemeinschaften untereinander zusammen. Sowohl die Tatsache, dass sie als einzige Kultur auf dem nordamerikanischen Kontinent ein Gesellschaftssystem mit einem absoluten Herrscher entwickelten, als auch der Umstand, dass ein Teil der Stämme Tempel auf Hügel baute, lässt darauf schließen, dass diese Kultur mittelamerikanisch beeinflusst war. Ihren Höhepunkt erreichte sie um 1300 n. Chr. Die Städte umfassten häufig eine Anzahl von 1.000 Behausungen, die um einen Platz in ihrer Mitte, auf dem häufig auch ein Tempel stand, zentriert waren.

Entdeckung Amerikas und Kolonisierung

Die europäische Entdeckung

Fast 500 Jahre vor *Kolumbus* waren bereits seetüchtige Wikinger an die Ostküste des amerikanischen Kontinents gesegelt. *Christoph Kolumbus* (1451–1506) war der erste Europäer, der amerikanischen Boden betrat. Fast drei Jahrhunderte rangen mehrere europäische Mächte um die Vormachtstellung in den eroberten Gebieten der Neuen Welt, unter ihnen Spanier, Franzosen, Engländer und Portugiesen. Im 16. Jh. dominierten Spanien und Portugal durch eine expansive Siedlungspolitik; gegen Ende des Jahrhunderts verloren die Spanier langsam ihre Vormachtstellung und sowohl Engländer als auch Franzosen siedelten sich in der Nähe der reichen spanischen Siedlungen an. Die Franzosen gründeten ihre ersten profitablen Kolonien auf den Karibischen Inseln, wohingegen der Einfluss Portugals unwesentlich blieb. Die Engländer etablierten größere Niederlassungen in der Nähe des heutigen New York. New York hieß übrigens bis 1664 noch Nieuw Amsterdam und war ursprünglich eine niederländische Siedlung. Die Niederländer spielten allerdings bei der Kolonisation Amerikas eine eher untergeordnete Rolle, die sich weitgehend auf das 17. Jh. und die Gegend des heutigen New York und New Jersey beschränkte.

Kolumbus' erste Landung in Amerika

Eine Folge der Kolonisation war der **Sklavenhandel**. Da immer mehr billige Arbeitskräfte in den Kolonien benötigt wurden und die Indianer den schlechten Arbeitsbedingungen häufig nicht gewachsen waren, begannen die Portugiesen im 16. Jh. von ihren Besitzungen an der westafrikanischen Küste aus, schwarze Sklaven in Richtung Amerika zu verschiffen. Ebenfalls am Sklavenhandel beteiligt waren die Spanier, und auch die Engländer stiegen 1560 ein. Während die Sklaven zunächst auf die Inseln vor Mittelamerika und in den Norden Südamerikas gebracht wurden, kamen später auch viele Sklaven auf den nordamerikanischen Kontinent. 1619 erreichten die ersten Sklaven die Kolonie Virginia; 150 Jahre später lebten dort fast eine halbe Million Sklaven. Ein Verbot des Sklavenhandels setzte sich erst zu Beginn des 19. Jh. durch. *Sklaven*

Die Spanier als Herren der ersten Stunde

Während des 16. Jh. dominierten die Spanier und Portugiesen die Kolonisation der Neuen Welt und betrieben dort eine expansive Siedlungspolitik. Um 1575 gab es bereits etwa 200 Siedlungen in Amerika. Die Eroberer (Konquistadoren) machten sich bei der Ausnutzung der Bodenschätze die Arbeitskraft der einheimischen Indianer zunutze und versuchten durch Erforschung immer neuer Gebiete ihren Einflussbereich zu erweitern. Ihr Hauptinteresse galt Bodenschätzen wie Gold und Silber sowie tropischen Agrarprodukten. Nachdem man zuvor hauptsächlich die Inseln der Karibischen See und des Golfes von Mexiko besegelt hatte, konzentrierte sich in der Zeit von 1513–1519 die Erforschung auf das Festland. 1513 entdeckte *Vasco Nuñez* nach einer Durchwanderung der Landenge des heutigen Panama den Pazifischen Ozean. Florida wurde im gleichen Jahr von *Ponce de Leon* ergründet. Einer der bekanntesten Konquistadoren ist *Hernando Cortéz* (1485–1547), der Mexiko eroberte und im gleichen Zuge das dortige **Aztekenreich** vernichtete. *Hernando de Soto* (1500–1542) erschloss den südöstlichen Teil des nordamerikanischen Kontinents.

Spanische Konquistadoren

Die Sage vom heute noch legendären „**El Dorado**“, wo man riesige Mengen Gold vermutete, trieb die ersten Konquistadoren in die Gebiete nördlich von Mexiko. **Francisco Vásquez Coronado** (1510–1544) startete 1540 eine Reise in den heutigen Südwesten der Vereinigten Staaten und erforschte dort das „Neue Mexiko“, das von 1606 an von der Hauptstadt „Villa Real de la Santa Fe de San Francisco“ (Santa Fe) aus verwaltet wurde. Die dortigen Indianer wurden christianisiert und zur Zwangsarbeit herangezogen.

Französische Aktivitäten in Nord und Süd

Frankreich begann sich erst nach 1530 ernsthaft für Eroberungen in der Neuen Welt zu interessieren. Zwar erforschte der Italiener **Giovanni da Varrazano** (1480–1527) mit einer französischen Crew bereits 1524 die Hudson-Mündung und segelte an der nordamerikanischen Küste bis Maine entlang, aber die Gründung von Niederlassungen wurde zu diesem Zeitpunkt noch nicht in Erwägung gezogen. Erst unter der Regierung von *Heinrich IV.* wurden Anstrengungen unternommen, wirtschaftlichen Nutzen aus der Neuen Welt zu ziehen Zunächst wurden nur hugenottische Handelskompanien aktiv und gründeten die ersten französischen Niederlassungen. Unter der Führung von **Samuel de Champlain** entstanden Siedlungen in Kanada (z.B. Québec 1608). Wichtige Wirtschaftsfaktoren waren für die Franzosen vor allem die Fischerei und der Pelzhandel.

Die zweite Kolonisationsperiode begann 1664, als **Jean Baptiste Colbert** (1619–1683) die Französisch-Westindische-Handelskompanie gründete, die das Monopol für den französischen Amerikahandel erhielt. Von 1673 an beanspruchten die Franzosen die ge-

Franzosen in der Neuen Welt

samten Gebiete entlang des Mississippi, des St.-Lorenz-Stroms sowie das Land um die großen Seen. Entscheidend beteiligt waren an diesen Gebietsansprüchen **Jacques Marquette** (1687–1675) und **Louis Joliet** (1645–1700). Das Flussbecken der Mississippimündung erreichte 1682 **Robert Cavelier de la Salle** (1643–1687), der es nach dem französischen Souverän Ludwig XIV. „La Louisiane" nannte. Hier gründete **Jean Baptiste le Moyne** (1680–1768) im Jahre 1718 „La Nouvelle Orlean", das heutige New Orleans, dem auch heute noch ein französisches Flair anhängt.

Englischer Machtgewinn

Die Engländer setzten sich schon relativ früh im Nordosten Amerikas fest. Sie beanspruchten nicht nur weite Teile des heutigen Kanadas für sich, sondern brachten auch Gebiete der heutigen Bundesstaaten Washington, Oregon, Idaho, Montana und Wyoming unter ihren Herrschaftsbereich. Aufgrund der Nähe zu den französischen Niederlassungen, vor allen Dingen der Kolonie Louisiane, die damals auch Teile von Wyoming, Montana und Colorado umfasste, kam es zu Streitigkeiten. Die Auseinandersetzungen kulminierten im **Siebenjährigen Krieg** (1756–1763), bei dem die Engländer ihren Einflussbereich bis zum Mississippi ausdehnen konnten. Indianer kämpften bei diesem Konflikt hauptsächlich auf Seiten der Franzosen.

Die Engländer hatten sich ebenso wie die Franzosen im späten 15. und im beginnenden 16. Jh. kaum engagiert. *Heinrich VII.* von England verpasste die Chance, die Entdeckungsfahrt von Kolumbus auszurüsten, da ihm seine Pläne undurchführbar schienen. Kolumbus wandte sich daraufhin an den spanischen König, in dessen Auftrag er dann die Neue Welt entdeckte. Erst Königin *Elizabeth I.* (1533–1603) drängte auf eine Kolonisierung der Neuen Welt, nachdem sie durch den englischen Sieg über die spanische Armada (1588) die entsprechende machtpolitische Stellung in Europa errungen hatte. Unter dem Kommando von **Sir Francis Drake** (1540–1596) und Sir *John Hawkins* (1532–1595) griffen die Engländer spanische Niederlassungen und Schiffe an. In diesem Zusammenhang gelang es auch, das spanisch-portugiesische Monopol im einträglichen Sklavenhandel zu brechen.

Jamestown – erste europäische Siedlung in Amerika

Als erste feste Siedlung gilt Jamestown in Virginia, das 1607 im Auftrag der Londoner Virginia-Kompanie gegründet wurde. Die durch die „Industrialisierung" beginnende Arbeitslosigkeit führte dazu, dass es genug Leute gab, die bereit waren, als Siedler in der Neuen Welt einen neuen Anfang zu wagen. Darüber hinaus war man an der Erschließung neuer Rohstoffquellen interessiert. Auch religiöse und politische Gründe trieben Menschen damals nach Amerika. Die **„Pilgrim Fathers"** landeten 1620 an der amerikanischen Küste und bauten dort ein eigenes Gemeinwesen nach ihren Vorstellungen auf. Dem Einbringen ihrer ersten Ernte verdanken die Amerikaner den „Thanksgiving Day", der heute am 4. Donnerstag im November zu den wichtigsten Feiertagen zählt.

Die Glaubensgemeinschaft der **Quäker** gründete 1681 Pennsylvania, dessen Name auf ihren Gründer *William Penn* zurückgeht. Zwei Jahre später siedelten sich hier auch viele Deutsche an, anfangs vorwiegend Mennoniten aus dem Rheinland und der Pfalz. Weitere Siedlungsgebiete deutschsprachiger Einwanderer waren Philadelphia, New York, Maine und Georgia.

Bedeutende Wirtschaftsfaktoren waren damals Fischerei, Holzverarbeitung, Pelzhandel und Bergbau im Nordosten sowie der Anbau von Baumwolle, Zuckerrohr, Tabak und Reis im Süden.

Der Kampf um die Unabhängigkeit

In ihrem Unabhängigkeitskrieg gegen das englische Mutterland (1775–1783) erstritten die 13 Ostkolonien die staatliche Autonomie. Ausgelöst wurde dieser Krieg durch die **Unabhängigkeitserklärung des Kongresses am 4. Juli 1776**, der bis heute der Nationalfeiertag der Vereinigten Staaten ist. Auch die 13 Querstreifen der amerikanischen Flagge, die die 13 Gründerstaaten symbolisieren, erinnern an diesen Tag.

Die Ursachen für die Freiheitsbestrebungen der Siedler lagen allerdings schon Jahrzehnte zurück. Beschränkungen, die das Königreich England zum Schutz der eigenen Wirtschaft erlassen hatte, beschnitten die Rechte der Kolonien empfindlich: Siedlungsverbote westlich der Appalachen, Handelsbeschränkungen sowie Erhebung von direkten Steuern ließen bei den Siedlern den Drang nach Unabhängigkeit immer größer werden. Abgesehen von dem Einfuhrverbot amerikanischer Textilwaren in das Königreich durften ab 1750 auch keine Erzeugnisse der Eisenverarbeitung mehr von den Oststaaten nach England exportiert werden **(Iron-Act)**. 1764 wurde die Gesetzgebung dahingehend verschärft, dass in den Kolonien kein eigenes Geld aufgelegt werden durfte **(Currency-Act)**.

The Seal of the State of Washington, 1889

Ein Jahr später wurde das Stempelgesetz **(Stamp-Act)** eingeführt, in dem verfügt wurde, dass alle Druckerzeugnisse mit einer Gebührenmarke beklebt werden mussten. Im gleichen Jahr wurde ebenfalls verfügt, dass die Kolonien britische Soldaten zu beherbergen und zu versorgen hätten **(Quartering-Act)**. Die gesetzgebende Macht über die Kolonien hatte sich das Mutterland bereits 1707 durch einen Parlamentsbeschluss gesichert. Als dann 1767 auch noch Einfuhrzölle für Waren wie Glas, Tee oder Papier erhoben wurden **(Townshend Act)**, führte das zu großem Unmut gegenüber den Regierenden in London.

Die Amerikaner emanzipieren sich

Einige Jahre später führten diese Zölle zur ersten bedeutsamen Aktion der Amerikaner: Sie versenkten 1773 drei Schiffsladungen Tee im Bostoner Hafen. Unter dem Begriff „**Boston Tea Party**“ ist dieser Protest gegen die Ausbeutung der Kolonien durch das Mutterland in die Geschichte eingegangen. Die englische Krone reagierte mit der Sperrung des Hafens und der Verhängung des Ausnahmezustandes. Ein Jahr später trat der **erste Kontinentalkongress** mit Delegierten aus allen 13 Neuenglandstaaten zusammen, der die Wiederherstellung der Rechtslage von vor 1763 beschloss. Die 13 Staaten waren Massachusetts, New Jersey, New York, Rhode Island, Connecticut, New Hampshire, Pennsylvania, Delaware, Virginia, Maryland, North Carolina, South Carolina und Georgia.

Die bewaffneten Auseinandersetzungen begannen ein Jahr später am 18. April 1775 mit dem ersten Zusammenstoß zwischen amerikanischer Miliz und britischen Truppen. Der **zweite Kontinentalkongress** im gleichen Jahr ernannte **George Washington** zum Oberbefehlshaber der amerikanischen Truppen, die den britischen Kolonialtruppen und einigen mit den Engländern verbündeten Indianerstämmen gegenüberstanden. North Carolina stellte sich als einziger Bundesstaat auf die Seite der Engländer. Organisiert wurde die amerikanische Armee von dem preußischen General **Baron von Steuben** (1730–1794). Auch andere bekannte Europäer wie der französische **Marquis de la Fayette** (1757–1834) und der Pole **Kosciuszko** (1746–1817) kämpften auf amerikanischer Seite.

Nach dem Krieg die Unabhängigkeit

Auch die Niederlande (1780) und Spanien (1781) traten gegen England in den Krieg ein. 1881 mussten die Engländer dann nach der Niederlage bei Yorktown kapitulieren, was 1783 die Anerkennung der **Unabhängigkeit der Vereinigten Staaten** im **Frieden von Paris** zur Folge hatte.

Die Errichtung des Staatssystems und die Erweiterung des Staatsgebietes

Auf die Unabhängigkeitserklärung folgte die Verabschiedung einer Verfassung am 17. September 1787 in Philadelphia durch die „Constitutional Convention". Sie ist im Kern bis heute gültig, wurde lediglich nach und nach durch Verfassungsänderungen („amendments") ergänzt. Die Verfassung trat am 4. März 1789 nach der Ratifizierung aller 13 Gründungsstaaten in Kraft und beruht auf dem Prinzip eines Bundesstaates mit großer Zentralgewalt sowie der strengen Trennung von Executive, Legislative und Jurisdiktion. **George Washington** wurde einstimmig zum **ersten Präsidenten der USA** gewählt.

Thomas Jefferson

Mit der Einführung der Gewaltentrennung ist die amerikanische Verfassung Grundlage der modernen Demokratie. Darüber hinaus führte sie die Trennung von Kirche und Staat und die Volkssouveränität ein, die durch die demokratischen Grundrechte **(Bill of Rights)**, an deren Formulierung **Thomas Jefferson** (1743–1826) federführend beteiligt war, gewährleistet wird.

Die 1793 gegründete Hauptstadt Washington D.C. (District of Columbia) wurde 1800 zum Sitz der Regierung und des Parlaments. Der Präsident residiert seitdem im Weißen Haus, und der Kongress hat seinen Sitz im Capitol. **George Washington** (1732–1799) war der erste Präsident der Vereinigten Staaten (1789–1797). Sein Nachfolger **John Adams** (Präsident von 1797–1801) ist heute nicht mehr so bekannt wie der dritte Präsident **Thomas Jefferson** (1743–1826), der vor allem als Autor der Unabhängigkeitserklärung in die Geschichte

Die politischen Staatsorgane

info

Regierung und Präsident (Executive)
Der Präsident ist sowohl Staatspräsident als auch Ministerpräsident, was im deutschen System dem Bundespräsidenten bzw. dem Bundeskanzler entspricht. Der Präsident wird für vier Jahre gewählt, nicht direkt vom Volk, sondern indirekt über Wahlmänner, die wiederum in jedem Bundesstaat in direkter Wahl bestimmt werden. Ihre Zahl pro Bundesland ist entsprechend der jeweiligen Einwohnerzahl festgelegt. Nach einer Wahl ist es Aufgabe des Präsidenten, eine Regierung zusammenzustellen, die auch aus Mitgliedern anderer Parteien oder parteilosen Politikern bestehen kann. Kontrolliert wird der Präsident im verfassungsrechtlichen Sinne über den Obersten Gerichtshof und auf parlamentarischer Ebene über den Kongress.

Der Kongress (Legislative)
Der Kongress setzt sich aus zwei Kammern zusammen: dem Senat (*Senate*) und dem Repräsentantenhaus (*House of Representatives*). Die Mitglieder des Repräsentantenhauses werden auf zwei Jahre direkt gewählt. Jeder Bundesstaat entsendet eine seiner Einwohnerzahl entsprechende Anzahl gewählter Kandidaten, die dann die Interessen dieses Bundesstaates vertreten sollen. Das Repräsentantenhaus hat heute 435 Sitze.
Auch die Senatoren werden direkt vom Volke gewählt, allerdings für sechs Jahre. Jeder Bundesstaat entsendet zwei Senatoren in den Senat, der somit eine Mitgliederzahl von 100 aufweist. Da der Präsident nur mit einer Zweidrittelmehrheit dieser Kammer internationale Verträge abschließen kann, hat sie großen Einfluss auf die Außenpolitik.

Oberster Gerichtshof (Jurisdiktion)
Die neun Richter des Obersten Gerichtshofes (*Supreme* Court) werden vom Präsidenten ernannt und benötigen die Bestätigung des Senats. Sie werden auf Lebenszeit berufen. Der Oberste Gerichtshof hat die Aufgabe, die Gesetzgebung und andere politische Entscheidungen auf ihre verfassungsrechtliche Korrektheit hin zu überprüfen, wenn dieses beantragt wird. Insofern fungieren sie als Kontrollinstanz des Präsidenten und des Kongresses.

Amerikas einging. Unter Jeffersons Regierung (Präsident 1797–1801) verdoppelten die Vereinigten Staaten ihr Staatsgebiet durch Ankauf von Land. Das damalige Louisiane wurde 1803 von Napoleon für den Betrag von 15 Mio. Dollar abgekauft („Louisiana Purchase"). Das Gebiet, das wesentlich größer war als der heutige Staat mit ähnlichem Namen, ermöglichte eine freie Schifffahrt auf dem Mississippi sowie seinen Nebenflüssen und förderte somit eine weitere Besiedlung des Kontinents. In den Nordwest- und Mississippi-Territorien wurden nach Kentucky (1792) und Tennessee (1796) die folgenden Bundesstaaten gegründet: Ohio 1803, Louisiana 1812, Indiana 1816, Mississippi 1817, Illinois 1818 und Alabama 1819.

Vergrößerung des Staatsgebietes

Man muss sich in diesem Zusammenhang vergegenwärtigen, dass die Bevölkerungszahl der Vereinigten Staaten allein von 1790 bis 1810 um 3,3 Millionen stieg – von 3,9 Millionen auf 7,2 Millionen Einwohner. Um die Besiedlung westlich des ursprünglichen Staatsgebietes voran zu treiben, hatte die Regierung die Möglichkeit geschaffen, für einen gesetzlich festgelegten Mindestpreis von ca. einem Dollar pro Morgen neu besiedeltes Land in Besitz zu nehmen. Das lockte natürlich auch viele Menschen aus Europa an, die auf dem amerikanischen Kontinent ihr Glück versuchen wollten.

Die Amerikaner bekamen große wirtschaftliche Schwierigkeiten, als sie aufgrund der europäischen Auseinandersetzungen – der Kontinentalsperren (1806) und der Gegenreaktionen der Engländer ein Jahr später – wichtige Häfen in Europa nicht mehr anlaufen konnten. Es kam **zu kriegerischen Auseinandersetzungen mit England** (1812–1814), als die Vereinigten Staaten versuchten, Kanada in ihr Staatsgebiet einzugliedern. Washington wurde während dieses Krieges zerstört, jedoch konnten sich die amerikanischen Truppen bei New Orleans durchsetzen. Im Frieden von Gent 1814 wurde – auch mit Rücksicht auf die Lage in Europa – der Vorkriegszustand wieder hergestellt.

„The Winning of the West“

Der „Wilde Westen“

Mit der Überquerung der Appalachen in westlicher Richtung durch die ersten Siedler begann Ende des 18. Jh. die Ära der amerikanischen Geschichte, die die Besiedlung des gesamten nordamerikanischen Kontinents nach sich zog. Die Menschen, die sich bis an die Grenze der Zivilisation wagten und diese durch Neubesiedlung immer weiter nach Westen verschoben, wurden **„frontiers“** genannt. Sie waren von Pioniergeist getrieben und führten ein hartes Leben, um der wilden Natur ihren Lebensunterhalt abzuringen. Der sogenannte „Wilde Westen“ trägt nicht umsonst seinen Namen.

Bevor jedoch Farmer das Land urbar machten und dieses durch den Bau von Befestigungsanlagen für die Verteidigung (Forts) gesichert wurde, hatten sich in der Regel Jäger und Fallensteller, die Trapper, in die entsprechende Region vorgewagt. Sie erkundeten das Territorium und fristeten ihr Leben von den Erträgen ihrer Jagd. Ihnen folgten Händler, Holzfäller, Landvermesser und Bergleute. Siedler kamen nicht nur aus den nordöstlichen US-Staaten, sondern vor allem auch aus Europa. Die Siedlungsbewegung in Richtung Westen verdrängte die Indianer aus ihren Gebieten. Im Jahre 1830 wurden sie alle zwangsenteignet und mussten vor den vorrückenden Siedlern fliehen, was zunehmend zu kriegerischen Konflikten führte.

Die zunehmende Erschließung des Westens führte zur Bildung neuer „territories“, die dann nach und nach zu Bundesstaaten wurden. Ein großer Teil der Gebiete fiel nach dem **Frieden von Guadalupe Hidalgo**, der den Amerikanisch-Mexikanischen Krieg beendete, an die Vereinigten Staaten. Bereits 1846 war im Oregon-Vertrag der 49. Breitengrad als Nordgrenze der Vereinigten Staaten zu Kanada festgelegt worden. Als man 1848/49 in Kalifornien Gold fand, zogen viele in Richtung Westen, um dort ihr Glück zu versuchen. Im Rahmen dieser Entwicklung entstanden „trails“ (Wegstrecken), auf denen die großen Menschenmassen von Osten nach Westen zogen.

Im Jahre 1869 war dann die erste Eisenbahnstrecke – die *Pacific Railroad* – fertiggestellt, sodass man schneller und bequemer nach Westen kommen konnte. Darüber hinaus eröffnete diese Eisenbahnstrecke bessere Voraussetzungen für den Handel und damit für die gesamte Wirtschaft der angrenzenden Gebiete. Außer Gold fand man auch andere Mineralien und große Kohlevorkommen. Die Verabschiedung des Heimstättengesetzes 1862 ermöglichte die freie Landnahme, sodass viele mittellose Menschen versuchten, in der Landwirtschaft ein Auskommen zu finden.

Der Bürgerkrieg

Der amerikanische Bürgerkrieg (*Civil War*), auch als **Sezessionskrieg** bezeichnet, war die größte kriegerische Auseinandersetzung auf nordamerikanischem Boden. Dieser Krieg, der von 1861 bis 1865 dauerte, wurde zwischen den Nordstaaten (American Union) und den elf Südstaaten, die sich zu den Konföderierten Staaten (Confederate States of America) zusammenschlossen, ausgetragen. Das Ziel der Nordstaatler (Yankees) war nicht nur die offiziell im Vordergrund stehende Abschaffung der Sklaverei, sondern auch die Erhaltung der Union aller nordamerikanischen Bundesstaaten sowie die Festigung der wirtschaftlichen Vormachtstellung des Nordens auf politischer Ebene. Der entsprechende Machtkampf zwischen den z.T. hoch industrialisierten nördlichen Staaten und dem agrarisch strukturierten Süden war schon zwei Jahrzehnte vor Beginn des Bürgerkrieges nur durch Kompromisslösungen auf einer friedlichen politischen Ebene zu halten gewesen. Aus der Sicht der Südstaatler, deren wirtschaftliche Macht auf dem Baumwollmonopol beruhte und von Plantagenwirtschaft und unentgeltlicher Sklavenarbeit abhängig war, handelte es sich auch nicht um einen Bürger-, sondern um einen Unabhängigkeitskrieg.

Nord gegen Süd

Im Jahre 1860, nach dem Wahlsieg der Republikanischen Partei, die erst 1854 aufgrund der Differenzen über die Sklavenfrage gegründet worden war und die Abschaffung der Sklaverei (*Abolition*) zum Ziel hatte, erklärte South Carolina seinen Austritt aus der Union. Der republikanische Präsidentschaftskandidat *Abraham Lincoln* (1809-1865) war für den sklavenhaltenden Süden als Staatsoberhaupt nicht tragbar. Im Winter 1860/61 folgten die Bundesstaaten Mississippi, Florida, Alabama, Georgia, Louisiana und Texas dem Beispiel South Carolinas. Diese Staaten gründeten am 4. Februar 1861 die „Confederate States of America" und setzten *Jefferson Davis* (1808–1889) als Präsidenten ein.

Abraham Lincoln

Im April 1860 griffen die Südstaatler Fort Sumter bei Charleston an, weil die Unionstruppen das offiziell in ihrem Besitz stehende Fort nicht kampflos übergeben wollten. Auf diesen Angriff hin befahl Präsident *Lincoln* die Mobilmachung der Truppen aller in der Union verbliebenen Nordstaaten und die Blockade der südlichen Küstenlinie. Vier der acht zu diesem Zeitpunkt noch sklavenhaltenden Nordstaaten verweigerten den Gehorsam und traten den Konföderierten Staaten bei. Außer Virginia, dessen Hauptstadt Richmond im Mai 1861 auch Hauptstadt der Südstaaten wurde, waren noch Arkansas, Tennessee und North Carolina unter den Abtrünnigen.

Die Überlegenheit der nördlichen Staaten (Union) sowie die Verhinderung von Nachschublieferungen an die Südstaaten aus Europa führten 1865 endlich zur bedingungslosen Kapitulation der Konföderierten. Präsident *Lincoln* wurde wenig später von einem fanatischen Südstaatler im Ford-Theater in Washington erschossen. Offiziell proklamiert wurde die **Abschaffung der Sklaverei 1863**, sodass nach dem Sieg der Nordstaaten die Südstaaten gezwungen waren, die Sklaverei abzuschaffen. Da etwas mehr als ein Drittel (ca. 3.500.000) der gesamten Südstaatenbevölkerung (ca. 9.000.000) afrikanischer Herkunft waren, hatte das für den wirtschaftlich durch den Krieg ohnehin ruinierten Süden katastrophale Folgen. Das Land war zum Teil völlig verwüstet, und die Plantagenbesitzer hatten kein Geld, um die benötigten Arbeitskräfte zu bezahlen.

Indianerkriege

Vordringen der Weißen

Bedingt durch die immer weiter nach Westen fortschreitende Besiedlung durch Weiße und die Vergrößerung des Territoriums der Vereinigten Staaten nach dem **Amerikanisch-Mexikanischen Krieg** (1846–1848) kam es immer wieder zu Konflikten mit den Indianern, die nie völlig beigelegt werden konnten. In Texas kam es wiederholt zu erbitterten Kämpfen zwischen Kiowas, Comanchen und Apachen auf der einen und texanischen sowie US-Truppen auf der anderen Seite. Dieser Krieg konnte erst 1867 beendet werden, nachdem die Kiowas und Comanchen dazu „überredet" werden konnten, nach Alabama überzusiedeln, das damals als Indianerterritorium galt. Aber auch dort wurden sie von den Weißen nicht in Ruhe gelassen, sodass es unter dem berühmten Comanchenhäuptling **Quanah Parker** erneut zu kriegerischen Auseinandersetzungen kam.

Im Gebiet zwischen den Rio-Grande-Pueblos und Kalifornien waren es hauptsächlich die Navajos und Apachen, die sich gegen die weißen Siedler zur Wehr setzten. **Colonel Kit Carson** besiegte in einem Krieg von 1863–1864 die Navajos, verwüstete Felder und Behausungen und vertrieb die Navajos nach New Mexico. Vier Jahre später bekamen sie dann ein Reservat im Norden Arizonas, woher sie ursprünglich auch gekommen waren. Die Apachen leisteten am längsten Widerstand gegen die Siedler, mit denen sie anfangs gute Beziehungen hatten, da diese Feinde der Spanier und Mexikaner waren, ge-

Die Schlacht bei Little Big Horn

gen die auch die Apachen vor dem Amerikanisch-Mexikanischen Krieg gekämpft hatten. 1862 brach jedoch ein Krieg aus, der bis 1871 andauerte. Zu jenem Zeitpunkt übernahm **General George Crook** das Kommando über die Truppen in Arizona. Die Apachen wurden von ihm in ein Reservat verdrängt, jedoch konnte ihr Widerstand bis 1886 nicht vollständig gebrochen werden, da sie unter der Führung des **Häuptlings Geronimo** eine rege Guerillatätigkeit organisierten. Erst nach Geronimos Gefangennahme und Deportation nach Florida gaben die Apachen auf.

Legenden-umwobene Gestalten

Die bekanntesten Schlachten der Indianerkriege des 19. Jh. fanden jedoch nördlich des Südwestens statt. Zu nennen sind hier Little Bighorn, der Ort, an dem 1876 Sioux, Cheyennes und Arapaos unter **Sitting Bull**, Häuptling der Oglala-Sioux, und **Crazy Horse**, dem Häuptling der Hunkpapas-Sioux, den weißen **General Custer** und seine Truppen schlugen. Diese Schlacht – von weißer Seite als Massaker bezeichnet – schockierte die Nation und führte zu verstärkten militärischen Aktionen gegen die Indianer. Was Weiße den Indianern angetan hatten, wurde dabei völlig außer Acht gelassen. Die letzte entscheidende „Schlacht" fand 1890 am Wounded Knee statt. Hier wurden die Sioux, unter der Führung von Häuptling **Big Foot**, vernichtend geschlagen, wobei in diesem Fall wirklich von einem Massaker an den Indianern gesprochen werden muss.

Geronimo

Einer der bedeutendsten Männer während der Indianerkriege war im Südwesten der Apachenhäuptling und Medizinmann **Geronimo** (ca. 1830–1909). Sein indianischer Name war Goyathlay („einer, der gähnt"). Er gehörte einem Chiricahuastamm an und wurde im No-doyohn-Canyon (New Mexico) geboren. Seine ganze Familie wurde von Mexikanern ausgerottet, was ihn zu einem fanatischen Feind der Weißen machte.

Indianerhäuptling Geronimo

Als sein Stamm 1876 von der mexikanischen Grenze in das White Mountain-Reservat nach Arizona umgesiedelt wurde, floh er mit anderen Stammesgenossen zurück zum alten Stammesgebiet. Dort führten die Apachen eine Art Guerillakrieg gegen weiße Siedler. Sie mussten nach einer groß angelegten Militäraktion unter der Leitung von General *George H. Crook* 1883 eine empfindliche Niederlage einstecken, gaben jedoch nicht auf bis sie 1886 den Truppen von General *Nelson A. Miles* unterlagen. Bei dieser entscheidenden Schlacht, die den Widerstand der Apachen endgültig brach, wurden *Geronimo* und seine Krieger gefangen genommen und als Kriegsgefangene nach Florida deportiert. *Geronimo* starb 1909 in Fort Sill (Oklahoma).

Die frühe Geschichte der einzelnen Bundesstaaten

Die Staaten des Südwestens entwickelten sich während und nach dem Bürgerkrieg, der Indianerkriege und der Bildung der Vereinigten Staaten in unterschiedlicher Weise. Hier ein kurzer Abriss, in alphabetischer Reihenfolge.

Arizona

Ein Teil von Arizona wurde 1848 nach Beendigung des Krieges gegen Mexiko Territorium der Vereinigten Staaten, den Rest mussten die Mexikaner 1854 im *Gadsden Purchase* abtreten. Hauptinteresse der USA waren die Minen und die Schaffung eines guten Landzugangs nach Kalifornien, wo 1848/49 Gold gefunden worden war. Zu Beginn des Bürgerkrieges befand sich Arizona unter der Verwaltung der Südstaaten, da ein großer Teil der Siedler aus dem Süden stammten. Hier fand 1862 am Picacho-Pass auch die westlichste Schlacht des Bürgerkrieges statt. Mit der Eroberung Tucsons durch die Unionstruppen im gleichen Jahr fiel Arizona an die Nordstaaten.

Apachenkriege

In Arizona gab es immer wieder Auseinandersetzungen zwischen den amerikanischen und mexikanischen Siedlern und den Indianern. Die Regierung startete 1872–1874 eine große Kampagne, in der die Indianer dazu gebracht werden konnten, an einem Friedensrat teilzunehmen. Aber der Frieden währte nicht lange, und viele Apachen flohen aus dem ihnen zugedachten San-Carlos-Reservat. Unter Führung des Apachenhäuptlings *Geronimo* setzten sich die Indianer weiter zur Wehr. Erst 1886 gelang es General *Nelson A. Miles* (1839–1925), die Indianer entscheidend zu schlagen und durch die Gefangennahme Geronimos die Indianerkriege in Arizona zu beenden.

Arizona wurde erst 1912 zum 48. Bundesstaat der Vereinigten Staaten, da es vorher nicht die für die Anerkennung als Bundesstaat erforderlichen 60.000 Einwohnern nachweisen konnte. Das extrem heiße Klima machte die Gegend für die Landwirtschaft recht ungeeignet, deshalb konnten nur wenige Siedler angelockt werden. Es kamen aber zahlreiche Gold- und Silberschürfer in die Sonora-Wüste. Sie suchten ihr Glück alleine oder auch in großen Minen, an denen sie sich mit jeweils geringen Anteilen einkauften und auf zugewiesenen Parzellen gruben. Städte wie Tombstone, Bisbee, Silver City und Mogollon wurden über Nacht zu bedeutenden Punkten auf der Landkarte, verschwanden aber genauso schnell wieder.

Colorado

Die Spanier waren die ersten Europäer, die Colorado ihr Eigen nannten, mussten das Gebiet aber zu Beginn des 18. Jh. an die Franzosen abtreten. Danach wechselte der Besitz des Landes mehrmals zwischen diesen zwei Völkern, bis die Franzosen im Jahre 1803 schließlich Colorado als Teil ihrer Kolonie Louisiane an die Vereinigten Staaten verkauften. 1858 wurde in der Region um Denver Gold gefunden, und allein im darauf folgenden Jahr kamen 50.000 Siedler dorthin. Während des Bürgerkrieges kam es immer wieder zu Auseinandersetzungen zwischen den Indianer und den Weißen. Die erste friedliche Periode begann erst, als größere Truppenkontingente zum Ende des Bürgerkrieges nach Colorado entsandt wurden. 1876 bekam Colorado als 38. Staat den Status eines vollwertigen Bundesstaates. Der Anteil der weißen Bevölkerung stieg in den 1870er und 1880er Jahren enorm, da die Gold- und Silberminen eine gute Ausbeute gewährleisteten. Siedlungsbewegungen in Richtung der westlichen Berge sorgten jedoch für heftige Auseinandersetzungen mit den Ute-Indianern, die nach dem White-River-Massaker den Staat 1879 verließen.

Gold in Colorado

Nevada

Das Gebiet von Nevada war einer der zuletzt erforschten Landstriche Nordamerikas. 1821 wurde Nevada mexikanisches Gebiet. 1826 erforschte der amerikanische Trapper *Jedediah Smith* den Colorado River. Die ersten Siedler durchquerten Nevada 1841 auf der so genannten *Humboldt River Route*, die später auch für die Eisenbahn genutzt wurde.

Nach dem Amerikanisch-Mexikanischen Krieg annektierten die Vereinigten Staaten 1848 das Gebiet, durch das nach dem Goldfund in Kalifornien 1849 unzählige Siedler zogen. Ein großer Teil Nevadas war 1850 Bestandteil des zu diesem Zeitpunkt konstituierten Utah-Territoriums, nur die Südspitze gehörte zum New-Mexico-Territorium. Da die Siedler Schwierigkeiten mit der Regierung Utahs hatten, forderten sie eine eigene Regierung. Dieser Forderung wurde 1861 vom Kongress entsprochen und das Gebiet 1862, 1866 und 1867 schrittweise bis auf die Größe des heutigen Bundesstaates erweitert.

Nach der Entdeckung der Comstock Lode (1859) sowie anderer Minen, wurde Nevada zu einem wichtigen Wirtschaftsfaktor. Da Nevada zur Zeit des Bürgerkrieges auf der Seite der Union stand und Präsident *Lincoln* für sein Wiederaufbauprogramm nach dem Bürgerkrieg Stimmen benötigte, wurde Nevada im Jahre 1864 zum 36. Bundesstaat der Vereinigten Staaten, obwohl die Bevölkerungszahl dafür nicht ausreichend war. Der Wohlstand Nevadas gründete sich vor allem auf die Edelmetalle Gold und Silber und die Schließung vieler Minen in den 1880er Jahren führte zum wirtschaftlichen Niedergang. Eine Serie harter Winter schädigte zur gleichen Zeit die Landwirtschaft, und es kam zur Abwanderung eines großen Teils der Bevölkerung.

Schließung vieler Minen

New Mexico

Im Gebiet von New Mexico widersetzten sich die Indianer gegen die europäischen Eindringlingen schon sehr früh: 1680 begann die Pueblo-Revolte, die sich gegen die schlechten Arbeitsbedingungen der Indianer und die Ausbeutung ihres Landes richtete. Die Indianer besetzten Santa Fe, und erst 1692/93 gelang es den Spaniern unter *Don Diego de Vargas*, Santa Fe zurückzuerobern. Obwohl es zwischen Weißen und Indianern Handel gab, kam es erst 1780 zu einem ersten Friedensabkommen zwischen den Navajos, Utes und Comanchen auf der einen und den Spaniern auf der anderen Seite. Die Apachen kämpften sogar bis 1887 um ihr Land und waren in den Indianerkriegen des 19. Jh. die treibende Kraft.

Bis zur Unabhängigkeit Mexikos vom spanischen Mutterland 1821 gab es keine nennenswerten Kontakte zu Regionen nördlich von New Mexico. Ein Jahr später eröffnete

Santa Fe Trail

Captain *William Becknell* den Santa Fe Trail, der weitreichende Handelsverbindungen New Mexicos mit dem nördlichen Amerika eröffnete. Viehzucht wurde nach dem Bürgerkrieg zu einem der wichtigsten Wirtschaftsfaktoren in New Mexico, der sogar zu kriegerischen Auseinandersetzungen zwischen der Lokalregierung und den Rinderbaronen führte und 1878–1880 in einen regulären Krieg ausartete („Lincoln County Cattle War"). Der Edelmetall- und Kohleabbau sowie die Entdeckung von Öl führten gegen Ende des 19. Jh. zu einem schnellen Wachstum der Region. Zum Bundesstaat (47. Staat) wurde New Mexico allerdings erst 1912.

Texas

Um den französischen Einfluss zu verhindern bauten die Spanier als ursprüngliche Kolonialherren Missionen, die die Indianer dieser Region christianisieren und auf die Seite der Spanier bringen sollten. Diese Missionsbewegung, die 1690 begann, wurde jedoch von feindlichen Indianerstämmen bekämpft, sodass ein Jahrhundert später nur noch die Missionen am San Antonio River übrig blieben.

Die sechs Flaggen von Texas

Stephen Fuller Austin (1793–1836) gründete mit Erlaubnis der Regierung des 1821 unabhängig gewordenen Mexiko am unteren Brazos eine Siedlung, womit angloamerikanische Interessen in diese Region kamen. Zwischen 1825 und 1832 kamen 8.000 Siedler ins Land, die von der mexikanischen Regierung für den Ausbruch der texanischen Revolution verantwortlich gemacht wurden. Nach der Schlacht von San Jacinto wurde Texas 1836 unabhängig.

Die Republik Texas existierte als unabhängiger Staat bis 1845, wurde von Mexiko jedoch nie anerkannt. Aufgrund der ständig drohenden Invasion durch Mexiko, der wirtschaftlichen Schwierigkeiten und der Probleme mit den Indianern sprachen sich zunehmend mehr Texaner für eine Annexion von Texas durch die Vereinigten Staaten aus. So wurde Texas durch Kongressbeschluss 1845 zum 28. Staat der USA. Diese Angliederung verursachte den Mexikanisch-Amerikanischen Krieg, der 1848 durch den Guadalupe-Hidalgo-Vertrag beendet wurde, in dem Texas den Vereinigten Staaten zugesprochen wurde.

Utah

Ursprünglich in spanischem Besitz, ging Utah 1821 an die Mexikaner über. Von 1811 an wanderten viele Trapper in dieses Gebiet ein, um an den begehrten Pelz des Bibers zu kommen. In den 1840er Jahren kamen auch viele Siedler nach Utah, die auf der Durchreise nach Kalifornien waren. Die erste Besiedlung in großem Stil erfolgte 1847 durch die Mormonen, die von New York über Ohio, Missouri und Illinois nach Utah weiterzogen. Sie wanderten aus religiösen Gründen nach Westen, da sich ihre Vorstellungen von Gemeinschaft nicht mit den eher individualistischen Vorstellungen der übrigen Bürger vereinbaren ließen.

Unter ihrem Führer *Brigham Young* (1801–1877) gründeten die Mormonen eine Gemeinde am großen Salzsee. Im Umland entstanden Tochtergemeinden, die abgesehen von der religiösen Einheit autonom waren. Mit dem Vertrag von Guadalupe-Hidalgo ging Utah an die Vereinigten Staaten, jedoch dauerte die Anerkennung als Bundesstaat noch bis 1896 (45. Staat), da die Gesetze der Mormonengemeinden sich nicht mit der Gesetzgebung der USA vereinbaren ließen. So widersprachen die bei den Mormonen erlaubte Polygamie, aber auch die Vorstellungen vom Gemeingut der allgemeinen Auffassung von Privatbesitz. Trotz der friedlichen Einstellung der Mormonen gegenüber den Indianern kam es zu Konflikten, von denen besonders der *Walker War* (1853–1854) und der *Black Hawk War* (1865–1868) hervorzuheben sind.

Zug der Mormonen

Wirtschaftlicher Aufschwung und Industrialisierung („Gilded Age“)

Auf den Wiederaufbau nach dem Bürgerkrieg (*Reconstruction*) folgte eine Blütezeit der Wirtschaft, die besonders im industriellen Bereich sichtbar wurde. Eine Intensivierung des Tabakanbaus sowie ein Aufschwung in der Textilindustrie, der eine stetig wachsende Nachfrage nach Baumwolle zur Folge hatte, brachte den Süden der Vereinigten Staaten wirtschaftlich wieder auf die Beine und verringerte die durch den Bürgerkrieg entstandene wirtschaftliche Diskrepanz zwischen Norden und Süden. Entscheidend für den wirtschaftlichen Aufschwung waren jedoch nicht zuletzt auch bahnbrechende technische Erfindungen, die die Industrialisierung vorantrieben. Hierzu gehören der Telegraf und der Telefonapparat, die völlig neue Formen der Kommunikation eröffneten. Für uns heute ebenso nicht mehr wegzudenken: das Auto, dessen erster Prototyp 1892 vorgestellt wurde. Namen wie *Samuel Morse, Alexander Graham Bell, Thomas Edison* und *Henry Ford* stehen für diese revolutionären Erfindungen der Technik.

Technische Erfindungen

Darüber hinaus konnten die Vereinigten Staaten durch eine gute infrastrukturelle Erschließung des Westens in der zweiten Hälfte des 19. Jh. die dortigen Rohstoffvorkommen nutzen. An Arbeitskräften bestand kein Mangel, da viele Einwanderer kamen, die in Europa für sich keine Chancen sahen und vor Armut und Arbeitslosigkeit flohen. Zwischen 1860 und 1914 wuchs die Bevölkerung der USA von 31,3 Mio. auf 91,9 Mio. In diesem Zeitabschnitt wurden allein 21 Mio. Einwanderer registriert.

Da es in der freien Marktwirtschaft der Staaten keine wirtschaftlichen Begrenzungen gab, entstanden mächtige Trusts. Zwar hoben die Massengüter, die man nun produzieren konnte, den allgemeinen Wohlstand, aber der Umstand, dass 2 % der Amerikaner 60 % des Einkommens verdienten, führte zu Spannungen auf wirtschaftlichem Gebiet. Dieser Entwicklung sollte durch die **Anti-Trust Gesetze** entgegengewirkt werden. Ab 1913 wurden dann progressive Steuern eingeführt und die Schutzzölle gesenkt. Als Arbeitnehmerorganisationen wurde 1886 ein Dachverband für alle Gewerkschaften, die *Federation of Labor*, gegründet, die sich für kürzere Arbeitszeiten und ein Verbot der Kinderarbeit einsetzte.

Die wirtschaftliche Dominanz ließ die USA auch auf internationaler Ebene aktiver werden. Während im 19. Jh. die **Monroe-Doktrin**, benannt nach einer Rede des amerikanischen Präsidenten im Jahre 1823, die Außenpolitik maßgebend bestimmte, begann die aufstrebende Wirtschaftsmacht gegen Ende des 19. Jh. damit, ihre Machtansprüche auf andere Länder auszudehnen und ihre wirtschaftlichen Interessen in zunehmendem Maße auch militärisch durchzusetzen. Laut der Monroe-Doktrin verzichteten die USA auf Einmischung in europäische Angelegenheiten. Gebrochen wurde diese Doktrin mit der Kriegserklärung an Spanien 1898 nach der Versenkung eines amerikanischen Schiffes im Hafen von Havanna. Spanien verzichtete im gleichen Jahr auf Kuba, Puerto Rico und Guam (Friede von Paris). Puerto Rico wurde ebenso wie die Hawaii-Inseln im gleichen Jahr annektiert, und Guam sowie die Philippinen wurden als Stützpunkte angegliedert. Auch spielten die USA ihre wirtschaftlichen Machtansprüche bei der Gründung Panamas aus, um Einfluss auf den Bau des Panamakanals geltend machen zu können.

Die USA stecken ihre Interessen ab

Wirtschaftliche Interessen in den lateinamerikanischen Ländern bewegten Präsident **Theodore Roosevelt** 1904 auch zu der Erklärung, dass die Vereinigten Staaten sich in die Angelegenheiten dieser Staaten einmischen würden, um Übergriffe von europäischen Staaten zu unterbinden. Infolge dieses Bekenntnisses zu einer aggressiven Außenpolitik kam es zur Besetzung der Dominikanischen Republik (1914–1924) und zu Interventionen in Mexiko (1914/17), Guatemala (1921), Honduras (1911, 1913, 1924/25) und Nicaragua (1912/1925). Auch im asiatischen Bereich engagierten sich die USA bei der Niederwerfung des chinesischen Boxeraufstandes (1900).

Innenpolitisch gesehen verschlechterten sich die Zustände in diesem Zeitraum, da Arbeitslosigkeit, ein ungenügendes Sozialsystem und die uneingeschränkten Wettbewerbsbedingungen innerhalb des Wirtschaftssystems zu erheblichen sozialen Spannungen und Fehlentwicklungen führten. Die Landwirtschaft hatte ihre Expansionsmöglichkeiten ausgeschöpft und war dem anhaltenden Einwandererdruck nicht mehr gewachsen. Menschen drängten in die Städte, die aus allen Nähten zu platzen drohten und Arbeitslosigkeit, Wohnungsnot und Armut nahmen ungeahnte Dimensionen an.

Das 20. Jahrhundert

Erster Weltkrieg

Von 1914–1917 sympathisierten die Vereinigten Staaten zwar mit den Alliierten, blieben jedoch vorerst neutral und versuchten unter Präsident *Wilson*, zwischen den kriegsführenden Parteien zu vermitteln. Dieses änderte sich 1917 nach der Versenkung mehrerer amerikanischer Schiffe durch deutsche U-Boote. Im Februar 1917 brachen die Staaten die diplomatischen Beziehungen zu Deutschland ab und traten am 6. April 1917 in den Krieg ein. Unter dem Befehl von General *John Joseph Pershing* (1860–1948) kämpften etwa 2 Millionen amerikanische Soldaten auf der Seite der Alliierten, von denen 120.000 auf den Schlachtfeldern Europas fielen. Für die Zivilbevölkerung hatte der 1. Weltkrieg die Rationierung von Lebensmitteln und Kraftstoff zur Folge.

Amerikanische Soldaten auf Seite der Alliierten

Präsident *Woodrow Wilson* entwickelte 1918 ein 14-Punkte-Programm für die Umgestaltung der politischen und wirtschaftlichen Verhältnisse in dem durch den Krieg zerrütteten Europa. Unter anderem forderte er in seinem Programm die Abschaffung der Geheimdiplomatie, die Freiheit der Meere, freie Marktwirtschaft im Welthandel, multilaterale Rüstungsbeschränkungen, neue Festlegung von Grenzen und Zugang zum Meer in einigen europäischen Staaten und die Gründung eines Völkerbundes. Diesem traten die Vereinigten Staaten nicht bei, da der Senat seine Zustimmung hierfür verweigerte und der Versailler Vertrag von den Vereinigten Staaten nicht ratifiziert werden konnte. 1921 schlossen die Vereinigten Staaten einen Separatfrieden mit dem Deutschen Reich, in dem weder die Völkerbundsatzung noch der Kriegsschuldartikel aufgenommen waren.

„The Roaring Twenties"

Die so genannten „roaring", „fabulous", oder „golden", die „Goldenen Zwanziger" sind geprägt von außenpolitischer und wirtschaftlicher Isolation, sozialen Spannungen und uneingeschränkter Konkurrenz im wirtschaftlichen Bereich. Der Multimillionär *Andrew W. Mellon* war von 1921–1932 Finanzminister der Staaten und für ihn stand das „Big Business" im Vordergrund. Er bewirkte entsprechend eine Wirtschaftspolitik: Senkung der Steuern für Großverdiener sowie eine teilweise Aufhebung der Antimonopol-Gesetze. Die Bildung großer Gesellschaften wurde wieder möglich und das Kapital konzentrierte sich in wenigen Händen.

Auf dem Weg in die Roaring Twenties

Die Verschärfung der Zollgesetze (hohe Schutzzölle auf ausländische Waren) schirmte die amerikanische Industrie vor ausländischer Konkurrenz ab. Durch enorme Produktionssteigerung, die nicht zuletzt durch die Einführung des Fließbandes und der daraus resultierenden Massenproduktion bedingt war, prosperierte die Industrie. Von 1921–1929 verdoppelte sich die Industrieproduktion. Hier gaben vor allen Dingen Konsumgüter und Autos (1929 wurden 26 Millionen Fahrzeuge produziert) den Ausschlag. Ein weiterer wichtiger Faktor war die Baubranche.

Krasse Gegensätze zwischen Arm und Reich

Eine Verarmung der Farmer, bedingt durch ein Überangebot an Agrarerzeugnissen auf dem Markt und Erosionsschäden aufgrund zu intensiver Nutzung des Bodens, führte zu einem starken Rückgang der Agrarproduktion. Ebenso wie durch diesen Umstand ein Konflikt zwischen Stadt- und Landbevölkerung entstand, sind die krassen Gegensätze zwischen Armen und Reichen im Allgemeinen nicht mehr zu übersehen. 36.000 der reichsten Familien verdienten den gleichen Anteil am Volkseinkommen wie 12 Millionen Familien, deren Einkommen unter dem Existenzminimum lagen, nämlich jeweils 42 %.

Die Einwanderungsmöglichkeiten wurden durch entsprechende Gesetze 1921 und 1924 beschränkt, sodass das Land der unbegrenzten Möglichkeiten auch nicht mehr für jeden zugänglich war. Der **National Origins Act** (1924) regulierte die Anzahl der Einwanderungsgenehmigung und richtete sich offensichtlich gegen die Einwandererströme aus Süd- und Osteuropa. Chinesen und Japaner wurden von der Einwanderung ausgeschlossen. Interessanterweise erhielten die Indianer im gleichen Jahr (1924) die amerikanische Staatsbürgerschaft.

Minderheiten im eigenen Land wurden in den Jahren von 1924–1926 vor allem im Süden und Mittelwesten durch den 1915 neu gegründeten Ku-Klux-Klan verstärkt terrorisiert. 1924 hat diese Organisation ungefähr 5 Millionen Mitglieder, die ihre Aktionen jedoch nicht nur gegen Schwarze, sondern auch gegen Juden, Katholiken und Intellektuelle richtete, die ein Leben wider die engen Moralvorstellungen der Anhänger dieser Organisation führten.

Prohibition Die Prohibition währte von 1920–1933 und hatte, wie so häufig bei restriktiven Verboten, die Verkehrung ins Gegenteil der angestrebten Richtung zur Folge. Schmuggel im großen Stil, Schwarzbrennerei und die Bildung von Gangsterbanden sowie die Ausbildung einer entsprechenden Kriminalität führten die Prohibitionsgesetze ad absurdum. Allein in den Jahren 1924–1925 wurden 20.000.000 Gallonen Alkohol beschlagnahmt und 77.000 Personen aufgrund eines Verstoßes gegen das Prohibitionsgesetz verhaftet.

Der „Schwarze Freitag" und seine Folgen

Bedingt durch Unverhältnismäßigkeiten auf dem Kreditmarkt und einer Übersättigung des amerikanischen Binnenmarktes fielen 1929 die Aktienkurse. Der Tag des Zusammenbruchs der New Yorker Börse (24.10.1929) ging als **„Schwarzer Freitag"** in die Geschichte ein. Die Geschehnisse dieses Tages leiteten eine schwere Wirtschaftskrise („depression") ein, die sich auch auf Europa ausweitete.

Die industrielle Produktion, Motor der amerikanischen Wirtschaft, fiel in den drei Jahren nach dem Börsen-Crash um mehr als die Hälfte. In dieser Zeit gab es bis zu **15 Millionen Arbeitslose** in den USA, von denen der größte Teil finanziell in keiner Weise abgesichert war. Dieser Umstand führte dazu, dass Bürger des modernsten Industrielandes sogar verhungerten oder erfroren, obwohl die Vorräte an Getreide und Baumwolle wuchsen.

Franklin D. Roosevelt

Um die Wirtschaftskrise in den Griff zu bekommen, wurden die Zölle erhöht und die *Reconstruction Finance Corporation* gegründet. Diese Wiederaufbau-Finanzierungsgesellschaft sollte Geld an Wirtschaftsunternehmen vergeben, um diese zu sanieren. Darüber hinaus kaufte der Staat landwirtschaftliche Produkte, um die Farmer zu stützen. Diese Hilfsmaßnahmen konnten die USA jedoch nicht aus der Krise führen, da sie zum Teil zu unkoordiniert waren und außerdem mit den Geldern der Gesellschaft Missbrauch getrieben wurde. Den Weg aus der Krise fand **Franklin D. Roosevelt** (1882–1945), nachdem er sich 1932 als Präsidentschaftskandidat gegen *Herbert Hoover* durchsetzen konnte. Er entschloss sich dazu, mit seinem **New Deal Program** als erster Präsident der Vereinigten Staaten die Wirtschaft durch weitreichende staatliche Eingriffe zu beeinflussen. In zwei Phasen (1933–1935 und 1935–1939) verfügte dieses Programm u. a. über Schuldentlastungen, Umstrukturierung des Bankenwesens, Abwertung des Dollars, Reformen für Landwirtschaft und Bauwesen, Produktionsbeschränkungen, Maximalarbeitszeiten und Mindestlöhne sowie verbesserte Sozialgesetzgebungen. Trotz starker Anfeindungen durch politische Gegner, die *Roosevelt* als Vertreter einer dirigistischen Wirtschaftspolitik diffamierten und aus dem Amt zu drängen versuchten, setzte *Roosevelt* sich durch und wurde zweimal zum Präsidenten wiedergewählt. Sein New Deal Program hat die amerikanische Wirtschaft schließlich wieder auf die Beine gebracht.

Zweiter Weltkrieg

Die Vereinigten Staaten erklärten zwar 1939 ihre Neutralität in Bezug auf den europäischen Kriegsschauplatz, gaben diese jedoch 1941 auf, nachdem die deutschen Truppen auch in Dänemark, Norwegen, die Niederlande und Frankreich eingefallen waren und mit Japan und Italien den Drei-Mächte-Pakt geschlossen hatten. 1941 erklärte Präsident *Roosevelt* in seiner Neujahrsansprache, dass die Vereinigten Staaten als Garant der „Vier Freiheiten" (der Rede- und Meinungsäußerung, der Religionsausübung, der Freiheit vor Hunger und der vor Not und Furcht) ihre Neutralität aufgeben müssen. Der „Lend-Lease Act" ermöglichte eine Versorgung der Alliierten mit kriegswichtigem Material ohne Bezahlung.

Angriff in Pearl Harbor

Am 7. Dezember 1941 griffen die Japaner überraschend den Navy-Stützpunkt in Pearl Harbor auf Hawaii an, bei dem der Großteil der dort stationierten amerikanischen Marine-Schiffe zerstört wurde. Einen Tag später erklärten die USA den Japanern den Krieg und einige Tage darauf erfolgte die Kriegserklärung an Deutschland und Italien. Um den Krieg möglichst effektiv durchführen zu können, wurde die allgemeine Wehrpflicht eingeführt und die Produktion von zivilen Gütern zugunsten der von militärischen verringert. Es kam zu einer Lebensmittelrationalisierung, und 1942 wurde eine staatlich gelenkte Preisbindung eingeführt. Darüber hinaus wurde eine Nachrichtenzensur verhängt.

Zwischen 1941 und 1943 stimmten die Vereinigten Staaten ihre Kriegshandlungen mit den anderen Alliierten ab. Auf der **1. Washington-Konferenz** (1941–1942) beschlossen *Churchill* und *Roosevelt* eine defensive Vorgehensweise gegenüber Japan und eine Landung alliierter Truppen in Nordafrika. Der Washington-Pakt beinhaltete eine Erklärung von 26 Ländern, die gegen die Achsenmächte Krieg führten, keinen Separatfrieden zu schließen. Dieser Pakt legte den Grundstein für die Vereinten Nationen. In der **2. Washington-Konferenz** Mitte 1942 wurden die Errichtung einer zweiten Front in Europa und der Ausbau der Atomforschung beschlossen. Russland wurde über die beschlossenen Maßnahmen unterrichtet und die gemeinsame Planung der Vorgehensweise gegen Deutschland begann. 1943 wurde dann in der **Casablanca-Konferenz** die Landung auf Sizilien beschlossen und die Forderung nach der bedingungslosen Kapitulation Deutschlands gestellt. Auf der **Kairo-Konferenz** beriet man über die Vorgehensweise bezüglich Japans und Südostasiens. Im gleichen Jahr wurde auf der **Teheran-Konferenz** die Landung in Nordfrankreich beschlossen.

USA und die Alliierten

Seit 1943 operierten die Alliierten Streitkräfte unter dem Oberbefehl von General *Eisenhower*. Am 6. Juni 1944 landeten die Alliierten in der Normandie, am 7. Mai 1945 kapitulierte das Deutsche Reich bedingungslos. Inzwischen war dem im April verstorbenen Präsidenten *Roosevelt* sein Vizepräsident *Harry S. Truman* gefolgt.

Bereits auf der **Jalta-Konferenz** im Februar 1945 wurden von *Roosevelt*, *Churchill* und *Stalin* konkrete Überlegungen angestellt, wie mit Deutschland nach der Kapitulation zu verfahren sei. So wurden die Aufteilung Deutschlands in Besatzungszonen, die Festle-

Konferenz von Jalta: Churchill, Roosevelt und Stalin

gung der zukünftigen Grenzen, Demontage- und Reparationsfragen sowie die Bildung eines Kontrollrates zur Wahrnehmung der Regierungsgeschäfte des besetzten Gebietes beschlossen. Die Unterschrift unter den **Morgentau-Plan**, der eine Zerstückelung Deutschlands und die Verwandlung in einen reinen Agrarstaat vorsah, zog Roosevelt jedoch wieder zurück. Die definitive Aufteilung Deutschlands erfolgte auf der **Potsdamer Konferenz** im Juli/August 1945. Zwischenzeitlich gingen die Kämpfe auf den japanischen Schauplätzen weiter. Um den Widerstand der Japaner zu brechen, warfen die USA **Atombomben** auf **Hiroshima** und **Nagasaki**, bei denen über 270.000 Tote zu verzeichnen waren. Am 2.9.1945 kapitulierten die Japaner. Der Zweite Weltkrieg war endgültig vorbei.

Neuordnung der Welt

Bestimmend für die amerikanische Außenpolitik in der Nachkriegszeit wurde die **Truman-Doktrin** (1947), die allen Ländern zur Bewahrung ihrer nationalen Unabhängigkeit militärische und wirtschaftliche Hilfe von Seiten der USA zusagte. Die Vereinigten Staaten gingen mit dieser Doktrin von ihrem Isolationismus ab und schafften die Grundlage für ein Eingreifen in die Angelegenheiten anderer Staaten im Sinne einer Ordnungsmacht. In Europa schwebte den USA der Aufbau eines kapitalistischen Wirtschaftssystems unter ihrer Führung vor, was natürlich bei der kommunistisch ausgerichteten Sowjetunion auf wenig Gegenliebe stieß.

Der „Kalte Krieg“

Der politische Gegensatz zwischen den Vereinigten Staaten und der den Osten Europas beherrschenden Sowjetunion führte zum sogenannten **„Kalten Krieg“** und der daraus resultierenden Aufrüstung auf beiden Seiten. 1949 gründeten die USA zusammen mit 10 europäischen Staaten die NATO (North Atlantic Treaty Organization), der 1954 auch die Bundesrepublik Deutschland beitrat. Die NATO diente dazu, die westlichen Staaten im Kriegsfall gemeinsam verteidigen zu können. Im Rahmen des **Marshall-Plans** wurden westeuropäische Staaten bis 1951 mit 13 Milliarden US-Dollar unterstützt. Durch diese Wirtschaftshilfen sicherten sich die Vereinigten Staaten großen Einfluss auf dem europäischen Markt und ermöglichten gleichzeitig einen schnellen Wiederaufbau. Das deutsche Wirtschaftswunder wäre ohne die wirtschaftliche Hilfe der Amerikaner sicher nicht möglich gewesen.

In Osteuropa hatte die Umformung der von der Sowjetunion besetzten Staaten in Satellitenstaaten mit Volksdemokratien begonnen, die jeweils durch bilaterale Verträge abgesichert wurden. Zum Schutz des dadurch gebildeten Ostblocks entstand der sogenannte „Eiserne Vorhang“, der Osteuropa vor kapitalistischer Einflussnahme schützen sollte. Die Spannungen zwischen der UdSSR und den Alliierten hatten bereits 1946 wegen Unstimmigkeiten in der Polen- und Ungarnfrage begonnen und verschärften sich durch Meinungsverschiedenheiten in der Deutschlandpolitik sowie Uneinigkeiten über die Reparationsregelungen. Die Berlinkrise 1948/49 sowie das Engagement der UdSSR in Südostasien verstärkten den Konflikt zwischen den Blockparteien. Während der Blockade Berlins wurde unter dem amerikanischen Militärgouverneur *Lucius D. Clay* (1897–1978) eine Luftbrücke organisiert, um die Versorgung der Berliner Bevölkerung mit Lebensmitteln aufrechtzuerhalten. Täglich wurden so bis zu 6.393 t Güter auf dem Luftwege nach Berlin transportiert. Ein Überleben der westlichen Sektoren Berlins wäre ohne diese Versorgungsbrücke nicht möglich gewesen.

Wettlauf in der Raumfahrt

Der Wettstreit zwischen den Führungsmächten der beiden Blöcke beschränkte sich nicht auf ein Wettrüsten in großem Stil, sondern setzte sich auch auf dem technologischen Sektor fort. Besonders spektakulär gestaltete er sich auf dem Gebiet der Raumfahrt. Der UdSSR gelang es 1957, den ersten Satelliten ins Weltall zu schicken („Sputnik I"), dem ein Jahr später der amerikanische „Explorer I" folgte. Auch in der bemannten Raumfahrt war der Ostblock den USA um einen Monat voraus. *Juri Gagarin* erreichte am 12. April 1961 als erster Mensch das Weltall, während der Amerikaner *Alan B. Shepard* am 5. Mai folgte. 1969 gelang es jedoch den Vereinigten Staaten, den ersten bemannten Raumflug zum Mond durchzuführen.

Außenpolitische Krisen

Der Koreakrieg

Die Unstimmigkeiten zwischen den USA und der UdSSR über die politische Gestaltung des von ihnen nach 1945 besetzt gehaltenen Korea führen 1950 zum Koreakrieg. Nachdem die USA 1947 durch die Vereinten Nationen kontrollierte Wahlen forderten, verweigerte die UdSSR der entsprechenden UN-Kommission die Einreise nach Nordkorea. Es entstanden eine nördliche und eine südliche Republik, die beide Gesamtkorea als Staatsgebiet forderten. Nach einem Angriff nordkoreanischer Truppen 1950 wurden die USA von der Regierung Südkoreas zur Hilfe gerufen. Der UN-Sicherheitsrat erklärte Nordkorea zum Aggressor und entsandte eine UN-Armee unter Oberbefehl von US-General *Douglas MacArthur* (1880–1964). Im Laufe der Kampfhandlungen mischte auch China sich ein. Nach dem Waffenstillstand von Panmunjom wurde Korea 1953 offiziell in zwei Länder geteilt.

Die Kubakrise

John F. Kennedy

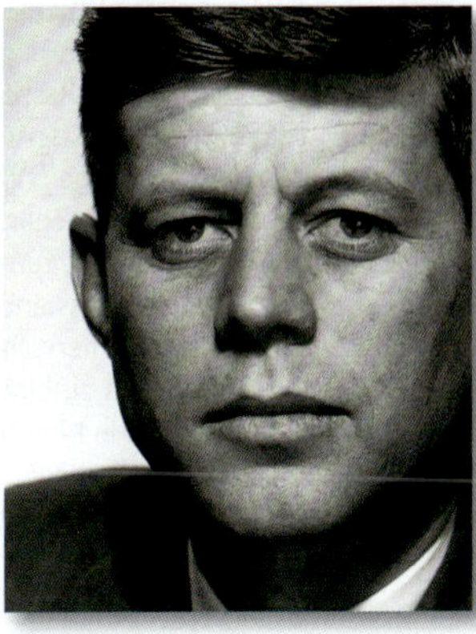

1961 kam es zu einem Invasionsversuch von Exilkubanern aus den USA in der kubanischen „Schweinebucht". Obwohl Präsident *Kennedy* diese Aktion nur halbherzig unterstützte, wurden die diplomatischen Beziehungen zu Kuba abgebrochen und 1962 verhängten die USA ein Handelsembargo gegen Kuba. Durch den von den Amerikanern unterstützten Invasionsversuch stieg das militärische Interesse der UdSSR an Kuba. Um die Errichtung von sowjetischen Militärbasen und ganz besonders die Stationierung von Nuklearwaffen zu verhindern, verhängten die USA eine Teilblockade über Kuba und kündigten an, alle Schiffe, die kubanische Häfen anliefen, von Marineeinheiten kontrollieren zu lassen. Die Welt stand am Rande eines dritten Weltkriegs. Gewissermaßen in letzter Minute einigten sich *John F. Kennedy* und *Nikita Chruschtschow* darauf, die Raketenbasen abzubauen und die sowjetischen Bomber abzuziehen. Kurz darauf, am 22. November 1963, wurde Präsident *Kennedy* in Dallas ermordet.

Der Vietnamkrieg

Der Vietnamkrieg gehört zu den einschneidenden Ereignissen der amerikanischen Außenpolitik des 20. Jh. Nordvietnam wurde seit seiner Gründung 1945 von der Sowjetunion und China unterstützt, während in Südvietnam die Franzosen in den Indochinakriegen versuchten, eine Okkupation Südvietnams durch den Norden zu verhindern. In diesen Konflikt griffen die Vereinigten Staaten 1964 militärisch ein, um eine Ausbreitung des Kommunismus in Indochina zu verhindern.

Vietnam: Amerikas Trauma

Innenpolitisch führte der Verlauf des Krieges zu weitreichenden Protestaktionen, weil amerikanische Soldaten ihr Leben lassen mussten in einem Krieg, der die Vereinigten Staaten nicht direkt betraf und in dem es mehr um Weltmachtprestige ging. Darüber hinaus konnten die amerikanischen Streitkräfte gegen die Guerillataktik der nordvietnamesischen Truppen wenig ausrichten. 1968 wurden die Luftangriffe seitens der USA eingestellt. Ein Jahr später kündigte Präsident *Nixon* den Abzug der amerikanischen Truppen an. Nach dem Waffenstillstandsabkommen von 1973 wurden die restlichen amerikanischen Truppen abgezogen. Zwei Jahre später kapitulierte Südvietnam bedingungslos, was 1976 die Wiedervereinigung von Nord- und Südvietnam zur Folge hatte. Insgesamt mussten im Vietnamkrieg 56.000 amerikanische Soldaten ihr Leben lassen. Die Befugnisse des amerikanischen Präsidenten, einen Einsatzbefehl für amerikanische Truppen zu geben, wurden aufgrund der Erfahrungen im Vietnamkrieg mit dem **War Powers Act** (1973) erheblich eingeschränkt und sind seitdem in größerem Maße von der Zustimmung des Kongresses abhängig. Für das Selbstbewusstsein der westlichen Führungsmacht waren die Misserfolge im Vietnamkrieg ein harter Schlag.

Innenpolitische Schwierigkeiten

Rassenunruhen

In den 1960er und zu Beginn der 1970er Jahre erschütterten zahlreiche Rassenunruhen die Vereinigten Staaten. Viele **schwarze Mitbürger** hatten im Jahrzehnt davor das Vertrauen in die Regierung verloren. Zwar hatte bereits 1954 das Oberste Bundesgericht entschieden, dass Rassentrennung (z.B. in Schulen oder öffentlichen Verkehrsmitteln) gegen den Gleichheitsgrundsatz verstieß, aber dieses Urteil hatte vor allen Dingen im Süden der USA keine Folgen, denn es wurde von den Weißen boykottiert. Zu ersten folgenschweren Rassenkrawallen kam es 1957 in Little Rock (Arkansas), im gleichen Jahr wurde das Gesetz zum Schutz des Wahlrechts der Schwarzen verabschiedet. Die offensichtlichen Missstände jedoch, die in Bezug auf Gleichbehandlung von schwarzen und weißen Bürgern herrschten, führten bis Ende der 1960er Jahre immer wieder zu Unruhen und eskalierten zu blutigen Auseinandersetzungen. Im Sommer 1967 ließen bei Straßenschlachten in Newark (New Jersey) und Detroit (Michigan) 66 Menschen ihr Leben. *Martin Luther King* gehörte zu den schwarzen Bürgerrechtlern, die auf friedliche Weise versuchten, eine Gleichbehandlung von Schwarz und Weiß zu erreichen. Er organisierte Protestmärsche und versuchte die Menschen in seinen Reden von seiner Sache zu überzeugen. 1968 wurde er in Memphis (Tennessee) erschossen.

Die **Watergate-Affäre**, bei der 1972 enge Mitarbeiter Präsident *Nixons* und seines Wahlkomitees in das Wahlkampfhauptquartier der Demokraten einbrachen, erschütterte die Nation und das Vertrauen der Bürger in ihre Regierung. Obwohl *Nixon* seine Unschuld und sein Unwissen beteuerte, wurde er durch die Beteiligten schwer belastet und trat 1974 von seinem Amt zurück.

Martin Luther King, Jr.

Innenpolitische Defizite gefährdeten in den 1980er Jahren die wirtschaftliche Vormachtstellung der USA in der Welt: Da die USA weder ein staatliches **energiepolitisches Konzept** entwickelten noch energiebewusstes Verhalten der Bürger förderten, kam es zu einer großen Abhängigkeit der USA vom Erdöl der Nahost-Staaten. Außerdem wurden das Fehlen einer soliden Technologie- und Industriepolitik, eine verminderte Konkurrenzfähigkeit sowie eine verfehlte Einwanderungspolitik, die eher ungelernte Arbeiter als qualifizierte Fachkräfte anzog, für das Handelsdefizit und die Verschärfung der sozialen Gegensätze verantwortlich gemacht. Die wirtschaftlichen Probleme und die Vernachlässigung der sozialen Absicherung der dadurch betroffenen Bürger speziell in der Reagan-Ära führten zu einem weiteren Anwachsen der Drogenprobleme und der Kriminalitätsrate. Das Land der unbegrenzten Möglichkeiten hatte zu dieser Zeit viele seiner Möglichkeiten verspielt.

Der Golfkrieg und die New Economy

Seit dem Ende des „Kalten Krieges", der zunehmende Entschärfung des Ost-West-Konflikts und der demokratischen Entwicklungen in Osteuropa suchten die USA nach neuen Formen der Außenpolitik und kooperierten mit UN-Truppen in Auseinandersetzungen, so z.B. im ersten Golfkrieg oder im Jugoslawienkonflikt. In den 1990er Jahren kam es zu einem Wirtschaftsboom, der insbesondere der florierenden High-Tech-Branche zu verdanken war. Er machte vor allem viele reiche Amerikaner noch reicher. Das Land erlebte eine Blütezeit und die Staatsverschuldung sank. Die liberale Wirtschaftspolitik setzte sich durch, das Nordamerikanische Freihandelsabkommen (North American Free Trade Agreement, NAFTA) führte dazu, den Handel zwischen den nordamerikanischen Staaten zu verstärken, und der Handel mit ostasiatischen Ländern nahm zu.

Die USA im 21. Jahrhundert

Ab 2000 erlitten die USA wieder Rückschläge. Erst fielen die Aktienkurse und dezimierten die privaten Rentenrücklagen vieler Anleger. Dann kam der 11. September 2001, der in die Geschichte als „Nine Eleven" eingegangen ist. An diesem Tag wurde Amerika das Opfer des größten Terroranschlages seit Bestehen der Nation und musste erleben, wie verwundbar es ist und welche Folgen Politik haben kann. Zwei Flugzeuge, von islamischen Terroristen entführt und gesteuert, flogen in die beiden Türme des World Trade Center in New York City und brachten sie zum Einsturz. Ein weiteres Flugzeug stürzte Minuten später in einen Flügel des Pentagon in Washington. Ein vier-

„Nine Eleven"

tes Flugzeug, wahrscheinlich mit Ziel Camp David oder Weißes Haus, stürzte nahezu zeitgleich bei Pittsburgh ab, nachdem es einen Kampf zwischen Entführern und Passagieren gegeben hatte. Bei diesen Anschlägen kamen mehr als 3.000 Menschen ums Leben. Die Grausamkeit, die Zahl der Opfer und die Tatsache, dass die Selbstmordattentäter das „Herz der westlichen Welt" getroffen haben, erschütterte die gesamte Welt und hatte weitreichende Folgen.

Präsident *George W. Bush* reagierte nach einer Trauerphase mit dem Aufruf zum Krieg gegen den Terrorismus und begann Aktionen gegen das Taliban-Regime in Afghanistan. Mit der Begründung, Massenvernichtungswaffen eliminieren zu müssen, griff die USA mit Hilfe der Briten und gegen die Kritik der Weltöffentlichkeit und vieler Amerikaner im März 2003 den Irak an. Kurze Zeit später war Iraks Präsident *Saddam Hussein* entmachtet und der offizielle Krieg gewonnen. Die Bemühungen um Frieden und Demokratisierung im Irak und in Afghanistan erwiesen sich jedoch als sehr schwierig und Kritik gegen die fortlaufende Stationierung von Truppen in diesen Gebieten und Stimmen für den Abzug aller Truppen wurden immer lauter.

Finanz- und Bankenkrise

Die verlustreichen Kriege, der Eingriff in uramerikanische Bürgerrechte und schließlich eine schwere Finanzkrise brachten viele Amerikaner in Rage. Die Konflikte im Mittleren Osten sowie die immensen Energie- und Rohstoffpreise stürzten die USA und mit ihnen die ganze Welt Ende 2008 in eine schwere Finanz- und Bankenkrise, die sogar den sonst so kapitalistischen Staat zum Eingreifen und zur Bereitstellung von Milliarden Dollar für schwindende Industrie und Bankwesen zwang. Im November 2008 wurde Bush als Präsident mit den schlechtesten Umfragewerten aller Zeiten abgewählt. Die Hoffnung und Begeisterung für den ersten afroamerikanischen Präsidenten Barack Obama waren hingegen mindestens ebenso riesig wie die zu bewältigenden Probleme des Landes. Doch es herrschte Hoffnung im Land, dass der charismatische Politiker die Wirtschaft- und Umweltkrisen meistern könne. Im März 2010 konnte er gegen den geballten Widerstand der Republikaner ein Programm für die gesetzliche Krankenversicherung für alle Amerikaner im Kongress durchsetzen. Auch außenpolitisch hat es der neue Präsident nicht leicht gehabt. Der Abzug der Truppen aus dem Irak verzögerte sich immer wieder, der Verteidigungsetat stieg in bisher nie dagewesene Dimensionen. Und das gigantische Konjunkturpaket, das der Wirtschaft auf die Beine helfen sollte, hat nur zögernd eine Erholung aus der Krise hervorgerufen. Die einstige Euphorie ist kurz vor den Wahlen im November 2012 Ernüchterung gewichen. Fraglich ist, ob sich das Land, politisch gespalten wie nie zuvor, in der Zukunft wieder auf einen Nenner vereinen lässt.

Geografischer Überblick

Begrenzt werden die USA (Alaska und Hawaii ausgenommen) im Norden durch Kanada, im Süden durch Mexiko, im Osten und Südosten durch den Atlantischen Ozean und im Westen durch den Pazifischen Ozean. Die größte Ost-West-Ausdehnung beträgt 4.500 km, was etwa der Entfernung vom Nordkap bis Kairo entspricht. Von Norden nach Süden erstreckt sich das Land auf bis zu 2.600 km.

Die USA sind mit 9.809.000 km^2 das drittgrößte Land der Erde. Mit über 300 Mio. Einwohnern bedeutet das eine Einwohnerdichte von 33 Einwohnern pro km^2. Die Ein-

Einige geografische Daten zu den USA im Überblick:	
Durchschnittliche Höhe über dem Meeresspiegel	750 m
Höchster Punkt: Mt. McKinley (Alaska)	6.200 m
Niedrigster Punkt: Death Valley (Nevada)	- 85 m
Der längste Fluss: Mississippi (zus. mit dem Missouri)	6.420 km
Staatsland	31,9 % im Besitz des Staates
Land in Nationalparks	303.600 qkm
Jährliche Bodenerosion	3.101.200.000 t

wohnerdichte verteilt sich aber sehr ungleichmäßig über das Land. In den Küstenstaaten beträgt die Zahl zwischen 100 und 300 E./km², während sie in den Präriestaaten nur bei etwa 20 E./km² liegt und in den Wüstenstaaten des Südwestens teilweise unter 10 rutscht.

Ungleichmäßige Einwohnerdichte

Man kann die USA in **acht markante geografische Regionen** gliedern:

- die **Atlantische Küstenebene**, die sich vom Cape Cod im Nordosten bis Florida im Südosten zieht, erreicht kaum Höhen über 100 m. Der Norden weist ein Moränenrelief auf, während sich weiter im Süden Lagunen und Ästuarien finden. Dieser geschützte Bereich wird als Intercoastal Waterway genutzt. Die Sümpfe auf der Halbinsel Floridas haben sich hauptsächlich aufgrund mangelnder Entwässerung gebildet.
- das **Appalachengebirge**, das sich parallel zur atlantischen Küstenebene von Kanada im Nordosten bis Alabama im Süden über 4.000 km erstreckt. Es ist untergliedert in mehrere verschieden hohe Gebirgszüge, die im Norden nur Höhen von 750 m erreichen. Das eigentliche Appalachengebirge liegt westlich dieser Linie und hat hier Höhen von bis zu 2.000 m.
- das **Zentrale Tiefland/Lower Plains**, das sich um die Großen Seen herum erstreckt und im Süden und Westen unmerklich in die Tiefebene des Mississippitals übergeht, an das sich wiederum die Golfküstenlandschaft anschließt. Im Osten ist das zentrale Tiefland begrenzt durch die Appalachen. Dieses auf der Karte auffällige Gebiet ist durch die verschiedenen Eiszeiten geformt worden. Die Gletscher sind die „Former" der Großen Seen und haben den Landschaftscharakter dahingehend bestimmt, dass es hier fast keine Berge gibt. Geblieben sind nur abgeschliffene Hügel und eine Vielzahl an Seen. Man bezeichnet diesen Landtyp auch als kuppiges Moränenflachland.

Geografische Regionen

Schöne Aussichten im Rocky Mountain NP

- die **Golfküstenebene/Coastal Plains** ist ein relativ kleines Gebiet, das dem Mississippital folgt und im Norden am Zusammenfluss von Missouri und Mississippi beginnt. Das Mississippital ist etwa 800 km lang und zwischen 40 und 200 km breit. Hier hat sich der Untergrund gesenkt, und die großen Flüsse haben das Becken mit Sedimenten bedeckt. Die weiteste Stelle der Golfküstenebene befindet sich am Golf von Mexiko, wo sie sich von der mexikanischen Küste bis hin nach Florida erstreckt.
- die **Prärien und die Great Plains** erstrecken sich westlich des Mississippi und sind durch eine nur leicht hügelige Landschaft gekennzeichnet. Das Gebiet steigt vom Osten her langsam von 400 m auf 1.500 m unterhalb der westlich angrenzenden Rocky Mountains an. Im nördlichen Schichtstufenland haben während der letzten Jahrtausende heftige Regen und eine vegetationsarme Landoberfläche zu einer starken Erosionstätigkeit geführt. Monokulturanbau auf riesigen Feldern seit Anfang des 19. Jh. hat das Übrige besorgt und die Formung eines z.T. kargen Landschaftsbildes mit sich gebracht. Die Amerikaner bezeichnen weite Teile dieser Gegenden daher als „Badlands", wobei der Ursprung dieses Wortes bereits auf die Indianer und die ersten Franzosen („Mauvaises Terres") zurückgeht. die dieses Gebiet bereits vor der eigentlichen Besiedlung als minderwertig angesehen haben.
- die **Rocky Mountains**, die den Ostteil der nordamerikanischen Kordilleren einnehmen, Höhen von bis zu 4.400 m (Mt. Elbert) aufweisen und sich auf amerikanischer Seite ca. 2.250 km von NNW nach SSO ziehen. Wie die Alpen sind die „Rockies" verhältnismäßig jungen Ursprungs. Man nimmt an, dass sie vor etwa 100 Mio. Jahren entstanden sind. Tertiäre Hebungen und Aufwölbungen sowie Brüche und Aufschiebungen haben sie geformt. Flüsse, wie z.B. der Colorado, haben sich in das Gestein geschnitten und tiefe Schluchten gebildet.
- die **„intermontanen Becken"/Great Basins** liegen zwischen den Rocky Mountains und dem pazifischen Gebirgssystem. Diese Beckenlandschaft ist nahezu abflusslos, und Flüsse, die sie durchqueren, trocknen fast ganz aus („Fremdlingsflüsse": z.B. der Colorado). In diesem Becken gibt es auch eine Reihe von Salztonebenen, die davon zeugen, dass es hier früher Seen gegeben hat, die mittlerweile gänzlich ausgetrocknet sind. Dieses Schicksal droht auch dem Great Salt Lake.
- das **pazifische Gebirgssystem**, welches sich in zwei Hauptketten gliedert: die inländischen Gebirgszügen Cascade Range und Sierra Nevada (höchste Erhebung: Mt. Whitney mit 4.418 m) und den Küstengebirgszug Coastal Range (höchste Erhebung: Thompson Peak mit 2.744 m). Zwischen diesen Gebirgsketten erstreckt sich das kalifornische Längstal, das sich im Norden im Williamette-Tal und dem Puget-Sund fortsetzt.

Im Südwesten findet sich alles

Bei einer Reise durch den Südwesten der USA erlebt man ein breites Spektrum **an verschiedensten Landschaftstypen** und geografischen Besonderheiten. Von der Golfküste, den weiten Ebenen der Plains und Prärien, über die endlose Halbwüste und beeindruckende Canyonlandschaft bis hin zu der atemberaubenden Gebirgslandschaft der Rocky Mountains findet sich hier alles.

Vegetation

Die Vegetation der Landschaften der USA wird im wesentlichen von Klima und Bodenbedingungen beeinflusst. Sie lässt Rückschlüsse auf die Höhe der Niederschläge und Temperaturen ziehen, denn dort, wo die Niederschläge üppig und die Temperaturen angenehm sind, kann sich die Fauna voll entfalten. In Gegenden mit Wassermangel sind besondere Anpassungsstrategien notwendig.

An der Ostküste hat es zur Zeit der ersten Siedler noch große **Waldbestände** gegeben, die sich bis hin zu den Prärien zogen. Im Laufe der folgenden Jahrhunderte wurden diese Baumregionen – im Norden boreale Nadelwälder, weiter südlich Misch- und Laubwälder – jedoch immer weiter ausgeschlagen. Der Landhunger, besonders im zuerst entdeckten Osten, kannte keine Gnade. Nur in den unzugänglicheren Appalachen konnten sich noch weite Gebiete sommergrüner Laubwälder halten. Auch die weiten Grasflächen der Prärien mussten den Menschen weichen, und auf riesigen Feldern wurde Getreide angebaut. In trockeneren Gebieten wurde Vieh gehalten. Dieses geschah in einem so großen Ausmaß, dass die Farmer hier heute über starke Bodenerosion klagen. Kein Wunder bei offenen Feldern von mehreren hundert Hektar Größe.

Im südwestlichen Texas und im „intermontanen Becken", wo die Niederschläge nur noch sehr gering sind, herrscht eine Halbwüstenvegetation mit Dornensträuchern und vereinzelten Zwergsträuchern vor. Ein großer Anpassungskünstler ist das „tumble weed". Der oberirdische Teil der Pflanze bricht im Herbst ab, wird vom Wind über den Boden gerollt und dabei können die Samen über große Flächen verteilt werden. Die **Rocky Mountains** sind vorwiegend mit Laubmischwäldern besetzt, die größtenteils erhalten blieben, da diese Region wegen mangelnder Infrastruktur erst sehr spät und damit auch sehr dünn besiedelt wurde. Durch Gesetze und die Anlage vieler Nationalparks und verschiedenster Schutzgebiete hat der Staat mittlerweile dafür Sorge getragen, dass diese Gebiete auch in Zukunft geschont werden.

Schutzgebiete notwendig

In den **pazifischen Gebirgszügen** reicht das Spektrum von borealem Nadelwald (Sitkafichte und Douglasie) im Norden bis hin zu Mischwäldern im Süden, wobei besonders im Küstenraum Koniferenarten gehäuft auftreten. Charakteristisch für die Sierra Nevada ist übrigens der Mammutbaum. Er ist, wie einige andere Arten der kalifornischen Bäume, ein widerstandsfähiges Hartholzgewächs. Das kalifornische Längstal ist heute maßgeblich landwirtschaftlich bewirtschaftet, sodass man kaum noch etwas von den ursprünglichen Baumbeständen erahnen kann. Florida und die Südküste bis Louisiana sind durch hohe Niederschläge mit subtropischen Pflanzen bestanden. Hier finden sich Farne, Lianengewächse, Zypressen und Mangroven. Die beeindruckende Canyonlandschaft und atemberaubende Gebirge bieten weitere Höhepunkte.

Bezüglich der Natur erwarten den Besucher des Südwestens im Besonderen die weiten, kargen und trockenen Ebenen, die oft nur von Kakteenansammlungen oder niedrigen Sträuchern unterbrochen sind. Und auch die Wälder der Rockies bieten, besonders im Indian Summer, ein farbenprächtiges Spiel.

Kaktus

Tierwelt

Die Tierwelt ist in vielen Regionen Amerikas dem Menschen zum Opfer gefallen. Die Verbreitung von Land- und Herdenwirtschaft mit entsprechender Abholzung großer Waldflächen sowie die Expansion von Städten schränkten den Lebensraum vieler Arten drastisch ein. Außerdem führte die systematische Verfolgung von Tieren dazu, dass einige Arten vom Aussterben bedroht sind, wie z.B. der Büffel (buffalo) oder der Wolf.

Obwohl es auch im Südwesten der USA eine große Artenvielfalt gibt, bekommt man die meisten Arten nur selten zu sehen. Tiere in der Wildnis gehen, soweit es noch möglich ist, dem Menschen aus dem Weg und viele ziehen sich vor der Hitze des Tages zurück. Die besten Chancen, Tiere zu sehen, gibt es auf Wanderungen abseits der touristischen Pfade, früh morgens oder in den kühleren Abendstunden.

Hinweis

Nicht füttern!

Beachten sollten Sie auf jeden Fall die Warnungen und Anweisungen „Do not feed the wildlife – keep our wildlife wild". Nur so tragen Sie zum aktiven Schutz wild lebender Tiere bei. Selbst die niedlichen, kleinen Nager, die in vielen Gegenden allgegenwärtig sind, sollten nicht gefüttert werden.

Streifenhörnchen/chipmunk und Eichhörnchen/squirrel

Das Streifenhörnchen ist kleiner als ein Eichhörnchen und ist von der Spitze des Schwanzes bis zur Nasenspitze mit abwechselnd dunklen und hellen Streifen gezeichnet. Den Schwanz hält es meist senkrecht, im Gegensatz zum Eichhörnchen, das eher aussieht, als ob es den Schwanz horizontal hinter seinem Körper herzieht. Im Südwesten begegnet man hauptsächlich *rock squirrels*, die bis zu 30 cm lang werden können und deren buschiger Schwanz fast so lang wie ihr Körper ist. Das Fell der *rock squirrels* ist graubraun gefleckt, wobei die Unterseite eher ins Braun-Schwarze übergeht. Die Nager haben einen hellen Ring um ihre Augen und sehr spitze Ohren und wenn sie Gefahr wittern, pfeifen sie in einem kurzen, schrillen Ton.

Rock squirrels, wie auch *chipmunks*, leben in trockenen Gefilden, meist in steinigen Klippen oder Steinformationen. Zu sehen sind sie fast im gesamten Reisegebiet. Beide Tiere werden ohne Skrupel versuchen, Ihnen etwas zu essen abzubetteln. Geben Sie nicht nach!

Diese Nager werden Ihnen häufig begegnen

Präriehund/prairie dog

Eng verwandt mit den oben beschriebenen Nagern ist der Präriehund, der allerdings robuster und fetter aussieht. Der Kopf ist breit und rund, das Fell ist gelblich-grau, die Beine sind kurz. Die Ohren des Präriehundes sind sehr klein und liegen fast gänzlich versteckt im dichten Fell. Die Augen des *prairie dog* an der Seite des Kopfes scheinen darauf ausge-

richtet zu sein, die kleinste Bewegung in einem großen Umfeld zu entdecken. Wenn Gefahr droht, hört man einen lauten, scharfen Warnton und man sieht Präriehunde aufgeregt hoch- und runterschaukeln.
Präriehunde haben ein sehr ausgeprägtes Sozialsystem. Sie graben unterirdische Höhlen, die durch ein gut konstruiertes System von Deichen vor starken Regenfluten geschützt sind und deren Erhebungen man vor allem in den weiten Flächen der Prärien sehen kann. Die Höhlen haben mehrere Seitenzimmer für die Aufbewahrung von Nahrung, die Aufzucht der Jungen und um Fluchtwege zu gewährleisten.

Kojote/coyote and Wolf/wolf

Kojoten sind früher enge Begleiter der Bisonherden gewesen, weil sie sich von altersschwachen und kranken Tieren ernährt haben. Heute werden Kojoten meist nur als Plage angesehen, da sie immer näher an besiedelte Gebiete ziehen und in Städten, auf Park- und Campingplätzen die Müllcontainer plündern. Die *coyotes*, die in der flachen Halbwüste, den Mesas und dem offenen Grasland leben, sind kleiner und leichter als ihre Artgenossen in den Bergen. Sie sind hellgrau bis beige und haben eine schwarze Schwanzspitze. Kojoten in den höheren Lagen haben ein Fell, das dichter, dunkler und länger ist und das deswegen früher bei Trappern sehr begehrt war.
Kojoten haben einen ausgeprägten Geruchssinn und auch sehr gute Augen und Ohren. Sie sind sehr aufmerksam, aber auch ausweichend und vorsichtig. So können sie sowohl in der Wildnis als auch in der Nähe von Siedlungen überleben. Der Kojote nimmt in der Mythologie der Indianer eine besondere Rolle ein. Seine Abenteuer und Lebensweisheiten teilt der als Schlitzohr und „Trickster" beschriebene Kojote in vielen Geschichten der Menschheit mit. Verwandt mit dem Kojoten sind der Wolf und der Fuchs, die man ebenso, wenn überhaupt, nur mit sehr viel Glück zu Gesicht bekommt.

Der Kojote in der Mythologie

Bären/bears

Bekannt sind in Nordamerika der *Grizzly*, eine Unterart des Braunbären und der *Black Bear*, den man in diesem Reisegebiet, wenn auch sehr selten, zu sehen bekommt. Schwarzbären sind auch außerhalb der Schutzgebiete anzutreffen, sie sind in der Regel dem Menschen jedoch nicht gefährlich, solange man ihnen nicht zu nahe kommt oder sie bedroht. Der Grizzly wird bis zu 2,30 m groß und 400 kg schwer, der Schwarzbär ist kleiner und leichter, wobei die Männchen auch bis zu 200 kg auf die Waage bringen können. Der Kopf des Schwarzbären ist schmaler und die Schnauze spitzer, der Pelz dunkelbraun bis schwarz.
Im Frühjahr halten die Bären sich vorzugsweise an Flüssen und Seen auf, im Sommer leben sie in den Wäldern und im Winter ziehen sie sich zum Winterschlaf in ihr Lager zurück. Bären sind Allesfresser, ernähren sich aber vorwiegend von Pflanzen, Blättern und Beeren. Sie sind ständig auf Nahrungssuche und lassen sich dabei vor allem von ihrem

Hinweis

Camper und Wanderer sollten auf jeden Fall folgende Verhaltensregeln beachten:
- *Bären niemals füttern!*
- *Alle Nahrungsmittel und Toilettenartikel (geruchs)sicher und außer Reichweite aufbewahren!*
- *Campingplätze peinlich sauber halten! In den Naturschutzparks gibt es bärensichere Abfalleimer.*

starken Geruchssinn leiten. Wenn Menschen Nahrungsmittel nicht richtig aufbewahren oder Abfälle nicht ordnungsgemäß entsorgen, locken sie damit Bären an, die sehr schnell gelernt haben, dass es in der Nähe von Menschen Nahrung gibt.

Hirsch und Elch/elk and moose

Elche sind die größten und wohl auffälligsten der heute noch lebenden Hirsche. Der Elch ist in Amerika als *moose* (Alces americanus) bekannt, während mit dem englischen Wort *elk* der Wapitihirsch bezeichnet wird. Den *elk* wird man hauptsächlich im westlichen Utah und Colorado antreffen; *moose* sind selten in den Südweststaaten.

Moose werden etwa pferdegroß, wiegen bis zu 800 kg und tragen ein wie eine Schaufel verbreitertes Geweih, das mehr als 20 kg wiegen kann. Wapitis sind kleiner und das Geweih ist ähnlich wie das eines Hirsches. Elche ernähren sich vorwiegend von saftrindigen Ästen, Sumpf- und Wasserpflanzen, Gräsern, Moor- und Heidekräutern. Das Lebensalter der Elche beträgt 20–25 Jahre. Sie sind sehr gute Schwimmer; sie ziehen in ihrem weiten Einstandsgebiet unregelmäßig herum und machen, vor allem in der Brunftzeit, oft Wanderungen von mehreren hundert Kilometern.

Weite Wanderungen

Die beste Jahreszeit, um Elche zu sehen, ist der Frühsommer. Dann halten sie sich manchmal sogar in der Nähe von Straßen auf, wo sie das leicht salzige Wasser in den Gräben entdeckt haben. Etwa bis Ende Juni sind sie dann äsend auf Lichtungen, an seichten Plätzen oder kleinen Weihern zu beobachten, während sie sich im Hochsommer in den Wäldern aufhalten. Ende September/Anfang Oktober, zur Zeit des Indian Summer, beginnt die Brunftzeit der Elche, die dann weite Strecken auf der Suche nach einer Elchkuh zurücklegen und dann wieder häufiger beobachtet werden können.

! Warnung!

Elche können aggressiv werden, besonders wenn Jungtiere in der Nähe sind. Gehen Sie nicht zu dicht an sie heran, sie benehmen sich nicht so friedlich wie unsere Rehe und Hirsche.

Reptilien

Echsen (z.B.: *lizards, geckos*) trifft man überall an und bis auf die Gila Echse (*gila monster*) sind alle harmlos und ungiftig. Das ein oder andere Mal wird einem vielleicht auch eine Landschildkröte (*tortoise*) begegnen.

Schlangen gibt es zwar relativ häufig, man sieht sie allerdings nur selten, weil sie menschenscheu und vorwiegend nachtaktiv sind. Fast alle Schlangenarten in den USA sind für den Menschen harmlos, giftig sind die Klapperschlange (*rattlesnake*), die Korallenschlange (*coral snake*) und der Kupferkopf (*copperhead*), letztere Schlange trifft man eher im Osten Texas und dem Südosten der USA an.

Zu den bekanntesten Klapperschlangen in diesem Reisegebiet gehören der *Sidewinder* (Wüstenregionen), die *Western Rattlesnake* und der *Western Diamondback* (Colorado River Region). Die Klapperschlange macht zum Glück durch ihr Rasseln auf sich aufmerksam und die meisten Unfälle mit Klapperschlangen können vermieden werden, wenn man ihnen nicht zu nahe kommt und ihnen die Flucht ermöglicht. Vorsicht ist geboten beim Wandern und

Klettern in felsigem Gelände, wenn Hände zum Einsatz kommen und die nächste Bewegung nicht vorausschaubar ist. Tödlich ist der Biss der Klapperschlange in der Hälfte der Fälle nicht, da sie mit ihrem Gift sparsam umgeht und meist nur wenig oder gar kein Gift injiziert.

Vögel

sind im Südwesten der USA vor allen Dingen in der Nähe von Wasser bzw. Feuchtgebieten gut zu beobachten, so z.B. der Reiher (*heron*). Selten sieht man einen Kolibri, es sei denn Menschen haben Behälter mit Zuckerwasser aufgehängt. In den trockenen Gegenden und den Canyons sind vorwiegend Raben, Habichte und andere Greifvögel, aber auch der eine oder andere *Roadrunner* zu beobachten. In der Nähe von Kakteen wird man auch *cactus wrens*, ein dem Zaunkönig ähnelndem Vogel zu sehen bekommen.

Vogelvielfalt

Klima

Generell können die USA in **sechs Klimazonen** eingeteilt werden:

- Der Nordosten, der im Sommer warm und sehr niederschlagsreich und im Winter kalt. An den großen Seen muss man mit strengen Wintern mit Schnee und Frost rechnen.
- Südlich schließt sich eine subtropische, feuchte Zone an, die bis an die westliche Grenze von Oklahoma und im Süden bis an den Golf von Mexiko reicht. Im Sommer ist es hier warm und regnerisch, die jahreszeitlichen Unterschiede sind jedoch nicht so groß und die Winter werden nicht so kalt.
- Im Nordwesten, entlang der Binnen- und Hochebenen westlich der Rocky Mountains ist es wesentlich niederschlagsärmer. Die Sommer sind warm, die Winter kühl und trocken.
- In der Hochlage der Rocky Mountains und den Gebirgszügen an der Pazifikküste sind die Temperaturen grundsätzlich niedriger als in Gebieten auf dem gleichen Breitengrad in Tallage.
- In der weiten Tiefebene zwischen den Rocky Mountains und den Erhebungen an der Ostküste, die sich südlich bis an die mexikanische Grenze erstreckt, herrscht Wüstenklima. Es ist im Sommer recht warm, im Winter kühl. Es fallen das ganze Jahr über kaum Niederschläge.
- Am Küstenstreifen des Pazifiks mit dem kalifornischen Längstal des Sacramento River herrscht sehr gemäßigtes Klima. Die Sommer sind warm, im Süden heiß, und die Winter sind im Norden kühl und im Süden mild. Die meisten Niederschläge fallen im Winter.

Unregelmäßige Niederschläge

In der Regel hat man im **Reisegebiet Südwesten** bestes Urlaubswetter, wobei man sich in den Sommermonaten vor der zum Teil sehr großen Hitze schützen sollte. Das Klima ist wesentlich von den von Norden nach Süden ausgerichteten Gebirgszügen bestimmt. Sie halten, besonders in Kalifornien, die Regenwolken zurück, sodass der gesamte westliche Teil ungenügend Regen erhält. In den Halbwüsten Nevadas fallen gerade einmal 120 mm/Jahr. In diesen Gebieten ist Landwirtschaft kaum oder nur mit künstlicher Bewässerung möglich. Die **Temperaturen** werden auch maßgeblich von den Gebirgen bestimmt, besonders im Bereich der Rocky Mountains, die die Temperatur durch ihre Höhen (und teilweise auch der Winde) senken. Daher bieten sich hier während des Sommerhalbjahres angenehme Reisetemperaturen. Im Januar dagegen liegt

Klimatabellen

Monat	Temperatur in °C		Niederschlag in mm		mittl. tägl. Sonnenscheindauer in Stunden
	mittl. tägliches Maximum	mittl. tägliches Minimum	mittl. Monatsmenge	mittl. Anzahl der Niederschlagstage	
Houston					
Januar	16,6	7,6	99	10	4,5
Februar	18,8	9,7	93	10	5,1
März	21,7	12,2	71	9	5,9
April	25,6	16,1	85	8	6,9
Mai	29,1	19,5	109	8	8,1
Juni	32,1	23,2	90	8	10,2
Juli	33,4	24,0	102	10	9,2
August	33,8	24,1	102	8	9,0
September	31,5	21,9	103	8	7,8
Oktober	27,8	17,2	95	6	7,7
November	21,7	11,6	99	8	6,0
Dezember	17,9	8,5	115	9	5,0
Jan.-Dez.	**25,8**	**16,3**	**1.163**	**102**	**7,1/2.592**
Phoenix					
Januar	17,8	1,8	19	4	6,8
Februar	20,1	3,8	22	4	8,8
März	23,9	6,1	17	3	9,7
April	28,8	10,2	8	2	11,5
Mai	33,8	13,9	3	1	12,4
Juni	38,7	18,6	2	1	13,5
Juli	40,3	23,9	20	4	11,3
August	38,7	23,0	28	5	11,5
September	36,8	19,8	19	3	10,8
Oktober	30,4	12,6	12	3	9,7
November	23,2	5,8	12	2	8,9
Dezember	18,9	2,8	22	4	7,3
Jan.-Dez.	**29,3**	**11,8**	**183**	**35**	**10,2/3.723**
Denver					
Januar	5,7	- 9,5	14	6	6,3
Februar	7,0	- 7,7	18	6	8,0
März	9,9	- 5,1	31	8	8,3
April	15,9	0,2	54	9	8,5
Mai	21,4	5,5	69	10	9,0
Juni	27,8	10,6	37	9	10,3
Juli	31,3	14,1	39	9	10,0
August	30,5	13,4	33	8	9,5
September	26,1	8,3	29	6	9,5
Oktober	19,2	2,3	26	5	7,8
November	10,9	- 4,7	18	5	6,4
Dezember	7,3	- 7,8	12	5	5,9
Jan.-Dez.	**17,7**	**1,6**	**380**	**86**	**8,3/3.030**

die durchschnittliche Nullgradgrenze auf der Höhe von Albuquerque. In Denver liegt das mittlere tägliche Minimum im Januar bei -9,5 °C. Von Campingtouren ab November in diesen Regionen ist abzuraten. In den Sommermonaten können an der Küste von Texas **tropische Wirbelstürme** (Hurrikans) vorkommen. Diese Wirbelstürme sind tropischen Ursprungs, entstehen zumeist im karibischen Tiefdruckgebiet und ziehen nordwestwärts in Richtung Florida sowie der Golfstaaten, manchmal aber auch bis Virginia. Sobald sie in den Bereich der Westwindzone gelangen, drehen sie dann nach Osten auf den offenen Atlantik ab.

Wirtschaftlicher Überblick

Das Prinzip „Freie Marktwirtschaft“

Das Wirtschaftssystem der USA basiert auf dem Prinzip der freien Marktwirtschaft und bis in das 20. Jh. hinein herrschte das Motto „Laissez-faire“ in allen Bereichen der Wirtschaft. Entscheidungen über Produktion und Preisgestaltung wurde von Herstellern und Verbrauchern bestimmt, was auch auf den Idealen der Amerikaner von persönlicher Freiheit, politischem Pluralismus und Ablehnung übermäßiger Machtkonzentration basiert. Erst seit der Weltwirtschaftskrise Anfang der 1930er Jahre mischte sich auch in den USA der Staat, wie bereits in Europa, mehr in die Geschehnisse der Wirtschaft ein.

Lange galten die USA als die wirtschaftliche Großmacht der Erde und bestimmte Tendenzen in der übrigen Welt. Nicht nur große Industrieunternehmen zeichnen sich dafür mit ihren Ideen zur **Produktivitätsmaximierung** (Fließband etc.) verantwortlich, sondern besonders auch eine Reihe von **Erfindern**, die der Welt immer neue Dinge vorführten, wie z.B. die Glühlampe und den Motorflug. Auch in neueren Zeiten sind die Vereinigten Staaten eine führende Nation in vielen Bereichen der Forschung und Entwicklung neuer Technik.

Die Wirtschaft der USA bildet (immer noch), nach der EU, den zweitgrößten Binnenmarkt der Welt mit über 300 Mio. Menschen. Ein weiterer Vorteil z.B. gegenüber Japan und Deutschland ist eine mehr auf **Konsum eingestellte und mobile Gesellschaft**. Außerdem verfügen die USA immer noch über eine Reihe von Bodenschätzen und weites Land, wo es immer noch eine Reihe von Investitionen zu tätigen und neue Gedanken auszuspielen gibt. Anzeichen der Konsumgesellschaft sind überall im Land zu erkennen, so z.B. in dem fast unüberschaubaren Angebot an Waren und Gütern, in den

Rivercenter Mall in San Antonio: Trotz schwieriger Wirtschaftslage ist der Konsum hoch

riesigen Shopping Centern, manche so groß wie eine europäische Kleinstadt, und in unglaublichen Sonderangeboten.

Immenses Haushaltsdefizit

Bedingt durch die Außenpolitik sowie die militärischen Aktionen von Präsident *George W. Bush* nach dem 11. September 2001, wurde das Haushaltsdefizit, das unter Präsident *Bill Clinton* fast abgebaut worden war, in fast astronomische Höhe getrieben. Wenn auch das immense Konjunkturpaket von Präsident *Barack Obama* nach seinem Amtsantritt 2009 eine langsame Erholung der Wirtschaft hervorbrachte, sind Themen wie Arbeitslosigkeit, Immobilienkrise, Bankensterben, Börsencrash und Rezession an der Tagesordnung. Doch Amerikaner halten fest an ihrem Glauben, die wohlhabendste und mächtigste Nation zu bleiben.

Natürliche Ressourcen und Industrialisierung

Schon die Siedler vor 200–300 Jahren fanden ein vielversprechendes Land vor. Die natürlichen Grundlagen für Landwirtschaft waren vorhanden: **gute Böden**, besonders im Mittelwesten, die geeignet waren für den Getreideanbau, ausreichende Regenfälle in den östlichen und südlichen Landesteilen, Bodenschätze, aber vor allem Platz, um Ackerbau zu betreiben und später auch die Industrialisierung zu gewährleisten. Die **ersten Einwanderergenerationen** verbanden ein hohes Sendungsbewusstsein mit einer grundsoliden Arbeitshaltung (Fleiß, Disziplin und Enthaltsamkeit). Ein sich rasch vergrößernder Binnenmarkt durch viele Einwanderer erhöhte den Bedarf an leistungsfähiger Infrastruktur (Häfen, Eisenbahnen, Brücken, Straßen) und den Bau von Wohn- und Geschäftsräumen. Dadurch waren der Industrie über Jahrzehnte hin volle Auftragsbücher gesichert. Hinzu kamen ausreichende **Rohstoffvorkommen**, um industrielle Aktivitäten wachsen zu lassen, ebenso wie zahlreiche **Erfindungen**, die für wirtschaftliche Impulse sorgten. Somit waren die Grundvoraussetzungen gegeben, diesen Kontinent zu einem leistungsfähigen Wirtschaftsgebiet aufzubauen. Schon früh begann man damit, Waren nach Europa zu exportieren, da mehr produziert wurde, als man in der Neuen Welt verbrauchen konnte. Im Laufe des 19. Jh. entwickelte sich das Land auf diese Weise immer weiter vom kolonialen Agrarstaat zum modernen Industriestaat.

Wirtschaftsgeschichte

Mit der Erschließung von bedeutenden **Bodenschätzen**, wie Kohle (und später Erdöl), aber auch Eisenerz und anderer Metalle, begann das Zeitalter der Schwerindustrie. Kein Land der Erde verfügte Ende des 19. Jh. über eine so große Spannbreite an eigenen (bekannten) Rohstoffen. Dieses ermöglichte der Industrie für einige Jahrzehnte ein **grenzenloses Wachstum**, dem die Industrienationen in Europa nur neidisch zusehen konnten. Kurz vor dem 1. Weltkrieg waren die USA der **größte Produzent** vieler wichtiger Bergbauerzeugnisse wie Kohle, Kupfer Schwefel, Blei und Zink. Die Gunstfaktoren zogen immer mehr Facharbeiter aus Europa ab, was in vielen Regionen der Alten Welt zu einem Kahlschlag führte, wie z.B. in Irland.

Mit Ende des 1. Weltkrieges waren die USA anerkanntermaßen die größte Weltwirtschaftsmacht, was nicht zuletzt auf die Mengen an Kriegsmaterial zurückzuführen ist, die die Amerikaner an die Front schicken konnten. Die darauf folgenden Jahre, auch die „Golden Twenties“ genannt, brachten den vom Krieg relativ wenig gebeutelten Amerikanern weitere Boomjahre, wobei sich in dieser Zeit die Zweiklassengesellschaft immer deutlicher herauskristallisierte. Erst der **Börsenkrach 1929** und die **Weltwirtschaftskrise** weckte auch die erfolgsverwöhnte amerikanische Wirtschaft. Hohe Arbeitslosenquoten, lange Schlangen vor den Suppenküchen und unzählige Firmenzusammenbrüche bewegten nun auch die Arbeitgeber zum Umdenken. Ihnen wurde klar, dass nicht nur ein Teil der Bevölkerung „einfach arm" ist, sondern dass ihnen nun auch ein großer Teil der Konsumenten ihrer Produkte verloren ging. In den 1930er Jahren begann man deshalb mit der Einführung von umfangreichen Sozialmaßnahmen. Gleichzeitig lehrten diese Ereignisse sowie die Zeit nach dem 2. Weltkrieg, dass die amerikanische Wirtschaft nicht unverwundbar war. Die Industrie war mittlerweile so stark gewachsen, dass bestimmte Bodenschätze knapp wurden. Um den immensen Bedarf weiterhin zu decken, wurde Erdöl in immer größerem Umfang importiert, besonders aus der (arabischen) Golfregion, und spezielle, hochwertige Metalle (z.B. Vanadium) wurden u.a. aus Südafrika eingeführt.

Landwirtschaft

Die USA haben als reines Agrarland begonnen und konnten sich bereits früh **selbst versorgen**. Diese Tatsache beruhte in frühen Jahren darauf, dass mangelnde Verkehrsverbindungen die Siedler dazu zwangen, zuerst genügend für den Eigenbedarf, später dann zumindest genügend für die Region zu erzeugen. Erst danach wurde mit marktorientierter Produktion im großen Stil begonnen. Im Wirtschaftsgeschehen der heutigen USA spielt die Landwirtschaft nur noch eine untergeordnete Rolle. Von der Kolonialzeit bis 1920 wurde zur Schaffung von Agrarflächen etwa **130 Mio. ha Wald gerodet** (mehr als die dreieinhalb-fache Fläche Deutschlands). Seither sorgt ein staatliches Konservierungsprogramm dafür, dass nicht mehr Land gerodet und so weitere Erosion verhindert wird.

Nach dem 2. Weltkrieg wurde die Landwirtschaft **kapitalintensiver**, und die Zahl der Betriebe nahm kontinuierlich ab. In den 1930er Jahren gab es über 6,5 Mio. landwirtschaftliche Betriebe mit durchschnittlich 65 ha, Ende der 1990er Jahre gab es nur noch rund 2 Mio. Betriebe mit ca. 190 ha. Gravierender ist jedoch die Abnahme der Zahl der Beschäftigten, von 12,5 Mio. auf 1,2 Mio. Diese Tendenz liegt an den sinkenden Weltmarktpreisen, die überschuldete Farmer oder Farmen mit schlechten Böden zur Aufgabe zwangen. Hinzu kommt, dass mit der Gründung der Handelsgemeinschaft **NAFTA** (USA, Kanada, Mexiko und weitere Staaten des amerikanischen Kontinents) billigere Produkte aus den Niedriglohnländern ins Land gelangen. Zudem herrscht auf dem Weltmarkt ein Überangebot bestimmter Nahrungsmittel. Da etwa 60 % der Farmen über die Hälfte ihrer Einnahmen aus einem Bereich (Milchviehwirtschaft, Sojabohnen etc.) schöpfen, sind sie besonders anfällig für sinkende Preise. Viele Regionen werden nur von einem Verarbeitungsbetrieb bedient, der nur ein Produkt verarbeitet.

Sinkende Weltmarktpreise

Im Süden der USA, dem ehemaligen Cotton Belt (Baumwollgürtel), wird heute hauptsächlich Grünlandwirtschaft betrieben. Direkt an der Küste zwischen Texas und Florida nehmen mittlerweile auch Zitrusfrüchte, Zuckerrohr (Mississippidelta) und Reis (Küstenebene von Texas) einen höheren Stellenwert ein. **Im Südwesten** überwiegt die Mastviehhaltung und in besser beregneten Gegenden vor allem der Getreideanbau, der hier in riesigen Monokulturen betrieben wird, was starke Erosionsschäden hervorruft.

Ernten für den Getreideüberschuss

Die **Warenkreditgesellschaft** (*Commodity Corporation*) nimmt in den USA den Platz einer Einkaufsgenossenschaft ein. Sie lagert Waren während einer Zeit des Überangebots ein, um sie dann während eines schlechten Erntejahres wieder zu verkaufen. Anders als in vielen Ländern Europas aber, vor allem der EU, variieren die gezahlten Preise erheblich, sodass die Farmer häufig nicht auf ihre Kosten kommen. Obwohl die Regierung bereits in den 1930er Jahren die Festsetzung von Garantiepreisen und Produktionsquoten eingeführt hat, ist diese Hilfe von Seiten des Staates minimal. Als Fazit bleibt auch der amerikanischen Landwirtschaft keine andere Wahl, als ihre Produktion drastisch zu reduzieren.

Neuorientierung und der Druck von außen

Mit der Entwicklung Amerikas von einer Agrargesellschaft zu einem modernen Industriestaat wandelte sich die Struktur des Arbeitsmarktes grundlegend. Der produzierende Bereich, der sich im Zuge der Industrialisierung zu Beginn des 20. Jh. entwickelte, hat heute seinen Einfluss weitgehend verloren. Der Dienstleistungssektor hingegen hat zunehmend an Bedeutung gewonnen.

In der Gründerzeit konzentrierten sich Staat und Wirtschaft hauptsächlich auf die Entwicklung der Binnenwirtschaft, unabhängig davon, was im Ausland geschah. Seit der Weltwirtschaftskrise in den 1930er Jahren und dem 2. Weltkrieg setzten sich die USA für den Abbau von Handelsschranken und die Koordinierung des Weltwirtschaftswachstums ein. Sie haben die Handelsliberalisierung unterstützt und waren maßgeblich am Abschluss des Allgemeinen Zoll- und Handelsabkommen (GATT), einem internationalen Kodex für Zoll und Handelsregeln, beteiligt.

Auch traten die soziale Stabilität und die Demokratie in einzelnen Ländern sowie Wohlstand, Rechtstaatlichkeit und Frieden im Rahmen der internationalen Beziehungen mehr in den Vordergrund. Ölkrisen, Sicherung der Transportwege nach Amerika und Wirtschaftsembargos waren nun Schlüsselthemen der amerikanischen Außenpolitik, besonders um den eigenen Rohstoffbedarf zu decken bzw. zu sichern. Als Folge musste sich das Land immer mehr für die Weltwirtschaft öffnen, die von nun an nicht nur mehr Rohstoffe, sondern auch Fertigwaren in die USA importieren konnte. Auf diese Weise entstand bereits in den 1970er Jahren ein Handelsdefizit, das sich seitdem immer weiter vergrößert hat. Obwohl in den 1990 Jahren der Export wesentlich zugenommen hat, überschreitet der Import den Export immer noch um ein vielfaches. Eine weitere Problematik ist, dass US-Firmen in erster Linie Waren für den eigenen Markt produzieren.

Import größer als Export

Nur verkaufen sich diese Waren nicht immer gut im Ausland. Ein Beispiel hierfür ist die Automobilindustrie. Die Fahrzeuge sind zu groß für europäische Straßen, verbrauchen zu viel Benzin und gelten als weniger zuverlässig.

Hightech-branche

Zukunftsweisende Industrie ist u.a. der Hightechbereich, der noch immer die große Hoffnung der amerikanischen Wirtschaft ist. Kommen doch die meisten neuen Ideen auf diesem Sektor immer noch aus Amerika. Diese Industrie wies bisher jedes Jahr eine positive Handelsbilanz auf.

Die Wirtschaft im Südwesten der USA

Abgesehen von Texas ist der Südwesten eher ein industrielles Stiefkind der USA. Die Rocky-Mountains-Staaten liegen schon alleine verkehrstechnisch zu weit von den großen Verbrauchermärkten entfernt, und die dünne Besiedlung lässt große Fabrikanlagen nur bedingt zu. In Texas, besonders in den Ballungsgebieten Dallas und Houston, finden sich schon eher größere Industrieanlagen, in den anderen Staaten des Südwestens sind es eher kleinere Anlagen. Häufig sind diese nur auf die Weiterverarbeitung von Rohprodukten oder Teilen spezialisiert.

Texas verfügt über große Erdölvorkommen, das hier gefördert und zum Teil verarbeitet wird. Computerfirmen wie z.B. Dell und HP (ehemals Compaq) haben hier ihren Sitz. Es gibt einige Einrichtungen des Militärs und der Weltraumforschung und Anlagen um die Entwicklung und Produktion von Flugzeugen, Waffen und Raumschiffen. Ansonsten steht vor allem die Land- und Viehwirtschaft (Baumwolle, Getreide, Rinder) im Vordergrund.
New Mexico verfügt vor allem über Bodenschätze (Gold, Silber, Steinkohle, Uran, Kupfer) und über Öl und Gas fördernde Anlagen. Für die Landwirtschaft ist das Land nur bedingt nutzbar. Die Böden sind in der Regel schlecht, und die geringen Niederschläge müssen mit künstlicher Bewässerung ausgeglichen werden. Industrie gibt es nur in kleinem Umfang, staatliche Gelder fließen über die Militär- und Übungsanlagen (z.B. Los Alamos) in den Staat.

Der Südwesten als Rohstoff-lieferant

In **Arizona** steht zum einen der Bergbau wirtschaftlich im Mittelpunkt, mit Vorkommen von Gold, Silber und verschiedenen Metallen. Die Landwirtschaft besteht, wie in New Mexico, aus Bewässerungskulturen und dreht sich hauptsächlich um Baumwolle und Gemüse. Daneben stehen der Tourismus und ein paar Manufakturen, die vor allem Teile von Elektronik und Flugzeugen weiterverarbeiten, im Vordergrund.
Nevada verfügt über Gold- und Silbervorkommen, das hier abgebaut wird. Die Landwirtschaft zentriert sich um Alfalfa, Heu und Rinder. Ansonsten steht der Tourismus im Vordergrund (vor allen Dingen Las Vegas und Reno). So ist das Verhältnis von Hotelzimmern zu Einwohnern in Nevada größer als in allen anderen US-Staaten.
Utah lebt vom Bergbau. Neben Gold, Silber, Blei und Eisenerzen ist vor allem der Uranabbau von Bedeutung. Auch hier kann nur mit Bewässerung Ackerbau betrieben werden. Der High-Tech-Sektor ist hier langsam auf dem Vormarsch. Der Tourismus ist ganzjährig eine große wirtschaftliche Einnahmequelle.
In **Colorado** werden Gold, Silber, Blei und Uran abgebaut, bedeutende Industrien gibt es hier nicht. In den letzten Jahren sind staatliche Gelder in wissenschaftliche Forschungszentren und High-Tech-Anlagen geflossen. Die Landwirtschaft beschränkt sich hauptsächlich auf Weidewirtschaft.

Gesellschaftlicher Überblick

Bevölkerung

Heute leben in den USA über 300 Mio. Menschen. Daten zu den unterschiedlichen Bevölkerungsgruppen sind etwas irreführend, da unterschiedliche Quellen und Methoden angewendet werden. Die größte Bevölkerungsgruppe stellen die **Weißen** mit ca. 70 % der Gesamtbevölkerung, die zum größten Teil ursprünglich aus Europa stammen. Die drei Hauptgruppen sind englischer, deutscher und irischer Herkunft, hinzu kommen Amerikaner osteuropäischer, skandinavischer und italienischer Abstammung. Die zweitgrößte Bevölkerungsgruppe (zwischen 13 % und 15 % der Bevölkerung) sind **Hispanics**. Zu dieser Gruppe gehören vor allen Dingen Menschen aus Latein- und Südamerika. Bevölkerungswissenschaftler haben vor einiger Zeit prognostiziert, dass der lateinamerikanische Bevölkerungsanteil den der Afroamerikaner übersteigen wird, da schon seit vielen Jahren mit steigender Tendenz eine Wanderungsbewegung von Mexiko und anderen mittelamerikanischen Ländern in die Vereinigten Staaten eingesetzt hat. Besonders im Westen und Südwesten ist diese Entwicklung deutlich sichtbar, da sich dort die meisten der zum großen Teil illegal über die Grenze gekommenen Einwanderer ansiedelt. **Afroamerikaner** (African-Americans) machen ca. 13 % der Bevölkerung aus. Neben diesen drei Gruppen gehören noch knappe 6 % der Bevölkerung anderen Gruppen (z.B. Asiaten/Bewohner der Pazifikinseln, Indianer, Eskimos, Aleuten) an.

Unterschiedliche Besiedlung der USA

Die **Besiedlung** der Vereinigten Staaten ist sehr unterschiedlich. Während in den Nordoststaaten, die ungefähr 20 % der Gesamtfläche ausmachen, ungefähr 50 % der Bevölkerung wohnt, ist der Südwesten als „menschenleer" zu bezeichnen. Auch Staaten wie Alaska und Wyoming sind sehr dünn besiedelt. Bevölkerungsreichster Bundesstaat ist Kalifornien mit über 35 Millionen Einwohnern. Wie in anderen Industriestaaten setzte seit der Jahrhundertwende eine rapide Verstädterung ein. Heute leben etwa 80 % aller Amerikaner in Städten oder städtischen Metropolen.

Ethnische Gruppen

Afroamerikaner (African-Americans)

In den USA wird die schwarze Bevölkerung mit dem politisch korrekten Ausdruck **African-Americans** bezeichnet. Sie sind mit etwa 13 % Bevölkerungsanteil immer noch eine große Minderheit in den USA, doch trotz gleicher Rechte vor dem Gesetz haben sie durchschnittlich nicht die gleichen Chancen wie hellhäutige Bürger. Zwar wurde als Folge der ab 1955 aktiven **Bürgerrechtsbewegung** mit den Civil Rights Acts von 1964, 1965 und 1968 eine Gleichheit vor dem Gesetz festgelegt bzw. Ungleichheiten beseitigt, aber der Traum („I have a dream") des bekanntesten Vertreters dieser Bürgerrechtsbewegung, *Martin Luther King, Jr.* ist, was die realen Verhältnisse betrifft, noch nicht in Erfüllung gegangen. Inzwischen gibt es zwar eine afroamerikanische Mittelschicht, und einige Afroamerikaner schafften den Sprung auch in die oberste Gesellschaftsschicht, aber was den Durchschnittsafroamerikaner betrifft, so haben Quotenregelungen und Bildungsförderungsprogramme nicht viel geändert. Der überwiegende Anteil dieser Bevölkerungsgruppe lebt in separaten Gegenden, mit hoher Arbeitslosigkeit, Analphabetentum, der entsprechenden Kriminalität und zu einem Teil sogar unter der offiziellen Armutsgrenze.

Nach der Abschaffung der Sklaverei 1863 in den Unionsstaaten unter Präsident *Lincoln*, die von den Südstaaten infolge des Ausganges des Amerikanischen Bürgerkrieges 1865 übernommen wurde, erhielten 1867 die Afroamerikaner die Bürgerrechte. Diese wurden durch Sondergesetze der einzelnen Bundesstaaten insbesondere im Süden und durch die Handhabung in der Praxis unterlaufen. Darüber hinaus wurden Afroamerikaner durch Schikanen von Geheimorganisationen, wie dem **Ku Klux Klan**, unter Druck gesetzt. In den 1870er Jahren war dann die erste Abwanderungswelle von Afroamerikanern vom Süden in den industrialisierten Norden zu beobachten. Die Betroffenen tauschten jedoch ihr Schicksal als Landarbeiter gegen eine Existenz als schlecht bezahlte Industriearbeiter ein, wenn auch die Lebensbedingungen im Norden nicht so hart waren.

Bürgerrechtsbewegung

1883 hob der Supreme Court das Bürgerrechtsgesetz von 1875 auf und etablierte eine Politik von **„separate but equal"** (getrennt, aber gleich). Afroamerikaner hatten somit zwar theoretisch die gleichen Rechte wie die Weißen, konnten sie aber nur innerhalb ihrer „Gesellschaft" ausüben. Im Süden der Vereinigten Staaten wurden zu Beginn des 20. Jh. sogar Bundesstaatengesetze verabschiedet, die den Afroamerikanern das Wahlrecht absprachen.

Mit dem von **Martin Luther King, Jr.** initiierten **Bus-Boykott** in Montgomery (Alabama) 1956 wurde im Kampf um Gleichberechtigung eine neue Ära eingeläutet. *Martin Luther King, Jr.* und seine Anhänger vertraten den Standpunkt, dass mit passivem Widerstand in geballter Form eine Verbesserung der Lebensbedingungen der Afroamerikaner in den Vereinigten Staaten zu erreichen sei und initiierten eine Bewegung, die mit Boykottierung von Geschäften und öffentlichen Einrichtungen durch Afroamerikaner öffentliches Aufsehen erregte. Die landesweite „Freedom Rider Bewegung" versuchte, gleiche Rechte in der Beförderung in öffentlichen Verkehrsmitteln durchzusetzen und in weiteren Aktionen des **friedlichen Widerstandes** wurden ab 1962 große Aufmärsche organisiert. Die erste dieser Versammlungen, die in die Geschichte einging, fand 1962 in Albany (Georgia) statt. Es folgten friedliche Demonstrationen in Birmingham (Alabama) und Washington D.C.

Ist die Kluft überwunden?

Zu diesem Zeitpunkt formierten sich auch die **Black Muslims**, die der Auffassung waren, ihre Rechte nur mit Gewalt durchsetzen zu können. Der Anführer einer Splittergruppe dieser Bewegung wurde unter dem Namen **Malcolm X** international bekannt. Obwohl die amerikanische Regierung den Afroamerikanern 1964 zusätzliche Bürgerrechtsgesetze einräumte, waren die realen Veränderungen zu wenig spürbar und der gewaltsame Flügel der Bürgerrechtsbewegung, die **Black Panther Party**, rückte immer mehr in den Vordergrund des Geschehens. Im Sommer 1965 kam es in Los Angeles zum sogenannten Watts-Aufstand, der 34 Todesopfer und über 1.000 Verletzte forderte. 1967 gab es in Newark und Detroit gewaltsame Auseinandersetzungen, die ebenfalls viele Opfer forderten. Ein Jahr später löste das Attentat auf *Martin Luther King, Jr.* Protestaktionen im ganzen Land aus.

Auch wenn es inzwischen Berichte und Statistiken von mehr Gleichberechtigung am Arbeitsplatz und im gesellschaftlichen Leben gibt, sehen die realen Verhältnisse anders aus. Der Anteil von Afroamerikaner in Gefängnissen liegt drastisch über dem anderer Bevölkerungsgruppen. Arbeitslosigkeit, Isolation, Armut, Rassismus und Diskriminierung ist immer wieder in den Medien. Ob die Wahl des ersten afroamerikanischen Präsidenten eine Veränderung bringt, bleibt abzuwarten.

Lateinamerikaner (Hispanics)

Von den geschätzten 43 Millionen Menschen lateinamerikanischen Ursprungs, *Hispanics* genannt, die in den Vereinigten Staaten leben, sind fast die Hälfte mexikanischen Ursprungs (der Begriff *Chicanos* für Mexikaner wird heute zunehmend von ihnen selbst als Bezeichnung der amerikanisch-mexikanischen Kultur verwendet). Sie leben hauptsächlich im Westen und Südwesten der USA, während sich die übrigen Lateinamerikaner (*Latinos*), angeführt von den Puerto Ricanern, eher im Osten angesiedelt haben. Bedingt durch die schlechten wirtschaftlichen Verhältnisse in Mexiko sehen viele Mexikaner in einem illegalen Grenzübertritt über die relativ lange Grenze (über 3.000 km) in die USA eine Chance, ihre Lebensqualität zu verbessern. Jährlich werden mehr als 600.000 illegale Grenzgänger auf dem Weg von Mexiko in die USA von der Grenzpolizei erwischt und wieder zurückgeschickt, und nicht wenige kommen auf der Tour durch die Wüste ums Leben. Es wird geschätzt, dass weitaus mehr Mexikanern der Grenzübertritt gelingt und diese versuchen bei Landsleuten am Stadtrand von Los Angeles, San Diego, Tucson, Santa Fe oder Phoenix Unterschlupf zu finden, um sich dann eine (eher schlecht bezahlte) Arbeit zu suchen.

Wirtschaftsflüchtlinge

Da der Strom dieser Wirtschaftsflüchtlinge aus Mexiko und Lateinamerika in absehbarer Zeit nicht abreißen wird und die Geburtenrate über dem amerikanischen Durchschnitt liegt, wird die spanisch sprechende Minderheit in den USA auch weiterhin anwachsen. Sicher ist auch, dass die Landwirtschaft, besonders in den Pazifikstaaten und während der Erntezeit, auf die Arbeit der Mexikaner nicht verzichten kann.

Indianer (Native Americans oder American Indians)

Die Angaben darüber, wie viele Indianer es in den Vereinigten Staaten heute gibt, variieren stark. Die jeweils angegebene Zahl ist davon abhängig, wer als Native American gezählt wird. Eng gefasste Definitionen berücksichtigen nur diejenigen als Indianer, die in Reservaten und indianischen Lebensgemeinschaften leben. Fasst man die Bürger zusammen, die sich selbst als Native American bezeichnen und entsprechende Angaben

bei den Behörden gemacht haben, so sind etwa 1,5 % der Gesamtbevölkerung der Vereinigten Staaten Indianer. Diese Zahl schließt die Inuit, wie sich die Ureinwohner Alaskas nennen, ein.

Wie viele Indianer es vor den Vernichtungsaktionen durch die Weißen ursprünglich einmal auf dem nordamerikanischen Kontinent gegeben hat, gab Anlass zu vielen Spekulationen. Schätzungen zwischen 1 und 2 Millionen sind in der Literatur am häufigsten zu finden. Heute sind über **260 Stämme** offiziell als Nationen von der Bundesregierung anerkannt, die Anzahl der offiziell anerkannten Stämme in Nordamerika liegt bei über 560. Ungefähr die Hälfte der Indianer lebt in Reservaten, die zum Teil autonom verwaltet werden und dem „Bureau of Indian Affairs" unterstehen.

Indianerreservate

Die größten Reservate sind das Navajoreservat (**Navajo Nation**), das sich über Gebiete der Bundesstaaten Arizona, New Mexico und Utah erstreckt, sowie das Papago- und das Hopireservat, die beide in Arizona liegen. Da diese Reservate in der Regel weder landwirtschaftlich noch industriell in großem Stil genutzt werden können (ungeeigneter Boden, schlechte Infrastruktur, unzureichende Bodenschätze), müssen die Bewohner auf andere Wirtschaftszweige, wie z.B. den Tourismus ausweichen, um ihren Lebensunterhalt zu sichern. Darüber hinaus werden die Reservate mit staatlichen Mitteln gefördert. Nachdem 1988 durch ein Gesetz (Indian Gaming Regulatory Act) die Eröffnung von **Spielkasinos** auf dem Gebiet von Indianerreservaten legalisiert wurde, versuchen viele indianische Gemeinschaften, diese Geldquelle zu nutzen. Bereits 1994 hatten mehr als die Hälfte der Reservate ein Kasino eröffnet. Ob diese Geldquelle jedoch die Situation der Indianer im Allgemeinen verbessert hat, ist von Reservat zu Reservat unterschiedlich. Immer noch weisen Arbeitslosigkeit, Alkoholismus, eine hohe Selbstmordrate sowie Diabetes und eine hohe Säuglingssterblichkeit auf eine prekäre wirtschaftliche, soziale und gesundheitliche Lage hin.

Asiaten (Asians)

Amerikaner asiatischer Herkunft stellen einen Bevölkerungsanteil von 4 %, sie leben hauptsächlich an der Westküste der Vereinigten Staaten oder auf Hawaii. Aber auch in großen Städten des Ostens, wie z.B. in New York, gibt es beachtliche Enklaven von der asiatischen Bevölkerung. Die größte Gruppe unter den Asiaten bilden die **Chinesen**, die auch die älteste Einwanderungsgruppe sind. Bereits im 19. Jh. kamen die ersten Chinesen auf Goldsuche oder zum Eisenbahnbau in die USA. Eine weitere Einwanderungswelle von Chinesen gab es nach dem Zweiten Weltkrieg, nachdem die Einwanderungsbeschränkungen für Asiaten aufgehoben wurden. Zu der Zeit wanderten auch viele **Japaner** in die Vereinigten Staaten ein, bzw. blieben als ehemalige Kriegsgefangene hier. Die zweitgrößte asiatische Gruppe in den USA bilden jedoch die **Filipinos** mit einer Anzahl ca. 2 Millionen. Als Folge der Kriege, an denen die USA im Fernen Osten beteiligt waren, kamen ebenfalls viele **Koreaner** und **Vietnamesen** nach Amerika.

Enger Zusammenschluss

Typisch für die meisten asiatischen Einwanderer ist der enge Zusammenschluss mit Landsleuten. Auch heute noch gibt es in amerikanischen Großstädten ganze Wohnviertel, in denen fast ausschließlich Asiaten wohnen und arbeiten. Die Bezeichnung „Chinatown" für solche Viertel ist zu einem festen Begriff geworden. Hier bekommt man als Tourist das Gefühl, in einer anderen Welt zu sein, da die asiatischen Lebensgewohnheiten mit nach Amerika „importiert" wurden. Dieser Umstand zeugt von einer starken kulturellen Eigenständigkeit der Asiaten in den USA, der sich auch auf sprachlichem Gebiet beobachten lässt. Obwohl der Integrationsgrad der Asiaten auf kulturellem Gebiet weit geringer ist als der anderer Minderheiten, sind bei ihnen die wenigsten Probleme im beruflich-wirtschaftlichen Bereich zu konstatieren.

Soziale Verhältnisse

Persönlicher Einsatz

Die Einstellung der Amerikaner zu ihrem sozialen System ist auch heute noch geprägt von den Lebensbedingungen der Pioniere, die den nordamerikanischen Kontinent erschlossen haben. Für Generationen von Siedlern und Pionieren waren Eigeninitiative, Ehrgeiz, Beharrlichkeit und Selbstverantwortung die Eigenschaften, die geschätzt wurden, um den harten Lebensbedingungen standzuhalten. Vielen Amerikanern ist der Gedanke immer noch fremd, auf Hilfe vom Staat zu bauen, eher verlässt man sich auf persönlichen Einsatz und erwartet dasselbe von seinen Mitmenschen. Wesentlich größer ist der Anteil der **Kirchen und gemeinnützigen Organisationen** mit unzähligen Freiwilligen an der „Sozialarbeit" und Unterstützung in Notlagen. Noch heute sorgt ein Netz von Spenden, Hilfsorganisationen und Öffentlichkeitsarbeit dafür, dass die, die es am Nötigsten haben, unterstützt werden. Die Gesamtsituation von Menschen in sozialer Not verändert diese Hilfe jedoch leider nicht, so effektiv sie im Einzelfall auch sein mag.

Krankenversicherung

Gesundheitsreform 2010

Da in den USA bislang keine Versicherungspflicht besteht und viele Arbeitnehmern und Arbeitgeber (besonders kleine und mittlere Betriebe) die hohen Versicherungskosten nicht tragen können, ist immer noch ein großer Teil der amerikanischen Bevölkerung **ohne Absicherung im Krankenfall**. Um eine Reform des Gesundheitswesens hatte sich bereits die Regierung *Bill Clintons* bemüht, jedoch mit nur geringem Erfolg. Ein neuer Gesetzentwurf, eingeführt von Präsident *Obama*, wurde im März 2010 nach heftigen Diskussionen im Kongress angenommen. Er sieht eine allgemeine Versicherungspflicht vor (derzeit sind über 40 Mio. Amerikaner unversichert) und soll sicherstellen, dass jeder Amerikaner im Krankheitsfall abgesichert ist. Viele berufstätige Amerikaner sind über Beiträge in eine betriebliche Krankenversicherung versorgt, bei der es sich meistens um Gruppenverträge mit Versicherungsgesellschaften handelt, für die entweder Arbeitgeber und Arbeitnehmer oder nur der Arbeitnehmer Beiträge bezahlt. Diese Absicherung ist jedoch in vielen Fällen nur in größeren Firmen oder für Staats- oder Stadtbedienstete gewährleistet.

Für die medizinische Versorgung von Armen, Rentnern und Behinderten sind 1965 zwei soziale Programme eingerichtet worden. Die medizinische Versorgung von Armen wird durch **Medicaid** finanziert, ein vom Bund und von den einzelnen Staaten getragenes Programm. Allerdings müssen bestimmte Bedingungen erfüllt werden, um Medicaid in Anspruch nehmen zu können. Für Rentner und Behinderte wurde **Medicare** eingerichtet, ein Programm, das durch Beiträge der Versicherten, Sozialversicherungsabgaben und staatliche Zuschüsse finanziert wird.

Rentenversicherung

Unter *Franklyn D. Roosevelt* wurde 1935 mit dem **Social Security Act** eine staatliche Rentenversicherung eingeführt. Die Renten werden in den Vereinigten Staaten durch die Social-Security-Steuer finanziert, die wie bei Medicare zu gleichen Teilen von den Arbeitnehmern und Arbeitgebern zu entrichten ist. Selbständige haben die Möglichkeit, durch Zahlung der Social-Security-Steuer im Alter ebenfalls in den Genuss einer entsprechenden Rente zu gelangen. Bei entsprechender Zahlungsdauer werden etwas weniger als die Hälfte des letzten Nettoeinkommens als Rente ausgezahlt. Generell ist das Rentenalter auf 65 Jahre angesetzt, wobei es auch Ausnahmen gibt, allerdings meist nur bei Verzicht auf einen gewissen Prozentsatz. Diejenigen Arbeitnehmer, die es sich finanziell leisten können, schließen darüber hinaus noch eine private Rentenversicherung ab, um im Alter ihren Lebensstandard halten zu können.

Unterstützer Obamas für die Einführung einer gesetzlichen Krankenversicherung

Arbeitslosenversicherung

Die Höhe der Arbeitslosenversicherung ist abhängig von dem Bundesstaat, in dem sie ausgezahlt wird und auch der Prozentsatz differiert erheblich. So werden entsprechend dem Wohnort zwischen 30 und 50 % des letzten Arbeitslohnes ausgezahlt. Die Zahlungen werden bis zu 39 Wochen nach dem Zeitpunkt der Kündigung geleistet. Obwohl diese Leistungen sich in Deutschland inzwischen auch schon geändert haben, so wird deutlich, dass die Situation der Arbeitslosen in den Vereinigten Staaten immer noch schlechter ist als hierzulande. Diese Tatsache ist insofern nicht verwunderlich, als die Finanzierung der Arbeitslosenunterstützung auf einer Steuer basiert, die allein vom Arbeitgeber zu entrichten ist.

Sozialhilfe

Sozialhilfe (**welfare**) wird allen Bürgern der Vereinigten Staaten gewährt, deren Einkommen unter der offiziell festgelegten Armutsgrenze liegt, aber die Leistungen werden nicht für unbegrenzte Zeit gewährleistet. Nach zwei Jahren Sozialhilfe sind Empfänger dazu verpflichtet, zumindest eine Teilzeitarbeit anzunehmen, was Betroffene in schlecht bezahlte Jobs zwingt. Immerhin ist in den USA ein landesweiter Mindestlohn gesetzlich festgelegt, der zurzeit bei etwas über $7/Std. liegt, aber auch für dieses Gesetz gibt es Ausnahmen und Unterschiede in verschiedenen Gegenden des Landes.

Soziale Verelendung

Inzwischen sind fast ein Drittel der Afroamerikaner und ein Viertel der Lateinamerikaner auf Sozialhilfe angewiesen. Aber auch durch zusätzliche Sozialleistungen wie Medicaid, Mietzuschüsse und Ausgaben von Lebensmittelmarken können die sozial bedingten Missstände nicht behoben werden, da trotzdem oft das Geld für das Nötigste fehlt und der Teufelskreis sozialer Verelendung nicht durchbrochen werden kann. Schlechte Schulbildung, Arbeitslosigkeit, oder schlecht bezahlte Arbeit wiederholen sich oft und die Kluft zwischen arm und reich wird immer größer.

Bildungswesen

In den Vereinigten Staaten ist der Bildungsweg in mehrere Abschnitte gegliedert. Schulpflicht besteht ab dem 6. Lebensjahr, Kinder können aber schon ab 5 Jahren in den Kindergarten, was in Deutschland einem Vorschuljahr entspricht. Von der 1. bis zur 8. Klasse (amerik.: *grade*) besuchen Schüler eine Primary oder **Elementary School**, an die meist ab der 6. oder 7. Klasse eine Middle School oder eine Junior High School angegliedert ist. In großen Städten sind die Junior High Schools auch oft separate Schulen. In der Regel besuchen amerikanische Schüler von der 9. bis zur 12. Klasse die **High School**.

Qualitätsunterschiede

Was die öffentlichen Schulen betrifft, so besteht in den USA ein sehr großer Qualitätsunterschied, der durch den Umstand bedingt ist, dass die Schulen über die Grundstückssteuer finanziert werden. Somit sind Schulen in „reichen" Gegenden wesentlich besser ausgestattet als die, in denen arme Leute wohnen. Aber nicht nur dieser Unterschied in der Ausstattung der verschiedenen Schulen hat zur amerikanischen Bildungsmisere geführt. Der Umstand, dass amerikanische Schüler durchschnittlich 40 Tage im Jahr weniger zur Schule gehen als in Europa, ein nicht abnehmender Zustrom von Einwandererkindern, die oft die Sprache kaum beherrschen, und die zunehmenden Probleme mit Gewalt und Drogen im Schulbereich haben ihren Anteil daran.

Nach dem High-School-Abschluss folgt für viele Schüler das meist vierjährige Studium an einem **College**, das in der Regel einer Universität angeschlossen ist. Das College gleicht eher einem Grundstudium, höhere Abschlüsse sind hier nicht möglich. Nach dem College Abschluss haben Studenten die Wahl, an eine Universität zu gehen, um ihre akademische Ausbildung abzuschließen. Für viele Berufe ist der College-Abschluss eine Voraussetzung oder vergrößert die Chancen auf eine Arbeitsstelle. Eine „Lehre" im deutschen Sinne existiert in den USA nicht. Berufsbildende Schulen sind weitgehend unbekannt. Man lernt einen Beruf durch Mitarbeit in der jeweiligen Branche, eventuell besucht man berufsbegleitende Kurse.

Da es in den USA neben den öffentlichen Schulen und Universitäten auch viele private Einrichtungen gibt, die durch Schulgeld oder Studiengebühren (und Spenden „Ehemaliger") finanziert werden, ist die Spanne des Bildungsniveaus in Amerika sehr weit gefächert.

Kunst der Indianer

Die vier Hauptkulturen indianischer Abstammung im Südwesten der USA sind die Plains-Indianer (Oklahoma, Texas, Kansas), die Southwest-Indianer (Arizona, New Mexico, West-Texas), die Great-Basin-Indianer (Utah, Nevada, West-Colorado) und die Southeast-Indianer (Ost-Texas, Südost-Oklahoma). Archäologisch gut erschlossen ist besonders die Southwest-Kultur, von der **viele Kulturdenkmäler** auch heute noch zu bewundern sind.

Viele Kulturdenkmäler

Die Kunst der indianischen Völker ist unter anderem im Institute of American Indian Art in Santa Fe, im Museum of Fine Arts in Dallas oder Houston (Texas) und ebenso im Indian Pueblo Cultural Center in Albuquerque (New Mexico) zu bewundern. Neben zum Teil sehr kunstvollen Töpfereierzeugnissen und Schmuckwaren sticht besonders die Architektur hervor. Als historische Zeugnisse sind zudem Felsenbilder, Textilien, Holzschnitzerzeugnisse und kunstvolles Flechtwerk zu erwähnen.

Flechtwerk

Die Tradition des Flechtens besteht bei Stämmen des Südwestens bereits seit Jahrtausenden, Historiker setzen die Existenz der Korbmacher-Kultur von 500 v. Chr. bis etwa 600 n. Chr. an. Aus den unterschiedlichsten Materialien wie Schilf, Weidenzweigen und Gräsern fertigten sie Gegenstände sowohl für den täglichen Gebrauch als auch für kultische Zwecke. Auch heute noch spielt die Produktion von Flechtwerk eine Rolle im indianischen Kunsthandwerk, zu nennen sind im Besonderen die Korbschalen der Hopi-Indianer.

Architektur

Die **Pueblos** sind sicher die bekanntesten Bauwerke indianischer Architektur. Das Wort Pueblo ist vom spanischen Wort für Dorf/Siedlung abgeleitet. Ursprünglich wur-

Indianerreservate und National Monuments

den die Bauten als Speicher verwendet, später auch als Wohnhäuser genutzt und im Zuge der Entstehung von Wohngemeinschaften vergrößert. Zu dieser Zeit entstanden auch die „kivas", Bauten nach dem Prinzip eines Grubenhauses (pit house), die durch ein Rauchloch in der Decke über eine Leiter zu betreten waren und als Versammlungsort dienten. Die östlichen Pueblos sind aus Ziegeln, die westlichen aus mit Lehm verbundenen Steinen gebaut. Viele der Pueblos wurden in Felsnischen angelegt, die als Schutz vor Feinden und Wetter dienten und allgemein als „**Cliff Dwellings**" bezeichnet werden. Von besonderer Bedeutung sind die Pueblos in Mesa Verde (Colorado) und dem Chaco Canyon (New Mexico). Die Bewohner der Pueblos galten als sehr friedlich, was einem Teil von ihnen den Namen Hopis, „die Friedlichen", einbrachte. In wenigen Fällen existieren noch heute bewohnte Pueblos (z.B. Taos Pueblo, New Mexico).

„Cliff Dwellings"

Textilien

Die Pueblo-Kultur trat nicht nur durch ihre architektonischen Leistungen hervor, sondern auch durch die Fertigung bunter Baumwolltextilien und kunstvoller Federkleidung, die sich in eine typische Tradition der Textilherstellung entwickelte. Die Navajo-Indianer, die um 1000 n.Chr. in das Gebiet der Korbmacher- und der Pueblo-Indianer einwanderten, bezeichneten diese als „Anasazi" (*The Ancient Ones*, „Die Alten"), und übernahmen zum Teil deren Gebräuche. Neben den Navajos sind die Hopis große Meister in der Kreation **kunstvoller Muster**. Heute bildet diese Meisterschaft eine wichtige Einnahmequelle der Stämme. Zum Verkauf an Touristen werden nicht nur Kleidungsstücke, sondern auch Decken und Teppiche gefertigt. Als Grundlage dienen nicht nur Baumwolle, sondern auch pflanzliche Produkte wie Bast oder Tierhaare. Typisch ist die Verzierung von Stoffen und Lederwaren mit aufgestickten Perlen oder Borsten.

Schmuckwaren

Der in europäischen Ländern als Indianerschmuck bekannt gewordene **Türkisschmuck** mit Silbereinfassung stammt ebenfalls zu einem großen Teil aus dem Südwesten der Vereinigten Staaten. Die Navajos und Hopis entwickelten große Kunstfertigkeit bei seiner Herstellung, und er ist eine der Hauptattraktionen des Touristengeschäfts. Ursprünglich wurde Indianerschmuck aus Naturmaterialien wie Steinen und Muscheln gefertigt und Inspirationen kamen aus asiatischen Kulturen wie auch der Korbflechterei. Mit der

Türkisschmuck

Eroberung des nordamerikanischen Kontinents durch die Weißen ging man zur Verarbeitung von Metallen, hauptsächlich Silber, über. Überall findet man Schmuck, Gürtelschnallen und auch andere Gebrauchsgegenstände mit interessanten Mustern, die durch Originalität und Einfallsreichtum bestechen.

Holzschnitzereien

Die Holzschnitzkunst hat bei den Stämmen des Südwestens eine lange Tradition. Anfangs benutzte man Knochen- und Steinwerkzeuge, um das Holz zu bearbeiten. Nachdem Europäer Metallwerkzeuge einführten, arbeiteten die Indianer ebenfalls mit Messern, Beilen und Meißeln. Neben kultischen Gegenständen, z.B. den **Totempfählen oder Masken**, wurden vielerlei Gegenstände des täglichen Gebrauchs, wie Löffel oder Truhen, produziert. Zu erwähnen sind auch die Kachina-Figuren, die ursprünglich für den kultischen Bereich geschnitzt wurden. Sie sollten einen Verstorbenen symbolisieren, der in einer eher abstrakten Form dargestellt wurde.

Totempfähle

Töpferwaren

Die Töpferei, die bereits bei alten Kulturen wie den Korbmachern eine Rolle spielte, wurde von den Pueblo-Kulturen weitergeführt und verfeinert. Die Töpferei ist bereits seit etwa 4.000 Jahren bekannt, auch wenn die ältesten Funde, die Verzierungen aufweisen, weit später anzusiedeln sind. Auch heute findet man noch viele Töpferwaren, die auf traditionelle Weise hergestellt und mit **alten Mustern** verziert sind. Zu finden sind aber auch Töpferwaren, die sehr kreativ sind und unzählige Variationen in ihrer Herstellung aufweisen.

Bildkunst

Die ältesten Zeugnisse indianischer Bildkunst sind bis zu 5.000 Jahre alt und können als **Felsenmalerei** auch heute noch bestaunt werden. Sie sind entweder in den Felsen eingeritzt und dann mit dunkler Farbe versehen oder mit Farbe direkt aufgetragen. Häufig ist die Bedeutung der Zeichnungen nicht eindeutig, aber Jagd- und Kriegssymbole sind relativ einfach zu interpretieren. Man geht davon aus, dass diese Bilder nicht nur rein darstellenden Charakter haben, sondern auch kultischen Zwecken dienten, wie z.B. dem Jagdzauber. In den kultischen Bereich fallen wahrscheinlich auch die Darstellungen von Fantasiekreaturen, wie z.B. Mensch und Tier in einem Wesen. Auch Rückschlüsse über die Einführung spezieller Waffen lassen sich über die Felsenmalereien ziehen. So ist z.B. die erste Darstellung von Pfeil und Bogen etwa 2.000 Jahre alt.

Eine seltene Form der Bildkunst geht auf Traditionen der Navajo-Indianer zurück. Diese fertigten zu zeremoniellen Anlässen Bilder aus gefärbtem Sand an, die nach Beendigung der jeweiligen Zeremonie wieder zerstört wurden. Sie glaubten, dass von diesen Bildern übernatürliche Kräfte ausgingen.

Tänze, Gesänge und Rituale

Keine Schriftkultur

In Form von Gesangstexten sind bruchstückhaft auch Dichtungen der indianischen Kultur erhalten. Da die Indianer Nordamerikas **keine Schriftkultur** entwickelten, ist man auf mündliche Überlieferungen angewiesen. Einen gewissen Bekanntheitsgrad haben die Jagdgesänge erreicht, die auf Versammlungen und heute auch auf folkloristischen Veranstaltungen für die Touristen gesungen werden. Die Versammlungen der Indianer werden **Pow Wow** genannt, was sich auch im amerikanischen Englisch als Wort für bestimmte Versammlungen eingebürgert hat.

„Pow Wows"

Auf Pow Wows wird nicht nur gesungen, sondern auch getanzt. Die entsprechenden Tänze hatten ursprünglich eine rituelle Bedeutung. So gibt es Bären- und Büffeltänze, die im Zusammenhang mit der Jagd standen. Als Attraktion gilt der Regentanz der Hopis, der traditionell im August stattfindet. Außer Tänzen werden zu bestimmten Gelegenheiten auch zeremonielle Wettkämpfe aufgeführt. Bei Stämmen wie den Apachen, Zunis, Hopis oder Navajos sind auch heute noch entsprechende Zeremonien zu bestaunen. Auf Pow Wows in Albuquerque, Phoenix, Santa Fe und anderen Städten, die fast das ganze Jahr über stattfinden, kann man einen guten Eindruck von rituellen indianischen Gesängen und Tänzen gewinnen.

Etwas Allgemeines über den Glauben von Indianern zu schreiben ist fast unmöglich, da die Vielfalt der Stämme und Stammesgruppen mit ihren unterschiedlichen Vorstellungen zu groß ist. Man kann jedoch sagen, dass die Indianer sich immer bemüht haben, im Einklang mit der Natur zu leben, die sie als beseelt ansehen. Die Erde gilt als Spenderin allen Lebens und wird entsprechend verehrt. Noch heute gibt es Indianer, die sich weigern, Landwirtschaft im modernen Sinne zu betreiben, da ihrer Vorstellung nach das Pflügen mit einem Metallpflug die Erde verletzt.

Geister und Dämonen

Indianer glauben, in Kontakt mit **Geistern und Dämonen** treten zu können, die sich häufig in Dingen der Natur verbergen. Auch die Seele von Toten kann auf Gegenstände oder Naturerscheinungen übergehen. Die Vorstellung von den sogenannten „ewigen Jagdgründen" ist eher von den Vorstellungen der Europäer geprägt und nicht typisch für indianisches Gedankengut, ebenso wenig, wie der große „Manitou" als oberster Gott aller Indianer zu sehen ist. Er verkörpert eher eine alles beherrschende Macht, ist aber nicht mit dem Gott einer monotheistischen Religion zu vergleichen.

Wie viele Indianer heute noch an den traditionellen Vorstellungen ihrer Vorfahren festhalten, ist schwer zu sagen. Es ist jedoch sehr interessant, sich einmal mit einer anderen Auffassung von Leben und Natur auseinander zu setzen und die entsprechenden Reservate oder Museen zu besuchen.

The American Way of Life

Die amerikanische Lebensweise gilt immer noch in vielen Aspekten als fortschrittlich, aber auch in unzähligen Punkten als **konservativer** als unsere. Häufig werden zu schnell gegenseitige Vorurteile gefällt und alle Amerikaner werden in einen Topf geschmissen und als „überzogen", „gewinnsüchtig", „draufgängerisch", oder „unsozial" abgestempelt. Das Klischee vom typischen Amerikaner existiert im Großen und Ganzen nicht mehr und es ist eher die enorme Vielfalt des Landes, die den Reisenden beeindruckt. Wenn sich auch im Laufe der Geschichte der USA einige **Eigenarten der Gesellschaft** herauskristallisiert haben, die sich von der mitteleuropäischen Kultur unterscheiden, so sind sie im Zug der Globalisierung inzwischen weniger auffällig geworden.

Individualismus

Grundgedanke der amerikanischen Lebensweise ist das Recht des einzelnen. **Individualismus** spielt in der Gesellschaft eine herausragende Rolle, aber nur soweit es ums Geschäft geht. Die Wurzeln hierfür findet man in der Zeit der ersten Siedler, die, ganz auf sich alleine gestellt, das Land urbar gemacht haben. Auf der Suche nach einem besseren Leben haben die ersten Generationen sich diesem Ziel ganz hingegeben. Damit war der Grundpfeiler für das ausgeprägte Konkurrenzdenken und die Überschätzung alles Materiellen, aber auch die übermäßige Hilfsbereitschaft Fremden gegenüber gesetzt.

Im Folgenden sind einige Eigenarten des amerikanischen Lebens aufgeführt. Weitere Informationen im Kapitel „Allgemeine Reisetipps A–Z" ab S. 73.

Begrüßung und Einladung

Schnelles Duzen

Nur **selten schüttelt man die Hand bei der Begrüßung** und wenn, dann meist nur bei der ersten Begegnung. Das europäische „Sie" existiert in der englischen Sprache nicht und oft spricht man sich mit Vornamen an. Dies hat allerdings nichts mit „Vertraulichkeit" zu tun. Auch die Tatsache, dass bereits beim ersten Gespräch über persönliche Dinge, wie z.B. Beruf und Familie geredet wird, hat keine weit reichenden Konsequenzen. Auch wenn es nach einer kürzeren Unterhaltung zu einer Einladung auf einen Besuch kommt, vergewissern Sie sich lieber genau, wie ernst diese Einladung gemeint ist. Lehnen Sie ggfs. dankend ab oder entschuldigen Sie sich mit zeitlichen Problemen. Das nimmt Ihnen keiner übel.

Freundlichkeit

Wer das erste Mal nach Amerika kommt, wird über die **überall entgegenkommende Freundlichkeit** positiv erstaunt sein. Überall steht Ihnen jemand zur Verfügung, der Sie berät, Sie zu bestimmten Punkten hinbegleitet oder Ihnen ausgiebigst ein Produkt erläutert. Der Dienstleistungssektor ist in den USA im großen Stil expandiert. Die Bedienung, der Busfahrer, die Angestellten an der Rezeption eines Hotels – stets wird man auffallend freundlich behandelt. Dem netten Umgang miteinander mag nach einer Weile die Ernüchterung folgen, dass es sich dabei um einen Ausdruck der vielen Konformismen handelt, die Amerika und seine vielen Menschen „funktionieren" lassen. Natürlich kann man die Grundhaltung der Amerikaner hinterfragen und als „oberflächlich" abtun, doch ob diese Einstellung nun schlechter ist als unsere, sollte man nicht beurteilen. Sie ist eben anders und eine Gelegenheit, die eigene Art besser verstehen zu lernen.

Die **Einstellung der Amerikaner zu deutschen Besuchern** ist meist sehr **positiv**. Jeder sechste Amerikaner hat deutsche Vorfahren, dem Deutschen werden Werte wie Fleiß, Tüchtigkeit, Disziplin und Wissensdrang zugesprochen und man schwärmt von deutschen Autobahnen, Autos, vom deutschen Bier und vom Oktoberfest. **Schweizer Staatsbürger** werden von den Amerikanern als „Bewohner eines Musterstaates" gesehen, in dem Fleiß und stete politische Unabhängigkeit zu einem bemerkenswerten „Puppenhaus" geführt haben. **Österreicher** haben es etwas schwerer, weil sie eher mit verschnörkelten Häusern aus dem letzten Jahrhundert und Walzermusik in Verbindung gebracht werden. Erst mit *Arnold Schwarzenegger* ist das moderne Österreich den Amerikanern näher gebracht worden.

Sport und Sportlichkeit

„Fitness-nation“

Auch wenn es in Amerika mehr dickleibige Menschen gibt als in Europa, haben die meisten Amerikaner einen **Hang zur sportlichen Betätigung.** Nicht ohne Grund finden viele Outdoorsportarten und vor allem fast alle Arten der Fitnesswelle ihren Ursprung hier. Sah man gestern noch die halbe Nation früh morgens durch den Stadtpark joggen, nimmt der Trend, sportliche Aktivitäten „indoor“ zu verlegen, immer mehr zu. Überall findet man Fitness Studios („gyms“), die ein z.T. reichhaltiges Angebot, von Gerätetraining, über Yoga und Pilates, zu Tai Chi und Body Building, vorweisen können. Während der Schulzeit betätigen sich die meisten amerikanischen Kinder und Jugendliche in einer Sportart und im Urlaub gehört für die ganze Familie ein Sportprogramm dazu, so z.B. eine längere Wandertour, Kajaken oder Reiten.

Sport wird großgeschrieben

Sport spielt im Alltag der Amerikaner ebenfalls eine wesentliche Rolle, obwohl es meist in einer passiven Rolle geschieht. Jede Stadt, Region und Universität wird von lokalen Anhängern in entsprechender Kleidung unterstützt und die großen Sportarten Baseball, Basketball, American Football und Eishockey werden während des ganzen Jahres auf lokaler und nationaler Ebene verfolgt.

Weltbild

Das **Weltbild der Amerikaner ist eher zentriert auf den nordamerikanischen Kontinent**. Wundern Sie sich nicht, wenn Amerikaner zwar von Europa oder Deutschland gehört haben, aber außer dem Namen keine Information geben können. Bereits in der Schule wird das Ausland nur sekundär behandelt und auf die Aufarbeitung von speziellen Problematiken kaum Wert gelegt. Politisch sind viele Amerikaner nur wenig interessiert – solange es nicht ganz speziell das eigene Interesse betrifft. Medien informieren ebenfalls häufig etwas oberflächlich, besonders was Auslandsthemen angeht.

2. ALLGEMEINE REISETIPPS A–Z

Benutzerhinweis

In den Gelben Seiten finden Sie – alphabetisch geordnet – viele praktische Hinweise und Tipps für die Vorbereitung Ihrer Reise und Ihren Aufenthalt in den USA. Die Reisepraktischen Informationen mit detaillierter Auskunft über Informationsbüros, Unterbringungsmöglichkeiten, Restaurants, Einkaufen etc. finden Sie ab S. 134 im Anschluss an die jeweiligen Ortsbeschreibungen.

Abkürzungen

Hier sind die wesentlichen Abkürzungen aufgeführt, auf die Sie auf einer Reise durch die USA immer wieder treffen werden (z.B. Karten, Straßenschilder oder auch in diesem Buch):

Ave	Avenue	NF oder Nat. For.	National Forest/Wald
Bldg	Building/Gebäude	NHS	National Historic Site/ Nationale Gedenkstätte
Blvd	Boulevard	NM	National Monument/ Nationaldenkmal
CVB	Convention and Visitors Bureau/ Fremdenverkehrsamt	NP	National Park/Nationalpark
Dept	Department/ im Amerik.: Behörde	NS	National Seashore/ Nation. Küstenschutzgebiet
Dr	Drive	NWR	National Wildlife Refuge/ Naturschutzgebiet
Fwy	Freeway	Pkwy	Parkway
Ft	Fort	Pl	Place/Platz
HM	Historical Monument/ Historisches Denkmal	Rd	Road
HP	Historical Park/Historischer Park	Res.	Reservation oder Reservoir/ Reservat oder Stausee
Hts	Heights/Höhen	RV	Recreational Vehicle/ Campingmobil
Hwy	Highway	Spr., Sprs.	Spring, Springs/Quelle, Quellen
I	Interstate	Sq	Square
Ind. Res. (auch I.R.)	Indian Reservation/ Indianerreservat	St	State oder Street/Staat oder Straße
Int.	International	SP	State Park
Ln	Lane	VC	Visitor Center/ Besucherinformation
mph	miles per hour (1 mi=1,6 km)	**Abkürzungen der Staaten im Südwesten der USA:**	
Mt, Mtn	Mount, Mountain/Berg		
Mun.	Municipal/städtisch	AZ = Arizona	
Nat.	National	CO = Colorado	
NB	National Battlefield/ Nationales Schlachtfeld	NV = Nevada NM = New Mexico	
Nat'l Rec. A. (NRA)	National Recreational Area/ Erholungsgebiet	TX = Texas UT = Utah	

Alkohol

Bier und leichte Alkoholika, manchmal auch Wein, kann man in den meisten Staaten in Supermärkten und kleineren Geschäften kaufen. Eine größere Auswahl an Wein und alle Spirituosen erhält man dagegen nur in speziellen „Liquor Stores". In Cafés und Rasthäusern entlang der Highways gibt es fast nie Alkohol, und auch nicht alle Restaurants haben eine volle Alkohollizenz (die auch für harte Alkoholika gilt). Letztere sind als „Fully Licensed" gekennzeichnet.

Besonderheiten

- In einigen Bundesstaaten bzw. speziellen Counties gelten besondere Alkoholgesetze. In einigen Staaten gibt es zahlreiche „Dry Counties": Es kann auch vorkommen, dass man am Wochenende oder am Sonntag vor 12 Uhr mittags keinen Alkohol erhält, auch nicht in Geschäften.
- In den Indianerreservaten darf überhaupt kein Alkohol ausgeschenkt werden.
- Für den Erwerb und Ausschank von Alkohol ist das Mindestalter 21 (selten 18 bzw. 19) angesetzt. Dieses wird streng kontrolliert („Picture I.D., please!"). Also immer einen Ausweis (Pass) mitführen!

Anreise

Mit dem Flugzeug: Das Angebot an Flügen in die USA wird immer größer und damit auch unübersichtlicher. Auf eine Auflistung aller in Frage kommender Airlines soll daher hier verzichtet werden. Am besten informiert man sich im Internet (z.B. www.flug.de, www.billigfluege.de, www.opodo.de, www.followme.de) bzw. im Reisebüro nach den aktuellen Preisen. Lohnend ist auf jeden Fall ein Preisvergleich, z.B. mit einem der Billligfluganbieter. Die **Internetanbieter** sind oft billiger als die Reisebüros, jedoch nicht zwangsläufig. Oft sind die günstigeren Internetflüge auch nicht mehr **umbuchbar**. Auch auf den Internetseiten der Airlines selbst findet man oft ein Schnäppchen, bei KLM (www.klm.de) oder Lufthansa (www.lufthansa.com) z.B. kann man mit Hilfe eines Kalenders einen besonders günstigen Tag auswählen.

Sollte man Anschlussflüge, Mietwagen und Hotels schon in Europa buchen möchten, kann man auf ein renommiertes **Reisebüro** zurückgreifen. Man erhält auf diese Weise mehr Informationen, wird grundsätzlich besser beraten und das Angebot an Zusatzleistungen (z.B. inneramerikanische Anschlussflüge, günstigere Mietwagen, Versicherungen etc.) ist oft deutlich größer. Wichtig ist auch, früh zu buchen, besonders in den Sommermonaten (Hochsaison). Schnell sind die günstigen Tickets verkauft und man zahlt erheblich mehr.

Die größten Flughäfen im Südwesten sind **Dallas** und **Denver**, die u. a. als Drehscheibe für hier ansässige Airlines gelten. Weitere große Flughäfen, die an das internationale Netz angeschlossen sind: Houston, Albuquerque, Phoenix und Salt Lake City. Weniger bedeutend sind San Antonio, El Paso und Tucson. Grundsätzlich gilt: Ist man bereit zu einem Stopover (Umstieg) z.B. in New York oder Atlanta, kann man von dort ohne Probleme zu jedem Flugplatz im Südwesten weiterreisen. Lassen Sie sich bei der Flugbuchung also nicht von den Namen der großen Metropolen blenden. Ein gezielter Anflug zu einer kleineren Stadt kann so manchen unnützen Mietwagenkilometer ersparen.

Mit dem Schiff: Schiffsreisen (auch Frachtschiffreisen) sind viel teurer als Fliegen, bieten aber auch etwas Besonderes. Von Hamburg oder Bremerhaven aus gibt es immer noch einen Schiffsdienst nach New York, der aber nicht regelmäßig bedient wird. Nähere Auskünfte im Reisebüro.

Eine **Alternative** wäre die Anreise mit einem Frachtschiff. Dabei stehen Touristen ein paar Kabinen auf einem Frachter zur Verfügung, und man lebt und isst zusammen mit dem Personal. Die Kabinen sind in der Regel sehr komfortabel. Frachtschiffe laufen aber nicht immer die großen Städte an, sodass man sich rechtzeitig um einen Weitertransport kümmern sollte. Nähere Auskünfte über Frachtschiffreisen bei: **Frachtschiff-Touristik**, Kapitän Zylmann, Mühlenstr. 2, 24376 Kappeln, ✆ 04642/96550, www.zylmann.de.

Autofahren und besondere Verkehrsregeln

Langsames Fahren prägt das Fahrverhalten der Amerikaner und es ist bei weitem weniger hektisch als das der Europäer. Man bewegt sich gemächlich vorwärts, es wird in der Regel der Tempomat („cruise control") eingeschaltet und dann seelenruhig über das Asphaltband dahingeglitten. Auch wenn einem dieses Tempo etwas langsam vorkommt, das Fahren ist angenehmer und entspannter.

Amerikanische Autos haben selten ein Schaltgetriebe und Mietwagen haben fast alle ein **Automatikgetriebe**. Die Gänge sind:
P = Parken. Das Getriebe ist geblockt; nur in diesem Gang startet der Wagen und können Sie den Zündschlüssel abziehen!
N = Neutral. Leerlauf.
R = Reverse. Rückwärtsgang.
D = Drive. In diesem Gang fahren Sie auf normalen Straßen und in der Ebene; beim Beschleunigen müssen Sie schnell das Gaspedal ganz herunter treten, dann schaltet das Getriebe automatisch in den nächstunteren Gang.
2 = Der 2. Gang: In diesen müssen Sie bei mittleren Steigungen schalten; auch bei abschüssigen Strecken sollten Sie zur Schonung der Bremsen (könnten heißlaufen) diesen Gang wählen.
1 = Der 1. Gang für steile Streckenabschnitte.

Das Tanken in den USA ist immer noch billiger als bei uns. Gemessen wird das Benzin in Gallonen (3,785 l), das Motorenöl in Quarts (ca. 1 l).

In den USA gelten auf den Highways der meisten Bundesstaaten unterschiedliche Höchstgeschwindigkeiten, die zwischen 60 mph (96 km/h) und 75 mph (120 km/h) liegen, letztere aber nur auf den 4-spurigen Interstates. Die zulässigen Höchstgeschwindigkeiten sind i.d.R. gut ausgeschildert. Überhöhte Geschwindigkeit zahlt sich nicht aus! Es wird streng kontrolliert, und die Strafen sind nicht ohne (zahlbar an Ort und Stelle in bar).

Hinweis

Häufig kommen Verkehrszeichen in Schrift- statt Symbolform vor, z. B.:
Yield – Vorfahrt achten
Speed Limit/Maximum Speed – Höchstgeschwindigkeit
Merge – Einfädeln, die Spuren laufen zusammen
No Passing/Do not pass – Überholverbot
Road Construction oder **Men working** – Baustelle
Railroad X-ing (crossing) – Bahnübergang
Stop – Anhalten
Dead End – Sackgasse
No U-Turn – Wenden verboten
Detour – Umleitung
Alt Route – Alternate Route/Umleitungsstrecke
Ped X-ing (crossing) – Fußgängerüberweg

Einige wichtige Regeln:

- Es gilt **rechts vor links**. Eine Besonderheit ist der 4-Way-Stop, wo an einer Kreuzung an jeder Straße ein Stoppschild steht, und derjenige zuerst fahren darf, der an der Haltelinie seiner Straße zuerst zum Stehen gekommen ist.

▶ Das **Rechtsabbiegen an roten Ampeln** ist in den meisten Staaten erlaubt. Nur an wenigen Ampeln gilt diese Regel nicht, wird dann aber besonders angezeigt („right turn only on green arrow" oder „no right turn on red"). Beim Abbiegen muss man aber trotzdem auf die Vorfahrt der anderen und Fußgänger achten.

▶ Auf mehrspurigen Straßen **darf rechts überholt** werden.

▶ In der **Nähe von Schulen** sind die Höchstgeschwindigkeiten herabgesetzt. Dieses wird durch ein Schild angezeigt und streng kontrolliert. Meistens gelten diese deutlich herabgesetzten Geschwindigkeiten aber nur, wenn gleichzeitig ein gelbes Blinklicht aufleuchtet.

Auch außergewöhnlichen Schildern begegnet man

▶ **Schulbusse** (gelb) dürfen nicht überholt werden, solange sie den Blinker gesetzt haben. Auch hier geht es sehr streng zu, weil Kinder involviert sind. Wenn Sie einen blinkenden, stehenden Schulbus sehen, gehen Sie auf Nummer sicher und halten Sie hinter dem Bus an.

▶ Das Anlegen von **Sicherheitsgurten ist Pflicht**.

▶ **Falsch Parken** endet häufig mit einem abgeschleppten Fahrzeug. Achten Sie also darauf, nicht neben einem roten bzw. blauen Kantstein zu parken oder direkt vor einem Hydranten für die Feuerwehr und auch nicht unter einem „No Stopping or Standing"- Schild.

▶ Falls Sie im Rückspiegel ein **Polizeifahrzeug mit eingeschaltetem Blinklicht** sehen, halten Sie sofort am Straßenrand an, bleiben im Fahrzeug sitzen und machen keine hektischen Bewegungen.

▶ Nachts müssen Sie mit **Wildwechsel** rechnen.

Autokauf in den USA

Wer einen längeren Aufenthalt in den USA plant, sollte sich überlegen, ein Fahrzeug zu kaufen, da Autos (inklusive Gebrauchtwagen) in den USA billiger sind. Für den Kauf und Verkauf eines Fahrzeuges sollte man jeweils eine Woche einplanen. In den größeren Buchhandlungen gibt es aktuelle Bücher, die die Marktpreise von Gebrauchtwagen auflisten.

Kfz-Steuern sind **niedriger** als bei uns, aber leider ist es schwieriger und teurer, eine Versicherung in den USA abzuschließen, wenn man keinen amerikanischen Führerschein besitzt. Alternativ können Sie sich eine Blankoversicherung in Deutschland ausstellen lassen, in die Sie dann alle Daten eintragen. Alle in Frage kommenden Fahrer müssen in die Versicherungspolice aufgenommen werden. Folgende Unternehmen in Deutschland haben sich auf US-Autoversicherungen für Europäer spezialisiert:

Tour Insure GmbH, Herrengraben 5, 20459 Hamburg, ✆ (040) 251 72150, www.tourinsure.de

American International Underwriters – Nowag Versicherungen, Platanenring 15, 63110 Rodgau, ✆ (06106) 16960, nowag@t-online.de

Auch wenn es etwas teurer wird empfiehlt es sich, ein Fahrzeug bei einem Händler zu kaufen. Hier ist die Chance auf ein besseres Auto größer, und Sie haben in der Regel auch ein Rückgaberecht während der ersten Tage. Ein Händler kann Ihnen auch einigen Papierkram abnehmen, z. B. die Anmeldung und die Beschaffung der Nummernschilder. Handeln ist im Übrigen auch bei Händlern üblich.

Eine weitere **Kaufvariante** wäre die gesamte Abwicklung über eine Firma. So hat sich z. B. die Firma **Transatlantic RV** (www.transatlantic-rv.com) auf den Kauf und Rückkauf, sowie das Leasing verschiedener Fahrzeuge spezialisiert.

Agentur **Deutschland**: Ernst Muller, 1245 Park Street, Peekskill, NY 10566, muller@transatlantic-rv.com.

Agentur **Schweiz**: Paul Müller, Rothenstein 3, CH 9056 Gais, ✆ (071) 999 3038, transatlantic@bluewin.ch.

Was benötigt man für einen Autokauf und danach?

- Die Title Card weist Sie als Fahrzeughalter aus und wird beim staatlichen „Department of Motor Vehicle" (DMV) unter Vorlage des Kaufvertrags ausgestellt. Sie müssen sich die Title Card an eine verlässliche Stelle nachschicken lassen (z. B. ein Hotel), da die Ausstellung mehrere Wochen dauert.
- Die Nummernschilder (license plates) erhalten Sie sofort nach Vorlage der Versicherungspolice.
- Die Entrichtung der Steuern an o.g. Behörde.
- Abschluss einer Versicherung (teuer für Nichtamerikaner).
- Ein Abgas- und Fahrtüchtigkeitstest muss häufig beim Besitzerwechsel vorgenommen werden. Diese Verordnung variiert von Staat zu Staat.

Automobilclub

Der größte amerikanische Automobilclub ist die **American Automobile Association** (abgekürzt AAA; gesprochen: Triple A). Im Falle einer Panne hilft er ausländischen Touristen kostenlos, wenn man Mitglied in einem assoziierten heimischen Automobilclub (z.B. ADAC, ÖAMTC oder TCS) ist. Im Falle einer Panne werden Sie über die Nummer 1-800-222-4357 zur nächstgelegenen Pannenhilfe durch Vertragswerkstätten weitergeleitet.

Sollten Sie in einen Unfall verwickelt sein, verständigen Sie besser auch den **Notruf** unter **911**. Bitte beachten Sie, dass Sie im Falle einer Panne oder eines Unfalls mit einem Mietwagen, auch die Mietwagenfirma informieren.

Informationen über die nächstgelegenen Niederlassungen des AAA gibt es in den örtlichen Telefonbüchern oder über die Auskunft unter 411. Auf der Webseite des AAA, www.aaa.com findet man, unter Angabe der Postleitzahl (zip code) den nächsten Standort. In den örtlichen Büros erhalten Sie ebenfalls Informationsmaterial (Campingführer, Tourbooks, Motelverzeichnisse, Karten etc.) und weitere Auskünfte zu regionalen AAA-Stellen. Informationsmaterial wird aber **nicht** nach Europa verschickt.

Bei allen größeren ADAC-Stellen in Deutschland (Touristikabteilung) gibt es allgemeines Informationsmaterial für Autoreisen in den USA. Mitglieder des AAA erhalten in vielen Hotels und auch bei der Eisenbahn ermäßigte Raten, wenn es sich auch nicht immer um viel Geld handelt. Diese Rabatte gelten auch für Mitglieder assoziierter Automobilclubs. Doch ist dieses nicht an allen Rezeptionen und Schaltern bekannt. Versuchen Sie es und verweisen Sie dabei auf das blau-weiß-rote Emblem (ARC Europe) auf der Mitgliedskarte.

Autoverleih (Mietwagen)

Das Reisen mit einem Mietwagen in den USA ist unbedingt den öffentlichen Verkehrsmitteln vorzuziehen. Amerika ist ein Autofahrerland, und es ist kaum möglich, von Überlandbusstationen einen Weitertransport in die Nationalparks bzw. zu den einzelnen Sehenswürdigkeiten zu finden. Auch ist das städtische Nahverkehrssystem sehr rudimentär und man hat kaum eine Chance, mit einem öffentlichen Verkehrsmittel zu einem touristischen Ziel zu gelangen. Sparen lohnt sich hier also kaum. Am Ende wird es ohne Auto ebenso teuer, oder man muss eine Reihe interessanter Punkte auslassen.

Mit dem Motorrad auf der Route 66

Einen Mietwagen sollte bereits in Europa, evtl. in Verbindung mit dem Flugticket, gebucht werden. Zum einen erhält man dabei in der Regel günstigere Tarife, da in Europa die Versicherungspauschale im Preis schon inbegriffen ist, zum anderen hat man keine großen Laufereien bei der Ankunft. Abgesehen von den überregionalen großen Anbietern wie Hertz, Avis, Budget, Alamo und National gibt es Mietwagen-Broker, die oft günstige Konditionen anbieten. Informationen unter www.adac.de/autovermietung, www.holidayautos.de, www.sunnycars.de oder www.driveFTI.de) oder im Reisebüro

Die oben genannten Verleihfirmen sind den etwas günstigeren lokalen Anbietern vorzuziehen, da sie dafür sorgen, dass man im Falle einer Panne überall einen Ersatzwagen gestellt bekommt. Wer aber nur im Umkreis einer Stadt reisen möchte, kann sich anhand der Gelben Seiten (Yellow Pages) im Telefonbuch über andere/regionale Firmen erkundigen. Wer noch mehr Geld sparen möchte, kann sich ein „Wrack" leihen. Die Firmen bezeichnen sich als „Rent a wreck" *(www.rentawreck.com)*, doch die Autos sind keine Wracks. Sie haben meist nur schon mehr Kilometer gefahren, und es handelt sich oft um weniger attraktive Modelle.

Fahrzeugtypen

Motorradfans sollten in Erwägung ziehen, die Reise auf einem Motorrad zu unternehmen, was sich besonders auf historischen (z.B. Route 66) und den endlos langen Straßen des Südwestens und Kaliforniens großer Popularität erfreut. Ein Campmobil hat z.B. den Vorteil der Unabhängigkeit, ist aber unter dem Strich um einiges teurer als ein Mittelklassewagen, inkl. günstiger Hotelübernachtungen. Denn ein Campmobil ist teurer in der Miete und verbraucht mit Sicherheit das Doppelte an Benzin. Außerdem darf man nicht „wild" campieren, und die Campingplätze mit den nötigen Anschlüssen für ein solches Fahrzeug sind auch nicht ganz billig. Wer nicht zu tief in die Tasche greifen möchte, sollte sich ein Fahrzeug der unteren Klassen mieten **(Economy, Compact)**. Hierbei handelt es sich um Fahrzeuge in der Größenordnung eines VW- Golfs oder Ford Fiesta. Wer es etwas komfortabler möchte, kann sich ein Fahrzeug der Klasse **Intermediate** mieten. Diese haben nützliche Ausstattungen wie z.B. „cruise control" (Tempomat). Diese Fahrzeugklasse ist meistens die beste Alternative, berücksichtigt man das Preis-Leistungsverhältnis. Wer noch mehr Platz braucht, weil er mit Familie reist, sollte sich für eine Limousine **(Full-Size-Car)** oder am besten einen **Station Wagon** (Kombi) entscheiden. Am teuersten schließlich sind die Kleinbusse **(Mini-Van)**, die für eine große Familie am geeignetsten sind. Die Preise für alle Mietwagen variieren mit der Reisezeit, wo das Auto gemietet wird und ob Extraleistungen (z.B. ein anderer Abgabeort) eingeplant werden müssen. Mit etwas Glück erhalten Sie Fahrzeuge zu Holidaytarifen auch um einiges günstiger.

Bei der Anmiete muss man unbedingt mit angeben, ob man das Auto am selben Ort wieder abgibt. Die Fahrzeuge werden wieder zurückgebracht zu ihrem Ursprungsstandort, und das kostet Geld, je nach Distanz auch nicht wenig. Ebenfalls angeben sollte man, ob man vorhat, z. B. nach Mexiko zu fahren. Häufig bekommt man dafür eine entsprechende Versicherungsklassifikation und muss eine Zusatzversicherung abschließen.

Mietwagenversicherung

Man sollte sich schon bei der Buchung erkundigen, welche Versicherungen bereits beim Anmieten eingeschlossen sind und ob eine Zusatzversicherung überhaupt nötig ist. Leicht versichert man sich doppelt. Viele Kreditkarten beinhalten auch einige Versicherungen für Mietwagen, in der Regel müssen Sie den Wagen aber auch mit dieser Kreditkarte bezahlen. Oft gibt es Konfusion über zusätzliche Gebühren für Mietwagen. Diese Zusatzversicherungen werden in der Regel erst am Schalter der Mietwagenfirma angeboten, und dann steht man ratlos vor dem Angebot und weiß nicht, was die einzelnen Abkürzungen beinhalten und ob sie sinnvoll sind. Vergewissern Sie sich genau über den Versicherungsschutz, um unnötige Zusatzleistungen zu vermeiden.

Wichtig ist weiterhin:

- Ohne gängige Kreditkarte (Mastercard, Visa, American Express, Diners) ist das Anmieten eines Wagens nicht möglich.
- In vielen Staaten muss der Mieter mind. 25 Jahre alt und der Fahrer mind. 21 Jahre alt sein, häufig sogar 25. Für Fahrer unter 25 wird oft ein Zuschlag berechnet. Beim Buchen unbedingt das Alter des Mieters angeben und bei der Abholung die Führerscheine aller möglichen Fahrer vorlegen.

Die gängigen Versicherungen/Steuern und Abkürzungen:

CDW (Collision Damage Waiver) und **LDW** (Loss Damage Waiver) – Vollkasko mit Haftungsbefreiung für Schäden am Mietwagen und Diebstahl.
ALI (Additional Liability Insurance) – pauschale Erhöhung der Haftpflicht-Deckungssumme auf einen 7-stelligen Betrag und ebenfalls sinnvoll.
LIS (Liability Insurance Supplement) – Analog zu ALI mit zusätzlichem Schutz für Personenschäden bei unversicherten Unfallgegnern.
UMP (Uninsured Motorist Protection) Zusatzversicherung bei Unfall, Verletzung oder Tod von unversicherten/flüchtigen Unfallgegnern.
PAI (Personal Accident Insurance) – Insassenversicherung bei Verletzung oder Tod.
PEP (Personal Effects Protection), **PEC** (Personal Effects Coverage) – Gepäckversicherung. Die Höchstsumme ist für das gesamte Fahrzeug begrenzt, also nachfragen. Nur im Zusammenhang mit PAI buchbar. Alle Schäden unterliegen in der Regel einer Selbstbeteiligung.
PERSPRO/CCP (Carefree Personal Protection) – Personen- und Gepäckversicherung, nur USA, Schutz für Mieter und Mitfahrende, sowie beim Ein- und Aussteigen, zudem Deckung für einige Notfalldienste. Lohnt meist nicht, da o.g. Versicherungen oder zu Hause abgeschlossene Auslandskranken- und Gepäckversicherungen diese Fälle abdecken.
VLF (Vehicle License Fee) – Obligatorische Zusatzversicherung für Mietwagen, die in Kalifornien übernommen werden. Deutsche Veranstalter versprechen aber, diese Gebühr im Mietpreis bereits mit einzuschließen.

- Geben Sie das Auto nur mit vollem Tank wieder ab, ansonsten berechnet die Mietwagenfirma fürs Auffüllen einen deutlich erhöhten Benzinpreis.
- Wenn Sie erst vor Ort mieten, achten Sie auf Sondertarife, wie z.B. Wochenendrabatte.
- Inspizieren Sie bei der Abholung das gewählte Fahrzeug und notieren Sie alle Schäden, auch noch so kleine, auf dem meist vorgegebenen Zettel.

Abholung des Mietwagens

Die Mietwagenfirmen haben ihre Fahrzeuge meist nicht direkt am Flughafengebäude. Dafür hat jede größere Firma einen Shuttleservice mit einem Bus eingerichtet, der Sie vom Ankunftsgebäude kostenlos zum Depot bringt und am Ende der Reise vom Depot zur Abflughalle zurückfährt. Bei der Abholung muss man auf jeden Fall den Voucher, die Führerscheine aller Fahrer und eine Kreditkarte zur Hand haben.

Die wichtigsten Autovermieter sind (zentrale Reservierungen – **gebührenfreie** Telefonnummern innerhalb der USA):	
Alamo: 1-877-222-9075, www.alamo.com	Avis: 1-800-230-4898, www.avis.com
Budget: 1-800-527-0700, www.budget.com	Dollar: 1-800-800-3665, www.dollar.com
Enterprise: 1-800-261-7331, www.enterprise.com	Hertz: 1-800-654-3131, www.hertz.com
National: 1-877-222-9058, www.nationalcar.com	Rent-A-Wreck: 1-877-877-0700, www.rentawreck.com
Thrifty Rent-A-Car: 1-800-847-4389, www.thrifty.com	

Banken

In der Regel sind die Banken in den USA von 9–14 (15) Uhr geöffnet, selten nachmittags bis 16 Uhr. In den Großstädten gelten häufig längere Öffnungszeiten und manche Banken sind auch am Samstagvormittag geöffnet. Die meisten Banken, besonders in ländlichen Regionen, wechseln kein Bargeld. Dafür gibt es in den größeren Städten Wechselstuben. Sie können sich aber in jeder Bank problemlos mit einer gängigen Kreditkarte Geld auszahlen lassen. Fragen Sie aber vorher nach den Gebühren und haben Sie den Reisepass dabei. Die einfachste Methode, Geld zu besorgen, ist aber eine Bankcard (ec-Karte). Sie wird an fast jedem Geldautomaten (ATM = Automated Teller Machine) akzeptiert. Aber auch hier entstehen Gebühren.

Behinderte

In den gesamten USA gibt es besondere Einrichtungen für Behinderte (disabled persons): Rollstühle an den Flughäfen, extra ausgewiesene Parkplätze, Toiletten, Auffahrrampen zu Gebäuden, Telefonzellen etc. Weil es umfangreiche Gesetze für den Schutz und die Eingliederung Behinderter gibt, kann man wirklich sagen, dass hier bislang mehr unternommen worden ist als in Europa. Überall tritt man den Behinderten freundlich und hilfsbereit gegenüber.

Benzin

Es gibt in den USA drei Sorten Benzin, die in unterschiedlichen Staaten und Tankstellen unterschiedlich genannt werden und sich nur in der Oktanzahl unterscheiden. Meistens ist von „Regular“ (Normal), „Premium“ (Super) und „Ultra“ die Rede und sie sind alle bleifrei. Diesel hat sich in den USA noch nicht so richtig durchgesetzt und wird nicht an allen Tankstellen geführt. Das Handbuch zum Auto gibt Hinweise auf das angeratene Benzin. Bezahlt werden kann bar oder mit Kreditkarte. Manche Tankstellen nehmen auch Reiseschecks, aber fragen Sie vorher nach. Große Tankstellen haben sowohl Selbstbedienung als auch Service („Full Service”), wobei der Service meist extra kostet. Achten Sie also darauf, an welche Säule Sie fahren. Bei der Selbstbedienungssäule („Self Service”) müssen Sie häufig vor dem Tanken wählen, auf welche Weise Sie bezahlen wollen. Abends wird an vielen Tankstellen aus Sicherheitsgründen nur die Kreditkarte akzeptiert bzw. muss man vor dem Einfüllen bezahlen/Geld hinterlegen. Ein Preisvergleich lohnt sich. Anders als bei uns, können diese bei unterschiedlichen Tankstellen um einiges variieren.

Botschaften und Konsulate

Amerikanische Botschaften und Konsulate
(Informationen zu U.S.-Botschaften auch unter www.usembassy.gov)

▶ **Deutschland**
- **Amerikanische Botschaft**, Pariser Platz 2, 10117 Berlin, ✆ (030) 83050, www.germany.usembassy.gov.

Konsularabteilung: Clayallee 170, 14195 Berlin, www.usembassy.de. Aktuelle Visainformationen erhalten Sie unter der kostenpflichtigen Telefonnummer 0900-185-0055 (teuer!)

Generalkonsulate

- **Frankfurt/Main**: Gießener Str. 30, 60435 Frankfurt am Main, ✆ (069) 7535-0, www.frankfurt.usconsulate.gov
- **Hamburg**: Alsterufer27/28, 20354 Hamburg, ✆ (040) 411 71-100, www.hamburg.usconsulate.gov;
- **Düsseldorf**: Willi-Becker-Allee 10, 40227 Düsseldorf, ✆ (0211) 788-8927
- **Leipzig**: Wilhelm-Seyfferth-Straße 4, 04107 Leipzig, ✆ (0341) 213-840, www.leipzig.usconsulate.gov
- **München**: Königinstraße 5, 80539 München, ✆ (089) 2888-0

▸ **Österreich**

- **Amerikanische Botschaft**, Boltzmanngasse 16, 1090 Wien, ✆ (01) 313390, www.usembassy.at. Visaabteilung: Parkring 12a, 1010 Wien, www.consulateVienna.state.gov

▸ **Schweiz**

- **Amerikanische Botschaft**, Sulgenecksstr. 19, 3007 Bern, ✆ (031) 357-7011, www.bern.usembassy.gov
- Konsularagentur: America Center, Rue Versonnex 7, 1207 Genf, ✆ (022) 840-5160
- Konsularagentur: Dufourstraße 101, 8008 Zürich, ✆ (043) 499-2960

Deutsche, Österreichische und Schweizer Botschaften und Konsulate in den USA:

(Informationen unter www.auswaeertiges-amt.de, www.bmaa.gv.at, und www.eda.admin.ch)

- **Embassy of the Federal Republic of Germany**: 2300 M Street, Washington, D.C. 20037, ✆ (202) 298-4000, www.germany.info
- **Austrian Embassy**: 3524 International Court. N.W., Washington D.C. 20008, ✆ (202) 895-6700, www.austria.org
- **Swiss Embassy**: 2900 Cathedral Ave., N.W., Washington D.C. 20008, ✆ (202) 745-7900, www.eda.admin.ch

Konsularische Vertretungen im Südwesten der USA:

▸ **Deutschland**

- Generalkonsulat, 1330 Post Oak Blvd., Suite 1850, **Houston**, TX 77056, ✆ (713) 627-7770, www.houston.diplo.de
- Honorarkonsulat, 4801 Lang N.E., #110, **Albuquerque**, NM 87109, ✆ (505) 798-2567
- Honorarkonsulat, 325 N. St. Paul St., # 2300, **Dallas**, TX 75201, ✆ (214) 752-3684
- Honorarkonsulat, 2201 Tower Life Bldg., 310 South St. Mary's St., **San Antonio**, TX 78205, ✆ (210) 226-1788
- Honorarkonsulat, 621 17th Street, Suite 811, **Denver**, CO 80239, ✆ (303) 279-1551
- Honorarkonsulat, 4815 W Russell Road, Suite 10 J, **Las Vegas**, NV 89118, ✆ (702) 873-6717
- Honorarkonsulat, 1007 East Missouri Avenue, **Phoenix**, AZ 85014, ✆ (602) 264-2545
- Honorarkonsulat, 1800 Eagle Gate Tower, 60 East South Temple, Suite 1800, **Salt Lake City**, UT 84111, ✆ (801) 321-4807

▸ **Österreich**

- Honorarkonsulat, **Denver**, CO. Das Honorarkonsulat ist zzt. geschlossen.
- Honorarkonsulat, 800 Wilcrest, Suite 340, **Houston**, TX 77042, ✆ (713) 723-9979
- Honorarkonsulat, 6725 Via Austi Parkway, Suite 230, **Las Vegas**, NV 89119, ✆ (702) 258-0032

- Honorarkonsulat, 240 Edison Street, **Salt Lake City**, Utah 84111, ✆ (801) 364-1045
- Honorarkonsulat, 4521 E Quartz Mt. Rd., **Paradise Valley**, AZ 85253, ✆ (480) 502-8510

▶ **Schweiz**

- Generalkonsulat, 2501 N. Harwood, Suite 1400, **Dallas**, TX 75201, ✆ (214) 965-1025
- Generalkonsulat, c/o University of Colorado, Campus Box 217, **Boulder**, CO 80309, ✆ (303) 735-2426
- Generalkonsulat, 11922 Taylorcrest Road, **Houston**, TX 77024, ✆ (713) 467-9887
- Generalkonsulat, 7320 E. Shoeman Lane, Suite 201, **Scottsdale**, AZ 85251, ✆ (480) 329-4705
- Generalkonsulat, 1861 Casa de Elegante Court, **Las Vegas**, NV 89117, ✆ (702) 885-7947
- Generalkonsulat,2782 Durban Rd, **Sandy**, UT 84093, ✆ (801) 804-6727

Busse

Während in vielen Städten das Bussystem zu wünschen übrig lässt und einem selten von Nutzen ist (es gibt oft nur ein dünnes Streckennetz, und die Busse verkehren häufig nur zu den Spitzenzeiten), ist das überregionale Bussystem gut ausgebaut. Dieses Busnetz berührt alle Städte und die meisten Orte der USA. Es bietet eine günstige Alternative zum Fliegen und ist gut geeignet, um eine Strecke von einer Großstadt zur nächsten zurückzulegen, aber nicht, um touristische Sehenswürdigkeiten „anzusteuern". Steigt man einmal irgendwo in einem kleinen Nest aus, wo es vielleicht etwas für ein paar Stunden anzusehen gibt, kommt der nächste Bus häufig erst am nächsten Tag. In den großen Städten wiederum liegen die Busterminals nicht unbedingt in der Nähe der gewünschten Unterkunft, und man muss dann z.B. per Taxi dort hinkommen.

Die Busse sind alle klimatisiert, Verpflegung gibt es aber nur an den Haltestellen. Je nach Distanz werden mehrere, auch längere Pausen eingelegt und an den Punkten steht dann meist ein Fast-Food-Restaurant zur Verfügung. Fotografieren aus dem Busfenster ist kaum möglich, da die Scheiben als Sonnenschutz stark gefärbt sind. Größter Anbieter ist **Greyhound**. Dieses Unternehmen bietet unter anderem auch günstige Langzeittickets und Reisepakete an. Unter www.greyhound.com sind Informationen über Strecken, Preise und aktuelle Angebote erhältlich und Tickets können online gebucht werden.

Camper

Das Reisen mit einem Campmobil ist in Amerika sehr populär, eine rechtzeitige Buchung (mindestens 3 Monate im Voraus) ist essentiell. Einen Camper sollte man nach Möglichkeit bereits von zu Hause aus buchen. Infos im Reisebüro oder z.B. unter www.cruiseamerica.com oder www.roadbearrv.com.

Die Vor- und Nachteile einer Reise mit dem Camper sollten abgewogen werden, die Entscheidung ist letztendlich eine persönlicher Präferenzen.

Vorteile:

▶ Größere Unabhängigkeit bezüglich Zeiteinteilung, Verpflegung und Pausen.

▶ Mehr Stauraum für Gepäck.

▶ Die Koffer müssen nicht jeden Tag gepackt und geschleppt werden.

Nachteile:

▶ Das Reisen ist teurer als mit einem Mietwagen, inkl. Hotelübernachtungen, da höhere Kosten für die Anmietung und für Benzin entstehen. Hinzu kommen die Kosten für nicht ganz billige Campingplätze sowie eine Grundausstattung für den Abwasch und das Saubermachen.
▶ Sie reisen langsamer und haben oft Parkplatzprobleme, besonders im Stadtbereich. Außerdem ist das Fahren mit einem großen, beladenen Camper nicht immer einfach.
▶ Höherer Zeitaufwand für die Pflege (reinigen, Wassertank füllen, Abwasser ablassen etc.).

Weiterhin wissenswert:

▶ Die Preisgestaltung der verschiedenen Anbieter variiert sehr. Vergleichen Sie also und machen Sie sich vorher einen Plan, wie viele Kilometer Sie voraussichtlich fahren werden. Unterschätzen Sie die Entfernungen nicht und die oft vergessenen Zusatzkilometer, z.B. für Umwege, Stadtrundfahrten etc. Eventuell ist ein Komplettpaket (Miete + freie KM + Teilkasko) um einiges billiger als die einzeln abgerechneten Posten.
▶ Nicht alle Vermieter bringen Sie vom Flughafen zum Standort des Fahrzeugs (meist im Vorstadtbereich). Zudem sind Campmobilvermieterfirmen nur zu den normalen Zeiten geöffnet (Mo–Sa 9–17 Uhr, So. geschlossen). Flüge aus Europa kommen meist aber in den Abendstunden an. Somit müssen Sie mit einer Übernachtung rechnen.
▶ Während der Hauptreisezeit werden die Fahrzeuge oft erst ab 13 Uhr ausgehändigt, da sie am gleichen Tag vom Vormieter bis 11 Uhr abgegeben werden und dann noch gesäubert werden müssen. Fragen Sie also vorher nach der Abholzeit. Verspätete Abgaben schlagen ordentlich zu Buche und werden oft pro Stunde berechnet.
▶ Kontrollieren Sie das gesamte Fahrzeug und machen Sie auf versteckte Schäden, so klein sie auch sein mögen, aufmerksam. Das gilt auch für verschmutzte Partien.
▶ Lassen Sie sich alles am Fahrzeug genau erklären, besonders wie die Tanks gereinigt und entleert werden.

Populär in Amerika: Reisen im Camper

▶ Besorgen Sie sich einen Campingführer, der auf Versorgungsanlagen für Campmobile hinweist (zur Wasserentsorgung, Strom etc.)
▶ Bei der Übernahme müssen Sie ein Ausrüstungspaket (convenience kit) bezahlen, welches Geschirr und Kochutensilien beinhaltet und Sie müssen für die Grundreinigung und Kochgasfüllung bezahlen. Zudem ist eine relativ hohe Kaution zu hinterlegen, meist auf der Kreditkarte.

Folgende Camper/Motorhome Typen werden angeboten:

- **Van Conversion**: größer als der VW Camper und stärker motorisiert.
- **Pick-up-Camper**: 8–10 ft lang. Das Wohnteil ist auf die Ladefläche eines Kleinlastwagens aufgebaut.
- **Mini-Motorhomes**: 17 ft lang, Stehhöhe 1,80–1,90 m, Durchgang zur Fahrerkabine.
- **Motorhome**: 19–21 ft lang, komfortabel ausgestattet mit Dusche, Toilette, Waschraum. Starker Motor, aber hoher Benzinverbrauch.
- **Full-Size Motorhome**: 23–40 ft lang, riesiges Gefährt, mit allem Komfort ausgestattet (Toilette, Waschraum, Dusche, Backofen etc.), sehr hoher Benzinverbrauch.

Camping

Campen ist amerikanischer Volkssport und entsprechend gibt es unzählige Campingplätze, die aber in den Sommermonaten recht voll sein können. Dafür sind die meisten relativ großzügig angelegt, sodass das „Sardinengefühl" europäischer Plätze nicht aufkommt. Neben einer Reihe kommunaler und staatlicher (in den Nationalparks) Campingplätzen gibt es vor allem viele private Plätze, die zu einem großen Teil Franchise-Ketten angeschlossen sind. Der größte Anbieter ist **KOA** (Kampgrounds of America, www.koa.com). Den kostenlosen Campingführer können Sie, über das Internet bestellen, dort einsehen oder als Datei herunterladen. Weitere hilfreiche Campingführer sind die *AAA CampBooks* für die verschiedenen Regionen, der *Rand McNally Campground & Trailer Guide*, und die *Campground Directory* unter www.camping-usa.com.

Tipp

Reservierungen in den National Parks und den National Forests sind ratsam, da die Plätze sehr beliebt sind. Reservierungen können Sie unter telefonisch unter ✆ 1-877-444-6777 oder unter www.recreation.gov vornehmen. Die Campingausrüstung kann man gut in den USA kaufen, da man auf diese Weise Fluggepäck einspart und da Camping-Equipment dort billiger ist.

Einkaufen

Es gibt genügend interessante Dinge, die man aus den USA mitbringen kann. Hier ein paar Tipps:
▶ Verlockend sind die z.T. sehr niedrigen Preise bei Elektrogeräten, Computern und Zubehör oder Fotoapparaten. Denken Sie aber daran, dass die Geräte auf 110 V eingestellt sind bzw. ein 110 V-Akku-Ladegerät haben. Ein Adapter ist in besser sortierten Elektrogeräteläden erhältlich. Zu Hause müssen Sie dann nur noch den Stecker ändern. Ein Umpolen der erworbenen Geräte durch einen Fachmann lohnt finanziell nicht.
▶ Vergleichen Sie die Preise und achten besonders auf Sonderangebote in den Zeitungen. Niemand in Amerika kauft zum normalen Ladenpreis.

▶ Schmuck, der als echte Silberarbeit verkauft wird, besteht häufig nur aus billigem Eisenmaterial und wird z.T. in Fernost und nicht mehr von den Indianern hergestellt. Um wirklich gute Ware zu bekommen, lohnt sich die Mehrausgabe und Fachberatung in den Juweliergeschäften.

▶ Erkundigen Sie sich vorher beim deutschen Zoll, was und für welchen Wert Sie Waren einführen dürfen (s. S. 120).

Eine Mall bietet für jeden etwas

Textilien lohnen fast immer und wirkliche Schnäppchen lassen sich in den so genannten **Factory Outlet Malls** erzielen. Sie liegen meistens zwischen zwei großen Städten bzw. weit außerhalb einer Stadt an einem Interstate oder einem viel frequentierten Highway. Die größten Betreiber dieser Malls sind *Premium Outlets* (www.premiumoutlets.com), *The Mills* (www.simon.com), *Tanger* (www.tangeroutlet.com), und *VF* (www.vfoutlet.com). Hier gibt es dann zwischen 50 und 100 Geschäfte aller Art, unter anderem auch Levis, Nike und Ralph Lauren. Ein Tipp ist der sich immer weiter ausbreitende *Bass-Shop,* der sich von einem Anglerausrüster zu einem Eldorado für Outdoor-Freunde (Kleidung, Zelte und Campingausrüstung, Kanus) entwickelt hat. In den Outlet Malls ist Kleidung besonders günstig, aber achten Sie auf Mängel.

Hinweis
Unter www.outletbound.com können Sie die auf der Reiseroute gelegenen Malls erkunden.

Einreise

s. a. Stichwort „Zoll"

Als Teil des Programms für visumfreies Reisen (Visa Waiver Program) gilt seit Januar 2009 für die Einreise in die USA das **Electronic System for Travel Authorization (ESTA)**. Deutsche, Schweizer und österreichische Staatsangehörige, deren Aufenthalt im Rahmen eines Besuchs erfolgt und 90 Tage nicht überschreitet, benötigen die Genehmigung für die Einreise in die USA über das elektronische Reisegenehmigungssystem. Die Genehmigung für jeden Reisenden, auch allein- oder mitreisende Kinder, muss spätestens 72 Stunden vor der Abreise beantragt werden. Dafür müssen sich Reisende über das webbasierte ESTA einloggen und online einen Antrag mit ihren persönlichen Daten ausfüllen. Mit dem Antrag ist eine Art Einreisegebühr von $ 10 fällig, die zusammen mit der Bearbeitungsgebühr von $ 4 nur über Kreditkarte entrichtet werden kann. Die ESTA-Genehmigung gilt für zwei Jahre. Die Internetseite www.usa-esta.de informiert über die elektronische Registrierung zur Einreise in die USA. Neben dem direkten Link zum ESTA-Formular auf der Internetseite des amerikanischen Ministeriums für innere Sicherheit (Homeland Security, **www.esta.cbp.dhs.gov**) gibt es hier zusätzliche Informationen zum Reisen in den USA.

Hinweis

Aufgrund der wechselnden Einreisebestimmungen in die USA sollte man sich vor der Abreise im Internet über die aktuellen Bestimmungen erkundigen. US-Botschaft in Deutschland: www.germany.usembassy.gov; in Österreich: www.usembassy.at; in der Schweiz: www.bern.usembassy.gov. Infos auch beim Auswärtigen Amt (www.auswaertiges-amt.de), bei den Konsulaten oder im Reisebüro.

Sie müssen ein gültiges Rückflugticket besitzen und der maschinenlesbare Reisepass sollte eine Gültigkeit von 6 Monaten haben. Vorläufige oder Ersatzpässe werden nicht akzeptiert. **Achtung:** Auch Kinder unter 12 Jahren benötigen einen maschinenlesbaren Reisepass. Ein Kinderpass oder ein Eintrag bei den Eltern wird unter keinen Umständen akzeptiert.

Jeder Passagier muss der Fluggesellschaft vor dem Abflug eine Adresse in Amerika angeben, manchmal wird danach auch schon bei der Buchung gefragt. Schreiben Sie sich also die Adresse Ihrer ersten Unterkunft (inklusive Postleitzahl) auf. Diese Information sollte, zusammen mit der ausgefüllten Zollerklärung (*customs declaration*) bei der Einreise bereit sein.

Über die endgültige Einreise und Aufenthaltsdauer wird allerdings erst bei Ankunft am Flughafen entschieden. Bei Ablehnung muss der Rückflug umgehend auf eigene Kosten erfolgen. Es gibt eine Reihe von Ablehnungsgründen, wie z.B. politisch unerwünschte Personen, gesundheitliche Gründe oder aber auch nur „unzureichende finanzielle Mittel". In einer oft langen Schlange muss sich jeder Reisende bei einem *Immigration Officer* anstellen (Familien können sich auch gemeinsam anstellen), der den Reisepass jedes Reisenden einscannt. Außerdem wird ein digitaler Abdruck beider Daumen sowie der vier Finger jeder Hand genommen und ein digitales Porträtfoto erstellt.

Eisenbahn

Das Eisenbahnnetz in den Vereinigten Staaten ist relativ dünn, und die Züge brauchen meist länger als die Busse. Dafür reist man aber ausgesprochen komfortabel und inzwischen ist diese bequeme Art, lange Strecken zurückzulegen, wiederentdeckt worden.

AMTRAK (www.amtrak.com) bietet verschiedene Langstreckenverbindungen an und offeriert auch spezielle Angebote. Für europäische Touristen ist z.B. der **USA Rail Pass** interessant. Den Pass gibt es für 15 (8 Abschnitte), 30 (12 Abschnitte) oder 45 Tage (18 Abschnitte) und er kostet zwischen $ 430 und $ 830. Mit dem *USA Rail Pass* können Sie, mit bestimmten Einschränkungen und für eine Anzahl von Abschnitten alle AMTRAK Züge benutzen. Man benötigt für die gewünschte Route ein Ticket und eine Reservierung. Während der Hauptreisezeit ist eine rechtzeitige Reservierung dringend notwendig.

Interessante **Zugverbindungen** im Südwesten und Westen sind:

California Zephyr: Chicago, Denver, Salt Lake City, Emeryville (San Francisco)
Southwest Chief: Los Angeles, Albuquerque, Chicago
Sunset Limited: New Orleans, San Antonio, Los Angeles
Texas Eagle: Chicago, St. Louis, Dallas, San Antonio

Eine Fahrt mit einer historischen Eisenbahn sollte man sich nicht entgehen lassen

Informationen und Verkauf des *USA Rail Pass* unter www.amtrak.com, im Reisebüro oder bei
North America travelhouse, CRD International, Stadthausbrücke 1–3, 20355 Hamburg, ✆ (040) 300-6160, www.crd.de
MESO Amerika – Kanada Reisen, Wilmersdorfer Str. 94, 10629 Berlin, ✆ (030) 212-3419-0, www.meso-berlin.de.

Essen gehen/Restaurants

s. a. Stichwort „Küche und Getränke" und Kulinarische Sprachhilfe (S. 636)

Essen, besonders Essen gehen, ist in den USA vor allem eine Geldfrage, denn die Preisdifferenzen können gewaltig sein. Während man sich in einem Fast-Food-Imbiss für 5 Dollar satt essen kann, legt man in einem feinen Restaurant dafür mindestens 25 Dollar pro Person auf den Tisch (plus Trinkgeld). Was in den USA oft fehlt, sind gutbürgerliche Gaststätten oder Studentenlokale. Diese findet man meist nur vereinzelt in größeren Städten, und eine vernünftige Mahlzeit kostet auch hier 15 $.

Neben den Fast-Food-Ketten wie McDonald's, Burger King, Wendy's aber auch Pizza Hut, Popeye's, KFC und Taco Bell erfreuen sich auch Restaurant-Ketten wie Denny's, Applebee's, TGIF und International House of Pancakes (IHOP) immer größerer Beliebtheit. Diese bieten sich durchaus für das Mittag- oder Abendessen an, Sie dürfen allerdings keine Wunder erwarten. Viele bieten mittlerweile Salatbars an, und es gibt auch Ketten mit mexikanischen Spezialitäten. In vielen Gegenden gibt es auch noch die oft alteingesessenen „Diner", die einen Besuch auf jeden Fall Wert sind.

Der folgende Überblick soll eine kleine Orientierung geben, bevor Sie in die kulinarische Welt Amerikas eintauchen:

Frühstück

Frühstückszeit ist zwischen 7 und 10 Uhr (oft auch 9 Uhr). Wer in der Stadt oder einem größeren Hotel übernachtet, ist häufig besser beraten mit einem Frühstück in einer nahen Cafeteria oder einem besseren Fastfood-Laden. Das ist billiger, und man entgeht der faden Auswahl von Continental oder American Breakfast. Ausnahme sind die üppigen Frühstücksbuffets, die einige größere Hotels anbieten.

▶ Das **Continental Breakfast** besteht meist nur aus Muffins bzw. Croissants, Marmelade, Saft, Früchten und Kaffee/Tee.

▶ **American Breakfast**: Eine Kalorienbombe – Eier, Schinken, Speck, Cornflakes, Saft, Kaffee/Tee und häufig auch noch Kuchen oder Waffeln mit Sirup. Davon wird man mehr als satt, kämpft aber noch Stunden mit dem überladenen Magen.

▶ **Mexican Breakfast**: Eine durchaus lohnenswerte Abwechslung. Typisch ist hier das Gericht „Huevos Rancheros" – Eier auf Tortillas und dazu eine – meist scharfe – Sauce. Alternativ kann man auch ein Steak zum Frühstück ordern.

Brunch

In der Zeit zwischen 11 und 14 Uhr servieren größere Hotels und Restaurants Brunch, zumeist an Sonn- und Feiertagen, meist als Buffet angerichtet.

Lunch

Das Mittagessen hat in den USA wenig Bedeutung, und die Amerikaner ernähren sich zu dieser Zeit hauptsächlich von Hamburgern, Sandwiches und frittierten Snacks aus den Fastfood-Restaurants oder Pubs. Wer trotzdem gerne gut zu Mittag essen möchte, sollte sich in den Diners und besseren Restaurants die zu deutlich günstigeren Preisen gebotenen „Lunch Specials" bzw. „Daily Specials" anschauen.

Dinner

Das Dinner (manchmal auch „Supper" genannt) bildet die zweite große Mahlzeit für die Amerikaner. Es besteht meist aus Vorspeise, Hauptgericht und Nachspeise. Da das üppige Frühstück bereits eine ganze Weile zurückliegt, wird früh zu Abend gegessen. Die Restaurants öffnen um

Tipp

Sie werden schnell feststellen, dass Essen gehen in den USA sehr hektisch werden kann. Kaum sitzt man, geht es bereits los: „Was möchten Sie trinken", dabei wird die Speisekarte gereicht, und der Kellner wartet ungeduldig auf die Bestellung. Zwischen den Gerichten geht es ebenso rasant zu. Nichts mit 10 Minuten „Verdauungspause" dazwischen. Und kaum, dass der letzte Bissen im Mund verschwindet, wird auch schon der Teller abgeräumt und die Rechnung serviert. In Amerika bedeutet guter Service „schneller Service", und Essengehen wird nur als kurzes Vergnügen angesehen. Zum Reden und Trinken geht man nach dem Essen in eine Bar. Entsprechend werden aber auch reservierte Restaurantplätze ausgegeben. 1 bis maximal 2 Stunden – letzteres nur in Top-Restaurants – ist alles, was Ihnen zugestanden wird. Danach ist der Tisch bereits weitergegeben. Der Tipp für Gäste, die es gerne etwas geruhsamer zugehen lassen möchten, ist daher:

- *Lassen Sie sich dem **„Second Seating"** (in der Regel 20.30 Uhr) zuweisen. Danach folgen Ihnen keine weiteren Gäste mehr.*
- *Sagen Sie bereits bei der Reservierung, dass **Sie gerne länger und in Ruhe speisen möchten**, und*
- *haben Sie den Mut, einer allzu eifrigen Bedienung zu sagen, wenn Sie etwas **mehr Zeit haben möchten**. Dafür hat man Verständnis. Falls Sie dieses nicht tun, dann denkt die Bedienung halt, es muss alles flott gehen.*

18, und in der Regel ab 21 Uhr kann es passieren, dass die Küche kalt ist. Wer gerne später essen möchte, erkundigt sich lieber vorher über die Küchenzeiten.

Einiges Wissenswertes:

- Anders als in Europa, **verweilt man nicht ewig** im Restaurant.
- Beim Eintritt in ein Restaurant wartet man meist, bis man **einen Platz zugewiesen bekommt** (*wait to be seated*).
- Die Amerikaner essen zwar auch mit Messer und Gabel, legen aber meist nach jedem Schnitt das Messer ab, nehmen die Gabel in die rechte Hand und essen dann nur mit der Gabel weiter.
- Der **Kaffee ist sehr dünn**, wird aber oft kostenlos nachgeschenkt.
- Das **Trinkgeld** ist wichtig, auch in Pubs. **15–20 %** werden erwartet, da die Bezahlung der Kellner sehr niedrig ist und es grundsätzlich erwartet wird, dass man Trinkgeld gibt. Zahlen Sie mit einer Kreditkarte, befindet sich eine Extraspalte für das Trinkgeld auf dem Kreditkartenbeleg, in den Sie die von Ihnen gewählte Summe eintragen. In Restaurants, in denen Sie am Ausgang an der Kasse zahlen, lassen Sie das Trinkgeld für den Kellner gesondert auf dem Tisch liegen. Achtung: In manchen Restaurants wird eine „service charge" gleich mit auf die Rechnung gesetzt. Schauen Sie sich Ihre Rechnung genau an und hinterlassen Sie nur dann Trinkgeld, wenn die „service charge" nicht aufgeführt ist.
- Die **Portionen sind häufig sehr groß**. Achten Sie am besten beim Betreten des Restaurants schon darauf, ansonsten sind Sie bereits beim Auftischen satt.
- **„Early Bird Specials"** werden häufig zwischen 16 und 18 Uhr, manchmal auch bis 19 Uhr angeboten. Dabei essen Sie z.T. zum halben Preis.

Fahrrad fahren

Fahrradfahren wird in den USA immer populärer, und so manch einer verbringt den gesamten Urlaub auf dem Sattel eines Drahtesels. Doch die Steigungen sind nicht immer ganz ohne und vor allen Dingen sollte die Hitze in diesem Reisegebiet nicht unterschätzt werden.

Es gibt in den USA mittlerweile eine Reihe von Organisationen, Clubs und Vereine zum Thema „biking", die jedoch meist als Lobbyisten für Fahrradfahrer und Fußgänger auftreten, Städte und Gemeinden beim Ausbau von Fahrradwegen beraten, oder lokale Veranstaltungen organisieren. Wer nur mal einen Tag herumfahren möchte, bekommt Fahrräder über spezielle Vermieter in fast jedem Ort oder auch mal in Hotels. Gut sortiert und informiert zum Thema „Fahrrad fahren" sind zudem die lokalen sowie staatlichen Touristenämter, über die es eigene Broschüren mit Routenvorschlägen gibt und auch in den Nationalparks gibt es zahlreiche Radwanderwege.

Feiertage

Mit wenigen Ausnahmen (Neujahr, 4th of July und Weihnachten) sind Feiertage in den USA in ein Wochenende integriert. Anders als hierzulande ist an Feiertagen in Amerika nicht alles geschlossen, Supermärkte und Restaurants sind meist auf. Erkundigen Sie sich jedoch sicherheitshalber im Voraus nach Öffnungszeiten von Museen etc.

Die **gesetzlichen Feiertage** (*public holidays*) in den **USA** (es gibt dazu noch einige regionale Feiertage)	
1. Januar	New Year's Day (Neujahr)
3. Montag im Januar	Martin Luther King Jr. Day
3. Montag im Februar	President's Day
Letzter Montag im Mai	Memorial Day (Gedenktag für alle Gefallenen)
4. Juli	Independence Day (Unabhängigkeitstag) - Nationalfeiertag
1. Montag im September	Labor Day (Tag der Arbeit)
2. Montag im Oktober	Columbus Day (Erinnerung an die Entdeckung Amerikas)
11. November	Veterans' Day (Gedenktag für alle Veteranen)
4. Donnerstag im November	Thanksgiving Day (Erntedankfest)
25. Dezember	Christmas Day (Weihnachten)

Fernsehen

Millionen von Fernsehern flimmern täglich in den Wohnstuben, Bars, selbst in Restaurants. Tausende von verschiedenen Fernsehstationen werden fast jedem (amerikanischen) Bedürfnis gerecht, und große Firmen bzw. Hotelketten bieten obendrein noch interne Programme. Fernsehen hat aber einen **anderen Stellenwert** als bei uns. Häufig dient es nur als Geräuschkulisse, und sollten Sie einmal bei einer Familie zu Besuch zu sein, bewerten Sie es nicht als unhöflich, wenn der Fernseher weiter läuft und die Gastgeber gelegentlich mal hinschauen.

Es gibt in den USA neben den kommerziellen und den Bildungssendern unzählige andere Sender, die sich z.B. religiösen oder anders-sprachigen Themen widmen oder sich nur auf das Einkaufen oder das Wetter konzentrieren. Meistens handelt es sich aber um Berieselungsprogramme, gespickt mit Unmengen von Werbespots. Die großen, überregionalen Sender sind: **ABC**, **CBS** und **NBC**. Weitere überregionale Sender sind **FOX** und **UPN**. Daneben bietet **PBS** (Public Broadcasting Service) auch anspruchsvollere Sendungen, kann aber nicht überall empfangen werden. Der Nachrichtensender **CNN** bietet zwar Informationen rund um die Uhr, meist überwiegen jedoch die letzten Nachrichten über Stars aus Film und Musik in diesen Sendungen. Größere Hotels sind auch an ein Kabelnetz angeschlossen, bei dem Sie für eine Gebühr einen Spielfilm Ihrer Wahl (ohne Werbung) sehen können. Sie programmieren Ihren Fernseher im Zimmer nur mit dem entsprechenden Code ein und zahlen zusammen mit Ihrer Hotelrechnung. Spielfilme ohne Werbung bietet auch der Sender HBO, den eine Vielzahl von Hotels kostenlos anbietet.

Flüge und Fluggesellschaften

s. auch Stichwort „Anreise"

Inzwischen sind die Anzahl und die Angebote der Reiseveranstalter und Fluggesellschaften, die Ziele in den USA ansteuern doch recht groß und z.T. verwirrend geworden. Dazu kommen die unterschiedlichen Saisonzeiten, Abflugorte, Sonderpreise, Internetangebote, und verschiedene Routen. Deshalb ist es sinnvoll, sich vor der Buchung Informationen über mögliche

Routen, Flüge, Preise, Bedingungen und besondere Reisewünsche einzuholen. Das kann im Internet, anhand von Reisekatalogen oder in Reisebüros erfolgen. Zu überlegen ist besonders, ob Sie, trotz eines Mehrpreises, einen Gabelflug buchen wollen. Dieses bietet die Möglichkeit, Ihre Route flexibler planen zu können und Sie müssen am Ende der Reise keine Zeit damit verbringen, das Auto an den Anmietort zurückzufahren. Die **Hauptflughäfen** in diesem Reisegebiet sind **Dallas/Fort Worth**, **Las Vegas**, **Denver**, und **Houston**, gefolgt von **Phoenix**, **Salt Lake City**, und **Albuquerque**. Zu einigen dieser Flughäfen gibt es von Deutschland aus Direktflüge, in den meisten Fällen müssen Sie mindestens einmal umsteigen, um Ihr Ziel zu erreichen.

Hinweis

- *Auch wenn es keine Pflicht mehr ist, sollte man die Flugzeit des Rückfluges mindestens 2 Tage vor Abflug checken. Das können Sie über die gebührenfreie Nummer der Fluggesellschaft oder über das Internet machen.*
- *Am Abflugtag sollten Sie rechtzeitig (mindestens 2–3 Stunden vorher) am Flughafen sein. Es gibt oft Verzögerungen mit Gepäck (Vorsicht vor Übergewicht!) und Sicherheitsvorkehrungen und Sie wollen Ihre Reise nicht im Stress enden lassen.*
- *Beachten Sie die Beschränkungen bei der Mitnahme von Flüssigkeiten. Diese dürfen in nicht mehr als 100 ml großen Behältern und nur in durchsichtigen Plastiktüten mitgetragen werden. Auch gibt es verschiedene Bestimmungen, was Feuerzeuge und Streichhölzer anbelangt. Erkundigen Sie sich vorher.*

Die wichtigsten Fluggesellschaften (mit gebührenfreien Telefonnummern in den USA und der Webseite)	
Air France: 1-800-237-2747, www.airfrance.com	Alitalia: 1-800-223-5730, www.alitalia.com
American Airlines: 1-800-433-7300, www.aa.com	Austrian Airlines: 1-800-843-0002, www.aua.com
British Airways: 1-800-247-9297, www.britishairways.com	Continental: 1-800-231-0856, www.continental.com
Delta: 1-800-221-1212, www.delta.com	KLM: 1-800-374-7747, www.klm.com
Lufthansa: 1-800-645-3880, www.lufthansa.com	Northwest Airlines: 1-800-225-2525, www.nwa.com
SAS/Scandinavian Airlines: 1-800-221-2350, www.flysas.com	Southwest: 1-800-435-9792, www.southwest.com
Swiss: 1-877 359 7947, www.swiss.com	United Airlines: 1-800-538-2929, www.united.com
US Airways: 1-800-428-4322, www.usairways.com	

Fotografieren

Vergessen Sie nicht das Aufladegerät für die Digitalkamera (an eine andere Spannung angepasst und mit Adapter!), eine zusätzlichen Speicherkarte und das Überspielkabel, um evtl. Bilder schon mal nach Hause zu senden oder auf einen USB-Stick zu übertragen. Achten Sie darauf, dass die Speicherkapazität ausreicht. Viele Copy-Shops und Fotoläden kopieren auch die digitalen Bilder auf Ihren Stick oder auf eine CD-ROM. In Fotoläden, Elekronikshops und auch in den Fotoabteilungen von Drugstores und Einkaufsmärkten können Sie Speicherkarten, Akkus und Speichersticks kaufen.

Kameras und Zubehör sind in den USA preiswerter als bei uns, deshalb sollten Sie sich überlegen, den Neukauf in den USA vorzunehmen. Achten Sie dabei jedoch auf eine weltweite Garantie, denn es ist oft schwierig, einen defekten Apparat in Europa zu reklamieren oder reparieren zu lassen.

Hinweis

In manchen Museen und Sehenswürdigkeiten sowie im Umkreis militärischer Anlagen ist das Fotografieren verboten, bzw. nur ohne Blitz erlaubt. Bei Personenaufnahmen ist Respekt oberstes Gebot und Sie sollten gegebenenfalls um Erlaubnis fragen. Besonders bei der indianischen Bevölkerung sollten Sie sehr respektvoll sein, einige Stämme bitten darum, nicht fotografiert zu werden.

Fremdenverkehrsämter

Ein amerikanisches Fremdenverkehrsamt gibt es nicht mehr, allgemeine Informationen findet man unter www.usa.de. Beim **Visit USA Committee** (Mainzer Landstr. 176, 60327 Frankfurt/Main, ✆ (0700) 8474-8872, Fax: (07000) 101-2714, www.vusa-germany.de), ein Zusammenschluss von Fachleuten und Veranstaltern der Touristikbranche erhalten Sie u.a. deutsche Adressen touristischer PR-Agenturen von Staaten, Städten und Regionen.

Hinweise zu den einzelnen Bundesstaaten geben auch folgende Adressen und Webseiten:

Arizona: Arizona Office of Tourism, 1110 W. Washington Street, Suite 155, Phoenix, Arizona 85007, ✆ (602) 364-3700, gebührenfrei 1-866-275-5816, www.arizonaguide.com

Colorado: Colorado Travel & Tourism Authority, 1625 Broadway Ste. 1700, Denver, CO 80202, ✆ (303) 892-3885, gebührenfrei 1-800- 265-6723, www.colorado.com

Nevada: Nevada Commission on Tourism, 401 North Carson Street, Carson City, NV 89701, ✆ (775) 687-4322, gebührenfrei 1-800-NEVADA-8, www.travelnevada.com, für Las Vegas: www.visitlasvegas.com

New Mexico: New Mexico Dept of Tourism, 491 Old Santa Fe Trail, Santa, Fe, NM 87503, ✆ (505) 827-7400, gebührenfrei 1-800-733-6396, www.newmexico.org

Texas: Office of Economic Development and Tourism, P.O. Box 12428, Austin, Texas 78711, Tourist Development Office, gebührenfrei 800-888-8TEX, 800-452-9292, www.traveltex.com

Utah: Utah Office of Tourism, Council Hall/Capitol Hill, 300 North State, Salt Lake City, UT 84114, ✆ (801) 538-1900, gebührenfrei 800-200-1160, www.travel.utah.gov oder www.utah.com

Weitere hilfreiche Infoadressen und Tipps bei den jeweiligen Ortsbeschreibungen in den einzelnen Reisekapiteln.

Hinweis

Die einzelnen Bundesstaaten verfügen an allen wesentlichen Einfallstraßen (Interstates und US-Highways) – meist kurz hinter der Bundesstaatsgrenze – über gesonderte Besucher- oder Informationszentren (Visitors Center), die in der Regel bis 17 Uhr geöffnet sind. Hier erhalten Sie Karten, haufenweise Prospektmaterial, individuelle Anregungen und auch Couponheftchen, mit denen Sie in einigen Hotels und Motels günstiger übernachten können.

Führerschein

In der Regel genügt in den USA der nationale Führerschein, obwohl die eine oder andere Mietwagenfirma zusätzlich auch den internationalen Führerschein verlangt. Zur Sicherheit mitnehmen.

Geld/Zahlungsmittel

Auch wenn man inzwischen fast alle Zahlungen bargeldlos machen kann, ist es wichtig, einen bestimmten Barbetrag mitzuführen. Bargeldscheine sollten nicht größer als $ 20 sein, da größere Scheine ungern angenommen werden aufgrund der Gefahr gefälschter Scheine und da oft nicht genügend Wechselgeld zur Verfügung steht. Zusätzlich sind kleine Beträge in Münzen und eine Anzahl von Dollarscheinen hilfreich, z.B. für die Zeitung, den Gepäckträger, den Getränkeautomaten oder auch für das Trinkgeld.

1 Dollar ($) = 100 Cent (c.)
Münzen: 1 c. = Penny, 5 c. = Nickel, 10 c. = Dime, 25 c. = Quarter
(Weniger im Umlauf sind 50 c. (Half Dollar) und Dollarmünzen).
Scheine: $ 1, $5, $10, $20, $50, $ 100; auch $ 500 und $ 1000 Noten gibt es, sind aber allgemein nicht im Umlauf.
Alte Scheine sind gleich groß und grün („greenbacks") und unterscheiden sich nur im Wertaufdruck und dem abgebildeten Staatsmann. Achten Sie also darauf, den richtigen Schein wegzugeben. Neue Scheine unterscheiden sich etwas mehr und sind auch häufiger im Umlauf. Scheine über $ 20 sind vielen Amerikanern suspekt, deshalb sollten Sie es vermeiden, mit größeren Geldscheinen zu bezahlen.

Obwohl Reiseschecks immer noch angeboten werden, sind der Aufwand und die Kosten der Bestellung und Einlösung inzwischen nur noch selten rentabel. Üblich ist es, mit Kreditkarte zu bezahlen. Beträge ab ca. $ 15 werden fast ausschließlich mit Plastikgeld bezahlt. Auch die Debitcard (die hiesige BankCard) wird von Amerikanern immer häufiger benutzt, auch für kleinere Beträge.

Ohne Kreditkarte geht es in den USA nicht! Hotels und Mietwagenfirmen nehmen sehr selten oder gar kein Bargeld. Die fast überall akzeptierten Kreditkarten sind Mastercard, Visa, American Express und Diners, wobei die letzten beiden seltener genommen werden. Besonders American Express wird von einigen Ladenbesitzern aufgrund der hohen Gebühren nicht akzeptiert. Bei Verlust der Kreditkarte siehe Notrufnummern unter „Kreditkarten".

Mit einer Kreditkarte kann man sich an den meisten Bankschaltern Geld auszahlen lassen. Einfacher ist es jedoch, mit der BankCard an einen Geldautomaten (*ATM – Automated Teller Machine*) zu gehen und mit Hilfe der PIN Bargeld abzuheben. Voraussetzung ist, dass auf der BankCard das Maestro Zeichen ist. Bitte beachten Sie, dass für jede Transaktion eine Gebühr entsteht, unabhängig vom Betrag. Die Post-Sparcard ist an VISA-Plus-Automaten einsetzbar. Bei Verlust der BankCard sollten Sie sie sofort sperren lassen (siehe Notrufnummern unter „Kreditkarten").

Ratsam für eine Aufteilung der Reisekasse wäre es somit, etwas amerikanisches Bargeld für die ersten Tage mitzunehmen (auch etliche 1-$-Scheine zwecks Trinkgeld), die BankCard und eine, besser zwei Kreditkarten dabeizuhaben.

Geschäfte

Es gibt kein Ladenschlussgesetz in den USA. Viele Geschäfte sind an Wochentagen von 9 bis ca. 20 Uhr, vielfach auch bis 22 Uhr geöffnet. Auch an Sonntagen hat eine Reihe von Geschäften geöffnet, besonders in den vorörtlichen Shopping Malls. Diese Shopping Malls bieten neben großen Supermarktketten auch Friseursalons, Boutiquen, Coffee Shops, Freizeitkleidungsgeschäfte etc. an und das alles unter einem Dach und mit ausreichender Parkfläche. Damit eignen sich solche Malls gut für den Provianteinkauf vor der großen Tour.

Gesundheit

Reisende sind in den USA keinen besonderen Gesundheitsrisiken ausgesetzt. Ernährungs- und klimabedingte Umstellungsprobleme sind selten und **Impfungen** sind für die Einreise in die USA nicht vorgeschrieben. Trotzdem sollten Sie sich über folgende Punkte im Klaren sein:

- Der **Zeitunterschied** kann einem doch zu schaffen machen, gehen Sie die Umgewöhnung langsam an. Bedenken Sie den Zeitunterschied vor allem dann, wenn Sie regelmäßig Medizin einnehmen müssen.
- **Das Klima ist z.T. schwül-heiß und die Sonne brennt**, vor allen Dingen in der Halbwüste Arizonas und New Mexicos. Denken Sie also an die Sonnenschutzcreme (die Sie natürlich auch in den USA erhalten können) und vergessen Sie auch nicht, einen Hut aufzusetzen und genügend zu trinken.
- **Mücken** gibt es in den Seengebieten von Texas und Colorado und an ruhigen Flussläufen. **Malaria** gibt es nicht. Borreliose-übertragende Zecken („ticks") sind selten in diesem Reisegebiet. Insektenschutzmittel können Sie problemlos vor Ort kaufen.
- **Arzt- und Krankenhausbesuche** sind in den USA nicht ganz billig und müssen Vorort bezahlt werden. Schließen Sie vorher eine Reisekrankenversicherung ab. Darin sollte eine Rücktransportversicherung eingeschlossen und die gesamte Dauer des Aufenthaltes abgedeckt sein.
- Rezeptpflichtige Medikamente gibt es in der **Apotheke** („Pharmacy"), die sich meist in einem Drugstore befindet. In den Drugstores erhält man auch problemlos „over-the-counter" Medikamente ohne Rezept, z.B. Schmerzmittel.
- Die **Rezeptpflicht** wird sehr streng gehandhabt. Medikamente am besten von zu Hause mitnehmen. Für die Einfuhr benötigen Sie aber eine ärztliche Verordnung in englischer Sprache. Diese kann auch helfen bei evtl. Arztbesuchen.

Im **Notfall** ruft man die Ambulanz (911) oder fährt zur Notaufnahme (*emergency room*) eines Krankenhauses

Leitungswasser kann überall bedenkenlos getrunken werden.

Ghost Towns/Geisterstädte

Immer beliebter wird das Aufstöbern verlassener Minenstädte, den sog. Ghost Towns. Davon gibt es im Südwesten viele und die interessantesten sind im Reiseteil erwähnt. In Amerika hat sich inzwischen eine Art „Ghost Town Tourismus" entwickelt und viele Orte (z.B. Jerome und Tombstone) sind auf diese Weise wieder zum Leben erwacht. Die Internetseite www.ghosttown.com bietet eine Fülle von Informationen und ebenfalls Tipps über „how to ghost-town". Wer sich für dieses Thema interessiert, sollte sich bereits zu Hause vorbereiten und sich in Amerika entsprechende Literatur, von der es genügend gibt, zulegen.

Indianer

Der Besuch in einem Pueblo lohnt sich, z. B. das North Pueblo in Taos

Im Südwesten sind die meisten der Indianer (American Indian, auch Native Americans) angesiedelt, hier gibt es auch die meisten Indianerreservate der USA, von denen die Navajo Nation das größte ist. In dieser Region können Sie sich viele Sehenswürdigkeiten und auch eine Reihe kultureller Veranstaltungen (Pow Wows, Tänze, Musik) ansehen. Überall finden Sie auch Kunsthandwerksstände und Geschäfte, die unter anderem Schmuck- Töpfer- Web- und Korbwaren anbieten.

Nähere Informationen und einen Einblick in die Kultur, Veranstaltungen und Sehenswürdigkeiten bieten folgende Webseiten:

Indian Pueblo Cultural Center Museum, www.indianpueblo.org, hauptsächlich Stämme in New Mexico

Navajo Tourism, www.discovernavajo.com, www.explorenavajo.com, www.500nations.com, vorwiegend Adressen zu Pow Wows, Stämmen, Sehenswürdigkeiten

Wenn Sie eine Siedlung, ein Reservat oder eine Veranstaltung besuchen, bitte Folgendes beachten:

- *In den Pueblos und den Reservaten dürfen keine alkoholischen Getränke ausgeschenkt oder mitgenommen werden.*
- *Holen Sie sich eine Genehmigung für das Fotografieren und Filmen und fragen Sie jeden um Erlaubnis, bevor Sie ihn/sie ablichten. Oft ist das Fotografieren von Personen nicht erlaubt.*
- *Zeigen Sie Respekt für die Zeremonien und Gewohnheiten der Indianer und seien Sie eher zurückhaltend mit Fragen und Kommentaren.*

Oak Tank Outfitters, www.angelfire.com/az/oaktank, das Unternehmen unternimmt Exkursionen in den Grand Canyon und zu Veranstaltungen der Hualapai-Indianer

Weitere Informationen erhalten Sie von den staatlichen Touristenämtern, siehe auch „Fremdenverkehrsämter".

Internet

Internet Cafés sind weit verbreitet. Neben den Cafés bieten auch viele Copy Shops Zugang zum Internet an. Die Preise sind allerdings sehr unterschiedlich. Große Hotels bieten im so genannten Businesscenter ebenfalls Zugang zum Internet, manche Visitor's Center bieten ihn auch kostenlos an. Wer den eigenen Laptop dabei hat, dem stehen in vielen Hotels und Cafés kostenlose WLAN-Verbindungen zur Verfügung.

Kanu-, Kajak-, Floßfahrten

Die Amerikaner sind ein Outdoor-Volk, und damit verwundert es kaum, dass an jedem erdenklichen Gewässer Boote, Floße, Kanus, Autoreifenschläuche etc. bereitliegen. Das Angebot ist riesig und für jede Alters- und Geschmacksrichtung ist etwas dabei. Vor allen Dingen ist das Whitewater Rafting (Wildwasser-Schlauchbootfahrten) sehr beliebt. Am besten erkundigt sich aktuell bei den lokalen Touristenbüros über das Angebot. Auch über die American Canoe Association (www.americancanoe.org) können Kontakte in den einzelnen Bundesstaaten gefunden werden.

Ein Abenteurer auf dem Wasser…

Auf folgende interessante Gegenden möchten wir hinweisen:

- **Moab, UT**: Von hier wird der Colorado River erkundet. Sie können auf eine halbe oder ganze Tagestour gehen oder auch mehrere Tage den Fluss erkunden. Informationen unter www.moab-utah.com.
- **Green River, UT**: Start ist in der Nähe von Vernal, UT und auch hier können Sie verschiedene Touren aller Längen und Schwierigkeitsgrade machen. Infos unter www.utah.com.
- **Salida und Buena Vista, CO**: Verschiedene Anbieter für „Whitewater Rafting" und Kanutouren auf dem Arkansas River im Südwesten Colorados stehen zur Verfügung. Unter www.croa.org erhalten Sie Informationen über eine Anzahl von Anbietern in Colorado.
- **Big Bend NP, TX**: Auf dem Rio Grande, in einen der zahlreichen Canyons; auch hier gibt es zahlreiche Angebote verschiedener Schwierigkeitsgrade.
- **Grand Canyon**: Sie können den oberen, den unteren oder den gesamten Grand Canyon auf dem Colorado River erleben. Die meisten Touren sind allerdings mehrtägig.

Für die eintägige Tour sollten Sie nicht vergessen:
- *Feste Sandalen oder Sportschuhe, die nass werden können;*
- *Badezeug;*
- *wasserfestes Sonnenschutzmittel mit hohem Lichtschutzfaktor;*
- *das Band, um die Brille nicht zu verlieren.*

Kartenmaterial

Neben der diesem Buch beigefügten Karte empfehlen wir **Hildebrand´s Straßen-Atlanten** "USA-Osten" bzw. "USA-Westen". Für die gesamten USA empfiehlt sich der **Rand McNally**, der in den USA in verschiedenen Versionen (einfacher Straßenatlas, Atlas mit Adressen für Touristen etc.) erscheint und der in Deutschland vom Hallwag-Verlag herausgegeben wird. Vom **ADAC** erhalten Sie Karten und allgemeine Informationen zu Autoreisen in den USA. Karten der einzelnen Staaten sind in den **Visitors Centers** der jeweiligen Staaten erhältlich. Außerdem bekommen Sie kostenlos bei einem AAA Office offizielle Highway und City Maps zusammen mit den AAA TourBooks und CampBooks.

Es gibt einige zuverlässige Webseiten, um Adressen und Straßen zu ermitteln, Pläne auszudrucken oder Streckenbeschreibungen zu erhalten. **Mapquest** unter www.mapquest.com, und **RandMcNally** unter www.randmcnally.com sind nur zwei Beispiele. Vergleichbar mit den Gelben Seiten im Internet, aber mit einem größeren Serviceangebot sind die **Superpages**, www.superpages.com und die **Yellow Pages**, www.yellowpages.com. Wer ein wenig Lust auf Spielerei hat, sollte die Internetseite www.nationalatlas.gov besuchen. Die Seite ist nicht sehr übersichtlich, aber gibt doch so die eine oder andere Anregung.

Kinder

Die USA sind ein kinderfreundliches Land. Das erkennt man bereits an den vielen Spielplätzen und den Kindermenus auf den Speisekarten (Kleinkinder dürfen bei den Großen kostenlos mitessen). Aber auch im didaktischen Bereich wird mehr für die Kinder geboten als bei uns. In vielen Museen gibt es eigens für Kinder organisierte Touren, Aktivitäten oder Videovorträge. Und noch etwas macht eine USA-Reise für die Kleinen zum besonderen Erlebnis: Die Kultur der unzähligen Freizeitparks. Dem einen oder anderen Erwachsenen mag dieses zwar nicht sehr behagen, aber diese Parks bieten unzählige Attraktionen für die Kleinen.

Kleidung

Das Klima in den **Sommermonaten** kann in diesem Reisegebiet **sehr heiß** werden und besonders in New Mexico, Arizona und Utah ist es dann sehr trocken. Die Tagestemperaturen von über 30 °C mögen das eine oder andere Urlauberherz höher schlagen lassen, unterschätzen Sie aber die Hitze nicht. Für tagsüber **lockere, luftige Kleidung** mitnehmen, am besten aus Baumwolle oder Leinen. Und besonders wichtig ist der Hut gegen die Sonne. Wer wandern möchte, darf natürlich seine **Wanderschuhe** (auch für kleine Strecken ist gutes Schuhwerk wichtig!) nicht vergessen, in den Rockies sollten Sie aber auch an einen **Regenschutz** denken.

Nachts können die klimatischen Verhältnisse sehr unterschiedlich sein. In einigen Regionen kann es auch nachts nur unwesentlich abkühlen, in anderen, vor allen Dingen den Bergen und der Wüste, fallen die Temperaturen auch schon mal unter 10 Grad Celsius. Richten Sie sich also darauf ein, einen Pullover oder besser eine **Allzweckjacke** (am besten eine, aus der man das Futter herausnehmen kann und die natürlich auch dem Regen standhält) mitzunehmen. Das Prinzip der „Multiple Layers", mehrere Lagen von Kleidung, die man immer wieder an und ausziehen kann, bewährt sich auch in diesen Gebieten. Grundsätzlich sollten Sie überlegen, ob Sie einiges an Kleidungsstücken in den USA kaufen. In den größeren Städten gibt es Spezialgeschäfte, und die Preise sind, bei guter Qualität, z.T. günstiger als bei uns.
Geschäftsleuten oder Reisenden, die auch einmal „repräsentieren" müssen, sei noch ein Tipp mit auf den Weg gegeben: auch wenn die Amerikaner oft hemdsärmelig herumlaufen, selbst in besseren Hotels, und wenn sie auch hier und da sogar zum Abendessen in Shorts erscheinen, bei einem offiziellen Treffen, oder einem Geschäftsgespräch, ist ein **Anzug**, am besten ein dunkler (mit Schlips u. Kragen!), ein Muss. Und auch wenn vorher der „dress code" als informell angekündigt wurde, sind Jeans und Pullover nicht angebracht. Ein Jackett oder Hemd und Krawatte und eine Stoffhose sollten es schon sein.

Konsulate

siehe Stichwort „Botschaften".

Kreditkarten

siehe auch Stichwort „Geld/Zahlungsmittel".

Für den Fall, dass es Probleme mit der Kreditkarte geben sollte ist es ratsam, eine Kopie Ihrer Kreditkarte (vorne und hinten) zu machen und sich die Service- und/oder Notfallnummer des ausstellenden Kreditinstituts zu notieren. Die großen Kreditkartenunternehmen bieten auch für den Notfall einen kostenlosen 24-Stunden-Service an, diese Telefonnummern gelten allerdings nur in den USA und können Ihnen auch nur bedingt helfen.

American Express: 1-800-528-4800, www.americanexpress.com
Master Card: 1-800-MASTERCARD, www.mastercard.com
Visa: 1-800-VISA911, www.visa.com
Diners Club: 1-800-234 6377, www.dinersclub.com

Falls Sie Ihr Kreditkarteninstitut telefonisch nicht erreichen können, rufen Sie die zentrale Notrufnummer an +49-1805 021 021 (gebührenpflichtig aus dem Ausland). Dieser zentrale Sperrannahmedienst ist rund um die Uhr erreichbar und nimmt Ihre Information per Sprachcomputer auf. Für diesen Anruf benötigen Sie Ihre Kontonummer und die Bankleitzahl.
Bei Kartenverlust oder Diebstahl gibt es für beinahe alle Arten von Karten (einschließlich Kredit- und Bank/EC-Card) in Deutschland eine einheitliche Sperrnummer: 116116. Aus dem Ausland rufen Sie unter +49 116116 oder +49 30 4050 4050 an. Im Internet: www.sperrnotruf.de. Die Notrufnummern der Karten von nicht angeschlossenen Kreditinstituten und für österreichische und Schweizer Karten entnehmen Sie bitte den für diese Karten gültigen Merkblättern oder fragen Sie die Bank.

Kriminalität

Wenn auch deutlich niedriger als vor Jahren, ist die Kriminalitätsrate in den USA immer noch relativ hoch. Die Kriminalität verteilt sich jedoch sehr unterschiedlich auf Stadt und Land. Auch wenn die USA nicht gefährlicher sind als andere Regionen, ist Vorsicht natürlich geboten. Einige Vorsichtsmaßnahmen:

- **Tragen Sie niemals zu viel Geld bei sich** und verteilen Sie dieses im Portemonnaie, in Kleidungsstücken, und in einem nicht sichtbaren Geldgürtel. Nehmen Sie nur eine Kreditkarte mit, von der Sie aber die entsprechende Telefonnummer der Kreditkartenfirma bei sich haben, sodass Sie sofort nach dem Diebstahl deren Verlust melden können und diese unverzüglich gesperrt werden kann.
- Führen Sie **nur Kopien Ihrer Papiere** bzw. den Personalausweis mit. Das Original und/oder den Pass **mit** Ihrem Einreisestempel an einem sicheren Ort verwahren.
- Nutzen Sie die **Hotelsafes**, von denen es in vielen besseren Hotels sogar welche im Zimmer gibt.
- Achten Sie bei dem Mietauto auf einen geschlossenen Kofferraum und lassen Sie auffällige Dinge wie Kameras, Handtaschen, etc. nicht offen im Auto liegen.
- Es ist schwierig, **„den Urlauber zu verbergen"**. Ein Dieb erkennt Sie meist als solchen, und Sie sind damit bereits als potentielles Opfer ausgewählt. Aber machen Sie es den Dieben nicht zu leicht: Bauchgürteltaschen und Handtaschen mögen bequem sein, doch sehen diese nun wirklich nach einem interessanten Inhalt aus und letztere sind leicht aus der Hand zu reißen. Lassen Sie diese, besonders abends, im Hotelzimmer oder packen Sie wenig hinein. Tragen Sie Bauchgürtel versteckt oder andere „unauffällige" Taschen.
- **Erkundigen Sie sich** besonders in großen Städten im Touristenbüro oder an der Hotelrezeption danach, wohin Sie besser nicht gehen („No-Go-Areas") oder ob Sie dort eher mit einem Taxi hinfahren sollten. Das wird Sie schon vor einigen Überraschungen bewahren.
- Lassen Sie Ihren Schmuck besser zu Hause, damit können Sie sowieso nicht viel anfangen auf der Reise.
- Wenn Sie einmal wirklich Probleme haben sollten, lautet die **Notrufnummer** der Polizei (gilt auch für Feuerwehr und Krankenwagen) in den USA und in Kanada **911**.

Küche und Getränke

siehe auch Stichwort „Essen gehen/Restaurants" und Kulinarische Sprachhilfe im Anhang S. 636

Neben den obligatorischen Hamburgern, dem Barbeque und den allgemein verbreiteten Küchen (Italiener, Chinese, Pizza) sollten Sie auch das eine oder andere ethnische Restaurants ausprobieren. Z.B. gibt es in vielen Gegenden Amerikas jüdische, polnische, vietnamesische, brasilianische, polynesische und und und … Restaurants. Die Vielfalt ist immer gut für eine gelungene Überraschung.
Auch die folgenden Dinge sollten Sie sich nicht entgehen lassen:

- Ein gutes **saftiges Steak**. Diese, besonders die T-Bone-Steaks, sind um einiges größer als bei uns. Nach den besten Steaks am Ort fragen Sie am besten die Einheimischen.
- Am Meer oder an den Seen darf natürlich ein **Fischgericht** nicht fehlen. Neben den gängigsten, wie Forelle („Trout") oder „Catfish" (ein Flussfisch der Gattung Wels) sollten Sie sich einmal vom „catch of the day" inspirieren lassen.

- Die **Cajun-Küche** (auch Creolische Küche genannt) aus Louisiana. Besonders die Vielfalt an Gewürzen geben dem Essen eine sehr schmackhafte Note, z.T. ungeahnt scharfe Variante. Übrigens stammt der Tabasco aus Louisiana – also Achtung!
- Die **mexikanische** Küche wird meist in verschiedenen Schärfegraden angeboten und bietet vor allem viel Gemüse (welches nicht so verkocht ist!). Serviert als Tacos, Enchiladas, Burritos, oder mit Tortillas sind diese Gerichte, je nach Gebiet, auch in der „Tex-Mex" oder „Sonoran" Variante bekannt.

Das sollten Sie sich nicht entgehen lassen

In den letzten zwei Jahrzehnten hat die Küche in Amerika an Format gewonnen. Die Amerikaner haben mittlerweile den Genuss eines „Dinner-Happenings" erkannt und mit Fusionen verschiedenster Küchen und Themen wie „Sushi in der Wüste" hat die Küche deutlich an Raffinesse gewonnen.

Getränke

Kaffee: Die Amerikaner trinken zwar gerne Kaffee, generell ist er jedoch sehr schwach. Positiv ist, dass der Kaffee in den Restaurants kostenlos nachgeschenkt wird. Sehr verbreitet ist auch der entkoffeinierte Kaffee („Decaf"), der jedoch das „Ziel" für europäische Gaumen in vielen Punkten verfehlt.
Tee: Es wird fast nur Beutel-Tee gereicht. Gut und erfrischend ist der „Iced Tea", der mit Zitrone, Zucker und Eis serviert wird.
Soft Drinks: Amerika ist bekannt für seine Softdrinks, und die Angebotspalette ist fast unerschöpflich. Wenn Sie Pepsi oder Coca Cola Fan sind, werden Sie umgehend darauf aufmerksam gemacht, welcher beiden Konkurrenten im Sortiment ist. Viele Softdrinks gibt es in mehr und mehr Variationen und Geschmacksrichtungen. Es gibt zu den uns bekannten Limonadensorten auch noch Ungewöhnliches, wie z.B. Root Beer (Wurzelbier – kein Alkohol)

oder Ginger Ale (Ingwerbier – auch kein Alkohol). Softdrinks werden in Kneipen und Restaurants mit sehr viel Eis serviert, trinkt man nicht schnell genug, bleibt nur gefärbtes Wasser übrig. Seien Sie nicht verwundert, dass man Sie mit befremdeten Augen anschaut, wenn Sie einen Softdrink ohne oder mit wenig Eis bestellen.

Milchshakes: Milchshakes sind in den USA besonders bei den Kindern beliebt. In verschiedenen Geschmacksrichtungen und unterschiedlicher Dickflüssigkeit kann der „double thick milkshake" eher einem Softeis ähneln als einem Getränk.

Säfte: Es gibt eine Reihe guter Säfte, leider steht einem in den Restaurants nur eine kleine Auswahl zur Verfügung. Achten Sie darauf, dass Sie einen „fresh juice" bestellen, der ist dann zwar auch nicht unbedingt frisch gepresst, kommt dem aber schon bedeutend näher. Gute Säfte gibt es ansonsten nur in den Supermärkten.

Bier: Trotz des schlechten Rufs ist das amerikanische Bier doch ganz trinkbar. Es ist schwächer und kohlensäurehaltiger als das europäische und eine Krone ist vollkommen unbekannt. Viele Biersorten tragen deutsche Namen (z.B. „Löwenbräu"), doch gehören die Brauereien amerikanischen Firmen. Häufig erhält man auch mexikanisches Bier („Corona" oder „Dos Equis"), das etwas stärker schmeckt. Größere „Microbrauereien", wie z.B. „Samuel Adams" aus Boston, brauen gutes Bier, das etwa so stark ist wie das europäische Bier, geschmacklich aber anders ist. Europäische Bier gibt es in Flaschen, die auch immer häufiger in Lokalen zu haben sind. Schmackhaft ist übrigens auch das Bier in den lokalen „Microbreweries", die mittlerweile in fast jeder Stadt anzutreffen sind. In diesen kleinen Brauereien, die nur für den Ausschank im eigenen Lokal produzieren, werden verschiedene Sorten gebraut, die stärker als das herkömmliche amerikanische Bier sind.

Wein: Der Wein, zumeist in Kalifornien angebaut, ist in der Regel von guter Qualität. Wundern Sie sich nicht, wenn der trockenste Wein im Lokal nicht so trocken ist, wie man es gewohnt ist. Es gibt keine Weinklassifikationen, als Qualitätsgarant halten die Namen der Winzer her. Wein ist etwas teurer als bei uns, besonders in Restaurants.

Eine Auswahl an Weinen:	
Rotweine:	
Zinfandel:	klassischer amerikanischer Wein, schmeckt würzig nach Pfeffer und ein bisschen Frucht.
Cabernet Sauvignon:	dunkelrot, aromatisch und trocken, schmeckt nach Johannesbeere und einem Hauch Eiche (vom Fass).
Shiraz:	auch Syrah genannt, gerbstoffreich, von süßlich bis trocken, Geschmack nach Brombeere, Pflaume und Pfeffer.
Pinot Noir:	in verschiedenen Rottönen, schmeckt ein wenig erdig und nach Vanille.
Merlot	nicht für die lange Lagerung geeignet, enthält weniger Tannin, fruchtiger Geschmack.
Weißweine:	
Pinot Blanc:	fruchtig-trockener Wein mit leichtem Nussgeschmack, gut zu trinken im Sommer.
Chenin Blanc:	halbtrockener, etwas herber Wein, schmeckt ein wenig nach Apfel und Birne.
Chardonnay:	der bekannteste Weißwein, trocken und duftend mit herrlichem Traubengeschmack und einem Hauch Zitrus.
Riesling:	fruchtiger, herber Wein.
Sauvignon Blanc:	trockener, erdig-fruchtiger Wein, säurehaltig.
Pinot Grigio	auch Pinot Gris genannt, der kalifornische ist kräftiger als der italienische, Zitrusgeschmack.

Spirituosen und Cocktails: Whisky und Brandy sind die beliebtesten harten Getränke der Amerikaner und werden in der Regel mit Cola oder viel Eis getrunken. Ansonsten werden „harte" Alkoholika eher in Cocktails verwendet. Die „Cocktailkultur" hat besonders in der „happy hour" ihren Einzug gehalten. Nach der Arbeit, zumeist zwischen 16.30 und 19 Uhr, füllen sich die Bars und die verschiedensten (Mix-) Getränke (aber auch die Biere) werden zum halben Preis serviert. Beliebt sind „Pina Colada" (Rum, Kokosnusscreme, Ananassaft und Sahne) und „Margarita" (Tequila mit Limettensaft, mit oder ohne Salz, „straight" oder „on the rocks").

Literatur

In den europäischen Buchläden oder über www.amazon.de erhält man mit Sicherheit die neuesten Reisebücher und Karten. Falls man sich mit der amerikanischen Literatur oder speziellen Themen zur amerikanischen Geschichte beschäftigen möchte, kann man über Buchläden oder Amazon Bücher beziehen, muss aber genau wissen, was man lesen möchte..

Eine Möglichkeit, sich Bücher auszuleihen, bieten die **amerikanischen Kulturinstitute** (DAI oder Amerika-Haus), unter anderem in:

- **Köln: Amerika-Haus**: Apostelnkloster 14–18, 50667 Köln, ✆ (0211) 16 92 63 50, www.amerikahaus-nrw.de
- **Kiel: Kennedy Infozentrum**, Ohlshausenstr. 10, 24118 Kiel, ✆ (0431) 586 999 3, www.amerika-gesellschaft.de
- **München: Amerika-Haus**, Karolinenplatz 3, 80333 München, ✆ (089) 55 25 37-0, www.amerikahaus.de
- **Carl-Schurz-Haus Freiburg**, Eisenbahnstr. 62, 79098 Freiburg, ✆ (0761) 556527-0, www.carl-schurz-haus.de
- **Amerikazentrum Hamburg**, Am Sandtorkai 48, 20457 Hamburg, ✆ (040) 70 38 36 88, www.amerikazentrum.de
- **DAI Heidelberg**, Sophienstr. 12, 69115 Heidelberg, ✆ (06221) 60 73 15, www.daiheidelberg.de
- **DAI Nürnberg**, Gleißbühlstr. 9, 90402 Nürnberg, ✆ (0911) 23 069-0, www.dai-nuernberg.de
- **DAI Saarbrücken**, Talstr. 14, 66119 Saarbrücken, ✆ (0681) 31 160, www.dai-sb.de
- **James-F. Byrnes-Institut e.V.**, Charlottenplatz 17, 70173 Stuttgart, ✆ (0711) 22 81 80, www.daz.org
- **DAI Tübingen**, Karlstr. 3, 72072 Tübingen, ✆ (07071) 79 52 60, www.dai-tuebingen.de

In Österreich:

- **Amerika-Institut** (Austro-American Institute of Education), Operngasse 4, A 1010 Wien, 1. Bezirk, ✆ (01) 512 77 20, www.amerika-institut.at

Maßeinheiten

Hohlmaße
1 fluid ounce = 29,57 ml
1 pint = 16 fl. oz. = 0,47 l
1 quart = 2 pints = 0,95 l
1 gallon = 4 quarts = 3,79 l
1 barrel = 42 gallons = 158,97 l

Flächen
1 square inch (sq.in.) = 6,45 qcm
1 sq.ft. = 929 qcm
1 sq.yd. = 0,84 qm
1 acre = 4840 squ.yd. = 4046,8 qm oder 0,405 ha
1 sq.mi. = 640 acres = 2,59 qkm

Längen
1 inch (in.) = 2,54 cm
1 foot (ft.) = 12 in. = 30,48 cm
1 yard (yd.) = 3 ft. = 0,91 m
1 mile = 1760 yd. = 1,61 km

Gewichte
1 ounce = 28,35 g
1 pound (lb.) = 16 oz. = 453,59 g
1 ton = 2000 lb = 907 kg

Temperaturen
Umrechnung: (Grad F - 32) x 0,56 = Grad C

23 °F	-5 °C	32 °F	0 °C	41 °F	5 °C	50 °F	10 °C
59 °F	15 °C	68 °F	20 °C	77 °F	25 °C	86 °F	30 °C
95 °F	35 °C	104 °F	40 °C				

Größentabelle

Herrenbekleidung:
Deutsche Größe (z. B. 50) minus 10
ergibt amerikanische Größe (40)

Herrenhemden:

D	36	37	38	39	40/41	42	43
USA	14	14,5	15	15,5	16	16,5	17

Herrenschuhe:

D	39	40	41	42	43	44	45
USA	6,5	7,5	8,5	9	10	10,5	11

Damenbekleidung:

D	36	38	40	42	44	46
USA	6	8	10	12	14	16

Damenschuhe:

D	36	37	38	39	40	41	42
USA	5,5	6	7	7,5	8,5	9	9,5

Kinderbekleidung:

D	98	104	110	116	122
USA	3	4	5	6	6x

Nationalparks

Das amerikanische National Park System umfasst neben den 58 Nationalparks hunderte von National Monuments, Battelfields, Recreation Areas, Historic Sites und andere geschützte Gebiete, von denen allein in diesem Reisegebiet 15 National Parks und unzählige andere Areale liegen.

Allgemeine Informationen und Unterkunftsverzeichnisse der einzelnen Parks erhält man beim United States Department of the Interior, National Parks Service Headquarters, 1849 C Street NW, Washington, D.C. 20240, ✆ (202) 208-6843, oder im Internet unter www.nps.gov.

Unter www.recreation.gov findet man hilfreiche Beschreibungen und Informationen nicht nur zu Nationalparks, sondern auch zu Historic Sites, National Monuments und staatlichen Erholungseinrichtungen. Weitere Informationen, jedoch einfacher gestaltet, unter www.area-parks.com.

Für den Fall, dass man mehrere Nationalparks und National Monuments besuchen möchte, empfehlen wir die **Jahreseintrittskarte**. Den *America The Beautiful National Parks and Federal Recreation Lands Pass* oder *Interagency Annual Pass* gibt es an den Eingangstoren bzw. den Visitor Centers in den Parks. Er ist für ein Fahrzeug mit allen Insassen bzw. für den Inhaber und bis zu drei weitere Personen gültig und kostet $ 80.

Wandern, hier im Bryce National Park

Hinweise für den Besuch der Nationalparks:

▶ **Parkeingang:** Bezahlung des Eintritts, man erhält Informationsmaterial, inkl. einer detaillierten Karte.

▶ **Besucherzentrum/Visitor Center:** Hier gibt es ausführliches Informationsmaterial, und es stehen Ranger oder andere Parkangestellte für Fragen zur Verfügung. Ein kleines Museum, meist eine Dia- bzw. Filmvorführung, Erfrischungen, Souvenirs, Literatur und WCs gibt es hier auch.

▶ **Übernachtung:** Zu empfehlen sind die Unterkünfte in den Parks, aber sie sind meistens in der Zahl begrenzt, in der Regel einfach und relativ teuer. Dafür erspart man sich lange Anfahrtswege. Alternativ gibt es vor den Toren bzw. im Umkreis von ca. 30 Meilen Motels bzw. Rasthäuser und Hotels. Besonders während der **Hauptferienzeit** (Juli/August) ist es nötig, die Zimmer **vorher zu buchen**!
Die Campingplätze in den Parks sind einfach, aber mit dem Notwendigsten ausgestattet, und jeder bekommt einen nummerierten Stellplatz zugewiesen. Man kann sie in der Regel nicht vorbuchen (*first come, first served*), und mittags sind auch sie während der Ferienzeit häufig bereits vergeben.

▶ **Wandern:** Es gibt unzählige, gut markierte Wanderwege (trails). Beim Ranger kann man sich über den Schwierigkeitsgrad der Strecke erkundigen und man muss sich hier für schwie-

rige und längere Trails registrieren lassen. Außerdem wird er/sie Ihnen einige nützliche Tipps mitgeben können. An den Ausgangspunkten der einzelnen Wege sind dann auch spezielle Broschüren zu erhalten. Wanderschuhe oder zumindest festes Schuhwerk, ein paar Knabbereien und vor allen Dingen ausreichend Wasser (**3 Liter Minimum pro Person für eine Tagestour**) müssen dabei sein. Unterschätzen Sie die Hitze in den Sommermonaten nicht, dazu die ungewohnte Anstrengung. Mehrtägige Touren sollte man nicht alleine unternehmen.
▶ **Straßen in den Parks:** Sie sind gut und mit allen Fahrzeugen (Ausnahmen gelten z.T. für größere Camper) ohne Probleme zu befahren. Ausgenommen hiervon sind die so genannten „Jeep-Trails", die man wirklich nur mit einem geländegängigen Fahrzeug befahren kann. Für die Benutzung dieser Jeep Trails muss man sich beim Ranger anmelden.

▶ **Weitere Aktivitäten in den Parks:**
- **Veranstaltungen**: Von der Parkverwaltung werden verschiedenste Kurse, Diskussionen, Filmvorführungen etc. angeboten. Dabei kann man einiges hinzulernen, was Geschichte und Natur des Parks angehen. Infos hierzu in den Visitor Centers.
- **Angeln**: Eine „fishing license" ist dafür erforderlich. Erhältlich bei der Parkverwaltung.
- **Reiten**: Die Pferde bzw. Maulesel sind sehr zahm und auch weniger Geübten bietet sich hier eine Gelegenheit. Eine Jeans und feste Schuhe sollte man aber schon dabeihaben.
- **Radfahren**/Mountainbiking: Wird immer populärer, und mittlerweile haben private Anbieter in vielen umliegenden Gemeinden auch Fahrräder zum Ausleihen.

Notfall/Unfall/Notruf

Im Notfall, egal welcher Art, wenden Sie sich an einen Polizisten, das nächste Polizeirevier oder wählen Sie die gebührenfreie **Notrufnummer (Emergency Number) 911**. Bei Diebstahl oder Verbrechen sollte man sofort auf dem nächsten Polizeirevier Anzeige erstatten, da Versicherungen nur bei Vorlage eines Polizeiprotokolls den Verlust ersetzen. Bei schweren Erkrankungen, Unfall oder schwerwiegenden Verbrechen sind außer den Notfallservice der Versicherung ggf. Konsulate oder Botschaften zu informieren. Diese stellen auch ein Ersatzdokument aus, falls der Pass verloren gegangen oder gestohlen worden ist. Es ist hilfreich, diesem Fall seine Identität nachweisen können (z.B. durch den Personalausweis).

Bei Verlust oder Diebstahl der Bank- oder Kreditkarte kontaktieren Sie die einheitliche Sperrnummer +49-116 116, aus dem Ausland zusätzlich +49 (30) 4050-4050, im Internet www.sperr-notruf.de.

Outdoor

Eine Reihe von Outdoor-Aktivitäten sind in diesem Reisegebiet möglich und leicht zugängig. Neben den klassischen Aktivitäten wie Wandern, Mountainbiking und Canoeing/Kajaken/Rafting, bieten sich auch Reiten, Angeln, Skifahren und Snowboarding an. Aber auch Ausgefallenes, wie z.B. Fallschirmspringen und Bergsteigen ist möglich. Nützliche Informationen für die Planung gibt es bei den entsprechenden Fremdenverkehrsämter/Tourist Offices, auch auf den Webseiten der einzelnen Staaten. Unter www.gorp.com und www.adventurefinder.com kann man sich über jede Art von Aktivität in den jeweiligen Staat informieren.

Vor Ort ist es am besten, sich in an die Fremdenverkehrsbüros zu wenden oder die Visitor Center zu besuchen. In den größeren Städten oder nahe von attraktiven Outdoor-Gebieten finden Sie zudem zahlreiche "Outfitter". Diese vermieten nicht nur Ausrüstung und verkaufen alle Notwendigkeiten, sondern organisieren bzw. leiten auch Touren.

Post

Obwohl sich die amerikanische Post (United States Postal Service, USPS) in den letzten Jahren sehr um besseren Service bemüht hat, muss man immer noch damit rechnen, an langen Schlangen anstehen zu müssen. Postämter sind nicht immer einfach zu finden und haben in der Regel werktags von 9 bis 17 Uhr geöffnet. Briefkästen (mail boxes) in den USA sind blau. Einfache Sendungen sind immer noch relativ günstig und seit einiger Zeit kann man auch über das Internet Briefmarken kaufen und Sendungen abwickeln (www.usps.com). Briefmarken erhält man auch in einigen Hotels, Geschäften, an Flughäfen und Busbahnhöfen. Hier werden Sie aber mit Aufschlägen rechnen müssen.

Die Post hat seit ein paar Jahren den Schiffs- oder Landweg (surface mail) für Pakete eingestellt; d.h. nach Europa geht alles nur noch per Luftpost. Und das ist bei Paketen dann nicht mehr billig.

Neben dem USPS gibt es noch private Firmen (Pakete, Faxe etc.), von denen das Franchise-Unternehmen „Mail Boxes, etc.", zu empfehlen ist. Auch Kurierdienste wie „DHL", „FedEx" und „UPS" sind in Städten vertreten, manchmal kann man auch Sendungen direkt am Hotelschalter abwickeln.

Einige postalische Begriffe:

first class mail: normale Briefpost
air mail: Luftpost
registered (certified) mail: Einschreiben
c/o general delivery: postlagernd
zip code: Postleitzahl (steht immer hinter dem Ortsnamen und Staat, z.B. Albuquerque, NM 87106); Postleitzahlen können Sie auch über die Internetseite des USPS suchen

Preisnachlässe

In den USA trifft man fast überall auf Preisnachlässe und Rabattangebote. Wer sich damit beschäftigt, kann viel Geld sparen. Kaum jemand bezahlt z.B. für eine Hotelunterkunft den vollen Preis.
Hier ein paar Anregungen und Empfehlungen:

- Schüler, Studenten, Rentner u. Behinderte sollten einen internationalen Ausweis mitnehmen. Ermäßigungen gibt es fast überall.
- Kinder zahlen fast durchweg weniger.
- Fragen Sie in einem Hotel nach Sonderpreisen (*special offers*). Es gibt sie fast immer, sie werden aber natürlich nicht immer beim Einchecken von selbst angeboten; z.B. Weekendraten in den Städten.

▶ In den Touristenbüros, aber auch an Autobahn-Tankstellen, liegen unzählige Broschüren aus, in denen Sie eine Reihe von Coupons finden, mit denen man billiger übernachten kann oder Rabatte bei Einkäufen oder in Restaurants erhält. Tipp: Sammeln Sie diese Coupons gleich in den Touristenzentren/Visitor Centers hinter des einzelnen Staatsgrenzen auf den Highways oder Interstates.

▶ Airlines bieten, in Verbindung mit den Flugtickets, häufig günstige Eintritte zu Vergnügungsparks und verbilligte Hotelunterkünfte am Zielort.

▶ Mitglieder des AAA-Automobilclubs erhalten in manchen Hotels Sonderpreise oder Preisnachlässe. Weitere Informationen unter „Automobilclub".

Rauchen

Rauchen ist in den meisten Staaten der USA in allen geschlossenen öffentlichen Gebäuden, inklusive Restaurants und Bars, nicht gestattet. Ausnahmen gibt es in den Casinos, Privatclubs oder designierten „Cigar Bars" einiger Staaten. Die Gesetze sind zum Teil von Staat zu Staat, manchmal auch von Ort zu Ort unterschiedlich.

Auch Flughafengebäude sind rauchfreie Zonen, wer nach oder vor einem langen Flug rauchen möchte, muss vor die Tür. Also: Erst rauchen, dann durch die Kontrolle.

Hotels, Motels und B&Bs sind überwiegend rauchfrei, wobei es (selten) noch ein kleines Kontingent an „Smoking-Rooms" gibt. Raucht man im „Non-Smoking Room", wird bei bzw. nach der Abreise die Reinigung und Desinfizierung in Rechnung gestellt, und das ist nicht billig. Auch in vielen Mietwagen ist Rauchen nicht gestattet. Pfeifen- und Zigarrenraucher sollten sich vor dem Anzünden vergewissern, ob ihr Qualm selbst in den Raucherzonen gestattet ist. Oft hängt hier ein Schild: „no pipes – no cigars". Dem passionierten Raucher bleiben meist nur die Natur (aber Achtung: Brandgefahr!) und einige Bars.

Recycling

Das Klischee der amerikanischen Wegwerfgesellschaft scheint durch die unzähligen Aluminiumdosen, Papp- und Styroporbecher und Plastiktüten bestätigt. Und ihr prozentualer Anteil an Energieverbrauch (Wasser, Strom, Benzin, etc.) und Kohlendioxid- und Treibgasausstoß ist immer noch um einiges höher als in Europa.

Trotz alledem, und auch weil *Al Gore* und seine Organisation den Nobelpreis erhalten haben, hat ein Umdenken eingesetzt. In mittleren und größeren Städten sowie den Nationalparks gibt es inzwischen zahlreiche Recyclingprogramme. In den Nationalparks stehen an den Visitor Centers und an den meisten Campingplätzen getrennte Mülltonnen bereit. In größeren Orten fragen Sie beim Visitor Center, den Touristenbüros oder der Stadtverwaltung nach Recycling-Plätzen für Trennmüll. Nach dem nächstgelegenen kann man mittels Angabe der Postleitzahl im Internet unter www.earth911.com oder unter der kostenlosen Telefonnummer (nur USA) 1-800-CLEANUP suchen.

Reisezeit

Für Mitteleuropäer, die hauptsächlich das Landesinnere bereisen wollen, eignet sich vor allem die Zeit Mai/Juni bzw. September/Oktober. Dann ist es nicht so heiß wie im Sommer, der einen ziemlich ins Schwitzen kommen lässt. Außerdem vermeidet man die volle und teure Ferienzeit der Amerikaner. Wer einen ausgedehnten Badeurlaub an der Küste Texas einlegen möchte, sollte entweder die Reise im August dort anfangen und anschließend in die Wüstengegenden fahren oder aber die Reise am Strand im Juli beenden.
Von November bis März ist es, besonders in den Rocky Mountains, sehr kalt, und viele Straßen sind dann wegen Schneefalls geschlossen. In Utah und den höheren Lagen Colorados kann es auch im Mai noch zu Schneefällen kommen. Diese Zeit ist letztendlich nur für Skiurlauber geeignet, die mit einer ausgezeichneten Schneedecke belohnt werden. Darauf achten, dass das Mietauto für Schnee- und Eisbedingungen entsprechend ausgerüstet ist.

Restaurants

Siehe auch Stichwörter „Essen gehen/Restaurants" und „Küche und Getränke", außerdem Kulinarische Sprachhilfe (Anhang S. 636)

Rundfunk

An die 10.000 Rundfunksender gibt es in den USA, wie beim Fernsehen mit nationalen und regionalen Sendungen. Auch hier gibt es viel Werbung, die nach spätestens drei Titeln eingeblendet wird. Von Vorteil ist aber, dass sich viele Sender auf eine bestimmte Musikrichtung eingestellt haben. Hat man also einmal Lust auf Oldies oder Country Music, stellt man sich den entsprechenden Sender ein. Reklameplakate an den Highways geben nähere Auskünfte über einzelne Sender. Interessante Berichte und Sendungen wird es aber nur in Gegenden geben, in denen man National Public Radio (NPR) oder den BBC empfangen kann.

Sport

Siehe auch Stichwörter „Outdoor" und „Kanu-, Kajak-, Floßfahrten"

Das Reisegebiet Südwesten ist ideal für Outdoor-Aktivitäten geeignet (Wandern, Kanufahren/Rafting, Fahrradfahren, Reiten, Skifahren). Golffreunde werden in jeder kleineren Stadt Golfplätze vorfinden und die Anzahl der Golfresorts nimmt ständig zu. Größere Hotels haben in der Regel einen Fitnessraum, ein Schwimmbad und häufig auch einen eigenen Tennisplatz.

Reiter kommen im Südwesten auf ihre Kosten. Viele Orte und Unterkünfte, vor allen Dingen nahe der Nationalparks, bieten Ausflüge zu Pferd. Es gibt Programme für Anfänger wie Fortgeschrittene, und einmal einen Canyon oder einen Park im Sattel zu erkunden ist sicherlich ein Highlight für Pferdenarren. Infos unter: www.pferdreiter.de, www.reiterreisen.com, www.argusreisen.de.

Zum Skilaufen (Abfahrt und Langlauf) und Snowboarden bieten sich vor allen Dingen die Rockies im Norden Utahs und in Colorado an. Weitere Informationen geben die Webseiten der entsprechenden Staaten oder www.coloradoski.com, www.skiutah.com, www.skiusa.com.

Fahrradfahren ist Sport, auch bergab

Sport ansehen

Man sollte versuchen, ein sportliches Ereignis live anzusehen. Besonders Sportarten wie Baseball, Basketball, Football und Eishockey bieten bei größeren Spielen ein echtes Erlebnis. Jede dieser Sportarten hat ihre Saison und so ist das ganze Jahr über was dabei.

Falls gerade kein Stadion in der Nähe sein sollte, versuchen Sie es einmal in einem „Sport-Pub", der oft schon von außen mit der Liveübertragung von Spielen wirbt (in jeder Ecke steht oder hängt ein Fernseher). Stimmung kommt hier immer auf. Häufigste Football-Tage sind Sonntag und Montag.

Sprache

Die amerikanische Sprache hat sich in vielen Punkten von der englischen Muttersprache entfernt, wenn auch die Grammatik relativ gleich geblieben ist. Dazu kommen, wie in jedem Land, regionale Unterschiede in der Aussprache, an die man sich gewöhnen muss.

In der Schreibweise fällt vor allen Dingen auf, dass Substantive, die im Britischen auf -re enden, im Amerikanischen mit -er geschrieben werden, z.B. *theatre-theater, centre-center*. Auch wird das Britische -ou im Amerikanischen zu -o, z.B. *colour-color, harbour-harbor*. Die Amerikaner neigen auch dazu, bestimmte Worte zu schreiben, wie sie sie sprechen (*nite* für *night*) oder ganz neue Wortschöpfungen zu bilden (*u* für *you*, *r* für *are*, *4sale* für *for sale* etc.).

Im Folgenden sind einige amerikanische Worte aufgeführt, die sich vom britischen Englisch unterscheiden:

Amerikanisch	Britisch	Deutsch
aisle	gangway	Durchgang
apartment	flat	Wohnung
baggage	luggage	Gepäck
to call	to ring up	anrufen

Amerikanisch	Britisch	Deutsch
can	tin	Dose
check	bill	Rechnung
cookies	biscuits	Plätzchen, Kekse
cop	policeman	Polizist
corn	maize	Mais
elevator	lift	Fahrstuhl
fall	autumn	Herbst
first floor	ground floor	Erdgeschoss
flashlight	torch	Taschenlampe
french fries	chips	Pommes Frites
gas (gasoline)	petrol	Benzin
refrigerator	icebox	Kühlschrank
movie	cinema	Kino
pants	trousers	Hose
vacation	holiday	Ferien, Urlaub
zip code	postal code	Postleitzahl

Strände

Strände finden sich entlang der Küste von Texas (Golf von Mexiko), wobei die schönsten, aber auch meistbesuchten Strände im Süden zwischen Corpus Christi und South Padre Island liegen. Aufgrund des hier endenden südlichen Äquatorstroms ist das Wasser angenehm warm und die Außentemperaturen bieten eine lange Badesaison. Attraktiv ist auch das Baden in den zahlreichen Binnenseen (z.B. Lake Amistad, Lake Powell, Lake Mead) und natürlich in den Flüssen.

Strom

In den USA herrscht 110V Wechselspannung (60Hz), daher muss man darauf achten, dass die mitgebrachten Geräte umstellbar sind, oder man muss einen Adapter mitnehmen, den man in Reiseausstattergeschäften und Elektrogeschäften in Europa erhält. In vielen Hotels gibt es einen Fön, einen Radiowecker und manchmal auch ein Bügeleisen.

Taxi

Taxis („cabs“) kann man **telefonisch** bestellen oder man steht an der Straße und **winkt eines herbei**. Häufig stehen sie bereits an den großen Hotels oder werden vom Türsteher („door man“) herbeigerufen. Da es weniger öffentliche Verkehrsmittel gibt, ist es in den USA üblich, auch kürzere Strecken mit dem Taxi zurückzulegen. Bezahlen muss man eine Grundgebühr, danach zählt der Taxameter die Kilometer, wobei ein Zeitfaktor auch einberechnet wird (z.B. bei Staus). Nachts zahlt man einen kleinen Zuschlag. Preise sind am/im Taxi angeschlagen. Ein Trinkgeld von mindestens 15 % ist auch für die Taxifahrt nötig. In kleineren Orten sind Taxis oft Privatunternehmen, deshalb nicht einheitlich markiert und oft auch „car service“ genannt. Auch haben sie meist keine Taxameter, der Preis ist abhängig von der Entfernung und der Anzahl der Personen. Fragen Sie vor der Fahrt nach dem Preis.

Hat man das Gefühl, beim Preis übervorteilt worden zu sein, oder der Taxifahrer ist einen großen Umweg gefahren, kann man bei der Taxizentrale oder der Stadtverwaltung anrufen, um Beschwerde einzulegen. Dafür muss man aber die Nummer des Taxis und des Unternehmens angeben. Diese Nummern stehen alle (irgendwo) im Taxi angeschlagen und sind auch dann nützlich, wenn man z.B. etwas im Taxi liegengelassen hat. Grundsätzlich hat man wenig Ärger mit Taxifahrern/innen, und es ist eher interessant, wenn sich mit ihm/ihr ein Gespräch entwickelt.

Mittlerweile gibt es eine **zentrale Telefonnummer**, mit der man von überall die nächste Taxizentrale erreichen kann: 1-800-USA-TAXI.

Telefonieren

Vorwahlnummern von den USA
nach Deutschland: 01149, Vorwahl (ohne 0), Rufnummer
nach Österreich: 01143, Vorwahl (ohne 0), Rufnummer
in die Schweiz: 01141, Vorwahl (ohne 0), Rufnummer

Vorwahlnummer von Europa in die USA
001, Vorwahl/area code (3-stellig), Rufnummer/telephone number (7-stellig)

Generell wird zwischen „local calls" (Ortsgespräche), „regional calls" (regionale Gespräche) und „long distance calls" (Ferngespräche) unterschieden. Bei allen Telefonaten muss zunächst eine „1" gewählt werden, dann der „area code" (Vorwahl) und anschließend die Teilnehmernummer. In einigen Gegenden sind die „1" und der „area code" auch innerhalb eines Vorwahlbereichs zu wählen. Gebührenfrei („toll free") sind Rufnummern die mit 1-800, 1-888, 1-877 oder 1-866 beginnen. Telefonnummern können in den USA auch über folgenden Weg in Erfahrung gebracht werden: Für gebührenfreie Nummern (z.B. von Hotels und Fluggesellschaften) wählen sie 1-800-555-1212. Sie müssen dann den Namen der Gesellschaft oder des Hotels nennen und die Nummer wird, von einem Computer gesteuert, angesagt. Für alle anderen Nummern die 1 wählen, dann die Vorwahl des Ortes, in dem man eine Nummer sucht, dann 555-1212 und dasselbe passiert. Zettel und Stift zurechtlegen, um die Nummer zu notieren.

Öffentliche Telefone mit Münzen gibt es immer weniger. Eingangshallen der größeren Hotels haben mitunter noch Apparate. Besonders für Auslandsgespräche braucht man aber eine recht große Menge Münzen. Einige öffentliche Telefone funktionieren auch mit einer Kreditkarte. Dazu muss man einen bestimmten Code vorwegwählen, der auf dem Telefon aufgedruckt ist. Aber vorsichtig! Diese Telefonate sind sehr teuer.

Telefonieren aus dem Hotelzimmer ist die bequemste Art. Auf dem Telefon oder im Informationsblatt stehen alle nötigen Anweisungen, meist muss man eine „8" oder eine „9" vorwählen. Nur Achtung! Das Telefonieren vom Zimmer kann teuer sein, erkundigen Sie sich nach den Gebühren für Fern- und Ortsgespräche. Anrufe von Europa in die USA sind meist günstiger als andersrum.

Telefonkarten gibt es inzwischen in verschiedenen Varianten und jede hat unterschiedliche Bedingungen, Vorteile, und zusätzliche Kosten. Wichtig ist, dass man sich über seine „Telefonbedürfnisse" im Klaren ist und sich dann entsprechend entscheidet. Grundsätzlich unterscheidet man zwischen „calling cards" und „prepaid" oder „phone cards". Für die **Calling Card** müssen Sie vor der Reise einen Vertrag mit einem Anbieter abschließen. Mit einer persönlich zugeteilten Geheimnummer (PIN) können Sie dann über eine Einwählnummer (meist 1-800...) von jedem Apparat telefonieren. Die Abrechnung erfolgt über die Kreditkarte. Calling Cards gibt es vor allem bei den großen Telefongesellschaften wie AT&T (www.att.com), Sprint (www.sprint.com) oder MCI (www.mci.com). Günstige Tarife gibt es bei www.us-callingcard.info, www.callingcards.com oder www.comfi.com.

Prepaid bzw. **Phone Cards** sind im Voraus mit einem festen Guthaben geladen, dass aber jederzeit nachgeladen werden kann. Anbieter solcher Karten finden Sie z.B. bei www.fonecards.de oder www.comfi.com. Über www.billiger-telefonieren.de oder www.zaptel.com kann man allgemeine Informationen und verschiedene Karten erhalten. Eine andere Alternative ist, in den USA eine **Telefonkarte** zu kaufen. Die gibt es im Zeitungsladen, im Supermarkt, in der Drogerie, und in vielen anderen Geschäften, meist in Werten zu $ 5, $10 und darüber. Achten Sie darauf, dass die Karte nicht nur in dem gegenwärtigen Bundesstaat gültig ist und geben Sie dem Verkäufer das Land an, in das Sie hauptsächlich telefonieren. Das Telefonieren ist auf diesem Wege zwar ein wenig umständlich, lohnt sich aber.

Die meisten **Handys** (in Amerika „cell phones" genannt) funktionieren in den USA dann, wenn sie über ein Triple-Band (Tri-Band) verfügen. In weniger dicht besiedelten Gegenden benötigen Sie eventuell ein Quad-Band Handy. Im Ausland Telefonate zu führen und zu empfangen ist aber nicht ganz billig und Sie sollten sich vor der Reise bei Ihrem Anbieter erkundigen, welche Gebühren auf Sie zukommen. Die hohen Roamingkosten können mit einer amerikanischen SIM-Karte vermieden werden, die in das eigene Handy eingesetzt werden kann. Die USA SIM-Karte gibt es ohne Grundgebühren, Mindestumsatzverpflichtungen oder Aktivierungsgebühren, mit kostenloser UniversalCard Calling Card. Man erhält eine amerikanische Rufnummer, unter der man für jeden erreichbar ist. Anrufer aus Deutschland können bereits für wenige Cent zu einer amerikanischen Cellion-Handynummer telefonieren (www.cellion.de). Falls das Mobiltelefon verloren geht oder gestohlen wird, sollte man die Nutzung der SIM sofort beim Provider sperren lassen.

Trinkgeld

Das Trinkgeld („tip", „gratuity") gehört in Amerika zur Haupteinnahmequelle der Bedienung und muss sogar in vielen Fällen von ihr/ihm pauschal versteuert werden, egal wie viel er/sie wirklich bekommen hat. Daher unbedingt daran denken, Trinkgeld zu geben (Ausnahme: Fastfood-Restaurants und Selbstbedienungsläden). In der Regel gibt man 15–20 %, wobei am Tresen einer Kneipe häufig auch mehr gegeben wird (Anhaltspunkt: 1 $ für zwei Bier). Ein Gepäckträger erwartet 50 c bis 1 $ pro Gepäckstück, je nach Größe der Koffer. Einem Zimmermädchen gibt man ca. 1 $ pro Übernachtungstag, bei längerem Aufenthalt weniger. Auch Taxifahrer erwarten Trinkgeld, 15 % sind üblich.

In manchen Fällen, vor allen Dingen wenn Sie in größeren Gruppen essen gehen, ist das Trinkgeld bereits im Preis inbegriffen. Dieses wird dann aber auf der Speisekarte angezeigt und auch auf der Rechnung notiert.

Woher kommt der Begriff „Tip"? In früheren Zeiten, als die Bars noch überlaufen und der Umgangston dort rauer war, stand auf dem Tresen ein großes Glas, in das die Kunden Geld eingeworfen haben, um bevorzugt bzw. schneller an das ersehnte Getränk zu gelangen. Der Barkeeper gab einem Gast schneller ein Bier, wenn der Gast halt Geld in dieses Glas geworfen hatte. Bei dem Gedrängel am Tresen ein üblicher Vorgang. Auf diesem Glas prangte ein Schild, auf dem ganz einfach stand: „To Improve Promptness", was später dann in „TIP" abgekürzt wurde.

Trinkwasser

Das Wasser kann überall bedenkenlos getrunken werden (gilt nicht für Wasser aus Flüssen oder Seen!).

Unterkünfte

An Unterkünften verschiedenster Komfortklassen mangelt es in den USA nicht, selbst während der Hochsaison werden Sie immer noch irgendwo ein Zimmer bekommen, wenn auch nur in einem alten Motel am Highway. Ausnahmen bilden die Nationalparks, Wochenenden und Zeiten, wenn spezielle Festivitäten in der Region abgehalten werden. Dann ist eine Reservierung selbst in der Nebensaison dringend zu empfehlen, am besten schon von Europa aus. Wenn Sie telefonisch im Voraus ein Zimmer reservieren möchten, halten Sie eine Kreditkarte bereit, denn meistens wird eine Reservierung nur mit Kreditkartennummer angenommen. Falls Sie dann die Reservierung nicht in Anspruch nehmen, wird das Zimmer dennoch abgerechnet. Geben Sie auf jeden Fall immer an, wenn Sie erst am Nachmittag ankommen und vor allen Dingen, wenn es nach 18 Uhr wird (**„late arrival"**). Die Zimmerpreise liegen bei einfacher oder doppelter Belegung fast gleich, und meistens kann man auch ohne besonderen Aufpreis ein Kind mitnehmen. In den Zimmern stehen ein oder zwei Betten (Double oder Queen Size) zur Verfügung. Wer zu zweit reist und mehr Platz benötigt, sollte auf jeden Fall nach einem Zimmer mit zwei Betten fragen.
Vor der Buchung sollte man sich nach einem **Sondertarif** erkundigen, der besonders an Wochenenden in den Städten, mit einer AAA-Karte (siehe unter „Preisnachlässe) oder in der Nebensaison oft gewährt wird.

Bad/Dusche, Klimaanlage, Telefon und Fernseher gehören mittlerweile zum Standard, selbst bei den billigeren Hotels, bzw. Motels, wobei die Bed&Breakfast-Unterkünfte diese nicht immer im eigenen Zimmer anbieten. Ein Schild **„Vacancy"** bedeutet, dass es noch freie Zimmer gibt, **„Sorry"** oder **„No Vacancy"** signalisiert, dass alles belegt ist.
Frühstück ist normalerweise nicht im Preis inbegriffen, wird aber in Hotels in einem angeschlossenen Restaurant geboten, wobei in größeren Hotels oft die Coffee Shops eine größere Auswahl zu einem geringeren Preis bieten. Motels haben nicht alle einen Frühstücksraum. Dafür sind meist Fastfood-Restaurants und Diner oder Coffee Shops ganz in der Nähe.

Beim Einchecken muss man

- ein Anmeldeformular ausfüllen
- die Kreditkarte vorlegen oder den Zimmerpreis im Voraus bezahlen (häufig zzgl. einer Garantiesumme)

▶ in Stadthotels das Fahrzeug in eine Garage stellen lassen (kostet etwa 10–20 $ pro Tag), wofür Sie ein spezielles Ticket erhalten.

Tipp

Das Auto selbst in die Garage zu bringen, erspart die „Valet"-Gebühr, d.h. den Fahrer des Hotels. Sie müssen aber gleich beim Gepäckausladen darauf bestehen, das Auto selbst parken zu wollen, da die Fahrer sich natürlich gerne ein Trinkgeld verdienen möchten und es eher üblich ist, das Auto wegfahren zu lassen.

Beim Auschecken müssen Sie Ihre Rechnung unterschreiben, die eventuell noch Zusatzgebühren enthält (Telefongespräche, Minibar etc.)

Einige Infos zu den einzelnen Unterkunftstypen:
Hotel: Hier reicht die Skala von ganz einfach bis zum absoluten Luxus. Sie sind meist teurer als andere Unterkunftstypen, da sie eine Reihe von zusätzlichen Serviceleistungen bieten (Kofferträger, spezielles Restaurant, Business-Center etc.) und in der Regel im Stadtbereich sehr zentral liegen.
Motels: Sie liegen meist an den Hauptausfallstraßen und sind kaum zu verfehlen. Die an Ketten (z.B. Motel 6, Super 8, Comfort Inn etc.) angeschlossenen Häuser sind etwas teurer als private Motelbetreiber, aber auch etwas besser. Private Motels sind teilweise sehr einfach, aber für eine Nacht durchaus akzeptabel. Nicht mehr bei allen Motels kann man sein Auto direkt vor der Tür parken, obwohl das meistens noch der Fall ist.
Inn: In der eigentlichen Bedeutung ein „Gasthaus", heute oft ein Haus der gehobenen Ansprüche.
Lodge: Liegt meist in der Natur und ist rustikal eingerichtet.
Resort: Hierbei handelt es sich um ausgesprochene Ferienanlagen, die ruhig liegen und vor allem Sportprogramme (Golf, Tennis etc.) und andere Freizeitaktivitäten bieten.

In einem Golfresort

Country Club: Häuser mit zumeist hohem Standard, oft einem Golfplatz/-club angeschlossen.
Family Ranches: Ehemalige Ranches wurden umfunktioniert zu Unterkünften, die viele Freizeitaktivitäten (Reiten, Wandern etc.) anbieten. Oft durch Konferenzen ausgebucht, daher ist eine rechtzeitige Buchung wichtig. Der Mindestaufenthalt beträgt in der Regel 4–7 Tage, selten auch mal 2 Tage.
Dude Ranches: Diese Ranches sind luxuriöser eingerichtet, und sie haben sich z.T. dem Verband „Dude Ranchers' Association" angeschlossen. Sie sind so teuer wie ein Luxushotel, bieten dafür aber auch eine Reihe von inklusiven Leistungen, wie Mahlzeiten und Freizeitaktivitäten. „Echtes" Farmleben ist hier aber selten anzutreffen (www.duderanches.org). Unter www.duderanch.com findet man eine Liste, nach Bundesstaaten, von Dude Ranches.
Bed & Breakfast: Bei den B&B-Häusern handelt es sich in der überwiegenden Zahl um luxuriöse

Unterkünfte, die einen nostalgischen Touch haben und persönliche Betreuung einschließen. Die B&Bs sind häufig recht teuer (www.bedandbreakfast.com).

Jugendherbergen: Meist teurer als in Europa, aber gut ausgestattet. Es gibt auch eine Reihe von privaten Jugendherbergen, die etwas günstiger sind. Einen Jugendherbergsausweis bekommt man über den DJH, www.jugendherberge.de.

Camping: siehe Stichwort „Camping"

Buchungs- und Infoadressen:

YMCA's/YWCA's: YMCA of the USA, 101 North Wacker Drive, Chicago, IL 60606, ✆ (800) 872-9622, www.ymca.net bzw. YWCA, 2025 M St NW, Suite 550, Washington, DC 20036, www.ywca.org

Hostelling International USA, 8401 Colesville Rd., Suite 600, Silver Springs,, MD 20910, ✆ (301) 495-1240, www.hiusa.org

Weitere Informationen zu Hostels weltweit unter www.hostelworld.com, www.hihostels.com und hostels.com.

Hinweis

Über folgende Broker kann man mitunter günstiger von zu Hause aus eine Unterkunft in einer größeren Stadt reservieren:
www.hotels.com, www.USA-hotels.de, www.hoteltravel.com, www.hotel-rates.com, www.all-hotels-world.com, www.hoteldiscounts.de.
Und wer einmal anders unterkommen möchte, der kann über folgende Webseiten günstige, aber auch ausgefallene private Unterkünfte buchen: www.AirBnB.com, www.wimdu.de, www.gloveler.de.

Hotelketten

Die kostenlosen Telefonnummern gelten nur vom nordamerikanischen Telefonnetz aus. Viele Hotelketten bieten auch kostenlose Nummern aus dem Ausland an. Diese Nummern finden Sie auf der entsprechenden Webseite.

Adam's Mark: ✆ 1-800-444-2326, www.adamsmark.com – ....hoch
America's Best Value Inn: ✆ 1-888-315-2378, www.americasbestvalueinn.com – niedrig
Best Western: ✆ 1-800-780-7234, www.bestwestern.com – ....mittel
Budget Host: ✆ 1-800-BUD-HOST, www.budgethost.com – ....niedrig
Clarion Hotels: ✆ 1-877-424-6423, www.clarionhotel.com – ....mittel
Comfort Inns: ✆ 1-877-424-6423, www.comfortinn.com – ....mittel/teilweise niedrig
Courtyard by Mariott: ✆ 1-800-321-2211, www.marriott.com/courtyard – ....hoch
Crowne Plaza: ✆ 1-877-2CROWNE, www.crowneplaza.com – ....mittel
Days Inn: ✆ 1-800-225-3297, www.daysinn.com – ....mittel
Doubletree: ✆ 1-800-222-8733, www.doubletree1.hilton.com – ....hoch
Econo Lodges of America: ✆ 1-877-424-6423, www.econolodge.com – ....niedrig
Embassy Suites: ✆ 1-800-362-2779, www.embassysuites1.hilton.com - ....mittel bis hoch
Fairmont Hotels: ✆ 1-800-257-7544, www.fairmont.com – ....mittel
Four Seasons Hotels: ✆ 1-800-819-5053, www.fourseasons.com – ....hoch
Hampton Inn: ✆ 1-800-HAMPTON, www.hamptoninn1.hilton.com – ..niedrig bis mittel
Hilton Hotels: ✆ 1-800-HILTONS, www.hilton.com – ....teuer
Holiday Inns: ✆ 1-888-HOLIDAY, www.holidayinn.com – ....mittel bis hoch
Howard Johnson: ✆ 1-800-221-5801, www.hojo.com – ....niedrig bis mittel
Hyatt Hotels & Resorts: ✆ 1-888-591-1234, www.hyatt.com – ....hoch
Inns of America: ✆ 1-800-826-0778, www.innsofamerica.com – ....mittel

Intercontinental Hotels: ✆ 1-800-181-6068, www.ichotelsgroup.com – ....hoch
La Quinta Inns & Suites: ✆ 1-800-SLEEP-LQ, www.lq.com – ....niedrig bis mittel
Le Meridien: ✆ 1-800-543-4300, www.starwoodhotels.com/lemeridien – mittel bis hoch
Marriott Hotels: ✆ 1-888-236-2427, www.marriott.com – ....hoch
Motel 6: ✆ 1-800-4-MOTEL-6, www.motel6.com – ....niedrig
Omni Hotels: ✆ 1-800-THE OMNI, www.omnihotels.com – ....hoch
Quality Inns: ✆ 1-877-424-6423, www.qualityinn.com – ....niedrig bis mittel
Radisson Hotel: ✆ 1-800-967-9033, www.radisson.com – ....mittel bis hoch
Ramada Inns: ✆ 1-800-854-9517, www.ramada.com – ....mittel
Red Carpet Inn und Scottish Inn: ✆ 1-800-251-1962, www.bookroomsnow.com – niedrig
Red Roof Inn: ✆ 1-800-RED-ROOF, www.redroof.com – ....niedrig, teilweise mittel
Renaissance: ✆ 1-888-236-2427, www.marriott.com/renaissance-hotels – ....hoch
Residence Inns by Marriott: ✆ 1-888-236-2427, www.marriott.com/residence-inn – hoch
Ritz-Carlton: ✆ 1-800-542-8680, www.ritzcarlton.com – ....hoch
Rodeway Inns: ✆ 1-877-424-6423, www.rodeway.com – ....niedrig bis mittel
Sheraton Hotels & Inns: ✆ 1-800-325-3535, www.starwood.com/sheraton – ....hoch
Sleep Inn: ✆ 1-877-424-6423, www.sleepinn.com – ....niedrig
Super 8 Motels: ✆ 1-800-454-3213, www.super8.com – ....niedrig
Travelodge: ✆ 1-800-525-4055, www.travelodge.com – ....niedrig bis mittel
Vagabond Inn: ✆ 1-800-522-1555, www.vagabondinn.com – ....niedrig
Westin Hotels & Resorts: ✆ 1-800-937-8461, www.starwood.com/westin – ....hoch
Wyndham Hotels & Resorts: ✆ 1-877-999-3223, www.wyndham.com – ....hoch

Versicherung

Es ist auf jeden Fall sinnvoll, eine **Reisekranken**- und **Unfallversicherung** abzuschließen. Entsprechende Policen kann man bei fast jeder Versicherung abschließen. Da diese in der Regel auf 31 Tage beschränkt sind, ist bei einem längeren Aufenthalt eine Jahresversicherung oftmals günstiger. Achten Sie beim Abschluss einer Kranken- und Unfallversicherung darauf, dass diese eine Rücktransportversicherung enthält. Auch Versicherungspakete, die die Versicherung touristischer Beistandsleistungen (z.B. Rechtsanwalt) und Rücktransportkosten, eine Reisekranken- und Unfallversicherung, eine Haftpflicht- und Reisegepäckversicherung beinhalten, kann man schon, für den Leistungsumfang, recht preiswert erhalten. Bei Buchung einer Pauschalreise ist der Abschluss einer Reiserücktrittskostenversicherung ratsam.

Hinweis

Auch wenn man glaubt, dass die Versicherungen, die über die Kreditkarten laufen, alle Eventualitäten abdecken, sollte man sich trotzdem vor der Reise noch einmal über die Bedingungen informieren. Oft zahlen die Kreditkartenunternehmen bei einem Unfall nur dann, wenn die Reise, bzw. der Mietwagen mit dieser Kreditkarte bezahlt wurde. Auch sollte man sicherstellen, dass der gesamte Zeitraum des Urlaubs abgedeckt ist.

Visum

s. a. Stichwort „Einreise“

Visumpflicht für die USA besteht für deutsche, Schweizer und österreichische Staatsbürger nicht, solange ihr Aufenthalt rein touristisch ist und nicht länger als 90 Tage dauert. Wer länger bleiben möchte, muss ein Visum bei den diplomatischen Vertretungen im Heimatland beantragen.

Wäsche waschen

In den meisten größeren Hotels steht ein Wäschedienst zur Verfügung („laundry service" bzw. „valet service"). Selbst kleinere Häuser waschen Ihre Wäsche, hier sollte man aber damit rechnen, die Wäsche erst am übernächsten Tag zurückzuerhalten, denn es wird oft außer Haus gewaschen.

Selbstversorger können auch auf die Waschautomaten-Shops zurückgreifen („laundromat", „coin laundry"). Hierbei handelt es sich meistens um Geschäfte, in denen an die 30 Wasch- und Trockenmaschinen stehen, die man mit Quarters (25c-Stücke) füttern muss. Waschmittel können Sie hier auch erhalten. Diese Waschsalons liegen am ehesten im Stadtzentrum und auch in einer Reihe von Shopping Malls in den Vorstädten. Motels, besonders die der Franchiseketten, haben meistens auch einen Münzwaschautomaten.

Zeit und Zeitzonen

Der Zeitabstand zu Mitteleuropa ist im Großen und Ganzen der gleiche, da während unserer Sommerzeit in den USA auch die Sommerzeit (daylight saving time) gilt. Allerdings werden die Uhren in den USA im Frühling wie auch im Herbst an anderen Daten als in Europa umgestellt, nämlich am zweiten Sonntag im März und am ersten Sonntag im November.

In den USA werden die Zeiten in „ante meridiem" (= vormittags, abgekürzt a.m.) und „post meridiem" (= nach-mittags, abgekürzt p.m.) eingeteilt. So entspricht 6 a.m. unserer Morgenzeit 6 Uhr, dagegen 6 p.m. unserer Abendzeit 18 Uhr.

Hinweis

12 p.m. ist 12 Uhr mittags, meist „12 noon" genannt, um Verwechslungen zu vermeiden. Was bei uns 0.00 Uhr heißt, wird in den USA als „midnight" bezeichnet.

Im Südwesten gibt es folgende Zeitzonen:

Central Time: MEZ -7 Std. Gilt für Texas, außer der El Paso Region.

Mountain Time: MEZ -8 Std. Gilt für die El Paso (Texas) Region, New Mexico, Arizona, Utah und Colorado.

Achtung! In Arizona gibt es keine Umstellung auf „daylight saving time". Allerdings stellt die Navajo Nation ihre Uhren um, da ihr Gebiet in mehreren Staaten liegt.

Pacific Time: MEZ -9 Std. Gilt für alle westlichen Staaten, d.h. für dieses Reisegebiet in Nevada (Las Vegas).

Zeitungen

Überall erhältlich ist die bunte Tageszeitung „USA Today", die vor allem Landesthemen behandelt und eine gute Wetterseite aufweist, aber dabei im politischen Bereich oberflächlich bleibt. Die renommiertesten Tageszeitungen sind „New York Times" sowie die „Washington Post", die man nur in größeren Städten erhält. Als Wochenzeitschriften empfehlen sich vor allem die „Newsweek" und die „Times" für politische Berichte und „Forbes" und die „Business Week" für den Wirtschaftsbereich. Ausländische, besonders deutschsprachige Zeitungen gibt es nur vereinzelt. In jedem größeren Ort gibt es meist eine Tageszeitung, die über das Wesentliche an lokalen und überregionalen Neuigkeiten, inklusive Veranstaltungen, informiert.

Zoll

Einreise in die USA:
Zollfrei sind alle Gegenstände des persönlichen Bedarfs. Außerdem **dürfen zollfrei eingeführt werden**: 200 Zigaretten oder 2 kg Tabak oder 50 Zigarren, 1 l alkoholische Getränke (nur Personen ab 21 Jahre), Geschenke im Wert von $ 100.
Zahlungsmittel im Wert von über 10.000 US$ müssen in den USA deklariert werden.
Lebensmittel, besonders Frischwaren/Obst, sowie Pflanzen dürfen nicht eingeführt werden. Für eine größere Menge benötigter Arzneimittel sollten Sie auf jeden Fall ein ärztliches Attest (auf Englisch) dabei haben.

Wiedereinreise in Europa:
Zollfrei sind alle Gegenstände des persönlichen Bedarfs. Außerdem dürfen bei der **Wiedereinreise nach Deutschland** und **Österreich zollfrei** eingeführt werden:
200 Zigaretten oder 100 Zigarillos oder 50 Zigarren oder 250 g Tabak (nur Personen über 17 Jahre), 1 l Spirituosen über 22 % oder 2 l Wein (nur Personen über 17 Jahre), 500 g Kaffee oder 200 g Kaffeeauszüge (nur Personen über 15 Jahre), 50 g Parfüm und 0,25 l Eau de Toilette, sonstige Waren im Gegenwert von 430 Euro (für Personen unter 15 Jahren: 175 Euro). Nur für den persönlichen Gebrauch oder als Geschenk.

Bei der Wiedereinreise in die **Schweiz** dürfen **zollfrei** eingeführt werden:
1 l Alkohol über 15 % Vol. und 2 l Alkohol bis 15 % Vol., 200 Zigaretten oder 50 Zigarren oder 250 g Schnitttabak, sonstige Privatwaren im Gegenwert von 300 Schweizer Franken.

Einfuhrbeschränkungen bestehen in ganz Europa für Drogen, Arzneimittel, Waffen, Lebensmittel, Feuerwerkskörper, Lebensmittel und Fleisch.

Weitere und aktuelle Informationen unter:
Deutschland: www.zoll.de
Österreich: www.bmf.gv.at
Schweiz: www.ezv.admin.ch
USA: www.usa.de oder www.customs.gov

Das kostet Sie das Reisen im Südwesten der USA

– Stand: November 2012 –

Auf den Grünen Seiten werden Preisbeispiele für einen Urlaub im Südwesten der USA gegeben, damit man sich ein realistisches Bild über die Kosten einer Reise und eines Aufenthaltes machen kann. Natürlich sollten die Preise nur als **Richtschnur** aufgefasst werden. Bei einigen Produkten/Leistungen ist eine Preisspanne angegeben.

Kurs: 1 US$ = 0,77 €, 1 € = 1,30 US$

Beförderungskosten

Flüge

Das Angebot an Transatlantikflügen ist nahezu unüberschaubar geworden. Als Richtlinie für die **Hochsaison (Sommerferien)**: Die Preise zu den großen Airports (Dallas, Houston, Denver, Las Vegas, Phoenix) variieren zwischen € 950 und 1.250, nach El Paso, Albuquerque bzw. Salt Lake City zwischen € 1.000 und 1.250. Während der **Zwischensaison (Mai/Juni, September)** und besonders in der **Nebensaison** liegen die Preise zwischen € 650 und 950. Gabelflüge sind € 50–100 höher. Empfehlenswert ist mitunter eine kombinierte Buchung Flug/Mietwagen über einen Spezialveranstalter. Der Flugpreis kann in dem einen oder anderen Fall evtl. etwas höher liegen, der Gewinn beim Mietwagen macht dieses in der Regel aber mehr als wett. Preisvergleiche in alle Richtungen machen sich immer bezahlt. Achten Sie dabei besonders auf die Zusatzleistungen. Z.T. gibt es mit einem bestimmten und etwas teureren Airline-Ticket nicht nur vergünstigte Mietwagen, sondern auch Rabatte in Hotelketten.

Tipp: Reiseroute genau planen. Spätere Umschreibungen des Flugtickets kosten zwischen € 50 und 200 für veränderte Abflugdaten und erweisen sich bei der Änderung des Abflugortes als kaum durchführbar. In der günstigsten Buchungsklasse kann man oft gar nicht umbuchen. Unbedingt die Bedingungen genau prüfen, speziell, wenn es um Flüge geht, die über Internetportale gebucht werden. Die Airlines sind in diesem Punkt knallhart.

Hinweis: Es wird beim Abflug genau auf das Gewicht und die Anzahl der Gepäckstücke geachtet. Bei normalen Economy-Class-Flügen kann nur noch ein Gepäckstück mit einem Gesamtgewicht von 50 amerik. Pound (= 22,67 kg) kostenfrei eingecheckt werden!

Inlandsflüge

Auch hier gilt es, besondere Tarife zu beachten, die sich stündlich (!) ändern können. Wer z.B. spät bzw. erst in den USA bucht, kann z.T. zu weniger als dem halben Preis fliegen, geht aber das Risiko ein, keinen Platz mehr zu bekommen, wenn die Maschine bis zum Stichtag des günstigeren Tarifs voll sein sollte. Die Preisspannen sind enorm, doch wer Inlandsflüge in Verbindung mit Überseeflügen von Europa aus bucht, spart meistens auch schon.

Mietwagen

Die Preise beinhalten in der Regel alle gefahrenen Kilometer. Alle größeren Mietwagenfirmen liegen in etwa im gleichen Preisniveau und die Unterschiede sind minimal. Am besten ist es, Sie buchen Flug und Mietwagen als Kombination bereits in Europa. Ein kleiner Wagen der Economy-Klasse kostet dabei ungefähr ab € 160 pro Woche (HS: ab € 180). Oft aber sind diese Fahrzeuge zu klein für einen Urlaub mit dem nötigen Gepäck. Empfehlenswert wäre eher ein Fahrzeug der Intermediate-Klasse (mit

4 Türen), das Platz und ausreichenden Fahrkomfort bietet. Es ist besonders auf den langen Strecken im Südwesten sehr angenehm. Diese Klasse kostet ab € 180 pro Woche (HS: ab € 210). Familien mit Kindern wären mit einem Mini Van am besten bedient, der ab € 400 pro Woche kostet (HS: ab € 500). Bedenken Sie, dass bei Abgabe des Fahrzeugs an einem anderen Ort als dem Empfangsort Rückführungsgebühren verlangt werden. Diese liegen für 500 km bei ca. $ 100, für 1.500 km aber oft bereits bei $ 300. Übrigens variieren die Preise für die Rückführung von Vermieter zu Vermieter teilweise beträchtlich. Preisvergleiche lohnen hier.

Camper

Die Preise variieren je nach Saison erheblich. In der Zwischensaison kostet ein Camper der kleinsten Klasse ab € 750 pro Woche (50 Freimeilen pro Tag) bzw. ab € 950 (inkl. Freimeilen), während das gleiche Fahrzeug in der Nebensaison nicht mal die Hälfte davon kostet. Hauptsaison: ab € 1.100 bzw. € 1.350. Die größte Klasse kostet etwa das Doppelte. Ermäßigungen von bis zu 10 % sind bei Langzeitmieten (über 3 Wochen) möglich. Zudem muss man daran denken, dass 50-100 Freimeilen pro Tag bei den Entfernungen im Südwesten der USA schnell verbraucht sind und jeder zusätzliche Kilometer extra berechnet wird (ab € 0,25/Meile). Hinzu kommt meist eine Bereitstellungsgebühr (vor Ort zahlbar) von € 200-300!Eine Kombi-Buchung Flug/Camper über einen Spezialveranstalter in Europa ist auch hier ratsam, denn dann wird man vom Flughafen abgeholt oder das Fahrzeug dort bereitgestellt, was ansonsten kaum der Fall ist.
Eine Kostenersparnis gegenüber einem normalen Mietwagen und den Übernachtung in Motels ergibt sich aufgrund des hohen Mietpreises, des hohen Benzinverbrauchs und den Campingplatzgebühren in der Regel nicht.

Aufenthaltskosten

Diese Preisklassifizierungen können nur als **ganz grober Richtwert** angesehen werden, da die Preisgestaltung der einzelnen Hotels sich nach Zimmergröße, Wochentag, Saison u.a. richtet. Besonders in dem hier beschriebenen Reisegebiet liegen die Winterpreise häufig bei nur 40 % der Sommerpreise – ausgenommen sind natürlich die Skigebiete. Zudem werden sehr häufig Preisnachlässe und Discounts gewährt, die es aber auszuhandeln heißt.

Hotels/Lodges

Generell muss man als unterste Grenze ca. $ 45/Nacht im Doppelzimmer eines Franchise-Motels rechnen, wobei die Regel eher bei $ 60–75 liegt. Mittelklassehotels („Privat" oder z.B. Holiday Inns und andere bessere Franchise-Motels) verlangen zwischen $ 85 und 140 für ein Doppelzimmer, wobei besonders in größeren Städten die Wochenendtarife deutlich niedriger liegen können ($ 60–80). Luxushotels, besonders die mit historischem Ambiente (z.B. das „Broadmoor" in Colorado Springs) oder die, die zusätzliche Einrichtungen bieten (Golfplatz, Tennisplatz etc.), liegen eher (weit) über $ 200 pro Tag/DZ.
Frühstück ist im Hotelpreis meistens nicht enthalten. Und wenn es als „Continental Breakfast" doch inbegriffen ist, besteht dieses meist nur aus schwachem Kaffee, einfachem Orangensaft und Muffins oder Kuchenstückchen – alles in Form von Selbstbedienung in der Motellobby.
Lodges kosten ab $ 80/DZ, können bei entsprechendem Luxus oder „einziger Alternative" auch deutlich (weit) über $ 120 verlangen (z.B. am Grand Canyon).

Hotel-Preiskategorien für Doppelzimmer:			
$	bis $ 60	$$$$	$170-250
$$	$ 60-120	$$$$$	$ 250 und mehr
$$$	$ 120-170		

Bed & Breakfast
Wegen des speziellen Service sind diese Unterkünfte etwas teurer und kosten ab $ 50 pro Person (im Schnitt $ 60–70), beinhalten dafür aber auch ein gutes Frühstück.

Ranches
Hier ermittelt sich der Preis nach dem Angebot (Reiten, Ausflüge, Cowboyfrühstück etc.) und beginnt bei etwa $ 160 pro Person und Tag, kann aber auch das Doppelte kosten. Dafür sind aber alle Mahlzeiten und die „üblichen" Touren und Ranchprogramme in der Regel im Preis enthalten.

Nationalparks
Die Preise pro Fahrzeug mit 2 Insassen liegen zwischen 10 und 30 $. Ratsam für den Südwesten ist der **America the Beautiful – National Parks and Federal Recreational Lands Pass – Annual Pass** für $ 80, mit dem Sie für ein Fahrzeug mit allen Insassen bzw. der Inhaber und bis zu drei weitere Personen ein ganzes Jahr (beginnend am Verkaufstag) in allen Nationalparks der USA freien Eintritt haben. Der Pass gilt aber nicht für State Parks!
Vergünstigte Pässe für Rentner gibt es nicht. Diese „Senior Passes" gibt es nur für Amerikaner und Personen, die für die USA eine „Residents Permit" haben.

Lebensmittelpreise
Hier können Sie das eine oder andere Schnäppchen machen, wenn Sie den unzähligen **Sonderangeboten** folgen. In der Regel aber liegen die Preise etwas über dem europäischen Niveau. Käse ist meist teurer, Fertiggerichte (die Sie im Camper oder auch in dem einen oder anderen „Residence-Hotel" mit Küche selbst zubereiten können) sind gleich teuer oder auch billiger. Grundnahrungsmittel, wie z.B. Milch, Frischgemüse und Säfte sind teurer, dafür aber sind Fleisch- und Fischwaren (besonders Shrimps an der Küste) oft billiger. Früchte kosten, je nach Herkunftsland, etwa das gleiche wie bei uns.
Bemerkbar macht sich aber, dass es wenig bis gar keine subventionierten Früchte und Agrarprodukte gibt. Daher sind z.B. Fruchtsäfte aus Florida ziemlich teuer.

Telefonate
Ein 3-Minuten-Ferngespräch Inland kostet je nach Anbieter zwischen $ 1,50 und 4,50. Nach Deutschland kosten 3 Minuten $ 5 (je länger, desto günstiger wird es). Günstiger wird es aber mit Telefonkarten, die es in vielen Supermärkten, Lebensmittelgeschäften und Tankstellen an den Kassen gibt. Grundsätzlich verlangen Hotels für die Nutzung der Apparate auf den Zimmern ab $ 0,50 pro Telefonat, selbst wenn man eine 1-800-Nummer anruft oder die o.g. Telefonkarte nutzt.
Wer sein europäisches Handy in den USA nutzen möchte, sollte sich vor der Abreise über die Roaming-Preise erkundigen. Der normale Minutenpreis liegt bei ca. € 2,50, auch wenn man selbst angerufen wird, kann es teuer werden.

Flughafenbus-Transfers
Je nach Entfernung zwischen $ 21 (Phoenix), mind. $ 35 (Scottsdale) und $ 70 (Dallas) pro Person (vom/zum Innenstadtbereich).

Taxi
$ 1,60–2,50 vor Beginn der Fahrt, $ 2–3 pro gefahrener Meile und $ 0,50 pro zusätzlichem Insassen (Stadt). Oft kommt ab 20 Uhr noch ein einmaliger Nachttarif hinzu. Staus und verzögerte Fahrten werden etwas höher berechnet. Besonders in Großstädten ist es ratsam, auf einwandfreies Funktionieren und Einstellen der Taxameter zu achten. Die Preise sind im oder am Taxi angebracht.

Benzin
Die Preise liegen zwischen $ 3,30 (Südtexas/Stadt), $ 3,60 (Stadt in Arizona) und $ 4,20 (Land/abgelegen) pro Gallone (3,78 l), also im Durchschnitt bei € 0,75-0,80 pro Liter.

Restaurants
Fastfood in entsprechenden Ketten ist um einiges billiger als in Europa, und einen (sehr) einfachen Hamburger erhalten Sie hier bereits für $ 1,50–2,20. Ein guter Burger in einem normalen Restaurant kostet dann auch schon ab $ 8 + Steuer + Trinkgeld (Dinner ab $ 7). Richtige Restaurants sind besonders abends teuer, vor allem, da Sie auf die ausgezeichneten Preise noch Steuer (5–10%) erheben. Für ein normales Hauptgericht (in der Regel inkl. Salat oder Suppe), inklusive einem Bier, Steuer und Trinkgeld sollte man mit etwa $ 20–25 pro Person rechnen. Fleischgerichte (Steaks) sind in Restaurant oft sogar teurer als bei uns. Ein 250-g-Rumpsteak kostet ab $ 25 + Steuer + Trinkgeld, bei einem 250-Gramm-Filet können Sie mit mind. $ 30 + Steuer + Trinkgeld rechnen.
Günstiger sind dagegen Hühnchengerichte sowie Mahlzeiten in (normalen) asiatischen Restaurants. Aber Achtung! Im Zeitalter von Sushi und Fusion-Cuisine haben sich zahlreiche teure asiatische Restaurants etabliert.

Gesamtkostenplanung

Die Kostenplanung soll mehr oder weniger alle anfallenden Reisekosten für eine Reise durch den Südwesten der USA umfassen. Eine Kostenplanung für eine 2-köpfige Familie (ohne Souvenirs) könnte also beispielsweise folgendermaßen aussehen, wenn Sie in der Regel in günstigeren Motels übernachten (alle Angaben in EURO und gerundet):

Art der Kosten	3 Wochen	5 Wochen
An- und Abfahrt zum europ. Flughafen	100	100
2 Flugtickets	1.400	1.400
Gepäck- und Krankenversicherung	100	130
Mietwagen (Intermediate)	660	1.100
Benzin (5.500 bzw. 8.000 km)	850	1.230
Übernachtung (à $ 60 für DZ)	900	1.500
amerik. Frühstück (à $ 13/Person)	400	650
Mittagessen (Fastfood, günst. Restaurant, à $ 13/Person)	400	650
Abendessen (à $ 20/Person)	600	1.000
Getränke zwischendurch ($ 5/Person/Tag)	180	300
Eintritte	200	290
Telefonate/Briefmarken etc.	60	90
Sonstiges (Kleidung, Reserve etc.)	300	400
gesamt	**6.150**	**8.860**
Für ein zusätzliches Kind im Alter von 15 Jahren kämen noch folgende Kosten hinzu (Übernachtung im gleichen Zimmer):		
Flugticket	700	700
Krankenversicherung	30	50
Übernachtung (zusätzlich $ 10/Tag)	200	340
Mahlzeiten (inkl. Zusatzgetränke)	800	1.350
Eintritte	80	110
Sonstiges	150	200
gesamt	**8.150**	**11.490**
Sondertarife für kleinere Kinder sind z.T. bei Flügen und Unterkünften möglich.		

Sparen können Sie vor allem beim Essen, bei den Übernachtungen nur teilweise. Geben Sie sich fast nur mit Fastfood- bzw. Familien-Restaurant-Ketten zufrieden, liegen die o.g. Essenskosten ca. 30 % niedriger. Sollten Sie dagegen nicht so sehr auf die Reisekasse achten müssen, können Sie mit guten Restaurants Ihre Essensausgaben um bis zu 150 % steigern, denn richtige Restaurants sind in den USA erheblich teurer.

3. REISEN IM SÜDWESTEN DER USA

Rundreisevorschläge, Zeitpläne und Routenskizzen

Überblick

Das Reisegebiet des Südwestens ist so groß, dass man es nicht während eines Urlaubes ganz bereisen kann. Auf einer Rundreise alle Sehenswürdigkeiten der Rocky Mountains, der Canyons und von Texas „abzuklappern" geht nicht. Eine gute Vorausplanung zu Hause ist also nötig. Selbst bei einer gezielten Auswahl der Highlights im gesamten Reisegebiet würde man 2–3 Monate benötigen. Daher: „Mut zur Lücke", und halten Sie sich dann an Ihren Plan. Werden Sie nicht schwach bei einem Hinweis auf eine bereits gestrichene Sehenswürdigkeit. Ein Urlaub kann dann schnell zum Stress werden.

▶ **Alternative 1:** Zu den hier vorgeschlagenen Autostrecken Abschnitte mit dem Flugzeug zurücklegen, und nicht vom selben Flughafen zurückfliegen, auf dem man angekommen ist (z.B. Hinflug nach Dallas und Rückflug ab Denver). Bedenken Sie aber die Mehrkosten für die Rückführung des Mietwagens.

▶ **Alternative 2:** Sie konzentrieren sich auf eine Region (z.B. Canyonlandschaften) und lassen sich dort ganz einfach treiben.

Es gibt unzählige Variationen wie man eine Reise durch den Südwesten gestalten könnte. Hier sind nur ein paar zusammengestellt, die wir für empfehlenswert halten:

- Die **Texasrundreise** und die **Rundreise durch die Gebiete um die Rocky Mountains** beruhen auf der Vorstellung, dass Sie zweimal in die USA reisen und dabei jeweils 3–4 Wochen Zeit haben. Besonders für die Rocky Mountains sind eher 4 Wochen realistisch.
- Für die **Rundreise durch den gesamten Südwesten** haben wir einen Routenplan erarbeitet, der sich im Wesentlichen an die Kapitelfolge des Buches hält und der Sie in ca. 7–10 Wochen zu den schönsten Punkten führt. Sie können diesen Vorschlag dazu nutzen, sich ein Teilstück davon „herauszupicken". Diese Zusammenstellung beruht auf einer persönlichen Auswahl, die man nach seinen eigenen Vorlieben anpassen kann. „Mut zur Lücke" ist auf dieser Strecke besonders angesagt.
- **Die Rundreise zu den absoluten Highlights in 2–3 Wochen** bietet schließlich wirklich nur das Wesentliche. Sie werden an vielen interessanten Punkten einfach vorbeifahren müssen. Konzentrieren Sie Ihre Reise auf die Besichtigung der angegebenen Punkte, und genießen Sie die Landschaft. Für große Wanderungen und Umwege bleibt aber keine Zeit.

Unterwegs im Südwesten

Reisen im Südwesten: „Weniger (Kilometer) ist mehr!"

Touristische Regionen und Höhepunkte:

- *Texas: die Großstädte, von denen San Antonio (Kultur) und Houston (Technisches) am interessantesten sind, die Golfküste mit ihren Strände sowie die Region um den Big Bend NP*
- *New Mexico/Arizona: Indianerkulturen und die Halbwüstenlandschaften*
- *Arizona/Utah: Canyon-Landschaften und die bizarren Felsformationen sind natürlich einer der* ***Höhepunkte*** *des Südwestens*
- *Nord-Utah/Colorado: Rocky Mountains mit wilden Schluchten und Tälern, grünen Wäldern, mondänen Skiorten und der Geschichte der Goldschürfer bzw. grundsätzlich der der Pioniere bilden den zweiten* ***Höhepunkt*** *der Region*

Wieso haben wir uns für die vorliegenden Buchrouten entschieden?

- *Die ersten Kapitel, die die* ***Großstädte und die Küste von Texas*** *betreffen, sollen Ihnen die Möglichkeit bieten, die „moderne" amerikanische Kultur kennen zu lernen und Strände zu erkunden. Anschließend passieren Sie drei sehenswerte Nationalparks und eine Landschaft, die besonders aufgrund ihrer Weite beeindruckt.*
- *Ab El Paso, der Stadt, die sich u.a. als* ***Startpunkt für die klassische Region Südwesten*** *anbietet, kommen Sie ins Land der Indianer. Folgen Sie der Route über Albuquerque (das sich als alternativer Startpunkt anbietet) und Gallup. So haben Sie genügend Gelegenheit, sich in Museen über die Geschichte der Indianer näher zu informieren.*
- *Die Routenführung über Tucson und Phoenix ist nicht wegen der beiden Städte gewählt, sondern um eine Gelegenheit zu bieten, den* ***Schmelztiegel aus Indianerkultur, Pioniertaten, mexikanischem Einfluss und echter Halbwüste*** *im Süden Arizonas zu erleben. Landschaftlich ist die Region schön, hat aber weniger atemberaubende Highlights.*
- *Ab Flagstaff kann man in Ruhe die* ***sagenhaften Canyon-Landschaft*** *genießen.*
- ***Las Vegas' einmalige Glitzerwelt*** *und den Kontrast zur umliegenden Landschaft (inkl. Abstecher zum Death Valley) dürfen Sie sich nicht entgehen lassen.*
- *Der Abstecher nach Salt Lake City und durch den Norden von Utah und Colorado gilt als „Ablenkung".* ***Mormonenkultur und eine schöne Landschaft****, die man einfach durchfahren und erleben kann, sind dafür gut geeignet. Wer gleich die nächsten Höhepunkte erfahren möchte, biegt in der Region um Moab nach Osten in die Rockies ab.*
- *Denver bietet eine „Verschnaufpause" von so viel Landschaft. Wer das* ***Großstadtflair*** *an diesem Punkt nicht vermisst, sollte gleich abzweigen in die südöstlichen Rockies.*
- *Die* ***Rocky Mountains****: Hier erfahren Sie vieles über die „technische" Eroberung des Kontinents durch die Bergbau-Pioniere, die durch ihre Funde der aufstrebenden Wirtschaft Amerikas deutliche Impulse gaben – Landschaft vom feinsten inklusive!*

Hinweis:

In den Bergen müssen Sie sich darauf einstellen, dass Sie weniger Tageskilometer schaffen als in den Hochebenen.

Die hier vorgeschlagene Streckenführung soll nur einen „Roten Faden" geben für die Reise durch die Wunderwelt des Südwestens. Eine weitere Idee: Fahren Sie zweimal in diese Region, und unterbrechen Sie Ihre Reise für ein oder zwei Jahre auf halber (Buch-) Strecke.

Vorschläge für „kürzere", geografisch begrenzte Aufenthalte im Südwesten

4–5 Wochen:

Tour 1 führt nach Kalifornien, die weitere nördliche Pazifikküste (im Reiseführer „USA/Nordwesten" beschrieben) und schließlich in die Canyon-Landschaft von Arizona und Utah. Für diese Reise benötigen Sie **4–5 Wochen**.

Tour 2: Bereisen Sie die Rocky Mountains und die Plains (bes. Texas). Auch für diese Tour benötigen Sie **4–5 Wochen**.

2–3 Wochen:

Entscheiden Sie sich für **voneinander unabhängige Reisen** zu den folgenden Gebieten:

Tour 1: Flug nach Salt Lake City, von dort in Richtung Süden zu den Canyon-Gebieten, Abreise ab Phoenix.

Tour 2: Flug nach Denver, dann über Aspen durch die Rocky Mountains bis nach Santa Fe. Rückflug ab Albuquerque/El Paso.

Tour 3: Rundreise durch Texas (Anflug nach Houston/Dallas). Konzentrieren Sie sich auf die südliche Küste, den Raum San Antonio/Austin, und fahren Sie dann entweder zum Big Bend NP oder zu den beiden Parks im Westen (Guadalupe Mountains und Carlsberg Caverns NP). Rückflug von El Paso.

Auch die Städte sind einen Besuch wert

Texasrundreise (3 Wochen)

Flug nach Dallas (2 Tage). Von dort – am besten entlang der osttexanischen Seen und Swamps – nach Houston (hier 2 Tage). Anschließend dicht an der Küste nach Süden. Entspannen Sie sich an den Stränden (insg. 3–4 Tage). Von hier aus nach San Antonio und Austin und statten Sie dem deutschen Siedlungsgebiet einen Besuch ab (insg. 3–4 Tage). Dann zum Big Bend NP fahren (1–2 Tage). Bleiben Sie dort 2 Tage. Von hier aus zum Guadalupe Mts. NP und zu den Carlsberg Caverns (insg. 3–4 Tage). Wenn Ihre Urlaubszeit sich nun zum Ende neigt, fahren Sie wieder zurück nach Dallas (1–2 Tage). Wenn Sie noch etwas Zeit haben sollten, machen Sie einen Abstecher in den Norden von Texas (Amarillo). Für diese Tour benötigen Sie dann weitere 4 Tage.

Rundreise durch die Rocky Mountains, zum Grand Canyon und durch die Halbwüsten des Südwestens (4–5 Wochen)

Flug nach Denver (dort 2 Tage). Danach über Aspen, den Black Canyon of the Gunnison NP, den Mesa Verde NP nach Santa Fe (insgesamt 6–7 Tage). Passieren Sie Albuquerque (hier nur das Indian Pueblo Cultural Center anschauen), und fahren Sie bis zum White Sands NM (insg. 2 Tage). Anschließend über El Paso nach Tucson (insg. 2–3 Tage).

3 Tage für Tucson, Phoenix und die umliegenden Gebiete. Von Phoenix zum Grand Canyon rechnen Sie mit 2 Tagen Anfahrt. Der Grand Canyon sollte Ihnen einen vollen Tag wert sein. Auf der Strecke nach Salt Lake City müssen Sie sich entscheiden für zwei bis drei Nationalparks bzw. andere Sehenswürdigkeiten. Vorschlag: Lake Powell (1–2 Tage), Bryce Canyon NP (mit Anfahrt 2 Tage) und Arches NP (mit Anfahrt 2 Tage). Dann noch 1 Tag für die Anfahrt nach Salt Lake City. Insgesamt für diesen Streckenabschnitt 6–8 Tage. Mit Abstecher nach Las Vegas: 8–11 Tage.

Eine abkürzende Alternative: In Albuquerque nach Westen abbiegen und nach Flagstaff fahren. Dabei würden Sie durch das zentrale Indianerland fahren und könnten sich alternativ den Chaco Culture Nat. Hist. Park, den Petrified Forest NP und/oder den Canyon de Chelly anschauen.

Bei allen Vorschlägen wiederum bedenken, dass die Rückführkosten eines Mietwagens von einem anderen Ort als dem Abhol-Ort zu Ihren Lasten geht.

Zeiteinteilung für eine Rundreise durch den gesamten Südwesten der USA

Hierbei handelt es sich um einen Vorschlag, der die meisten interessanten Gebiete einschließt.

Gebiet	Unternehmungen/ Ausflugsziele	Tage	ca. km	touristische Interessen
*Reisen Sie **Dallas** nur dann an, wenn Sie genügend Zeit haben. Als Stadt bietet Dallas eher weniger als Houston.*				
Houston	LBJ Space Center, Museen, San Jacinto Battleground State, Historical Park, Galveston	2	200	Großstadterlebnis, Golfküste
Houston - San Antonio	keine besondere Sehenswürdigkeiten	1	350	texanische Farmlandschaft
San Antonio/ Austin-Gebiet	San Antonio - Austin - deutsches Siedlungsgebiet	2-3	450	mexikanisch beeinflusste Großstadt, deutsch-amerikanische Siedlungen, Hauptstadt von Texas
San Antonio - Südküste von Texas	Corpus Christi - Rockport- Fulton - Kings Ranch - Laredo und das Grenzgebiet zu Mexiko	2-3	750	Strände, Flugzeugmuseen, mexikanische Kulturen
Südküste von Texas - Big Bend NP	Del Rio - Langtry - Rio Grande Valley	1-2	800	Geschichte, Landschaft
Big Bend NP	Naturerlebnisse - Wanderungen	1	100	Wanderungen, Pflanzenwelt
Big Bend NP - Carlsbad Caverns NP	Fort Davis Nat. Hist. Site - Guadelupe Mts. NP - Carlsbad Caverns NP	1-2	420	Naturwunder - Landschaft - Geschichte
Carlsbad Caverns NP - El Paso	keine besonderen Sehenswürdigkeiten (außer Höhlen natürlich)	1	240	Tropfsteinhöhlen
Falls Sie nur vier Wochen Zeit haben, sich aber lieber auf die Naturschönheiten der Rockies und der Canyons konzentrieren möchten, sollten Sie nach El Paso fliegen und auf den Rest von Texas verzichten. Ersparnis: ca. 3.200 km und 14 Tage				
Auf das folgende KERNSTÜCK der Reise von El Paso nach Denver sollten Sie bei Ihrer ersten Reise in den Südwesten der USA nicht verzichten:				
El Paso	El Paso - Ciudad Juarez	1-2	100	mexikanische Kultur in zwei Staaten, Missionen
El Paso - Albuquerque	White Sands NM - Bosquel del Apache NWR	1-2	400	Halbwüste, Indianerreservate, Natur, Raketentechnik
Albuquerque	Indian Cultural Museum - Indianerreservate der Umgebung	1	200	Stadt in der Halbwüste, Geschichte - Indianermuseen
Albuquerque - Indianerreservate - Petrified NP - Silver City	Indianerreservate - Pueblokulturbauten - Petrified Forest NP - Waldgebiete des Arizonahochlandes	2-4	800	Naturerlebnis, Wanderungen, Indianerkulturen
Silver City - Tucson - Phoenix	Ghost Towns - Tombstone - Saguaro NM - Tucson - Casa Grande Ruins	2	450 -700	Naturerlebnisse, Wilder Westen, Stadt in Wüste
Phoenix	Museen - Rawhide Western Town - Organ Pipe Cactus NM, Hotel-Resorts	1	200 -600	Großstadt, Cowboyleben, Naturerlebnis

Gebiet	Unternehmungen/ Ausflugsziele	Tage	ca. km	touristische Interessen
Phoenix - Grand Canyon	Montezuma Castle NM - Flagstaff - Verde Valley - Wupatki NM - Sunset Crater NM	1	350	Naturerlebnisse, Indianerkulturen
Grand Canyon	Größter Canyon der Welt	1-2		Naturerlebnis
Naturparks des Coloradotals (Las Vegas)	Glen Canyon NRA - Lake Powell - Canyonlands NP - Arches NP - Monument Valley - Capitol Reef NP - Abstecher nach Las Vegas	2-4	400-1.000	Naturerlebnisse, Glitzerwelt, Wandern, Rafting
TIPP: *Bedenken Sie gerade in diesem Gebiet, dassdie Entfernungen in den USA sehr groß sind, und planen Sie Ihre Reiseroute gut - haben Sie eventuell „Mut zur Lücke". Besonders Eilige sollten die in diesem Kapitel beschriebenen Parks z.T. auslassen.*				
ALTERNATIVE: *Wer Zeit einsparen möchte, kann vom Arches NP aus direkt in Richtung Rocky Mountains und Denver fahren. Dieses ist bei knapperer Urlaubsplanung oder einer Verzögerung der Reise bis zu diesem Punkt sicherlich der beste Moment, Zeit zu gewinnen. Salt Lake City mag interessant sein, aber mit Sicherheit sollte man für die Naturschönheiten des Südwestens die meiste Zeit einplanen. Ersparnis: ca. 1.200 km und 6 Tage*				
Grand Canyon - Salt Lake City	Bryce Canyon NP - Zion NP - Pipe Spring NM - St. George - Provo	3	1.000	Naturerlebnisse, Mormonenlandwirtschaft
Salt Lake City	Tempel der Mormonen - Großer Salzsee - Wasatch Mountains	1-2	100 -400	Mormonenkultur, Wüstenkultivierung, Wintersport
Salt Lake City - Denver	Dinosaur NM - Rocky Mountains NP	2-3	650 -900	Naturerlebnisse, Wintersport
Denver	zahlreiche Museen - Golden	1-2	200	Großstadt mit schöner Umgebung
Insgesamt		***29-43***	***7.910 -9.960***	
Hier wäre eine Möglichkeit für einen Rückflug nach gut vier Wochen (Texas inklusive)				
Denver - durch die Rockies nach Santa Fe	Vail - Aspen - Black Canyon of the Gunnison NM - Mesa Verde NP - Aztek Ruins NM - Great Sand Dunes NM - Taos - Los Alamos	5-7	950 -1.200	Wintersport, Naturerlebnisse, Pueblokulturen, Outdoor-Aktivitäten, historische Eisenbahnen
Santa Fe	Indianerkulturen - Museen	1-2	200	Herz der Pueblokultur, schöne Umgebung
Hier wäre eine Beendigung der Reise möglich, um von Albuquerque zurückfliegen zu können nach knapp 6 Wochen (inkl. Texas)				
Santa Fe - Colorado Springs	Capulin Mt. NM - Pueblo - Canon City, Royal Gorge Bridge, Colorado Springs	1-2	500 -700	Landschaft, Geschichte, Wintersport
Insgesamt		***34-52***	***9.560-12.060***	
Hier wäre eine erneute Möglichkeit gegeben für einen Rückflug von Denver aus nach gut 5 Wochen (Texas inklusive)				
Dallas	Museen - West End Hist. District - Southfork Ranch - Old City Park - Fort Worth	1-3	200	Geschichte, moderne amerikanische Großstadt
Dallas - Houston	Osttexanische Seen	1-2	450	Landschaft
Rückflug von Houston				
Insgesamt		***39-61***	***10.010 - 12.060***	

Rundreise zu den absoluten Highlights in 2–3 Wochen

Eine Fahrt zu den Highlights des Südwestens sollte die wesentlichen Indianer-Kulturen bzw. -Ruinen und natürlich die landschaftlichen Höhepunkte einbeziehen. Schwierig gestaltet sich dieses aber alleine wegen der „geografischen Dreiteilung" dieser Punkte (Indianerkulturen, Canyon-Landschaft und Rocky Mountains). Daher gilt auch hier: „Mut zur Lücke".

Der Übersichtlichkeit und Anschaulichkeit wegen erläutern wir das Programm in Worten und nicht anhand einer Grafik.

Tag 1: Anflug nach Albuquerque. Übernachtung in Albuquerque.

Tag 2: Albuquerque. Old Town und das Indian Pueblo Cultural Center. Abends auf den Sandia Peak hinauffahren.

Tag 3: Früh aufbrechen zur Acoma Sky City. Lunchpause in Grants oder Gallup. Dann über Window Rock bis zum Canyon de Chelly. Vergewissern Sie sich abends, ob Ihre Vorausbuchung für die Tour durch den Canyon de Chelly in Ordnung geht. Übernachtung: In bzw. um Chinle. Tageskilometer: ca. 370

Tag 4: Erste Halbtagestour durch den Canyon de Chelly unternehmen. Lunch in der Thunderbird Lodge. Danach zügig auf dem US 191 bis Moab fahren. Tageskilometer: ca. 360

Tag 5: Vormittags Arches NP. Lunchpause in Moab. Fahren Sie anschließend, südlich von Moab vom US 191 abzweigend, den UT 46, danach den CO 90 und schließlich den CO 145 bis Telluride. Tageskilometer: ca. 380

Tag 6: Von Telluride über Ridgway nach Silverton. Genießen Sie auf dieser Strecke die Rocky Mountains, und nutzen Sie die fabelhaften Ausblicke zwischen Ouray und Durango für Fotos. Lunchpause in Silverton. In Silverton könnten Sie dann, bis auf einen Fahrer, mit der historischen Eisenbahn nach Durango fahren. Übernachtung in Durango. Tageskilometer: ca. 200

Tag 7: Einen ganzen Tag im Mesa Verde NP. Lunch: Picknick oder im parkeigenen Restaurant. Übernachtung: Far View Lodge im Park oder in Cortez. Tageskilometer: ca. 240 (bis 300)

Tag 8: Von Cortez zum Monument Valley. Zuerst machen Sie hier eine Lunchpause. Nachmittags schauen Sie sich das Monument Valley an, und genießen Sie am Abend den Sonnenuntergang. Übernachtung: am Monument Valley. Tageskilometer: ca. 270

Tag 9: Über Hanksville (Lunchpause) nach Torrey fahren. Entscheiden Sie sich, ob Sie sich das Natural Bridge NM oder den Capitol Reef NP genauer anschauen möchten. Übernachtung in Torrey vorbuchen. Tageskilometer: ca. 340

Tag 10: Früh und zügig weiter über den Scenic Byway UT 12 zum Bryce Canyon NP, den Sie sich am Nachmittag anschauen können (inkl. Wanderung in den Canyon). Lunchpause im parkeigenen Restaurant. Übernachtung vorbuchen. Tageskilometer: ca. 170

Tag 11: Vom Bryce Canyon über den US 89 und die UT 9 zum Zion NP. Lunchpause: Picknick im Park oder im nahen Springdale. Nachmittags haben Sie dann Zeit zur

Erkundung des Parks und für kürzere Wanderungen. Übernachtung in Springdale. Tageskilometer: ca. 140

Tag 12: Über St. George nach Las Vegas. Abends: Strip. Übernachtung vorbuchen. Tageskilometer: ca. 180

Tag 13: Ausschlafen! Ausflüge in die Umgebung. Abends eine Show in einem Casino-Hotel oder Downtown Las Vegas.

Tag 14: Früh starten zum Grand Canyon NP. Dabei den Hoover Dam anschauen. Lunchpause in Kingman oder Williams. Abends: Sonnenuntergang am Grand Canyon! Übernachtung vorbuchen. Tageskilometer: ca. 450

Tag 15: Grand Canyon ausgiebig genießen. Rundflug, Rundtour, kurze Wanderungen.

Tag 16: Vom Grand Canyon nach Phoenix. Auf dem Weg Montezuma Castle NM anschauen. Lunchpause in Arcosanti. Übernachten in Phoenix: Tageskilometer: 390 km

Tag 17: Besuch des Heard Museum und – mit Ausnahme der Besichtigung der Casa-Grande-Ruinen – gleich durchfahren nach Tucson. Lunchpause unterwegs an Highway-Tankstelle. Nachmittags Saguaro NP West, Desert Museum und/oder Old Tucson Studios anschauen. Übernachtung in Tucson. Abends: Carne Seca essen in Restaurant. Tageskilometer: ca. 210

Tag 18: Von Tucson nach Tombstone. Dort Lunch. Anschließend nach Silver City (a) oder Las Cruces (b). Tageskilometer: a) ca. 390; b) ca. 540

Tag 19: Zum White Sands NM. Lunchpause in Alamogordo. Danach weiter über den US 54 und den US 380 nach Socorro. Tageskilometer: a) ca. 525 b) ca. 365

Tag 20: Durchfahren bis Santa Fe und die Stadt genauer ansehen. Tageskilometer: ca. 240

Tag 21: Zurück nach Albuquerque und von dort Rückflug nach Europa. Tageskilometer: ca. 120

4. TEXAS: METROPOLEN, KÜSTE UND DER RIO GRANDE

Kleine Einführung

Texas ist so groß wie die Bundesrepublik und Polen zusammen und erstreckt sich von Norden nach Süden auf 1.300 km und von Westen nach Osten auf 1.250 km. Damit ist es nach Alaska der zweitgrößte Bundesstaat der USA. Texas beeindruckt neben seiner Größe auch durch seine Gegensätze. Doch die schnelllebigen Großstädte Dallas und Houston sind touristisch nur bedingt interessant. Anders dagegen die über 700 km lange Golfküste, deren südlichen Strände sich durchaus mit denen von Florida oder Kalifornien messen können. Für den Reisenden werden aber vor allem die ländlichen Gegenden von Interesse sein. Texas ist bekannt für seine großen Ranchen … Cowboy-Country pur. Hier werden Cowboyhut und Westernstiefel als alltägliche Kleidungsstücke angesehen und passen durchaus zu einem Anzug. Häufig sind die Stiefel bunt und aus verschiedensten Ledern gearbeitet. Der Hut dagegen muss die „zeitlose Eleganz" eines Schreibtisch-Cowboys verkörpern, weder auffällig noch banal. **Amarillo** im Nordwesten ist so eine echte Westernstadt. Hier gibt es die größten Steaks, imposante Viehauktionen und die bekannte Cadillac Ranch, wo alte Cadillacs in Reih und Glied die Nase in den Sand stecken. Weiterhin ist die Mischung aus amerikanischer und mexikanischer Kultur – kurz: TEX-MEX – nirgendwo ausgeprägter als in Texas. Besonders in Städten wie San Antonio und El Paso sollte man einmal über die Grenze nach Ciudad Juárez schauen.

Cowboy-Country

Texas, Cowboy Country pur

Die Natur lässt sich in Texas auf eindrucksvolle Weise erleben. Am schönsten ist der Big Bend Nationalpark, der an einer großen Schleife des Rio Grande liegt. Ferner sind der Guadalupe Mountains National Park im Westen und der Palo Duro Canyon bei **Amarillo** landschaftlich beeindruckend. Die hügeligen Flächen, die die größten Teile des Staates ausmachen, sind dagegen auf Dauer eher langweilig. Wirtschaftlich lebt Texas neben der Landwirtschaft vor allem von der Erdöl- und Erdgasförderung. Bereits 1866 entdeckte man die erste interessante Quelle, und seither wuchs die Zahl der Fördertürme stetig. Heute zählt man über 230.000 solcher Türme im gesamten Bundesstaat, einige davon auch offshore.

230.000 Ölfördertürme

Eigentlich bietet sich Texas für eine eigene Urlaubsreise an. Wenn Sie aber nicht so viel Zeit haben, konzentrieren Sie sich auf den Süden und planen nur kurze Aufenthalte in den Städten ein.

Texas-Telegramm

Abkürzung: *TX;* **Beiname**: *The „Lone Star State";* **Namensherleitung**: *Von „tejas", dem indianischen Wort für Freundschaft bzw. Verbündeter;* **Staat seit**: *29. Dez. 1845 (28. Staat);* **Fläche**: *695.600 km²;* **Einwohner**: *25,4 Mio.;* **Einwohnerdichte**: *36 E./km²;* **Hauptstadt**: *Austin (748.000 E., Großraum 1,69 Mio. E.);* **weitere Städte**: *Houston (2,3 Mio. E., Großraum 5,9 Mio. E.), Dallas (1,25 Mio. E., Großraum Dallas-Fort Worth-Arlington u.a. 6,4 Mio. E.), San Antonio (1,35 Mio. E., Großraum 2,06 Mio. E.), El Paso (amerik. Großraum: 750.000 E.), Fort Worth (705.000 E.);* **wichtigste Wirtschaftszweige**: *Erdölförderung- u. Verarbeitung; Maschinenbau; Agrarwirtschaft (hauptsächlich Weidewirtschaft, ansonsten Baumwolle, Weizen, Zitrusfrüchte); Tourismus*

Dallas

Entfernungen

Dallas – Houston: 245 Meilen/395 km
Dallas – Austin: 192 Meilen/309 km
Dallas – San Antonio: 252 Meilen/405 km
Dallas – El Paso: 617 Meilen/993 km

Überblick und Geschichte

Die **Geschichte** von Dallas ist schnell erzählt: in relativ kurzer Zeit wurde aus einer einfachen Hütte eine der modernsten Großstädte unseres Erdballs. 1841 (andere Zahlen sagen 1840 bzw. 1843) gründete *John Neely Bryan* hier einen kleinen Handelsposten. Kurze Zeit später folgten ihm ein paar Freunde, u.a. *Joe Dallas*, sein ehemaliger Nachbar aus Arkansas. Warum gerade an dieser Stelle, ist bis heute ungeklärt, denn der Standort bot keine geografischen Vorteile: Es gab weder eine bedeutende Flussfurt noch einen vielbenutzten Handelsweg, und die flache, exponierte Landschaft bot auch keinen Schutz vor möglichen Angriffen der Comanchen, die hier zu dieser Zeit nicht selten waren. 1855 versuchten 350 Kolonisten aus Frankreich, der Schweiz und Belgien hier eine Kulturhochburg aufzubauen – ein „Utopia", wie sie es nannten. Das schlug fehl, hinterließ aber einige Spuren. Anfang der 1870er Jahre – Dallas hatte damals nur 3.000 Ein-

Ungünstige Startbedingungen

Imposant: die Skyline von Dallas

wohner – kam die Eisenbahn, und der Ort wurde Kreuzungspunkt. Das gab wirtschaftlichen Auftrieb, Handelsfirmen ließen sich nieder. Dallas wurde zu einem bedeutenden Umschlagplatz für Baumwolle, Getreide und vor allem Rinder. Die Ölfunde und Industrieunternehmen, die von den beiden Weltkriegen profitierten, sorgten endgültig für Wohlstand.

Nach dem 2. Weltkrieg kam die Computerindustrie, allen voran der Konzern *Texas Instruments*, der die ersten Taschenrechner in großen Stückzahlen produzierte. Übrigens war es auch in Dallas, wo der erste Mikrochip eingeführt wurde. Als wichtiger Standort der Computerbranche spricht man auch von *Silicon Prairie*. Negative Schlagzeilen machte Dallas am 22. November 1963, als auf der Elm Street Präsident *John F. Kennedy* einem Attentat zum Opfer fiel. Und das gerade auf einer Propagandatour, wo er dem stockkonservativen Texas seine progressive Politik näher bringen wollte. Dieses Attentat lag noch viele Jahre wie ein dunkler Schatten über der Stadt, die gerade zu Beginn der 60er Jahre darum bemüht war, ihr Image als „Hochburg der Cowboys“ abzustreifen. Bis heute sind die Hintergründe des Attentats noch nicht vollständig geklärt.

Silicon Prairie

Dallas heute

Auf einer Fahrt durch „Big D“, wie sich Dallas selbst stolz bezeichnet, wird man aus dem Staunen nicht herauskommen. Dallas ist nicht die verschlafene Großstadt irgendwo in Texas, es ist eine hochmoderne Metropole, in der sich kaum einer an die Geschwindigkeitsbegrenzung hält, das Geld regiert und die Devise zu gelten scheint „Jeder ist sich selbst der Nächste“ – nur nicht bei der abendlichen Footballübertragung in der Sportsbar, da stehen alle gemeinsam hinter ihrer Mannschaft, den Dallas Cowboys.

Dallas heißt vor allem Dollars – Big Business – und im Laufe der letzten drei Jahrzehnte hat die Stadt in vieler Hinsicht enorm zugelegt. Hier nur ein paar Superlative:

- Unter den Top 5 in den USA im Bereich High-Tech, und Nummer 2 in den Bereichen Telekommunikation und Computerspielentwicklung.
- Mehr als 4 Mio. Reisende kommen jährlich hierher, davon 2,6 Mio. zum Besuch einer der 2.800 jährlich stattfindenden Messen und Tagungen.

Mekka der 5-Sterne-Gastronomie

- Es gibt mehr 5-Sterne-Restaurants in Big-D als in irgendeiner anderen Stadt der USA.
- Aber auch für den kleineren Geldbeutel ist gesorgt: Keine Stadt der USA hat so viele (Familien-)Restaurantplätze pro Einwohner.
- Alleine 35 Luxushotels bieten 50.000 exquisite Gästezimmer an.
- Keine Stadt der USA bietet so viel Einkaufsfläche pro Einwohner.
- „Dallas Metroplex" (Dallas, Fort Worth und eine Reihe von Midtowns) hat heute knapp 6,4 Millionen Einwohner, aber trotzdem die geringste Bevölkerungsdichte einer Großstadt auf der Welt,
- Der Flughafen Dallas – Fort Worth, kurz DFW genannt, ist 72 km² groß (Frankfurt/Main: 14 km²) und damit größer als der Stadtteil Manhattan in New York.
- Welche andere Stadt hätte es sich leisten können, mitten in der Downtown, während der teuren Boomjahre, fast 30 Hektar freizumachen für ein Kulturzentrum? Großzügig gesponsert durch die Ölmagnaten natürlich, die gerne mal 8-stellige Summen „verschenken".

Was erwartet den Reisenden in Dallas? Zuerst einmal nicht allzu viele historische Bauten. Dallas ist jung, jünger auch als die meisten anderen amerikanischen Städte, und das, was als „historisch" gilt, ist entweder nachgebaut oder geht verloren zwischen den Hochhaustürmen der City, so z.B. die Log Cabin von *John Neely Bryan*. Interessant ist das 6th Floor Museum, das sich um die Aufarbeitung des Kennedy-Attentats bemüht. Gleich nördlich davon liegt das historische West End, ein alter Lagerhausdistrikt, aufgemöbelt zum abendlichen „Spielplatz" für Touristen und Geschäftsleute. Viele Pubs, Restaurants und Musikclubs laden hier zum Schlendern ein.

Historische Dampflokomotiven

Kulturell bieten die 160 Museen, Galerien und Kunstzentren sicherlich für Jeden etwas, doch man sollte wissen, dass die z.T. spät etablierten Kunsttempel, gesponsert von den Reichen der Reichen, zwar einiges angehäuft haben, doch die klare Linie fehlt häufig. Einzigartig, aber sicherlich nur für Wenige von Wert, ist das **Museum of the American Railroad** in Frisco (nördl. von Dallas, www.dallasrailwaymuseum.com), wo es u.a. eine der größten Ausstellungen von Dampflokomotiven zu bewundern gibt.

Sehenswertes im Stadtbereich

Das Bussystem in Verbindung mit der Light Rail ist ausreichend für Erkundungen in und um die Innenstadt. Um die gesamte Stadt zu erkunden, benötigen Sie ein Auto. Beim Selbstfahren hat man am besten zwei Stadtpläne zur Hand: einen, der das gesamte Stadtgebiet überschaubar macht und einen, der alle Straßen zeigt.

Die folgenden Erläuterungen folgen einer Route, die Sie mit dem Auto abfahren können.

Arts District

Startpunkt ist das **Dallas Museum of Art (1)**. Der **Arts District** wurde, mit Zustimmung der Bevölkerung, erst in den 1980er Jahren angelegt. 1984 bezog das Museum dieses Gebäude, das vornehmlich aus Spenden finanziert wurde. Während die Stadt nach einem Referendum 25 Mio. Dollar investierte, betrugen die privaten Geldspenden 28 Mio., zu denen weitere 25 Mio. in Form von Dauerleihgaben (Bilder) hinzuzurechnen sind. Ausgestellt wird fast alles, und wo Geld im Spiel ist, finden sich auch Gemälde von Picasso, Matisse, Gaugin und anderen bekannten Künstlern der Neuzeit. Außerdem gibt es Indianerkunstwerke, eine Children's Gallery und einen Sculpture Garden.
Dallas Museum of Art, *1717 N. Harwood St., ✆ (214) 922-1200, www.dallasmuseumofart.org, Di–So 11–17 (Do bis 21), $ 10.*

Neben dem Museum of Art liegen hier

▶ das **Nasher Sculpture Center** *(2001 Flora St., ✆ (214) 242-5100, www.nashersculpturecenter.org, Di–So 11–17 Uhr, $ 10)* mit Skulpturen bekannter Künstler wie z.B. Rodin, Matisse, Moore und Picasso,

▶ die **Crow Collection of Asian Art** *(2010 Flora St., ✆ (214) 979-6440, www.crowcollection.org, Di–Do 10–21, Fr–Sa 10–18, So 12–18 Uhr, frei)*, deren Wanderausstellungen asiatischer Künste von Bedeutung sind, sowie

▶ die moderne **M.H. Meyerson Symphony Hall** *(2301 Flora St.)* und das **Dallas Center of the Performing Arts** *(Ecke Flora/Leonart Sts.) (beide im Internet: www.thedallasartsdistrict.org/venues)*.

Die zwei etwas klobig wirkenden Kirchen in diesem Gebiet gehören zu der methodistischen bzw. baptistischen Religionsgemeinde und sind deren größte überhaupt.

Vom Museum of Art fährt der *McKinney Avenue Trolley* zur **McKinney Avenue (2)**. Hier finden sich ein paar Antiquitätenläden und Galerien, ansonsten in den Seitenstraßen ein paar ältere Wohnhäuser. Es lohnt die Fotoperspektive: ehemalige Vororthäuser mit der modernen Skyline im Hintergrund. *Fotoperspektive*

Redaktionstipps

▶ Übernachtung im klassischen, aber teuren **Adolphus** oder günstiger im **Boutique Hotel Belmont** (S. 148). Empfehlenswert ist ein Tagesausflug nach Fort Worth, das erspart unnötiges Kofferpacken. Alternativ dazu ein Hotel zwischen den beiden Städten wählen.

▶ Ein Texas- „Pulled-Pork-Gericht" in einer der Filialen von **Sonny Bryan's Smokehouse** sollten Sie probieren. Die Tex-Mex-Küche im **Pappasito's** ist für die ganz Hungrigen zu empfehlen. Wer lieber schlendert, der versuche es entlang der **Greenville Avenue** oder in **Deep Ellum**.

▶ Bedeutendste Sehenswürdigkeiten: **6th Floor Museum** (S. 140), **Southfork Ranch** (S. 144), **West End Historic District** (S. 139), das **Museum of Art** (S. 139) und der Besuch des **Football Stadions** der „Dallas Cowboys" (S. 152). **Shoppen** kann man hier getrost auch als Sehenswürdigkeit einstufen (S. 151).

▶ Essen und Livemusik im **Historic West End District** und ein Streifzug durch **Deep Ellum**. Tipp für den frühen Abend: **Bar Belmont** (S. 150). Fans der Countrymusik sollten im **Cowboys** das Tanzbein schwingen (S. 150)

▶ Versuchen Sie ein Ticket für das Rodeo in Mesquite zu bekommen. Es lohnt sich, alleine der Stimmung wegen!

▶ Zeiteinteilung: 1-2 Tage. Am ersten Tag auf die Innenstadt mit den Museen und dem West Ende Historic District konzentrieren. Den zweiten Tag für einen Besuch der Southfork Ranch, einer Shopping Mall (Tipp: Grapevine Mills) bzw./und des Football-Stadions nutzen.

West End

Am südwestlichen Ende der Ross Street liegt dann der **West End Historic District (3)**, wo in alten, aufgemöbelten Lagerhäusern heute neben Büros vor allem Restaurants und Musikkneipen untergebracht sind. Eine gute Gelegenheit für einen Mittagssnack und die „Recherche“ für das Abendprogramm. Wen es interessiert, der kann noch das **Dallas World Aquarium (3)** besuchen. Neben Fischen aus aller Welt in verschiedenen Aquarien werden auch „Küstenbewohner“ vorgestellt, wie z.B. Pinguine. Hauptattraktion ist das „Walk-Through-Shark-Aquarium“.

„Walk-Through-Shark-Aquarium“

Dallas World Aquarium, *1801 N. Griffin St., ✆ (214) 720-2224, www.dwazoo.com, tgl. 9–17 Uhr, $ 24.*

6th Floor Museum (4)

Das Museum ist untergebracht im 6. Stock der ehemaligen Texas School Book Depository. Hier, von wo aus 1963 höchstwahrscheinlich *John F. Kennedy* erschossen wurde, befindet sich heute das Museum, das an das Attentat erinnert und in dessen Ausstellung versucht wird, die Hintergründe, die zu der Erschießung durch *Lee Harvey Oswald* geführt haben, darzustellen. Auch heute ist nicht eindeutig bewiesen, ob *Oswald* alleine gehandelt hat oder ob z.B. die Mafia, der CIA oder kubanische Exilanten dahinter gesteckt haben. Auch dem Besucher könnten nach dem Besuch so seine Zweifel kommen, und das Gesehene wird noch eine ganze Weile Diskussionsthema bleiben. Bestimmt das interessanteste Museum der Stadt und ein wichtiges Stück moderner Zeitgeschichte.

Wer war's?

6th Floor Museum, *411 Elm Street, ✆ (214) 747-6660, www.jfk.org, tgl. 10–18, Mo ab 12 Uhr, $ 13,50.*

Einen Block entfernt vom 6th Floor Museum befindet sich das **Dallas County House**, liebevoll auch **„Old Red“** genannt, 1891 im (neu-amerikanisch-kitschig-) romanischen Stil erbaut. In ihm ist heute ein **Museum zur Geschichte von Dallas** *(100 S. Houston St., ✆ (214) 745-1100, www.oldred.org, tgl. 9–17 Uhr, $ 8)* untergebracht. Einen Block östlich davon auf dem Founders Square steht der Nachbau der **John Neely Bryan Cabin**, die deutlich macht, was sich innerhalb von 170 Jahren so alles geändert hat. Gleich ne-

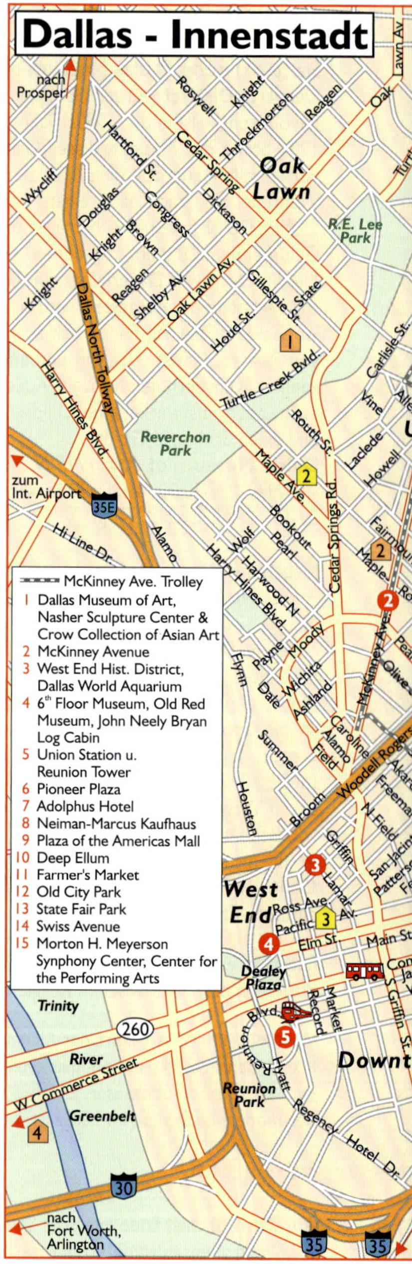

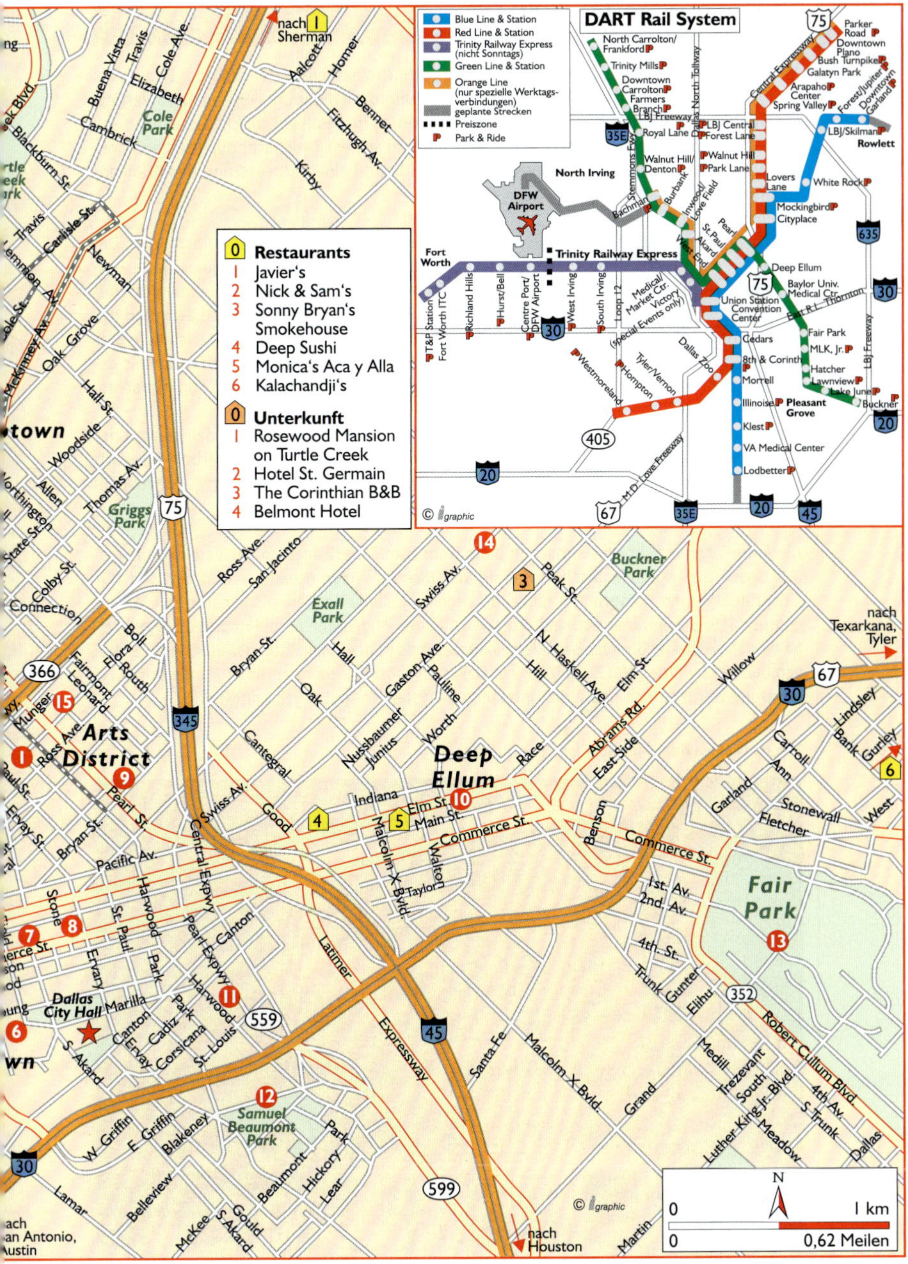

Restaurants
1 Javier's
2 Nick & Sam's
3 Sonny Bryan's Smokehouse
4 Deep Sushi
5 Monica's Aca y Alla
6 Kalachandji's
Unterkunft
1 Rosewood Mansion on Turtle Creek
2 Hotel St. Germain
3 The Corinthian B&B
4 Belmont Hotel
DART Rail System
Blue Line & Station
Red Line & Station
Trinity Railway Express (nicht Sonntags)
Green Line & Station
Orange Line (nur spezielle Werktags-verbindungen)
geplante Strecken
Preiszone
Park & Ride
North Carrolton/ Frankford
Trinity Mills
Downtown Carrolton
Farmers Branch
Royal Lane
Walnut Hill/ Denton
Bachman
Burbank
Inwood/ Love Field
DFW Airport
North Irving
Fort Worth
Trinity Railway Express
T&P Station
Fort Worth ITC
Richland Hills
Hurst/Bell
Centre Port/ DFW Airport
West Irving
South Irving
Medical/ Market Ctr.
Victory (special Events only)
Union Station
Convention Center
Cedars
8th & Corinth
Morrell
Illinois
Klest
VA Medical Center
Lodbetter
Westmoreland
Hampton
Tyler/Vernon
Dallas Zoo
Parker Road
Downtown Plano
Bush Turnpike
Galatyn Park
Arapaho Center
Spring Valley
LBJ Central
Forest Lane
Walnut Hill
Park Lane
Lovers Lane
Mockingbird
Cityplace
LBJ/Skilman
Rowlett
White Rock
Forest/Jupiter
Downtown Garland
Deep Ellum
Baylor Univ. Medical Ctr.
Fair Park
MLK, Jr.
Hatcher
Lawnview
Lake June
Buckner
Pleasant Grove
LBJ Freeway
Central Expressway
Dallas North Tollway
M.L.K. Love Freeway
nach Sherman
Cole Park
Griggs Park
Exall Park
Buckner Park
Arts District
Deep Ellum
Fair Park
Dallas City Hall
Samuel Beaumont Park
nach Texarkana, Tyler
nach San Antonio, Austin
nach Houston
Commerce St.
Elm St.
Main St.
Central Expwy
Pearl Expwy
Robert Cullum Blvd.
Malcolm X Blvd.
Expressway
N Haskell Ave.
Abrams Rd.
Ross Ave.
San Jacinto
© graphic
N
0 1 km
0 0,62 Meilen

info

John F. Kennedy

John F. Kennedy wurde am 29. Mai 1917 in Brookline (Massachusetts) geboren. Er ging als Symbolfigur für den Fortschritt und eine Erneuerung der Politik im Sinne sozialer Verbesserungen und Gleichstellung der schwarzen Bevölkerung in die amerikanische Geschichte ein. Abgesehen von Steuersenkungen, die er jedoch bis zu seinem Tode nicht durchsetzen konnte, setzte er sich für eine engagierte Bildungspolitik und eine Verbesserung des Krankenversicherungssystems ein.

Da der Kongress jedoch konservativer gesinnt war als die Regierung und selbst einige Demokraten nicht hinter dem „New Frontier"-Programm ihres Präsidenten standen, hatte *Kennedy* einige Schwierigkeiten, seine Ideen in der Praxis zu verwirklichen. Im Rahmen der Außenpolitik setzte er sich für die Überwindung des Kalten Krieges ein, was sich aufgrund der Vorkommnisse während seiner Amtszeit (Mauerbau, Kubakrise) sehr schwierig gestaltete. Der deutschen Bevölkerung ist er durch seinen Ausspruch „Ich bin ein Berliner" im Gedächtnis geblieben, der die Solidarität mit einem westlich geprägten West-Berlin auf den Punkt brachte.

Auch in der Entwicklungspolitik wollte *Kennedy* neue Wege beschreiten und den Staaten der Dritten Welt die Möglichkeit eröffnen, in partnerschaftlicher Zusammenarbeit die wirtschaftlichen Probleme zu lösen. Die gemeinnützige Organisation „Peace Corps", vertreten in fast allen armen Ländern der Welt, beruht u.a. auf der Initiative *Kennedys*.

Als *John F. Kennedy* im November 1960 die Wahl zum 35. Präsidenten der Vereinigten Staaten gegen den republikanischen Kandidaten *Richard Nixon* gewann – übrigens mit nur 120.000 Stimmen Vorsprung – hatte er schon eine steile Karriere als Senator von Massachusetts (1953–60) hinter sich und war seit 14 Jahren Abgeordneter im Kongress. Sowohl seine beiden Großväter als auch sein Vater waren bereits in der Politik tätig gewesen. Am 22. November 1963 wurde *John F. Kennedys* in Dallas erschossen. Über die Hintergründe seiner Ermordung werden noch heute die unterschiedlichsten Vermutungen angestellt.

Von hier kamen die Schüsse auf John F. Kennedy

ben „Old Red" liegt der **Kennedy Memorial Plaza**, eine etwas gewöhnungsbedürftige Gedenkstätte, aber damit erreicht sie wohl gerade ihr Ziel. Das Attentat selbst fand einen Block nordöstlich an der Elm Street statt.

Etwa 400 m südlich der Elm Street liegt die **Union Station (5)**, ein stilvoller Bau von 1914, als die Eisenbahn noch das wichtigste Verkehrsmittel war. Im Gebäude findet man heute Restaurants und Geschäfte. Aber auch die Amtrak stoppt hier noch. Gleich dahinter ragen das gläserne Hyatt Regency Hotel und der **Reunion Tower** in den Himmel. Letzterer prägt mit seiner runden Kuppel schon von weitem das Stadtbild. Vom 55. Stockwerk haben Sie nicht nur eine gute Aussicht auf die Stadt, sondern Sie können dort auch in einem Restaurant oder der Bar essen und dabei den Ausblick genießen

Aussicht auf die Stadt

Reunion Tower, *✆ (214) 741-5560, www.reuniontower.com, So–Do 10–22, Fr/Sa 9–23 Uhr, Restaurant öffnet später.*

Downtown

Nach diesem westlichen Teil der Innenstadt geht es nun **durch** die City in östlicher Richtung. Am geeignetsten erscheint der Weg zuerst zum **Pioneer Plaza (6)** *(Young Street/Field Street)*, wo das weltgrößte Bronzemonument – **The Roundup** – in Form von 40 Longhorn-Stieren und drei Cowboys eine tolle Fotogelegenheit bietet (Skyline und Skulpturen). Weiter geht es zur Commerce Street. Bei näherer Betrachtung wirkt das meiste ziemlich öde und lieblos. Bis auf wenige Geschäfte findet man in Downtown Dallas nur noch Banken und Versicherungen bzw. die Firmensitze der ganz großen Konzerne. Zu sehen gibt es fast gar nichts, sieht man einmal ab vom **Adolphus Hotel (7)** *(Commerce Street)*, dem ehemaligen Prachthotel der Stadt, das mit Ölgeldern wieder aufpoliert wurde – nur der Romantik wegen, nicht aus wirtschaftlichem Kalkül, wie man munkelt – und dem legendären **Neiman-Marcus Kaufhaus (8)** *(1618 Main Street)*, dem „Harrods von Dallas". Zum Einkaufen ist die City ansonsten uninteressant, sieht man einmal ab von dem Shopping Center **Plaza of the Americas (9)** an der Pearl Street (nördlich). Da auch sonst nicht viel geboten wird, verlässt man am besten die Downtown-Area schnell in östlicher Richtung.

Östlich und südöstlich der Innenstadt

Gleich nachdem Sie die Brücke des Highway I-45 unterquert haben, kommen Sie nach **Deep Ellum (10)**, einem weiteren ehemaligen Lagerhaus-Distrikt, der heute eher an eine Mischung aus SoHo, Kreuzberg und East-London erinnert mit bemalten Wänden, obskuren Kneipen und Galerien. Durchaus interessant und avantgardistisch und – mit etwas Abenteuerlust bewaffnet – sollte man sich am Abend mal „durch die Szene trinken".

Bemalte Hauswände

Südöstlich der Innenstadt, beiderseits des Pearl Expressway (zwischen South Harwood St. und Northcentral Freeway/US 75) befindet sich der **Farmer's Market (11)**, eine Institution, die bereits um 1900 von sich reden machte. Zu Beginn noch halbwegs illegal, von den Behörden aber stillschweigend geduldet, trotz mehrfacher Beschwerden seitens der vom Lärm belästigten Bevölkerung, war der Markt damals das Zentrum der Stadt. Durch spätere Ausbauten und Überdachungen bekam er 1941 seine offizielle Legitimation, und die Farmer kommen seither täglich hierher, um Früchte, Gemüse und auch Blumen zu verkaufen. Er zählt mittlerweile zu den größten in den USA (*www.dallasfarmersmarket.org, tgl. 8–18 Uhr*).

Alte Handwerkskünste

Im **Old City Park/ Dallas Heritage Village (12)** wurden 38 historische Gebäude in restauriertem Zustand wieder aufgebaut, so wie sie zwischen 1840 und 1910 im östlichen Teil von Texas einmal ausgesehen haben. Neben Wohnhäusern gibt es eine Bank, eine Schmiede und andere Wirtschaftsgebäude. Oft werden alte Handwerkskünste vorgeführt. Das Ganze ist recht ansprechend und für den Start einer USA-Reise bestimmt nicht uninteressant.
Old City Park, *1717 Gano St. (Harwood St.), ✆ (214) 421-5141, www.oldcitypark.org, Di–Sa 10–16, So 12–16 Uhr, $ 9.*

Tummelplatz der Leute aus Dallas: Fair Park

Der **(State) Fair Park (13)** (Messeareal) gut zwei Meilen östlich der Innenstadt bietet auch einer Reihe kleinerer Museen Platz, so z.B. dem **Museum of African-American Culture** (Ausstellungen zur Sklaverei und frühe sowie moderne afrikanische Kunstrichtungen, (*✆ (214) 565-9026, Di–Sa, www.aamdallas.org*), das **Museum of Nature and Science** (Naturhistorisches zu Texas, dargestellt u.a. an 54 aufgebauten Habitaten, *(✆ (214) 421-3466, tgl. 10–17 Uhr, www.natureandscience.org*) und das **Women's Museum of Science** *(✆ (214) 915-0860, www.thewomensmuseum.org)*. In der **Hall of State** erzählen Wandmalereien die Geschichte von Texas *(www.hallofstate.com)*. Die Museen sind aber eher von regionalem Niveau.

Wenn Sie jetzt noch Muße haben sollten, fahren Sie die **Swiss Avenue (14)** (nordöstlich der Innenstadt) entlang mit ihren sehenswerten und vornehmen „Prairie-Style-Häusern" und anschließend nach Norden auf der **Greenville Avenue**. Hier bieten sich genügend Gelegenheiten, einen erfrischenden Sundowner und einen kleinen Snack einzunehmen. Wer dann noch voller Elan sein sollte, kann einen Einkaufsbummel im **Northpark Shopping Center** oder der **Galleria** anschließen. Die Geschäfte sind in der Regel bis 21 Uhr geöffnet.

Außerhalb der Stadt

Southfork Ranch

Einige erinnern sich sicherlich an das „Dallas-Fieber" Anfang der 1980er Jahre. In 356 Episoden konnte man am Bildschirm miterleben, wie sich die reiche Ölfamilie *Ewing* durchs Leben schlug. Dallas blieb seitdem allen im Gedächtnis, und J.R. verkörpert für viele immer noch eine Mischung aus Ekelpaket und idealem Schwiegersohn. Heute kann man die

Hier wohnten die Ewings: South Fork Ranch

Ranch und das Wohnhaus der Ewings besuchen, das nun auch für Konferenzen und Events genutzt wird. Etwas enttäuschend, dass die Ranch umstellt ist von Touristenbuden und einer großen Lagerhalle. Nichts mit weiter Prärie und anderen landschaftlichen Klischeebildern wie im Film. Ansehen muss man sich die Ranch wohl schon, denn dafür waren die Ewings und Dallas nun doch zu „zeitbestimmend" im Europa der 1980er Jahre.
Southfork Ranch, *3700 Hogge Road, Parker, ✆ (972) 442-7800, www.southforkranch.com. Anfahrt: I-75 nach Norden, abbiegen auf die Parker Rd., der Sie ca. 6 Meilen folgen bis zur versetzten Kreuzung mit FR 2551. Dort rechts abbiegen. Nach 200 m liegt die Ranch rechter Hand. Touren: tgl. 9–17 Uhr (alle 30/45 Min.), $ 13.*

Six Flags Over Texas

Der Vergnügungspark ist der größte und wohl eindrucksvollste im Südwesten. Es gibt hier auf 80 Hektar mehr als 100 Karussells, Shows und dazu natürlich Unmengen an Fastfood-Buden. Höhepunkte sind: ein Fallschirmsprung, ein 90 Meter hoher Ölförderturm mit Aussicht auf die Skylines von Dallas und FW, ein „Freefall", eine Achterbahn mit Doppellooping und eine über 100km/h schneller Roller Coaster.
Six Flags Over Texas, *2201 Road to Six Flags (I-30/Hwy. 360), Arlington (auf dem I-30 und nach Passieren der Abfahrt Belt Line Rd. auf die Beschilderung achten, ✆ (817) 640-8900, www.sixflags.com. Sommer: tgl. 10–22 Uhr (variiert); Frühling/ Herbst: nur an Wochenenden zu den gleichen Zeiten, ca. $ 60 (online billiger!).*

Reisepraktische Informationen Dallas, TX

VORWAHL: 214 (soweit nicht anders angegeben), 972 und 817

Information

Dallas Convention & Visitors Bureau, *325 N. St. Paul Street, Suite 700, ✆ 571-1000 od. 1-800-232-5527, www.dallascvb.com. Das eigentliche Tourist Information Center befindet sich im Old Red Courthouse in der 100 S. Houston Street, ✆ 571-1300, tgl. geöffnet). Hier werden Sie bestens beraten. Infos zu aktuellen Veranstaltungen gibt es über die „Hotline" ✆ 571-1301 (24 Std.). Das vom Dallas CVB herausgegebene „Visit Dallas"-Magazin bietet nützliche Adressen und einen Event-Kalender. Das Magazin können Sie online bestellen (s.o.)*

Dallas - Ft. Worth
nach Oklahoma City
Roanoke
Grapevine Lake
Haslet
Avondale-Haslet Rd.
Keller-Haslet Rd.
Westlake
Northwest Parkway
Avondale
Southlake
Grapevine
Mound Rd.
E. Peden Rd.
Keller-Hicks Rd.
Keller-Grapevine Rd.
Hicks Rd.
Morris-Dido-Newark Rd.
Keller
Dallas
Smithfield Av.
Colley-ville
Arlington Grapevine Rd.
Eagle Mtn. Lake
Alta Vista Rd.
North Richland Hills
Precinct Line Rd.
Watatauga Smithfield Co. Line Rd.
Eagle Mount
Old Decatur Rd.
Blue Mound
Colleyville Blvd.
Bedford
Watauga
Smithfield Rd.
Harwood Rd.
Euless
Ten Mile Azle Rd.
Saginaw
Euless Rd.
Melody Hills
Bedford
Pipeline Rd.
Lake Worth
Main St.
Haltom City
Richland Hills
Hurst
Lake Worth
Sansom Pk.
Jacksboro Highway
28th St.
Belknap St.
Airport Freeway
FORT WORTH
River Oaks
Stockyards
White Settle-ment
Westworth Village
Fort Worth Downtown
Six Flags over Texas Park
nach Abilene
Westover Hills
Freeway
Meadowbrook Dr.
ARLINGTON
East
West
Siehe Detailkarte
Rosedale Av.
Barkhead Highway
Camp Bowie Blvd.
Hemphill
Riverside Dr.
Park Row Dr.
Pantego
Vickery Blvd.
Lake Arlington
Pioneer Parkway
Wichita St.
nach Abilene
Dalworthington Gardens
Cooper St.
Old Pleasant Ridge Rd.
Benbrook
Southwest Blvd.
Mansfield Highway
Forest Hill
Poly Webb Rd.
Kelly Perkins Rd.
Arlington Mansfield Rd.
Marlock Rd.
Webb Rd.
Dirks Rd.
Altamesa Blvd.
Forest Hill Everman Rd.
North South Freeway
Kennedale
Eden Rd.
Poly Webb Rd.
Benbrook Lake
W. Cleburne Rd.
Webb
Everman
St. Francis Village
Cleburne Rd.
Bisbee
Watsonville
nach San Antonio/Austin
Burleson
35W
156
1220
1709
121
26
1938
157
820
81
287
183
10
199
377
30
80
303
20
BR 287
731
© graphic
N
0 10 km
0 6,2 Meilen
A Maverick Stadium (Basketball)
B New Dallas Cowboys Stadium (Football)

nach Oklahoma City
zur Southfork Ranch
Carrolton
Coppel
Richardson
Garland
Farmers Branch
Galleria Shopping Mall
Ft. Worth
University Park
Dallas Love Field Airport
Highland Park
Botanical Garden
Greenview Hills
Irving
Shady Grove
DALLAS
Dallas Downtown
Siehe Detailkarte
nach Texarkana
nach Shreveport
RAND PRAIRIE
Cockrell Hill
Mountain Creek Lake
Zoo
Lemmon Lake
Balch Springs
Ledbetter Hills
Traders Village/ Flohmarkt
Florence Hill
Duncanville
Hutchins
Joe Pool Lake
Cedar Hill State Park
Lancaster
Wilmer
De Soto
Cedar Hill
Glenn Heights
nach San Antonio/Austin
nach Houston
North Lake
Stemmons Freeway
Dallas North Tollway
Central Expressway
Lyndon B. Johnson Freeway
Northwest Highway
Thornton Freeway
Hawn Freeway
Airport Freeway
Military Parkway
Belt Line Rd.
Forest Ln.
Royal Ln.
Walnut Hill Ln.
Irving Blvd.
Jefferson Blvd.
Illinois Av.
Kiest Blvd.
Camp Wisdom Rd.
Danieldale Rd.
Pleasant Run Rd.
Ledbetter Dr.
Scene Dr.
Lake June Rd.
Wintergreen Rd.

Krankenhaus

Parkland: *5201 Harry Hines Blvd, Medical District, ✆ 590-8000*
Baylor University Center: *3500 Gaston Ave., East Dallas, ✆ 820-0111*
Methodist: *1441 N. Beckley Ave., Oak Cliff, ✆ 947-8181*
Zahnarztnotdienst: *✆ 596-6668*

Unterkunft

In Dallas werden zahlreiche Messen und Kongresse abgehalten. Daher gibt es überproportional viele Hotelzimmer. Besonders an den Wochenenden macht sich diese Überkapazität positiv für die Reisekasse bemerkbar. Dann erhalten Sie ein ausgezeichnetes Zimmer für wenig Geld– vielleicht sogar in einem höheren Stockwerk mit Aussicht. Fragen lohnt sich! Die günstigeren Preisklassen sind in Downtownnähe nur begrenzt vorhanden. Möchten Sie gut und relativ preiswert wohnen, bieten sich die Vororte nördlich des I-635, allen voran Addison (Belt Line Rd.), und die Midtowns für eine Suche an. Letztere bieten zudem die Möglichkeit, auch Fort Worth von hier aus erkunden zu können.

Tipp

Obwohl die Hotels in der Nähe des DFW-Airports in der Regel zur gehobenen Mittelklasse gehören, bieten gerade sie günstige Wochenendtarife an, und sie liegen für den Besuch von Dallas und Fort Worth verkehrstechnisch günstig. Kostenloser Shuttle zum Flughafengebäude von allen Hotels. Empfehlungen: ***Harvey Suites $$$*** *(4550 W. John Carpenter Frwy., Irving, ✆ (972) 929-4499 od. 1-800-922-9222, www.harveyhotels.com) mit geräumigen Zimmern/Suiten sowie das günstigere* ***La Quinta DFW-Irving $$-$$$*** *(4105 W.Airport Fwy., Irving, ✆ (972) 252-6546 od. 1-800-753-3757, www.lq.com), ein ordentliches Mittelklassemotel.*

Motel 6 Forest Lane $$: *2660 Forest Lane (I-635, Exit 26), Dallas/ North, ✆ (972) 484-9111. Zwischen Dallas und Arlington liegt das* **Motel 6 Grand Prairie ($$**, *406 Palace Pkwy I-30 at Beltline Rd, Exit 34, ✆ (972) 642-9424). Beide: www.motel6.com, ✆ 1-800-466-8356.*
Belmont Hotel $$-$$$ (4): *901 Fort Worth Ave., Dallas/North Oak Cliff, ✆ 393-2300 od. 1-866-870-8010, www.belmontdallas.com. Boutique-Hotel seit 1946 (renoviert). Viele Musiker und Künstler nächtigen hier. Von einigen Zimmern schöne Aussicht auf die Downtown. Gutes Preis-Leistungsverhältnis. Der Tipp für Dallas.*
Embassy Suites Hotel Dallas Park Central $$$: *13131 N.Central Expressway (Kreuzung US-75/ I-635, nördlich der Innenstadt), Dallas/North, ✆ (972) 234-3300 od. 1-800-362-2779, http://embassysuites1.hilton.com. Großzügige Zimmer, zudem verkehrsgünstige Lage. Gut geeignet für Familien mit Kindern.*
The Corinthian B&B $$-$$$$ (3): *4125 Junius Street (3 Meilen nordwestl. der Downtown), ✆ 818-0400 od. 1-866-598-9988, www.corinthianbandb.com. 5 Zimmer in einem Haus von 1905. Frühstück.*
Zahlreiche weitere **Bed-&-Breakfast-Unterkünfte** *in allen Preisklassen unter www.bedandbreakfast.com (Search Dallas,TX).*
The Westin Galleria Hotel $$$-$$$$: *13340 Dallas Parkway, North-Dallas, ✆ (972) 934-9494 od. 1-866-716-8137, www.starwoodhotels.com/westin. Direkt an der Einkaufsmall „Galleria“ (s. Karte S. 147). Die meisten Zimmer sind angenehm groß. Gut geeignet für „Shopper“.*
Rosewood Mansion on Turtle Creek $$$$-$$$$$ (1): *2821 Turtle Creek Blvd., Turtle Creek, ✆ 559-2100 od. 1-888-ROSEWOOD, www.mansiononturtlecreek.com. Das Gebäude wurde einem italienischen Palazzo nachempfunden und stammt aus den 1920er Jahren. Gro-*

ße Zimmer. Wer sich ein Luxushotel leisten möchte, sollte dieses wählen (Hotelmotto: „Style & Sophistication"), aber bei der Buchung darauf bestehen, nicht ein Zimmer mit Blick auf das nebenstehende Apartmenthaus zu bekommen. Diese Adresse gehört zu den feinsten im Lande. Mehrfach ausgezeichnet. Ausgezeichnetes Restaurant im Hause.

Adolphus $$$$-$$$$$ *(s. Nr.* **7** *der Sehenswürdigkeiten): 1321 Commerce Street, Downtown, ✆ 742-8200 od. 1-800-221-9083, www.hoteladolphus.com. Wirbt mit „europäischem Stil und texanischer Freundlichkeit". In reizvollem Gebäude von 1912. Der „Klassiker" von Dallas. Benannt nach dem Bierkönig Adolphus Busch.*

Hotel St. Germain $$$$-$$$$$ (2): *2516 Maple Ave. (in Oak Lawn), Uptown, ✆ 871-2516 od. 1-800-638-2516, www.hotelstgermain.com. Viktorianisches Haus von 1906, stilgerecht eingerichtet, einige Suiten sogar mit Jacuzzi. Gut gelegen zu vielen Restaurants. Dining auch im Hause möglich (Di–Sa, gut, aber teuer!)*

Camping

Nur die Campingplätze an den Seen bieten einigen Komfort, liegen dafür aber auch ziemlich abseits. Daher der Vorschlag: Wohnen Sie lieber in einem preisgünstigen Motel. Wer es trotzdem wagen möchte:

Traders Village RV Park: *2602 Mayfield Rd., Grand Prairie, ✆ (972) 647-8205, www.tradersvillage.com/en/grandprairie/rv. An Wochenenden wegen des Flohmarktes sehr voll! 15 Meilen zur Innenstadt. Zentral gelegen für den Besuch von Dallas, Fort Worth und den Midtowns. Nur RVs und Campmobile.*

Cedar Hill State Park: *FM 1382, 11 Meilen südwestl. von Dallas im gleichnamigen State Park, ✆ (972) 291-3900, www.tpwd.state.tx.us. Großer Platz mit zahlreichen Plätzen am Wasser. Camping und RVs. Der schönste Platz für den Besuch von Dallas.*

Lake Lewisville: *25 Meilen nördl. von Dallas und 1/4 Meile östl. d. I-35 (Lewisville). Folgen Sie den Schildern „Lewisville Lake Park", ✆ (972) 219-3742, www.cityoflewisville.com. Am Lake Lewisville gibt es auch weitere RV- und Campingplätze.*

XXL-Steaks in Texas

Restaurants

Javier's (1): *4912 Cole Ave., Oak Lawn, ✆ 521-4211. Mexikanische Leckereien und Ambiente. Gehobene Klasse.*

Nick & Sam's (2): *3008 Maple Ave., Uptown, ✆ 871-7444. Großes Angebot an Steaks. Seafood gibt es auch. Im Hintergrund: Piano-Musik. Teuer.*

French Room: *1321 Commerce St., im Adolphus Hotel (s.o.), ✆ 742-8200. Hier wird Spitzenküche geboten und nicht nur französische. Auch der Lachs kommt wirklich aus Norwegen. Unter $ 60 für ein Hauptgericht brauchen Sie gar nicht zu rechnen. I.d.R. gibt es sowieso ein festes, mehrgängiges Menü (ab $ 60, meist ab $ 80). Jackett erwünscht. Keine Jeans.*

Monica's Aca y Alla (5): *2914 Main Street, Deep Ellum, ✆ 748-7140. Gute und preiswerte mexikanische Gerichte.*

Deep Sushi (4): *2624 Elm St., Deep Ellum, ✆ 651-1177. Relativ günstige und gute Sushi-Gerichte. Beliebt ist die aus verschiedenen Sushi-Rollen zusammengestellte Lunchbox (auch zum Mitnehmen fürs Picknick).*

Sonny Bryan's Smokehouse (3): *302 N. Market St., Westend, ✆ 744-1610. Gilt als eines der besten BBQ-Restaurants im Lande. Tradition seit 1910. Es gibt mehrere Lokale des mittlerweile als Kette etablierten Sonny Bryan's im Großraum Dallas. Das „Original" befindet sich im Medical District: 2202 Inwood Road, ✆ 357-7120.*
Pappasito's: *10433 Lombardy Lane (nahe W. Northwest Hwy/Stemmons Fwy, nordwestl. des Lovefield Airport, ✆ 350-1970. Die Tex-Mex-Kette aus Houston gilt auch hier als der Tipp für die besonders Hungrigen. Die Fajitas und Margaritas sind ungeschlagen. Es gibt zwei weitere Pappasito's: 723 South Central Expressway (nahe US 75), Richardson (✆ (972) 480-8595) sowie 321 West Rd, Arlington, (✆ (817) 795-3535).*
Kalachandji's (6): *5430 Gurley Avenue, westl. der Innenstadt, nahe I-30/E. Grand Ave., ✆ 821-1048. Günstige und gute indische Küche. Nur vegetarische Gerichte!*
Zodiac: *1618 Main St., im Kaufhaus Neiman Marcus (Top Floor), Innenstadt, ✆ 573-5800. Ein Klassiker. Sophisticated. Oft werden Modenschauen abgehalten (für alle offen!). Salate, Kuchen, Snacks, Lunch. Kein Dinner!*

Empfehlenswert sind zudem u.a. folgende Gegenden für günstige bis mittelpreisige Restaurants:
Greenville Avenue: *Zw. Ross St. und Mockingbird Lane. Pubs und einfachere, aber gute Restaurants. Im Abschnitt nördl. der Mockingbird Lane geht es etwas gediegener zu.*
Deep Ellum: *Östlich der Innenstadt. Hier gibt es von allem etwas.*
Addison, Belt Line Rd., Ecke Midway Rd: *Chinesen, Italiener und was die internationale Küche sonst so zu bieten hat.*
West End District: *Nordwestl. Innenstadt. Hier finden Sie mittelpreisige Lokale, es lohnt aber ein vorheriger Blick auf die Karte. Einige Restaurants nehmen doch schon gesalzene Touristenpreise.*

Pubs/Livemusik/Nightlife

Grundsätzlich empfiehlt sich die Szene in **Deep Ellum** *(2700er Straßenblock: Elm St. u. Commerce St.), östl. der Downtown. Hier findet sich alles: von der Bar im Waschsalon bis hin zur Kneipe für moderne Künstler. Musik: meist Rock oder Blues. Wer einfach losziehen möchte, dem sei der historische* **West End District** *nordwestl. der Innenstadt empfohlen. Hier z.B.* **Dick's Last Resort**, *2211 N Lamar St. oder in der 1801 N Lamar St # 100 der* **West End Pub**. *Und nicht zu vergessen in der 2200 N.Lamar St. das* **House of Blues** *mit nahezu täglicher Livemusik (Rock, Blues, moderne Musik, ✆ 978-2583).*
Und auch fürs Abendprogramm muss die **Greenville Avenue** *(s.o.) genannt werden.* **Terilli's Restaurant**: *2815 Greenville Ave., ✆ 827-3993. Italienisches Restaurant (späte Küche!) mit Jazz-Livemusik an 6 Tagen in der Woche.*
Red Jacket: *3606 Greenville Ave., ✆ 823-8333. Bekanntes Swing-Lokal mit Tanzfläche. Pubs und Bars gibt es hier ebenfalls.*
Andere Lokalitäten in Dallas sind z.B.: **Club Babalu** *(2912 McKinney Ave., ✆ 953-0300) mit Latino-Livemusik;* **Cowboys**, *das von sich behauptet Texas' größte Country-Discos zu haben. Zwei Locations: 2540 East Abram (nahe Hwy. 360), Arlington, ✆ (817) 265-1535 sowie* **Cowboys Red River**: *10310 W. Technology Blvd., Dallas, ✆ 352-1796. Junge Leute werden die drei Nightclubs im* **Escapade 2009** *mögen: 10707 Finnell, Dallas, ✆ 654-9595. Salsa, Hip-Hop und andere moderne Tanzmusik. Meist nur Fr/Sa. Gemütlicher geht's dagegen zu auf dem Outdoor-Patio der* **BarBelmont** *(Belmont Hotel, 901 Ft. Worth Ave., Oak Cliff). Hier besticht vor allem die Aussicht auf die Skyline der Stadt.*

Einkaufen

Die beliebteste (exklusivste und teuerste) **Einkaufsmall** *mit bekannten Läden wie z.B. Tiffany, Macey und Brookes Brothers ist die* **Galleria** *in North-Dallas, LBJ. Freeway (I-635, etwa dort, wo der Dallas Tollway einmündet). Eine weitere Luxusmall ist das* **North Park Center** *(Kreuzung I-75/ Northwest Freeway (Hwy. 12)). Ausgesuchte Outletstores gibt es in der riesigen* **Grapevine Mills Mall** *(u.a. Levi's, Nike, Bass Pro Shops Outdoor World) in Grapevine am Hwy. 121, 2 Meilen nördlich des DFW-Airport. Das Warenhaus* **Neiman Marcus** *(Innenstadt, Ecke Main/Ervay Street) ist in einem Gebäude von 1907 untergebracht. Gediegenes und gut organisiertes Angebot. Dallas ist der Hauptsitz des Nobelunternehmens und dieses Haus gilt immer noch als der „Flagship-Store".*

Antiquitäten: *Die Antiquitäten, die man in Texas bekommt, stammen meist aus der viktorianischen Zeit (seltener ist Art Déco). Daher finden Sie hauptsächlich englischen Stil. Das Versenden nach Übersee wird gerne für Sie organisiert. Übrigens gilt Dallas für den Süden als die Hauptstadt der Antiquitäten. Im Visitor Bureau informieren Broschüren über die einzelnen Geschäfte. Hier nur einige Tipps:* **Historic Downtown Plano** *(nördl. des Highway 75, 15th St.) mit einer Reihe von Geschäften, wo Sie neben Möbeln auch kleinere Sachen wie Puppen, Bilder, Teeservices finden. In der* **Lower Greenville Antique Mall** *(2010 Greenville Ave.) gibt es verschiedene Läden, aber auch eine Menge Nippes. Ausgesprochen ausgewählte und z.T. sehr teure Antiquitäten finden Sie in den* **Snider Plaza Antique Shops** *(6929 Snider Plaza).*

Westernkleidung: *In* **Cavender's Boot City** *(2833 LBJ Freeway, Josey, weitere Geschäfte der Kette über Texas verteilt. Infos: www.cavenders.com) hat eine riesige Auswahl an Westernstiefeln.* **Wild Bill's Western Store** *im Westend Hist. District (311 N Market St # 101) hat alles: Stiefel, Texashüte, Kleidung usw. Versendung nach Übersee. Weitere Geschäfte: www.wildbillswestern.com.*

Markt: **Farmers Market**: *1010 S. Pearl Street, tgl. 7–18 Uhr. Hier verkaufen die Farmer Früchte, Blumen und Gemüse. Eine Gelegenheit, Ihren „Bordproviant" aufzufüllen.* **Flohmärkte** *in Amerika sind noch kommerzialisierter als bei uns, aber trotzdem einen Besuch wert. Der größte der Region ist der* **Texas Flea Market** *(Traders Village, 2602 Mayfield Rd., Grand Prairie, www.tradersvillage.com). Samstag und Sonntag. Auch Handwerkliches.*

Veranstaltungen (Auswahl)

Januar: **Cotton Bowl Classic and Parade**. **Neujahrsparade** *durch die Innenstadt. Nachmittags findet dann ein professionelles Footballspiel in der Cotton Bowl (State Fair Park) statt. Infos: ✆ 670-8400, www.attcottonbowl.com.*

April-September: **Mesquite Championship Rodeo**: *In der Mesquite Arena in Mesquite. Fr/Sa, ✆ (972) 285-8777, www.mesquiterodeo.com.*

Mai (Memorial Day-Wochenende): **Artfest**: *State Fair Park. Infos: ✆ (214) 670-8400. Große Ausstellung und Vorstellung verschiedenster Künstler aus Texas. Dazu Musik und Kulturprogramm.*

Juni-August: **verschiedene Kulturprogramme**, **u.a.** **Shakespeare-Festival** *(Infos: ✆ 559-2778, www.shakespearedallas.org), Starfest im Park Central mit dem Symphonieorchester (mehrere Auftritte, ✆ 692-0203)*

Ende September/Anfang Oktober: **State Fair of Texas**. *State Fair Park. Größte Ausstellung des Landes. Rodeos, Stände, Musikveranstaltungen, Kulturveranstaltungen, Musicals etc. Infos: ✆ 565-9931.*

Konzerte/Theater/Tanz

Die **„Special Events Hotline"**, *✆ 571-1301, gibt Auskünfte über die verschiedenen Spielpläne. Buchen kann man z.B. über www.ticketmaster.com. Nicht immer ist es einfach, Karten zu bekommen, daher früh buchen.*

Dallas Theater Center: *3636 Turtle Creek Blvd., ✆ 522-8499, www.dallastheatercenter.org. Bau von Frank Lloyd Wright. Verschiedenste Aufführungen. Angeschlossen ist das* **Kalita Humphreys Theater** *(2401 Flora St.).*

Dallas Black Dance Theater: *2627 Flora St., ✆ 871-2390 (nur Buchungsadresse!), www.dbdt.com. Klassische und Jazztänze, nur von Afro-Amerikanern dargeboten. Gilt als Sprungbrett für den Broadway.*

Dallas Opera, *3102 Oak Lawn Avenue, ✆ 443-1000, www.dallasopera.org. Klassische Opernstücke aller Art.*

Morton H. Meyers Symphony Center: *2301 Flora Street (Ecke Pearl Street), ✆ 670-3600 (nur Buchungsadresse), www.thedallasartsdistrict.org/venues. Hauptattraktion im Kunstviertel. Heimat des anerkannten Dallas-Symphony-Orchesters.*

Beachten bzw. informieren Sie sich auch über Aufführungen des **Shakespeare Festivals** *(✆ 559-2778, www.shakespearedallas.org) sowie der* **Dallas Summer Musicals** *(✆ 421-5678, www.dallassummermusicals.org). Beides findet an verschiedenen Aufführungsorten während der Sommermonate statt.*

Sportveranstaltungen

American Football: **„Dallas Cowboys"**: *Dallas Cowboys Stadium in Arlington, erreichbar über I-30 bzw. Hwy 360 (gut ausgeschildert), www.dallascowboys.com, Stadiontouren: Mo–Sa 10–18, So 12–17 Uhr.*

Baseball: **„Texas Ranger"**: *1000 Ballpark Way, The Ballpark, Arlington, ✆ (972) 726-4377, www.texas.rangers.mlb.com. Angeschlossen am Ballpark ist auch ein* **Baseball Museum**.

Basketball: **„Dallas Mavericks"**: *2500 Victory Ave., Victory Park, ✆ (214) 222-3687, www.nba.com/mavericks.*

Rodeo: **Mesquite Championship Rodeo**: *1818 Rodeo Drive, Mesquite (ca. 15 Meilen östl. der Innenstadt), Rodeo von April bis September Fr/Sa, ✆ (972) 285-8777, www.mesquiterodeo.com.*

Verkehrsmittel

Flugzeug

Dallas/Fort Worth Int. Airport, DWF: *✆ (972) 574-8888, www.dfwairport.com*
Love Field Airport: *✆ 670-6073, www.dallas-lovefield.com*

Anreise zum DFW-International Airport

Mit dem Auto: *Zuerst über den I-35 (Stemmons Freeway) in Richtung Norden. Dann abbiegen auf die 183 in Richtung Westen (Carpenter Freeway und geht über in den Airport Freeway). Nach ca. 8 Meilen auf dem Airport Freeway nach Norden abbiegen auf den International Parkway (97), der Sie zu den einzelnen Terminals bringt.*

Shuttle Bus: *Super Shuttle (✆ (972) 615-2410, www.supershuttle.com), deren Kleinbusse verkehren regelmäßig zwischen den Flughäfen und den meisten Hotels. Größere Hotels bieten einen kostenlosen Shuttle zum/vom Flughafen an.*

Bahn: *Der Trinity Railway Express pendelt zwischen DFW-Airport und Dallas (Union Station) sowie Fort Worth (P&T Station). Infos: ✆ 979-1111, www.trinityrailwayexpress.org. Die güns-*

tigste Alternative! Mo–Fr 6.15–22.15 Uhr, Sa+So 8.20–22.30 Uhr. Verkehrt nicht an Sonn- und Feiertagen!
Alle größeren **Mietwagenunternehmen** *haben Stützpunkte an beiden Flughäfen.*

Es gibt noch den kleineren **Dallas Love Field Airport***, der nur für nationale Flüge genutzt wird und der Hub der Fluglinie Southwest Airlines ist. Hier gibt es auch Taxis, Mietwagen, Shuttles (Super Shuttle: ✆ 1-800-258-3826) und Stadtbusse (Linie Nr. 39 fährt nach Downtown Dallas/Westend Transfer Center). Mit dem eigenen Fahrzeug erreichen Sie diesen Flugplatz, indem Sie dem Stemmons Freeway (I-35-E) von der City aus ca. 5 Meilen nach Norden folgen. Der Flugplatz liegt dann rechter Hand.*

Öffentliche Verkehrsmittel
Amtrak-Station*: Im Westend (400 South Houston St.), ✆ 653-1101 od. 1-800-872-7245*
Überlandbusse*: Bus-Terminal im Zentrum, Ecke Commerce/Lamar Street, ✆ 655-7727. Hier fahren auch die kleineren Busunternehmen ab.*
Stadtbusse/Light Rail*: „Dallas Area Rapid Transit" (DART). Busse halten an allen größeren Kreuzungen und Gebäuden, ✆ 979-1111, www.DART.org. Die* **Light Rail** *verkehrt auf mehreren Routen, die sich alle an der Union Station treffen:*
Green Line*: zwischen Carrolton im Norden und Pleasant Grove im Süden;* **Blue Line***: zwischen Ledbetter im Süden, Union Station, Downtown und Downtown Garland/Rowlett im Osten;* **Red Line***: im Norden bis Parker Road und im Süden bis Westmoreland. Der* **Trinity Railway Express** *(„TRE Line") verkehrt zwischen Fort Worth, dem DFW Int. Airport und Dallas (s.o.). Für alle Strecken gibt es eine günstige Tageskarte. Das Netz wird noch weiter ausgebaut.*
Eine nostalgische **Straßenbahn (McKinney Avenue Trolley, „M-Line Trolley")** *aus der Zeit des frühen 20. Jh. verkehrt zwischen dem Museum of Art im Süden und dem Cityplace Station im Norden, passiert dabei den McKinney Avenue District und das West Village. Eine Fahrt mit dem Trolley ist schon beinahe wie eine Sightseeingtour.*

P **Park & Ride**
Wegen des hohen Verkehrsaufkommens hat man in Dallas ein Park&Ride-System eingerichtet: An gut 20 Parkplätzen in der Peripherie können Sie Ihr Fahrzeug stehen lassen und von dort mit **öffentlichen Verkehrsmitteln der DART** *(s.o.) in die Innenstadt bzw. zu anderen interessanten Punkten fahren. Infos: ✆ 979-1111, www.DART.org. Am besten Sie besorgen sich in den Infocentern (der Stadt bzw. denen von Texas) einen Lageplan über die Lage der entsprechenden Parkplätze.*

Taxis
Yellow Cab*: ✆ 426-6262*
Cowboy Cab*: ✆ 428-0202*

Fort Worth

(s. Karte S. 146 u. 156)

Entfernungen

Fort Worth – Dallas: 30 Meilen/48 km
Fort Worth – Austin: 187 Meilen/302 km
Fort Worth – San Antonio: 228 Meilen/367 km
Fort Worth – Houston: 259 Meilen/417 km

Überblick und Geschichte

Eine Kneipe auf 26 Einwohner

Irgendwo zwischen Dallas und Fort Worth trennt eine imaginäre Grenze den Osten der USA vom Westen. Während Dallas schnelllebig, rastlos, modebewusst und versnobt wirkt, bleibt Fort Worth mit beiden Beinen auf dem Boden. Diese „Metropole des ländlichen Westen" ist einfach und offen. Gerne geht man hier abends tanzen oder in eine Kneipe – eine Statistik behauptet, dass hier ein Lokal auf 26 Einwohner kommt, in Dallas dagegen nur eines auf 3.500. Nicht aber, dass es hier keine Wolkenkratzer und keine mehrspurigen Highways gäbe. Sie sind da, und hinter den Fassaden werden in Fort Worth große Konzerne gelenkt. Hier und in den Fabriken der Randbezirke wird mehr Geld verdient und umgesetzt als in den meisten anderen Städten des Südwestens.

Dabei begann Fort Worth Mitte des 19. Jh. eigentlich als kleines Armeelager und wurde benannt nach einem Armeegeneral, der im Krieg gegen Mexiko zu Ehren kam. Ein Fort gab es zu keiner Zeit. Während der zweiten Hälfte des 19. Jh. war Fort Worth ein wichtiger Stopp für die Rindertrecks entlang dem legendären Chisholm Trail, der sich zwischen der texanischen Küste und Abilene (Kansas) erstreckte. Cowboys ließen ihr Geld in den zahlreichen Saloons der Stadt, und noch heute lautet einer von zwei Spitznamen für Fort Worth „Cowtown". Der andere ist „Panther City": Er entstand aufgrund eines Zeitungsartikels in Dallas. Spöttisch wurde darin behauptet, Fort Worth wäre so verträumt und langweilig, dass hier Panther nachts auf der Straße schlafen könnten. Das war 1873, als die Eisenbahngesellschaft entschied, die erste Eisenbahnlinie der Region 26 Meilen östlich von Fort Worth zu legen und somit ein Großteil der Bevölkerung abwanderte. Doch bereits drei Jahre später bauten die restlichen Anwohner eine eigene Eisenbahnroute. Damit begann die Stadt aufzublühen, und ihr *Stockyard* (Viehumschlagplatz) wurde zum zweitgrößten der Nation (nach Chicago).

Erdölfunde

Neben den „echten" Cowboys, die hier ziemlich „auf den Putz gehauen" haben, kamen nun auch die Westernhelden nach Fort Worth, unter ihnen *Wyatt Earp, Butch Cassidy* und *Sundance Kid*. Banken, das Opernhaus und kulturelle Institutionen, einschließlich mehrerer Spielsalons, schossen wie Pilze aus dem Boden. Nach dem 1. Weltkrieg fand man in der Umgebung zudem noch Erdöl. Mittlerweile zählt die Stadt 700.000 Einwohner.

Die Innenstadt von Fort Worth hat ihren eigenen Charme. Ganz anders als in den meisten anderen großen Städten der USA hat man hier darauf geachtet, alte Bürohäuser zu erhalten und nicht für Wolkenkratzer zu opfern. Somit hat sich Fort Worth eine Stadtarchitektur erhalten, in der alte Prunkbauten neben neuen Glastürmen stehen. Und noch etwas ist einzigartig hier: Viele Institutionen, die normalerweise der Stadtverwaltung unterliegen, werden hier von privaten Firmen übernommen und zum Teil auch bezahlt. So unterhält z.B. eine Finanzierungsgruppe eine Privatpolizei, die die Straßen der Innenstadt kontrolliert, und eine Computer-Firma rief die einzige U-Bahn von Texas ins Leben. Zudem leben die meisten Museen von den regelmäßigen Spenden der Superreichen. Einwohner, die zu diesem „Staat-im-Staate-System" befragt wurden, antworteten nur: „Wir bevorzugen eine gutgehende Monarchie gegenüber der verrotteten Demokratie in anderen Städten".

Für Reisende bietet sich mit Sicherheit ein Tagesprogramm in Fort Worth an, das man entweder vom Hotel in Dallas aus unternehmen oder mit einer Übernachtung in Fort Worth verbinden kann.

Redaktionstipps

▸ **Übernachten** Sie in bzw. um die Stockyards, alleine schon wegen des Abendprogramms. Tipp: Das historische **Stockyards Hotel** (S. 160).
▸ **Restaurants**: Nichts geht über die Fajitas im **Joe T. Garcia's** (plus Margarita). Alternativ dazu: Chopped Beef in **Angelo's Barbecue** (S. 161).
▸ Die bedeutendsten Sehenswürdigkeiten: Ohne Zweifel stehen die Stockyards oben auf der Liste (S. 157). Ansonsten: Sundance Square (S. 155) und der Cultural District (Kimbell Art Museum und Cowgirl Hall of Fame) (S. 158).
▸ **Abends** bietet es sich ebenfalls an, das Hauptaugenmerk auf die Stockyards zu legen: Erst ein Bier im **White Elephant Saloon**, dann zu Countrymusik tanzen im **Billy Bob's Texas** (S. 161).
Zeiteinteilung: 1 Tag: Morgens kurz die Innenstadt anschauen und dann zum Cultural District fahren. Dort ein Museum ansehen und den Rest des Tages zum Stockyards National Historic District.

Sehenswertes

Die Stadt lässt sich touristisch in vier voneinander getrennte Gebiete einteilen: a) die Downtown-Area mit der eleganten Mischung aus alter und neuer Architektur, b) die Stockyards, die ehemaligen Viehumschlagstätten, wo heute eine Reihe von alten Gebäuden, Unterhaltungsbetrieben und Souvenirgeschäften zu finden sind, c) das Kulturviertel mit einer Reihe von Museen, allen voran das Kimbell Art Museum und das Modern Art Museum. Schließlich d) die Parks und der Zoo.

Innenstadt

Wer sich für Fort Worth einen ganzen Tag Zeit nehmen möchte, beginnt die Tour am besten in der Innenstadt. Parkplätze gibt es in der Nähe des **Touristenbüros (4)** (Convention & Visitors Bureau). Am eindrucksvollsten ist der **Sundance Square (12)** *(zwischen Houston, Commerce, 2nd und 3rd St.)*, der seinen Namen von *Sundance Kid* erhalten hat, dem Weggefährten des legendären *Butch Cassidy*. Beide hielten sich vor 1900 in der Stadt auf und versteckten sich hier vor ihren Verfolgern. Es ist den reichen *Bass-Brüdern* (Finanzierungsgesellschaft) zu verdanken, dass man sich in FW früh für den Erhalt architektonisch interessanter Gebäude eingesetzt hat. Der **City-Center-Complex**, zwei riesige Glashochhäuser hinter dem Sundance Square, wurden vom Bass-Clan bewusst auf freiem Gelände errichtet. Im Gegenzug finanzierten sie den Erhalt des Platzes (inklusive der Seitenstraßen), wo heute neben einer Reihe von Boutiquen und anderen Geschäften zahlreiche nette Pubs und Restaurants zu finden sind, die besonders zum Lunch einladen. Ein monumentales **Wandbild** erinnert an die Cattle Drives

Versteck der Wild-West-Ganoven

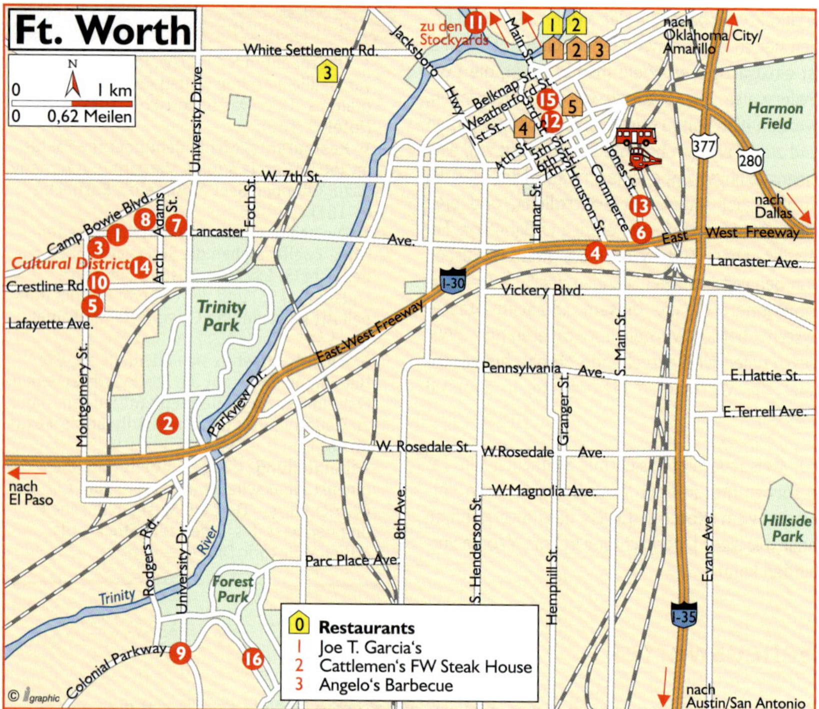

1 Amon Carter Museum
2 Botanic Gardens
3 Cattle Raisers Museum
4 Convention & Visitors Bureau
5 National Cowgirl Hall of Fame
6 Water Gardens
7 Modern Art Museum
8 Kimbell Art Museum
9 Log Cabin Village
10 Museum of Science and History
11 Stockyards
12 Sundance Square
13 Train Station
14 Will Rogers Memorial Center
15 Sid Richardson Museum
16 Zoo

0 Unterkünfte
1 Hotel Texas
2 Miss Molly's B&B Hotel
3 Stockyards
4 Etta's Place
5 Renaissance Worthington Hotel

entlang dem Chisholm Trail. Direkt am Platz steht auch die **Firestation No. 1** *(203 Commerce Street)*, in der heute eine stadthistorische Ausstellung untergebracht ist. Nördlich des Platzes steht das **Tarrant County Courthouse** *(100 E.Weatherford St.)*, ein rotes Backsteingebäude im Stil der (amerikanischen) Spätrenaissance.

Western Art

Die **Sid Richardson Collection of Western Art (15)** stellt Ölgemälde von *Frederic Remington* und *Charles Russell* aus. Nicht unbedingt „Klassiker" der Malerei, aber diese Idealisierung des alten Westens gehört eher in das Programm einer Reise durch den Südwesten als berühmte europäische Kunstwerke des Mittelalters.

Sid Richardson Collection of Western Art, *309 Main St., ✆ (817) 332-6554, www.sidrichardsonmuseum.org, Mo–Do 9–17, Fr–Sa 9–20, So 12–17 Uhr, frei.*

Südlich des FW Convention Center, Ecke 15th und Commerce St., beeindrucken die **Fort Worth Water Gardens (6)** mit Wasserspielen und Skulpturen.

Stockyards (11)

Anfahrt: 2 ½ Meilen nordwärts entlang der Main Street (die Streckenführung geht um das Tarrant County House herum). Dann nach rechts abbiegen in die East Exchange. Die gesamte Strecke ist gut ausgeschildert.

Bis ins 20. Jh. hinein gehörten die Fort Worth Stockyards zu den größten und bedeutendsten der Welt, und jährlich wurden hier Hunderttausende von Rindern verkauft. Mit dem Einzug des Lastwagenverkehrs verloren sie aber immer mehr an Bedeutung, und um das Stadtgebiet vor dem endgültigen Verfall zu bewahren, entschloss sich die Regierung 1976, das gesamte Areal unter Denkmalschutz zu stellen und für den Tourismus zu erschließen. Die Gebäude wurden restauriert, und heute gibt es hier Restaurants, Saloons und Geschäfte. Auch der Viehhandel hat sich wieder eingefunden, und über 40 Viehauktionsfirmen haben hier ihren Sitz, um auf den wöchentlichen Auktionen präsent zu sein.

Sitz von 40 Viehauktionsfirmen

Beginnen Sie den Rundgang am besten am **Visitor Center** (direkt neben dem Stockyards Station). Hier gibt es Broschüren, einen Lageplan und ganz wichtig: Infos zu den zahlreichen Veranstaltungen, die hier stattfinden (Viehauktionen, Honky-Tonk, Musik, Pferdeshows etc.). Wandern Sie von hier einfach die East Exchange Avenue hinunter. Gleich nebenan beeindruckt der restaurierte **Bahnhof** mit seinen Geschäften und Restaurants.

Gegenüber dem Visitor Center steht der massige Bau des **Livestock Exchange Building**, der 1902 fertiggestellt wurde. Damals begann man damit, Fleisch bereits in

FWs Hauptattraktion: Stock Yards

Fort Worth zu verarbeiten und dann mittels Kühlwagen in den dichter besiedelten Osten zu verschiffen. Gründungsväter waren *Armour* und *Swift*, zwei Chicagoer Geschäftsmänner. Heute haben Auktionshändler, Rechtsanwälte und Architekten ihre Büros in dem Gebäude, aber wöchentlich *(montags um 10 Uhr)* finden auch noch Rinderauktionen statt, die Sie sich anschauen sollten. Das kleine **Stockyards Museum** *(Mo–Sa)* im Gebäude erinnert an die großen Tage der Stockyards. Auf der East Exchange Avenue wird übrigens täglich um 11 und 16 Uhr ein **Cattle Drive** (Viehtrieb) abgehalten.

Täglicher Viehtrieb

Besuchenswert ist die **Cowboy Hall of Fame** *(128 E. Exchange Ave., ✆ (817) 626-7131, www.texascowboyhalloffame.com, Mo–Do 10–18, Fr bis 19, So 11–17 Uhr. $ 5)*, die dem Leben bekannter Cowboys gewidmet ist. Daneben das **Cowtown Coliseum**, erbaut 1907–08, wo neben Rodeos Festivitäten und Konzerte abgehalten werden. Unter den Persönlichkeiten, die hier aufgetreten sind: *Theodore Roosevelt* (1911), *Enrico Caruso* (1920) und *Elvis Presley* (1956). Während des 2. Weltkrieges wurde die Arena dazu verwendet, Fallschirme zu falten. Gegenüber stehen die **Horse and Mule Barns**, von wo aus Pferde und Esel für den Weiterverkauf bzw. -transport vorbereitet wurden. Über 1 ½ Millionen Tiere sind hier durchgegangen. Weiter entlang der Straße kommen Sie an mehreren Geschäften vorbei, und der **White Elephant Saloon** auf der linken Seite bietet Gelegenheit für eine Verschnaufpause. Auf der anderen Straßenseite steht das **Stockyard Hotel**, einst **das** Hotel in Fort Worth, das u.a. namhafte Gäste wie *Bonnie* und *Clyde* beherbergte.

Verpassen sollten Sie schließlich nicht, einmal zu **Billy Bob's Texas** am Rodeo Plaza zu gehen. Vielleicht haben Sie Glück, und es findet am Abend eine Veranstaltung statt. Hier wäre es eigentlich ein Frevel, diese zu verpassen.

Historische Eisenbahnfahrt

Der historische **Grapevine Vintage Railroad** *(140 East Exchange Avenue, ✆ (817) 410-8136, www.grapevinetexasusa.com)* verkehrt täglich zwischen dem kleinen Ort Grapevine nördlich der Stadt und dem Stockyard Station. Gezogen wird er von einer Dampflok von 1896. Besonders für Kinder ist die Fahrt ein Spaß. Die Fahrt dauert etwa 90 Minuten in eine Richtung. Leider gibt es zzt. nur von Grapevine aus einen Roundtrip. Notfalls muss ein Fahrer die Zugreisenden in Grapevine abholen. Es wird aber nachmittags eine einstündige Fahrt von und zum Stockyards Station angeboten („Trinity Run").

Cultural District

Anfahrt: Fahren Sie von der I-30 westlich der Innenstadt am Exit University Drive ab. Diesem in nördlicher Richtung folgen und dann nach links auf die Lancaster Avenue abbiegen.

Wie jede größere Stadt bietet natürlich auch Fort Worth einige Museen. Abgesehen vom **Museum of Science & History (10)** sind es ausschließlich Kunstmuseen, die hier liegen. Allen voran steht das **Kimbell Art Museum (8)**, finanziert durch die Hinterlassenschaften eines Industriellen, *Kay Kimbell*. Das Museum wurde 1972 eröffnet und zeigt Gemälde aller Zeit- und Stilrichtungen. Dank des hohen Budgets (es soll das zweithöchste für ein privates Kunstmuseum in den USA sein) hängen hier Kunstwerke be-

Gut bestückt: das Kimball Art Museum

rühmter Maler, wie z.B. *Picasso, Van Dyck, El Greco* und *Rembrandt*. Unglücklicherweise leidet die Ausstellung ein wenig an der großen künstlerischen Spannbreite, die es kaum zulässt, sich gezielt einer Richtung zu widmen. Trotzdem ein Muss für jeden Kunstliebhaber. Das eindrucksvolle Gebäude wurde von dem Stararchitekten *Louis Kahn* entworfen.
Kimbell Art Museum, *3333 Camp Bowie Blvd., ✆ (817) 332-8451, www.kimbellart.org, Di–Do+Sa 10–17, Fr 12–20, So 12–17 Uhr, frei.*

Das auffällige Gebäude gegenüber dem Kimbell Art Museum ist das **Will Rogers Memorial Center (14)** mit dem **Pioneer Tower**. Hier finden Shows statt. Eine Art historischer Freizeitpark und Aufführungsstätten für Veranstaltungen (u.a. Pferdeshows) sind angeschlossen.

Weitere Museen im Kulturdistrikt:

Amon Carter Museum (1)

Amerikanische Kunst. Viele Werke von *Russell* und *Remington*, von denen man auch einige Werke in der Sid Richardson Collection in der Innenstadt bewundern kann. Beides sind Künstler der idealisierten „Western-Art". Interessant ist auch die große Fotosammlung.

Fotosammlung

Amon Carter Museum, *3501 Camp Bowie Blvd., ✆ (817) 738-1933, www.cartermuseum.org, Di–Sa 10–17, Do–20, So 12–17 Uhr, frei.*

Modern Art Museum (7)

Zählt zu den bekanntesten Kunstmuseen Amerikas. Vornehmlich moderne Kunst Amerikas, aber auch ein paar Künstler aus Europa. U.a. Kunstwerke von *Andy Warhol, Jackson Pollock, Picasso, Feininger* und *Matisse*.
Modern Art Museum, *3200 Darnell St., ✆ (817) 738-9215, www.themodern.org, Di–So 10–17 Uhr, $ 10.*

National Cowgirl Hall of Fame (5)

Hier wird nicht nur den Cowgirls gehuldigt, sondern den über 180 Frauen, die im Westen der USA Besonderes geleistet haben. Dazu gehören u.a. auch Künstlerinnen sowie Country-Sängerinnen.
National Cowgirl Hall of Fame, *1720 Gendy St., ✆ (817) 336-4475, www.cowgirl.net, Di–Sa 10–17, So 12–17 Uhr, $ 10.*

Cattle Raisers Museum (3)

Hier erhalten Sie einen Einblick in die Entwicklung der Ranchen und der Rinderindustrie. Es trifft damit einen wesentlichen wirtschaftlichen Aspekt des Südwestens.
Cattle Raisers Museum, *1600 Gendy St., ✆ (817) 332-8551, www.cattleraisersmuseum.org, Mo–Sa 10–17, So 12–17 Uhr, $ 14.*

Reisepraktische Informationen Fort Worth, TX

VORWAHL: 817

Informationen

Fort Worth Convention & Visitors Bureau: *508 Main St., Sundance Square, ✆ 698-3300 od. 1-800-433-5747, www.fortworth.com.*
Fort Worth Stockyards Visitors Center: *130 E. Exchange Ave. in den Stockyards, ✆ 624-4741. Veranstaltungen stehen in der Tageszeitung „Fort Worth Star-Telegramm".*

Krankenhaus

Harris Methodist Hospital, *1301 Pennsylvania Ave., ✆ 250-2000.*

Unterkunft

Es gilt: Zimmer in der Innenstadt bzw. an der Peripherie sind am Wochenende billiger, in bzw. nahe der Stockyards unter der Woche.
Hotel Texas $$ (1): *2415 Ellis Ave. (günstig zu den Stockyards), ✆ 624-2224. Hotel von 1939. Die Zimmer sind relativ klein. Wer etwas mehr ausgeben mag, der kann den Honeymoon-Raum mit Whirlpool buchen. Der Knüller ist aber die Suite im Obergeschoss ($$$$$), die sich über 4 Räume erstreckt und einen fantastischen Blick auf die Stockyards verspricht.*
Etta's Place $$-$$$ (4): *200 W 3rd St., ✆ 654-0267, www.ettas-place.com. Nettes, ruhiges B&B in der Innenstadt.*
Miss Molly's B&B Hotel $$-$$$$ (2): *109 1/2 W. Exchange Ave., ✆ 626-1522, www.missmollyshotel.com. Mitten in den Stockyards. Einst befand sich ein Bordell in dem Haus von 1910. Schön im Westernstil eingerichtet, aber 6 der 7 Zimmer teilen sich drei Badezimmer ($$$), ein Zimmer hat eigenes Badezimmer ($$$-$$$$). Bar im Erdgeschoss (am Wochenende kann es laut werden!)*
Stockyards $$$-$$$$ (3): *109 E. Exchange St., ✆ 625-6427, 1-800-423-8471, www.stockyardshotel.com. Historisches Hotel inmitten des Stockyards-Distriktes. Für die obere Mittelklasse der Tipp. Hier ist es an Wochenenden teurer. Die Bar, der* **Booger Red Saloon**, *ist besuchenswert.*
Renaissance Worthington Hotel $$$$-$$$$$ (5): *200 Main St., ✆ 870-1000, 1-800-468-3571, www.renaissancehotels.com. Das luxuriöse „Vorzeigehotel" der Stadt. Inmitten der Downtown. Springbrunnen in der Eingangshalle. Günstigere Wochenendraten.*

Restaurants

Joe T. Garcia's (1): *2201 N. Commerce St., nahe Stockyards, ✆ 626-4356. Beste Tex-Mex-Küche und ausgezeichnete Margaritas in riesigem Restaurant. Abends gibt es meist nur zwei Gerichte: Fajitas oder ein Enchilada-Menü.*
Cattlemen's FW Steak House (2): *2458 N. Main St. (Stockyards), ✆ 624-3945. Ebenfalls eine Institution. Leckere Steaks vom Holzkohle-Grill.*
Edelweiss: *3801-A Southwest Blvd. (Ecke TX 183), ✆ 738-5934. Roulade, Rotkohl, Sauerkraut, Sauerbraten, Wurstplatte, Hefeweizen etc. Dazu (an Wochenenden) ein deutsch-amerikanisches Unterhaltungsprogramm. Es wird Deutsch gesprochen.*
Angelo's Barbecue (3): *2533 White Settlement Rd, ✆ 332-0357. Seit Jahrzehnten* **die** *Adresse für BBQ-Gerichte. Saftige Ribs, leckeres Chicken und gutes Chopped Beef! Einfach und günstig. Gut sind die BBQ-Gerichte auch in der Kette* **Riscky's BBQ** *(z.B. 300 Main St. (Sundance Square), ✆ 877-3306).*

Bar/Pubs/Livemusik

White Elephant Saloon: *106 E. Exchange, ✆ 624-8273. Historischer Platz und der bekannteste Western-Style-Saloon der Stadt. Laut, nahezu täglich Livemusik. Kam in der TV-Serie „Walker, Texas Ranger" vor. Hier wurden die meisten Barszenen gedreht.*
Billy Bob's Texas: *2520 Rodeo Plaza, ✆ 624-7117. Countrymusik-Konzerte, Honky-Tonk-Unterhaltung jeglicher Art. Größte Country-Discos der Welt! Die Arena (heute oft Bullenreit-Turniere) diente früher als Auktionsplatz.*

Einkaufen

Zahlreiche **Western Shops**, *wie z.B.* **Maverick Fine Western Wear** *(Top-Qualität-Western-Bekleidung),* **Fincher's White** *Front (Ranch-Bekleidung) und* **Leddy's Boot & Saddlery** *(Stiefel, auch handgefertigt) finden Sie im 100-er-Block an der Exchange Avenue (Stockyards).*

Veranstaltungen (Auswahl)

Januar/Februar: **Ft. Worth Stock Show & Rodeo**: *Will Rogers Memorial Center, ✆ 877-2400, www.fwssr.com. Rinderversteigerungen, Rodeos, Volksfest, kulturelles Programm. Seit 1896 jedes Jahr. Jährlich kommen 1 Million Menschen hierher.*
Oktober: **Red Steagall Cowboy Gathering**: *Stockyards, ✆ 1-888-269-8696, www.redsteagallcowboygathering.com. Westernstimmung, Swing Festival, Cowboy-Spiele, Rodeo, Country-Livemusik u.v.m.*

Öffentliche Verkehrsmittel/Taxi

Amtrak: *Fort Worth Intermodal Transportation Center, 1101 Jones St., Infos: ✆ 1-800-872-7245 od. 332-2931.*
Zugverbindung nach Dallas bzw. DFW Int. Airport: *Trinity Railway Express, ✆ (214) 979-1111, www.trinityrailwayexpress.org*
Überlandbusse: *Greyhound Bus Terminal: 1001 Jones St., ✆ 429-3089.*
Stadtbusse: *„City Transit Service" (***The T***), ✆ 215-8600, www.the-t.com.*
Taxi: **Yellow Checker Cab**: *✆ 534-5555,* **Cowboy Cab**: *✆ 428-0202*

Von Dallas/Fort Worth nach Houston

Entfernungen
Dallas – Lufkin: 187 Meilen/301 km
Lufkin – Beaumont: 114 Meilen/183 km
Beaumont – Houston: 69 Meilen/111 km
Dallas – Houston (I-45): 240 Meilen/386 km

Routenempfehlung

*Entweder ab Dallas auf dem I-45 direkt nach Houston, oder, für die **zweite Alternative**, auf dem I-20 nach Osten. Vor Tyler abbiegen nach Süden auf den US 69 und ab Alto TX 21 folgen bis Nacogdoches. Von dort US 59 über Lufkin (hier evtl. Abstecher zu den Seen) bis Livingston. Von dort nach Osten auf dem US 190 und bei Woodville nach Süden (US 69/287). Kurz hinter Village Mills abbiegen nach Osten zum Big Thicket Visitor Center, danach ausgewählte Gebiete des Parks besuchen und schließlich weiter nach Süden bis Beaumont. Von Beaumont dann über den I-10 nach Houston.*

Die schnelle Alternative über Huntsville, TX

Sam Houston

Einzig lohnender Halt an der I-45 wäre in **Huntsville**, wo sich der **Sam Houston Memorial Museum Complex** befindet. Zu der stark auf *Houstons* Leben ausgerichteten Ausstellung gehören auch Repliken, die an die Episode der „Republik von Texas" erinnern.

Sam Houston Memorial Museum Complex, *19th St./ Sam Houston Ave., ✆ (936) 294-1832, www.samhouston.memorial.museum, Di–Sa 9–16.30, So 12–16.30 Uhr, $ 4.*

Sam Houston (1793–1863) wuchs in Tennessee auf und lebte dort in seiner Jugendzeit drei Jahre bei einem Indianerstamm. Beim Ausbruch des Krieges um die texanische Unabhängigkeit von Mexiko spielte er als gewählter Kommandeur der texanischen Rebellen eine wichtige Rolle. Er war der Oberbefehlshaber in der entscheidenden Schlacht 1836 bei San Jacinto und wurde noch im gleichen Jahr zum ersten Präsidenten der Republik Texas gewählt. Nach einer Pause von drei Jahren wurde er 1841 noch einmal Präsident. Nach der Annektierung Texas' durch die Vereinigten Staaten 1845 war *Sam Houston* von 1846–1859 Senator und anschließend vier Jahre Gouverneur des neuen Bundesstaates. Während seiner politischen Karriere setzte er sich wiederholt für die Rechte der Indianer ein.

Redaktionstipps

- **Übernachten** in Lufkin und Beaumont (jeweils Franchisehotel). Übernachten Sie vor allem besser in Beaumont, als abends noch nach Houston weiterzufahren, da in Beaumont die Zimmer billiger sind.
- Sehenswürdigkeit: **Big Thicket National Preserve** (S. 166).

In Huntsville gibt es dann noch das **Texas Prison Museum** *(491 TX 75 N, ✆ (936) 295-2155, www.txprisonmuseum.org, Mo–Sa 10–17, So 12–17*

Von Dallas nach Houston

Uhr, $ 4), wo Sie das Leben in einem texanischen Gefängnis hautnah miterleben können. Dazu gehört auch eine Hinrichtungskammer samt elektrischem Stuhl.

Reisepraktische Informationen Huntsville, TX

VORWAHL 936

Information

Huntsville CVB: *7600 Hwy. 75 South, ✆ 291-9726, www.Huntsvilletexas.com.*

Unterkunft

Wenn Sie in Huntsville die im Gegensatz zu Houston günstigeren Hotelpreise wahrnehmen möchten, bieten sich u.a. **Motels an rund um den Exit 116 am I-45**. *Eine ganz andere Klasse dagegen ist das* **Waterwood National Resort $$$$**, *ca. 20 Meilen östlich auf US 190, danach Waterwood Parkway, ✆ 1-877-441-5211, www.waterwoodnational.com. Wunderschön gelegenes Resort (auch Bootverleih) mit allem Komfort. Ausgezeichnet geeignet für einen Erholungstag. Toller Golfplatz, wo sich auch die Texas-Golf-Schule befindet.*
Campern *und Wohnmobilisten sei der* **Huntsville State Park** *südl. der Stadt empfohlen: I-45, Exit 109, ✆ 295-5644, www.tpwd.state.tx.us.*

Alternativstrecke

Von Dallas aus führt der Interstate durch eine hügelige, aber wenig reizvolle Landschaft. **Tyler**, eine kleine Stadt 100 Meilen östlich von Dallas, ist das Zentrum des Rosenanbaus. Über 50 % aller gezüchteten Rosen in Amerika kommen von hier. Im **Rose Garden & Museum** können Sie 500 verschiedene Züchtungsvariationen bewundern.
Rose Garden & Museum, *420 Rose Park Dr., ✆ (903) 531-1212, www.texasrosefestival.net, Mo–Fr 9–16.30, Sa 10–16.30, So 13.30–16.30 Uhr.*

Nacogdoches

„Gateway to the East"

Der Ort rühmt sich damit, die älteste Stadt von Texas zu sein. Und tatsächlich hat sie alle Perioden menschlicher Besiedlung miterlebt. In die ehemalige Indianersiedlung kamen bereits 1687 die ersten Europäer, und 1716 errichteten die Spanier hier eine Mission, womit sich die Stadt zum „Major Eastern Gateway" von Texas mauserte. Später kamen dann Franzosen, die aber wiederum von den Engländern vergrault wurden. Schließlich waren es Spanier, Engländer und auch deutsche Siedler, die in Nacogdoches 1820 den Staat „Fredonia" ausriefen, unzufrieden mit der mexikanischen Verwaltung in San Antonio und bestrebt, sich dem Louisiana Purchase anzuschließen. Das ging schief, setzte aber erste Akzente. Denn bereits 16 Jahre später waren es wiederum Bewohner dieser Stadt, die für die Unabhängigkeit von Texas plädierten, was aber auch missglückte. 1866 war es wieder hier, wo für Texas Bedeutendes passierte: Man fand nur wenige Meilen entfernt das erste Öl. Heute ist von der Geschichte nicht mehr viel übrig geblieben, aber es bieten sich trotzdem zwei kleine Sehenswürdigkeiten an:

Das **Old Stone Fort** ist das wiedererrichtete Wohnhaus von *Gil Y'Barbo*, das 1819 als Hauptsitz der Fredonia-Bewegung fungierte. Später diente es u.a. als Gerichtsgebäude, Gefängnis und Handelsstation. Heute befindet sich ein kleines historisches Museum darin.
Old Stone Fort, *Ecke Griffith/Clark Sts., ✆ (936) 468-2408, www.sfasu.edu/stonefort, Di–Sa 9–17, So 13–17 Uhr, frei.*

Das **Sterne-Hoya House** wurde 1830 von dem Deutschen *Nicolas Adolphus Sterne* im „East-Texas-Colonial-Style", erbaut der sowohl maßgeblich an der Fredonia-Bewegung beteiligt war als auch an der Texas-Revolution 1836. Nach seinem Tode kaufte der preußische Immigrant *Joseph von der Hoya* das Anwesen. Heute befinden sich neben einer Reihe alter Möbel auch ein paar andere Stadtrelikte aus dem 19. Jh. hier, dazu eine historische Bücherei, in der man stöbern kann.

„East-Texas-Colonial-Style"

Sterne-Hoya House, *211 S. Lanana St., ✆ (936) 560-5426, Di–Sa 10–16 Uhr, frei.*

Reisepraktische Informationen Nacogdoches, TX

VORWAHL 936

Information

Nacogdoches CVB: *200 E. Main St., ✆ 564-7351 od. 1-888-653-3788, www.visitnacogdoches.org.*

Unterkunft

Es gibt eine Reihe von Hotels, so z.B. das **La Quinta Inn** *($$, 3215 S. St., ✆ 560-5453, www.lq.com). Schöner aber ist das* **Hardeman House B&B $$-$$$**: *316 N. Church St., ✆ 205-5280, www.hardemanhouse.com. Historisches Haus mit Veranda. Teilweise Antiquitäten. Günstig gelegen zur Innenstadt.*

Lufkin

Lufkin ist eine ziemliche langweilige Stadt, die vornehmlich von der Holzindustrie in den umliegenden Wäldern lebt. Es bietet aber eine ausgezeichnete Basis für Erkundungen

Reisepraktische Informationen Lufkin, TX

VORWAHL 936

Information

Lufkin Convention & Visitors Bureau, *1615 S. Chestnut Street (in der Chamber of Commerce), ✆ 634-6305, www.visitlufkin.org.*

Übernachten

Wisteria Hideaway B&B $$-$$$: *3458 Ted Trout Dr./Route 12, ✆ 875-2914, www.wisteriahideaway.com. Das 1939 im Kolonialstil erbaute Haus bietet drei Gästezimmer, die allesamt mit viel Liebe eingerichtet sind.*

The Storybook Inn B&B $$-$$$: *3603 Ted Trout Dr., ✆ 875-5580, www.storybookinn.us. Empfehlenswerte Bed&Breakfast-Unterkunft.*

Zudem gibt es viele Hotels/Motels der verschiedenen Franchiseketten am US 59.

Camping

In den nahe Lufkin gelegenen **Davy Crockett** *(westlich) und* **Angelina** *(östlich)* **National Forests** *gibt es sehr schöne Campingmöglichkeiten. Infos:* **National Forest & Grasslands in Texas**: *415 S. First St., Ste. 110, Lufkin, ✆ 639-8501, www.fs.fed.us/r8/texas.*

der vier großen **National Forests** in der Umgebung, und bei National Forest & Grasslands in Texas (s. S. 165) erhalten Sie Karten und ausreichendes Infomaterial. Wer gerne paddeln bzw. Kanu fahren möchte, sollte speziell nach den Wasserwanderkarten fragen, ansonsten ist man verloren im Gewirr der Creeks und Wälder. Die Wälder sind jeweils um die 650 km² groß, und ohne gute Karte kann man sich auf den Wanderwegen leicht verlaufen. Wer nicht viel Zeit hat sollte zumindest einmal zu dem nächstgelegenen Wald fahren, dem **Angelina National Forest**, östlich von Lufkin, der mit seiner Lage um das Sam Rayburn Reservoir besticht. Und fahren Sie nicht nur auf den großen Highways, sondern biegen Sie auch einmal ab auf die kleineren und weniger benutzten Farmstraßen – es lohnt sich. Camping- und Bootsverleihmöglichkeiten gibt es in verschiedenen kleinen Resorts um den See, Hotels aber nicht.

Kanu-Touren

Das **Alabama-Coushatta Indianerreservat** östlich von Livingston ist übrigens einen Besuch wert. Hier werden Tänze und Kunsthandwerke vorgeführt, und am ersten Wochenende im Juni findet ein großes Pow Wow statt.

Big Thicket National Preserve

Das einmalige Naturareal erstreckt sich von Osten nach Westen zwischen dem Trinity und dem Neches River. Im Norden bildet der US 190 die Grenze und im Süden der US 90. In diesem Gebiet wurden 12 schutzwürdige Areale (*Units*) – insgesamt 40.000 ha – abgesteckt, von denen jedes ein eigenes Biotop bildet, das sich von den anderen unterscheidet. Einzigartig ist in diesem dichten Kiefernwaldsumpf die Vielfalt von verschiedenen Biosphären, die hier aufeinandertreffen. Für ihre Entstehung war vor allem das Vordringen der Gletscher verantwortlich, die nicht nur Tiere aus anderen Regionen „hergetrieben" haben, sondern auch Pflanzensamen mitbrachten. Die verschiedensten Pflanzen konnten sich später in dem feuchtwarmen Klima weiter entwickeln, obwohl sie nicht ihre angestammten Bedingungen vorfanden. Wundern Sie sich also nicht, wenn eine Yuccapalme oder ein Kaktus auf einem Sandhügel stehen und gleich daneben eine kanadische Tanne im Sumpf badet.

12 verschiedene Biotope

Für die Menschen galt dieses Dickicht bis zum Ende des 19. Jh. als fast undurchdringlich. Die Indianer trauten sich kaum hinein, und die ersten Siedler machten einen großen Bogen darum. Einige Outlaws nutzten es daher als Unterschlupf. Erst die Forstindustrie und vor allem der Ölboom um die 19./20. Jahrhundertwende änderten dies und raubten immer mehr Naturraum. Daher entschloss sich die Regierung im Jahre 1974, Teile des ehemals 1,4 Mio. ha großen Sumpfgebietes unter Naturschutz zu stellen. Man spricht heute davon, dass sich die folgenden fünf nordamerikanischen Biosphären hier treffen: nordöstliche Wälder, Appalachenwälder, südöstliche Sümpfe, Prärien des mittleren Westens

Tipp

- *Besorgen Sie sich unbedingt ein **Mittel gegen Mücken**. Besonders in den feucht-warmen Sommermonaten können diese Biester zur Qual werden.*
- *Ornithologen sollten sich im Visitor Center mit einem Vogelbestimmungsbuch ausstatten, denn die **Vielfalt der Vogelwelt ist hier einzigartig**.*

und Halbwüsten des Südwestens. Ein Wissenschaftler brachte es einmal auf den Punkt: „Das bestausgestattete ökologische Labor in Nordamerika". Dies erkannte auch die UNO und setzte das Gebiet auf die Liste der 250 schützenswertesten Biotopsysteme der Erde.

Um alle Units zu erkunden, würde man zwei Wochen benötigen. Daher besorgt man sich am besten Kartenmaterial und wandert die kürzeren Trails ab. Echten Wanderfreunden bietet sich der **Turkey Creek Trail** für eine mehrtägige Tour an. Er beginnt direkt am Visitor Center. Für einen Tag schlagen wir folgende Trails vor, die hauptsächlich zu den Sümpfen führen:

Wanderungen zu den Sümpfen

Kirby Nature Trail: Beginnt gleich am Visitor Center und dauert eine gute Stunde (4 km). Ein kleines Guidebook am Trailhead können Sie mitnehmen. Es informiert über die markierte Flora.

Sundew Trail: Im Hickory Creek Savannah Unit. 40 Minuten (1,6 km). Offeneres Gelände. Besonders im Frühling und Frühsommer blühen hier die Wildblumen, u.a. der Sonnentau.

Turkey Creek Unit: Laufen Sie einfach von der Farmstraße, die 1 Meile nördlich von Village Mills nach Osten abzweigt, ein Stück den Turkey Creek Trail entlang.

Zudem gibt es noch zwei **Kanu-Routen** im Preserve.

Es gibt nur rudimentäre Campinggelegenheiten und zu denen kann man nur wandern. Ansonsten bieten sich Hotels in Beaumont und Woodville an.

Information: *8 Meilen nördl. von Kountze, Kreuzung US 69/ US 287, ✆ (409) 951-6725 und 951-6700, www.nps.gov/bith, tgl. 9–17 Uhr.*

(Zu Beaumont und Port Arthur s. S. 191)

Houston

Entfernungen

Houston – Dallas: 245 Meilen/395 km
Houston – San Antonio: 197 Meilen/317 km
Houston – Corpus Christi: 207 Meilen/333 km
Houston – El Paso: 730 Meilen/1.175 km

Überblick und Geschichte

New Yorker Spekulanten

1836, kurz nach der Gründung der Republik Texas, errichteten die Brüder *John* und *August Allen*, Spekulanten aus New York, einen kleinen Handelsposten am Buffalo Bayou. Keiner sagte dem Nest inmitten der von Mücken verseuchten Sümpfe eine große Zukunft voraus. Der erste Kapitän, der den Fluss hinauffuhr, vermerkte in seinem Logbuch: „*The town must be there, where the stakes are marking the streets*". Doch langsam aber sicher wuchs die Stadt, wenn auch im 19. Jh. noch im Schatten von Galveston. Zeitweilig war sie sogar Hauptstadt von Texas. Die Tatsache, dass *Sam Houston* auf den nahen San Jacinto Battlefields die Mexikaner in die Flucht geschlagen hatte, verlieh ihr den Namen. Wesentlicher Wirtschaftsfaktor war damals der Baumwollhandel. Mit dem großen Sturm, der Galveston 1900 nahezu vollständig zerstörte, übernahm Houston die Spitzenposition im Süden von Texas. Durch die Ölfunde um Beaumont ab 1901 und mit dem Ausbau des 50 Meilen lange Ship Channel bis 1914 begann Houston endgültig zu boomen und verlieh der Stadt „*the right kick at the right time*". Andere Industriezweige wurden angezogen, und besonders die Schwerindustrie verdiente gut an den beiden Weltkriegen. 1962 beschloss Präsident *Kennedy*, die Zentrale des Raumfahrtprogramms hier anzusiedeln, womit die Stadt auch internationalen Ruf erlangte. Die Gründe waren eher politischer als wirtschaftlicher Natur, denn *Kennedy* wollte die Texaner bei Laune halten.

Baumwolle, Öl und NASA

Das Öl ist es auch heute noch, was der Stadt den „Drive" verleiht und mit fast 30 % zum Sozialprodukt beisteuert. Die Ölkrisen seit den 1970er Jahren scheinen für die Stadt höchstens Verschnaufpause bedeutet zu haben. Die Angst, „Downtown Houston" würde als größte Ghost-Town der Nation enden, bewahrheitete sich nicht. Die rechtzeitige Diversifizierung der Wirtschaft hat die Stadt vor größerem Übel bewahrt. Es wird gebaut und „revitalisiert", und das in einem rasanten „Texas-Tempo" – immer höher und immer teurer – „*Texas is big, you know, and Houston is Texas!*" Die alten Stadtbauten wurden renoviert. Kneipen, „In"-Restaurants und auch Geschäfte haben sich dort – auch unterirdisch in einem riesigen Tunnelsystem – wieder angesiedelt. Die Historical Society im Sam Houston Park hat ein paar alte Häuser, Zeugnisse aus der Gründerzeit, bewahrt – aberwitzig gelegen zwischen Highwaysystem und Hochhausschluchten.

Die Rivalität mit Dallas um die erste Stadt im Staate existiert für Houston gar nicht – ganz im Gegensatz zu Dallas. Mit Stolz behauptet die Stadt von sich, der „Golden Belt-Buckle of the Sun Belt" zu sein. Und das ist sie auch. Dallas hat zwar viele Wolkenkratzer und ist ausreichend mit Dollars gesegnet, aber Houston hat das besondere Großstadtflair. Hier wird nicht nur gehandelt, sondern hier wird in verschiedensten Fabriken auch produziert und weiterverarbeitet: Öl, Computer, Stahl, Raketen, Schiffe etc. Zudem hat Houston einen bedeutenden Hafen, den nach Tonnage zweitgrößten der USA (ca. 200 Mio. t Umschlag/Jahr) und viele bedeutende Museen.

Modern: Downtown Houston

Die Industrie lockt nun seit fast 100 Jahren Arbeiter aus allen Teilen Amerikas und der Welt an. Houston hat z.B. die größte chinesische Gemeinde von Texas. Gut 5 % der Bevölkerung sind asiatischer Abstammung. Diese Menschen haben, zusammen mit den African-Americans (24 % der Bevölkerung), Hispanos/Latinos (37 %) und Osteuropäern die Stadtkultur maßgeblich beeinflusst und sie zur Stadt der Minderheiten gemacht. Das drückt sich in fast allem aus: Sprache, Musik, Architektur und Toleranz gegenüber anderen Kulturen. „Leben und leben lassen" heißt hier die Devise.

Die Stadt ist nicht schön – aber modern. Kaum ein großes Haus scheint älter als 20 Jahre zu sein, sieht man einmal ab von ein paar renovierten Gebäuden in der Downtown, dem historischen „Height District" (1900–20) und den großen Villen der Reichen in River Oaks ab. Wer nicht ganz so viel Geld hat, aber zum behüteten Mittelstand gehört, der wohnt weit außerhalb – meist im Norden – in einem für Amerika typischen „Family-orientated Suburb". Um dort hinzukommen bzw. morgens zur Arbeit zu fahren, werden Anfahrten von 30 Meilen und mehr in Kauf genommen.

Redaktionstipps

▶ **Übernachten**: Das mondäne, aber teure **ZaZa Hotel** lockt mit großem Pool und High Society. Günstiger ist das historische **Lancaster Hotel**. Im **Sycamore Heights B&B** wohnt man ruhig und günstig (S. 181).
▶ **Essen**: Probieren Sie unbedingt die **Südstaatenküche** (BBQ und Cajun), so z.B. im **Goode Company Texas BBQ** oder im **Zydeco Louisiana Diner**. Houston ist auch bekannt für die **asiatische Küche**, am besten in **Chinatown** (S. 182).
▶ Die bedeutendsten Sehenswürdigkeiten sind das **Nasa Space Center** (S. 177), der historische Küstenort **Galveston** (S. 186), die Museen des **Museum District** (S. 173) und ganz allgemein das **Großstadtflair**.
▶ Verpassen Sie nicht die Stimmung bei einer **„Zydeco"-Livemusik**-Veranstaltung (z.B. im „Pe Te Cajun BBQ"), die meist nachmittags stattfinden (S. 183).
▶ Das **abendliche Programm** ist ausgesprochen vielseitig: Für die Jüngeren lockt die Szene in der **Richmond Street**. Ansonsten sind die Lokale in der **Innenstadt**, z.B. das **Sambuca's Jazz Café** sowie die im Stadtteil **The Heights** empfehlenswert. **Etta's Lounge** und **The Big Easy** sind gute Anlaufadressen für Livemusik am späten Abend. S. 183.
▶ **Junge Leute** sollten während der Sommermonate auch mal die Strandgegend von Galveston (S. 186) „abgrasen". Dort finden des Öfteren so einige (öffentliche u. private) **Partys** statt, besonders an den Wochenenden.
▶ **Zeiteinteilung: 2 Tage.** Am ersten Tag Innenstadt und vor allem ein oder zwei Museen im Museums District anschauen. In der Stadt übernachten. Am zweiten Tag zum Space Center und entweder danach nach Galveston oder zum Shoppen in die Galleria.

Houston bietet also „Großstadterlebnis" – mit Theatern, Museen, Shoppingmalls und auch Sehenswürdigkeiten, wie z.B. dem Space Center und abendlicher Musik- und Kneipenszene. Was den Südwesten betrifft, sollte man Houston vor allen anderen Großstädten den Vorzug geben und eintauchen in die Kulturen und Subkulturen, die solch ein multikulturelles Häusermeer ausspuckt: das Space Center und Galveston, Bluesknеipen, ausgeflippte Geschäfte entlang der Westheimer Street, Super-Villen in River Oaks, witzige Restaurants in der Downtown und an der Kirby Street, schmutzige Hafengebiete, bunte Diskotheken an der Richmond Street, Strandfeten in Galveston, den künstlichen Regenwald in den Moody Gardens, überfüllte Highways und die verglasten Straßenschluchten.

Subkultur und Luxusvillen

Klimatisch ist die Stadt gewöhnungsbedürftig. Im Sommer ist es subtropisch und unangenehm schwül bei 36–40 °C (Minimumtemperatur im Juli: 24 °C – nachts). Kein Wunder also, dass die Downtown durch einen vollklimatisierten Fußgängertunnel verbunden ist und dass halb Houston am Wochenende an die Küste fährt, wo zumindest der Seewind erfrischende Kühle beschert.

Sehenswertes

Downtown

Imposanter Theater District

Am eindrucksvollsten sind die Gegensätze zwischen Alt und Neu, die sich am dramatischsten im Sam Houston Park zeigen, wo noch ein paar alte Häuser und eine Kirche stehen – denn gleich dahinter schießen die Bürohäuser in den Himmel. Dazwischen locken wiederum schmucke, renovierte Stadtgebäude aus der Zeit nach 1900 mit Restaurants, kleinen Geschäften und Musikklubs. Nicht zu vergessen ist der besonders in den 1990er Jahren ins Leben gerufene Theater District, der nach dem Broadway in New York als zweitgrößter der USA rangiert. Flankiert wird die Innenstadt nach Südosten hin von zwei großen Sportstadien, dem Minute Maid Park (Baseball) und dem Toyota Center (Basketball, Hockey), sowie dem massiven George R. Brown Convention Center.

Spaziergang durch die Innenstadt

Beginnen Sie den Rundgang am **Visitor Center** in der **City Hall (1)** *(901 Bagby Street)*, wo es umfangreiches Informationsmaterial gibt. Die City Hall, das Rathaus von Houston, befindet sich übrigens in einem eindrucksvollen Art-Déco-Gebäude von 1939.

Durch die Bürohäuser gelangt man in das berühmte **Tunnel System**. 77 Gebäude dieses Banken- und Büroviertels sind an das sieben Meilen lange, z.T. äußerst verwinkelte Geflecht unterirdischer Gehwege angeschlossen – zudem gibt es noch einige über-

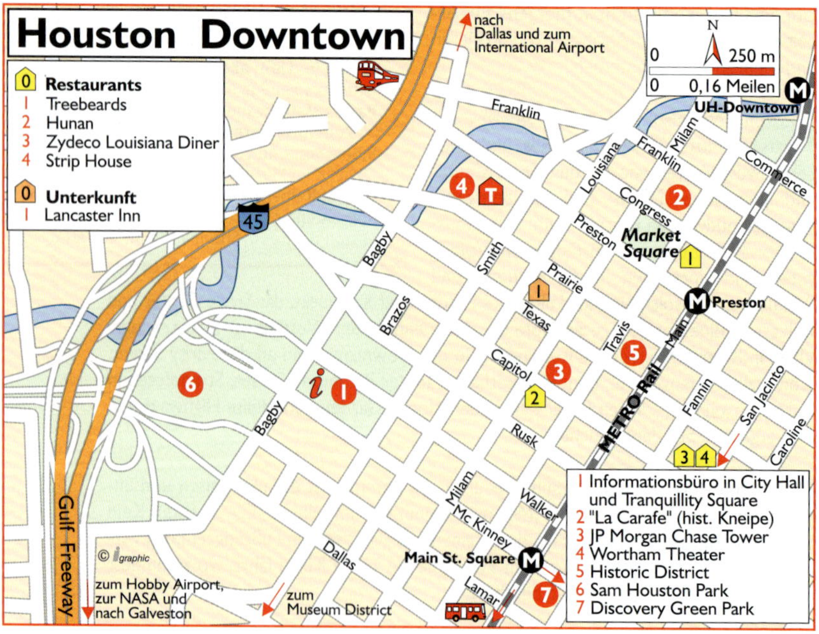

irdische Röhren. Alles klimatisiert, versteht sich! Kein Wunder also, dass die Straßen so menschenleer sind. Hier unten haben sich Geschäfte, Friseure, Praxen und zahlreiche Restaurants etabliert. Für eine unterirdische Verschnaufpause bietet sich eine Niederlassung des „Treebeard" an, wo es leckere Burger gibt *(1100 Louisiana St.)*. An vielen Ecken hängen Tunnelkarten aus … und das ist auch notwendig bei dem Labyrinth.

Anschließend geht es zum **Tranquillity Square (1)**, einem kleinen Park zwischen Walker und Rusk Street (nahe der City Hall), der an die erste Mondlandung erinnern soll. Die ersten Worte von *Neil Armstrong* lauteten nämlich: *„Houston, Tranquillity Base here. The Eagle has landed."* Eingeschmolzen auf einer Bronzeplatte, wird die Geschichte der amerikanischen Raumfahrt dargestellt – ohne viel Wert auf die Nennung der anderen Raumfahrtnationen zu legen.

19th Century meets Modern Times

Nicht weit von Tranquillity Square und City Hall befindet sich der **Sam Houston Park (6)**, eine kleine Grünfläche zwischen Wolkenkratzern und mehrstöckigen Freeways. Erst bei näherer Betrachtung fallen die Gebäude aus dem 19. Jh. auf. Doch nur ein Haus, das 1847 erbaute **Kellum-Noble House**, stand früher wirklich hier, die anderen sind nur wiederaufgebaut worden. Es bieten sich kontrastreiche Fotoperspektiven, und die Hochhäuser erscheinen noch erdrückender gegen ihre „winzigen" Vorfahren daneben.
Heritage Society at Sam Houston Park, *1100 Bagby St., ✆ (713) 655-1912, www.heritagesociety.org, Di–Sa 10–16, So 13–16 Uhr, $ 10.*

Richtung Osten gelangt man zum vom Stararchitekten *I.M.Pei* entworfenen **JP Morgan Chase Tower (3)**, dem mit 75 Stockwerken höchsten Gebäude der Stadt und von dessen Observation Deck (60th Floor) man einen guten Ausblick auf die Stadt hat.
JP Morgan Chase Tower, *600 Travis St., ✆ (713) 223-0441, www.chasetower.com, Mo–Fr 8–17 Uhr.*

Ein Stück weiter nach Norden zieht sich die wenig eindrucksvolle **Texas Street** durch die Downtown. Ihre Breite von 30 Metern bot früher genügend Platz, um 14 Longhorn-Rinder nebeneinander durch sie hindurchzuführen. Der **Historic District (5)**, vornehmlich zwischen Travis und Main Street, beeindruckt nicht nur wegen seiner restaurierten Gebäude aus der Zeit um 1900, sondern auch durch seine Restaurants und Straßen-Cafés. Auch der **Market Square** ist ein Überbleibsel des endenden 19. Jh. Verpassen Sie hier nicht den kurzen Stopp in der kleinen Kneipe „La Carafe", die in einem der ältesten Stadtgebäude untergebracht ist.

Nicht weit von hier, vor allem im Karree Smith-, Capitol-, Milam- und Preston Streets befinden sich die Kulturpaläste des **Theater District**: Im protzig erscheinenden **Wortham Theater Center (4)** *(550 Prairie Ave.)* treten die Grand Opera und das Hous-

Discovery Green – Houstons Antwort auf den Central Park (7)

Am südöstlichen Ende der Innenstadt wurde dieser 5 ha große Freizeitpark angelegt. Interaktive Wasserspiele, Restaurants, eine Bühne (Konzerte/Theater), Jogging-Pfade, Spielplätze, Boccia-Bahnen, ein See, bunte Blumenbeete u.v.m. sollen wieder mehr Menschen in die Innenstadt locken. Infos unter www.discoverygreen.com.

ton Ballet auf. Die Symphoniker dagegen, gemeinsam mit der Society for the Performing Art, haben das weniger auffällige **Center for the Performing Art** für ihre Darbietungen gewählt. Schließlich hat die Theater Company mit dem **Alley Theatre** *(615 Texas Ave.)* auch noch eine eigene Bühne.

Blechromantik

Um die westliche Innenstadt zieht sich ein schmaler Grünstreifen, der sog. **Arts Park**, wo bekannte Künstler Modern Art, oder in Houston auch „Blechromantik" (*Tin Romance*) genannt, aufgestellt haben. Die Palette reicht von Metallaffen bis hin zu umgekippten Büchsen.

Westlich der Downtown

Entlang der **Westheimer Street** erinnern die Geschäfte an New Yorks Greenwich Village. Ob Sie an einer Tarot-Sitzung teilnehmen, die griechisch-indonesische Küche ausprobieren oder den neuesten Modekitsch ansehen bzw. kaufen möchten, hier wird alles geboten. An der Kreuzung Kirby Street sollten Sie nach rechts abbiegen und beim Allen Park nach links in eine Seitenstraße fahren. Das Viertel hier nennt sich **River Oaks** und ist das Wohnviertel der oberen Zehntausend. Eine Villa übertrifft die andere an Protzigkeit. Die Gärten sind so gepflegt, als wenn täglich jemand mit der Nagelschere die überstehenden Grashalme kappen würde.

Villa in River Oaks

Boutiquen, Cafés, Galerien…

Von hier aus können Sie entweder weiter nach Westen fahren und am West Loop einen Bummel durch das vornehme **Galleria Shopping Center (25)** unternehmen (und Ihre Reisekasse um einiges erleichtern, s. Karte S. 176) – oder Sie entgehen dieser Versuchung, indem Sie auf der Westheimer wieder ein Stück zurück nach Osten fahren und dann über die **Montrose Avenue** nach Süden in das Museumsviertel abbiegen. Der Stadtteil **Montrose** (wo Montrose und Westheimer kreuzen) ist heute auch ein beliebter Shopping District mit Boutiquen, Cafés, Galerien, aber auch Bars und Restaurants für den Abend.

Museumsdistrikt

Menil Collection (8)

Das Gebäude wurde designt von dem Architekten *Renzo Piano*, der auch am Centre George Pompidou in Paris mitgewirkt hat. Die Ausstellung enthält Werke aus verschiedensten Epochen. Beginnend bei griechischen und byzantinischen, aber auch afrikanischen Skulpturen, über französische Meister (Picasso, Léger und Braque), amerikanische Maler und endet bei Andy Warhol. Die gesamte Sammlung enthält über 10.000 Artefakte, die natürlich nicht alle gleichzeitig gezeigt werden können. Das Museum gilt als **der** Tipp in Houston.

Picasso, Warhol und afrikanische Skulpturen

Menil Collection, *1515 Sul Ross (Montrose Ave. District), ✆ (713) 525-9400, www.menil.org, Mi–So 11–19 Uhr, frei.*

Nur ein Stück die Straße entlang befindet sich die achteckige **Rothko Chapel (9)**, in der 14 Gemälde des Künstlers *Mark Rothko* ausgestellt sind. Der Obelisk vor der Kapelle symbolisiert das Leben und Schaffen sowie die Ermordung von *Martin Luther King Jr.* Der *Dalai Lama* und *Nelson Mandela* haben diesen Ort bereits besucht. Einen Block östlich, an der 4011 Yupon St, liegt das **Byzantine Fresco Chapel Museum**, wo Sie bis zu 700 Jahre Fresken bewundern können. Das Museum *(Fr–So 10–18 Uhr)* gehört zur Menil Collection.

Museum of Fine Arts (10)

Riesige Sammlung an Kunstwerken, die eine Zeitspanne von 4.000 Jahren abdecken. Interessant sind die Abteilungen Afrikanisches Gold, Kunst im asiatisch-pazifischen Raum, Fotos von Annie Leibovitz und die Impressionisten. Viele der Galerieräume wurden von Ludwig Mies van der Rohe konzipiert. Außerhalb, gleich auf der anderen Straßenseite, befindet sich ein **Skulpturengarten (11)** mit Werken von Giacometti, Rodin, Matisse u.a.

Museum of Fine Arts, *1001 Bissonet St., ✆ (713) 639-7300, www.mfah.org, Di+Mi 10–17, Do 10–21, Fr+Sa 10–19, So 12.15–19 Uhr, $ 10.*

Contemporary Arts Museum (12)

Hier wechseln die Ausstellungen ständig, doch bemüht man sich, besonders Künstler des Südwestens und speziell aus Texas zu zeigen. Informieren Sie sich am besten in den Tageszeitungen.

Contemporary Arts Museum, *5216 Montrose St., Ecke Bissonet Rd., ✆ (713) 284-8250, www.camh.org, Di–Sa 10–17 (Do –21), So 12–17 Uhr, frei.*

Der Hermann Park südöstlich der Main Street ist das Pendant zum Central Park in New York. Ein alter Baumbestand sorgt für viel Schatten, Blu-

Contemporary Arts Museum

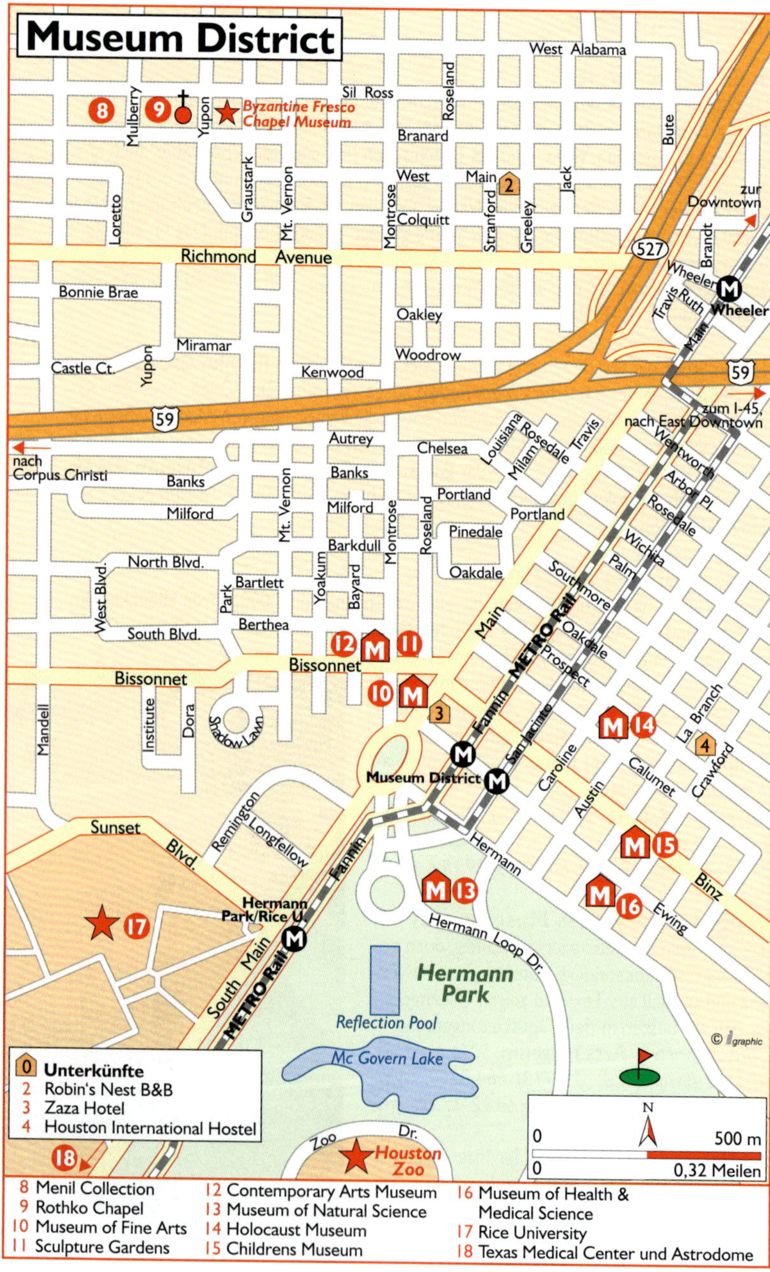

8 Menil Collection
9 Rothko Chapel
10 Museum of Fine Arts
11 Sculpture Gardens
12 Contemporary Arts Museum
13 Museum of Natural Science
14 Holocaust Museum
15 Childrens Museum
16 Museum of Health & Medical Science
17 Rice University
18 Texas Medical Center und Astrodome

menfreunde werden den Japanese Garden sowie das Houston Garden Center zu genießen wissen und wer sich körperlich betätigen möchte, miete sich ein Paddelboot für einen kleinen Exkurs auf dem McGovern Lake. Zudem finden Sie hier den Zoo sowie das große **Museum of Natural Science (13)** mit Ausstellungen zur Entwicklung der Erdölförderung in Texas, einer riesigen Mineraliensammlung, einer Muschelsammlung und im Tropenhaus, einem nachempfundenen Regenwaldhabitat drehen 1.500 bunte Schmetterlinge ihre Kreise **(Cockrell Butterfly Center)**. Das **Wortham IMAX Theatre** zeigt Filme zu naturwissenschaftlichen Themen. Im angeschlossenen **Burke Baker Planetarium** können Sie den auf die Kuppel projizierten Sternenhimmel von Südtexas erleben.

Bunte Schmetterlinge

Museum of Natural Science, *1 Hermann Circle Dr., ✆ (713) 639-4629, www.hmns.org, Mo–Sa 9–17 (Do –20), So 11–17 Uhr, $ 15.*

Weitere interessante Museen im District sind:

Holocaust Museum (14): *5401 Caroline St., ✆ (713) 942-8000, www.hmh.org, Mo–Fr 9–17, Sa+So. 12–17 Uhr.* Hier wird anhand zahlreicher Displays und Relikte der Opfer des Holocaust gedacht.

Childrens Museum (15): *1500 Binz St, ✆ (713) 522-1138, www.cmhouston.org, Di–Sa 10–18, So 12–18 Uhr, $ 8.* Großes, interaktives Kindermuseum.

Museum of Health (16): *1515 Hermann Drive, ✆ (713) 521-1515, www.thehealthmuseum.org, Di–Sa 9–17, So 12–17 Uhr, $ 8.* Eindrucksvoll wird hier der menschliche Körper veranschaulicht anhand z.T. übergroßer Modelle menschlicher Organe. So betreten Sie das Museum durch den Mund, setzen sich für den Einführungsfilm auf die Zähne, gehen anschließend durch die Zähne usw. Auf die Erläuterung gesundheitlicher Risikofaktoren wird viel Wert gelegt.

Von hier geht es auf der Main Street weiter nach Süden. Man passiert rechterhand die Hauptgebäude der **Rice University (17)**, der berühmtesten Hochschule der Stadt. Studenten, die hier nicht mit einem A-Certificate (entspricht etwa unseren Noten 1 u. 2+) das Semester abschließen, müssen die Universität wieder verlassen. Ganz hübsch anzuschauen ist das Hauptgebäude.

Etwas weiter südlich fährt man durch das **Texas Medical Center (18)**, eines der besten medizinischen Zentren der Welt *(www.tmc.edu)*. Es besteht aus 47 unabhängigen Instituten und Krankenhausträgern zu denen 13 Krankenhäuser und 19 akademische Einrichtungen gehören, die z.T. in privater Hand sind. Es ist damit der größte Krankenhauskomplex der Welt (ca. 6.500 Betten). Besonders im Bereich Herzchirurgie und Krebsbekämpfung gehört es zu den fortschrittlichsten Instituten, und Patienten kommen aus aller Welt. Jährlich werden über sechs Millionen Kranke behandelt. Neben 73.000 Angestellten arbeiten hier 12.000 freiwillige Kräfte, zudem werden 34.000 Studenten ausgebildet. Die unzähligen Hotels im Umkreis profitieren von dem amerikanischen Gesundheitswesen: Die Patienten werden sehr früh entlassen und danach ambulant weiterbehandelt. Da viele Patienten von weit her kommen, wohnen sie in den Hotels.

Medizinisches Zentrum der Superklasse

Südlich des Medical Center beeindruckt Nordamerikas größtes Event Center, **Reliant Park**. Hier stehen u.a. das riesige **Astrodome Stadium (18)** (Football, Baseball u.a., 65.000 Plätze, wird bald komplett neu gestaltet, evtl. sogar neu gebaut), das Reliant Stadium (Football), das Reliant Center (Messehalle) und einige andere Gebäude. Die Be-

treiber behaupten mit chauvinistischem Unterton: „*...there's big, there's bigger, there's biggest. And then there's Reliant Park...*".
Touren: *Mo–Do 10, 12, 14 +16 Uhr, www.reliantpark.com/tours. Beste Zufahrten: Von der Main od. der Fannin St.*

Sehenswertes in der Umgebung

Nördlich der Stadt

National Museum of Funeral History (20)

Beerdigungsmuseum

Es mag etwas morbide erscheinen, ein Beerdigungsmuseum aufzusuchen, aber dieses Museum ist in vieler Hinsicht interessant. Es erlaubt z.B. den Einblick in die Vermarktungspraktiken von Beerdigungen in den USA. Wussten Sie etwa, dass man in Amerika Grabflächen kauft und wiederverkauft (ca. 500 $) wie eine Immobilie und dass es durchaus üblich ist, seine bereits begrabenen Verwandten mitzunehmen in eine andere Stadt, um sie dort neu zu beerdigen? Außerdem: Geschichte der Beerdigungen – vom alten Ägypten bis Kennedy; wie balsamiert man Leichen ein; eine einzigartige Sammlung alter und neuer Leichenwagen – von der Kutsche bis zum Lincoln – „Harold and Maude" lassen grüßen!

National Museum of Funeral History, *415 Barren Springs Dr., Ecke Ella Blvd, ✆ (281) 876-3063, www.nmfh.org, Mo–Fr 10–16, Sa 10–17, So 12–17 Uhr, $ 10. Anfahrt: I-45, Exit 63, Airtex, dann nach Westen abbiegen und bis zur T-Kreuzung. Dort rechts auf den Ella Blvd, 2 Querstraßen weiter ist rechter Hand die Barren Springs Rd.*

Tipp

Im Viertel The Heights gibt es ein tolles Museum das die Herzen aller Autofans höher schlagen lässt. Im ***Art Car Museum*** *werden Autos gezeigt, die von Bastler auf urigste Weise umgebaut wurden. Die Autos sind nicht nur bunt, sondern sehen aus wie ein Damenschuh, eine Hochzeitstorte, sind bestückt mit Rinderhörnern, ein rostiger Weltraumflieger usw.*
Art Car Museum*, 140 Heights Blvd, ✆ (713) 861-5526, www.artcarmuseum.com, Mi–So 11–18 Uhr, frei.*

Old Town Spring (21)

Vom verschlafenen Eisenbahnhalt zur Nippes-Gemeinde

Wer Lust auf Shopping hat, der sollte auf dem I-45 weiter nach Norden bis zum Exit 70A (Spring Cypress Rd) fahren und von dort noch eine Meile nach Osten. Dieser restaurierte Teil von Spring diente einst als Eisenbahnhalt mit Saloons, Hotels und Gleisarbeiterhäuschen. Viele der hier ehemals Ansässigen stammten aus Deutschland, und der seit Jahrzehnten berühmte Burgerpub heißt immer noch „Wuensche Bros. Café" *(103 Midway)*. Der kleine Ort hat alle Höhen und Tiefen der amerikanischen Geschichte miterlebt. Beginnend mit der Eisenbahn, „verschlief" Old Town Spring die ersten Jahrzehnte des 20. Jh., wurde dann zu einem vornehmen Wohnvorort, um in den 1960er Jahren einer Hippiekommune Platz zu machen. Danach entschieden sich ein paar geschäftstüchtige Frauen, das gesamte Viertel aufzumöbeln und zu einer außergewöhnlichen Shoppinggemeinde zu machen. Mittlerweile gibt es in den niedlich zurechtgemachten Holzhäusern 120 Geschäfte (Kunsthandwerkliches, Nippes, Geschenkartikel) und Cafés.

Südlich und östlich der Stadt

Port of Houston (19)

Der Hafen von Houston ist nach Tonnage der zweitgrößte der USA. Durch den Bau und die spätere Erweiterung des 50 Meilen langen Ship Channel (12 m tief/120 m breit), können die großen Schiffe anlanden. Für die 90-minütige Hafenrundfahrt mit der „Sam Houston" müssen Sie sich vorher anmelden (siehe S. 180). Eine Aussichtsplattform für den Hafen befindet sich an der Wharf 9 *(etwa Ecke North Wayside/Clinton Dr., www.portofhouston.com, tgl.9–17 Uhr)*.

Space Center Houston (22)

Das Space Center und der Hauptsitz der NASA gehören mit Sicherheit zu den größten Attraktionen von Texas. 1962 entschloss sich die amerikanische Regierung unter Präsident *Kennedy*, die Kontrollstation, das Trainingscamp und die wesentlichen administrativen Raumfahrteinrichtungen in Houston einzurichten. *Kennedy* hegte damit die Hoffnung, die Texaner, die seiner Politik immer etwas skeptisch gegenüberstanden, auf seine Seite zu locken. Mit der Einrichtung der NASA begannen für die USA Jahrzehnte des technischen Überschwanges: Jeder Start einer Rakete wurde wie ein Volksfest gefeiert, und jedes Misslingen einer Mission bedeutete tiefste Trauer und ein Knacks im Selbstbewusstsein der gesamten Nation. Das Raketenzeitalter symbolisierte für die Amerikaner die Macht ihres Landes und die Überlegenheit gegenüber der UdSSR.

Mit aller Gewalt setzten sich 1962 die Wissenschaftler und Techniker daran, den ersten Menschen auf den Mond zu schicken, und selbst als bereits erwiesen war, dass für die Menschheit dort nicht viel zu holen ist, hielt man an diesen Plänen fest. Es war *Neil Armstrong*, der 1969 die Worte verkünden durfte: „*Houston, tranquillity base here. The Eagle has landed.*" In den 1970er Jahren folgten weitere Flüge zum Mond, doch danach flaute die Euphorie ab. Der Mars sollte eigentlich das nächste Ziel sein, doch wurden diese Pläne aus Kostengründen fallen gelassen.

„The Eagle has landed"

Den nächsten großen Schritt stellten Anfang der 1980er Jahre die Raumfähren (Space Shuttle) dar, deren Besatzungen nicht nur wissenschaftliche Studien im Weltraum ausführen, sondern auch Satelliten reparieren und das von Präsident *Reagan* groß angekündigte militärische SDI-Programm unterstützen sollten. Aber auch für SDI wurde das Budget gestrichen, und damit dümpelte die amerikanische Raumfahrt einige Jahre ohne große Ziele vor sich hin. Seit Ende der 1990er Jahre aber geht es wieder aufwärts. Neue Raumlabors, das ewige Ziel Mars und ein erneutes militärisches Abschirmprogramm gaben der amerikanischen Raumfahrt wieder Auftrieb.

Hinweis

Empfohlenes Programm für einen Aufenthalt von 3 Stunden: Film anschauen, das Skylab-Ausbildungslabor und der echte Mondstein, anschließend mit der Tram die Tour zum Space Center (diesen Trip bereits am Eingang buchen).

Das Gelände ist in zwei Hauptattraktionen eingeteilt:

1. Im Space Center

- werden in verschiedenen Kinoräumen **Filme** gezeigt, die sich vor allem mit dem Leben auf einer Raumstation, dem Training der Astronauten, der Organisation und Geschichte der NASA und ähnlichen Themen beschäftigen,
- können Sie das **Leben an Bord einer Raumstation/eines Space Shuttles** nachvollziehen (wie isst und duscht man bei Schwerelosigkeit),
- können Sie sich an Simulatoren als Kommandant einer Raumfähre austoben,
- sind in der **Astronauts Gallery** alle bereits benutzten Astronautenanzüge und Porträts der Astronauten ausgestellt,
- können Sie einen **echten Mondstein** bewundern,
- können Kinder sich im **Kids Space Place** austoben, Astronaut spielen und sich über viele Dinge informieren.

Astronauten-Burger

Für die Hungrigen gibt es im **Schnell-Restaurant** Astronauten-Burger – in Aluminiumfolie eingepackt und Mikrowellen-weich, wie es die Astronauten auch essen. Wer das nicht mag, geht besser ins teurere Hauptrestaurant.

2. Zum Johnson Space Center fährt eine Tram, für die Sie unbedingt gleich beim Betreten des Space Center ein Ticket lösen sollten. Die Tourangebote variieren (i.d.R.

Apollo-Rakete im Rocket Park

gibt es zwei Touren), es wird aber immer am **Rocketpark** angehalten, wo es u.a. die echte Saturn V-Rakete zu sehen gibt.

- **Control Center Tour**: Dauer 45 Minuten. Sie führt entweder zum Flugkontrollzentrum oder zum Raumstations-Kontrollzentrum. Häufig ist hier nichts los, und außer zahlreichen Bildschirmen und Computern gibt es dann nicht viel zu sehen.
- **Johnson Space Center Facilities Tour**: Dauer 75 Minuten. Hierbei geht es zu den echten Trainingseinrichtungen der Astronauten, zum Labor für Simulation von Weltraumbedingungen (z.B. Schwerelosigkeit) und zum Labor für Nachahmungen (z.B. unvorhergesehene Zwischenfälle).

Hier trainieren die Astronauten

Space Center Houston, *I-45 in Richtung Galveston, dann abbiegen an der Abfahrt NASA Rd. 1. Von hier sind es nur wenige Meilen. ✆ (281) 244-2100, www.spacecenter.org, Mo–Fr 10–17, Sa+So 10–18 Uhr, $ 23 (online billiger!).*

Kemah Boardwalk (23)

Die Freizeitanlage liegt direkt an der Galveston Bay. Restaurants, Karussells, Geschäfte u.v.m. ziehen besonders Familien mit Kindern an. Die nachempfundene Hafenatmosphäre, wenn auch ziemlich kommerzialisiert, ist gut für einen zweistündigen Stopp und einen Snack am Wasser nach dem Besuch des Space Center bzw. des u.g. Battleground.

Anfahrt: *NASA Rd. 1 vom Space Center weiter nach Osten bis zur T-Kreuzung mit der TX 146. Dort nach rechts abbiegen und über die große Brücke fahren. Linker Hand liegt dann der Kemah Boardwalk, www.kemahboardwalk.com.*

San Jacinto Battleground Historical Park & Monument (24)

An dieser Stelle besiegte Sam Houston 1836 mit einer Handvoll Texas Ranger die mexikanische Armee von Santa Anna. Er machte sich dabei die günstige Zeit der Siesta zunutze, daher dauerte die Schlacht weniger als eine halbe Stunde. Mit diesem Sieg war die Unabhängigkeit von Texas besiegelt. Mit texanischem Übermut wird heute noch verkündet, diese Schlacht hätte den USA dazu verholfen, die größte und stärkste Nation der Erde zu werden.

Sie können auf den 140 m hohen **Obelisk** hinauffahren. Leider sind aber in der Nähe hauptsächlich Industrieanlagen zu sehen. Ganz interessant ist das **Museum**, in dessen permanenter Ausstellung die Geschichte der südlichen USA von der Zeit vor Kolumbus bis zum Ende des 19. Jh. dargestellt wird. Eine **Multi-Media-Show** zeigt die Hintergründe der texanischen Revolution und vor allem der entscheidenden Schlacht. Gleich nebenan liegt das **Battleship Texas**, ein Schlachtschiff, das beide Weltkriege miterlebt hat. Auch dieses ist zu besichtigen *($ 10)*.

Texanische Revolution

San Jacinto Battleground Historical Park & Monument, *20 Meilen östlich der City. Hwy. 225 nach Osten und anschließend Hwy. 134 nach Norden. Alternativ: vom Kemah Boardwalk der TX 146 nach Norden folgen (ausgeschildert), ✆ (281) 479-2421, www.san-jacinto-museum.org, Kernzeiten: tgl. 10–17 Uhr.*

Reisepraktische Informationen Houston, TX

VORWAHL: 713 (soweit nicht anders angegeben), außerhalb des „Loop" 610, oft auch 281

Informationen

Greater Houston CVB: *City Hall, 901 Bagby, Ecke Walker St., ✆ 437-5556, 1800-446-8786, www.visithoustontexas.com. Es gibt Kartenmaterial, Veranstaltungshefte und Broschüren. Falls Sie planen, das Space-Center, Beaumont oder Galveston zu besuchen, erhalten Sie hier bereits einige Infos. Offizielle Tageszeitung ist der Houston Chronicle.*

Krankenhaus

Hermann Hospital, *6411 Fannin, ✆ 704-4000.*

Texas Medical Center: *Unterhält mehrere Krankenhäuser südl. des Hermann Parks: zentr. ✆ 790-1136.*

Houston Dental Center: *✆ 784-6114*

24 Std.-Apotheke/Diabetikerdienst: *AMI/Plaza Medical Center Pharmacy: 1200 Binz, Ste. 120, ✆ 523-7847.*

Sightseeingtouren

Houston Greeters: *✆ 473-3837, www.houstongreeters.org. Einheimische führen durch ihr Viertel bzw. unternehmen Spaziergänge zu ausgesuchten Zielen. Eine tolle Art, Stadt und Menschen näher kennen zu lernen. Möglichst 2 Wochen vorher anmelden.*

Houston Historical Tours, *✆ 392-0867, www.houstonhistoricaltours.com, unternimmt Spaziergänge unter einem speziellen Thema (Geschichte, Religion, ethnische Viertel, Friedhöfe, etc.).*

Durch die Innenstadt fahren kostenlose **Trolley-Busse der METRO**, *✆ 635-4000.*

Hafenrundfahrten mit der Sam Houston: *Di–So, 8–17 Uhr, dreimal tgl. 90-minütige Touren. Abfahrt vom Sam Houston Pavilion: Verlassen Sie den East Loop I-610 am Exit # 28, Clinton Drive. Diesen nach Westen (rechts), vorbei an McCarty zum Gate 8. Dort hineinfahren und rechts halten und der Ausschilderung folgen. Unbedingt reservieren (✆ 670-2416, www.portofhouston.com). Bei Reservierung Abfahrtsort bestätigen lassen, da gelegentlich Änderungen vorgenommen werden. Strenge Sicherheitsmaßnahmen: mind. 24 Stunden vorher registrieren lassen, Ausweis mit Foto, es darf kein Fotoapparat mitgenommen werden.*

Unterkunft

Hotels in Houston sind unter der Woche im Citybereich teuer. Von Mo–Do empfiehlt sich daher evtl. das Übernachten in Galveston, von wo aus Sie auch das Space Center gut erreichen können. Zwischen Fr und Mo unbedingt nach Wochenendtarifen fragen.

Innenstadt

Houston International Hostel $ (4): *5302 Crawford, ✆ 523-1009, www.houston-hostel.com. Jugendherberge. Nur Mehrbettzimmer. Günstig im Museumsdistrikt gelegen, aber nur für Backpacker zu empfehlen.*

Sara's Inn on the Boulevard $$-$$$: *941 Height's Blvd, The Heights, ✆ 868-1130, 1-800-593-1130, www.saras.com. B&B nordwestlich der Innenstadt. Viktorianisches Haus mit familiärer Atmosphäre. Die günstigeren Zimmer teilen sich das Bad.*

Sycamore Heights B&B $$-$$$: *245 W. 18th St., The Heights., ✆ 861-4117, 1-800-779-5224, www.sycamoreheights.com. Haus von 1905 mit Veranda. 2 Zimmer im Haupthaus, eines im Carriage House. Ruhig gelegen, aber nahe zu Restaurants und Geschäften.*

La Quinta-Reliant Medical Center $$-$$$: *9911 Buffalo Spwy (nahe I-610), ✆ 668-8082, 1-800-531-5900, www.690.lq.com. Relativ günstiges Motel nahe dem Museumsdistrikt, und auch die Innenstadt ist relativ gut zu erreichen (Straßenbahn).*

Holiday Inn-Galleria $$$: *3131 W. Loop, nahe der „Galleria", ✆ 621-1640, 1-800-321-2211, www.holidayinn.com/neargalleria. Günstig gelegen zu den Einkaufsmalls, der Museumsdistrikt ist gut zu erreichen über das Freeway-System.*

Robin's Nest B&B $$$ (2): *4104 Greeley St., Museums District, ✆ 528-5821, www.therobin.com. Drei historische Häuser mit neun Gästezimmern.*

Lancaster Inn $$$-$$$$ (1): *701 Texas St., ✆ 228-9500, 1-800-231-0336, www.thelancaster.com. Historisches, recht kleines Luxushotel in der Innenstadt. Oft Angebote ($$-$$$).*

Zaza Hotel $$$$-$$$$$ (3): *5701 Main Street, Museum District, ✆ 526-1991, 1-800-822-4200, www.hotelzaza.com. Eines der edelsten Luxushotels von Houston. Historisches Ambiente, aber aufs Modernste getrimmt. Hier steigen die VIPs ab, die sich dann gerne am mondänen Pool aufhalten. Fragen Sie unbedingt nach einem Zimmer nach Süden. Das* **Restaurant** *im Hause gehört zu den Top-Gourmet-Adressen der Stadt.*

Tipp

Beachten Sie Sondertarife, Couponhefte im Touristenamt und bedenken Sie immer, dass bei so einer großen Stadt die weiten Anfahrtswege ein günstiges Motel am Stadtrand meist nicht rechtfertigen. Versuchen Sie z.B., im Bereich Medical Center/Museum District ein günstiges Motel zu finden.

Hotels nahe dem Space Center und dem Kemah Boardwalk

Wollen Sie nicht in Houston selbst übernachten, sondern nur das Space Center (und vielleicht Galveston) besichtigen und dann die Stadt verlassen, bieten sich u.a. folgende Hotels an. Hier liegen die Preise in der Woche niedriger. Beides 20–25 Meilen von der Innenstadt entfernt.

Best Western NASA $-$$: *889 W.Bay Area Blvd., Webster, ✆ (281) 338-6000, www.bestwestern.com. Unspektakuläres, aber sauberes und günstiges Motel. Zwei Meilen zum Space Center.*

South Shore Harbour Resort $$$-$$$$: *2500 South Shore Blvd., League City, ✆ (281) 334-1000, 1-800-442-5005, www.sshr.com. Relativ modernes Resort am Clear Lake. Marina, Golfpakete, geräumige Zimmer. Dinner-Cruises mit dem hauseigenen Boot (teuer, aber gut).*

Günstig gelegen zum Space Center und Kemah Boardwalk. Wer sehr tief in die Tasche greifen will: es gibt zweigeschossige Suiten.
The Boardwalk Inn $$$-$$$$: *#8 Waterfront, Kemah, ✆ (281) 334-9880, 1-888-939-8680, www.kemah.com. Schönes Hotel direkt an der Boardwalk-Promenade von Kemah. 52 Zimmer, einige mit Blick auf das Wasser.*

Camping/RV

KOA Houston Central Campground: *1620 Peachleaf (12 Meilen nördl. der Innenstadt), Houston, ✆ (281) 442-3700, 1-800-562-2132, www.campingfriend.com/KOA-HoustonCentral. 12 Meilen zur City. Zelte und RVs.*
South Main RV Park: *10100 South Main St./ Kreuzung mit I-610, ✆ (713) 667-0120, 1-800-626-7275, www.smrvpark.com. Nahe Reliant Center und damit der nächste Platz zur Innenstadt. Kein Zelten.*

Restaurants

Houston ist bekannt für seine Creole-/Cajun-Küche (Empfehlung: Shrimps Gumbo oder Crawfish (Languste)), Seafood und für die große Anzahl fernöstlicher Restaurants.
Für **Seafood-Freunde** *lohnt die Suche nach dem nächsten* **Joe's Crab Shack** *(www.joescrabshack.com) oder* **Landry's** *(www.landrysseafood.com). Diese Kette unterhält gut 20 Lokale im Großraum Houston, einige unter dem Namen* **Willie G's** *(www.williegs.com). Sie alle sind bekannt für die leckeren, bezahlbaren Fisch- und Krabbengerichte.*
Empfehlenswerte Ketten sind auch **Pappadeaux Seafood-Kitchens** *(www.pappadeaux.com),* **Pappa's Seafood House** *(www.pappasseafood.com),* **Pappasito's** *(Tex-Mex, www.pappasitos.com) sowie* **Pappa's BBQ** *(www.pappasbbq.com) in Houston.*
Zydeco Louisiana Diner (3): *1119 Pease/San Jacinto, Downtown, ✆ 759-2001. Cajun- und Südstaatenküche. Oft Zydeco-Livemusik. Beliebt ist hier der Oyster-Pow-Boy (großes, langes Sandwich, belegt mit Austern und Gemüse). Nur Lunch.*
Chuy's Comida Deluxe: *2706 Westheimer Rd. (River Oaks), ✆ 524-1700. Tex-Mex in „Elvis-Dekoration".*
Bayou City Seafood n'Pasta: *4730 Richmond Ave. (Richmond District), ✆ 621-6602. Cajun-Food in lockerer Atmosphäre. Austern, Shrimps und andere Meeresfrüchte. Aber Achtung: Fast alles ist frittiert und mächtig – wie es die Cajuns halt mögen.*
Treebeards (1): *am Market Square (Downtown), ✆ 228-2622. Burger, Salate und Südstaaten-Snacks. Beliebt bei den Bankern. Es gibt eine Filiale in der Tunnelanlage (1100 Louisiana St.). Beide nur Lunch!*
Goode Company Texas BBQ: *5109 Kirby Dr. (2 Blocks südl. US 59), ✆ 522-2530. Das bekannteste Barbecue-Restaurant der Stadt. Barbecue bedeutet in den Südstaaten geräuchert und/oder gegrilltes Fleisch. Absolut lecker!*
Strip House (4): *1200 McKinney St., Downtown, ✆ 659-6000. Eines der besten Steak-Restaurants in Houston. Aber auch nicht billig.*
Hunan (2): *812 Capitol St., ✆ 227-8999. Sehr gutes chinesisches Restaurant und nicht teuer. Gegründet wurde das Restaurant vom ehemaligen chinesischen Botschafter für die USA. Für chinesisches Essen sollten Sie ansonsten am besten in die* **Chinatown** *fahren (Ecke McKinney/St. Emanuel), denn hier gibt es noch echte chinesische Küche. Nicht immer elegant, aber ein Erlebnis! Bekannt ist hier z.B. das* **Kim Son** *(2001 Jefferson St., ✆ 222-2461), wo es authentische chinesisch-vietnamesische Gerichte gibt.*
Auch viele **Vietnamesen** *haben sich im Südosten von Texas niedergelassen. Typische, wenn auch meist sehr einfache Restaurants, finden Sie z.B. an der Elgin Street, Bereich Main/Travis St.*

Ein paar **mediterrane Restaurants** *und auch Tex-Mex-Restaurants finden Sie in der Montrose Street, gleich nördlich des US 59.*
Die **„Eat Street"** *ist ein weiteres Gebiet, wo man vom Fast Food bis hin zu gediegenem Dinner alles bekommt: Kirby Street, Ecke Westheimer und südlich davon.*

Pubs/Livemusik

Wer sich über Livemusik informieren möchte, sollte in der kostenlosen Wochenzeitschrift **Houston Press** *nachsehen, die auch im Internet Konzerte auflistet: www.houstonpress.com (Button „Music"). Keine andere Stadt im Südwesten bietet so viele Livemusik-Lokale wie Houston. In der Innenstadt gibt es zahlreiche Bars, Musikplätze und Restaurants. Empfehlungen:* **Sambuca's Jazz Café**, *909 Texas Ave., ✆ 224-5299 mit (nahezu täglich) Jazz-Livemusik sowie der Entertainment Complex* **Bayou Place** *(500 Texas Ave.) mit verschiedenen Kneipen und Lokalen, in denen kleinere Bands auftreten. Ein weiterer Tipp, auch für das kalte Bier am Mittag/Nachmittag ist eine von Houstons ältesten Kneipen,* **La Carafe** *am Market Square. Absolut urig. Und auch in Houston fehlt ein* **House of Blues** *nicht: 1204 Caroline St., Dowtown, ✆ 1-888-402-5837. Hier treten vor allem Rockbands auf, seltener Bluesbands.*
An der Amüsiermeile **Richmond Avenue** *westlich des I-610 (bes. zw. Chimney Rock Rd. und Fountainview) gibt es Lokale, Microbreweries und typisch texanisches Abendprogramm. Der* **Concert Pub** *(5636 Richmond Ave., ✆ 785-7267) ist bekannt für Rockmusik (Live und Disco).* **Richmond Arms** *(5920 Richmond Ave.) ist der wohl britischste Pub in Houston, während* **The Horn Bar & Grill** *(6025 Richmond Ave., ✆ 266-8711) genau das bietet, was der Name schon verrät. Auch an anderen Attraktionen fürs Abendprogramm mangelt es an der Richmond Avenue nicht, dafür ist es aber laut, hektisch und oft auch sehr kommerziell ausgerichtet.*
Im Stadtteil **The Heights** *hat sich entlang der Washington Avenue (1700-2000er-Block) eine Szene entwickelt mit kleinen Clubs und Weinbars, so z.B. dem* **The Corkscrew** *(1919 Washington Ave., ✆ 864-9463) mit einem Angebot von über 250 Weinen. Ein anderes, trendiges Gebiet mit Bars, Musikclubs und Restaurants befindet sich in* **Midtown** *(umrahmt von Main St., I-45 und US 59). Empfehlenswert:* **Howl at the Moon** *sowie* **Continental Club**.

„Zydeco", der Swamp Rock

info

Houston ist die Metropole des so genannten „Zydeco", auch Swamp Rock, und zieht damit jedes Wochenende Besucher aus allen Landesteilen an. Zydeco ist nur schwer zu definieren: Es ist der Cajunmusik sehr ähnlich und bildet damit eine Symbiose aus Jazz, Tanzmusik und Country. Das Ganze wird sehr oft von einem Harmonium untermalt. Zydecomusik bedeutet immer Tanzen, Disco und gute Laune, verbunden mit Shrimps- und Crawfish-Snacks. Auffallend ist, dass diese Musik die verschiedensten Gesellschaftsschichten anzieht. Cowboys, Stadtarbeiter, Familien (mit Kindern), Alt und Jung.

Eine gute Chance, eine Adresse herauszupicken, bietet das Kirchenblatt *„Catholic Herald"*, das kostenlos in Kneipen (!) herumliegt, denn viele der Zuhörer sind echte Südstaatler, und die sind sehr religiös. Ein Grund dafür, dass mittlerweile auch in und um viele Kirchen die Musik gespielt wird, um die „Schäfchen" bei der Stange zu halten.

Unser besonderer Tipp: Jack's Roadhouse/Pe Te Cajun BBQ, 11902 Galveston Rd. Vom I-45 Exit Dixie Farmroad, dann links bis zur Galveston Rd. nach Osten. Das Lokal liegt direkt an der Kreuzung. ✆ (281) 481-8736. Cajun-Disco mit Atmosphäre sowie Südstaatenimbisse. Mo-Do 9-19, Fr+Sa 9-20 Uhr.

The Big Easy: *5731 Kirby, University Village, ✆ 523-9999. Hier wird New Orleans Blues und Zydeco gespielt. In diesem Gebiet und seinen Seitenstraßen ist abends ebenfalls viel los. Restaurants, Kneipen und Microbreweries.*

Ettas Lounge: *5114 Scott St., ✆ 528-2611. Jazz und Blues am Wochenende. Etwas für Musikfreunde, die Stimmung und gute Musik mögen, aber auch eine raue Atmosphäre vertragen können. Vorher anrufen, ob überhaupt was läuft (und das Lokal noch existiert ...).*

Der **Kemah Boardwalk** *ist ein Unterhaltungsviertel mit Restaurants, Bars u.v.m. direkt am Galveston Bay. Hier sind besonders Familien mit Kindern richtig. Es gibt z.B. Bahnen und Karussells. Fahren Sie dazu vom I-45 ab auf die NASA Rd. 1, folgen Sie dieser bis zum Ende, fahren dann nach rechts über die Brücke, die die Verbindung zwischen Clear Lake und Galveston Bay überspannt und schon sehen Sie das Gebiet linker Hand.*

Einkaufen

Eine erlesene Shopping Mall ist **The Galleria**, *die man auch als touristische Attraktion bezeichnen kann: 5015 Westheimer Rd/ I-610, westl. der Innenstadt, www.galleriahouston.com. 380 Geschäfte, u.a. Warenhäuser, Top-Boutiquen, aber auch Souvenirshops. Nicht allzu weit entfernt locken zwei kleine, sehr ausgesuchte Shopping Center:* **Uptown Park** *(Uptown Park Blvd/Post Oak Blvd) sowie das* **Highland Village** *(4055 Westheimer Rd). In beiden finden Sie Designer-Bekleidung, kleine und mittlere Boutiquen, Cafés usw.*

19th Street im trendigen Viertel Heights *(nördl. I-10, zw. Heights Blvd. und Shepherd Drive) begeistert mit z.T. ausgefallenen Läden aller Art: Antikes neben Boutiquen, Kunst neben Junk, Galerien und auch Cafés. Noch lebendiger ist das* **Rice University Village** *(Kirby Dr., University Blvd., Greenbriar St). Hier gibt es eher Bars, Kettenrestaurants und „normale" Geschäften bekannter Franchise-Unternehmen. Die* **Innenstadt von Houston ist übrigens großenteils untertunnelt** *und hier gibt es ebenso zahlreiche Geschäfte. Hier beeindruckt aber eher das klimatisierte Tunnelgeflecht als das Angebot.*

Katy Mills Mall: *25 Meilen westlich, I-10, Exit Pin Oak Road. Riesige Shopping Mall mit 200 z.T. Megashops. Der Knüller ist, wie bei allen Mill-Malls, der* **Bass Shop**, *der alles für Outdoor-Unternehmungen bietet (Camping, Angeln, Kleidung, Boote etc.).*

Westernkleidung: *Der* **Hat Store** *(5587 Richmond Ave., Ecke Chimney Rock, Onlinebestellung: www.thehatstore.com) verkauft Cowboy-Hüte in allen Preisklassen und fertigt auch selbst an.* **Stelzig's** *(3123 Post Oak Blvd.) gibt es seit 1870 und ist damit der älteste Westernladen der Welt. Hier gibt es Westernkleidung, Sattel, Souvenirs u.a.*

Old Town Springs: *Shopping in einer alten Eisenbahnersiedlung.* *Siehe S. 177.*

Flohmärkte *in den USA sind sehr kommerzialisiert, doch sie bieten trotzdem die Chance, einen guten Cowboyhut oder etwas für die weitere Reise zu ergattern. Größter Flohmarkt an der gesamten Golfküste ist der* **Traders Village-Fleamarket** *(7979 N. Eldridge Rd., nordwestl. der Stadt, www.tradersvillage.com). Jedes Wochenende.*

Veranstaltungen (Auswahl)

März: **Houston Livestock Show & Rodeo**: *Reliant Park, www.rodeohouston.com. Die Stadt steht Kopf. Viehauktionen, Rodeos, Shows und andere Festivitäten – natürlich in traditioneller Westernkleidung.*

Mitte Februar: **Mardi Gras in Galveston**. *Umzüge, Livemusik und vieles, was mit den Astronauten zu tun hat. Zentrum des Geschehens sind Strandpromenade/Seawall District (www.mardigrasgalveston.com).*

April: **Houston International Festival**. *An verschiedenen Plätzen und Aufführungsorten stellen sich Künstler vor und bieten ein abwechslungsreiches Programm (www.ifest.org).*
Juni–August: *Verschiedene* **Musikfestivals in der ganzen Stadt**. *Besonders zu empfehlen:* **Juneteenth-Blues-Festival** *(Blues, Gospel u. Jazz, www.houstonculture.org/juneteenth) sowie das* **Houston Jazz Festival** *(www.jazzhouston.com).*

Konzerte/Theater/Oper

Eine Metropole wie Houston eignet sich für einen Theaterabend oder ein gutes Konzert. Die **Hotline** *(Infos, Buchen etc.) fürs Kulturprogramm vom „Houston Ballett", der „Houston Grand Opera" und der „Society for the Performing Art" lautet ✆ 227-ARTS.*
Tickets für Kultur- und Sportveranstaltungen *erhalten Sie bei* **Ticketmaster**, *www.ticketmaster.com, ✆ 629-3700, die auch mehrere Ticket-Center in der Stadt unterhalten (siehe Telefonbuch) sowie beim lokalen Anbieter* **Ticket Stop**: *5925 Kirby Dr., #D, ✆ 526-8889, ticket-stop.com.*

Houston ist bekannt für seine Theater

Sportveranstaltungen

Etwas Besonderes ist der Besuch einer Veranstaltung einer typisch amerikanischen Sportart.
Wichtig: *Nicht immer finden die Spiele in den u.g. Stadien statt. Erkundigen Sie sich vorher noch mal.*
Basketball: **„Houston Rockets"**. *Toyota Center, Downtown, ✆ 627-3865, www.rockets.com.*
Baseball: **„Houston Astros"**. *Minute Maid Park, Downtown, ✆ 627-8767, www.astros.mlb.com.*
Football: **„Houston Texans"**, *Reliant Stadium, ✆ 1-866-468-3926, www.Houstontexans.com.*
Greyhound Racing: *Gulf Greyhound Park, 1000 FM 2004, an der I-45 S, Exit 15, La Marque (30 Meilen von der City in Richtung Galveston). Tgl. außer Mo. Eine der größten Greyhoundbahnen der Welt. www.gulfgreyhound.com.*

Verkehrsmittel

Flugzeug

Houston Bush-Intercontinental Airport: *✆ (281) 230-3100, www.fly2houston.com. Überregionale und interkontinentale Flüge.*
Anfahrt von der Innenstadt: **Mit dem Auto**: *North Freeway (I-45) in Richtung Norden. An der Ausfahrt 60 (ca. 13 Meilen nördl. der City) nach Osten abbiegen auf den North Sam Houston Pkwy (North Beltway 8). Diesem folgen bis zur ausgeschilderten Abfahrt. Ab hier Ausschilderungen folgen. Ein* **Taxi** *in die Innenstadt kostet ab $ 45. Ein* **Stadtbus** *der METRO verkehrt zwischen Bush-Int. Airport (Terminal C) und Airport Direct Passenger Plaza in der Innenstadt (gegenüber Downtown Transit Center, 1900 Main St.), tgl., ca. alle 30 Minuten, aber nur 6–20 Uhr, ✆ (713) 635-4000, www.ridemetro.org. Der* **Shuttle-Bus** *(s.u.)* **in die Innenstadt** *kostet ab $ 26/Person.*

William P. Hobby Airport: *✆ 640-3000, www.fly2houston.com. Regionale und inneramerikanische Flüge.*
Anfahrt von der Innenstadt aus: **Mit dem Auto**: *Auf dem Gulf Freeway (I-45) in Richtung Südosten (Galveston). Ca. 8 Meilen südlich der City liegt der Flugplatz auf der rechten Seite Die Zufahrten sind gut ausgeschildert. Ein* **Taxi** *in die Innenstadt kostet ab $ 28. Auch vom Hobby Airport verkehrt tgl. ein* **Stadtbus** *der METRO (s.o.) in die Innenstadt.* **Shuttle-Bus** (s.u.) **in die Innenstadt** *ab $ 20/Person.*

Express Shuttle *für beide Flughäfen:* **SuperShuttle**, *✆ 523-8888, www.supershuttle.com. Verkehrt halbstündlich vom Flughafen in die Stadt und umgekehrt. Abfahrtspunkte: Große Hotels, Medical Center, Galleria und nach telef. Buchung.*
Alle größeren **Mietwagenunternehmen** *haben Niederlassungen an beiden Flughäfen*

Öffentliche Verkehrsmittel/ Taxis
Amtrak-Bahnhof: *902 Washington Ave., ✆ 224-1577.*
Überlandbus-Terminal *(Greyhound u.a.): 2121 Main St., Ecke Gray St., ✆ 759-6565, 1-800-231-2222. Von hier fahren Busse auch nach Galveston.*

Stadtbusse/Light Rail: *Die „Metropolitan Transit Authority" (METRO) betreibt den lokalen Bus- und Bahnbetrieb, auch bis zur NASA/Clear Lake Area. Spezielle Transporte für Behinderte (METROLIFT). Infos unter ✆ 635-4000, www.ridemetro.org. Die relativ neue Light Rail/Metro (Straßenbahn) startet im Norden an der Houston University (Downtown), führt durch den Central Business District und weiter nach Midtown, zum Museum District, der Rice University und endet südlich des Reliant Park/Stadium. Das Streckennetz wird weiter ausgebaut.*
Taxis: **Yellow Cab**: *✆ 236-1111,* **United Cab**: *✆ 699-0000*

Galveston

Galveston liegt 50 Meilen südöstlich von Houston. Die Inselstadt hat einen Tiefwasserhafen und ist ein beliebtes Ausflugs- und Erholungsziel. An warmen Sommertagen läuft Galveston förmlich über, wenn die Massen aus dem schwül-warmen Houston einfallen.

Vom Piratennest zum Badeort

Der spanische Eroberer *Cabeza de Vaca* ist anerkanntermaßen der erste Europäer, der Texas gesehen hat. Sein Schiff strandete 1528 an der Galveston Insel. Von hier startete er eine Expedition durch die Gebiete des heutigen Texas und New Mexico. Die erste permanente, europäische Siedlung fand 1816 unter dem Mexiko-treuen Piraten *Louis-Michel Aury* statt, der von seiner Basis hier die Spanier bekämpfte. Bereits zwei Jahre später musste er dem Piraten *Jean Lafitte* weichen, der dann wiederum 1821 von der US-Navy vertrieben wurde. Nach dem Bürgerkrieg entschloss sich die US-Regierung, hier einen Tiefwasserhafen anzulegen. Damit erlebte die Stadt ihre eigentliche Blütezeit. Um 1900 zählte man 40.000 Einwohner und Galveston galt als die wirtschaftlich aufstrebende Stadt an Texas' Küste – zu einer Zeit, als Houston ein noch relativ unbedeutendes Städtchen war. Ein verheerender Hurrikan im Jahre 1900 aber zerstörte alle Zukunftsperspektiven. Bevor sich die Stadt von diesem Schlag erholen konnte, hatte Houston ihr den Rang abgelaufen.

Heute ist der Hafen ein bedeutender Baumwollumschlagplatz, Fischereihafen sowie der größte Kreuzfahrhafen am Golf von Mexiko. Dennoch wirkt die Stadt mit ihren knapp 60.000 Einwohnern etwas heruntergekommen. Wind und Wetter haben überall ihre Spuren hinterlassen, und der Salzfraß nagt an vielen Gebäuden. Nur ein paar herausgeputzte, historische Viertel erinnern noch an die Glanzzeit. Und immer wieder wird die Stadt von Hurrikans heimgesucht. Der letzte große war „Ike", der Galveston am 13. September 2008 förmlich unter Wasser setzte. Daran konnte auch der eigens für solche Katastrophen erbaute, fünf Meter hohe Seawall nichts ändern.

Redaktionstipps

- **Übernachten** Sie stilvoll im historischen **Tremont Hotel** oder günstiger in einem Zimmer mit Meerblick in **Gaido's Seaside Inn** (S. 190).
- **Restaurants**: Seafood steht hier ganz hoch im Kurs. Am besten schmeckt es im **Gaido's** (S. 190).
- Bedeutendste Sehenswürdigkeiten: Die **historischen Distrikte** inkl. Besuch der Ashton Villa und des Bishop's Palace (S. 188), die künstlich angelegte Biotope in den **Moody Gardens** (S. 189), **Texas Seaport** sowie **Ocean Star Offshore Drilling Rig & Museum** (S. 188), das **Railroad Museum** (S. 188) sowie die langen Strände.
- Tipp: Je weiter westlich, desto sauberer der Strand zum Baden.

Sehenswertes

Schlendern Sie zuerst durch den **Silk Stocking Historic District (1)**, der der Wohnbezirk der Stoffhändler war. Es hieß, dass nur hier die Damen wohnten, die sich teure Seidenstrümpfe (*Silk Stockings*) leisten konnten. Die viktorianischen Häuser sind Zeugen einer wohlhabenderen Epoche. Viele sind leider verfallen bzw. heruntergekommen.

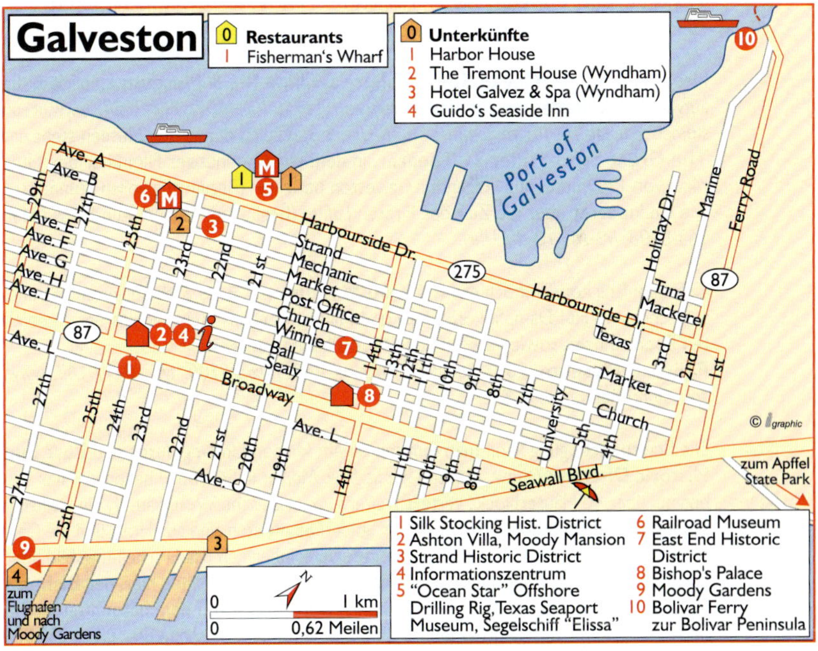

Die 1859 erbaute **Ashton Villa (2)** ist ein hervorragendes Beispiel dafür, wie damals die ganz Reichen gewohnt haben und kann besichtigt werden *(2328 Broadway/ 24th St., ✆ (409) 762-3933, www.galvestonhistory.org, Mo–Sa 10–16, So 12–16 Uhr)*. In ihr befindet sich das **Visitor Center**, wo man Führungen durch die historischen Distrikte buchen und sich bei Interesse auch nach den Besichtigungen der von deutschstämmigen im 19. Jh. erbauten **Garten-Verein-Villa** sowie der **St. Joseph's Church** erkundigen kann. Ein paar Blocks weiter können Sie die **Moody Mansion** *(2618 Broadway)*, in dem einst der mächtige Moody-Clan residierte, zu gleichen Zeiten besichtigen.

Deutscher Garten-Verein

Nördlich davon liegt der **Strand Historic District (3)**, der sich zwischen 20th und 25th, sowie Strand und Postoffice Streets erstreckt. Das Areal bildete im 19. Jh. die Innenstadt, und man hat sich bemüht, die historischen Stadthäuser in ihrem alten Stil zu erhalten. Fast alle sind aus Stein. Die Strand Street galt früher als die „Wallstreet of the Southwest" und wurde der gleichnamigen Straße in London nachempfunden. Hier hatten die reichen Baumwollhändler, Reeder und Schiffsmakler ihre Kontore. Heute findet man hier Restaurants, Galerien und das edle „Tremont Hotel", dessen Gebäude ehemals als Lagerhaus diente.

Lohnend ist ein Besuch im **Texas Seaport Museum (5)** am Pier 21, dessen Hauptattraktion der 1877 gebaute Eisensegler „Elissa" ist. Das Schiff wurde auf einem Schrottplatz in Griechenland wiederentdeckt und in 16 Jahren komplett für 3,8 Mio. Dollar restauriert. Weitere Ausstellungsgegenstände erinnern an die maritime Vergangenheit von Galveston.
Texas Seaport Museum, *Pier 21, Number 8, ✆ (409) 763-1877, www.tsm-elissa.org, tgl. 10–17 Uhr, $ 8.*

Nebenan bietet das **Ocean Star Offshore Drilling Rig & Museum** Einblick in die aufwändige Ölförderung vor der Küste von Texas (*✆ (407) 766-7827, www.oceanstaroec.com, tgl. 10–17, im Sommer bis 18 Uhr, $ 8*). Gleich neben den Museen steht das **The Great Storm /Pier 21 Theater**, in dem ein 30-minütiger Film über den Hurrikan von 1900 und seine Folgen für Galveston berichtet (Beginn zur vollen Stunde) sowie ein kürzerer über die Zeit des Piraten *Lafitte* (Beginn zur halben Stunde, *✆ (407) 763-8808, Mi–Mo 10–17 Uhr)*.

Eisenbahnfans können noch das **Railroad Museum (6)**, Ecke 25th Street und Strand, aufsuchen, wo alte Dampflokomotiven und Pullmanwaggons, Repliken aus der guten alten Eisenbahnzeit sowie verschiedene Modellbahnen ausgestellt sind.
Railroad Museum, *2602 Santa Fe Place, ✆ (407) 765-5700, tgl. 10–17 Uhr, www.galvestonrrmuseum.com, $ 6.*

Die Stadtbesichtigung kann man nun mit einem kleinen Umweg durch den **East End Historic District (7)** *(zw. 11th u. 19th St. bzw. Market u. Broadway)* beenden. Hier stehen auf über 40 Häuserblocks verteilt weitere viktorianische Wohnhäuser, die vielleicht schönsten und am besten erhaltenen der Stadt. Die meisten sind aus Holz, und die Gartenanlagen, häufig mit hohen Palmen bestanden, erinnern an das Erscheinungsbild alter (avantgardistischer) Kleinstädte in Florida. Das auffälligste Gebäude hier, der **Bishop's Palace (8)** *(1402 Broadway, tgl. 12–16 Uhr)*, wurde 1866 von dem bekannten Architekten *Nicholaus Clayton* entworfen für den Colonel *Walter Gresham*. Der Preis: 250.000

Viktorianische Wohnhäuser

Dollar, damals eine irre Summe. 1923 kaufte es dann die Diözese von Galveston für ihren Bischof. Heute zählt das rote Sandsteingebäude zu den 100 eindrucksvollsten Häusern der USA. U.a. wurde rosa Granit eingebaut und an den Innenräumen hat man nicht mit tropischen Hölzern gespart. Es gibt zudem 14 Kamine und an der einmaligen Spiraltreppe haben 61 Handwerker gearbeitet, die zu ihrer Fertigstellung drei Jahre benötigten.

Entweder fährt man nun in westlicher Richtung entlang dem Seawall Boulevard zu den Moody Gardens, oder aber man lässt den Tag bei einem Sundowner am Strand ausklingen. Am Seawall Boulevard gibt es einige einfache, aber belebte Pubs und Snackbuden.

Sundowner

Moody Gardens (9)

Die Anlage, deren Kern aus drei Pyramiden besteht, ist eine Art Symbiose aus naturwissenschaftlichem Bildungsprogramm, Konferenzzentrum, Strandbad, naturorientiertem Heilprogramm und Vergnügungspark.

Pinguine in Moody Gardens

The Rainforest-Pyramide: Unter einer riesigen Glaspyramide werden die drei Regenwaldarten (Südamerika, Afrika und Südostasien) samt Vogelwelt, Aquarien und Schmetterlingen vorgestellt. Inmitten der Pyramide ist kleine Maya-Ruine eingebaut, über die sich das Moos ausbreitet.
Aquarium Pyramide: Hier wird die Unterwasserwelt von vier Ozeanen veranschaulicht.
Discovery Pyramide: Dieses ist das wissenschaftlich orientierte Museum, in dem u.a. alternative Naturschutzideen vorgestellt werden.
Zwei IMAX-Theater: Die Filme wechseln, behandeln aber in der Regel naturwissenschaftliche Themen wie z.B. die Erhaltung bestimmter Tierarten.

Ansonsten können Sie auf einem Spaziergang durch die Anlage einen Wein-, einen Rosen- und einen Gewürzgarten sowie den japanischen Garden of Life bewundern. Auch eine Bücherei mit über 20.000 Bänden von Gartenkultur bis zur internationalen Küche steht bereit. Wer sich sportlich betätigen möchte, kann Volleyball spielen bzw. in den künstlich angelegten Lagunen baden bzw. sich am weißen Palm Beach sonnen.
Moody Gardens, *Anfahrt: Vom Seawall in die 81st St. einbiegen, dann nach rechts in die Jones Street und schließlich nach links in die Hope Street, ✆ (409) 741-8484, www.moodygardens.com, tgl. 10–18 Uhr, im Sommer und an Wochenenden oft länger, $ 50 mit Zugang zu allen Attraktionen, auch einzelne Tickets.*

Reisepraktische Informationen Galveston, TX

VORWAHL: 409

Information

Galveston Island Visitor Center: *2328 Broadway, ✆ 763-4311, 1-888-425-4753, www.galveston.com. Informieren Sie sich hier auch über spezielle Touren (hist. Tour, Ghost Tour, Hafenrundfahrten, Pferdekutschenfahrten). Der Treasure Island Tour Train unternimmt eine 90-minütige Sightseeingtour rund um Galveston, ✆ 765-9564.*

Unterkunft

Besonders während der Sommermonate empfiehlt sich eine Reservierung der Unterkünfte. Bitte beachten: Während der warmen Jahreszeit sind die Zimmerpreise in Galveston am Wochenende oft um 50 % höher.

Gaido's Seaside Inn $$ (4): *3802 Seawall Blvd., ✆ 762-9625, 1-888-939-8680, www.gaidosseaside.com. „Altmodisches" Motel, einige Zimmer mit Meerblick. Etwas laut an der Straße, aber mit u.g. Fischrestaurant im Hause!*

Harbor House $$-$$$$ (1): *N° 28 Pier 21 (Pier 19-Complex), ✆ 763-3321, 1-800-874-3721, www.harborhousepier21.com. Hotel mit 39 Zimmern. Viele Zimmer mit Blick auf den Hafen. Preise variieren stark, je nach Jahreszeit und Wochentag.*

The Tremont House (Wyndham) $$$-$$$$ (2): *2300 Ship's Mechanic Row, ✆ 763-0300, 1-800-996-3426, www.wyndham.com. Im historischen Distrikt gelegenes Hotel. Auch die Zimmer sind im alten Stil eingerichtet. Sicherlich das schönste Hotel der Stadt.*

Hotel Galvez & Spa (Wyndham) $$$$ (3): *2024 Seawall Blvd, ✆ 765-7721, 1-800-996-3426, www.galveston.com/galvez. Seit Jahrzehnten ein gesellschaftlicher Mittelpunkt der Küstenorte von Texas. Im Volksmund auch „Queen of the Gulf" genannt.*

Entlang dem **Seawall Blvd**. *gibt es noch eine Reihe anderer Hotels und im Visitor Center informiert man Sie gerne über die* **B&B-Unterkünfte** *sowie die* **Condos** *(Selbstversorger-Apartments), von denen es auch viele gibt.*

Camping

Bayou Shores RV Park: *6310 Heards Ln., ✆ 744-2837, 1-888-744-2837, www.bayoushoresrvresort.com. An der Bay und der nächste Platz zum Historic District.*

Galveston Island State Park: *Zelten und Campmobile. Schön gelegen im Naturpark (Wanderwege, Strände, Dünen). Im Sommer oft voll, bes. an Wochenenden und in den Ferien. Vorher reservieren: ✆ 737-1222, www.galveston.com/galvestonislandstatepark.*

Restaurants

Gaido's *(s.o.): Ecke 39th und Seawall, ✆ 762-9625. Seit 1911 in Familienbesitz und weithin bekannt für das Seafood. Große Portionen, dafür aber auch nicht ganz billig. Hier sollten Sie in die Fischplatte investieren.*

Fisherman's Wharf (1): *Pier 22, Harborside Dr., ✆ 765-5708. Seafood-Restaurant mit Blick auf den Schiffsverkehr. Auch Außenterrasse.*

Veranstaltungen

Februar: **Mardi Gras**. *Bunter Karneval in der Innenstadt und vor allem an der Strandpromenade. Umzüge, Livemusik u.v.m.*

Anfang Mai: Galveston Historical Foundation. *Touren durch historische Gebäude der Stadt, die sonst nicht zugänglich sind. www.galvestonhistory.org.*
Anfang Juni: Building Sand Castles. *R.A. Apffel Park, East Galveston Island. Über 60 Teams von verschiedenen Architektenbüros wetteifern um den Bau der schönsten Sandburg.*
Erstes Wochenende im Dezember: Dickens on the Strand Celebration. *Am Strand. Verwandlung des* **„Strand Nat. Historical Landmark District"** *in die Londoner Zeit von Dickens (19. Jh.). Dekoration, Stände, Musik u. kulturelles Rahmenprogramm.*

Fahrrad-/Surfbrettverleih
Entlang dem **East-Beach** *findet sich eine Reihe von Fahrrad- und auch Surfbrettverleihern.*

Beaumont und Port Arthur

Am 10. Januar 1901 wurde nahe der heutigen Stadt die erste große Ölquelle gefunden. Damit begann der große Run auf das schwarze Gold am Golf von Mexiko, und Reichtum kehrte ein. Zwar waren die ersten Quellen schnell versiegt, doch wird noch heute in der Region nach Öl gebohrt, und die Städte Beaumont, Port Arthur und Orange, auch als „The Golden Triangle" bezeichnet, verdienen jetzt sogar mehr an den Raffinerien als an der Förderung selber.

Trotzdem ist **Beaumont** in erster Linie Hafenstadt und dient als Umschlag-Platz von Fluss- auf Überseeschiffe (Erdöl, Agrarprodukte). Über den Fluss Neches und den Intercoastal Waterway gelangen so Güter aus den Küsten- und Seen- Gebieten von Ost-Texas in alle Welt. Mit der Entstehung der nahen Hafenstadt Port Arthur verlor Beaumont einen Teil seiner Bedeutung. Port Arthur nämlich liegt nicht nur am Neches River, sondern auch am weitaus bedeutenderen Sabine River. Touristisch interessant sind in Beaumont die Museen. Doch noch etwas bieten die drei Städte, das man sonst nirgendwo im Südwesten mehr finden wird: die Atmosphäre der Südstaaten. Was uns persönlich in Beaumont am eindrucksvollsten erschien, sind die vielen kleinen Holzhäuser (oft etwas verfallen), deren Südstaaten-Kennzeichen die überdachten, aber offenen Holzbalkone (*porch*) sind, auf denen besonders am Wochenende die Familien in ihren Schaukelstühlen sitzen, um das Leben in der Nachbarschaft und auf der Straße zu beobachten. Fahren Sie einmal durch den südlich an die Innenstadt angrenzenden Stadtteil.

Südstaaten-Atmosphäre

Den verschiedenen Völkern und Einwanderern ist es zu verdanken, dass einige bekannte Musiker, darunter *Harry Choates*, der „Godfather of Cajun Music", der Bluessänger *Ivory Joe Hunter* und die Rockröhre *Janis Joplin,* aus dem „Golden Triangle" stammen. Sie haben ihre jeweiligen Musikrichtungen mit den bereits bekannten „vermischt".

Die „Old Town" in Beaumont (zwischen Laurel, Harrison und 2nd St.), mit der so viel geworben wird, ist dagegen wenig beeindruckend. Einzig reizvoll ist hier die Auswahl an Restaurants. Und wenn man schon mal in den „Südstaaten" ist, dann sollte man sich die Cajun- bzw. Creole-Küche nicht entgehen lassen. Shrimps zum Beispiel, mit einer ganz eigenen Gewürzmischung zubereitet, gehören hier zum alltäglichen Speiseplan und sind damit auch nicht sehr teuer. Empfehlenswertes Gericht: Shrimp-Gumbo.

Museen in Beaumont

Texas Energy Museum

Geschichte der Energie

Das Museum ist großzügig angelegt und veranschaulicht die Geschichte, Wissenschaft und Technik der Energiegewinnung. Besonders interessant ist die Rekonstruktion des ersten Bohrloches von 1901, das die Entwicklung von Beaumont maßgeblich beeinflusste. Auf einer 40 m langen Wand („History Wall") ist die Geschichte der Energie vom beginnenden 18. Jh. bis ins 21. Jh. dargestellt.

Texas Energy Museum, *600 Main Street, ✆ (409) 833-5100, www.texasenergymuseum.org, Di–Sa 9–17, So 13–17 Uhr, $ 2.*

Art Museum of Southeast Texas

Hier sind vor allem Kunstgemälde aus dem 19. und 20 Jh. ausgestellt, wobei auch Skulpturen, Fotografien und Kunsthandwerkliches zu finden sind. Achten Sie vor allem aber auf Wanderausstellungen, diese mögen von noch größerem Interesse sein.

Art Museum of Southeast Texas, *500 Main Street, ✆ (409) 832-3432, www.amset.org, Mo–Fr 9–17, Sa 10–17, So 12–17 Uhr, frei.*

Edison Plaza Museum

Dieses Museum ist eines der besten im Land, was die Darstellung der Arbeit von *Thomas A. Edison* betrifft. Gezielt wird auf seine Errungenschaften im Bereich elektrisches Licht eingegangen. Außerdem gibt es eine Ausstellung über die Problematiken der Elektrizitätserzeugung heute, und es wird auf Zukunftsperspektiven hingewiesen. Daneben finden Sie im Museum auch einen Edison-Phonograph, ein altes Diktiergerät und persönliche Gegenstände von *Edison*.

Edison Plaza Museum, *350 Pine St., ✆ (409) 981-3089, www.edisonmuseum.org, Mo–Fr 9–17 Uhr, frei.*

info

Kurzbiografie von Thomas Alva Edison

Geboren in Milan (Ohio) am 11. Februar 1847, gestorben in West Orange (N.J.) am 18. Oktober 1931. *Edison* meldete über 1.000 Patente an, wovon seine Kohlefadenglühlampe, die erste brauchbare Glühlampe, die uns bekannteste Erfindung sein mag. Weitere wichtige Erfindungen waren 1877/78 das Kohlekörnermikrofon, womit das ein Jahr vorher von *A.G. Bell* patentierte Telefon für große Entfernungen zu gebrauchen war, der Phonograph (1878), ein Vorgänger des Grammophons, und die Verbundmaschine, eine Dampfmaschine mit elektrischem Generator.

Aber auch auf anderen Gebieten war Edison zukunftsweisend. So erfand er u.a. auch das Betongießverfahren für die Herstellung von Zementhäusern in Fertigbauweise.

Spindletop/Gladys City Boomtown

Hier hat man die Boomtown von 1901 wiederaufgebaut, die damals fast über Nacht aus dem Boden gestampft wurde, nachdem die Bohrung am „Spindletop" auf ein großes Ölfeld gestoßen war. Der Druck in diesem Ölfeld war übrigens so groß, dass das Öl 10 Meter über den Turm hinausschoss. Es war damals das größte Ölfeld in Amerika, und in weniger als zwei Jahren wurden über 600 Ölfirmen gegründet. Einige von ihnen sind

heute die uns allen bekannten Exxon (Esso), Gulf (jetzt Chevron), Texaco und Mobil.
Spindletop/Gladys City Boomtown, *Ecke University Drive/ US 69/96/287, ✆ (409) 880-1750, www.spindletop.org, Di–Sa 10–17, So 13–17 Uhr, $ 5.*

Wer sich noch ein Bild über den schnellen Reichtum durch das schwarze Gold machen möchte, der sollte das 1906 errichtete **McFaddin-Ward House** besichtigen. Die schmucke Villa gehörte einem der Teilhaber des ersten Ölbooms und die Einrichtung spricht für sich.
McFaddin-Ward House, *1906 Calder/Ecke 3rd St., ✆ (409) 832-2134, www.mcfaddin-ward.org, Touren durch das Haus um 10/11/13.30/14.30 Uhr (Mo geschlossen), $ 3. Carriage House nur am Wochenende geöffnet.*

Bohrturm aus Holz in Spindleton

Zu diesen Museen gesellen sich noch andere, so z.B. ein Feuerwehr-, ein Windmühlen- und ein regionales History Museum sowie noch weitere zu besichtigende Wohnhäuser aus der Zeit des ersten Ölbooms.

Port Arthur hat Beaumont den Rang als größter Hafen der Region abgelaufen, und der überwiegende Teil der Stadt besteht aus Industrie- und Raffinerie-Anlagen. Trotzdem lohnt ein kurzer Besuch des alten Stadtkerns direkt am Wasser. Ein paar alte Herrenhäuser, vor allem das **Rose Hill Manor** *(100 Woodworth, östliches Ende vom Lakeshore)* und die eigenwillige **Pompeiian Villa** *(1953 Lakeshore)*, errichtet im Stil einer Villa im Pompeji des Jahres 79 n. Chr., sind recht sehenswert.

Einfluss-reiche Musikszene

Priorität sollten Sie aber dem **Museum of the Gulf Coast** geben. Hier erfahren Sie so einiges über die Musikszene des „Golden Triangle", die in vieler Hinsicht Einfluss auf die Jazz-, Blues-, Cajun- und Rockmusik genommen hat. Aber auch regionale Künstler und etwas zur Geschichte der Region werden hier geboten.
Museum of the Gulf Coast, *700 Proctor St., ✆ (409) 982-7000, www.museumofthe gulfcoast.org, Mo–Sa 9–17, So 13–17 Uhr, $ 4.*

Hohe Brücke

Sollten Sie nun den Blick einmal nach Osten wenden und sich fragen, warum die **Rainbow-Bridge** über den Neches River eine Durchfahrthöhe von 53 Metern hat, gibt es dazu eine einfache Erklärung: Als sie 1938 gebaut wurde, beabsichtigte die Navy einen Aufklärungssender in Port Arthur zu stationieren, dessen Sendemasten 46 Meter hoch sein sollten, und die Brückenkonstruktion wurde an diesen Plan angeglichen. Als die Brücke dann aber fertig war, hatte die Technik mittlerweile Sendeanlagen entwickelt, die solche Masten nicht mehr erforderten, und das besagte Schiff wurde mit einem nur noch 34 Meter hohen Mast ausgestattet. Falls Sie Zeit haben, fahren Sie ruhig einmal über die Brücke – ein erhebendes Gefühl!

In Port Arthur gibt es übrigens auch die Gelegenheit, in die Fluten des Atlantiks zu springen.

Von Houston nach San Antonio gibt es überhaupt nichts zu sehen, und die 200 Meilen sollten Sie in einem Stück durchfahren, um noch ein paar Stunden für San Antonio zu haben. Einzige Alternative für die Weiterfahrt wäre nur, erst nach Austin zu fahren, bevor man nach San Antonio weiterreist.

Reisepraktische Informationen Beaumont, TX

VORWAHL 409

Information

Beaumont Convention & Visitors Bureau: *505 Willow Street, ✆ 880-3749, 1-800-392-4401, www.beaumontcvb.com.*

Unterkunft

Super 8 Motel $-$$: *2850 I-10, ✆ 899-3040. Gut geführtes, typisches Motel dieser Franchise-Kette.*

Best Western Jefferson Inn $$-$$$: *1610 I-10 S, ✆ 842-0037, www.bestwestern.com. Mittelklassemotel mit gutem Preis-Leistungs-Verhältnis.*

MCM Elegante $$$: *2355 I-10 South Washington Blvd., Exit 849, ✆ 842-3600, www.mcmelegantebeaumont.com. Konferenzhotel und das luxuriöseste Hotel der Stadt. Modernes Hochhaus.*

Restaurants

Willy Ray's Bar-B-Q: *6685 Eastex Frwy., ✆ 832-7770. Beliebtes BBQ-Restaurant. Typische Küche der Region, einfache Ausstattung.*

Suga's Deep South Cuisine & Jazz Bar: *461 Bowie St./Park St., ✆ 813-1808. Südstaaten-Küche und oft Jazz-Livemusik.*

San Antonio

Entfernungen

San Ant. – Dallas: 270 Meilen/435 km
San Ant. – Austin: 80 Meilen/128 km
San Ant. – Corpus Christi: 145 Meilen/232 km
San Ant. – Houston: 197 Meilen/317 km
San Ant. – El Paso: 571 Meilen/913 km

Überblick und Geschichte

Unter sechs Flaggen

San Antonio stand im Laufe seiner Geschichte unter sechs verschiedenen Flaggen: Frankreich, Spanien, Mexiko, der Republik von Texas, der Konföderierten Staaten und schließlich der USA. Die Missionsstation San Antonio de Valero (The Alamo) wurde im Mai 1718 in der Nähe des San Antonio River gegründet, samt Militärposten. Während der folgenden 13 Jahre wurden vier weitere Missionsstationen errichtet. Die Alamo war das Zentrum der Stadt. Von 1821–36 kamen unter der Kolonisationspolitik von *Stephen F. Austin* die ersten großen Siedlerströme in das Gebiet. Der Widerstand gegen die Mexikaner, die hier zu dieser Zeit das Sagen hatten, wuchs, und im Dezember 1835 übernahm schließlich eine Handvoll texanischer Soldaten unter der Führung von *Ben Milam* die Stadt, die mittlerweile 3.500 anglo-amerikanische Bewohner zählte.

In den 1840er Jahren siedelten viele deutsche Einwanderer in der Region und waren entscheidend beteiligt an dem nun einsetzenden Wohlstand. Auch kulturell haben die deutschen Siedler das Leben bis in die heutige Zeit hinein beeinflusst. In der zweiten Hälfte des 19. Jh. kamen viele Zuwanderer aus dem amerikanischen Osten hinzu, und aus

The Alamo: Hier wurde Texas-Geschichte geschrieben

Militär vor Industrie und Handel

der „Cowboystadt" wurde eine Großstadt. Mit der Einrichtung verschiedener Militärbasen erhielt die Stadt dann überregionale Anerkennung (es gibt alleine fünf Luftwaffen- und Heeresstützpunkte). Wirtschaftsgeografisch ist San Antonio dagegen auf der Strecke geblieben. Zwar gibt es eine Reihe von mittelgroßen Betrieben, aber keine großen Konzerne. Einzig die Farmindustrie ist von Bedeutung. Auch der Handel und das Bankwesen haben eher Provinzstadtcharakter. Daher ist die Stadt auch nicht so in das Umland hineingewachsen und sieht auf den Karten aus wie ein runder Fleck.

Heute zählt San Antonio über zwei Millionen Einwohner (Großraum). Doch gibt es nur relativ wenige Wolkenkratzer, und das Stadtzentrum wurde bereits früh konserviert, sodass dort ein für Reisende angenehmes Flair erhalten und die Stadt zur beliebtesten Urlaubermetropole von Texas wurde. Touristisch interessant ist besonders der Einfluss der mexikanischen Bevölkerung, der sich nicht nur in einer Unzahl von Tacos-Buden und mexikanischen Restaurants widerspiegelt, sondern auch in der gesamten Lebensart der Einwohner. Über die Hälfte der Stadtbevölkerung ist spanisch-mexikanischer Abstammung. Anders als in Houston oder Dallas geht das Leben in San Antonio einen wesentlich geruhsameren Gang.

Für Reisende auf dem Weg in den Südwesten mag dies ein gelungener Einstieg sein in die Kulturwelt, die vor einem liegt. Sehenswertes gibt es genügend in der Stadt, mehr als in Dallas: die **Innenstadt** um die Alamo, der **Riverwalk**, der alte Gouverneurspalast, die verschiedenen **Museen** und schließlich die **Missionsstationen**, die Zeugnis tragen von der frühen Entwicklungsgeschichte dieses Landstriches. Die Stadt eignet sich also hervorragend dazu, in Ruhe einen Tag herumzuschlendern.

Redaktionstipps

- **Unterkünfte**: Wenn es etwas teurer sein darf, lohnt sich ein Hotel im Innenstadtbereich (am besten **nahe Riverwalk/Alamo**), da Sie von hier aus bequem die wichtigsten Sehenswürdigkeiten zu Fuß erreichen und abends am River Walk entlang laufen und speisen können. Die Tipps sind, je nach Preisklasse, die historischen Hotels, so z.B. das **Menger Hotel**, das **River Walk Vista** oder das günstige **Bulli's House** (S. 204).
- **Abendessen** am Riverwalk. Tipp, da Sie hier alles bekommen, was Texas zu bieten hat: **Boudro's**. Billiger und unkomplizierter ist ein Ausflug in die **N.St. Mary's Street**. Und die Burger im **Chris Madrid's** ... lecker! (S. 205).
- **Sehenswürdigkeiten** sind neben dem **River Walk** (S. 197) der **Alamo** (S. 197), der **Governor's Palace** (S. 200), das **Witte Museum** (bes. wg. der **Hertzberg Circus Collection**, S. 201) und die **Missionsstationen** (S. 202) südlich der Stadt.
- Unternehmen Sie unbedingt eine **Bootsfahrt entlang dem River Walk** (S. 199), nach Möglichkeit am Abend der Atmosphäre wegen.
- Das **Abendprogramm** sollte eigentlich auch bestimmt werden vom Riverwalk. Guter **Jazz**, **Sing-along-Piano** u.v.m. wird geboten. Wer abends noch Nostalgie erleben will, der sollte in der Bar des **Menger Hotels** ein Bierchen nippen. Hier war es, wo Theodore Roosevelt seine „Rough Riders" rekrutierte (S. 206). Für Jüngere lohnt es, die einheimische (Studenten-) Szene in der **N. St.Mary Street** zu erkunden.
- Zeiteinteilung: 1-2 Tage. Am ersten Tag die Innenstadt mit all ihren Sehenswürdigkeiten (Riverwalk, Alamo, etc.). Auch abends hier bleiben. Am zweiten bzw. dem Abreisetag zum Witte Museum und/oder zu den Missionsstationen.

Sehenswertes in der Innenstadt

In San Antonio kann man nahezu alle wesentlichen Punkte zu Fuß bzw. mit einem Trolleybus erreichen und um den Market Square bzw. entlang des River Walk laden zahlreiche Cafés und Restaurants zu einer Erfrischung ein. Die gemächliche Gangart in San Antonio ist mit keiner anderen Großstadt der USA zu vergleichen. *Will Rogers* zählte die Stadt damit zu „*one of the four unique cities of America*" (die anderen: Boston, New Orleans und San Francisco). Natürlich dachte er dabei auch an die architektonischen Höhepunkte. Lassen Sie sich hier also in Ruhe treiben. Lieber eine Snackpause mehr am River Walk als noch ein Museumsbesuch.

Alamo (1)

1718 als Missionsstation erbaut, bildete „The Alamo" den Grundstein für eine neue Stadt, die für die Spanier vor allem als Versorgungspunkt auf halbem Wege zwischen Ost-Texas und Nord-Mexiko auf dem „El Camino Real" diente. Auch die katholische Kirche hatte ihren Anteil am Wachstum der Stadt: Sie lockte Indianer her mit dem Versprechen, ihnen Land zu geben, wenn sie zum katholischen Glauben überträten.

Einen Teil des Landes vergab die Kirche an eine spanische Kavallerie, die ursprünglich ihr Lager im mexikanischen Alamo de Parras hatte und nun ihren neuen Standort mit dem Spitznamen „El Alamo" bezeichnete. Alamo glich zu dieser Zeit bereits eher einem Marktplatz mit Hufschmied, Warenhäusern und Textilgeschäften als einer sakralen Einrichtung. 1836 schließlich fand die berühmte Schlacht auf dem Gelände statt, in der sich 189 wackere Texaner gegen die 5.000 Mannen des mexikanischen Generals Santa Anna schlugen. Eigentlich kämpften sie nicht für die Unabhängigkeit von Texas, sondern für die Einhaltung der 1824 verkündeten Konstitution von Mexiko, die auch Nicht-Hispanics gleiche Rechte zusprach. Die 13-tägige Belagerung endete mit dem Tod aller 189 Verteidiger und von über 1.600 Soldaten der mexikanischen Armee. „One more such 'glorious victory' and we are finished" schrieb daraufhin ein Gefolgsmann Santa Annas in sein Tagebuch. Erst Jahre nach der Schlacht kam wieder Leben in die Klosteranlage, und neben Kaufleuten – sie nutzten u.a. die Kapelle als Warenhaus – errichtete auch die US-Army einen Stützpunkt hier. Heute wird die Anlage von den „Daughters of the Republic of Texas" (DRT) gepflegt, und nicht wenige Texaner pilgern alljährlich zu der „heiligsten" Stätte texanischer Geschichte.

189 Texaner gegen 5.000 Mexikaner

Folgendes lohnt sich zu besichtigen: ein **Museum** in den *Barracks* (Kasernenunterkünfte), die **Kapelle** (hier finden Sie eine eindrucksvolle Nachbildung der Schlacht im Maßstab 1:50) und der **Shrine**, eine weitere ehemalige Kapelle mit den gesammelten Memorabilien und Gedenktafeln zur Schlacht.

Das 1859 an der Alamo Plaza erbaute **Menger Hotel** besticht vor allem durch sein Interieur, allem voran die Mahagoni Bar, eine genaue Nachbildung des Pubs in Londons „House of Lords". Auch *Teddy Roosevelt*, bekannt für seine Trinkfestigkeit, hat hier des Öfteren eine doppelstöckige Erfrischung zu sich genommen und soll hier seine gefürchteten „Rough Riders" rekrutiert haben.

Trinkfester Teddy Roosevelt

The Alamo, *gegenüber dem Visitor Center, Alamo Plaza, ✆ (210) 225-1391, www.thealamo.org, Mo–Sa 9–17.30, So 10–17.30 Uhr, Führungen: Beginn halbstündig, vorher buchen in der Souvenirkapelle, frei.*

River Walk

Das wohl eindrucksvollste Erlebnis der Stadt vermittelt der River Walk (span.: Paseo del Río). Hierbei handelt es sich um einen 2 ½ Meilen langen Fußweg entlang einer

0 **Restaurants**		
1	Landry's	
2	Boudro's	
3	Schilo's Deli	
4	Mi Tierra Café, Bakery & Bar/ La Margarita	
5	Little Rhein Steakhouse	
6	Guenther House	

1 The Alamo
2 Arneson River Theatre
3 Rivercenter Mall/IMAX-Theatre
4 St. Joseph's Downtown Church
5 Market Square/The Alameda
6 Spanish Governor's Palace
7 Visitor Center
8 Buckhorn Saloon u. Museum
9 La Villita
10 Hemisfair Park
11 Tower of the Americas
12 Institute of Texan Cultures
13 King William Historic District
14 San Antonio Museum of Art
15 Witte Museum/ Hertzberg Circus Collection
16 Convention Center
17 River Cruises (Ablegestationen)
18 City Hall
19 San Fernando Cathedral
20 Southwest School of Arts & Craft
21 Alamodome

Unterkünfte

1 Emily Morgan
2 Hampton Inn Downtown River Walk
3 Menger Hotel
4 River Walk Vista
5 Hilton Palacio del Rio
6 Hotel Contessa Suites
7 La Quinta Market Square
8 Beckmann Inn & Carriage House

Schleife des San Antonio River. Eine Etage tiefer als die Straßen, vermittelt dieser Weg ein mediterranes Gefühl, das die Großstadt drum herum vergessen lässt. Besonders an heißen Tagen laden die zahlreichen Cafés, Bistros, Livemusik-Pubs und Restaurants zu einer Pause ein. Ausreichend Schatten spenden die riesigen Bäume und Efeugewächse. Dazwischen sind ein paar Galerien und Boutiquen geschmackvoll eingepasst und es gibt auch ganz ruhige Abschnitte.

Gemütlich geht es zu am Riverwalk

Ein besonderes Erlebnis sind die **Bootsfahrten**, die mit witzigen und geistreichen Erläuterungen ihrer „Süßwasserkapitäne" untermalt werden. Sie können am Visitor Center oder Rivercenter eine Tour starten, aber auch unterwegs an einer Reihe von kleinen Haltestationen (mit Ticketschaltern) zusteigen. In der Südostkurve des Flusses befindet sich das **Arneson River Theater (2)**, ein kleines Open-Air-Theater. Die Akteure spielen auf einer Bühne, die von den Zuschauerrängen durch den Fluss getrennt ist. Übrigens soll der River Walk einmal bis zum zwölf Meilen entfernten Brackenridge Park weiterführen.

An der Commerce Street, am östlichen Ausläufer des Flusses, steht die kleine **St. Joseph's (Downtown) Church (4)**, deren Inschriften und Ausstattung Spuren deutscher Siedler aufweist. Das **Rivercenter (3)**, gleich daneben, ist eine Shopping Mall, in deren **IMAX-Theatre** täglich u.a. die Geschichte der Alamo-Schlacht gezeigt wird.

Market Square (5)

Mexikanische Snacks

Der Platz im westlichen Teil der Innenstadt (zwischen Commerce und San Saba Street) besteht z.T. noch aus Gebäuden, die in den 1840er Jahren errichtet wurden. Hier finden Sie neben ein paar Restaurants und Cafés vor allem Souvenirstände und Boutiquen, u.a. mit Waren aus Mexiko. Beeindruckend ist das Treiben hier, besonders wenn kleine Straßenhändler ihren Nippes anpreisen und Straßenmusiker ihre Lieder spielen. Hier hat man die Gelegenheit, an kleinen „Fressbuden" **echte** mexikanische Snacks (oder zumindest **M**ex-**T**ex-Food) zu probieren. Aber Achtung: Die mexikanische Bevölkerung isst ebenfalls hier und somit ist die Salsa hier wirklich scharf!

Zwei Blocks südöstlich des Market Square, in der 228 S. Laredo St., können Sie die **Casa Navarro State Historic Site** besuchen. Die drei Adobe-Gebäude von ca. 1850 gehörten einst dem Anwalt und Schriftsteller José Antonio Navarro, der zwar geborener Texaner, aber dessen Vorfahren Mexikaner waren. Es gibt alte Möbel aus dem

19. Jh. zu sehen und man kann ein Bild machen über die Sichtweise eines „Mexikaners“ über sein Leben in Texas.

Spanish Governor's Palace (6)

Ehemaliger Sitz des spanischen Gouverneurs. Man hat versucht, alte, stilechte Möbel aufzustellen, und ein Rundgang durch das Gebäude vermittelt anschaulich, dass zu damaliger Zeit ein Gouverneur zwar nicht darben musste, aber dass das Leben auch für ihn um einiges karger war, als wir es heute kennen – einmal abgesehen vom Platzangebot. Beeindruckend, welche Kühle die Lehm- und Steinmauern gewähren.

Viel Platz

Governor's Palace, *Plaza de Armas, ✆ (210) 224-0601, www.spanishgovernorspalace.org, Di–Sa 9–17, So 10–17 Uhr, $ 4.*

Wer Hunger verspürt, der kann nun einen Abstecher zum **Lonestar Buckhorn Saloon & Museum (8)** *(318 E. Houston St., ✆ (210) 247-4000, www.buckhornmuseum.com, 10–17 Uhr)* unternehmen. In verschiedenen Ausstellungen werden hier Relikte aus der Geschichte Texas', Bullenhörner, Vögel u.v.m. gezeigt. Dazu gibt es deftige Burger und saftige Steaks im Saloon.

Nicht nur Saloon, auch Museum

Weitere Sehenswürdigkeiten

La Villita („Die kleine Stadt“) **(9)** ist ein alter Stadtteil zwischen River Walk und Hemisfair Park, der zum historischen Distrikt erklärt wurde. Hier hat jetzt eine Reihe von Künstlern ihre Galerien, und einige sündhaft teure Restaurants (mit Blick auf den River Walk) haben sich ebenfalls etabliert. Genau gegenüber liegt der **Hemisfair Park (10)**, wo 1968 die Weltausstellung stattgefunden hat und es ein paar historische Stadthäuser zu bewundern gibt. Außerdem steht hier der 227 m hohe **Tower of the Americas (11)**, von dem man eine gute Aussicht auf die City hat *(✆ (210) 223-3101, www.*

toweroftheamericas.com). Dabei kann man sehen, dass in San Antonio wirklich nur eine begrenzte Fläche bebaut ist. Oben auf dem Turm befinden sich ein Restaurant sowie ein Action-3D-Kino. Am Südostende des Parks steht das **Institute of Texan Cultures (12)** mit einer sehenswerten Ausstellung und einer Multimediashow über die 25 Kulturgruppen, die zur Geschichte von Texas beigetragen haben.
Institute of Texan Cultures, *801 E. Cesar E. Chavez Blvd., ✆ (210) 458-2300, www.texancultures.com, Di–Sa 10–17, So 12–17 Uhr, $ 8.*

Der **King William Historic District (13)** liegt knapp 2 Meilen südlich des River Walk um den gleichnamigen Straßenzug herum. Die ersten Häuser wurden von deutschen Kaufleuten gebaut, und bei einigen ist der „Kaiser-Wilhelm-Stil" noch deutlich zu erkennen – alleine schon an der massiven, z.T. klobig-verschnörkelten Baustruktur. Lange Zeit vernachlässigt, haben sich mittlerweile wohlhabende Familien eingefunden, die die Häuser renoviert haben und teilweise hier auch wohnen. Einige fungieren heute als Bed & Breakfast-Unterkünfte. Zwei Häuser, das **Steve's Homestead** *(509 King William St., ✆ (210) 225-5924, tgl. 10–16.15 Uhr)* und das **Guenther House** *(205 E. Guenther St., ✆ (210) 227-1061)*, können besichtigt werden. Die **King William Association** *(1032 S. Alamo St., ✆ (210) 227-8786, www.kingwilliamassociation.org, Mi–Fr 10–14, Sa 10–13 Uhr)* informiert über Festivals und organisiert zudem Touren durchs Viertel.

Kaiser-Wilhelm-Stil

Nördlich der Innenstadt

San Antonio Museum of Art (14)

Lateinamerikanische und spanische Kunst überwiegen. Sehenswert vor allem die Skulpturen und Keramiken der mittelamerikanischen Indianerkulturen und die Mexiko-Galerie.
San Antonio Museum of Art, *200 W. Jones St., ✆ (210) 978-8100, www.samuseum.org, Di, Fr+Sa 10–21, Mi+Do 10–17, So 12–18 Uhr, $ 8.*

Witte Museum (15)

Natur- und kulturhistorisches Museum. U.a. mit Dinosaurierabteilung und einer sehenswerte Ausstellung zum Thema Ökologie in Texas. Beachtenswert auch die Chronik des täglichen Lebens der Indianer des Südwestens vor 8.000 Jahren. Das absolute Highlight ist aber die Hertzberg Circus Collection: Hier hat man alles zusammengetragen, was die Geschichte des amerikanischen Zirkusangeht. Dazu gehören Utensilien der berühmtesten Clowns – mit Sicherheit ein Vergnügen für Groß und Klein – und Plakate und „Geschichtchen" zu den verschiedensten Artisten. Sehr eindrucksvoll ist auch der „Minizirkus", ein Zirkusmodell im Maßstab 1:25.
Witte Museum, *Brackenridge Park (3801 Broadway), ✆ (210) 357-1900, www.wittemuseum.org, Mo, Mi–Sa 10–17, Di 10–20, So 12–17 Uhr, $ 8.*

Geschichte des Zirkus

Das Witte Museum liegt am Rand des Backenridge Parks, in dem es u.a. einen Zoo, einen japanischen Garten und viele Spazierwege gibt. 500 m östlich liegen die Botanical Gardens *(555 Funston Pl, www.sabot.org, tgl. 9–17 Uhr)*.

McNay Art Museum

Untergebracht in einer mediterranen Villa (sowie einem modernen Trakt), zeigt dieses Kunstmuseum Werke verschiedenster europäischer Künstler (Epoche: ab Postimpres-

sionismus), so z.B. *Van Gogh, Cezanne, Toulouse-Lautrec, Gaugin* und *Goya*. Zwei Galerien beschäftigen sich mit indianischen Kunstwerken.
McNay Art Museum, *6000 N. New Braunfels Ave., ✆ (210) 824-5368, www.mcnayart.org, Di, Mi+Fr 10–16, Do 10–21, Sa 10–17, So 12–17 Uhr, $ 15.*

Sehenswertes in der weiteren Umgebung

San Antonio Missions National Historical Park

Information

Visitor Center: *2202 Roosevelt Ave. (Mission San José), ✆ (210) 932-1001, www.nps.gov/saan, tgl. 9–17 Uhr (VC + Missionen).*

Mission als Armeebasis

Zwischen 1718 und 1731 hat die katholische Kirche (Franziskanermönche) fünf Missionsstationen entlang dem San Antonio River etabliert. Sie galten als Symbol für die Blütezeit des spanischen Kolonialismus und dienten nicht nur religiösen Zwecken, sondern auch der Armee als Basiscamp. Umringt von Pueblo-Dörfern waren sie u.a. Warenlager und Marktplatz. Die umliegenden Felder waren fruchtbar und günstig am Fluss gelegen. Heute stehen vier der Missionen unter Aufsicht der Nationalpark-Verwaltung, die für ihre Unterhaltung sorgt (die fünfte ist „The Alamo" in der Innenstadt). Immer noch werden Gottesdienste abgehalten *(www.nps.gov/saan/planyourvisit/churchinfo)*. Alle Missionen haben riesige Innenhöfe, die umgeben sind von festen Mauern, sodass sich die Bewohner der umliegenden Dörfer im Falle eines Indianer-Angriffs hier verbergen konnten. Eine etwa neun Meilen lange Straße führt südlich der City zu den Missionen. An dieser Strecke erhält man auch ganz nebenbei einen Eindruck von den „Backyards" des modernen und reichen Amerika, den Wohngebieten der unteren Einkommensgruppen. Die Missionen sind hier von Norden nach Süden aufgelistet.

Mission Concepción

Mission Concepción

„*The Mission as a Religious Center*". 1731 erbaut. Hier wurden vor 200 Jahren die meisten Festivitäten abgehalten. Besonders populär bei den Indianern war damals das Schauspiel „Los Pastores", welches die Geburt Jesu nachstellte. Zudem faszinierte die Indianer die ausdrucksvolle Freskenmalerei an den Wänden, die heute aber nur noch schwach zu erkennen ist (*807 Mission Rd.*).

Mission San José

Größte Missionsstation von Texas

„*The Mission as a Social Center and as a Center of Defense*". 1720 erbaut, doch erst 1740 an ihrem heutigen Platz etabliert. Diese Mission galt schon im 18. Jh. als die schönste und größte in Texas. Heute wird dies besonders an der Kirche (spanischer Renaissance-Stil) deutlich, deren „Rosa's Window" an der Südseite einmal sehr malerisch gewesen sein muss. Außerdem können Sie an dieser Mission ein altes *Indian Quarter*, die spanische Residenz und eine restaurierte Wassermühle (außerhalb der Nordmauer) besichtigen. Zeugnisse der militärischen Bedeutung finden sich überall, so z.B. einen kleinen Schützenturm, Schießscharten und alte Kanonen. Für so ein Fort fand sich der paradoxe Ausdruck: „Missions Fort". Hier befindet sich das Visitor Center. Tipp: Lassen Sie sich für San José etwas mehr Zeit (*6701 San Jose Dr./Roosevelt Ave.*).

Mission San Juan

„*The Mission as an Economic Center*". 1731 errichtet. Von den Strukturen her die kleinste der Missionen, welches noch unterstrichen wird durch den frei stehenden Glockenturm (wie er bei Geldknappheit angelegt wurde) und die einfach gehaltene Kirche. Im Umkreis wurde damals erfolgreich Ackerbau betrieben, weshalb diese Mission zu einem ökonomischen Zentrum aufstieg, ohne aber die Bedeutung von San José zu erreichen (*9101 Graf St.*).

Auf dem Weg zur letzten Mission passieren Sie vorher die **Espada-Aquädukte**, die zwischen 1719 und 1740 von den Spaniern angelegt wurden, um die Felder zu bewässern.

Mission Espada

„*The Mission as a Vocational Education Center*". Ebenfalls 1731 gegründet. Die ersten Gebäude stehen nicht mehr, und die Mission war zeitweilig verlassen. 1756 wurde mit dem Bau einer größeren Kirche begonnen, von der aber nur ein Teil des Kirchenschiffs fertiggestellt wurde und um die erst zu Beginn des 19. Jh. die heute sichtbare Kirche herum gebaut wurde. Mission Espada ist ohne Zweifel die ursprünglichste und am wenigsten veränderte der Missionen (*10040 Espada Rd.*),

Weitere Sehenswürdigkeiten

Kalksteinhöhlen

In der Nähe von San Antonio gibt es zwei Kalkstein-Höhlensysteme, die zwar nicht mithalten können mit den imposanten Formationen der Carlsbad Caverns in New Mexico. Die imposanteren sind die **Natural Bridge Caverns**. Namensgeber ist ein 20 Meter weiter Bogen, der sich über den Eingang spannt. Den einzelnen Höhlensystemen haben verschiedene Steinformationen ihren Namen verliehen, so z.B. „Chandelier-Room und „Castle of the White Giants". Die Höhlen wurden erst 1960 entdeckt, seitdem aber touristisch stark genutzt. Die Ausleuchtung erscheint oft zu kitschig.

Natural Bridge Caverns, *26495 Natural Bridge Caverns Rd. (westl. des I-35 (Exit 175), halber Weg nach New Braunfels, ✆ (210) 651-6101, www.naturalbridgecaverns.com, tgl., Sommer 9–18/19, Herbst/Winter/Frühling 9–16/17 Uhr, Führungen alle halbe Std., $ 19–29.*

Die **Cascade Caverns** befinden sich nordwestlich von San Antonio und liegen damit günstig auf dem direkten Weg nach Fredericksburg. Highlight ist ein 30 m hoher unterirdischer Wasserfall und der „Crystal Pool".
Cascade Caverns, *I-10, Exit 543, Boerne, ✆ (830) 755-8080, www.cascadecaverns.com, Sommer tgl. 9–17, Labor Day–Memor. Day, Mo 12–16, Di-Fr 10–16, Sa+So 10–17 Uhr.*

Reisepraktische Informationen San Antonio, TX

VORWAHL: 210

Information

San Antonio Visitor Center: *317 Alamo Place, ✆ 354-2788, 1-800-447-3372, www.visitsanantonio.com. Die Tageszeitung ist der „San Antonio Express" dessen Freitagsausgabe über Veranstaltungen informiert.*

Krankenhaus

University Health Care Center Downtown: *527 N. Leona St., ✆ 358-3400*

Sightseeingtouren

Trolleybusse: *Private Unternehmen bieten erläuterte, ca. einstündige Touren durch die Stadt. Sie können sich u. U. auch vom Hotel abholen lassen. Am bekanntesten ist der* **Alamo Trolley** *(✆ 1-800-868-7707, www.southtexastrailways.com), der seine Tour am Alamo Plaza beginnt und auch Hop-on-hop-off-Tickets anbietet.*
San Antonio Trolley System (VIA): *ca. 45-Min.-Touren durch den Citybereich mit offenem Trolley. Abfahrten ab Alamo Plaza halbstündlich, ✆ 362-2020 (siehe auch „Trolleybusse"). Diese Busse gehören der Stadt und fahren ohne besondere Erläuterungen die Sehenswürdigkeiten ab, und man kann nach Belieben zu- und aussteigen.*
Walking Tours: *Die „San Antonio Conservation Society" (107 King William St., ✆ 224-6164) hat eine Broschüre herausgegeben, in der eine „Zu-Fuß-Route" durch die historische Innenstadt beschrieben wird. Verschiedene Unternehmen bieten auch spezielle Geister-, Legenden-, Alamo-, Kunst- und andere Touren an. Infos dazu im Visitor Center.*
Ein weiteres Erlebnis: **Riverboat-Fahrten**: *Besonders zu empfehlen wäre eine abendliche Fahrt mit Dinner. Die Bootstouren führen entlang der Strecke des „River Walk". Abfahrten der meisten Boote u.a. am Paseo del Rio Boat Dock gegenüber dem Hilton Hotel in der Commerce Street oder am Rivercenter beim Marriott Hotel. Die Schalter an anderen Abfahrtpunkten sind nicht immer geöffnet.*

Unterkunft

La Quinta Market Square $$ (7): *900 Dolorosa St., ✆ 271-0001, 1-800-531-5900, www.lq.com. Günstig und zentral gelegen, recht modern.*
Bullis House B&B $$: *621 Pierce St. (2 Meilen nordöstl. des Riverwalk), ✆ 223-9426, 1-877-477-4100, www.bullishouseinn.com. Große Zimmer in historischem Gebäude mit teilweise antiken Möbeln. Und wirklich nicht teuer.*

Hampton Inn Downtown River Walk $$-$$$ (2): *414 Bowie, ✆ 225-8500, 1-800-426-7866, www.sanantoniodowntown.hamptoninn.com. Günstigere Alternative nahe dem Riverwalk.*
Menger Hotel $$$ (3): *204 Alamo Plaza, ✆ 223-4361, 1-800-345-9285, www.mengerhotel.com. Historisches Hotel mit allen Annehmlichkeiten, viele Zimmer mit Balkon zum Alamo. Wer etwas tiefer in die Tasche greifen will ($$$$), kann hier auch eine schöne Suite buchen. Historische Bar.*
Emily Morgan $$$ (1): *705 E. Houston St. (am Alamo Plaza), ✆ 225-5100, 1-800-824-6674, www.emilymorganhotel.com. Zentral gelegenes Hotel aus den 1920er Jahren. Neugotischer Baustil. Achtung! Größe der Zimmer sehr unterschiedlich.*
River Walk Vista $$$ (4): *262 Losoya St., ✆ 223-3200, 1-866-898-4782, www.riverwalkvista.com. Boutique-Hotel in historischem Warenhaus (1883). Loft-Charakter, Holzböden, nahe Riverwalk. Eigentlich der Tipp! Leider kein eigener Parkplatz.*
Beckmann Inn & Carriage House $$$-$$$$ (8): *222 E. Guenther St., ✆ 229-1449, 1-800-945-1449, www.beckmanninn.com. B&B in historischem Gebäude von 1886. King William Hist. District, direkt gegenüber dem Riverwalk.*
Hilton Palacio del Rio $$$$ (5): *200 S. Alamo St., ✆ 222-1400, www.palaciodelrio.hilton.com. Modernes Luxushotel direkt am „Herzstück" des Riverwalk. Die Zimmer sind zwar relativ klein, aber geschmackvoll eingerichtet und bieten großenteils Blick auf den River Walk (fragen Sie danach). Spezielle Tarife möglich.*
Hotel Contessa Suites $$$$ (6): *306 W. Market St., ✆ 229-9222, 1-866-435-0900, www.thehotelcontessa.com. Modernes Boutique-Hotel (wenn auch 265 Zimmer) mit geräumigen Suiten. Nahe River Walk. Marmor-Bäder, Spa im Hause. Etwas für Romantiker.*

Camping/RV

Alamo KOA Campground: *602 Gembler Rd., ✆ 224-9296 od. 1-800-562-7783, www.koa.com. 5 Meilen von der City entfernt. Busanschluss. Zelten erlaubt. Es gibt auch kleine Camping-Kabinen. Liegt in einem kleinen Park.*
Travelers World: *2617 Roosevelt Ave., ✆ 532-8310, www.carefreervresorts.com/texasrvparks. Innenstadtnah. Sehr gepflegt, aber nur RV, kein Zelten. Busanschluss.*

Restaurants

Schön – wenn meist nicht billig – speisen Sie am Riverwalk. Es lohnt sich alleine der abendlichen Stimmung wegen. Etwas billigere Restaurants finden Sie im Innenstadtbereich etwa 100 m vom River Walk entfernt an der Commerce Street oder in der N. St.Mary's Street (um die 2500er Blöcke), wo eher die Einheimischen und Studenten hingehen.
Boudro's (2): *421 E. Commerce St., am Riverwalk, ✆ 224-8484. Steaks, Seafood und Tex-Mex. Der Tipp am Riverwalk.*
Landry's (1): *517 N.Presa St., ✆ 229-1010. Seafoodspezialitäten. Schöne Aussicht über den Riverwalk. Relativ teuer.*
Mi Tierra Café, Bakery & Bar (4): *218 Produce Row, Market Square, ✆ 225-1262. Großes Esslokal mit gutem und typischem Tex-Mex-Food. Ein „Local favorite". 24 Stunden geöffnet.*
Little Rhein Steakhouse (5): *231 S. Alamo St., River Walk, ✆ 225-2111. Erstklassige Steaks. Historisches und gepflegtes Ambiente. Von der Terrasse Blick auf den Fluss.*
La Margarita (4): *120 Produce Row, Market Square, ✆ 227-7140. Gute mexikanische Gerichte sowie eine Austern-Bar.*
Schilo's Deli (3): *424 E. Commerce St. (Riverwalk), ✆ 223-6692. Deutsch-österreichisch angehauchte Speisen. Suppen, Schnitzel, Strudel, Sandwiches, Schwarzbrot (Pumpernickel). Günstig und gut geeignet für einen Mittagsimbiss.*

Guenther House (6): *205 E. Guenther St., King William Hist. District, ✆ 227-1061. Gutes Frühstück, Waffeln, süße Leckereien in vornehmen Haus von 1860. Kein Dinner.*
Chris Madrid's: *1900 Blanco Rd., ✆ 735-3552, So geschl. Hier dreht sich alles um die weithin beliebten Burger und Nachos! Rund 3 km nördlich der Innenstadt!*
Günstige Fastfood-Restaurants in der Innenstadt finden Sie **am Alamo Plaza und im Bereich Ecke Commerce/Alamo Street**.

Pubs und Livemusik

Dick's Last Resort: *406 Navarro St. (Riverwalk), ✆ 224-0026. Jazz (meist Dixieland). Kein „Edelschuppen", aber günstige Speisen und Aussicht auf River Walk. Beliebt sind die Krabben zum Selbstpulen.*
Durty Nellie's Pub: *Hilton Palacio del Rio (Riverwalk). Sing-along Piano und Erdnüsse satt.*
The Landing Jazzclub: *Hyatt Regency (Riverwalk). Dixielandjazz in New Art Pub.*
Menger Hotel Bar: *Alamo Plaza. Hist. Pub. „Gepflegt-lockeres" Ambiente.*
Waxy O'Connor's Irish Pub: *234 River Walk, ✆ 229-9299. Die Bar wurde in Irland gebaut und hierher transportiert.*

In diesem Teil von Texas finden Sie einige Microbreweries

Jüngere Leute finden Microbreweries, Pubs, Livemusik u.a. am **„Strip"** *(N. St. Mary's, zwischen den Blocks 2400 bis 2900).*
Ein Leser schreibt: *Nicht nur in Austin, sondern z.B. auch in San Antonio (Braun Hall, Nelson City Dance Hall), Banderas (Arkey Blue's Silver Dollar Saloon), Fredericksburg (Hondo's) und New Braunfels (Clear Springs Café, Freheit Country Store) kann man gute* **Live-Musik** *hören.*

Einkaufen

Im Stadtteil La Villita *(zwischen S. Alamo, San Antoni River und S. Presa) gibt es eine Reihe von kleinen Galerien und Boutiquen (z.B. indian. Malereien und Kunsthandwerkliches). Vieles hier stammt aus Mittel- und Südamerika.*
Southwest School of Art & Craft: *Ecke Augusta/Navarro St. Ein Zentrum für die Kunsthandwerker selber (denen man z.T. bei der Arbeit zusehen kann). Es gibt aber Einiges an Kunsthandwerklichem zu kaufen. Zudem befinden sich hier Galerien und Workshops.*
Market Square: *514 Commerce St. Auf und um den Platz finden Sie alles: Galerien, Kleidungsgeschäfte, Lebensmittel, mexikanische Souvenirs etc.*

Das größte Shoppingcenter in der Innenstadt ist die **Rivercenter Mall** *(Commerce/Bowie St.). Vornehme Geschäfte (z.B. Saks, Macy's) finden Sie in der* **North Star Mall** *nördlich der Innenstadt (Loop 410/San Pedro Ave.)*
Prime Outlets San Marcos *(3939 IH-35 South, Exit Centerpoint Rd.): Günstige Markenartikel in sog. Fabrikläden. In San Marcos am Interstate Richtung Austin.*
Paris Hatters: *119 N. Broadway, ✆ 223-3453. Seit 1917. Hüte aller Art – nicht ganz billig, aber häufig Sonderangebote.*

Veranstaltungen (Auswahl)

San Antonio lebt von seinen Festen, und die werden ausgiebig gefeiert. Sollten Sie das Glück haben, zu einer entsprechenden Zeit hier zu sein, planen Sie gleich einen Extratag ein. Nur wird es schwierig sein, dann eine Unterkunft zu finden (also: im Voraus buchen!)

Februar: San Antonio Stock Show & Rodeo: *AT&T Center, ✆ 225-5851, www.sarodeo.com. 2 Wochen Rodeo, Viehauktionen und Live-Entertainment.*

10 Tage um den 21. April: Fiesta San Antonio: *In der gesamten Innenstadt. Das Stadtfest. Mardi Gras auf Mexikanisch. Musik, Festzelte, kulturelle Programme etc. ✆ 227-5191, www.fiesta-sa.org.*

Mai-August: Musikveranstaltungen *an verschiedenen Plätzen der Stadt. Zu empfehlen ist die Fiesta Noche del Rio: lateinamerikanische Musik und Tänze im Arneston River Theatre (Di, Fr, Sa), ✆ 226-4651, www.alamo-kiwanis.org/FiestaNoche*

Dezember: verschiedene mexikanische Festivitäten *und Stände, z.B. Fiesta de las Luminarias am River Walk, ✆ 227-4262, www.thesanantonioriverwalk.com.*

Theater

Es gibt zahlreiche Möglichkeiten, aber ein Tipp ist ein Musical bzw. ein Konzert der Symphoniker im **Majestic Theater** *in der 224 E. Houston St. (✆ 226-3333, www.majesticempire.com). Das Theater wurde Ende der 1920er Jahre erbaut mit dem Auftrag, das imposanteste Theater von Texas zu gestalten. Alleine die spanisch-arabische Architektur im Hauptteil und die Holzschnitzereien in den Vorräumen sind den Besuch wert.*

Verkehrsmittel

Flugzeug

San Antonio International Airport: *✆ 207-3450, www.sanantonio.gov/aviation*

Anreise mit dem Auto: *Von der Innenstadt auf dem Highway I-37/35, der dann nördlich in den US 281 übergeht. Dieser führt direkt zum Flughafen, der etwa 8 Meilen nördlich der City (13 Meilen von Downtown/River Walk) liegt. Ein* **Taxi** *in die Innenstadt kostet etwa ab $ 25.* **Shuttleservice**: *AIRPORT EXPRESS betreibt einen Dienst. Man sollte einen Tag im Voraus buchen: ✆ 281-9900, www.saairportshuttle.com. Einige Hotels unterhalten einen kostenlosen Shuttle-Service. Wer mit den* **Stadtbussen** *fahren möchte, der nimmt vom Flughafen den Airport Employee Shuttle und steigt an der Haltestelle Northern Boulevard um in den VIA-Bus Nr. 5, der in die Innenstadt fährt.*

Alle größeren **Mietwagenunternehmen** *haben Stützpunkte am Flughafen.*

Öffentliche Verkehrsmittel/ Taxis

Amtrak-Bahnhof: *1174 E. Commerce St., Ecke Hoefgen St., ✆ 223-3226, 1-800-872-7245.*

Überlandbus-Terminal: *500 N. St.Marys.* **Greyhound**: *✆ 270-5824,* **Kerrville Bus Coach**: *1-800-474-3352.*

Stadtbusse/Streetcars: *Das Nahverkehrssystem wird in San Antonio von der* **VIA** *unterhalten, die neben Bus- auch einige Streetcar-Linien (Trolleybusse) betreibt, die alle wesentlichen Attraktionen in der Innenstadt miteinander verbinden. Sehr erfreulich ist auch, dass es Extrabusse zur Sea World und zur Fiesta Texas gibt, sowie die „Cultural Tour Busse“, die alle 30 Minuten an den wesentlichen Touristenattraktionen vorbeifahren. Lohnend für die Nutzung der VIA sind die günstigen (Mehr-) Tageskarten.* **VIA hat ein Innenstadt-Infocenter** *in der 211 W. Commerce St., ✆ 362-2020, 1-866-362-2020, www.viainfo.net.*

Taxis: Yellow/Checker Cab: *✆ 222-2222;* **San Antonio Taxi**: *✆ 444-2222*

Hill Country: Abstecher ins deutsche Siedlungsgebiet

Entfernungen (kürzeste Strecke)
San Antonio – Fredericksburg: 75 Meilen/121 km
Fredericksburg – Austin: 80 Meilen/129 km (über New Braunfels um ca. 45 Meilen länger)

Überblick und Geschichte

Das Gebiet, das sich zwischen San Antonio und Austin erstreckt, lockte nach 1840 zahlreiche deutsche Familien nach Texas. Es war nicht einfach, eine so große Zahl von Leuten in einer einzigen Region anzusiedeln, besonders weil die konservativen Texaner mit dem fortschrittlichen Gedankengut der Neu-Texaner nicht umzugehen wussten. 1842 wurde bei Mainz der „Mainzer Adelsverein" gegründet, der sich um die Ansiedlung von Hunderten von deutschen Familien kümmerte. Ihr Vorsitzender war *Carl Prinz zu Solms-Braunfels*. Bis zum Bürgerkrieg und auch noch danach hatten es die Siedler schwer, denn sie sympathisierten nicht nur mit den Unionsstaaten des Nordens, sondern lehnten „eingefleischte" Südstaatenprivilegien, wie z.B. die Sklaverei, von Anfang an ab. Anerkannt wurde aber ihr Fleiß, der wesentliche Impulse für die weitere Entwicklung des Staates mit sich brachte. Auch heute liegt der Anteil Deutschstämmiger in Texas höher als in anderen Südstaaten. Man schätzt, dass es sich um etwa 6 % handelt. In den gesamten USA sprechen übrigens noch 1,4 Millionen Menschen zu Hause Deutsch. Deutsch ist damit nach Spanisch (28 Mio.), Chinesisch (2,9 Mio.) und Französisch (1,7 Mio.) die am vierthäufigsten **gesprochene** Fremdsprache.

Mainzer Adelsverein

Die Hills sind eigentlich nur Hügel. Trotzdem bieten sie eine Abwechslung zu der meist flachen und baumarmen Landschaft von Ost-Texas und dienen an Wochenenden vielen Städtern als Ausflugsziel. Diesem Tourismus ist es wohl auch zu verdanken, dass so viel deutsche Tradition, zumindest äußerlich, erhalten geblieben ist. „Gemütlichkeit" ist für die Amerikaner ein Lockruf. Straßennamen werden zweisprachig angegeben, und besonders die Geschäfte und Restaurants tragen Namen wie „Kuchenladen", „Kleiderschrank", „Auslander Restaurant" (die Tüpfelchen sind der amerikanischen Rechtschreibung zum Opfer gefallen) und „Friedhelm's". Deutsch sprechen können in der Regel nur noch die Älteren, die junge Generation lernt eher Spanisch als zweite Sprache.

„Gemütlichkeit"

Sowohl in Fredericksburg als auch in New Braunfels gibt es interessante Museen und dort ist die deutsche Kultur am besten spürbar. Wenn Sie nur der Landschaft wegen hierher fahren möchten, raten wir eher, die Zeit für die Nationalparks im Westen aufzusparen. Für den Fall, dass Sie nicht vorhaben, Austin zu besuchen, sollten Sie die Reiseroute in entgegengesetzter Richtung abfahren und bereits von Fredericksburg oder Kerrville nach Westen bzw. Süden weiterreisen.

Sehenswertes

Man verlässt San Antonio über den I-10 in westlicher Richtung und fährt bis **Boerne**, einer kleinen Stadt, die nach einem deutschen Schriftsteller des 19. Jh. benannt wurde. Hier können Sie noch einige alte Häuser bewundern, die architektonisch eine Mischung aus viktorianischem Holzhaus und rustikalem deutschen Landhaus darstellen.

Über die Hwys. 46 und 16 geht es nach **Bandera**, dessen Entwicklung maßgeblich polnischen Einwanderern zu verdanken ist. Außer ein paar Kirchen und dem populären **Frontier Time Museum** *(510 13th St., www.frontiertimesmuseum.org, Mo–Sa 10–16.30 Uhr, $ 5)* gibt es hier zwar nicht viel zu sehen, doch bezeichnet sich der Ort dank seiner zahlreichen Rodeoveranstaltungen und der großen Ranches im Umkreis als „Cowboy Capital of the World". Findet gerade ein Rodeo statt, sollten Sie sich das nicht entgehen lassen. Beliebt sind zudem die **Gäste-Ranches** (Dude Ranches) in der Umgebung. Auf den meisten wird zwar kaum noch echter Ranchbetrieb durchgeführt, aber das Leben auf dem Lande kann man dennoch kennen lernen und genießen, denn es wird einiges geboten: Reiten, Lagerfeuer mit Grillen, Wanderungen und Vorführungen von Rancharbeiten. Kinder sind herzlich willkommen und werden ohne Zweifel ihren Spaß haben. Wer sich den „Programmen" entziehen will, findet auch seine Ruhe. Infos zu den einzelnen Ranches beim **Visitor Center** am Ort *(126 Hwy. 16, ✆ (830) 796-3045, 1-800-364-3833, www.banderacowboycapital.com)*. Eine Empfehlung ist die **Dixie Dude Ranch $$$** *(9 Meilen südwestlich des Ortes (FM 1077), ✆ (830) 796-7771, www.dixieduderanch.com, Minimum 2 Nächte)*. Einfacher gehalten und somit bezahlbar, denn im Preis sind alle Mahlzeiten enthalten.

Dude Ranches

Redaktionstipps

- **Übernachten** in einem Bed-&-Breakfast-Haus in Fredericksburg, am besten zu buchen über **Gästehaus Schmidt** (S. 211).
- **Abendessen**: Hier sollte es wirklich deutsche Küche sein und die Angebote dazu sind im Hill Country groß.
- Die **bedeutendsten Sehenswürdigkeiten** sind der **Pioneer Museum Complex** in Fredericksburg (S. 210), **Luckenbach** für Country-Musik-Fans und Biker (S. 212), der **Lyndon B. Johnson National Historic Park** (S. 213), wobei Sie die Vorführungen auf der **Sauer-Beckmann-Farm** zum Thema „Leben auf dem Land zu Beginn des 20. Jh." nicht verpassen sollten, der historische **Gruene Historic District** (S. 216) und **New Braunfels** (S. 214) mit seinen architektonischen Zeugnissen aus der Zeit deutscher Pioniere und dem Hummel Museum.
- Ein **besonderes Erlebnis** ist ein mindestens 2-tägiger Aufenthalt auf einer Dude Ranch bei Bandera (S. 209).

Von Bandera aus geht es auf dem Hwy. 173 nach Norden. In **Kerrville** lohnt ein Besuch des **Museum of Western Art**, in dem es u.a. Gemälde über das Leben der Cowboys, der Indianer, der Siedler und auch der Landschaften zu bewundern gibt. Oft sehr heroisierend, auch kitschig, aber sehenswert.
Museum of Western Art, *1550 Hwy. 173, ✆ (830) 896-2553, www.museumofwesternart.org, Di–Sa 10–16 Uhr, $ 7.*

Von Kerrville geht es weiter auf dem Hwy. 16 bis nach Fredericksburg.

Fredericksburg

Fredericksburg wurde 1846, ein Jahr nach der Gründung von New Braunfels von *Baron Ottfried von Meusebach* angelegt, der bereits bei seiner Emigration den Namen *John O. Meusebach* angenommen hatte. Er brachte 120 deutsche Familien hierher, obwohl das Gebiet damals inmitten der Jagdgründe der als kriegerisch bekannten Comanchen lag.

Doch *Meusebach* war ein guter Verhandlungspartner und schloss einen Vertrag mit den Indianern ab, der später in die Geschichte einging als einziger nicht gebrochener Vertrag zwischen Siedlern und Indianern in ganz Texas. Die kleine Stadt konnte sich so in Ruhe entwickeln und ist heute der zentrale Punkt der Region. An Wochenenden strömen viele Städter hierher, alleine der ausgesuchten Geschäfte wegen. Schon die Auslagen und die alten Häuser in der Main Street sind einen Bummel wert. Weinliebhaber seien darauf hingewiesen, dass es in der Umgebung einige Weingüter gibt, von denen einige zu besichtigen sind *(Infos im Visitor Center oder www.texaswinetrail.com)*. Das Umland ist auch bekannt für die Pfirsich-Plantagen, deren Grundstock einst von den ersten deutschen Siedlern angelegt wurde. Heute werden in der Gegend 13 unterschiedliche Sorten angebaut.

Pfirsiche und Wein

Übrigens – lesen Sie auf dem Stadtplan einmal die Namen der Straßen, die die Main Street kreuzen. In Richtung Westen lesen sich deren Anfangsbuchstaben „Come back", nach Osten „All welcome".

Erkundung der Stadt

Parkplätze gibt es in der Nähe des Visitor Center. Westlich, nicht weit vom Visitor Center, trifft man auf die achteckige **Vereinskirche**, eine Rekonstruktion des ersten öffentlichen Gebäudes der deutschen Gemeinde. Heute ist hier ein **Museum** (Stadtarchiv, Sammlung historischer Fotos und Dokumente) untergebracht.

Vereinskirche, *Market Square, 100 Block of West Main St., ✆ (830) 997-7832, Di–Sa 10–16.30 Uhr, im Sommer auch So+Mo.*

Zwei Blöcke westlich davon steht der **Pioneer Museum Complex**, das wohl interessantesten Museum der Stadt mit Gebäuden aus dem 19. Jh. (z.T. original möbliert), darunter ein für Fredericksburg typisches „Sunday House". In solch kleinen Häusern

Innenstadt von Fredericksburg

übernachteten die Farmer mit ihren Familien, wenn sie am Wochenende zum Einkaufen und Feiern in die Stadt kamen. Außerdem: eine Schmiede, eine Räucherkammer und an manchen Wochenenden auch Vorführungen alter Handwerkskünste.
Pioneer Museum Complex, *325 W. Main St., ✆ (830) 990-8441, www.pioneermuseum.com, Di–Sa 10–17 Uhr, im Sommer auch So+Mo, $ 5 (Ticket auch für Vereinskirche gültig).*

National Museum of the Pacific War

Am östlichen Ende der Innenstadt befindet sich das **National Museum of the Pacific War**. Es wurde Admiral *Chester W. Nimitz*, dem Oberkommandierende (und „Haudegen") der amerikanischen Pazifikflotte während des 2. Weltkrieges, gewidmet. *Nimitz* wurde 1885 als Sohn einer deutschen Familie in Fredericksburg geboren. Das Gebäude war einst ein Hotel und gehörte seinem Großvater. Das Museum beschäftigt sich vornehmlich mit der Geschichte des Pazifikkrieges, in der die Rolle der Marine größer war als im Europakrieg. Ganz interessant der Garden of Peace, der von japanischer Seite gestiftet worden ist und in dem u.a. ein Nachbau des Büros und des Teehauses von *Nimitz'* Gegenspieler, Admiral *Togo*, zu besichtigen ist. Mittlerweile wurden dem Museum eine Plaza of Presidents sowie eine George Bush Gallery hinzugefügt.
National Museum of the Pacific War, *340 E. Main St., ✆ (830) 997-8600, www.nimitz-museum.org, tgl. 9–17 Uhr, $ 14.*

Auf der Main Street kann man seinen Schaufensterbummel fortsetzen. Für einen Snack oder ein Lunch bieten sich hier genügend Restaurants an.

Reisepraktische Informationen Fredericksburg, TX

VORWAHL: 830

Information

Fredericksburg CVB: *302 E. Austin St., ✆ 997-6523, www.fredericksburg-texas.com.*

Unterkunft

Eigentlich liegt hier nichts näher, als in einem der über 150 Bed & Breakfast-Häuser abzusteigen. Beachten Sie aber, dass viele der Unterkünfte auf dem Land sind. Eine empfehlenswerte Buchungsadresse ist: **Gästehaus Schmidt Reservation Service**: *231 W. Main St., ✆ 997-5612, 1-866-427-8374, www.fbglodging.com. Im Geschäft können Sie anhand von Fotos das für Sie passende Haus aussuchen. Wir können* **Das College Haus $$$** *empfehlen: 106 W. College St., ✆ 997-9047, 1-800-654-2802, www.dascollegehaus.com.*

Quality Inn $$: *908 S. Adams St., ✆ 997-9811, www.qualityinn.com. Günstiges 46-Zimmer-Motel. Pool*

Hangar Hotel $$-$$$: *155 Airport Rd, ✆ 997-9990, www.hangarhotel.com. Hier ist das Fliegen Thema. Bereits das Gebäude ist einem Flugzeughangar nachempfunden. Etwas außerhalb.*

Sunday House Inn & Suites $$-$$$: *501 E. Main St., ✆ 997-4484, 1-800-274-3762, www.sundayhouseinn.com. Typisches Motel mit bayrischem Outfit. Pool.*

Camping/RV

Fredericksburg RV Park: *305 E. Highway St., ✆ 990-9582, www.fredericksburgtexasrvpark.com. Praktisch gehalten, aber von hier kann man die Stadt zu Fuß erkunden. Kein Zelten.*

Fredericksburg KOA: *5681 US 290 East, ✆ 997-4796, www.fredericksburgkoatexas.com. Mehrfach prämiert. Zelten möglich. 5 Meilen nach Fredericksburg.*

Schöner für Zelter sind die Plätze in der **Enchanted Rock State Natural Area**, *18 Meilen nördlich an der RR 965 N, ✆ (325) 247-3903, www.tpwd.state.tx.us. Im Sommer kann es hier heiß werden! Nur Zelten.*

Schnitzel, Rotkohl und Bier

Restaurants

In Fredericksburg sollte man sich „deutsche" Küche nicht entgehen lassen. Dabei gibt es statt „traditioneller" Küche oft einen „Germano-Tex-Mix" mit haufenweise „Weißwurst-Kitsch".

Friedhelm's Bavarian Inn: *905 W. Main St., ✆ 997-6300. Süddeutsche Küche im Bayernlook.*

Altdorf Biergarten: *301 W. Main St., ✆ 997-7865. Ebenfalls deutsche Küche mit Biergarten.*

Auslander: *323 E. Main St., ✆ 997-7714. Deutscher Bau, Biergarten. Besonders hier trifft „Germano-Tex-Mix" zu.*

Und wer doch lieber reines Tex-Mex speisen möchte, der gehe zu **Mamacita's** *(506 E. Main St., ✆ 997-9546).*

Luckenbach

Der kleine Ort liegt 10 Meilen östlich vom Stadtkern in Fredericksburg *(US 290/RR 1376, www.luckenbachtexas.com)*. Luckenbach wurde 1849 von deutschen Immigranten gegründet, aber erst in den 1970er Jahren berühmt, als der Geschäftsmann *John Russell „Hondo" Crouch* den Ort mit seinen damals drei Einwohnern kaufte und u.a. eine Dance Hall ins Leben rief. In nur wenigen Jahren haben dann texanische Country-Musiker, vor allem *Jerry Jeff Walker* sowie *Willie Nelson* und *Waylon Jennings* mit ihrem Song „Luckenbach, Texas" dafür gesorgt, dass Luckenbach zu einer der Pilgerstätten für

Country-Musik wurde. Und auch die Biker kommen seither in Scharen. Sonntags ist Open Session und frei nach *Hondos* Motto „Everybody's Somebody in Luckenbach" darf sich dann jeder auf der Bühne versuchen. Ein altes „Postamt" samt Laden bietet heute Souvenir-Kitsch und es gibt einen Saloon sowie ein paar Hütten. Richtig brummen tut es dann doch eher an den Wochenenden und auf einem der zahlreichen Musikfestivals. Das bekannteste ist das „TexAmericana Fandango" im September.

Musik-festivals

Für die Weiterfahrt von Fredericksburg gibt es zwei Alternativen: Entweder verlässt man dieses Gebiet und setzt die Reise an die Golfküste oder in Richtung Westen fort (siehe S. 239), oder man fährt nach Osten, wie im Folgenden beschrieben.

Verlässt man Fredericksburg entlang der Main Street (US 290), gelangt man nach 16 Meilen zum **Lyndon B. Johnson State Park** samt **LBJ Ranch**. Typisch Texas: Da stammt von hier ein Präsident, und noch zu seinen Lebzeiten sammeln seine Freunde Geld und kaufen damit ein fruchtbares Stück Land gleich neben seiner Farm. Hier richten sie einen State Park ein, der im Nachhinein zum großen Teil aus Steuermitteln finanziert wird. Im Park gibt es eine kleine Ausstellung zum Leben und Wirken von *Lyndon B. Johnson*, und auf einer 90-minütigen Bustour können Sie die wesentlichen Punkte abfahren. *Johnson* und seine Frau *Claudia*, genannt *„Lady Bird"* verbrachten den größten Teil ihrer Ehe auf der LBJ-Ranch. Besonders interessant sind die Naturlehrpfade und allem voran die **Sauer Beckmann Farm**, auf der das Farmleben aus der Zeit vor dem 1. Weltkrieg vorgeführt wird. Dazu gehören: Pflügen mit dem Pferdegespann, das Herstellen von Seife, Melken mit der Hand und Textilarbeiten.

„Lady Bird"

LBJ Ranch, *Stonewall, ✆ (830) 644-2252, www.tpwd.state.tx.us, www.nps.gov/lyjo/, tgl. 8–17 (SP), VC 8.45–17 Uhr, Touren zum Wohnhaus halbstündlich, 10–14.30 Uhr.*

Lyndon B. Johnson

info

Lyndon Baines Johnson (1908-1973), von allen nur LBJ genannt, war populär und umstritten zugleich. Gleich nach der Ermordung *John F. Kennedys* übernahm er als sein Stellvertreter das höchste Amt im Staate und führte dessen Politik weiter. Besonders auf dem sozialen Sektor leistete er einiges, auch wenn viele das zu seiner Amtszeit nicht wahrhaben wollten. Zudem zeichnete er für die Einrichtung vieler Naturschutzprojekte und -gebiete verantwortlich. Während seiner Amtszeit war die Nation vor allem wegen des amerikanischen Engagements in Vietnam zerstritten. Seine Popularität verdankte LBJ vor allem seiner väterlichen Art (wohl kaum ein Präsident konnte die Rolle des „Vaters der Nation" so gut einnehmen) und seiner lockeren und trotzdem zielgerichteten Amtsführung. Die Johnsons galten als hervorragender Gastgeber, und viele Politiker wurden auf die Ranch eingeladen, die dadurch den Spitznamen „Texas White House" erhielt. Unter den Gästen waren auch deutsche Politiker wie *Adenauer* und *Erhard*. Historiker kritisieren, dass LBJ nicht in der Lage war, den innenpolitischen Disput mit den Friedensbewegungen zu schlichten.

14 Meilen weiter, in **Johnson City**, kann man u.a. das Haus besichtigen, wo LBJ seine Kindheit verbrachte *(100 Ladybird La., ✆ (830) 868-7128, www.nps.gov/lyjo, tgl. 10–16.30 Uhr)*. Hier gibt es zudem ein weiteres Visitor Center in der Ladybird Lane. Übernachtungsmöglichkeiten bieten auch hier einige Bed-&-Breakfast-Häuser.

Weiterfahrt

Für die Weiterfahrt gibt es drei Alternativen:
- *US 281 nach Süden und nur wenige Meilen hinter Johnson City nach Osten abbiegen und auf dem US 290 direkt nach Austin fahren,*
- *dem US 281 in südlicher Richtung folgen, um zurück nach San Antonio zu gelangen, oder*
- *auf dem US 281 nach Süden bis kurz hinter Twin Sisters fahren und von dort weiter wie folgt nach New Braunfels:*

Tubing an der River Road

Kurz hinter Twin Sisters nimmt man dazu die FM 306 in östliche Richtung. Die Straße windet sich nördlich des **Canyon Lake** durch die Hügellandschaft. Am Ortsausgang des Fleckchens Canyon Lake biegt man schließlich nach Süden ab auf die FM 2673. Bereits nach einer kurzen Strecke erreicht man Sattler. Hier muss man auf ein Straßennamensschild (!) **„River Road"** achten – einen Wegweiser gibt es nicht. Dieser Straße folgt man Richtung Süden (links abbiegen). Während der Nebensaison bietet sich eine bezaubernde Flusslandschaft, besonders im Herbst, wenn die Blätter bunt leuchten. Hat man genug Zeit, sollte man sich ein Kanu bzw. einen Autoschlauch mieten, um damit den Fluss hinab zu fahren. Anbieter gibt es genügend, und für die Rückfahrt zum Auto wird auch gesorgt. Einziges Manko: Im Sommer, besonders an den Wochenenden, ist diese Flussfahrt das Gaudi der Städter und alles ist überlaufen.

Flussfahrt im Autoschlauch

New Braunfels

New Braunfels war die erste deutsche Siedlung, die unter Leitung von Prinz *Carl von Solms-Braunfels* und des Mainzer Adelsvereins 1844/45 gegründet wurde. Bereits in den ersten Jahren gab es immense Probleme. Als nämlich 1846 weitere Siedler in der kleinen Hafenstadt Indianola eintrafen, war bereits der Amerikanisch-Mexikanische

Krieg ausgebrochen, und keines der Transportunternehmen, mit denen vorher Verträge ausgehandelt worden waren, hatte mehr Interesse an den finanziell abgebrannten Siedlern. Transporte für die Armee waren um einiges lukrativer. Somit musste sich die Siedlerschar selbst aufmachen, um ihre neue Heimat zu erreichen. Aufgrund heftiger Regenfälle brach die Cholera aus und geschwächt von der Schiffspassage und zumeist zu Fuß, erlagen Hunderte Menschen den Strapazen auf dem Weg in die neue Heimat. New Braunfels zählte nach kaum 20 Jahren zu den bedeutendsten Städten in Südtexas. Die deutsche Tradition wird hier auch heute noch gepflegt, obwohl, wie in Fredericksburg, nur noch wenige wirklich Deutsch sprechen. Jährlicher Höhepunkt ist das **Wurstfest** im November. Eine kurze Erläuterung in einem Magazin macht deutlich, wie die Kulturen sich mittlerweile vermischt haben: „*Dance the Polka with your Sweetheart at Wurstfest*".

Polka at Wurstfest

Viel Sehenswertes gibt es nicht, aber der mehr oder weniger historische Innenstadtbereich bietet sich an, um die Überreste deutscher Baustrukturen aufzuspüren. Dazu gehören u.a. ein **Pavillon** auf dem zentralen Main Plaza, das Gebäude des **Prince Solms Inn** *(295 E. San Antonio St.)* und ein paar restaurierte alte Gebäude am **Conservation Plaza** *(1300 Church Hill Dr.)*. Ein lohnenswertes Museum ist das **Sophienburg Museum**, dessen z.T. wechselnde Artefakte sich mit der Geschichte der ersten Siedler (und des Prinzen) beschäftigen. Im angeschlossenen Archiv können Sie zudem nach deutschen Einwanderern stöbern.
Sophienburg Museum, *401 West Coll St., ✆ (830) 629-1572, www.sophienburg.com, Di–Sa 10–16 Uhr, $ 5.*

Autoenthusiasten seien schließlich noch auf das **Alamo Classic Car Museum** aufmerksam gemacht *(I-35 South, Exit 180 od. 182, ✆ (830) 620-4387, tgl. 10–18.30 Uhr)*, das mit seiner eindrucksvollen, privaten Sammlung historischer Autos begeistert.

Reisepraktische Informationen New Braunfels, TX

VORWAHL 830

Information

New Braunfels Visitors Center: *390 S.Seguin Ave., ✆ 625-2385, 1-800-572-2626, www.nbcham.org, nur Mo–Fr. Am I-35-Exit gibt es das Highway VC, das täglich geöffnet hat.*

Unterkunft

Faust Hotel $$: *240 S.Seguin Ave., ✆ 625-7791, www.fausthotel.com. Nicht ganz so alt wie das Solms Inn (1928), aber eine preisgünstigere Alternative. Und noch ein Plus: Im Hause gibt es eine* **Microbrewery** *(inkl. Restaurant)!*
Prince Solms Inn $$$-$$$$: *295 E. San Antonio St., ✆ 625-9169, www.princesolmsinn.com. Historisches B&B-Hotel (1898). Für Paare und Familien bieten die Suiten durchaus eine lohnende Alternative für nur wenig mehr Geld.*

Restaurant

New Braunfels Smokehouse: *146 TX Hwy. 46 S, Kreuzung I-35, ✆ 625-2416. Deutsche Küche mit leckeren Räucher- und Wurstspezialitäten. Hier können Sie auch z.B. Schinken einkaufen für die Campingküche.*

Gruene

Etwa fünf Meilen nördlich von New Braunfels befindet sich die alte Siedlung **Gruene**, einst eine Baumwoll-Boomtown, danach zur Ghost Town verkommen und heute für die Touristen wieder liebevoll aufpoliert. Historische Gebäude, Souvenirshops, Restaurants und auch Weinkellereien (Weine aus Texas!) locken mittlerweile zahlreiche Besucher an. Am interessantesten ist die **Gruene Hall**, eine alte Tanzhalle, in der auch heute noch an Wochenenden Livemusik (mit Tanz) gespielt wird. Dabei schwappt die Stimmung häufig über.

Stimmung in der Tanzhalle

Von New Braunfels fahren Sie am besten weiter auf dem I-35, entweder nach Austin (46 Meilen) oder San Antonio (30 Meilen).
Zur **Natural Bridge Cavern** lesen Sie bitte auf S. 203.

Übernachtung

Eine schöne, wenn auch teure Übernachtungsgelegenheit bietet das historische **Gruene Mansion Inn ($$$$,** *1275 Gruene Road, ✆ (830) 629-2641, www.gruenemansioninn.com). Um das viktorianische Haupthaus gruppieren sich geschickt zu Zimmern und Cottages umgebaute Farm- und Wirtschaftsgebäude. Frühstück im Preis inbegriffen.*

Tipp

Östlich und südlich von Austin machen die Orte Taylor, Elgin, Lockhart und Luling mit dem sog. **Barbecue Trail** *auf sich aufmerksam. Dabei landen vor allem Rind- und Schweinefleischspezialitäten sowie deftige Würste auf dem Grill. Lohnenswerte Stopps für die geräucherten und gegrillten Leckereien sind z.B. das City Market-BBQ-Restaurant (633 Davis Street, ✆ (830) 875-9019) in Luling, Mayer's Elgin Smokehouse/Mayer's Elgin Sausage Restaurant (188 US 290) sowie der South Market in Elgin und das Taylor Café (101 N. Main St.) in Taylor. Letzteres befindet sich im ältesten Gebäude der Stadt. Infos zum BBQ-Trail: www.texasbbqtrail.com.*

Gruene, Texas

Austin

Entfernungen
Austin – San Antonio: 80 Meilen/128 km
Austin – Houston: 162 Meilen/261 km
Austin – Dallas: 192 Meilen/309 km
Austin – El Paso: 573 Meilen/923 km

Überblick und Geschichte

Die ersten Europäer in der Gegend waren 1730 spanische Missionare aus San Antonio. Sie zogen bereits nach einem Jahr erfolgloser Missionsarbeit bei den Tickanwatic-Indianern wieder ab. 1838 war es dann der Händler *Jake Handell*, der ein kleines Camp am Colorado River gründete, dort, wo sich heute die Downtown von Austin befindet. Er nannte es Waterloo. Noch im selben Jahr kam eine Gruppe von Büffeljägern in die Gegend, unter ihnen *Mirabeau B. Lamar*, zu dieser Zeit noch Vizepräsident von Texas. Als er ein Jahr später selbst Präsident wurde und entscheiden musste, wo die neue Hauptstadt von Texas entstehen sollte, erinnerte er sich an diesen Ort. Wasser, Platz und eine klimatisch angenehme Landschaft waren vorhanden, und zudem bot die geografische Lage auch Vorteile für die zukünftige Besiedlung des noch weitgehend unerforschten Westens.

Kein zweites Waterloo

Waterloo wurde bald zu Austin umbenannt, da *Lamar*, dessen zweiter Vorname *Bonaparte* lautete, ein ungünstiges Vorzeichen in dem alten Namen sah. Der Namensvater *Stephen F. Austin* war einer der „Gründerväter" von Texas gewesen, dessen wesentliche Errungenschaften in Vertragsabschlüssen lagen, die er mit den Mexikanern vor 1836 ausgehandelt hatte. Die Stadt Austin wuchs nur langsam, da außer Regierungsleuten kaum jemand hier siedeln wollte. Sie machte von sich reden, als ihre liberal eingestellten Einwohner 1861 gegen die Abspaltung von den Unionsstaaten stimmten. Dies verschonte die Stadt im folgenden Bürgerkrieg vor schlimmen Angriffen. Die University of Texas, die im Jahre 1883 eröffnet wurde, trug fortan zu der progressiven Einstellung in der Stadt bei, die ganz im Gegensatz zum übrigen, noch heute konservativen Texas steht. In den 1950er Jahren wurden auch Industrieunternehmen auf die Stadt aufmerksam, und mit dem Zeitalter der Computer entwickelten sich hier über 500 Computerfirmen, unter ihnen bedeutende Konzerne wie z.B. Apple.

Hippies und Beamte

Auch heute noch ist Austin anders als andere Städten in Texas. Die Wolkenkratzer sind nicht so hoch, und das Leben ist von bedeutend weniger Hektik geprägt. Beamte und Studenten bestimmen das Straßenbild, und betrachtet man die Vielzahl freakig angehauchter Shops (selbst in der Innenstadt), die Mischung aus vergangener Hippiekultur und postmoderner Yuppieszene sowie die lockere Art der Menschen, mag man eher glauben, sich in einer Vorstadt von San Francisco oder Seattle zu befinden.

Was bietet Austin? Dazu gibt es nur eine Antwort: eine **Musikszene**, wie man sie höchstens noch in New York, San Francisco oder New Orleans antreffen wird. Etwas übertrieben, aber nicht ganz zu Unrecht, bezeichnet sich Austin als die „Live Music Ca-

Redaktionstipps

- In einem **Innenstadthotel** übernachten, von wo aus die meisten Sehenswürdigkeiten und viele Musikclubs zu Fuß erreichbar sind. Das **Driskill** ist ein (teurer) Klassiker, während das **Woodburn House B&B** mit Charme und günstigen Preisen aufwarten kann (S. 225).
- **Restaurants**: BBQ-Restaurants wie **Sam's Barbecue** sind gut und günstig. Und wenn Sie zu **Lamberts** oder **Stubb's** gehen, wird abends auch noch Musik dazu geboten. Fine Dining: Im **Driskill Hotel** hat das Stil (S. 225).
- Die bedeutendsten Sehenswürdigkeiten sind die Vielzahl **historischer Bauten** im Innenstadtbereich, das pompöse **State Capitol** (S. 219), das **Bob Bullock Texas State History Museum** (S. 223) und vor allem die **abendliche Musikszene** in der E. 6th Street bzw. der Guadalupe Street.
- **Museumsgänger** sollten auch dem „LBJ Library and Museum" (S. 222) einen Besuch abstatten. Besonders die wechselnden politisch-ökologischen Ausstellungen sind hier gut.
- **Zeiteinteilung: 1 Tag:** tagsüber Walking Tour, Museen und Sehenswürdigkeiten in der Innenstadt, abends ein bis zwei Musikclubs.

pital of the World", und keine Stadt hat so viele Pubs und Restaurants – bezogen auf die Einwohnerzahl. Wie es dazu gekommen ist, weiß eigentlich keiner so genau, aber ein Grund mag sicherlich darin liegen, dass sich während der 1940er und 50er Jahre schwarze Blues- und Jazzgrößen im liberalen Austin wohler gefühlt haben als irgendwo anders im Süden und obendrein auch ein aufgeschlossenes Publikum vorfanden. Diese Tatsache wiederum bildete den Keim für die ersten Clubs. Als dann der Rock aufkam, nutzten auch die Rockmusiker, die aus allen Teilen der Südstaaten nach Austin kamen, die vorhandenen Bühnen, und damit wurde letztendlich der Stein ins Rollen gebracht. Die 68er-Szene und die aufmerksam gewordene Plattenindustrie besorgten schließlich den Rest.

Hier startete Janis Joplin durch

In einer Stadt, wo jeden Tag (einschließlich montags) mindestens 20 Liveauftritte stattfinden, bekommt jeder einmal seine Chance. Zweifellos bietet dies beste Voraussetzungen für eine sich immer wieder neu entwickelnde Musikkultur und die Entdeckung förderungswürdiger Musiker und späterer Stars. Da kommt es schon mal vor, dass sich in nur einem Häuserblock ein Jazzpianist, eine Rap-Disco und ein Bluessänger gegenseitig die Gäste streitig machen. Doch die Austianer mögen das. Eine bestimmte Musikrichtung wird hier nicht favorisiert. Gefällt die Musik nicht, unterhält man sich eben um so lauter. Gebuht wird nicht. Kein Wunder, dass ausgerechnet hier im ansonsten so konservativen Texas Größen wie *Janis Joplin* ihre Musik publik und später auch populär machen konnten. Wo in Texas hätte sonst wohl jemand bestehen können, der noble und in diesem Staate so begehrte Automarken wie Mercedes und Porsche mit so viel Ironie besungen hat.

Die Zeiten haben sich natürlich auch in Austin ein wenig geändert. Die lockere Lebensart der 1960er und -70er Jahre ist dem zielstrebigen Charakter der darauf folgenden Jahrzehnte gewichen. Als Folge hat sich eine Reihe von Clubs zu lukrativeren „Restaurants mit Livemusik" gewandelt, was für die Musikentwicklung nicht sehr förderlich war. Kritiker behaupten zwar, die 6th-Street-Szene ähnelt jetzt eher der (touristischen) Bourbon Street in New Orleans, doch hat man auch heute noch gute Chancen auf exzellente Musikgigs. Am besten erkundigt man sich vor Ort, wo etwas los ist und welche Gruppen sehenswert sind. Ist man kein Kneipengänger und hat wenig Lust auf lange Nächte bei lauter Musik in Bars, dann kann man Austin eigentlich von der Reiseroute streichen. Der Rest ist und bleibt hier Nebensache, hat höchstens lokalen Wert und dient der Selbstdarstellung des Staates Texas.

Sehenswertes im Stadtbereich

Tipp

Interessant ist die 1½-stündige „Historic Downtown Walking Tour". Dabei erklärt ein Führer alles Wissenswerte. Infos und empfohlene Reservierung im Visitor Center (s. S. 223).

Die im Folgenden beschriebene Route führt zu allen Sehenswürdigkeiten der Innenstadt. Längere Strecken kann man auch mit dem Trolleybus zurücklegen. Das Auto stellt man am besten auf dem „State Visitor Parkinglot" nördlich des Capitol ab *(Congress St., 1500er Block)*.

State Capitol (1): Das texanische State Capitol, wie sollte es auch anders sein, ist das größte der USA und überragt selbst das Capitol in Washington D.C. um sieben Meter. Es wurde 1888 fertiggestellt, nachdem der alte Parlamentssitz abgebrannt war. Den Baustil kann man als neoklassizistisch bezeichnen. Die rosa Granitsteine mussten in 15.000 Waggonladungen herbeigeschafft werden, wozu eigens eine Schmalspurbahn gebaut wurde. Es gibt kein zweites Capitol, für das solch ein finanzieller Aufwand betrieben wurde. Das 8.000 m² große Dach wurde mit Kupfer belegt, und alle 500 Türen und 900 Fenster sind mit Eichen- oder Kirschholz eingerahmt.

Größer als das Capitol in Washington

State Capitol, *1100 Congress Ave., ✆ (512) 463-0063, www.tspb.state.tx.us, Führungen Mo–Fr 8.30–16.30, Sa 9.30–15.30, So 12–15.30 Uhr.*

Governor's Mansion (2): Einen Block weiter nach Westen entlang der 11th Street liegt dieses Gebäude, im griechischen Renaissancestil gehalten. Es wurde 1856 errichtet und dient dem Gouverneur von Texas als Regierungssitz. 2008 wurde es durch ein Feuer nahezu zerstört, konnte aber Dank eines Spendenfonds 2010 komplett restau-

State Capitol: das größte der USA

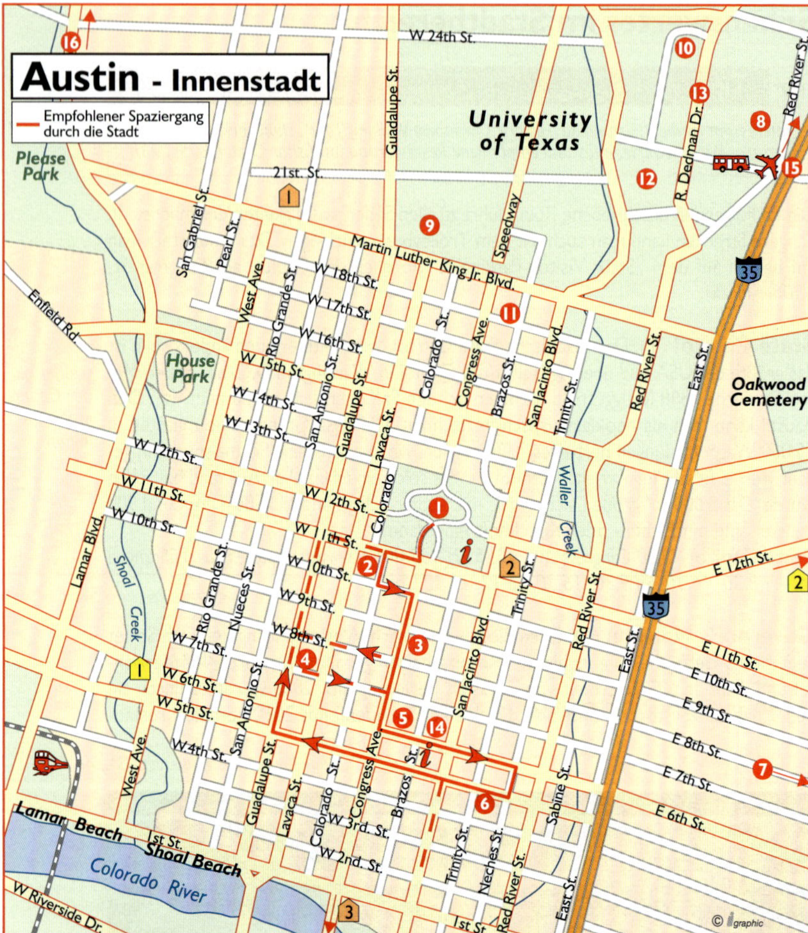

1 State Capitol
2 Governor's Mansion
3 Austin Museum of Art (Downtown)
4 Bremond Hist. Block
5 Driskill Hotel
6 O.Henry Museum
7 French Legation
8 Lyndon B. Johnson Library u. Museum
9 Harry Ransom Humanities Research Center
10 Texas Memorial Museum
11 Texas State History Museum
12 Universität: Hauptgebäude
13 University Performing Arts Center
14 East 6th Street (ehem. East Pecan St.) Kneipen, Livemusik
15 Elisabet Ney Museum
16 Austin Museum of Art (Laguna Gloria)

N
0 500 m
0 0,32 Meilen

Restaurants
1 Hut's
2 Sam's Barbecue

Unterkünfte
1 Mansion at Judges Hill
2 La Quinta Inn-Capitol
3 Austin Motel

Tipp

*Wer einfach Lust zum Spazierengehen verspürt, geht zum **Zilker Park** auf der Südseite des Colorado River. Hier gibt es schöne Wege und die **Zilker Botanical Gardens** (tgl. 7–18 Uhr).*

riert werden. Eine elegante, z.T. aber auch protzig wirkende Art Déco-Möblierung beherrscht das Innenleben.
Governor's Mansion, *1010 Colorado Road, ✆ (512) 463-5518, www.tspb.state.tx.us/spb/mansion/mansion.htm, Mo–Fr 10–11.40 Uhr.*

Fünf Minuten von hier, im Gebiet Guadalupe St., zwischen 7th und 8th Street, befindet sich der **Bremond History Block (4)**, dessen Häuser aus der Mitte des 19. Jh. stammen. Sie sind zwar nicht zu besichtigen, aber die z.T. feinen Metallschmiedearbeiten sind einen kurzen Abstecher wert.
Weiter geht es zur **6th Street**, der man Richtung Osten folgt (die Congress Street hinüber). Ein Block östlich der Congress Street befindet sich das legendäre **Driskill Hotel (5)**, in dem schon kurz nach seiner Eröffnung 1886 das Parlament tagte, bis das Capitol fertiggestellt war. Während der 1950er und -60er Jahre diente es *Lyndon B. Johnson* als Hauptquartier seiner Wahlkampfkampagne. Ein paar Erinnerungsstücke aus dieser Zeit sind noch ausgestellt. Gehen Sie ruhig auch mal in die Lobby. Es lohnt sich.
Die **East 6th Street (14)** (vormals East Pecan St.) war eine der ersten Straßen von Austin und früher in ihrer Verlängerung die Ausfallstraße nach Houston. Die Häuser, meist entstanden im ausgehenden 19. Jh., zeugen noch heute von der wechselhaften Geschichte der Stadt und des Staates. Einige sind gut erhalten, allen voran das Driskill Hotel, andere erinnern eher an die heruntergekommenen „Schuppenhäuser" der amerikanischen Vorstädte, an denen seit zig Jahren nichts mehr gemacht wurde. Heute beherbergt diese Straße aber eine der beiden Musikszenen von Austin und ist allabendlich Anziehungspunkt musikhungriger Kneipengänger (s. auch S. 226).

Musikkneipen

O. Henry-Museum (6): Das kleine Museum erinnert an den Schriftsteller *William Sydney Porter*, besser bekannt unter seinem Synonym „O. Henry". Porter lebte zehn Jahre in Austin (1885–95, davon 1893-95 in diesem Cottage) und arbeitete hier hauptsächlich als Bankangestellter. In seiner Freizeit legte er das Magazin „Rolling Stone" auf. Später lebte Porter in New York, wo er Hunderte von Kurzgeschichten veröffentlichte. Im Museum gibt es ein paar Erinnerungsstücke an seine Arbeit.
O. Henry-Museum, *409 E. 5th St., ✆ (512) 472-1903, www.austintexas.gov/department/o-henry-museum, Mi–So 12–17 Uhr, frei.*

French Legation (7): Das Gebäude wurde 1840 für den französischen Botschafter Comte *Alphonse Dubois de Saligny* errichtet und ist das einzige Botschaftsgebäude in den USA außerhalb von Washington D.C. Die Franzosen waren die ersten, die 1839 die Republik Texas anerkannten. Saligny scheute keine Kosten, das Interieur mit den feinsten Möbeln und Teppichen auszustatten Heute kann man das Haus und seine prunkvolle Einrichtung auf Touren besichtigen.

Die Franzosen waren die Ersten

French Legation, *802 San Marcos St./8th St., östlich vom I-35, ✆ (512) 472-8180, www.frenchlegationmuseum.org, Di–So 13–17 Uhr, Tour $ 5.*

Nicht weit von hier kann man schließlich noch das **MEXIC-ARTE Museum** besuchen, wo mexikanische und lateinamerikanische Kunstwerke ausgestellt sind (Wanderausstellungen).

MEXIC-ARTE Museum, *419 Congress Ave. / Ecke 5th St., ✆ (512) 480-9373, www.mexic-artemuseum.org, Di–Do 12–18, Sa 10–17, So 12–17 Uhr, $ 5.*

Weitere interessante Museen

Lyndon B. Johnson Library & Museum (8)

Aufgeteilt in die Bücherei, die über 31 Millionen Bücher und Dokumente beherbergt, und das Museum selbst. Im Museum befindet sich eine Reihe von Erinnerungsstücken aus dem Leben und aus der Präsidentschaft von *Johnson*. Dazu kommen eine Nachbildung des Oval Room im Weißen Haus, eine Sammlung von Geschenken, die *Johnson* während seiner Amtszeit von ausländischen Staatsmännern erhalten hat, und eine eigens von *Lady Bird Johnson* zusammengestellte Darstellung vom „Life in the White House".

Geschenke für einen Präsidenten

Lyndon B. Johnson Library & Museum, *2313 Red River St., 1 Block westl. des I-35 (Unicampus), ✆ (512) 721-0200, www.lbjlibrary.org, tgl. 9–17 Uhr, frei.*

Harry Ransom Humanities Research Center (9)

Sammlung seltener Bücher (Englisch, Amerikanisch und Französisch) und eine besonders interessante Fotosammlung (über 5 Millionen Bilder), zu der auch eine Ausstellung alter Fotogeräte gehört. Außerdem ist eine der fünf noch existierenden und 1455 gedruckten Gutenbergbibeln ausgestellt.

Harry Ransom Humanities Research Center, *Ecke 21st/ Guadalupe Street (Unicampus), ✆ (512) 471-8944, www.hrc.utexas.edu, Di–Fr 10–17, Sa/So 12–17 Uhr, frei.*

Lyndon B. Johnson Library & Museum

Texas Memorial Museum/ Natural Science Center (10)

Naturkundliches Museum mit Ausstellungsstücken und Erläuterungen zu Themen wie Geologie, Paläontologie und Anthropologie sowie auch indianischen Kunstwerken. Besuchenswert die Abteilungen zur Flora und Fauna von Texas sowie die mit den Dinosaurier-Modellen.

Dinosaurier-Modelle

Texas Memorial Museum/ Natural Science Center, *2400 Trinity St. (Unicampus), ✆ (512) 471-1604, www.utexas.edu/tmm, Mo–Fr 9–17, Sa 10–16.45, So 13–16.45 Uhr, frei.*

Elisabet Ney Museum (15)

Die deutsche Bildhauerin *Elisabet Ney* immigrierte 1870 nach Texas. Hier sind ihr Wohnhaus und ihr Studio zu besichtigen. Natürlich gibt es auch einige Skulpturen zu bewundern.

Elisabet Ney Museum, *304 E. 44th St., North Austin, ✆ (512) 458-2255, www.austintexas.gov/department/elisabet-ney-museum, Mi–So 12–17 Uhr, frei.*

Austin Museum of Art (AMOA) (3) und (16)

In beiden Museen werden Wanderausstellungen gezeigt. Vornehmlich handelt es sich um zeitgenössische amerikanische Kunst. Besuchenswerter ist die Adresse Laguna Gloria. Hier befindet sich die Ausstellung in der ehemaligen und prunkvollen Villa von *Stephen F. Austin* am Lake Austin.

Austin Museum of Art (AMOA), *zwei Adressen: 700 Congress Ave. (Jones Center) und 3809 W. 35th St. (Laguna Gloria), ✆ (512) 495-9224, www.amoa.org; Jones Center: Mi 12–23, Do–Sa 12–21, So 12–17 Uhr, $ 5, Laguna Gloria: Di–Mi 12–16, Do–So 10–16 Uhr.*

Bob Bullock Texas State History Museum (11)

Das große Museum beschäftigt sich mit der Geschichte von Texas. Im IMAX-Kino werden verschiedene Filme gezeigt. Die Ausstellungen sind nicht immer kritisch und heroisieren oft den „Texas Way of Life".

„Texas Way of Life"

Bob Bullock Texas State History Museum, *Ecke Martin Luther King Blvd./N. Congress Ave., ✆ (512) 936-4649, www.thestoryoftexas.com, Mo–Sa 9–18, So 12–18 Uhr, $ 9, inkl. IMAX $ 15.*

Am M.L.King Jr. Blvd, schräg gegenüber steht das **Blanton Museum of Art**. Es ist das größte Kunstmuseum einer amerikanischen Universität und die ausgestellten Kunstwerke decken die letzten 400 Jahre europäischer Kunst ab. Eine weitere Ausstellung beschäftigt sich mit zeitgenössischer lateinamerikanischer Kunst.

Blanton Museum of Art, *✆ (512) 471-5482 www.blantonmuseum.org, Di–Fr 10–17, Sa 11–17, So 13–17 Uhr, $ 9.*

Reisepraktische Informationen Austin, TX

VORWAHL 512

Information

Austin CVB: *301 Congress Ave., Ste. 200, ✆ 474-5171, 1-866-462-8784, www.austintexas.org. Zudem gibt es das* **Austin Visitor Center**: *209 E. 6th St., ✆ 1-866-462-7846. Aktuelle Veranstaltungen werden in dem donnerstags kostenlos erscheinenden Austin Chronicle bekannt gegeben und über die kostenlose Telefonnummer des Visitor Information Center (s.o.).*

Die Tageszeitung heißt **Austin American-Statesman** *(Donnerstag mit Veranstaltungsmagazin).*

Krankenhäuser

Brackenridge Hospital: *601 E. 15th St./Red River St., ✆ 324-7000*
St. David's Hospital: *919 E. 32nd St./Red River St., ✆ 476-7111*

Sightseeingtouren

Lone Star Riverboat: *ein- bis zweistündige Flussschifftouren. Abfahrt ab 101 S. First St., unterhalb des Four Season Hotels. Nur zw. März und November. ✆ 327-1388, www.lonestarriverboat.com.*
Mit einer Pferdekutsche durch die Innenstadt: *Horse Drawn Carriage Co., ✆ 243-0044, www.austincarriage.com.*
Austin Walking Tours: *Infos (Reservierungen) zu erläuterten Spaziergängen durch die Innenstadt (Congress Ave.) bzw. den Bremond Block Hist. District unter ✆ 583-7227.*

Unterkunft

Hostelling International-Austin $: *2200 S. Lakeshore Blvd., ✆ 444-2294, 1-800-725-2331, www.hiaustin.org. Hier gibt es auch Doppelzimmer. Südöstlich der Innenstadt, jenseits des Hwy. 35 gelegen.*
Austin Motel $$ (3): *1220 S. Congress Ave., South-Austin, ✆ 441-1157, www.austinmotel.com. Kleines, günstiges Motel. Seit Jahrzehnten in Familienbesitz. Die Motelanlage geht auf das Jahr 1938 zurück (Charakter!). Oft ausgebucht!*
La Quinta Inn-Capitol $$ (-$$$) (2): *300 E. 11th St., Innenstadt, ✆ 476-1166, 1-800-687-6667, www.laquinta.com. Motel. Zentral gelegen, sauber, gutes Preis-Leistungsverhältnis.*

Driskill Hotel

Woodburn House B&B $$: *4401 Ave. D, nahe Innenstadt, ✆ 458-4335, 1-888-690-9763, www.woodburnhouse.com. Vier Zimmer in einem Haus von 1909 im Hyde-Park-Gebiet (nördlich der Innenstadt). Die Gastgeber können viel über die Stadt erzählen.*
Mansion at Judges Hill $$-$$$$ (1): *1900 Rio Grande St., Innenstadt, ✆ 495-1800, 1-800-311-1619, www.mansionatjudgeshill.com. Historisches Hotel (Landmark) von ca. 1900. Antiquitäten, angenehme Aufenthaltsräume, gutes Restaurant und Bar im Hause. Die teureren Zimmer haben besonders schöne Badezimmer.*
Driskill Hotel $$$$-$$$$$ *(s. Punkt* **5** *der Sehenswürdigkeiten): 604 Brazos St., Innenstadt, ✆ 474-5911, 1-800-252-9367, www.driskillhotel.com. Historisches Hotel (1886), das LBJ als Basis für seine Wahlkampfkampagnen diente. Ein Klassiker und Mitglied bei den „Leading Hotels of the World".*
Weitere Hotels und Motels *verschiedener Franchiseketten finden Sie entlang dem I-35 in nördlicher Richtung.*

Camping/RV

Pecan Grove RV Park: *1518 Barton Springs Rd., in der Nähe des Zilker Parks. ✆ 472-1067. Nicht weit von der City. Zelten begrenzt erlaubt.*
Austin Lone Star RV Resort: *7009 South IH-35, ✆ 444-6322, www.austinlonestarrv.com. Zelten erlaubt.*
Es gibt eine Reihe von **Campingplätzen um den Lake Travis** *(20–30 Meilen von der City) und in weiteren Resorts um die Stadt herum. Diese sind in der Regel schöner gelegen, aber ungünstig für abendliche Streifzüge durch die Musikszene.*

Restaurants

Es gibt zahlreiche Restaurants in der Innenstadt, bes. an der E. 6th St. und in der Guadalupe Rd. Meist sind sie leger und einfach gehalten: **Sam's Barbecue (2)** *(2000 E. 12th Street, ✆ 478-0378) serviert leckere BBQ-Gerichte und dazu noch günstig. Die Adresse für Burger in der Stadt ist* **Hut's (1)** *(807 W. 6th St., ✆ 472-0693). Zurzeit stehen 27 verschiedene Burger (auch vegetarische) auf dem Menü.*

Woanders in der Stadt schmeckt es aber auch:
Jeffrey's: *1204 W. Lynn, Clarksville Hist. District (nordwestl. des Uni-Gebietes), ✆ 477-5584. Gemütliches Bistro-Restaurant. Das Angebot besteht aus einer Mischung Südwester- und Mittelamerikanischer Gerichte- und immer wieder mit Überraschungen gespickt. Eine Spezialität des Hauses ist z.B. die „Habanero Honey Aioli", die als Dipp gereicht wird.*
The Salt Lick: *18300 FM 1826, in Driftwood (30 Min. Fahrzeit nach Südwesten), ✆ 858-4959. Eine BBQ-Institution! Hierher fahren die Leute aus der Stadt nur für ein Pulled-Pork-Sandwich hin! Kein Alkoholausschank, aber Sie dürfen Bier mitbringen. Ein Ableger befindet sich in Round Rock, ca. 15 Meilen nördl. von Austin: 3350 E. Palm Valley Blvd., Round House, Tel. 386-1044 (hier Full Bar im Patio).*
Pappadeux: *6319 I-35, ✆ 452-9363. Einige mögen die Pappa-Kette (Tex-Mex-Gerichte) bereits aus Houston kennen. Auch hier in Austin schmeckt's. Pappadeux ist spezialisiert auf Seafood.*
Die Restaurants in den besseren Hotels, hier in Austin vor allem im **Driskill Hotel** *(s.o., Grill) sowie in der* **Mansion at Judges Hill** *(s.o., Franz., Candlelight-Atmosphäre) sind schon sehr gut, aber eben auch teurer. Eher etwas für einen besonderen Tag.*

Pubs/Livemusik

Austin ist die traditionell Stadt der Livemusik. Ein abendlicher Streifzug durch die Musikszene ist ein Muss. Die Stimmung und die Szene muss man einfach mal erlebt haben. Bleibt man nur eine Nacht, sollte man eine der beiden u.g. Gebiete mit mehreren Musikclubs besuchen.

Infos zu Livemusik: www.austintexas.org/musicians/music_attractions, www.unlockaustin.com, www.austinlatinomusic.com.

In der Stadt der Livemusik

East 6th Street (zwischen Congress St. u. I-35) sowie 4th und 5th Sts.:
Hier ist das Publikum sehr gemischt. Es treffen sich Banker, Punks und Touristen. Eingefleischte Musikfreunde behaupten, der touristische Einfluss hätte bereits einiges kaputt gemacht, aber immer noch finden Sie in den zahlreichen Lokalen hier guten Blues oder Rock (seltener Jazzmusik). Im **Antone's** *(213 W. 5th St., ✆ 320-8424) wird oft Blues gespielt. Woanders in der Innenstadt: Top Modern-Jazz wird nahezu täglich geboten im* **Elephant Room** *(315 Congress Ave., Warehouse District, ✆ 473-2279). Lamberts (401 W. 2nd St., ✆ 494-1500) ist nicht nur ein beliebtes BBQ-Restaurant, sondern ebenfalls bekannt für die Livemusik (Jazz/Blues) in der Bar im Obergeschoss. Und auch* **Stubb's** *(810 Red River St., ✆ 480-8341) serviert BBQ-Gerichte. Musik wird draußen auf der Bühne gespielt und beliebt ist der Sunday-Gospel-Brunch.*

Guadalupe Street (Blöcke 2100 bis 2900, teilw. auch nördlich davon in der Lamar St.):
Nahe der Universität ist dieses die Szene für die Studenten, und die Musik hier entspricht eher den moderneren Geschmäckern. Provokative Gigs, wie sie einst z.B. Janis Joplin im „Threadgill's" geboten hat, sind heute aber eher die Ausnahme. Einige Livemusik-Lokale, wie z.B. Antone's, sind mittlerweile umgezogen in die 5th Street (s.o.) Trotzdem ist das Gebiet immer noch der

Treffpunkt für die toleranteren Musikfreunde. Hier kann man auch abends spazieren gehen und in den bis weit in die Nacht geöffneten Shops nach alten Comics, bunten T-Shirts und anderem Klimbim suchen. Empfehlungen: **The Hole in the Wall** *(2538 Guadalupe St., ✆ 477-4747). Hard-Rock-Kneipe mit vorwiegend lokalen Bands. Etwas für Fans und Hartgesottene. Das* **Threadgill's** *(6416 N.Lamar, ✆ 451-5440) befindet sich in einer ehemaligen Tankstelle. Einst der alternative Schuppen der Stadt. Heute eher Restaurant mit Livemusik (Country/Folk) an einigen Tagen. Im* **Cactus Café** *(Ecke Guadalupe/24th Sts., im Texas Union Bldg., ✆ 475-6515) treten Musiker (aber auch Poeten) auf.*

Tipp: Austin City Limits Music Festival

Jedes Jahr, Anfang Oktober, findet im Zilker Park in Austin eines der meistbeachtesten Rock-Musik-Festivals Amerikas statt. Drei Tage lang rocken über 130 Bands auf acht Bühnen (www.aclfestival.com).

Einkaufen

12th Street und Lamar Street: *Gute Geschäfte in punkto Souvenirs.*
2nd Street District in Downtown und entlang South Congress: hippe und funky Geschäfte.
Lohnend ist in Austin der **Kauf von CDs**. *Besonders wegen der großen Auswahl:* **Waterloo Records** *(600-A N. Lamar Blvd.) und* **Cheapo** *(914 N. Lamar Blvd)sind die bekanntesten Musikgeschäfte. Eine Reihe von CD-Shops befindet sich entlang der* **Guadaloupe Street** *oberhalb der 2000er-Nummern.*

Konzerte/Theater/Oper

Aktuelle Infos über Theater- und Musikaufführungen: ✆ 320-7168, www.austinlinks.com/Arts/ticket. Besser noch: Sie erkundigen sich in Veranstaltungsblättern und buchen dann direkt beim Theater/Veranstaltungsort.

Verkehrsmittel

Flughafen

Austin-Bergstrom Int. Airport: *✆ 530-2242, www.ci.austin.tx.us/austinairport.*
Anfahrt: *Der Airport liegt etwa 5 Meilen südöstlich der Innenstadt (US 183, TX 71).*
Taxi/Shuttle: *Am Airport stehen immer Taxis und Shuttlebusse der größeren Hotels bereit.*
Super Shuttle: *✆ 258-3826, ab $ 15.* **Bus**: *Ca. alle halbe Stunde fährt ein City-Bus zur Innenstadt (So stündlich),* **Taxis** *in die Innenstadt: Ab $ 30. Alle größeren* **Mietwagenfirmen** *haben einen Stützpunkt am Airport.*

Öffentliche Verkehrsmittel/Taxis

Amtrak-Bahnhof: *250 North Lamar Blvd., ✆ 476-5684.*
Überlandbus-Terminal: *916 E. Koenig Lane (nördl. der Innenstadt nahe I-35). Greyhound: ✆ 458-4463.*
Stadtbusse: *Die Stadtbusse gehören zur „Capitol Metro-Company". Die Busse im Stadtbereich und zur Universität nennen sich „Dillo" (alte Trolleybusse). Die „Dillos" sind (zzt.) kostenlos. Infos: ✆ 389-7400, www.capmetro.org.*
Taxis: Checker Cab Co.: *✆ 452-9999*

Abstecher an die Küste und in den Süden von Texas

Entfernungen
San Antonio – Corpus Christi: 143 Meilen/230 km
Corpus Christi – Kingsville – South Padre Island: 172 Meilen/277 m
South Padre Island – Laredo: 216 Meilen/348 km
Laredo – Del Rio: 179 Meilen/288 km

Überblick

Fischer und Mustangherden

Die ersten Europäer an diesem Küstenabschnitt waren Spanier, die zumeist unbeabsichtigt mit ihren Schiffen von den Stürmen hier angetrieben wurden. Viele von ihnen starben, z.T. vor Erschöpfung, oft aber auch an Wassermangel. Süßwasser findet sich nur tief unten im Boden. Lange Zeit wurde das Gebiet daher vernachlässigt, und außer ein paar verstreuten Indianern (und riesigen Mustangherden) lebte hier keiner. Die Spanier bzw. Mexikaner konnten zu dieser Zeit nur den fruchtbaren Böden des Rio Grande etwas abgewinnen, nicht aber den weiten Ebenen des Küstenhinterlandes. Das änderte sich erst nach dem Amerikanisch-Mexikanischen Krieg Mitte des 19. Jh., als das Land endgültig Texas zugesprochen wurde und unternehmungslustige Siedler begannen, es zu kultivieren und Fischer kleine Häfen entlang der Küste anlegten. Heute überwiegt entlang der Küste der Tourismus: *„In this sunny land of palm trees, blue waters, golden sands, and happy people, Texas' tropical coast is a jewel of endless beaches and sunnie skies."* Diese Aussage ist natürlich übertrieben, aber was die Strände angeht, stimmt es. Auf den Laguneninseln vor der Küste ist ein Stück Naturland erhalten geblieben, das nicht nur Pelikane und Fischer anlockt, sondern auch sog. *Winter Texans*, denen Florida zu teurer oder zu arrogant ist, und während des *Spring Break* Zigtausende von Collegeschülern. **The Coastal Bend** weist auch in der „kühleren" Jahreszeit angenehme Temperaturen von durchschnittlich über 20 °C auf. Die Küste hier ist also etwas für wahre Meeresfreunde, die weder Luxus noch perfekte Strandoasen erwarten, sondern einfach Meer, Fischerboote und Natur suchen.

Redaktionstipps

- **Übernachten**: Bleiben Sie mindestens drei Nächte an einem Ort, z.B. in Corpus Christi oder dem gemütlicheren Port Aransas und unternehmen Sie von dort Tagesausflüge.
- **Essen**: Wer Austern und Shrimps mag, sollte sich diese Leckereien nicht entgehen lassen. Viele kleinere, unscheinbarere Restaurants im gesamten Gebiet um Corpus Christi bieten gutes Seafood. In Port Aransas sind in den Pubs Austern „der kleine Snack".
- **Die bedeutendsten Sehenswürdigkeiten** sind die Columbus-Flotte in **Corpus Christi** (S. 231), der Strand der **Mustang Island** (S. 235) und die King Ranch bei Kingsville (S. 236). Das **Texas State Aquarium** (S. 232) und der Flugzeugträger **USS Lexington** (S. 232) sind für **speziell Interessierte** einen Besuch wert.

Sehenswertes in der Region

Corpus Christi

An Fronleichnam 1519 wurde die Galeone des spanischen Entdeckers *Alonso Álvarez de Piñeda* von einem Sturm in die Bay von Corpus Christi getrieben. Nach dem Tag seiner Landung benannte er damals den Ort. Erst im Jahre 1839

wurde ein Handelsposten gegründet, der eher als Schmuggler- und Piratennest bekannt wurde. Mit dem Einzug der US Army während des Amerikanisch-Mexikanischen Krieges 1846 begann der kleine Ort zu prosperieren. Nach dem Krieg entwickelte er sich zum zentralen Umschlagplatz der umliegenden Farmwirtschaft. 1926 wurde schließlich

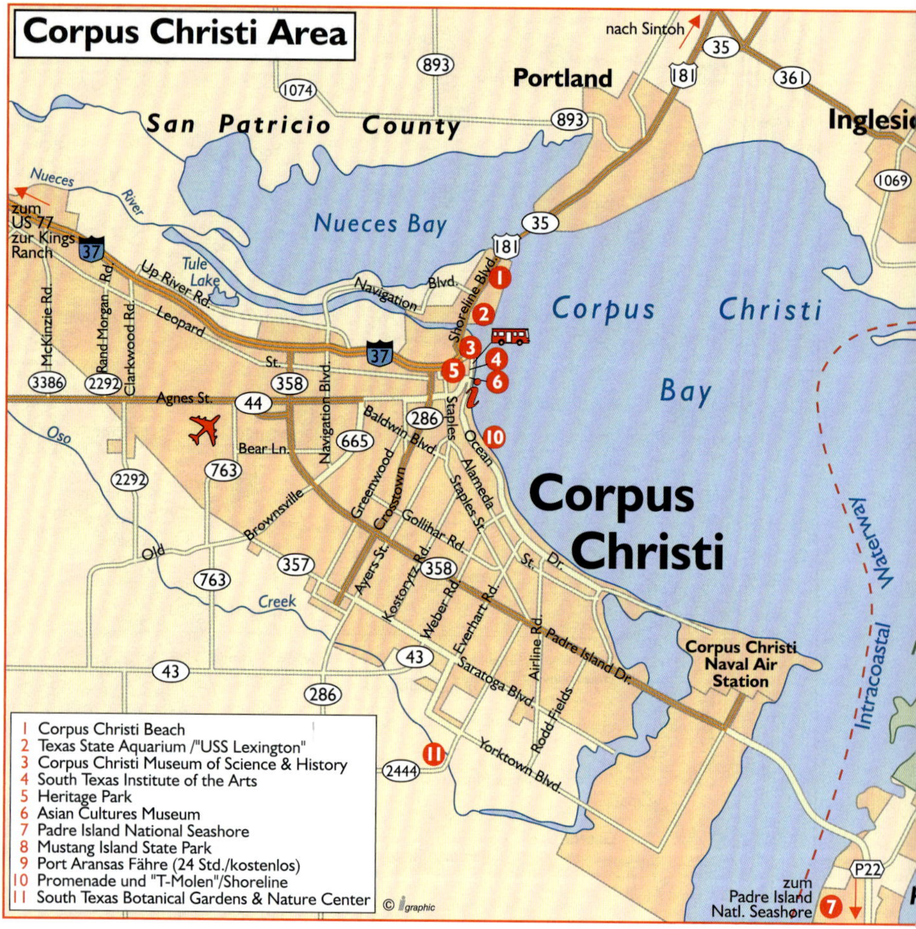

die Hafenzufahrt ausgebaggert, womit Corpus Christi sich zu einem bedeutenden Hochseehafen entwickeln konnte. Heute ist der Hafen einer der größten der USA. Die Stadt wird aber immer wieder von Hurrikans gebeutelt, die sie zweimal sogar fast zerstört haben (1919 u. 1970). Auch das Auf und Ab der Landwirtschaft gibt wirtschaftliche Probleme auf. Doch mit Hilfe des Tourismus und der Raffinerien, die heute vorwiegend Off-Shore-Öl verarbeiten, kann sich die Stadt mittlerweile gut über Wasser halten, und die Skyline wächst von Jahr zu Jahr.

Von Hurrikans gebeutelt

Für einen Besuch in Corpus Christi lohnt sich vor allem der Bereich zwischen Harbour Bridge und dem L-Head, der südlichen der drei Hafenmolen, die alle wie ein T in die Bay hineinragen. Zum Baden bzw. für einen Bummel durch die Geschäfte eignet sich die Stadt nicht.

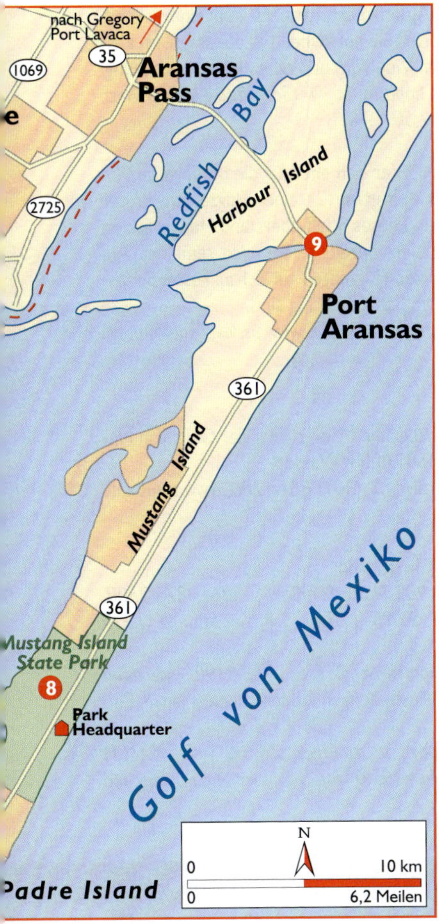

Sehenswertes

Die **Shoreline (10)** führt, wie der Name bereits verrät, am Wasser entlang. Gehen Sie ruhig auch einmal auf eine der T-Heads, und genießen eine Erfrischung in einem der Restaurants hier. Vom nördlichen People's T-Head gehen regelmäßig Bootsfahrten ab (Sightseeing und auch Angeln). Weiter Richtung Norden erinnern mehrere Pavillons an die Entdeckungsgeschichte dieses Küstenabschnittes. Die Uferpromenade wurde samt ihrer Sitzbänke von dem berühmten Bildhauer *Gutzon Borglum* entworfen, der auch für den Mount Rushmore zeichnet.

Uferpromenade

Im **Heritage Park (5)** stehen verschiedenste Häusertypen aus dem 19. Jh., die alle in mühsamer Kleinstarbeit, von verschiedenen historischen Organisationen unterstützt, hier wieder aufgebaut wurden. **Heritage Park**, *1581 N. Chaparral St., ✆ (361) 826-3417, www.ccparkandrec.com, Mo, Do+Fr Touren um 10.30 Uhr.*

Columbus Fleet und Harbor Bridge

Columbus Fleet/Museum of Science & History (3)

Im Cargo Dock One sind originalgetreue Nachbauten der drei Schiffe zu se-

hen, mit denen Kolumbus 1492 das erste Mal Amerika erreichte. Es ist beeindruckend, wie klein die Schiffe sind. Einen Besuch hier dürfen Sie auf keinen Fall auslassen. Im kleinen Museum gibt es zudem einen einführenden Videofilm und eine kleine Ausstellung.
Museum of Science & History, *1900 N. Chaparral St., ✆ (361) 826-4667, www.ccmuseum.com, Di–Sa 10–17, So 12–17 Uhr, $ 12,50.*

Bereits als versenkt gemeldet

Über die Harbour Bridge geht es nach Norden. Wer sich eher für die modernere Marine interessiert, hat die Möglichkeit, die **USS Lexington (2)**, einen Flugzeugträger der US-Marine aus dem 2. Weltkrieg, zu besichtigen. Dieses Schiff überstand Hunderte von Kriegseinsätzen und wurde einmal von den Japanern bereits als versenkt gemeldet. Auf dem Deck des Trägers steht zudem eine Reihe von Flugzeugen zur Schau. Festes Schuhzeug ist angesagt, da die Gänge und Treppen im Schiff rutschig sind.
USS Lexington, *2914 N. Shoreline Blvd, ✆ (361) 888-4873, www.usslexington.com, tgl. 9–17 Uhr, $ 13.*

Texas State Aquarium (2)

Dieses Aquarium bietet einen guten Überblick über die Meeresfauna des Golfs von Mexiko. Das größte Aquariumbecken fasst über 500.000 l. Wasser.
Texas State Aquarium, *2710 N. Shoreline Blvd, ✆ (361) 881-1200, www.texasstateaquarium.org, tgl. 9–17, $ 17.*

Weitere erwähnenswerte Punkte in Corpus Christi sind:
South Texas Institute of the Arts (4) *(1902 North Shorline, ✆ (361) 825-3500, www.artmuseumofsouthtexas.org, Di–Sa 10–17, So 13–17 Uhr, $ 8)* mit ständig wechselnden Kunstausstellungen;
Asian Cultures Museum (6) *(1809 N. Chaparral St., ✆ (361) 765-3190, www.asianculturesmuseum.org, Di–Sa 10–16 Uhr, $ 6)* mit Ausstellungen zu den Ländern Japan, Philippinen, Indien, Korea und China;
South Texas Botanical Garden (11) *(S. Stapels St/Oso Creek, südl. der Stadt, ✆ (361) 852-2100, www.stxbot.org, tgl. 9–18, im Sommer –19.30 Uhr, $ 6), hier sind Küsten- und Küstenhinterland-Pflanzen zu bewundern.*

Reisepraktische Informationen Corpus Christi, TX

VORWAHL 361

Information

Corpus Christi Area Convention & Visitors Bureau: *1823 N. Chaparral St, ✆ 881-1888, 1-800-766-2322, www.corpuschristicvb.com, www.cctexas.com.*

Unterkunft

Es gibt eine Reihe von Hotels an der City-Shoreline, so. z.B.:
Bayfront Inn $$: *601 N. Shoreline Blvd, ✆ 883-7271, 1-800-456-2293, www.bayfrontinncc.com. Blick aufs Wasser, aber aus „zweiter Reihe“. Daher etwas günstiger.*
Omni Hotel Marina Tower $$-$$$: *707 N. Shoreline Blvd, ✆ 887-1600, 1-888-444-6664, www.omnihotels.com. Modernes Hotel mit vielen Zimmern mit Blick aufs Wasser. Indoor-/Outdoor-Pool.*

Angeschlossen ist das **Omni Hotel Bayfront Tower** *(900 N. Shoreline, selbe Kontaktdaten).*
Entlang dem südlichen Shoreline Blvd. gibt es eine Reihe von **Apartmentwohnungen (Condominiums)**. *Die am günstigsten zum Strand gelegenen befinden sich alle auf der North Padre Island. Condos sind nicht günstiger, aber geräumiger als Hotelzimmer. Mindestaufenthalt in einem Condo sind in der Regel 2 oder 3 Tage. Infos und Buchungsmöglichkeiten beim Visitor Center.*

Camping/RV

Lake Corpus Christi KOA: *In Mathis, ✆ 547-5201, www.lakecorpuschristi koa.com. I-37, Exit 40 in nördl. Richtung od. Exit 47 in südlicher Richtung. Hier kann man auch einfache Hütten mieten. Schön ist auch der* **Colonia Del Ray RV Park** *(1717 Waldron Rd., Corpus Christi, ✆ 937-2435. Hier kein Zelten möglich.*
Es gibt noch eine Reihe weiterer Plätze in der Region, wobei die wenigsten Zeltgelegenheiten anbieten.

Restaurants

Für Austernfans ist Corpus Christi ein Paradies. In fast jeder kleinen Bar gibt es sie als Imbiss!
Joe's Crab Shack: *444 N. Shoreline, ✆ 904-0227. Gutes Seafood mit Blick aufs Meer. Ein weiteres Restaurant der Kette ist am 5025 S. Padre Island Dr., ✆ 980-0023.*
Water Street Oyster Bar: *309 N. Water St., ✆ 881-9448. Nicht ganz so teuer, aber ebenfalls gutes Seafood.*
Republic of Texas: *707 N. Shoreline, im Omni Bayfront, ✆ 886-3515. Erstklassige Steaks. Oberste Etage im Hotel und damit tolle Aussicht auf Stadt und Meer.*

Rockport und Fulton

Weiter geht es entlang dem I-35 in nördlicher Richtung. Als erstes passieren Sie den weniger schönen Ort **Aransas Pass**, der hauptsächlich als Industriestandort dient. „Pass" in dieser Region bedeutet übrigens nicht Bergkamm, sondern Durchfahrt (bzw. Wasserdurchlauf) zwischen zwei Inseln. 13 Meilen nördlich erreichen Sie schließlich die zusammengewachsenen Fischerorte, heute nur noch als Rockport-Fulton bekannt. Falls gerade ein Fischer einläuft, fragen Sie nach frischen Austern oder Krabben. Meistens überlässt Ihnen der Fischer welche für einen günstigen Preis. Wenn das nicht klappen sollte, haben Sie in den vielen kleinen Hütten und Minirestaurants in Hafennähe („Baites" genannt) Gelegenheit zum Kauf.

Frische Austern und Krabben

Das idyllische und ruhige Leben in und um Rockport hat viele Künstler angelockt, und diese bieten ihre Werke in einigen kleinen, z.T. kaum auffindbaren Galerien an. Zudem gibt es das kleine **Rockport Center for the Arts**, wo wechselnde Ausstellungen dargeboten werden. Das **Texas Maritim Museum**, auch am Hafen, bietet einiges zur maritimen Geschichte von Texas.
Center for the Arts, *902 Navigation Circle, ✆ (361) 729-5519, www.rockportartcenter.com, Di–Sa 10–16, So 13–16 Uhr, frei.*
Maritim Museum, *1202 Navigation Circle, ✆ 1-866-729-2469, www.texasmaritime museum.org, Di–Sa 10–16, So 13–16 Uhr, $ 6.*

Als Hauptattraktion gilt in dem Ort die **Fulton Mansion**, eine vornehme Villa mit französischem Touch, die der Rinderbaron *George Fulton* 1872–76 hier errichten ließ. Beeindruckend sind die Möbel sowie das historische Ambiente mit Luxus und dem Blick aufs Meer.
Fulton Mansion, *317 N. Fulton Beach Rd, ✆ (361) 729-0386, www.visitfultonmansion.com, Di–Sa 10–15, So 13–15 Uhr, Touren beginnen zur vollen Stunde, $ 6.*

Badefreuden können Sie im **Rockport Beach Park** nachgehen. Eine ausgeschilderte Straße führt gleich nördlich vom Hafen zu der entsprechenden Halbinsel.

Paradies für Vogelkundler

Eine Autostunde nördlich von Rockport befindet sich auf einer Halbinsel das **Aransas National Wildlife Refuge**. Es heißt, dass man nirgendwo die Vogelwelt der Küste besser beobachten kann, und nirgendwo sonst treffen so viele Vogelarten vom Binnenland auf Seevögel der subtropischen Küstenregionen und auf Vögel der Süß- und Brackwassergebiete und Lagunen. Kraniche, braune Pelikane, Präriehühner, verschiedene Adlergattungen und viele mehr gibt es hier zu bewundern. Falls Sie sich entscheiden, hierher zu fahren, sollten Sie einen vollen Tag einplanen und unbedingt an ein Fernglas denken. Noch empfehlenswerter ist eine **Crane Tour**. Mit einem Schiff und sachkundigen Erläuterungen geht es auf „Vogelpirsch". Abfahrt ist auf der Live Oak Peninsula am Sanddollar Pavillon (Abfahrtsort variiert gelegentlich – unbedingt noch einmal nachfragen!). Die beste Zeit zum Beobachten von Vögeln ist zwischen November und April, wenn die Zugvögel sich hier niederlassen und überwintern.
National Wildlife Refuge, *✆ (361) 286-3559, www.fws.gov/southwest/refuges/texas/aransas, VC tgl. 8.30–16.30 Uhr, Rundfahrt ½ Std. vor Sonnenauf- bis ½ Std. nach -untergang.*

Von Rockport-Fulton geht es zurück nach Aransas Pass und Richtung Küste (Port Aransas). Bevor man Port Aransas auf Mustang Island erreicht, muss man mit einer Fähre (24-Std.-Dienst) übersetzen, die im Sommer, besonders während des Feierabendverkehrs, längere Wartezeiten erfordern kann.

Reisepraktische Informationen Rockport, TX

VORWAHL 361

Information
Chamber of Commerce: *319 Broadway, ✆ 729-6445, www.rockport-fulton.org.*

Unterkunft
Es gibt verschiedene einfache Hotels, Cottages und Condos an der Strandstraße zwischen beiden Ortsteilen und inmitten des Ortsteils Rockport, so z.B. das **Best Western Inn By The Bay $$** *(3902 US 35 N, ✆ 729-8351, 1-800-235-6076, www.rockportbestwestern.com, 72 Zimmer, Pool, Waschautomat) sowie das* **Key Allegro Condos & Home/Real Estate Co. Rentals $$$-$$$$** *(1798 Bayshore Dr, ✆ 729-3588, 1-800-348-1627, www.keyallegro.com), das zwischen beiden Ortsteilen an der Uferstraße liegt: von komfortabel eingerichteten Appartements bis hin zu teilweise sehr stilvollen Strandhäusern mit bis zu sechs Zimmern. Oft Mindestaufenthalt!*

Port Aransas

Bis in die 1950er Jahre hinein war es schwierig, das Fischerdorf Port Aransas überhaupt zu erreichen. Keine Brücke verband Mustang Island mit dem Festland. Man musste damals sogar mit einem Zug von Aransas Pass bis an den Fähranleger fahren, da es keine Straße dorthin gab. 1954 änderte sich das, als der Hwy. 361 von Süden gebaut wurde. Der kleine Ort war nun für die Städter relativ gut erreichbar. Trotzdem hat er bis heute seinen ruhigen und verschlafenen Charakter beibehalten. Die Strände von Mustang Island sind mit Sicherheit die schönsten der Region, und wenn Sie vom Ort aus etwas nach Süden gehen, wird es immer leerer. Nicht nur das Baden lohnt sich, sondern auch das Spazierengehen. Falls Sie in die Dünen wandern wollen, sind lange Hosen und feste Schuhe dringend notwendig, da das Gras sehr hoch und hart ist.

Im Ort selber gibt es keine besonderen Sehenswürdigkeiten, sieht man einmal von dem Treiben im Fischereihafen ab. Den Reiz macht hier die (In-)Aktivität seiner Bewohner und Besucher aus. Schlafen und Surfen, Fischen und Faulenzen heißt die Devise, und abends dann noch auf ein Bier und ein paar Krabben in eine Beach- oder Hafenkneipe. Da die „Breakfast Huts" großenteils 24 Stunden geöffnet sind, ist es eh' egal, wann man was macht. Niemand hat es hier eilig. Schon manch einer ist hier ein paar Tage „versackt".

Schlafen und Surfen

Tipp für Port Aransas und South Padre Island

Vermeiden Sie es, Ende März/Anfang April hierher zu kommen. Dann sind nämlich die „Spring Breaks" in den Colleges und Zigtausende (!) von Jugendlichen bevölkern Strände und Lokale entlang der Küste von Süd-Texas, und das Motto der Jahreszeit heißt dann: „Wer hat das neueste Surfboard und wer feiert die längsten Nächte". Selbst die Einheimischen verlassen dann ihren Ort und machen „Urlaub vom Urlaub".

Wenige Meilen südlich von Port Aransas befindet sich der **Mustang Island State Park** *(✆ (361) 749-5246, tgl. geöffnet)*, der sich gut eignet für Wanderungen durch die Dünen und am Strand entlang sowie auch zur Vogelbeobachtung. Fürs Beachcamping sind die 2 km südlich der sogenannten *Day-use-Area* freigegeben. Alle 300 m gibt es sanitäre Einrichtungen. Ein Erlebnis ist hier das Strandreiten auf Mustangs, das von privater Hand organisiert wird. Früher, als auf der Insel nur die Karankawa-Indianer gelebt haben, gab es unzählige Mustangherden auf den Laguneninseln. Von ihnen ist heute leider keine Spur mehr.

Über den Hwy. 361 in südlicher Richtung geht es zurück nach Corpus Christi und dann weiter nach Kingsville.

Reisepraktische Informationen Port Aransas, TX

VORWAHL 361

Information

Tourist & Convention Bureau: *403 W. Cotter Ave., ✆ 749-5919, www.portaransas.org.*

Unterkunft

Es gibt zahlreiche kleine Motels, aber auch Condos und Cottages. Letztere können Sie oft nur wochenweise mieten. Das **Tarpon Inn $$-$$$** *(200 E. Cotter Ave., ✆ 749-5555, www.thetarponinn.com) ist ein historisches Hotel (ca. 1900) aus Holz, in dem bereits F.D. Roosevelt nächtigte. Es gibt ein gutes* **Fischrestaurant** *im Hause. Die 27 Häuschen der* **Rock Cottages $$** *(603 E. Avenue G, ✆ 749-6360, www.rock-cottages.com) haben alle eine Küche. Einfach, aber voll eingerichtet. Einen Block vom Strand entfernt.*

Restaurants

Lohnend ist es, sich an der **Cotter Avenue** *und deren Nebenstraßen umzuschauen. Besonders am Hafen findet sich alles von der Fischbude bis hin zur Seafoodbar mit Blick auf die Fischerboote und Yachten.*

Schauen Sie einmal in eine Fischbude rein

King Ranch und Kingsville

Stellen Sie sich einmal vor, Sie fliegen mit einem Privatflugzeug um Ihr Anwesen und benötigen dafür zwei Stunden. Und um die über 3.000 km langen Zäune zu kontrollieren, benötigen Sie 17 Stunden. Die King Ranch ist heute die größte private Ranch der Welt und umfasst etwa 340.000 ha eigenes Land und dazu 160.000 ha weiteres Pachtland. Das sind 5.000 km² (ein Gutshof in Norddeutschland umfasst ca. 5 km²).

500.000-ha-Ranch

Gegründet wurde die Ranch 1853 von Captain *Richard King*, einem Flussdampferkapitän auf dem Rio Grande, der während des Amerikanisch-Mexikanischen Krieges ein Vermögen machte und dieses schließlich in Form von Immobilien anlegte. Zusammen mit seinem Schwiegersohn *Robert J. Kleberg* baute er in nur wenigen Jahrzehnten auf dem zu jener Zeit als unwirtlich eingestuften Land eine für damalige Verhältnisse hochmoderne

Ranch auf, mit Rinder- und Pferdezüchtungen, die Weltruf erlangten, und allen dazu nötigen Infrastrukturen. Das Farmstraßennetz misst 500 Meilen und 60.000 Rinder werden hier gehalten. Sogar die Sättel wurden selbst hergestellt, und heute kann man in Kingsville im rancheigenen **King Ranch Saddle Shop** *(Ecke 6th/Kleberg Sts., Mo–Sa 10–18 Uhr)* handgefertigte Sättel erstehen – auch auf Bestellung.

Captain Richard King

Auf der Farm werden 1,5–4-stündige Touren angeboten *(Mo–Sa 10, 12, 14, So 13+15 Uhr)*. Selbst fahren ist nicht gestattet. Dabei sieht man Pferde- und Rinderstallungen, den Auktionsring, verschiedene Ranchgebäude und viel Land. Interessant ist auch das **King Ranch Museum** *(Kingsville; Ecke 6th/Lee Sts., ✆ (361) 595-1881, Mo–Sa 10–16, So 13–17 Uhr)*. Hier wird vor allem die Geschichte der Ranch während des 20. Jh. anhand von Fotos und einigen Ausstellungsstücken dokumentiert.

King Ranch Visitor Center, *Santa Gertrudis/ Hwy 141 West, ✆ (361) 592-8055, www.king-ranch.com, Mo–Sa 9–16, So 12–17 Uhr.*

Auf dem Weg nach Laredo gibt es nichts Besonderes zu sehen, sieht man einmal ab von endlosen Weiten und halbverlassenen Ortschaften, die mittlerweile eher Ghost Towns ähneln. Dieser Verfall erklärt sich durch zwei Dinge: Zum einen erfordert die mechanisierte Landwirtschaft nicht mehr so viele Arbeitskräfte, zum anderen versiegen die ohnehin kleinen Erdölfelder zusehends.

Reisepraktische Informationen Kingsville, TX

VORWAHL 361

Information

Kingsville CVB: *1501 S. US 77, ✆ 592-8516, www.kingsvilletexas.com.*

Unterkunft

Best Western Kingsville Inn $$: *2402 King Ave., ✆ 595-5656, www.bestwesterntexas.com/kingsville. Typisches Motel.*

B Bar B Ranch $$$: *County Rd. 2215 E, ✆ 296-3331, www.b-bar-b.com. Gehörte ehemals zur King Ranch. Hier wird auch noch die Farm betrieben. Sauna, Pool und einige Zimmer mit Whirlpool. Gutes Restaurant.*

Laredo

Laredo ist eine typische Bordertown und lebt vornehmlich vom Grenzverkehr. An keinem Grenzübergang zwischen Mexiko und den USA werden so viele Waren ausgetauscht. Dies macht sich bereits in den Vororten durch die vielen Schrotthändler bemerkbar, die Ersatzteile und alte Autos an Mexikaner verkaufen. *Bordertown*

Sturmlauf der Mexikaner

Die Innenstadt ist ein einziger großer Bazar. Mexikaner stürmen die Geschäfte und kaufen hier, was es „South of the Border" nur zu horrenden Preisen gibt. Dabei geht der kulturelle Charakter vollkommen verloren, und man muss sich schon durch diese bunten Geschäftsstraßen kämpfen, um überhaupt den (wenig interessanten) **Villa de San Agustin Historical District** zu finden. Ein Tipp: Schauen Sie nach dem hohen, weißen Kirchturm der **San Agustin Church**, die an der zentralen Plaza steht. Hier finden Sie auch das kleine **Republic of the Rio Grande Building & Museum** *(1005 Zaragoza St., ✆ (956) 727-3480, www.webbheritage.org, Di–Sa 9–16 Uhr, $ 2)*, in dem die wechselhafte Geschichte der Stadt dokumentiert wird. Zudem gibt es das **Villa Antigua Border Heritage Museum** *(810 Zaragoza St., Di–Sa 9–16 Uhr, $ 5)*, das in einem restaurierten Haus untergebracht ist und sich mit lokaler Kultur befasst.

Als Scheidepunkt zwischen spanisch-mexikanischen und anglo-amerikanischen Interessen hat Laredo nicht „nur" unter sechs Flaggen gestanden wie der Rest von Texas, sondern sogar unter sieben. Denn als Amerikaner und Mexikaner 1840 noch im Clinch standen, wo denn nun die Grenze verlaufen sollte, setzte sich der Distrikt von Laredo mit zwei anderen ab und gründete einen eigenen Staat. Das hielt nur wenige Jahre, und nach dem Krieg mussten sich die Einwohner entscheiden, zu welchem Staat sie gehören wollten. Die sich für Mexiko entschieden, siedelten auf der anderen Seite des Rio Grande und gründeten dort die Stadt Nuevo Laredo. Das amerikanische Laredo wirkt heute aber auch eher mexikanisch, und der Hispano-Anteil beträgt über 90 %. Sie können auch kurz über die Grenze fahren, doch für so einen Ausflug ins Nachbarland bieten sich El Paso und Ciudad Juárez eher an. Auf mexikanischer Seite gibt es dort mehr zu sehen.

Besondere Restaurants kann man eigentlich nicht empfehlen, doch wer echte mexikanische Küche liebt, hat selbst in den einfachsten Fastfood-Buden von Laredo Gelegenheit, einen typischen und guten Taco zu bekommen. Aber Achtung! Die Mexikaner würzen scharf.

Reisepraktische Informationen Laredo, TX

Information

Laredo Chamber of Commerce: *2310 San Bernado St., ✆ (956) 722-9895, www.laredochamber.com.*

Unterkunft

La Posada $$-$$$$: *1000 Zaragoza St., ✆ (956) 722-1701, 1-800-444-2099, www.laposada.com. Historisches Hotel (1916, Hazienda-Stil) im alten Stadtkern. Mexikanischer Charakter. Die angeschlossene* **Tack Room**-*Bar verspricht saftige Steaks, gekühltes Bier und ausgezeichnete Weine sowie Margarita-Kreationen.*

Von San Antonio nach El Paso

Entfernungen

San Antonio – Del Rio: 158 Meilen/254 km
Del Rio – Big Bend NP (Visitor Center): 253 Meilen/407 km
Big Bend NP – Guadalupe Mts. NP: 265 Meilen/427 km
Guadalupe Mts. NP – Carlsbad Caverns NP: 44 Meilen/71 km
Guadalupe Mts. NP – El Paso: 120 Meilen/193 km

Routenempfehlung

***Schnelle Variante**: Dem I-10 folgen ohne die hier angeführten Sehenswürdigkeiten (insg. 550 Meilen bis El Paso). Es empfiehlt sich in **Sonora** ein Zwischenstopp an dem schönen Höhlensystem der **Caverns of Sonora** (Exit 392 westlich von Sonora, dann 7 Meilen nach Süden auf der RM 1989, ✆ (325) 387-3105, www.cavernsofsonora.com, tgl. 9-17, März-Sept. 8-18 Uhr).*
Evtl. Übernachtungsstopps in Abilene, Big Spring oder Odessa.
***5-6 Tage**: Von San Antonio bis Marathon US 90. Zum Big Bend NP nach Süden auf dem US 385. Auf der westlichen Parkseite nach Norden auf dem Hwy. 118, vorbei an Alpine, bei Kent auf den I-10. Entweder diesem nach Westen folgen bis El Paso, oder nach 37 Meilen wieder abzweigen nach Norden auf den Hwy. 54 und dann weiter auf dem US 180, der zum Guadalupe Mts. NP und zum Carlsbad Caverns NP führt. Von hier nach El Paso zurück auf dem US 180. Alternativ: Vom Big Bend NP entlang dem Rio Grande fahren (Hwy. 170) bis Presidio und von dort auf dem US 67 bis Marfa.*
***Alternative**: Unter Auslassung von El Paso von Carlsbad nach Norden fahren (US 285) und dann auf dem US 82 nach Westen bis Alamogordo.*

Überblick

Die beschriebene Strecke führt durchs südlichste Texas. Fast möchte man sagen durch „Texmex", denn der starke mexikanische Einfluss ist hier deutlich zu spüren. Viele Orte haben einen Hispano-Anteil von über 90 %. Das macht sich natürlich im Baustil und vor allem an der (scharfen!) Küche bemerkbar. Wirtschaftlich lebt der Süden von der Rinderhaltung und besonders vom **Grenzhandel** mit Mexiko. Eine ganze Händlerschar (und auch Familien, die ihr Einkommen damit aufbessern) lebt davon, über die Grenze nach Norden zu fahren, um dort ihre Pickups voll zu laden und mit durchhängender Achse wieder gen Süden zu ziehen.

Tolle Landschaft am Guadalupe NP

Landschaftlich ist der erste Abschnitt dieser Strecke eher langweilig, und die tristen, baumarmen Weiten werden nur selten unterbrochen, so wie z.B. vom Amistad-Staudamm. Den Rio Grande bekommt man nur zu sehen, wenn man auf Seitenstraßen ausweicht. Erst die Berge und die Flusswelt im **Big Bend National Park** bieten das erste Highlight. Nicht nur Wanderungen, sondern auch Ausritte, Mountainbike-Touren und besonders Schlauchbootfahrten auf dem Rio Grande sind ein Erlebnis und stimmen ein auf die bevorstehenden Naturschönheiten des Südwestens.

Outdoor-Aktivitäten in brütender Hitze

Ein Vorteil des Big Bend NP, und das gilt noch mehr für den Guadalupe NP: Beide sind nicht so überlaufen wie die Parks weiter westlich und bieten vor allem Naturfreunden und Wandersleuten echte Naturerlebnisse. Dabei müssen Sie aber häufig auf bequeme Unterkünfte verzichten (im Guadalupe NP gibt es gar keine). Außerdem sollten Sie die Hitze nicht unterschätzen, die Wanderungen im Sommer sehr anstrengend machen kann.

Der **Carlsbad Caverns National Park** ist ein Naturwunder für sich. Verpassen Sie diese Wunderwelt der Höhlen auf keinen Fall, auch wenn es einen eintägigen Umweg bedeutet. Historisch wird in diesem Reiseabschnitt von Seiten der Touristenbüros einiges hochgespielt. Es sind eher die vielen Legenden als das heute wirklich Sichtbare an Gebäuden, was die Wild-West-Romantik des südlichen Texas am Leben erhält. Die Museen haben meist nur lokalen Charakter, und die „Architektur des Wilden Westens" kann man viel besser in Colorado bewundern.

Sehenswertes

Ehemalige Grenzfestung

Der erste interessante Ort auf der Strecke ist **Bracketville**. Die alte Grenzfestung, das 1852 erbaute **Fort Clark Spring** *(US 90, ✆ (830) 563-2493, www.fortclark.com)*, bietet nicht nur ein kleines Museum *(Sa+So 13–16 Uhr)* und alte Gebäude zur Ansicht, sondern auch das **Fort Clark Springs Motel** (s. S. 244) mit Golfplatz sowie RV- und Campingeinrichtungen.

Sechs Meilen nördlich am FM 674 steht das legendäre **Alamo Village** *(✆ (830) 563-2580, www.thealamovillage.homestead.com/alamovillage.html)*, das von 1957–59 von nicht weniger als 5.000 Mann erbaut wurde, um als Kulisse für unzählige Western zu die-

nen. Hauptattraktionen sind der nachgebaute Alamo-Komplex, genauso wie er 1836 in San Antonio einmal ausgesehen hat, und ein Westernstädtchen. Zurzeit ist das Village geschlossen, es soll aber in den nächsten Jahren evtl. wieder geöffnet werden.

Del Río und die Amistad National Recreational Area

„Italienisches" Weingut

Del Río selbst ist eine weitere Grenzstadt ohne besondere touristische Höhepunkte, sieht man einmal ab von der 1883 von italienischen Einwanderern gegründeten **Val Verde Winery** und dem **Whitehead Memorial Museum**, das sich vornehmlich mit der regionalen Geschichte beschäftigt und dessen interessanteste Abteilung die über die Black Seminoles ist (s. Info-Kasten S. 243).

Val Verde Winery, *100 Qualia Dr., ✆ (830) 775-9714, www.valverdewinery.com, Mo–Sa 10–17 Uhr.*

Whitehead Memorial Museum, *1308 S. Main St., ✆ (830) 774-7568, www.whiteheadmuseum.org, Di–Sa 9–16.30, So 13–17 Uhr, $ 5.*

Wirtschaftlich lebt Del Río ebenfalls vom Grenzverkehr und dem nahe gelegenen Amistad Dam, dessen touristische Einrichtungen wie z.B. Campingplätze, Angelstellen und Bootsverleihe einige Touristen in die Stadt bringen. Der Stausee, den die **Amistad Na-**

Redaktionstipps

- **Übernachten**: Unbedingt das Hotel **vorher reservieren.** Es gibt in manchen Gegenden (z.B. Marathon) nur wenige Hotels und die sind oft ausgebucht. Tipps: die historischen Hotels: **Gage Hotel** (Marathon, S. 245), **Holland Hotel** (Alpine, S. 255) sowie **Paisano Hotel** (Marfa, S. 255). Im Big Bend NP bietet die **Chisos Basin Mountain Lodge** die beste Ausgangsbasis (S. 253).
- **Essen**: Unbedingt die Gelegenheit wahrnehmen, echte mexikanische Küche auszuprobieren.
- **Museen und bedeutendste Sehenswürdigkeiten**: das **Whitehead Memorial Museum** in Del Río (S. 241), das sich auf anschauliche Weise mit der regionalen Geschichte beschäftigt; **Judge Roy Bean Museum** und **Jersey Lilly Saloon** in Langtry (eine echte Wild-West-Erfahrung (S. 242); das naturwissenschaftlich orientierte **Lajitas Desert Garden Museum** (S. 256); das **Ft. Davis NHS**, eine Fortanlage aus den Zeiten der Indianerkämpfe (S. 258), und schließlich, für Interessierte, die **Sternwarte des „McDonald Observatory"** (S. 259) nördlich von Ft. Davis. Zu diesen Punkten gesellen sich die **drei Nationalparks** als absolute Highlights.
- Der **Big Bend NP** (S. 245) eignet sich am besten für geruhsame und landschaftlich reizvolle Ausblicke. Der **Carlsbad Caverns NP** (S. 264) wartet mit einer faszinierenden und einzigartigen Höhlenwelt auf. Der Besuch des **Guadalupe Mountains NP** macht nur Sinn, wenn Sie die Natur auch nachts erleben möchten (keine Übernachtungsmöglichkeiten - nur Zelten), gerne wandern und mindestens einen vollen Tag dort einplanen (S. 259).
- **Zeiteinteilung: 5 Tage:** Am ersten Tag bis Marathon fahren. Die folgenden 2 Tage den Big Bend NP erkunden (1 Übernachtung) und noch bis Marfa fahren. Am dritten Tag Ft. Davis, das McDonald Observatory und bis Carlsbad fahren. Am vierten Tag Carlsbad Caverns NP. Am fünften Tag nach El Paso fahren.

tional Recreational Area umgibt, wurde zur Wassergewinnung und als Überflutungskontrolle angelegt, ferner gibt es am Hauptdamm noch ein kleines Elektrizitätswerk. Ein Drittel der 1.300 km langen Uferlinie liegt auf mexikanischer Seite (*Amistad* bedeutet Freundschaft auf Spanisch). Der Stausee ist umgeben von einer baumlosen und damit recht kargen Landschaft, in der es im Sommer drückend heiß wird.

Wer sich näher mit Indianerzeichnungen beschäftigen möchte, von denen es so einige im und um den Park gibt (besonders am Río Pecos und im **Seminole Canyon State Park** gut 40 Meilen westl. von Del Río), der muss in Kauf nehmen, ein paar Stunden in sengender Hitze zu wandern (Kopfbedeckung nicht vergessen). Im Seminole Canyon State Park, dessen Visitor Center nur eine Meile vom US 90 entfernt liegt, werden von Rangern geführte, z.T. sehr anstrengende Touren angeboten. Alleine darf man nicht loslaufen. Im Sommer gibt es 3–4 Touren täglich, während des restlichen Jahres nur zwei. Was den Canyon betrifft genügt eigentlich der Blick von oben herab (am Visitor Center).
Infos *über den Beginn der Touren beim State Park Office, ✆ (432) 292-4464, www.tpwd.state.tx.us, Reservierungen fürs Campen: ✆ (512) 389-8900.*

Langtry, ein heute fast verlassenes Nest, bietet eine Sehenswürdigkeit, die, typisch texanisch, ziemlich hochstilisiert wird: den **„Jersey Lilly Saloon"**, in dem der bekannte Richter *Roy Bean* während des ausgehenden 19. Jh., hemdsärmelig und trotzdem mit menschlichem Gespür, das „Law west of the Pecos" ausgesprochen und durchgesetzt hat. *Bean*, in Jugendjahren eher ein Outlaw und Haudegen, benannte den Saloon nach einer berühmten englischen Schauspielerin, die er bewunderte, aber selbst nie kennen lernen durfte. Seine Richtersprüche endeten oft so, dass eine Lokalrunde für alle Beteiligten dabei heraussprang.

Boxen im Niemandsland

Größtes Aufsehen (und auch Begeisterung) erregte der Richter 1896 mit einem Streich, den er den amerikanischen und mexikanischen Behörden spielte: Er organisierte einen professionellen Boxkampf (zu dieser Zeit in beiden Staaten verboten) auf einer Insel im Río Grande, die Niemandsland war. Dass der Kampf selbst nur zwei Minuten dauerte und auch sein Ausgang war dabei Nebensache. Heute kann man hinter dem Visitor Center der gesamten Judge-Roy-Bean-Museumsanlage *(✆ (432) 291-3340,*

Die „Black Seminols"

info

Vier Meilen südlich von Bracketville an der FM 3348 liegt der **Seminole Indian Scout Cemetery**. Die Seminolen haben einen ganz außergewöhnlichen Platz in der amerikanischen Geschichte eingenommen: Zu Beginn des 19. Jh. flohen Sklaven aus Georgia und South Carolina nach Florida, wo sie von den Seminolen-Indianern aufgenommen wurden und sich mit ihnen vermischten. Später kämpften sie verbittert gegen die US-Truppen, die bereits zu dieser Zeit ihren Mut und Kampfeswillen zu spüren bekamen. Nachdem die Black Seminols schließlich unterlagen, wurden sie in Reservate nach Oklahoma gesandt, wo sie es aber nicht lange aushielten und über die Grenze nach Mexiko entwischten. Die Mexikaner machten sich ihre Kampferfahrung zunutze und boten ihnen „Asyl" an, wenn sie dafür gegen die Comanchen und Apachen angingen, die laufend südlich der Grenze plünderten.

Letzte Ruhestätte eines Black Seminol Scouts

Während des Amerikanischen Bürgerkriegs kämpfte eine Einheit der Seminolen, die „Seminole-Negro Indian Scouts", unter amerikanischer Flagge. Auch hier wurden sie vorwiegend gegen die Indianer eingesetzt, die sie während des Krieges und auch danach in nicht weniger als 26 Kämpfen immer besiegten. Vier der Kämpfer, deren Gräber auf dem Friedhof eingezäunt sind, erhielten sogar Ehrenmedaillen („Medal of Honor") für ihre Tapferkeit. Selbst im 1. Weltkrieg wurden viele von ihnen eingesetzt, hauptsächlich als Spurenleser.

www.texasoutside.com/roybeanp2.htm, tgl. 8–17 Uhr) besagten Saloon bewundern, dazu einen alten Ölförderturm und den mit Kakteen besetzten Garten. Nicht weit von hier wurde im Jahre 1955 ein UFO-Crash gemeldet…
In Langtry gibt es einen Campingplatz (vornehmlich für Wohnmobile), aber kein Hotel.

Weiter auf dem US 90 geht es nun durch eine weite und ziemlich öde Buschlandschaft. Die Farmerei hier wird z.T. nur noch von „Stellvertretern" oder „Pächtern" betrieben. Die eigentlichen Landbesitzer wohnen häufig in der Großstadt. Der Eindruck, im nächsten Moment würden Indianer angreifen, lässt einen nie ganz los, so trist und urtümlich wirkt alles. *Ersatz-Landwirte*

Marathon, von wo aus der US 385 nach Süden zum Big Bend National Park abzweigt, bietet etwas Wildwest-Romantik. Besonders erwähnenswert ist das Gage Hotel, welches der gleichnamige Rinderbaron 1927 erbauen ließ.

Von Marathon bis zum nördlichen Eingang des Big Bend Nationalparks sind es noch 40 Meilen entlang einer landschaftlich schönen Strecke, die bereits auf den Nationalpark einstimmt. Am nördlichen kleinen Visitor Center können Sie bereits Infos einholen und erhalten zudem eine Karte.

Reisepraktische Informationen Bracketville, Del Rio und Marathon, TX

VORWAHL 830

Information

Chamber of Commerce: *1915 Veterans Blvd., ✆ 775-3551, 1-800-889-8149, www.drchamber.com.*
Amistad Nat. Recr. Area: *✆ 775-7491, www.nps.gov/amis. Das Visitor Center liegt an der Südseite des Stausees, direkt am US 90.*

Unterkunft

In der **Amistad NRA** *(✆ 775-7491) selbst gibt es kein Hotel, dafür aber ein paar Campinggelegenheiten.*
Fort Clark Springs Motel $$: *US 90 West, Bracketville, ✆ 563-2494, www.fortclark.com. Die Zimmer sind z.T. in den alten „Baracks" (Kasernen) untergebracht. Restaurant, Pool.*

In **Del Rio** *gibt es mehrere Motels – bes. am Veterans Blvd. (US 90/277/377, nördl. der Innenstadt), so z.B. das*
Ramada Inn $$, *2101 Veterans Blvd., ✆ 775-1511, 1-800-272-6232, www.ramadainndelrio.com.*
La Quinta $$, *2005 Veterans Blvd, ✆ 775-7591, 1-800-531-5900, www.lq.com.*
Schöner ist dagegen das **Villa Del Rio B&B $$-$$$** *(123 Hudson Drive, Del Rio, ✆ 768-1100, 1-800-995-1887, www.villadelrio.com) in einem Haus von 1887.*
Nahe dem Lake Amistad gibt es weitere Unterkünfte, so z.B. das **Amistad Lake Resort $$-$$$**: *11207 US 90 W, ✆ 775-8591, www.amistadlakeresort.com.*

Camping

American Campground & Recr. Resort: *US 90 W., HCR #3, Box 44, San Angelo, ✆ 775-6484. Komfortabler Camping- und Mobilehomeplatz. Hier kann man auch Boote mieten.*

Restaurants

Cripple Creek Saloon & Restaurant: *5667 US 90 West, nördlich der Stadt. ✆ 775-0153. Steaks und Seafood.*
Wrights Steak House, *8116 US 90 West, ✆ 775-2621. Etwas gediegeneres Ambiente. Hier gibt es sogar eine Salatbar!*

Tipp

Falls Sie vorhaben, am selben Tag auf der westlichen Seite des Parks wieder hinauszufahren nach Lajitas oder Alpine, denken Sie daran, vorher eine Unterkunft zu reservieren. Außerdem: Ausreichend Zeit einplanen, der Park ist größer, als man denkt.

Unterkunft

Captain Shepard's Inn $$-$$$: *Ecke Ave. D/2nd St., ✆ (432) 386-4043, 1-800-550-0503, www.captainshepardsinn.com. Schöne Unterkunft in renoviertem, über 100 Jahre altem Adobe-Gebäude.*

Gage Hotel $$-$$$$, *US 90, ✆ (432) 386-4205, 1-800-884-4243, www.gagehotel.com, ein kleines, historisches Hotel mit gutem Restaurant.*

Hinweis: *Reservieren Sie für Marathon vorher. Sollten die wenigen Zimmer hier ausgebucht sein, ist eine Alternative weit entfernt.*

Spektakuläre Aussichten am Santa Elena Canyon

Big Bend National Park

Beste Jahreszeit: Der 324.224 ha große Park weist sehr unterschiedliche Höhen auf: Von November bis März ist es in den Bergen sehr kalt (oft Schnee), von Ende Mai bis Anfang Oktober sind die Niederungen um den Rio Grande sehr heiß. Die beste Jahreszeit ist der Frühling mit erträglichen Temperaturen überall und dem Vorteil, die Pflanzenblüte miterleben zu können. Im Sommer, besonders während der Schulferien (Juli/August), kommen die meisten Touristen, und gerade dann empfiehlt sich eine rechtzeitige Reservierung der Unterkunft.

Tierwelt: In einem klimatisch so unterschiedlichen Gebiet leben die verschiedensten Tierarten, es kommt nur darauf an, ob man am Fluss, in der Chihuahua-Wüste oder in den Bergen nach ihnen schaut. Aufgrund der kargen Vegetation ist die Populationsstärke der meisten Tierarten nur sehr niedrig. Vögel kann man am besten am Fluss, z.B. beim Rio Grande Village, beobachten. Es gibt bis zu 450 verschiedene Vogelarten hier, von denen aber nur 53 ganzjährig ansässig sind. Neben Kolibris, dem mexikanischen Häher und Raubvögeln (in den Bergen), wie z.B. Geier und Buntfalken, gibt es auch eine Reihe von Europa her bekannter Vögel: Zaunkönige, Drosseln, Finkenarten (andere als bei uns) und sogar vereinzelt Schwalben. Markanteste Säugetiere: Maultierhirsch (seltener der Weißwedelhirsch), Erdhörnchen, Wüstenhasen (mit besonders großen Ohren) und seltener Mountain Lion (Puma) und Schwarzbären. Die meisten dieser Tiere leben in den kühleren Bergregionen, so z.B. am Teich in der Nähe des Chisos Basin Campingground.

Kolibris und Raubvögel

Ein besonders für diesen Park typisches Tier ist das Javelina, das aussieht wie ein kleines Wildschwein, aber zur Familie der *Tayassuidea* gehört, die den Tapiren und Pferden (!) näher verwandt sind. Am Río Grande gibt es Biber, die Sie besonders gut bei einer Flussfahrt erleben können. Aber aufgrund des kargen Holzbestandes haben sie ihre Höhlen in den Sand der Uferregionen gebaut und nicht als „Holzhaus" auf das Wasser. Zudem gibt es 65 Amphibien- und Reptilienarten, darunter Skorpione und Schlangen. Eine ganz eigene Spezies der Wüste bildet die Couch'sche Spatenfußkröte, eine Art „Wüstenamphibie".

Pflanzenwelt: Die Pflanzen sind an das trockene Klima der Chihuahua-Wüste angepasst. Da sind zum einen die Sukkulenten, die ihren Wasservorrat speichern können (u.a. Kakteen), und zum anderen gibt es die Pflanzen, die als Samen so lange im Boden verweilen, bis genügend Regen sie „aktiviert". Eine keimhemmende Substanz im Samen ermöglicht dies. Auf den ersten Blick wirkt die Vegetation auf den Wüstenflächen trostlos: niedrige Sträucher, halbverdorrte Kakteen und trockene Grashalme. Doch kaum, dass etwas Regen fällt, erwacht die Wüste, und eine vorher unvorstellbare Blütenpracht sprießt für wenige Tage auf. Häufige Wüstenpflanzen sind Kaktusfeigen, kleine Yuccapalmen und die Mesquitebohnen (aus denen ein mexikanisches Gewürz gewonnen wird). Kein anderer Nationalpark besitzt so viele Kakteenarten (über 70). In den Bergen findet man, wegen des höheren Niederschlages und der milderen Temperaturen, eine

Das Javelina ist ein Verwandter der Pferde

Reihe von Baumarten: Goldkiefern, Douglastannen, Zypressen, Zitterpappeln und der Ahorn sind die häufigsten. Im Blue Creek Canyon, und in den Bergen gibt es die seltene Chisos-Eiche, die sich mit ausgesprochen hartem Holz und dicker Rinde an die Hitze angepasst hat. Im Flussgebiet fühlen sich Pappeln und Weiden wohl, dazu eine Reihe von Schilfgräsern und Abarten von Bambus.

Redaktionstipps

- **Outdoor**: Schlauchboottour auf dem Río Grande; Mountainbiking
- **Übernachtungstipp**: Vorher in Marathon im **Gage Hotel** (S. 245), danach im **Lajitas Golf Resort & Spa** in Lajitas (S. 256, teuer), von wo aus man den westlichen Teil des Parks noch gut an einem weiteren Tag erkunden kann. Alternativ **Holland Hotel** oder **Hotel Paisano in Marfa** (S. 255). Im Park bleibt nur die **Chisos Mountains Lodge**.
- **Tipp**: Besonders in diesem Park, dessen Fauna und Flora im ersten Moment wenig eindrucksvoll wirken, doch z.T. einzigartig sind, empfiehlt es sich, im Visitor Center spezielle Literatur dazu zu besorgen. Die weite Landschaft der Halbwüste als Ganzes ist als solche schon bemerkenswert, ohne das nötige „Zusatzwissen" aber zweitrangig.
- Zeiteinteilung: Weniger als zwei Tage lohnen sich kaum. Am ersten Tag Anfahrt von Marathon und den Norden sowie den Südosten des Parks (Rio Grande Village) erkunden. In der Chisos Mountain Lodge nächtigen. Am 2. Tag den Südwesten (u.a. Bergwelt/Santa Elena Canyon) erkunden und eine Wanderung unternehmen. Nächtigen in Lajitas oder Marfa (langer Tag!).

Aktivitäten

Wandern ist natürlich auf jeden Fall zu empfehlen, besonders um Pflanzen- und Tierwelt besser zu erleben. Vergessen Sie aber niemals, egal zu welcher Tageszeit: Trinkwasser (4–5 Liter p.P./Tag), Kopfbedeckung, Sonnenschutz und festes Schuhwerk! Folgende Trails sind die beliebtesten:

- **Santa Elena Canyon Trail**: Start/Ende an der gleichnamigen Straße. 2,7 km Rundweg, 1–2 Stunden, etwas anstrengend. Zuerst müssen Sie durch einen Fluss waten, doch die Szenerie des Canyons mit den über 400 m hohen Wänden belohnt dafür. Nach Muschelschalen Ausschau halten. Vom Canyon aus gute Fotomotive auf die Chisos Mountains.
- **Window Trail**: Start/Ende am Basin Trailhead. 9 km, 4 Stunden, etwas anstrengend. Ausgezeichnete Ausblicke auf Berge und Ebene. Hier erleben Sie die gesamte Vegetationsbreite von subalpiner Pflanzenwelt bis hin zur Wüstenvegetation.
- **Lost Mine Trail**: Start/Ende am Panther Pass. 8 km, 4 Stunden, relativ schwierig. Höhenunterschied: 400 m. Gut, um die Vegetation der Berge zu erkunden. Ausgezeichnete Ausblicke auf Jupiter und Pine Canyon. Am Pfadanfang kann man ein beschreibendes Heftchen mitnehmen. Hier können Sie auch gut nach einer Meile umkehren. *Canyon-Ausblicke*
- **Boquillas Canyon Trail**: Start/Ende am Ende der gleichnamigen Stichstraße. 2 km, 1 Stunde, leicht. Einblick in den Boquillas Canyon und von einer kleinen Anhöhe Überblick über das Rio-Grande-Tal. Die Löcher an der Canyonwand wurden z.T. von den Indianern als Schutzhöhlen angelegt.
- **Basin Trails**: Im Basin gibt es mehrere, kürzere und längere Rundwanderwege mit Ausblicken auf die Ebene und Einblicken in die Pflanzenwelt der Berge. Ausführliche Karten und Infos erhalten Sie im Visitor Center am Hotel.

Über weitere Wanderrouten (es gibt 37 im Park) informieren Sie zahlreiche Broschüren und Bücher sowie die gut ausgebildeten Ranger.

Hinweis

Für jegliche Aktivität gilt: Sonnenschutz (Creme, Hut), Trinkwasser, festes Schuhwerk (am besten Wanderschuhe) und etwas zu essen einpacken! Für die Schlauchbootfahrten empfiehlt sich die Mitnahme von ausreichend Proviant. Zudem sollten Sie feste Sportschuhe mitnehmen, die für die Ausstiege essentiell sind (steiniger Flussschotter).

Offroad-Touren: Neben den asphaltierten Straßen gibt es eine Reihe von Schotterpisten, von denen die wenigsten für herkömmliche Fahrzeuge geeignet sind. Es ist daher ratsam, eine organisierte Tour zu unternehmen. Anbieter dafür gibt es in Terlingua.

Reiten: Ausritte im und um den Park sind ein besonderes Erlebnis. Sie dauern zwischen 3 Stunden und mehreren Tagen. Infos in der Chisos Mountains Lodge, am Visitor Center oder in Lajitas.

Tolle Flusstouren

Flussfahrten sind **das Erlebnis** im Park. 170 km des Rio Grande begrenzen den südlichen Parkabschnitt, doch werden insgesamt über 300 km von der Parkbehörde verwaltet und gelten als lohnend für **Rafting-Touren**. Ein kostenloses Permit ist erforderlich, das sofort am Visitor Center ausgestellt wird. Es werden neben Schlauchboot- auch **Kanutouren** angeboten (eher für Geübte). Sie können sogar selbst ein Boot mieten, aber dazu sollten Sie Erfahrung mitbringen. Das Beste auch hier: Schließen Sie sich einem erfahrenen Unternehmen an. Es werden Strecken verschiedenster Länge angeboten (von 2 Stunden bis zu 7 Tagen). Wenn Sie sich nur zu einer kürzeren Tour entschließen können, dann sollten Sie an einer Tour durch einen der Canyons teilnehmen. Dafür bietet sich die Strecke Lajitas – Santa Elena Canyon – Auslassstelle östlich des Santa Elena Canyon an (Länge: 20 Meilen, Dauer: 1 Tag, wenn Sie früh starten). Auch für die meisten anderen Touren ist die Einlassstelle Lajitas. Der Ort liegt gleich westlich der Parkgrenze und ist über den Hwy. 170 zu erreichen. Wenn der Wasserstand des Flusses nicht zu hoch ist, ist das Wasser ziemlich ruhig, und dann kann wirklich jeder, egal welchen Alters, diese Touren mitmachen. Eine so gute Gelegenheit haben Sie auf den Flüssen von Utah und Colorado nicht mehr. Dort sind die Wasser wilder, die einmaligen Strecken länger und die Preise höher. In der Hochsaison unbedingt vorher reservieren! Die Touren dauern zwischen einem und sechs Tagen.

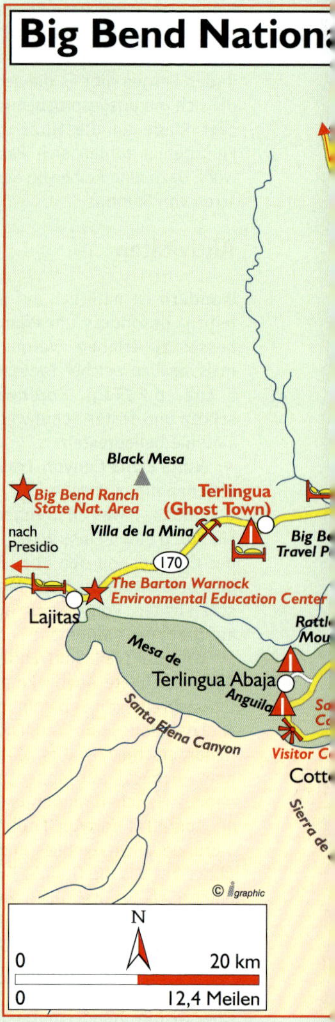

Besser nicht im Sommer…

Mountainbiking: Die Strecken sind toll, aber bieten wenig Schatten. Daher empfehlen sich für diese Aktivität eher die Monate Oktober–April. Routenvorschläge geben die Vermieter. Eine schöne, wenn auch lange Strecke (43 km) führt über eine Schotterpiste entlang der Old Ore Road vom Norden des Parks bis zum Rio Grande Village.

Allgemeine Informationen zum Big Bend National Park

Der Name Big Bend (Große Schleife) bezieht sich auf die große Schleife, die der Rio Grande an der südlichen Park- und Staatsgrenze auf über 170 km zieht (und dabei eine 90°-Kurve vollzieht). Seiner Abgelegenheit verdankt es dieser Park, dass er zu den am wenigsten besuchten der USA zählt (370.000 Besucher/Jahr). Dabei bietet er eine einmalige

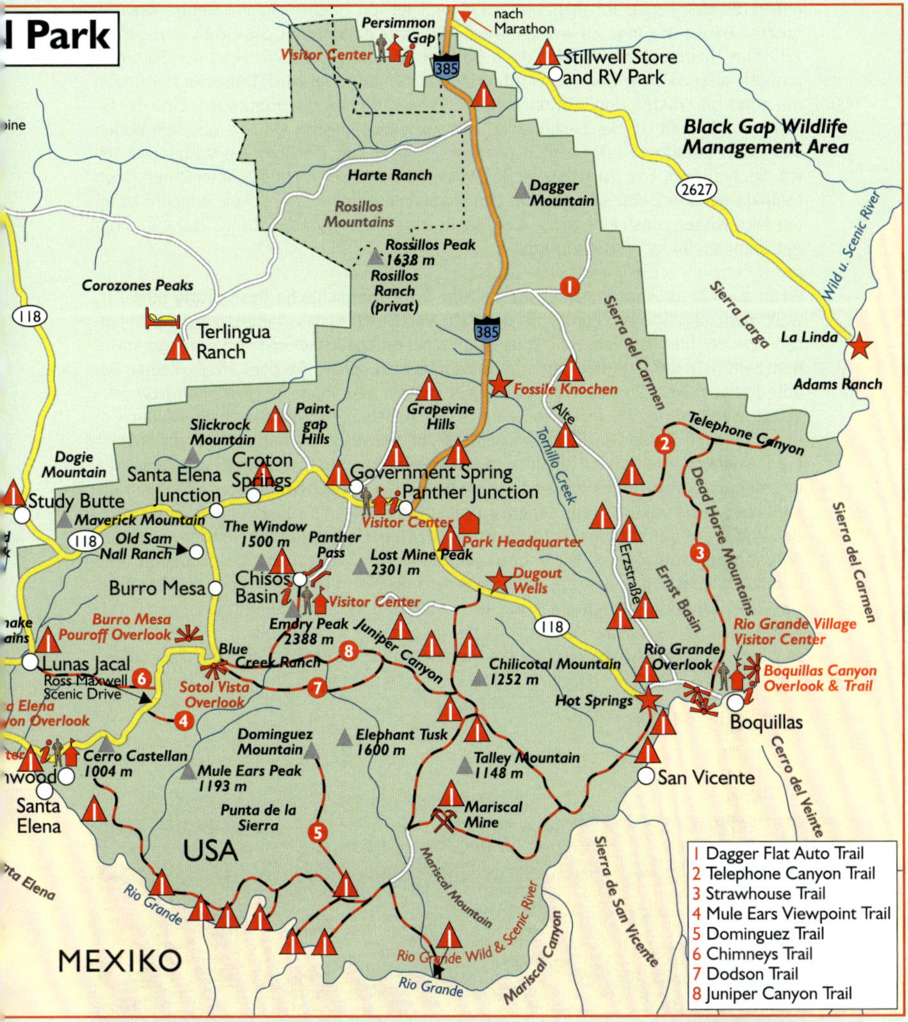

Berg- und Wüstenlandschaft, deren Kontrastpunkt die grüne Flussoase des Rio Grande darstellt. Doch das wirklich Reizvolle hier sind die Tier- und Pflanzenwelt sowie die Geologie. Wenn man den Park wirklich erleben möchte, sollte man sich ein wenig mit den Naturgegebenheiten auseinander setzen und auch etwas Zeit mitbringen. Eine kurze Durchfahrt würde den Abstecher hierher nicht rechtfertigen.

Grundsätzlich kann man den Park in drei **geografische Hauptzonen** einteilen:

1) Die nördlichen Ausläufer der sich tief nach Mexiko erstreckenden **Chihuahua-Wüste**, die 97 % der Parkfläche einnimmt. Diese Wüste ist auf drei Seiten von Bergen um-

geben (die den Regen abhalten) und auf einer Seite von einer trockenen Steppe. Die Chihuahua-Wüste ist jung, vor weniger als 8.000 Jahre entstanden. Sie erhält weniger als 200 mm Niederschlag im Jahr, doch fällt dieser vorwiegend während der Sommermonate, also zu einer Zeit, wo er am dringendsten benötigt wird. Daher ist der Boden mit einer für Wüsten ungewöhnlich dichten Vegetationsdecke überzogen. Eine der typischen Pflanzen ist die „Lechuguilla“, die wie eine Handvoll Dolche aus dem Boden sprießt. Ihre starken Fasern eignen sich hervorragend zum Flechten von Matten und Seilen. Ein typisches Tier der Wüste ist der Wüstenhase mit seinen übergroßen Ohren (auch Eselhase genannt). Wer sich noch an den Biologieunterricht in der Schule erinnern kann, der wird wissen, dass eine große Oberfläche eine höhere Verdunstungsfläche und damit mehr Kühlung mit sich bringt.

Sommerregen

Wenn auch heute kaum noch etwas auf eine frühe **menschliche Besiedlung** hinweist, weiß man aufgrund von Funden in der Nähe von Quellen, dass bereits vor 10.000 Jahren Indianer hier gewesen sein müssen. Sie haben ausschließlich von der Jagd sowie dem Sammeln der Kaktusfeigen und Dattelpflaumen gelebt. Ab dem 13. Jh. kamen Pueblo-Indianer her. Doch im 16. Jh. wurden sie von den Spaniern vertrieben bzw. versklavt. Während des 18. Jh. gelangten dann die Apachen, die von den kriegerischen Comanchen nach Süden vertrieben worden sind, in die Wüste. Sie hielten zwar die Spanier auf Distanz, wurden aber 100 Jahre später wieder von den Comanchen verdrängt, die ihrerseits den vordringenden Siedlern weiter nördlich weichen mussten. Da ihnen die Jagd aber keine ausreichende Lebensgrundlage bot, waren sie gezwungen, immer wieder Dörfer auf der anderen Seite des Flusses zu überfallen und zu plündern. Der Niedergang der Comanchen wurde besiegelt, als ganze Siedler- und Goldsucherströme durch das Land zogen und z.T. auch im Bereich Big Bend siedelten. Für sie richtete die US-Armee obendrein mehrere Forts im Südwesten ein, von denen aus dann Strafkompanien immer wieder auf die Indianer losgesandt wurden, bis um 1880 der letzte Widerstand gebrochen war und die Indianerkultur in diesem Teil Amerikas zerfiel.

Niedergang der Comanchen

Der Rio Grande am gleichnamigen Village

2) Die zentralen **Chisos Mountains**, die vulkanischen Ursprungs sind und durch ihre Höhenlage (bis zu 2.400 m) eine grüne Oase inmitten der Wüste bilden, beherbergen eine ganz andere Flora und Fauna. Nadelbäume und sogar Laubbäume, wie man sie eher in den nördlichen Rocky Mountains erwarten würde, prägen das äußere Bild über 1.400 m Höhe. Während das Klima in der umliegenden Wüste im Laufe der Jahrtausende immer trockener wurde, „sammeln" die Berge immer noch die Regenwolken und sorgen für jährliche Niederschläge von bis zu 400 mm. Dieses „Insellage" hat es einer Reihe von Tierarten erlaubt, hier über Jahrtausende zu bestehen.

Oase in Wüstenregion

Zu den auffallendsten Tieren hier gehören die kleinen Weißwedelhirsche, die sich fast ausschließlich im Basin aufhalten. Der Großohrenhirsch dagegen verträgt für eine Weile die Hitze der Wüste, zieht sich in der Regel aber auch zurück in die Randgebirge und beginnt, dort den Weißwedelhirsch zu verdrängen. Ein biologischer „Kampf" setzt ein, und in vielleicht 100 Jahren mag der kleine Hirsch ausgestorben sein. Der Mountainlion (Puma od. Panther genannt) lebt ebenfalls in den Bergen und jagt nach Kleinwild. Er gilt als bedrohte Tierart und ist bereits in vielen Landstrichen der USA ausgestorben. Was die Vogelwelt angeht, wird behauptet, dass sich in den Bergen, über das ganze Jahr verteilt, jede Vogelart der USA einmal hier aufhält. Während im Sommer die Wüstenvögel die Kühle suchen, verbringen sowohl subtropische als auch arktische Zugvögel den Winter hier.

Auch die Pflanzenwelt ist nahezu konstant geblieben während der klimatischen Veränderungen im umliegenden Wüstengebiet, und Pflanzen wie z.B. die Chisos-Agave und die Chisos-Eiche gibt es nur hier. In anderen Gebieten der USA sind beide mittlerweile ausgestorben.

3) Eine weitere Oase bildet der **Flusssaum** des Rio Grande, der mit seiner atemberaubenden Morphologie den landschaftlichen Höhepunkt des Parks bildet. Steile, bis zu 450 m hohe Canyonwände wechseln sich ab mit weiten, kiesreichen Tallandschaften voller grüner Bäume, Bambusgewächsen und Gräsern. Eine faszinierende Natur, deren Schroffheit ihresgleichen sucht. Gedanken an zurückliegende „Indianerschlachten", ungehobelte und unverbesserliche Goldsucher, Grenzkriege und Schmuggler werden wach. Kaum vorstellbar, dass sich hier Ende des 19 Jh., als diese Region noch fast gänzlich von ihrer Umwelt abgeschnitten war, Farmer niedergelassen haben. Siedlungen wie Castolon und Boquillas, mit kaum mehr als einer Handvoll Häusern, wurden zu dieser Zeit gegründet. Ein wesentlicher Nebenerwerb für die Farmer war damals das Schlagen von Holz für die nahe gelegenen Minen. Spätestens, wenn Sie die Wunderwelt dieses Flusses und seiner Canyons sehen, werden Sie der Versuchung einer Schlauchbootfahrt nicht mehr widerstehen können.

Farmen in schroffer Abgeschiedenheit

Auch hier lebt eine artenreiche Vogelwelt vor, die sich am Rio Grande Village in den Wäldchen und in den verschiedenen Überschwemmungsgebieten hervorragend beobachten lässt. Meisen, Ammern und Fliegenschnäpper gehören zu den ständigen „Bewohnern" der Nester. Doch gibt es hier auch „fossile" Tierarten, die über die Jahrtausende das feuchte Flussgebiet als letztes Rückzugsareal gegen die immer weiter vordringende Wüste genutzt haben. Lebende Beispiele dafür sind heute u.a. der Knochenhecht und verschiedene Schildkrötenarten. Ihre Vorfahren schwammen noch mit Krokodilen und Flusspferden um die Wette.

Egal, wie viel Zeit Sie haben und was Sie sich sonst noch im Park ansehen möchten, verpassen Sie es nicht, zumindest einen der Canyons zu erwandern. Der Fußweg zum Boquillas Canyon in der Nähe des Rio Grande Village ist einfach und nicht sehr weit.

Zur **Erkundung des Parks** fährt man zuerst zum Panther Junction Visitor Center. Der Park lässt sich von hier aus folgendermaßen einteilen:

- das östliche Wüstengebiet, durch das eine asphaltierte Straße zum Rio Grande Village führt. Fährt man hierhin, hat man bereits Wüste, Fluss und Canyon „abgehakt".
- *Einziges Restaurant im Park* zentral gelegen, ca. 10 Straßenmeilen westlich des Visitor Center, befinden sich die Chisos Mountains, deren Mittelpunkt das Basin ist, wo u.a. auch das Hotel und das einzige Restaurant im Park zu finden sind.
- westlich der Chisos Mountains führt eine weitere Asphaltstraße bis an den Rio Grande. Die Strecke führt auch durch die Wüste und ist landschaftlich noch eindrucksvoller als ihr östliches Gegenstück, bietet aber nicht so sehr das „Wüstenerlebnis", da ihr, durch unzählige Hügel bedingt, der Eindruck der öden Weite abhandenkommt. Dafür aber gibt es eine alte Farmruine und bemerkenswerte Aussichtspunkte. Geologisch Interessierte sollten sich auf dem ersten Teilstück einmal die verschiedenen Gesteinsstrukturen der Chisos Mountains (von weitem) ansehen. Steile Felsformationen wechseln mit grün schimmernden „Falten" und schräg versetzten Schichtstufen ab.

Verpassen Sie auf dieser Strecke auch nicht, von Castolon aus weiter nach Westen zu fahren bis zum Santa Elena Canyon Trail, der im Grunde auch zum „Pflichtprogramm" des Parks gehört. Von hier aus fahren die meisten auf gleicher Strecke zurück zur Hauptstraße und verlassen den Park im Westen. Alternativ dazu können Sie von hier über eine Schotterpiste an der Westgrenze des Parks entlang zur Hauptstraße zurückfahren. In der Regel können „normale" Autos diese Route benutzen. Es ist aber ratsam, sich über den aktuellen Zustand der Piste zu informieren.

Hat man mehr als einen Tag Zeit, bietet sich alternativ (oder zusätzlich) zu den Schlauchbootfahrten eine **Jeeptour** an. Auf den kaum befahrenen Schotterstrecken des Parks erlebt man Natur und Geschichte noch wirklichkeitsnäher, und der Gedanke, dass die ersten Siedler auf solchen Pisten über Hunderte von Meilen gereist sind, um in eine „Stadt" zu gelangen, ist schon faszinierend.

Kurze Einführung in die Geologie

Einst von einem Meer bedeckt

Bis vor knapp 100 Millionen Jahren war das gesamte Areal, bis hin nach Oklahoma, von tiefen Seen bedeckt. Als der nordamerikanische Kontinent mit dem afrikanischen und dem südamerikanischen kollidierte, falteten sich viele Bergrücken auf. Einer von ihnen ist heute noch als Rest am nördlichen Parkeingang, dem Persimmon Gap, zu sehen. Die meisten Bergrücken aber sind mit der Zeit erodiert, sodass das Meer auch hier seine kilometerdicken, mit Sand vermischten Kalkschichten ablagern konnte. Bereits vor 120 Millionen Jahren begann sich das Gebiet anzuheben, und das Meer damit zu verschwinden. Unter den Ablagerungsschichten zwängten sich magmatische Ströme nach oben, die schließlich ausbrachen und große Teile der Fläche bedeckten, wo sie zu hartem Gestein erstarrten. Vor 60 Millionen Jahren war das Meer dann vollkommen verdrängt, und die Zeit der Sümpfe und der fliegenden Reptilien und Dinosaurier brach an. Zu dieser Zeit lebte der *Pterodaktylus* hier, das größte fliegende Lebewesen, das die Erde wohl jemals gesehen hat. Seine Flügelspanne betrug 12 m.

Zu gleicher Zeit begann der geomorphologische Erosions-, Hebungs- und Zersetzungsprozess, der die heute sichtbare Landschaft maßgeblich geformt hat: Die Erde hob sich weiter an, brach auf, und an vielen Stellen kamen durch Vulkanausbrüche Tiefengesteine hervor, die wir heute z.B. als die westlichen und nördlichen Chisos Mountains ansehen. Dort, wo keine Vulkane ausbrachen, verformte sich die aufgelagerte Kalkschicht. Mal zu „Wellen", mal zu „Falten". Zu gleicher Zeit begannen der Rio Grande und seine Nebenflüsse, damals noch wasserreicher als heute, ihre Flussbetten zu graben.

Beliebt bei Wanderern

Keine leichte Aufgabe, da sich der ersten Hebungsphase eine zweite anschloss, die den Wassern harte Gesteinsschichten in den Weg legte. Doch „steter Tropfen höhlt den Stein", und was übrigblieb, sind die heute so beeindruckenden Canyons.

Reisepraktische Informationen Big Bend National Park, TX

VORWAHL 432

Information

Es gibt fünf Visitor Center im Park, das bestausgestattete ist das **Panther Junction Visitor Center** *(29 Meilen südl. Persimmon Gap/22 Meilen östl. Study Butte, ✆ 2264, tgl. 8–18 Uhr). Für erste Infos/eine Karte empfiehlt sich ein Stopp gleich am Eingang (US 385) am* **Persimmon Gap Visitor Center** *(✆ 477-2393, Nov.–April). Bitte beachten Sie, dass die Visitor Center i.d.R. nur bis 16.30 Uhr und drei davon nur von November bis April geöffnet sind. Allg. Infos: ✆ 477-2251, www.nps.gov/bibe.*

Unterkunft

Chisos Mountains Lodge $$-$$$: *Big Bend NP, ✆ 477-2292, www.chisosmountainslodge.com. Die eher praktisch gehaltene Lodge liegt im Park, 7 Meilen südlich der Basin Junction. Einziges Restaurant im Park. Zimmer und Steinhütten. Nicht alle Zimmer haben Aircondition! Visitor Center angeschlossen.*

Weitere Unterkünfte *gibt es in Lajitas, Marathon, Marfa und Alpine* *(S. 244 u. 255)* *und Study Butte.*

Camping/ RV

Campingplätze, die Sie mit dem Auto erreichen können: **Chisos Basin** *(der schönste fürs Zelten),* **Rio Grande Village** *(der beste für RVs/Campmobile) und am* **Castolon**

(Cottonwood). Die Strecke zum Basin ist für Wohnmobile über 24 ft und Hängergespanne über 20 ft nicht ratsam wegen der Haarnadelkurven). Reservierung aller Plätze: ✆ 477-2293, 1-877-386-4383, www.chisosmountainslodge.com/campground.

Tanken

Es gibt zwar Tankstellen im **Rio Grande Village** *und im* **Basin**, *doch ist es eher angebracht, bereits in Marathon seinen Tank noch einmal aufzufüllen.*

Outdoor-Unternehmungen

Wandern, Schlauchboot- und Kanu-Touren, Mountainbiking und Ausritte sind am beliebtesten. Outfitter/Touranbieter gibt es vor allem in Lajitas und in Terlingua, so z.B. **Desert Sports** *(Rafting, Mountainbiking, Kanu, Wandern: Terlingua, ✆ 371-2727, www.desertsportstx.com) und* **Lajitas Stables** *(Ausritte, 2 Std. bis 5 Tage: Lajitas, ✆ 371-2212, www.lajitasstables.com).*

Achtung! Wilde Tiere

Es gibt vereinzelt ***Schwarzbären*** *(besonders in den Bergen). Also keine Essensreste offen herumliegen lassen. Die Bären riechen diese meilenweit. Es gibt für Abfälle eigens bärensichere Mülltonnen, die Sie nach Gebrauch gleich wieder fest schließen müssen. Der* ***Puma*** *ist in der Regel nachtaktiv. Man trifft ihn äußerst selten an, meist läuft er bereits weg, bevor Sie ihn überhaupt zur Kenntnis genommen haben. Falls Sie trotzdem einem gegenüberstehen sollten, laufen Sie NICHT weg! Stören Sie ihn nicht, wenn er frisst, und schauen Sie ihm nicht in die Augen (Drohgebärde). Bleiben Sie ruhig und besonnen, und laut Parkverwaltung ist es das Beste, Steine nach ihm zu werfen, dann verzieht er sich.*

Weiterfahrt

Man verlässt den Big Bend National Park nun am westlichen Ausgang. Nach nur wenigen Meilen erreicht man den Flecken **Study Butte**. Hier muss man sich entscheiden, ob man auf schnellstem Wege entlang dem Hwy. 118 nach Alpine fährt oder sich für die landschaftlich schönere und nur 1 ½ Autostunde längere Variante über Lajitas, Presidio und Marfa entscheidet.

Variante 1

Cowboy- und Ranch-Museum

Alpine ist Sitz des Brewster County, des größten County von Texas (mit aber der geringsten Einwohnerdichte – 1 E./Quadratmeile). Einen Besuch wert für Cowboy- und Ranchfans ist das kleine **Museum of the Big Bend**, das der für den kleinen Ort übermächtig erscheinenden Universität am Berg angegliedert ist *(Sul Ross State Univ., ✆ (432) 837-8143, www.sulross.edu/~museum, Di–Sa 9–17, So 13–17 Uhr)*. In der Holland Avenue gibt es ein paar nette Geschäfte und Cafés.
Von Alpine geht es dann weiter über den Hwy. 118 nach Ft. Davis, wo man auf die Strecke der „Variante 2" trifft.

Variante 2

Biegen Sie in Study Butte nach Süden ab auf die FM 170, die zuerst an dem (fast) verlassenen Minenörtchen **Terlingua** *(www.historic-terlingua.com)* vorbeiführt. Hier findet alljährlich die Weltmeisterschaft im Chili-Kochen statt (erstes Wochenende im November, *www.chili.org/terlingua*) und in dessen Umkreis sich Outfitter für Outdoor-Aktivitäten niedergelassen haben und mittlerweile auch ein paar Unterkünfte und Restaurants um die Reisenden buhlen.

Reisepraktische Informationen Alpine und Marfa, TX

Unterkunft

Entlang dem US 90 (Holland Ave.) befinden sich am jeweiligen Ortseingang mehrere Hotels und Motels.

Holland Hotel $$-$$$: *209 W. Holland Ave., ✆ (432) 837-2800, 1-800-535-8040, www.thehollandhoteltexas.com. Historisches (von 1928) Hotel mit gemütlichen bis luxuriösen Räumen. Innen viel schöner, als es von außen scheint!*

Hotel Paisano $$-$$$: *207 N. Highland St., ✆ (432) 729-3669, 1-866-729-3669, www.hotelpaisano.com. Wer es etwas feiner mag, der fährt nach Marfa (35 Meilen westlich) in dieses ebenfalls historische Hotel. Hier haben schon Liz Taylor, Rock Hudson sowie James Dean gewohnt, als sie den Film „Giants" in der Gegend gedreht haben.*

Western-Bar

Die ohne Zweifel bekannteste und am besten mit Bier versorgte Western-Bar im gesamten Big-Bend-Country ist **Railroad Blues** *(504 Holland Ave., Alpine, ✆ (432) 837-3103). Hier wird getanzt und gesungen und am Wochenende treten – meist erst nach 22 Uhr – Country Bands auf.*

Im Holland Hotel gibt es deutsche Küche und gutes Bier

Lajitas

Vom Outpost zum Touristenort

Lajitas, ursprünglich nur ein Outpost der US-Kavallerie mit kleiner Trading Post, erwachte in den 1980er Jahren zu neuem Leben, als ein Geschäftsmann aus Houston sich seiner annahm. Mit viel Geschick hat er Lajitas zu einem historischen Touristendorf auf- bzw. umgebaut, ohne dabei aber den Charakter des Wilden Westens zu verdrängen. Selbst ein Golfplatz kann daran nicht rütteln. Heute gehört fast der ganze Ort zum Lajitas Resort. Zentraler Punkt ist das Badlands Hotel, das in einer alten Kleinstadthäuserfront untergebracht ist, gemeinsam mit einigen Souvenirläden und einem Touroperator. Zudem wurden die ehemaligen Offiziersgebäude und die Missionsstation zu Hotelunterkünften ausgebaut, und hinter den Gebäuden gibt es einen RV-Platz. Eine Reitanlage und die Lage am Fluss sorgen für Freizeitaktivitäten (Schlauchbooteinsatzstelle/Wild Water Rafting).

Informatives zu natur- sowie kulturhistorischen Fragen zur Big Bend Area erhalten Sie im **Barton Warnock Environmental Education Center** *direkt östlich von Lajitas an der FM 170 (✆ (432) 424-3327, www.tpwd.state.tx.us, tgl. 8–16.30 Uhr). Der daran angeschlossene* **Lajitas Desert Garden**, *der Ihnen die Wüstenpflanzen näher bringt, lohnt ebenfalls.*

Zu Wanderungen, weiteren Raftingtrips, Mountainbiking, Kanufahrten etc. lädt auch der nahe **Big Bend Ranch State Park** ein. Infos s. u.

Unterkunft

Lajitas Golf Resort & Spa $$$-$$$$: *✆ (432) 424-5000, 1-877-525-4827, www.lajitasgolfresort.com. Einst eine urige Western- Unterkunft, wurde das Hotel komplett umgekrempelt zur wohl luxuriösesten Unterkunft im Umkreis des Big Bend NP. Es gibt nun gute Restaurants, einen Golfplatz, ein Spa u.v.m. im Resort. Die Preise dafür sind angemessen, aber nicht jeder möchte so viel ausgeben.*

Weiter in Richtung Carlsbad Caverns National Park und El Paso

Revoluzzer-Pfad

Folgen Sie nun der FM 170 entlang dem Rio Grande nach Presidio (50 Meilen). Es ist die gleiche Strecke, die die ersten Spanier und vor 150 Jahren die Siedler und Händler von San Antonio nach El Paso benutzt haben und die damit in die Geschichte einging. Anfang des 20. Jh. nutzte auch *Pancho Villa*, der mexikanische Revolutionär, diesen Pfad, um auf Eseln seine Waffen an den mexikanischen Linien vorbei zu befördern. Auf dieser Straße durchquert man den 1988 angelegten **Big Bend Ranch State Park** *(✆ (432) 424-358-4444, www.tpwd.state.tx.us, tgl. 8–17 Uhr)*, der für den kleinen Umweg mit atemberaubenden Fluss- und Berglandschaften belohnt.

Es gibt eigens angelegte Wander- und Mountainbikerouten (Karten erhalten Sie in Lajitas), Einsetzstellen fürs River Rafting und im Frühjahr können Sie beim Rindertrieb zuschauen. Der Zugang zum Park führt durch das u.g. Fort Leaton (4 Meilen vor Presidio). Die ersten 30 Meilen führen dicht am Fluss entlang (Fotostopps). Danach öffnet sich das Tal zu einer fruchtbaren Flussoase. Achten Sie dabei auch auf die verschiedenen Felsstrukturen zu Ihrer Rechten, die die unterschiedlichen geologischen Formen des Rio-

Grande-Tals deutlich machen. Kurz vor Presidio liegt links das kleine **Fort Leaton**, das 1848 als Handelsposten gegründet wurde und heute ein kleines Museum beherbergt *(✆ (432) 229-3613, tgl. 8–16.30 Uhr)*.

Presidio ist ein uninteressanter Grenzort, der nur dadurch hervorsticht, der heißeste Platz in ganz Texas zu sein. Übernachtungen kann man hier nicht empfehlen. Fahren Sie also am besten gleich weiter nach Marfa auf dem US 67. Die Strecke durchquert riesige Weideflächen, deren Gräser zu fast allen Jahreszeiten ein eindrucksvolles Bild von der Menschenleere und der Weite abgeben.

Marfa wurde erstmals durch seine mystischen Lichter („Marfa Lights") bekannt, die an vielen Abenden am Himmel zwischen hier und Presidio zu sehen sind und über deren Ursache noch heute die Wissenschaftler rätseln. Eine Kupfertafel acht Meilen östlich am Hwy. 90 gibt einige Denkanstöße, weist aber auch darauf hin, dass mittlerweile 75 Gerüchte zur Entstehung der Lichter kursieren (inkl. UFO-Stories). 1955 wurde der Ort im wahrsten Sinne des Wortes umgekrempelt, als nämlich der Filmklassiker „Giants" („Giganten") mit *James Dean, Elizabeth Taylor* und *Rock Hudson* in den Hauptrollen hier gedreht wurde. Handsignierte Poster in der Lobby des El Paisano Hotel (S. 255) sind seither zu einem Wallfahrtsort für Dean-Fans geworden. Liebhaber zeitgenössischer Kunst finden aus allen Teilen der Welt den Weg nach Marfa, denn am Ortsrand wurde 1979 mit Hilfe der bekannten DIA Art Foundation aus New York ein großes Museum, mittlerweile als **Chinati Foundation** bekannt, eingerichtet: *✆ (432) 729-4362, www.chinati.org, Mi–So 10–16 Uhr, nur Touren und nur nach Anmeldung! $ 10–26)*.

James Dean im UFO-Land

In Marfa bietet sich jetzt die Möglichkeit, über den US 90 nach Westen bis El Paso zu fahren oder auch nur bis Van Horn, von wo aus man zum Guadalupe National Park gelangt. Diese Strecke ist zwar schneller, aber landschaftlich nicht so attraktiv wie die folgende durch die Davis Mountains.

Hinweis zur Weiterfahrt zu den Carlsbad Caverns/ Zeitumstellung

*Beachten Sie für die Reiseplanung die **Zeiten und Regeln für die Führungen durch die Carlsbad Caverns**! Man muss die meisten Touren mind. einen Tag im Voraus buchen und sich erkundigen, wann die letzten Einlasszeiten sind (i.d.R. 13 bzw. im Sommer 14 Uhr, Mountain Time; für die großen Touren, „Selfguided Touren" meist Einlass bis 16 Uhr). Richten Sie Ihre Fahrstrecke von Big Bend/ Marfa bzw. Alpine aus darauf ein und bedenken Sie Zusatzzeiten für den Besuch des Fort Davis, des McDonald Observatorium und den Guadalupe Mts. NP.*
***Zeitumstellung**: Noch vor dem Guadalupe NP, der ja eigentlich noch auf texanischer Seite liegt, wird auf Mountain Time umgestellt, die in ganz New Mexico (inkl. Carlsbad Caverns NP) und auch in El Paso gilt. Das bedeutet, Sie gewinnen eine Stunde.*

Weiter geht es auf dem Hwy. 17 nach Fort Davis. 4 Meilen südlich vom Ort Fort Davis am Hwy. 118 können Sie das **Chihuahuan Desert Research Institute** *(✆ (432) 364-2499, www.cdri.org, Mo–Sa 9–17 Uhr)* mit einem botanischen Garten voller Wüstenpflanzen besuchen. Das Desert Museum in Tucson ist aber aussagekräftiger, wenn auch nicht so spezialisiert auf die Chihuahuan-Wüste. In Fort Davis gibt es zahlreiche Unterkunftsmöglichkeiten.

Fort Davis National Historical Site

Das Fort wurde 1854 hier am San Antonio El Paso Trail eingerichtet, um Reisende gegen Angriffe der Apachen und Comanchen zu schützen. Nachdem die Südstaaten-Truppen wegen des Bürgerkrieges das Fort verlassen haben, wurde es von Indianern zerstört. 1867 schließlich aus Stein und Lehm wieder aufgebaut, war es in der Folgezeit Hauptquartier eines von zwei schwarzen Kavallerie-Regimentern. Diese Soldaten wurden von den Indianern „Buffalo Soldiers" genannt, denn Büffel haben dunkles, fast schwarzes Fell. 1891, mehr als zehn Jahre nachdem die Indianer endgültig geschlagen waren, wurde das Fort aufgegeben. 1961 übernahm der National Park Service die Anla-

„Buffalo Soldiers"

Das Fort Davis war einst Bollwerk gegen Comanchen und Apachen

ge und restaurierte 25 Gebäude, die Hälfte der ursprünglichen Häuser. In einem Museum wird die militärische Geschichte der Region erläutert, und im Sommer führen Ranger in Uniformen der ehemaligen Kavallerie kostenlose Touren durch. Hinter der Anlage führt der 2 km lange „Tall Grass Nature Trail" auf den Berg, von wo aus man eine gute Sicht auf das Fort hat.

Fort Davis National Historical Site, *Hwy. 118, ✆ (432) 426-3224, www.nps.gov/foda, tgl. 8–17 Uhr*

Unterkunft

Hotel Limpia $$$: *Main St. (Town Square), ✆ (915) 426-3237, 1-800-662-5517, www.hotellimpia.com. Altes Hotel, einfach, aber urig. Verteilt sich über 5 Gebäude (erbaut zw. 1912 und 1945). Versuchen Sie ein „altes" Zimmer im ältesten Gebäude zu bekommen. Restaurant im Hause (unbedingt reservieren) mit guten Fleisch- und Fischgerichten. Ansonsten gibt es eine Reihe von* **Motels** *und* **Bed & Breakfast-Unterkünften**.

Auf der **Prude Ranch** *(✆ (432) 426-3202, 1-800-458-6232, www.prude-ranch.com), Hwy. 118, 7 Meilen nördlich von Ft. Davis, gibt es Zimmer, einen Campingplatz sowie ein Restaurant, zudem auch ein vielseitiges Freizeitprogramm (Tennis, Reiten, Lasso-Werfen).*

Eines der größten der Welt: McDonald Observatory

Folgen Sie dem Hwy. 118 nach Norden durch die landschaftlich beeindruckenden Davis Mountains. Große Ranchen, deren Bergweiden mit unzähligen Yuccas bestanden sind, bieten ein bezauberndes Bild, besonders, wenn das Gras im Spätsommer und Herbst goldgelb leuchtet. Dabei passieren Sie das **McDonald Observatory**, eine der größten Sternwarten der Welt. Es wird von der University of Texas geleitet. Die Örtlichkeit wurde ausgewählt, da sie hoch liegt (2.050 m), einen wolkenfreien Himmel garantiert, wenig künstliche Störlichter vorkommen und die Pflanzenwelt der Umgebung für eine saubere Luft sorgt (Blätter sorgen durch Assimilation für die Aufnahme kleinster Staubpartikelchen). Obwohl die Anlage vornehmlich zu wissenschaftlichen Zwecken genutzt wird, haben Sie hier Gelegenheit, die „Fernrohre" auf geführten Touren zu besichtigen. Die Ausstellungen im Visitor Center/ Public Observatory sind ebenfalls interessant. Es gibt auch Abend- und Nachtprogramme.

Top-Sternwarte

McDonald Observatory, *17 Meilen von Ft. Davis, ✆ (432) 426-3640, http://mcdonaldobservatory.org, tgl. 10–17.30 Uhr, geführte Touren 11+14 Uhr ($ 8).*

Guadalupe Mountains National Park

Beste Jahreszeit: Da der Besucherandrang im 32.000 ha großen Park nicht hoch ist, kann man die Zeit von April bis Anfang Oktober generell empfehlen. Bedenken Sie das Wüstenklima in den unteren Lagen mit heißen Tagen (Sonnenschutz!) und z.T. kühlen Nächten. Die höheren Lagen (ca. 7 °C kälter) erhalten mehr Niederschläge, die besonders im Juli und August plötzlich als starke Gewitter auftreten können. Auch die plötzlichen Bergwinde können mit Windstärken bis zu 10 unangenehm werden. Für längere Wanderungen ist zu jeder Jahreszeit dringend anzuraten, sich bei den Rangern über die Wetterlage zu erkundigen sowie Wind- und Regenkleidung mitzunehmen.

Tierwelt: Anders als im Big Bend NP haben sich in der „Wüstenoase" der Guadalupe Mountains kaum Tiere gehalten, die aus einer feuchteren erdgeschichtlichen Zeit stammen. Ein häufig auftretendes Großtier ist der Maultierhirsch. Sehr selten sind Schwarzbären und Berglöwen (Puma/ Panther; Schätzung: 70 Tiere, die i.d.R. nachts aktiv sind). Kleinere Tierarten im Park sind Hasen, Graufüchse, Kojoten und Stachelschweine. Zudem gibt es ca. 250 Vogelarten, von denen Spechte, Roadrunner und Truthahngeier zu den ständigen Bewohnern zählen. Auch Amphibien und Reptilien finden sich zahlreich im

Redaktionstipps

- **Übernachten** in White's City (S. 268) oder auf dem Pine Springs Campingplatz im Park.
- Mindestens einen vollen Tag einplanen und **ausgiebig wandern**. Mit dem Auto kommen Sie nicht weit im Park! Im Frühjahr kann man hervorragend Beeren pflücken. Fragen Sie die Ranger nach guten Plätzen.
- **Tiere** können Sie gut im McKittrick Canyon beobachten. Fernglas mitnehmen.
- Für alle Unternehmungen ausreichend **Trinkwasser und Nahrungsmittel** einpacken.

Park, darunter Salamander, Frösche, 20 Echsen- und ebenso viele Schlangenarten (darunter fünf Arten der Klapperschlange). Hinweis zu Schlangen: Heben Sie keine Steine mit der Hand hoch, sondern benutzen Sie dazu einen längeren Stock, oder lassen Sie es besser gleich sein. Das Tragen von festem und hohem Schuhwerk ist auf allen Wanderungen angebracht.

Drei Klimaregionen

Pflanzenwelt: Ausschlaggebend für die Vielfalt sind die drei klimageografischen Regionen im Park: Wüste, Bergwelt und Canyons. In der Wüste gedeihen vorwiegend Kakteen, Yuccas, Agaven und Dornensträucher, also Pflanzen, die Wasser speichern bzw. das wenige Wasser optimal nutzen oder sich vor „Feinden" aus der Tierwelt mit ihren Dornen schützen. In den Hochlagen dominieren Nadelbäume (meist Steinkiefer) und Wacholder. Im Bowl finden sich Espen, doch nur in geringer Zahl. In den Canyons überwiegen Laubbäume, u.a. Ahorn, Wacholder, Espen. Der Herbst bietet daher gerade in diesem Gebiet einmalige Farben. Hier herrscht eine Vegetation vor, wie man sie eher in den Rockies 1.000 Meilen nördlich erwartet.

Aktivitäten

Wandern: Da im Park keine Autostraßen existieren (sieht man einmal ab von einer 4x4-Strecke zur Williams Ranch), kann man den Park nur zu Fuß auf einem der Trails erkunden (insgesamt 145 km). Diese „Unzulänglichkeit" bringt es mit sich, dass der Park kaum 200.000 Besucher jährlich zählt. Dies verspricht Einsamkeit und Na-

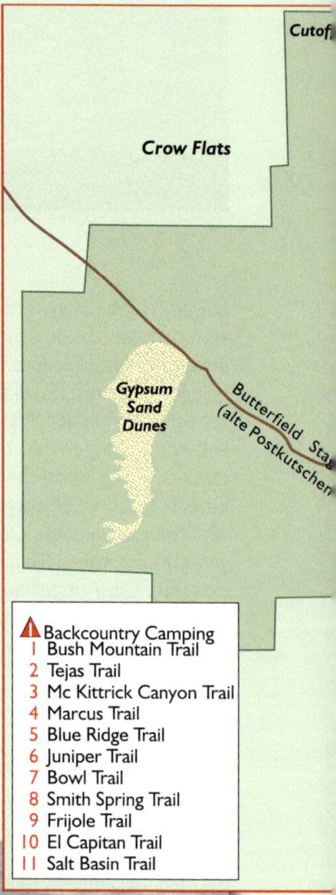

Der Guadalupe NP erschließt sich nur zu Fuß

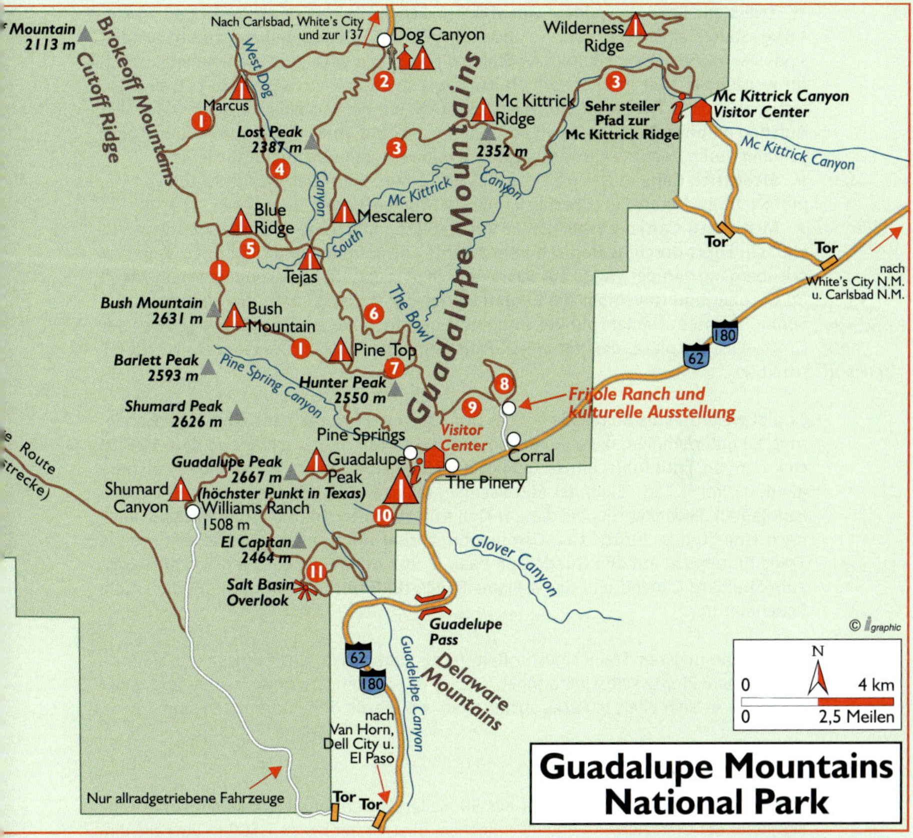

turerlebnis pur. Das heißt aber auch, falls man nicht mindestens einen halben Tag Zeit hat und wandern möchte, lohnt sich ein Besuch des Parks nicht. Anders sieht es aus, wenn man mind. einen ganzen Tag bleiben möchte, denn dann benötigt man eine Campingausrüstung bzw. muss über ein Wohnmobil verfügen. Für alle Wege gilt: **Sonnenschutz** (Hut, Creme, langärmelige Hemden, lange Hosen) und **Trinkwasser** nicht vergessen (4-5 Liter pro Tag/Person). Zusätzlich etwas **Mineralreiches** zum Knabbern einpacken, denn man schwitzt viel Salz aus!

Keine Autos, kein Hotel, einzig Einsamkeit

Die beliebtesten Wanderwege sind:

- **Pinery Trail**: 1,3 km, 1 Std., Start/Ziel: Pine Springs VC, einfach. Führt zur Pinery, einem ehemaligen Haltepunkt am Butterfield Trail.
- **Frijole Trail**: 6,5 km, 2-3 Std., Start: Pine Springs VC, Ende: Frijole Ranch, mittelschwer. Führt entlang dem Basement, und Sie erhalten einen Eindruck über die Wüstenvegetation. Die Landschaft aber ist etwas monoton. Zusätzlich bietet sich dabei noch die Möglichkeit, den **Bear Canyon Trail** (evtl. nur zum Teil) zu laufen. Dieser steigt aber ziemlich an. Mehrzeit: 1-3 Stunden.

▶ **Trails zur Bowl (bewaldete Hochfläche)**: Länge: Variiert zwischen 13 und 16 km, 1 Tag, Start/Ziel: Pine Springs VC; anstrengend, da 1.000 Höhenmeter zu überwinden sind. Der mit Sicherheit eindrucksvollste Trail, da er alle Vegetationsgebiete erfasst. Dafür werden Sie aber mit der verhältnismäßig kühlen und erfrischenden Luft der Kiefernwälder und z.T. atemberaubenden Ausblicken auf die Wüstenfläche belohnt. Für den Aufstieg empfiehlt sich der nicht so steile westlichere **Tejas Trail**, und hinunter geht es dann durch den Bear Canyon. Festes Schuhwerk ist unbedingt erforderlich.

▶ **McKittrick Canyon Nature Loop**: 1,5 km, 1 Std., Start/Ziel: McKittrick Canyon VC, mittelschwer. Naturpfad (Überblick über die Wüsten-Flora).

▶ **McKittrick Canyon Trail**: 12-17 km, 4-6 Std., Start/Ziel: McKittrick Canyon VC, einfach. Führt durch geologisch interessante Formationen und bietet den Vegetationsübergang von der Wüste zur Baumlandschaft. Letztere ist besonders schön, wenn im Oktober und November die bunten Blätter der Walnuss- und Ahornbäume in der Sonne leuchten. Umkehrpunkte sind entweder die historische Pratt Lodge oder der Grotto-Picknickplatz, der zur Lunch-Pause einlädt. Das Flusswasser hier ist NICHT trinkbar!

Flusswasser nicht trinkbar!

Es gibt weiterhin die Möglichkeit, vom Dog Canyon im Norden aus eine Tageswanderung zu unternehmen, die erst entlang dem **Teja Trail** und anschließend dem **McKittrick Canyon Trail** führt, um schließlich am McKittrick Canyon VC zu enden (anstrengend, 21 km, 1 Tag). Einer der Mitreisenden müsste dann mit dem Fahrzeug um den Park fahren. Bedenken Sie, bei diesem Trail früh zu starten, da Sie ja anschließend auch noch eine Stunde zurück zum Campingplatz/zum Hotel benötigen. Weitere schöne Trails führen u.a. auf den **Guadalupe Peak** (2.667 m), den höchsten Berg von Texas, zum Shumard Canyon und der Williams Ranch **(El Capitan Trail)** und um die Frijole Ranch herum.

Reiten: Die meisten Trails sind für Reitpferde zugelassen, doch muss man die (bergerfahrenen) Pferde selbst mitbringen. Dieses ist schwierig zu organisieren, und daher empfiehlt es sich eher, in Parks auszureiten, wo Pferde direkt zu mieten sind.

Überblick

Bereits von weitem (bei guter Sicht aus 50 Meilen Entfernung) kann man die mächtige Bergkette der Guadalupe Mountains erkennen, die sich mit bis zu 1.500 m über die umliegende Chihuahua-Wüste erheben und deren feste Felsstrukturen in der Geröll-Landschaft der Wüstenebene einmalig sind. Diese Höhen bringen es mit sich, dass die Berge die Regenwolken aufhalten bzw. wegen der veränderten Luftdruckverhältnisse sammeln. Verbunden mit der relativ kühleren Luft dort oben hat sich eine Vegetation erhalten, die wie eine Oase im Sandmeer erscheint. Nadelbäume, wie man sie eigentlich nur aus den Rocky Mountains in Colorado kennt, bilden um und in der sogenannten *Bowl* (der Hochfläche) einen eindrucksvollen grünen Waldteppich.

Wenig besucht

Der Nationalpark wurde erst 1966 eingerichtet und gehört auch heute noch zu den am wenigsten besuchten Parks der USA, da er über keine Straßen verfügt und die Wunderwelt dieses Parks nur über z.T. sehr anstrengende Wanderwege zu erkunden ist. Das soll auch so bleiben, da die Ökologie dieses Naturareals äußerst empfindlich ist und einen zu starken Besucherandrang nicht verkraften würde. Für einen Besuch empfiehlt es sich daher, unbedingt 1 bis 2 Tage einzuplanen, um besonders die Höhen zu erwandern. Natürlich ist auch die Wüstenvegetation interessant, doch haben Sie zu deren Erkundung auch in anderen Parks Gelegenheit, z.B. im Big Bend NP. Die Wanderwege in den niedrigeren Lagen zählen daher hier nicht zu den Höhepunkten.

Menschliche Besiedlung

Schon früh entdeckten die ersten Indianer die klimatischen Vorteile des Bergmassivs und seiner Canyons. Anhand von Felszeichnungen und archäologischen Funden ließ sich nachweisen, dass bereits vor 12.000 Jahren im McKittrick Canyon eines ihrer bedeutendsten Siedlungsgebiete gewesen sein muss. Im 16. Jh. kamen die Spanier auf der Suche nach Gold in das Gebiet, sie wurden jedoch durch die zu dieser Zeit in den Bergen lebenden Mescalero-Apachen von einer gründlicheren Erforschung abgehalten. Erst der Goldrush in Kalifornien (ab 1849) brachte die ersten weißen Anwohner hierher, da die Butterfield Overland Mail Co. ihre St. Louis-San Francisco-Route über den nahegelegenen Pass führte und eine Pferdewechselstation, die *Pinery*, in der Nähe der Pine Springs einrichtete.

Zu dieser Zeit war es die einzige von Weißen bewohnte Siedlung auf dem über 700 km langen Abschnitt zwischen Fort Chadborne und El Paso. Heute noch kann man die Ruinen des Gebäudes besichtigen. Später, nachdem zu viele Postkutschen überfallen worden waren, wurde die Strecke nach Süden verlegt, wo sie u.a. durch Fort Davis führte. Siedler kamen aber nur spärlich hierher und legten ihre Ranchen zuerst nur in der Ebene an (einzige Ausnahme war die **Frijole Ranch** in der Nähe der Pinery).

Postkutschen-Überfälle

Erst zu Beginn des 20. Jh., zwei Jahrzehnte nachdem die letzten Indianer vertrieben waren, wagten sich Siedler weiter in die Berge vor, und einer der ersten von ihnen war *Henry Belcher*, der hier Longhorn-Rinder hielt. Seine Ranch ist heute als **Williams Ranch** bekannt. Auf der Suche nach Bodenschätzen kamen in der 2. Hälfte des 19. Jh. auch Prospektoren in die Berge. Nachweislich fanden sie geringe Mengen an Kupfer und das Guano von Fledermäusen (Calciumphosphat- und Stickstoffdüngung). Eine Anekdote berichtet von dem Schürfer *William Sublette*, der hier Gold gefunden haben will. Doch geht die Geschichtsschreibung in seinem Fall davon aus, dass seine „Goldfunde" auf der Entdeckung einer versteckten Beute eines Postkutschenüberfalles beruhen.

In den 1930er Jahren gründete der Geologe *William Pratt* eine Ranch im McKittrick Canyon, welche er 20 Jahre später stückweise dem Staat überschrieb. Der zusätzliche Aufkauf der J. C. Hunter Ranch ermöglichte schließlich die Einrichtung des Nationalparks.

Devil's Hallway

Geologische Einführung

Vor gut 250 Millionen Jahren (bis vor ca. 100 Mio. Jahren) war das Gebiet von Texas und New Mexico durch einen großen Ozean bedeckt. Im Laufe von Millionen von Jahren bildete sich ein 650 km langes, hufeisenförmiges Riff aus Algen und anderen Meeresablagerungen. Mit dem Absinken des Meeresspiegels bildete dieses Riff dann schließlich eine Küste, die durch Lagunen und Süßwasserseen vom eigentlichen Meer getrennt wurde. Nachdem das Meer gänzlich verschwunden war, „versank" das Riff unter Sedimenten (Gips- und Salzschichten), die die Flüsse aus der Umgebung auf ihm ablagerten. Erst vor etwa 100-65 Millionen Jahren, als tektonische Verwerfungen die Rocky Mountains entstehen ließen, begannen auch Teile des ehemaligen Riffs sich wieder zu heben, wobei der wesentliche Hebungsprozess erst vor 20 Millionen Jahren einsetzte. Dieser schließlich sorgte dafür, dass der heutige Teil, den wir als Guadalupe Mountains kennen, den höchsten Punkt von Texas darstellt. Verwitterung und Erosion haben seither erreicht, dass große Teile des ehemaligen Riffs wieder offenliegen.

Reisepraktische Informationen Guadalupe Mountains National Park, TX

Information

*Das **Main Visitor Center** (Pine Springs) liegt direkt am Parkeingang am US 62/180 und ist ganzjährig geöffnet, ✆ (915) 828-3251, www.nps.gov/gumo. Ein zweites Visitor Center befindet sich am Ende der Stichstraße zum McKittrick Canyon.*

Unterkunft/Camping

*Die nächstgelegenen Hotels und Restaurants gibt es in **White's City** (ca. 35 Meilen nordöstl.) und **Carlsbad** (55 Meilen nordöstl., s. S. 268).*
*Es gibt zwei Campingplätze im Park: **Pine Springs** nahe dem Visitor Center und der wesentlich einfachere **Dog Canyon Campground**. Letzterer ist nur von Norden erreichbar über die Abzweigung vom Hwy. 137 in NM. Wohnmobile + Zelten auf beiden Plätzen, doch gibt es jeweils nur sehr wenige Plätze! Sie können auch nicht reservieren, aber telef. anfragen, ob Plätze frei sind. Im Park ist eine Reihe von Backcountry-Campgrounds ausgewiesen, die aber kein fließendes Wasser haben und auch ansonsten nur rudimentär ausgestattet sind. Weitere Campingplätze gibt es sonst in **White City** und **Carlsbad**.*

Carlsbad Caverns National Park

Hinweise

***Das Berühren von Tropfsteinen ist nicht gestattet**. Der Salzgehalt, der ihrer Haut anhaftet, wenn auch nur in kleinen Mengen, kann das weitere „Wachstum" der Tropfsteine stark beeinträchtigen, ja z.T. sogar gänzlich stoppen. Es gibt ein paar gekennzeichnete Steine, die man berühren darf. Das Aufsammeln von Steinen ist natürlich nicht erlaubt, und die Ranger kontrollieren beim Ausstieg aus der Höhle häufig die Taschen.*
*Es gibt natürlich einen **Fahrstuhl**, der vom VC in die Haupthöhlen hinabfährt, und die kurze Selfguided Tour ist behindertengerecht ausgelegt.*

Größe: 18.890 ha mit über 80 Höhlen.

Konstante 13,5 °C

Beste Jahreszeit: Da sich die Hauptsehenswürdigkeiten unterirdisch befinden und hier immer gleichmäßig 13,5 °C herrschen, erübrigt sich die „klimatische Empfehlung". Bedenken sollten Sie aber, dass der überwiegende Teil der Besucher in den Sommerferien-Monaten anreist und zu dieser Zeit ein ziemliches Gedränge an den Fahrstühlen und auch um die Teilnahme an den Führungen herrscht.
Pflanzenwelt: Überirdisch gibt es eine Reihe von Wüstenpflanzen (und in den feuchten Tälern auch Bäume) entlang dem Scenic Drive, die man aber an anderen Punkten der Reise genauso gut oder auch besser sehen kann.
Tierwelt: Erwähnenswert sind die **Fledermäuse** (*Bats*), die man aber kaum in der Höhle selbst sehen wird, sondern abends vor den Höhleneingängen während des u.g. *Bat Flight Program*. Am häufigsten ist die mexikanische Freischwanz-Fledermaus. Man

schätzt, dass sich zwischen 250.000 und 800.000 Fledermäuse in den Carlsbad Caverns aufhalten. Die genaue Zahl konnte noch keiner feststellen. Die Parkverwaltung bietet von Mitte Mai bis Anfang Oktober ein spezielles **„Bat Flight Program“** an (in der kühleren Jahreszeit überwintern die Fledermäuse in Mexiko). Beginn ist kurz vor Sonnenuntergang am Visitor Center. Nach einer kurzen Einführung durch einen Ranger können Sie die Fledermäuse beobachten, wie sie in Massen die Höhle verlassen auf der Suche nach Insekten an den nahegelegenen Flüssen. Nähere Infos und genaue Anfangszeiten der Programme vorher noch mal erfragen. Für diese Programme sollten Sie ein paar Tage im Voraus reservieren.

Aktivitäten

Man sollte sich im Park auf die einmaligen Höhlen konzentrieren. Entweder nimmt man an einer der stündlich beginnenden Führungen teil, oder man macht sich allein mit einem tragbaren Audiogerät mit Erläuterungen auf den Weg (Tourenlängen von 250 m bis zu 2 km möglich). Wir empfehlen die zweite Variante, dann müssen Sie nicht im Pulk von zig anderen Besuchern die engen Wege entlang laufen und versuchen, sich freie Sicht zu verschaffen. Den Bereich des Kings Palace und des Queens Chamber dürfen Sie aber nur unter Leitung eines Rangers besichtigen.

Folgende Touren gibt es in den **Carlsbad Caverns** (Main Caves) und in der **Slaughter Canyon Cave**:

- **Kings Palace Tour**: Länge 2 km, 1 ½ Std. Sie führt zum King's Palace, dem Green Lake Room sowie dem Queens Chamber. Eine filigrane Höhlenwelt belohnt für den etwas mühsamen Abstieg. Ansonsten keine besonderen Schwierigkeiten.
- **Weitere, längere Touren** werden auch geboten, finden aber unregelmäßig statt (vorher anfragen). Ansonsten gibt es zwei **Selfguided Tours** (40–90 Minuten Länge), bei denen man die o.g. Audiogeräte mitnimmt und außerdem auf dem Weg immer wieder auf Ranger trifft, die Fragen beantworten. Ein weiterer Vorteil ist, dass man zeitlich nicht so begrenzt ist und auch noch nach 16 Uhr in die Höhlen kommt. Die beliebtesten Touren sind die zum **Big Room**, der wegen seiner immensen Größe wohl die Hauptattraktion ist. Ein (fester) Rundweg führt am Rand der Höhle entlang und dauert etwa 1½ Stunden. Sportliche nehmen nicht den Fahrstuhl sondern wandern **durch den Natural Entrance** hinunter zur Höhle. Der etwas anstrengende Abstieg und der folgende Weg zum Fahrstuhl nach oben ist 2 km lang und

Redaktionstipps

- Falls Sie an der geführten **Tour** teilnehmen möchten, kommen Sie rechtzeitig. Die letzte Tour beginnt oft schon um 13 Uhr (im Sommer z.T. um 14 Uhr). Noch besser: Vorher reservieren (S. 266). Das gilt auch für die speziellen Touren (Slaughter Canyon Cave, Bat Flight Program bzw. Spider Cave Tour). Alternative: Die Selfguided Tour mit einem **Audiogerät**.
- Der **Big Room** beeindruckt durch seine einzigartige Größe, während der **Kings Palace** und das **Queens Chamber** eher durch ihre filigranen und feinen Strukturen faszinieren. Wer aber schon bekannte Höhlen in Europa besucht hat, wird durch diese nicht mehr so gefesselt sein und sollte sich mit der kürzeren Tour begnügen.
- **Festes Schuhwerk und eine Jacke** (nur 13,5 °C in den Höhlen) sollten Sie dabei haben. Für einige Touren sind sogar **Wanderschuhe** vorgeschrieben und eine **Taschenlampe** von Vorteil.

Totem Pole

dauert ca. 1 Stunde. Unten können Sie dann natürlich weiterlaufen z.B. zum o.g. Big Room. Weitere Touren sind z.B. die anstrengenden und jeweils über 3 Stunden dauernden Wege zur **Hall of the White Giant** sowie in die **Lower Cave** (u.a. Leiterabstieg).

▸ **Slaughter Canyon Cave Tour**: Diese Höhle wurde bereits in den 30er Jahren entdeckt, touristisch aber nicht vor Ende der 1990er Jahre „ausgebaut". Für die 2 km lange Tour (2 ½ Std.), die an einem Höhleneingang weiter westlich im Park beginnt (Anfahrt: US 62/180 von White's City 6 Meilen nach Süden und dann abzweigen auf die FM 418), ist eine Voranmeldung erforderlich (nur im VC oder telefonisch möglich). Festes Schuhwerk, Trinkwasser und vor allem eine Taschenlampe müssen Sie mitbringen! Dazu ist eine gute gesundheitliche Konstitution notwendig. Besondere Sehenswürdigkeit in dieser Höhle ist der 27 m hohe „Monarch", eine der höchsten Höhlensäulen der Welt. Das Erlebnis, eine Höhle „selbst" zu erkunden, ohne Touristenmassen und ausgebaute Wege, spricht für sich und bietet die Gelegenheit, sich vorzustellen, wie es den ersten Höhlenforschern wohl erging, als sie die Haupthöhle zu erforschen begannen. Treffpunkt für die Führung ist am Parkplatz am Ende der FM 418.

Taschenlampe mitbringen

Menschliche Besiedlung

Erste Menschen an den Höhlen waren höchstwahrscheinlich Indianer vor ca. 1.000 Jahren. Sie nutzten die Höhleneingänge als Unterkunft. Andere Quellen behaupten sogar, dass vor 12.000 Jahren Indianer hier gewesen seien, doch konnte diese Theorie bisher nicht wissenschaftlich belegt werden. Untersuchte Felszeichnungen deuten eher auf die erste Behauptung hin. Erst zum Ende des 19. Jh. entdeckten Europäer die Höhlen. Die meisten von ihnen kamen, um das zur Düngung geeignete nitrathaltige Guano der Fledermäuse abzubauen. Doch mangelnde Technik - Batterielampen gab es nicht, und Kerzen waren zu schwach - gab ihnen nur die Möglichkeit, bis in gewisse Tiefen vorzudringen. An vielen Nebeneingängen und Höhlen wurde damals somit unwissentlich „vorbei gearbeitet". Innerhalb von 20 Jahren waren 108.123 t Guano erwirtschaftet worden. 1903 erwarb *Jim White* die alleinige Konzession für den Abbau. Fasziniert von den feinen Strukturen, die sich hier in über 250 m Tiefe gebildet haben, legte er bald sein Hauptaugenmerk auf die Erkundung der Höhlen. 1915 machten er und *Ray V. Davis* die ersten Schwarzweiß-Fotografien, die letztendlich, nach ihrer Ausstellung in Carlsbad, die breite Öffentlichkeit auf die Höhlen aufmerksam gemacht haben.

Guano-Eimer-Fahrstuhl

Die ersten Besucher wurden in Guano-Eimern in die Höhlen hinabgelassen. 1924 wurde dann das National Monument geschaffen und 1930 der Nationalpark. Auch heute ist noch lange nicht alles erforscht, und immer wieder finden sich neue Höhlen.

Einführung in die geologische Entstehung

Zur geologischen Entstehung des Riffgebirges, das sich vor 250 Millionen hier befunden hat und dessen Relikte auch heute noch z.T. vorhanden sind, lesen Sie bitte im gleichnamigen Abschnitt unter „Guadalupe Mountains National Park". Als vor 100-65 Millionen Jahren die Deformierung und regionale Verschiebung der Gebirgsstrukturen begann, bildeten sich unzählige Risse im Kalkgestein. Durch diese sickerte leicht saures Regenwasser, welches Kalkpartikel aus dem Stein löste und während des Sickerungsprozesses mit in die Tiefe beförderte. Dort traf dieses Wasser auf salzhaltigeres Wasser, wodurch sich eine schwache Schwefelsäure gebildet hat, welche wiederum an dem nun einsetzenden Aushöhlungsvorgang der Risse entscheidend mitwirkte.

Vor 17 Millionen Jahren wurde dann das Riffgebirge um bis zu 2.000 m angehoben. Weitere Brüche in der Gesteinsmasse folgten, und dem Auflösungs- und Abschwemmungsprozess in der Gesteinsmasse selbst wurde damit enormer Vorschub geleistet. Erste größere Höhlen wurden ausgespült, doch befanden diese sich meist noch unterhalb des mittleren Grundwasserspiegels. Da dieser sich aber während der folgenden Jahrmillionen immer wieder veränderte, je nach den herrschenden klimatischen Rahmenbedingungen, bildeten sich die Höhlen in verschiedenen Tiefen (die tiefste heute bekannte Höhle liegt 312 m unter der Erdoberfläche). Von da an bildeten sich die feinen Strukturen an Decken und Böden, die diesem Höhlentyp den Namen „Tropfsteinhöhle" geben. Jeder Wassertropfen führt winzige Kalkpartikelchen mit sich, welche sich an der Decke und auf dem Grund absetzen und bizarre Formen bilden (Stalaktite und Stalagmite). Sie verändern sich auch heute noch, wenn auch sehr langsam. Die wesentlichen Formen sind:

Temple of the Sun

- **Stalaktit**: „Gesteinszapfen", der von der Decke hängt und dessen stets abfallender (kalkhaltiger) Tropfen den **Stalagmit** am Boden bildet. Der Stalagmit ist breiter als sein Gegenstück an der Decke aufgrund der „Splash-Wirkung" beim Auftreffen. Erst vor 500.000 Jahren begann der wesentliche Entstehungsprozess der heute sichtbaren Zapfen in den Carlsbad Caverns. **Übrigens**: Eine Säule, die es schafft, in 1.000 Jahren 1 cm zu wachsen, gilt als schnell!
- **Soda Straws (Strohhalme)** sind ebenfalls Stalaktite. Die an ihnen abfallenden Tropfen sind kleiner und „rutschen" somit langsamer, hängen also länger an dem Zapfen, der damit erheblich dünner ist.
- **Column (Säulen/Stalagnate)**: Hier treffen sich ein Stalagmit und ein Stalaktit in der Mitte und bilden eine Säule, die in der Regel in der Mitte am schmalsten ist.
- **Cave Pearls (Höhlenperlen)**: Immer mehr Kalkschichten überzogen hier in mehreren Stufen ein ehemals kleines Sandkorn und vergrößerten dabei dessen Umfang um ein Zigfaches.
- **Lily Pads (Seerosenkissen)**: Behindert durch natürliche Dämme, setzt sich kalkhaltiges Wasser auf dem Hohlboden ab und bildet sogenannte „Sinter". Der Kalk setzt sich dabei zu einem großen Teil auf der Wasseroberfläche ab und bildet das Seerosenkissen. Mit der Zeit verdunsten die Wasserflächen, und eine mit vielen Wölbungen versehene Fläche bleibt als Stein zurück.

Ein steter Tropfen schafft Bizarres

- **Draperies (Behänge)** bilden sich dort, wo Wasser an einer schrägen Decke herabfließt. Entlang der Hauptflussbewegungen setzt sich der Kalk ab.
- **Rimstone Dams (Randsteindämme/Sinterterrassen)**: Größere Kalkablagerungen bilden sich an den Rändern von (mehr oder weniger) stehenden kleinen Gewässern. Nach deren Austrocknung bleiben diese als kleine „Dämme" erhalten und werden sichtbar.
- **Popcorn**: Ähnlich den „Cave Pearls" bildet es sich nach der Verdunstung von übermäßig kalkhaltigen Wassertropfen. Der Kalkrest bleibt erhalten und sammelt immer mehr Kalk an seinen Außenflächen.
- **Helictite**: Sie erinnern an Algenformen und sind sehr selten. Die sich windenden Formen sind durch Kristalle, Fremdkörper und Wasserdruck entstanden. Ähnlich erscheinen **Aragonite**, die aber feiner strukturiert (häufig nadelförmig) sind und aus Mineralien bestehen, die dem Kalzit nur in der Kristallstruktur ähneln, nicht aber in der chemischen Zusammensetzung.

Nach El Paso sind es nun entlang dem US 62/180 ca. 160 Meilen, für die man knappe 3 ½–4 Stunden benötigt.

Reisepraktische Informationen Carlsbad Caverns National Park, NM

VORWAHL 575

Information

Visitor Center: *im Park an den Höhleneingängen (7 Meilen westl. von White's City), ✆ 785-2232, Touren (Bandansage): ✆ 785-2107,* **Reservierung von Touren**: *1-877-444-6777 (oder online), www.nps.gov/cave.* **Öffnungszeiten**: *Park und Visitor Center: Memorial Day-Labor Day 8–19 Uhr, letzter Einlass für Natural Entrance: 15.30, via Fahrstuhl 17 Uhr. Rest des Jahres: 8–17 Uhr, letzter Einlass für Natural Entrance: 14, via Fahrstuhl 15.30 Uhr.*

Weitere Infos: **Carlsbad CVB**: *302 S. Canal St., Carlsbad, NM, ✆ 887-6516, www.carlsbadchamber.com.*

Unterkunft

In White's City an der Abzweigung vom US 180 und im nahe gelegenen Carlsbad gibt es eine Reihe von Motels:

Super 8 $-$$: *3817 National Parks Hwy., Carlsbad, ✆ 887-8888, 1-800-800-8000, www.super8.com. Günstige Alternative.*

Rodeway Inn $$ *(NM175): 6 Carlsbad Cavern Highway, Whites City, NM, ✆ 785-2296, www.rodewayinn.com. Das dem Nationalpark am nächsten gelegene Motel, 7 Meilen entfernt vom Eingang, das ist auch das Beste daran. Sehr einfach.*

Best Western Stevens Inn $$: *1829 S. Canal St., Carlsbad, ✆ 887-2851, 1-800-730-2851, http://bestwesternnewmexico.com. In diesem Motel sind die Zimmer im Schnitt etwas größer und das angeschlossene* **Restaurant** *ist ebenfalls zu empfehlen. Anbei eine Country-Bar mit häufiger Livemusik.*

Camping

Brantley Lake State Park *in Carlsbad (✆ 457-2384, www.nmparks.com) ist der wohl schönste der Region. Zelten erlaubt.*

Carlsbad RV-Park & Campground *im Süden von Carlsbad (✆ 885-6333, 1-888-878-7275, www.carlsbadrvpark.com). Im Nationalpark selbst gibt es nur Backcountry-Camping.*

Restaurants

Das originellste (wenn auch nur einfaches Fast Food) ist der **Underground Lunchroom** *in der Höhle selbst (nur bis zur Schließung des Parks geöffnet).*

In Carlsbad: Das mexikanische Restaurant **Lucy's** *(701 S. Canal St., ✆ 887-7714) sowie der* **Pasta Café Italian Bistro** *(710 S. Canal St, ✆ 887-7211). Neben Pasta auch Pizza.*

In White's City: Das **Valvet Garter Saloon & Restaurants** *mit typischen Grillgerichten (saftige Steaks, mexikanische Gerichte, Pasta) und Salatbar. 17 Carlsbad Cavern Hwy., ✆ 785-2291.*

El Paso

Entfernungen

El Paso – Dallas: 617 Meilen/993 km
El Paso – Carlsbad Caverns NP: 140 Meilen/226 km
El Paso – San Antonio: 571 Meilen/913 km
El Paso – Big Bend NP: 328 Meilen/528 km
El Paso – Tucson: 327 Meilen/526 km
El Paso – Albuquerque: 266 Meilen/428 km

Überblick und Geschichte

Pass des Nordens

Die erste bekannte Expedition, die das Gebiet am Rio Grande 1581 entdeckte, war eine kleine Truppe unter *Rodríguez Chamuscado*, die auf der Suche nach Gold in den nördlich gelegenen Bergregionen hier vorbeizog. *Juan de Onate* nannte diesen Platz 1598 El Paso del Norte („Pass des Nordens"). Seit 1659 wurden verschiedene Missionsstationen gegründet, die heute zu den ältesten durchgehend besetzten Missionsstationen der USA zählen. Die ersten Farmen wurden bald darauf in diesem wüstenähnlichen Gebiet gegründet, und um 1827 entstand auf der Farm von *Juan Maria Ponce de Leon* die erste richtige Siedlung. El Paso blieb während der Revolution in Texas mexikanisch. 1846 eroberten US-Truppen die Stadt im Krieg mit Mexiko, und zwei Jahre später wurde das heutige El Paso von Ciudad Juárez getrennt. Die Grenze verlief nun, wie im Abkommen von Guadalupe-Hidalgo besiegelt, mitten durch den Rio Grande. Mit der Übernahme durch die USA entwickelte sich El Paso rasant. Der Militärposten Fort Bliss und eine Handelsstation wurden um 1850 erbaut. Auf dem Wege nach Sacramento, wo der Goldrausch eingesetzt hatte, passierten unzählige Glücksritter das damals noch verschlafene Städtchen, da die Butterfield Stage Line hier hindurchführte. 1861 wurde Fort Bliss von den texanischen Truppen der Konföderierten eingenommen. Von hier aus wollten die Truppen New Mexico erobern. Doch dieser Plan schlug fehl.

Heute ist El Paso mit über 740.000 Einwohnern (Großraum, inkl. Ciudad Juárez 2,3 Mio.) eine recht florierende Großstadt, in der sich vor allem die Textilindustrie angesiedelt hat. Schwer zu schaffen macht der Wirtschaft nur, dass viele Dinge gegenüber in Mexiko um einiges günstiger hergestellt werden und seit Einführung der Handelsabkommen (Nafta) mit den Nachbar-

Blick auf El Paso

staaten auch einfacher in die USA importiert werden können. Die Militärbasis wird von allen Mitgliedsstaaten der Nato genutzt, besonders von den Luftwaffen, die ihre Mitarbeiter hier ausbilden lassen. Alleine die amerikanischen Streitkräfte hier zählen 23.000 Soldaten. Der mexikanische Charakter ist auch heute noch deutlich zu spüren – besonders in den neueren Bauwerken, die des Öfteren eine Mischung aus mexikanischem Ambiente und amerikanischem Pragmatismus darstellen. Ein Beispiel dafür ist der Civic Center Complex.

Redaktionstipps

- **Übernachten**: Der Klassiker ist das **Camino Real Paso Del Norte**, wobei das günstigere und sehr nette **Sunset Heights B&B** den Geldbeutel nicht ganz so strapaziert. S. 276.
- **Essen**: Höhepunkt ist ein Steak im **Cattleman's Steakhouse** auf der 35 Meilen außerhalb gelegenen Indian Cliffs Ranch. Die dazugehörige Bar bietet zudem neben guten Cocktails den Ausblick von der Terrasse mit Sonnenuntergang. Ansonsten: mexikanisch essen gehen, z.B. ins **Forti's Mexican Elder**. S. 277.
- **Die bedeutendsten Sehenswürdigkeiten** sind der **Mission Trail** (S. 281), eine Fahrt entlang dem **Scenic Drive** (S. 273) sowie die **Indian Cliffs Ranch** (S. 283).
- **Einkaufen**: In El Paso werden Levis- und Wrangler-Jeans produziert und in vielen Geschäften günstig angeboten. Das Gleiche gilt auch für Westernstiefel!
- **Das Abendprogramm**: Ein Besuch einer echten Country-Disco sollte zumindest für die Jüngeren dazugehören.
- **Tipp**: Nutzen Sie den Trolleybus für einen **Besuch in Ciudad Juárez**.
- **Zeiteinteilung: 1-2 Tage:** Unternehmen Sie zuerst eine Halbtagstour nach Ciudad Juárez und verbringen Sie den Rest des Tages mit Shoppen nach Western-Kleidung. Am zweiten Tag fahren Sie entweder entlang des Mission Trail oder/und dem Scenic Drive.

Wer Zeit hat, kann von El Paso aus einen Tagesausflug nach Ciudad Juárez unternehmen und dabei erleben, wie sich die mexikanische Stadt entwickelt hat. Dabei wurde Juárez doch immer sehr stark durch El Paso beeinflusst. Für einen Ausflug nach Juárez bietet sich besonders der „Border Jumper" an, ein Trolleybus, der im Stundentakt verkehrt und an mehreren Punkten in der Innenstadt hält („hopp off – hopp on"). Mit dem Mietwagen über die Grenze zu fahren, ist nicht immer einfach. Wichtig ist, dass Sie bereits bei der Anmietung eine eventuelle Grenzüberschreitung angeben. Zudem gibt es oft gibt es lange Warteschlangen an den Grenzen. Der „Border Jumper" dagegen hat eine eigene Spur ohne Wartezeit.

Das Panorama und die kühlere Luft machen einen Ausflug in die Berge um El Paso ausgesprochen lohnend. Ansonsten bietet die Stadt nicht allzu viel. Nur Cowboy-Enthusiasten kommen hier auf ihre Kosten: In keiner anderen Stadt findet man so viele Westernstiefelgeschäfte, und auch die bekannten Jeansmarken „Levis" und „Wrangler" haben hier Niederlassungen und Produktionsstätten. Übrigens führt die älteste Straße der USA, die „Camino Real", mitten durch El Paso.

Boots und Jeans

Sehenswertes im Stadtbereich

Direkt im Stadtgebiet von El Paso ist nicht viel zu erleben. Sie können einmal (kurz) durch die verhältnismäßig kleine City schlendern und bei Interesse ein oder zwei der kleinen Museen anschauen. Anschließend sollte man sich den anderen Zielen im weiteren Umkreis der Stadt widmen.

Magoffin House (1)

Das „Homestead" wurde 1875 von *Joseph Magoffin* erbaut, nachdem das ehemalige Haus der Familie 1868 durch eine Überflutung des Rio Grande zerstört worden war. Es ist

El Paso und Ciudad Juárez - Innenstadt

das letzte ganz aus Lehm (Adobe) gebaute Haus in El Paso Downtown, das dem Bauboom des 20. Jh. nicht zum Opfer gefallen ist, und wirkt wie ein „Liliputaner" vor der Kulisse der Hochhäuser der Innenstadt. Deckenbalken, Böden und Holzwerk sind aus handgeschnitztem Holz, welches damals auf Karren von Mescalero (100 Meilen nördlich) herangebracht wurden. Das Dach ist mit einer 50 cm dicken Schicht aus wasserdichtem Material bedeckt. Die dicken Mauern aus Lehm haben den Vorteil, dass die Feuchtigkeit, die sich darin sammelt, den Zimmern immer erfrischend kühle Luft be-

schert. Die Möbel und Teppiche gehörten der Magoffin-Familie. Auch die Buntglasfenster an den Eingangstüren sind sehr reizvoll.
Magoffin House, *1120 Magoffin Ave., ✆ (915) 533-5147, www.visitmagoffinhome.com, Di–So 9–17 Uhr, $ 4.*

Camino Real Hotel (2)

Obwohl es sich hierbei um ein Hotel handelt (*101 S. El Paso St., ehemals Paso del Norte Hotel*), sind auch Reisende, die nicht hier wohnen, eingeladen, sich die imposante Architektur dieses Gebäudes näher anzusehen. *Zach T. White* zog es Anfang des 20. Jh. hierher, und gemeinsam mit einer lokalen Baugesellschaft studierte er die Baustruktur der vom Erdbeben 1906 verschonten Gebäude in San Francisco. Sein Traum war es, ein großes, unnachahmliches Hotel zu bauen, welches Mittelpunkt des sozialen Lebens die-

Tiffany-Glas im Kuppelbau

Feuerfest und sicher bei Erdbeben

ser Region werden sollte. Eröffnung war 1912. Als Baumaterial wurde neben Steinen und Stahl vor allem Gips verwandt, welcher aus der Gegend des heutigen White Sands National Monument stammte. Der Vorteil bestand darin, dass diese Materialien feuerresistent waren.

Der eindrucksvollste Teil des Gebäudes ist ohne Frage der Kuppelbau (Dome) mit seinen Marmorwänden und dem Dach aus Tiffanyglas. Das Hotel wurde bekannt als „Showplace of the West“, unterhielt seine eigene Bäckerei, Eisherstellung, Schlachterei und Wäscherei. Die Bar war berühmt dafür, dass es hier jede Alkoholmarke gab, die irgendwo in Amerika erhältlich war. Bedenkt man, dass El Paso zu Beginn des 20. Jh. noch relativ wenig Bedeutung hatte, ist die Entwicklung dieser Stadt durch dieses Hotel sicherlich maßgeblich beeinflusst worden. Lange Zeit hatten die führenden Rinderbarone des Westens hier ihre Hauptquartiere, und es heißt, es gibt keinen Platz auf der Welt, wo mehr Rinder gehandelt wurden als in der Hotellobby.

Scenic Drive (4a)

Man fährt entlang der Stanton Street in nördlicher Richtung, bis man auf die Rim Road trifft. In diese biegt man nach rechts ab. Die Straße windet sich am Berghang entlang, und an mehreren Punkten gibt es Gelegenheit, auf El Paso und Ciudad Juárez zu schauen. Hierbei wird deutlich, dass auf amerikanischer Seite die Hochhäuser und die Industrieanlagen stehen, während das größere Juárez eher aussieht wie ein Dorf, das aus allen Nähten platzt. *Ausblicke*

Wieder im Tal, führt von der McKinley Ave. eine kleine Straße bergauf zur **Wyler Aerial Tramway (4c)** (✆ *(915) 566-6622, Fr+Sa 12–20 Uhr, So 10–18 Uhr, $ 7)*, einer

Fototipp

*Fahren Sie entlang dem **Scenic Drive** (zweigt oberhalb der Innenstadt von der Mesa St. ab), der sich durch die Franklin Mountains windet. Von hier haben Sie einen hervorragenden Blick über Stadt und Land.*

kleinen Seilbahn, die auf den Ranger's Peak hinauffährt. Nicht weit davon geht es auch zum **McKelligon Canyon (4b)** – ein beliebtes Ausflugsziel.

Weiter geht es nördlich auf dem Patriot Highway bis zur Kreuzung Transmountain Road, dann nach Westen zum **Border Patrol Museum (6)** *(Ausstellungen der Grenzpolizei, ✆ (915) 759-6060, www.borderpatrolmuseum.com, Di–Sa 9–17 Uhr)*, kurz dahinter dem **Archaeology Museum & Wilderness Park (7)** *(Erläuterungen zur Archäologie und den Wüstenpflanzen der Umgebung, ✆ (915) 755-4332, www.elpasotexas.gov/arch_museum, Di–Sa 9–17, So 12–17 Uhr)* sowie zu einem weiteren Ausflugsziel, dem **Franklin Mountain State Park**, dessen Wanderpfade und Mountainbike-Strecken besonders Outdoor-Fans anlocken.

Chamizal National Monument (5)

Aufgrund des jährlichen Flussbettwechsels des Rio Grande (der als Grenzfluss gilt) war diese Flussgegend den Regierungen der USA und Mexikos schon seit *Lincolns* Zeiten ein Dorn im Auge. Das Gebiet gab Anlass zu mehreren Streitereien, obwohl es klein und wirtschaftlich unbedeutend ist. Nur die Eindämmung des Flusses konnte verhindern, dass die Grenze sich immer wieder verschob. Erst Bemühungen *Kennedys* und 1968 die Unterzeichnung eines Vertrages zwischen *Lyndon B. Johnson* und *Gustavo Diaz Ordas* beendeten die dauernden Unstimmigkeiten. Heute ist das Gelände auf beiden Seiten zu Nationaldenkmälern deklariert. In einem kleinen Museum finden sich Malereien von lokalen

Grenzverschiebungen

Wandmalerei am Chamizal National Monument

Künstlern, und auf amerikanischer Seite wurde ein Institut zur Erforschung der Geschichte der amerikanisch-mexikanischen Grenze gegründet. Ein kleiner Buchladen im Visitor Center führt interessante Literatur zur Geschichte des amerikanischen Westens und Mexikos.
Chamizal National Monument, *800 San Marcial Rd, nahe Bridge of the Americas am Rio Grande, ✆ (915) 532-7232, www.nps.gov/cham, tgl. 5–22, VC 10–17 Uhr.*

Weitere Museen von El Paso

El Paso hat insgesamt 17 Museen, wovon aber keines wirklich überregionale Bedeutung hat und ein Besuch nur eingefleischten Museumsgängern zu empfehlen ist.

Museum of Art (3)

Museen: ein bisschen von Allem

Hier finden sich Werke von verschiedenen amerikanischen Künstlern (Südwesten und Indianer) und auch einige spanische Exponate. Neben Gemälden sind besonders in den häufig wechselnden Ausstellungen Skulpturen, Grafiken und private Sammlungen zu bewundern.
Museum of Art, *1211 Montana Ave., ✆ (915) 532-1707, www.elpasoartmuseum.org, Di–Sa 9–17 (Do –21), So 12–17 Uhr, frei.*

Museum of History (9)

Das für den Reisenden aus Europa mit Sicherheit interessanteste Museum erzählt die Geschichte der Indianer, Eroberer, Cowboys und US-Kavallerie, die alle eine wesentliche Rolle in der Besiedlungsgeschichte des Südwestens gespielt haben.
Museum of History, *510 N. Santa Fe St., ✆ (915) 351-3588, www.elpasotexas.gov/history, Di–Sa 9–17 (Do –21), So 12–17 Uhr, frei.*

Fort Bliss (Museum) (19)

Nachgebautes Fort, welches von 1854–1868 in Magoffinville stand. Den Reisepass/Personalausweis für das Betreten des militärischen Gebietes nicht vergessen! Ein informatives Museum hier ist das **Air Defense & Artillery Museum** *(Bldg. 5000, Pleasanton Rd., nahe Robert E. Lee Rd., Mo–Sa 9–16.30 Uhr)* mit Erläuterungen zur amerikanischen Flugabwehr.
Fort Bliss (Museum), *im Militärgelände nordöstl. der Innenstadt, ✆ (915) 568-4518), www.blissmwr.com/oldfortbliss, Di–Sa 9–16 Uhr.*

Holocaust Museum (8)

Das Museum befasst sich mit der Judenverfolgung während des Nationalsozialismus, ist aber nicht so interessant wie das Museum in Houston.
Holocaust Museum, *715 N. Oregon, ✆ (915) 351-0048, www.elpasoholocaustmuseum.org, Di–Fr 9–16, Sa+So 13–17 Uhr, frei.*

Mc Call Neighborhood Center (21)

Widmet sich der Geschichte der African-Americans in und um El Paso. Fotos, Ausstellungen, Archiv.
Mc Call Neighborhood Center, *3231 E. Wyoming Ave., ✆ (915) 566-2407, Mo–Fr 10–15 Uhr.*

Reisepraktische Informationen El Paso, TX

VORWAHL 915

Informationen

El Paso Tourist Information Center: *1 Civic Center Plaza, ✆ 534-0600, 1-800-351-6024, www.visitelpaso.com. Weitere Infos betreffs Veranstaltungen können Sie der Tageszeitung „El Paso Times" entnehmen.*

Krankenhäuser

Sierra Providence Hospital: *2001 N.Oregon Street, ✆ 577-6011;* **Thomason Hospital**: *4815 Alameda Ave., ✆ 544-1200*

Sightseeing-Touren

El Paso-Juárez Trolley Co.: *✆ 544-0062. „Trolleys" („Border Jumper" genannt). Fahren vom Convention Center nach Juárez und zurück. Sie können unterwegs in Juárez an einigen Sehenswürdigkeit (oft Souvenirshops/Restaurants) aussteigen und mit dem nächsten Trolley weiterfahren. Es gibt mehrere Fahrtrouten, aber keine hebt sich von der anderen ab. Vom Start aus gibt es ca. 9–10 Haltepunkte. Bei allen auszusteigen lohnt nicht. Bedenken Sie, dass es bis zum nächsten Bus eine Weile dauern kann. Tickets im Touristenbüro. Stdl. zw. 10 und 17 Uhr.* **Hinweis:** *Zeitweilig wurde der Betrieb aus Kostengründen eingestellt. Infos im Visitor Center.*

Unterkunft

Gardner Hotel/International Hostel $-$$ (2): *311 Franklin Ave., ✆ 532-3661, www.gardnerhotel.com. Hier gibt es alles vom Schlafsaal bis zu Einzel- u. Doppelzimmer. Waschräume und Toiletten sind aber immer auf dem Flur. Die zentrale Lage und der Preisvorteil sprechen für sich.*

Holiday Inn-Express-Downtown $-$$ (1): *409 E. Missouri St., ✆ 544-3333, www.ichotelsgroup.com. Einfaches Hotel, dafür aber günstig und zentral gelegen.*

Super 8 Airport Inn $$ (4): *7144 Gateway Boulevard East, ✆ 779-7700, www.super8.com. 10 Meilen östlich des Zentrums. Preisgünstig und ansprechend.*

Holiday Inn Sunland Park $$ (3): *900 Sunland Park Dr., ✆ 833-2900, www.ichotelsgroup.com. Gehobener Standard und Blick vom Hügel auf den Sunland Park.*

Camino Real Paso Del Norte $$$-$$$$ *(s. Punkt* **2** *der Sehenswürdigkeiten): 101 S. El Paso St., ✆ 534-3000, 1-800-722-6466, www.caminoreal.com. Großes elegantes Hotel in historischem Gebäude. Der Klassiker in El Paso und billiger als ähnliche Hotels in anderen Großstädten. Günstige Wochenendraten!*

Hinweis

Besonders günstige Motels ($-$$) *finden Sie vor allem in der Montana Ave. (nordöstl. der Stadt) in den Blocks ab der Nummer 6000.*

Camping/RV

Die Plätze bieten nur begrenzt Platz für Zelter, im Zweifel vorher reservieren.

Mission RV Park: *I-10, am Exit der Americas Avenue, East Side. ✆ 859-1133. Gepflegte Anlage mit eigenen Sportplätzen und Clubhaus. 12 Meilen von der Innenstadt.*

Roadrunner: *1212 Lafayette Rd. (I-10 Yarbrough Drive Exit), ✆ 598-4469. Ca. 10 Meilen zur Innenstadt.*
Der Campingplatz im **Hueco Tanks Hist. Site** *ist sehr schön,* *s. S. 283.*

Restaurants

El Paso gilt als „Mexican Food Capitol of the World" (zumindest was die USA betrifft). Achtung! Das echte mexikanische Essen ist aber ausgesprochen scharf!
Wer gut in der Innenstadt speisen möchte, der sei auf die Restaurants im **Camino Real Paso Del Norte** *verwiesen (✆ 534-3010 bzw. 3020). Im* **Azulejos** *gibt es deftige und schmackhafte Südwest-Küche, während das* **Dome Restaurant** *für Fine Dining steht. In der* **Dome Bar** *dagegen können Sie, unter der Tiffany-Glaskuppel, einen Cocktail genießen.*
Jaxon's Restaurant & Brewery: *1135 Airway Blvd., ✆ 778-9696. Gutes Bier, Tex-Mex-Gerichte und auch Burger sowie Steaks. Ein weiterer Jaxon's befindet sich: 4799 N. Mesa St., ✆ 544-1188.*
Cattleman's Steakhouse: *Indian Cliffs Ranch, 30 Min. östl. der Stadt. (I-10 Exit Fabens und dann nach Norden), ✆ 544-3200. Die besten Steaks in Westtexas. Unbedingt vorher reservieren!*
Forti's Mexican Elder: *321 Chelsea Rd., ✆ 772-0066. Der Tipp für mexikanische Küche. Wer sich nicht so recht entscheiden kann, der fährt in das Gebiet* **Kern Place** *(nahe Uni, Bereich N. Stanton St./Cincinnati Ave.). Hier gibt es zahlreiche Restaurants der verschiedenen Richtungen. An Wochenenden voll.*

Pubs/Livemusik/Country- u. Western-Tänze

Tipp: *Wer am Wochenende unterwegs ist, sollte sich nach der neuesten* **Country-Disco** *erkundigen.*
Chelsea Street Pub: *6001 Gateway W., im Bassett Shopping Center, ✆ 778-8561. Freitag u. Sonnabend Livemusik. Hier gibt es auch günstige Mahlzeiten und typische Cocktails.*
Margaritas: *8750 Gateway East (exit Lee Trevino und dann noch 1 Meile), ✆ 592-9950. Country-Disco für die „Jugend" ab 30. Wenn Sie nicht auffallen wollen, setzen Sie den neuerstandenen Cowboyhut auf und ziehen die hautengste Wrangler-Jeans an – „Texas is Wrangler-Country!"*

Einkaufen

Wer auf der Suche nach mexikanischen oder Pueblo-Kunsthandwerk ist, der kann Einkäufe sowohl in El Paso als auch in Ciudad Juárez tätigen. Die Auswahl ist in Mexiko oft origineller, wobei in den grenznahen Geschäften in Juárez die Preise für amerikanische Touristen kalkuliert sind. Wer nicht über die Grenze fahren möchte, kann sich diesbezüglich im **Cielo Vista Mall Shopping Center** *(I-10/Gateway, Ecke Hawkins St.), einer der größten Einkaufskomplexe der Stadt, umsehen.*
Preiswert sind in El Paso **Lederstiefel (Boots)**. *Mehrere Hersteller haben hier Fabriken und bieten in „Factory Shops" oder auch als „Zweite Wahl" diese günstig an. Empfehlenswerte Geschäfte sind z.B.:* **Cowtown Boots Company** *(11401 Gateway Blvd.-West, East Side, www.cowtownboots.com),* **Tony Lama Factory Shops** *(www.tonylama.com, 5 Geschäfte in der Stadt, z.B.: 12151 Gateway-West (Zaragoza, I-10 Exit „Ave. of the America") und 7156 Gateway East (neben der Fabrik)) sowie* **Justin Boots** *(www.justinboots.com, 7100 Gateway East, an der Südostecke der Hawkins St.). In den Geschäften gibt es auch andere* **Western-Kleidung**.

Alles für den Cowboy in El Paso

Southwest-Souvenirs *finden Sie bei der* **Saddleblanket Company**: *6926 Gateway East zw. Airway and Hawkins, www.elpasosaddleblanket.com. Teppiche, Wandbehänge, Tonwaren, Felle, Schmuck u.a.*

Veranstaltungen (Auswahl)

Mai (Memorial Day-Wochenende): **International Hot Air Balloon Festival**: *Heißluftballons steigen vom Mountain Shadow Lake auf + Unterhaltung aller Art (✆ 544-8864, www.hotairballoon.com).*

13. Juni: **Tigua St. Anthony's Day**. *Die Tiguas feiern ihren Heiligen St. Anthony. Zeremonien und Tänze.*

Mitte Juni – Labor Day: **Viva! El Paso**. *Farbenprächtiges Musical, aufgeführt im McKelligon Canyon, Do–Sa (✆ 588-7054, www.viva-ep.org).*

September: **Southwestern Livestock Show and Rodeo** *(PRCA). Profi-Rodeo im Cohen Stadium (U.S. 54 Patriot Freeway, Northeast El Paso) mit bekannten Country-Western-Sängern (✆ 755-2000, www.elprodeo.com).*

Konzerte/Festivals/Veranstaltungen

McKelligon Canyon: *Mc Kelligon Rd. 4 Meilen nördlich der City. Folgen Sie der Alabama Rd. Ab dann gut ausgeschildert. Hier finden unter freiem Himmel Konzerte und Festivitäten statt (✆ 231-1100, www.ticketmaster.com/venue/98458).*

Stierkampf: *Im Plaza Monumental Bullring, 16 de Septiembre, Juárez. Viertgrößte Arena der Welt. Infos über das mexikanische Touristenbüro. Veranstaltungen zwischen Ostern u. Labour Day.*

Verkehrsmittel

Flughafen

El Paso Int. Airport: *✆ 780-4749 sowie 780-4749, www.elpasointernationalairport.com*
Anfahrt **mit dem eigenen Auto**: *Vom nördlichen Stadtzentrum aus auf dem I-10 nach Osten und dort abbiegen am Airways Rd.-Exit. Dieser Straße folgen nach Norden. Nach einer Meile ist bereits alles ausgeschildert.* **Shuttle/Kleinbusse**: *Viele Hotels bieten Shuttleservices an, ebenso wie* **Amigo Shuttle** *(✆ 355-1739, www.amigoshuttle.info).*
Stadtbus: *Stündlich verkehrt ein Bus der Sun Metro zwischen Innenstadt (Downtown Plaza) und Airport.* **Taxi**: *Eine Fahrt mit dem Taxi vom Zentrum zum Flughafen kostet ab 18 $ plus Trinkgeld.*
Alle größeren **Mietwagenunternehmen** *haben Stützpunkte am Flughafen.*

Öffentliche Verkehrsmittel/Taxis

Amtrak-Bahnhof: *Union Depot (700 San Francisco St.), ✆ 545-2247, 1-800-872-7245.*
Überlandbus-Terminal: *200 W. San Antonio Ave., Greyhound: ✆ 542-1355. Texas, New Mexico & Oklahoma Coaches Inc. sowie Transportes Chihuahuenses (Fahrten nach Mexiko) werden ebenfalls über Greyhound gebucht.*
Stadtbusse: *Die städtische Busgesellschaft heißt „Sun Metro". In den Außenbezirken ist das Netz nicht sehr dicht. ✆ 533-3333, www.elpasotexas.gov/sunmetro. In der Innenstadt betreibt Sun Metro auch* **Trolley-Linien**, *die touristischen Highlights und das mexikanische Ciudad Juárez (s.u.) anfahren.*
Taxis: Checkers Taxi Cab: *✆ 532-2626,* **Yellow Cab**: *✆ 533-3433*

Sehenswertes in der Umgebung

Ein Abstecher nach Ciudad Juárez

Ciudad Juárez ist die Partnerstadt von El Paso und liegt ihr gegenüber am Rio Grande (die Mexikaner sagen Rio Bravo). Aus einer kleinen Kirche entstanden, hat Juárez heute 1,6 Mio. Einwohner und ist damit die viertgrößte Stadt Mexikos. Juárez wurde am 9. Dezember 1659 vom Franziskanermönch *Garcia de San Francisco y Zuñiga* gegründet. Er gab der Siedlung den Namen „El Paso del Norte". Die Gegend um die Mission, der Jungfrau von Guadalupe gewidmet, wuchs und gedieh im Laufe der Zeit. Wagen- und Maultierkarawanen machten hier Rast auf ihrem Weg von Mexico City nach Santa Fe. Gold- und Silbererz aus den Minen von New Mexico wurde über Juárez befördert. El Paso del Norte wurde zur Provinzhauptstadt von New Mexico während des Indianeraufstandes im Norden und nochmals, als Präsident *Benito Juarez* vor den französischen Truppen *Maximilians* floh. 1888 wechselte die Stadt ihren Namen zu Ehren des „kleinen Präsidenten" und wurde nun zu Ciudad Juárez. Bald danach nahm die amerikanische Siedlung auf der anderen Seite des Flusses den Namen El Paso an.

Viertgrößte Stadt Mexikos

Heute ist Juárez ein internationales Handelszentrum und Sitz mehrerer Industriebetriebe, die vor allem pharmazeutische Produkte und elektrotechnische Geräte herstellen. Juárez bietet Glasbläsereien, die Herstellung von Gold- und Silberschmuck, Windhundrennen und natürlich den baulichen und kulturellen Gegensatz zu den USA, der aber nur

Guadalupe Mission und Kathedrale

bedingt zu erkennen ist. Zu nah ist der Einfluss der amerikanischen Partnerstadt. Leider ist die Kriminalitätsrate sehr hoch. Achten Sie auf Ihre Wertsachen und vor allem auch Ihren Reisepass!

Der **(Old) City Market/ Mercado (10)**: Die alte Markthalle. Hier können Sie günstig und gut in einem der Straßenrestaurants essen und im Markt gibt es ein paar mexikanische Souvenirs und Gewürze zu erstehen (Handeln!). Laufen Sie von hier aus weiter durch die Altstadt. Nicht weit entfernt ist das **Historische Museum (11)**, das reichlich unsortiert erscheint, aber für ein paar Infos zur Geschichte der Stadt gut ist. In dem Gebäude wurde die Mexikanische Revolution beendet.

200 m weiter gelangt man dann zur **Kathedrale**, die von außen deutlich den spanischen Kolonialstil widerspiegelt. Innen ist sie völlig neu und geschmackvoll gestaltet. Gleich daneben, direkt an der Plaza, liegt die **Guadalupe Mission (12)**, die erste aller Missionskirchen am Rio Grande. 1659 vom Franziskanermönch *Garcia de San Francisco y Zuñiga* erbaut, hat die Kirche eine wunderschön geschnitzte Decke. Eine Legende besagt, dass die Deckenbalken aus Palmenstämmen hergestellt sind, die von Spanien nach Veracruz verschifft und dann auf dem Rücken von Indianern zum „Pass des Nordens" gebracht worden sind. Außerdem soll der Schatten der Missionskirche zu einer bestimmten Tageszeit direkt zu einem Ort in den Franklin-Bergen zeigen, wo der Eroberer *Juan de Onate* angeblich einen Schatz mit Gold, Silber und Juwelen versteckt haben soll. In der **La Presidencia Vieja**, gleich hinter der Kathedrale werden sonntags um 11.30 Uhr Folklore-Tänze aufgeführt. Sehr lohnend!

Der Schatten zeigt zum Schatz

Reisepraktische Informationen Ciudad Juárez, Mexiko

Hinweis

Seit 2007 hat sich Ciudad Juárez zu einem Brennpunkt des in Mexiko tobenden Drogenkrieg entwickelt und mit einer rapide ansteigenden Kriminalität zu kämpfen, 2009 wurden rund 2.600 Morde registriert, womit die Stadt den unrühmlichen Titel „gefährlichste Stadt der Welt" erlangte. Auch wenn sich die Schießereien in der Regel nicht in den touristischen Gegenden abspielen, ist Vorsicht geboten. Erstmals haben die USA Anfang 2010 Reisewarnungen für Mexiko ausgegeben, viele Hotels, Restaurants, Kneipen und Souvenirläden schließen derzeit aufgrund der ausbleibenden Gäste aus den USA. In jedem Fall sollte man sich vorher über die Sicherheitslage informieren (www.auswaertiges-amt.de).

Grenzformalitäten

Nicht-Amerikaner müssen einen gültigen Reisepass mit sich führen. Besucher, die ein US-Visum benötigen, müssen den Vermerk „multiple entry" im Pass vorweisen. Es wird ein Aufenthalt von bis zu 72 Stunden genehmigt, und man darf nicht weiter als 18 Meilen ins Landesinnere reisen. Wer weiter möchte, kann sich kostenlos eine „weiße Karte" im mexikanischen Konsulat, an Air-Line-Schaltern, an der Cordova Bridge oder in Reisebüros geben lassen.

Grenzübergänge: Es gibt vier Brücken zwischen El Paso nach Juárez: 1) Bridge of the Americas (Cordova Bridge). Größter Übergang. Kostenlos. 2) Santa Fe Bridge (Einbahnstrecke von Juárez nach El Paso). Für Fahrzeuge kostenpflichtig. 3) Stanton Bridge (Einbahnstrecke von El Paso nach Juárez). Für Fahrzeuge kostenpflichtig. 4) Zaragossa Bridge. 11 Meilen südwestlich der City. Kostenlos.

Einkaufstipps/Restaurants

Im Stadtbereich von Juárez können Sie ohne Probleme in Dollar bzw. einer gängigen Kreditkarte bezahlen.

Der **Trolleybus hält während der Rundfahrt vor allem an Geschäften**. *Günstig einkaufen lassen sich vor allem Lederwaren und Tequila. Die Preise in den Geschäften entlang der Route sind etwas höher als in denen abseits der „Trampelpfade". Das gilt auch für die Restaurants, wo der Bus anhält.*

Juárez Mexico City Market (Mercado): *Avenida 16 de Septiembre. Stände aller Art. Hier sind die Preise angemessen, und man kann durchaus handeln. Direkt vor dem Markt, in den* **Straßen-Restaurants** *können Sie eine Kleinigkeit essen (authentisch, Atmosphäre, vernünftige Preise). Alternativ sollten Sie nicht dort speisen, wo der Trolleybus anhält (amerikanisch/teuer), sondern einmal in die* **Seitenstraßen der Innenstadt** *schauen.*

Mietwagen/eigenes Fahrzeug

Es ist erforderlich, für ein amerikanisches Fahrzeug eine **Zusatzversicherung** *abzuschließen. Die Mietwagenfirmen haben dafür eigens Kontakte zu Versicherungsfirmen. Grundsätzlich ist die Erkundung mit dem eigenen Mietfahrzeug nicht zu empfehlen (Parkprobleme, Sicherheit etc.). Der Trolleybus ist die beste Alternative.*

Zurück auf amerikanischer Seite

Rundfahrt zu den Missionsstationen

Anfahrt

I-10 bis Exit Zaragosa Dr. Ab hier als ***Mission Trail*** *ausgeschildert.* ***Mission Valley VC****: 9065 Alameda Ave., ✆ (915) 851-9997, www.visitelpasomissiontrail.com, tgl. geöffnet,* ***La Portales Museum & IC****: 1521 San Elizario Rd,. Es werden Touren angeboten, die man unter o.g. Nummer/Internetseite bzw. über das Visitor Bureau von El Paso (mind. 24 Std. vorher) buchen kann.*

Die Missionsstationen liegen an der ältesten Straße der USA, dem **Camino Real**, der heute durch meist bewässertes Kulturland führt. Auf größeren Farmen werden hauptsächlich Baumwolle, Gemüse und Mais angebaut. Der Anfang der Geschichte am „Pass

Hinweis

Interessant, doch wer bereits die Missionen in San Antonio besichtigt hat, wird hier nicht viel Neues entdecken. Die Rundfahrt und anschließend zur Indian Cliffs Ranch nimmt mindestens fünf Stunden in Anspruch und ist etwa 90 Meilen lang.

Missionsstation für die Indianer

des Nordens" begann mit der Errichtung der Missionskirchen. Ziel war es, die Indianerstämme zu „bekehren". Auf der Flucht vor der Puebloreovolution weiter nördlich siedelten sich die ersten Indianer hier 1680 an, woraufhin die **Ysleta Mission (13)** 1681 als erste (auf amerikanischer Seite) gemeinsam von den Tigua-Indianern und Franziskanermönchen erbaut wurde. Das **Tigua Indianerreservat**, eines von nur zwei Reservaten in Texas, liegt auch heute noch gleich neben der Kirche. An Wochenenden finden hier Tanzvorführungen statt, und im Umkreis gibt es eine Reihe von Souvenirläden sowie das Tigua Cultural Center, an dem Sie weitere Infos erhalten und wo an Wochenenden folkloristische Aufführungen zu sehen sind *(305 Yaya Lane, ✆ (915) 859-7700, Mi–So 10–16 Uhr).*

1682 wurde die 3 Meilen östlich von Ysleta gelegene **Socorro Mission (14)** von dem mittlerweile ausgestorbenen Stamm der Piro-Indianer gebaut. Zwischenzeitlich von einer Flutkatastrophe nahezu zerstört, wurde die Kirche wieder aufgebaut. Im Kirchenschiff sind noch die ersten, von den Piros geschnitzten, „Vigas" (Deckenbalken) sowie eine handgeschnitzte Statue von St. Michael in der südlichen Sakristei erhalten geblieben. Die Fassade des Kirchengebäudes ist dem indianischen Symbol für Regenwolken nachgebildet. Der kleine Friedhof ist ungewöhnlich. Besondere Aufmerksamkeit sollten Sie hier den „Decansas" (Ruheplätze) schenken. Diese kleinen „Schuppen" befinden sich in drei Ecken des Friedhofs; die Verstorbenen werden von den Hinterbliebenen – vor dem eigentlichen Begräbnis – zu diesen Schuppen getragen.

Socorro Mission

6 Meilen östlich von Socorro steht die **San Elizario Mission (15)**. Die Spanier bauten dieses „Presidio" (Fort) als Schutz gegen kriegerische Indianerstämme. Die Kirche spiegelt mehr den spanischen Kolonialstil wider. Gegenüber der Kirche befindet sich der „Gazebo", ein schattenspendender Platz, der für viele Versammlungen genutzt wurde. Fahren Sie über den I-10 zurück nach El Paso, oder folgen Sie der Camino Real weiter bis Fabens, von wo aus Sie, den I-10 überquerend, zur Indian Cliffs Ranch gelangen.

Indian Cliffs Ranch (16)

Die Ranch ist heute eines der beliebtesten Ausflugsziele der Städter. *Auf* relativ kleinem Raum wurde alles untergebracht, was man sich vorstellen kann: ein Zoo, Festzelte, Liegewiesen, Wanderwege, Spielplätze, ein Restaurant und, und, und ... Reitbegeisterte können hier Pferde ausleihen und durch die erodierte Klifflandschaft der Halbwüste reiten. Auf der Veranda des Restaurants können Sie einen Sundowner einnehmen und das orange-violette Licht der untergehenden Sonne bewundern. Danach sollten Sie sich eines der weltbekannten Texas-Steaks im Restaurant gönnen. Aber Achtung! Selbst ausgewachsene Männer sollten mit der „Ladies Portion" vorlieb nehmen. Das 600-g-T-Bone-Steak schafft man nicht! Am Wochenende oft voll, also reservieren fürs Restaurant.

„Ladies Portion" langt!

Indian Cliffs Ranch, *35 Meilen außerhalb von El Paso. Anfahrt: I-10 29 Meilen in östliche Richtung, dann abbiegen am Exit 49 (Fabens) in nördliche Richtung. Nach 6 Meilen liegt die Ranch rechter Hand, ✆ (915) 544-3200, www.cattlemansranch.com, Mo–Fr 17–21, Sa+So 12.20–21 (22) Uhr.*

Hueco Tanks Historic Site (17)

Für einen „gründlichen" Ausflug zu diesem Naturpark sollte man mindestens vier Stunden einplanen, damit man die Landschaft genießen und zu einigen der Felsmalereien wandern kann. Schon vor 10.000 Jahren lebten an den „Hueco Tanks" (ausgesprochen „weco") Menschen. Durch die natürlichen Basins, die wertvolles Wasser auffingen, bot sich dieses Gebiet geradezu an: Es gab hier Wasser und Tiere zum Jagen. Und auch während der Zeit der Postkutschen war hier ein wichtiger Stopp der „Butterfield Overland Stage Coach Line". Heute bieten sich hier dem Reisenden schöne Wanderwege mit mehr als 2.000 Felszeichnungen, von denen die ältesten auf 1500 v. Chr. zurückdatieren. Diese sind aber nur auf Touren zu besichtigen (s.o.). Neben wilden Mauleseln gibt es andere Halbwüstentiere, wie z.B. Kojoten, Stachelschweine und verschiedenstes Rotwild.

Felszeichnungen

Hueco Tanks Historic Site, *6900 Hueco Tanks Rd, 22 Meilen nordöstl. von El Paso, über die Montana Avenue zu erreichen, ✆ (915) 857-792-1135, www.tpwd.state.tx.us, tgl. 8–18, Mai–Sept. Fr–So 7–19 Uhr. Der Besuch des Parks und die Teilnahme an den Touren müssen unbedingt reserviert werden.*

Tipp

Zum Wandern sollten Sie festes Schuhzeug dabei haben, da gerade das Besteigen der Klippen sehr reizvoll ist. Im Park gibt es einen schönen Campingplatz.

5. WEITE, WÜSTEN UND PUEBLOS IN NEW MEXICO UND ARIZONA

New Mexico erleben

New Mexico bietet vor allem **landschaftliche Reize**, interessante Indianerkulturen und eine Vielzahl an Ghost Towns. Die Städte sind nur von geringem Interesse, sieht man einmal ab von den Museen in Albuquerque und dem indianischen „Touch" in Santa Fe und Taos. Wer diesen Staat also wirklich kennen lernen möchte, sollte sich zum einen die schönsten landschaftlichen Höhepunkte ansehen, wie den **Carlsbad Caverns National Park** und das **White Sands National Monument**, und sich zum anderen den **indianischen Kulturen** widmen, die sich in kaum einem anderen Staat der USA so eindrucksvoll präsentieren.

Um ein wenig hinter die Kulissen des Daseins der heutigen Indianer zu schauen, sollte man sich auch die indianischen Wohnsiedlungen der Vorstädte ansehen und sich dann in den Reservaten abseits der großen Touristenrouten umsehen. Hier kommt man leicht in Kontakt mit den Indianern und erfährt sicherlich so einige interessante Dinge, die sonst verborgen bleiben würden. Das heißt natürlich nicht dass es sich nicht lohnen würde, auch die alten Kulturstätten zu besuchen. Vor allem beim Fotografieren sollte man auf die Menschenwürde achten, besonders wenn man noch bewohnte Pueblos (z.B. Taos, Acoma) anschaut. Immer vorher fragen (meist muss man für das Fotografieren bezahlen). In **Los Alamos** befindet sich das bekannte Atomenergiezentrum, in dem bereits während des 2. Weltkrieges an der Atombombe geforscht worden ist.

Menschenwürde achten

Die südlichen Rocky Mountains und das Trans-Pecos-Hochland

info

Im Berührungspunkt von südlichen Rockies und dem **Pecos-Becken**, das sich über den östlichen Teil von New Mexico sowie West-Texas (bis San Antonio hin) erstreckt, hat der Fluss sein eigentliches Tal zum Teil über 300 m tief und bis zu 50 km breit eingeschnitten. Dort, wo der Fluss in den Kalkstein des Edward-Plateaus (zw. San Angelo und Del Rio, TX) eintritt, verengt es sich zu einem Canyon. Die breite Talaue des oberen und mittleren Pecos wird von einer mächtigen Alluvialdecke (Anschwemmungsböden) bedeckt. Interessant ist, dass poröse Bodenschichten artesisches Wasser freigeben, das aus den westlich gelegenen Gebirgen stammt. Besonders im Gebiet um Roswell (nordöstlich von El Paso) lässt es sich leicht erschließen und landwirtschaftlich nutzen.

Südwestlich an die Rocky Mountains angelagert liegt das **Trans-Pecos-Hochland**. Es befindet sich wiederum westlich des Pecos-Beckens und bildet eine Übergangszone zwischen den Bergen sowie dem Rio Grande-Becken im Westen und den Plains im Osten. Auch dieses Plateau weist Becken und Berge auf, doch nur in sehr begrenztem Umfang, und es hat eher den Charakter der Plains. Eines der Becken ist das Estancia-Tal östlich von Albuquerque, wo Geologen Reste von alten Strandlinien entdeckt haben. Daher vermutet man, dass hier einmal ein

info

großer See gewesen sein muss. Ein weiteres Becken, in dem vormals ein See gewesen sein muss, ist das Tularosa-Becken nördlich von Alamogordo, NM, das heute zu einer sogenannten Salzmarsch zusammengeschrumpft ist. Im Trans-Pecos-Hochland lag ehemals der Kern des Kulturraumes der Pueblo-Indianer.

Im Süden von New Mexico erheben sich einzelne inselbergartige Gebirgszüge, die sich wie Keilschollen an Bruchlinien empor gehoben haben (z.B. Sacramento Mts. u. Guadalupe Mts.). Die Bruchbildung war vielfach auch von vulkanischen Ergüssen begleitet, daher finden sich hier teilweise auch Vulkankegel und Basaltströme. Die Davis Mountains südöstlich von El Paso sind das größte dieser Vulkangebirge.

Bei den **südlichen Rocky Mountains** handelt es sich um ein Bruchfaltengebirge, wie es auch die Anden sind. D.h. durch fortwährende tektonische Verschiebungen der Erdkruste versetzen sich die Gesteinsschichten gegeneinander, ohne dabei aber den Kontakt zueinander zu verlieren. Anstelle von scharfkantigen Abbruchkanten entstehen also Falten. Das muss man sich wie einen verschobenen Teppich vorstellen, der dabei „Hügel" bildet. Daher erstrecken sich die wesentlichen Höhenzüge parallel in Nord-Süd-Richtung.

Die tektonischen Verschiebungen haben aber auch von zwei Seiten Druck auf den Bereich des heutigen Gebirges ausgeübt. Dabei wurde dann überwiegend kristallines Gestein aus der Tiefe an die Erdoberfläche hochgepresst. Am Rande der Rockies, wo dieser Druck nicht so intensiv gewirkt hat, entstanden „foot hills", bei denen immer noch die mesozoischen (das sog. Erdmittelalter vor 225-100 Mio. Jahren) Schichten der Plains aufliegen. Die Faltenbildung hat an einigen Stellen leicht gewölbte Flächen, sogenannte Einebnungsflächen, entstehen lassen. Diese wurden später teilweise durch Flüsse zerschnitten.

An einigen höheren Gebirgszügen, wie z.B. der Colorado Front Range oder der Sangre de Christo Range, kann man noch heute Spuren der eiszeitlichen Vergletscherung erkennen. Hier gibt es die dafür typischen Kare und Trogtäler.

Vor dem Fotografieren um Erlaubnis fragen

New Mexico-Telegramm

Abkürzung: *NM;* **Beiname**: *Land of Enchantment (Bezauberndes Land);* **Namensherleitung**: *1598 wurde das Gebiet von den Spaniern, die von Mexiko aus operierten, in Besitz genommen und erhielt dabei den heutigen Namen;* **Bundesstaat seit**: *6. Jan. 1912 (47. Staat);* **Fläche**: *315.115 km²;* **Einwohner**: *2,06 Mio. E.;* **Einwohnerdichte**: *6,5 E/km²;* **Hauptstadt**: *Santa Fe: 77.000 E.;* **weitere Städte**: *Albuquerque (545.000 E., Großraum: 870.000 E.), Las Cruces (87.000 E.), Farmington (46.000 E.);* **wichtigste Wirtschaftszweige**: *Landwirtschaft (Mais, Weizen und vor allem Viehzucht), Tourismus, Bergbau (größte Uranlagerstätten der USA, Erdöl, Kohle, Gold, Silber), Elektroindustrie, Atomforschung*

Von El Paso nach Albuquerque

Entfernungen

El Paso – White Sands NM (über Hwy. 54): 102 Meilen/164 km
White Sands Monument – Socorro (über Carrizozo): 145 Meilen/233 km
Socorro – Albuquerque: 77 Meilen/124 km
El Paso – White Sands NM – Ruidoso – Socorro – VLA – Albuquerque: ca. 500 Meilen/805 km

Routenempfehlung

Die Eiligen nehmen die I-10 bis Las Cruces und von dort den I-25 bis Albuquerque. Wer es beschaulicher angehen lassen möchte, biegt bei Las Cruces in östliche Richtung ab auf den US 70. Nach 54 Meilen liegt linker Hand das White Sands NM Von dort sind es 14 Meilen auf dem US 70 bis Alamogordo. Bleibt man auf der US 70 bis Tularosa, muss man sich dort entscheiden, ob man über die Berge entlang dem Apache Trail fahren möchte (US 70, dann nach links auf den AZ 48, durch Ruidoso, hinter Ruidoso auf den AZ 37, bis dieser auf den US 380 trifft. Diesen immer geradeaus bis San Antonio, NM). Oder man fährt von Tularosa entlang dem US 54 bis Carrizozo und biegt hier nach links ab auf den US 380 bis San Antonio. Von San Antonio bis Socorro auf dem I-25. Zur Kelly Ghost Town und zum VLA geht es auf dem US 60 in Richtung Magdalena (das VLA liegt gut 20 Meilen dahinter), man muss dann aber diesen Hwy. zurück bis Socorro, von wo aus man auf dem I-25 bis Albuquerque fährt. Wer die Salinas-Missionen besichtigen möchte, fährt vom I-25 am Exit 175 (Bernado/Mountainair) ab. Nach 20 Meilen passiert man bereits die Abo-Ruinen, nach weiteren 9 Meilen erreicht man das Visitor Center. Nach Tijeras führen von hier die AZ 55 u. 337. Von dort dann auf dem I-40 nach Albuquerque.

Überblick

Beim ersten Blick auf die Karte mag dieser Streckenabschnitt nicht besonders interessant erscheinen, und mit Ausnahme des White Sands National Monument finden sich hier auch keine bekannten Sehenswürdigkeiten. Und doch hat diese Strecke ihren Reiz, und wer kann, sollte zwei Tage dafür einplanen. Neben den weißen Dünen des White Sands Monument durchquert man eines der wichtigsten Gebiete für die Erprobung von Raketen. Daher wurde in Alamogordo ein durchaus interessantes Raumfahrtmuseum errichtet. Hinter Alamogordo bietet sich dann die Gelegenheit, durch die bewaldeten Bergregionen des Mescalero-Apache-Indianerreservats zu fahren.

Weiße Dünen

Alternativ: Urlaub im All oder Abstecher zu einer Ghosttown

*Wer die schnelle Strecke entlang des I-25 wählt, sollte sich 30 Meilen östlich von **Truth or Consequences** einmal beim Weltraumbahnhof **Spaceport America** umschauen. Von hier sollen kommerzielle Flüge in den Weltraum starten. Organisator: Richard Branson mit seiner „Spaceline" Virgin Galactic (www.virgingalactic.com).*
*Wer lieber die Vergangenheit des Westens erkundet, dem seien die Ghosttowns **Winston** und **Chloride** nordwestlich von Truth or Consequences empfohlen (erreichbar über die AZ 52, ca. 40 Meilen vom I-25).*

Redaktionstipps

- **Übernachten**: Zum Entspannen bietet sich zwischen Mescalero und Ruidoso das **Inn of the Mountain Gods** (S. 294) an. Hier kann man auch wandern und ausreiten.
- **Sehens- und Erlebenswertes**: Die weißen Dünen des **White Sands NM** (S. 291), Raketen im **Museum of Space History** in Alamogordo (S. 292), Natur erleben in den **Sacramento Mts.** (S. 292), die **Kelly's Ghost Town** (S. 295), die **Salinas-Pueblo-Missionen** (S. 296). Hierfür muss man inkl. An- und Abfahrt einen halben Tag rechnen.
- **Zeiteinteilung: Zwei Tage**, wenn man sich auf die wesentlichen Sehenswürdigkeiten entlang der beschriebenen Route beschränkt (übernachten in Alamogordo, in den Sacramento Mts. oder um Ruidoso).

Bei **Carrizozo** führt die Straße direkt durch das „Valley of Fire", ein von dunklem Lavagestein bedecktes Tal. In **Socorro** stehen noch eine Reihe von älteren Gebäuden aus der Zeit des Bergbaubooms, und von hier aus lassen sich u.a. Ausflüge unternehmen zur Kelly Ghost Town und zum Radio Teleskop, welches über Radiosignale Bilder von weit entfernten Gestirnen empfängt.

Für Naturfreunde lohnt sich auch ein Ausflug zum Bosque del Apache Wildlife Refuge. Auf dem Weg nach Albuquerque können Sie schließlich noch einen Abstecher zu den Salinas-Missionen machen. Ruinen in diesem Gebiet datieren zurück auf ca. 1100 n. Chr. Für die hier aufgeführte Tour sollte man zwei Tage rechnen. Wer schnell nach Albuquerque gelangen möchte, braucht über die Highways I-10 und I-25 entlang dem Rio Grande gut sechs Stunden.

Sehenswertes

Las Cruces

Sehenswert in Las Cruces ist das historische „Dorf" **Mesilla** (kleiner Berg). Einst eine Indianergemeinde auf einem kleinen Hügel, war es der Kreuzungspunkt der Butterfield

Souvernirshop in Old Mesilla

Von El Paso nach Albuquerque
Navajo Ind. Res.
zum Chaco Culture N.H.P.
Gallup
371
40
Thoreau
Cibola
San Mateo
Natl. For.
Cibola
National
Forest
nach Flagstaff
Zuni Ind. Res.
Rama Navajo Indian Reserv.
53
Acoma Ind. Res.
Laguna Ind. Res.
Laguna Ind. Res.
Canoncito Ind. Res.
Albuquerque
Zia Indian Reserv.
Zia Indian Reserv.
San Felipe Ind. Res.
Santa Fe
nach Taos
Santa Fe
National
Forest
25
Bernalillo
14
Colorado Springs, Denver
nach
285
41
nach Amarillo
40
Cibola
Moriarty
Isleta
Ind. Res.
337
41
Los Lunas
Estancia
Natl. For.
Fence Lake
117
Belen
Quarai at Salinas Pueblo Missions Nat'l Mon.
60
Mountainair
Abo
42
Bernardo
Abo at Salinas Pueblo Missions Nat'l Mon.
Alamo Band Ind. Res.
Quemado
Cibola
National
For.
25
55
nach Springerville
Datil
Magdalena
Gran Quivira at Salinas Pueblo Missions Nat'l Mon.
54
60
Apache
National
For.
Very large Array Radio Telescope
Kelly Ghost Town
Socorro
San Antonio
Bingham
Valley of Fires Nat'l Rec. Area
12
380
Cibola
National
Forest
Bosque del Apache N.W.R.
Aragon
Trinity Site Site of first Atomic Bomb Test
nach Alpine
163
Carrizozo
Gila
52
White
Tree Rivers Petroglyph N.R.S.
180
Ghost Town Mogollon
Ruidoso
Sands
Alma
48
37
Missile
Three Rivers
Pleasanton
National
52
Range
Gila Cliff Dwellings N.M.
Winston & Chloride (Ghost Towns)
70
Truth or Consequences
Tularosa
nach Roswell
Forest
Buckhorn
A013
Alamogordo
Hillsboro
152
35
Spaceport America
White Sands Natl. Mon.
Silver City
25
Gila
Nat.
90
61
Hatch
26
70
54
For.
70
180
Organ
nach Tucson
Lordsburg
Deming
Dona Ana
Las Cruces
10
10
Fort Bliss Military Reservation
La Mesilla
© graphic
N
0
100 km
0
62 Meilen
11
nach Bisbee
9
9
El Paso
10
zum Big Bend N.P. nach Dallas, San Antonio
1 zum Sunspot Solar Observatory

Stage Route sowie des Camino Real. Das Restaurant *La Posta* war die Haltestelle der Postkutschen. Mesilla wurde um 1850 gegründet, als sich hier kurz nach der Unterzeichnung des Vertrages von Guadalupe-Hidalgo Indianer und auch amerikanische Siedler niederließen, um die mexikanische Staatsangehörigkeit behalten bzw. erlangen zu können. Der Gadsden Purchase, nur drei Jahre später, besiegelte aber die amerikanische Zugehörigkeit. 1880 wurde *William Booney*, alias *Billy the Kid* in Mesilla verurteilt, konnte aber vor der Vollstreckung fliehen. Ein Jahr später stellte ihn aber *Pat Garrett* in der Nähe von Ft. Sumner und tötete ihn. Dieser wurde dann nach seiner Ermordung hier auf dem Masonic Cemetery beerdigt.

Entwischt

Heute findet sich in Mesilla eine Reihe von Galerien, Souvenirläden, Restaurants u.a. Die **San Albino Church** in Mesilla Village *(Old Mesilla Plaza)* ist eine der ältesten Missionsstationen in New Mexico (1851). Von Interesse sind evtl. noch das **Gadsden Museum**, in dem es einiges zum Thema Besiedlung und indianisch-mexikanischer Kulturgeschichte zu sehen gibt.

Gadsden Museum, *3 Blocks östl. des Old Mesilla Plaza. an der 1875 W. Boutz Rd. – droht geschlossen zu werden, Besuch nach Anmeldung: ✆ (575) 526-6293, www.gadsdenmuseum.com.*

Interessant ist das **New Mexico Farm & Ranch Heritage Museum**, das sich mit der 3.000jährigen Geschichte der Farmwirtschaft auf dem Gebiet des heutigen New Mexico beschäftigt.

Heritage Museum, *Dripping Springs Rd – University Ave. östl. der Stadt, Mo–Sa 9–17, So 12–17 Uhr, www.frhm.org, $ 5.*

Reisepraktische Informationen Las Cruces, NM

VORWAHL 575

Information

Las Cruces Conv. & Visitors Bureau: *211 N. Water St., ✆ 541-2444, www.lascrucescvb.org.*

Unterkunft

Hampton Inn $$: *755 Avenida de Mesilla (I-10 Exit 140), ✆ 526-8311, 1-888-846-6741, www.hamptoninn.com. Motel mit sehr gutem Preis-Leistungs-Verhältnis. Pool und Münzwaschmaschinen.*

Ramada Palms De La Cruces $$-$$$: *201 E.University Ave., ✆ 526-4411, 1-800-272-6232, www.ramadalascruces.com. Mit vielen Antiquitäten ausgestattet – u.a. ein Saloon von 1870.*

Mesón De Mesilla $$-$$$$: *1803 Avenida de Mesilla, Mesilla (südlich), ✆ 652-4953, 1-800-732-6025, www.mesondemesilla.com. Antik möblierte Herberge am Stadtrand. Schöner Ausblick vom Pool auf die Berge. Restaurant.*

Restaurant

La Posta de Mesilla: *Old Mesilla Plaza (3 Meilen südwestlich am Hwy. 28), Mesilla, ✆ 524-3524. Tex-Mex und amerikanische Küche in alter (1807) Pferdekutschenstation.*

White Sands National Monument

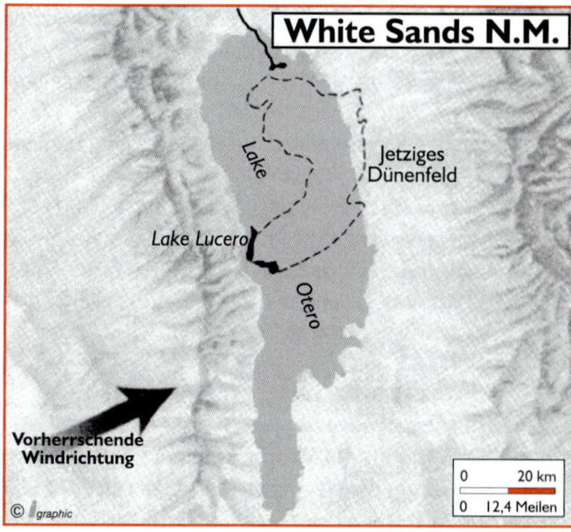

Das White Sands National Monument ist mit Sicherheit einen Abstecher wert. Vor 250 Mio. Jahren befand sich im gesamten Gebiet des Südwestens ein riesiger See. Den größten Wasserzufluss erhielt dieser See von den kalkhaltigen Gesteinen der umliegenden Berge. Als die Temperaturen stiegen und der Regen spärlicher wurde, trocknete dieser See immer weiter aus, und die Gipsablagerungen (mit marinen Sedimenten) verhärteten sich zu Gestein. Vor 90–70 Mio. Jahren dann hob sich das Gelände zu einer großen Wölbung (in dieser Zeit entstanden auf gleiche Weise die Rocky Mountains).

Seen kamen und verschwanden

Vor 10 Mio. Jahren brach diese Wölbung schließlich ein, und das Tularosa-Becken, von den San Andreas und Sacramento Mountains eingerahmt, erhielt seine heutige Form. Wieder entstand ein See: der Lake Lucero. Er erhielt Zufluss von den umliegenden Gebirgen. Doch auch er verdunstete wieder. Erst während der letzten Eiszeit entstand noch einmal ein See: der Lake Otero. Als er letztendlich auch wieder verdunstete, blieben große, bis zu 1 m lange Kristalle übrig, die dann durch den Wechsel von Frost und Hitze als auch zwischen Feuchtigkeit und Trockenheit immer mehr zersetzt wurden zu

Gebildet über Millionen von Jahren: White Sands

kleinen, weißen Sandkörnern. Von da an konnte die Winderosion ansetzen. Ein stetiger Südwestwind begann nun die Dünen zu formen. In Three Rivers, 30 Meilen nördlich von Alamogordo, gibt es noch einige übrig gebliebene Kristalle zu bewundern.

Eine Rundtour durch das National Monument mit dem Auto führt durch das zentrale Gebiet der weißen Dünen. Ein kurzer Lehrpfad, markiert durch nummerierte Punkte, erläutert sehr anschaulich die Entstehungsgeschichte dieser Dünen. Begleitend erhalten Sie am Eingang eine kleine Karte und eine Beschreibung des Geländes.
White Sands NM, *U.S. Highway 70 (24 km südwestlich von Alamogordo und 84 km östlich Las Cruces), VC 8–17 (im Frühjahr/Sommer bis 18/19) Uhr, ✆ (575) 479-6124, www.nps.gov/whsa.*

Alamogordo

Nördlich von Alamogordo am US 54 befindet sich das **Museum of Space History**, in dem die Geschichte der Raumfahrt der USA und der ehemaligen UdSSR dargestellt wird. Vor allem Kinder kommen hier auf ihre Kosten, da viele technische Details in spielerischer Form dargeboten werden. Besondere Attraktionen sind der „Mars Room", in dem die Oberfläche des Mars dargestellt wird, das Planetarium, die NASA-Raumstation und die Nachbauten von Satelliten. Im Planetarium wird mit riesigen Projektoren der Sternenhimmel an die runde Deckenwand projiziert. Ein IMAX-Kino begeistert ebenfalls. Von dem Vorplatz des Space Center aus hat man eine ausgezeichnete Sicht über das Tularosa-Tal, und man erkennt die Dünen als weißen Streifen vor den dahinterliegenden San Andreas Mountains.

Geschichte der Raumfahrt

Museum of Space History, *Top of Highway 2001, tgl. 9–17 Uhr, ✆ (575) 437-2840, www.nmspacemuseum.org, $ 6, inkl. IMAX $ 10.*

Besuchenswert nahe Alamogordo ist auch das **Sun Spot Astronomy/Solar Observatory** 16 Meilen südlich von Cloudcroft in den Sacramento Mountains. Hier steht

Die Geschichte der Raumfahrt im Museum of Space History

eines der leistungsfähigsten Teleskope der USA. Täglich um 14 Uhr gibt es Führungen (vorher anrufen!) und im Visitor Center erhalten Sie weitere Infos.
Sun Spot Astronomy/Solar Observatory, *am NM 6563, ✆ (575) 434-7000, www.nsosp.edu/pr, $ 8.*

Reisepraktische Informationen Alamogordo, NM

VORWAHL 575

Information

Chamber of Commerce: *Am 1301 N. White Sands Blvd., ✆ 437-6120, www.alamogordo.com.*

Unterkunft

Im Park sind keine Hotels, dafür aber in Alamogordo:
Comfort Inn $$: *1020 S.White Sands Blvd.(US Hwy. 54/70), ✆ 434-4200, www.comfortinn.com. Gutes Motel mit 92 Zimmern. Whirlpool, Swimmingpool.*
Days Inn $$: *907 White Sands Blvd. (US Hwy. 54/70), ✆ 437-5090 od. 1-800-329-7466, www.daysinn.com. Motel mit 40 Zimmern, Pool u. Restaurant nebenan.*
Best Western Desert Aire Motor Inn $$-$$$: *1021 S. White Sands Blvd. (US Hwy. 54/70), ✆ 437-2110 od. 1-800-528-1234, www.bestwestern.com. Bestes Preis-Leistungsverhältnis im Ort. Einige Zimmer mit kleiner Küche, die etwas teureren Suiten sind größer und haben kleine Jacuzzis. Swimmingpool.*
The Lodge at Cloudcroft $$$$: *19 Meilen östl., One Corona Place, Cloudcroft, ✆ 682-2566 od. 1-800-395-6343, www.thelodgeresort.com. Wer bereit ist, deutlich tiefer in die Tasche zu greifen, der sollte in dieser luxuriösen Unterkunft absteigen. Einer der höchstgelegenen Golfplätze des Landes, großer Kamin in der Lobby, Spa, Fahrradverleih, Wanderwege nahebei und ein exzellentes Restaurant,* **Rebecca's**.

Campingplätze *gibt es im* **White Sands Nat. Monument** *(s.o.)*

Mescalero und Ruidoso

Folgt man von Tularosa aus dem US 70, kommt man ins Mescalero-Apache-Indianerreservat. Dieses 1.850 km² große Reservat wurde 1852 angelegt, und heute wohnen hier etwa 3.000 Mescalero-Apachen. Neben dem Tourismus leben sie hauptsächlich von der Holzindustrie und teilweise auch noch von der Viehzucht. Dieses Gebiet ist insbesondere wegen seiner faszinierenden Landschaft interessant. 17 Meilen vor Ruidoso am Hwy. passieren Sie das **Mescalero Cultural Center** *(Mo–Fr.)* mit Infos zu diesem Indianervolk. Handwerkliche Produkte gibt es auch zu erstehen. Die Straße führt durch eine Bergregion mit überwiegend Kiefernbestand. **Ruidoso** am AZ 48 ist der zentrale Ort hier und im Sommer sowie in schneereichen Wintern von Touristen übervölkert. Restaurants, Hotels und Souvenirläden reihen sich an der Hauptstraße aneinander. Ein Vorschlag wäre also, in Alamogordo eine Kleinigkeit zu essen und dann in Ruhe diese Landschaft zu „erfahren" und zu genießen. 12 Meilen hinter Ruidoso haben Sie eine schöne Aussicht auf das nördliche Tularosa Valley.

Holz von den Apachen

Reisepraktische Informationen Mescalero/Ruidoso, NM

VORWAHL 575

Information

Ruidoso Valley Chamber of Commerce: *720 Sudderth Dr., Ruidoso, ✆ 257-7395, www.ruidosonow.com.*

Unterkunft

Casa De Patron Bed & Breakfast $$-$$$: *US 380 E, Lincoln, ✆ 653-4676, patron@pvtnetworks.net. Gebäude von 1861. 5 Zimmer, Whirlpool, Sauna. Es heißt, hier hätte auch Billie the Kid schon übernachtet.*

Inn of the Mountain Gods Resort $$$-$$$$: *Zwischen Mescalero u. Ruidoso nach links abbiegen (Caprizo Canyon Rd), Mescalero, ✆ 464-7777 od. 1-800-545-9011, www.innofthemountaingods.com. Wunderschön gelegene Lodge mit unzähligen Freizeitmöglichkeiten (Wandern, Mountainbiking, Golfplatz, Bootfahren, im Winter Skilaufen – in dieser Region aber keine Schneegarantie!)*

Weitere Unterkünfte *aller Preisklassen gibt es in Ruidoso.*

UFO-Absturz

Ein weiterer Abstecher bis nach **Roswell** könnte einigen wegen des **International UFO Museum & Research Center** die Fahrt wert sein. Das Museum basiert auf dem immer noch nicht geklärten Absturz eines unbekannten Flugobjektes im Jahre 1947 nahe Roswell. Ufologen glauben an ein UFO, das Militär dagegen an einen Wetterballon, während andere Quellen glauben, dass es sich um ein geheimes militärisches Objekt bzw. einen Zusammenstoß zweier Militärflugzeuge gehandelt haben muss. Urteilen Sie selbst.

International UFO Museum & Research Center, *Plains Theater, 114 N. Main St., ✆ (575) 625-9495, www.roswellufomuseum.com, tgl. 9–17 Uhr, $ 5.*

Von Roswell kann man nun auch nach Norden mit dem kleinen Schlenker über **Fort Sumner** (Fort Sumner NM und Grab von *Billy the Kid*) und dann über den US 60 oder den I-40 bis nach Albuquerque fahren.

Erste Atombombe

Weiter entlang dem US 54 nördlich von Alamogordo: Nachdem man wieder im Tal ist und das Indianerreservat verlassen hat, durchquert man den kleinen Ort Carrizozo. Danach führt der US 380 durch das **Valley of Fire**. Schwarzes Lavagestein gibt diesem Streckenabschnitt eine eigene Note. Südlich des Highways befindet sich übrigens die sog. **Trinity Site**, wo am 16. Juli 1945 die erste amerikanische Atombombe gezündet worden ist. Besichtigen kann man den 400 m breiten Bombenkrater aber nur zweimal im Jahr. Infos: *www.wsmr.army.mil.*

Socorro County

Direkt von El Paso kommend passiert man 18 Meilen südlich von Socorro das **Bosque del Apache National Wildlife Refuge**. Ursprünglich wurde dieses fruchtbare Gebiet von den Piro-Indianern besiedelt. Im 17. Jh. aber mussten sie es auf der Flucht vor den aufständischen Apachen verlassen. Später führte hier auch die „Camino Real", die

Hauptstraße zwischen Santa Fe und Mexiko, hindurch. Von beidem sind noch einige Spuren zu erkennen aber im **El Camino Real Heritage Center** können Sie mehr erfahren über die 400 Jahre alte, „königliche" Straße. 1939 wurde das Wildlife Refuge zum Schutze der Vogelwelt und besonders von Kranichen eingerichtet. Gab es 1941 nur noch 17 Kraniche, so sind es heute bereits über 17.000. Man kann das Gebiet auf Wanderwegen erkunden. Es gibt aber keinerlei Übernachtungsmöglichkeiten.

Königliche Straße

El Camino Real Heritage Center, *30 Meilen südl. von Socorro, I-25-Exit115, ✆ (575) 854-3600, www.caminorealheritage.org, Mi–So 8.30–17 Uhr, $ 5.*

Socorro ist ein kleines Städtchen abseits vom großen Touristenrummel. Und so ist noch einiges erhalten geblieben aus der Zeit des Gold- und Silberbergbaus. Ende des 19. Jh. war Socorro die größte Stadt New Mexicos. Zu den sehenswertesten Gebäuden zählen Lehmhäuser, eine alte Brauerei, eine kleine historische Ladenstraße, die Old San Miguel Mission und alte Wohnhäuser. Hier spiegelt sich die gesamte Kulturgeschichte New Mexicos wider. Für geologisch Interessierte gilt es noch das **Mineralogical Museum** zu besuchen. Hier sind über 12.000 verschiedene Gesteine aus allen Teilen der Welt ausgestellt.

Mineralogical Museum, *Campus der Universität, ✆ (575) 835-5140, www.geoinfo.nmt.edu, Mo–Fr 8–17, Sa+So 10–15 Uhr.*

Die **Kelly Ghost Town** liegt nahe dem kleinen Ort Magdalena, 30 Meilen westlich von Socorro (fahren Sie an der Ranger Station in Magdalena nach links, und folgen Sie dieser Straße auf 4 Meilen). 1866 wurden hier Silber und Blei gefunden, und ein kleiner Ort mit bereits 3.000 Einwohnern entstand über Nacht. 1883 wurde ein Postamt errichtet, eine Schule folgte. Täglich fuhr eine Postkutsche nach Magdalena, das ebenfalls vom Bergbauboom profitierte. Um das Erz von hier zu befördern, wurde eigens eine Eisenbahnlinie nach Socorro gebaut, deren Trasse man heute noch entlang dem US 60 erkennen kann. Nach 25 Jahren war der Boom vorbei, doch zu Beginn des 20. Jh. entdeckte man in Kelly ein seltenes Zinkerz, welches die Stadt noch einmal aufleben ließ. In den 1930er Jahren war dann endgültig Schluss. Die Vorkommen waren erschöpft. Kelly wurde zu einer Geisterstadt, die Eisenbahn wurde abmontiert. Kelly Ghost Town kann man jederzeit besuchen, von Mai bis Oktober *(Fr–So)* werden sogar Gebäude, wie z.B. die alte Kirche, geöffnet.

Auch **Magdalena** fristet seitdem eher ein einsames Dasein, was einige Reisende auch als Western-Romantik bezeichnen. Am besten können Sie die Atmosphäre des Ortes im „Evett's Café" aufnehmen. Die historischen Fotos an den Wänden machen deutlich, dass der ehemalige Saloon wildere Zeiten erlebt hat.

20 Meilen westlich von Magdalena stehen 27 übergroße Satellitenschüsseln in Form eines Y inmitten der

Im Bosque del Apache nahe Socorro

kargen Landschaft. Jede dieser Schüsseln hat einen Durchmesser von 25 Metern und wiegt 100 Tonnen (mit Fuß 240 t). Die Anlage, **Very Large Array Radio Telescope (VLA)** genannt, ist mit Hilfe von drei weiteren Anlagen in Tucson, Charlottesville und Green Bank verbunden und ist in der Lage, über Radiowellen und Lichtsignale die Oberfläche weit entfernter Gestirne aufzunehmen. In Green Bank (W-Virginia) und Charlottesville (Virginia), werden diese Signale dann zu Bildern umgewandelt. Auf diese Weise kann die Geschichte des Universums studiert werden. Unglaublich, dass hier Signale von Sternen empfangen werden können, die vor bis zu 10 Milliarden von Jahren „ausgesendet" wurden! Die Sterne existieren vielleicht schon gar nicht mehr. Im Visitor Center können Sie sich genauer informieren, und wer Lust hat, kann die Satellitenschüsseln auch zu Fuß erkunden.

Uralte Signale

VLA, *Visitor Center: tgl. 8.30 Uhr bis Sonnenuntergang, ✆ (575) 835-7000, www.vla.nrao.edu.*

Reisepraktische Informationen Socorro, NM

VORWAHL 575

Information

Socorro County Chamber of Commerce: *101 Plaza, ✆ 835-0424, www.socorro-nm.com.*

Unterkunft

Casa Blanca B&B $$: *13 Montoya St., San Antonio, NM, ✆ 835-3027, www.casablancabedandbreakfast.com. Mit viel Liebe geführtes B&B. Haus im viktorianischem Stil, große Veranda, Garten, üppiges Frühstück.*

Days Inn $$: *507 N. California Ave. (US Hwy. 60/85), ✆ 835-0230, www.daysinn.com. Kleinstadtmotel mit Pool.*

Zahlreiche weitere **Motels und Hotels** *befinden sich in der N. California Ave.*

Camping

Casey's Socorro RV Park: *I-25 Exit 147, dann einen Block westl. auf Bus I-25 und dann 1 Block südlich auf South Frontage Rd., ✆ 835-2234. RV und Zelten.*

Restaurant

Socorro Springs Brewing Co.: *1012 California St., ✆ 838-0650. Gute Steaks, Pizzen, Burger und Pastagerichte. Natürlich lockt vor allem das Bier aus der eigenen Microbrewery.*

In San Antonio ringen die **Owl Bar** *und die* **Buckhorn Tavern** *(beide Main St./US 380) ständig um die Ehre, den besten Chili-(Cheese-) Burger im Lande zu bereiten.*

Salinas Pueblo Missions National Monument

Drei alte Pueblos, Abo, Gran Quivira und Quarai, befinden sich hier im Gebiet um Mountainair. Sie stammen aus der Zeit um 1150 und wurden von Tompiro und Tiwa sprechenden Indianern bewohnt, die 2.000 Jahre zuvor aus dem Gebiet des Rio Grande ins Salina-Tal geflohen waren. Ursprünglich bewohnten sie kleine Hütten, bevor sie

Ofen aus Lehm, wie er von den Native Americans und ersten Siedlern genutzt wurde

im 12. Jh. die heute noch z.T. sichtbaren „Apartmenthäuser" aus Lehm (Adobes) errichteten. Da sie aber nicht sehr kriegerisch waren und sich daher kaum wehren konnten, wurden die Indianer von den Spaniern im beginnenden 17. Jh. „annektiert", und bald darauf wurden mehrere Kirchen und Missionsstationen gebaut. Die Indianeraufstände während der zweiten Hälfte des 17. Jh. vertrieben alle Bewohner von hier und die Kirchen wurden zum größten Teil zerstört. Heute gibt es noch sieben Kirchen, wobei zwei wiederaufgebaut wurden und die restlichen fünf als Ruinen „erhalten" werden.
Visitor Center: *in Mountainair, einen Block westl. der Kreuzung US 60 und NM 55, tgl. 8–17, Missionen tgl. 9–17 Uhr, ✆ (505) 847-2585, www.nps.gov/sapu.*

Bereits 1672 verlassen

Abo Pueblo: Vom I-25 kommend, passiert man diese Missionsstation zuerst. Sie wurde 1150 von den Tompiro-Indianern gegründet. 1620 erbauten die Spanier die Missionskirche San Gregorio. 1672 wurde das Pueblo schließlich verlassen, und die Indianer zogen ins Rio-Grande-Tal.
Gran Quivira Pueblo: 26 Meilen südlich von Mountainair. Las Humanas ist das größte Pueblo, gelegen auf einem Hügel mit Blick auf das Salina-Tal. Seine Bewohner haben sich am längsten gegen die Spanier zur Wehr gesetzt, danach haben sie sich aber am meisten angepasst. Über Jahre war Gran Quivira der wichtigste Handelsplatz im Tal. Auch dieser Ort wurde 1672 verlassen. In den Ruinen des Pueblo gibt es an die 300 Räume zu besichtigen. Im Besucherzentrum findet man einen kleinen Buchladen, und in einem 40-minütigen Film wird die Geschichte des Salina-Tals präsentiert.
Quarai Pueblo: 8 Meilen nördlich von Mountainair. Um 1300 von Tiwa-Indianern erbaut ist dieses das jüngste Pueblo. Die Nuestra Señora de la Purisima Concepción de Curac-Kirche wurde 1630 erbaut.

Albuquerque

Entfernungen
Albuquerque – El Paso: 266 Meilen/428 km
Albuquerque – Denver: 447 Meilen/720 km
Albuquerque – Gallup: 138 Meilen/222 km
Albuquerque – Phoenix (über Socorro): 455 Meilen/732 km

Überblick

An der Biegung des Flusses

Albuquerque wurde 1706 von einer Handvoll spanischer Siedler gegründet. Den Namen erhielt es von dem für diesen Landstrich zuständigen spanischen Gouverneur *Don Francisco Cuervo y Valdez* zu Ehren des Herzogs von Alburquerque (nach nur kurzer Zeit wurde ein „r" weggelassen). Die Siedler suchten sich diesen Platz aus, weil der Fluss hier eine Biegung machte, die eine Bewässerung der Felder erleichterte. Vornehmlich wurden damals Getreide und Olivenbäume angepflanzt. Die ersten Gebäude, die Lehmkirche San Felipe de Neri und die umliegenden Adobe-Häuser, wurden so errichtet, dass sie Schutz gegen mögliche Angriffe der Indianer boten.

Albuquerque war während der ersten zwei Jahrhunderte seines Bestehens ein wichtiger Handelspunkt am Old Chihuahua Trail, der von Santa Fe nach Mexiko führte. Als 1880 die Eisenbahnlinie die Stadt erreichte, blühte sie dann richtig auf. Warenhäuser, ein großer Viehmarkt und hochherrschaftliche Häuser wurden errichtet.

Adobe-Häuser in der Church Street

Albuquerque ist eine Stadt, in der sich die Kulturgeschichte des Südwestens bestens erkennen lässt. Die Nachkommen von Pueblo- und Prärie-Indianern, Konquistadoren und spanischen Siedlern, von Hängengebliebenen auf dem Weg von Mittleren Westen nach Kalifornien entlang der Route 66, Angloamerikaner, Italiener und in jüngster Zeit auch viele Asiaten sorgen für eine multikulturelle Gesellschaft. So findet man selbst in der „Old Town" eine bunt gemischte Architektur vor: Westernsaloons neben Lehmhäusern, spanisch-mexikanische Tradition neben modernen Bauten wie dem Albuquerque Museum.

Redaktionstipps

- **Übernachten** (S. 309): Das **Andaluz** ist der Klassiker in der Stadt, während das **Rio Rancho Inn** den Geldbeutel nicht so strapaziert. Tipp: das **Chocolate Turtle B&B** wegen der Beschaulichkeit.
- **Abendessen** (S. 310): Ohne Zweifel bietet das Bergerlebnis des **High Finance Restaurant** auf dem Sandia Peak etwas Einmaliges. Mexikanische und Südwest-Restaurants sowie einige Diner, z.B. an der Historic 66 (Central Avenue) bieten aber auch gute Kost. Und fürs Frühstück ist das **Church Street Café** ein Muss.
- **Die bedeutendsten Sehenswürdigkeiten** sind die **Old Town** (S. 300), einschließlich des Albuquerque-Museums; das **Indian Pueblo Cultural Center** (S. 303); das **Petroglyph Nat. Monument** (S. 306), die Fahrt auf den Sandia Peak (S. 305) sowie die kleinen Highlights in der näheren Umgebung: **Corrales** (S. 305) mit seinen kleinen Geschäften, die **Indianer-Pueblos** (S. 314) westlich der Stadt sowie die Minenorte entlang dem **Turquoise Trail** (S. 306).
- **Zeit:** Ein ganzer Tag für die wesentlichen Sehenswürdigkeiten in der Stadt, 2-3 Tage, wenn Sie Albuquerque als Basis für die Erkundung der Umgebung nutzen möchten.

Für den Reisenden zu den Indianerreservaten weiter im Westen bietet sich in Albuquerque die Gelegenheit, sich mit den Indianerkulturen vertraut zu machen. Im Albuquerque Museum und im Museum des Indian Pueblo Cultural Center wird ihre Geschichte und ihr Leben auf interessante Weise dargestellt. Die Stadt bietet sich auch an für Ausflüge zu den nahe gelegenen Indianergebieten. Wer also lieber ein paar Nächte im gleichen Hotel bleiben und die gastronomischen Vorzüge einer Stadt genießen möchte, kann von hier aus die Salina-Missionen im Süden, das Acoma-Indianerreservat im Westen, Santa Fe (siehe hierzu „Rail Runner Express" S. 312) und die Pueblos nördlich der Stadt auf Tagestouren erkunden. Der Tourismus wird zudem angekurbelt durch die Nostalgiewelle, die sich um die Legenden der Route 66 spinnt.

„Cruisen" auf der Route 66

Auf der langen Strecke zwischen dem in den 1930er Jahren wirtschaftlich verödenden Mittleren Westen in das gelobte Land im Westen, Kalifornien, kamen die Menschen zu Zehntausenden auch durch Albuquerque. An der Central Avenue, die sich auch „Historic 66" nennt, finden Sie viele kleine Lokale, Neonreklamen, kleine Road-Motels, Cafés, Restaurants und z.T. sehr lustige Geschäfte mit Schnickschnack der letzten 60 Jahre. Biker, Wohnmobilisten und natürlich auch Reisende mit normalen PKWs „cruisen" gerne entlang dieser Straße.

Die Wirtschaft von Albuquerque basiert neben dem Tourismus heute vor allem auf Kleinindustrie und orientiert sich besonders an den Erfordernissen der Farmwirtschaft von New Mexico – mittlerweile gibt es sogar einige Weinfarmen in der Umgebung, vor allem entlang des Rio Grande Boulevards und in Corrales. Im County leben mittlerweile über 550.000 (1950: 53.000), in der Metro-Area sogar an die 900.000 Menschen. Und für noch etwas ist Albuquerque heute bekannt, und zwar für die Ballonflüge. Mehrere Unternehmen bieten Champagner-, Dinner- Frühstücks- und eben auch ganz einfache Flüge mit dem Heißluftballon über die Stadt an. Anfang Oktober treffen sich über 700 Ballonflieger aus aller Welt zum großen „International Balloon Festival".

Sehenswertes im Stadtbereich

Old Town

Tipps

Parken Sie auf einem der vielen Parkplätze am Rande der Old Town. Man kann von hier aus in zwei Stunden das Viertel erlaufen.
Ein deftiges mexikanisches Frühstück bzw. ein Mittagssnack mit erfrischender Margarita im schattigen Garten des ***Church Street Café*** *(in gleichnamiger Straße) hat noch Niemandem geschadet …*

Die Old Town *(www.albuquerqueoldtown.com)* ist das „Herz" von Albuquerque. Hier siedelten 1706 die ersten spanischen Familien ganz in der Nähe des damals hier direkt vorbeifließenden Rio Grande (heute hat der Fluss einen etwas anderen Verlauf). Das Dorf wurde in traditionell spanischer Weise angelegt mit einer zentralen **Plaza**, die von der **Kirche San Felipe de Neri (1)** und den Regierungsgebäuden umgeben war. Zuerst wurde die Kirche auf der Westseite der Plaza errichtet, aber 1793 dann an der heutigen Nordseite neu gebaut. Ein Musikpavillon inmitten der Plaza lädt zum Verweilen ein.

San Felipe de Neri

Adobe trifft Wild West

Die gesamte Altstadt steht heute unter Denkmalschutz und gilt als die Touristenattraktion der Stadt. Leider ist sie noch immer für den Autoverkehr freigegeben und in fast jedem Gebäude entweder ein Souvenirladen oder ein Restaurant untergebracht. Trotzdem ist vor allem die Vielfalt der Architektur sehenswert. Neben einem Lehmhaus findet sich ein Saloon und daneben wiederum ein alter Kaufmannsladen aus dem beginnenden 20. Jh. Wer sich näher mit der Entstehungsgeschichte der Gebäude in der Old Town beschäftigen möchte, sollte sich am Touristenbüro die kleine Broschüre „A Walking Tour of History and Architecture" besorgen.

Die Adobe-Architektur

info

Dieser Baustil basiert auf Pueblo-spanischen Architektureinflüssen. Das wesentliche Baumaterial ist der **Adobebackstein**, der aus Lehm und Stroh besteht und in der Sonne getrocknet wird. Die Backsteine haben im Regelfall eine Größe von 25 x 45 Zentimetern. Als Stützgerüst werden dicke, abgerundete Holzbalken verwendet, die aus den Seitenwänden teilweise herausschauen. Das typische Adobehaus hat ein Flachdach, ist weich in seiner Struktur, aber massiv. Doch sind nicht alle Adobehäuser gleich gebaut worden, und es gibt eine Reihe von Variationen: Die Pueblos sind z.B. dazu übergegangen, die Außenwände der Häuser mit Mörtel oder Gips zu bestreichen. Schließlich wurden unter europäischem Einfluss sogar Elemente wie Giebelfenster und Mauerüberhänge eingeführt.

Ornamente in Holz, Giebeldächer und große Fenster wurden besonders von den Anglo-Amerikanern verwandt. Typische Merkmale sind das Haupttor **(Portal)** mit Überhang, die **Vigas** (Holzbalken), die das Dach tragen, und die dazwischen gesetzten **Latillas** (Holzplanken). Die **Corbels** dienen als tragende Verbindungsstücke zwischen Holzpfeiler und Dach. Nicht wegzudenken ist vor allem die **Banco**, eine aus Lehmbacksteinen gefertigte Bank, die in die Außenwand eingearbeitet ist. Hier sitzen die Pueblos während der heißen Mittagsstunden im Schatten des überhängenden Daches und halten Siesta mit tief ins Gesicht gezogenem Sombrero.

In der und um die Old Town gibt es einige Museen:

The Albuquerque Museum of Art & History

Eine ausgezeichnete Ausstellung über den geschichtlichen Werdegang der Albuquerque-Region während der letzten 400 Jahre. Außerdem ständig wechselnde Kunst- und Fotoausstellungen.

Museum of Art & History, *2000 Mountain Rd., ✆ (505) 243-7255, www.cabq.gov/museum, Di–So 9–17 Uhr, $ 4.*

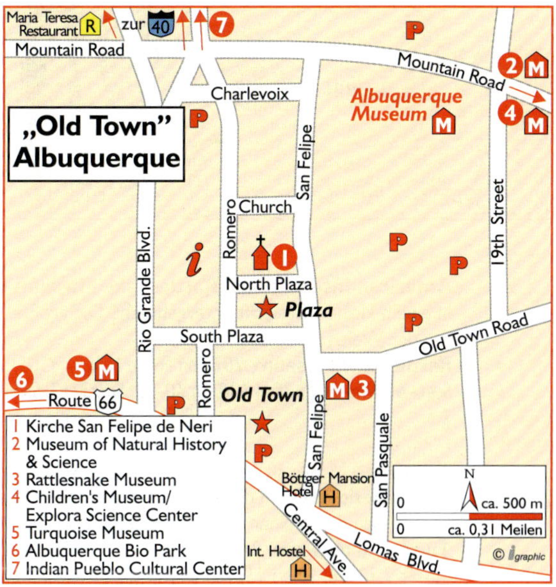

The New Mexico Museum of Natural History & Science (2)

Ausstellungen zur Naturgeschichte New Mexicos bis zurück in die Zeit der Dinosaurier! Angeschlossen ist ein Planetarium.

Museum of Natural History & Science, *1801 Mountain Rd., ✆ (505) 841-2800, www.nmnaturalhistory.org, tgl. 9–17 Uhr, je $ 7 für Museum, Planetarium und Theater.*

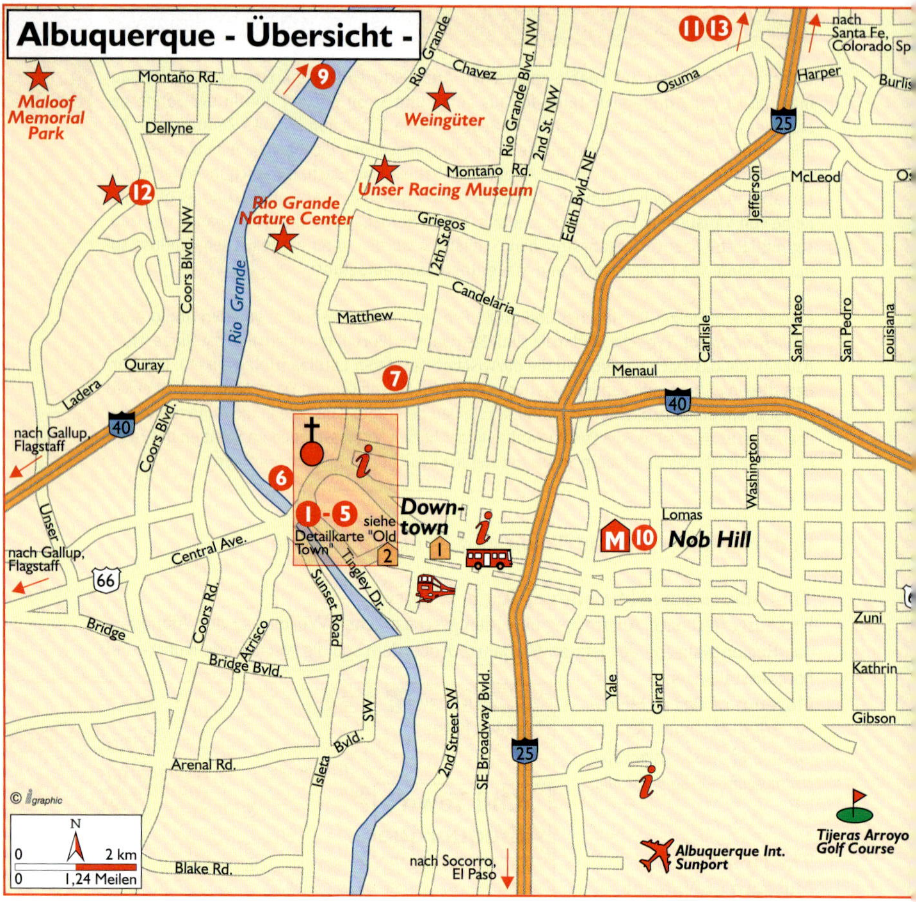

American International Rattlesnake Museum (3)

In einem kleinen Geschäft untergebracht. Die größte Ausstellung von Klapperschlangen der Welt.

Rattlesnake Museum, *202 San Felipe NW, ✆ (505) 242-6569, www.rattlesnakes.com, Sept.–Mai Mo–Fr 11.30–17.30, Sa 10–18, So 13–17, Sommer Mo–Sa 10–18, So 13–17 Uhr, $ 5.*

Turquoise Museum (5)

Hier dreht sich alles um den bei den Indianern so beliebten Türkis-Stein. In das Museum gelangt man durch einen nachgebauten Minen-Tunnel.

Turquoise Museum, *2107 Central Ave., ✆ (505) 247-8650, www.turquoisemuseum.com, Mo–Fr 9.30–16, Sa bis 15, Touren Mo–Sa 11 und 13 Uhr, $ 10.*

Albuquerque Biological Park (6)

Besonders auf Kinder ausgerichtet. Hauptattraktion ist das Aquarium, u.a. mit Flussfischen aus der Region. Hinzu gibt es einen Zoo sowie zwei botanische Gärten, einer, der sich mit den Pflanzen der Region beschäftigt, der andere eher mit welchen aus aller Welt.

Biological Park, *2601 Central Ave. NW, www.cabq.gov/biopark, tgl. 9–17, an Sommer-Wochenenden bis 18 Uhr, $ 12 (inkl. Zoo und Aquarium).*

Weitere Museen in und um Albuquerque

Indian Pueblo Cultural Center (7)

Im Gebiet, vor allem nördlich von Albuquerque gibt es alleine 19 verschiedene Pueblostämme. Um ihrer Kultur gerecht zu werden und diese der Öffentlichkeit zugänglich zu machen, hat man sich dazu entschlossen, ein gemeinsames, nicht profitorientiertes Kulturzentrum zu errichten, in dem sich jeder Stamm darstellen kann. Sehr beeindruckend ist vor allem das Museum im Keller, in dem die Geschichte der Pueblos und die Feinheiten der einzelnen Kulturen gut herausgestellt worden sind. Besonders interessant ist es, wie der Einfluss der Kirche und ihrer Missionare seit dem 17. Jh. die Kultur der Pueblos verändert hat. Nicht alle Pueblos sind glücklich darüber, denn sie mussten sich seither immer mehr den europäischen Kulturen anpassen und wurden bereits sehr früh zu unterbezahlten Arbeiten auf den großen Farmen herangezogen – und das nicht immer freiwillig. Die Farmbesitzer haben oft ihre Arbeiter über die Kirche „rekrutiert".

Kirche als Arbeitsamt

Im Erdgeschoss des Cultural Center befinden sich vor allem Souvenirgeschäfte und Kunsthändler aus den verschiedenen Pueblos. Selbst wenn man nichts kaufen möchte, lohnt sich vor allem ein Besuch in den Räumen mit Tonwaren und Schmuck. Die Künstler sind oft selbst anwesend und können eine gute Einführung in die handwerkliche Kunst der Pueblo-Indianer geben. Im Sommer finden an den Wochenenden regelmäßig Tanz-

veranstaltungen statt. **Tipp**: Wenn Sie weiter durch das Indianerland fahren wollen, sollten Sie im angeschlossenen Buchladen nach ausführlicher Literatur über die Indianer schauen.
Indian Pueblo Cultural Center, *2401 12th Street, nördlich des I-40, ✆ (505) 843-7270, www.indianpueblo.org, tgl. 9–17 Uhr, $ 6. Es gibt ein Restaurant im Hause.*

National Museum of Nuclear Science & History (8)

Nuklearwissenschaft

Dieses neue Museum bietet einen guten Überblick über die Geschichte der Nuklearwissenschaften in den USA. Ein Film erzählt die Geschehnisse, die zum Abwurf der Atombombe auf Hiroshima führten. Wer sich näher mit dem Thema beschäftigen möchte, sollte auch nach Los Alamos (westl. von Santa Fe, siehe S. 599) fahren und sich das Museum dort anschauen. Andere Schwerpunkte des Museum liegen in der Darstellung der friedlichen Nutzung von Atomenergie sowie der Nuklearwissenschaften im Allgemeinen (z.B. Röntgen- und Nuklearmedizin).
National Museum of Nuclear Science & History, *601 Eubank/ Ecke Southern Blvd. SE, www.nuclearmuseum.org, ✆ (505) 245-2137, tgl. 9–17 Uhr, $ 8.*

Los Colores (9)

Ausstellung und Erläuterung der Textilien der Pueblos mit besonderem Augenmerk auf Webkunst.
Los Colores, *4499 Corales Rd. in Corales, nordwestlich von Albuquerque, Di–So 13–16 Uhr.*

Museums of Meteorite & Geology (10)

Zwei Museen. Mineralien, Gesteine – und am interessantesten: Meteoritengesteine.
Nothrup Hall, Yale Blvd. auf dem Universitäts-Campus, Kernzeiten Mo–Fr 9–16 Uhr.

Wer sich nun noch im Stadtgebiet aufhalten möchte, dem sei nochmals die wiederbelebte **Route 66** entlang der Central Avenue („Historic 66") ans Herz gelegt. Besonders

Indianische Motive am Kimo Theatre

der Abschnitt östlich des Girard Boulevard lockt mit Neonlichtern, Kneipen, Dinern und eklektischen Geschäften. Der Abschnitt in der Downtown dagegen boomt an Wochenenden, wenn Biker und Show-Cars sich hier ein Stell-Dich-Ein geben und entlang der vielen Kneipen und Cafés „cruisen“. Beachtenswert hier ist noch das historische **Kimo Theatre** (indianische Motive an den Außenwänden, Ecke Central Ave. und 5th Street).

Tipp

*Noch ein Geheimtipp ist der kleine Vorort **Corrales** im Nordwesten von Albuquerque. Hier gibt es bezaubernde B&B-Unterkünfte, kleine Galerien und Kunstaustellungen im Park, einen (Farmer's) Growers Market (im Sommer tgl.), Adobe-Häuser, eine historische Kirche und eine Reihe kleiner, z.T. feiner Restaurants. Also auch gut geeignet, um hier zu übernachten.*

Sehenswertes in der Umgebung

Tramway zum Sandia Peak (11)

Hierbei handelt es sich um die längste Seilbahn der Welt. Die Strecke beläuft sich auf knapp 4,4 km Länge, und dabei werden etwa 1.600 Höhenmeter überwunden. Zwischen dem zweiten Pfeiler und der Bergstation wird eine Distanz von 2,4 km freihängend überwunden. Oben angekommen kann es sehr kalt werden. Jacke nicht vergessen! Sie befinden sich dort auf der Spitze des Sandia Peak in knapp 3.200 m Höhe. Von hier aus hat man einen Rundblick über den gesamten Norden von New Mexico, und das bedeutet bei guter Sicht, dass man auf eine Fläche von über 28.000 km² schaut. Auf der gegenüber liegenden Seite des Berges führt ein Sessellift wieder ein gutes Stück nach unten. Auf der Fahrt gleitet man durch Kiefernwälder, d.h. man erlebt hier vier der sieben biologischen Lebenszonen, gleichgesetzt mit einer Fahrt von Mexiko nach Alaska. Außerdem gibt es verschiedene Wandermöglichkeiten und auch die Gelegenheit, Mountainbikes zu mieten und auf ausgewiesenen Wegen herum zu fahren. **Tipp**: Wenn Sie es zeitlich einrichten können, fahren Sie am späten Nachmittag auf den Berg und bewundern Sie von oben den Sonnenuntergang.

Tramway, Anfahrt zur Talstation: *I-25 nach Norden, dann am Exit 234 nach Osten auf der Tramway Rd. Alternativ I-40 nach Osten bis Exit 167/ Tramway Blvd, dann nach Norden auf Tramway Blvd.*

Die längste Seilbahn der Welt

Bei beiden Routen auf die Ausschilderung achten. ✆ (505) 856-7325, www.sandiapeak.com, Fahrzeiten: Memorial bis Labor Day: tgl. 9–21, Rest des Jahres Mi–Mo 9–20, Di 17–20 Uhr, $ 20.

Petroglyph National Monument (12)

Der Park liegt an einer 17 Meilen langen Abbruchkante aus Lavagestein, das sich vor ca. 150.000 Jahren durch Vulkanausbrüche hier abgesetzt hat. Am westlichen Rand des Parks sind noch Restvulkane übriggeblieben. In dieses dunkle Lavagestein haben bereits vor 3.000 Jahren Bewohner dieser Gegend Felsgravuren eingehauen, wobei die meisten aus der Zeit von 1300 bis 1650 stammen. Aber auch später sind noch welche hinzu gekommen. *15.000 Gravuren* Im gesamten Park gibt es etwa 15.000 solcher Gravuren. Man glaubt, dass diese Gravuren nicht nur künstlerischen Zwecken dienten, sondern hohen symbolischen Wert hatten für die „Indianer der ersten Stunde" und dass religiöse Gründe mit aufgenommen worden sind. Die Darstellungen beinhalten bekannte und unbekannte Tiere, geometrische Symbole, Sterne u.v.m. Am Eingang zu den Felsgravuren erhalten Sie ein kleines Heftchen, das drei Wanderwege (Trails) zu einigen interessanten Plätzen erläutert. Der **Mesa Point Trail**, der etwa 30 Minuten beansprucht und auf die Abbruchkante hinauf führt, ist sicherlich der interessanteste Pfad. Hier finden Sie Tiersymbole, Menschenbilder und gelangen zu einem Platz, wo früher religiöse Zeremonien abgehalten worden sind. Der Cliff Base Trail ist kürzer und führt am unteren Hang der Kante entlang. Hier gibt es vor allem Gravuren von Masken zu sehen, die bereits an die Masken auf Totempfählen erinnern. Der Macaw Trail dauert nur fünf Minuten, und außer ein paar einfachen Gravuren bietet er nicht viel.

Petroglyph National Monument, *4735 Unser Blvd.* **Anfahrt**: *I-40 nach Westen und nehmen Sie den Exit 154/Unser Blvd. Dem Unser Blvd. folgen. Das National Monument ist ausgeschildert. Besorgen Sie sich eine Karte am Visitor Center. Tgl. 8–17 Uhr, ✆ (505) 899-0205, www.nps.gov/petr.*

Turquoise Trail (14)

Wer einen zweiten Tag in Albuquerque bleibt, dem sei die Rundfahrt entlang diesem Trail (www.turquoisetrail.org) empfohlen. Er führt um die Sandia Mountains herum und bietet Landschaft, alte Minensiedlungen und Indianerkultur, und wer noch nicht auf dem Sandia Peak war, kann von der Rückseite des Berges bis auf seine Spitze fahren. Planen Sie für die gesamte Tour 5–6 Stunden ein. Alternativ können Sie auch der Route folgen und im Norden dann weiterfahren bis Santa Fe.

Zuerst geht es auf dem I-40 in östlicher Richtung, diesen verlässt man am Exit 175/NM 14 in nördlicher Richtung. Nicht weit von hier nimmt man die Sandia Crest Rd. auf die Spitze des Berges. Sie führt durch einen Teil des Cibola National Forest, einem mit Kiefern dicht bestandenen Wald. *Wild West en Miniature* Sie passieren hier auch das kleine **Tinkertown Museum** *(April–Nov. tgl.)*, in dem eine Miniatur-Wildweststadt ausgestellt ist. Auf dem Berg empfiehlt sich ein kleiner Snack im High Finance Restaurant.

Zurück im Tal auf dem NM 14 kommen Sie weiter nördlich durch die kleine Ansiedlung **Golden**. Sie war 1825 Schauplatz des ersten Goldrush westlich des Mississippi. Später wurden hier auch Türkise abgebaut.

Old Coal Mine Museum in Madrid

Als nächstes folgt der Ort **Madrid**. Einst eine florierende Kohlemine, fristete Madrid zwei Jahrzehnte ein Dasein als Geisterstadt. Doch dann entdeckten Künstler den Reiz dieses abgelegenen Fleckchens und begannen hier ihre Studios anzusiedeln. Heute können Sie in verschiedenen Geschäften wirklich hochklassige Kunsthandwerke erwerben. Ein Stopp lohnt, auch des alten **Madrid Opera House** wegen. Und wer sich für die Minengeschichte interessiert, sollte sich einmal das kleine **Old Coal Mine Museum** *(tgl. geöffnet)* anschauen. Die **Mine Shaft Tavern** gleich nebenan bietet gute Burger und Erfrischungen sowie an Wochenenden sogar Livemusik.

Cerillos, der nächste und um einiges beschaulichere Ort, war um 1880 die bedeutendste Minenstadt der Region. Hier wurden Gold, Silber, Zink, Türkise und Blei in den nahen Bergen abgebaut. Zu dieser Zeit gab es hier 21 Saloons und 4 Hotels! Auch heute noch locken entlang der Main Street ein paar wenige historische Lokale zu einem Drink. Im urigen **Casa Grande Trading Post** am Westende des Ortes können Sie Türkise bewundern und auch erwerben (neben vielen nostalgischen Souvenirs) und im ehemaligen Verkaufsraum befindet sich jetzt ein Museum mit allerlei Schnickschnack aus der Geschichte des Ortes (sehenswert!).

Türkise und allerlei Schnickschnack

Ist nicht Santa Fe das Ziel, geht es ein Stück zurück entlang dem NM 14, dann biegt man südlich von Madrid nach Westen ab auf die NM 22 (Indian Service Rd), die zum **Santo Domingo Indian Pueblo** nordwestlich des I-25 führt. In diesem authentischen Pueblo leben heute 3.500 Menschen. An Sommer-Wochenenden finden Tanzvorführungen statt.

International Balloon Fiesta (13)

Jedes Jahr Anfang Oktober findet auf einem Platz nördlich der Stadt die International Balloon Fiesta statt. Basierend auf einem Ballonflug vor über hundert Jahren, den „Pro-

Im Hot Air Balloon über Albuquerque

Ein Himmel voller Heißluftballons

fessor" *P.A.Van Tassell*, ein Saloon-Kellner, über Albuquerque unternahm, entschloss man sich 1972, die günstigen Winde und den räumlichen Platz um Albuquerque dazu zu nutzen, alljährlich ein internationales Heißluftballontreffen zu veranstalten. Waren es im ersten Jahr nur 16 Ballons, so sind es heutzutage über 700 aus aller Welt. Damit ist dieses Ballonfest mit Abstand das größte der Welt (mittlerweile gibt es auch Ballons in Form von Dinosauriern, Kühen und Flaschen). Direkt südlich des Startgebiets der Ballons können Sie einiges lernen zur Geschichte der Ballonfahrten im **Anderson-Abruzzo Albuquerque International Balloon Museum**. Hier gibt es auch historische Ballons zu sehen und der Zeppelin findet auch Erwähnung.

Balloon Museum, *9201 Balloon Museum Dr NE, ✆ (505) 768-6020, www.balloonmuseum.com, Di–So 9–17 Uhr, $ 4.*

Reisepraktische Informationen Albuquerque, NM

VORWAHL: 505

Information

Albuquerque Convention & Visitors Bureau: *303 Romero St., Plaza Don Luis, Old Town, ✆ 842-9918 od. 1-800-284-2282 (auch Veranstaltungshinweise), tgl. geöffnet, www.itsatrip.org. Ein weiteres Infocenter befindet sich am Airport (Lower Level, Baggage Claim).*
Indianer/Pueblos: Indian Pueblo Cultural Center: s. S. 303.
Zeitungen: *„Albuquerque Tribune" (abends) und das „Albuquerque Journal" (morgens).*

Krankenhäuser

University Hospital: *2211 Lomas NE, ✆ 843-2411,*
Presbyterian Hospital: *1100 Central SE, ✆ 841-1234*
Zahnärztlicher Dienst: *✆ 260-7333*

Sightseeingtouren/Ballonflüge

Follow the Sun Inc.: ☎ *897-2886, www.ftstours.com. Stadtrundfahrten und verschiedene Tourangebote zu den Indianerreservaten/Pueblos und nach Santa Fe.*

Ballonflüge *zählen zu den Highlights in Albuquerque. Sie dauern i.d.R. 1 Stunde, manchmal etwas länger und gehen früh morgens (6 Uhr!) und seltener abends los. Geflogen wird mit Heißluftballons mit Körben für 4–10 Personen. Ein bezahlbares Erlebnis. Der Preis ist niedriger als bei uns, dafür aber sieht man „nur" Albuquerque samt Rio Grande sowie von weitem den Sandia Peak und die Wüste. Wer nicht schwindelfrei ist, sollte besser am Boden bleiben. Es gibt zahlreiche Anbieter in Albuquerque, so z.B.:* **World Balloon**, *6000 Montano Plaza Dr NW,* ☎ *293-6800, www.worldballoon.com und* **Rainbow Ryders**, *5601 Eagle Rock Ave. NE,* ☎ *823-1111, www.rainbowryders.com.*

Unterkunft

Albuquerque International Hostel („Route 66 Hostel") $ (2): *1012 Central SW,* ☎ *247-1813, www.rt66hostel.com. Jugendherberge. Zimmer (mit und ohne Bad) + Schlafsaal. Zentral gelegen.*

Rio Rancho Inn $$: *Nordwestlich von Albuquerque, 1465 Rio Rancho Drive, in Rio Rancho,* ☎ *892-1700, 1-800-658-9558, www.riorancho-inn.com. Überdurchschnittliches Motel. Schöne Aussicht auf die umliegenden Berge. Unter deutscher Leitung.*

Chocolate Turtle B&B $$$: *1098 West Meadowlark Lane, Corrales,* ☎ *898-1800, 1-877-298-1800, www.chocolateturtlebb.com. Dieses 4-Zimmer-B&B liegt in dem schönen Vorort Corrales (Restaurants, nette Geschäfte) und besticht durch seine gemütlichen Aufenthaltsräume, die interessanten Gastgeber und die Ruhe. Das Frühstück ist auch Klasse. 15–20 Minuten mit dem Auto in die Stadt. Unser Tipp!*

Böttger-Mansion of Old Town B&B $$$: *110 San Felipe NW,* ☎ *243-3639, 1-800-758-3639, www.bottger.com. Haus (von 1912) im viktorianischen Stil. In der Old Town. Fragen Sie nach dem Zimmer mit dem Jacuzzi.*

Andaluz $$$$ (1): *125 2nd St. NW (Cooper Ave.),* ☎ *242-9090, 1-877-987-9090, www.hotelandaluz.com. Als eines der ersten Hotels der späteren Hilton-Kette 1939 gegründet und damit auch als Historic Place eingetragen. Das Ambiente bietet eine gelungene Mischung aus Southwest-Charme und andalusischen Dekorationen. Gut gelegen zur Erkundung der Downtown sowie der Old Town.*

Weitere, günstig zu Old Town und Downtown gelegene Hotels der Oberklasse sind das moderne **Hotel Albuquerque at Old Town $$$$** *(800 Rio Grande Blvd.,* ☎ *843-6300, www.hotelabq.com) sowie das* **Hyatt Regency $$$$** *(330 Tijeras Ave. NW,* ☎ *842-1234, 1-800-233-1234, www.hyatt.com. Obere Etagen mit toller Aussicht).* **Günstige Motels** *finden sich an allen Ausfallstraßen sowie an der Central Avenue und im Bereich des Menaul Boulevards.*

Camping

Albuquerque Central KOA: *12400 Skyline Rd. NE,* ☎ *296-2729, 1-800-562-7781, www.koa.com. Am zentralsten gelegen. Es gibt auch einfache Hütten.*

Albuquerque North Bernalillo KOA: *1021 Hill Rd, Bernalillo,* ☎ *867-5227, 1-800-562-3616, www.koa.com. 15 Meilen nördlich der City (I-25, Exit Bernalillo). Viele schattenspendende Bäume und Gras. Gut zum Zelten. Der schönste Platz im Umkreis der Stadt.*

Turquoise Trail Campground: *22 Calvary Rd, Cedar Crest,* ☎ *281-2005. In den kühleren Sandia Mts. gelegen. Ca. 14 Meilen zur Stadt. Auch Cabins.*

Restaurants

High Finance: *An der Bergstation der Tramway, ✆ 243-9742. Steaks und internationale Küche (von Pasta bis Thai). Der Höhepunkt hier ist aber die Aussicht auf die Stadt (leider nur von wenigen Plätzen aus). Unbedingt vorher reservieren! Anfahrt mit PKW vom Turquoise Trail im Osten aus. Ansonsten Seilbahnzeiten beachten.*

Garduno's of Mexico: *8806 4th Street NW, ✆ 898-2772, oder 10551 Montgomery NE, Albuquerque North Valley, ✆ 298-5000. Insgesamt gibt es sieben Restaurants dieser kleinen Kette in der Stadt. Klassische mexikanische Gerichte in entsprechendem Dekor. Günstig.*

Maria Teresa Restaurant & 1840 Bar: *618 Rio Grande Blvd. NW, Old Town, ✆ 242-3900. Erstklassige Küche mit allen Variationen der Südwestküche in historischem Gebäude. Antike Bar. Etwas teurer. Günstiger dagegen und bekannt für das mexikanische Frühstück bzw. den Lunchsnack ist das* **Church Street Café** *(Church St., Old Town, Garten).*

Es muss nicht immer „fine dining" sein

Artichoke Café: *424 Central Ave. SE, ✆ 243-0200. Upscale-Café-Restaurant mit moderner Galerie (Gemälde, Skulpturen). Natürlich stehen Artischocken-Gerichte ganz oben auf der Speisekarte, aber auch andere ausgefallene Leckereien, wie z.B. Kürbis-Ravioli und karibische Cocktails locken.*

Sadie's: *6230 Fourth Street, NW, ✆ 345-9440. Authentische, mexikanische Küche, gute und unterschiedlichste Margaritas. Beliebt bei den Einheimischen.*

Günstige Studentencafés *finden Sie an der Ecke Central Ave./University of New Mexico/Carlisle St.*

Bars/Pubs/Livemusik

Library Bar: *312 Central Street SW, Downtown. Gut geeignet für ein kühles Leichtbier zur Mittagspause. Oft Livemusik (Blues, Rock, Folk). Big-Screen-TV, 30 Biere vom Hahn. Wer es ruhiger mag, geht auf einen Martini in die* **Q-Bar** *im Hotel Albuquerque oder besucht die* **Ibiza Bar** *auf dem Dach des Hotel Andaluz (s.o.). Hier in der* **Downtown (Central**

Ave.) gibt es vor allem Bars und Discos. Hier ist besonders an Sommerwochenenden abends viel los.

Viele Bars und Musikclubs befinden sich zudem nahe der **Universität/ in Nob Hill** entlang der Central Ave. Se (Blocks 3000-4500), so z.B. **O'Niells Pub** (4310 Central Ave. SE.), wo oft irische Livemusik gespielt wird. Hier gibt es auch typisches Pubfood.

Einkaufen

Wer sich mit ausgewählten kunsthandwerklichen Produkten beschäftigen möchte, der sollte sich „The Collector's Guide to Albuquerque" zulegen, ein Heftchen über die wichtigsten Galerien der Stadt. Liegt in den meisten Galerien aus.

Boutiquen, Designer-Shops u.a. anderes finden Sie an der **Gold Avenue (Downtown)**. Günstiger als in der City sowie der Old Town findet man indianische Handwerkskunst im **Bien Mur Indian Market Center** im Sandia-Reservat nördlich der Stadt (Tramway Blvd). Hier können die Verkäufer auch erläutern, welche Bedeutung die einzelnen Gegenstände für die Indianer haben. Fahren Sie zuerst auf der I-25, und biegen Sie ab in die Tramway Rd. nach Osten. Nach knapp einer Meile liegt der Markt rechter Hand (✆ 1-800-365-5400, www.bienmur.com).

Im **Indian Pueblo Cultural Center** (2401 12th St., NW) gibt es eine große Auswahl an kunsthandwerklichen Produkten und auch Bücher zur Indianergeschichte. (www.indianpueblo.org). Und jeden Samstag und Sonntag (8–17 Uhr) findet auf dem Gelände der New Mexico Fairgrounds ein großer **Flohmarkt** statt.

Westernkleidung und -stiefel (über 8.000 Paare!) gibt es im **Western Warehouse**: 6210 San Mateo Blvd. NE, ✆ 1-877-332-3941, www.westernwarehouse.com. Der größte Buchladen in New Mexico ist **Page One** (11018 Montgomery Blvd., ✆ 294-2026). Hier finden Sie alles: Reiseliteratur, Büchern über Indianerkulturen sowie internationale Zeitungen/Magazine. **Bookworks** (4022 Rio Grande Blvd. NW, ✆ 344-8139) dagegen verkauft auch gebrauchte Bücher und CDs.

Veranstaltungen

In und um Albuquerque finden unzählige Veranstaltungen, bes. auch der verschiedenen Indianervölker statt. Erkundigen Sie sich im Touristenbüro oder in der Presse über aktuelle Ereignisse.

Konzerte/Theater/Oper: Tickets für alle Veranstaltungen in und um Albuquerque bei „Ticketmaster" (4004 Carlisle Blvd. NE, ✆ 883-7800, www.ticketmaster.com und www.ticketsnow.com).

Wochenende Mitte/Ende April: Gathering of Nations Pow Wow: Indianertänze, Kunsthandwerk und Ausstellungen. Infos: ✆ 836-2810, www.gatheringofnations.com.

Ende Juni/Anfang Juli: New Mexico Arts and Crafts Fair: Indianerfeste, Cowboy-Vorführungen und Ausstellung von Kunsthandwerk. Man kann den Künstlern auch bei der Fertigung zusehen. Dazu Festivitäten/Konzerte aller Art. Ein Höhepunkt ist der 4. Juli mit dem großen Feuerwerk. Infos: ✆ 884-9043, www.nmartsandcraftsfair.org.

September: New Mexico State Fair: Landwirtschaftliche Ausstellung mit Viehversteigerungen (sehenswert!), dazu alle Arten von Festivitäten und Veranstaltungen (Konzerte, Rodeo, Pferderennen etc.), www.exponm.com.

Anfang Oktober: Albuquerque International Balloon Festival: Riesenspektakel mit Hunderten von Heißluftballons. Startort: Balloon Fiesta Park; zwischen Paseo Del Norte und Alameda Blvd. Infos: ✆ 821-1000 od. 1-800-733-9918, www.balloonfiesta.com.

„Quarterhorse"-Rennen: *The Downs of Albuquerque. New Mexico State Fairgrounds. ✆ 266-5555, www.abqdowns.com. Diese Pferderennen sind einen Besuch wert, schon um einmal an der Wettbegeisterung der Amerikaner teilhaben zu können. Rennen Mi, Fr–So (August bis November)*

Verkehrsmittel

Flughafen/ Mietwagen

Albuquerque International Sunport Airport: *✆ 244-7700, www.cabq.gov/airport* **Anfahrt mit dem Auto**: *I-25 von der City aus in südlicher Richtung, und dann nach Osten abbiegen am Exit 222 auf den Gibson Blvd. Hier sind die einzelnen Terminals bereits gut ausgeschildert.* **Shuttle/Kleinbus**: *Die größeren Hotels bieten Airportshuttles (***Sunport Shuttles**, *✆ 883-4966). Ansonsten empfiehlt es sich, ein Taxi zu nehmen (✆ 883-4888 od. 247-8888).*

Alle größeren **Mietwagenunternehmen** *haben Stützpunkte am Flughafen*

Öffentliche Verkehrsmittel/ Taxis

Amtrak-Bahnhof: *214 First St. SW, Infos: ✆ 1-800-USA-RAIL od. 842-9650*

Überlandbusse (Busbahnhof): *300 2nd St. SW. Greyhound/Trailways: ✆ 1-800-231-2222.*

Stadtbusse: *„ABQ Ride", ✆ 243-7433, www.cabq.gov/transit.*

Rail Runner Express: *Zug, der zwischen Belen, Albuquerque, Bernalillo und Santa Fe verkehrt. ✆ 245-7245, www.nmrailrunner.com.*

Taxis: **Yellow/Checker Cab**: *✆ 247-8888,* **Albuquerque Cab Company**: *✆ 883-4888*

In Albuquerque dreht sich alles um Chili

Von Albuquerque über den Canyon de Chelly und den Petrified Forest NP nach Silver City oder Flagstaff

Entfernungen

Albuquerque – Gallup: 138 Meilen/222 km
Albuquerque – Acoma – Chaco Canyon – Gallup: 290 Meilen/466 km
Gallup – Canyon de Chelly (über Hubbell Trad. Post): 110 Meilen/177 km
Canyon de Chelly – Petrified Forest NP: 124 Meilen/200 km
Petrified Forest NP – Silver City: 283 Meilen/465 km
Petrified Forest NP- Flagstaff: 104 Meilen/167 km

Routenempfehlungen

entnehmen Sie bitte den einzelnen Beschreibungen. ***Streckenalternative:*** *Bereits Santa Fe, die Aztek Ruins, den Mesa Verde NP und das Monument Valley besuchen und den Kreis z.B. am Canyon de Chelly wieder schließen* *(s. S. 324).*

Hinweis

In diesem Teil des Reisegebiets stellen nicht alle Staaten bzw. Indianerreservate auf Sommerzeit um. Erkundigen Sie sich vorher, wo welche Zeit gilt.

Überblick

Gleich hinter der Brücke über den Rio Grande beginnt die Straße stetig auf das westlich von Albuquerque gelegene Colorado-Plateau anzusteigen, wo man den höchsten Punkt an der Wasserscheide („Great Divide") zwischen Grants und Gallup erreicht. Bereits hier erwartet Sie eine schöne Canyon-Landschaft. Abbruchkanten aus rotem und weißem Gestein und weite Flächen wechseln sich laufend ab. Westlich von Albuquerque kommen Sie zudem in Indianergebiet. Viele große und kleine Reservate, Nationen und Pueblos reihen sich entlang den Highways aneinander. Übrigens fahren Sie auf dem I40 von Albuquerque „auf" bzw. parallel zur legendären Route 66, die quer durch den Kontinent von Chicago bis Los Angeles führte. Noch heute existieren einige alte Straßenabschnitte (ausgeschildert).

Wasserscheide

Für den gesamten Streckenabschnitt bis Silver City sollte man drei, besser vier Tage einplanen. Hier trifft man auf bemerkenswerte Pueblos, wie z.B. Acoma und Zuni, auf Ruinen von ehemals bedeutenden Indianersiedlungen wie die im Canyon de Chelly, und natürlich auf interessante Naturereignisse, von denen der Petrified Forest mit seinen versteinerten Baumstämmen sicherlich am überwältigendsten ist. Auch der letzte Abschnitt zwischen Springerville und Silver City hat seinen besonderen Reiz: Eine bergige und bewaldete Landschaft, die gerade im Indian Summer (Ende September bis Ende Oktober) mit prachtvollen Farben aufwartet. Außerdem trifft man hier auf alte Minenorte, die die

Redaktionstipps

- **Übernachten**: Das **El Rancho** in Gallup (S. 322) beherbergte schon einige Filmstars, während das **Holiday Inn** in Chinle (S. 326) für die Erkundung des Canyon de Chelly der Tipp ist (wegen des vermeintlich besten Restaurants). Im Umfeld des Petrified Forest National Parks sollte es entweder eine Übernachtung in einem Teepee im **Wigwam Hotel** in Holbrook oder im historischen Railroad-Hotel **La Posada** in Winslow (S. 330) sein. Ein eigenes Holzhaus in den **Bear Creek Cabins** in Pinos Altos bei Silver City (S. 336) bietet einen schönen Kontrast. Grundsätzlich: In diesen dünn besiedelten Gebieten rechtzeitig eine Übernachtung suchen bzw. morgens schon vorbuchen.
- **Essen**: Zweimal erwartet Sie ein historisches Essvergnügen: im **Turquoise Room**, dem Dining Room im La Posada in Winslow (S. 330) sowie im alten **Buckhorn Saloon** in Pinos Altos, wo selbst das Licht noch von Gaslampen gespendet wird (S. 336).
- **Sehenswertes**: **Acoma Sky City** (S. 314) ist eines der wenigen noch bewohnten Indianer-Pueblos. Der Route-66-Stadt **Gallup** (S. 320) sollte man eine Stunde widmen. Eine erläuterte Fahrt durch den **Canyon de Chelly** (S. 324) verspricht Indianergeschichte und bezaubernde Landschaft. Verpassen sollten Sie auf keinen Fall einen kurzen Abstecher zu der **Mogollon Ghost Town** (S. 331), wo Sie unbedingt auch in den Trödelladen im alten Theater schauen müssen. Der Abstecher zur **Painted Desert** (S. 331) ist kein Muss. Bereits im **Petrified Forest NP** (S. 329) sieht man die Farbenpracht dieser Wüste.
- **Zeiteinteilung: 3 Tage**. Einen Tag bis zum Canyon de Chelly, am zweiten Rundfahrt durch den Canyon de Chelly und nahe dem Petrified Forest NP übernachten. Am dritten Tag dann den Nationalpark anschauen und nach Silver City fahren.

Geschicke des Südwestens Ende des 19. Jh. maßgeblich beeinflusst haben. Für diejenigen, die am Süden von Arizona nicht so sehr interessiert sind, bietet es sich an, vom Petrified Forest direkt nach Flagstaff und weiter zum Grand Canyon zu fahren.

Sehenswertes

Acoma Indianerreservat

Anfahrt

Von Osten Exit 108/Acoma, von Westen Exit 96 vom I-40. Dann Hwy. 23 bis zum Visitor Center, von dort Shuttlebus zur Sky City hinauf. Wer gut zu Fuß ist, sollte den Anstieg entlang dem engen und steilen „Padre's Trail" nehmen, auf dem die Indianer früher alles Lebenswichtige in die Stadt transportiert haben.

Hinweis

Immer vorher fragen, bevor Sie jemanden fotografieren. Zudem wird i.d.R. eine ziemlich hohe Gebühr fürs Fotografieren erhoben. Filmaufnahmen sind grundsätzlich verboten.

Auf einer 130 Meter über der umliegenden Ebene ragenden Anhöhe liegt das alte Pueblo von **Acoma**, auch **Sky City** genannt. Es ist die älteste, durchgehend bewohnte Stadt der USA. Eine Legende behauptet sogar, dass bereits um 100 n. Chr. hier gesiedelt wurde, nachgewiesen ist 1150 n. Chr. Die Spanier unter *Onates* haben den Acoma-Indianern sehr zugesetzt. Als diese einmal z.B. die Steuerzahlungen verweigerten, wurden 800 Bewohner getötet und drakonische Strafen durchgesetzt, wie das Amputieren eines Fußes bei den Männern über 25.

Bis zu Beginn des 20. Jh. lebten die Bewohner von Sky City alle auf dem Berg, während sie ihre Felder in der Ebene hatten. Heute leben nur noch 13 Familien hier, die für die Instandhaltung der Häuser vom Staat eine Unterstützung erhalten. Ihr Einkommen verdienen sie durch den Tourismus. Die meisten Gebäude sind zwei- bis dreistöckig und können so nur über Leitern erreicht werden. Wasser wird auch heute noch auf traditionelle Weise in „Behältern" aufgefangen, die in die Steine gehauen worden sind.

Von Albuquerque über den Canyon de Chelly und den Petrified Forest N.P. nach Silver City

Acoma Sky City

Der Bau der **Missionskirche San Esteban del Ray** wurde bereits 1629 unter Leitung des Missionars *Fray Ramirez* begonnen, doch nach dem Massaker durch Onates' Leute hatte er Schwierigkeiten die Missionierung durchzusetzen. Teile von der ersten Kirche, die 1680 während der Pueblo-Revolte zerstört wurde, sind noch erhalten. Die bis zu 13 Meter langen und 35 Zentimeter dicken Stämme, die als Gerüst für die Kirche dienten, wurden damals 30 Meilen entfernt geschlagen, und die Indianer mussten sie den Berg hinauf schleppen. Selbst die Erde für die Gräber wurde zu Fuß auf den Berg geschleppt. Die heutige Kirche stammt aus dem 19. Jh.

Tour zur Sky City

Im **Sky City Cultural Center & Haak'u Museum** sind eindrucksvolle Töpferwaren, Schmuck und Kunstwerke der Indianer ausgestellt. Hier können Sie die geführte Tour zum Sky City Pueblo buchen und beginnen. Die Tour dauert ca. 75 Minuten. In den Sommermonaten finden in Sky City einige Festivitäten, Zeremonien und Pow Wows statt. Nicht bei allen kann man die Stadt betreten, besser vorher erkundigen.

Drei Meilen nördlich von Acoma befindet sich die **Enchanted Mesa**, eine weitere Anhöhe, von der die Legende erzählt, dass die Acomas hier zuerst gelebt haben, bis ein fürchterlicher Sturm den Aufstiegspfad zerstört hat. Ein Besuch hier ist nicht gestattet.

Information

Touren und Unterkunft: Acoma Tourist Visitor Center: *I-40, Acoma Sky City-Exit (Exit 102), dann 15 mi nach McCartys, ✆ (505) 522-6604, www.skycity.com. Angeschlossen sind das mehr oder weniger ansprechende* **Sky City Casino Hotel** *($$-$$$, ✆ (505) 552-6017, 1-888-759-2489, www.skycity.com) sowie Restaurants und ein RV-Park. Touren zum Sky City Pueblo: tgl. alle 45 Minuten 9–15, im Sommer bis 17 Uhr, $ 20, ✆ 1-800-747-0181, www.acomaskycity.org.*

Grants und die Alternativstrecke Hwy. 53

Der erste Boom für Grants kam im 19. Jh. mit der Eisenbahn, der zweite in den 1940er Jahren durch den Anbau von Karotten, doch der dritte war der wichtigste: als nämlich der Navajo *Paddy Martinez* in den 1950er Jahren in der Nähe einen gelben Stein fand und der sich als hochwertiges Uran erwies, veränderte das das Leben in dem Örtchen sehr. Die Uranfunde waren die größten der USA (fast 50 % der nationalen Fördermenge). Doch seit Mitte der 1980er Jahre flaute der Bedarf an Uran deutlich ab und Grants ist wieder in einen tiefen Schlaf verfallen. Nur ein paar Outdoor-Touristen kommen hier mal vorbei um anschließend weiterzuziehen in die nahen Berge. Besuchswert ist das **New Mexico Mining Museum**. Es steht über einem stillgelegten Schacht einer ehemaligen Uranmine. Oben wird der Uranabbau erklärt und anschließend geht es mit einem Fahrstuhl hinunter in den Minenschacht. Aber Achtung! Es ist ziemlich eng in der Mine. Grants bietet sich ansonsten wirklich nur an für eine kleine Mittagspause.
New Mexico Mining Museum, *100 N. Iron St., ✆ (505) 287-4802, Mo–Sa 9–16 Uhr, $ 4.*

Reisepraktische Informationen Grants, NM

VORWAHL 505

Information

Northwest NM Visitor Center: *I-40-Exit 85, E.Santa Fe Ave., ✆ 876-2783, www.grants.org. Unbedingt mal reinschauen, den hier erhält man Karten und vor allem viele Tipps und Routenvorschläge.*

Unterkunft/Camping

Das **Sands Hotel $-$$** *(112 McArthur St., ✆ 287-2996) ist ein älteres Hotel im Ort (und damit weg vom Interstate). Kein Luxus, aber dafür auf eine bestimmte Art charmant. Die einfache, aber günstige* **Leisure Lodge $** *(1204 E. Santa Fe Ave., ✆ 287-2991) ist ein Motel mit 32 Zimmern und einem kleinen Pool. Es gibt noch 15 weitere, z.T. sehr einfache Motels in Grants. Camper und Wohnmobilisten finden drei „mittelprächtige“* **RV- und Campingplätze** *nahe der Stadt, von denen uns der* **Blue Spruce RV Park** *(NM 53, nahe I-10-Exit 81, ✆ 287-2560) noch am ehesten zusagte.*

Alternativroute Hwy 53

Der NM 53 beginnt südlich von Grants. Ehemals war er die Handelsverbindung zwischen den Zuni- und den Acoma-Pueblos. Wer nun die Route nach Silver City abkürzen möchte, kann weiter im Westen gleich nach Süden abzweigen. Am NM 53 hier gibt es Einiges zu sehen.

El Mapais National Monument
El Mapais bedeutet im Spanischen „Schlechtes Land“. Für die Indianer aber hatte diese Landschaft aus Kratern, Wäldern und Sandsteinformationen eine religiöse Bedeutung. Viele Zeremonien und Treffen wurden hier abgehalten. Besonders eindrucksvoll ist „La

Ventana", ein Sandsteinbogen (der größte in New Mexico), und für Wanderfreunde empfiehlt sich zudem die Besichtigung von einzigartigen Lavagängen.
El Mapais National Monument, ✆ *(505) 783-4774, www.nps.gov/elma, VC: NM 53, 23 Meilen südl. I-40, Do–Di 8.30–16.30 Uhr.*

Ice Cave und Bandera Crater

Eiskalt im Lavakanal

Die „Eis-Höhle" befindet sich in einem erloschenen Lavakanal, und in ihr wird es nicht wärmer als 0 °C. Dieses hat zur Folge, dass der Boden immer mit Eis bedeckt ist. Das Eis wurde lange Zeit von den Farmern der Region genutzt. Der nahegelegene Krater ist 240 m tief und entstand bei einem Ausbruch vor ca. 10.000 Jahren.
Ice Cave, *Highway 53, 28 mi südwestlich von Grants, tgl. 9–16, März–Okt. bis 17 Uhr, www.icecaves.com, $ 10.*

El Morro National Monument

Nach etwa 20 Meilen von der Ice Cave (44 Meilen westl. von Grant) erreicht man das El Morro National Monument. An der alten Handelsstrecke der Konquistadoren von Santa Fe nach Zuni befindet sich hier eine markante Felsklippe, die als „Gästebuch von New Mexico" bezeichnet wird. Denn Schatten und ausreichendes Wasser luden zur Rast ein, und während dieser willkommenen Pause haben die Reisenden „Sprüchlein" in den Fels geritzt. Man findet Namen wie *Don Juan de Onate* (1605) und *Don Diego de Vargas* (1692). Auf der 65 Meter hohen Klippe stehen außerdem noch Reste zweier Anasazi-Pueblodörfer, die von 1250 bis 1400 bewohnt. Ein Besucherzentrum und ein kleines Museum befinden sich am Eingang. Einen kleinen Campingplatz und ein Café gibt es hier auch.
El Morro National Monument, ✆ *(505) 783-4226, www.nps.gov/elmo, VC und Trails tgl. 9–16, Frühjahr/Herbst 9–18, Sommer 9–19 Uhr.*

Zuni-Pueblos

Dieses Pueblo ist auf den Resten einer der „Seven Cities of Cibola" (Sieben Städte des Goldes) erbaut worden. Der spanische Missionar *Fray Marcos de Niza* sagte zu Beginn des

16. Jh. von der Stadt, sie sei aus Gold gebaut. Dies veranlasste 1540 *Coronado* dazu, eine Expedition hierher zu unternehmen, doch Gold fand er dabei nicht. Gemeint war nämlich, dass bei Sonnenuntergang die Häuser „wie in goldenen Glanz getaucht erschienen". Die Bewohner von Zuni haben schon früh damit begonnen, ihre Lebensweise durchzusetzen. So sind z.B. die Häuser nicht aus Lehm, sondern vornehmlich aus Stein gebaut worden. Heute ist Zuni mit über 8.000 Einwohnern das größte der 19 noch bewohnten Pueblos in New Mexico. Die erste Missionskirche wurde 1680 während der Pueblo-Revolte zerstört, aber 1849 wieder neu errichtet. Die Franziskaner erbauten 1921 eine weitere Mission, sodass es jetzt, nach einer Restaurierung der alten Mission immer noch zwei gibt. Neben Töpferei betreiben die Bewohner heute besonders die kunsthandwerkliche Produktion von Silberschmuck, mit dem sie bereits in frühen Jahren gehandelt haben. Vergleichen Sie aber die Preise, falls Sie hier etwas kaufen möchten.

Preise vergleichen, handeln!

Zuni-Pueblos, *NM 53, kurz vor der Grenze nach Arizona, ✆ (505) 782-7000, www.zunitourism.com, www.ashiwi.org. Besucher sind von Sonnenauf- bis -untergang willkommen, es gibt ein Visitor Center (bitte zuerst aufsuchen). Gebühren für Fotografieren und Filmen.*

Nach Gallup fährt man 10 Meilen zurück auf die NM 53 und dann 29 Meilen nordwärts auf dem NM 602.

Abstecher von Grants zum Chaco Culture National Historical Park

☞ Anfahrtshinweise

Gleich hinter Grants in nördlicher Richtung auf dem NM 605, und dann nach links auf den NM 509 in Richtung Whitehorse. Dort treffen Sie auf eine 3-Wege-Kreuzung und müssen jetzt noch einige Meilen in westlicher Richtung auf dem Hwy. 9 fahren, bevor die Schotterpiste 14 nach Norden zum Park abzweigt. ***Von Gallup:*** *Auf dem I-40 nach Osten bis Exit 53 (Thoreau). Von hier nach Norden auf dem NM 371. Hinter Crownpoint nach rechts auf den Hwy. 9 und dann bald wieder nach links auf die 14. Erkundigen Sie sich, besonders wenn es geregnet oder geschneit hat, über den Zustand der Pisten. Es gibt keine Tankstelle und auch kein Restaurant im bzw. am Park! Die letzte Tankstelle (mit kleinem Shop) befindet sich am Abzweig der Schotterstraße vom Hwy. 9. Vom* ***Norden*** *kommend: Biegen Sie beim Blanco Trading Post auf die 57 nach Süden ab. Von dort ist der Weg ausgeschildert.*

Funde im Chaco Canyon belegen, dass bereits vor 2.000 Jahren Menschen hier gewesen sein müssen. Um 950 n. Chr. siedelten Anasazi hier und gründeten die für die folgenden Jahrhunderte wichtigste Stadt des Südwestens. Archäologen fanden Spuren von Wegen, die zu 70 Dörfern der Region führten, bis hin zum 90 Meilen entfernten Mesa Verde. Im Chaco Canyon gab es 400 Siedlungen, in denen bis zu 5.000 Menschen lebten. Allein im größten Pueblo, Bonito, lebten über 1.200 Menschen in 600 Räumen, verteilt auf 4 Stockwerke, was deutlich macht, dass die Baukunst der der anderen Anasazi-Siedlungen weit voraus war. Steine wurden gemeißelt und passgerecht aufeinander gesetzt, sodass sie glatte Wände bildeten. Vorausschauend wurden die Grundmauern so solide angelegt, dass eine Erweiterung nach oben möglich war.

Einst die Metropole des Südwestens

Der Canyon bietet eine Vielzahl von Mysterien für Hobbyarchäologen. In acht Ruinen kann man „stöbern", und schon bald stellen sich einem die grundlegenden und bis heute nicht geklärten Fragen: Woher kam das Wasser und wie haben sich die Anasazi verteidigt? Doch bereits um 1150 begannen die Anasazi den Canyon wieder zu verlassen. Man vermutet, dass eine Übernutzung der Böden zu einer so starken Bodenerosion geführt hat und dass einige Trockenjahre den Anbau von Nahrungsmitteln nicht mehr möglich machten. Und da zu jener Zeit ein Stamm zusammenhielt, sind alle weitergezogen. Ihr Ziel war das Rio-Grande-Tal, wo sie sich in der Gegend der heutigen Salina-Missionen niedergelassen haben. Jahre später kamen noch Navajo-Indianer in den Chaco Canyon, doch sie siedelten nur in verschiedenen kürzeren Perioden hier an.

Übernutzung

Man kann den Canyon über mehrere Trails erlaufen. Am besten Sie besorgen sich zuerst Infomaterial am Visitor Center (Karte ist essentiell) und schauen sich das Museum und den Film über das Gebiet an. Ausreichend Trinkwasser mitnehmen!

Information

Visitor Center *(Infos, Museum, Anmeldung für geführte Touren), tgl. 8–17, im Sommer bis 18 Uhr, ✆ (505) 786-7014, www.nps.gov/chcu.*

Unterkunft: *Im Park gibt es keine Hotels, nur einen einfachen* **Campingplatz** *in der Nähe des Visitor Center (Trinkwasser nur am Visitor Center).* **Hotels** *in Gallup (S. 322), Grants (S. 317), Farmington (S. 598) und Bloomfield (www.bloomfieldnm.info).*

Gallup

Gallup bezeichnet sich als „Gateway to the Indian Country", da es am südlichen Rand des Navajo- und nördlich des Zuni-Reservates liegt. Während und vor der Gründung des Navajo-Reservates 1868 war es nur ein unbedeutender Stopp auf der Postkutschenroute der Westward Overland Stage Line mit gerade mal einem Saloon. Das änderte sich nach dem Fund von bedeutenden Kohlevorkommen und dem Bau der Eisenbahnlinie, die Gallup 1881 erreichte. Anfang der 1920er Jahre wurden die Minen wegen der geringen Rentabilität wieder geschlossen. 20 alte Gebäude des Städtchens stehen heute unter Denkmalschutz (u.a. der Bahnhof), sind aber z.T. sehr verkommen.

Motels in Reih und Glied

Gallup ist heute vor allem ein Versorgungszentrum für die umliegenden Indianerreservate und ein Übernachtungsstopp auf der Ost-West-Route (ehemaligen Route 66). An dieser Straße, der Hauptader der Stadt, reihen sich immer noch an die 40 Motels aneinander, manche neu, manche „old Fashion" und manche eher schlecht. Wer etwas Abenteuer sucht, sollte sich in eines der einfacheren Motels einbuchen. Man fühlt sich um Jahrzehnte zurückversetzt. Der Geldbeutel wird es auch danken, denn die Motels sind ziemlich günstig. In der Stadt gibt es sonst noch ein paar Old-West-Souvenirläden, das **Rex Museum** im gleichnamigen Hotelbau *(Geschichte, 300 W. Hist. US 66, ✆ (505) 863-1363, Mo–Fr 8–15.30 Uhr)* sowie das **Indian Cultural Center**, wo im Sommer allabendlich Indianer-Tänze aufgeführt werden. Alles liegt entlang der 66 Ave. (Rte. 66).

Sechs Meilen östlich von Gallup liegt der **Red Rock State Park**. Er bietet nicht nur eine faszinierende Landschaft aus rotem Sandstein, sondern ist auch Schauplatz kultureller Veranstaltungen: Während der Sommermonate finden hier oft indianische Tanzvorführungen statt, und im August wird das **Inter-Tribal Indian Ceremonial** in der Rodeo Arena abgehalten. Es ist eines der größten Indianerfeste der USA, bei dem auch

Motels, Motels, Fast Food, Motels…

Festumzüge durch die Stadt entlang der Route 66 dazugehören. Während dieses fünf Tage dauernden Spektakels wird man kaum ein Zimmer in Gallup bekommen, wenn man nicht mind. drei Monate im Voraus gebucht hat. Im **Red Rock Museum** *(im Park, Mo–Fr 8–16.30 Uhr)* können Sie noch einiges erfahren über die Anasazi und Zunis. Auf dem Weg zum State Park, direkt am Interstate, gibt es neben einer Tankstelle übrigens einen lohnenden Souvenirladen (erkennbar an den dahinter stehenden bunten Indianerzelten). Dieser ist zwar nicht billig, aber mit etwas Gespür kann man hier qualitativ gute Kunsthandwerke der Indianer erstehen.

Hauptstadt der Navajos

Zum Petrified Forest NP geht es weiter auf dem I-40. Möchte man zum Canyon de Chelly, zweigt man ab auf den US 491/666 nach Norden. Dann weiter auf dem NM 264, bis man **Window Rock**, die Hauptstadt der Navajo-Nation, erreicht. Hier liegt das **Navajo Nation-Museum**, die größte Ausstellung über ein Indianervolk in den USA.
Navajo Nation-Museum, *Highway 264/Ecke Loop Road, ✆ (928) 871-7941, www.ggsc.wnmu.edu/mcf/museums/nnm.html, Mo–Fr 8–17 (Mi –20), Sa 9–17 Uhr.*

Der **Window Rock** ist übrigens ein Rundbogen aus rotem Sandstein. In Window Rock befinden sich heute alle Behörden, und die Reservatsverwaltung bemüht sich, dieser kleinen Stadt einen „wichtigen Charakter" zu verleihen. Das Regierungsgebäude ist in Form eines „Hogan" erbaut, einer typischen, achteckigen Navajohütte. Doch wirkt alles etwas provisorisch, und man wird das Gefühl nicht los, dass die Indianer mit der Situation nicht sehr glücklich sind, im Grunde aber keine Wahl haben.

Von Window Rocks geht es nach Norden auf dem AZ 12. Nahe Tsaile biegt man nach Osten ab auf den AZ 64 und kann so bereits die Aussichtspunkte am nördlichen Rand des Canyon de Chelly besuchen, bevor man zum Visitor Center kurz vor Chinle gelangen. Hinweis: In Chinle gibt es mehrere Tankstellen und Geschäfte.

Reisepraktische Informationen Gallup, NM

VORWAHL 505

Information

Gallup-McKinley County Chamber: *103 W. Highway 66, ✆ 722-2228, 1- 800-380-4989, www.thegallupchamber.com.*

Unterkunft

Achtung! Wer einen leichten Schlaf hat, sollte sich darüber im Klaren sein, dass ein reger Zugverkehr (viel Hupen und Quietschen) herrscht, auch nachts.

El Rancho Hotel $$**: *1000 E. Hwy. 66, ✆ 863-9311, 1-800-543-6351, www.elrancho hotel.com. Der „Tipp" in Gallup. 1937 errichtet von dem Bruder eines Hollywooddirektors. Und so nächtigten hier Schauspielern wie Humphrey Bogart, Ronald Reagan, Henry Fonda, Katherine Hepburn u.v.m. während der Dreharbeiten zu Wildwest- und anderen Filmen. Es gibt Suiten ($$$) und Zimmer, alle unterschiedlich, sodass Sie beim Buchen vorher auswählen sollten. Das* **Restaurant *im Hause ist wohl auch die beste Adresse, um etwas zu essen in Gallup. Besonders das Old-West-Ambiente zieht viele Gäste an. Küche: Amerikanisch/ New Mexico.*

Ansonsten gibt es unzählige **Motel***s in Gallup entlang der Hauptstraße (Hwy. 66), von „Mittelklasse" bis „ganz schön heruntergekommen".*

Camping

Ein schöner **Campingplatz** *befindet sich im* **Red Rock State Park** *(✆ 863-9330 od. 722-3839). Nicht nur RVs, hier können Sie auch zelten. Bei mehr Wind staubt es aber ordentlich!*

info

Navajo Nation (ehem. Navajo-Reservat)

Die Navajo Nation ist mit ca. 70.000 km² das größte Indianerreservat der USA, und von den über 300.000 Navajos im gesamten Land leben hier etwa 200.000. Sie nennen sich nach alter Tradition **Diné** (Leute). Die Bezeichnung *Navajo* findet ihren Ursprung wahrscheinlich in den Pueblos nördlich von Albuquerque, wo die Tewa-Sprache gesprochen wird und *Navahuu* so viel heißt wie Acker/ bestelltes Feld. Im Gegensatz zu den ihnen verwandten und nomadisierenden **Apachen** waren die Diné vornehmlich Ackerbauern. Die Spanier nannten sie deshalb *Apaches de Navahu* („Ackerbau-Apachen"). Eine andere, von den Diné wenig geschätzte Theorie besagt, dass das Wort von dem spanischen *navaja* abstammt, was so viel heißt wie „Taschenmesser" und damit auf ein kriegerisches Verhalten der Indianer hinweisen würde.

Die Navajo Nation erstreckt sich über das nordöstliche Arizonaplateau bis hin nach Utah und im Osten bis New Mexico. Die wichtigsten Orte sind Window Rock, Tuba City, Leupp, Chinle und Kayenta. Die „Hauptstadt" ist Window Rock. Die Navajos haben eine eigene Verwaltung und Regierung. Es gibt einen Präsidenten und im Navajo Nation Council Chambers, dem Parlament sitzen 88 Delegierte, die 110 Navajo-Gemeinden vertreten. 1991 wurde die wechselseitige Kontrolle der drei Gewalten (Legislative, Exekutive, Jurisdiktion) eingeführt. Die Navajo-Nation hat z.B. Hoheitsrechte über die Bodenschätze. So wurde der Abbau von Uran auf Navajo-Gebiet untersagt, da zu viele Navajo-Bergarbeiter in den Minen bzw. durch Krebs gestorben waren.

Die Navajos bemühen sich auch heute noch, einige **Traditionen** aufrecht zu erhalten: Frauen haben einen hohen Stellenwert in der Gesellschaft, und bei der Heirat hat die Familie der Braut „das letzte Wort". Auch die Naturreligion wird in vielen Familien noch praktiziert, selbst wenn diese eigentlich christianisiert sind.

Kunsthandwerklich sind die Navajos besonders geschickt im Herstellen von *Silberschmuck* und der Verarbeitung von *Türkisen*, obwohl dies eigentlich nicht zu ihren frühen Traditionen zählt, denn mit der Silberverarbeitung im Sinne von Schmuckherstellung begannen sie erst in der Mitte des 19. Jh. und mit der Nutzung von Türkisen sogar erst um 1890. Dabei wurden viele Motive von Indianerstämmen aus den Plains und aus Mexiko übernommen. Türkise hatten aber schon vorher die Bedeutung von Glücksbringern mit heilsamer Wirkung. Eine Navajo-Legende besagt: „Damit du einen angenehmen Tag haben wirst, schaue dir beim Aufstehen zuerst einen Türkis an". Auch die *Dry paintings* (Malereien auf Sandsteinplatten) sind keine typische Navajo-Kunst, fanden aber schnell einen wichtigen Platz in ihrer Kultur. Als Material werden helle Sandkörner, Holzkohle, Samen und Pollen verwendet. Diese „Sandplatten" wurden z.B. von Kranken genutzt, die sich darauf gesetzt haben und damit erhofften, dass der „böse Geist der Krankheit" absorbiert wird. Anschließend musste die Platte gleich zerstört werden. Die Farben der Zeichnungen symbolisieren Himmelsrichtungen: Blau = Süden, Schwarz = Norden, Gelb = Westen, Weiß = Osten. Rot bedeutet Sonnenschein. Mit der *Weberei* begannen die Navajos bereits während des ausgehenden 18. Jh., als Decken ein wichtiges Handelsgut darstellten und bei Reisenden auf den unbequemen und im Winter kühlen Handelswegen dankbare Abnehmer fanden. Wichtigste Farben waren Rot, Schwarz, Weiß und Blau. Die Decke des Häuptling („Chief's Blanket") war am teuersten, konnte aber von jedermann gekauft werden. Sie war breiter als lang und mit breiten weißen und schwarzen Streifen versehen. Mit dem Erreichen der Eisenbahn ging der Handel mit Decken merklich zurück, besonders weil Decken aus den Fabriken des Ostens geliefert wurden. Die Navajos ihrerseits begannen damit, Muster, Farben und Ornamente anderer, sogar orientalischer Kulturen zu übernehmen. Mit dem Verkauf der Decken konnten sie sich zwar weiterhin leidlich ernähren, aber ein wichtiger Bestandteil ihrer kulturellen Identität ging doch verloren.

Bei den Pow Wows in New Mexico treffen sich verschiedene Indianernationen

Mit dem Vordringen von immer mehr Siedlern wurde den Navajos allmählich das Selbstwertgefühl genommen. Die Siedler brachten schonungslos ihre Kultur ein und vor allem das „Feuerwasser". Und Alkohol vertrugen viele Indianer aus biologischen Gründen schlechter als die Weißen. Selbst die Einrichtung des Reservats, das 1868 noch um einiges kleiner war als heute, konnte diesen kulturellen Niedergang nicht mehr verhindern.

Infos: www.navajo.org sowie www.discovernavajo.com

Canyon de Chelly National Monument

Die zwei wesentlichen Canyons sind der nördliche *Canyon del Muerto* (Canyon des Todes) sowie der südliche *Canyon de Chelly*. Der Name „De Chelly" (sprich *düh schaiih*) ist eine spanische Übersetzung des Navajo-Wortes „*Tséyi*", was so viel bedeutet wie Felscanyon. Die steilen Canyonwände messen an ihrer höchsten Stelle über 300 m. Zwei Millionen Jahre haben die Flüsse gebraucht, um die Canyon so zu formen. In den Canyons leben an die 90 Navajo-Familien und betreiben hauptsächlich Viehwirtschaft. Bereits vor 4.500 Jahren lebten nomadisierende Familien in den Canyons. Sie lebten in individuellen Grubenhäusern: der untere Teil dieser Hütten bestand aus ausgehobenen Gruben. Die ersten permanenteren Ansiedlungen stammen aus der Zeit der Korbmacher (200-750 n. Chr.), wobei diese zumeist unter den Überhängen gelebt haben. Die Frauen bauten damals Mais und Kürbis an, und die Männer gingen auf die Jagd mit speerartigen Waffen.

Felsen-Canyon

Spider Rock mit Blick auf Canyon De Chelly und Monument Canyon

Von 750 bis ca. 1300 n.Chr. lebten die Anasazi hier. Vieles änderte sich in der Lebensweise der Indianer. Pfeil und Bogen wurden zur Jagd verwandt, man begann zu töpfern, und Bohnen wurden zu einem wichtigen Anbauprodukt. Aber vor allem die Häuser wurden jetzt zum großen Teil aus Stein gebaut, und kleine Dörfer entwickelten sich. Seither werden die Indianer als Pueblos bezeichnet, was im Spanischen so viel heißt wie „Dorf". Die Felsklippenhäuser wurden schließlich im 12. und 13. Jh. errichtet. Anschließend, nachdem die Anasazi wegen einer lange anhaltenden Dürrezeit die Canyons verlassen hatten, nutzten die Hopis die Canyons. Sie lebten, jagten und bestellten ihre Felder aber zumeist nur im Sommer.

Aus Indianern wurden Pueblos

Um 1700 kamen kriegerische Navajos (Dinés) hierher, die den Canyon als Ausgangsbasis für Überfälle auf Pueblos weiter östlich nutzten. Zurück im Canyon befanden sie

Tipp für einen ganztägigen Aufenthalt

Am kühleren Morgen mit der ersten Halbtagestour in den Canyon fahren. Die Erläuterungen zu den Navajos sind sehr gut. Nach dem Lunch kann man dann die Aussichtspunkte am South Rim besuchen.

sich dann in einer Art Festung. Vornehmliches Ziel ihrer Überfälle war es – und das wird häufig in der Geschichtsschreibung falsch dargestellt –, ihre mittlerweile als Sklaven eingesetzten Stammesangehörigen zu befreien. 1805 schickten daraufhin die Spanier eine Strafexpedition in den Canyon de Chelly, bei der nach einem eintägigen Kampf 115 Navajos getötet wurden. Seither heißt der Schauplatz dieses Kampfes „Massacre Cave". Doch erst 1864 schaffte es eine US-Kavallerie unter *Kit Carson*, die Navajos endgültig zu besiegen. Die daraus resultierende Umsiedlung von 9.000 Navajos („The Long Walk" zum Ft. Summer, NM) misslang aber und kostete an die 5.000 Navajos das Leben. Vier Jahre später, unter friedlichen Voraussetzungen, wurden das Navajo-Reservat gegründet und die Indianer hierher zurückgebracht.

Besiegt und umgesiedelt

Interessanteste Punkte am bzw. im Canyon:

Spider Rock: South Rim. Ein 240 Meter hoher Felsturm, den man vom gleichnamigen Aussichtspunkt sehen kann.

White House-Overlook/Trail: South Rim. Pueblo-Häuser am Felsenrand, Abstieg ohne Führer möglich (2 Stunden hin und zurück).

Mummy Cave-Overlook: North Rim. Schöner Blick in das landwirtschaftlich genutzte Tal

Massacre Cave Overlook: An dieser Stelle tötete ein spanisches Strafkommando 115 Navajos, die in einer Höhle Schutz gesucht haben. Nach Darstellung der Navajos wurden nur Frauen, Kinder und alte Leute getötet.

Blick auf Mummy Cave

Im Canyon beeindrucken vor allem die verschiedenen Felsenhäuser, so z.B. die hellen White House Ruins, das Antelope House (mit farbigen Bildern von Antilopen, welche vor 150 Jahren von Navajos gezeichnet worden sind), die Mummy Cave Ruins (wo einst zwei Mumien gefunden wurden). Die Landschaft des Canyons sucht ebenfalls ihresgleichen.

Canyon-Besuch mit Führer

Neben dem Kontrast zwischen roten Felswänden, grünen Feldern und Büschen sowie hellem Flusssand sind es vor allem die Erläuterungen des Führers, die einen Einblick in die komplexe Geschichte der Indianer, der der Indianerkriege und der der Besiedlung des Westens durch die Siedler geben. Viele Familien leben noch hier im Tal. Viele Häuser sieht man hinter den Büschen gar nicht.

Weiter geht es auf dem US 191 nach Süden. Tipp: Auf der Anhöhe kurz hinter Chinle können Sie am Horizont in nördlicher Richtung die Formationen des Monument Valley erkennen. Bei Ganado treffen Sie auf den **Hubbell Trading Post**. Hier eröffnete

Reisepraktische Informationen Canyon de Chelly National Monument/Chinle, AZ

VORWAHL 928

Information

Visitor Center: *3 Meilen östl. des US 191 und Chinle, ✆ 674-5500, www.nps.gov/cach, tgl. 8–17 Uhr. Für die Besichtigung des Canyon-Tals sind ein Permit oder/und die Begleitung eines Führers samt Fahrzeug erforderlich. Es ist ratsam, eine Tour über die Thunderbird Lodge bzw. im Visitor Center zu buchen. Eine Fahrt mit dem eigenen Fahrzeug in den Canyon ist nicht möglich, entlang der beiden Rim Drives aber schon.*

Wandern und Reiten

Der einzige, ohne Führung erlaubte Abstieg in den Canyon ist der Weg zu den White House Ruins, abgehend von South Rim Drive. Die **Wanderung** *hin und zurück dauert ca. 2 Stunden.* **Reiter** *haben die Gelegenheit, mit Pferd und Führer den Canyon zu erkunden. Der Reitstall ist am Canyon-Eingang. Vorbuchung kaum möglich.*

Unterkunft

Thunderbird Lodge $$-$$$: *3 ½ Meilen östlich des US 191, ✆ 674-5841, 1-800-679-2473, www.tbirdlodge.com. Von der Lodge gehen Jeep-Rundfahrten durch den Park los. Rechtzeitige Reservierung ist essentiell. Ein Teil der Lodge ist der ehemalige Trading Post. Die Lodge ist im Adobestil erbaut. Angeschlossen ist ein* **Campingplatz**.
Weitere Motels, *das beste von allen ein* **Holiday Inn ($$-$$$** *Indian Rte. 7, ✆ 674-5000, 1-800-234-6835, www.holiday-inn.com/chinle-garcia, das beste Restaurant in weitem Umkreis), befinden sich in Chinle. Reservierungen in Chinle sollten ebenfalls rechtzeitig erfolgen.*

Camping

Empfehlenswert ist der der Thunderbird Lodge (s.o.) angeschlossene **Campingplatz** *mit schattigen Plätzen. 10 Meilen östlich des Visitor Center am South Rim Drive liegt ein weiterer privater Campingplatz, der* **Spider Rock Campground** *(www.spiderrockcampground.com) mit allerdings eher rustikalen sanitären Anlagen.*

der Händler John Lorenzo Hubbell 1876 den ersten Handelsposten im Navajo-Gebiet, der für den Handel zwischen Indianern, Siedlern und Vorbeireisenden über Jahrzehnte von größter Bedeutung war. Heute können Sie hier Souvenirs (sehr ausgesuchte Webarbeiten) und Lebensmittel kaufen. Der Einrichtungsstil des 19. Jh. wurde bewahrt.

Petrified Forest National Park

Größe: 88.400 ha
Beste Jahreszeit: April bis Mitte Oktober, wobei es im Sommer für lange Wandertouren grundsätzlich zu heiß ist (keine schattenspendenden Bäume).
Tierwelt: Am beeindruckendsten sind die bis zu 125 km/h schnellen Gabelböcke, eine vom Aussterben bedrohte Abstammung aus der Familie der *Antilocapridae*. Sie kommen lange Zeit ohne Wasser aus und können ihren Trinkwasservorrat auch aus Kakteen schöpfen. Ansonsten eine Reihe anderer an die Wüste angepasster Tiere, wie z.B. Füchse, Echsen sowie Skorpione und Schlangen (also keine Steine unachtsam hoch nehmen).
Pflanzenwelt: Wegen des dürftigen Niederschlages und der schlechten Bodenverhältnisse (Sand, in dem das Wasser schnell versickert) nur wenig auffallende Pflanzen. Das geschulte Auge findet aber eine Reihe von Sukkulenten, u.a. auch „versteinerte" Kakteen (Kugelkakteen).
Aktivitäten: Wandern (siehe Redaktionstipps).

Redaktionstipps

- **Übernachten** in Holbrook im **Wigwam Motel** oder im **La Posada** in Winslow (S. 330)
- Der Park ist zwar sehr beeindruckend, jedoch wegen seiner weiten Flächen und der Hitze **wenig geeignet für ausgiebige Wanderungen**. Dazu eignen sich andere Nationalparks besser. Organisierte Touren unternimmt der Ranger nach Vorankündigung.
- Nehmen Sie ausreichend **Trinkwasser** und ein paar kleine Snacks mit auf den Weg.
- **Zeiteinteilung: Eilige:** Fahren Sie auf der Autostrecke alle für Sie interessanten Punkte ab. Minimum: ein Ausblick auf die Painted Desert – und um das versteinerte Holz zu bewundern, halten Sie am Crystal Forest und an den Long Logs. Dauer: 2 Stunden. **Geruhsamer:** Genauer informieren im Visitor Center, alle Punkte abfahren und erlaufen, am Schluss das Museum am Südeingang ansehen. Dauer: 5 Stunden

Warnung: Es ist strengstens verboten, auch nur das kleinste Stück versteinerten Holzes mitzunehmen!

Der Nationalpark empfiehlt sich durch zwei außergewöhnliche Naturereignisse: die „Painted Desert", die in verschiedenen Rottönungen, unterbrochen vom Grün der Pflanzenwelt, einen unvergesslichen Anblick bietet, und ei-

Baumstamm aus Stein

ne Ansammlung versteinerter Baumstämme, wie man sie wohl kaum in dieser Fülle sonstwo auf der Welt findet. Dieses Naturereignis hat leider die ersten Souvenirjäger dazu veranlasst, ganze Baumstämme zu entfernen und zu verkaufen. Deshalb haben Anwohner der Gegend 1906 den Kongress angerufen, mit der Bitte um Schutz dieses Gebietes. Zuerst waren es nur ausgesuchte Areale, die geschützt wurden, und erst 1962 wurden diese zum Nationalpark erklärt. Mehrmals, zuletzt 2008, wurde der Park seither vergrößert.

Entstehungsgeschichte des versteinerten Holzes
Vor mehr als 200 Millionen Jahren war das heute trockene Hochplateau ein riesiges, von vielen Flüssen durchzogenes Überschwemmungsgebiet. Das Klima war tropisch, und

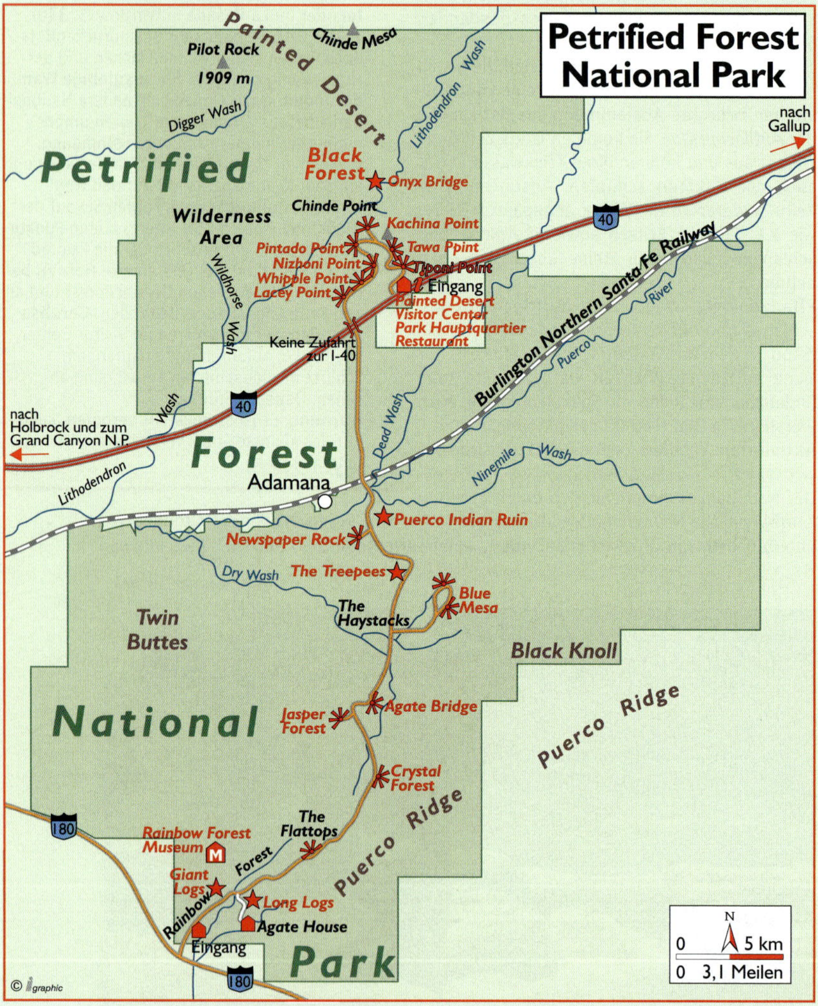

Saurier gehörten zu den wesentlichen Tierarten. Hohe Bäume, in der Regel Araukien, Farnpalmen und Nadelhölzer, standen meist an den umliegenden Berghängen oder am Rande der Flüsse. Wenn diese umstürzten, was besonders durch reißende Fluten nach starken Regengüssen der Fall war, wurden sie von den Flüssen weggeschwemmt bis in das Gebiet, wo man sie heute sehen kann. Schlamm, Asche und Schlick setzten sich als Deckschicht über die Bäume, schnitten somit die Sauerstoffzufuhr ab, und der Fäulnisprozess verlangsamte sich merklich. Einsickerndes, silikathaltiges Grundwasser durchsetzte nun die Stämme und ersetzte allmählich das ursprüngliche Holzgewebe mit Silikatablagerungen. Die Silikate erhärteten, und die Baumstämme wurden zu versteinertem „Holz". Nach dieser Periode sank der Landstrich ab, wurde überschwemmt und von Süßwasserseen bedeckt. Als sich das Land später wieder hob, brachen die Stämme aufgrund des geologischen Stresses auseinander. In jüngerer (geologischer) Zeit sorgten Erosionskräfte, wie Wind und Wasser, für die Freilegung der Stämme bzw. ihrer Überreste.

Aus Holz wird Stein

Die Farben der Painted Desert

Dieses Gebiet, im Norden des Parks gelegen, bietet ein unvergessliches Farbenspiel. Von Aussichtspunkten aus sieht man über ein Meer von großen und kleinen Hügeln und Kuppen, deren Farbvariationen von Tiefbraun über Rot und Ocker bis hin zu hellen, fast weißen Tönungen reichen. Auf keinem Foto wird man diese Pracht festhalten können, aber vergessen wird man sie sicherlich niemals. **Tipp** für Fotografen: Weitwinkel und starken UV-Filter benutzen. Ein Polfilter würde die Farben noch kontrastreicher herausheben. Vermeiden Sie die flimmernde Mittagshitze. Suchen Sie sich einen Farbkontrast: z.B. einen grünen Busch im Vordergrund des Bildausschnittes.

Was bedeuten die Farben? Das **Rot** des Bergsockels ist Sedimentgestein, welches von Eisenoxid verfärbt wurde. Eine Entwicklungsstufe weiter ist das dunkle Rot (**Rotbraun**) in den mittleren Schichten: von Eisen durchsetztes Sedimentgestein, wobei das Eisenoxid aus Hämatit besteht (Roteisenstein). Das **Weiß**, die Schicht zwischen den ersten beiden Stufen, ist Sandstein und zeugt von einer Zeit vermehrter Ablagerungen.

Puerco Indian Ruins

Wigwams

Die Zipfel dieser Hügel werden auch als „Wigwams" bezeichnetet. Sie bestehen aus dunklem Ton. In dieser Schicht wurden die versteinerten Bäume abgelagert, bevor Erosionskräfte sie in tiefere Lagen beförderten, nämlich dorthin, wo sie heute zu finden sind. Eine hohe Kohlenstoffkonzentration ist ein Beleg dafür und auch der Grund für die relativ dunkle Farbe. Die Körnung der Sandpartikel ist sehr fein (Ton) und ein Beweis dafür, dass es sich hier um Ablagerungen von Flüssen handelt.

Den Park durchquert man auf einer ca. 28 Meilen langen Strecke. Von Norden kommend fährt man zuerst an der Abbruchkante am Rande der Painted Desert entlang, auf die man von mehreren Aussichtspunkten hinuntersehen kann. Etwa auf halber Strecke trifft man auf die **Puerco Indian Ruins**, eine alte Indianersiedlung, die vom 12. bis 13. und danach vom 14. bis 15. Jh. besiedelt wurde. Im Süden des Parks befinden sich die verschiedenen Baumstämme, wobei am Punkt **„Long Logs"** die längsten und am besten erhaltenen zu bewundern sind. Ein Stopp im **Rainbow Museum** am Südeingang sollte noch drin sein.

Reisepraktische Informationen Petrified Forest National Park, AZ

VORWAHL 928

Information

Painted Desert Visitor Center: *am Eingang zum nördlichen Teil des Parks von der I-40 aus, ✆ 524-6228, www.nps.gov/pefo. Hier gibt es einen Diner. Am südlichen Eingang des Parks befindet sich das* **Rainbow Forest Museum**, *das eine interessante Ausstellung und Filmvorführung zur Entstehungsgeschichte der versteinerten Bäume bzw. der Painted Desert bietet. Außerdem gibt es dort einen Souvenirladen sowie ein Snack-Restaurant. Alles tgl. geöffnet. Gates: Kernzeiten 7–18 (Sommer –19) Uhr.*

Unterkunft

Die nächsten Hotels liegen in Holbrook, Chambers oder Winslow:

Wigwam Motel $: *811 W. Hopi Dr., Holbrook, ✆ 524-3048, www.galerie-kokopelli.com/wigwam. Eine (vor einigen Jahren renovierte) Errungenschaft aus der Hochzeit der Route 66 ist dieses Motel, dessen „Zimmer" sich in Holz- und Beton-Teepees (Indianerzelte) befinden. Nicht sehr komfortabel, dafür aber günstig und einzigartig. Allemal ein Foto wert.*

Best Western Arizonian Inn $$: *2508 E.Navajo Blvd., Holbrook, ✆ 524-2611, www.bestwesternarizona.com/hotels/best-western-arizonian-inn. Unspektakuläres, aber sauberes 70-Zimmer-Motel.*

La Posada $$$: *303 E. Second St. (Rt 66), Winslow, ✆ 289-4366, www.laposada.org. Renoviertes Railroad-Hotel von 1930. Charmant und nicht zu teuer. Hier haben schon Albert Einstein und Harry Truman gewohnt. Das angeschlossene Restaurant* **The Turquoise Room** *(✆ 289-2888, Southwest-Küche) ist ohne Zweifel das beste in weitem Umkreis.*

Am Navajo Blvd. in Holbrook gibt es unzählige **weitere Motels/Hotels** *verschiedenster Franchiseketten.*

Camping

Im Park gibt es keinen Campingplatz, dafür aber den **Holbrook Hilltop KOA** *(102 Hermosa Dr., Holbrook, ✆ 524-6689, den* **OK RV Park** *(1576 Roadrunner Rd, Holbrook, ✆ 524-3226) sowie einen einfachen Campingplatz (ohne rechte Zeltmöglichkeit) 2 Meilen südlich des Parks am Crystal Trade Shop.*

Der **Barringer Meteorite Crater** 20 Meilen westlich von Winslow entstand vor 50.000 Jahren. Mit einer Geschwindigkeit von 65.000 km/h schlug damals hier ein Meteorit ein, dessen Durchmesser gerade mal 45 Meter betrug. Das Loch, das er hinterließ, misst heute 2,5 Meilen im Umfang und ist knapp 170 m tief.
Visitor Center *tgl. geöffnet, I-40-Exit 233, RV-Park, www.meteorcrater.com, $ 16 (Aussichtspunkte, Tour + Film).*

Vom Petrified Forest NP aus können Sie zwischen vier alternativen Routen wählen:
1. direkt nach Flagstaff und zum Grand Canyon fahren, wobei es Übernachtungsmöglichkeiten in Holbrook, Winslow und Flagstaff gibt. Ein Ausflug zum **Painted Desert Navajo County Park** (14 Meilen nördlich von Winslow) erübrigt sich, da nicht viel anderes zu sehen ist als im Petrified Forest NP. Auf dieser Strecke sind aber der **Barringer Meteorite Crater**, das Walnut Canyon Nat. Monument und Flagstaff (Beschreibung: S. 391) zu sehen und erleben … und weite Landschaft natürlich.
2. bei Holbrook nach Norden auf dem AZ 77 (und später auf den AZ 264). Durchs Hopi-Indianerreservat nach Tuba City und weiter zum Grand Canyon fahren. Diese Strecke bietet vor allem weite Landschaft und die Kultur der Hopis, die Sie bei **Second Mesa** in einem echten Hopi-Dorf erleben können. In Tuba City lohnt der Besuch des **Explore Navajo Interactive Museum** *(Main St., ✆ (928) 640-0648, www.explorenavajo.com, Mo–Sa 10–18, So 12–18 Uhr)*, wo man mehr erfahren kann über die Kultur der Navajos, sowie die **Tuba City Trading Post** *(Main St., Indianer-Kunsthandwerke)*.

Hopi-Dorf

3. vom südlichen Exit zuerst entlang dem US 180 in östlicher Richtung und vor St. John entlang dem AZ 61 und dem US 60 über Show Low und Globe nach Phoenix. Schöne Landschaft und das Fort Apache-Indianerreservat.
4. Der Hauptroute des Buches folgen und südlich den Nationalpark verlassen, um über den US 180 nach Springerville und von dort nach Silver City zu fahren.

In Kürze das Sehenswerte entlang der Strecke bis Silver City:
Zwei Meilen nördlich von Springerville liegen die **Casa Malpais Ruins**. Hier siedelten Mogollons, Sinaguas, Anasazi und Hohokams zwischen 1000 u. 1350 n. Chr. Der Besuch ist nur mit Führungen möglich. Diese beginnen im **Casa Malpais Visitor Center & Museum** in Springerville *(418 Main St., Di–Sa 8–16, Sommer auch Mo, Touren 9, 11 und 14 Uhr)*. Im Gebiet um Springerville haben sich übrigens viele Mormonen angesiedelt. Ein Abstecher nach **Greer** (westlich von Springerville) und durch die Berge über den AZ 261 wieder nach Alpine. Schöne Berglandschaft (1 Stunde Mehrzeit). Aber auch der US 180 bietet eine reizvolle Landschaft. **Alpine** ist ein verschlafenes Bergdorf (2.400 m hoch) und beliebt bei Anglern, Jägern und Wanderern.
Mogollon: Zwei Meilen hinter Alma (66 Meilen vor Silver City) nach Osten abbiegen. Auf dieser Strecke sind es noch neun Meilen (die Bergstrecke ist nicht geeignet für Wohnmobile und Trailer). Eine alte Minenstadt, heute eher Ghost Town mit nur wenigen Anwohnern. Kaum Tourismus (seit Jahren heißt es, er würde angekurbelt …). Sehenswert vor allem das „Geschäft" im alten Mogollon-Theater, wo es Raritäten zu kaufen gibt: verstaubt, aber echt.

Ghost Towns

Glenwood ist ein uriger Ausflugsort. Einfache Motels, eine Biker Bar, kleine Restaurants, ein Campingplatz, aber auch Wanderwege und Ghost Towns in der Umgebung locken vor allem Kurzurlauber aus den großen Städten an. Bekannt ist der **Catwalk**, ein z.T. steiler Wanderweg durch den Whitewater Canyon, der oft über Hängebrücken (ehem. als Aufhängung/Stütze für eine Pipeline benutzt) führt.

Mogollon Ghost Town

Reisepraktische Informationen Springerville/Eager/Alpine, AZ, sowie Glenwood, NM

Unterkunft

Sportsman's Lodge $$: *US 180,* **Alpine**, *✆ (928) 339-4576, 1-877-560-7626, sportsman778@frontiernet.net. Rustikales Motel. Sauber, aber einfach. Im Ort gibt es ein paar kleine Burger-Restaurants.*

White Water Motel $-$$: *US 180,* **Glenwood**, *✆ (575) 539-2581, www.whitewater motel.com. Angenehmes, rustikales Motel, direkt am White Water Creek und zentral im Ort gelegen.*

Sunrise Best Western $$: *128 N. Main St.,* **Eager**, *✆ (928) 333-2540, www.best western.com/sunriseinneagar. Sauberes Kleinstadt-Motel.*

Weitere Lodges finden Sie im **Greer Valley**. *Z.B. die schöne Holzlodge* **Greer Lodge & Resort $$-$$$$** *(44 Main St., Greer, ✆ (928) 735-7216, www.greerlodgeaz.com, rustikale Zimmer und tolle Selbstversorger-Cottages, Restaurant). Schön sind auch die Holzhäuser des* **Snowy Mountain Inn $$$$** *(38721 Rte. 373, Greer, ✆ (928) 735-7576, www.snowy mountaininn.com), inmitten eines Kiefernwaldes. Restaurant im Haus.*

Am nördlichen Ortseingang von Springerville gibt es **zwei Campingplätze**. *Weitere in Greer und Glenwood.*

Restauranttipp

Cafe Beate German Cuisine. *An der Straße von Eager nach Alpine, in Nutrioso (41633 US 180, ✆ (928) 339-1965). Nicht nur leckere deutsche Speisen, sondern auch mit Liebe zubereitete Beilagen. Schon etwas Besonderes in dieser Region.*

info

Gila National Forest

Dieses knapp 14.000 km² große Waldgebiet bietet eine der schönsten Landschaften des Südwestens und hat gegenüber den Wäldern von Colorado den Vorteil, dass es nicht so touristisch ist. Auf der Fahrt zum Gila Cliff Dwellings National Monument erhalten Sie bereits einen Eindruck von der Schönheit der Berge, Flüsse, Canyons und Wälder. Bereits die Apachen liebten dieses Land und wehrten sich vehement gegen die eindringenden Gold- und Silbersucher. Das Terrain bot ihnen während der Endphase ihres Widerstandskampfes immer wieder Schutz, nachdem sie Minenstädte wie Mogollon und Silver City angegriffen hatten. Ihre bekanntesten Führer waren die Häuptlinge *Geronimo* und *Cochise*. Die Tierwelt enthält immer noch Bären, Elche, Biber und Berglöwen.

Für Naturliebhaber bietet sich die Gelegenheit, auf einfachen Pisten in den Park hineinzufahren, dort zu zelten und dann Wanderungen zu unternehmen. Permits sind aber notwendig. Erhältlich bei jeder Rangerstation (US Forest Services) der Gegend, so z.B. in Silver City und Glenwood.

Gila Cliff Dwellings National Monument

Hinweis

Die Fahrt zum Felsendorf dauert 1½-2 Autostunden (45 Meilen) von Silver City aus. Einen Aufenthalt von 1 ½-2 Stunden sollten Sie dort einplanen. An der Strecke gibt es keine Tankstelle.

Um das Monument zu erreichen, fährt man bis zum **Visitor Center** (tgl. geöffnet), wo ein kleines **Museum** einen ersten Eindruck vermittelt. Knapp zwei Meilen weiter beginnt ein Trail, der zur Felssiedlung führt (3 km hin und zurück, Zeit: 1 Stunde). Sie liegt inmitten des großen Waldgebietes des Gila National Forest, und die Bewohner konnten es früher nur auf langen Fußmärschen durch diesen dichten Wald erreichen. I.d.R. kann man die Häuser selbst besichtigen. Zudem sind an den Höhlen freiwillige Volonteers positioniert, die bereitwillig Infos geben. Wichtig: Der letzte „Aufstieg" zu den Dwellings muss um 16 Uhr begonnen und um 17 Uhr beendet sein.

Erste Bohnenpflanzer

Die älteste Ruine (Pit House = Erdhaus) wurden wahrscheinlich in der Zeit von 100–400 n. Chr. bewohnt. Damals waren die Hütten noch rund, hatten einen nur kleinen Eingang zur Ostseite und der Level des Bodens lag unter der Erde, wie auch bei den frühesten Behausungen im Canyon de Chelly. Bewohner waren die Mogollon, welche Getreide anbauten und Wildpflanzen sammelten. Auffallend ist, dass die Mogollon bereits getöpfert und auch Bohnen angebaut haben. Mit beidem begannen die Indianer in anderen Regionen erst Jahrhunderte später. Die eigentliche Felssiedlung, eckige Pueblo-Häuser über fünf offene Höhlen 55 m hoch in der Felswand verteilt, wurde erst ab 1270 bewohnt und nach kaum 40 Jahren wieder verlassen! 10–15 Familien lebten hier in 42 Räumen. Die Bewohner waren richtige Farmer, die ihre Felder entlang dem Fluss und auf der Hochfläche hatten. Manche behaupten, sie hätten bereits mit Baumwolle gewebt.

Anders als in anderen Felsendörfern hat man am Gila Cliff nicht nur Häuser gefunden, sondern auch normale Höhlen, in denen Pueblos gelebt haben. Erinnert sei hier an die

Wo sind bloß die Höhlen?

Tatsache, dass diese Indianer erst Pueblos genannt wurden, seitdem sie in dorfähnlichen Gemeinschaften gelebt haben. Die hier ansässigen Indianer lebten erwiesenermaßen auch in Dorfgemeinschaften. Hierzu bedurfte es aber übergroßer Höhlen. Diese hat man bis heute nicht gefunden, weiß aber, dass welche existieren müssen, irgendwo versteckt im Wald. Nach übermittelter Legende muss es sich um weitgehend geschlossene Höhlen gehandelt haben, also nicht um die uns bekannten Überhänge.

Information

Es gibt ein **Visitor Center** *direkt am Monument (44 Meilen nördl. Silver City am NM 15), ✆ (575) 536-9461, tgl. 8–16.30 Uhr, www.nps.gov/gicl.*

Unterkünfte *gibt es in Gila Hot Springs, Pinos Altos und Silver City (S. 336). Am Monument befinden sich vier* **Campingplätze**. *Ansonsten gibt es 18 weitere Campinggelegenheiten, sehr verstreut gelegen, im Gila Forest. Alternativ können Sie auf einem Platz in Silver City oder Pinos Altos campen.*

Silver City

Silver City ist eine kleine Stadt am Fuße der Pinos Altos Mountains, südlich des Gila National Forest. Einst galt das Territorium als gefährliches Apachen-Gebiet. Doch kurz nach Ende des Bürgerkrieges wurden hier Gold- und besonders ergiebige Silbervorkommen gefunden. Der Silber-Boom dauerte bis 1893. 1875 wurde Silver City zentraler Sitz des Grant County. Gestört wurde die Minentätigkeit zu Beginn immer wieder durch die Apachen, die sich ihr Land nicht so einfach nehmen lassen wollten, und somit mussten Frauen und Kinder des Öfteren evakuiert werden. Grundsätzlich änderte dieses aber nichts am wirtschaftlichen Aufstieg. 1895 und 1906 verursachten starke Regenfälle in den Bergen heftige Fluten und verwandelten die ehemalige Main Street in einen 18 Meter tiefen Canyon („The Big Ditch"). Heute noch fließt der Fluss durch diese Schlucht und die westliche Parallelstraße, der Broadway, fungiert nun als „Hauptstraße". Nur ein Haus aus dieser Zeit steht noch an der ehemaligen Main Street und ein paar kleine Brücken queren die Schlucht. Um 1910 dann begann man mit dem Abbau von Kupfer, und das im großen Stil. Noch heute wird Kupfer rund um die Stadt – zumeist im Tagebau – abgebaut. Silver City ist übrigens auch beliebt wegen seines trockenen und warmen Klimas. Bereits im 19 Jh. kamen viele Tuberkulosekranke deswegen hierher, so 1874 auch *Catherine McCarthy* mit ihrem damals 14-jährigen Sohn *Henry* (s.u.).

Downtown Silver City

Wer etwas Zeit übrig haben, sollte das **Silver City Museum** besuchen *(312 W. Broadway, Di–*

Fr 9–16.30, Sa+So 10–16 Uhr, $ 3, www.silvercity museum.org), in dem Relikte aus der Zeit der Gold- und Silberschürfer anzuschauen sind. Ein Rundgang durch die historische Innenstadt von Silver City lohnt ebenfalls. Dazu gibt es eine kleine Broschüre im Visitor Center. In und um den Broadway finden Sie Trödelläden, kleine Galerien, Bars und Restaurants, ein Theater u.v.m. Weiterhin wäre interessant, das „Big Hole" der **Tyron/Phelps Dodge Mine** zu besichtigen (zwischen Mill St. und Broadway am Südende der Stadt). Wo jetzt das riesige „Loch" zu sehen ist, befand sich, von einem Stararchitekten geplant und für viel Geld erbaut, die Stadt Tyrone. Hier wohnten 6.000 Menschen. Nach Schließung der Kupfermine „The Million Dollar Ghost Town" genannt, fiel Tyrone Ende der 1960er Jahre dem jetzigen Tagebau zum Opfer. Nur drei Gebäude stehen noch.

Nur das Warren House überstand die Flut

Henry McCarthy, eher bekannt als **Billy the Kid**, geboren in New York, verbrachte einen Teil seiner Jugend in Silver City. Wer seinen Spuren folgen möchte, sollte zu folgenden Punkte wandern: zuerst zu seinem Elternhaus nördlich der Broadway Bridge; danach zum Gefängnis *(304 N. Hudson)*, von dem er als 15jähriger entfloh, und schließlich zum Star Hotel *(Ecke Hudson St. u. Broadway)*, wo er als Tellerwäscher angestellt war. 1875 wurde *Billy the Kid* wegen seines ersten (offiziellen) Deliktes in Silver City verhaftet … und entkam natürlich.

Um die kleine Ortschaft **Pinos Altos**, sechs Meilen nördlich von Silver City, wurde ebenfalls Gold entdeckt. Der bekannteste Schürfer war *George Hearst*. Er war so erfolgreich, dass er seinem Sohn, *William Randolph Hearst*, ein Vermögen hinterlassen konnte, welches diesem den Aufbau seines Zeitungsimperiums ermöglichte. Zwei kleine Museen (unregelmäßig geöffnet) geben einen leidlichen Einblick in die Vergangenheit. Aufregender aber ist der Besuch im alten **Buckhorn Saloon** (mit angeschlossenem „Opera House"). Ein Dinner sollten Sie vorher reservieren bzw. sich auf Wartezeit am Tresen einstellen. Oft wird Livemusik gespielt. Ein paar Meilen entfernt von Pinos Altos steht das **Ben Lilly Monument**. *Ben Lilly* war ein angesehener Pantherjäger. Bekannt wurde er aber durch seine Bärenjagd mit *Theodore Roosevelt* 1907 in Texas, die so erfolgreich verlief, dass seither der Begriff „Teddybär" in aller Munde ist.

Dinieren im Saloon

25 Meilen südlich von Silver City liegt der **City of Rocks State Park**. Dessen 30 Mio. Jahre alten, vulkanischen Aschegesteine wurden durch Wind- und Wassererosion zu runden Monolithen geformt. Ihr Antlitz erinnert aus der Distanz an eine mittelalterliche Stadt (daher der Name). Es gibt schöne Wanderwege und der Campingplatz hier ist ebenfalls empfehlenswert. Zu buchen über ✆ *(505) 476-3355, www.emnrd.state.nm.us/PRD/cityrocks.htm*.

Reisepraktische Informationen Silver City/ Pinos Altos, NM

VORWAHL 575

Information

Silver City-Grant County Chamber of Commerce: *201 N.Hudson Rd., ✆ 538-3785, 1-800-548-9378, www.silvercity.org bzw. www.pinosaltos.org*

Unterkunft

The Palace Hotel $$: *106 W. Broadway, Silver City, ✆ 388-1811, www.silvercitypalacehotel.com. Historisches Hotel (zuerst Bank, dann ab 1900 Hotel). Einfach, aber mit Charme. Keine Air-Condition, nicht immer ruhig (Main Street!). Am besten, Sie schauen sich die Zimmer vorher an, denn diese sind qualitativ sehr unterschiedlich.*

Bear Creek Motel & Cabins $$$: *Pinos Altos (7 Meilen nördl. von Silver City), ✆ 388-4501, 1-888-388-4515, www.bearcreekcabins.com. Rustikale, aber absolut komfortable Hütten inmitten eines Kiefernwaldes. Ideal um sich einmal für zwei Tage zu entspannen, etwas zu wandern und sich abends für einen Sundowner in den gerade ½ Meile entfernten Buckhorn Saloon zu begeben. Einige Hütten mit eigener Küche.*

Bear Mountain Lodge $$$: *Cottage Sa Rd., Silver City, ✆ 538-2538, 1-877-620-2327, www.bearmountainlodge.com. 3,5 mi. nordwestl. der Innenstadt, auf ehemaligem Farmgelände. Die gemeinnützige „Nature Conservancy“ betreibt die nach vielen ökologischen Gesichtspunkten geführte Lodge. Wunderschön gelegen, bieten sich hier Spaziergänge an. Täglich geführte Wanderungen.*

Camping

Es gibt rund um die Stadt **viele Camping- und Caravanplätze**. *Die schönsten – wenn auch einfach ausgestatteten – liegen natürlich in den State Parks, so z.B. nahe Gila Cliff bzw. City of Rocks, sind dafür aber auch weiter entfernt. Eine Adresse für Silver City:* **Silver City KOA**, *5 Meilen östl. am NM 90/US 180, ✆ 388-3351. Pool, Shop.*

Restaurant

Buckhorn Saloon & Opera House: *32 Main Street, Pinos Altos, 6 Meilen nördl. von Silver City, ✆ 538-9911. Atmosphäre bei Gaslicht, altem Ofen und manchmal Countrymusik. Sehenswert die alte Theke (von 1897). Oft voll, besonders an Wochenenden. Amerikanische Küche (Steaks, Burger etc., gute Weine)*

Kleine Einführung „Arizona“

Bereits vor 12.000 Jahren kamen die ersten Menschen nach Arizona. Sie kamen über die Beringstraße ins nördliche Amerika und teilten sich im Gebiet des heutigen Arizona schließlich auf in drei Gruppen: die Hohokam, die die südlichen Wüstenregionen besiedelten, die Mogollon, die in den Bergen ansässig wurden, und die Anasazi, die im nördlichen Plateauland blieben. Die ersten Europäer, die nach Arizona kamen, waren die Spanier. Es war ein Offizier von *Cortéz*, der 1526 die Wüstengebiete erreichte, aber wegen der ungenügenden Lebensbedingungen diesen Landstrich nicht ins spanische Imperium einverleibte. Erste Missionare kamen Ende des 17. Jh. In den folgenden anderthalb Jahrhunderten gab es mehrere kriegerische Konflikte zwischen Spaniern und Indianern. Erst 1846, nach dem Krieg mit Mexiko, erlangten die von Osten kommenden Amerikaner Einfluss in diesem bis dato uninteressanten Areal. Sie wollten eine Eisenbahnlinie durch die Wüste nach Kalifornien bauen. Als dann auch noch Gold gefunden wurde, beschloss Präsident *Lincoln*, das Territorium unter Schutzherrschaft zu stellen. Danach boomte Arizona. Man fand auch Silber und Kupfer, und Siedler erkannten die gute Bodenqualität in den Flusstälern. Aufgrund des günstigen Klimas konnten bereits damals zwei bis drei Ernten pro Jahr eingefahren werden, soweit eine sinnvolle Bewässerung gewährleistet war. Trotzdem dauerte es noch bis 1912, bevor Arizona als letzter Bundesstaat – abgesehen von den beiden peripheren Staaten Alaska und Hawaii – in den amerikanischen Staatenbund aufgenommen wurde.

Staat Nr. 48

Touristisch bietet sich Arizona für einen längeren Aufenthalt an. Um alle National Monuments, die Nationalparks, die verschiedenen Kulturstätten der Indianer und die einzigartige Landschaft richtig zu erkunden, bedarf es mehrerer Monate Zeit. Konzentrieren Sie sich auf das Wesentliche: Der **Grand Canyon** ist mit Sicherheit ein Muss. Auf dem Weg dorthin sollte man sich zudem für die Besichtigung von ein oder zwei historischen Indianerstätten entscheiden. Auch der Petrified Forest, der nicht nur die versteinerten Baumstämme bietet, sondern auch das Farbenspiel der Painted Desert, lohnt einen Besuch. Wer eher Erholung sucht, sollte zum Lake Mead fahren oder ein bis zwei Tage am Lake Powell (bereits Utah) verbringen. Es gibt an den Seen keine Strände, sondern an Aktivitäten eher Wandern und Haus- bzw. Motorboot fahren. Für „Outdoor-Fans" bieten sich **Schlauchbootfahrten** auf dem Colorado an (früh buchen!). Extremes Bergwandern (auch Klettern) bzw. Ausritte sind ebenfalls sehr beliebt, besonders in den waldreichen Gegenden im Osten des Staates und in den San Francisco Mountains. Eindrucksvoll wäre auch ein Wintersporturlaub in den San Francisco Mountains südlich des Grand Canyon. Schnee ist meistens vorhanden, leider aber nicht mit der Gewissheit, wie man sie von den Wintersportgebieten von Colorado her kennt.

Skilaufen im Südwesten

Für die **großen Städten** braucht man keinen längeren Besuch einzuplanen. Phoenix ist sehr weitläufig und besticht im Wesentlichen durch seine luxuriösen Resorts und Golfplätze. Tucson ist da schon mehr „Down to Earth". Besuchenswert sind noch ein paar **alte Minenstädte**, einige mit Relikten aus der Boomzeit (z.B. Bisbee), andere aufgrund uriger Geschichten (z.B. Tombstone) und wieder andere fristen ein Dasein als verträumte Ghost Town. Bleibt schließlich noch der Hinweis auf den Kult der **Route 66**, der besonders zwischen Flagstaff und Kingman zelebriert wird.

Arizona-Telegramm

Abkürzung: *AZ;* **Beiname**: *The „Grand Canyon State" oder „Valentine State", da am Valentinstag Beitritt zum US-Staatenbund;* **Namensherleitung**: *„arizonac" (Name einer kleinen indianischen Ansiedlung);* **Bundesstaat seit**: *14. Febr. 1912 (48. Staat);* **Fläche**: *295.024 km²;* **Einwohner**: *6,6 Mio. E.;* **Einwohnerdichte**: *22,4 E./km²;* **Hauptstadt**: *Phoenix, 1,5 Mio. E., inklusive der 19 Städte des Valley of the Sun über 4,2 Mio. E.;* **weitere Städte**: *Tucson (525.000 E., Großraum 1,06 Mio. E.), Mesa (480.000 E.), Glendale (250.000 E.), Chandler (248.000 E.), Scottsdale (241.000 E.), Tempe (175.000 E.);* **wichtigste Wirtschaftszweige**: *Bergbau (Gold, Silber, Kupfer), Industrie (Elektronik, Rüstung und Nahrungsmittel), Tourismus. Die Landwirtschaft (Rinder, Südfrüchte, Bewässerungskulturen) hat weniger Bedeutung.*

Von Silver City über Tucson nach Phoenix

Entfernungen

Silver City – Tucson (I-10): 203 Meilen/327 km
Silver City – Tucson (über Douglas/Bisbee/Tombstone): 275 Meilen/443 km
Tucson – Phoenix: 117 Meilen/188 km

Routenempfehlung

NM 90 bis Lordsburg, dann den I-10 bis zur Abzweigung des AZ 80 nach Süden. Diesem über Douglas, Bisbee und Tombstone folgen bis zum I-10 und dann direkt nach Tucson. Von Tucson den I-10 nehmen nach Phoenix und zwischendurch das Casa Grande Nat. Monument ansehen. ***Alternative****: Von Lesern empfohlen wurde der Abstecher ins mexikanische* ***Nogales*** *(65 Meilen südl. von Tucson). Die Stadt sei um einiges sympathischer als Ciudad Juárez bei El Paso. Vogelliebhaber und Camper (auch RVs) seien zudem auf den Patagonia Lake State Park (www.azstateparks.com/Parks/PALA) nördlich von Nogales (AZ 82) hingewiesen.*

Überblick

Der Süden von Arizona bietet vor allem die weite Landschaft der Sonora-Wüste mit den einzigartigen Saguaro-Kakteen. Im Süden, zur Grenze nach Mexiko hin, findet sich eine Reihe von alten Minenstädten, deren interessanteste ohne Zweifel Bisbee (echt – wenig touristisiert) und Tombstone (sehr touristisiert) sind. Städte wie Tucson und Phoenix bieten nicht viel. Tucson hat sich noch einen gewissen Charme als „kleinste der Großstädte der USA" erhalten. Es ist außerdem als Basisstation für Ausflüge in die Umgebung geeignet und kann zudem noch mit den attraktiven „Old Tucson Studios" aufwarten (wo so mancher bekannte Western gedreht worden ist).

Phoenix dagegen ist eher als langweilig zu bezeichnen. Zwar hat es mit den umliegenden Städten über vier Millionen Einwohner, aber alles halbwegs Interessante verteilt sich auf eine riesige Fläche, und die Innenstadt wirkt selbst am Tage fast wie ausgestorben. Hier können Sie gut shoppen, Golf spielen und sich in einem Resort verwöhnen lassen. Zwischen diesen Städten mag der Besuch des „Öko-Projektes" Biosphere

Der Süden Arizonas ist Cactus Country

2 den einen oder anderen interessieren, und ein Besuch der Casa Grande Ruins ist aufschlussreich und nicht besonders zeitaufwendig.

Redaktionstipps

▶ **Übernachten**: Das historische **Copper Queen Hotel** in Bisbee hat Ambiente (S. 342). In Tucson bietet **The Lodge on the Desert** (S. 354) von allem etwas: Historie, Gemütlichkeit sowie ein gutes Preis-Leistungsverhältnis.

▶ **Essen**: Für Burger-Fans geht kein Weg vorbei an **Dot's Diner** in Bisbee (S. 342). Tucson: Bekannt für die lokale Fleischleckerei Carne Seca sind die Filialen des **El Charro Café**. Kreative mexikanische Gerichte gibt es im **Café Poca Cosa** und das Ambiente des alten Bahnhofs macht **Maynards Market & Kitchen** zu einem Favoriten (S. 356).

▶ **Die bedeutendsten Sehenswürdigkeiten**: die alten Minenstädte **Tombstone** (339) und **Bisbee** (S. 341); der **Saguaro National Park** (Riesenkakteen (S. 344 u. 351)); bei Tucson das **Arizona Desert Museum** (alles über Flora und Fauna der Wüste (S. 351)) und die Film-Wildweststadt **Old Tucson Studios** (S. 351) sowie die **Casa-Grande-Ruins** (S. 361).

▶ **Zeiteinteilung: drei Tage**. Am 1. Tag bis Bisbee, Tombstone oder Nogales. Am 2. Tag bis Tucson und dort so früh ankommen, dass Sie noch einige Dinge erleben können. Am dritten Tag noch ein paar Stunden in Tucson bzw. Biosphere 2, dann über die Casa Grande Ruins nach Phoenix.

Sehenswertes

Etwas abseits der Hauptstrecken, liegt das **Chiricahua National Monument** (*✆ (520) 824-3560, www.nps.gov/chir*). Es wurde 1924 eingerichtet, um der Natur einen schönen Teil des Coronado Forest mit seinen tollen Felsformationen zu erhalten. Wanderfreunde und Naturliebhaber kommen hier auf ihre Kosten. Es gibt Campingplätze, von denen der nächste der Bonita Campground ½ Meile südlich des Visitor Center ist. Motels finden Sie in Willcox, Portal oder Douglas.

Tombstone und Bisbee sind zwei Städtchen, die ihre Existenz in dieser unwirtlichen Gegend alleine dem Bergbau zu verdanken haben. Gegründet wurden sie um 1877, wobei Camps in der Umgebung schon früher existiert haben.

Tombstone

Die auf dt. „Grabstein" heißende Stadt machte zuerst das große Geld, und seine Silberminen sorgten schon bald dafür, dass es zu einer bedeutenden Stadt heranwuchs, mit Einrichtungen wie Zeitung, Theater und Post, die im Westen damals kaum zu finden waren. Um 1880 war der Ort mit 16.000 Einwohnern größer als das damalige San Francisco. Berühmt wurde Tombstone aber eigentlich mehr durch seine zahlreichen Wildwest-Helden. *Wyatt Earp*, eine Legende unter den Gesetzeshütern des Westens, und sein Freund *Doc Holliday* hatten hier die berühmte **Schießerei am OK Corral** (*Allen Street, ✆ (520) 457-3456, www.ok-corral.com*), die berühmt wurde, weil ihr Ablauf bis heute ungeklärt ist und zu immer neuen Mutmaßungen Anlass bot. Zumindest zog damals die gefürchtete *Clanton-Gang* den Kürzeren. Heute kann man den Schauplatz besichtigen und dank eines Filmes im benachbarten **Tombstone-Historama-Kino** den möglichen Ablauf der Schießerei und die Geschichte von Tombstone nachvollziehen (*stündl. Vorführung 9.30–16.30 Uhr*).

Wild Bill Hickok — Doc Holliday — Wyatt Earp

Aber auch die *Daltons*, bei uns bekannt durch die Lucky Luke Comics, statteten Tombstone des Öfteren einen Besuch ab und verließen sie anschließend immer wieder mit einer satten Beute. Lynchjustiz, Meuchelmord und allerlei Schieße-

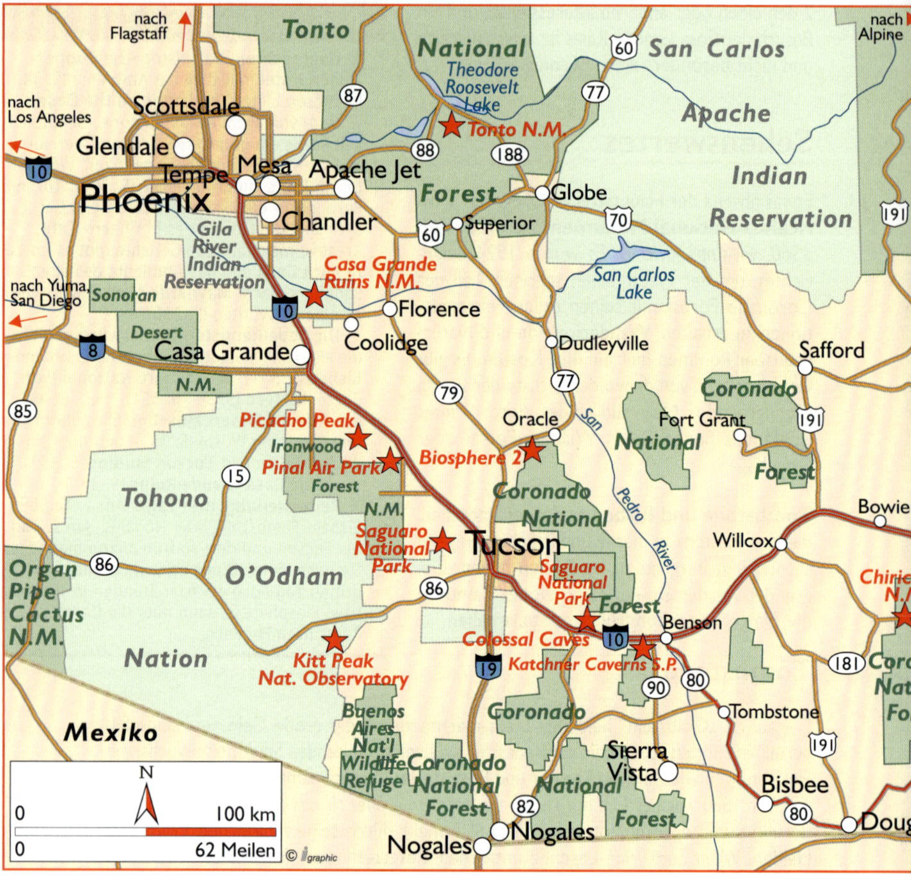

reien vor und in den Westernsaloons standen auf der Tagesordnung – und dabei ging es nicht nur um Claimansprüche, sondern manchmal entwickelte sich eine Schießerei alleine aus einem simplen Streit um einen nicht bezahlten Whisky. Die Gräber der Hinterbliebenen dieser Zeit kann man am Ortseingang auf dem **Boothill Graveyard** besuchen, dort tauchen so einige bekannte Namen aus Wildwest-Filmen auf.

Legendäres Western-Städtchen

Der Abbau des Silbers in großem Stil dauerte nur 15 Jahre. Minenüberflutungen und Feuersbrünste stoppten die Entwicklung. Doch trotzdem wurde Tombstone niemals völlig verlassen und ging in die Geschichte ein als „The Town too tough to die". Die meisten der älteren Gebäude aus dem 19. Jh. sind in der **Allen Street** noch erhalten, leider aber auch durchweg „touristisch erschlossen" – kein Gebäude ohne Souvenirshop, Restaurant oder auf alt getrimmten Saloon. Einen Saloon sollte man schon besuchen. Tipp: der „Crystal Palace Saloon" (Ecke 5th/Allen Sts.) oder – touristischer – „Big Nose Kate's Saloon" direkt in der Allen Street.

Rest in Peace

Weitere interessante und täglich geöffnete Punkte in Tombstone sind das Museum im **Courthouse** (*Ecke 3rd/Toughnut Sts.*), dem ehemaligen Gerichtsgebäude (inkl. Hinrichtungsstätte) sowie die Druckerei der alten Zeitung, des **„Tombstone Epitaph"** in der Fifth Street.

Bisbee

25 Meilen südlich von Tombstone, erlangte Bisbee erst zu Beginn des 20. Jh. größere Bedeutung. In den größten Minen wurde Kupfer abgebaut. Bereits um 1910 galt Bisbee als eine der reichsten Städte der USA. Anders als 25 Jahre zuvor in Tombstone herrschten hier um 1910 friedlichere Gesetze. Dieses wird schon an dem ganz anderen viktorianisch-bürgerlichen Baustil deutlich, der in der Innenstadt noch erhalten ist. Die Bewohner von Bisbee waren ein ganz anderer „Schlag Mensch". Kupferabbau war niemals Sache des „Kleinen Mannes", sondern bedurfte großen Kapitaleinsatzes. Damit fielen Streitereien um Claims schon einmal aus – obwohl die Besitzurkunden der ersten großen Claims durch verlorene Wetten häufiger den Eigentümer wechselten (größter Verlierer waren die Männer der ersten Stunde, *Jack Dunn* und *George Warren*). Grundsätzlich aber saßen die Drahtzieher der Geschicke in den Wirtschaftsmetropolen des Ostens, und selbst der Richter *DeWitt Bisbee*, einer der Anteilseigner der großen Minen und Namensgeber für den Ort, hat Bisbee niemals selbst gesehen. Während also in den schicken Holzvillen die Vorarbeiter und leitenden Angestellten der Minenfirmen wohnten, begnügten sich die Arbeiter mit den einfachen Holzbaracken und Wohncontainern. Ziel war es für alle, die hohen Löhne in den Minen abzukassieren, zumindest solange es die Gesundheit erlaubte. Kupfer wurde im großen Stil bis in die 1970er Jahre abgebaut. Danach verließen erstaunlicherweise nur wenige Menschen Bisbee. Besonders ältere Leute blieben hier, des angenehmen und milden Höhenklimas wegen.

Im Visitor Center gibt es eine Infokarte zur Besichtigung der historischen Innenstadt. Von vielen Punkten aus haben Sie eine schöne Aussicht auf Stadt und Minen. In der Innenstadt etablieren sich mittlerweile auch immer mehr kleine Galerien und Kunsthandwerk-Geschäfte.

Sehenswert sind das **Mining and Historical Museum** an der Queen Plaza *(✆ (520) 432-7071, www.bisbeemuseum.org, tgl. 10–16 Uhr)* und als Höhepunkt eine Fahrt in die **Queen Mine**. Diese Mine wurde bereits 1944 geschlossen, war aber mit Tunneln von einer Gesamtlänge von über 240 km eine der größten der USA. Es gibt „Über"- sowie „Untertage-Touren". Letztere sind ohne Zweifel die Empfehlung. Da es unter Tage kalt wird (bis zu 4 °C), nehmen Sie sich unbedingt warme Sachen mit.
Queen Mine, *südl. am AZ 80, ✆ (520) 432-2071, www.queenminetour.com, tgl. Touren um 9, 10.30, 12, 14 u. 15.30 Uhr. Reservierung empfohlen, $ 13.*

Reisepraktische Informationen Tombstone und Bisbee, AZ

VORWAHL 520

Information

Tombstone Visitor Information: *Ecke Fourth/Allen Street, Tombstone, ✆ 1-888-457-3929, www.tombstonechamber.com.*
Bisbee Chamber of Commerce: *2 Copper Queen Plaza, Bisbee, ✆ 432-3554, www.discoverbisbee.com.*

Unterkunft

Marie's Engaging B & B $$: *101 N. Fourth St., Tombstone, ✆ 457-3831, 1-877-457-3831, www.mariesbandb.com. Kleines 4-Zimmer-Bed & Breakfast in viktorianischem Gebäude von 1906. Zwei Zimmer teilen sich Bad, eines befindet sich im Carriage House.*
Copper Queen Hotel $$-$$$: *11 Howell Ave., Bisbee, ✆ 432-2216, www.copperqueen.com. 1902 erbaut in der Innenstadt, ist dieses ein weiterer Klassiker. Antiquitäten, Atmosphäre. Nach der Renovierung jetzt dem Grand Hotel vorzuziehen. Gutes Restaurant im Hause.*
Bisbee Grand Hotel $$-$$$$: *61 Main St., Bisbee, ✆ 432-5900, 1- 800-421-1909, www.BisbeeGrandHotel.net. Eleganz der viktorianischen Zeit und viele alte Möbel. Ein Western-Klassiker mit alter Bar im Erdgeschoss, deren Tresen aus dem alten Tombstone stammt.*

Camping

Im gesamten Gebiet zwischen Benson und Bisbee gibt es verschiedenste Campingplätze. Nicht wegen des (schattenlosen) Platzes selbst, aber wegen der Retro-Relikte (Bus und Jacht von 1947 sowie zu mietende Vintage-Trailer aus der Zeit um 1950) möchten wir den **Shady Dell RV Park** *in Bisbee (1 Douglas Rd, ✆ 432-3567, www.theshadydell.com) an dieser Stelle hervorheben.*

Restaurants

Bisbee: *Günstig, deftig und gut sind die Burger im beinahe schon legendären* **Dot's Diner** *(203 Tombstone Canyon, 1 Douglas Rd, ✆ 432-2046, nur Fr–Di bis 14.30 Uhr, kein Abendessen!) aus den 1950er-Jahren. An anderen Tagen empfehlen sich noch das einfachere*

Restaurant und die Bar im **Copper Queen Hotel** *(11 Howell Ave., ✆ 432-2216) sowie das Restaurant* **Santiago's** *in der historischen Altstadt (1 Howell Ave., ✆ 432-1910), wo es mexikanische, aber speziell chilenische, argentinische und uruguayische Spezialitäten gibt. Die südamerikanische Antwort auf den Margarita ist übrigens der Waborita, dem ein Schuss Blue Curaçao zugeführt wird.*
In **Tombstone** *führt wohl kaum ein Weg an den beiden Western-Saloons vorbei:* **Nellie Cashman** *(Ecke Toughnut & 5th St., Tombstone, ✆ 457-2212), wo es Steaks und Hühnchen in der Atmosphäre des Tombstone von 1890 gibt. Nellie Cashman wurde damals der „Engel von Tombstone" genannt.* **Big Nose Kates** *(417 E. Allen St.), der ehemalige Mittelpunkt der Stadt, ist ziemlich touristisiert, aber im alten Stil erhalten. Südwester Snacks und den ganzen Tag Livemusik.*

Tipp: Cabernet-Sauvignons und Pinot Noirs

Für diese Weine sind die Anbaugebiete um die Orte Patagonia und Sonoita bekannt. Schauen Sie doch mal vorbei (www.patagoniaaz.com/vineyards.html). Und zum ***Shoppen ins mexikanische Nogales*** *ist es von hier auch nicht weit.*

Mexikanische Souvenirs

Im **Kartchner Caverns State Park** *(AZ 90, I-10Exit 302, ✆ (520) 586-2283, www.azstateparks.com/Parks/KACA/, tgl. geöffnet, $ 23)* können Sie eine der vielen Höhlen der Region besichtigen. Mit 6 Metern Länge gibt es hier z.B. den zweitlängsten Stalaktiten der Welt zu bewundern. Reservierung empfohlen!

Weiter nach Tucson: Fahren Sie am besten nun über den I-10 nach Tucson, und falls die Zeit es erlaubt, bietet es sich an, bereits am Exit 279 abzufahren und über den Spanish Trail zum östlichen Teil des Saguaro National Parks zu gelangen. Vorher aber, ganz in der Nähe befinden sich die **Colossal Caves**, eine Sandsteinhöhle, die Geschichte ge-

macht hat: Irgendwo hier, und noch nicht entdeckt, befindet sich die Beute einer Verbrecherbande aus dem 19. Jh. – Wert 60.000 $, damals eine immense Summe.
Anfahrt: *I-10-Exit 279, dann entlang der Colossal Cave Rd, tgl. geöffnet.*

Saguaro National Park East

Der östliche Teil des Nationalparks ist der ältere und auch größere. Da er etwas abseits liegt, ist er noch „unberührter". Die meisten Besucher fahren zum westlichen Parkteil. Beide Parkabschnitte wurden zur Erhaltung der Saguaro-Kakteen (Armleuchterkakteen) eingerichtet, einer riesigen Kaktuspflanze, die fast 40 Jahre benötigt, um nur einen Meter zu wachsen. Frühestens nach 80 Jahren entspringt ein Seitenast, liebevoll „Arm" genannt. Arizona hat die Saguaro später zur Staatspflanze erklärt. Die ältesten dieser Pflanzen werden über 250 Jahre alt, und die Oldtimer unter ihnen erreichen eine Höhe von bis zu 15 Metern. Lange Zeit litten die Kakteen unter der Überweidung der Flächen, da die Rinder bereits die jungen Triebe umstießen und niedertrampelten. Daher wurden die schützenden Parks eingerichtet.

Armleuchter-Kakteen

Auf mehreren Trails kann man sich die Pflanzen erwandern. Besonders schön ist die Zeit der Blüte (Anfang Mai). Wenn Sie die Saguaro bewundern wollen, ohne lange im Park herumzufahren, können Sie dieses auch von außerhalb tun. Fahren Sie einfach weiter entlang dem Spanish Trail, ohne in den Park abzubiegen. Für Erläuterungen, besonders zur Pflanzenwelt dieser Wüstenregion, ist es aber durchaus lohnend, einmal das kleine Museum des Visitor Center aufzusuchen und sich die kurze Diavorführung anzusehen.

Information
Rincon Mountain Visitor Center, *South Old Spanish Trail, Tucson, ✆ (520) 733-5153, www.nps.gov/sagu, tgl. 9–17 Uhr.* **Camping**: *Es stehen einfache kleine (Backcountry-) Campingplätze zur Verfügung (Permit beim Ranger besorgen). Erreichbar nur zu Fuß und das Wasser zum Trinken muss dort gereinigt werden.*

Tucson

Entfernungen
Tucson – Phoenix: 117 Meilen/188 km
Tucson – El Paso: 327 Meilen/526 km
Tucson – Grand Canyon: 336 Meilen/541 km
Tucson – Gallup: 338 Meilen/544 km

Überblick

Tucson (sprich: Tuu-sonn) wird von den Einheimischen eher „Tucsonarizona" genannt, eine Tatsache, die darauf zurückzuführen ist, dass die Stadt vor noch 50 Jahren so klein war, dass viele sie gar nicht lokalisieren konnten. Von knapp 40.000 Einwohnern um 1940 wuchs die Stadt immer schneller und zählt heute im Großraum über eine Millionen Einwohner. Gerne bezeichnet sich Tucson als die „kleinste Großstadt der USA", hat dabei aber seinen eher provinziellen Charakter beibehalten. Besonders die spanisch-mexikanische Geschichte hat ihre Spuren hinterlassen, weniger die des amerikanischen

Spanisch-mexikanische Wurzeln

> **Redaktionstipps**
>
> ▸ **Übernachten und Essen**: s. S. 339
>
> ▸ Wer **möglichst viel an einem Tag sehen möchten**, macht am besten eine Rundtour: Früh los und entweder auf den Mt. Lemmon (S. 350) oder in den Sabino Canyon (S. 350), danach durch die City zu den Tucson Studios (S. 351) und zum Desert Museum (S. 351). Anschließend San Xavier Mission (S. 352) und entlang dem Zaun des Pima-Museums zurück zum Hotel.
>
> ▸ Keine Stadt der USA verfügt über so viele **Fahrradwege**. Wer der Sonne standhalten kann und über die nötige Kondition für die langen Wege verfügt, sollte sich am Hotel ein Rad mieten (fast alle größeren Hotels verleihen Räder).

Wilden Westens. Früh siedelten bereits Hohokam-Indianer in diesem menschenfeindlichen Wüstental, doch kamen erst mit der Errichtung eines kleinen Militärpostens der spanischen Armee 1775 die ersten Kolonialisten hierher. Mit Ausnahme immer wiederkehrender Angriffe der Apachen tat sich aber nicht viel, und Tucson vegetierte im 19. Jh. vor sich hin. Man lebte in südländischer Gemütlichkeit mit Sombrero, Siesta und mexikanischer Küche. Mit der Unabhängigkeit Mexikos änderte sich auch daran nicht viel, und selbst als die USA sich durch den *Gadsden Purchase* 1854 Tucson und den Süden Arizonas einverleibten, blieb die Region Ziel von nur wenigen Siedlern. Während des Bürgerkriegs und auch danach begann etwas Leben einzukehren. Zuerst in Form einer typischen Wildwest-Stadt mit den Grenz- und Indianerkonflikten, die die kleine Armee-Einheit der USA kaum stoppen konnte. Tucson war von 1867 bis 1877 Hauptstadt des Arizonagebiets. Seit dem Bau der Eisenbahn nach Westen im Jahre 1880 blieben immer mehr „friedliebende" Siedler hier, während zur gleichen Zeit die Haudegen auf der Suche nach Gold und Silber abzogen in die Berge und in Richtung Tombstone. Nach dem Zweiten Weltkrieg begann in Tucson der Wohlstand einzukehren. Besonders die Elektro- und Feinmechanikindustrie siedelte sich an.

Bereits früh setzte der Tourismusboom ein, bedingt durch das milde Klima im Winter, aber auch durch den immer noch erträglichen Sommer (Phoenix ist im Schnitt 8 °C wärmer). Er hatte zur Folge, dass die Stadt versuchte, ihren Charakter und ihre Geschichte zu bewahren, noch bevor ungezügelter Bauboom historische Flecken ausradieren konnte. Touristisch besonders reizvoll ist vor allem die Umgebung von Tucson, im Norden die Berge, mit dem 2.750 Meter hohen Mt. Lemmon als höchster Erhebung, im Osten und Westen die Saguarokakteen-Landschaft und weiter südwestlich die Sonora-Halbwüste. Für einen Extratag ist Tucson gegenüber Phoenix mit Sicherheit die bessere Wahl. Tipp: Die **echte** mexikanische Küche ist hier am besten!

Reizvolle Umgebung

Sehenswertes

Downtown Historic Districts (1)

Wie fast alle amerikanischen Großstädte rühmt sich auch Tucson damit, einen historischen Stadtkern zu besitzen, und historische Stadtrundgänge werden angepriesen. Viele der „historischen" Gebäude stammen aber aus dem 20. Jh. und beherbergen heute Banken und Behörden. Doch verbergen sich hier und dort noch „alte" Schätze. Der ausführlichste Rundgang ist der „Presido Historic Walking Trail" (Karten im Visitor Center).

Ein kurzer Spaziergang durch die Downtown nördlich des Tucson Convention Center bietet Gebäude aus dem beginnenden 20. Jh. So das **Pima County Court House**, ein 1928 erbautes Gebäude, das verschiedene Architektureinflüsse der Vergangenheit widerspiegeln soll. Gleich dahinter befindet sich der **El Presidio Historic District**, des-

Tucson - Übersicht
nach Phoenix 15
nach Globe, Catalina und 1
Marana
Tortilla
Oro Valley
Casa Adobes
South Tucson
Saguaro National Park (West)
Tucson Mountain Park
Petroglyphs
Petroglyphs
Signal Hill
Red Hills Visitor Center
Gilbert Ray Campground
Tangerine Rd.
Naranja Rd.
Avra Valley Rd.
Lambert Ln.
Linda Vista Blvd.
Hardy Dr.
Cortaro Faarms Rd.
Magee Rd.
Magee Rd.
Ina Rd.
Ina Rd.
Orange Grove Rd.
Orange Grove Rd.
Rudasill Rd.
Picture Rocks Rd.
Sunset Rd.
El Camino del Cerro
River Rd.
Wetmore Rd.
Roger R
Prince Rd.
Ft. Lowell
Golden Gate Rd.
Hohokam Rd.
Hohokam Rd.
Gorert Rd.
Ironwood Hill Dr.
Mile Wide Rd.
Kinney Rd.
McCain Loop Rd.
Anklam Rd.
36th St.
Bopp Rd.
San Joaquin Rd.
Snyder Hill Rd.
Irvington Rd.
Drexel Rd.
Valencia Rd.
Reales Rd.
Sanders Rd.
Sandario rd.
Quarry Rd.
Scenic Dr.
Casa Grande Fwy.
Cortaro Rd.
Shannon Rd.
La Cañada Dr.
La Cholla Blvd.
1st. Ave.
Stone Ave.
Euclid Ave.
Greasewood Rd.
6th Ave.
12th Ave.
Camino Verde
Cardinal Ave.
Midvale Park Rd.
Valhalla Rd.
Viviana Rd.
10
77
86
19
19
nach Sells und 4
nach Nogales
© graphic

Catalina State Park
Coronado National Forest
Summerhaven
Unterkünfte
1 El Presidio Bed & Breakfast Inn
2 Hotel Congress
3 Arizona Inn
4 Lodge on the Desert
5 Residence Inn
6 Loews Ventana Canyon Resort
1 Historische Innenstadt-Distrikte
2 Museum of Arts
3 Universitätscampus u. Museen
4 Kitt Peak Nat. Observatory
5 Sabino Canyon & Visitor Center
6 Mt. Lemmon/Mt. Lemmon Sky Center
7 "A" Mountain (Sentinel Peak)
8 International Wildlife Museum
9 Old Tucson Studios
10 Arizona-Sonora Desert Museum
11 Mission San Xavier del Bac
12 Pima Air & Space Museum
13 Tanque Verde Guest Ranch
14 Biosphere 2
15 Casa Grande Ruins (nahe Phoenix), Pinal Air Park
16 De Grazia Gallery
Restaurants
1 Café Poca Cosa
2 El Charro Café
3 Maynards Market & Kitchen
4 Kingfisher Bar & Grill
Skyline Dr.
Campbell Ave.
Sunrise Dr.
Snyder Rd.
River Rd.
Cloud Rd.
Bear Canyon Rd.
Harrison Rd.
Catalina Hwy.
Soldier Tr.
Ft. Lowell Rd.
Tucson Blvd.
Tangue Verde Rd.
Wentworth Rd.
Tucson
Tucson Bot. Gardens
E 6th Street
Speedway Blvd.
Broadway Blvd.
Country Club Rd.
Craycroft Rd.
Wilmot Rd.
Kolb Rd.
Pantano Rd.
Camino Seco
Melpomine Wy.
Freeman Rd.
Downtown Arts District
Aviation Pkwy.
Avernon Way
Swan Rd.
22nd. St.
Golf Links Rd.
Escalante Rd.
Harrison Rd.
Saguaro National Park (East)
Cactus Forest Dr.
Visitor Center
Box Canyon
Davis-Monthan Air Force Base
Irvington Rd.
Davis-Monthan Air Force Base
Hougston Rd.
Drexel Rd.
Old Spanish Trail Rd.
Campbell Ave.
Country Club Rd.
Palo Verde Rd.
Los Reales Rd.
nach El Paso und Int. Airport
Int. Airport, Colossal Cave
N
0 5 km
0 3,1 Meilen

Pima County Courthouse

sen Park Schauplatz vieler Festivitäten ist und einige Skulpturen beherbergt. Gehen Sie östlich am Convention Center vorbei und passieren dabei die **St. Augustine Cathedral** in der Church Street, die 1896 erbaut wurde Deren imposante Fassade ist aber erst in den 20er Jahren hinzugefügt worden. Museumsfreunde können das **Museum of Art & Historic Block (2)** besuchen, das sich vornehmlich mit spanisch-lateinamerikanischer Kunst beschäftigt.
Museum of Art, *140 N. Main St., ✆ (520) 624-2333, www.tucsonarts.com, Di–Sa 10–18 (Do –20), So 12–18 Uhr, $ 8.*

Das **Arizona Historical Society Downtown Museum** im Wells Fargo Bankgebäude gewährt einen guten Einblick in die Geschichte von Tucson und ist damit auch ein empfehlenswerter Startpunkt für einen Rundgang durch die historischen Distrikte.
Downtown Museum, *140 N. Stone Ave., ✆ (520) 770-1473, www.arizonahistoricalsociety.org, Di–Fr 10–16 Uhr, $ 3.*

Südlich des Convention Centers liegt der **Barrio Historic District** mit vielen Adobe-Gebäuden aus dem 19. Jh., von denen das **Sosa-Carillo-Frémont House** *(141 S. Granada Ave., Mi–Sa 10–16 Uhr)*, das Haus eines ehemaligen Gouverneurs, zu besichtigen ist (auch alte Möbel). Viele der historischen Häuser in diesem Distrikt werden heute von kleinen Büros und Kanzleien genutzt bzw. dienen als Wohnung. Jüngere Leute werden Gefallen finden an den Geschäften, Boutiquen und ausgeflippten Cafékneipen entlang der N. Fourth Ave. (und östl. davon in Richtung Universität).

Interessante Museen auf dem Universitätsgelände (3)

▸ **Flandrau Science Center and Planetarium**: Als „Hauptstadt der Astronomie" bietet Tucson beste Gelegenheiten für Liebhaber der Sternenkunde. Das Flandrau Museum zeigt verschiedenste Instrumente zur Sternenbeobachtung aus allen Zeiten. Höhepunkt ist das Planetarium und das 40 cm-Teleskop, durch welches man bei klarer Sicht an angekündigten Abenden schauen darf.

Flandrau Science Center and Planetarium, *Ecke Cherry Ave. u. University Blvd., ✆ (520) 621-7827, www.flandrau.org, tgl. geöffnet, aber Öffnungszeiten aktuell erfragen, da diese sich u.a. nach dem Wetter richten, $ 8.*

Hinweis

*56 Meilen westwärts (AZ 86), am **Kitt Peak** (4), steht auf über 2.000 m Höhe ein noch imposanteres Observatorium, das die größte Anzahl von astronomischen Messinstrumenten der Welt beherbergt, einschließlich des weltgrößten Solar-Teleskops, und in dessen Visitor Center man eine atemberaubende Panoramashow miterleben kann.*

▶ **Arizona State Museum**: Archäologische Ausstellung mit besonderem Bezug auf indianische Geschichte.

State Museum, *Ecke University Blvd. u. N. Park Ave., Mo–Sa 10–17 Uhr, ✆ (520) 621-6302, www.statemuseum.arizona.edu, $ 5.*

▶ **Center for Creative Photography**: Eine der besten Fotosammlungen der USA. Fotos von *Ansel Adams, Edward Weston, Andreas Feininger* und viele andere Top-Fotografen haben einen großen Teil ihrer Werke diesem Museum gestiftet.

Center for Creative Photography, *1030 N. Olive St., ✆ (520) 621-7968, www.creativephotography.org, Mo–Fr 9–17, Sa+So 13–16 Uhr, frei.*

▶ **Arizona Historical Society Main Museum**: Das beste Museum in Arizona zum Thema Geschichte. Indianische Kulturen und spanische Kolonialzeit werden besonders gut dargestellt, dazu natürlich auch Interessantes aus der Pionierzeit. Für spezielle Fragen steht die Bücherei zur Verfügung.

Main Museum, *Ecke 949 E. 2nd St. u. Park Ave., ✆ (520) 628-5774, www.arizonahistoricalsociety.org, Mo–Sa 10–16, $ 5.*

Kitt Peak Observatory

Sehenswertes außerhalb des Stadtbereichs

Nördlich der Stadt

Man erreicht den **Sabino Canyon (5)** über den gleichnamigen Highway, den man fast bis zum Ende fährt. Die Recreational Area liegt auf der rechten Seite, und auch der Trolleybus („Tram" genannt) fährt hier ab *(stündlich 9–16 Uhr, im Sommer seltener)*. Es gibt zwei Trolleyrouten: a) zum Sabino Canyon mit mehreren Stopps auf der Strecke *(Dauer: 45 Min.)*; b) zum Basispunkt im Bear Canyon, von wo aus Sie auf einem Trail zu den „Seven Falls" laufen können. Der Trail ist etwa 3,8 Meilen lang (hin und zurück). Wasser und Kopfbedeckung nicht vergessen!

Grüner Canyon in der Wüste

Das Halbwüsten-Gebiet der Santa Catalina Mountains wurde bereits vor 15.000 Jahren von Menschen der Clovis-Kultur bewohnt, die hauptsächlich von der Jagd auf Bisons lebten. Das war zu einer Zeit, als im Gebiet der Sonorawüste noch Steppenklima herrschte. Später, mit Nachlassen des Regens, besiedelten Cochise und dann Hohokam das Areal am Fuße der Berge. Letztere waren schon in der Lage, mit Bewässerungssystemen das Land zu nutzen. Als die Europäer die Gegend erreichten, lebten hier Pimas. Von ihnen sind noch einige Felsgravuren erhalten. Grundsätzlich besticht der Canyon durch seine schroffe Landschaft, deren Grün schon zu Zeiten der Spanier einen kleinen „Lichtblick" in der Wüstenzone darstellte.
Infos zum Canyon: ✆ *(520) 749-2861, www.sabinocanyon.com.*

Blick auf den Sternenhimmel

Alternativ dazu kann man eine Tour den **Mt. Lemmon (6)** hinauf machen, mit über 2.700 m die höchste Erhebung in den Santa Catalina Mountains. Die Strecke bis zur Spitze ist 41 Meilen lang, und die Fahrt in eine Richtung dauert gut 75 Minuten. Mehrere Stopps mit Aussichtspunkten können diese Zeit beträchtlich verlängern. In höheren Lagen erwartet Sie eine Landschaft, die der Kanadas gleicht: Wälder und dazu ein angenehmes Klima. Hier befindet sich das südlichste Skigebiet der USA. In Summerhaven gibt es ein Restaurant. Benzin gibt es auf der ganzen Strecke nicht! Amateurastronomen können im **Mount Lemmon SkyCenter** einen besonders klaren Blick auf die Sternenwelt erleben. Bei den speziellen *SkyNights* gibt es die Möglichkeit, sich das 60-Zentimeter-Teleskop die ganze Nacht reservieren zu lassen und den Nachthimmel über Arizona als Gruppe zu erkunden. Bei den *DiscoveryDays* lernen die Besucher des *SkyCenter* zusammen mit Experten der University of Arizona alles über die Himmelswissenschaft und können selbst aktiv mitforschen.
Sky Center, *Infos: ✆ (520) 626-8122, www.skycenter.arizona.edu, Öffnungszeiten variieren nach Veranstaltungsangebot. Alle Veranstaltungen müssen (frühzeitig!) reserviert werden.*

Westlich der Stadt

Eine **Fahrt durch die Tucson Mountains und zum westlichen Abschnitt des Saguaro National Parks** ist mit Sicherheit die interessanteste in dieser Region. Die Old Tucson Studios und das Desert Museum sollte man sich dabei nicht entgehen lassen.

Beginnen Sie die Tour auf dem **„A" Mountain (Sentinel Peak) (7)**, den Sie über die Congress St. erreichen. Von hier haben Sie einen guten Ausblick über die Downtown. Schon die ersten Indianer haben diesen Berg als Ausguck benutzt, um rechtzeitig Feinde zu erspähen. Fahren Sie anschließend auf dem Speedway Blvd. gen Westen. Man passiert das **International Wildlife Museum (8)** *(Mo–Fr 9–17, Sa+So–18 Uhr, $ 8)*, ein naturkundliches Museum mit einer Vielzahl ausgestopfter Tiere aus aller Welt. Die Straße führt über eine kleine Passhöhe, von der aus man sowohl auf Tucson zurückblicken als auch schon die **Old Tucson Studios (9)** sehen kann. Ausschnitte für Filme wie z.B. *Bonanza*, die *Kleine Farm, Rio Lobo, Tombstone* und *Geronimo* wurden hier seit 1939 gedreht. Die Attrappe einer Wildweststadt ist bereits Schauplatz von über 300 Filmen gewesen und dient zudem als Wild-West-Themenpark. Zugfahrten auf einer Miniaturbahn, Stuntmen bei der Arbeit, nachgestellte Schießduelle und vieles mehr werden besonders die Fans des Westernfilms und natürlich die Kinder faszinieren.

Old Tucson Studios, *201 S. Kinney Rd, ✆ (520) 883-0100, www.oldtucson.com, tgl. 10–16 Uhr, $ 17.*

Saguaro Wren auf Saguaro

Drei Meilen weiter kommt man zum **Arizona-Sonora-Desert-Museum (10)**. Für dieses Museum, ausgezeichnet als eines der besten der Welt auf dem Sektor Naturgeschichte, benötigen Sie **mind**. zwei Stunden. An verschiedenen Stationen wird die erdgeschichtliche Entwicklung des Südwestens der USA und auch Mexikos dargestellt. Besonders aufschlussreich ist der Besuch der Tropfsteinhöhle. Hier wird der Werdegang der Region während der letzten eine Milliarde Jahre erläutert. Außerdem ist eine Höhlenwohnung der Hohokam-Indianer nachgestellt. Pflanzenliebhabern werden auf dem gesamten Gelände alle Vegetationsarten auf gut verständliche Weise vorgeführt, und Liebhabern der Tierwelt bietet sich in mehreren Biotopkäfigen die Gelegenheit, größere und kleinere Wirbeltiere der Sonorawüste zu beobachten. Am Eingang gibt es zudem noch ein Amphibien- und Fischmuseum.

Naturkundemuseum

Arizona-Sonora-Desert-Museum, *2021 N. Kinney Rd, ✆ (520) 883-2702, www.desertmuseum.org, täglich 8.30–17 Uhr (Sommer ab 7.30 Uhr), $ 13–15. Sonnenschutz mitnehmen!*

Nördlich des Museums gelangt man zum westlichen Teil des **Saguaro National Park (Tucson Mountain Section)** und dessen Visitor Center. Überall beeindrucken die Saguaro Kakteen. Die Golden Gate Road durchquert den Park. Von ihr gehen zahlreiche Wanderwege ab. Besonders schön ist es, bei Sonnenuntergang vom **Signal Hill Aussichtspunkt** (Gates Pass/ Bajada Loop Dr) auf Stadt und Umland zu blicken. Der Fußweg von der Straße dauert nur 10–15 Minuten. Zu den Saguaro-Kakteen s. unter Saguaro NP East, S. 344.

Red Hills Visitor Center, *Kinney Rd., Tucson, ✆ (520) 733-5158, www.nps.gov/sagu.*

info

Reisen auf einem Truck

Haben Sie Lust, einmal für ein paar Tage auf einem typisch amerikanischen Truck mitzureisen? Der Schweizer Anbieter Truckride America organisiert solche Touren. Dabei kann eine Begleitperson auf einem Freight-Truck auf einer Strecke durch den Südwesten (es gibt auch weitere Ziele) mitfahren. Geschlafen wird in der Kabine des Trucks und gegessen in Truckstop-Restaurants am Highway. Ausgangspunkt ist i.d.R. Tucson, AZ. Die 2-Tages-Touren führen nach El Paso, Flagstaff oder Los Angeles. Weitere Ziele sind Atlanta, Salt Lake City, Portland u.a. Sie sollten frühzeitig die Reiseroute planen und absprechen, denn es handelt sich um wirkliche „working" Trucks, d.h. Ladung und Logistik bestimmen die Reise. Ein wirkliches Amerika-Erlebnis, aber keine Sightseeing-Tour – die Fahrt erfolgt auf der für die Logistik sinnvollsten Strecke.
Truckride America: *✆ +41-44-2520158 (Schweiz), www.truckrideamerica.com. Wer die Truckreise in Verbindung mit anderen Unternehmungen in den USA verbinden möchte, bucht am besten über das deutsche Reisebüro* ***America Unlimited****: ✆ (0511) 3744-4750, www.america-unlimited.de.*

Südlich und östlich der Stadt

Etwa 8 Meilen südlich der Stadt liegt die **Mission San Xavier del Bac (11)**. Erbaut 1795 von den Spaniern, ist die „Weiße Taube der Wüste" heute eines der meistfotografierten Objekte Arizonas. Im Vergleich zu den Missionen bei El Paso ist San Xavier um einiges aufwändiger angelegt, und es stellt sich einem schon die Frage, warum zu dieser Zeit die katholische Kirche gerade in diese verlassene Gegend so viel teuren Prunk hinsetzen musste. Zumindest bot die Kirche ausreichenden Schutz vor angreifenden Indianern. Auf einem nahen Hügel befindet sich eine Replik der Grotte von Lourdes (Frankreich).
Mission San Xavier del Bac, *1950 W. San Xavier Rd, I-19 Exit 92, ✆ (520) 294-2624, www.sanxaviermission.org. Museum tgl. 8.30–16.30, Kirche 7–17 Uhr, frei.*

Flugzeugfriedhof der Nation

Der nächste Punkt auf der Rundtour (nun aber wirklich nicht mehr an einem Tag zu schaffen) bringt Sie in eine ganz andere Welt: Tucson ist der Flugzeugfriedhof der Nation (siehe auch Pinal Air Park S. 361). Auf dem **Amarg Boneyard** auf der Davis Monthan Air Base stehen 5.000 (!) ausrangierte Militärflugzeuge, die nur noch als Ersatzteillager dienen. Von einigen Punkten – aber immer hinter einem Zaun – können Sie die Flugzeuge sehen. Im nahen **Pima Air & Space Museum (12)** sind 280 Flugzeuge aller Jahrgänge ausgestellt. Besonders eindrucksvoll ist die Präsidentenmaschine von *John F. Kennedy*, das mit über 2.000 Stundenmeilen schnellste je gebaute Flugzeug der Welt, der „Blackbird", sowie die Nachbauten der Flugzeuge der Gebrüder *Wright*. Das Museum organisiert Mo–Fr einstündige Bustouren zum o.g. Amarg Boneyard (mind. eine Woche vorher reservieren). Restaurant *(9.30–16.30 Uhr)*.
Pima Air & Space Museum, *6000 E. Valencia Rd, I-10 Exit 267/268, ✆ (520) 574-0462, www.pimaair.org, tgl. 9–17 Uhr, $ 16.*

Den meisten wird sicherlich der Atem stocken, wenn sie den Preis eines Aufenthaltes auf der **Tanque Verde Guest Ranch (13)** erfahren (*14301 Speedway Blvd*). Wer also kein Interesse an Pferden hat oder nur nach Tucson gekommen ist, um die Touristenattraktionen abzuklappern, braucht gar keinen Gedanken an diese Ranch zu ver-

Pima Air & Space Museum

schwenden. Diejenigen aber, die Natur erleben möchten, die bereit sind, früh aufzustehen, um vor dem Frühstück einen Ausritt zu machen – eventuell dabei die Lust verspüren, den Kaffee am Lagerfeuer aus einem Blechnapf zu „genießen" und die vor allem Sinn für Gemeinschaft und das Kennenlernen von Menschen aus aller Welt haben, der sind hier richtig untergebracht. Auf den nötigen Komfort und das gute Essen muss dabei nicht verzichtet werden.

Tanque Verde („grüner Pool") ist eine der ersten großen Ranchen der Gegend gewesen. 1957 entschied man sich, eine Dude-Ranch daraus zu machen. Mit 74 geräumigen Bungalow-Zimmern und Casitas, 240 Pferden, Schwimmbad, Fitnessraum, Spa und dem richtigen Riecher für das Wohlergehen der Gäste wird einem alles geboten. Neben Reiten (Anfänger und Fortgeschrittene) unter Anleitung eines Wranglers kann man geführte Wanderungen oder eine Tour mit dem Mountain-Bike unternehmen, auf dem Gelände angeln gehen, Tennis spielen oder sich einfach am Pool ausstrecken. Leseratten finden eine kleine Bibliothek vor. Täglich werden außerdem Programme angeboten, wie z.B. Vogelbeobachtung, Grillen im Freien, Diavorträge oder auch mal eine Unterrichtsstunde im Westerndance. Im Preis ist **alles** enthalten, inklusive eines Mittagsbuffets und einem 4-Gänge-Abendessen (nur alkoholische Getränke gehen extra).

Bekannte Gästefarm

Reisepraktische Informationen Tucson, AZ

VORWAHL 520

Information

Tucson Convention & Visitors Bureau: *100 S. Church Ave., ✆ 624-1817, 1-800-638-8350, www.visitTucson.org.*

Wichtigste Tageszeitungen

Arizona Daily *Star (morgens) und* **Tucson Citizen** *(nachmittags). Freitags stehen im* **Star** *die gesamten Veranstaltungen der kommenden Woche.*

Krankenhaus

University Medical Center: *1501 N.Campell Ave., ✆ 694-0111*
Polizeiinformationen: *✆ 791-4444*

Sightseeing/Touren

Es werden verschiedene **Walking Tours durch die Altstadt** *angeboten. Meist von Privatpersonen, die nur Gruppen führen und zu individuelle Zeiten. Infos im Visitor Center.*
Trail Dust Adventures: *✆ 747-0323, www.traildustadventures.com. Spezialisiert auf Jeep-Touren in das Outback. I.d.R. Halbtagstouren.*
Arizona Gold Adventures: *Auf ein- bzw. mehrtägigen Ausflügen von Tucson oder Phoenix aus lernen Sie etwas über die Goldsucherei. Sie fahren zu Claims, lernen, wie man Gold aufspürt, wie man die Pfanne richtig hantiert, aber auch wie man mit einem Metalldetektor loszieht. Nur an bestimmten Daten. Infos: ✆ (914) 589-3985, www.ArizonaGoldAdventures.com.*

Unterkunft

Preise in den heißen Sommermonaten liegen bei den Hotels deutlich niedriger, als in der Zeit von Oktober bis Mai.
Hotel Congress $$ (2): *311 E. Congress St., ✆ 622-8848, 1-800-722-8848, www.hotelcongress.com. Wer in der Stadt wohnen möchte und dazu sehr günstig, ist hier richtig. Die meisten Betten sind auf Backpacker ausgerichtet (kleine Schlafsäle, siehe auch unten), es gibt aber auch Doppelzimmer. Das 1919 als Bahnhofshotel errichtete Haus ist heute wieder im alten Stil (etwas abgenutzt) eingerichtet. Erwarten Sie keinen Luxus, dafür aber etwas mehr Geld in der Reisekasse. Nightclub im Haus.*
Residence Inn $$ (5): *6477 E. Speedway Blvd., ✆ 721-0991, 1-800-331-3131, www.marriott.com/tusaz. Relativ zentral gelegen, geräumige Unterkünfte. Die meisten Zimmer mit eigener Küche.*
El Presidio Bed & Breakfast Inn $$$ (1): *297 N. Main Ave., ✆ 623-6151, 1-800-349-6151, www.bbonline.com/az/elpresidio. Altes viktorianisches Haus (mit Adobe-Stilelementen) von 1880. Sehr komfortabel und mit vielen Antiquitäten eingerichtet. 4 Zimmer, gutes Frühstück. Man kann zur Innenstadt laufen.*
Casa Tiera Adobe B&B $$$: *11155 W. Calle Pima, ✆ 578-3058, 1-866-254-0006, www.casatierratucson.com. Westlich von Tucson, nahezu in der Wüste. Guter Ausgangspunkt für den Saguaro NP (West), die Old Tucson Studios u. das Desert Museum. Outdoor-Whirlpool, von dem aus man nachts die Sterne beobachten kann.*
Lodge on the Desert $$$-$$$$ (4): *306 N. Alvernon Way, nördl. Broadway Blvd., ✆ 320-2000, 1-877-498-6776, www.lodgeonthedesert.com. Traditionelle Lodge, erbaut 1936 und mittlerweile mit geräumigen Zimmern erweitert. Schöner aber fanden wir die „alten" Adobe-Häuschen-/Apartments, die sich über den bezaubernden Garten verteilen. Die Lodge verspricht entspannte Atmosphäre, bietet ein vernünftiges Preis-Leistungsverhältnis und ist dabei günstig gelegen. Restaurant im Haus.*
Loews Ventana Canyon Resort $$$$ (6): *7000 N. Resort Drive, ✆ 299-2020, 1-800-234-5117, www.loewshotels.com/Ventana-Canyon-Resort. Etwas außerhalb und wunderschön an den Santa Catalina Mountains gelegen.* **Das** *Resort zur Entspannung und für einen Wellness-Aufenthalt. Viele Programme für Kinder. Professionelle Golfanlage. Edle Restaurants im Haus.*

Arizona Inn $$$$ (3): *2200 E. Elm St., ✆ 325-1541, 1-800-933-1093, www.arizonainn.com. Historisches Hotel (1930). Charmant, z.T. sehr große Zimmer. Viele handgefertigte Möbel aus den 1920er und -30er Jahren. Zentral gelegen.*
Weitere **günstige Hotels ($-$$) der Franchise-Unternehmen** *finden Sie z.B. nahe dem Airport (E. Benson Hwy, I-10, Exit 262 bzw. S. Craycroft Rd., I-10, Exit 265.*

Gästeranchen

Kaum eine Stadt hat so viele Gästeranchen in ihrer Umgebung. Die Ranchen sind sehr gut ausgestattet, sind aber auch sehr teuer. Im Preis sind dann aber auch alle Aktivitäten (Reiten, Tennis, Spa etc.) sowie alle Mahlzeiten inbegriffen. In der heißen Sommerzeit sind viele von ihnen geschlossen, andere dagegen bieten dann günstigere Raten. Oft Mindest-Aufenthalt! Die luxuriöseste Ranch ist die historische, 1880 gegründete und mehrfach umgebaute **Tanque Verde Guest Ranch $$$$-$$$$$** *(14301 E. Speedway Blvd. (östlichstes Ende), ✆ 296-6275, 1-888-893-1275, www.tanqueverderanch.com), s. S. 352. Etwas authentischer ist dagegen die* **White Stallion Ranch $$$$-$$$$$** *(9251 W. Twin Peaks Rd., ✆ 297-0252, 1-888-977-2624, www.wsranch.com). Sie liegt nahe dem Saguaro NP (West), 17 Meilen nordwestlich von Tucson. Rodeos, Reiten, Grillen etc.*

Auf einer „working ranch"

Camping

Einige Campingplätze schließen während der heißen Sommerzeit. Wer zeltet, kann das in einem der Parks/Wälder der Umgebung tun. Schöne Plätze gibt es z.B. auf dem **Gilbert Ray Campground** *im* **Tucson Mountain Park** *(westlich der Stadt, nahe Old Tucson Studios/Desert Museum, ✆ 877-6000, www.pima.gov/nrpr/camping/index.htm, auch RVs), im* **Coronado Nat. Forest** *(nördl. der Stadt, entlang dem Mt. Lemmon Hwy. ✆ 749-8700, 18–24 Meilen zur City) sowie im* **Catalina State Park** *(12 Meilen nördl. von Tucson (Oracle Rd./US 89, ✆ 628-5798). Einer der unzähligen RV-Parks um Tucson ist der* **Crazy Horse RV Park**: *6600 S. Craycroft Rd., ✆ 574-0157, jwcrazyhorserv.qwestoffice.net. 8 Meilen südöstlich der City nahe der I-10. Sehr komfortabel und mit allen Extras (Restaurant, Bar, Akti-*

vitäten etc.) ausgestattet ist das **Voyager RV Resort**: *8701 S. Kolb Rd, I-10-Exit 270, ✆ 574-5000, www.voyagerrv.com.*

Restaurants

Die mexikanische Spezialität in Tucson ist Carne seca, ein würziges Trockenfleisch (ähnlich dem Jerky). Das sollten Sie sich nicht entgehen lassen. Und: Die einheimische Küche nennt sich Sonoran-Mexican, bloß nicht Tex-Mex sagen!

Lecker! Sonoran-Mexican Cuisine

El Charro Café (2): *311 N. Court Ave. (El Presidio Hist. District), ✆ 622-1922. Das wohl älteste mexikanische Restaurant in Tucson. Mexikanische Küche – traditionell und bekannt für o.g. Carne seca. In der Woche und So bis 21 Uhr, Fr+Sa bis 22 Uhr. Angeschlossen ist eine kleine, bunte Bar nebenan. Weitere Filialen finden Sie unter www.elcharrocafe.com/locations.*

Café Poca Cosa (1): *110 E. Pennington St., nahe Innenstadt, ✆ 622-6400. Exzellente mexikanische Küche mit Pfiff. Hier gibt es nicht nur Tacos und Bohnen. Moderate Preise, dafür aber Reservierung zu empfehlen.*

El Minuto Café: *354 S. Main Ave., ✆ 882-4145. Beliebter In-Treff und bekannt für „Sonoran Dishes". Auch hier gibt es Carne seca. Tipp fürs Lunch.*

Maynards Market & Kitchen (3): *400 N. Toole St., Downtown, ✆ 545-0577. Toll! Hier wurde der ehemalige Bahnhof umgestaltet in ein Paradies für Genießer und Feinschmecker. Im Restaurant gibt es französisch zubereitete Speisen (aber auch Deluxe-Burger). Im Market geht es leger zu (Sandwiches, Wraps, Kleinigkeiten, kein Dinner) und hier werden auch nicht essbare Produkte aus Arizona verkauft. Die Bar ist ein Knüller aus alten Zeiten (Snacks, Super-Cocktails). Auch der Außenbereich (Patio) beeindruckt, hier finden oft Veranstaltungen statt.*

Kingfisher Bar & Grill (4): *2564 E. Grant Rd., ✆ 323-7739. Gute Steak- und Pastagerichte. Beliebt bei Nachtschwärmern, da hier die Küche meist bis Mitternacht geöffnet ist. Oft auch Livemusik (Jazz/Blues).*

Pubs/Livemusik/Bars

Wer selbst suchen möchte, sei auf zwei Nightlife-Gebiete hingewiesen: **University Campus** *(University Blvd, östl. Euclid Ave.) sowie den* **Downtown Arts District**.

Club Congress: *311 E. Congress St., ✆ 622-8848. Livemusik, am Wochenende Gruppen, eher für jüngere Leute.*

Cascade Lounge: *7000 N. Resort Drive (im Loews Ventana Resort), ✆ 299-2020. Romantische Pianobar (oft auch Harfen-Musik und softer Jazz). Für das „gesetzte" Publikum.*

Gentle Ben's Brewing Co.: *865 E. University Blvd., ✆ 624-4177. Studenten-Lokal mit angeschlossener Microbrewery. Hier gibt es auch Pubfood (zahlreiche Salate und Suppen, Burger, Pizzen, Tex-Mex).*

iToma!: *311 N. Court Ave., ✆ 622-1922. An o.g. El Charro Café angeschlossene, mexikanische Bar. Bekannt für seine Margaritas.*

Cactus Moon Café: *5470 E. Broadway Blvd. (Ecke Craycroft Rd.), ✆ 748-0049. Country-Western-Nightclub, Tanzen, „Take your Cowboyhats and Boots".*

La Fuente: *1749 N.Oracle Rd., ✆ 623-8659. Mex. Restaurant und Lounge, in der ab 18 Uhr Livemusik geboten wird. Meist handelt es sich um mexikanische Mariachi Music.*

Einkaufen

Bahti Indian Arts *(St.Philip's Plaza/4330 N. Campbell Ave.) ist ein traditionelles Geschäft, wo Sie indianischen Schmuck, Töpferarbeiten, Skulpturen, Malereien und andere Kunsthandwerke erstehen können. In der* **St. Philips Plaza** *gibt es weitere Geschäfte und Galerien, die Kunsthandwerkliches anbieten. Die größten und bekanntesten Läden für Westernbekleidung aller Art sind die Filialen des* **Western Warehouse** *(3719 N. Oracle Rd., sowie 6701 E. Broadway Blvd. und 3030 Speedway Blvd.) wobei* **Arizona Hatters** *(2790 North Campbell Avenue) ein unschlagbares Angebot an Cowboy-Hüte aufbietet.*
Bookmans *(1930 E. Grant St. sowie Filialen am 6230 E. Speedway Blvd. Und 3733 W. Ina Rd, www.bookmans.com) dagegen ist das größte Antiquariat in weitem Umkreis. Wer lieber in* **Shopping Malls** *einkaufen geht, sollte zwischen der größten Mall, der* **Tucson Mall** *(4500 N. Oracle und Wetmore, www.shoptucsonmall.com) nördl. vom Zentrum oder der* **St. Philips Plaza** *(Campbell Ave./River Rd., www.stphilipsplaza.com) einer Mall des gehobenen Standards, wählen. Letztere besticht durch mehr kunsthandwerkliche Geschäfte, nettere Restaurants und den Farmers Market am Sonntag. Die beste Outlet Mall ist ohne Zweifel die schicke* **Foothills Mall** *(7401 N. La Cholla Blvd., www.shopfoothillsmall.com), u.a. mit Geschäften von Nike, Levi's, Old Navy u.a. Kleiner und einfacher dagegen ist die* **VF Commerce Center – Outlet Mall** *(I-10 Exit 264/Palo Verde Rd., ca. 6 Meilen südöstl. der Innenstadt) mit Geschäften von Lee, Wrangler und Van Heusen. Grundsätzlich gilt aber, dass Outlet Malls in anderen Städten des Südwestens mehr zu bieten haben.*

Veranstaltungen (Auswahl)

Anfang Februar: **Tucson Gem and Mineral Show**: *Tucson Convention Center und viele andere Punkte in und um Tucson. Infos: ✆ 1-800-638-8350, www.tgms.org. Größte Mineralienshow der Welt.*
Ende Februar: **La Fiesta de los Vaqueros**: *Tucson Rodeo Grounds. Infos: ✆ 741-2233, www.tucsonrodeo.com. Große Rodeoveranstaltung*
März: **Wa:k Pow Wow**: *San Xavier del Bac Mission. Infos: ✆ 294-5727 Indianermusik, Tänze etc.*
April bis September: **meist mexikanische Musikfestivals**: *In diesen Monaten finden zahlreiche Musikfestivals in den Parks der Stadt statt. Meist mexikanisch angehaucht, aber auch „Jazz under the Stars" u.a. Infos im Touristenbüro.*

Verkehrsmittel

Flughafen

Der **Tucson International Airport** *liegt 6 Meilen südlich der City: ✆ 573-8000, www.tucsonairport.org*
Anfahrt mit dem Auto: *Kino Pkwy. zum Benson Hwy., danach Schildern folgen entlang dem Tucson Blvd.* **Shuttle/Bus**: *„Arizona Stagecoach" unterhält einen 24-Std.-Shuttleservice. Busse stehen am Flughafen bereit. Wenn Sie aus der Stadt vom Hotel abgeholt werden möchten, rufen Sie mind. 4 Stunden vorher an, ✆ 889-1000, www.azstagecoach.com.*
Stadtbus: *Der Sun Tran Bus Nr. 6 fährt direkt von der Innenstadt zum Flughafen, Bus Nr. 11 fährt entlang Alvernon Rd zum Flughafen. Am Flughafen haben alle größeren* **Mietwagenfirmen** *eine Niederlassung.*

Öffentliche Verkehrsmittel/Taxi

Amtrak: *Der Bahnhof befindet sich in der 400 N. Toole Ave. Infos: ✆ 1-800-872-7245, www.amtrak.com.*

Überlandbusse: *Der Greyhound Terminal befindet sich 471 W. Congress St., Infos: ✆ 792-3475, www.greyhound.com.*

Stadtbusse/Straßenbahnen: *Die* **„Sun Tran"**-*Busse und -Bahnen verkehren meistens nur bis zum frühen Abend, und es gibt kaum Verbindungen in die Umgebung. Der zentrale (lokale) Busbahnhof (Ronstadt Transit Center) befindet sich Ecke Congress St./Fifth & Sixth Ave. (Infos: ✆ 792-9222, www.suntran.com). In der Innenstadt und zur University sowie dem Pima College verkehren zudem die kostenlosen* **T.I.C.E.T-Shuttle-Busse**. *Interessant sind die Red Line (Downtown – Museen an der Univ. of Arizona, So–Di) sowie die Orange Line (Visitor Center – Old Town Artisans – Museum of Art, Mo–Fr).*

Eine besondere Attraktion ist die alte Straßenbahn **Old Pueblo Trolley**, *die Fr–So zwischen Fourth Street (Shopping District) und der University of Arizona verkehrt. Infos: ✆ 792-1802, www.oldpueblotrolley.com.*

Taxis: Yellow Cab: *✆ 624-6611*

info

Vier weniger bekannte National Monuments in Arizona

(von Süden nach Norden)

1. Ironwood Forest National Monument

Information: kein Info-Center im Park, ✆ (520) 258-7200, www.blm.gov/az/ironwood.

Lage und Zufahrten: knapp 30 Meilen nordwestl. von Tucson und westlich von Marana. I-10 Exit „Avra Valley Road", über „Marana Road" (dann Trico-Marana und später Silverbell Rd) sowie „Red Rock Road" (hierbei Durchquerung des Santa Cruz River - für normale PKWs nicht passierbar!).

Übernachten: Im Park gibt es nichts. Sie dürfen aber wild campieren. Nächste Hotels/Motels: Tucson.

Größe: 51.700 ha

Sehenswertes: Bestände an Ironwood- (Eisenholz-)Bäumen sowie viele Saguaro-Kakteen. Daneben faszinieren die Bergketten, zwei archäologische Ausgrabungsstätten (bis zu 5.000 Jahre zurückgehend), die *Mission Santa Ana del Chiquiburitac* und ein paar z.T. noch aktive Goldminen. Die Pisten im Park sind rau, wobei die Hauptstrecken bei vorsichtiger Fahrweise mit einem normalen Pkw passierbar sind. Unternehmen Sie Wanderungen (z.T. mühsam).Trinkwasser und Snacks nicht vergessen.

2. Sonoran Desert National Monument

Information: kein Info-Center im Park, ✆ (623) 580-5500, www.blm.gov/az/sonoran.

Lage und Zufahrten: Ca. 30 Meilen westlich von Casa Grande und dort nördlich sowie südlich des I-8: Vekol Interchange (Exit 144) und Freeman Interchange (Exit 140). AZ 238 (Maricopa Rd) zwischen Gila Bend im Westen und Mobile im Osten.

Übernachten: Einfache Campingmöglichkeiten, so z.B. in den South Maricopa Mountains und in der Tabletop Wilderness. Nächsten Hotels/Motels: Casa Grande und in Gila Bend. **Größe**: knapp 200.000 ha.

Sehenswertes: Berg- und Wüstenlandschaften, wobei sich weite Täler zwischen den einzelnen Bergketten auftun. Diese sind großenteils mit Saguaro-Kakteen bestanden. Wenig besuchter Park. Abseits der Hauptstraße robustes Fahrzeug nötig. Es muss nicht zwingend ein Geländewagen sein. Vieles kann nur auf mittleren bis längeren Wanderungen erkundet werden.

Der historische *Juan Bautista de Anza National Historic Trail* führt nördlich des AZ 238 von Osten nach Westen durch den Park (Infos: www.nps.gov/juba). Entlang dieses Trails zog 1776 der spanische Captain *Juan Bautista de Anza* von Mexiko kommend mit 300 Mann nach Kalifornien, um dort spanische Ansprüche geltend zu machen. Auf Wanderungen genügend Trinkwasser und Lebensmittel mitnehmen.

3. Agua Fria National Monument:

Information: kein Info-Center im Park, ✆ (623) 580-5500, www.blm.gov/az/aguafria.
Lage und Zufahrten: ca. 40 Meilen nördlich von Phoenix (direkt nördlich von Black Canyon City) und dort östlich des I-17. Über die I-17-Exits „Badger Springs" oder „Bloody Basin Road". Die Bloody Basin Road, eine einfache Straße, durchquert das schöne Verde River Valley und führt im Süden bis Carefree bei Phoenix.
Übernachten: Motels/Hotels gibt es nördlich des Parks am Exit 262 (US 69) sowie südlich in Black Canyon City. Im bzw. östlich des Parks einfache Campingmöglichkeiten.
Größe: 28.400 ha
Sehenswertes: Die Landschaft ist rau, von einigen Canyons durchzogen und wartet nur bei zweiter Betrachtung mit einer artenreichen Pflanzenwelt auf. Anders als in den Parks im Süden führen die Flüsse hier zumeist ganzjährig Wasser. Bekannt ist der Park durch seine mindestens 450 archäologischen Fundstellen, die meisten prähistorisch, sowie vier ehemalige Pueblo-Siedlungen. Alles ist schwer erreichbar, und wenn, dann nur gut ausgerüstet zu Fuß.

Ein buntes Kakteen-Kaleidoskop

Wer diesen Park besuchen möchte, dem sei eher das Befahren der Bloody Basin Road empfohlen. Dort kann man das eine oder andere Mal aussteigen und die Natur genießen. Bäume gibt es nur an den Berghängen, ansonsten überwiegt Trockengras-Steppe.

4. Grand Canyon Parashant National Monument:

Information: kein Info-Center im Park, ✆ (435) 688-3200, www.blm.gov/az/parashant oder www.nps.gov/para.
Lage und Zufahrten: Im äußersten Nordwesten von Arizona gelegen, grenzt der Park im Westen an die Staatsgrenze zu Utah und im Süden an den Grand Canyon. BLM-Piste 1069 von St.

info

George, UT, aus nach Süden. Von Osten können Sie auch vom US 389 aus anfahren (Fredonia und Colorado City).
Übernachten: Am besten eignen sich die Unterkünfte in St. George, UT. Im Park einfache Campingplätze, einer davon nahe dem Rand des Grand Canyon.
Größe: 423.000 ha
Sehenswertes: Durch seine Größe bietet der Park ein buntes Kaleidoskop vieler in der Region typischer Landschaftsformen: tiefe Canyons, Berge, weite Mesas (oft sehr grün), erloschene Vulkane, z.T. auch (Kiefern-) Wälder und eine interessante Mojave-Kakteen-Vegetation. Wer mehr Zeit mitbringt, kann bis zum Lake Mead vordringen und dort auch baden.
Etwas Zeit sollte man für diesen Park schon mitbringen. Wer ihn in einem Tag von St. George aus erkunden möchte, sollte sehr früh starten. An einem Tag kann man nicht alles sehen. Ein besonderes Highlight ist sicherlich der Blick in den Grand Canyon vom *Toroweap Point*, so wie ihn nur wenige Reisende zu sehen bekommen. Man kann von hier zum Colorado River hinuntersteigen. Dafür müssen einige Vorbereitungen getroffen werden. Die Pisten sind rau, aber mit entsprechender Vorsicht können die Hauptstrecken mit einem PKW bewältigt werden. Nach starken Regenfällen gilt dieses aber nicht! Hier gilt besonders: voll tanken und genügend Wasser und Lebensmittel mitnehmen.

Im Nordwesten von Tucson und weiter in Richtung Phoenix

Wer Zeit hat, kann über die Oracle Rd. (AZ 77) nach Norden aus Tucson herausfahren. Nach etwa einer Stunde, kurz hinter der Oracle Junction, geht es nach rechts in Richtung Globe und zum Projekt **Biosphere 2 (14)**. Hier, inmitten einer wüstenähnlichen Landschaft, findet sich eines der wohl umstrittensten naturwissenschaftlichen Projekte überhaupt. Für über 150 Mio. Dollar haben sich fünf Naturkundler in den 90er Jahren einen Traum erfüllt, der viele Kritiker auf den Plan gerufen hat:

Riesige „Gewächshäuser"

Ein riesiges künstliches Biotop unter einer Glasfläche, das größer ist als ein Passagierdampfer. In dieses Mammutbiotop, in das der Besucher von außen hineinschauen kann, wurden 1991 8 Biosphäriker „eingesetzt", die für zwei Jahre dort eingeschlossen wurden und unter möglichst naturnahen Bedingungen überleben sollten. D.h. sie haben ihre eigene Nahrung gezüchtet und geerntet, aber auch, und das war paradoxerweise das „Neue" an diesem Projekt, unter modernen Gesichtspunkten in einem Wohnblock gewohnt und gekocht. Der Leitsatz des modernen Ökologen lautete hier „Zurück zur Natur, ohne auf die Errungenschaften der Menschheit zu verzichten".

Es gibt unter der Glaskuppel fünf Biotope (Biome): Ozean, Wüste, einen tropischen Regenwald, eine Meeruferzone, für die ein riesiges Becken erbaut wurde, und eine Dornstrauchsavanne, ähnlich der Klimazone nördlich von Tucson. Die erste Biosphärikertruppe wurde im September 1993 wieder in die Freiheit entlassen, und die nächste startete ihren Aufenthalt 1994 und auch in den Folgejahren gab es weitere Aufenthalte in der zweiten Biosphäre (als *Biosphere 1* gilt die Erde selbst). Von den Auswertungen erhofften sich die o.g. Fünfergruppe und ein Stab von über 200 Wissenschaftlern neue Erkenntnisse für die ökologische Weiterentwicklung der Erde und auch für zukünftige Weltallprojekte. Das Vorhaben war aber bei weitem nicht so erfolgreich, wie geplant und Kritikerstimmen bemängelten u.a. den hohen Energiebedarf des Projektes: alleine

für Strom wurden 2 Mio. $ pro Jahr ausgegeben. Mittlerweile kann sich das Projekt nur Dank der Besucher und der Beteiligung von Universitäten halten, die Lehrkörper und Projekte zahlen und deren Studenten hier kostenlos forschen. Eines der wichtigsten Forschungsziele ist zzt. das Messen der Auswirkungen verschiedener CO_2-Konzentrationen auf Pflanzen. Auf einer Rundtour bekommen Sie die einzelnen Biosphären sowie die Labors zu sehen und an manchen Abenden (Termine erfragen) gibt es auch „Star-gazing-programs". *Es gibt ein Restaurant.*
Biosphere 2, *AZ 77, Meile 96,5, ✆ (520) 838-6200, www.b2science.org, tgl. 9–16 Uhr, $ 20.*

Zurück an der Oracle Junction biegt man in nördliche Richtung nach Florence ab (AZ 79). In Florence noch mal nach links (AZ 287) zu den Casa Grande-Ruins, bereits 50 Meilen südöstlich vor Phoenix.

Flugzeug-Parkplatz

Wer entlang dem I-10 nach Phoenix fährt, kann südlich vom Exit 232 den ***Pinal Air Park*** *erspähen. Hier parken überschüssige Zivilflugzeuge, die zumeist darauf warten, wieder genutzt zu werden. Mal sind es ein paar Hundert, mal auch ein paar Tausend, je nach Marktlage. Zu besichtigen ist das Gelände aber nicht.*

Die **Casa Grande Ruins (15)** stammen etwa aus der Zeit um 1350 und wurden von Hohokam-Indianern geschaffen, die schon früh begannen, Südarizona zu besiedeln, und die für ihre architektonischen Meisterleistungen bekannt sind. Hauptattraktion ist das Casa Grande („großes Haus") selbst, welches bereits von weitem sichtbar ist aufgrund eines großen Daches, welches als Wetterschutz angelegt wurde. Um dieses Haus, welches höchstwahrscheinlich als Zeremonienstätte und vielleicht auch als Observatorium gedient hatte (offene Fenster auf dem Dach), wurde damals das Dorf angelegt. Grundmauern davon stehen heute noch. Die Hohokams haben hier nur 100 Jahre gelebt, in dieser Zeit aber ein Bewässerungssystem von 90 Meilen Länge angelegt, mit dem sie ihre Mais-, Bohnen- und Baumwollfelder bewässert haben. Auch heute noch wird Baumwolle in der Region angebaut, doch ist die bewässerte Fläche erheblich kleiner als vor 600 Jahren. Ein kleines Museum am Eingang gibt Aufschluss über Siedlungsweise und Kultur der Hohokams.
Casa Grande Ruins, *AZ 87, 1 Meile nördl. von Coolidge, ✆ (520) 723-3172, www.nps.gov/cagr, tgl. 9–17 Uhr.*

Casa Grande: Zeugnis der Hohokam-Kultur

Phoenix und das Valley of the Sun

Entfernungen

Phoenix – El Paso: 401 Meilen/643 km
Phoenix – Grand Canyon NP (South Rim): 219 Meilen/352 km
Phoenix – Tucson: 117 Meilen/188 km
Phoenix – Albuquerque (über Socorro): 455 Meilen/732 km

Überblick

Phoenix und das Valley of the Sun ist mit über 4 Millionen Einwohnern (davon Phoenix: 1,5 Mio. E.) das bedeutendste städtische Zentrum des Südwestens und die siebtgrößte Stadt-Agglomeration der USA. Das großflächig angelegte, durch das Zusammenwachsen verschiedener Städte entstandene Stadtgebiet wirkt auf den Neuankömmling unüberschaubar. Tipp: Die Hügel, die zunächst verwirren, bieten letztendlich eine gute Orientierungshilfe.

Das Klima: Während des Sommers gibt es kaum einen Tag mit Temperaturen unter 40 °C – bei unbewegter Luft und häufiger Smogtendenz! Planen Sie den Aufenthalt/Besuch danach. Phoenix gilt als **Kulturmetropole** Arizonas, doch hat diese Stadt nicht den Charme von Tucson und bietet auch keine bunten Abwechslungen wie Las Vegas. Es ist einfach eine Stadt in der Wüste, die nur diejenigen richtig genießen werden, die es sich leisten können, in einem der teuren und immens komfortablen Resorts zu wohnen, dort die Spas und Golfplätze besuchen bzw. Ausflüge in die umliegenden Berge unternehmen. Besucher der Stadt sind eher Menschen von der Küste, die hier in den Wintermonaten die immer noch warmen Temperaturen genießen.

Frühes Bewässerungssystem

Was trieb die Menschen hierher in die Wüste? Das Wasser natürlich! Die Hohokam-Indianer siedelten hier bereits um 300 v. Chr. und legten damals schon ein Bewässerungssystem am Salt River an, das sie und die ihnen nachfolgenden Pima-Indianer immer weiter entwickelten. 1450 verließen die Indianer das Tal wahrscheinlich aus klimatischen Gründen. Ihr Kanalsystem wurde um 1860 von den ersten Pionieren wiederentdeckt und machte diese auf die Gegend aufmerksam. 1867 entschloss sich der ehemalige Soldat *Jack Swilling* mit 400 $ und einer Handvoll Männern, das Bewässerungssystem zu reaktivieren. Sein Erfolg lockte weitere Siedler an, unter ihnen ein Haudegen namens *Darrel Duppa*, der die historische Weissagung machte, dass aus den Ruinen der Hohokam ein „Phönix aus der Asche" entspringen werde.

1870 wurde die Stadt offiziell gegründet und das Land verteilt. Keine 20 Jahre später war Phoenix das Geschäfts- und Verwaltungszentrum von Arizona und lief Prescott den Rang als Hauptstadt ab. Der Bau des Roosevelt-Staudamms im Nordosten sicherte den Wasserhaushalt für die Entwicklung einer Großstadt. Rüstungsaufträge für die Industrie (bes. Flugzeugbau) und seit den 1980er Jahre die Computerindustrie (Entwicklung der Mikrochips) sorgten im 20 Jh. für kleine Booms. Aber auch die „Rentnerstädte", wie z.B. Sun City, nordwestlich von Phoenix, sorgen für einen nicht geringen Geldumsatz. Aus dem Erlös der Lebensversicherungen haben die Rentner sich hier Häuser oder Wohnungen gekauft und genießen im Winter die warmen Temperaturen.

Redaktionstipps

- **Übernachtungstipps** (S. 374f): Der feudale Luxustempel **The Arizona Biltmore** lässt keine Wünsche offen. Günstiger ist eine Unterkunft in einem B & B, z.B. im **Maricopa Manor**. Ansonsten bleiben nur die Franchise-Hotels an den Stadtgrenzen.
- **Essen** (S. 376): Klassische Südwester Küche des gehobenen Standards bekommen Sie im **Vincent's on Camelback**. Preisbewusste sollten eher ein typisches **BBQ-Restaurant** bzw. ein traditionelles mexikanisches Restaurant, wie z.B. das **Los Olivos** besuchen.
- **Die bedeutendsten Sehenswürdigkeiten**: Das **Heard Museum** (S. 366 zum Thema Indianergeschichte. Der **Desert Botanical Garden** (S. 367) lohnt einen Besuch, falls Sie nicht schon das Desert Museum bei Tucson besucht haben. Architektur vom Feinsten in *Frank L. Wright's* **Taliesin West** (S. 368). Das von *Wright* entworfene Luxus-Resort **The Arizona Biltmore** (S. 376). Ein Drink der Cocktail Bar ist dann auch noch drin. Zu den Sehenswürdigkeiten muss man auch die **Shops in der Old Town Scottsdale** und den umliegenden Malls zählen (S. 368). Schön sind auch die **Berglandschaften** rund um Phoenix. Naturliebhaber und Hobbybotaniker sollten den Umweg zum **Organ Pipe Cactus NM** (S. 372) nicht scheuen. Das Übernachtungsangebot ist dort aber recht spärlich, es sei denn, Sie lieben das Campieren.
- **Reiten**: Phoenix verfügt über unzählige Reitställe. Wer Lust hat, sollte sich in seinem Hotel oder im Touristenbüro nach dem nächstgelegenen Reitstall erkundigen.
- **Tipp**: Blick von der Terrassenbar des Hotels **The Phoenician** (600 E. Camelback Rd/60th St) oder vom **Geordie's at the Wrigley Mansion** (S. 377) über die Stadt. Dabei einen Sundowner genießen.

Sehenswertes im Stadtbereich

Downtown Phoenix

Viel hat der Innenstadtbereich von Phoenix nicht zu bieten. Einzige Ausnahme ist hier das **Arizona Center (1)**, eine ansprechende Shopping Mall zwischen Taylor und Van Buren Street. Nur 200 Meter entfernt von hier gelangen Sie zum **Heritage Square**, dem einzigen alten Teil der City. Die Gebäude stammen alle aus der Zeit um 1900, wobei das 1895 im viktorianischen Baustil errichtete **Rosson House** durch seine Eleganz hervorsticht. Hier wohnte einst der Bürgermeister von Phoenix

Rosson House, *✆ (602) 262-5070, www.rossonhousemuseum.org, Touren Mi–Sa 10–16, So 12–16 Uhr, $ 7,50.*

Der gesamte Platz steht unter Denkmalschutz und in den Häusern befinden sich heute Restaurants, Bars, kleine Museen etc. Nahe bei befasst sich das **Wells Fargo History Museum** mit der Geschichte der Postkutschen im Wilden Westen. Zudem sind hier Gemälde von Western-Künstler ausgestellt.

History Museum, *145 W. Adams St., www.wellsfargohistory.com, Mo–Fr 9–17 Uhr, frei.*

Schließlich sei noch auf das **Phoenix Museum of History** hingewiesen, wo es einiges über die Geschichte der Stadt zu erfahren gibt.

Museum of History, *105 N. 5th St., Di–Sa 10–17 Uhr, frei.*

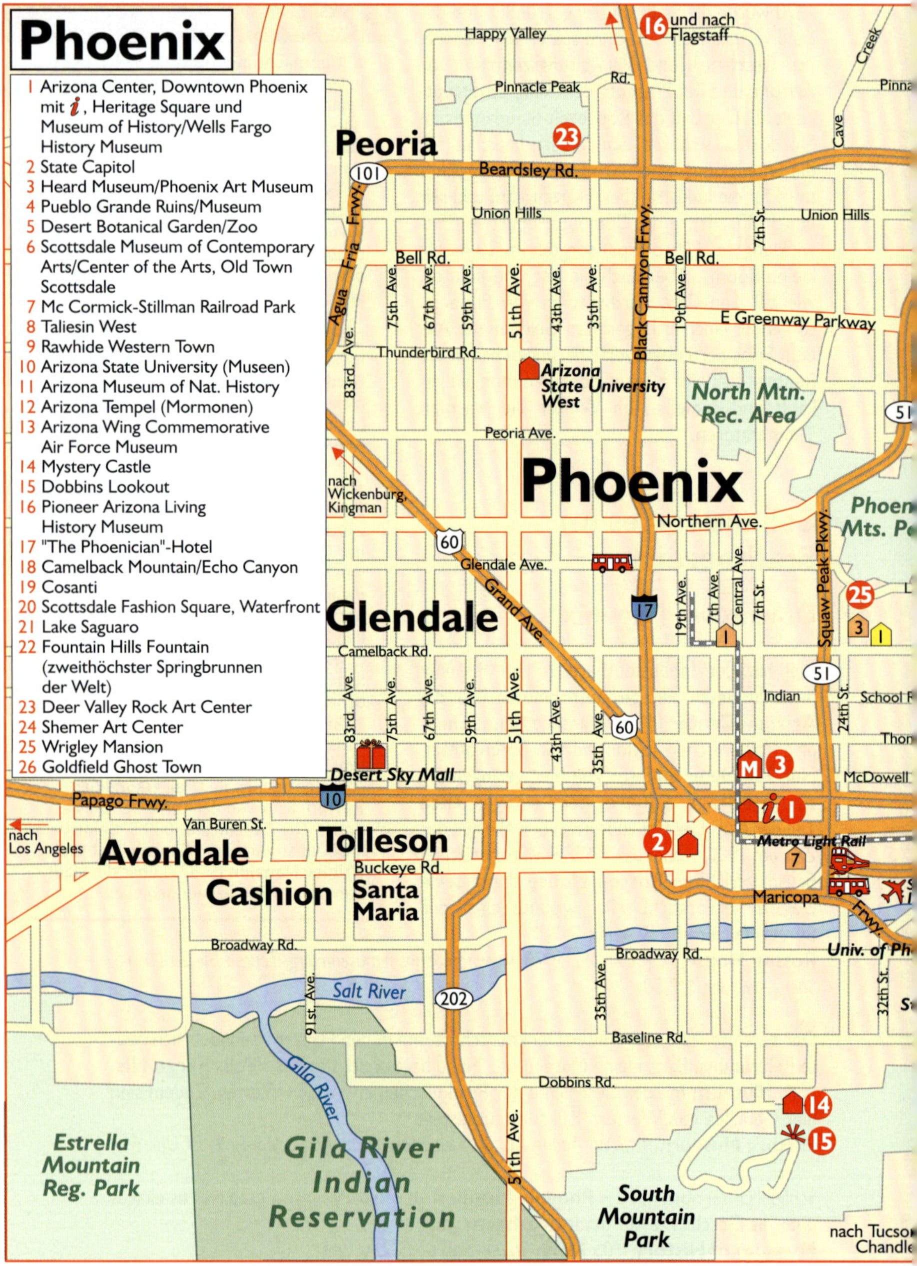
Phoenix
1 Arizona Center, Downtown Phoenix mit i, Heritage Square und Museum of History/Wells Fargo History Museum
2 State Capitol
3 Heard Museum/Phoenix Art Museum
4 Pueblo Grande Ruins/Museum
5 Desert Botanical Garden/Zoo
6 Scottsdale Museum of Contemporary Arts/Center of the Arts, Old Town Scottsdale
7 Mc Cormick-Stillman Railroad Park
8 Taliesin West
9 Rawhide Western Town
10 Arizona State University (Museen)
11 Arizona Museum of Nat. History
12 Arizona Tempel (Mormonen)
13 Arizona Wing Commemorative Air Force Museum
14 Mystery Castle
15 Dobbins Lookout
16 Pioneer Arizona Living History Museum
17 "The Phoenician"-Hotel
18 Camelback Mountain/Echo Canyon
19 Cosanti
20 Scottsdale Fashion Square, Waterfront
21 Lake Saguaro
22 Fountain Hills Fountain (zweithöchster Springbrunnen der Welt)
23 Deer Valley Rock Art Center
24 Shemer Art Center
25 Wrigley Mansion
26 Goldfield Ghost Town
16 und nach Flagstaff
Happy Valley
Pinnacle Peak
Rd.
Peoria
101
Beardsley Rd.
Agua Fria Frwy.
Union Hills
Bell Rd.
75th Ave.
67th Ave.
59th Ave.
51th Ave.
43th Ave.
35th Ave.
Black Canyon Frwy.
19th Ave.
7th St.
E Greenway Parkway
83rd. Ave.
Thunderbird Rd.
Arizona State University West
North Mtn. Rec. Area
Peoria Ave.
nach Wickenburg, Kingman
Phoenix
Northern Ave.
60
Glendale Ave.
Grand Ave.
17
7th Ave.
Central Ave.
Squaw Peak Pkwy.
Glendale
Camelback Rd.
51
Indian
24th St.
School R
Thom
McDowell
Desert Sky Mall
10
Papago Frwy.
Van Buren St.
nach Los Angeles
Avondale
Tolleson
Metro Light Rail
Buckeye Rd.
Cashion
Santa Maria
Maricopa
Frwy.
Broadway Rd.
Univ. of Ph
91st. Ave.
Salt River
202
35th Ave.
32th St.
Baseline Rd.
Dobbins Rd.
Gila River
51th Ave.
Estrella Mountain Reg. Park
Gila River Indian Reservation
South Mountain Park
nach Tucso
Chandle
Pinna
Cave Creek
Phoen Mts. P

Unterkünfte
1 Maricopa Manor B&B
2 Westin Kierland Resort & Spa
3 Arizona Biltmore Resort & Spa
4 Hyatt Place - Old Town Scottsdale
5 Best Western Inn of Tempe
6 Fiesta Resort
7 Metcalf House Youth Hostel
Restaurants
1 Vincent's on Camelback
2 Cowboy Ciao Wine Bar & Grill
3 Bandera
McDowell Mountain Reg. Park
Fort Mc Dowell Indian Reservation
Fleischer Museum
Paradise Valley
Paradise Valley Mall
Fountain Hills
Salt River Indian Reservation
Scottsdale
Mesa
Tempe
Gilbert
Fiesta Mall
Arizona Mills Mall
Salt River
nach Payson
nach Globe
Bell Rd.
Cactus Rd.
Shea Blv.
Frank Lloyd Wright Blv.
Scottsdale Rd.
Tatum Blv.
Pima Rd.
Hayden Rd.
Beeline Hwy.
Bush Hwy.
Mc Dowell Rd.
Mc Kellips Rd.
University Dr.
Main St.
Broadway Rd.
Superstition Frwy.
Baseline Rd.
Guadalupe Rd.
Elliot Rd.
Williams Field Rd.
South Priest Drive
Mill Av.
Country Club Dr.
Gilbert Rd.
Greenfield Rd.
Power Rd.
Ellsworth Rd.
56th. St.
Rural Rd.
Mc Clintock Dr.
Price Rd.
Dobson Rd.
Arizona Ave.
101
87
202
60
10
0 6 km
0 3,72 Meilen

Zwei Meilen westlich an der 1700 W. Washington Street versteckt sich das ehemalige **State Capitol (2)**. Viel kleiner als das anderer Staaten, fällt es nur durch seine Kupferkuppel auf. Die Regierung ist hier schon vor Jahren ausgezogen, und nun befindet sich ein kleines Museum in dem Gebäude mit Ausstellungsstücken zur Geschichte von Arizona.
State Capitol, ✆ *(602) 926-3620, www.lib.az.us/museum, Mo–Fr 9–16 Uhr, frei.*

Als das größte Kunstmuseum des Südwestens bezeichnet sich das **Phoenix Art Museum (3)** mit einem reichhaltigen Kaleidoskop nahezu aller Stile. Moderne und zeitgenössische Künstler, sowie Cowboy-Art, als auch asiatische, spanische, religiöse und andere Kunstrichtungen sind hier zu finden.
Phoenix Art Museum, *1625 N. Central Avenue,* ✆ *(602) 257-1222, www.phxart.org, Mi 10–21, Do–Sa 10–17, So 12–17 Uhr, $ 12.*

Geschichte der Indianer

Am interessantesten im Stadtbereich von Phoenix gestaltet sich mit Sicherheit ein Besuch im nahen **Heard Museum (3)**. Dieses Museum ist eines der besten zum Thema Indianerkultur in den USA. Anschaulich dargestellt wird die Geschichte der Indianer von der Steinzeit bis heute. Besonders die Textilarbeiten sind sehenswert. Ein Film erzählt vom heutigen Leben in den Indianerreservaten. Ebenfalls erläutert wird, wie heute noch die Natur und die alten Kulturen das einfache Leben in den Reservaten bestimmen. Kalkulieren Sie mind. zwei Stunden für das Museum ein und achten Sie auf Sonderausstellungen und auf die Hinweise zu den beiden ausgelagerten Ausstellungen.
Heard Museum, *2301 N. Central Ave.,* ✆ *(602) 252-8848, www.heard.org, 7 Blocks nördl. des Art Museum, Mo–Sa 9.30–17, So 11–17 Uhr, $ 15.*

Vieles zur Geschichte der Indianer im Heard Museum

Wer Lust auf einen Ausflug hat, dem sei das **Mystery Castle (14)** empfohlen. Es wurde in den 1930er und- 40er Jahren von *Buyce Luther Gulley* für seine Tochter erbaut. Na-

hezu alles hat er alleine gemacht. 13 Kamine und Feuerstellen gibt es in den 18 urigen Zimmern.
Mystery Castle, *800 E. Mineral Rd, ca. 8 Meilen südl. der Innenstadt, Do–So 11–16 Uhr, nur Oktober bis Mai, ✆ (602) 268-1581, $ 6.*

Nicht weit von hier liegt der **Dobbins Lookout (15)**, einem schönen Aussichtspunkt. Wer entsprechend ausgestattet ist, kann hier einen Sundowner bzw. ein Picknick genießen.

Östlich von Downtown Phoenix

Pueblo Grande Museum & Archaeological Park (4)

Relikte der Ureinwohner

Diese 1860 entdeckten Ruinen einer Hohokam-Siedlung wurden um 1150 errichtet und stellen den Beweis dafür dar, dass das Phoenixgebiet schon damals Menschen einen geeigneten Lebensraum geboten hat. Einige später entdeckte Häuserreste stammen wahrscheinlich sogar von 500 n. Chr. Und es gilt als bewiesen, dass die ersten Hohokams hier bereits 300 v. Chr. gesiedelt haben.
Pueblo Grande Museum, *4619 E. Washington Street, zw. 44th u 48th St., südlich Van Buren Street, ✆ (602) 495-0901, www.pueblogrande.com, Mo–Sa 9–16.45, So 13–16.45 Uhr, $ 6.*

Desert Botanical Garden (5)

Liebhabern von Wüstenpflanzen, insbesondere von Kakteen, sei dieser botanische Garten ans Herz gelegt. Es werden über 20.000 Pflanzen vorgestellt, u.a. auch aus anderen Wüstengebieten der Erde. Zudem gibt es auch noch einen Wildblumenpfad. Hauptblütezeit sind die Monate März und April.
Desert Botanical Garden, *Papago Park, 1201 N. Galvin Parkway, ✆ (480) 941-1225, www.dbg.org, Okt.–April tgl. 8–20 Uhr, $ 18.*

Im weiteren Umkreis um die Stadt Phoenix

Nördlich von Phoenix

Scottsdale steht wirtschaftlich im Schatten von Phoenix, hat aber eine unglaubliche Anziehungskraft auf Urlauber, besonders auf reiche Amerikaner. Nicht nur gutsituierte Pensionäre und Rentner aus Kalifornien und Texas setzen sich hier ihre Winterresidenzen hin, auch jüngere Leute finden es erstrebenswert, hier zu wohnen bzw. Urlaub zu machen. Kein Wunder also, dass sich das einst so verschlafene Örtchen heute zu einer Stadt mit über 241.000 Einwohnern gemausert hat, dessen Shopping Center (z.B. Fashion Square Mall, Waterfront) und Holiday Resorts ihresgleichen suchen.

Luxuriöser Standort

Ehemalige Farmen wurden zu Feriendomizilen umgebaut, die jeden erdenklichen Luxus bieten. Kaum ein Resort entlang der Scottsdale Road, der Lebensader dieser Wohnstadt, das nicht mindestens über 2 Golfplätze, 4 Swimmingpools und 5 Tennisplätze verfügt.

Und wo Geld ist, da gibt es natürlich entsprechende Boutiquen und ausgewählte Souvenirläden. Zum Schlendern und zum Kauf von Souvenirs lädt besonders der **Old Town Art District** ein, der sich östlich der Scottsdale Road, entlang der Main Street, befindet.

Neben Geschäften und Indian-Art-Galerien gibt es hier das **Scottsdale Museum of Contemporary Art (6)** sowie das angeschlossene **Center of the Art**. Moderne Kunst und Skulpturen locken viele Besucher an. Ein kostenloser Trolley-Bus verbindet die wesentlichen Punkte in Scottsdale.

Scottsdale Museum of Contemporary Art, *7374 E. Second St., ✆ (480) 874-4666, www.smoca.org, Di, Mi, So 12–17, Do 12–20, Fr+Sa 12–22 Uhr, $ 7.*

Der bekannte amerikanische Architekt *Frank Lloyd Wright* hatte ein Winterhaus im Norden von Scottsdale, das bekannt ist als **Taliesin West (8)** und heute Ausstellungen, eine Architektenschule sowie eine Stiftung beherbergt. Die Anlage kann auf 90-minütigen Touren besichtigt werden. Ausführlichere, dreistündige „Behind the Scene Touren" *(Mo, Do+Sa 9.15 Uhr, $ 60)* lohnen die Mehrzeit und den hohen Extrapreis, sollten aber vorher reserviert werden.

Im Old Town Art District

Taliesin West, *12621 Frank Lloyd Wright Blvd. (Cactus/114th St.), ✆ (480) 860-8810, www.franklloydwright.org, tgl. 9–16 Uhr, Juni–Sept. tgl. 8–15 Uhr, 90-min.Tour $ 32.*

Cosanti (19) ist *Paolo Soleris* Prototyp der eigentlichen, „ganz anderen Stadt" Arcosanti nördlich von Phoenix (siehe S. 381). Hier in Cosanti werden die Glockenspiele gefertigt, die zum finanziellen Rahmen des Gesamtprojektes beisteuern. Wer vor hat, sich Arcosanti anzuschauen, muss nicht auch noch hierher.

Cosanti, *6433 E. Doubletree Ranch Rd., Paradise Valley, ✆ (480) 948-6145, www.cosanti.com, Mo–Sa 9–17, So 11–17 Uhr, frei.*

Eisenbahnfans darf man in Scottsdale nicht den **McCormick-Stillman Railroad Park (7)** verheimlichen. Neben alten Lokomotiven und Waggons gibt es hier auch für Modellbahn-Enthusiasten einiges zu sehen und zu erleben.

Railroad Park, *7301 E. Indian Bend Rd./Scottsdale Rd, ✆ (480) 312–2312, www.therailroadpark.com, Öffnungszeiten variieren, Kernzeiten tgl. 11–16 Uhr, frei.*

Das kleine **Shemer Art Center & Museum (24)** ist bekannt für seine Kunstausstellungen von Künstlern aus Arizona. Achten Sie auf das aktuelle Programm *(5005 Camelback Rd, Di–Sa 10–15, Do zudem 18.30–20.30 Uhr, www.shemerartcenterandmuseum.org, frei).*

Winterresidenz der Kaugummi-Dynastie

Die um 1930 erbaute, sehr elegante **Wrigley Mansion (25)**, die ehemalige Winterresidenz der Kaugummi-Dynastie, liegt direkt auf einem Hügel direkt am Arizona Bilt-

Das Winterhaus von Frank Lloyd Wright

more. Angeschlossen sind ein Restaurant und eine nette Cocktailbar *(Fr+Sa, Ausblick)*.
Wrigley Mansion, *2501 E. Telawa Trail, ✆ (602) 955-4079, www.wrigleymansionclub.com, Touren Mi–Sa 10, 13 und 15, So 14 Uhr, $ 15.*

Nordwestlich von Phoenix befindet sich das **Deer Valley Rock Art Center (23)**, wo in einem Info Center die Kunst der indianischen Felsmalerei („Petroglyphs") erläutert wird und Sie entlang einem 400 m langen Pfad Felsmalereien bewundern können.
Rock Art Center, *3711 W. Deer Valley Rd, ✆ (623) 582-8007, http://dvrac.asu.edu, Okt.–April Di–Sa 9–17, Mai–Sept. Di–Sa 8–14 Uhr, $ 7.*

Östlich von Phoenix

Drittgrößtes „Silicon Valley"

Tempe (175.000 E.) ist das drittgrößte „Silicon Valley" der USA, und mit dem Erstarken der Computerindustrie setzte der große Boom auch hier ein. Touristisch hat die Stadt wenig zu bieten, sieht man einmal von den **Museen auf dem Gelände der Arizona State University (10)** ab, zu denen ein anthropologisches und ein geologisches Museum zählen. In der **Mill Avenue** finden Sie zahlreiche Restaurants und Clubs.

Mesa, mit etwa 480.000 Einwohnern die drittgrößte Stadt in Arizona, wurde 1877 von 84 Mormonen gegründet, die sich die Kanalanlagen der Hohokam-Indianer zunutze machten. Das **Arizona Museum of Natural History (11)** bietet eine wilde Mischung aus Funden von früheren Indianerkulturen, Dinosauriern und Pionierleistungen. Spaß macht das „Goldpanning", das einen Eindruck vermittelt, wie mühselig die Goldsuche doch gewesen sein muss.
Museum of Natural History, *53 N. Mac Donald St., Ecke 1st St., www.azmnh.org, Di–Fr 10–17, Sa 11–17, So 13–17 Uhr, $ 10.*

In der 101 South LeSueur (Main St.) befindet sich der 1927 erbaute **Arizona Mormon Temple (12)**, die heilige Stätte der Mormonen. Es gibt Führungen *(Zeiten variieren, ✆ (480) 833-1211, www.ldschurchtemples.com/mesa).*

Liebhaber von historischen Militär-Flugzeugen seien noch auf das **Arizona Wing Commemorative Air Force Museum (13)** hingewiesen.
Air Force Museum, *2017 N. Greenfield Rd, nahe McKellips Rd., ✆ (480) 924-1940, www.arizonawingcaf.com, Okt.–Mai tgl. 10–16, Juni–Sept. Mi–So 9–15 Uhr, $ 10.*

Die **Goldfield Ghost Town (26)** ist eine rekonstruierte Goldgräberstadt aus der Zeit um 1890 mit verschiedenen Attraktionen: Goldgräber-Museum, Tour in eine unterirdische Goldmine, Gunfights, Goldwaschen, Geisterhaus sowie Programme für Kinder. Nett speisen lässt es sich im Saloon!
Goldfield Ghost Town, *AZ 88 (E. Apache Trail), ✆ (480) 983-0333, www.goldfieldghosttown.com, Ghost Town tgl. 10–17, Saloon tgl. 11–21 Uhr, Zugang frei, Attraktionen jeweils $ 5–10.*

Goldfield ist die erste Station der sog. **Apache Trail Historic Road** (AZ 88), die von Apache Junctions außerhalb von Phoenix über die Superstitious Mountains und Tortilla Flat bis nach Globe reicht. Die Route, größtenteils nicht asphaltiert, bietet mehrere Seen, schöne Ausblicke, alte Goldgräberstädte und Minen. *Infos: www.arizona-leisure.com/apache-trail.html.*

Südlich von Phoenix

Fahrt mit der Postkutsche

Rawhide Western Town (9) ist der Nachbau einer Wildweststadt aus dem Jahre 1880. Lustig ist die Fahrt mit der alten Postkutsche, bei der man ein Gefühl bekommt für die Mühsal einer Reise vor nur hundert Jahren. Ein kleines Museum zeigt ein paar Sammelstücke aus der Zeit, als der Westen noch wild war. Ansonsten ist die ganze „Stadt" ein Wild-West-Erlebnispark. Schießereien, Goldwaschen, Bullenreiten und vieles mehr wird angeboten. Zudem gibt es eine Bühne, wo Theaterstücke bzw. Countrymusik-Konzerte aufgeführt werden und mehrere Restaurants und Fastfood-Buden sorgen für das leibliche Wohl.
Rawhide Western Town, *5700 W. North Loop Rd, Chandler, I-10–Exit 162, ✆ (480) 502-5600, www.rawhide.com, Mi–Fr 17–22, Sa+So 12–22 Uhr (Zeiten variieren etwas, je nach Saison), Zugang frei, Attraktionen ab $ 5 bzw. Tagesticket $ 15.*

Tipp: Canyoneering am Lake Roosevelt

Einen Canyon zu erkunden ist aufregend - Canyoneering ist aufregender. Mit dem Tourenveranstalter 360 Adventures können Arizona-Reisende die Roosevelt Lake Area nicht nur erwandern, sondern durch Canyoneering erleben: Das heißt außer Wandern noch Schwimmen, Abseilen und Klettern. Ein professioneller Reiseführer geleitet die Gruppe sicher durch eine der beeindruckendsten geologischen Besonderheiten.
Es werden ganztägige Canyoneering-Trips angeboten, diese sind aber auch nicht ganz billig. Im Preis inbegriffen sind dann aber die gesamte Ausrüstung sowie Snacks und Getränke.

***Infos**: ✆ (480) 722-0360 od. 1-888-722-0360, www.360-adventures.com.*

info

Das Arizona-Hochland

Das Hochland von Arizona, eine bergige Plateaufläche, trennt das nördliche Colorado-Plateau von den Wüstenflächen in Nord-Mexiko. Nur einzelne Gebirgszüge (Ranges) ragen wie Inselberge auf. Auch die Sonora- und die Mohave-Wüste werden dazu gezählt. Der Übergang von Hochland zu Wüstenfläche ist kaum merklich, und der Unterschied besteht nur darin, dass in der Wüste die flachen Flächen (Basins) einen größeren Anteil aufweisen.

Das **Klima**: Durchschnittliche Regenmengen von 80–200 mm mit hohen jährlichen Schwankungen und Tagestemperaturen von bis zu 50°C machen den Menschen das Leben schwer. Die täglichen Temperaturschwankungen können über 30°C betragen.

Joshua Tree

Die **Vegetation** entspricht nicht ganz unseren Vorstellungen einer Pflanzenwelt der Wüste. Der Begriff Desert wurde von Beginn an anders definiert. Als „Great American Desert" galt das gesamte Gebiet zwischen Kalifornien und Mississippi, selbst die Prärien wurden noch als Wüsten eingestuft. Daher treffen wir nun in Arizona auf eine Reihe von Sträuchern, die geografisch in die Trockensavannen gehören. In den trockeneren Regionen der Sonora-Wüste bildet der Creosote-Busch (Covillea tridentata) eine Strauchsteppe. In besonders trockenen Gebieten verkümmert aber auch dieser Busch zu einem Zwergstrauch (desert shrub).

In feuchten Gebieten dagegen ist die Strauchsteppe üppig entwickelt und wird von Riesenkakteen (Cereus giganteus) und 5–10 m hohen Baum-Yuccas (Joshua Tree; Yucca brevifolia) durchsetzt. In den Becken des Arizona-Hochlandes tritt das Mesquite-Gras an Stelle der Strauchsteppe. Setzt der Sommerregen ein, bietet sich ein Bild wie in den viel feuchteren Plains. Dazwischen stehen vereinzelt verkrüppelte Mesquite-Bäume (Prosopis juliflora). Die Pinon-Kiefer (Pinus edulis) findet sich noch auf den etwas feuchteren Gebirgszügen, da sie von allen Bäumen die Trockenheit am besten übersteht.

Sehenswertes im Umkreis des Valley of the Sun

Salt River Valley

Tour zum Saguaro Lake

Falls Sie Lust haben, einen halben oder ganzen Tag aus der Stadt herauszukommen und eine schöne Landschaft erleben möchten, eventuell verbunden mit einem kleinen Picknick, dann sollten Sie eine Spritztour zum Saguaro Lake unternehmen: Fahren Sie den Superstition Freeway (US 60) in östliche Richtung, und biegen Sie ab auf den Bush Highway in nördliche Richtung.

Nach einigen Meilen treffen Sie nun auf den Salt River, der Sie bis zum Lake Saguaro begleiten wird. Auf dieser Strecke windet sich der Fluss durch ein kleines, canyonartiges Tal. Eine Reihe netter, kleiner Aussichtspunkte und Flussuferstellen bieten sich für ein Picknick an. Nach etwa 6 Meilen erreichen Sie den idyllisch gelegenen Stausee.

Ein besonderer Spaß: „Tubing" auf dem Salt River – mit einem Autoreifenschlauch die 6 Meilen zurück auf dem Fluss. Schläuche erhalten Sie bei dem Ausstatter **Salt River Tubing** *(✆ (480) 984-3305, www.saltrivertubing.com)* am Bush Highway, an der Einmündung der Usery Pass Road – also auf halber Strecke. Ein Shuttle Bus bringt Sie zur gewünschten Einsatzstelle und wartet an verschiedenen Plätzen entlang dem Fluss auf Sie zwischen dem Lake und dem Granite Reef Dam. Fahrten sind nur zwischen April und Mitte September möglich. Festes Schuhwerk, Sonnenschutzmittel, Kopfbedeckung sowie Getränke und Snacks mitbringen!

Landschaftsausflug

Für die Rückfahrt vom Saguaro Lake bietet es sich an, den nördlich gelegenen Beeline Highway (AZ 87) zu nehmen und kurz hinter dem Ft. McDowell Indianerreservat nach rechts auf den Shea Boulevard abzubiegen. Auf einer Anhöhe, 2 Meilen hinter der Abzweigung, haben Sie eine gute Aussicht auf das in der Hitze flimmernde Valley of the Sun.

Organ Pipe Cactus National Monument

Dieser Park liegt etwa 135 Meilen südwestlich von Phoenix an der Grenze zu Mexiko. Ein Besuch lohnt sich daher nur, wenn Sie ein wirkliches Interesse an Wüstenpflanzen und vor allem den übergroßen Kakteen haben. Den *Senita Cactus* und den *Elefantenbaum* gibt es zum Beispiel nur hier. Am prächtigsten wirken diese großen Ungetüme während ihrer Blüte im März und April.

Die Namensgeber des Parks, die bis zu 8 Meter hohen *Orgelpfeifenkakteen (lemaireocereus thurberi)*, die es auch nur noch hier zu sehen gibt, haben ihre Hauptblütezeit im Mai/Anfang Juni. Ältere Exemplare von ihnen entwickeln bis zu 40 (!) Seitenarme. Aber auch andere Wüstenpflanzen, wie die Saguaro-Kakteen, gibt es zu bewundern. Im Park gibt es einen Campingplatz, ferner ein kleines Motel in Lukeville und weitere in Ajo.

Organ Pipe Cactus NM, *Visitor Center: tgl. 8–17 Uhr, der Park ist 24 Stunden geöffnet, ✆ (520) 387 6849, www.nps.gov/orpi.*

Pioneer Arizona Living History Museum (16)

Nördlich von Phoenix (I-17, Exit 225) befindet sich ein Museum, welches auf typisch amerikanische Weise mit Show, verklärter Historie und informativer Wissensvermittlung versucht, Geschichte und Pionierleistungen der ersten Siedler und Wildwesthelden zu vermitteln. Dazu wurde extra eine kleine Stadt mit Schmiede, Schule, Geschäften, Bank etc. errichtet, in der die Arbeiten der ersten Tage der Besiedlung vorgeführt werden. Hollywood stand wohl eher Pate als die Wirklichkeit.

Living History Museum, *✆ (623) 465-1052, www.pioneeraz.org, Okt–Mai Mi–So 9–16/17, Juni–Sept Mi–So 9–15 Uhr, Zeiten variieren aber, $ 7.*

So stellt man sich die Wüste Arizonas vor: voller Organ-Pipe-Kakteen

Das Colorado-Plateau

info

Als Colorado-Plateau bezeichnet man das gesamte Gebiet des Tafellandes, das sich zwischen den Rocky Mountains im Osten und den Basin Ranges im Westen und Süden erstreckt.
Die von **steilen Stufen** getrennten Flächen dieser Plateaus steigen von 1.500 bis 3.300 m an. Sie liegen damit in solch beträchtlichen Höhen, dass die Landschaft in ihrer Gesamtheit über ihre Umgebung hinausragt. Nur im Osten und Norden überragen benachbarte Gebirgszüge die Plateaus. Die fast horizontale Lagerung der Schichten des Untergrundes und eine tiefe Zertalung des großen Schichtpaketes, bedingt durch „normale" Erosion, geben der Region ihren einmaligen Charakter. Diese Naturlandschaft hat sich noch in hohem Maße ihren ursprünglichen Zustand erhalten.

Der **Untergrund des Plateaus** besteht hauptsächlich aus mesozoischen Sedimenten (Sand- und Kalkstein), denen z.T. auch jüngere Sedimente aufliegen können. Dieser Untergrund stammt hauptsächlich aus Meeresablagerungen. Denn vor etwa 60 Millionen Jahren wurden große Teile des Südwestens von einem sich von Norden nach Süden durch den gesamten Kontinent erstreckenden Meer bedeckt. Anders als bei den Rocky Mountains hat sich die Landschaft nicht gefaltet, sondern ist nur von Flexuren (leichter Wellung mit Verschiebung) und Brüchen erfasst worden. Daraus kann man schließen, dass der tektonische Druck nicht so stark war wie bei den Rockies. Diese Bruchlinien haben aber nichts mit der Canyonbildung zu tun. **Die Canyons sind erst in jüngster Erdgeschichte** entstanden, vor maximal 5 Mio. Jahren. Vor 17 Millionen Jahren begann sich nämlich das sedimentäre Tafelland zu seiner heu-

info

tigen Höhe (im Durchschnitt um 2.000 m) zu heben, und die Erosionskraft der Flüsse erschuf schließlich die Canyons („Canyon cycle of erosion"). Die Einschneidung der Flüsse ist maßgeblich von der unterschiedlichen Widerstandsfähigkeit des Gesteins abhängig. Dadurch entstanden die verschiedenen Terrassenformen.

Auch heute ist die **Canyonbildung noch nicht abgeschlossen**, und selbst während der letzten hundert Jahre sind Einschnitte von bis zu 30 m entstanden. Dies hat aber leider auch einen unschönen Grund: Die Abflussmenge der Flüsse hat sich erhöht, weil die Menschen durch Überstockung und durch Abholzungen „Schützenhilfe" geleistet haben. Der Formenvielfalt der Tafellandschaft stehen die **vulkanischen Gebirge** gegenüber: die Henry Mountains, das Navajo-Gebirge, der Mt. Taylor und das San Francisco-Gebirge. Sie alle sind erstarrte Lavaergüsse.

Reisepraktische Informationen Phoenix und das Valley of the Sun, AZ

VORWAHL 602 (Phoenix), 480 (Scottsdale, Tempe, Mesa)

Information

Phoenix & Valley of the Sun CVB: *One Arizona Center, 125 N. Second Street, Phoenix, ✆ (602) 254-6500, 1-877-225-5749, www.visitphoenix.com. Info über aktuelle Veranstaltungen: ✆ 252-5588.*

Scottsdale CVB: *Galleria Center, 4343 N. Scottsdale Rd, Ste. 170, Scottsdale, ✆ (480) 421-1004, 1-800-782-1117, www.scottsdalecvb.com.*

Zeitung: *„The Arizona Republic" (Do Wochenplan für Veranstaltungen).*

Krankenhäuser

Phoenix Memorial Hospital: *1201 S.Seventh Avenue, ✆ (602) 238-3286,*

St. Joseph's Hospital and Medical Center: *350 W. Thomas Road, ✆ (602) 285-3000*

Sightseeingtours

Arizona Gold Adventures: *Auf ein- bzw. mehrtägigen Ausflügen von Tucson oder Phoenix aus lernen Sie etwas über die Goldsucherei. Sie fahren zu Claims, lernen, wie man Gold aufspürt, wie man die Pfanne richtig hantiert, aber auch wie man mit einem Metalldetektor loszieht. Nur an bestimmten Daten. Infos: ✆ (914) 589-3985 od. visit www.ArizonaGoldAdventures.com.*

Heißluftballonfahrten: *Viele Anbieter, z.B.* **Hot Air Balloon Expeditions**: *✆ (480) 502-6999, www.HotAirExpeditions.com. Ballonflüge sind in Arizona sehr beliebt, „Sunrise"-, „Champagne-Continental Breakfast"- und „Sunset"-Flüge werden angeboten.*

Westwind Aviation: **Rundflüge** *(Phoenix/ Grand Canyon/ Monument Valley etc.): 732 W. Deer Valley Rd., ✆ (480) 991-5557, www.westwindairservice.com.*

Unterkunft

Phoenix hat eine riesige Auswahl an Hotels und besonders luxuriösen Resorts. Dazu zählen alleine über 20 4-5-Sterne-Hotels. Und wie das in Amerika so üblich ist, fördert die Konkurrenz den Einfallsreichtum. In dem einen Resort kann man in einer venezianischen Gondel über den hauseigenen See fahren, im nächsten trifft sich die Tenniselite, wieder woanders gibt es, bei entsprechendem Zimmerpreis natürlich, einen seidenen Bademantel als Zugabe. Grund-

sätzlich gibt es also alles, natürlich auch die preisgünstigen Franchisehotels an den Ausfallstraßen. Die Preise variieren sehr, ja nach Saison: Im Winter können Zimmer bis zum Vierfachen von dem kosten, was sie im Juli und August kosten.
Günstige Hotels sind sehr schwer zu finden im Valley oft the Sun, besonders in Scottsdale und Phoenix. Die meisten Franchise-Motels (und auch „No-Name-Motels") befinden sich im **Mesa** *an der Main Street. Zwei Empfehlungen sind das* **Best Western Mesa Inn** *(**$$**, 1625 E Main St. Mesa, ☏ (480) 964-8000, www.book.bestwestern.com) sowie die* **Travelodge Suites** *(**$$**, 4244 East Main Street, Mesa, ☏ (480) 832-5961, www.travelodge.com). Schauen Sie sonst auch mal unter www.visitmesa.com/hotels.*
Arizona Trails Travel Services: *☏ (480) 837-4284, 1-888-799-4284, www.arizonatrails.com. Buchungen von B & B-Unterkünften, aber auch Hotels.*

Hier eine kleine Auswahl:
Metcalf House Youth Hostel $ (7): *1026 N. 9th St., Phoenix, ☏ (602) 254-9803, www.hiusa.org/phoenix. Bus Nr. 10 bis Ecke Roosevelt/9th St., Dorms und Doppelzimmer.*
Best Western Inn of Tempe $$ (5): *670 N. Scottsdale Rd., Tempe, ☏ (480) 784-2233, 1-800-784-2811, www.innoftempe.com. Unspektakuläres Hotel der unteren Mittelklasse aber sehr günstig zum Airport (Shuttle-Bus) und zu den Lokalen in der Mill Ave. (Tempe) gelegen.*
Hyatt Place – Old Town Scottsdale $$-$$$ (4): *7300 E. 3rd Ave., Scottsdale, ☏ (480) 423-9944, 1-888-492-8847, www.hyattplace.com. Suiten-Hotel, d.h. Kühlschrank und Mikrowellengerät im Zimmer. Mitten in der Old Town von Scottsdale.*
Fiesta Resort $$$ (6): *2100 S. Priest Dr., Tempe, ☏ (480) 967-1441, 1-800-528-6481, www.fiestainnresort.com. Modernes Hotel, günstig gelegen zum I-10. Von hier aus können Sie am folgenden Morgen gut zur City und dann mittags weiter gen Norden fahren.*

Architektur vom Feinsten: Lobby im Biltmore

Maricopa Manor B&B $$$-$$$$ (1): *15 W. Pasadena Ave., Phoenix, ✆ (602) 264-9200, 1-800-292-6403, www.maricopamanor.com. Komfortabel eingerichtet. Auf halber Strecke zwischen Phoenix und Scottsdale. In Vororthaus von 1928. Garten, Pool, Hot Tub.*
Westin Kierland Resort & Spa $$$$ (2): *6902 E. Greenway Parkway, Scottsdale, ✆ (480) 624-1000, 1-800-354-5892, www.kierlandresort.com. Etwas günstiger als die u.g. Resorts trotzt auch das Kierland Resort mit Luxus. Erbaut in pompösem Arizona-Stil, dabei bleibt die Atmosphäre aber charmant und ruhig. Auch hier: Golfplätze, Spa, mehrere Restaurants und 4 Pools, einer davon mit Rutsche und einem künstlichem Fluss zum „Tubing".*
The Boulders Resort & Golden Door Spa $$$$-$$$$$: *34631 N. Tom Darlington Dr., Carefree (nördl. v. Scottsdale), ✆ (480) 488-9009, 1-888-579-2631, www.theboulders.com. Komfortable Unterkünfte in Casitas. Ruhig gelegen in bergiger Landschaft. Sport u. Entertainment aller Art und ein großes Wellness-Center.*
Arizona Biltmore Resort & Spa $$$$$ (3): *2400 E. Missouri Ave., Phoenix, ✆ (602) 955-6600, 1-800-950-0086, www.arizonabiltmore.com. Der Klassiker im Valley of the Sun. Vor allem, da das imposante Hauptgebäude von dem Stararchitekten Frank Lloyd Wright entworfen wurde. Alleine deswegen lohnt ein Besuch, auch wenn Sie hier nicht wohnen. Es gibt 2 Golfplätze, ein Spa, 8 Pools u.v.m.*

Camping

Green Acres RV Park III: *1890 E. Apache Blvd., Tempe, ✆ (480) 829-0106. Sehr sauber. Nahe an der City. Am Apache Blvd. gibt es noch zwei weitere Plätze.*
Covered Wagon RV Park: *6540 N. Black Canyon Hwy. (I-17 bis Glendale Exit, dann ½ Meile in südlicher Richtung), ✆ (602) 242-2500. Auch Zelte. Ca. 10 Meilen zur City.*
North Phoenix Campgrounds: *2550 W. Louise Dr. 18 Meilen zur City. I-17 in nördliche Richtung, Exit 215 B, Deer Valley Rd., ✆ (623) 581-3969. Auch Zelte.*

Restaurants

Vincent's on Camelback (1): *3930 E. Camelback Rd. (40th St.), ✆ (602) 224-0225. Gilt als das beste Restaurant mit „Südwesterküche" in ganz Arizona. Erstklassige Weinkarte. Nicht ganz billig. Toll ist aber auch die Pizza im* **Vincent Market Bistro**.
Bandera (3): *3821 N. Scottsdale Rd., Scottsdale, ✆ (480) 994-3524. Südwester Küche. Beliebt ist dieses Restaurant aber vor allem wegen seiner aromatisch gegrillten Hühnchengerichte aus dem Steinofen.*
Honey Bear's BBQ: *2824 N. Central Ave. sowie 5012 E. Van Buren St. (Phoenix). Einfache Lokale, deren BBQ-Gerichte einfach unschlagbar sind. Gut fürs Lunch.*
Pizzeria Bianco: *Heritage Square, 623 E. Adam's St., Phoenix Downtown, ✆ (602) 258-8300. Erstklassige, krosse Pizzen.*
Cowboy Ciao Wine Bar & Grill (2): *7133 E. Stetson Dr. (Ecke 6th Ave.), Scottsdale, ✆ (480) 946-3111. Der Name verrät eigentlich alles: Südwester-Küche mit italienischen Spezialitäten angereichert. Dazu gibt es auch noch eine vielseitige Weinkarte. Das Ganze im mittleren Preissegment. Die angeschlossene* **Kazimierz World Wine Bar** *(✆ (480) 946-3004) lädt nach 20 Uhr zu Jazz und gutem Drink.*
Los Olivos: *7328 E. 2nd St., Scottsdale, ✆ (480) 946-2256. Traditionelles mexikanisches Restaurant. Fr+Sa Latin Dancing.*
5 & Diner: *5220 N. 16th St., Phoenix, ✆ (602) 264-5220. 24-Stunden-Diner in echtem Streamliner-Look.*

Monti's La Casa Vieja: *100 S. Mills Ave., ✆ (480) 967-7594. Günstiges mexikanisches Familienrestaurant mit vielen Erinnerungsstücken aus der Zeit, bevor das Valley of the Sun boomte.*
Wer sich treiben lassen möchte, schlendert einfach mal die **Mill Avenue in Tempe** *entlang. Hier gibt es Restaurants für fast jeden Geschmack.*

Bars/Pubs/Livemusik/Disco

Das Valley of the Sun bietet über 70 Country-/Western-Nightspots. Getanzt wird hier nach Arizonaart, dem „Arizona-Halftime" (2 Schritte auf halb so viel Platz – im Gegensatz zum „Texas Twostep"). Tipps über aktuelle Veranstaltungen auf der Countryszene finden Sie im **„Country Spirit"**, *eine an vielen Plätzen ausliegende kostenlose Broschüre. Ansonsten schauen Sie in die ebenfalls kostenlose „New Times".*
Handlebar-J: *7116 E. Becker Lane, Scottsdale, ✆ (480) 948-0110. Weithin bekannte Cowboy-Bar und Danceclub. Mi, Do und So gibt es kostenlose Western-Tanzstunden.*
Wright Bar & Squaw Peak Terrace: *Im Arizona Biltmore Resort (s.o.). Piano Bar und Terrasse, von der aus man den Sonnenuntergang bewundern kann. Eine gute Gelegenheit, das Hotel zu erleben, ohne hier die Zimmerpreise bezahlen zu müssen.*
Blues-Fans sollten zu **Char's Has the Blues** *(4631 N. 7th St., Phoenix, ✆ (602) 230-0205) oder in* **The Rhythm Room** *(1019 E. Indian School Rd., Phoenix, ✆ (602) 265-4842) gehen, während Freunde des Jazz im* **Geordie's at the Wrigley Mansion** *(2501 E. Telawa Trail, nahe Arizona Biltmore Resort, ✆ (602) 955-4079) Fr+Sa ab 16 Uhr Livemusik in einer Art-Déco-Bar aus den 1930er Jahren erwartet. Dazu Sonnenuntergang vom Feinsten!*
In der **Mill Avenue in Tempe** *finden Sie auch eine Reihe von Bars und Livemusik-Clubs. Und wer bereit ist, von Phoenix-Downtown 24 Meilen nach Norden zu fahren, der sollte mal die* **Cave Creek Road in Cave Creek** *nach Saloons und Cowboy-Hotspots absuchen.*

Einkaufen

In einer Region wie dem Valley oft the Sun gibt es natürlich eine Reihe von **Malls**, *von denen sich einige auf hochpreisige Kleidung eingestellt haben, so z.B. der* **Biltmore Fashion Park** *(2502 E. Camelback Rd.), wo Macy's, Saks Fifth Avenue, Laura Ashley und andere vertreten sind. Etwas „bodenständiger" präsentieren sich die Einkaufszentren* **Scottsdale Fashion Square** *(7014-590 E. Camelback Rd./Scottsdale Rd.), die davon benachbarte* **Scottsdale Waterfront** *sowie das* **Arizona Center** *in Phoenix Downtown (Van Buren Street/Third Street). Auf italienisch getrimmt und mit hochpreisigen Boutiquen, Kunstgalerien und guten Restaurants ist* **The Borgata of Scottsdale** *(6166 N. Scottsdale).*
Eine günstige **Outlet Mall** *ist* **Arizona Mills** *(5000 Arizona Mills Circle, Tempe), eine andere* **Outlets at Anthem** *(I-17 Exit 229 nördl. von Phoenix). Für* **indianische Kunst** *ist* **Bischoff's at the Park** *(3925 N. Brown St., Scottsdale) die beste Adresse. Keramiken, ausgesuchter indianischer Schmuck, Kleider. Nicht billig, aber gut. Für* **Westernbekleidung** *gibt es zwei Namen:* **Saba's Western Store** *(7254 E. Main St., Scottsdale), ein traditioneller Laden mit einer großen Auswahl qualitativ guter Westernbekleidung sowie der größte Western-Outfitter* **Shepler's Western Wear** *(Metro Market Place, 9201 N. 29th Ave. sowie Scottsdale Pavilions II, 8999 E. Indian Bend Rd., beide in Scottsdale), in dem auch die Cowboys einkaufen.*
Schön ist es, in Scottsdale einkaufen zu gehen, so z.B. in der **Old Town im Zentrum** *oder an der* **Scottsdale Road**, *in der* **Galleria**.

Veranstaltungen (Auswahl)

Februar: **Parada del Sol Parade**. *Scottsdale. Die größte Pferdewagenparade der Welt. Außerdem Rodeoveranstaltungen. Infos: ✆ (480) 990-3179, www.paradadelsol.org.*
Februar: **O'odham Tash Indian Pow Wow**. *Bei Casa Grande. Paraden, Kunstfestival mit Musik und Tänzen der Indianer.*
Ende März: **Spring Festival of the Arts**. *Old Town Tempe entlang der Mill Street. Kunsthandwerke aus allen Teilen des Südwestens. Infos: ✆ (480) 967-4877, www.tempefestivalofthearts.com.*
Oktober: **Arizona State Fair**: *Arizona State Fair Grounds, 1826 W. McDowell Road, Phoenix. Rodeos. Shows und lokale Speisen. Info: ✆ (602) 252-6771, www.azstatefair.com.*
Ende Oktober: **Rodeo Showdown**: *Rawhide in der America West Arena in Phoenix Downtown. 40 amerikanische Cowboys gegen 40 kanadische im Rodeowettkampf. Infos: ✆ 1-800-946-9711.*
Ende Dezember/Anfang Januar: **Arizona National Livestock Show**: *Auf den Arizona State Fair Grounds (s.o.), Phoenix. Verkauf und Vorführung von Rindern aus ganz Arizona. Sicherlich einmal einen Besuch wert, um einen Eindruck von so etwas zu bekommen. Infos: ✆ (602) 258-8568, www.anls.org.*

Konzerte/Theater/Oper

Karten vorbestellen für Veranstaltungen in und rund ums Valley of the Sun können Sie über **Ticketmaster** *(✆ (480) 784-4444), www.ticketmaster.com bzw. über www.showup.com Veranstaltungen buchen.*
Die **Phoenix Symphony Hall** *(75 N. 2nd St., ✆ (602) 262-7272) ist der Veranstaltungsort für klassische Musik, Opern, Musicals und Ballett. Einen Besuch wert ist das elegante, 1929 eingeweihte* **Orpheum Theatre** *(203 Adam's Street, ✆ (602) 262-7272), das einst als die beste Adresse westlich des Mississippi galt.*

Wiederbelebungsversuch in Phoenix: Sportstadion in Downtown

Sportveranstaltungen

Kartenvorbestellungen *für Sportveranstaltungen über* **Ticketmaster** *(☏ (480) 784-4444, www.ticketmaster.com).*

Football: *„Arizona Cardinals": University of Phoenix Stadium in Glendale, ☏ (602) 379-0102, www.azcardinals.com.*

Baseball: *„Arizona Diamondbacks": Chase Field, Phoenix Downtown, ☏ (602) 514-8400, www.diamondbacks.com.*

Greyhound-Rennen: *Phoenix Greyhound Park, 40th & E. Washington St., ☏ (602) 273-7181, www.phoenixgreyhoundpark.com. Rennen nahezu jeden Abend. Hier kann man auch im Restaurant sitzen und beim Zusehen sein Dinner einnehmen.*

Basketball: *„Phoenix Suns": US Airways Center, 201 E. Jefferson St., ☏ (602) 379-7867, www.suns.com.*

Verkehrsmittel

Flughafen

Sky Harbor International Airport: *☏ (602) 273-3300, www.phxskyharbor.com.*

Anreise mit dem Auto: *Der Airport liegt 3 Meilen östlich der Innenstadt und ist über die Buckeye Rd. direkt zu erreichen.* **Valley Metro Light Rail**: *Bahn, die zw. Phoenix, Airport, Tempe und Mesa verkehrt (s.u.).* **Kleinbus/Shuttle**: *Es gibt einen 24-Stunden-Shuttle, der die drei Terminals abfährt bzw. diese miteinander verbindet.* **SuperShuttle Service**: *☏ (602) 244-9000, 1-800-BLUE-VAN, www.supershuttle.com. 24-Stunden-Service zu allen Destinationen im Valley of the Sun. Alle größeren* **Mietwagenunternehmen** *befinden sich im „Sky Harbor Rental Car Center" ca. eine Meile westlich des Flughafens.*

Öffentliche Verkehrsmittel/Taxi

Amtrak: *401 W. Harrison St., Ecke Fourth Avenue, ☏ 1-800-872-7245 od. (602) 253-0121. Es gibt keinen direkten Personenzugverkehr nach Phoenix. Ein Bus bringt die Passagiere vom nächsten Bahnhof (Flagstaff bzw. Tucson) zu einer der drei Haltestellen in der Stadt (Greyhound Station, Sky Harbor Airport od. Metro Center Transit Station: 9617 North Metro Parkway West, North-Phoenix).*

Überlandbusse: **Greyhound**: *2115 E Buckeye Rd, ☏ (602) 389-4200, www.greyhound.com. Überregionale Strecken*

Stadtbusse: *Das City of Phoenix Transit System nennt sich* **Valley Metro**: *Das Busnetz bedient die wesentlichsten Punkte des Valley of the Sun, aber leider nur bis zum frühen Abend (ca. 21 Uhr) und nur begrenzt an Wochenenden. Die Routen sind touristisch wenig interessant. Infos: ☏ (602) 253-5000, www.valleymetro.org. Interessanter sind die* **Shuttle-Busse** *in Phoenix-Downtown („DASH"), Tempe-Downtown/ Universität („FLASH") bzw. Scottsdale-Shopping Malls/Old Town („Scottsdale Trolley") sein. Sie verkehren zwischen einigen Attraktionen und Shopping Malls.*

Metro Light Rail: *Straßenbahn, die tagsüber im 10-, früh morgens (ab 4.40 Uhr) und abends (18–22.30 Uhr) im 20-Minutentakt verkehrt. Die 20 Meilen lange Strecke verläuft auf folgender Route: Montebellum/19th Ave. (im Nordwesten von Phoenix) – Camelback – Central Avenue – Downtown Phoenix – Sky Harbor Airport (über Shuttle-Bus erreichbar) – Tempe – Mesa. Infos: ☏ (602) 254-7245, www.valleymetro.org.*

Taxis: Yellow Cab: *☏ (602) 252-5252 od. (480) 966-8377,* **Scottsdale Cab**: *☏ (480) 994-1616.*

Von Phoenix zum Grand Canyon

Entfernungen

Phoenix – Flagstaff (direkt): 138 Meilen/222 km
Flagstaff – Grand Canyon NP (South Rim): 81 Meilen/130 km
Phoenix – Flagstaff (über Prescott, das Montezuma Castle, Sedona und den Oak Creek): ca. 260 Meilen/419 km

Routenempfehlung

Wer es eilig hat, fährt von Phoenix über die I-17 nach Flagstaff und von dort weiter über den US 180 und AZ 64 zum Grand Canyon NP (South Rim).
1 ½ Tage: die I-17 bis zur Cordes Junction (Exit 262). Dort den Schildern folgen nach Arcosanti. Weiter über den AZ 69 nach Prescott. Von hier nördlich ein kleines Stück auf dem AZ 89 und dann abbiegen auf den AZ 89A. Dieser schlängelt sich durch die Berge vorbei an Jerome und Clarkdale/Cottonwood. Dort achten auf den Abzweig des AZ 260 in Richtung Camp Verde. Die I-17 eine Abfahrt weiter nach Norden nehmen und am Exit 289 zum Montezuma Castle. Zurück auf die I-17 bis zum Exit 298. Nun dem AZ 179 und wieder dem AZ 89A über Sedona und dem Oak Creek folgen bis Flagstaff. Flagstaff in nördlicher Richtung verlassen über den US 180.

Überblick

Allein schon die Fahrt auf dem Highway ist erlebenswert. Nördlich von Phoenix durchquert dieser den atemberaubenden Black Canyon und immer wieder müssen sich die beiden Fahrtrichtungen einige hundert Meter weit voneinander trennen, um geologischen Barrieren auszuweichen. Sehenswert ist auf dieser Strecke das **Montezuma Castle**, ein von Indianern um und nach 1100 erbautes fünfstöckiges Haus an einem Felsüberhang. **Flagstaff** ist ein nettes Touristenstädtchen, in dem die Nähe der Nationalparks, allen voran natürlich der Grand Canyon, überall zu spüren ist. Ein **Umweg** über das ehemalige Minenstädtchen Jerome und durch den Oak Creek Canyon nördlich von Sedona ist jedem zu empfehlen, der für diesen Streckenabschnitt mehr als einen Tag Zeit hat. Der dadurch bedingte Zickzack-Kurs der Fahrtstrecke zwingt Sie aber dazu, spätestens in Flagstaff das Nachtlager aufzuschlagen und erst am folgenden Morgen zum Grand Canyon weiterzufahren.

Bei Flagstaff treffen Sie wieder auf die Route 66

Sehenswertes

Der Highway führt 30 Meilen nördlich von Phoenix durch den landschaftlich schönen **Black Canyon**. Es lohnt sich, bei guter Sicht, kurz zu dem Aussichtspunkt auf der gegenüberliegenden Highwayseite zu fahren und den Ausblick zu genießen. Ein Stück weiter liegt gen Osten das **Agua Fria National Monument** mit einer rauen Canyonlandschaft und einigen archäologischen Funden (s. S. 359).

Arcosanti

An der Cordes Junction, Exit 262, verlassen Sie den I-17 und fahren die 2 Meilen in östliche Richtung nach **Arcosanti**. Hier hat der italienische Architekt *Paolo Soleri* 1970 begonnen, eine neuzeitliche, ökologisch orientierte Stadt zu errichten. Motto: „Arcology", ein Wortspiel aus Ecology und Architecture. Der Schutz der Umwelt stellt den wesentlichen Kernpunkt des Projektes dar, was durch den Landschaft-„sparenden" Bau an Hängen und in die Höhe in die Tat umgesetzt wurde. Autos und Autostraßen werden aus dem Wohnbereich ferngehalten – auch das spart Platz. Zudem wird vornehmlich die Sonne als Energieträger genutzt – besonders in den eigens angelegten Gewächshäusern.

Redaktionstipps

- **Übernachten**: Hotels/Motels am Montezuma Castle NM bieten einen guten Stopp auf halbem Wege zum Grand Canyon. Schöner ist sicherlich eine Übernachtung im schnuckeligen **The Mile High Inn** in Jerome (S. 385), im Felscottage des **Rocamadour B&B** in Prescott (S. 383) oder im historischen, wenn auch einfachen **Hotel Monte Vista in** Flagstaff. Simpel, aber ein Erlebnis, ist eine Übernachtung in **Arcosanti** (S. 383).
- **Essen**: Wie wäre es mit einem Klapperschlangen-Spieß im **Cowboy Club** in Sedona (S. 390)? Eine breite Palette an Restaurants finden Sie in Flagstaff, von **Microbrewery** bis hin zum gediegenen **Cottage Place** (S. 395)
- **Die bedeutendsten Sehenswürdigkeiten**: das Stadtprojekt **Arcosanti** (S. 381); die ehemalige Bergbaustadt Jerome (S. 384); Fahrt mit der **Verde Canyon Railroad** (S. 385), der landschaftlich reizvolle **Oak Creek Canyon** (S. 389); das **Montezuma Castle NM** (S. 386), wo einst die Sinagua-Indianer in den Felsen gelebt haben; das **Sunset Crater NM** (S. 393) mit dem jüngsten Vulkankegel des Südwestens und die **San Francisco Mountains** (S. 394) während des Indian Summer.
- Unbedingt die **Unterkunft am Grand Canyon NP vorher reservieren.**
- **Zeiteinteilung: 1 ½ Tage**. Siehe dazu „Routenempfehlung" S. 380.

Um den Stein ins Rollen zu bringen, bedurfte es einiger Spenden und der Mithilfe unzähliger Freiwilliger. Arcosanti sollte einmal 5.000 Einwohner haben. Doch seit Jahren schleppt sich das Projekt nur mühsam voran, und immer noch leben hier weniger als 100

Arcosanti: ein interessanter Versuch

Von Phoenix zum Grand Canyon und nach Las Vegas

permanente Einwohner. Die Idee fand zwar in den beginnenden 1970er Jahren immensen Zulauf, und auch heute noch kommen besonders Architekturstudenten gerne hierher, doch fließen die Spendengelder nur sehr langsam, und der Idealismus für eine solche Idee fehlt in der heutigen Zeit. Diese Stadt wird wahrscheinlich niemals auch nur annähernd die angestrebte Einwohnerzahl erreichen.

Arcosanti, *HC 74, Box 4136, Mayer, AZ 86333, ✆ (928) 632-7135, www.arcosanti.org. Führungen täglich von 10–16 Uhr, ab $ 10. Sie können in Arcosanti auch* **übernachten** *($-$$, Ankunft vor 17 Uhr). Workshops können über ✆ (928) 632-6233 bzw. o.g. Internetseite gebucht werden.*

Prescott

Prescott ist ein nettes, kleines Städtchen mit historischen Hotels, Saloons, kleinen Museen und Geistergeschichten aus der Zeit der Goldfunde. *Abraham Lincoln* ernannte es 1867 zur Hauptstadt des Arizonaterritoriums. Doch bereits 1889 übernahm das schnell erstarkte Phoenix diese Position. Seitdem herrscht in Prescott gemütliche Geschäftigkeit, und wenn es nicht überall Autos und Telefonkabel geben würde, könnte man denken, seit 1889 sei die Zeit stehengeblieben. Falls Sie etwas Zeit haben, schauen Sie beim **Sharlot Hall Museum** in der W. Gurley Street *(Mo–Sa 10–16, So 12–16 Uhr, ✆ (928) 445-3122, www.sharlot.org, $ 5)* vorbei. Mehrere Häuser aus dem 19. Jh. wurden hier erhalten und bieten einen Einblick in die Gründerzeit von Arizona. Prescott ist eine gute Ausgangsposition für Touren ins Verde Valley (für Reisende auf dem Wege nach Norden gilt dieses nicht).

Ehemalige Hauptstadt

Reisepraktische Informationen Prescott, AZ

VORWAHL 928

Information

Chamber of Commerce: *117 W. Goodwin St., ✆ 445-2000, www.prescott.org.*

Unterkunft

Hotel St. Michael $$: *205 W. Gurley St. ✆ 776-1999, 1-800-678-3757, www.hotelstmichael.net. Günstige Alternative für diejenigen, die „historisch wohnen" möchten. Übrigens kursieren auch Geistergeschichten über das Haus und seine Gäste.*

Rocamadour Bed & Breakfast $$-$$$$: *3386 N. Hwy. 89, ✆ 771-1933, 1-888-771-1933, www.prescottbb.com/inns/10.html. Gilt als eines der besten B&Bs in Arizona. Gelegen in der Region der Granit-Boulder. Wer tiefer in die Tasche greift, kann das Cottage in den Felsen mieten (Whirlpool auf Terrasse)*

Hassayampa Inn $$$: *122 E. Gurley St., ✆ 778-9434, 1-800-322-1927, www.hassayampainn.com. Historisches Grandhotel (1927) mit gepflegter Plüschatmosphäre. Auch hier sind Geistergeschichten im Umlauf.*

Camping

Eine Reihe von **Campingplätzen** *um Prescott hat keine Duschen, teilweise überhaupt kein Wasser. Erkundigen Sie sich vorher. Der* **Willow Lake RV + Camping** *verfügt über beides: 5 Meilen nördlich, 1617 Heritage Park Rd., ✆ 445-6311.*

Jerome

Der US 89A führt nun in ein schluchtartiges Tal und über eine Passhöhe. Die Landschaft ist überaus faszinierend. Ein **Tipp für Fotografen**: Nachdem Sie die alten Minen von Jerome passiert haben, macht die Straße eine Kurve um den Berg. Von hier haben Sie den ersten und besten Blick auf **Jerome**, das einstmals eine der größten Kupferminen der USA besaß. Zu dieser Zeit lebten hier 16.000 Menschen. Als zu Beginn der 1950er Jahre die Minen geschlossen wurden, gab keiner mehr etwas auf die Stadt. Doch nachdem die Minenangestellten abgezogen waren, zogen bald darauf ein paar Städter ein, die sich hier ein Wochenenddomizil errichteten. Ihnen folgten später Souvenirhändler und schließlich eine größere Künstlergemeinde. Alle liebten den Charme der Stadt, deren

Pittoresker Künstlerort

Jerome, wiedererwacht aus dem Tiefschlaf

Häuser an den Berghängen „sitzen wie Vögel in den Bäumen". Nehmen Sie sich am besten ein bis zwei Stunden Zeit für Jerome. Machen sie einen Rundgang durch die Läden und Galerien oder besichtigen das Haus eines ehemaligen, wohlhabenden Minenbesitzers im **Jerome State Hist. Park (Douglas Mansion)** *(Douglas Rd, tgl. 8.30–17 Uhr, ✆ (928) 634-5381, www.azstateparks.com)*. Ein Besuch des **Historical Society's Mining Museum** *(200 Main St., tgl. 9–17 Uhr, ✆ (928) 634-5477, $ 2)* mit seinen Erläuterungen zum Bergbau hier würde das Bild noch abrunden.

Tipp

Besondere Kunsthandwerke finden Sie eher in den Verkaufsräumen der einzelnen Künstler, etwas unterhalb des Zentrums. Kleine Schilder weisen darauf hin.

Reisepraktische Informationen Jerome, AZ

VORWAHL 928

Information

Chamber of Commerce: *✆ 634-2900, www.azjerome.com.*

Unterkunft

The Mile High Inn $$: *309 Main St., ✆ 634-5094, www.milehighgrillandinn.com. Charaktervolles Bed & Breakfast Inn mit 8 Zimmern. Alle mit Antiquitäten eingerichtet. In punkto Preis-Leistung der Tipp für den Ort. Restaurant im Hause.*

The Surgeon's Inn $$$: *101 Hill St., ✆ 639-1452, 1-800-639-1452, www.surgeonshouse.com. Mediterran angehauchte Villa des ehemaligen Chirurgen mit nur 3 Zimmern. Das schönste (und teuerste) ist im „Old Chauffeur's Quarter". Es liegt ruhig, durch den Garten hindurch in einem kleinen Cottage. Viele Antiquitäten schmücken Haus und Gästezimmer.*

Es gibt noch eine Reihe weiterer **historischer Hotels** *in der Stadt, so z.B. das* **Jerome Grand Hotel $$$**, *(200 Hill St., ✆ 634-8200, 1-888-817-6788, www.jeromegrandhotel.net), untergebracht im ehemaligen Hospital. Der Standard ist nur mittelprächtig, dafür aber haben Sie einen guten Ausblick von vielen Zimmern.*

Tipp

Das ***Verde Valley*** *(„Grünes Tal") erstreckt sich von Jerome bis nach Sedona im Norden und im Südosten bis zum Montezuma Castle. Auf dieser über 3.000 km² großen Hochfläche, die mildes Klima beschert, lebten bereits um 600 n. Chr. Hohokam-Indianer. Da die umliegenden Berge die Wolken abfangen, war für ausreichenden Niederschlag gesorgt. Heute ist die Region besonders bei Touristen beliebt, da eine Mischung aus schöner Landschaft, Abenteuer sowie alter und neuer Geschichte geboten wird.*

Herrliche Bahnstrecke

Eisenbahnfans seien auf die **Verde Canyon Railroad** hingewiesen. Der Dieselzug fährt von Clarksdale in vier Stunden durch eine bezaubernde Landschaft, u.a. durch den Verde River Canyon. Früher verband die Strecke die Minenstadt Jerome mit Prescott. Der direkte Weg war technisch nicht auszubauen, sodass die Bahn damals diesen langen Umweg in Kauf nehmen musste. Neben dem Canyon können Sie u.a. auch alte Hangsiedlungen der Sinagua erkennen. Übrigens führt die Strecke großenteils entlang einer autofreien Region. Die Fahrtzeiten sind sehr unregelmäßig, je nach Jahreszeit. Viele Hotels der Umgebung bieten Tourpackages an bzw. Sie erhalten ausreichende Infos in den Visitor Bureaus. Kenner behaupten, diese Zugfahrt sei landschaftlich viel reizvoller als die „Grand Canyon Railroad"!

Verde Canyon Railroad, *300 N. Broadway, Clarkdale, ✆ (928) 639-0010, 1-800-582-7345, www.verdecanyonrr.com, ab $ 55.*

Machen Sie nun auf der Weiterfahrt zum Montezuma Castle einen kleinen Schlenker durch den alten Ortskern von **Clarkdale**. Zwei Meilen östlich davon befindet sich das **Tuzigoot National Monument**. Dieses ehemalige Dorf der Sinagua-Indianer wurde von 1125 bis 1400 bewohnt. Zu sehen sind die Ruinen eines 2-stöckigen Pueblos mit ehemals 77 Räumen. Ein Besuch lohnt sich bei knapper Zeitplanung nur bei Auslassung des interessanteren Montezuma Castle.

Tuzigoot National Monument, *tgl. 8–17 Uhr, ✆ (928) 634-5564, www.nps.gov/tuzi.*

Montezuma Castle National Monument

Umständliches Leitersystem

Hauptattraktion ist das Montezuma Castle selbst, ein ehemals 5-stöckiges Gebäude mit 20 Räumen, in denen einmal 50 Menschen gelebt haben. Dieses Haus aus Lehm, Stein und Holzbalken wurde um 1100 n. Chr. von den Sinagua-Indianern in eine Bergklippe 30 m über der Talebene gebaut und diente nicht nur als einfache Behausung, sondern auch als Schutz für die im Tal angesiedelten Bauern (siehe auch *Montezuma Well*, S. 388) im Falle einer feindlichen Attacke. Man konnte nur auf umständliche Weise über ein Leitersystem in das Gebäude gelangen. Nicht weit entfernt gab es ein zweites, noch größeres Felsenhaus („A"-Castle") in dem sogar über 100 Menschen gelebt haben sollen. Dieses wurde aber durch Feuer und Regenfluten zerstört, sodass im Wesentlichen nur noch die Grundmauern zu besichtigen sind.

Um 1450 verließen die Sinaguas das Verde Valley, wahrscheinlich aufgrund mehrfacher Überfälle der Yavapai-Indianer. Als die ersten Spanier 1538 hierher kamen, glaubten sie, dass solch ein großes in den Felsen gebautes Haus nur von einem „hohen" Kulturvolk errichtet worden sein könnte. Sie glaubten daher, dass Azteken unter Montezuma hier gelebt hätten.

Als 1931 das National Monument eröffnet wurde, konnten die ersten Besucher das Haus noch von innen besichtigen. Aber Unachtsamkeit und mangelnder Respekt haben

Im Montezuma Castle lebten einst 50 Menschen

Wer waren die Sinaguas?

info

Den Namen erhielt der Indianerstamm von den Spaniern, die glaubten, dass es sich um Menschen gehandelt haben musste, die „ohne Wasser" (*sin agua*) in dieser wüstenähnlichen Landschaft hatten leben können. Die Sinaguas waren ein recht unauffälliges Volk und galten als sehr friedlich. Paradox, aber sehr entscheidend für die ackerbauliche Nutzung des Südwestens bis in die heutige Zeit hinein war die Tatsache, dass die Sinaguas um 1100 aus der Gegend um Flagstaff hierher kamen, nachdem die vorher hier ansässigen Hohokams in die Gegend des Sunset Crater (bei Flagstaff) abgewandert waren.

Den Hohokams reichte das Wasser für ihre Bewässerungskulturen nicht mehr aus, und sie fanden im Gebiet des Sunset Crater fruchtbare Vulkanböden vor. Die Sinaguas aber nutzten nun die hinterlassenen Bewässerungskanäle, u.a. um die Montezuma Well (siehe S. 388), und entwickelten das Prinzip des „Dry Farming". Hierbei wurde eine Brachezeit eingehalten, die sich nach Wassermenge und Bodenfruchtbarkeit richtete. So konnten sie 300 Jahre lang im Verde Valley leben. Dieses System des „Dry Farming" nutzten später auch die ersten Siedler, und es bot vor allem den Mormonen die Grundlage für eine Besiedlung der von ihnen gewählten unvorteilhaften Landstriche.

Die Sinaguas waren hervorragende Architekten und ausgezeichnete Bauern. Doch auch ihre kunsthandwerklichen Fähigkeiten waren überdurchschnittlich. Archäologische Ausgrabungen haben Tonscherben und Schmuck zutage gefördert, deren Qualität und Raffinesse die der meisten anderen Indianerstämme ihrer Zeit übertreffen. Die Tatsache, dass einige Schmuckstücke aus Seemuscheln hergestellt wurden, lässt darauf schließen, dass die Sinaguas auf ein weitreichendes Handelsnetz bis hin zu den Küsten von Atlantik und Pazifik zurückgreifen konnten.

Warum nun die Sinaguas das Verde Valley um 1450 verlassen haben, ist bis heute ungeklärt. Klimatische Gründe, wie bei den meisten anderen Pueblos der Region, die ca. 200 Jahre vorher verlassen worden sind, schließt man aus, da sich während des 15. Jh. das Klima nicht mehr veränderte. Am wahrscheinlichsten ist wohl, dass die einrückenden, eher kriegerisch veranlagten Yavapai-Indianer die Sinaguas vertrieben haben.

dazu geführt, dass die Verwaltung 20 Jahre später den Zugang verwehren musste, um den Erhalt zu gewährleisten. Heute können Sie Montezuma Castle nur noch vom Tal aus bewundern. In einem kleinen Museum am Visitor Center ist das ursprüngliche Haus in einem Modell ausgestellt, sodass Sie einen guten Eindruck vom Inneren erhalten.

Reisepraktische Informationen Montezuma Castle National Monument und Camp Verde, AZ

VORWAHL 928

Information

Visitor Center: *tgl. 8–17 Uhr, ✆ 567-3322, www.nps.gov/moca.*
Camp Verde Chamber of Commerce: *385 S. Main St. Camp Verde, ✆ 567-9294, www.visitcampverde.com*

Unterkunft

The Lodge at Cliff Castle $$: *Am Exit 289 des I-17, Middle Verde Rd., Camp Verde, ✆ 567-7900, www.cliffcastlecasinohotel.com. Motel der Mittelklasse. Pool, Whirlpool sowie ein angeschlossenes Casino.*
Hacienda de la Mariposa $$$-$$$$: *3875 Stagecoach Rd, Camp Verde, ✆ 567-1490, 1-888-520-9095, www.lamariposa-az.com. Sehr geschmackvolles, mexikanisch eingerichtetes Inn. Massage, Whirlpools in Zimmern, nahezu Wellness-Charakter.*

Bollwerk gegen Indianer

Nicht weit entfernt vom Montezuma Castle befinden sich im **Fort Verde State Park** noch die Überreste eines 1865 errichteten Forts der US-Armee. Es wurde damals als Bollwerk gegen die immer wieder angreifenden Apachen und Tontos errichtet. Die kriegerischen Auseinandersetzungen dauerten bis in die beginnenden 1880er Jahre an. Zu besichtigen sind heute nur noch drei Gebäude. In einer kleinen Ausstellung werden vor allem Karten und Fotos aus jener Zeit gezeigt. Es ist durchaus interessant, anhand der Karten einmal zu verfolgen, wo und wann wer gelebt und gesiedelt hat.
Fort Verde State Park, *125 E. Holloman St., Camp Verde, ✆ (928) 567-3275, www.azstateparks.com, Do–Mo 9–17 Uhr.*

Weiter entlang dem I-17 gelangen Sie am Exit 293 zur **Montezuma Well**. Um einen landschaftlich eindrucksvoll gelegenen See (der einem Kratersee ähnelt, aber durch das Einbrechen einer Kalksteinhöhle entstanden ist) siedelten früher Hohokams und Sinaguas. Täglich fließen 5,3 Mio. Liter Wasser durch den See, der bereits seit dem 8. Jh. von den Hohokam-Indianer für ihr Bewässerungssystem genutzt wurde. Von den Sied-

Landschaft bei Sedona

lungen ist wenig übrig geblieben, aber der 20 m tiefe und 110 m breite See inmitten der Wüstenlandschaft sowie der Eindruck, den er als ehemaliger Besiedlungspunkt hinterlässt, sind einen Besuch wert.

Sedona

Sedona, 1877 gegründet und nach der Frau des ersten Post Master benannt, ist eine kleine, sympathische, wenn auch vom Tourismus gezeichnete Stadt, die inmitten des sog. „Red Rock Country" liegt. Urige rote Felsen, deren Formen z.B. einer Tee- und einer Kaffeekanne, sowie einem U-Boot oder auch verschiedener Comicfiguren ähneln, umringen die Stadt. Besonders für Naturliebhaber und Outdoorfans bietet Sedona eine Reihe von Möglichkeiten. Es dient als Ausgangsbasis für Wanderungen in die umliegenden Bergregionen, ist bekannt für seine zahlreichen Kunstgalerien, die Villen einiger Hollywood-Stars und eine sehr rege New-Age-Bewegung, die hier kosmische Energiefelder („Vortexes") erkannt haben will. Besonders Abenteuerlustigen sei eine mehrtägige Wanderung (oder sogar ein Ausritt) durch den unberührten, nordwestlich gelegenen **Sycamore Creek** empfohlen. Ein mit Sicherheit unvergessliches Erlebnis. Hierfür benötigen Sie aber gute Ausrüstung und Kondition. Infos und Permits bei der Sedona Ranger Station.

Beeindruckender Canyon

Wenig anstrengend und kürzer sind die Wanderwege im **Oak Creek Canyon**, der sich nördlich an Sedona anschließt und durch den sich der AZ 89A nach Flagstaff schlängelt. Hier wurden während der 1950er Jahre einige Wild-West-Filme gedreht, die letztendlich die Region erst bekannt machten. Selbst wer keine Lust oder Zeit zum Wandern mitbringt, wird von der schönen Landschaft fasziniert sein. Im Canyon, auf einer historischen Apfelfarm (zeitweise zu besichtigen) gibt es den kleinen **Slide Rock State Park** *(www.azstateparks.com/Parks/SLRO, tgl. 8–17 Uhr)*, der besonders beliebt ist wegen seines flachen Flusses, auf dem es sich gut treiben lässt. An Wochenenden ist der Park aber oft sehr voll.
Keine Campingmöglichkeit!

Tipp

Besorgen Sie sich in Sedona ein paar Knabbereien und etwas zu trinken und machen Sie an einem der Picknickplätze im Canyon Rast.

Reisepraktische Informationen Sedona, AZ

VORWAHL 928

Information

Sedona Visitor Center: *Ecke N.Hwy. 89A und Forest Rd., ✆ 282-7722, 1-800-288-7336, www.visitsedona.com.*
Red Rock (Sedona) Ranger Station: *8375 AZ 179 (direkt südl. von Oak Creek), ✆ 203-7500, hier erhalten Sie Infos über indian. Ruinen, Camping und Wanderwege in den umliegenden Wäldern.*

Touren

Der **Sedona Trolley Bus** *verkehrt auf 2 Routen durch den Ort. Route A: Uptown-Sedona-Chapel of the Holy Cross (10, 12, 14 u. 16 Uhr), Route B: Uptown-Sedona-Boynton Canyon (9, 11, 13, 15, 17 Uhr), ✆ 282-4211, www.sedonatrolley.com.*

Sedona Vortex Tours: *✆ 282-2733, www.sedonaretreats.com. Erläuterte Touren zu den Punkten, wo die kosmischen Energien freigesetzt werden. Dabei werden auch die Beziehungen von indianischen Heilmethoden und denen der New-Age-Bewegung erläutert.*

Unterkunft

Sky Ranch Lodge $$-$$$: *1105 Airport Rd., ✆ 282-6400, 1-888-708-6400, www.skyranchlodge.com. Die Zimmer sind weniger spektakulär, dafür aber die Aussicht auf die Red Rocks. Zwar kostet ein Zimmer mit Super-Aussicht auch $$$, doch warum nicht ein $$-Zimmer bewohnen und dann nur kurz um die Ecke laufen und die Aussicht genießen?*

Best Western – Inn of Sedona $$$: *1200 W Hwy. 89A, ✆ 282-3072, 1-800-292-6344, www.innofsedona.com. Modernes Motel mit geräumigen Zimmern. Der Clou aber sind die großen Terrassen vor vielen Zimmern, von denen aus man auf die roten Felsen schauen kann.*

Adobe Village Graham Inn $$$$: *150 Canyon Circle Dr., 6 ½ Meilen südl. via AZ 179, abbiegen in Bell Rock Blvd., ✆ 284-1425, 1-800-228-1425, www.sedonasfinest.com. Sehr gepflegt und individuell eingerichtetes B&B. Zimmereinrichtung nach unterschiedlichen Themen. Jacuzzi, Pool.*

Enchantment Resort $$$$-$$$$$: *525 Boynton Canyon Rd., 3 Meilen südwestl. auf Hwy. 89A bis Dry Creek Rd., dann 5 Meilen nördl. in Boynton Canyon, ✆ 282-2900, 1-800-826-4180, www.enchantmentresort.com. Sehr komfortables Resort am Canyon-Eingang aus roten Felsen, umgeben von Zedernwäldern. Sehr schön sind die – teureren – Adobe Casitas. Tolles Spa im Hause.*

Camping

Der **US Forest Service** *unterhält mehrere* **Campingplätze in der Region**, *die sehr schön gelegen sind, aber in der Regel nur über Basiseinrichtungen verfügen, also z.B. in der Regel keine Duschen haben. Infos: Forest Ranger Station (s.o.).*

Hawkeye Red Rock/ Cliffs at Oak Creek RV Park: *40 Art Barn Rd., ✆ 282-2222. Privat geführter Platz nahe am Ort, Zelte und Wohnmobile. Ansonsten mangelt es nicht an Camping- und RV-Plätzen in der Umgebung.*

Restaurants

Cowboy Club: *241 N. Hwy. 89A, ✆ 282-4200. Der Name sagt eigentlich schon alles: Cowboy-Ambiente und echte Südwester Küche. Es gibt aber auch interessante Spezialitäten, wie z.B. frittierte Kaktus-Streifen und Klapperschlangen-Spieß. In diesem Lokal wurde übrigens Mitte der 1960er Jahre die Künstlergruppe „Cowboy Artists of America" gegründet. Angeschlossen ist der etwas vornehmere* **Silver Saddle Room**, *ebenfalls mit Südwester-Küche.*

Oak Creek Brewery & Grill: *Tlaquepaque Arts Village, 336 Hwy. 179, 2nd Floor, ✆ 282-3300. Microbrew-Pub mit typisch amerikanischen Gerichten, Pizzen und guten Bieren. Einen weiteren Pub (Livemusik, aber kein Grill) des Unternehmens befindet sich an der Brauerei am 2050 Yavapai Dr., nördl. 89A (Coffee Pot Dr.), ✆ 204-1300.*

Wer einfach einen guten Burger oder ein echtes Chili essen möchte, der sollte den spacigen und bei UFOlogen beliebten **Red Planet Diner** *(1655 W. Hwy. 89A, ✆ 282-6070) aufsuchen.*

Einkaufen

Einkaufen ist nicht ganz billig in Sedona. Es ist besonders bei Kunstliebhabern hipp, denn vor Jahrzehnten hat sich hier eine Reihe damals noch namenloser Künstler niedergelassen. Heute wimmelt es geradezu von Galerien. Indianische Kunst, Südwestkunst, aber auch eine Reihe von Kunstgalerien mit Werken aus aller Welt haben sich mittlerweile etabliert. Im Touristenamt gibt es hierzu eine Broschüre. Versuchen Sie einmal die **Geschäfte und Galerien am AZ 179 um die Oak Creek Bridge** *herum. Dort befindet sich dann auch das* **Tlaquepaque Arts & Craft Village** *mit indianischer Kunst.*

Flagstaff

Flagstaff erhielt seinen Namen 1876, als eine Gruppe von Siedlern aus Boston auf einer der Anhöhen die Äste eines Baumes abschlugen, eine Fahne daran hissten und so das Land für sich beanspruchten. Ein darauf folgender Streit, ob nicht eine andere Siedlergruppe zuerst eine Fahne gehisst hat, ist bis heute nicht geklärt. Heute zumindest ist Flagstaff eine Stadt mit 60.000 Einwohnern, die mehrere Charaktere vertritt. Ewiglange Straßenzüge mit unzähligen Ampelanlagen verkörpern die moderne Zeit eines Highwaystädtchens im Südwesten. Die Universität von North Arizona und die Tatsache, dass viele junge Reisende Flagstaff als (billigeren) Ausgangspunkt für Touren zum Grand Canyon nutzen, haben viele kleine Hotels, Outdoor-Geschäfte, Cafeterias und günstige Buchläden wie Pilze aus dem Boden schießen lassen.

Populärer Standort

Flagstaff ist „Railroad Town“

„Railroad Town"

Der z.T. noch gut erhaltene Altstadtkern (Historic Railroad District) ruft die Zeit des Wilden Westens in Erinnerung, besonders dann, wenn ein Zug der Santa Fe Railway am alten Bahnhof hält („Flagstaff is Railroad Town"), zielt aber auch auf die Touristen ab, die hier in vielen Geschäften indianisches Kunsthandwerk erwerben können. Im Winter bietet Flagstaff alle Annehmlichkeiten für die Winterurlauber, die die schneereichen Pisten der San Francisco Mountains bevölkern.

An wirklichen Attraktionen hat Flagstaff nicht viel zu bieten. Wer noch keine Gelegenheit hatte, ein Observatorien zu besichtigen, kann sich das **Lowell Observatory** einmal anschauen (1 Meile nordwestl. der Innenstadt), von wo aus 1930 der Planet Pluto entdeckt worden ist. Naturkundlich Interessierte sollten dagegen dem **Arboretum at Flagstaff** einen Besuch abstatten. Es handelt sich dabei um Amerikas höchstgelegenes Forschungsgebiet in punkto heimische Pflanzenwelt. Darüber hinaus gibt es hier einen Schmetterlings- sowie einen Kräutergarten.
Arboretum at Flagstaff, *4001 Woody Mountain Rd, www.thearb.org, tgl. 10–16 Uhr, geschl. Nov.–April, Führungen finden i.d.R. um 11 und 13 Uhr statt, $ 7.*

Tipp

*Jedes Jahr, Anfang/Mitte September feiert Flagstaff die **Route 66 Days** mit einem großen Fest. Höhepunkt ist der Autocorso, an dem über 400 Oldtimer teilnehmen. www.flagstaffroute66days.com.*

Wer über Nacht in Flagstaff bleibt, der sollte sich unbedingt danach erkundigen, was am Abend im **Museum Club** *(3404 E. Route 66)* stattfindet. Das große Blockhaus wurde 1931 erbaut um ausgestopfte Tiere zu lagern und war dann während der Boomzeiten

Route-66-Romantik: The Museum Club

der Route 66 beliebter Stopp für Durchreisende. Denn hier im Nachtclub „The Zoo" ging es heiß her, besonders dann, wenn bekannte Countrymusiker – auch sie oft nur auf der Durchreise und gar nicht angemeldet – auftraten. Seither ranken sich Legenden um dieses Gebäude.

Im Umkreis von Flagstaff befinden sich drei National Monuments: Nur wenige Meilen östlich liegt das **Walnut Canyon National Monument**, in dem noch 300 Wohnstätten der Sinagua-Indianer zu sehen sind.
Walnut Canyon NM Visitor Center, *7 Meilen auf dem I-40 nach Osten, Exit 204, 3 Meilen nach Süden, tgl. 9–17 Uhr, ✆ (928) 526-3367, www.nps.gov/waca.*

Naturattraktionen in der Umgebung

Nördlich von Flagstaff erreichen Sie nach etwa 11 Meilen auf dem US 89 die Abfahrt zum **Sunset Crater National Monument**, einem Vulkankegel von insgesamt über 200 im Gebiet der San Francisco Mountains. Er entstand durch eine Reihe von Ausbrüchen, deren letzter vor etwa 700 Jahren stattgefunden hat. Man kann Wanderungen über die Lavaströme unternehmen und im Visitor Center wird die Entstehung von Vulkanen erläutert.
Sunset Crater (Volcano) NM, *Route 3 (18 Meilen nördl. am US 89), tgl. 9–17 Uhr, ✆ (928) 526-0502, www.nps.gov/sucr.*

16 Meilen weiter auf dieser Stichstraße erreichen Sie schließlich das **Wupatki National Monument**. Hier siedelten bereits um 600 n. Chr. Sinaguas in unterirdischen Behausungen. Die letzten Bewohner haben das Gebiet um 1200 verlassen. Interessant ist, dass hier um 1100 mehrere Indianerstämme gemeinsam gesiedelt haben: Anasazi, Sinagua, Mogollon, Hohokam und Cohonino.
Wupatki NM, *HC 33 (36 Meilen nördl. am US 89), tgl. 9–17 Uhr, ✆ (928) 679-2365, www.nps.gov/wupa. Das Visitor Center ist in der Nähe des Lennox Crater, ca. 3 Meilen von der nördlichen Abzweigung am US 89.*

35 Meilen gen Osten (I-40, Exit 233), schlug vor 49.000 Jahren ein mehrere hundert Tonnen schwerer Meteorit mit einer Geschwindigkeit von schätzungsweise 70.000 km/h ein. Der **Meteor-Krater** misst 1,2 km im Durchmesser und ist 170 m tief (der Meteorit maß nur 30 m im Durchmesser). Das Gelände wurde von Astronauten als Testgebiet genutzt (Führungen zu diesem Thema).

Tipp

*Nirgendwo sonst wird die Kultur der Navajo Indianer so gut dargestellt und erläutert wie im **Navajo Interactive Museum** in Tuba City (80 Meilen nördlich von Flagstaff). Für den Besuch sollten Sie mind. zwei Stunden einplanen (+ Fahrt, Main St & Moenave Rd, ✆ (928) 283-5441, www.explorenavajo.com, Mo-Sa 10-18, So 12-18 Uhr, $ 9). Übernachten können Sie in Tuba City im **The Moenkopi Legacy Inn & Suites $$-$$$**: US 160, nahe Main St., ✆ (928) 283-4500, www.ExperienceHopi.com). Es steht auf einem kleinen Stück Hopi-Gebiet.*

Drei Meilen nördlich von Flagstaff führt der US 180 vorbei am **Museum of Northern Arizona**. In und um einen eindrucksvollen Gebäudekomplex aus Felsstein werden Beispiele der lokalen Vegetation, Geologie und Fauna präsentiert. Außerdem beschäftigt

sich eine Abteilung mit der Kulturgeschichte des nördlichen Arizona, beginnend mit der ersten Besiedlung des Plateaus um 15000 v. Chr. Besonders die religiösen Gepflogenheiten werden in kaum einem anderen Museum so gut dokumentiert.
Museum of Northern Arizona, *3101 N. Ft. Valley Rd., tgl. 9–17 Uhr, ✆ (928) 774-5213, www.musnaz.org, $ 10.*

Die Strecke führt nun weiter vorbei an den **San Francisco Mountains**, deren höchste Erhebung, der Humphrey Peak, 3.860 m misst. Selbst im Frühjahr und im Spätherbst liegt auf dem Gipfel Schnee. Von Oktober bis März fährt ein Sessellift vom Arizona Snow Ball (8 Meilen über die Stichstraße vom US 180) auf einen nahen Gipfel hinauf. Besonders wenn im Frühherbst die roten und gelben Blätter den Indian Summer einläuten, ist dieser Abstecher unbedingt zu empfehlen.

Reisepraktische Informationen Flagstaff, AZ

VORWAHL 928

Information

Flagstaff Visitor Center: *1 E. Route 66, ✆ 774-9541, www.flagstaffarizona.org.*
Peaks/Mormon Lake Ranger Station *5075 N. US 89, ✆ 526-0866. Hier gibt es Infomaterial und Karten für die Erkundung der San Francisco Mountains/ Coconino Nat. Forest.*

Unterkunft

Best Western Pony Soldier $$: *3030 US 66, ✆ 526-2388, 1-800-356-4143, www.bestwesternponysoldier.com. Motel mit gutem Preis-Leistungsverhältnis, Outdoor-Pool und Hot Tub.*
Comfort Inn of Flagstaff $$: *2355 Beulah Blvd. (I-17/I-40), ✆ 774-2225, www.comfortinn.com/hotel/az080. Ebenfalls gutes Preis-Leistungsverhältnis, Outdoor-Pool und Hot Tub.*

Hotel Monte Vista $$-$$$: *100 N. San Francisco St., ✆ 779-6971, www.hotelmonte vista.com. Hotel seit 1927. Infos s.u.*

Weatherford Hotel $$-$$$: *23 N. Leroux St., ✆ 779-1919, www.weatherfordhotel.com, Gebäude von 1897. Am Wochenende kann etwas lauter werden, denn in* **Charly's Pub** *im Hause wird dann Livemusik gespielt. Wer es günstig, historisch und zentral mag, aber auf einige Annehmlichkeiten sowie besonders renovierte Räume verzichten kann, dem seien dieses und das o.g. Monte Vista Hotel empfohlen. Schauen Sie sich beide Häuser und besonders aber die Zimmer vorher an (nicht alle haben eigenes Bad). Hier steigen auch viele junge Leute ab.*

Aspen Inn Bed and Breakfast $$$: *218 N. Elden St. ✆ 773-0295 od. 1-888-999-4110, www.flagstaffbedbreakfast.com. Elegantes B&B in einem Haus von 1912. Nahe der Innenstadt. Nur 4 Zimmer, also unbedingt reservieren.*

Little America $$$: *2515 Butler Ave., ✆ 779-7900, 1-800-865-1410, www.littleamerica.com. Komfortabel eingerichtetes Hotel einer kleinen Franchise-Kette, 2 Meilen östlich der City. In kleinem Kiefernwäldchen. Pool, Restaurant, Jacuzzi.*

The Inn at 410 $$$$: *410 N. Leroux St., ✆ 774-0088, 1-800-774-2008, www.inn410.com. B&B nahe dem Zentrum gelegen in einem Haus von 1907. 10 Zimmer, sehr individuell eingerichtet. 8 davon haben einen eigenen Kamin. Reichhaltiges Frühstück.*

Camping

Flagstaff KOA: *Santa Fe Ave./US Hwy. 89 (I-40 exit 201), ✆ 526-9926, www.flagstaffkoa.com. 5 Meilen nordöstlich der City.*

Restaurants/Pubs

Josephine's Modern American Bistro: *503 N. Humphrey's St., ✆ 779-3400. Amerikanische Küche mit französischem Pfiff. In altem Gebäude. Im Sommer können Sie auch draußen sitzen. Nicht billig, keine Burger.*

Cottage Place: *126 W. Cottage Ave., ✆ 774-8431. Leckereien wie Ente, Lachs und Chateaubriand. Auch sonst gute amerikanische Küche inkl. einiger vegetarischer Gerichte. In Cottage von 1908. Auch nicht ganz billig.*

Charly's Pub: *23 N. Leroux St., ✆ (928) 779-1919. Günstige Gerichte aller Art: Burger, Salate, Burritos, Tacos, aber auch Frühstück. Oft Country-/Rock-Livemusik.*

Beaver Street Brewery: *11 S. Beaver St., ✆ 779-0079. Große Microbrewerie, in der es nicht nur Burger gibt, sondern auch sehr gute Pizzen, Salate und Fondue.*

Wer am Ende eines Abends noch in lockerer Atmosphäre bei Livemusik ein Bier trinken möchte, der sollte den **Museum Club/ehem. bekannt als „Zoo Club"** *(3404 E. Rte. 66, ✆ 526-9434, www.museumclub.com) aufsuchen. Etwa hundert Jahre alt, ist dieser Saloon untergebracht in einer mit ausgestopften Trophäen gefüllten Holzhütte. Meist Country-, manchmal auch Rockmusik.*

Hinweis

Flagstaff ist Ausgangspunkt verschiedener ***Outdoor-Agenturen****. U.a. können Sie Ausritte und Wildwasserfahrten sowie Wanderungen unternehmen. Am* ***Flagstaff Nordic Center*** *(US 180, 16 Meilen nördlich am Milepost 232) können Sie Skilanglaufen (oft auch im Herbst und Frühling). Skier können geliehen werden.*

6. CANYONS UND CASINOS: ZWISCHEN GRAND CANYON, LAS VEGAS UND SALT LAKE CITY

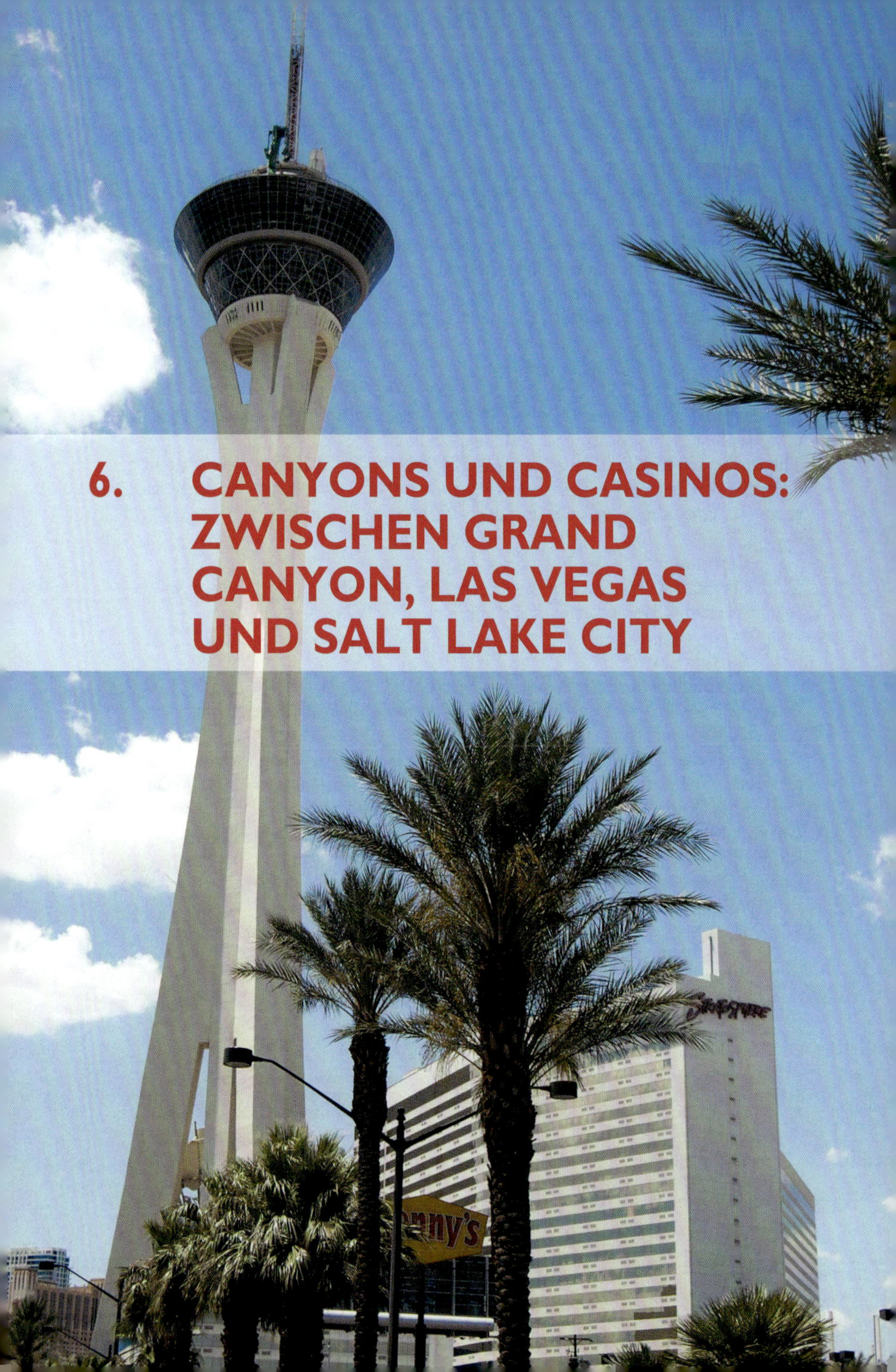

Route über Las Vegas

Entfernungen
Flagstaff – Williams: 32 Meilen/51 km
Williams – Grand Canyon NP: 60 Meilen/97 km
Williams – Kingman: 112 Meilen/181 km
Kingman – Las Vegas: 104 Meilen/168 km

Routenempfehlung

Bis Seligman den I-40, dann weiter auf der Route 66 bis Kingman und schließlich auf dem US 93 bis Las Vegas. Alternativ mit Abstecher zum Grand Canyon West/Skywalk.

Zwischen Flagstaff und Las Vegas

Überblick Alternativrouten

Zwischen Flagstaff und Salt Lake City/Denver bieten sich die drei grundlegende Routenalternativen an:

Alternative 1: Von Flagstaff nach Las Vegas und auf dem Rückweg zum Grand Canyon. Von dort weiter zum Lake Powell, den Sie anschließend überqueren, um zum Capitol Reef NP und den Bryce Canyon NP zu gelangen. Diese Strecke ist die längste und trifft auf die meisten Sehenswürdigkeiten der Region. Lesen Sie dazu gleich im Anschluss „Alternative 1" ab S. 397 und dann weiter in den folgenden beiden Kapiteln („Der Grand Canyon und die Sehenswürdigkeiten entlang dem Colorado-Tal" sowie „Vom Grand Canyon nach Salt Lake City").

Alternative 2: Zuerst zum Grand Canyon und anschließend nach Las Vegas fahren. Von dort direkt zu den Nationalparks Zion und Bryce Canyon. Von letzterem fahren Sie dann nach Salt Lake City. Diese Route ist die schnellste, die aber Sehenswürdigkeiten wie das Monument Valley auslässt. Lesen Sie hierzu dieses gesamte Kapitel und dann weiter im Kapitel „Vom Grand Canyon nach Salt Lake City".

Alternative 3: Wie Alternative 2, doch vom Bryce Canyon NP zum Capitol Reef NP fahren und weiter, entgegengesetzt der Beschreibung in Kapitel „Der Grand Canyon und die Sehenswürdigkeiten entlang dem Colorado-Tal", auf die östliche Seite des Lake Powell zum Monument Valley und zum Arches NP. Endziele hier können Salt Lake City bzw. Denver darstellen. Lesen Sie zu dieser Strecke dieses gesamte Kapitel und das Kapitel „Der Grand Canyon und die Sehenswürdigkeiten entlang dem Colorado-Tal" (z.T. rückwärts).

Redaktionstipps

- **Übernachten**: Am Grand Canyon: gediegen wohnen im altehrwürdigen **El Tovar**, etwas günstiger und nahe dem Canyon in der **Bright Angel Lodge** (S. 444). Motels gibt es in **Tusayan** (S. 445), für Eisenbahnfans das **Grand Canyon Railway Hotel** in Williams (S. 399). Kingman lohnt weniger zum Übernachten (nur Franchise-Motels). Am **Grand Canyon West** gibt es zurzeit nur eine touristisch aufgezogene Ranch (S. 403). Daher besser noch am Abend bis **Las Vegas** fahren (S. 415).
- **Essen**: Ein Dinner im **El Tovar** am Grand Canyon (unbedingt im Voraus buchen) wäre sicherlich ein Highlight. Doch an der Route 66 sollten Sie einfach einen Burger essen, z.B. in Hackberry oder im **Mr. D'z Route 66 Diner** gegenüber dem Visitor Center in Kingman (S. 402).
- **Sehens- und Erlebenswertes**: natürlich der **Grand Canyon** (South Rim, S. 429), **„Route 66-Romantik" in Williams**, **Hackberry** und **Kingman** (S. 398ff), am **Grand Canyon West** die Ausblicke sowie der Spaziergang über die Glasfläche am **Skywalk** (S. 402), der **Hoover Dam** (S. 403ff) und natürlich **„The Strip" in Las Vegas** (S. 411). Bei mehr Zeit Fahrt zum **Death Valley** (S. 419) bzw. Fahrt mit der **Grand Canyon Railway** (S. 398).
- Am Hoover Dam unbedingt versuchen, an einer **Besichtigung der Anlage** teilzunehmen, alleine schon wegen der einmaligen Fahrstuhlfahrt in der Staumauer.
- So planen, dass Sie bei einer Fahrt/einem Zwischenstopp am **Grand Canyon (South Rim)** am Abend noch den **Sonnenuntergang** erleben können.
- **Zeiteinteilung: 2 Tage:** 1. Tag Route 66, Kingman, Hoover Dam und abends in Las Vegas, 2. Tag für Las Vegas. **Inklusive Grand Canyon (South Rim) vor- bzw. hinterher:** 1 Tag mehr. Und noch einen Tag mehr für Grand Canyon West/Skywalk. Übernachtungen am Grand Canyon (South Rim) und am Grand Canyon West.

Alternative I

Tipp

Wenn Sie sich für diese Alternative entschieden haben, am besten auf dem Hinweg die angegebenen Attraktionen besuchen und von Las Vegas aus schnell zum Grand Canyon fahren, um dort noch den Sonnenuntergang zu erleben.

Auch am Grand Canyon West werden Helikopter-Flüge angeboten

Williams

Williams ist ein auf historisch getrimmter Touristenort, ausgerichtet auf Reisende zum Grand Canyon. Interessant sind die „Route-66"-Memorabilie im Stadtbild sowie die von hier abfahrende **Grand Canyon Railway**, eine historische Eisenbahnverbindung zum Grand Canyon Village. Die Zugfahrt ist ein Erlebnis, wobei hier weniger die Landschaft als vielmehr die alten Züge beeindrucken. Die Bahn wurde ursprünglich 1968 stillgelegt, dann aber 1989 wieder in Betrieb genommen und dampft nun mit alten „plüschigen" Waggons gemächlich zum Canyon. Tipp: Günstigere Übernachtung in Williams wahrnehmen und hin und zurück fahren. Dabei haben Sie aber nur etwa 3 ½ Stunden Zeit am Canyon.

Historische Eisenbahn

Grand Canyon Railway, ✆ *(928) 635-1418 od. (303) 843-8724, 1-800-843-8724, www.thetrain.com. Der historische Zug verkehrt in der Saison täglich zwischen dem Williams Railroad Depot (233 N. Grand Canyon Blvd) und dem South Rim des Grand Canyon. Ein schönes, wenn auch nicht ganz billiges Vergnügen für eine Tagestour (ab $ 75). Möglich ist auch, an einem Tag hin, am Canyon übernachten und dann am nächsten Tag zurückzufahren (Angeben bei Ticketkauf).*

Reisepraktische Informationen Williams, AZ

VORWAHL 928

Information

Williams/US-Forest Service/Grand Canyon Visitor Center: *200 W. Railroad Ave., ✆ 635-4707, 1-800-863-0546, www.williamschamber.com.*

Unterkunft

Best Value Inn of Williams $$: *1001 W. Bill Williams Avenue, ✆ 635-2202, www.americasbestvalueinn.com. Günstiges Motel.*
The Red Garter Bed & Bakery $$: *137 Railroad Ave., ✆ 635-1484, 1-800-328-1484, www.redgarter.com. Historisches Hotel, das sich in einem ehemaligen Bordell befindet.*
Grand Canyon Railway Hotel $$$: *233 N. Grand Canyon Blvd., ✆ 635-4010, 1-800-843-8724, www.thetrain.com. Nahe dem Bahnhof liegen das komfortable und im Südwester-Stil eingerichtete Hotel, das auch bekannt ist für seine alte englische Bar.*
The Canyon Motel $$$-$$$$: *1900 E. Rodeo Rd, ✆ 635-9371, 1-800-482-3955, www.thecanyonmotel.com. Nett wäre eine Übernachtung in einem der Eisenbahnwaggons (von 1930 bzw. 1950) dieses Motels, dem auch ein schöner* **RV-Park** *angeschlossen ist.*
Schöne **Campingplätze** *finden Sie im nahen Kaibab National Forest. Infos im og. Visitor Center.*

Seligman (1.500 Einwohner) ist ein verschlafenes Nest, das höchstens noch als halbverlassener Motelstandort der alten Route 66 gilt. Von hier aus bietet sich unbedingt der Mehrweg von 20 Meilen entlang einem der besterhaltenen Abschnitte der legendären Route 66 an. Bei Kingman gelangen Sie wieder auf die Hauptstrecke.

Mit dem Aufzug in die Höhlen

Zu den **Grand Canyon Caverns** folgen Sie etwa 24 Meilen hinter Seligman den Schildern. Ein Pappmaché-Dinosaurier deutet auf den Eingang hin. Zu den Höhlen geht es mit einem Aufzug hinunter. Namen wie „Halls of God" und „Chapel of the Angels" weisen auf die bizarren Formen hin. Der Boden besteht aus Kalkstein, der sich vor 350 Mio. Jahren auf dem Grund eines Ozeans aus Ablagerungen gebildet hat. Als das Land sich später hob, haben Wasserfluten die Höhlen ausgewaschen. Seit nunmehr 5 Mio. Jahren liegen die Höhlen trocken. Ihre Entdeckung ist einem Zufall zu verdanken: Ein Holzfäller stieg 1927 in einen Erdspalte hinab in der Hoffnung, hier Gold zu finden. Es werden auch Reit- und Jeeptouren angeboten und im angeschlossenen Hotel kann man in einem Zimmer in einer echten Höhle übernachten! RV Park und Campingplatz vorhanden.
Grand Canyon Caverns & Inn, *Mile Marker 115, Route 66, ✆ (928) 422-3223, tgl. 10–16, im Sommer 9–17 Uhr, 45-minütige Führungen, www.grandcanyoncaverns.com, $ 17.*

Eine ruppige Stichstraße, die 70 Meilen lange AZ 18, führt von der AZ 66 nach **Hualapai Hilltops**, von wo aus Sie zu einer Indianersiedlung und zum **Havasu Canyon** wandern können. Dort erwartet Sie u.a. auch ein wunderschöner Wasserfall. Anfahrt, Wanderung sowie ein möglicher Ritt in den Grand Canyon sind sehr anstrengend, dauern mind. einen Tag und sollten im Voraus geplant werden.
Infos: *Havasupai Tourist Enterprises: ✆ (928) 448-2121, (928) 448-2141, www.havasupaitribe.com.*

info

Route 66

Die meisten erinnern sich sicherlich noch an die vielen Songs aus den 60er Jahren, die die Bedeutung, die Hoffnung und zugleich auch die Tragik der Route 66 auszudrücken versuchten. Die *Rolling Stones*, *Middle of the Road*, der Soulsänger *Nat King Cole* und viele andere landeten einen Hit mit immer dem gleichen Refrain: ***„Get the Kicks on Route 66"***. Selbst in der Literatur taucht dieser Straßenzug immer wieder auf. Bekanntestes Beispiel dafür ist **John Steinbecks** Roman „The Grapes of Wrath", in dem die Geschichte einer Familie erzählt wird, die aus dem von Sandstürmen verwüsteten Mittleren Westen in die Sonne des Westens flieht, um schließlich auch hier kein Paradies vorzufinden. Der aus diesem Buch entnommene Leitsatz „*They traveled from the barren dust bowl to the bitter fruit bowl*" wurde später immer wieder zitiert, doch schreckte dies nur wenige ab.

Die Route 66, 3.600 km lang, zog sich von Chicago über St. Louis, Oklahoma City, Albuquerque, Flagstaff bis nach Los Angeles. Damit war sie eine der Lebensadern Amerikas und Hoffnungsträger vieler Umsiedler aus dem alten Osten bzw. Mittleren Westen. Erst 1926 komplett ausgebaut, zogen bereits Anfang der 30er Jahre die ersten Menschenmassen über die

Die Legende der Route 66 in Hackberry

„Sixty Six". Es waren hauptsächlich verarmte Farmer aus Oklahoma und Kansas. Auch nach dem 2. Weltkrieg schleppten sich noch Autolawinen über die damals noch zweispurige und an einigen Stellen erheblich steilere Straße. Zu dieser Zeit lockten die neuen Industrien, allen voran die Flugzeugfabriken im Raume von Los Angeles. Kein Wunder also, dass bei diesen Automassen die 66 zum Symbol der amerikanischen Autokultur erkoren wurde, geschmückt mit dem Beiwerk der für Amerika so typischen Motels und Fastfood-Restaurants, die wie Pilze aus dem Boden schossen. In den 60er und 70er Jahren waren es weniger die Umsiedler, dafür aber die mobile Jugend und die Urlauber, die der Straße ihre fortwährende Bedeutung verliehen. Doch der zunehmende Autoverkehr und besonders die übergroßen Trucks veranlassten die Regierungen der Anrainerstaaten zu dem Entschluss, einen neuen, vierspurigen Highway zu bauen, der viele der kleinen von der 66 lebenden Ortschaften aussparte.

info

Zuerst langsam und dann immer schneller verschwand die alte Straße, und nur noch wenige Etappen blieben erhalten. Mit ihr starb ein wesentliches Symbol der modernen amerikanischen Geschichte. Übriggeblieben sind verwaiste Motels, ausgestorbene Kleinstädte und eine Legende, die wohl niemals sterben wird. Der letzte Streckenabschnitt der I-40 wurde 1984 bei Williams eingeweiht.

An ihrem nördlichsten Ausläufer berührt die Route 66 das **Hualapai-Indianerreservat** mit seinem Hauptort Peach Springs. Ehemals waren die Hualapai, wie die benachbarten Havasupai, Jäger und Sammler. Als die ersten Siedler aus Osten kamen, störte man sich nur wenig aneinander, da das Land für große Siedlerströme zu unattraktiv erschien. Trotzdem wurden den Hualapai im Zuge der Reservatspolitik wesentliche Stücke der Hochebene aberkannt, sodass heute nur noch wenige der 1.500 Indianer Viehzucht betreiben können. Die meisten haben Regierungsjobs oder sind in der Touristikbranche beschäftigt. Wer Zeit, Muße und ein relativ robustes Fahrzeug hat, sollte einmal einen Abstecher von Peach Springs zum Grand Canyon machen. Landschaft und Ruhe werden die Belohnung sein. Abenteuer in den Indianer-Reservaten verspricht **Hualapai River Runners**: River-Rafting auf dem Colorado, aber auch Ausflüge mit Geländewagen, Helikopterflüge und mehr (s.u.). Startpunkt und Buchungsadresse ist die **Hualapai Lodge ($$-$$$,** *✆ (928) 769-2230, (928) 448-2111, www.destinationgrandcanyon.com, in Peach Springs*).

Landschaft und Ruhe

Tipp

*Ein Floß durch die **reißenden Stromschnellen** des Colorado River navigieren, zu geheimnisvollen Wasserfällen wandern und im Hubschrauber auf den oberen Rand des Grand Canyon West fliegen – dies sind die Bestandteile des **Hualapai-River-Runners-Pakets**, der einzigen eintägigen Wildwasser-Raftingtour im Grand Canyon. Ausgangspunkt der Tour ist die Hualapai Lodge in Peach Springs (s.o.). Das Wildwasser-Floß wurde speziell für die rasanten Gewässer des Colorado River entworfen. Am Ende der Tour bringt ein Hubschrauber die Gäste 1.200 Meter in die Höhe zurück auf den oberen Rand des Canyons. Während des Flugs eröffnen sich beeindruckende Aussichten über den Canyon. Infos: www.hualapaitourism.com/rafting.php. Die Raftingtouren müssen vorab reserviert werden, Preise ab ca. $ 340 p.P. Aufgrund der frühen Abfahrtszeit empfiehlt es sich, zusätzlich wenigstens eine Übernachtung in der Hualapai Lodge vor der Tour zu buchen.*

In dem kleinen Ort Hackberry, 17 Meilen vor Kingman, müssen Sie unbedingt einen Stopp machen am **Hackberry Grocery Store**. Kaum woanders finden Sie so viele Route 66-Andenken (und auch Fotomotive). Hier können Sie auch einen Snack einnehmen.

Kingman

Die größte Stadt der Region existiert eigentlich nur wegen ihrer unzähligen Motels, Hotels und Restaurants, die Reisenden entlang dem I-40 eine Rast ermöglichen. Über-

Route-66-Fans treffen sich bei Mr. D'z

nachtungsmöglichkeiten bieten unzählige Franchisehotels sowie das historische „Hotel Brunswick". Schauen Sie im **Route 66 Museum** (*120 W. Andy Devine Ave., tgl. 9–17 Uhr, $ 4*) im The Powerhouse vorbei. Hier befindet sich auch das **Visitor Center** (*✆ (928) 753-6106, www.kingmantourism.org*). Wer nun Hunger verspürt, der sollte gleich gegenüber in **Mr. D'z Route 66 Diner** einen Burger verzehren. Hier treffen sich auch die Biker und Route-66-Fans. Das kleine **Mohave Museum of History & Art** (*400 W. Beale St., ✆ (928) 753-3195, www.mohavemuseum.org, Mo–Fr 9–17, Sa 13–17 Uhr*) hat nur regionalen Charakter.

Grand Canyon West und „The Skywalk"

Lage und Anfahrt

Knapp 200 km (125 Meilen) östlich von Las Vegas bzw. 120 km (75 Meilen) nördlich von Kingman. Vom US 93 (ca. halbe Strecke zwischen Kingman und Willow Beach) abbiegen in Richtung Osten nach Meadview (Pierce Ferry Road), später abbiegen auf die Diamond Bar Road, die zum Eingang von Grand Canyon West führt (die ersten 7 km sind seit Februar 2010 asphaltiert, bis Ende 2010 soll die Diamond Bar Road komplett asphaltiert sein). Alternativ führt eine Piste von Kingman in Richtung Meadview (später dann ausgeschildert). Diese ist bei Regen aber nicht zu empfehlen, soll aber ausgebaut werden. Von Las Vegas werden auch ganztägige Ausflüge mit Busunternehmen angeboten.

Nur für Schwindelfreie: der Skywalk

Grand Canyon West liegt in der Hualapai Indian Reservation und hat sich in den letzten Jahren zu einem wirklichen Touristenziel entwickelt. Zu erleben gibt es hier vor allem Rundflüge, Helikopterflüge zum Canyongrund (was woanders nicht erlaubt ist), Ausritte und eine Busrundtour: Vom Touristenzentrum am Ende der Straße – hier müssen Sie parken – gehen diese zu den zwei Hauptattraktionen im Hopp-on-hopp-off-Prinzip los: Der **Guano Point**, wo eine alte Abbauanlage für Guano zu sehen ist, ist insbesondere wegen der schönen Aussicht in den Canyon beliebt (Picknick-Möglichkeit). Hauptattraktion aber ist der gläserne **Skywalk** wenige Kilometer entfernt. Die spektakuläre hufeisenförmige Konstruktion über dem Grand Canyon, die insgesamt über 480 Tonnen wiegt, befindet sich 1.200 m über dem Boden und am äußersten Punkt gut 21 Meter vom Rand des Canyons entfernt. Durch 7 cm dickes Spezialglas können Schwindelfreie einen in dieser Form einzigartigen Blick in die Tiefe eines Seitencanyons des Grand Canyon genießen. Bis zu 120 Menschen können den Skywalk gleichzeitig beschreiten. Zudem gibt es ein Besucherzentrum mit Indianerdorf, Museum, Kino, Restaurants etc. **Reservierungen** für die Tour bzw. die Flüge sind in der Hochsaison zu empfehlen. Der Eintrittspreis ist relativ hoch, denn er beinhaltet ein obligatorisches „Grand Canyon West Entrance Package". Wer also nicht **in** den Canyon fliegen oder die „Mutprobe" Skywalk erleben möchte, der sollte sich den Umweg ernsthaft überlegen. **Übernachten** können Sie in einfachen Hütten ($$-$$$) an einem nachgebauten Wild-West-Städtchen (Schießereien, Lagerfeuer und entsprechend einfaches Essen inklusive).

Hinweis

Fotografieren ist auf dem Skywalk übrigens nicht erlaubt. Am Eingang müssen Taschen, Kameras etc. abgegeben werden.

Skywalk, ✆ *(702) 878-9378, 1-877-716-9378, www.grandcanyonskywalk.com, www.destination grandcanyon.com, tgl. Okt.–März 8–17, April–Sept. 7–19 Uhr, ca. $ 75 + Parkplatzgebühren. Flugbuchungen: Papillon Helicopters:* ✆ *(702) 736-7243, www.papillon.com. Weitere und auch bessere Unterkünfte gibt es nur einige Kilometer außerhalb des Gebietes in der seit 1870 hier bestehenden* **Grand Canyon Ranch** *($$$, Diamond Bar Rd, www.grand canyonranch.com,* ✆ *(702)736-8787, 1-800-359-8727). Auch von hier werden Flüge in den Canyon sowie viele Ranchaktivitäten (Branding, Viehtreiben etc. – alles nur für Touristen) angeboten.*

1.200 m über dem Boden des Grand Canyon: der Skywalk

Hoover Dam

Nach guten 60 Meilen auf dem US 93 von Kingman durch ein ödes und weites Wüstental kündigen höhere Berge und unzählige Schilder eine dramatische Veränderung an. Die Straße steigt unaufhaltsam an. Oben dann offenbart sich eine atemberaubende Aussicht auf zerklüftete Berge und Täler. Am ersten Aussichtspunkt lässt sich der tief unten verlaufende Colorado River erahnen. Man kann nur raten, wo das stolze Bauwerk denn nun ist. Plötzlich ist es dann so weit. Ein Aussichtspunkt lädt zum Anhalten ein, und unter Ihnen wird das Ausmaß dieses „Stolzes aller Amerikaner" sichtbar. Ein enges Tal wird nicht nur von Damm und Wasser erfüllt, sondern besonders die unzähligen Strommasten und der Verkehr, der sich langsam über die auch als Brücke fungierende Staumauer dahinzieht. Eine neue Trasse führt jetzt über eine Brücke **(„Hoover Dam Bypass")** hoch über das Colorado-Tal und über die Staumauer, doch der Umweg über die Staumauer sollte drin sein.

P **Parken**

Versuchen Sie auf Arizonaseite am unteren Parkplatz zu parken. Auf Nevadaseite gibt es am Visitor Center/Ausstellungsgebäude ein riesiges Parkhaus, das aber nicht ganz billig ist.

Besichtigung: Zuerst zu Fuß auf der Staumauer entlanglaufen, um ein Gefühl für Höhe und Größe zu erlangen. Danach auf der Nevadaseite die kleine Ausstellung zu Bau und Geschichte des Hoover Dammes ansehen. Als Krönung: mit dem Fahrstuhl ins Mauerinnere, sowie zur Elektrizitätsanlage und dem Mauerfuß. Die Tour wird dorthin wird geführt und das Wichtigste erklärt. Dauer: ½ Stunde (+ ½ Stunde Schlange stehen). *Vorzeitige Reservierung der Tickets:* ✆ *1-866-730-9097, www.usbr.gov/lc/hooverdam/service.*

Gigantischer Staudamm

Geschichte: Schon die ersten Menschen versuchten, den Colorado für sich zu nutzen. Doch immer wieder schluckten im Frühjahr die Wassermassen das Land (bedingt durch die Schneeschmelze auf den Bergen), während im Sommer und Herbst nur ein müdes Rinnsal floss. Der Colorado ist einer der größten „Fremdlingsflüsse" der Welt. D.h. er

Autoschlangen auf dem Hoover Dam

führt im unteren Flusslauf erheblich weniger Wasser als im oberen – z.T. in Dürrejahren gar keines.

Strom und Wasser

Als zu Beginn des 20. Jh. immer mehr Menschen in den Westen kamen und das Wasser knapp wurde, beschloss die US-Regierung 1922, unter Leitung des damaligen Handelsministers *Herbert Hoover*, ein Abkommen („Colorado River Compact“) zu vereinbaren, das die Wassernutzungsrechte der sieben Anliegerstaaten regelte. 1928 wurde entschieden, im 16 km südlich gelegenen Boulder Canyon einen Damm zu bauen, doch in letzter Minute entschied man sich für diese Stelle am Black Canyon. 1931 begannen die Arbeiten, die bereits 1935, zwei Jahre früher als geplant, abgeschlossen waren. Neben der Stromerzeugung war vor allem die Wasserversorgung das wesentliche Ziel dieses Mammutprojektes. Kanäle und Rohre bis nach Kalifornien, Tucson und Phoenix wurden dazu angelegt.

Vom Hoover Dam sind es noch etwa 34 Meilen bis Las Vegas. Im **Alan Bible Visitor Center**, 4 Meilen oberhalb des Staudammes (US 93/Abzweig NV 166), erhalten Sie aus-

Daten:	Höhe der Staumauer: 221,28 m, Länge der Krone: 379,2 m, Breite oben: 13,7 m, Breite am Sockel: 201,2 m
Stromzuteilung in % der Gesamtleistung des Dammes, festgelegt in einem im Jahre 2017 auslaufenden Vertrag (Auswahl):	Nevada: 15,1 %, Arizona: 18,9 %, Großstädtischer Bereich Südkalifornien: 29 %, Rest Südkalifornien: 26 %
Leistung:	2.000 MW, Stromerzeugung ausreichend für 500.000 Haushalte, wobei Las Vegas aus alten, vertraglichen Gründen nur 3 % seines Stromes von hier bezieht.
Fläche des mit dem Wasser des Lake Mead bewässerten Landes:	4.000 km² in den USA und 2.000 km² in Mexiko, womit das Wasserbedürfnis von fast 20 Mio. Menschen gedeckt wird.
Der **Stausee** (Lake Mead)	ist 639 km² groß, max. 152 m tief und hat eine Küstenlänge von 885 km

reichend Informationen für einen Besuch der westlichen Uferzone des Lake Mead *(✆ (702) 293-8990, www.nps.gov/lame, tgl. 8.30–16.30 Uhr).*

Rückfahrt von Las Vegas zum Grand Canyon National Park

Für die Rückfahrt bietet sich als eine Alternative zum AZ 93 die folgende Strecke bis Kingman an: Biegen Sie sieben Meilen hinter Henderson nach Süden ab auf den US 95, und folgen Sie den Schildern bis **Laughlin** (20 Meilen hinter Searchlight nach links abbiegen). Der letzte Abschnitt, vom Abzweig des NV 163 bis nach Laughlin, ist den Umweg wert. Sich windend führt die gut ausgebaute Straße in das vor einem liegende zerklüftete Colorado-Tal hinab.

Laughlin

Erste Casinos

Laughlin selbst ist eine neu aus dem Boden gestampfte Spielerstadt. Mehrere große Hotels und Spielhallen reihen sich in diesem schönen Stück Land aneinander. Für den Reisenden bietet sich hier die Gelegenheit, zu äußerst günstigen Preisen zu übernachten, besonders unter der Woche. Die Büfettpreise liegen deutlich niedriger als in Las Vegas. Dafür müssen Sie aber in Kauf nehmen, dass die Hotels **nur** auf Spielbetrieb aus sind und dass die „Stadt" **nur** aus Hotels besteht. Auf dem Colorado können Sie von den einzelnen Hotels aus Bootstouren, z.B. mit einem Schaufelraddampfer unternehmen. Auch andere Aktivitäten (Kayaking, Jet-Skiing) werden angeboten und für Naturliebhaber sei der Ausflug zum westlich gelegenen **Grapevine Canyon** (Indianerzeichnungen, Bighorn-Schafe) empfohlen.

Laughlin gegenüber liegt die Stadt **Bullhead City**. Während des Baues des nahen Davis Dam als Arbeitersiedlung errichtet, ist sie heute ein Ferienort, der gerne von Rentnern frequentiert wird sowie auch von Sportfischern.

Wer in Laughlin übernachtet, hat am nächsten Tag noch Zeit, einen kurzen Umweg nach **Oatman** zu fahren, einer kleinen „Ghost Town", in der bis 1942 nach Gold gesucht wurde. Man hat versucht, vieles im alten Stil zu erhalten. Es gibt neben alten Gebäuden auch ein Museum. Zudem wird in einer Filmvorführung die Geschichte des Örtchens erzählt. Nehmen Sie für die Anfahrt nicht die auf den Karten eingezeichnete Schotterstraße, sondern besser die längere Teerstraße durch das Fort Mohave Indianerreservat.

Kurz vor dem Grand Canyon

Über Kingman geht es nun zurück auf dem I-40 bis Williams. Dort biegen Sie ab nach Norden auf den AZ 64, der sich später mit dem US 180 vereinigt. In dem vollkommen flachen Gelände, das an vielen Stellen an eine Steppe erinnert, mag man gar nicht glauben, dass irgendwo vor einem eine der tiefsten Schluchten der Welt klafft. In **Tusayan**, sechs Meilen vor dem Grand Canyon Village, gibt es eine große Konzentration von Hotels, Motels, Campingplätzen und Restaurants. Leider hat hier bereits alles extra hohe Preise. Somit wäre es eine Überlegung wert, bereits in Williams das Nachtlager aufzuschlagen. Anschließend, kurz vor dem südlichen Parkeingang, lockt das **Grand Canyon Theatre** mit dem IMAX-Film „Grand Canyon – The hidden Secrets". Dauer: ½ Stunde. Auf einer überdimensionalen Leinwand werden die Geologie der Schlucht, die Geschichte ihrer Erforschung und vieles mehr geboten.

Reisepraktische Informationen Laughlin, NV

VORWAHL 702

Information

Laughlin Visitor Bureau: *1555 South Casino Drive, ✆ 298-3321, 1-800-4-LAUGHLIN, www.visitlaughlin.com.*

Unterkunft

Edgewater Hotel & Casino $$: *2020 S.Casino Drive, ✆ 298-2453, 1-866-352-3553, www.edgewater-casino.com. 1.500 Zimmer, direkt am Colorado River.*
Aquarius Casino Resort $$-$$$: *1900 S.Casino Dr., ✆ 298-5111, 1-800-662-5825, www.aquariuscasinoresort.com. Luxuriösestes Hotel am Platz mit 2.000 Zimmern.*

Tipp

Versuchen Sie in den großen Hotels ein Zimmer in den oberen Etagen mit Blick auf den Colorado zu bekommen.

Camping

Don Laughlin's Riverside Resort – RV Park: *1650 S Casino Dr, ✆ 298-2535, 1-800-227-3849, www.riversideresort.com. Mit 750 Plätzen nicht nur riesig, sondern auch gut organisiert (auch Hotel und Casino).*

Las Vegas

Entfernungen

Las Vegas – Flagstaff: 249 Meilen/400 km
Las Vegas – Phoenix (über Wickenburg): 287 Meilen/462 km
Las Vegas – Salt Lake City (über I-15): 417 Meilen/671 km

Neonlicht und Wüstensand

Karriere einer Spielerstadt

Die Amerikaner schwärmen von Las Vegas, und viele fahren mindestens einmal im Jahr zum Spielen („Gambling") hierher. Unter ihnen sind Rentner, Familien und konservative Zeitgenossen des Mittelstandes. Kein Wunder also, dass sich diese ehemals kleine Mormonenstadt zu einer der glitzerndsten Oasen der Welt gemausert hat. Nur Macao in China setzt mittlerweile mehr Casino-Dollar um. Dabei begann alles ganz friedlich: 1829 zog eine kleine Karawane von New Mexico nach Los Angeles, entlang dem Spanish Trail, und campierte etwa 100 Meilen nördlich der heutigen Stadt. Da das Wasser knapp wurde, entschloss sich der Leiter dieses 60 Mann starken Grüppchens dazu, einen Wassersuchtrupp loszuschicken. Dieser fand nach tagelangem Ritt durch Zufall die heute als Las Vegas Springs bekannten artesischen Wasser, die aus der Tiefe des Bodens emporkommen und auf eine Urzeit zurückdeuten, als das Gebiet ein großer Sumpf gewesen sein muss.

15 Jahre später campierte an den Quellen eine Überlandexpedition unter Leitung von *John C. Fremont*. Doch erst um 1855 siedelten die ersten Mormonen hier. Sie kamen aus dem Salt Lake-Tal um die Postroute zwischen Los Angeles und Salt Lake City zu sichern. Sie errichteten ein kleines Fort, Häuser aus Lehm und begannen das Land zu kultivieren. Für den Bau der Eisenbahnlinie 1904 wurden in Las Vegas eine große Zelt-

Die ersten Zocker

stadt und ein zentrales Ersatzteillager errichtet. 1905 wurde damit die Stadt offiziell ins Register eingetragen, und von nun an war es die Eisenbahn, die das weitere Schicksal bestimmte: Ein Casinohotel wurde im Bahnhofsgebäude eingerichtet, sodass viele Reisende hier einen Aufenthalt einplanten, bevor sie mit dem nächsten Zug weiterfuhren – meist um viel Geld erleichtert. Die Spielerei nahm solche Auswüchse an, dass der Staat Nevada 1910 ein Anti Gambling Law verabschiedete. Dieses erzielte aber kaum Wirkung, sondern förderte das illegale Spielen. 1931 wurde das Gesetz wieder aufgehoben, und der Bau des nahen Hoover Dam und die Einrichtung eines großen Militärlagers sorgten für ausreichend Spiellustige.

Der große **Boom** setzte schließlich 1941 ein, als eine Reihe von Casinohotels am Las Vegas Boulevard gegründet wurden. Hinter diesen steckte meist die Mafia, die in den großen Städten wie New York, Chicago und Los Angeles immer mehr mit „Repressalien" durch die Polizei zu kämpfen hatte. Las Vegas wurde zur „Last Frontier" für diese „Pioniere" Amerikas. Die Liste der

Redaktionstipps

▶ Viel Infomaterial enthält **Rabattzettelchen** für Show, Restaurants und Anderes.

▶ **Übernachten**: **Am bzw. nahe dem Strip**. Etwas teurer sind die Themenhotel, wer es günstig mag, entscheidet sich für eines der wenigen, recht einfachen Motels am Strip. S. 416. Günstiger ist es zw. Sonntag und Donnerstag. Zum **Wochenende** Zimmer vorbuchen.

▶ Was das **Essen** angeht (S. 417), empfehlen sich die besonders günstigen, aber durchaus leckeren **Büfetts in den Casino**-Hotels, z.B. das **Rio Carnival World Buffet**. Etwas Anderes zu den Gerichten „on the Road" bieten das **Hofbräuhaus** sowie die südamerikanisch-asiatischen Restaurants, wie z.B. das **Sushisamba**.

▶ **Abendprogramm**: Beginnen Sie mit einem Cocktail mit Aussicht, z.B. **Romance at The Top of the World** oder **VooDoo Lounge**, gehen Sie dann essen bzw./und lassen Sie sich dann treiben entlang des Strip. Wer eine **Show** besuchen möchte, sollte diese bereits von Europa aus buchen.

▶ **Sehenswürdigkeiten**: **„The Strip", „The Strip", „The Strip"** (S. 411) ... besonders bei Nacht. Schön ist ein **Hubschrauberflug** über die „Lichter der Nacht" (S. 414) und auch die **Neon Show** abends in der Fremont Street (S. 410). Beeindruckend sind auch die stadtarchitektonischen Meisterwerke des **CityCenter** (S. 413). Gut, aber für einen Besuch in Las Vegas eher als Lückenfüller geeignet, sind das **Springs Reserve** (S. 409), **The Auto Collection** (S. 413), die **Bellagio Gallery of Fine Art** (S. 411) und die **Thrill Rides** z.B. am Stratosphere Tower (S. 408/416). Ausflüge zum **Death Valley** (S. 419) oder ein **Flug über den Grand Canyon und den Hoover Dam** (S. 414) können Sie gut am Tag unternehmen. Und... **„Shop till you drop"** in einer der Malls (S. 418).

▶ **Zeiteinteilung**: **2 Übernachtungen**: So ankommen, dass man am Abend noch etwas unternehmen kann. Am folgenden Tag ein zwei Attraktionen/Museen besuchen sowie shoppen. Abends eine Cocktail Bar aufsuchen, ausgewählt essen gehen und dann ausgiebigst den „Strip" erkunden. Am Abreisetag ein Ziel wählen, das nicht zu weit entfernt ist - dann können Sie ausschlafen. Bei **3 Übernachtungen** empfiehlt sich zudem ein Ausflug zum Death Valley (langer Tag) oder ein Flug über den Grand Canyon und abends dann die Erkundung der Downtown.

Besitzurkunden der Hotels der 1950er Jahre liest sich wie eine Verbrecherkartei. Hier und dort tauchten auch Namen von zu Reichtum gelangten Sportlern auf. Einer von ihnen war *Joe Louis*, der ehemalige Weltmeister im Schwergewichtsboxen, der es in den 30er Jahren zweimal mit *Max Schmeling* zu tun hatte. Zwar währte sein finanzielles Glück in Las Vegas nicht lange – die Mafia benutzte ihn nur als Aushängeschild und „komplementierte" ihn bald wieder hinaus –, doch sorgte er dafür, dass von nun an große Boxkämpfe in Las Vegas ausgefochten wurden. Leider war Las Vegas auch in anderer Hinsicht sein Verderben: *Joe Louis* war leidenschaftlicher Spieler und verspielte sein gesamtes Vermögen in den Casinos.

Spieler kehren immer zurück

Während der 1960er Jahre wurden die Slot Machines eingeführt und damit die „kleinen Spielsüchtigen" angelockt, die weder pokern noch Black Jack spielen wollten. Damit setzte ein weiterer Boom ein, und die Jackpots erreichten damals bereits Summen von bis zu 9 Millionen Dollar. Doch die wenigsten gewinnen, statistisch errechnet nur 4 %. Ein Gambler lässt an einem Tag schon mal mehrere tausend Dollar im Automaten. Die wenigsten stört das aber wirklich. Ein Wochenendverlust von 3.000 Dollar ist eingeplant, und die Spieler kehren immer wieder aufs Neue zurück nach Las Vegas. Durchschnittlich bleibt ein Tourist 3,5 Tage in Las Vegas und verspielt dabei 570 US-Dollar (Nicht-Spieler und Kinder eingerechnet!).

Ab 1976 drohte ein enormer Einbruch. Atlantic City an der Ostküste legalisierte das Gambling, und auch Städte wie z.B. Reno und Lake Tahoe an der Westgrenze von Nevada erstarkten. Las Vegas musste sich etwas einfallen lassen. Die Hotels konnten sich nicht mehr auf Casinobetrieb und Unterkünfte beschränken, und so beschlossen die großen unter ihnen, Resorts, Theme Parks und anderes Entertainment zu bieten. Die Shows wurden aufgemöbelt und mit noch bekannteren Stars besetzt. Zudem versuchte nun jedes Hotel etwas Exklusives zu bieten und sich damit einzigartig zu machen. Immer neue Mammutpaläste schießen aus dem Boden, und der **Strip** ist auf einer Länge von mittlerweile fünf Meilen zugebaut. In Las Vegas gibt es die größten Hotels der Welt (über 20 mit mehr als 1.000 Zimmern) und Kleinere, wie das legendäre „Sands" oder das mittlerweile als historisch einzustufende „Fremont", geraten ins Hintertreffen oder werden gesprengt. Die alten Casinos in der Downtown, die zwischenzeitlich nur noch zwielichtige Gestalten anzogen, wurden daher einer massiven „Aufmöbelung" unterzogen. Trotz Überdachung und stündlicher Lichtershow kann aber auch heute die Downtown sowie die Fremont Street nicht mit dem Strip mithalten.

Die größten Hotels der Welt

Die Kosten für die großen Hotelbauten am „Strip" können sich nur noch große Konzerne leisten, die den Bau zum Teil als Werbeobjekt von der Steuer absetzen (wie z.B. Metro Goldwyn Meyer das „MGM Grand" mit seinem Hollywood Theme Park, dem Wasserpark und der Wild-West-Stadt). Kostenpunkt für das Grand mit seinen 5.007 Zimmern: 1,1 Milliarden Dollar, Spielcasinofläche: 1.720 qm. Dagegen nehmen sich die Baukosten für das „Excalibur" und des „Luxor" von jeweils 300 Millionen Dollar fast bescheiden aus. Neuere Hotels, wie das „Bellagio" (1,6 Mrd. $), das „The Venetian" (1,3 Mrd. $), das Mandalay Bay (1,5 Mrd. $) u.a. liegen aber ebenfalls in der Kategorie über einer Milliarde und das Las Vegas CityCenter mit seinen architektonisch einzigartigen Suitenhotels setzte noch einmal einen drauf. Die Leitung des Hotels „Las Vegas World" z.B. hat noch während des Baues des **Stratosphere Tower** beschlossen, diesen um ein weiteres Stockwerk als geplant zu erhöhen, damit er selbst den Eiffelturm in Paris übertrifft. Mehrkosten: ca. 17 Mio. Dollar. Viele Hotels haben sich wegen der Kosten mittlerweile zusammengetan. Doch nicht alle werden den finanziell nötigen Atem haben, um diesen Wettlauf nach immer mehr und immer Neuerem zu überstehen. Mittlerweile rechnen selbst die ganz großen, dass ein neu errichteter Superpalast in weniger als acht Jahren seine Kosten wieder eingespielt haben muss, weil die Anlage dann nämlich als „veraltet" gelten wird.

Die Gewinne können sich sehen lassen

Dem Touristen aber bietet sich auf diese Weise ein unglaubliches Schauspiel aus einfallsreichen Neonreklamen, Automatengeratter, billigen Büfetts und hervorragenden Shows. Es ist mit Sicherheit nicht jedermanns Sache, und selbst die Hartgesottensten werden nach spätestens drei Tagen froh sein, wieder in die weite und beschauliche Wüstenlandschaft zu entschwinden. Nun hat der ganze Rummel nicht nur schlechte Seiten: 45 % der Staatseinnahmen von Nevada entstammen den Spielsteuern und mehr als ein Drittel des Staatshaushaltes geht in den Erziehungsbereich. Daher kann Nevada mit Recht auf eines der besten öffentlichen Erziehungswesen der USA verweisen. Die Gewinne aus Spieleinnahmen für die Stadt belaufen sich auf über 8,5 Mrd. Dollar bei ca. 40 Mio. jährlichen Besuchern.

100.000 Eheschließungen

Übrigens steht Las Vegas in noch einem Punkt ganz oben auf der Beliebtheitsskala: dem Heiraten. Kein Bundesstaat hat so lockere Gesetze, und für den sofortigen Trauschein reichen der Führerschein und ein paar Dollar! Mittlerweile werden hier jedes Jahr mehr als 100.000 Ehen geschlossen in einer der vielen kleinen „Kirchen" sowie in den Hotel-Kapellen.

Die Stadt Las Vegas zählt heute über 600.000, der Großraum über 2 Mio. Einwohner.

Attraktionen abseits des Strip

s. Karte in der hinteren Umschlagklappe

Sehenswertes außerhalb des Strips gibt es nur bedingt, hier nur das Wichtigste:

Das **Springs Preserve** wurde an der Stelle errichtet, wo die erste Quelle (s.o.) der Stadt entdeckt wurde. Es ist sehr auf Ökologie ausgerichtet und soll Jung und Alt in verschiedenen Ausstellungen und Gärten die Natur- sowie die Kulturgeschichte der Region näher bringen. Auf dem Gelände befindet sich zudem das Nevada State Museum sowie Restaurants.
Springs Preserve, *333 S. Valley View Blvd, ✆ (702) 822-7700, www.springspreserve.org, tgl. 10–18, im Sommer bis 22 Uhr, Nevada State Museum, Fr–Mo 10–18 Uhr, $ 19 (Preserve+Museum).*

Las Vegas Downtown

Liberace Museum: Der Glamour Star der amerikanischen Pianoszene feierte in Las Vegas seine größten Erfolge. Seine Familie und eine reiche Fangemeinde stiftete aus Trauer um den bereits in mittleren Jahren Verstorbenen die Grundlage für ein Museum, dessen „Kitsch" seinesgleichen suchte. Kernpunkte der Ausstellung bildeten die Garderobe von Liberace und eine Sammlung seiner plüschverzierten Autoflotte und natürlich Pianos. Doch der Ruhm verstrich und immer weniger Besucher kamen. Somit musste das Museum *(1775 E.Tropicana Ave., www.liberace.org)* vorerst oder wohl auch für immer seine Türen schließen

Das **Atomic Testing Museum** befindet sich auf dem ehemaligen Testgelände für Nuklearwaffen und erzählt im Wesentlichen dessen Geschichte.
Atomic Testing Museum, *755 E. Flamingo Rd, zw. Swenson St. und Paradise Rd, ✆ (702) 794-5151, www.atomictestingmuseum.org, Mo–Sa 10–17, So 12–17 Uhr, $ 14.*

Zu neuem Leben erwachte die **Downtown** von Las Vegas vor allem durch die Renovierung der **Fremont Street**. Letztere verkam in den 1980er Jahren zunehmend und wurde komplett renoviert, einschließlich der historischen **Main Street Station (1)**, in der Restaurants und Shops untergebracht wurden. Die Fremont Street, das ursprüngliche Herzstück der Spielerstadt, ist komplett überdacht und abends wird stündlich eine imposante Lichter- und Videoshow geboten, bei der 12,5 Mio. LEDs unterschiedliche Bilder am Dach erscheinen lassen und ein 540.000 Watt-Soundsystem für

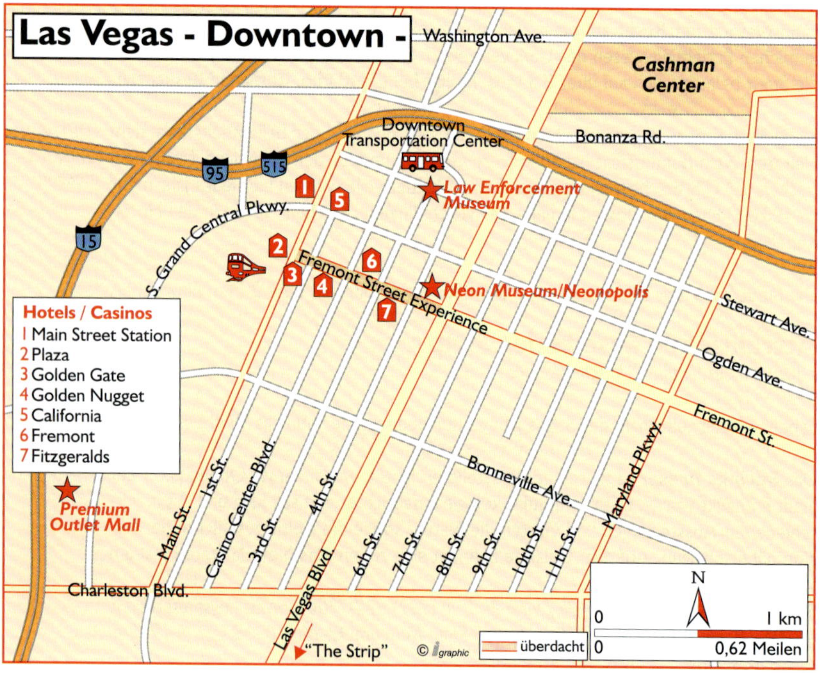

die akustische Untermalung sorgt. Alte Fotos von Las Vegas können Sie heute im kleinen Spielcasino von **Las Vegas' ältestem Hotel**, dem **Golden Gate (3)**, bewundern. Sehenswert ist das **Neon Museum/Neonopolis**, das auf einem Freigelände am oberen Ende des Las Vegas Boulevard sowie entlang einiger Straßenzüge und an Hauswänden tolle Neonleuchten und -reklamen aus früheren Tagen zeigt (kein Museum in einem Gebäude).

Neon Museum: *Spaziergang: zw. Neonopolis am Las Vegas Blvd. (nahe dem Hacienda Horse and Rider) und 3rd St.-Sackgasse neben der Fremont Street Experience, ✆ (702) 387-6366, www.neonmuseum.org. Touren: Di–Sa 12 u. 14 Uhr, nur nach Anmeldung!*

Tipps

- ***Rabatte/Coupons**: Am günstigsten speisen Sie in Ihrem Hotel (am **Büfett**), denn bereits beim Einchecken gibt es Rabatt-Coupons dafür. Rundflüge, Touren etc. bieten Coupons in Hülle und Fülle in Prospekten und Veranstaltungsmagazinen an. Achtung bei sehr billigen Tourangeboten: Sie haben immer ein Hauptziel - ein Casino.*
- ***Shows**: Die Preise variieren, bei besonderen Stars geht es hinauf bis zu 150 $. Oft gibt es keine Platzreservierungen, aber man sollte zumindest die Tickets vorbestellen. Die Platzverteilung erfolgt nach verschiedenen Mustern: Wer zuerst reserviert, erhält manchmal die besseren Plätze. Meistens aber erfolgt die Platzierung erst durch einen Platzanweiser, der Sie zum Tisch begleitet, diesen jedoch nach Höhe des geleisteten **Trinkgeldes** aussucht. Sparsame Zeitgenossen finden sich des Öfteren mit dem Rücken zum Geschehen wieder. Einige Shows bieten Inklusivpreise an (Getränke, Tax und Trinkgeld - dieses hat aber nicht unbedingt etwas mit dem Trinkgeld für den Sitzplatz zu tun!), manche sogar ein (mittelmäßiges) Dinner. Häufig ist man während der Show dann mehr damit beschäftigt, das einzige Stück Fleisch von der Spar Rib abzunagen als der Show zu folgen.*
- ***Fortbewegung** auf dem Strip: am besten zu Fuß. Für längere Strecken gibt es den **Trolleybus** (9.30-0.00 Uhr) oder den 24-Stunden-Doppeldeckerbus **„The Deuce"** bzw. die **Monorail** (zwischen „MGM" und „Sahara"). Stadtbusse sind in der Regel während der Abendstunden brechend voll.*

Las Vegas entlang dem Strip

Vorschlag für eine Casino-Hotelbesichtigungstour: Den Trolleybus bis nach Süden zum Hotel „Excalibur" (oder auch zum „Luxor" bzw. „Mandalay Bay") nehmen. Hauptsächlich zu Fuß langsam geht es dann in folgender Reihenfolge weiter: „Excalibur" – „New York, New York" – „MGM Grand" – **Las Vegas CityCenter** (tolle Architektur). In „Bellagio" gibt es die Ausstellung in der **Gallery of Fine Art** sowie den **Botanischen Garten** anschauen. Anschließend die 300 m lange Wasserorgel **Bellagio Fountain** vor dem Hotel bewundern und weiter zum „Caesar's Palace" (inklusive der vornehmen „Forum"-Ein-

Die Welt wird hier kopiert

Las Vegas - The Strip -
Stratosphere Tower
zur Downtown und Fremont Street
Sahara Ave.
589
Circus Circus Dr.
The Strip
15
Circus Circus
Adventuredome
Karen Ave.
Las Vegas Hilton
Star Trek LV Hilton
Marriott Suites
Las Vegas Country Club
Arville St.
Riviera
Convention Ctr.
Frank Sinatra Dr.
Desert Inn Rd.
Las Vegas Convention Center
Valley View Blvd.
Las Vegas Blvd.
Tramp International
Desert Inn Rd.
World Trade Center
Fashion Show Mall
Spring Mountain Rd.
Wynn Las Vegas
Paradise Rd.
Swenson St.
The Venetian
Treasure Island
Wynn Golf Club
Sands Expo
Sands Ave.
Twain Ave.
Mirage
Harrah's
Rio
Forum Shops at Caesars
Imperial Palace (Auto Collection)
Gold Coast
Ceasars Palace
Flamingo
Westin
Flamingo Rd.
Bill's Gambling Hall
Bourbon Street
592
Terrible's Casino
Flamingo Rd.
Palms
Bellagio
Bally's
Paris
University of Nevada Las Vegas
Frank Sinatra Dr.
City Center LV
The Strip
Planet Hollywood
Hard Rock Hotel
Harmon Ave.
15
Audrie St.
Hofbräuhaus
Thomas & Mack Center
Monte Carlo
Koval Ln.
zum Hotel Orleans
Showcase Mall
New York New York
MGM Grand
Tropicana Ave.
593
Tropicana Ave.
Excalibur
Tropicana
Reno Ave.
Luxor
Hacienda Rd.
Mandalay Bay
Russel Rd.
Industrial Rd.
Dean Martin Dr.
Four Seasons
Diamond Inn
Las Vegas Blvd.
Russel Rd.
Monorail
McCarran International Airport
Tunnel
Bali Hai Golf Club
N
0
1 km
0
0,62 Meilen
nach Los Angeles
© graphic

kaufspassage oder aber **Monorail** zum „Sahara" oder „Bally") – über die Brücke zum „The Rio" (hinauf auf einen Cocktail in die „VooDoo Lounge" oder bereits frühes Dinner am **Rio Carnival World Buffet**) – „Mirage" (abends stündlicher Ausbruch des **Vulkans**) – „Treasure Island". Überqueren Sie nun die Straße, und machen noch einen Schlenker durch das Casino-Riverboat des Hotel „Harrahs", kurz zurücklaufen zur **Auto Collection** im „Imperial Palace" *(tgl. 10–18 Uhr)*, wo 250 historische und seltene Autos zum anschauen und kaufen ausgestellt sind. Dann weiter zum „The Venetian", wo **Gondeln** auf dem Haussee herumfahren. Weiter nördlich, im „Wynn Las Vegas" können Sie an die 50 neue und gebrauchte **Ferrari- und Maserati-Rennwagen** bewundern und wenn Sie dann noch Muße haben, laufen/fahren Sie weiter zum „Stratosphere", wo Sie auf den 350 m hohen Turm hinauffahren können (Observation Deck und ein atemberaubender „Thrill Ride" auf die Spitze des Turms). *Am Strip*

Las Vegas CityCenter

info

2009 wurde dieser kleine, neun Milliarden Dollar teure Stadtteil zwischen Flamingo Rd. und Tropicana Ave. eingeweiht. Er besteht aus eindrucksvollen Stadtbauten, bei denen Architekten wie *Helmut Jahn* und *Daniel Libeskind* mitgewirkt haben. Der Komplex aus mehreren Gebäuden wurde nach neuesten „Wohlfühl-„ und ökologischen Gesichtspunkten errichtet. Imposante Glaspaläste, die Show „Cirque du Soleil", Spas, Hotels, eine Art Collection, Grünflächen, Skulpturen Toprestaurants, eine exklusive Shopping Mall u.v.m. sollen nun die Reichen in ihre Residenzen hier ziehen lassen. Dabei wird weniger Wert gelegt auf die Casino-Besucher - es gibt kein Casino auf dem Gelände - sondern eher auf diejenigen, die ihr Geld in den Malls und Restaurants lassen werden. Eine ganz neue Orientierung für Las Vegas. Übrigens wird darauf hingewiesen, dass so viel Wasser als möglich wieder verwendet wird und ein Großteil der Energie in einem umweltfreundlichen, komplexeigenen Kraftwerk erzeugt wird. Käufer für die Apartments haben sich schon gefunden, meist Investoren aus New York, Los Angeles und aus Übersee (*www.citycenter.com)*.

Beim Besuch der Hotels fällt eines auf: Es ist immer dunkel, und nur künstliche Beleuchtung erhellt die Räume. So soll den Spielern das Zeitempfinden geraubt werden, damit sie länger spielen. Zudem versuchen die Hotelcasinos, die Ausgänge „zu verstecken", damit erst gar nicht der Wunsch aufkommt, das Casino zu verlassen und woanders sein Glück zu versuchen. Ein Gast, der nur wohnt im Hotel, ist ein Verlust. Daher sind die Zimmer auch nur mit dem Nötigsten ausgestattet. Keine Frage, sie sind sauber, aber vergeblich sucht man einen Kühlschrank, interessante Fernsehsender oder bequeme Sitzgelegenheiten. Immer wieder werden Tricks angewandt, um den Besucher zu den Spielautomaten zu locken: So gibt es z.B. von

Von Top-Architekten entworfen: das City Center

der Straße aus zwar einen Eingang zur „Forum Mall" des Caesar's Palace, aber hinaus kommt man nur, nachdem man alle Spielhallen des Hotels passiert hat.

Nicht weit vom Strip gibt es noch das **Erotic Heritage Museum** *(3275 Industrial Rd, Di–Do+So 11-16, Fr+Sa 12–22 Uhr, ✆ (702) 369-6442, $ 15)*, in dem die Geschichte der Erotik erläutert wird.

15 Meilen nordwestlich von Las Vegas liegt der **Red Rock Canyon**, eine 910 m tiefe Schlucht, in der es sich nett wandern lässt und eine 13 Meilen lange Panoramastraße an Picknickplätzen und Aussichtspunkten entlang führt. Doch wer später die auf S. 424 beschriebene Rund-/Weiterfahrt inkl. des **Valley of Fire** unternehmen will und außerdem den Grand Canyon auf seinem Programm hat, der kann diesen Canyon auch gut auslassen.

Reisepraktische Informationen Las Vegas, NV

VORWAHL 702

Information

Las Vegas Conv. & Visitors Bureau: *Convention Center, 3150 S. Paradise Rd., ✆ 892-7575, 1-877-847-4858, nur Mo–Fr geöffnet. Auch 32100 S Las Vegas Blvd, STE 112, Primm (nur Do–Mo), www.visitlasvegas.com.*
Nevada Welcome Center, *Boulder City am US 93, ✆ 294-1252*
Über Veranstaltungen informieren die regelmäßig erscheinenden Broschüren/Magazine **Las Vegas Weekly** *(www.lasvegasweekly.com)*, **Vurb** *(www.vurbmagazin.com)*, **Las Vegas City Life** *(www.lasvegascitylife.com)*, **What's On** *(www.whats-on.com) und eine Reihe anderer Blättchen, die überall herumliegen. Die Tageszeitung ist das* **Las Vegas Review-Journal**, *dem freitags ein Veranstaltungsblatt beiliegt.*

Krankenhaus

University Medical Center: *1800 W. Charleston Blvd., ✆ 383-2000*

Sightseeingtours

Las Vegas bietet sich als gute Basis an für Touren durch den Südwesten. Es gibt unzählige Tourunternehmer, die die Reisenden zu den verschiedensten Destinationen bringen. Dabei wird nicht nur auf herkömmliche Busse zurückgegriffen, sondern auch auf kleine Flugzeuge, Heißluftballons, Geländefahrzeuge u.v.m. Infos liegen in den großen Hotels aus.

Aus dem nahezu unüberschaubaren Angebot seien hier nur genannt:
Sightseeing Tours Unltd.: *✆ 471-7155, www.sightseeingtourslv.com. Touren aller Art, vornehmlich aber mit Bussen zum Grand Canyon, Grand Canyon West, Laughlin, zu den Indianerreservaten, aber auch günstige Angebote für Helikopterflüge.*
Helikopter- und Kleinflugzeugflüge zum Grand Can Canyon, über den Hoover Dam, aber auch Las Vegas, bietet u.a. **Heli USA** *(275 E. Tropicana Ave., #200, ✆ 736-8787, www.HeliUSA.net) an. Auf Exkursionen mit Hochdecker-Flugzeugen (der Aussicht wegen), z.B. zum Grand Canyon, aber auch zu weiteren Zielen (Bryce Canyon, Monument Valley, inkl. Übernachtungen u.a. Arrangements etc.) hat sich* **Scenic Airlines** *(275 E. Tropicana Ave., ✆ 638-3300, 1-866-235-9422, www.scenic.com) spezialisiert. Und wer zum Sonnenauf- oder -un-*

tergang mit einem Ballon über Las Vegas fliegen möchte, kann dieses mit **Adventure Balloons Las Vegas***: ✆ 247-6905, www.smilerides.com.*

Unterkunft

Las Vegas ist Ziel unzähliger Amerikaner, die hier einmal im Jahr ihr Glück suchen. Besonders an den Wochenenden fliegen Zigtausende Gäste von überall her. Kein Wunder also, dass es 125 Hotels und 185 Motels mit zusammen über 140.000 Zimmern gibt. Las Vegas verfügt über viele der größten Hotels der Welt. Das größte ist das „Venetian" mit über 6.000 Zimmern, gefolgt vom „MGM Grand Hotel" mit über 5.000 Zimmern. Das bekannte „Caesar's Palace" ist mit seinen etwa 2.600 Zimmern erst das 15.-größte Hotel in Las Vegas! Grundsätzlich kann man sagen, dass die riesigen Hotels am „Strip" teurer sind als die in der Innenstadt, dafür liegen sie aber auch günstiger zu den wirklichen Highlights. Im nahezu dauernd überlasteten Straßensystem kann man für die Strecke Innenstadt bis MGM Hotel nicht selten 1–2 Stunden benötigen.

Nahezu alle neueren Hotels am und um den „Strip" unterliegen einem Thema und entsprechend imposant ist die Kulisse. So ist das „New York, New York" von Attrappen bekannter New Yorker Gebäude eingerahmt, das „MGM" widmet sich ganz dem Thema Film, das „Luxor" ist in Pyramidenform gebaut, das „Excalibur" sieht aus wie eine mittelalterliche Burg etc. Im Grunde aber handelt es sich immer um eine Schale und im Inneren erinnern nur die Restaurants sowie einige wenige Strukturen in den allgemeinen Räumen an das jeweilige Thema.

Empfehlungen lassen sich daher nur bedingt aussprechen, denn jeder wird ein anderes Thema bevorzugen. Auch mit den Preisen ist das so eine Sache. Je nach Wochentag (Wochenenden am teuersten) und Saison differieren die Preise immens. Vergleichen oder bereits von Europa aus über einen Reiseveranstalter vorbuchen lohnt also.

Eine kleine Auswahl der Hotels in Las Vegas (Las Vegas Blvd. = „The Strip"):

Mittelalterliche Burg: Excalibur

Hotels am „Strip"

Günstige Motels ($$) *sind z.B. die* **Travelodge South Strip** *(3735 Las Vegas Blvd. S, ✆ 736-3443, 1-800-578-7878, www.southstriptravelodge.com) und das* **Diamond Inn Motel** *(4605 Las Vegas Blvd S, ✆ 736-2565, www.diamondinnlv.com).*

Stratosphere Tower $$-$$$: *2000 Las Vegas Blvd. S., ✆ 380-7777, 1-800-998-6937, www.stratospherehotel.com. Das Hotel selbst ist wenig ereignisreich, dafür lohnt die Fahrt auf den 345 m hohen Turm, in dem oben drei Hochzeitskapellen und ein Restaurant untergebracht sind.*

MGM Grand Hotel $$-$$$$: *Ecke Las Vegas Blvd/Tropicana Ave., ✆ 891-1111, 1-877-880-0880, www.mgmgrand.com. Smaragdgrüner Riesenpalast. Über 5.000 Zimmer. Im „Hinterhof" ein Vergnügungspark, gemünzt auf Filme und Hollywoodvergnügen.*

Excalibur $$-$$$$: *Ecke Las Vegas Blvd./Tropicana Ave., ✆ 597-7777, 1-877-750-5464, www.excalibur.com. Über 4.000 Zimmer, Casino mit 2.850 Slot-Maschinen, 890-Sitzplatz-Theater mit 2-3 Shows täglich, Hochzeitskapelle. Im Stil einer Ritterburg eingerichtet.*

Mirage $$-$$$$: *3400 Las Vegas Blvd., ✆ 791-7111, 1-800-374-9000, www.mirage.com. Regenwald, Haifisch-Aquarium an der Rezeption, weiße Tiger, Delphinarium – alles im Südseelook. Vor dem Gebäude spuckt allabendlich ein Vulkan seine „Lava" aus (Sonnenuntergang bis Mitternacht, zur vollen Stunde).*

Bellagio $$$-$$$$$: *3600 Las Vegas Blvd. S., ✆ 693-7111, 1-888-987-6667, www.bellagio.com. Eines der vornehmsten Hotels am „Strip". Thema: Italien. Im Hause gibt es eine die Bellagio Gallery of Fine Art mit jährlich wechselnden Top-Ausstellungen.*

Caesar's Palace $$$$$: *3570 Las Vegas Blvd. S., ✆ 731-7110, 1-800-223-7277, www.caesars.com. Weltberühmtes Luxushotel im Glanz des alten Rom, selbst die Sicherheitsbeamten haben Rüstungen an. Schauplatz großer Sportveranstaltungen.*

Es gibt am Strip auch Hotels, in denen es kein Casino gibt. Sie sind aber teuer und exklusiv ($$$$-$$$$$), so z.B. das **Vdara Hotel & Spa** *im Las Vegas CityCenter (2600 W Harmon Ave, ✆ 590-2111, 1-866-745-7767, www.vdara.com) mit sehr geräumigen Suiten und das etwas günstigere* **Planet Hollywood Towers** *(80 East Harmon Ave, ✆ 669-6700, 1-877-908-6937, www.phtowers.com).*

Hotels in der Innenstadt

Super 8 $-$$: *700 E. Fremont St., ✆ 382-4766, 1-800-800-8000, www.super8.com. Billig. Nur wenige Blocks entfernt vom Bahnhof und auch nicht weit vom Busbahnhof.*

Golden Gate Hotel $$-$$$: *1 Fremont St., ✆ 385-1906, 1-800-426-1906, www.goldengatecasino.net. Mit nur etwas über 100 Zimmern ein Juwel, denn es handelt sich hierbei um das älteste Hotel der Stadt. Entsprechend einfach ist die Ausstattung, dafür aber weist sie den Charme der Zeit um 1900 auf. Thema ist das alte San Francisco. Im Casino-Raum hängen auch historische Fotos von Las Vegas und San Francisco aus.*

Golden Nugget $$$: *129 E. Fremont Street, ✆ 385-7111, 1-800-634-3454, www.goldennugget.com. Berühmtes Hotel der „alten Garde" in der Downtown. Mittelklasse.*

Camping

KOA at Circus Circus: *2880 Las Vegas Blvd S, ✆ 733-9707, 1-800-562-7270. So dicht am Strip, dass man vermuten mag, dass hier einmal was Größeres gebaut werden soll. Auch einfache Hütten und Airstream-Wohnwagen zu mieten.*

Riviera TTP: *2200 Palm Street, 3 Meilen südöstl. entlang dem US Hwy. 93. An der E Sahara Avenue in östliche Richtung. ✆ 477-8700. Nur RVs!*

American Campgrounds: *3440 N Las Vegas Blvd, ✆ 643-1222. Einfacher Camping- und RV-Platz, relative nahe an der Innenstadt.*

Restaurants

Nutzen Sie die Gelegenheit und bedienen Sie sich an den **Buffets der Spielcasinos**. *Relativ günstig gibt es hier die ausgesuchtesten Leckereien. Meiden Sie die begehrtesten Zeiten (18.30-21 Uhr), dann ist es sehr voll. Empfehlenswerte Buffets:* **Rio Carnival World Buffet** *(Leckereien aus aller Welt, der Tipp überhaupt! ✆ 777-7777) sowie* **Village Seafood Buffet** *(Seafood ohne Ende, ✆ 1-866-746-7671), beide im Rio All Suites Hotel (3700 W Flamingo Rd). Das* **Buffet at TI** *(Treasure Island, ✆ 894-7111, 7–22 Uhr) setzt auf internationale Vielfalt.*

Natürlich hat Las Vegas auch tolle Restaurants zu bieten, so z.B. recht exquisite im **Venetian**, *im* **Las Vegas CityCenter** *(Tipp:* **Sirio** *im Aria mit ital. Küche, ✆ 625-7620), im* **Wynn Las Vegas** *oder im* **Palazzo** *(Tipp: Steaks im* **CUT by Wolfgang Puck**, *✆ 607-7777). Diese sind aber auch entsprechend teuer.*

Es dreht sich im „Top of the World"-Restaurant des Stratosphere Hotels

Top of the World: *Stratosphere, ✆ 380-7711. Hier gibt es gute Küche mit sagenhaftem Ausblick. Das Turmrestaurant dreht sich langsam, sodass Sie während eines Dinners mindestens einmal rum kommen. Wem das Essen zu teuer ist, der kann auch in die Bar gehen. Unbedingt vorher reservieren.*

Hofbräuhaus: *9510 Paradise Rd/gegenüber Hard Rock Café, ✆ 835-2337. Manch einem mag es zu kitschig wirken, aber die bayerische Küche (leckere Weißwurst, Wurstsalat u.v.m.) und auch die anderen deutschen Gerichte sind wirklich gut. Grundsätzlich gibt es ein „Entertainment-Programm", das im Hintergrund läuft, oft auch spezielle Shows.*

Texas de Brasil: *6533 Las Vegas Blvd. South/Town Square, ✆ 614-0080. Die südamerikanische Küche gewinnt immer mehr Einfluss, hier kann man für einen Festpreis brasilianische Appetizer, Steaks, Gourmet-Käse u.a. verspeisen – Texas-Size!*

Sushisamba: *3327 Las Vegas Blvd., Palazzo, Retail-Level, ✆ 607-0700. Eher auf leichtere Kost, das Restaurant verbindet japanische, peruanische und brasilianische Einflüsse. Hier werden auch Sushi-Kurse angeboten.*

Burger Bar: *Mandalay Bay, ✆ 632-9364. Leckere und zum Teil recht ausgefallene Hamburger.*

Ein weiterer Tipp, wenn man es mal ruhiger mag: **Candlelight-Dinner auf das Zimmer**.

Bars und Pubs

Viele Hotel-und Casino-Lounges bieten die Gelegenheit, sich einmal das Treiben in den Spielsälen anzuschauen. Das ist Las Vegas!

Empfehlenswert: **Romance at The Top of the World** *im 107 Stock des* **Stratosphere Tower** *(siehe oben), klassische Cocktails in der* **Nobhill Tavern** *im MGM Grand, der* **VooDoo Rooftop Nightclub** *hoch oben im Rio Hotel (ab 21 Uhr, ✆ 777-6875), von wo Sie einen tollen Blick auf den Strip haben. Angeschlossen ist das* **VooDoo-Steakhouse** *(✆ 777-7923).* **The Beatles Revolution Lounge** *im Mirage ist natürlich etwas für die Fans der*

Pilzköpfe. Unkompliziert geht es zu im **Downtown Cocktail Room** *(leichte Musik, 111 Las Vegas Blvd S/Ecke E. Fremont St.). Auf dem Tresen tanzen die Barkeeperinnen und Kellnerinnen im* **Hogs & Heifers** *(Downtown, 201 N 3rd St./Odgen Ave.) sowie im* **Coyote Ugly** *(New York-New York-Hotel), beides „Filialen" der New Yorker Bars.*
Microbreweries *gibt es natürlich auch, so z.B.* **Monte Carlo Pub & Brewery** *(Monte Carlo Hotel) und* **Triple 7 Restaurant & Brewery** *(Downtown, Main Street Station). Rund um die Uhr geöffnet ist der* **Crown & Anchor Pub** *(1350 E. Tropicana Ave.). Hier gibt es 30 internationale Biere vom Zapfhahn und englische Pub-Kost ebenfalls rund um die Uhr!*

Einkaufen

Früher waren es die Outlet Malls, die viele Reisende nach Las Vegas zogen, mittlerweile nimmt aber die Zahl der exklusiven, zum Teil sündhaft teuren Malls immer mehr zu.
The Forum Shops: *3500 Las Vegas Blvd. S. (Caesar's Palace Hotel). 100 Geschäfte. Sehr vornehm, u.a. Geschäfte wie Gucci, Ann Taylor oder Boogies Diner.*
Fashion Show Mall: *Ecke Strip/Spring Mountain Rd. Über 140 Boutiquen und andere Geschäfte, wie z.B. Neiman Marcus Warehouse und Saks Fifth Avenue. Viele nette Cafés. Auffällige Architektur.*
Boulevard Mall: *3528 Maryland Pkwy. Über 140 Geschäfte, u.a. Macy's und Dillard's. Nicht so beeindruckend. wie die erstgenannten.*
The Grand Canal Shops *und* **The Shops at the Palazzo**: *Ecke Las Vegas Blvd/Sands Ave. (Venetian Hotel). Die zurzeit wohl exklusivsten Malls. Viele Designer, exquisite Restaurants. Weitere, ausgesuchte Malls gibt es im* **Las Vegas City Center**, *die auf jüngere Leute ausgerichteten* **Miracle Mile Shops** *(hinter dem Planet Hollywood) sowie die ebenfalls ausgesuchten Shops (Tiffany, Prada, Armani etc.) in der* **Via Bellagio** *im gleichnamigen Hotel.*
Bass Pro Shops: *Blue Diamond Rd, I-15 Exit 33, südlich der Stadt. Outdoorbekleidung und alles für Outdooraktivitäten (Schuhe, Angeln, Boote etc.). Viele Markenwaren. Günstige Angebote.*
Las Vegas Outlet Center: *Las Vegas Blvd. S./Warm Springs Rd, 155 Outlet-Shops, so z.B. Levis, Calvin Klein, Adidas, Hilfiger, Nike u.a. Die wohl beste Outlet-Adresse der Stadt.*
Fashion Outlets of Las Vegas: *32100 Las Vegas Blvd. S., in Primm (30 Autominuten). Feinere Mode-Geschäfte: Versace Burberry, Kenneth Cole u.a.*
Las Vegas Premium Outlets: *875 S. Grand Central Pkwy, I-15-Exit 41b. 150, zumeist auf Bekleidung spezialisierte Outletgeschäfte. U.a. Cole Haan, Lacoste, Polo Ralph Lauren. Gute Westernkleidung gibt es bei* **Sheplers**: *4700 W. Sahara Ave.*

Konzerte/Theater/Opern/Sportveranstaltungen

In Las Vegas erübrigt sich eine Nennung der Veranstaltungsorte, da sie in der Regel identisch sind mit den Adressen der größten Hotels. Wer also ein gutes Konzert, eine interessante Sportveranstaltung o.ä. erleben möchte, sollte in einem der überall ausliegenden Veranstaltungsblätter (z.B. „Las Vegas Weekly" od. „What's On") nachlesen, was gerade läuft. Es gibt wohl kaum einen Platz auf der Welt, wo sich Showstars, berühmte Musiker oder Weltmeister im Boxen solch ein Stelldichein geben wie Las Vegas. Natürlich gibt es auch weniger bekannte Musicals und andere Shows. Die Karten für die großen Veranstaltungen sind häufig früh ausverkauft und dazu auch nicht ganz billig. Einen aktuellen Überblick über die Shows erhalten Sie über die Internetseite www.visitlasvegas.com/vegas/play/shows/. Buchen können Sie über Ticketmaster: www.ticketmaster.com, ✆ 474-4000.
Es gibt zudem eine Reihe „Dauer-Shows", so z.B. den **Cirque du Soleil** *mit der Show* **Viva ELVIS** *(www.cirquedusoleil.com) im Las Vegas CityCenter und anderen Shows im Bellagio, Mirage und MGM Grand.*

Verkehrsmittel

Flughafen

McCarran Int. Airport: *✆ 261-5211, Internet: www.mccarran.com*
Anfahrt mit dem Auto: *Fahren Sie einfach den Strip (Las Vegas Blvd. South) in südliche Richtung. An der Kreuzung beim Excalibur Hotel nach links in die Tropicana Avenue. Schließlich nach 1 ½ Meilen nach rechts in die Paradise Rd.* **Shuttle-/Kleinbus**: *Stehen am Airport bereit, nahe der Gepäckausgabe, Ausgänge 8-14). Die Fahrten zum Strip kosten etwa $ 8, die in die Innenstadt ca. $ 10 pro Person, ein Unternehmen ist* **Bell Trans** *(✆ 739-7990, www.bell-trans.com). Alle großen* **Mietwagenfirmen** *haben Stationen am Airport. In den großen Hotels sind zumeist eine oder zwei Mietwagenfirmen mit einem Schalter vertreten.*

Öffentliche Verkehrsmittel/Taxi

Amtrak: *Bahnhof: 200 S. Main Street. ✆ 1-800-872-7245.*
Überlandbusse: *Greyhound: 200 S. Main LV, ✆ 384-9561, 1-800-454-2487.*
Stadtbusse: *Busse der „Regional Transportation Commission" („RTC") fahren 24 Stunden entlang dem Strip. Haltestellen werden nach Hotels ausgerufen. ✆ 228-7433, 1-800-228-3911, www.rtcsnv.com . Der* **„Deuce"-Bus** *fährt rund um die Uhr entlang des Las Vegas Boulevard zwischen Downtown Transit Center und dem Four Seasons. Zentraler Stadtbusbahnhof ist am* **Downtown Transit Center** *(Stewart Ave., zw. Casino Center Blvd. und 4th St.).*
Trolley: *Der „Las Vegas The Strip Trolley", eine Replik einer alten Straßenbahn (jetzt Bus), verkehrt entlang dem Strip (9.30-0.00 Uhr), ✆ 382-1404.*
Trams/Monorail: *Die kostenlosen Bahnen werden von den Hotels betrieben. Es gibt zzt. drei davon:*

- *zwischen den Hotels Excalibur, Luxor und Mandalay Bay, frei.*
- *zwischen den Hotels MGM und Sahara (diese Strecke soll ausgebaut werden bis in die Innenstadt), ab $ 5.*
- *zwischen den Hotels Mirage und Treasure Island, frei.*

Taxi: *Eine Fahrt entlang des Strip kann ewig dauern wegen des Verkehrs. Die Taxifahrer kennen aber die schnellen Schleichwege.* **Checker u. Yellow Cab**: *✆ 873-2000 bzw.* **Western Cab**: *✆ 736-8000*

Abstecher zum Death Valley National Park

Anfahrt

Die ***Anfahrt*** *von Las Vegas zum Death Valley National Park dauert 2-3 Stunden. Die kürzeste Strecke zum Furnace Creek Visitor Center führt entlang des NV 160 (ca. 125 Meilen/200 km, 2 ½ Stunden), die schnellste über den Interstate 95 (140 Meilen/ 224 km, 2 Stunden) und die schönste über NV 160, dann nach etwa 45 Meilen nach Süden über den Old Spanish Trail bis Tecopa, weiter nach Shoshone und schließlich über den CA 178 zum Furnace Creek Visitor Center (170 Meilen/ 272 km, ca. 3 ½ Stunden).*

Immer noch kommen die meisten der jährlich etwa 1 Mio. Besucher zwischen Spätherbst und Frühling in den Nationalpark, aber die Zahl derjenigen, die sich von der extremen Hitze im Sommer nicht abschrecken lassen, stieg in den letzten Jahren konstant. Außer mit dem eigenen (Miet-)Wagen ist das Death Valley praktisch nur auf organisierten Touren zu erreichen. Der nächste größere Flughafen ist der von Las Vegas. *Extreme Hitze*

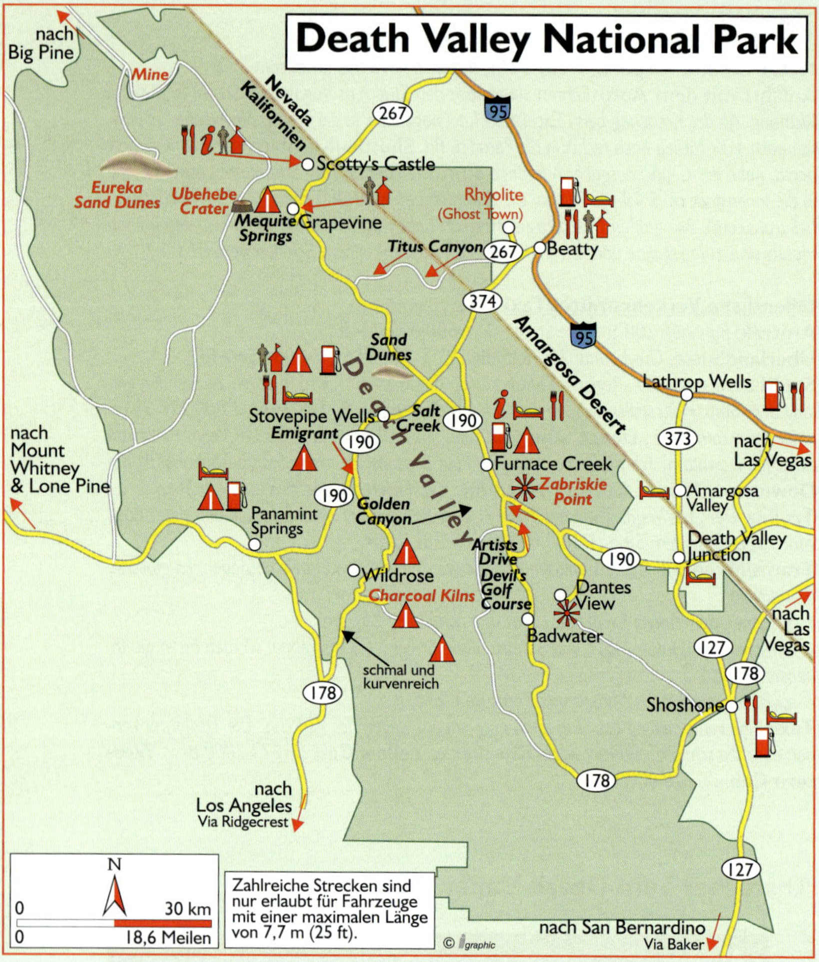

Eigentlich bildet das „Tal des Todes" nur den nordöstlichen Teil der Mojave-Wüste und gehört zweifellos zu den herausragenden natürlichen Sehenswürdigkeiten des amerikanischen Westens. Das war auch der Grund, warum 1933 Präsident *Roosevelt* es zum National Monument erklärte; 1994 schließlich erhob man das Death Valley zum Nationalpark und weitete das geschützte Gebiet auf insgesamt 1,34 Mio ha aus – und damit zum größten Nationalpark außerhalb Alaskas! Das Tal selbst macht dabei nur einen kleinen Teil aus, der größere besteht aus hohen Gebirgszügen, tiefen Canyons und Hochebenen mit Joshua-Tree-Wäldern. Während die Gipfel Höhen von mehr als 3.000 m ü.d.M. erreichen, ist das eigentliche Death Valley eine Senke, die bei Badwater 86 m unter Meeresspiegelniveau liegt. Damit bildet das Tal mit seinen Sand-, Stein- und Salzwüsten die tiefste Stelle des nordamerikanischen Festlandes. Bei einer durch-

Tiefste Stelle in Nordamerika

Im Backofen des Death Valley

schnittlichen jährlichen Niederschlagsmenge von nur 33 mm gibt es keinerlei Wasserreservoire. Im Talboden breiten sich deshalb nur ausgetrocknete Salzseen, Geröllfelder und hohe Sanddünen aus. Im Gegensatz zu dieser extremen Wüste finden sich entlang der Hänge verschiedene Vegetationsstufen mit Halbwüstencharakter, und auf den höchsten Gipfeln der Gebirgsstränge liegt selbst im Sommer Schnee. Oberhalb der Talsohle, die nur nach Einbruch der Dunkelheit von nachtaktiven Tieren besucht wird, können u.a. Kojoten, Dickhornschafe *(Bighorn Sheep)*, Wildesel *(burro)* und mehrere Greifvögel existieren.

Durch das Death Valley führen asphaltierte Straßen, wobei die Hauptverbindung durch den CA 190 gebildet wird, der sich von Death Valley Junction im Osten zum Owens Lake im Westen windet. Entlang dem Highway befinden sich das Visitor Center und die Unterkünfte von Furnace Creek, das Stovepipe Wells Village, Panamint Springs, ein Lebensmittelgeschäft, Tankstellen und Campingplätze. Mit Ausnahme der Höhenunterschiede und der Hitze (Kühlwasser!) sind bei dieser Straße keine Schwierigkeiten zu erwarten. Auch die asphaltierten Wege 267 (nördlicher Parkabschnitt) und 374 (nach Beat-

Extreme dieser Region	
Höchste gemessene Temperatur:	56,7 °C (10. Juli 1913)
Tiefste gemessene Temperatur:	-9,4 °C (8. Januar 1913)
Jahr mit dem geringsten Niederschlag:	1929, 1953 (0,0 mm)
Jahr mit dem meisten Niederschlag:	1941 (116 mm)
Tiefster Punkt:	-86 m (westlich von Badwater)
Höchster Punkt:	3.368 m (Telescope Peak)
Ältestes Gestein:	1,8 Milliarden Jahre alt
Jüngstes Gestein:	Salzkristalle, die sich permanent bilden

ty) sind uneingeschränkt verkehrstauglich, während die Straße zwischen Emigrant, Wildrose und dem CA 178 (Emigrant/Wildrose Canyon Pass für Fahrzeuge mit einer Länge über 25 ft. verboten ist.

Zeiteinteilung
Für eine Erkundung des Death Valley sollte man etwa zwei Tage einkalkulieren. Folgender Vorschlag geht von einer Abfahrt in Las Vegas am Morgen aus, sodass man das Tal des Todes am späten Vormittag erreicht (Fahrtzeit etwa 2½–3 Stunden).

1. Tag: Anfahrt über Death Valley Junction und die CA 190. Nach etwa 30 km (hinter der Informationstafel) kann man bei ausreichender Zeit einen Abstecher zum 1.677 m hoch gelegenen Aussichtpunkt **Dantes View** unternehmen. Die Stichstraße ist über 21 km in einer Richtung lang und lohnt sich bei tiefstehender Abendsonne nicht mehr. Zu anderen Tageszeiten hat man aber einen herrlichen Überblick über das Tal des Todes und auf die gegenüber liegende Bergkette der Panamint Mountains mit dem 3.368 m hohen **Telescope Peak**. Die nächste Station ist an der CA 190 das Visitor Center in **Furnace Creek**. Hier erhält man Informationen, Bücher und Kartenmaterial, und hier sollte man sich spätestens um ein Nachtquartier kümmern. Anschließend Fahrt auf der CA 178 in südlicher Richtung bis **Badwater**, wo es die tiefste Stelle der USA zu „besichtigen" gibt. Nahebei liegt der wohl ungewöhnlichste „Golfplatz" der Vereinigten Staaten, der **Devil's Golf Course**, in dem überdimensionierte steinerne Golfbälle herumliegen. Auf der Rückfahrt nach Furnace Creek sollte man nach rechts zur Autorundfahrt **Artists Drive** einbiegen. Die im Nachmittagslicht wunderschön liegende „Palette" eines gigantischen Künstlers leuchtet in grünen, rostroten, braunen, violetten, gelben und orangenen Farbtönen. Verantwortlich für dieses Schauspiel sind neben der farbigen vulkanischen Asche die unterschiedlichen und z.T. oxydierten Materialien des Gesteins (besonders rotes und gelbes Eisenoxyd).

Aussichtspunkt

2. Tag: Den Morgen sollte man mit einer kurzen Fahrt zurück auf dem CA 190 beginnen. Nach knapp 10 km lohnt sich hier der Aussichtspunkt **Zabriskie Point**, der mit den frühen Sonnenstrahlen ein herrliches Panorama auf die verschiedenen und leuchtenden Gesteins- und Sandformationen des Tales bietet. Auf dem Weg zurück ist für Wanderer kurz vor der Kreuzung zur Furnace Creek Ranch ein Halt am **Golden Canyon** empfehlenswert, einer in wunderbaren Farben leuchtenden Schlucht. Sie führt geradewegs zum Zabriskie Point. Die Rundwanderung, deren Höhepunkt die Gesteinsformationen Manly Beacon und Red Cathedral sind, ist gut 3 km lang, wer ganz bis zum Zabriskie Point wandern möchte, legt 4 km in einer Richtung zurück, bei 290 m Höhenunterschied.

Leuchtende Farben

Anschließend fährt man wieder zurück nach **Furnace Creek**, wo man sich das **Death Valley Museum** (Erläuterungen zur Geschichte und Naturgeschichte des Tales) anschauen und ein zweites Frühstück einnehmen kann. Weiter geht es dann in nördlicher Richtung nach **Stovepipe Wells** (19 Meilen), wo mit den ausladenden Sanddünen am ehesten dem gängigen Wüstenklischee entsprochen wird. Im nahen **Stovepipe Wells Village** gibt es eine bescheidene Infrastruktur mit Campingplatz, Tankstelle und dem *Toll Road Restaurant*.
Bei knapp bemessener Zeit sollte man nun über den CA 374 und über den Daylight Pass (1.316 m) nach Beatty und zurück nach Las Vegas fahren. Schöner ist es, wenn man auf einer ca. 53 km langen Strecke die Fahrt bis **Grapevine** fortsetzt. Hier darf man den gut 8 km langen Abstecher zum **Ubehebe-Krater** nicht versäumen. Vom Parkplatz aus sieht man nur den Kegel des Vulkanstumpfes, wer aber nach rechts bis zum Kraterrand aufsteigt, hat nicht nur den Blick in den ca. 200 m tiefen Schlund, sondern entdeckt noch mehrere erloschene Nebenkrater.

Nach diesem Abstecher geht's zurück nach Grapevine, dann zum merkwürdigen **Scotty's Castle**. Dort hat der Millionär *Albert Johnstone* 1926–31 ein Schloss im spanischen Stil errichten lassen und dabei weder Mühen noch Kosten gescheut. Das Material kam z.T. aus Europa; bis zu 2.000 Arbeiter sollen auf der Baustelle beschäftigt gewesen sein. Wirtschaftlich war *Johnstone* jedoch nicht sonderlich erfolgreich, und seine Spekulationen fanden durch den Schwarzen Freitag im Jahre 1929 ihr abruptes Ende. Das Schloss, das sein Besitzer nur als *Death Valley Ranch* bezeichnete, hat seinen Namen nach einem gewissen *Walter Scott*, der den Millionär zu gewagten Investitionen bei der Goldsuche überredete und ins Death Valley lockte. Auch *Walter Scott*, kurz *Scotty* genannt, lebte hier bis zu seinem Tod im Jahre 1954. Hinter dem Schloss kann man sein Grab besichtigen.

Schloss im spanischen Stil

Scotty's Castle Visitor Center & Museum, *✆ (760) 786-2392, beide tgl. geöffnet, www.nps.gov/deva. Tgl. werden von Rangern einstündige Führungen durch die 25 Räume des Schlosses angeboten (hoher Eintrittspreis). Da es in der Hochsaison regelmäßig zu Wartezeiten vor Scotty's Castle kommt, sollte man bei Interesse zunächst hierhin fahren und eine Führung buchen. Bei Wartezeiten kann man dann den Abstecher zum Ubehebe Crater unternehmen oder an Ort und Stelle einen Snack einnehmen.*

Reisepraktische Informationen Death Valley National Park, CA

VORWAHL 760

Information

Furnace Creek Visitor Center & Museum, *Furnace Creek Resort am Ca 190, tgl., ✆ 786-3200, www.nps.gov/deva/*

Unterkunft

Stovepipe Wells Village Motel $$: *Im Park an der 190, ✆ 786-2387, www.escapetodeathvalley.com. Einfacheres, aber gutes und komfortables Haus mit 83 Zimmern, Restaurant, Swimmingpool und einigen Campmobil-Stellplätzen.*

Furnace Creek Inn $$-$$$: *An der 190, Death Valley, ✆ 786-2345, www.furnacecreekresort.com. Historisches Gebäude von 1927 im Schlossstil. Heute ein erstklassiges, stilvolles Hotel mit 68 Zimmern. In den heißen Monaten geschlossen! Unter gleicher Leitung und nahebei ist die* **Furnace Creek Ranch $$**: *Motel mit 225 zweckmäßig eingerichtete Cabins und Standardzimmer sowie komfortable Deluxe-Zimmer. Beide teilen sich Swimmingpool, Tennis- und Golfplatz, sowie die 2 ansprechendsten Restaurants im Park (Steakhouse + Diner).*

Außerhalb des Parks gibt es meist einfache und billige **($–$$)** *Unterkünfte in Beatty (z. B.* **Burro Inn, Stagecoach Inn, Exchange Club Motel**), *Shoshone (***Shoshone Inn***). Unser Tipp ist aber das in den 1920er Jahren im Adobe-Stil erbaute* **Amargosa Opera House & Hotel $$** *in Death Valley Junction (✆ 852-4441, www.amargosa-opera-house.com). Einfache Zimmer, aber lustiges Drumherum (Opernhaus und Histörchen).*

Camping

Im Nationalpark befinden sich neun Campingplätze, von denen ganzjährig geöffnet sind: **Furnace Creek, Mesquite Spring, Emigrant** *und* **Wildrose**.

Hinweis

Wegen der begrenzten Kapazität sollten Sie Unterkünfte im Death Valley vorbuchen!

Von Las Vegas entlang dem Lake Mead nach St. George

Alternative 2

Fahrt in die Wüste

Diese Tour bietet sich auch als Tagesausflug von Las Vegas an. Zu empfehlen ist ein Abstecher entlang der nordwestlichen Uferzone des Lake Mead. Die schöne Wüstengebirgslandschaft mit „bunten" Steinformationen und das tiefdunkle Blau des Lake Mead bieten einen sehenswerten Anblick. Dieser Umweg ist ca. 100 Meilen länger und dauert etwa drei Stunden extra, wenn Sie alle Abstecher zum See und zum Valley of Fire mitnehmen.

Den südlichen Abschnitt zwischen Visitor Center und Las Vegas Bay kann man auch auslassen, dort gibt es nichts, was man nicht auch am nördlicheren Abschnitt zu sehen bekommt. Für die Fahrt mit dem Auto nehmen Sie den I-15 bis North Las Vegas, biegen dort nach Osten ab auf den Lake Mead Boulevard (NV 147). Auf der folgenden Passstrecke hat man rückwärtig einen wunderschönen Panoramablick über Las Vegas. An der folgenden T-Kreuzung biegen Sie nun nach links ab auf den NV 167 (North Shore Road).

Auf diesem Streckenabschnitt lassen sich die unterschiedlichsten, farbenreichen Steinformationen gut erkennen. Im Laufe der Jahrmillionen haben hier Hebungen und Senkungen die Gesteine durcheinander gemischt. Verschiebungen und Verwerfungen haben für die Falten und schroffen Kanten gesorgt, die besonders an den höheren Bergen zu erkennen sind. Letztendlich war es dann das Klima, das für die Erosionskräfte (Kälte/Wärme, Niederschläge, Windausblasungen) gesorgt hat. Auffällig sind vor allem drei Farben:

Unglaubliches Farbenspiel

- **Rot**: Ehemalige Sanddünen, die vor über 140 Millionen Jahren entstanden sind, durch Eisenoxidation ihre Farbe erhalten und sich schließlich verhärtet haben. Hierbei handelt es sich um die gleiche erdgeschichtliche Formation, wie sie im Zion National Park, an der Rainbow Bridge oder in der Painted Desert zu sehen ist. Das macht deutlich, wie groß die Sandwüste einmal gewesen sein muss.
- **Grün(-grau)**: Moenkopi- und Chinle-Formation der Sandsteinablagerungen, wie im Petrified Forest, wobei dort die grüne Farbe nicht so hervorgetreten ist. Auch hier finden sich Überreste von versteinertem Holz.
- **Schwarz**: Selten anzutreffen, aber deutlich als Lavagestein auszumachen. Diese Lavagesteine sind nicht zu verwechseln mit den dunklen Kalkgesteinen auf den Höhen, welche dieselben sind wie an der Kante des Grand Canyon.

Callville Bay, vier Meilen entfernt von der Hauptstrecke, war einst ein bedeutender Flusshafen für die Mormonen aus Utah, die hier von Süden Waren angeliefert bekamen. Unvorstellbar, wie damals die kleinen Dampfschiffe die Stromschnellen des Colorado gemeistert haben müssen. 1869, mit dem Bau der transkontinentalen Eisenbahnstrecke, verlor Callville Bay seine Bedeutung und wurde verlassen. Die Ruinen der kleinen Stadt liegen jetzt unter der Wasseroberfläche des Lake Mead. Der heutige Ort ist als Bootshafen angelegt. Wer möchte, kann im Restaurant oder auf der Pier eine Bootstour buchen oder sogar ein (Haus-) Boot mieten. Neben dem Restaurant gibt es auch

Unterkunftsmöglichkeiten in Callville Bay. **Echo Bay**, 21 Meilen nördlich gelegen entlang der Hauptstrecke, bietet weitere Unterkunftsmöglichkeiten und ein nettes Restaurant.

Die Berge, die man links zwischen Callville Bay und Overton sieht, sind die **Muddy Mountains**. Sie wurden durch enormen Druck gepresst, gefaltet und z.T. umgekippt. Der Druck war so stark, dass sie 14 Meilen in östliche Richtung über den bereits vorhandenen Untergrund gedrückt wurden. Ein Resultat der Umwerfungen sind tiefe Lavaschächte, aus denen z.B. die beiden warmen Quellen **Roger Springs** und **Blue Point Springs** mit 30 °C warmem Wasser gespeist werden (hier gibt es kein Trinkwasser!).

Das Gestein „entflammt"

Der nächste Abstecher sollte unbedingt zum **Valley of Fire State Park** gehen. Biegen Sie hierzu kurz hinter dem Abzweig zum **Overton Beach** (kleiner Hafen) nach links ab (Achtung: Nach starken Regenfällen kann die Straße unpassierbar sein). Diese Ansammlung von roten Gesteinen (erdgeschichtlich aus Dünen entstanden) hat bereits 1935 die Regierung von Nevada dazu veranlasst, das Gebiet als erstes im Staat unter Schutz zu stellen. Besonders in der Morgen- und der Abendsonne „entflammt" das Gestein und bietet Gelegenheiten für schöne Fotoaufnahmen. Besonders interessante Punkte sind der „Rainbow-Vista"-Aussichtspunkt, das versteinerte Holz („petrified logs") und die Bergformationen der „Seven Sisters". Den kurzen Scenic Loop sollten Sie auch mitnehmen. Anthropologisch interessant ist ein Spaziergang durch den „Petroglyph Canyon", wo es Felsgravuren (Petroglyphe) der Basketmaker und der Anasazi zu sehen gibt.

Mit dem Schaufelraddampfer über den Lake Mead

Um die Kulturgeschichte dieses ganzen Areals noch besser verstehen zu können, lohnt es sich, wieder zurück auf die Hauptstrecke zu fahren und kurz vor Overton das **Lost City Museum** zu besichtigen. Die Ausstellung in diesem kleinen Museum ist mit viel Liebe zusammengestellt. Vor dem Gebäude können Sie sich nachgebaute Hütten der Anasazi ansehen, und im Museum sind neben Gebrauchsgegenständen dieser Kultur auch Forschungsergebnisse anthropologischer Institute verschiedener Universitäten ausgestellt. Besonders interessant ist die Theorie, dass aus diesem Gebiet, welches wahrscheinlich schon vor 10.000 Jahren von Wüstenvölkern besiedelt war, die Menschen in die östlich gelegenen Siedlungsräume ausgeströmt sind. War die Lost City der zentrale Ausgangspunkt für die spätere Besiedlung des heutigen Arizona bzw. New Mexico? Die ersten sesshaften Menschen in Lost City waren erst die Basketmaker.

Spuren der Ureinwohner

Lost City Museum, *721 S. Moapa Valley Blvd., ✆ (702) 397-2193, www.nevadaculture.org, Do–So 8.30–16.30 Uhr, $ 5.*

Von Overton bis zur Auffahrt zur I-15 geht es nun durch das auffallend fruchtbare Tal des Muddy River. Schon früh haben hier und im benachbarten Tal des Virgin River die Anasazi Ackerbau betrieben. Heute sind es die Mormonen, die sich wie überall in Utah und Nevada die ehemals abgelegenen und für das Gros der Siedler wenig attraktiven Gegenden zum Siedeln ausgesucht haben.

Zurück auf dem Highway fährt man am besten durch bis St. George. **Mesquite**, ein staubiger Ort an der Grenze zwischen Nevada und Arizona, ist kaum besuchenswert und dient höchstens einigen Spielern aus Utah als zweitrangiges Vergnügungsplätzchen. Einzig interessant das kleine **Virgin Valley Heritage Museum** *(35 West Mesquite Blvd, Di–Sa 10–16 Uhr, frei)*, das die Geschichte der ersten Siedler illustriert.

St. George selbst ist auch eine wenig eindrucksvolle Stadt. Sehenswert ist aber der Mormonentempel (St. George Temple), welcher 1877 von den hier angesiedelten Mormonen errichtet wurde Diese kamen bereits 1861 in die Gegend, einem Aufruf folgend, sich von Salt Lake City aus über den südlichen Landesteil zu verstreuen. Die ersten Jahre in dieser unwirtlichen Gegend waren sehr hart, und somit dauerte es fast 15 Jahre, bevor das Land ausreichend kultiviert war und man sich entschloss, den Tempel zu bauen.

Mormonentempel

St. George Temple VC, *490 South 300 East, ✆ (435) 673-5181), www.ldschurchtemples.com/stgeorge/, tgl. 9–21 Uhr. Die Kirche kann man selber nicht besichtigen, aber im Visitor Center nebenan werden Touren angeboten.*

Südlich von St. George liegt das **Grand Canyon-Parashant National Monument**, eine attraktive und nahezu unberührte Landschaft. Hier gibt es nur Pisten, keine Hotels und die Campinggelegenheiten sind sehr einfach. Eine Region für Abenteurer. Beachten Sie, dass gerade während der sommerlichen Regenzeit die Pisten oft unpassierbar sind. Eine gründliche Vorbereitung sowie das Einholen von aktuellen Wetterbedingungen ist für den Besuch dieses Parks also unabdingbar!

Information

Infos gibt es in St. George beim **Interagency Information Center** *des Bureau of Land Management (BLM) (345 E. Riverside Dr., ✆ (435) 688-3200, www.nps.gov/para, Mo–Sa) oder am Pipe Springs NM (S. 483; ✆ (928) 643-7105).*

Von St. George aus zum **Zion National Park** folgen Sie erst noch dem I-15 und biegen nach ca. neun Meilen nach Osten ab und folgen der Ausschilderung. Wenn Sie sich für diese Route entscheiden und nicht der in den folgenden beiden Kapiteln beschriebenen zwei alternativen Hauptrouten dieses Buches folgen, dann könnte die Reiseroute von Las Vegas/St. George aus z.B. folgendermaßen aussehen:

Vorschlag 1:
1. Tag: Las Vegas – Zion National Park
2.–3.Tag: Zion NP und Bryce Canyon NP
4. Tag: Bryce Canyon NP – Capitol Reef NP
5. Tag: Capitol Reef NP – Blanding/Monticello/ Moab
6. Tag: Canyonlands NP oder Arches NP – Moab
7. Tag: Moab – Salt Lake City oder Denver

Vorschlag 2:
1. Tag: Las Vegas – Zion NP
2. Tag: Zion NP – Bryce Canyon NP
3. Tag: Bryce Canyon NP – Pipe Spring NM – Grand Canyon NP (North Rim)
4. Tag: Grand Canyon NP (Wandern/Besichtigungen)
5. Tag: Grand Canyon NP – Marble Canyon – Page (Bootsfahrt zur Rainbow Bridge)
6. Tag: Page – Navajo NM – Monument Valley
7. Tag: Monument Valley – Canyonlands NP (Südteil) – Moab
8. Tag: Moab – Canyonlands NP (Nordteil) – Moab
9. Tag: Moab – Arches NP – Moab
10. Tag: Moab – Denver oder Salt Lake City

Vorschlag 3:
1. Tag: Las Vegas – Zion NP
2. Tag: Zion NP – Bryce Canyon NP
3. Tag: Bryce Canyon NP – Capitol Reef NP
4. Tag: Capitol Reef NP (Wanderungen)
5. Tag: Capitol Reef NP – Salina – Salt Lake City

Der Grand Canyon und die Sehenswürdigkeiten entlang dem Colorado-Tal

Entfernungen

Diese Angaben beziehen sich nur auf die direktesten Strecken. Umwege und Rundfahrten, z.B. in den Parks, kommen immer hinzu!
Grand Canyon South Rim – Grand Canyon North Rim: 215 Meilen/344 km
Grand Canyon South Rim – Monument Valley: 190 Meilen/306 km
Monument Valley – Moab: 150 Meilen/242 km
Monument Valley – Hanksville – Torrey: 213 Meilen/343 km

Routenempfehlung

Bei einer Anhäufung von so vielen Naturschönheiten, die alle relativ dicht aufeinanderfolgen, aber auch über das gesamte nördliche Arizona und südliche Utah verstreut liegen, ist ein Routenvorschlag schwer. Wer möglichst viel sehen möchte, dabei aber auf das eine oder andere verzichten kann, dem sei ***folgende Route empfohlen*** *(Alternativroute entnehmen Sie bitte dem folgenden Kapitel):*
South Rim des Grand Canyon NP nach Cameron (AZ 64). Dann US 89 nach Norden bis zum Abzweig US 160 (od. Abstecher nach Page). Vorbei an Tuba City und dem Navajo NM bis Kayenta. Nach Norden auf dem US 163 und zum Monument Valley. Nach der Überquerung des San Juan River nach links auf den UT 261 (ACHTUNG: Nicht für größere Wohnmobile geeignet!), vorbei am Valley of the Gods. Nach 33 Meilen nach links auf den UT 95, vorbei am Natural Bridges NM und bis Hanksville. Dann UT 24 nach Westen und durch den nördlichen Zipfel des Capitol Reef NP. Kurz nach Verlassen des Parks nach Süden auf den „Scenic Byway UT 12" zum Bryce Canyon NP. Wenig später dann auf dem US 89 in nördlicher Richtung nach Salt Lake City.
Für die Eiligeren*: Grand Canyon (South Rim) nach Cameron. Dann US 89 (bzw. US 89A - Marble Canyon) bis zum Abzweig des UT 9 zum Zion NP. Vom dort zurück auf den US 89. Nach Norden abbiegen und nach 68 Meilen nach Osten auf den UT 12 zum Bryce Canyon NP. Von dort zurück auf den US 89 und in Richtung Norden nach Salt Lake City. Streckenlänge: 620 Meilen (1.000 km). Zeit: mindestens 5 Tage, inkl. 2 Tagen am Grand Canyon (die Beschreibung dieser Strecke finden Sie im nächsten Kapitel).*

Überblick

Die wohl atemberaubendste Landschaft der Reise liegt jetzt vor Ihnen. Gleich zu Beginn der Grand Canyon, die größte Schlucht der Welt. Hier sollten Sie mindestens einen Tag verbringen, um in Ruhe zu allen Tageszeiten und bei verschiedenen Lichtverhältnissen unvergessliche Anblicke auszukosten. Einige behaupten, der Besuch der North Rim sei viel schöner. In jedem Fall ist es dort weniger touristisch. Den 5 Mio. Touristen an der South Rim stehen nur 400.000 Besucher an der verkehrstechnisch ungünstiger gelegenen North Rim gegenüber.

Atemberaubendste Landschaft

An der darauf folgenden Strecke gibt es unzählige Naturhöhepunkte, die man als Überblick gar nicht alle nennen kann. Folgenden Tipps: Lassen Sie sich etwas treiben, aber halten Sie grob an der geplanten Route fest – das Gebiet ist groß, die Strecken sind lang und es fährt sich nicht überall schnell. Man kann nicht alles „abhaken". Lieber auch mal an einer schönen Stelle stehen bleiben, picknicken und die Landschaft genießen. Und fahren Sie nicht bis in die Dunkelheit hinein.

Grand Canyon National Park

Der Grand Canyon ist eines der größten Naturwunder unserer Erde, das verhältnismäßig spät entdeckt, dann aber schnell berühmt wurde. Im Jahre 1893 (24 Jahre, nachdem *Major Powell* den Colorado River zum ersten Mal bezwungen hatte) erklärte der damalige US-Präsident *Harrison* die tiefe Schlucht zum Naturschutzgebiet.

Präsident *Theodore Roosevelt* war Anfang des 20. Jh. so begeistert, dass er das Gelände 1906 zum Wildreservat erklärte. Schon drei Jahre vorher hatte er folgende „goldenen Worte" gesagt, die auch heute noch beherzigt werden sollten: „Arizona besitzt im Grand Canyon ein Naturwunder, das in der ganzen Welt nicht seinesgleichen hat. Was den Canyon angeht, möchte ich um eines bitten: Lassen Sie dieses große Wunder der Natur so, wie es jetzt ist. Ich hoffe, dass Sie nicht ein einziges Gebäude geplant haben, kein Sommerhaus, kein Hotel, nichts, was die Schönheit des Canyons beeinträchtigen könnte. Lassen Sie alles so ursprünglich, wie es ist. Hier gibt es einfach nichts zu verbessern. Die Zeiten haben diesen Canyon geformt, der Mensch kann ihn nur verformen. Es steht in Ihrer Macht, den Canyon für Ihre Kinder und Kindeskinder zu bewahren, für alle, die nach Ihnen kommen, als die unumstritten größte Sehenswürdigkeit, die jeder Amerikaner einmal gesehen haben sollte."

Es war allerdings Präsident *Wilson* vorbehalten, das Gesetz zu unterzeichnen, das den Grand Can-

Hinweis

***Rafting im Grand Canyon**: Ein paar Tage auf dem Colorado River im Schlauchboot zu fahren ist ein grandioses Erlebnis. Dies ist durch die Parkverwaltung aber strengstens limitiert und nur ausgesuchten Rafting-Unternehmen gestattet, und die sind zumeist lange im Voraus ausgebucht. Infos S. 443.*

Redaktionstipps

- **Übernachten**: Grand Canyon S. 444. Am Monument Valley die **Goulding's Monument Valley Lodge**, da ruhiger – im **The View Hotel** ist die Aussicht aber besser (S. 454f). Die **Red Cliffs Lodge** bei Moab überzeugt durch die Lage im Canyon und Angebote (S. 467).
- Die **wichtigsten Sehenswürdigkeiten** neben den Nationalparks sind: die **Rainbow Bridge**, ein 88 m hoher Steinbogen (S. 448); die Kulisse des **Monument Valley** (S. 452), besonders in der Abendsonne; die Steinbrücken des **Natural Bridge NM** (S. 455) und der **Lake Powell** (S. 457), der als großer See in den wüstenhaften Gebieten einen angenehmen Kontrapunkt setzt.
- Planen Sie in diesem Reisegebiet **(nur) bei Zeitmangel eine lange Etappe** von über 600 km vom Grand Canyon nach Torrey (beim Capitol Reef NP) ein, da es auf der direkten Strecke nur relativ wenige Hotels gibt.
- Die schönsten **Outdoor-Aktivitäten**: **Schlauchbootfahrten** auf dem Colorado: ab Lees Ferry (S. 447) oder im Umkreis von Moab (Green River/Canyonlands NP (S. 466)); **Wanderungen** in den Nationalparks Capitol Reef (S. 458), Arches (S. 472) bzw. am Grand Canyon entlang der Rim (S. 438f) sowie zur Rainbow Bridge (S. 448); **Ausritte** am Monument Valley (S. 454); **Mountain Biking** um Moab (S. 466).
- Haben Sie immer **genug zu trinken** dabei. Fürs Essen empfiehlt sich ein gut sortierter Picknickkorb.
- Lassen Sie sich Zeit! **Nationalparks erwandern**, um die Landschaft richtig genießen zu können. Nicht die Sehenswürdigkeiten abhaken, also: Mut zur Lücke und eventuell einen Nationalpark auslassen.
- **Zeiteinteilung: mind. 5 Tage**: 1. Tag Anreise zum Grand Canyon South Rim, dort übernachten. 2. Tag: Vormittags Grand Canyon, Spaziergang an der Rim. Mittags weiter zum Monument Valley. Dort Sonnenuntergang und übernachten. 3. Tag: Natural Bridges NM und abends bis Moab, dort 2 Nächte. 4. + 5. Tag: Einen ganzen Tag Zeit lassen für den NP Ihrer Wahl, Arches NP oder Canyonlands NP. Am 5. Tag 3 Stunden für den zweiten NP und dann weiterfahren in Richtung Denver od. Salt Lake City.
Alternative: Strecke Grand Canyon – Monument Valley – Natural Bridges – Capitol Reef NP in 4 Tagen, dabei Wanderungen unternehmen in den einzelnen Parks. 5. Tag Wandern im Capitol Reef NP, dann entlang UT 12 zum Bryce Canyon

Zwischen Grand Canyon und Salt Lake City
nach Idaho Falls
Ogden
Flaming George N.R.A.
Great Salt Lake
Salt Lake City
West Wendover
nach Reno
High Uintas Wilderness Area
Ashley Nat'l For.
Dinosaur National Monument
Heber City
Wendover Range
Uintah and Ouray
Vernal
Orem
Provo
Springville
Duchesne
Desert Test Center
Dugway Proving Grounds
Spanish Fork
Indian Res.
nach Craig
0 N 100 km
0 62 Meilen
Helper
Price
Fairview
Green River
Uintah and Ouray Indian Reservation
Price River
nach Denver
Delta
Humboldt
nach Eureka, Reno
Scipio
Baker
Nat'l. For.
Salina
Green River
Richfield
Dirty Devil Riv.
Arches N.P.
Canyonlands N.P.
Moab
Milford
Beaver
Torrey
Capitol Reef Nat'l. Park
Hanksville
Glen Canyon N.R.A.
Canyonlands National Park
UTAH
Kingston
Boulder
Mesa Verde N.P.
zum
Monticello
Panguitch
Cedar City
Cedar Breaks N.M.
Bryce Canyon N.P.
Escalante
Natural Bridges N.M.
Manti-La-Sal Nat'l. For.
Blanding
Kodachrome Basin
Grand Staircase - Escalante N.M.
Bluff
Zion N.P.
Mt. Carmel
Vermilion Cliffs
St. George
Hurricane
Springdale
Lake Powell
Rainbow Bridge N.M.
Paiute Wilderness Area
Coral Pink Sand Dunes
Kanab
Glen Canyon Dam
Page
Navajo
Monument Valley
Kayenta
nach Farmington
Mesquite
ARIZONA
Jacob Lake
Navajo N.M.
zum Death Valley N.P. und nach Las Vegas, Los Angeles
Grand Canyon Parashant N.M.
Kaibab Nat'l For.
Round Rock
Lake Mead Nat'l. Rec. Area
Colorado Riv.
Grand Canyon National Park
North Rim
Painted Desert
Tuba City
Nation
Canyon de Chelly N.M.
Havasupai Indian Res.
Hopi
Chinle
Skywalk
Hualapai Indian Reservation
Indian
Second Mesa
Ganado
zum Death Valley N.P. und nach Las Vegas, Los Angeles
Peach Springs
Hist. 66
Wupatki N.M.
Reservation
nach Albuquerque
Seligman
Sunset Crater N.M.
Kingman
Flagstaff
Winslow
Josef City
Petrified Forest N.P.
nach Los Angeles
nach Phoenix
© graphic
15 80 40 150 191 6 89 31 10 28 257 70 24 21 62 95 12 276 56 261 163 160 98 64 180 87 264 1 17

yon zum Nationalpark erklärte. Das war 1919, und im gleichen Jahr besuchten 44.000 Menschen den Park. 25 Jahre später hatte sich die Zahl verzehnfacht. Heute ist man Roosevelts Empfehlung, jeder Amerikaner sollte einmal hier gewesen sein, ein ganzes Stück näher gekommen: Inzwischen sind es um die fünf Millionen Personen, die jedes Jahr zum Grand Canyon pilgern. Ein Dilemma wird da schnell sichtbar, denn wo viele Menschen beisammen sind, wird die Natur zwangsläufig in Mitleidenschaft gezogen.

Geologische Entstehung

Viele Besucher fragen sich, wie die Natur dieses Kunstwerk schaffen konnte. Darauf eine Antwort zu geben fällt schwer, denn die **geologische Geschichte** des Naturparks ist kompliziert und geht enorm weit zurück. Allgemein muss man sagen, dass dort, wo sich heute die Menschen am Canyon-Rand drängen, einmal Meere und Süßwasserseen gewesen sind, aber auch Vulkane und Berge, höher als der Himalaya. Zu Beginn der Schöpfung, vor etwa zwei Milliarden Jahren, befand sich die Erde in einem chaotischen Umwandlungsprozess. Über dem flachen Grund eines salzigen Meeres lagerten sich mächtige, kilometerdicke Schichten ab, durchsetzt von der Lava immer wieder ausbrechender Vulkane. Vor

Redaktionstipps

- Unterkünfte besonders im Park **rechtzeitig reservieren**. Wochenenden meiden.
- **Übernachten** Sie im historischen **El Tovar Hotel**, das ganz aus Holz erbaut ist, bzw. günstiger in einer Hütte der **Bright Angel Lodge & Cabins**. Günstigere Alternative wäre ein **Hotel in Williams**, da die Hotels in Tusayan überteuert sind. Für Tusayan die Empfehlung: das **Grand Hotel**, S. 445.
- **Dinner** im Restaurant des „El Tovar". Atmosphäre, Ambiente und Küche stimmen, und mit etwas Glück bekommen Sie auch einen Fensterplatz
- Die **besten Zeiten für den Blick** vom South Rim sind der frühe Morgen und die 2 Stunden vor dem Sonnenuntergang. Dann ist die Luft klar, und die Felsen leuchten in sattem Rot
- Ein **Rundflug** (S. 444) ist ein unvergleichliches Erlebnis, das die Schlucht in ihrem gesamten Ausmaß ermessen lässt.
- Zum **Abstieg in den Canyon** sollten Sie nicht nur festes Schuhzeug, sondern auch Kleidung für jede Temperatur mitnehmen und genügend TRINKWASSER und NAHRUNG. Zudem: lange im Voraus buchen.
- Wenn Sie es **ruhiger** möchten, fahren Sie besser zum North Rim (S. 441, von ca. Mitte Mai bis Oktober geöffnet) und schauen sich nur kurz den South Rim (S. 437) an.

*Eines **der** Naturwunder dieser Erde*

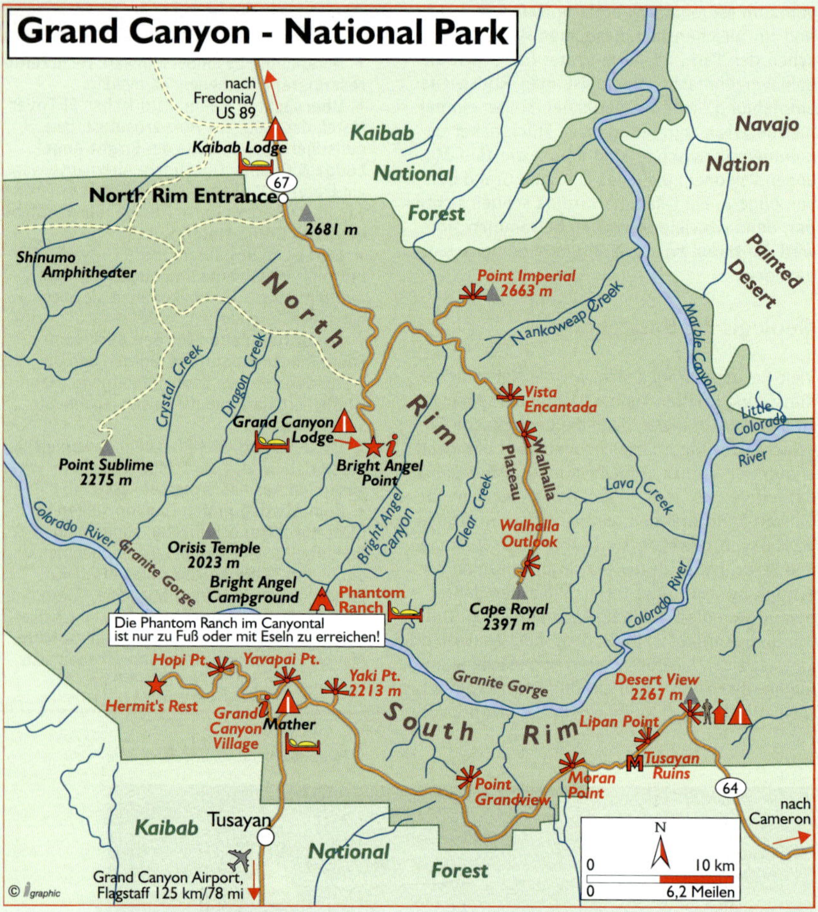

etwa 1,7 Milliarden Jahren wurden diese Schichten durch tektonische Vorgänge im Innern des Planeten hoch gehoben und zu etwa 9.000 m hohen Bergen aufgetürmt. Durch das immense Gewicht schmolzen Teile des Gesteins und wurden zu Schiefer. Die unterste Schicht am Grand Canyon, der dunkelgraue Vischnu-Schiefer, entstammt dieser Periode des Erdaltertums. In den folgenden Jahrmillionen wurde das hohe Gebirge fast vollständig wieder abgetragen; erneut bedeckte ein See den Grund, und erneut lagerten sich Sedimente ab. Bis zu 3.650 m waren die Schichten dick, aber auch sie wurden durch die nachfolgende Erosion wieder abgetragen. Ihre geringen Überreste können diejenigen entdecken, die in den Grand Canyon absteigen und die farbigen Bänder des unteren Drittels betrachten. Sie sind das Produkt eines 500 Millionen Jahre währenden Prozesses. Die darüber liegenden Schichten sind im Wesentlichen Ablagerungen der Ozeane, die in 300 Millionen Jahren des Erdmittelalters kamen und gingen. Bis zu siebenmal bedeckten Muscheln, Algen, Korallen den Boden, dann Material eines Sumpfgebietes

Farbige Bänder

und einer trockenen Landoberfläche, dann wieder Meeresablagerungen und wieder Dünensand. Man kann in den Schichten Überreste von Pflanzen entdecken, Überreste von Landtieren, Insektenflügel, Fußspuren von Dinosauriern und Muscheln, Korallen und Schwämme. Erst vor etwa 65 Millionen Jahren, in der Neuzeit der Erde, begann die Arbeit an dem, was wir heute als Grand Canyon sehen und bestaunen. Wieder einmal hatten tektonische Bewegungen eine Erdplatte nach oben gedrückt, das sogenannte Colorado-Plateau, das aus all den oben aufgezählten Schichten und Ablagerungen besteht. Durch dieses Plateau fraß sich nun der Colorado River, alle Hindernisse beiseite räumend, die sich ihm in den Weg stellten. Auch die Vulkanausbrüche (zuletzt der Sunset Crater im Jahre 1064 n. Chr.), die in den letzten zwei Millionen Jahren Lavadämme und Aschenregen im Canyon absetzten, konnten die Urgewalten des Colorado nicht stoppen. So hat er einen in der Welt einmaligen Querschnitt durch etwa zwei Milliarden Jahre Erdgeschichte gegraben, den jeder Besucher an den farbigen Äderungen genau verfolgen kann – von den Aussichtspunkten aus, aus Flugzeugen oder am besten auf einer Wanderung hinab in die innere Schlucht.

Ein aufgeschlagenes Buch der Geologie

Die Gesteinsschichten rühren also aus dem Paläozoikum (vor etwa 225 bis 570 Millionen Jahren), dem Proterozoikum (vor 570 Millionen bis 1 Milliarde) und dem Archaikum (vor über 1 ½ Milliarden Jahren) her. Auch dem Laien, dem solche Begriffe nicht viel sagen mögen, fällt die Schichtung allein durch die **Farbigkeit** ins Auge. Zuoberst ist der Felsen **grau-weiß** (Kaibab-Kalkstein [1]), darunter **leuchtend rot** (Toroweap-Kalkstein [2]), dann **lederfarben** (Coconino-Sandstein [3]), darunter **rot** (Hermit-Schiefer [4]), dann ebenfalls **rot** (Supai-Formation [5]), darunter **blau-grau** (Redwall-Kalkstein [6]), dann **purpur** (Temple-Butte-Kalkstein [7]), dann **grau** (Muav-Kalkstein [8]), dann **grün-grau** (Bright-Angel-Tonschiefer [9]), schließlich **braun** (Tapeats-Sandstein [10]) und zuunterst **dunkelgrau** (Vischnu-Schiefer [11]).

Wer noch andere Nationalparks der Region besucht, sollte wissen, dass sich auf der Ebene oberhalb des Canyon-Randes weitere Ablagerungsschichten gebildet haben und ebenfalls emporgehoben wurden. So liegen über dem Kaibab-Kalkstein jene sieben Schichten (die White Cliffs und die Vermillion Cliffs), die man auch im Zion National Park sieht, und darüber wiederum die fünf Schichten der Grey Cliffs und Pink Cliffs, aus denen die Erosion den Bryce Canyon herausgesägt hat. In den drei genannten Nationalparks ist das sichtbare Gestein des Grand Canyon also am ältesten und das des Bryce Canyon am jüngsten. Dort wie hier dauert der geologische Prozess an; die Arbeit des Flusses ist selbstverständlich nicht abgeschlossen, wenn auch klimabedingt „erdgeschichtlich für kurze Zeit" verlangsamt. Man hat ausgerechnet, dass er tagtäglich etwa 800.000 Tonnen an Tonteilchen, Sand und Geröll fort transportiert. Immer noch hobelt, modelliert und nagt der Colorado also am Gestein. Er wird den Grand Canyon noch in Millionen von Jahren weiter verändern, wenn die Staudämme der Menschen längst verrottet sind.

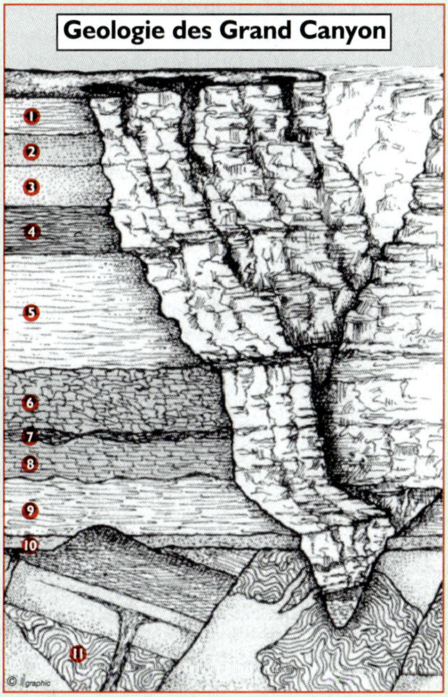

Erforschung

Gegenüber den Jahrmillionen der Erdgeschichte nimmt sich die Chronik der **menschlichen Besiedlung** wie ein Wimpernschlag aus. Andererseits reicht diese weiter zurück, als viele annehmen. Denn wenn die Datierung merkwürdiger, kleiner, aus Weidenzweigen geflochtener Figuren stimmt, lebten schon vor 4.000 Jahren Menschen im Grand Canyon, hauptsächlich von der Jagd auf Großhornschafe. Ab etwa 500 n. Chr. brachten die Anasazi-Indianer ihre hochstehende Kultur hierhin. Das beweisen neben den Ruinen von Tusayan auch vorzügliche Beispiele der indianischen Felsbildkunst und Tausende von anderen Relikten. Nachdem der Volksstamm der „Alten" um 1250, wahrscheinlich wegen einer Dürreperiode, die Region verlassen hatte, folgten deren Nachfahren, die Hopi, die heute noch östlich des Nationalparks leben. Schließlich stießen auch die Europäer in diese Gegend vor. Wie im gesamten Südwesten waren es zunächst die Spanier, die auf der Suche nach Gold die Region auskundschafteten. Von Hopi-Indianern bis zum südlichen Rand des Grand Canyon geleitet, bedeutete die tiefe Schlucht für die Expedition eines *Francisco de Coronado* oder seiner Zeitgenossen ein unüberwindliches Hindernis. Die Spanier schafften es noch nicht einmal, die Felswände hinabzusteigen und ihre Wasservorräte aufzufüllen. Aus der Distanz schätzten sie die Breite des Flusses übrigens auf nur 2 Meter! Den Konquistadoren folgten Missionare, die den Pueblo-Indianern die Segnungen des Christentums bringen wollten. Ein Franziskanermönch, *Francisco Tomás Garcés*, war wahrscheinlich derjenige, der den Strom als erster „Roter Fluss" (Rio Colorado) nannte.

Entdeckung und Besiedlung

Nachdem der Südwesten Teil der USA geworden war, bemühte sich die Regierung um eine Erforschung und Vermessung des Landes. Der letzte weiße Fleck, auf Landkarten mit der Aufschrift „unexplored" versehen, war der mittlere Lauf des Colorado, also der Grand Canyon. Versuche, über die Flussmündung und Yuma mit einem Dampfschiff in den Grand Canyon einzudringen, mussten nach 563 km aufgegeben werden. Die endgültige Erforschung des Colorado gelang erst 1869 mit der legendären Bootsfahrt des *Majors J.W. Powell.*

Später, in den letzten Jahren des 19. Jh., kamen Trapper, Goldsucher und Abenteurer auf der Suche nach Kupfer-, Blei- und Asbestvorkommen in den Canyon. Darunter waren so abenteuerliche Gestalten wie der Einsiedler *„Hermit" (Louis Boucher*). Gleichzeitig besuchten von *Powells* Buch und den sagenhaften Geschichten angelockt, die ersten Touristen mit der Postkutsche von Flagstaff aus den südlichen Canyon-Rand. Der Bau der Grand Canyon Railway im Jahre 1901 (eine Seitenstrecke der Santa Fe Railway) brachte spürbare Reiseerleichterung und führte zu einem ersten Aufschwung des Dorfes „Grand Canyon Village". Mit der Eisenbahn wurde der Startschuss für die ungeheure Entwicklung des Fremdenverkehrs gegeben. In der Folge besuchte Präsident *Roosevelt* die Stätte (s.o.), und das große Hotel „El Tovar" wurde errichtet. Damit wurden alle Pläne der Elektrizitätsgesellschaften hinfällig, den Grand Canyon unter einem Stausee verschwinden zu lassen.

Die Eisenbahn operierte übrigens bis 1968, wurde dann stillgelegt und Ende 1989 als touristische Attraktion wieder eröffnet.

Allgemeines

Das Gebiet des Colorado River ist auf einer Länge von ca. 400 km zum Grand Canyon Nationalpark erklärt worden. Grundsätzlich hat dieses Schutzgebiet zwei Zugänge: Einmal den **North Rim** (= Rand), erreichbar über den US 89A und dann dem AZ 67. Die-

Informationen zur Colorado-Expedition des Majors Powell

Kein anderer hat durch seine Pioniertat, seine Reisebeschreibung und seine wissenschaftliche Arbeit so viel für die Erforschung des Grand Canyon getan wie *John Wesley Powell*. Wie einige seiner Gefährten war *Powell* ein alter Haudegen und hatte seinen Mut im amerikanischen Bürgerkrieg bewiesen. Damals hatte der Major seinen rechten Unterarm verloren, was ihn nicht hinderte, sich tatkräftig an die **Erforschung** des Grand River (so hieß damals der Colorado) zu begeben, die von der amerikanischen Regierung dringend gewünscht wurde. *Powell* erkannte, dass der reißende Fluss, wenn überhaupt, nur mit kleinen Booten zu bezwingen war.

Darstellung einer Expedition des Colorado

Mitte Mai des Jahres 1869 traf sich dann eine kleine Gemeinschaft illustrer Gestalten in Green River (Utah). Außer *Major Powell* war auch sein Bruder *Walter*, ein Ex-Leutnant, mit von der Partie, weiter die Brüder *Howland* (ein Verleger und ein ehemaliger Soldat), außerdem zwei Trapper, ein Pelzhändler, ein Ex-Sergeant, der 18-jährige Schotte *Andy Hall* und *Frank Googman*, ein englischer Abenteurer (der sich zufällig in Green River aufhielt und sich der Gruppe anschloss). Für die beschwerliche Reise fertigte man aus Eichenplanken vier stabile, schwere Ruderboote an, ca. 6 ½ m lang und mit doppelt verstärktem Bug und Heck. Am 24. Mai war es dann soweit: Von den winkenden Einwohnern des Dorfes verabschiedet, trugen die vier Ruderboote die zehn Männer und reichlich Vorräte und Instrumente schnell den Fluss hinab. *Powell* notierte dazu in seinem Tagebuch: *„Wir sind auf dem Wege ins große Unbekannte. Wir haben eine undefinierte Strecke zurückzulegen, haben fremde Flüsse auszukundschaften. Wir wissen nicht, ob gefährliche Wasserfälle auf uns warten, ob Felsen die Fahrrinne versperren und wie hoch sich die Steilwände über uns erheben werden. Ah – well – mag kommen, was da komme. Die Männer sind guten Mutes und zuversichtlich."*

Die Expedition wurde gefährlicher, als *Powell* gedacht hatte. In mehr als 160 Stromschnellen mussten sich Besatzung und Boote bewähren. Mehrere Dutzend Male mussten die Männer das Gepäck zu Fuß weiter transportieren, schwimmend über Bord gegangene Gegenstände retten oder auf der Suche nach Nahrung mehrere 100 m steile Wände hinaufklettern. Doch ohne Verluste konnte die Expedition am 17. Juli vom Green in den Colorado River einbiegen

info

und schließlich in die tiefe Schlucht des Grand Canyon einfahren. Zu diesem Zeitpunkt freilich waren fast alle Männer bereits verletzt, zerschunden und ausgelaugt. Ein Boot war inzwischen zerschellt und die Kleidung so zerfetzt, dass die Männer nackt weiterreisen mussten. Trotz alldem hatte *Powell* noch Zeit und Energie, Untersuchungen zu den Gesteinsschichten anzustellen und alle Anzeichen menschlichen Lebens gewissenhaft zu notieren: *„Einige der Männer haben Ruinen und Töpferscherben entdeckt, desgleichen Zeichnungen und Hieroglyphen am Fels."*

Am 15. August 1869 campierte die Expedition dort, wo heute die Phantom Ranch Wanderer und Touristen beherbergt. Nachdem man flussaufwärts die Mündung des schlammigen Colorado Chiquito (Little Colorado) passiert hatte, sahen drei Expeditionsmitglieder - die Brüder *Howland* und der Trapper *Bill Dunn* - aufgrund der misslichen Lage keine Chance mehr, über den Fluss zur Zivilisation zurückzukehren. Am 28. August kletterten sie deshalb die Steilwände hinauf und versuchten, sich zu Fuß durchzuschlagen. Halb verhungert gelangten sie zu einem Lager der Shivit-Indianer, wurden von diesen versorgt und konnten bald weiterziehen. Da erfuhren die Indianer, dass eine rote Frau von Weißen vergewaltigt und ermordet worden war, sie hielten die drei für die Täter, ritten ihnen nach und brachten sie um.

Währenddessen hatte die Expedition bereits die Grand Wash Cliffs hinter sich gelassen und damit den Grand Canyon bezwungen. Kurze Zeit später waren *Powell* und der Rest der Mannschaft wieder in Sicherheit. Ihre Reise hatte 98 Tage gedauert, und in der Presse waren die Männer bereits für tot erklärt worden. 1871 fuhr der Major ein zweites Mal den Colorado hinab und passierte dabei erneut den Grand Canyon. Anschließend schrieb er seinen klassisch gewordenen Reisebericht „Canyons of the Colorado", der 1879 publiziert wurde.

Nicht nur als Soldat, Forscher, Kartograph und Schriftsteller gelangte *John Wesley Powell* zu Ruhm. Der Autodidakt, der es bis zur Professur in Geologie brachte, wurde später zum Direktor des geologischen Bundesamtes der USA ernannt. Außerdem war *Powell* immer bemüht, auch die Kultur der Ureinwohner zu verstehen, und brachte sich deshalb mehrere Indianersprachen bei. Damit war er schließlich auch zum Direktor des Bundesamtes für Völkerkunde prädestiniert. Viele Straßen, Plätze und Berge, das **John Wesley Powell River History Museum** *(1765 E. Main St., ✆ (435) 564-3427, www.jwprhm.com, tgl. 8–19 Uhr, $ 6)* in Green River sowie das **John Wesley Powell** Museum in Page *(6 N. Lake Powell Blvd., ✆ (928) 645-9496, www.powellmuseum.org, Mo–Fr (April–Okt. auch Sa) 9–17 Uhr, $ 5)* und nicht zuletzt der große Stausee erinnern heute an den Pionier und seine bedeutendste Leistung, die Colorado-Expedition.

Buchtipp

Powell, Major John Wesley: The Exploration of the Colorado River and its Canyons, 1895 (reprint, New York). Aufschlussreicher, spannender und mit vielen künstlerisch hochwertigen Stichen illustrierter Reisebericht des ersten Colorado-Bezwingers.

North und South Rim

ser höher gelegene Teil des Nationalparks ist nur zwischen Mitte Mai und Ende Oktober (manchmal länger, je nach Wetterkonditionen) geöffnet; zum anderen den **South Rim**, zu dem der US 89 bzw. US 180 zum AZ 64 führt. Dieser Highway durchquert einen Teil des südlichen Parkgeländes und führt von der South Entrance Station zur East Entrance Station. Dieser Teil des Parks ist ganzjährig geöffnet.

Auf beiden Seiten gibt es jeweils ein Besucherzentrum, Läden, Unterkünfte aller Art, ausgeschilderte Wanderwege und andere Aktivitäten. Die Frage, welchem Canyon-Rand man den Vorzug geben sollte, stellt sich in den Wintermonaten nicht, da der North Rim ge-

Einige Zahlen zum Grand Canyon:

- *6 ½ - 29 km breit (durchschnittlich 19 km), 446 km lang und durchschnittlich 1.600 m tief*
- *Der **Colorado River** ist auf diesem Abschnitt 350 km lang und 90 m breit, er hat ein Gefälle von 670 m und 160 Stromschnellen (davon sind 70 als 'schwierig' eingestuft)*
- *Jährlich besuchen etwa 5 Millionen Touristen den Grand Canyon*
- *Mehr als 250.000 Menschen steigen jedes Jahr zum Colorado River hinab*
- *Ebenfalls mehr als 250.000 Menschen nehmen an einem Flug über den Canyon teil*
- *Etwa 20.000 Menschen bezwingen jährlich den Colorado River mit Booten*
- *Der Nationalpark ist 493.070 ha groß*

schlossen ist. Ansonsten aber spricht für den North Rim die um knapp 500 m höhere Lage (2.500–2.690 m), das waldreichere Gelände, der weitaus geringere Besucherandrang und die niedrigeren Preise. Auch im Hochsommer kann man am North Rim immer noch ein ruhiges Plätzchen finden. Für den South Rim spricht dagegen die bessere Erreichbarkeit (näher zum Freeway-System), im Frühjahr und Herbst das wärmere Klima, der Blick auch in den nordöstlichen Teil des Canyons vom Desert View Point, über den Tag gesehen das bessere Fotolicht und für Wanderer die geringere Distanz zum Colorado River.

Wer mit dem Wagen vom South zum North Rim (oder umgekehrt) fahren möchte, um evtl. wandernde Freunde oder Familienmitglieder dort abzuholen, sollte bedenken, dass die Wegstrecke zwischen den beiden Visitor Centers etwa 340 km beträgt!

South Rim

s. Karte in der hinteren Umschlagklappe

Den südlichen Canyon-Rand erreichen die meisten Besucher über die **South Entrance Station**. Drei Meilen dahinter hat man nach einer langen Linkskurve zum ersten Mal Gelegenheit, am **Mather Point** einen Blick in die Wunderwelt des Canyons zu werfen. Kurze Zeit später führt eine Stichstraße zur **Yavapai Observation Station**, die halsbrecherisch am Steilabhang des Rim platziert ist. Hier kann man sich umfassend über die Geomorphologie der Felsschichten und die Geologie des Canyons informieren. Durch das Fenster von der Terrasse bietet sich ein fantastischer Blick.

Von hier aus führt die Straße zum **Visitor Center/Market Plaza** (Information) mit Institutionen Yavapai Lodge, Postamt, Bank, Supermarkt und Campingplatz. Knapp eine Meile westlich ist die zweite „städtische" Konzentration des **Grand Canyon Village**. Hier befinden sich verschiedene Hotels und Lodges, das Backcountry Office, Souvenirläden, der Bahnhof und der Startpunkt des

Viel besucht: die Aussichtspunkte am South Rim

„Bright Angel Trail" (s.u.). Im Pferch warten Maultiere auf Kundschaft für den (anstrengenden!) Ritt in die Tiefe. Am Visitor Center bzw. dem Grand Canyon Village starten regelmäßig die **Shuttlebusse** (s. S. 443) zu den Aussichtspunkten.

Panoramastraße

Am westlichen Ende des Village beginnt der **West Rim Drive**, eine rund acht Meilen lange Asphaltstraße bis zum äußersten Ende bei **Hermit's Rest**. Von März bis November ist diese Straße für Privatautos gesperrt (s.o.). Parallel zur Autostraße führt ein Fußweg nah am Canyon-Rand entlang und bietet die wohl einfachste Alternative zum anstrengenden Fußmarsch in die an dieser Stelle 1.400 m tiefe Schlucht. Vorbei am Denkmal für *Major Powell* gelangt man zum **Hopi Point**, der mit die schönste Aussicht in den Canyon bietet, besonders bei untergehender Sonne. Weil die Luft über dem Colorado River so außerordentlich klar ist, kann man hier mittags über 150 km weit ins Land sehen, zu 1 % der Zeit spannt sich der Horizont sogar 390 km weit! Insgesamt sind am West Rim Drive acht größere Aussichtspunkte ausgebaut; am Endpunkt Hermit's Rest gibt es einen Souvenirladen, Erfrischungen und sanitäre Einrichtungen. Hermit's Rest (Hermit = Einsiedelei/Einsiedler) ist ein Steinhaus, das *Boucher* hier zu Beginn des 20. Jh. erbaut hat.

In die andere Richtung führt vom Visitor Center der **East Rim/Desert View Drive** in 26 Meilen bis zum östlichen Parkausgang. Am nächsten zum Village/Market Plaza liegt der **Yaki Point**, Startpunkt zum berühmten „Kaibab Trail" (s.u.), weitere Aussichtspunkte sind Grandview Point, Moran Point u.a. Wenige Meilen vor dem östlichen Ende, 21 Meilen hinter dem Village, liegen rechts der Straße die Ruinen und das **Museum von Tusayan** *(tgl. 8-17 Uhr)*. Regelmäßig finden hier von Rangern geleitete Führungen statt, die einem die prähistorischen ersten Bewohner nahe bringen. Die Ruinen selbst bestehen nur aus recht kleinen Mauerresten, die sich etwa 50 cm über den Erdboden erheben, die gute Rekonstruktionszeichnung im Museum macht das ursprüngliche Aussehen aber deutlich. Etwa 30 Anasazi haben hier im 12. Jh. gelebt. Kurz vor dem Parkausgang hat man vom 2.267 m hoch gelegenen **Desert View Point** die letzte Möglichkeit zu einem großartigen Überblick. Der archaisch anmutende **Watch Tower** steht dabei im seltsamen Kontrast zur grandiosen Natur (1932 im Pueblo-Stil errichtet; das Erdgeschoss ist einer Kiwa nachgebildet, der 1. Stock wurde vom Hopi-Künstler *Fred Kabotie* ausgemalt). An touristischen Einrichtungen finden sich hier eine Self-Service-Cafeteria, ein Souvenirladen, sanitäre Einrichtungen und ein Campingplatz.

Das Wetter: unzuverlässig und niemals langweilig

Beste Reisezeit: Das ganze Jahr über ist der Grand Canyon ein lohnendes Ziel. In den Sommerferien aber bekommt man nicht nur Platzangst, sondern wird bei Wanderungen durch Temperaturen von bis zu 70 °C gequält (am Canyon-Grund). Andererseits können im Sommer auch Regen und Gewitter Sicht und Wohlbefinden empfindlich stören. Die beste Besuchszeit ist der späte Frühling (Mai, Juni), wenn es heißt, das Wetter sei hier wie ein Puma: unzuverlässig, aber niemals langweilig. Nachtfröste und erster Schnee können schon im Oktober auftreten, kommen in der Regel aber nicht vor November. Dies sollte keinen von einer Wanderung zum Colorado abhalten, im Inner Gorge ist es immer durchschnittlich 6,7 °C wärmer. Im November stört manchmal anhaltender Nebel das Panorama (1990 konnte man fast drei Tage lang kaum die Hand vor Augen sehen!), die feine Schneeschicht auf dem roten Felsen ist in der Vorweihnachtszeit allerdings ein überaus reizvolles Bild.

Wandern: **„ACHTUNG**: *Unternehmen Sie keine Wanderung vom Schluchtrand hinunter bis zum Colorado und wieder hinauf innerhalb eines Tages! Viele Wanderer, die eine solche Tour versucht haben, erlitten schwere gesundheitliche Folgen bzw. den Tod!"* Mit diesen Worten warnt die offizielle Touristenzeitung vor Selbstüberschätzung. Tatsächlich ist es in der Vergangenheit mehrfach zu tragischen Unfällen mit tödlichem Ausgang gekommen, auch bei jüngeren und trainierten Wanderern. Trotzdem bewältigen jährlich Tausende den South Kaibab Trail an einem Tag.

Jeder, der sich in den Canyon begibt, sollte folgende **Vorsorge** treffen: Ausreichende Trinkwasser-Vorräte sind unbedingt erforderlich, bei vielen Trails haben Sie keine Gelegenheit, Wasserflaschen unterwegs aufzufüllen. Die Mitnahme von 4–5 Litern pro Person und Tag ist das absolute Minimum (unten im Canyon können Sie aber auffüllen)! Hilfreich ist auch Elektrolyt-Salz zum Ausgleich des Mineralverlustes, das man im Drugstore erhält. Schließlich gehören zum Reisegepäck ein Sonnenschutz (Hut, Halsband, Sonnenbrille, Creme) und eine Taschenlampe. Vernünftiges Schuhwerk ist selbstverständlich. Entlang dem Rim sind einstündige bis eintägige Wanderungen ohne Schwierigkeitsgrad möglich. Wer in den Canyon absteigen möchte, kann dies in Teilen oder bis zum Ufer des Colorado tun. Zu den Startpunkten gibt es im Sommer einen kostenlosen Zubringerbus.

Nicht Jedermanns Sache: „Canyon-Rand-Krabbeln“

Die bekanntesten Trails sind *(Infos unter www.nps.gov/grca/planyourvisit/day-hiking.htm)*:

Die beliebtesten Wanderwege

- **Bright Angel Trail**: 1891 konstruiert, um Goldsuchern den Zugang zu ermöglichen. Der Pfad beginnt an der Bright Angel Lodge und endet 14,3 km später am Bright Angel Campground. Wer nicht bis zum Colorado gehen möchte, kann bei den Indian Gardens (5,1 km) wieder umkehren oder von hier auf einer kurzen Abzweigung bis zum Aussichtspunkt Plateau Point wandern (2,2 km Weg; dramatischer Überblick über die Schlucht). Für den Abstieg benötigt man gut 4 Stunden, für den Aufstieg etwa 7–8. Auf den ersten steilen 2,2 km gibt es zwei Rastplätze, im Sommer auch Wasser. Dieser Trail ist oft total überlaufen.
- **South Kaibab Trail**: ein steiler, 11 km langer Zickzackweg, der 1928 vom National Park Service angelegt wurde. Das erste Teilstück geht am Yaki Point ab und führt nach 2,4 km bzw. 445 Höhenmetern zum Cedar Ridge (herrliche Aussicht); ab hier kann man wieder umkehren. Dauer des Ausfluges etwa 3–4 Stunden. Weiter führt der Kaibab Trail durch die Redwall Formation in die innere Schlucht, bevor man am Colorado über die Kaibab Suspension Bridge Anschluss an den Bright Angel Trail oder den nördlichen Kaibab Trail hat. Von offizieller Seite wird dringend abgeraten, die Wanderung an einem Tag schaffen zu wollen; viele tun's trotzdem. Unterwegs keine Wasseraufnahme möglich!
- **Hermit's Trail**: unbefestigter Weg für geübte Berg- und Wüstenwanderer. Startpunkt ist ca. 180 m südlich von Hermit's Rest. Der Weg nach Santa Maria Springs ist 8 km (hin und zurück, 360 Höhenmeter) lang und kann in 5 Std. geschafft werden, für den zu den Dripping Springs (9 ½ km hin und zurück; 412 m) benötigt man ca. 6–7 Std. Beide Pfade sind äußerst anstrengend, bieten aber wunderschöne Ausblicke.
- **Grandview Trail**: Der Startpunkt dieses knapp 10 km langen Wanderweges (hin und zurück) ist am Grandview Point/East Rim Drive, 12 Meilen östl. vom Village. Sein Ziel ist die Horseshoe Mesa, ein merkwürdig geformter Berg. Auf der sehr anstrengenden Strecke überwindet man 792 Höhenmeter, man braucht dafür mindestens 7 Stunden.

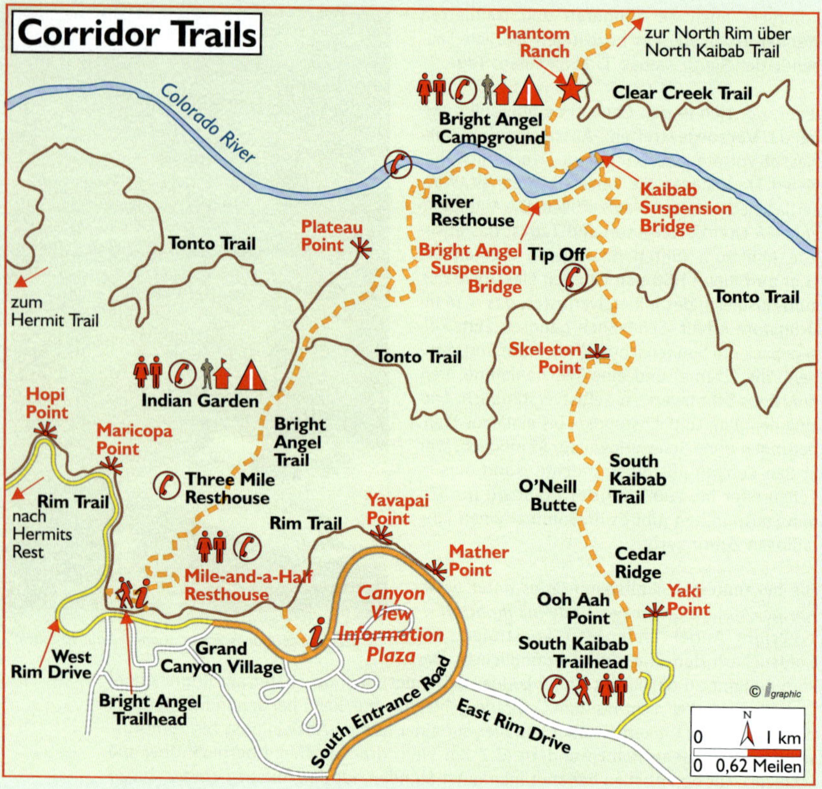

Andere Aktivitäten: Von besonderem Reiz sind **Flüge** mit dem Helikopter (teuer; Abflug gegenüber dem IMAX-Theater in Tusayan und am Grand Canyon Airport) oder Flugzeug (Abflug am Grand Canyon Airport). Es ist nicht mehr erlaubt, **durch** den Canyon zu fliegen, aber auch der Überflug ist ein Erlebnis. Besonders spannend ist der Moment, in dem man nach der bewaldeten Ebene über die Kante sozusagen in das 1.400-Meter-Loch „fällt".

Alternativen zum Wandern

Ansonsten kann man an den üblichen Nationalpark-Programmen teilnehmen oder **Busausflüge** zum Sonnenuntergang oder zu den Aussichtspunkten „Hermit's Rest" und „Desert View" buchen. Weitere Exkursionen werden u.a. ins Monument Valley angeboten (1 Tag) – eine Möglichkeit, wenn Sie die Route weiter westlich wählen sollten). Die Schlauchboottouren sind, wie bereits oben erwähnt, z.T. auf Jahre ausgebucht.

Von der Bright Angel Lodge starten **Maultierritte** zu verschiedenen Zielen, u.a. zum Plateau Point (1 Tag) und zur Phantom Ranch (2 Tage) – man täusche sich jedoch nicht: Das Sitzen im ungewohnten Ledersattel kann genauso anstrengend sein wie eine längere Wanderung. Trotzdem erfreuen sich die Mule Trips großer Beliebtheit und sind oft auf Monate im Voraus ausgebucht.

Tier- und Pflanzenwelt: Auf der Nord- und auf der Südseite des Grand Canyon herrschen sehr unterschiedliche klimatische Gegebenheiten. Im Süden ist es wärmer und mit 380 mm jährlichem Niederschlag sehr viel trockener. In den niedrigen Wäldern des Südens kommen Kojoten, vereinzelt auch Luchse und Pumas vor. Maultierhirsche sind recht häufig anzutreffen, besonders nach Einbruch der Dunkelheit auf den Campingplätzen. Häufig sieht man auch Burros: verwilderte Esel, die durch die Erzsucher in den Canyon kamen. Sie verdrängen immer mehr die ehemals typischen Dickhornschafe. Ansonsten wimmelt es von verschiedenen Squirrels (Erd- und Eichhörnchen), von denen das Aberthörnchen (weißer Bauch und grauer Rücken) besonders interessant ist. Diese Tierart kommt nur südlich des Grand Canyon vor, während ihr nächster Verwandter, das Kaibab-Hörnchen, nur nördlich des Canyon lebt. Es gibt mehrere Fledermausarten und Vögel u.a. Kolibris, Spechte, Häher, Raben, Buntfalken und Rotschwanzbussarde.

Diese Nager werden Ihnen oft über den Weg laufen

Entsprechend dem geringen Niederschlag herrscht am Südrand eine südliche, an Mexiko erinnernde Vegetation vor. Charakteristisch sind die niedrigen Pinyos (Zwergpinien) und der Utah-Wacholder. Im viel wärmeren Innern der Schlucht sind Flora und Fauna wüstenhaft (abseits von Oasen und dem Flussufer). Hier leben Kängururatten, Echsen und die Grand Canyon Klapperschlangen; die Pflanzenwelt wird hauptsächlich durch Yuccas, Schwarzdorn, Agaven und Kakteen repräsentiert.

North Rim

Beginnend auf einer Höhe von 2.407 m bei Jacob Lake (auf dem Kaibab Plateau) steigt der 44 km lange AZ 67 kaum merklich an, bis er am North Rim Entrance eine Höhe von 2.690 m erreicht. Dabei durchquert er riesige Mischwälder, die durchsetzt sind von weiten Wiesen, und passiert die Kaibab Lodge (Tankstelle, Motel, Campingplatz).

Je nach Zeit kann man, gut 10 Meilen nach dem Park-Eingang, nach links auf die **Cape Royal Road** einbiegen, die sich zu den schönsten Aussichtspunkten des North Rim windet. Auf dem weit in den Canyon vorspringenden Walhalla Plateau zweigt zunächst eine Stichstraße zum **Point Imperial** ab, der den Blick weit in den nördlichen Teil des Parks bis zum Marble Canyon öffnet. Als nächstes die **Vista Encantadora**: Weit und tief sieht man hier in den Grand Canyon hinein, auf der gegenüberliegenden Seite erkennt man das 1.873 m hohe Cape Solitude und die Schlucht des Little Colorado, der sich dort mit seinem größeren Bruder vereinigt. Endpunkt der schmalen Straße ist der **Walhalla Overlook** am **Cape Royal**, der Spitze des harten Plateaus, um das sich der Colorado in einer großen Schleife legen musste. Es war wohl die übernatürliche Schönheit der Szenerie, die die modernen Namensgeber veranlasste, Felsnadeln, Klippen und abgeschliffene Berge nach den Göttern der Alten Welt zu benennen. So sieht man den „Thron Wotans" und die „Burg des Ra", auch die „Tempel" von Salomon und für Vishnu, für Isis und Osiris, für Jupiter, Venus und Diana. Dabei wäre es doch angebrachter gewesen, auf die göttlichen Wesen der Ureinwohner zurückzugreifen. Immerhin beweisen die Ruinen der **Walhalla Glades**, dass sich die Anasazi-Kultur zwischen dem 8. und

Der Colorado in einer großen Schleife

12. Jh. auch an diesem Ort entfaltete – in Sichtverbindung mit dem Pueblo von Tusayan auf der Südseite.

Lodge hoch auf dem Felsen

Zurück auf dem AZ 67 sind es anschließend nur wenige Fahrminuten bis zur **Grand Canyon Lodge** nahe dem **Bright Angel Point**. Dieses aus Felsen und Holz erbaute Haus stellt das touristische Zentrum des nördlichen Parks dar. Motels, Cabins, Tankstelle, Läden, das Backcountry Office und ein Campinglatz befinden sich in unmittelbarer Nähe. An der Rezeption nimmt man Wünsche für Ausflüge entgegen, berät über Maultierritte und erläutert mögliche Wanderwege. Am beeindruckendsten ist die wie ein Adlernest hoch auf dem Felsen platzierte Lodge. Die großen Fenster der Aussichtshalle bieten ein atemberaubendes Panorama, das man auch genießen kann, wenn draußen ein schneidend kalter Wind herrscht.

Beste Besuchszeit: Der erste Monat nach der Öffnung des Parkteils Mitte Mai kann noch sehr kalt sein, aber die Luft ist klar, die Blumenblüte beginnt, und die Touristenschwärme sind noch nicht eingetroffen. Im Juli und August ist es am wärmsten, während der Herbst deutlich früher als am South Rim einsetzt: Gegen Ende September beginnt die Herbstfärbung der Laubwälder. Zu einem tollen Bild sind dann der blaue Himmel, der rote, graue und bläuliche Stein, die dunkelgrünen Tannen sowie die weißen Espenstämme mit ihrem goldenen Dach komponiert – vielleicht der beste Augenblick des ganzen Jahres!

Wandern: Für die Pfade des North Rim gelten die gleichen Hinweise wie für die des South Rim (s.o.). Zu einigen Trailheads gibt es einen Shuttlebus. Die beiden bekanntesten Trails sind:

- **North Kaibab Trail**: Ursprünglich von Indianern und Goldsuchern frequentiert, ist heute der Kaibab Trail ein populärer Pfad für Maultierausflüge und ausdauernde Wanderer. Er beginnt etwa 2 Meilen nördlich der Grand Canyon Lodge und folgt dann dem Lauf des Bright Angel Creek bis zum Colorado. Insgesamt ist die Strecke 23 km lang und überwindet 1.800 m Höhenunterschied; sie endet an der Phantom Ranch. Über die Suspension Bridge hat man dort Anschluss an den südlichen Kaibab Trail sowie den Bright Angel Trail zum South Rim. Für die anstrengende Wanderung muss man mindestens 2 Tage einplanen. Alternativ können Sie aber auch nur zum Supai-Tunnel und zurück (insg. 6,5 km) bzw. zu den Roaring Springs (7-8 Std. hin und zurück) wandern.

Sportlich aktiv

- **Ken Patrick Trail**: Der nicht allzu anstrengende, 16 km lange Pfad (6 Std.) führt durch dichte Wälder und entlang dem Canyon-Rand mit prächtiger Aussicht. Der Ausgangspunkt ist der gleiche wie beim North Kaibab Trail, das Ziel ist Point Imperial im Norden des Walhalla Plateau. Dort müssen Sie abgeholt werden.
- In die westliche Richtung führt der **Widforss Trail** durch Wald und am Canyonrand entlang. Insgesamt ist eine Strecke 16 km lang, doch bietet sich dieser Trail für eine verkürzte Hin- und Rücktour an.

Andere Aktivitäten: Wandern, Reiten, die Teilnahme an Rangerprogrammen (Kurse, Vorträge, Ausflüge zu Fuß und mit dem Bus) sowie der Genuss der Aussicht und Natur stehen im nördlichen Parkteil an. Helikopter-Flüge starten nur vom Tusayan Airport im Süden. Wer seine Kondition bei einem Maultierritt testen möchte, hat am North Rim sogar bessere Chancen auf einen freien Platz als am überfüllten Süd-Rand.

Tier- und Pflanzenwelt: Der Nordrand ist mit durchschnittlich 660 mm Niederschlag im Jahr fast doppelt so regenreich wie der Süden, außerdem ist er höher und kühler. Mit ausgedehnten Wiesen, Fichten, Ponderosa-Kiefern, Douglas- und Weißtannen, Stechfichten und Espen („Golden Aspen") erinnert die Region an Kanada. Außer Bisons, Hasen, Bibern, Füchsen und Hirschen leben auch einige Waschbären (raccoons) auf dieser Seite. Äußerst selten ist das Kaibabhörnchen (grau mit weißem Schwanz), dessen „Vetter“ das südlich lebende Aberthörnchen ist. Nachdem der Puma hier ausgerottet wurde, haben sich die Maultierhirsche so sprunghaft vermehrt, dass das ökologische Gleichgewicht aus den Fugen geriet und zig-Tausende Tiere in harten Wintern umkamen. Heute liegt ihre Zahl bei ca. 10.000 Exemplaren und wird auf diesem vernünftigen Level durch wieder eingewanderte Pumas gehalten.

Reisepraktische Informationen Grand Canyon NP und Tusayan, AZ

VORWAHL 928

Information

Es gibt zwei wesentliche Visitor Center: **Canyon View Information Plaza** *– nahe Mather Point an der South Rim sowie das kleinere* **North Rim Visitor Center** *– North Rim (Mitte Mai bis Mitte Oktober tgl. geöffnet, Rest des Jahres geschlossen). Infos gibt es zudem in der* **Desert View Contact Station** *(South Rim, 27 Meilen östl. d. Grand Canyon Village) sowie in Tusayan im* **Tusayan Museum**.

Allgemeiner Kontakt/Infos: *✆ 638-7888 sowie 1-800-638-7888, www.nps.gov/grca. Backcountry Infos: ✆ 638-7875.*

Grand Canyon Chamber of Commerce: *✆ 1-888-472-2696 od. 638-2901, www.grandcanyonchamber.com. Informationsbüro in Tusayan, südlich des Eingangs zur South Rim.*

Die mehrmals jährlich erscheinende Zeitschrift **The Guide** *informiert über aktuelle Veranstaltungen. Wetterinfos: ✆ 638-2245 oder im Radio: KSGC, 92,1 FM. Bei* **Notfällen**: *✆ 911. Klinik an der South Rim:* **Grand Canyon Clinic**, *✆ 638-2551.*

Hinweise

Die ***Zufahrt zur North Rim*** *ist nur von Mitte Mai bis Mitte Oktober erlaubt (bei geringem Schneefall bis Mitte November). Alle Einrichtungen an der North Rim sind also in der kalten Jahreszeit geschlossen.*

Von März bis Ende November verkehren kostenlose ***Shuttle-Busse*** *zu den einzelnen Aussichtspunkten entlang der South Rim (Hop on – hop off) sowie nach Tusayan. Zu dieser Zeit ist die Hermit Rd. sowie Yaki Point für private PKWs gesperrt. Es gibt drei Routen. Am besten, Sie finden einen Parkplatz nahe dem Visitor Center und benutzen diese Verkehrsmittel von da an.*

Wer zur ***North Rim für eine Übernachtung*** *möchte, der kann von der South Rim um 13.30 Uhr mit dem (nicht ganz billigen)* ***Trans Canyon Shuttle-Bus*** *(✆ 638-2820) fahren. Der Bus fährt am nächsten Morgen um 7 Uhr wieder an der North Rim ab. Die Fahrzeit beträgt etwa 5 Stunden! Vorher reservieren, auch die Unterkunft an der North Rim!*

Taxi-Service: *Z.B. von Tusayan oder dem Airport zur Grand Canyon Village, ✆ 638-2822*

Unternehmungen im und um den Grand Canyon NP

Wer einen Platz in einem Schlauchboot fürs **River Rafting auf dem Colorado River** *ergattern möchte, der muss mindestens ein Jahr im Voraus buchen. Im Internet bieten viele Unternehmen ihre Dienste an, eines davon ist:* **Arizona River Runners**: *✆ (602) 867-4866, 1-800-477-7238, www.raftarizona.com. Die Touren durch den Grand Canyon begin-*

Ausritt mit dem Muli in den Canyon

nen meist an Lees Ferry (Nahe Marble Canyon/Page) und dauern 3–18 Tage. Eine Liste weiterer Anbieter finden Sie unter www.nps.gov/grca/planyourvisit/river-concessioners.htm.
Weitere Aktivitäten im Grand Canyon NP *sind Jeeptouren, geführte Wanderungen, Ausritte und Rundflüge. Hierfür melden Sie sich am besten an den Buchungsschaltern in den großen Nationalpark-Lodgen an. Wer vorher buchen möchte (Auswahl): Reiten:* **Apache Stables** *(✆ 638-2891, www.apachestables.com); Rundflüge:* **Grand Canyon Airlines** *(✆ 638-2463, 1-866-235-9422, www.grandcanyonairlines.com); Historische Eisenbahn:* **Grand Canyon Railway***: ✆ 303) 843-8724, 1-800-843-8724, www.thetrain.com.*

Unterkunft

Es ist essentiell, Unterkünfte weit im Voraus zu buchen! Im Park reservieren über **Xanterra Parks & Resorts***: ✆ (303) 297-2757, 1-888-297-2757 sowie (928) 638-2631 für „Same Day Reservations", www.grandcanyonlodges.com (für South Rim); ✆ (928) 638-2611, 1-877-386-4383, www.grandcanyonlodgenorth.com (für North Rim).*

South Rim

Phantom Ranch $-$$*: Die Ranch (von 1922) befindet sich im Canyon-Tal und ist nur zu Fuß, auf einem Maulesel oder mit einer lange im Voraus gebuchten Schlauchbootfahrt zu erreichen. Die Unterkünfte bestehen aus Schlafsälen (bis zu 10 Betten) und einfachen Hütten (Air-Con!) für Gruppen. Toller Ranch-Charakter! Mahlzeiten müssen vorbestellt werden! Buchen Sie am besten in Kombination mit einem Maultierritt (Erfordernisse: fließend Englisch, nicht über 91 kg Körpergewicht, Mindestgröße ca. 1,60 m) in den Canyon. Das ist sehr teuer, aber ein Erlebnis! Für alles gilt: 13 Monate im Voraus buchen (das ist das Maximum).*
**Bright Angel Lodge & Cabins $-$$$$***: Rustikale Unterkunft nahe Canyonrand. Einfache Zimmer ($-$$, z. T. Bad teilen) und historische cabins ($$) aus dem Jahre 1935, z.T. mit Canyonblick ($$-$$$). Die geräumigen Luxus-Cabins kosten aber $$$$. Auch hier gilt für die günstigen Cabins: Am besten ein Jahr im Voraus buchen.*

Tipp

Falls am Canyon alles ausgebucht ist bzw. wenn Sie günstiger nächtigen möchten, empfehlen sich für die South Rim die Orte Flagstaff und Williams sowie für die North Rim auf Page, Fredonia oder Kanab, UT als Alternative.

Maswik Lodge $$-$$$**: *Rustikale Hütten mit Charakter ($$) und moderne Zimmer ($$$). Die Hütten genügen voll und ganz, sind aber leider auch schnell ausgebucht.* **Sports Lounge *im Hause.*

Yavapai Lodges $$-$$$: *Einige Minuten vom Canyonrand entfernt in einem schönen Fichtenwald. Mit 360 Zimmern das größte Hotel im Park.*

Thunderbird & Kachina Lodges $$$: *Zweistöckige, schöne und moderne Unterkünfte, nebeneinander direkt am Canyonrand gelegen. Für ein Zimmer mit Canyonblick bezahlen Sie etwas mehr.*

El Tovar Hotel $$$-$$$$: *Eines der großen, klassischen Hotels des Westens, 1905 erbaut und mehrfach renoviert. Rustikal eingerichtet, Blockhausstil. Kamine, Trophäen. Im Restaurant kann man ein hervorragendes und stilvolles Dinner erleben – Reservierung dringend empfohlen.*

Tusayan (südlich der South Rim)

Tusayan, ein Straßen-Ort besteht im Grunde nur aus Hotels und Motels der verschiedensten Franchise-Ketten (somit lohnen Adressenangaben hier nicht) sowie einfachen Restaurants. Wer glaubt, hier sei es wesentlich billiger als im Park, der täuscht sich aber.

**Canyon Plaza Resort $$$**: *406 Canyon Plaza Ln, ✆ 638-2673, www.grandcanyonplaza.com. Wer mit Kindern reist, wird die etwas größeren Zimmer zu schätzen wissen. Die Suiten ($$$-$$$$) haben auch eine kleine Küche (man bedenke die Restaurantpreise!).*

Grand Hotel $$-$$$$: *AZ 64, ✆ 638-3333, 1-888-634-7263, www.grandcanyongrandhotel.com Lodge mit Suiten und recht geräumigen Zimmern. Bar und Restaurant im Haus. Abends oft Entertainment. Die beste Wahl außerhalb des Parks.*

North Rim

**Grand Canyon Lodge $$-$$$**: *Direkt am Canyonrand gelegene historische Lodge. Rustikale Hütten bis hin zu relativ modernen Zimmern. Einige Hütten am Canyonrand ($$$). Die*

Nebenbei bemerkt …

***Fred Harvey** (1835–1901), der die ersten Lodges im Park erbauen ließ, war es, der in der zweiten Hälfte des 19. Jh. als erster dem Aufruf der Eisenbahngesellschaften, Politiker, Siedler und Abenteurer folgte und gepflegte Hotels, Restaurants und Bars im Westen eröffnete. Die ersten etablierte er entlang der Santa-Fe-Eisenbahnlinien. Um dem gewünschten Standard gerecht zu werden, ließ er Kostüme von New Yorker Modegeschäften für die Angestellten entwerfen, und die Mädchen wurden in einer eigenen Schule ausgebildet, nicht nur auf gastronomischer Ebene, sondern auch was das Auftreten in der Gesellschaft anbelangte. Das immer freundliche Gesicht der **„Harvey Girls“** war bald im ganzen Westen bekannt, und die Männer stürmten die Restaurants und Bars. Bald aber war Harvey's größtes Problem, dass 80 % seiner Mädchen bereits nach weniger als einem Jahr mit einem Cowboy oder Goldschürfer über alle Berge waren und er immer wieder neue ausbilden musste. Bis 1968 verwaltete die Fred Harvey Company noch die Hotels im Grand Canyon NP.*

Lodge gilt als einer der Klassiker in amerikanischen Nationalparks. Geöffnet von Mai bis Oktober. Restaurant und Bar am Hause.
Kaibab Lodge $$-$$$: *Gut 5 Meilen nördlich des Parkeingangs zur North Rim, ✆ 638-2389, www.kaibablodge.com. Ebenfalls eine „historische" Lodge (1926). Rustikal. Unterbringung in Holz-Cabins. Abends wird selbst im Sommer der Kamin in der Lobby des Hauptgebäudes angefacht. Restaurant im Hause. Mitte Mai bis Ende Oktober geöffnet.*

Camping

Auch hier empfiehlt sich im Sommer eine Vorbuchung. Dieses ist für die Plätze im Park nur möglich über **National Recreation Reservation Service** *und nur der Mather Campground sowie der North Rim Campground können vorgebucht werden (max. 6 Monate im Voraus): ✆ (301) 722-1257, 1-877-444-6777, www.recreation.gov. Bei allen anderen Plätzen gilt „First come – first serve" und sie sind oft schon früh belegt. Es gibt im Park folgende Plätze:*
South Rim: **Mather Campground** *und 25 Meilen östlich des Village den nur im Sommer geöffneten* **Desert View Campground** *(einfach, keine Duschen). Das* **Trailer Village** *zielt auf die Wohnmobilisten und kann ebenfalls vorgebucht werden: ✆ 638-2631, 1-888-297-2757. Außerhalb des Parks in Tusayan gibt es das* **Grand Canyon Camper Village**: *✆ 638-2887 sowie den günstigen (nur für Zelte, geöffnet Mai–September)* **Ten-X-Campground**, *der der Forstverwaltung untersteht: ✆ 638-2443.*
North Rim: **North Rim Campground** *sowie zwei Plätze in Jacob Lake (ca. 30 Meilen nördl. des Parkeingangs.*
Canyongrund: **Bright Angel Campground** *in der Inner Gorge am Colorado. Keine Straßenzufahrt!*

Restaurants

Grundsätzlich sollte man sich in dieser touristischen Region auf die vielen **Selbstversorger-Cafés und -Restaurants** *der Lodges und in Tusayan beschränken. Es ist überall überteuert. Nur wer nun wirklich einmal Fine Dining in rustikaler Atmosphäre erleben möchte, dafür rechtzeitig bucht und bereit ist, tief in die Tasche zu greifen, dem sei der* **El Tovar Dining Room** *(✆ 638-2631) im gleichnamigen Hotel an der South Rim nahe gelegt. Die einzelnen Restaurants in den Lodgen liegen preislich in der oberen Mittelklasse, qualitativ eher in der unteren.*

Weiter auf der Buchstrecke vom Grand Canyon (South Rim) aus

Verlässt man den Park im Osten entlang des AZ 64, führt die Straße parallel zum **Little Colorado**, der seinen eigenen Canyon geschaffen hat. Von den Aussichtspunkten aus kann man gut erkennen, wie der Canyon in ehemals flaches Land gefressen wurde. Dieses flache Land wurde vor dem Eintreffen der weißen Siedler von den Navajos als Jagd-

gebiet genutzt. Heute boomt der Tourismus. Die Verkaufsstände an der Straße machen mit bunten Fahnen auf sich aufmerksam.
Am US 160 passieren Sie Tuba City, wo Sie unbedingt das **Navajo Interactive Museum** sowie den historischen **Tuba City Trading Post** (Indianer-Kunsthandwerke) besuchen sollten. Im Museum lernen Sie viel über das Leben, die Geschichte, die Kunst und die Kultur der Navajos.
Navajo Interactive Museum, *Main St & Moenave Rd, ✆ (928) 640-0648, www.explorenavajo.com, Mo–Sa 10–18, So 12–18 Uhr, $ 9.*

Alternativstrecke über Vermilion Cliffs, Page und Marble Canyon

17 Meilen nördlich von Cameron können Sie sich zu einem Abstecher zum **Marble Canyon** und nach **Page** entscheiden. Der Marble Canyon besteht natürlich nicht aus Marmor, aber die ersten Ankömmlinge ließen sich durch den Schein der Sonne täuschen, der diese aus Granit und glitzerndem Gneis bestehende Schlucht „wie Marmor" erscheinen lässt. Über die Schlucht spannt sich in fast 150 m Höhe die **Navajo Bridge** (US 89A). Nicht weit von hier, an der **Lees Ferry**, starten Schlauchboottouren (auch die, die durch den Grand Canyon führen). Empfehlenswert ist der kleine beschauliche **Lees Ferry State Park** wegen seiner roten Sandsteinformationen und geschliffenen Steine. Bei normalem Wasserstand können Sie hier sogar eine Sandinsel im Colorado River erreichen.

Granit und glitzernder Gneis

Paria Canyon-Vermilion Cliffs Wilderness Area/Nat. Monument

Lage und Zufahrt

***Lage**: ganz im Norden von Arizona bzw. dem Süden von Utah in dem Abschnitt, der vom US 89A im Süden und dem US 89 im Norden umschlossen ist.*
***Zufahrten**: 1) Am besten über die o.g. Paria Contact Station (US 89), 2) alternativ über die House Rock Road (US 89A, 17 Meilen westl. vom Marble Canyon) im Südwesten. Im Westen und Süden führt der ALT US 89 parallel zur Grenzlinie des Parks.*

Benannt nach den viel fotografierten, schön abgerundeten Felsklippen, hat der 118.000 ha große Park auch andere Höhepunkte zu bieten. So z.B. den zum Teil sehr engen Paria Canyon, die Rock Gardens der Coyote Buttes und eine kürzere Wanderung durch den Wireless Canyon. Felsmalereien der Indianer sind ebenfalls zu bewundern.
Grundsätzlich ist dieser Park etwas für Naturliebhaber, Fotografen und Reisende, die Zeit haben, den Park zu Fuß zu erkunden (5-tägige Wanderung durch den Paria Canyon, 1-tägige zu den Coyote Buttes, s.u.). Dafür benötigt man ein Permit und muss bei den mehrtägigen Touren selbst für den Rücktransport sorgen. Dies erledigen auch kommerzielle Unternehmen. Es gibt kaum Auto-Pisten im Park. An der House Rock Ranch Road befindet sich eine Wilderness Area mit Bison-Herden.
Tages-Wanderung zu den North Coyote Buttes (The Wave) im Paria Canyon: *Das Permit sollte man unbedingt frühzeitig übers Internet oder telefonisch buchen. Vor Ort an der Paria Ranger Station gibt es am Wandertag selbst nur bis 9 Uhr die kleine Chance, dass es Stornierungen gegeben hat. Die Wanderung zu den South Coyote Buttes kann auch gebucht werden, ist aber nicht ganz so nachgefragt.*

Reisepraktische Informationen Paria Canyon-Vermilion Cliffs Wilderness Area

Information

Paria Contact Station *am US 89 (nicht ALT US 89!), knapp 20 Meilen nordwestl. von Page. Headoffice: BLM Arizona Field Office, 345 E. Riverside Dr., St. George, UT 84790, ✆ (435) 688-3200 bzw. 644-4600, www.blm.gov/az/paria. Permits: ✆ (435) 688-3246.*

Unterkunft/Camping

*Zwei Campingplätze (***Lees Ferry** *am US 89A und an der* **Paria Contact Station***) sowie Hotels/Motels in Page, Big Water, Kanab, Marble Canyon/Lees Ferry und Jacob Lake.*

Page

Einst gegründet als Wohnort für die Dammarbeiter, ist Page heute ganz auf Touristen eingestellt. An Souvenirgeschäften und Unterkünften mangelt es nicht. Interessant ist der Ort durch seine schöne Hanglage am Ausgang des Lake Powell und am **Glen Canyon Dam**, der diesen aufstaut. Dieser Damm kann sich von den Ausmaßen her mit dem Hoover Damm messen, ihm fehlt aber das historische Flair. Es werden kostenlose Führungen angeboten. Start am Visitor Center an der Staumauer. Zudem bietet sich Page an als Basis für Schlauchboot-Touren auf dem Colorado, Kajak- und Bootstouren auf dem Lake Powell sowie für die Erkundung zahlreicher Naturschönheiten in der Umgebung (z.B. Antelope Canyon, Rainbow Bridge, Vermillion Cliffs Nat. Monument etc.). Das kleine **John Wesley Powell Museum** gibt Einblick in die Geschichte von Powells Colorado-Expedition (s. S. 435), zeigt aber auch Artefakte aus der Geschichte der Navajos.

John Wesley Powell Museum, *6 N. Lake Powell Blvd., ✆ (928) 645-9496, www.powellmuseum.org, Mo–Fr 9–17 (April–Okt. auch Sa) Uhr, $ 5. Das Museum fungiert auch als Visitor Information Center.*

Größte natürliche Felsbrücke

Wer gerne zur **Rainbow Bridge** gelangen möchte und nicht bereit ist, eine lange Schotterstraße zu fahren und dann einen anstrengenden Fußmarsch zu unternehmen, der nur besonders Wanderfreudigen zu empfehlen ist, der sollte sich in Page in ein bequemes Boot setzen und auf einer halb- bzw. ganztägigen Tour dorthin fahren. Andere Abfahrtspunkte befinden sich in Bullfrog und Halls Crossing am nördlichen Ausläufer des Lake Powell (Fährstation am UT 276). Die Rainbow Bridge ist die größte, natürliche Felsbrücke der Welt. Unter ihrem 88 m hohen Bogen, der sich 83 m spannt, würde das Washingtoner Capitol leicht Platz finden. **Tipp**: Wer sich unter die Wanderer begeben möchte, sollte sich vorher die Broschüre „Hiking to Rainbow Bridge" beim Park Office besorgen.

Ein anderer, recht lohnender Ausflug führt von Page zum **Antelope Canyon**, einem sog. Slope Canyon. Der ausgesprochen schmale und bis zu 44 m tiefe Canyon kann erlaufen werden, doch ist es wegen der Enge an einigen Stellen etwas mühsam. Fotografen lieben den Canyon, da das Spiel von Schatten und Licht auf dem roten Sandstein (nur wenig Licht dringt durch den schmalen Canyonrand ein) für sie eine Herausforderung

bietet. Beste Fotozeit ist mittags. Der Canyon befindet sich auf Navajo-Land und separate, hohe Eintrittsgebühren müssen arrangiert und bezahlt werden für den Upper- sowie den Lower Canyon. Das Erlaufen des weiteren Upper Canyon dauert 1 ½ Std., das des engen Lower Canyon bis zu 4 Std. Der Antelope Canyon erlangte durch eine tragische Flashflood 1997 Berühmtheit. Überrascht von dem plötzlichen Wasser, starben 11 Menschen.
Antelope Canyon, *Anfahrt über AZ 98 (südöstl. von Page), dann Abzweigung zum Antelope Point. April–Okt. 8–17 Uhr. Geführte Touren zw. 7 und 16.30 Uhr (zu empfehlen): Antelope Canyon Tours, ✆ (928) 645-9102, www.antelopecanyon.com, ca. $ 33.*

Fahren Sie von Page nun auf dem AZ 98, später dem US 160 und dann dem AZ 564 zum Navajo National Monument.

Reisepraktische Informationen Page und Marble Canyon, AZ

VORWAHL 928

Information
Page/Lake Powell Chamber of Commerce: *644 N. Navajo, Tower Plaza, ✆ 645-2741, 1-888-261-7243, www.visitpagearizona.com.*

Übernachten/ Camping/ Boote mieten
Lake Powell Resorts & Marinas: *100 Lakeshore Drive, Wahweap, 6 Meilen nordwestl. von Page nahe US 89, ✆ 645-2433, 1-888-896-3829, www.lakepowell.com. Das Hotel liegt direkt an der Marina und bietet vernünftige Motel-Zimmer. Viele Zimmer mit Ausblick auf den Lake Powell. Restaurant, Bar und Pool im Hause. Angeschlossen ist ein großer, sehr*

Wie wär's mit einer Bootstour?

gut ausgestatteter **Camping- und RV-Platz** *(Blick auf den Lake Powell). In der Marina können Sie vom kleinen Motorboot (keine Lizenz nötig), über Power-Boote, Jet Skis bis hin zu* **Hausbooten** *aller Art alles ausleihen. Die Hausboote sind toll, aber es gibt Mindest-Mietzeiten und sie sind nicht ganz billig. Sie sollte man auch bereits frühzeitig buchen und die Tour in die Reiseroute gut einbauen.*
Best Western View of Lake Powell $$: *716 Rimview Dr., Page, ✆ 645-8868, 1-800-826-2718, www.bestwestern.com/arizonainn. Viele Zimmer (etwas teurer) mit Blick auf die Mesa und den Damm. Selbst vom Pool aus haben Sie eine schöne Aussicht. In Page gibt es eine Reihe weiterer Franchise-Motels und -Hotels.*
Marble Canyon Lodge $$ (Deluxe-Zimmer: $$$$): *US 89A (Navajo Bridge), Marble Canyon, ✆ 355-2225, 1-800-726-1789, www.marblecanyoncompany.com. Eine nette Unterkunft einsam am Highway gelegen. Restaurant, Pool.*
Lees Ferry Lodge $$-$$$: *3,5 Meilen westlich der Navajo Bridge (am US 89A), ✆ 355-2231, www.leesferrylodge.com. Nicht weit davon entfernt von der Marble Canyon Lodge, und eine gute Alternative.*

Einkaufen

Blair's Dinnebito Trading Post: *626 N. Navajo Dr. Einer der bestausgesuchten „Trading Posts" im Südwesten. Hier gibt es Jeans und Cowboyhüte, Indianer-Kunsthandwerkliches, Teppiche u.v.m.*

Wandern

„Hiking to Rainbow Bridge" *beim Park Office besorgen (Glen Canyon N.R.A., Box 1507, Page, AZ 86040, ✆ 608-6200).*

Navajo National Monument

Hier erwarten Sie drei alte Felsensiedlungen, wobei keine alleine zu besichtigen ist (nur mit Permits und einem Ranger). Die Häuser wurden bis etwa 1300 n. Chr. von (Kayenta-)Anasazi bewohnt. Um mehr über die Geschichte dieses Stammes der Anasazi zu erfahren, sollten Sie zuerst das Visitor Center besuchen, wo eine kurze Diashow (bzw. Film) gezeigt wird und auch ein kleines Museum auf Sie wartet. Um die Ruinen von einem Aussichtspunkt aus sehen zu können, folgen Sie dem etwa 1 Meile langen **Sandal Trail** (Fernglas und Teleobjektiv nicht vergessen). Der von ihm abzweigende **Betatakin Canyon Overlook Trail** bietet keine Aussichtsmöglichkeit auf die Ruinen!

Anasazi-Kultur

Wer die Ruinen selbst besichtigen möchte, muss sich einer der Touren anschließen, die zweimal am Tag zu den Betatakin-Ruinen und einmal täglich zu den Keet Seel-Ruinen gehen (nur während der Sommermonate). Für die erstere benötigen Sie 5–6 Stunden, zu den 8 Meilen entfernten Keet Seel-Ruinen müssen Sie mit einem ganzen Tag rechnen.

Die **Betatakin Ruins** ist eine Siedlung mit 135 Räumen, die aber nur von 1260 bis 1300 bewohnt war. Danach verließen die Bewohner aus ungeklärten Gründen diesen Platz. Hier her können Sie in einem Tag wandern (mühsam, da heiß). Die **Keet Seel-Siedlung** war aber die erste und mit 160 Räumen und 6 Kivas die größte. Bereits um 950 n. Chr. wohnten hier Anasazis. Die geführte Wanderung hierher dauert mehr als einen

Auch heute noch betreiben die Navajos Schafzucht

Tag! Das **Inscription House**, eine schlecht erhaltene Ruinensiedlung weiter im Westen, ist für das Publikum nicht geöffnet.

Navajo National Monument, ✆ *(928) 672-2700, www.nps.gov/nava. Für die Besichtigung dieser Ruinen muss man unbedingt früh erscheinen, da nur 25 Teilnehmer pro Tour mit dürfen. Zu den Btatakin Ruins geht es nach „first come – first serve"-Prinzip. Für die lange Route zu den Keet-Seel-Ruinen kann man sich bis zu 2 Monate im Voraus anmelden. Touren: Mai–Sept.: tgl., Rest des Jahres nur an Wochenenden. Zu einigen Ruinen kann man auch reiten (vorher reservieren). Besuchszeiten variieren, Kernzeiten sind: tgl. 9–17 Uhr. Es gibt kein Motel am Monument, das nächste erst wieder in Kayenta. Dafür darf man kostenlos und ohne Reservierung auf einem der beiden Campingplätze übernachten.*

Die Fahrt geht jetzt weiter nach Kayenta, einem langweiligen Indianerstädtchen (Hotel/Motels). Biegen Sie nun ab auf den US 163.

Kleine Einführung „Utah"

Erbe der Mormonen

Als 1776 zwei Franziskanermönche das Gebiet des heutigen Utah auf dem Wege nach Kalifornien durchquerten, lebten hier nur die Utes, ein nomadisierender Shoshonen-Stamm. Während des beginnenden 19. Jh. kamen die ersten weißen Siedler in kleinen Gruppen von Osten und Norden hierher. Utah war damals bereits ein **Handelsplatz** für die Pelzjäger aus dem kanadischen Raum, aber ansonsten kaum erschlossen. *Brigham Young*, der erste Führer der Mormonen, sagte einmal: „*Wenn es einen Platz auf dieser Erde gibt, den keiner will, das ist der Platz, den ich suche*". Als die Mormonen dann auf ihrer Odyssee von Osten kommend das Gebiet um den Great Salt Lake erreichten, sagte er: „*This is the place*", und die Urbarmachung des Landes begann. Im Laufe der nächsten Jahrzehnte kamen dann immer mehr Mormonen. Aber auch Goldsucher, Jäger und

Siedler folgten ihnen, und so erlebte Utah Ende des 19. Jh. einen richtigen Boom. Bis heute gilt die Errichtung dieses Staates als vorbildlich. Welche Qualen muss es mit sich gebracht haben, aus diesem Boden das zu erschaffen, was wir heute als natürlich hinnehmen.

Attraktive Höhepunkte

Für den Reisenden bieten sich in Utah besonders attraktive landschaftliche Höhepunkte: die bewaldeten Berge des Nordens und die Canyon-Landschaften des Südens. Kaum eine **Landschaft** in den USA ist so faszinierend wie die der Canyons, die die Flüsse hier geschaffen haben. Für Abenteuerlustige bieten sich Wildwasserfahrten, Wanderungen, mehrtägige Ausritte und vieles mehr. Wer sich entspannen möchte, sollte dieses am Lake Powell (z.B. auf einem Hausboot) oder in einem der Nationalparks tun. In Salt Lake City dürfen Sie es sich nicht entgehen lassen, die **Tempelanlage der Mormonen** zu besichtigen und sich auch ein wenig mit deren Kultur zu beschäftigen. Und: Es gibt in Utah Liquor Stores und Restaurants mit Alkoholausschank, nur nicht überall so viel wie sonst.

Utah-Telegramm

***Abkürzung**: UT; **Beiname**: The „Beehive State" (Der Bienenkorb-Staat). Anspielung auf den Bienenfleiß der Mormonen; **Namensherleitung**: Indianerstamm der „Utes" (Unterstamm der Shoshonen), die hier vor der Ankunft der Siedler lebten; **Staat seit**: 4. Jan. 1896 (45. Staat); **Fläche**: 219.900 km²; **Einwohner**: 2,77 Mio., davon leben 1,6 Mio. an der „Wasatch Front" zwischen Ogden und Provo. Knapp 70 % der Bewohner Utahs sind Mormonen; **Einwohnerdichte**: 12,7 E./km²; **Hauptstadt**: Salt Lake City (187.000 E. – Großraum „Wasatch Front" s.o.); **weitere Städte**: West Valley City (130.000 E.), Provo (118.000 E.), Sandy City (96.000 E.), Orem (89.000 E.), Ogden (81.000 E.); **wichtige Wirtschaftszweige**: Bergbau (Kupfer, Erdöl, Uran, Gold, Salz und eine Reihe verschiedenster Metalle), Industrie (bes. Luftfahrtindustrie). Die Landwirtschaft lebt vom Bewässerungslandbau oder vom „Dryfarming" (Getreide, Obst)*

info

Dry Farming

Dry Farming erlaubt noch bei 200-300 mm Niederschlag im Jahr den Anbau von Nutzpflanzen. Dabei wechselt ein Anbaujahr mit einem Jahr der Brache ab. Während der Trockenbrache (kurz vor der Regenperiode) wird das von Unkraut freigehaltene Land tiefgründig durchgepflügt, damit Niederschlag in den Boden eindringen kann. Nach dem Regen wird dann geeggt, damit durch die Unterbrechung des Kapillarsystems die Verdunstung vermindert wird. Wasser in den tieferen Böden kann so nicht nach oben steigen. Die so angesammelte Feuchtigkeit ermöglicht im folgenden Jahr den Getreideanbau. Die Methode ist umstritten, da sie durch das Ausbrechen der Grasfluren der Abtragung durch den Wind Vorschub leistet.

Monument Valley

20 Meilen nördlich von Kayenta erreicht man am US 163 den Abzweig zum **Monument Valley**. Ein 4-Meilen-Straßenabschnitt (Parkgebühr) führt in östlicher Richtung direkt an die Abbruchkante, von der aus man die bekanntesten Felsformationen bereits sehen kann. Es steht außer Frage, dass sich ein Besuch hier lohnt, und wenn Sie genü-

Auf den Spuren von Thelma und Louise

gend Zeit haben, sollten Sie unbedingt die holprige Schotterpiste durch die Felsenlandschaft „durchstehen" – oder noch besser, sich einer Tour anschließen (s.u.). Sie werden einige der Felsen bestimmt wiedererkennen, denn so mancher Film wurde hier gedreht. U.a. 1956 „The Searchers" und Ausschnitte aus „Thelma und Louise". Am besten lässt sich diese eindrucksvolle Landschaft genießen, wenn abends die Sonne untergeht. Dann hüllen sich die Felsen in ein tiefrotes, feuriges Licht. Reitbegeisterten empfiehlt sich, das Gebiet auf dem Rücken eines Pferdes zu erkunden. „Pferdeverleihe" vermittelt das Visitor Center am The View Hotel.

Bekannte Filmkulisse

Als Wanderweg empfiehlt sich im Tal der **Wildcat Trail**, der um die *West Mitten Butte* herum führt. Der Rundweg ist etwas über 5 km lang (Trinkwasser mitnehmen!). Verpassen Sie auch nicht, das kleine **Museum** im historischen **Goulding Trading Post** mit Relikten aus der Pionierzeit sowie mit Erinnerungsstücken von Filmen, die hier gedreht worden sind, zu besuchen. Beides, samt Goulding's Lodge, liegt westlich des US 163. Die Lodge organsiert auch Rundflüge.

Der nächste kleine Ort heißt **Mexican Hat**, benannt nach einer unscheinbaren und kaum als „Mexikanerhut" zu erkennenden Felsformation. Kurz hinter Mexican Hat geht es nach links ab auf den UT 261. Die gleich darauf abgehende Strecke zum **Gooseneck State Park** lohnt sich, falls Sie etwa 45 Minuten Zeit erübrigen können. Von einem Aussichtspunkt aus kann man den „Gooseneck", einen Teil des San Juan River, bewundern. Gooseneck bedeutet: ein mäandernder Fluss mit so vielen typischen Halbinseln, dass er auf einer Länge von 6 km nur 1 ½ km Luftlinie zurücklegt – der Albtraum einer jeden Schlauchboottruppe.

Blick auf den San Juan River

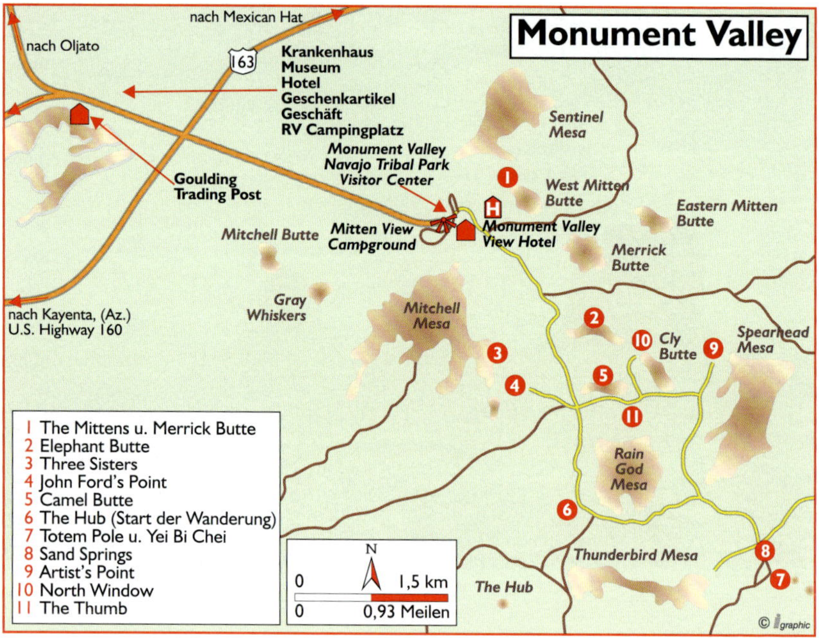

Reisepraktische Informationen Monument Valley, AZ

VORWAHL 435

Information

Visitor Center: *am The View Hotel (östl. des US 163) sowie eine kleine Infostation am Goulding's Trading Post (westl. des US 163), ✆ 727-5874, www.navajonationparks.org.*

Touren

Am Eingang zum Tal warten zahlreiche Touranbieter. Tipp: Im Hotel bzw. im Visitor Center vorher erkundigen und hier auch Tour buchen. Denn die Touren lohnen nicht nur wegen der Erläuterungen, sondern auch, weil einige von ihnen zu abseits der für den normalen Autofahrer erlaubten Regionen im Tal fahren.

Unterkunft

San Juan Inn & Trading $$: *US 163, Mexican Hat, 25 Meilen vom Monument entfernt, ✆ 638-2220, 1-800-447-2022, www.sanjuaninn.net. Einfaches, aber originell am Canyon-Rand (in den Cliffs) des San Juan River gelegenes Motel. Touren werden von hier organisiert. Für alle Fälle gibt es noch 3 weitere, z.T. sehr einfache Motels in Mexican Hat.*

Goulding's Trading Post & Lodge $$-$$$: *Westl. des US 163, ✆ 727-3231, www.gouldings.com. Am Hang, einige Kilometer westlich der bekannten Felsformationen. Doch hat man einen schönen Blick darauf von den meisten Zimmern. Angeschlossen ist ein kleines Mu-*

seum, ein Trading Post sowie ein **Campingplatz** *mit Indoor-Pool und einfachen* **Hütten** *zum mieten.*
The View Hotel $$$: *Östl. des US 163, direkt am Monument Valley, ✆ 727-5555, www.MonumentValleyView.com. Das Hotel liegt direkt am Valley und die Aussicht von den Zimmern ist grandios. Da hier aber der Beginn der Strecke ins Tal ist, dazu das große Visitor Center und ein großer Trading Post, ist es hier auch unruhiger. Nahe bei, ebenfalls am Rand des Tales, gibt es eine einfache Möglichkeit zu* **zelten** *(kein Wasser) bzw. sein Wohnmobil für die Nacht zu platzieren.*
Alternativ gibt es ein paar Motels in Kayenta, so z.B. das **Hampton Inn-Navajo Nation $$-$$$** *(US 160, ✆ (928) 697-3170, 1-800-426-7866, www.monumentvalleyonline.com)*

Das **Valley of the Gods**, zu dem eine weitere Piste (FR 242) von der UT 261 abgeht, beeindruckt durch Buttes, Felsnadeln sowie Mesas, und man findet auf Wanderungen so einiges aus der Anasazi-Zeit. Nicht ohne Grund wird es das „kleine Monument Valley" genannt. Die holprigen Schotterstrecke ist jedoch nur denjenigen zu empfehlen, die absolute Ruhe suchen – und man benötigt einiges an Zeit. Bereits nach sechs Meilen auf dem UT 261 wird klar, dass Sie die vor Ihnen liegende Klippe auf einer Schotterstraße meistern müssen, die sich steil nach oben windet (drei Meilen lang). Kein Genuss mit einem Wohnmobil und auch nicht für diejenigen, die nicht schwindelfrei sind! Trotzdem, die atemberaubenden Ausblicke lohnen die Mühe, und man kann von hier aus sogar noch das Monument Valley sehen. Oben angekommen, wandelt sich das Landschaftsbild. Kiefernwälder in sattem Grün lassen einen fürs erste die wüstenhafte Landschaft der Talebene vergessen. Die 17 Meilen lange Piste führt im Osten auf den US 163 – Sie können die Strecke also auch andersherum fahren.

Holprige Schotterstrecke, schöne Aussichten

Moki Dugway, zu dem es neun Meilen nördlich von Mexican Hat abgeht vom UT 261 (steile, kurvenreiche Piste, keine Wohnmobile), bietet von einer Klippe einen tollen Blick auf das 20 Meilen entfernte Monument Valley. Und fünf Meilen weiter auf dem UT 261 führt der UT 263 zum **Muley Point Overlook**. Von hier aus sehen Sie ebenfalls das Monument Valley sowie noch besser, als vom Aussichtspunkt im Gooseneck SP die Mäander vom San Juan River.
Weiter geht es auf dem UT 261 bis zur Kreuzung mit dem UT 95, wo Sie sich zwischen zwei alternativen Hauptrouten entscheiden müssen.

Alternativrouten zum Capitol Reef National Park

Auf dem UT 95 nach Westen bis zur Abzweigung zum **Natural Bridges National Monument** (UT 275). Im Visitor Center kann man sich über die geologische Geschichte der drei natürlichen Steinbrücken informieren, die dem Park seinen Namen gegeben haben und auf einem 9–Meilen-„Loop" von Aussichtspunkten aus bewundert werden können. Zu den Brücken selbst muss man aber laufen. Kleine Flüsse haben sich hier durch den 230 Millionen Jahre alten Sandstein gefressen, um ihren Lauf zu verkürzen. Immer noch nagt das Wasser unter Mithilfe der klimatischen Erosionskräfte weiter an den Bögen. Somit werden sie irgendwann einstürzen, doch bis dahin haben die Wasser wahrscheinlich wieder neue Brücken geschaffen. Während der erdgeschichtlichen Trockenperiode, die in diesem Gebiet zurzeit herrscht, bedarf es jedoch geraumer Zeit, bevor etwas Gravierendes passieren wird.

Natürliche Steinbrücken

Zeugen früher Besiedlung

Die älteste und am einfachsten zu erlaufende Brücke ist die „Owachomo Bridge", die 35 m hoch ist und deren Restdicke von 3 m bereits andeutet, dass sie die erste sein wird, die in – vielleicht 100.000 Jahren – einstürzen wird. Weitaus stabiler sind die jüngste, die „Kachina Bridge" (69 m hoch, 68 m Spannbreite und eine Dicke von 30 m) sowie die zweitgrößte Naturbrücke der Erde, die „Sipapu Bridge" (72 m hoch, 88 m Spannbreite und eine Dicke von 17 m). Der Weg zu diesen beiden Brücken ist sehr anstrengend! Im Park gibt es obendrein eine Reihe von Anasazi-Ruinen, sowie Zeichnungen, die auf eine ausgesprochen frühe Besiedlung hinweisen. Wahrscheinlich wurden die Steinbrücken zu religiösen Zeremonien genutzt. Erster Nichtindianer in dieser Gegend war der Goldsucher *Cass Hite*, der die Brücken 1883 entdeckte. 1908 wurden sie von Präsident *Roosevelt* als „National Monument" ausgewiesen.
Natural Bridges NM, *Visitor Center, tgl. 8–16.30 (Sommer bis 18) Uhr, ✆ (435) 692-1234, www.nps.gov/nabr.* **Camping**: *Im Park gibt es einen Campingplatz mit 13 Plätzen (nicht zu reservieren). Motorhomes über 26 ft. müssen einen der nahe dem Monument gelegenen Parkplätze nutzen. Restaurants, Motels und Geschäfte gibt es weit und breit nicht. Die Solar Panels, einst die größten der Welt, versorgen die Anlagen heute noch mit Strom.*

Zurück auf dem UT 95 geht es nun in Richtung Lake Powell. Nach nur wenigen Meilen können Sie entscheiden, ob Sie die einfachere Strecke über die Brücke nehmen wollen oder die Alternativroute UT 276 bevorzugen. Dies bedeutet, mit einer Fähre über den See zu setzen. Auf der Südseite, **Halls Crossing**, gibt es Campinggelegenheiten, am nördlichen Hafen, **Bullfrog**, auch eine Lodge, **Defiance House $$$** *(✆ (435) 684-3000, 1-888-896-3829, www.lakepowell.com, tolle Aussicht)*, und das **Anasazi Restaurant** *(oft nur abends geöffnet)*, in dem Sie u.a. auch frisch gefangenen Fisch aus dem See bekommen.

Fährzeiten (unbedingt vorher noch einmal erkundigen (✆ (435) 684-7000 od. 684-2261, www.lakepowellmarinas.com).

Halls Crossing Abfahrt:		**Bullfrog Abfahrt:**	
November bis März			
8.00		9:00	
14.00		15.00	
Keine Fahrten Thanksgiving, am 25. Dezember und am 1. Januar			
April bis 15. Mai			
8:00	10:00	9:00	11:00
12:00	14.00	13.00	15.00
16. Mai bis 15. September			
8:00	10:00	9:00	11:00
12:00	14:00	13.00	15.00
16:00	18:00	17:00	19.00
16. September bis 31. Oktober			
8:00	10:00	9:00	11:00
12:00	14.00	13.00	15.00
16.00		17.00	

info

Lake Powell und die Glen Canyon National Recreational Area

Als zwischen 1956 und 1964 der Glen Canyon Dam errichtet wurde, schuf der Mensch den zweitgrößten künstlichen See der USA, indem er dabei gleichzeitig den zweitgrößten Canyon der Welt unter Wasser setzte. Bereits damals, als Ökologie noch klein geschrieben wurde, gab es in der ganzen Welt **Proteste** gegen das Vorhaben. Heute ist dies alles vergessen und nur noch in Geschichten und Bildern dokumentiert. Umso interessanter mag es sein, Reisebeschreibungen der ersten Pioniere dieses Gebietes zu verfolgen. Für den Reisenden hat der Bau des Staudammes aber auch Positives mit sich gebracht: Erst wegen des Sees wurden Stra-

Lake Powell mit der Brücke am Highway 95

ßen gebaut, die es vorher nicht gab, und per Boot kann man Areale erreichen, die bis dahin nur ausdauernde Wanderer erreichen konnten. Die damaligen Proteste gegen das Projekt haben die Regierung der USA aber veranlasst, von früheren Plänen abzurücken, den Lake Powell touristisch „auszubeuten". Daher kann man auch heute nur wenige Punkte mit dem Auto erreichen, und nur an den äußeren Punkten des Sees gibt es die Marinas, Sportboothäfen, deren Nutzung strengen Naturschutzgesetzen unterliegen. Damit ist der Lake Powell heute ein von Menschenhand geschaffenes Naturparadies, dessen nähere Betrachtung lohnt.

Die Uferlinie des Sees beträgt 1960 Meilen, und der Wasserstand sinkt um maximal 10 Meter im Jahr. Durch die Tiefe des Canyons ist somit immer für ausreichend Reserve gesorgt, um das E-Werk am Glen-Canyon-Staudamm in Betrieb zu halten. Die Glen Canyon National Recreational Area sowie das Grand Staircase-Escalante National Monument umgeben den gesamten nördlichen Teil des Sees, und mittlerweile hat sich dort eine eigene Uferflora entwickelt. Auch der südliche Teil, zum Teil zur Navajo-Nation gehörend, unterliegt heute der Kontrolle der Naturschutzbehörden.

Wer Zeit und Muße hat und bereit ist, etwas tiefer in die Tasche zu greifen, der sollte auf dem See eine **mehrtägige Hausboottour** unternehmen. Boote gibt es an der Wahweap Marina bei Page und an der Bullfrog Marina zu mieten (beide www.lakepowell.com). Buchen Sie rechtzeitig schon von Europa aus! Man kann auch Motorboote u.a. mieten.

Ausgefallenes Fotomotiv

Der UT 95 selbst führt direkt auf die Brücke über den Colorado zu. Vor und besonders nach deren Überquerung bieten sich unzählige Stopps zum Fotografieren an. Achten Sie besonders auf eine (nicht weiter markierte) Stelle, die Sie erreichen, nachdem Sie zwischen zwei Felsen hindurch gefahren sind. Der Blick zurück durch die Felsen beschert ein ausgefallenes Motiv mit der Brücke über den Colorado.

Alternativroute hinter Bullfrog: Nördlich von Bullfrog zweigt eine Piste ab nach Boulder am „Utah Scenic Byway 12" oder weiter zum Capitol Reef National Park. Diese Schotterpiste ist rau, aber bei trockenem Wetter auch mit einem normalen PKW (Durchschnittsgeschwindigkeit: 30 km/h) zu befahren. Trotzdem sollten Sie sich unbedingt vor Befahren der Strecke in Bullfrog nach dem Zustand erkundigen. Bei Regen ist sie mit einem PKW nicht passierbar.
Etwas weiter schlängelt sich die Straße nun durch einen engen Canyon. **Hanksville**, 48 Meilen nördlich der Colorado Bridge, ist ein verschlafenes Nest, das seine Existenz anscheinend nur der Straßenkreuzung verdankt. Entsprechend einfach sind hier die Motels, und wer Zeit genug hat, sollte doch eher eine Unterkunft in Torrey aufsuchen.

Alternativstrecke ab Hanksville: Weitaus weniger attraktiv, aber zeitlich kürzer wäre es, nun von Hanksville den UT 24 nach Norden zu fahren und dann entweder über Green River und Price nach Salt Lake City oder über den I-70 direkt nach Osten (evtl. Abstecher zum Arches NP) bis Denver zu fahren.

Viel schöner aber ist es dagegen, dem UT 24 in westlicher Richtung zu folgen. Nach 34 Meilen gelangen Sie zum Eingang des Capitol Reef National Park.

Capitol Reef National Park

Besonders schön: Indian Summer

Größe: 98.000 ha.
Beste Jahreszeiten: Mitte Mai bis Ende Juni und im Oktober (besonders schöner Indianersommer) ist es weniger heiß.
Tierwelt: Vögel an Flüssen, ansonsten Biber, Hasen und seltener Maultierhirsche.
Pflanzenwelt: an den Flüssen Pappeln und Eschen, dazu Obstbaumkulturen. Das übrige Gebiet ist geprägt von Wüstenpflanzen (Kakteen, Yuccas) und Hartlaub- und Dornbuschsträuchern.
Aktivitäten: Beste **Wandermöglichkeiten**. Leichte und mittelschwere Wege gehen vom Scenic Drive bzw. dem UT 24 ab. Die interessantesten:

- **Cassidy Arch Trail**: 6 km lang, beginnt beim Campingplatz und führt zu einem Steinbogen; etwas anstrengend
- **Hickman Bridge Trail**: vom UT 24. 1,6 km lang, führt zu einer natürlichen Steinbrücke; einfach
- **Chimney Rock**: vom UT 24; anstrengende Partien, Rundweg von 5 ½ km in den gleichnamigen Canyon und zum Chimney Rock
- **Golden Thrown**: vom Ende des Scenic Drive steil aufsteigend durch eine Schlucht; 3 km; schwierig
- **Fremont River Trail**: vom Campingplatz aus durch die ehemaligen Gartenanlagen der Mormonen; besonders im Herbst sehr schön; einfach.

Längere Touren sollte man gut vorbereiten und mit dem Ranger besprechen, da große Teile des Parks weitab von jedweder „Zivilisation" liegen. Also auch an Sonnenschutz und Verpflegung (Trinkwasser!) denken.

Dieser Nationalpark fällt bereits auf der Karte durch seine lang gestreckte Form auf, die bedingt ist durch den Verlauf der 160 km langen Bergkette, des „Reef". Pioniere gaben dem Gebirge den Namen, denn Bergketten, die sich ihnen in den Weg stellten, bezeichneten sie gerne als Riff. Eine Tatsache, die sich aus der Seefahrt herleiten lässt. Geologisch richtig wäre eigentlich „Fold" (Falte). Die Siedler waren beeindruckt von den großen Felskuppeln der höchsten Bergspitzen und verglichen sie mit dem Dach des Ca-

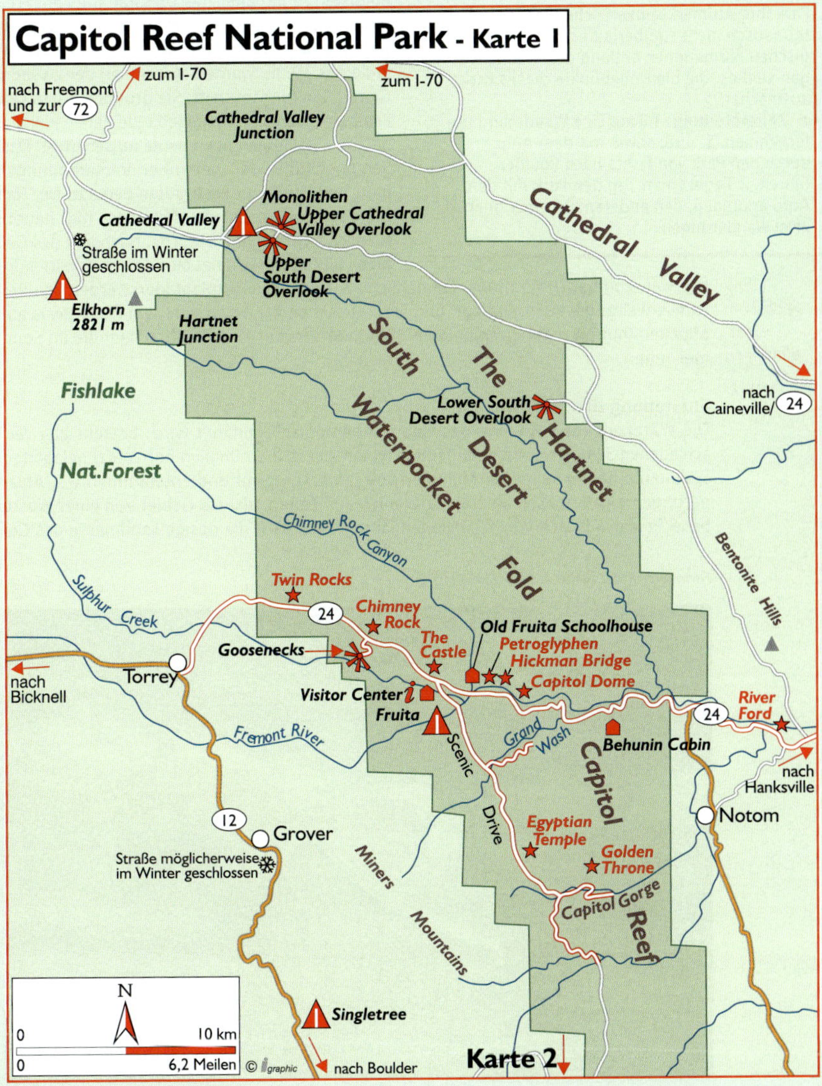

Redaktionstipps

- Im Park gibt es keine Hotels, aber das **Muley Twist Inn B&B** in Teasdale lockt mit einer schönen Aussicht (S. 462).
- Besichtigen Sie die **„Überreste" der ehemaligen Mormonensiedlung** (S. 460).
- **Wanderfreunde** sollten besonders diesem Park ihre Aufmerksamkeit schenken, da er touristisch nicht so überlaufen ist. Die geologischen Formationen entlang den Wanderwegen sind es, die die Höhepunkte dieses Parks ausmachen.
- **Zeiteinteilung**: **1 Tag:** Eine Wanderung unternehmen (S. 458) sowie mit dem Auto durch den Park von Fruita nach Boulder fahren. **2 Tage:** Einen Tag den Park mit dem Auto erkunden, den anderen auf einer oder zwei Wanderungen.

pitols. Die ersten Menschen, die sich den fruchtbaren Boden der Flusstäler zunutze machten, waren Indianer der „Fremont-Kultur", die bereits um 700 n. Chr. im Süden von Utah ansässig waren. Einige Felsmalereien und Steingravuren stammen aus dieser Zeit. Um 1250 verließen sie das Gebiet fluchtartig. Jahrhunderte später nomadisierten Indianer des Ute-Stammes am Fremont River, bis sie durch vordringende Forscher und Pioniere vertrieben wurden. Erst gegen Ende des 19. Jh. wurden Mormonen der zweiten Generation hier sesshaft. Sie gründeten den Ort **Fruita**, dessen altes Schulgebäude neben einigen neueren Stallungen noch heute zu sehen ist. Das Schulgebäude war nebenbei Versammlungshaus und wurde für Festivitäten genutzt. Der Name des Ortes macht deutlich, dass hier hauptsächlich Obst angebaut wurde. Nachdem das Gebiet 1937 zum National Monument erklärt worden war, zogen die Mormonen allmählich ab, doch die Obstplantagen werden von der Parkverwaltung weiter gepflegt, und jeder Reisende kann sich von dem Obst etwas abpflücken (nur an markierten Stellen!). Besonders lecker sind die Kirschen, die im Sommer reifen.

Übrig geblieben: Obstplantagen

Entstehung des Gebirges

Die **Waterpocket Fold**, wie das Gebirge geologisch genannt wird, besteht aus verschiedenen Schichten von Sedimentgesteinen. Diese ursprünglich horizontal gelagerten Sedimente haben sich über Millionen von Jahren geformt und entstammen u.a. Ablagerungen eines großen Meeres, aber auch aus Zeiten, als das Gebiet von einer Wüste bedeckt war. Als sich vor 17 Millionen Jahren schließlich die riesige Landmasse des Co-

Farmhaus in der Nähe des Campingplatzes

lorado-Plateaus um 2.000 m zu heben begann, wurden die Gesteinsschichten zu einer großen Falte „umgebogen". Dieses Gemisch aus verschiedensten Steinen musste sich nunmehr den Erosionskräften stellen, wobei nicht alle Steine in gleichem Maße weggewaschen wurden. Daraus erklären sich das heutige Farbengemisch und die Dominanz einer Farbe in einem bestimmten Gebiet. Trotzdem sind fast alle oberen Schichten mittlerweile abgetragen. Man kann nur ahnen, wie hoch das Gebirge einmal gewesen sein muss. Wind und Wasser schufen abgerundete Felsen und Rundbögen. Die **Fremont Petroglyphs** (Felszeichnungen) finden Sie am UT 24, 300 m östlich des Visitor Center.

Bei knapper Zeit sollten Sie zumindest den neun Meilen langen **Scenic Drive** abfahren. Dabei passieren Sie alle Besonderheiten dieses Parks. Die Notom-Bullfrog Road an der Ostseite des Parks führt im Süden zum **Halls Creek Overlook und nach Bullfrog bzw. von ihr zweigt** die **Burr Trail Road nach Boulder** ab. Diese rauen Strecken sollten Sie aber nur mit einem „stabilen" Fahrzeug, zu bestimmten Jahreszeiten bzw. bei Schlechtwetter sogar

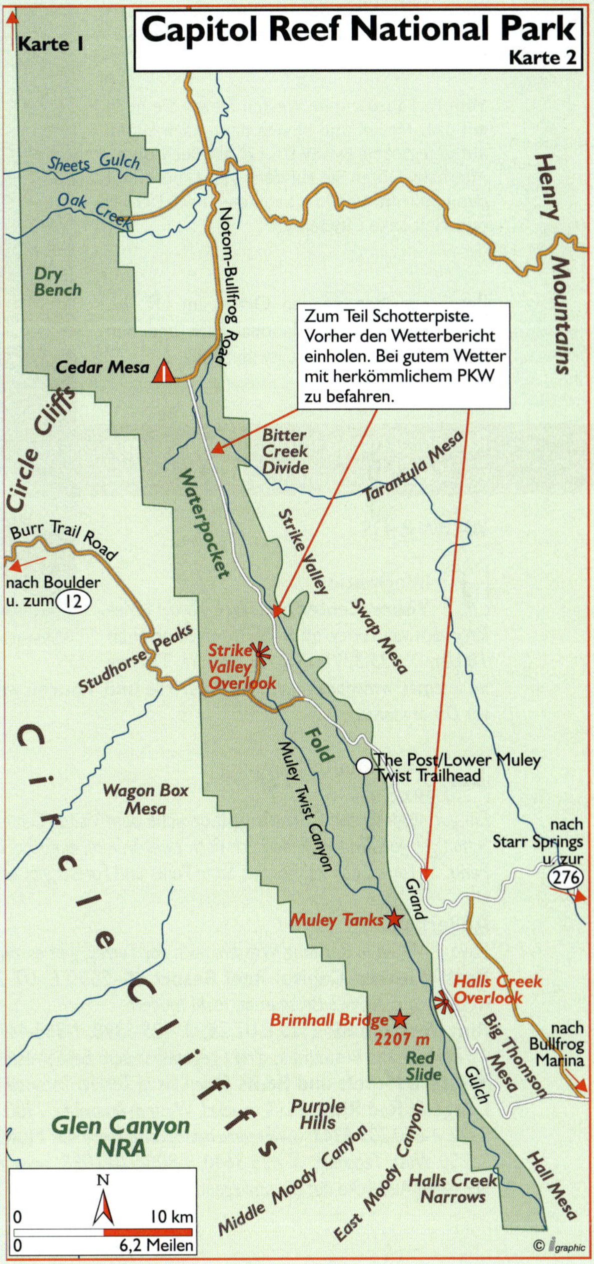

nur mit Geländewagen befahren. Hingewiesen sei auch auf die schwierigen und steilen Serpentinen.

Vom Parkausgang im Westen fahren Sie noch ein paar Meilen und biegen dann nach Süden auf den „Scenic Byway UT 12" ab (Buchroute). Alternativ fahren Sie auf dem UT 24, bis er auf den I-70 trifft. Von hier kann man nach Denver oder Salt Lake City fahren.

Winterstimmung im Capitol Reef National Park

Beschreibungen zu den Orten am UT 12, dem Bryce Canyon National Park und den Routen nach Salt Lake City ab S. 482.

Reisepraktische Informationen Capitol Reef National Park, UT

VORWAHL 435

Information

Visitor Center *am UT 24, etwa 11 Meilen östlich von Torrey, tgl. 8–16.30, im Sommer bis 18 Uhr, ✆ 425-3791, www.nps.gov/care.* **Torrey** *im Internet: www.torreyutah.com.* **Ausritte und Touren** *werden von einem Veranstalter vor Ort organisiert.*

Unterkünfte/Camping

Im Park

Ein gut ausgebauter **Campingplatz** *nahe dem Visitor Center (***Fruita Campground***). Schön gelegen. Zudem finden sich noch zwei weitere, einfache, im Norden und im Süden des Parks. In Torrey, den zahlreichen State Parks und Forests gibt es auch Campingmöglichkeiten.*

Außerhalb

Etwa 9 Meilen in Richtung Westen, noch vor Torrey, gibt es zwei Motels:

Best Western Capitol Reef Resort $$*: 2600 E. UT 24, ✆ 425-3761, www.bestwestern.com. Kleines Restaurant, recht modern.*

Rim Rock Inn $$*: 2523 E.UT 24, ✆ 425-3398, 1-888-447-4676, www.therimrock.net. 19 Zimmer und Restaurant, direkt gegenüber dem Best Western.*

Weitere Motels und B&Bs *finden Sie in Torrey, Teasdale und Loa. Wir empfehlen die* **Lodge at Red River $$$$** *(rustikal, Western-Ambiente, 2900 W. UT 24, Teasdale, ✆ 425-3322, 1-800-205-6343, www.redriverranch.com) sowie das* **Muley Twist Inn B&B $$** *(125 S. 250 West, Teasdale, ✆ 425-3640, 1-800-530-1038, www.muleytwistinn.com) wegen seiner tollen Ausblicke auf die umliegende Landschaft.*

Alternativroute zum Canyonlands National Park, zum Arches National Park und weiter nach Salt Lake City oder Denver

Der UT 95 führt nun in östlicher Richtung zum US 191, dem Sie dann nach Norden folgen. Bald erreicht man das 4.000 Einwohner zählende Örtchen **Blanding**. Der Ort ist wenig attraktiv und wirkt eher wie ein zusammengewürfelter Haufen aus Blechhäusern und den üblichen Highway-Einrichtungen: Motels und ein paar Fast-Food-Läden. Interessant dagegen ist der nur eine Meile außerhalb des „Zentrums" gelegene **The Edge of the Cedars State Park** mit einem beeindruckenden Museum *(Mo–Sa 9–17 Uhr, ✆ (435) 678-2238, www.stateparks.utah.gov, $ 5)* über die regionalen Indianerkulturen. Das Museum bietet einen guten Überblick über die Felsgravuren und auch die Bedeutung der verschiedenen Töpferarbeiten. Hier wird auch dargestellt, wie nicht nur die Stämme als einzelnes sich entwickelt haben, sondern auch, was die „moderneren" Ute und Navajo von den Anasazi übernommen haben. Über einen kurzen Trail erreichen Sie außerdem eine Ansammlung von sechs Anasazi-Pueblos (Ruinen), von denen ein Komplex wiederhergestellt wurde, den Sie über eine Leiter betreten können. Ein kleiner Aussichtsturm lädt schließlich zu einem Überblick über die Gegend ein, einschließlich der Berge in vier Bundesstaaten. Hier und in den Seitencanyons entlang des bereits befahrenen UT 95 gibt es zahlreiche, wenn auch kaum zugängliche, ehemalige Indianersiedlungen, warum der UT 95 auch *„Trail of the Ancient"* genannt wird.

Felsgravuren und Töpferarbeiten

In Blanding gibt es noch das privat und mit viel Enthusiasmus geführte **Dinosaur Museum** u.a. mit lebensgroßen Dino-Modellen *(754 S. 200 West St., Mitte Apr. –Mitte Okt. Mo–Sa 9–17 Uhr, ✆ (435) 678-3454, www.dinosaur-museum.org)*.

Monticello, 21 Meilen nördlich von Blanding, ist ein weiteres kleines Dorf, das von seiner angenehmen Höhenluft (2.120 m ü. NN), seinen Wintersportmöglichkeiten und der im Sommer zum Wandern einladenden Landschaft touristisch profitiert. Freiluftfanatikern, ob zu Fuß, hoch zu Ross oder auch per Mountainbike, sei empfohlen, sich in den **Manti La Sal National Forest** zu begeben (hier gibt es auch Zeltplätze). Der höchste Berg hier, der 3.305 m hohe **Abajo Peak**, der aus Vulkangestein besteht, lädt geradezu ein, ihn zu besteigen. Auf dem Weg nach oben hat man sogar die Chance, einige Indianerruinen zu entdecken. Infos zum National Forest erteilt das Ranger District Office *(496 E. Central, ✆ (435) 587-3235)*. Das kleine **Frontier Museum** in der Main

Reisepraktische Informationen Monticello, UT

i Information und Unterkunft

Southeast Utah Welcome Center: *216 S. Main Street, ✆ (435) 587-3401, www.southeastutah.org sowie www.monticelloutah.org.*

Motels gibt es hier einige, so z.B. das **Best Western Wayside Inn $$** *(197 E. Central, ✆ (435) 587-2261, 1-800-633-9700, www.bestwestern.com). Ein sehr nettes B&B ist das* **Grist Mill Inn $$-$$$**, *64 South 300 East Sts., ✆ (435) 587-2597, www.oldgristmill inn.com), das in der ehemaligen Getreidemühle untergebracht ist.*

Street *(zw. 2nd und 3rd St. South)* gibt einen kleinen Einblick in das Leben hier im 19. Jh. Übrigens ist eine der Haupteinnahmequellen von Monticello die nahe Erdölförderung.

Monticello bietet sich auch für die Erkundung des **südlichen Teils des Canyonlands National Park** an. Hierzu wurde 1991 der „Scenic Byway" UT 211 ausgebaut. Fahren Sie von Monticello auf dem US 191 weiter nach Norden, und biegen Sie dann nach links auf die 211 ab. (Alternative: Von Monticello über den Pass am Mt. Abajo direkt zum 211). Etwa 15 Meilen westlich des US 191 erreichen Sie die Stelle, von der aus es noch 50 m zum **Newspaper Rock** sind. Dieser glatte Sandstein ist ein Zeugnis von 800 Jahren menschlicher Besiedlung des Südwestens. Etwa 350 Schriftzeichen und Figuren sind auf den Felsen gemalt: die ersten von den Anasazi, später haben sich auch die Navajos, die Hopis und sogar die ersten Siedler dazugesellt. Und auch der moderne Tourist hat bereits seine Spuren hinterlassen. Es gibt (äußerst vage) Vermutungen, nach denen die ersten Zeichnungen mehr als 2.000 Jahre alt sein sollen.

800 Jahre alte Zeugnisse

Newspaper Rock

Weiter auf der 211 gelangt man zum Eingang des Nationalparks. Hier finden Sie auch einen Souvenirladen (Karten und Tourbuchungen) inklusive Tankstelle und kleinem Restaurant. Dazu lesen Sie bitte weiter auf S. 470f.

Eine weitere Möglichkeit, die „Needles" (siehe S. 470) im Südteil des Canyonland National Park zu bewundern, bietet sich auf einer nach Westen führenden Seitenstraße, die vom US 191 nur wenige Meilen nördlich der UT 211 abgeht: Nach 15 Meilen teilt sich diese Strecke. Die linke, asphaltierte Straße führt an ihrem Ende zum **Needles Overlook**, die rechte zum **Anticline Overlook**. Die Aussicht vom Needles Overlook auf das Canyongebiet, auf den Zusammenfluss von Colorado und Green River und auch die Sicht nach Süden lohnen sich, besonders, wenn man keine weitere Gelegenheit hat, in den Nationalpark zu fahren. Für die 45 Meilen (hin und zurück) zum bequemer zu erreichenden Needles Overlook müssen Sie aber mit mindestens 1 ½ Stunden rechnen. Zum Anticline Overlook kommen hin und zurück weitere 34 Meilen hinzu.

Moab

Moab bietet zweifellos alle touristisch wichtigen Einrichtungen und ist das entsprechende Zentrum im Osten Utahs. Von hier aus können Sie sowohl den Arches National Park als auch den Canyonlands National Park auf einer Tagestour erreichen und Outdoor-Aktivitäten jeglicher Art starten. Zudem ist das gut ausgestattete Visitor Center eine gute Informationsquelle zum Thema Naturschutz und Ökologie.

Sehr beliebt ist Moab als Ausgangspunkt für **Wildwasserfahrten** auf dem Colorado und für Ausritte in die umliegenden Gegenden. Aber auch Mountainbiking, Jeeptouren, Wanderungen, geführt und solo – eigentlich kann man hier alles machen, und genügend Freizeitanbieter stellen auch vor Ort etwas Passendes zusammen (bereits die Hotels können so etwas organisieren). Bevor Sie sich aber gleich vom Erstbesten überrumpeln lassen, fragen Sie im Visitor Center nach. Übrigens: **Rundflüge** über die Nationalparks und das Colorado-Tal bis hin zum Grand Canyon sind ein ganz besonderes Erlebnis.

Wildwasserfahrten

Wer weniger für Outdoor-Programme zu haben ist, der sollte sich in der Umgebung von Moab auf die Suche nach Relikten und Drehorten bekannter Filme machen. „Rio Grande" (1950), „Indiana Jones", „Thelma & Louise" und viele andere Filme wurden im „historischen Stadtkern" (keine alten Häuser in Hülle und Fülle erwarten) und besonders im Umland gedreht. Im Visitor Center gibt es eine Broschüre mit den „Locations". In der *Red Cliffs Lodge* (s. S. 467) gibt es das dazugehörige **Filmmuseum** *(tgl.)*. Das **Museum of Moab** beschäftigt sich dagegen im Speziellen mit der Region. Dabei geht es um Indianer, Ranching, Uranabbau, Erdölfunde, Dinosaurier und Tourismus.
Museum of Moab, *118 E. Center St., ✆ (435) 259-7985, www.moabmuseum.org, Mo–Fr 12 (März–Okt. ab 10)–17, Sa 12–17 Uhr, $ 5.*

☞ Tipp für einen Scenic Drive

*Fahren Sie eine Meile nördlich von Moab nach links ab auf den **River Scenic Byway Rt 279** in Richtung Potash. An der Strecke, die am Colorado entlang führt, gibt es, gleich neben der Straße, einige Felszeichnungen/-gravuren zu bewundern. Schön ist die Landschaft im Abendlicht. Den gleichen Weg müssen Sie von Potash wieder zurückfahren (im Touristenbüro gibt es eine Karte mit näheren Erläuterungen), denn die Weiterfahrt ab Potash zum Canyonlands NP ist nur etwas für Geländewagen.*

Die nördliche Zufahrt zum Canyonlands NP erfolgt über die acht Meilen nördlich der Coloradobrücke bei Moab nach Südwesten abzweigenden UT 313. Nach 23 Meilen gabelt sich die Strecke, und Sie sollten zuerst nach links zum **Dead Horse Point State Park** fahren. Dieser Park war der erste in der Region, und von seinem Aussichtspunkt erhält man einen guten Eindruck vom Canyonland. Unterhalb der Klippe kann man die Stelle erblicken, an der sich *Thelma und Louise* am Ende des Filmes hinuntergestürzt haben – samt Auto. Im Park gibt es ein Visitor Center und einen Campingplatz (s.u.).

Reisepraktische Informationen Moab, UT

VORWAHL 435

Information

Moab Information Center: *Ecke Main/Center St., ✆ 259-8825, 1-800-635-6622, nur Mo–Fr, Mitte März–Okt auch Sa+So, www.discovermoab.com od. www.canyonlands-utah.com. Es gibt Broschüren, die alle Fragen zur Region abdecken, Buchungen von Unterkünften und Outdoor-Aktivitäten werden arrangiert. Hier sind auch das* **Bureau of Land Management** *und die* **Forstverwaltung**.

Outdoor-Adventure

Viele Unternehmen bieten sich hierfür an, doch am einfachsten ist es, über einen generellen Touranbieter zu buchen. Der bietet alles an und kann dann auch alles koordinieren. Einer davon ist das **Adventure Center** *(225 S Main, ✆ 259-7019, 1-866-904-1163, www.moabadventurecenter.com), ein anderer* **Destination Moab** *(3393 E La Camino Dr., ✆ 259-4772, 1-801-244-3434, www.destinationmoab.com). Beide Unternehmen arrangieren auch Rundflüge.*

Unterkunft

Moab ist das touristische Zentrum der Region und mittlerweile gibt es hier unzählige Unterkunftsmöglichkeiten. Hier nur einige Beispiele:

Lazy Lizard Hostel $: *1213 S US 191, ✆ 259-6057, www.lazylizardhostel.com. Eine Art Jugendherberge. Schlafsaal, private Zimmer und kleine Holzhütten ($-$$).*

Ramada Inn $$: *182 S Main St., ✆ 259-7141, 1-888-989-1988, www.ramadainnmoab.com. Gutes Motel mitten im Ort.*

Kokopelli Lodge $$: *72 South 100 East, ✆ 259-7615, 1-888-530-3134, www.kokopellilodge.com. Verschiedene Unterkünfte in und um Moab: Motel, Selbstversorger-Condos und -Hütten.*

Red Cliffs Lodge

**Dream Keeper Inn & Retreat $$$**: *191 S. 200 East, ✆ 259-5998, 1-888-230-3247, www.dreamkeeperinn.com. B&B mit geräumigen Zimmern und einem angeschlossenen Cottage ($$$$), in dem ein Zimmer gut geeignet ist für Familien. Ruhig gelegen. Schöner Garten.*
Red Cliffs Lodge $$$: *UT 128, am Colorado River. Mile Post 14, also ca. 15 Meilen nach Moab, ✆ 259-2002, 1-866-812–2002, www.redcliffslodge.com. Toll und einsam am Fluss gelegene Lodge. Angeschlossen ist ein kleines Weingut. Von hier können Sie auch Ausritte unternehmen und Outdoor-Aktivitäten buchen (z.B. gleich von der Lodge weg mit dem Schlauchboot). Im Hause gibt es noch ein kleines Filmmuseum, das an die Filme erinnert, die in der Umgebung von Moab gedreht wurden.*
Sunflower Hill Bed & Breakfast $$$-$$$$: *185 North 300 East, ✆ 259-2974, 1-800-662-2786, www.sunflowerhill.com. Farmhaus von ca. 1900 mit Veranda und schönem Garten. Whirlpool. Reichhaltiges Frühstück.*

Camping

gibt es genügend in und um Moab. Die meisten Campingplätze befinden sich am nördlichen Ortsausgang. Sehr schön sind die einfachen, aber bezaubernd **am Colorado River gelegenen Campingplätze (UT 128)**, *die vom Bureau of Land Management (✆ 259-6111, www.blm.gov/utah/moab) im o.g. Visitor Center) verwaltet werden. Ansonsten sind die Campingplätze im* **Canyonlands NP** *bzw.* **Dead Horse Point SP** *(s. S. 471) gut.*

Restaurants

Desert Bistro: *36 South 100 West, ✆ 259-0756. In einer ehemaligen Tanzhalle (1892). Gepflegte Atmosphäre. Gute Südwest-Gerichte (meist Fleisch).*
Branding Iron Restaurant: *2971 S. US 191, ✆ 259-6275. Burger, Steaks und andere, preisgünstige amerikanische Gerichte.*
Sunset Grill: *900 North US 191, unübersehbar oben auf der Klippe, ✆ 259-7146. Nicht des amerikanischen Essens wegen (ist okay), sondern der phänomenalen Aussicht über das Tal und Moab wegen ein Highlight. Nur Dinner.*
Moab Brewery: *686 S. Main St., ✆ 259-6333. Microbrewery mit Steaks und Burgern. Sehr beliebt, daher oft recht voll. Sport-TVs.*
Rio Colorado: *200 South 100 West, ✆ 259-6666. Hier geht es etwas ungezwungener zu (am Wochenende mit Livemusik). Südwester Gerichte mit mexikanischem Einschlag. Und wer gerne mal etwas „härteres" als Bier trinken möchte, kann dies an der dazugehörigen Bar tun.*

Canyonlands National Park

Größe: 136.600 ha.
Beste Jahreszeit: März-Mai und August-Oktober. Juni/Juli sind heiß, und die Flüsse führen relativ wenig Wasser.
Tierwelt: u.a. Maultierhirsche, Dickhornschafe, Luchse. Dazu unzählige Vogelarten, einschließlich einer Reihe von Greifvogelarten. Doch ziehen sich die Tiere gerne zurück, und im Sommer sind die meisten abend-/nachtaktiv. Bei einem eintägigen Besuch werden Sie daher wohl selten anderes sehen als Echsen und Erdhörnchen. Wer sich aber auf Wanderschaft begibt, mag mehr Glück haben.
Pflanzenwelt: An den Flüssen finden sich Bäume, vorwiegend Baumwollpappeln und Weiden (Galeriewälder). Yuccas und Kakteen gedeihen abgelegen von direkten Was-

Dead Horse Point

Redaktionstipps

- **Übernachten** in Moab oder Camping. Für den südlichen Parkabschnitt empfiehlt sich noch Monticello als Übernachtungsort an.
- **Wer das „kalkulierbare Abenteuer" sucht**, der sollte sich ein paar Tage Zeit nehmen für den Canyonlands National Park und dort wandern oder eine organisierte Schlauchboottour in Moab buchen.
- **Tipp**: Wandertouren gut vorbereiten (Wasser, Nahrungsmittel, gute Kleidung + festes Schuhwerk und vernünftiges Kartenmaterial), vorher beim Ranger informieren. Noch besser wäre eine Kombination mit einem Outdoorunternehmen: Z.B. mit dem Schlauchboot ein Stück (½ Tag) hinein, dann wandern + zelten, am nächsten Tag mit dem Jeep abgeholt werden. Variationen gibt es genügend.
- Eine Empfehlung für fitte Leute ist das **Mountainbiking**. Die **Jeeptouren** sind nicht Jedermanns Sache, da sie z.T. sehr lange dauern und man durch diese wilde Landschaft mit einem lauten Auto geschaukelt wird. **Reiten** wird auch organisiert, erfordert aber Erfahrung, einen Tag Vorbereitung, einen Führer, das nötige Kleingeld und auch Ausdauer. Ist man nämlich erst einmal unterwegs, ist der Stall meist weit entfernt.
- **Zeiteinteilung: Für die Eiligen:** Nur in den Nordteil fahren, Visitor Center und Green River Overlook + Grand View Point aufsuchen. Dauer 2-3 Stunden. **½ Tag:** Sich für den Nord- oder Südteil entscheiden. Norden: wie oben, dazu den Mesa Arch und den Upheaval Dome ansehen. Süden: Die folgenden drei kurzen Wanderwege erlaufen: Roadside Ruin, Pothole Point und Cave Spring. Dazu Big Spring Canyon Overlook. **2–3 Tage:** Tag 1: siehe ½-Tage-Programm (ausführlicher gestalten). Tag 2: Bootstour auf dem Colorado mit anschließender Wanderung. Wer mag: einen Tag campieren. Tag 3: Rundflug.

serläufen. Auf den Hochlagen herrscht eher Wüstenvegetation vor mit Sträuchern und z.T. auch Dornenbüschen.

Aktivitäten: **Wandern**: Kaum ein Park weist so viele Trails auf. Abgesehen von den sehr kurzen, die von der Straße abgehen, sind es besonders die langen Wanderwege, die den Reiz des Parks ausmachen. Empfehlungen für kürzere Wanderwege:

- **Upheaval Dome Trail**: 1,6 km, ½ Stunde, leicht. Start: Upheaval Dome Parkplatz. Rundweg, der einen guten Einblick in den Krater bietet.
- **Grand View Point**: 3,2 km, 1 ¼ Std., leicht. Startpunkt: Grand View Point. Gute Aussicht auf Canyon, wobei die vom Green River Overlook fast noch schöner ist.

Empfehlung für Wanderwege mittlerer Länge (½–1 Tag): In diesem Park haben Sie die Chance, stundenlang keine Menschenseele anzutreffen. Die schönsten Trails befinden sich im „Needles District", und wer mehrtägige Touren unternehmen möchte, sollte auch den „Maze District" ins Auge fassen.

- Zwei Empfehlungen für längere Wanderungen
- **Chesler Park Trail**: 15 km, 4 Stunden, mittelschwer. Start: Elephant Hill oder Squaw Flat Campground. Sandsteinzinnen, der Druid Arch, Chesler Canyon und das Labyrinth aus Felsspalten (Joint Trail).
- **Confluence Overlook Trail**: 17-km-Rundweg, 7 Std., teilweise anstrengend. Start: Big Spring Canyon Overlook. Aussicht auf Zusammenfluss der beiden großen Flüsse und auch Einsicht in den Cataract Canyon.

Trotz des Schwerpunkts auf Aktivitäten soll dies nicht heißen, dass die Landschaft keinen Reiz hat. Im Gegenteil. Die Canyons der großen Flüsse Colorado und Green River, allen vorweg der berüchtigte Cataract Canyon, der schon der Powell-Expedition das Fürchten gelehrt hat, die bis zu 100 Meter aufragenden Steinsäulen („Needles"), Plateauberge, Steinbögen und die Unberührtheit der Natur überhaupt bieten genügend Gründe, diesen Park zu besuchen. Doch lohnt ein Besuch nur dann richtig wenn man versucht den Park dort zu erkunden, wo keine Straßen entlang führen. D.h., erlaufen Sie die schönen Plätze, machen Sie eine Bootstour oder, wenn die Zeit wirklich knapp ist, unternehmen Sie einen 1-stündigen Rundflug, bei dem man erst das richtige Ausmaß der Canyon-Landschaft ermessen kann. Auch von der Straße aus haben Sie unvergessliche Aussichten auf die Canyon-Landschaft, doch gerade diese Aussichten machen „Appetit" auf das kleine Abenteuer, denn sie lassen erahnen, was einen unten in den Flussläufen erwartet. Daher der Tipp: Zeit nehmen und wandern. Wer nicht viel Zeit hat, fährt nur zum oben beschriebenen **Needles Overlook** (zwischen Monticello und Moab) oder zum **Dead Horse Point Overlook**.

Die Landschaft erkunden

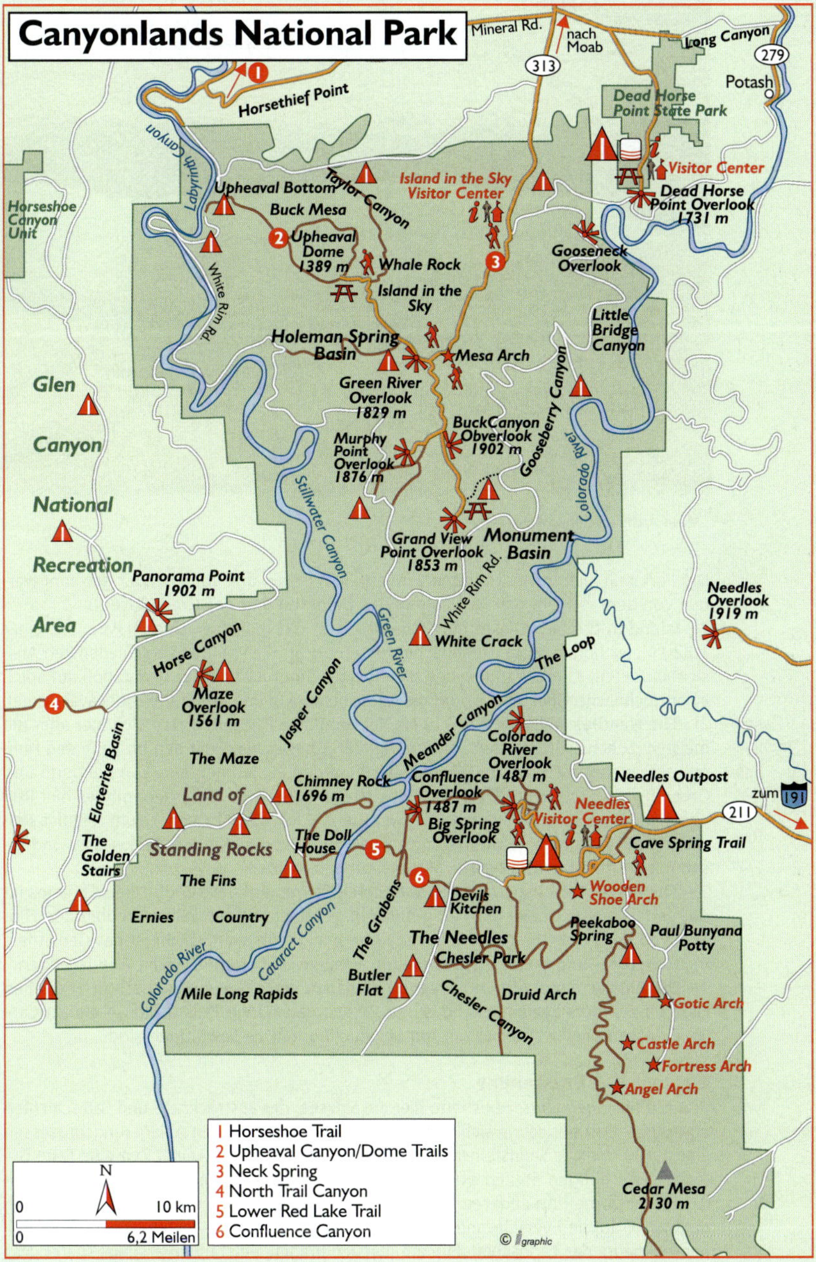
Canyonlands National Park
Mineral Rd.
nach Moab
313
Long Canyon
279
Potash
Dead Horse Point State Park
Visitor Center
Dead Horse Point Overlook 1731 m
Horsethief Point
Labyrinth Canyon
Upheaval Bottom
Taylor Canyon
Island in the Sky Visitor Center
Buck Mesa
Upheaval Dome 1389 m
Whale Rock
Island in the Sky
Gooseneck Overlook
Horseshoe Canyon Unit
White Rim Rd.
Holeman Spring Basin
Mesa Arch
Little Bridge Canyon
Green River Overlook 1829 m
Glen Canyon National Recreation Area
BuckCanyon Obverlook 1902 m
Murphy Point Overlook 1876 m
Gooseberry Canyon
Colorado River
Stillwater Canyon
Grand View Point Overlook 1853 m
Monument Basin
Panorama Point 1902 m
White Rim Rd.
Needles Overlook 1919 m
Green River
White Crack
Horse Canyon
The Loop
Maze Overlook 1561 m
Jasper Canyon
Meander Canyon
Colorado River Overlook
Elaterite Basin
The Maze
Confluence Overlook 1487 m
Needles Outpost
Chimney Rock 1696 m
Land of Standing Rocks
Needles Visitor Center
zum 191
211
Big Spring Overlook
The Golden Stairs
The Doll House
Cave Spring Trail
The Fins
Devils Kitchen
Wooden Shoe Arch
Ernies Country
The Grabens
Peekaboo Spring
The Needles
Paul Bunyana Potty
Chesler Park
Cataract Canyon
Colorado River
Butler Flat
Druid Arch
Gotic Arch
Mile Long Rapids
Chesler Canyon
Castle Arch
Fortress Arch
Angel Arch
1 Horseshoe Trail
2 Upheaval Canyon/Dome Trails
3 Neck Spring
4 North Trail Canyon
5 Lower Red Lake Trail
6 Confluence Canyon
N
0 10 km
0 6,2 Meilen
Cedar Mesa 2130 m
© graphic

„Mesa Arch" im Canyonlands NP

Der Park teilt sich in vier Hauptgebiete auf, von denen drei voneinander getrennt werden von dem vierten, den Flussläufen des Colorado und des Green River:

1) **Island in the Sky**: Dieses nördliche Gebiet ist das meistbesuchte im Park. Auf einer 1.820 Meter hohen Mesa (Hochfläche) führen die Straßen zu den verschiedensten Aussichtspunkten. Kurze Wanderwege bieten einen Eindruck von der Vegetation auf solch einer Hochfläche. Spektakulär sind die Aussichtspunkte und der Krater (Upheaval Dome).

Zusammenfluss von Colorado und Green River

2) **The Needles**: Weniger besucht als der nördliche Parkteil, bieten sich hier aber die meisten „Sehenswürdigkeiten", allen voran der „Chesler Park" mit den bizarr in den Himmel aufragenden Zinnen und der Ausblick auf den Zusammenfluss von Colorado und Green River („Confluence Overlook", nur zu Fuß oder 4x4). Außerdem gibt es hier Ruinen einer alten Anasazi-Siedlung („Tower Ruins"). Für den Abstecher zum Needles District sollten Sie sich eine Wanderung vornehmen. Dazu genügend Trinkwasser und Essen mitnehmen und die heißen Mittagsstunden meiden.

3) **The Maze**: Der „Irrgarten" der aufrechten Steine und der zerklüfteten Canyons ist das abgelegenste Gebiet und nur mit einem geländegängigen Fahrzeug über den Flint Trail von Hans Flat (UT 24) bzw. Green River aus zu erreichen. Daher ist das Gebiet fast menschenleer und bietet die Chance für einsame und erlebnisreiche Wanderungen.

4) **Die Flüsse**: Colorado und Green River haben diese Canyon-Landschaft entstehen lassen. Besonders beeindruckend ist das 22 Kilometer lange Teilstück des Cataract Canyons dessen „weiße" Wasser nur mit Schlauchbooten zu bewältigen sind.

Geologische Entstehung

Vor 320 Millionen Jahren existierte hier ein Salzsee, der austrocknete und Salzschichten zurückließ. Darüber setzte sich in der Folgezeit in verschiedenen Ablagerungsprozessen eine 1.400 m dicke Sandsteinschicht ab. Das Salz aber bot zu keiner Zeit eine feste Unterlage. An einigen Stellen quoll es auf und hob die oberen Sandsteinschichten an (Upheaval Dome). An anderen Stellen wiederum löste es sich durch einsickerndes Regenwasser auf und verschwand, sodass ganze Landpartien absackten. Die Canyons selber, die heute das Landschaftsbild am meisten prägen, entstanden erst viel später. Das

Blick vom Dead Horse Point State Park

Colorado-Plateau hat erst vor 17 Millionen Jahren begonnen, sich anzuheben. Die Flüsse mussten also ihre Bahnen durch die Sandsteinschichten fressen. Andere Erosionsfaktoren, wie Regen, Temperaturgefälle und Wind, haben für die „kleinen" Veränderungen gesorgt.

Reisepraktische Informationen Canyonlands National Park, UT

VORWAHL 435

Information

Island in the Sky Visitor Center: *Nahe dem Nordeingang (UT 313), tgl., ✆ (719-2313 u. 259-4712.*

Needles District Visitor Center: *Am Südeingang (UT 211), tgl., ✆ 259-4711. www.nps.gov/cany.*

Kartenmaterial und spezielle Bücher *erhalten Sie bei der Canyonlands Natural History Association (im Visitor Center, Ecke Main/ Center St., Moab).*

Unterkunft

Hotels/Motels in Moab *(S. 466) und* **Monticello** *(S. 463). Es gibt eine Reihe von Campingplätzen im Park, von denen aber nur der* **Squaw Flat Campground** *(der schönste Platz) und der* **Needles Outpost Campground** *(privat, ✆ 979-4007, www.canyonlandsneedlesoutpost.com) sowie im Norden der* **Willow Flat Campground** *(nicht geeignet für Wohnmobile) Wasser haben. Die restlichen, nur zu Fuß zu erreichenden, verfügen nur über Basiseinrichtungen. Erkundigen Sie sich aber unbedingt vorher im Visitor Center über die Campingplätze. Ein Tipp wäre sonst der* **Dead Horse Point State Park Campground** *nördlich des Parks (schön auf der Mesa gelegen, ✆ 259-2614, 1-800-322-3770, www.stateparks.utah.gov). Weitere Campingplätze finden Sie in und um Moab.*

Arches National Park

Größe: 29.700 ha.
Beste Jahreszeit: April-Juni und Ende September und Oktober. Der Sommer kann mit Temperaturen von bis zu 43 °C sehr heiß werden.
Tierwelt: Seltener trifft man auf Großtiere, wie z.B. den Maultierhirsch. Kleinere Säugetiere: Kojoten, Füchse, Wüstenhasen und Echsen. Die Tiere sind während der Sommermonate eher nachtaktiv. Die Fauna ist vom Halbwüstenklima geprägt. Vorsicht vor Schlangen und Skorpionen, die gerne unter Steinen schlummern!

Eindrucksvoller Park

Pflanzenwelt: Im Park gibt es kaum größere Pflanzen oder Bäume. Nur an den wenigen Wasserstellen finden sich vereinzelte Pappeln. Gelegentlich trifft man auf Wüstenpflanzen wie Kakteen und Yuccas.

Aktivitäten: **Wandern**: Es gibt eine Reihe von Trails, die alle nicht sehr lang sind. Broschüren/ Karten dazu gibt es im Visitor Center. Genaue Beschreibungen der Trails ermöglichen z.B., dass einer von Ihnen das Fahrzeug an den nächsten Punkt fährt, während der oder die andere(n) die Strecke entlang einiger sehenswerter Bögen wandert (z.B. „Park Avenue"). Besonders zu empfehlen sind die folgenden Trails:

- **Die Trails in der Window Section** (Window Arches (Spectacles = Brille), Double Arch und Turret Arch): Zusammen ca. 1,6 km, ¾ Stunde, leicht, Start- und Endpunkt am gleichnamigen Parkplatz.
- **Delicate Arch Trail**: 5 km, 1½ Stunden, mittelschwer, da Aufstieg am Grundfelsen des Bogens mühsam. Start und Ziel: Wolf Ranch Turnout. Der Delicate Arch ist der bekannteste Bogen des Parks. Alternativ gibt es den 30-45 min. langen, leichten Trail zum **Delicate Arch Viewpoint**.
- **Devil's Garden Trail**: 8 km, 3 Stunden, mittelschwer, Wasser mitnehmen! Start: Devil's Garden Campground. Führt zu sieben Bögen, darunter der Landscape Arch, dem

Landscape Arch im Arches NP

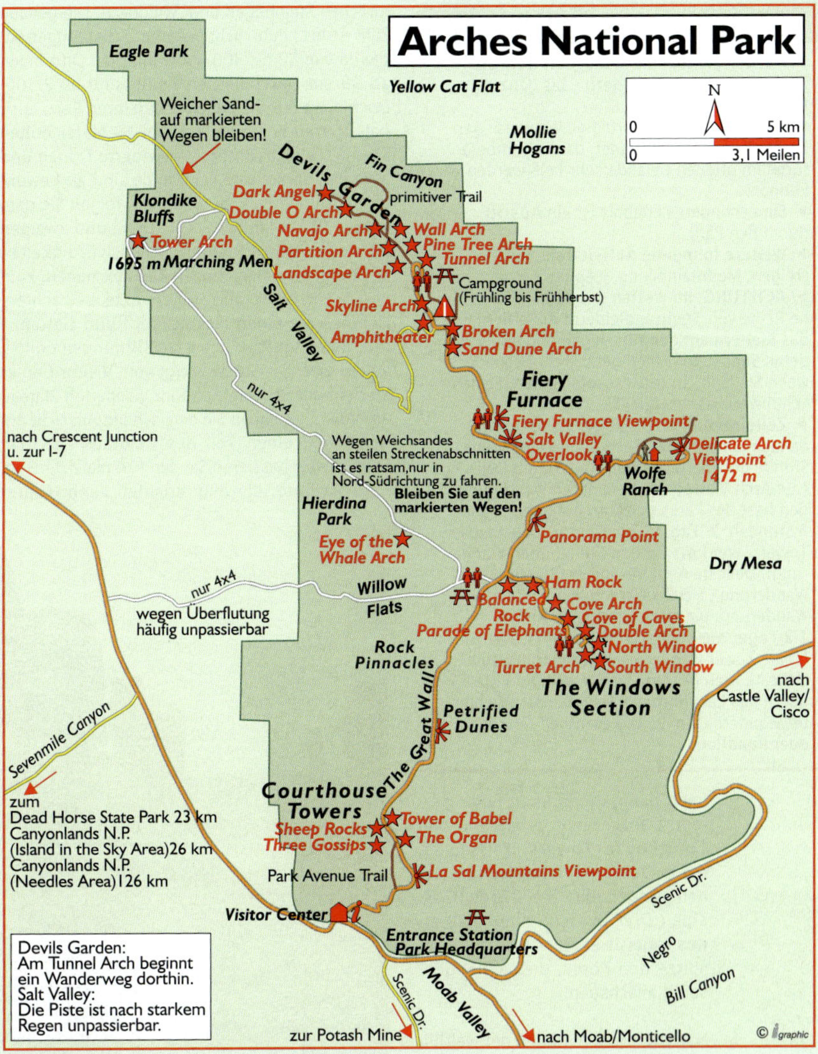

Bogen mit der längsten Spanne der Welt. Aussicht auf weitere Bögen. Wanderung nur zum Landscape Arch und zurück dauert etwa eine Stunde. Beste Fotozeit: morgens, also am besten erst hierher fahren und danach den Park besichtigen.

Der Arches National Park zählt zu den eindrucksvollsten Parks der USA. Obwohl relativ klein, weist er besondere Felsformationen in Hülle und Fülle auf. Im Licht des Morgens bzw. vor Sonnenuntergang bieten sich dem Fotografen (auch schwarz-weiß!) erstaunliche Motive. Nirgendwo auf der Welt trifft man auf eine solche Anhäufung von na-

Redaktionstipps

- Machen Sie sich die Mühe, **den Delicate Arch** (S. 475) **zu erwandern** – bis ganz zum Bogen hin!
- Für längere und mehrtägige Wanderungen ist der Park wenig geeignet, da die Temperaturen im offenen Gelände sehr heiß werden können.
- Ein besonderes Erlebnis ist ein **Ausritt** durch den Park.
- **Weitere lohnende Aktivitäten**: Bergsteigen, Mountainbiking, Jeeping.
- **ACHTUNG**: Im Westen des Parks gibt es eine Reihe von Treibsandfeldern! Außerdem ist das Klettern auf den rutschigen und abgerundeten Sandsteinflächen gefährlich, besonders wenn Sie nicht so trittfest sein sollten. Festes Schuhwerk ist essentiell!
- **Zeiteinteilung: Für Eilige:** Visitor Center, danach zur Windows Section und eine halbe Stunde dort herumlaufen. Weiter zum Delicate Arch Viewpoint (30-Minuten-Wanderung), den Rest des Parks per Auto abfahren. Dauer: 3 Stunden. **½ Tag:** Visitor Center, Courthouse Towers, Windows Section (30-Minuten-Wanderung), Delicate Arch Viewpoint (30-Minuten-Wanderung), Devil's Garden inkl. 3-Stunden-Wanderung, u.a. zum Landscape Arch.

1-2 Tage: Wie oben, doch auch am Courthouse Tower wandern und Wanderung zum Delicate Arch (Alternative für weniger Fitte: durch das Labyrinth des Fiery-Furnace-Gebietes wandern). Am 2. Tag eventuell Ausritt oder Rundflug.

türlichen Steinbögen und „Windows". Die genaue Zahl ist bis heute nicht bekannt. Schätzungen variieren von 80 bis 300 und zählt man Öffnungen ab 90 cm Durchmesser hinzu, sind es 2.300. Doch nicht nur die Bögen haben ihren Reiz, auch balancierende Steine, z.T. auf 50 Meter hohen Säulen, Felslabyrinthe, versteinerte Dünen und massive, dunkelrote Felswände sind zu bewundern. Um den Park zu erkunden, folgen Sie dem knapp 30 km langen Scenic Drive und zweigen zu den entsprechenden Sehenswürdigkeiten ab. Wenn Sie einen ganzen Tag Zeit haben, können Sie in Ruhe alle Höhepunkte betrachten. Nehmen Sie einen Picknickkorb und Getränke mit, da es im Park keine Versorgungsmöglichkeiten gibt. Die Straße steigt vom Visitor Center zu dem gut 300 Meter höher gelegenen Plateau an. Von oben haben Sie eine schöne Aussicht auf Moab und einen Teil des Colorado-Tals. Ein Stück weiter passieren Sie den Parkplatz der sog. **Park Avenue**, die man erlaufen kann (Fahrer kann dann am anderen Ende warten). Danach geht es entlang den **Courthouse Towers**, Felssäulen, die einzeln in der Landschaft stehen. Gegenüber die **Three Gossips** *(„Drei Tratschtanten")*: Mit etwas Fantasie erkennt man auf ihrer Spitze drei Köpfe, die sich gegenseitig anschauen.

Nächster Höhepunkt ist der weithin sichtbare, 40 m hohe **Balancing Rock** (Sockel 23 m, Felsen oben drauf 17 m hoch). Anschließend zweigt eine Stichstraße ab zur **Windows-Section**, u.a mit dem **Double-Arch**, zwei Bögen, die so nebeneinanderliegen, dass sie auch

Spazieren entlang der „Park Avenue"

Turrett Arch und „Windows"

als „Spectacles" (Brille) bezeichnet werden sowie der **Cove of Caves**, die sicherlich irgendwann auch als Bogen dastehen wird. Für diesen Abschnitt sollten Sie etwas Zeit (1–2 Stunden) mitbringen, um das Gebiet erlaufen zu können.

Als nächstes folgt der Abzweig zum Wahrzeichen des Staates Utah, dem **Delicate Arch**. Folgen Sie zuerst der Stichstraße bis zum Ende, und laufen dann die etwa 15-minütige Strecke bis zum Viewpoint. Von hier kann man diesen viel fotografierten Bogen gut sehen (Sonnenuntergang ist eine gute Fotozeit!). Wenn Sie mehr Zeit haben, laufen Sie auf dem Pfad vom **Wolf Ranch**-Parkplatz direkt zum Bogen.

Fiery Furnace: In diesem Irrgarten aus Felswänden sollten Sie nicht ohne Ranger wandern, da Sie die besten Chancen hätten, sich zu verlaufen. Für diese Region ist ein Permit nötig. Von März bis Oktober werden zweimal täglich von Rangern geführte Touren angeboten (ein paar Tage vorher reservieren; Kostenbeitrag).

Am **Devil's Garden** lohnt der lange Trail, der zu 60 unterschiedlichen Steinbrücken führt. Höhepunkt ist der weit gespannte **Landscape Arch** (Spannweite 89 m!). Nur ihn zu erlaufen dauert eine Stunde. Leider ist dieser Trail etwas überlaufen.

Entstehung der Bögen

Entstehung der Bögen

Zwei Faktoren waren für die Herausbildung der Bögen entscheidend: Die etwa 100 m dicke Sandsteinformation („Entrada") besteht aus drei Schichten in unterschiedlicher Konsistenz und Härte. Die mittlere Schicht ist am weichsten und verwittert daher am schnellsten. Das Bindemittel, das die Sandkörner zusammenhält, wird durch die leicht sauren Niederschläge aufgelöst. Dadurch werden die Bestandteile gelockert und fallen schließlich heraus. Dies geschieht zuerst in der zweiten, weicheren Schicht.

Beim Hebungsprozess der Erde entstanden zunächst in den Sandsteinschichten tiefe Risse. Durch Regen und Frost werden die Spalten aufgesprengt. In den weicheren Schichten bilden sich die ersten Nischen und Löcher. Nun setzt die Erosion ein. Regen und

Wind vergrößern die Löcher und geben ihnen den runden Schliff. Nachdem Wind und Wasser unablässig an den Löchern genagt haben, stürzen die Bögen ein. Die seitlichen „Pfeiler" aber bleiben stehen. Auf diesen balancieren in selteneren Fällen dann die als „Balancing Rocks" bezeichneten Felsbrocken aus härterem Gestein.

Information

Das **Visitor Center** *befindet sich gleich an der Einfahrt am US 191, 3 Meilen nördlich von Moab, tgl., ✆ (435) 719-2299, www.nps.gov/arch.*
Übernachten *in oder um Moab (siehe S. 466). Im Park, am nördlichen Ende, gibt es einen Campingplatz (Devil's Garden), Buchungen über ✆ 1-877-444-6777, www.recreation.gov.*

Weiterfahrt Alternative I: nach Salt Lake City

Von Moab aus weiter über Green River, Price und Heber City nach Salt Lake City (s. auch S. 500ff). Hierzu ein paar Erläuterungen:

Geschichte der Flusserkundungen

Green River versucht vergeblich, Moab als Ausgangsbasis für die Erkundung dieses Teils von Utah Konkurrenz zu machen. Außer Wildwasserfahrten und Ausritten (in eine weniger interessante Umgebung) wird nicht viel geboten. Lohnend ist nur das **John Wesley Powell River History Museum**, das Major Powell und seiner Colorado-Expedition gewidmet ist (s. S. 435). Besonders eindrucksvoll sind die Nachbauten der ersten Colorado-Boote in Originalgröße. Es wird auch anderen Männern und Frauen gedacht, die die Flüsse Utahs im Boot erkundet haben.
John Wesley Powell River History Museum, *1765 E. Main Street, ✆ (435) 564-3427, www.jwprhm.com, tgl. 9–17, Apr. –Okt. 8–19 Uhr, $ 6.*

Reisepraktische Informationen Green River, UT

VORWAHL 435

Information

Information Center: *im J.W.Powell River Hist. Museum (s.o.), www.destination greenriver.com u. www.go-utah.com/Green-River-Utah.*

Unterkunft/Camping/Restaurant

Übernachten können Sie in einem der vielen, oft sehr einfachen Motels. Das netteste Hotel ist das **River Terrace Hotel $$-$$$:** *1740 E. Main Street, ✆ 564-3401, 1-877-564-3401, www.river-terrace.com. Fragen Sie hier nach einem Zimmer mit Flussblick.*

Der beliebteste Campingplatz liegt südlich des Ortes im **Green River State Park**: *450 S. Green River Rd, ✆ 564-3633, www.stateparks.utah.gov. Direkt am Fluss, Schatten.*

Ray's Tavern *(25 S. Broadway, ✆ 564-3511) ist nahezu eine Legende in der Region. Beste Burger und kaltes Bier. Hier können Sie auch Geschichten von den Wildwasser-Fahrern aufgreifen.*

Price ist eine Minenstadt im sog. *Dinosaur Country*, die vom Kohleabbau und auch von der Erdölförderung lebt. Wenn Sie etwas Zeit übrig haben, schauen Sie doch einmal beim **College of Eastern Utah (CEU) Prehistoric Museum** vorbei. Dinosaurierskelette, eine Ausstellung paläontologischer und prähistorischer Funde sowie die Mesozoic Gardens mit nachempfundenen Ökosystemen aus der Zeit des Mesozoikums (vor 75 Mio. Jahren) locken viele Dino-Fans hierher.
Prehistoric Museum, *155 E. Main Street, ✆ (435) 613-5060, www.museum.ceu.edu, Mo–Sa 9–17 Uhr, $ 5.*

Östlich von Price, im abgelegenen Nine Mile Canyon, können Sie Felszeichnungen und Relikte aus der frühen Zeit der Indianerkulturen (Freemont-Indianer etc.) erkunden. Karten bzw. eine Broschüre zur Erkundung erhalten Sie u.a. an der Tankstelle in Wellington (Abzweig US 6).

Dinosaurier

Wer an Dinosauriern Interesse hat, kann noch 37 Meilen südöstlich von Price nach Cleveland (erst 22 Meilen UT 10, dann 15 Meilen auf ausgeschilderter Strecke) zur **Cleveland Lloyd Dinosaur Quarry** fahren, wo über 12.000 Knochen von 73 verschiedenen Dinosauriern ausgegraben wurden. Im dortigen Visitor Center erfahren Sie mehr dazu. **Dinosaur Quarry**, *✆ (406) 636-3600, www.blm.gov/ut, Memorial Day–Labor Day Mo–Sa 10–17, So 12–17, Rest des Jahres Fr, Sa+So 10–17, So 12–17 Uhr, $ 5.*

Alte Minenstadt

Helper ist ein weiteres, uriges Minenstädtchen mit historischem Stadtkern. Im **Western Mining & Railroad Museum** *(296 South Main St., ✆ (435) 472-3009, www.wmrrm.org, Di–Sa 11–16, Sommer Mo–Sa 10–17 Uhr)* werden die beiden bedeutendsten Wirtschaftszweige der Region erläutert: Eisenbahn und Bergbau. Ab Helper führt die Straße durch den Price Canyon. Die steilen Felswände und deren zackige Kronen gaben dem Landstrich seinen Namen: *Castleland*. Parallel zur Straße führt die imponierende Eisenbahnlinie. Toll, was die Trassenbauer sich haben einfallen lassen, um die Strecke für die schweren Kohlezüge passierbar zu machen. Imponierend auch die endlosen Kohlezüge … 50 Waggons, 8 Loks …

Westlich der Wasatch Range-Passhöhe öffnet sich der Blick: rechts und links ab Oktober bereits schneebedeckte 3.000er, während im Tal die Sonne noch wohlige Wärme beschert. Weiter geht es entlang dem I-15 oder über Provo (US 6/89) nach Salt Lake City.

Weiterfahrt Alternative 2: nach Denver

Die schnelle Variante nach Denver: Von Moab aus entlang dem schönen „Colorado River Scenic Byway" (UT 128). Rote Felswände, Schlauchboote auf dem Fluss und eine Reihe von Punkten, an denen einst Filmszenen gedreht wurden sind die Wegbegleiter bis zum I-70, der wiederum bis Denver führt. Bei Grand Junction haben Sie die Möglichkeit, nach Montrose bzw. zum CO 141 abzuzweigen. Alternativ können Sie bei Glenwood Springs abbiegen und nach Aspen fahren. Lesen Sie von dort an weiter ab S. 569.

Fruita

Im **Dinosaur Journey Museum** können sich Jung und Alt bestens über die Geschichte der Dinosaurier informieren. Repliken, eine nachgebaute Ausgrabungsstätte, ein Film und mehr bieten einen guten Einblick. Später können Sie dann eigenständig weitere Erkundungen auf Wanderwegen durchführen. Interessant ist südlich von Fruita der **Dinosaur Hill Trail** am CO 340.

Dinosaur Journey Museum, *550 Jurassic Ct., nahe I-70, Fruita, ✆ (970) 858-7282, www.museumofwesternco.com, Mo–Sa 10–16, So 12–16, im Sommer tgl. 9–17 Uhr, $ 8,50.*

Monolithen

Südlich von Fruita befindet sich das **Colorado National Monument**. Der 8.290 ha große Park bietet noch einmal eine eindrucksvolle Erosionslandschaft, die aus ehemaligen Meeresablagerungen entstanden ist. Canyons, deren Inneres mit hohen und steilen Monolithen bestanden ist, sind die Hauptattraktion. Da ihre Form an Koksöfen erinnert, werden sie *Coke Oven* genannt. Der etwa 23 Meilen lange *Rim Rock Drive* führt am Plateaurand entlang. Wanderwege und Picknickplätze laden zum Aussteigen ein. Von dort oben schaut man auf die Riesensteine herab, als hätten sie sich in einem Amphitheater aufgestellt. Mit einem Geländewagen bzw. auf einer sieben Meilen langen Wanderung können Sie westlich des Parks zum *Rattlesnake Canyon* fahren, wo es neun Steinbögen zu sehen gibt (vorher anmelden).

Colorado NM, *Visitor Center in der Nähe des nordwestlichen Eingangs (Fruita), ✆ (970) 858-3617, www.nps.gov/colm, tgl. 9–16/17 (im Sommer 8–18) Uhr.*

Grand Junction

Wie Moab ist Grand Junction (32.000 E.) ein Basisort für Touren in die Umgebung. Das gesamte Areal um die Stadt bietet angenehmes, warmes Höhenklima. Kein Wunder also, dass die Farmwirtschaft besonders auf Obstanbau (Äpfel, Birnen, Pfirsiche) gesetzt hat. Weiter östlich, in und um **Palisade** gibt es zudem zahlreiche Weinfarmen (Infos für Besichtigungen im Visitor Center von Grand Junction). Doch die Haupteinnahme-

Barbecue: auch mal lecker zwischendurch

quelle der Region sind die Bodenschätze (Uran, Vanadium, Erdöl). Am Zusammenfluss von Colorado und Gunnison River gelegen, bietet die Stadt gute Voraussetzungen für Schlauchboottouren.

Bodenschätze

Die Geschichte des westlichen Colorado können Sie im **Museum of Western Colorado** verfolgen. Neben heimatkundlichen Ausstellungsstücken gibt es auch einiges in Bezug auf die Geschichte der Ute-Indianer und zum Thema Natur zu sehen. Ebenfalls zum Museum gehören eine historische Obstfarm, eine Uran-Mine sowie das Dinosaur Journey Museum.

Museum of Western Colorado, *462 Ute Ave., ✆ (970) 242-0971, www.wcmuseum.org, Di–Sa 10–15, Sommer Di–Sa 9–17, $ 6,50.*

Südöstlich von Grand Junction *(I-70, dann CO 65, CO 330)* erstreckt sich auf 3.000 m Höhe eines der größten Hochplateaus der Welt, die **Grand Mesa**. Die Einheimischen bezeichnen sie auch als *„Island in the Sky"*. Über 300 Seen und riesige Kiefernbestände machen dieses Gebiet zu einem beliebten Ausflugsziel für Wanderer, Fischer und Camper. Eine schöne Strecke ist der 64 Meilen lange **Grand Mesa Scenic Byway** (US 65 zw. Palisade und Cedaredge). Falls Sie von Grand Junction nach Montrose entlang dem US 50 fahren, bekommen Sie einen wunderschönen Eindruck von dem Gebiet. Das kleine Städtchen **Delta** hat sich etwas herausgeputzt (hist. Stadtkern, Motels) und **Cedaredge** am CO 65 gilt als „Gateway to the Grand Mesa".

„Island in the Sky"

Infos zum Grand Mesa Nat. Forest: *2250 US 50, Delta, ✆ (970) 874-6600, www.fs.fed.us/r2/gmug.*

Reisepraktische Informationen Grand Junction und Fruita, CO

VORWAHL 970

Information

Grand Junction VCB: *740 Horizon Dr., ✆ 244-1480, 1-800-962-2547, www.visitgrandjunction.com.*

Unterkunft

Best Western Sandman $$: *708 Horizon Drive, Grand Junction, ✆ 243-4150, 1-800-780-7234, www.bestwestern.com. Sauberes Motel mit gutem Preis-Leistungs-Verhältnis. Pool, Whirlpool, kl. Restaurant.*

**Grand Vista Hotel $$-$$$**: *2790 Crossroads Blvd. (½ Meile nordöstl. des I-70, Exit 31), Grand Junction, ✆ 241-8411, 1-800-800-7796, www.grandvistahotel.com. Zimmer ab der 4. Etage versprechen einen wunderschönen Ausblick. Mini-Suiten ($$$) eignen sich gut für Familien. Restaurant und Pub im Haus.*

Stonehaven Bed & Breakfast $$-$$$: *798 N. Mesa St., Fruita, ✆ 858-0898, 1-800-303-0898, www.stonehavenbed.com. Viktorianischer Stil in einem Haus von 1908. 5 Zimmer, Hot Tub, reichhaltiges Frühstück.*

Camping

Saddlehorn Campground *nahe des Visitor Centers vom Colorado National Monument (keine Duschen, kein Strom). Alternativ und mit allen Annehmlichkeiten:* **Junction West RV Park**:*793- 22nd Rd., Grand Junction, ✆ 245-8531, www.junctionwestrvpark.com.*

Restaurants

Rockslide Restaurant & Brewery: *401 Main St., Grand Junction, ✆ 245-2111. Der Name verrät schon alles: Bier, amerikanische Küche, aber es gibt auch lokalen Wein hier.*
The Winery: *642 Main Street, ✆ 242-4100. Gebäude von 1890. Steaks und Seafood + reichhaltige Salatbar. Teurer, kein Lunch.*

Alternativstrecke: Wer eher gen Südwesten fahren möchte, der sollte südlich von Grand Junction vom US 50 abbiegen auf die schöne Strecke entlang des CO 141 *(Unaweep/ Tabeguache Scenic Byway)*. Die Strecke führt u.a. durch den Unaweep Canyon und nach etwa 45 Meilen vom Abzweig passieren Sie dabei den kleinen Ort **Gateway**, wo Autonarren unbedingt das **Gateway Auto Museum** *(Sommer So+Mo 10–17, Di–Sa 10–19, Winter Do–So 10–17 Uhr, ✆ (970) 931-2895, www.gatewayautomuseum.com)* besuchen müssen. Hier wurden mehr als 100 Jahre Autogeschichte zusammengetragen! Als Unterkunft in Gateway bietet sich ohne Zweifel das großenteils im Adobe-Stil erbaute, wunderschön ins Tal gebettete **Gateway Canyons Resort & Spa $$$-$$$$** *(✆ (970) 931-2458 od. 1-866-671-4733, www.gatewaycanyons.com)* an. Von hier aus können Sie auch schöne Wanderungen, Mountain-Biking- sowie Kajak- und River-Rafting-Touren unternehmen. Ausritte können ebenfalls arrangiert werden.

100 Jahre Autogeschichte

Weiter, am Mile Post 81,5 vor Uravan können Sie unterhalb der Straße die „*Hanging Flumes*“, hölzerne Wasserleitungen an den Wänden des Flusscanyons bewundern. Sie stammen aus dem 19. Jh. und wurden für die nahen Minen angelegt.

Chrom und Lack vom Feinsten im Gateway Auto Museum

Vom Grand Canyon nach Salt Lake City

Entfernungen

Grand Canyon NP (South Rim) – Zion NP (über US 89A): 245 Meilen/394 km
Zion NP – Bryce Canyon NP: 103 Meilen/166 km
Bryce Canyon NP – Salt Lake City: a) US 89, ohne UT 12: 276 Meilen/444 km, b) über Heber City: ca. 310 Meilen/500 km, c) über UT 12, US 89, Heber City: ca. 350 Meilen/564 km

Routenempfehlung

S. vorheriges Kapitel bis zum Marble Canyon. Dem US 89A folgen bis Kanab und weiter bis Mt. Carmal Jct. Abbiegen auf die UT 9 und durch den Zion NP. I-15 bis Cedar City, dann in östlicher Richtung auf der UT 14 und nach Norden abbiegen auf die UT 148. Nach 6 Meilen nach rechts auf die UT 143. In Panguitch 8 Meilen die US 89 nach Süden, dann UT 12 nach Osten. Nach etwa 12 Meilen geht es ab zum Bryce Canyon NP. Danach weiter auf der UT 12 bis Torrey. Von hier aus erst zum Capitol Reef NP und dann entlang der UT 24 in nordwestl. Richtung bis Sigurd. Dort treffen Sie auf den US 89, dem Sie in nördlicher Richtung bis Provo folgen und der von dort weiterführt als US 189 bis Heber City. Schließlich US 40, Park City bis zum I-80, der dann nach Salt Lake City führt. ***Achtung!*** *Die Tunnel am östlichen Ausgang des Zion NP sind nur für Fahrzeuge bis 40 ft Länge und 13 ft 1 inch Höhe zugelassen.*

Überblick

Nachdem Sie den South Rim vom Grand Canyon verlassen haben, führt die Straße bereits an einem weiteren eindrucksvollen Canyon vorbei, dem des **Little Colorado**. Achtung: An den verschiedenen Aussichtspunkten können Sie viel Zeit „verlieren". Bis zum Zion NP sind der Marble Canyon, die Grand Canyon North Rim bzw. – falls Sie die nördliche Route wählen – der Glen Canyon Dam mit Lake Powell die herausragenden Highlights. Insgesamt ist die Strecke landschaftlich sehr beeindruckend.

Der **Zion NP** fasziniert durch die mächtigen, roten Felsformationen. Ein Abstecher über Cedar City empfiehlt sich wegen der atemberaubenden Strecke hinauf zum Cedar Breaks NM und weiter bis zum **Bryce Canyon NP**: Eine tolle Schlucht und dann weiter oben eine Landschaft von alpinem Charakter belohnen für den Umweg. Der Bryce Canyon NP ist ein Muss. Man steht bewundernd auf den Anhöhen und fragt sich, wie die Natur das vor einem ausgebreitete Schauspiel von zerklüfteten „Minicanyons" geschaffen haben kann. Weiter geht es dann auf der UT 12, einer Strecke, die nicht nur Touristen durch ihre Vielfalt an Farben und Landschaftstypen beeindruckt hat, sondern auch Werbefilmer. Im **Grand Staircase Escalante NM** sind die bunten Felsen am schönsten zu erleben, dafür aber über Schotterpisten etwas schwer zu erreichen.

Atemberaubende Eindrücke

Wenn Sie auf der in diesem Kapitel beschriebenen Route bleiben, verpassen Sie nicht den **Capitol Reef NP**, wo eine 160 km lange Bergkette aus weißen Sandsteinkegeln und -kuppeln bereits den ersten Pionieren den Weg versperrt hat (Beschreibung S. 458). Falls die Zeit nicht drängt, fahren Sie durch das „Hinterland" nach Salt Lake City. Besonders der Region Heber City/Midway sollten Sie Aufmerksamkeit schenken. Sie ist

Redaktionstipps

▶ **Übernachten**: Wenn auch oft lange im Voraus ausgebucht, ist die rustikale **Zion Lodge** im Zion NP (S. 489) der Tipp. In Springdale ist die Atmosphäre aber familiärer; Bryce Canyon NP: die **Bryce Canyon Lodge** (Cabins) ist und bleibt ein Klassiker (S. 496); in Heber City/ Midway: Das **Homestead Resort** bietet nicht nur eine schöne Unterkunft, sondern vor allem auch Erholungswert (S. 503). Der kleine, wenn auch unspektakuläre Ort **Kanab** (S. 484) im Südwesten von Utah empfiehlt sich als gute und günstige Ausgangsbasis für die Erkundung der Sehenswürdigkeiten der Region. Übernachtungen unbedingt vorher **reservieren**, da oft nur wenige Alternativen im Umkreis zu finden sind.

▶ **Sehenswertes**: der Tunnel im **Zion NP** (S. 484) und die darauf folgende westliche Ausfahrt in das imposante Tal des Nationalparks; die einzigartigen „geologischen Feinarbeiten" des **Bryce Canyon** (S. 491); der **Scenic Byway UT 12** (S. 497) zwischen Escalante und Torrey im Frühherbst: **Grand Staircase Escalante NM** (S. 497) mit den bunten Sandsteinformationen, Indianersommer und dazu der Blick über die tiefer gelegene Halbwüstenlandschaft mit ihren bizarren Steinformationen.

▶ **Zeiteinteilung: (mind.) 3 Tage:** Am ersten Tag zur North Rim des Grand Canyon oder an den Lake Powell. Am zweiten Tag Zion NP, evtl. Cedar Breaks NM und zum Bryce Canyon, sodass Sie dort noch den Sonnenuntergang/das Abendlicht erleben. Tag 3: Bryce Canyon und auf schnellstem Wege (I-15) nach Salt Lake City. **2-3 Zusatztage:** Mehr Zeit in den Nationalparks verbringen und über den UT 12, den Capitol Reef NP sowie Heber City/ Midway nach Salt Lake City fahren.

Freuen Sie sich auf den Bryce Canyon

im Winter ein beliebtes Skigebiet und zieht im Sommer Urlauber an, die gerne Wandern. Park City, das ehemalige Olympiastädtchen, ist touristisch gut erschlossen, verlangt aber immer noch erhöhte Preise.

Hinweis

Zum ersten Teil dieser Strecke s. vorheriges Kapitel. Karte s. S. 430.

Sehenswertes

Empfehlenswert ist die Fahrt entlang dem US 89A wegen des Ausblicks von der **Navajo Bridge** auf den **Marble Canyon** und der 54 Meilen westlich davon in **Jacob Lake** abzweigenden Strecke zum **North Rim des Grand Canyon**.

Auf 2.400 Meter hoch

Alternativ dazu können Sie über **Page** (siehe S. 448) und den US 89 fahren, bei der Sie die Möglichkeit haben, den **Antelope Canyon**, den **Glen Canyon Dam** und den **Lake Powell** zu sehen oder per Bootstour die **Rainbow Bridge** zu erkunden. Landschaftlich ist aber die erstgenannte Strecke etwas eindrucksvoller. Denn man kommt auf der über 2.400 m gelegenen Hochfläche um Jacobs Lake in den Genuss des grünen **Kaibab National Forest**.

Bei Fredonia bietet sich historisch Interessierten die Möglichkeit, zum 14 Meilen westlich gelegenen **Pipe Spring National Monument** zu fahren. Nach zähen Kämpfen und Verhandlungen mit den Navajos haben hier Mormonen im 19. Jh. eine Ranch geführt. Ein Visitor Center/Museum gibt nähere Infos *(tgl. 8–17 Uhr, ✆ (928) 643-7105, www.nps.gov/pisp)* und hier beginnen geführte Touren. Die nächsten Motels finden Sie in Fredonia.

Kanab

Weiter auf dem US 89A gelangt man nach **Kanab**, einem 3.500-Seelen-Nest, das das wirtschaftliche „Zentrum" dieser Region darstellt. Gegründet von Mormonenfarmern, deren einstiger Reichtum noch am **Kanab Heritage House** zu erkennen ist, bildet heute der Tourismus die Haupteinnahmequelle. Kanab eignet sich hervorragend als Basis für die Erkundung der Sehenswürdigkeiten im Südwesten von Utah. Neben den bekannten „Highlights" verstecken sich in der näheren Umgebung auch schöne Landschaften, kleine Canyons, historische Indianersiedlungen und zudem das alte **Wild-West-Studio „Old Paria"** östlich des Ortes (geht ab vom US 89). Auch heute noch kommen Filmteams nach Kanab, und kleine Tourunternehmer am Ort bieten Tagesausflüge in die Umgebung an. Das kleine **Little Hollywood Movie Museum** *(297 W Center St., ✆ (435) 644-5337, www.frontiermovietown.com)* gibt einen kleinen, wenn auch ungenauen Einblick in die Geschichte der Wild-West-Filme, die in der Region gedreht wurden.

Yeehaa!!

Dünenliebhaber sollten auf der Weiterfahrt sieben Meilen nördlich von Kanab nach links abbiegen zum **Coral Pink Sand Dunes State Park** (weitere zwölf Meilen). Bei bestimmten Lichtverhältnissen – am besten bei tiefstehender Sonne oder bei bewölktem Himmel – schimmern die Dünen in rosaroten Farbtönen. *Infos: ✆ (435) 648-2800, www.stateparks.utah.gov.*

Hinweis

Die Piste dorthin ist oft in schlechtem Zustand. Alternative: Asphaltstraße, die kurz vor Mt. Carmel Jct. dorthin abzweigt.

An der **Mount Carmel Junction** (Tankstelle/Motels) geht es nun nach links zum Zion National Park. Bereits diese Anfahrt durch zwei Tunnel von Osten in den Park ist ein Erlebnis. Nach dem zweiten Tunnel eröffnet sich das Haupttal des Nationalparks in beeindruckender Mächtigkeit. Achtung: Halten Sie nur an einem der vielen Parkplätze.

Reisepraktische Informationen Kanab, UT

VORWAHL 435

Information

Kane County Office of Tourism: *78 S. 100 East St., ✆ 644-5033, 1-800-733-5263, www.kaneutah.com.*

Touren

Dreamland Safari: *✆ 644-5506, www.dreamlandtours.net. Geführte Touren zu den Highlights der Region, auch den Nationalparks sowie zum Grand-Staircase-Escalante NM. Auch Off-Road-Touren in die Umgebung zu versteckten Canyons und zu Filmschauplätzen. Lassen Sie sich Landschaften zeigen, die Sie mit dem Mietwagen niemals erreichen können.*

Unterkunft

Parry Lodge $$: *89 E. Center St., ✆ 644-2601, 1-888-289-1722, www.parrylodge.com. Motel mit 90 Zimmern. Pool, Münzwaschautomat. Zentral gelegen. Lobby noch von 1929 und in diesem Motel haben bereits Filmstars (siehe Fotos an den Wänden), u.a. Ronald Reagan, während der Dreharbeiten gewohnt.*

**Best Western Red Hills $$**: *125 W. Center St., ✆ 644-2675, 1-800-830-2675, www.bestwesternredhills.com. Sauberes Motel mit Pool. Auch Suiten ($$-$$$). Münzwaschautomaten. Zentral gelegen.*

Shilo Inn $$-$$$: *296 W. 100 N., ✆ 644-2562, 1-800-222-2244, www.shiloinns.com/utah/kanab. Motel mit vorwiegend geräumigen Suiten. In- und Outdoor-Pool, Münzwaschautomat.*

Camping

Campen können Sie im 18 Meilen entfernten **Coral Pink Sand Dunes State Park** *sowie in einem der drei Campingplätze in Kanab (z.B.* **Hitch-N-Post RV Campgrounds & Cabins**, *196 E. 300 S. St., ✆ 644-2142, Zelte, RVs, einfache Hütten).*

Restaurant

In der **Center Street** *(Ortskern) gibt es einige kleine Restaurants. Besonders empfehlen möchten wir aber das mexikanische Restaurant* **Escobars** *(373 East 300 South, ✆ 644-3739). Alkohollizenz.*

Zion National Park

Größe: 59.328 ha
Beste Jahreszeit: Anfang Juni bis Ende September. Juli und August können aber heiß werden. Im Herbst herrschen angenehme Temperaturen, aber es ist häufig bewölkt, und dadurch ist das Licht zum Fotografieren schlecht; dafür ist dieses die beste Zeit zum Wandern (wie auch der Mai), und die roten und gelben Blätter bieten ein unvergessliches Farbenspiel.
Tierwelt: Maultierhirsche, Dickhornschafe, Rotluchse, Füchse, Kojoten, Stinktiere und vereinzelt der Ringtail (eine Waschbärart). Die meisten Tiere fliehen aber vor den Menschenmassen im Haupttal.

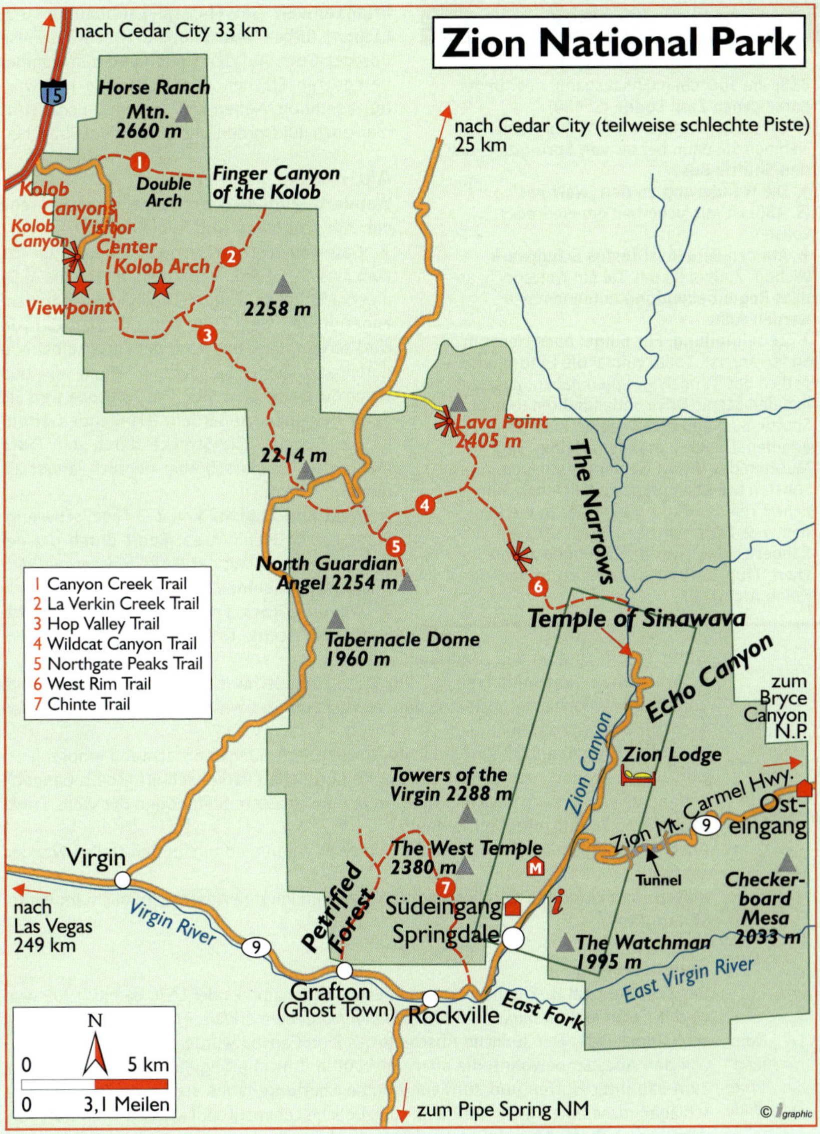
Zion National Park
nach Cedar City 33 km
15
Horse Ranch Mtn. 2660 m
nach Cedar City (teilweise schlechte Piste) 25 km
Finger Canyon of the Kolob
Double Arch
Kolob Canyons Visitor Center
Kolob Canyon
Kolob Arch
Viewpoint
2258 m
Lava Point 2405 m
The Narrows
2214 m
North Guardian Angel 2254 m
Temple of Sinawava
Tabernacle Dome 1960 m
Echo Canyon
zum Bryce Canyon N.P.
1 Canyon Creek Trail
2 La Verkin Creek Trail
3 Hop Valley Trail
4 Wildcat Canyon Trail
5 Northgate Peaks Trail
6 West Rim Trail
7 Chinte Trail
Zion Canyon
Zion Lodge
Towers of the Virgin 2288 m
Zion Mt. Carmel Hwy.
Ost-eingang
9
Tunnel
Virgin
The West Temple 2380 m
Checker-board Mesa 2033 m
nach Las Vegas 249 km
Virgin River
Petrified Forest
Südeingang
Springdale
The Watchman 1995 m
East Virgin River
Grafton (Ghost Town)
Rockville
East Fork
N
0 5 km
0 3,1 Meilen
zum Pipe Spring NM
© graphic

Redaktionstipps

- **Übernachtung**: in **Springdale** (günstige B&Bs am südlichen Ortsausgang) oder in der parkeigenen **Zion Lodge** (S. 489).
- Oft ist der Parkplatz am Visitor Center voll. Nehmen Sie dann besser **von Springdale aus den Shuttle-Bus**.
- Die **Wanderung zu den „Narrows“** (S. 486) ist mit Sicherheit am eindrucksvollsten.
- Auf den Bergen ist **festes Schuhwerk** wichtig. Zudem ist das Tal ein Wetterloch, sodass **Regenbekleidung** mitgenommen werden sollte.
- **Zeiteinteilung: Für Eilige:** Auch wer vom Süden anreist, sollte einmal die Landschaft östlich des Tunnels gesehen haben. Zusätzlich den Scenic Drive entlangfahren (besser Shuttle-Bus) und den Weeping Rock Trail erlaufen. Dauer: 2 Stunden. **Halber Tag:** Im Museum des Visitor Center umschauen. Ansonsten wie oben und zusätzlich den nördlichen Teil des Parks (Kolob Canyon) erkunden. **1-2 Tage:** wie oben, doch mit dem Ranger ein bis zwei Wanderungen absprechen. **Tipp:** der schöne, aber anstrengende Kolob Arch Trail.

Pflanzenwelt: Im Flusstal Laubbäume, u.a. Eschen, Birken und Pappeln. Dazu teilweise üppiges Gras. Auf den Höhen und den weniger beregneten Flächen überwiegt eine Halbwüstenvegetation. Neben Kakteen und Yuccas trifft man auch auf Dornbüsche und andere Sträucher.

Aktivitäten:

Wandern: Zum Wandern laden mehrere Wege ein. Am schönsten sind folgende:

- **Gateway to the Narrows**: 3,2 km (nur bis zum Fluss), 1 ½ Std., einfach. Start: Temple of Sinawava-Parkplatz. Folgt dem Virgin River zu dem engeren Teil des Zion Canyon. Der Canyon wird so eng, dass nur noch der Fluss selbst hindurchpasst. Ziehen Sie hier Ihre Schuhe aus, und waten Sie ein Stück weiter. Das Folgende wird Sie dafür belohnen. Außerdem „Hängende Gärten“ an der Strecke. Die Strecke durch den Fluss macht den Fußmarsch aber deutlich länger als die o.g. 3,2 km!
- **West Rim Trail**: 42 km, 2-3 Tage, schwierig. Start: Grotto Picnic Area. Führt durch die gesamte Formenvielfalt des Parks. Wasser und Verpflegung mitnehmen.
- **Weeping Rock Trail**: 800 m, ½ Std., leicht. Start: vom Scenic Drive aus. Führt zum Great White Throne und zu den „Hanging Gardens“.
- **Watchman Viewpoint Trail**: 3,7 km, 2 Std., mittelschwer. Start: South Campground. Von diesem Weg aus hat man eine gute Aussicht auf das West Temple Massive und den Arch am Bridge Mountain.
- **Kolob Arch Trail**: 23 km, 8-12 Std. (früher Start oder Übernachtung empfehlenswert), anstrengend. Start: vom Lee Pass im nördlichen Parkabschnitt (Kolob Canyon). Entlang zweier Creeks mit Ziel Kolob Arch, dem größtem Steinbogen der Welt. Trinkwasser und Lebensmittel mitnehmen.

Ansonsten können versierte Kletterer sich nach Voranmeldung an den steilen Wänden austoben.

Reiten: Anmeldung in der Zion Lodge. Kurze und längere Ausritte möglich. Im Winter **Skilanglauf**.

Sehenswertes

„Flammend“ rote Felswände

Der Zion National Park gehört zu den ältesten Nationalparks der USA. Bereits 1909 wurde das Gelände zum *Mukuntuweap National Monument* erklärt, 10 Jahre später zum Zion National Park. Der südliche Abschnitt des Zion Canyon wurde schon um 750 n. Chr. von den Anasazi bewohnt, die aber um 1200 n. Chr. die Gegend verlassen mussten. Zum Bau ihrer Hütten und zur Feuerholzbeschaffung haben sie so viel Bäume abgeschlagen, dass ihnen nicht nur die diesbezügliche Lebensgrundlage entzogen war, sondern nun auch der Fluss freien Lauf hatte und ihre Felder regelmäßig wegspülte. Lange Zeit wohnte in diesem Gebiet danach niemand, und selbst die Indianer der Fremont-Kultur kamen nur zum Jagen in den Canyon.

1776 befand sich eine spanische Missionarsgruppe in der Gegend, und 50 Jahre später stellte der Trapper *Jedediah* mit seinen Gefolgsleuten seine Fallen auf. Erst im 19. Jh.

Oft nur ohne Schuhe zu erkunden: The Narrows

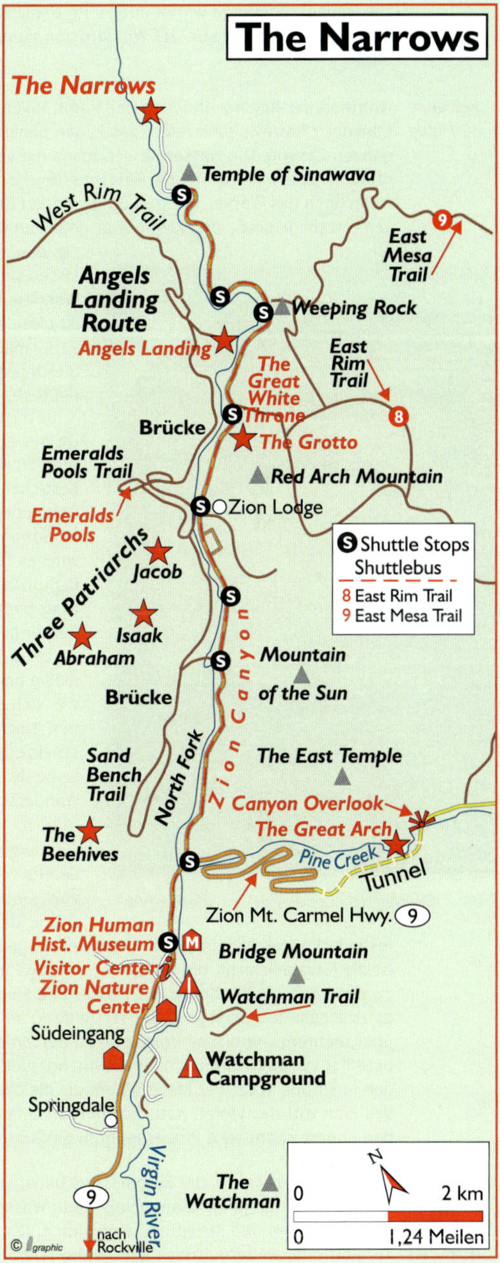

siedelten die Paiutes-Indianer wieder hier. Beeindruckt von der Mächtigkeit der roten Felswände, gaben sie allen Bergen einen religiösen Bezug. Auf dem West Temple z.B. hätte *Kai-ne-sava*, der Gott der Flammen, ein großes Feuer entzündet, und *Wai-no-pits*, der Teufel, würde jenseits des Oak Creek sein Unwesen treiben. Sie hatten so viel Ehrfurcht vor den Mysterien der Berge, dass sie niemals wagten, sie zu besteigen oder auch nur das Tal in nördlicher Richtung zu erkunden. Als dann die ersten Siedler, Mormonen aus Salt Lake City, kamen, waren ihnen die Paiutes kaum eine Hilfe bei der weiteren Erforschung des Gebietes. Auch die Mormonen waren beeindruckt von den Felswänden, die im Abendlicht erst richtig ihre rote Färbung zur Geltung bringen. Sie nannten den Canyon deshalb Zion – „die himmlische Stadt Gottes".

Die Neuankömmlinge waren auch vom östlichen Teil des Parks beeindruckt, wo versteinerte Sanddünen von der Winderosion zu den bizarrsten Formen geschliffen wurden.

Reißende Fluten

Während der Regenzeit, wenn der Virgin River anschwillt und den schmalen Teil des Canyons („Narrows") mit reißenden Fluten beglückt, liegt etwas Unheimliches über dem ganzen Canyon. Die Wassermassen tosen mit solcher Wucht durch diese schmale Felsöffnung, dass man glaubt, der Fels müsste jeden Augenblick zerbersten. Zu dieser Zeit, wenn auch das Wasser von den umliegenden Bergen den Weg nach unten sucht, stürzen unzählige große und kleine Wasserfälle an den steilen Bergwänden herunter. Wenn sie danach wieder langsam versiegen, hinterlassen sie noch über Tage feuchte Spuren an den Wänden, die im Sonnenlicht glitzern. Eigentlich ist diese Zeit des Regens die eindrucksvollste im Park, macht sie doch die imposanten und zugleich bezaubernden Kräfte der Natur besonders deutlich.

Gewaltig: der „Upper Arch" des „Double Arch"

Da nur ein sehr kleiner Teil des Parks mit dem Auto zu befahren ist, hält sich der größte Teil der Besucher auf dem neun Meilen langen Scenic Drive oder entlang der östlichen Tunnelroute auf. Im Sommer und selbst im Frühjahr und Herbst wird es hier sehr voll, und es kommt sogar zu Parkplatzproblemen und Staus. Die Parkverwaltung bemüht sich daher, Reisende vom Visitor Center mit dem Shuttlebus entlang dem Canyon zu befördern. Der Bus verkehrt tagsüber regelmäßig und hält an allen eindrucksvollen Punkten. Wer sich dem großen Ansturm entziehen und einen noch besseren Eindruck von der Landschaft erhalten möchte, sollte aber besser gleich seine festen Schuhe auspacken und sich auf Wanderschaft begeben.

Geologischer Überblick

Bereits vor 225 Mio. Jahren setzte sich die erste von sieben Ablagerungsschichten auf dem Grund des Gebietes fest. Im Wechsel mit Meeresbedeckungen kamen immer neue, anders geartete Schichten hinzu. Am auffälligsten ist die Navajo-Schicht, die für die rot-violette Färbung des Gesteins sorgt. Sie entstand zu einer Zeit, als der Boden mit Wasser und Sumpf bedeckt war. In dieser Periode kam es zu einem übermäßigen Sauerstoffentzug im Boden, der bei hohen Mangananteilen über mehrere chemische Vorgänge zu der violetten Färbung führt. Der eine oder andere hat vielleicht einmal in einem Auengebiet oder einem ausgehobenen Marschboden in Europa in ca. 1-2 Metern Tiefe die gleiche violette Färbung entdeckt. Im Gestein des Zion tritt das Violett natürlich mittlerweile etwas in den Hintergrund, zu sehr haben andere chemische Prozesse ihren Einfluss geltend gemacht.

Witzige Formen und Strukturen

Den oberen Abschluss der Bergmassive bildet eine Kalksandsteinschicht. Sie wurde im Laufe der letzten Jahrmillionen von Wind, Wasser und Temperaturdifferenzen in aberwitzige Formen und Strukturen verwandelt. Die markantesten sind östlich des großen Tunnels oder weiter nördlich auf den höheren Lagen zu finden. Vor etwa 70 Mio. Jahren hob sich das gesamte Gebiet erst auf Meeresspiegelniveau und während der folgenden 55 Millionen Jahre dann schließlich auf bis zu 3.000 m. Dann setzte die wesentliche Phase der Erosion ein, deren Spuren wir heute vorfinden. Einmalig z.B. die wie mit einem Kamm von Wind und Wasser bearbeiteten versteinerten Sanddünen.

Wenn der Regen in den Bergen fällt, dann schwemmt alleine der Virgin River im Jahr drei Millionen Tonnen Material ab. Dazu wären täglich 180 Lkw-Ladungen nötig!

Reisepraktische Informationen Zion National Park und Springdale, UT

VORWAHL 435

Information

Es gibt zwei **Visitor Centers** *im Park, eines 1 Meile nördlich von Springdale, das andere, kleinere, am Kolob Canyon, 18 Meilen südlich von Cedar City, ✆ 772-3256, www.nps.gov/zion. Geöffnet das ganze Jahr.*

Unterkunft

Ein Shuttle-Bus zum und durch den Nationalpark fährt regelmäßig die Hotels in Springdale ab. Empfehlenswerte Unterkünfte in Springdale (südl. des Parks, www.zionpark.com):
Red Rock Inn $$: *998 Zion Park Blvd., ✆ 772-3139, www.redrockinn.com. Bietet u.a. Cottages auf B&B-Basis. Hot Tubs/Whirlpool.*
Flanigan's Inn & Spa $$-$$$: *428 Zion Park Blvd. (an der UT 9, 1 Meile südl. des Parkeingangs), ✆ 772-3244, 1-800-765-7787, www.flanigans.com. Rustikale Lodge, schöner Pool und Garten.*
Desert Pearl Inn $$$-$$$$: *707 Zion Park Blvd., ✆ 772-8888, 1-888-828-0898, www.desertpearl.com. Teuer, aber sein Geld wert. Große Zimmer, große Balkons, schöne Pool-Area.*
In **Springdale** *gibt es noch eine Reihe weiterer Motels/Hotels.*
Im Park empfiehlt sich die rustikale **Zion Lodge $$$$**: *✆ 772-7700, 1-888-297-2757, www.zionlodge.com. Hütten und neuere Motel-Zimmer. Oft frühzeitig ausgebucht.*

Camping

Im Park selbst gibt es 5 (davon 2 besser ausgestattete nahe dem Südeingang) und in Springdale eine Reihe privater Campingplätze, so z.B. den mehrfach prämierten **Zion River Resort RV Park & Campground**: *551 E. UT 9, ✆ 635-8594, 1-888-955-8594, www.ZionRiverResort.com.*

Restaurants

Sehr zu empfehlen ist das **Spotted Dog Café at Flanigan's Inn** *(s.o., amerik. Küche sowie ein Pub mit Microbrews aus Utah), und wer es etwas legerer mag, der sollte in den* **Bit & Spur Restaurant and Saloon** *(1212 Zion Park Blvd., ✆ 772-3498, am Wochenende beim Tanzen zu Livemusik; nur Dinner; Reservierung empfohlen!) am südlichen Ortseingang von Springdale gehen. Das Essen ist mexikanisch orientiert. Die o.g.* **Zion Lodge** *im Park hat auch ein Restaurant. Im Voraus buchen!*

Abstecher nach Cedar City und Cedar Breaks National Monument

Anstatt zurück auf den US 89 zu fahren, folgender Vorschlag: Machen Sie einen Schlenker über **Cedar City**. Hier gibt es das **Iron Mission State Park Museum** (*635 N. Main St., tgl. 9–17 Uhr*), das sich mit den ersten Eisenfunden westlich des Mississippi befasst. Im Sommer lockt zudem noch das **Shakespeare Festival** (*www.bard.org*) viele Besucher an. Doch der Umweg lohnt in erster Linie wegen der Weiterfahrt von hier: Zuerst entlang dem UT 14 nach Osten durch eine beeindruckende Schlucht und anschließend nach Norden auf der UT 148. Die Straße steigt steil an bis auf 3.000 m ü. NN, und bald findet man sich in skandinavischen Vegetationsverhältnissen wieder. Ein lohnender Stopp ist das **Cedar Breaks National Monument**, das viele Leser als schöne Alternative zum überlaufenen Bryce Canyon NP sehen. Hauptattraktion ist hier ein Taleinschnitt in Form eines riesigen Amphitheaters, dessen Durchmesser drei Meilen beträgt und dessen Seitenwände 600 m steil abfallen. In einem kleinen Visitor Center (Mitte Okt.–Mai geschlossen) können Sie sich informieren und dann den fünf Meilen langen Scenic Drive abfahren. Wer nicht viel Zeit hat kann auch von der Hauptstraße aus, ca. eine Meile hinter dem Visitor Center, einen Blick auf das Amphitheater werfen. Wanderwege gibt es in dem Park auch, doch sollten Sie daran denken, dass in 3.000 m Höhe die Luft dünn ist.

Amphitheater

Cedar Breaks NM, *✆ (435) 586-9451, www.nps.gov/cebr. Nächste Hotels im 9 Meilen nördlich gelegenen Brian Head. Tipp: Das Mountain Resort* **Cedar Breaks Lodge & Spa $$-$$$$**: *223 Hunter Ridge Rd, ✆ (435) 677-3000, 1-888-282-3327, www.cedarbreaks lodge.com. Hier kann man sich so richtig entspannen.*

Beliebte Gegend bei Anglern

Reisepraktische Informationen Cedar City und Cedar Breaks NM, UT

VORWAHL 435

Information

Cedar City-Brian Head Tourism & Convention Bureau: *581 N. Main St., ✆ 586-5124, 1-800-354-4849, www.scenicsouthernutah.com od. www.cedarcitychamber.org/visit.*
Cedar Breaks Nat. Monument: *✆ 586-9451, www.nps.gov/cebr.*

Unterkunft

Bard's Inn B&B $$: *150 S. 100 W. St., ✆ 586-6612, www.bardsbandb.com. Schönes B&B in Haus aus der Zeit um 1900. Gutes und reichhaltiges Frühstück.*
Best Western Town & Country Inn $$-$$$: *189 N. Main St., ✆ 586-990, 1-800-493-0062, www.bwtowncountry.com. Modernes Motel mit geräumigen Zimmern. Zentral gelegen. Kein Restaurant.*

Camping

Eine Reihe von Campingplätzen stehen in und um Cedar City zur Verfügung, so z.B.
KOA Cedar City Campground: *1121 N Main St., ✆ 586-9872.*

Restaurant

Milt's Stage Stop: *Cedar Canyon Rd, 5 Meilen östlich am UT 14, ✆ 586-9344. Steaks und andere typische Südwest-Gerichte. Salatbar. Schöne Aussicht auf die umliegenden Berge. Nur Dinner!*

Nehmen Sie die Abzweigung nach Panguitch (UT 143). Diese Straße führt durch eine von Wiesen und Bächen unterbrochene Waldlandschaft, die besonders im Herbst ein buntes Farbenspiel bietet und bei Anglern beliebt ist. Danach geht es vorbei am **Lake Panguitch**, einem wunderbaren Erholungsgebiet abseits der Touristenströme (einige Blockhaus-Motels). Von Panguitch aus geht es dann auf dem US 89 und dem UT 12 zum Bryce Canyon National Park.

Beliebt bei Anglern

Das letzte Teilstück führt durch den **Red Canyon**, der Sie bereits auf die Farbenpracht des nun folgenden Nationalparks einstimmen wird. Im Red Canyon gibt es einen netten, wenn auch nahe an der Straße gelegenen Campingplatz (Schatten!).

Bryce Canyon National Park

Größe: 14.573 ha
Beste Jahreszeit: Eigentlich das ganze Jahr. Im Sommer ist es z.T. in den offenen Talgebieten sehr heiß, und der große Besucherandrang kann zu dieser Zeit auch störend werden. Attraktiv sind Frühjahr und Herbst und selbst der Winter, wenn Schnee liegt.
Tierwelt: Maultierhirsche, Stachelschweine, und sogar Berglöwen, Schwarzbären und Elche sollen im südlichen Abschnitt gesichtet worden sein.

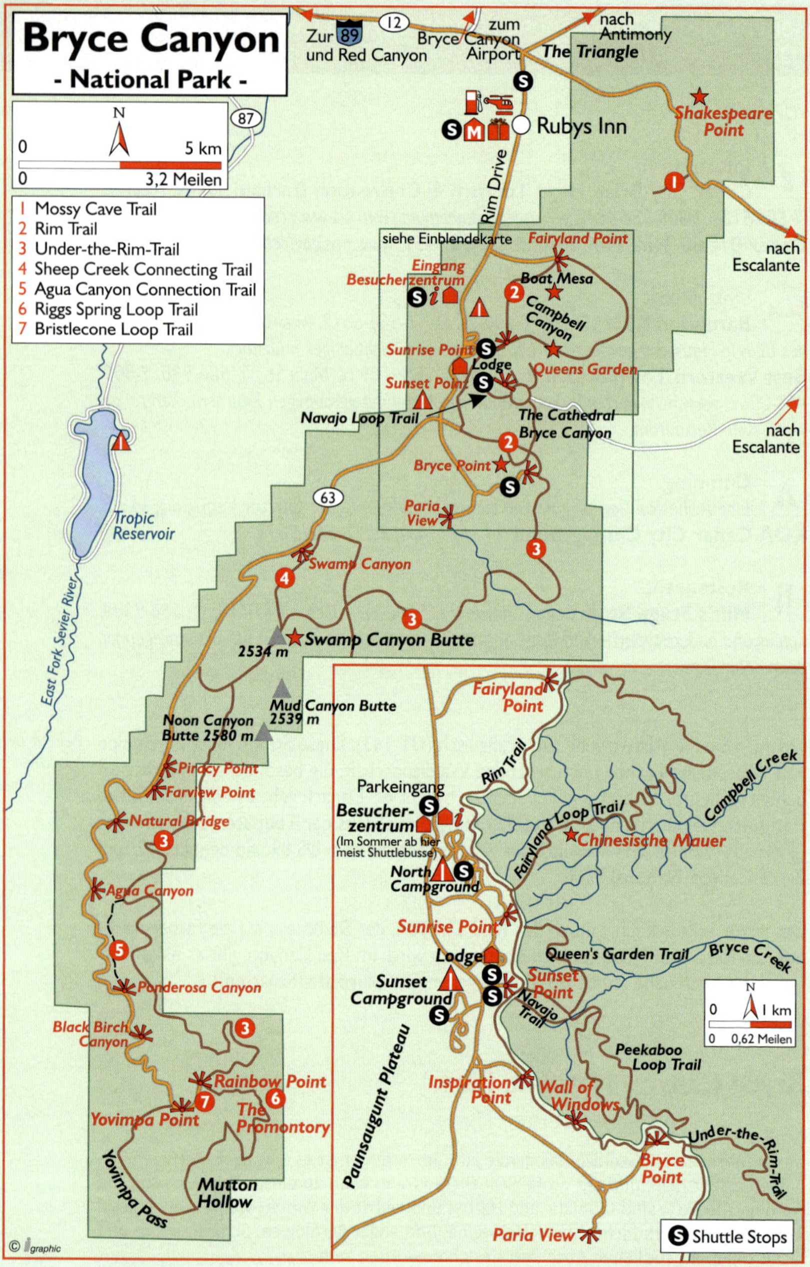
Bryce Canyon
- National Park -
N
0
5 km
0
3,2 Meilen
1 Mossy Cave Trail
2 Rim Trail
3 Under-the-Rim-Trail
4 Sheep Creek Connecting Trail
5 Agua Canyon Connection Trail
6 Riggs Spring Loop Trail
7 Bristlecone Loop Trail
Zur 89 und Red Canyon
12
zum Bryce Canyon Airport
nach Antimony
The Triangle
Shakespeare Point
Rubys Inn
Rim Drive
87
nach Escalante
siehe Einblendekarte
Fairyland Point
Eingang Besucherzentrum
Boat Mesa
Campbell Canyon
Sunrise Point
Lodge
Queens Garden
Sunset Point
Navajo Loop Trail
The Cathedral
Bryce Canyon
nach Escalante
Bryce Point
Paria View
63
Tropic Reservoir
East Fork Sevier River
Swamp Canyon
Swamp Canyon Butte
2534 m
Mud Canyon Butte 2539 m
Noon Canyon Butte 2580 m
Piracy Point
Farview Point
Natural Bridge
Agua Canyon
Ponderosa Canyon
Black Birch Canyon
Rainbow Point
Yovimpa Point
The Promontory
Yovimpa Pass
Mutton Hollow
Fairyland Point
Rim Trail
Parkeingang
Besucher-zentrum
(Im Sommer ab hier meist Shuttlebusse)
Fairyland Loop Trail
Campbell Creek
Chinesische Mauer
North Campground
Sunrise Point
Lodge
Queen's Garden Trail
Bryce Creek
Sunset Point
Sunset Campground
Navajo Trail
N
0
1 km
0
0,62 Meilen
Peekaboo Loop Trail
Paunsaugunt Plateau
Inspiration Point
Wall of Windows
Under-the-Rim-Trail
Bryce Point
Paria View
Shuttle Stops
© graphic

Pflanzenwelt: Auf dem Plateau (Tannen, Fichten, Utah-Wacholder und Espen) und unterhalb des Canyons (Utah-Wacholder, Berberitzen und Steinkiefern) Nadelwälder. Zudem Grasfluren in den südlicheren Tälern. Interessant auch, wie sich einige einzelne Bäume durch die engen Kliffschluchten hindurch den Weg zum Licht gesucht haben. Hierbei handelt es sich meist um Grannenkiefern, die bis zu 5.000 Jahre alt werden können. Das älteste hier gefundene Exemplar wird auf 1.700 Jahre geschätzt.

Redaktionstipps

- In der Sommersaison werden im Bryce Canyon NP **Shuttlebusse** eingesetzt (tgl. 9-18 Uhr). Nördlichster Stopp ist der Parkplatz 3 Meilen außerhalb des Parks.
- **Übernachtung**: Die „Cabins" der **Bryce Canyon Lodge** bieten Ruhe, Platz und Gemütlichkeit. Frühzeitig buchen (S. 496)!
- Machen Sie unbedingt eine **Wanderung in den Canyon**. Denken Sie dabei an festes Schuhwerk, Proviant und ausreichend Trinkwasser.
- Der **Ritt entlang dem Rim** ist wenig anstrengend und lohnt nicht nur wegen der Aussicht.
- **Zeiteinteilung: 1 Tag:** Zuerst zum Visitor Center. An einem halben Tag wichtigsten Aussichtspunkte anfahren. Mit dem Shuttle geht's noch einfacher und es gibt Erläuterungen! Am Nachmittag Wanderung in den Canyon. **Tipp:** Navajo Trail oder Queen's Garden Trail. **An einem zweiten Tag** können Sie noch den Süden des Parks anfahren und dort wandern. Alternativ: Flug mit einem Helikopter oder Rim Trail erlaufen.

Aktivitäten

Wandern: Schöne Trails sind:

- **Navajo Trail**: 3 ½ km, 1 ½ Std., etwas anstrengend, Start: Sunset Point. Gut, um einen Eindruck von der zerklüfteten Landschaft zu erhalten. Führt durch schöne „Minischluchten" bis zum Canyon-Grund.
- **Rim Trail**: bis zu 17 km hin und zurück, Zeit nach Belieben, leicht. Führt entlang der Abbruchkante und bietet immer wieder ein beeindruckendes Panorama.
- **Queen's Garden Trail**: 2,4 km, 1 ½ Std., relativ leicht. Start: Sunrise Point. Toll sind die farbenprächtige Felsformationen und die Vielfalt der Klippen. Diesen Trail können Sie kombiniert mit dem Navajo Trail erlaufen. Zusammen: 4,9 km, 2 ½ Std.
- **Fairyland Loop Trail**: 13 km, 5 Std., anstrengend. Start: Sunrise Point, oder beginnen Sie, um 4 km zu sparen, am Fairyland View. Hier erreichen Sie die meisten Hö-

Ohne Zweifel: Im Labyrinth des Bryce Canyon kann man eine Kuh verlieren

hepunkte des Canyon: Chinese Wall, Tower Bridge, Oastler's Castle und Boat Mesa. Es gibt zudem noch 6 weitere ausgewiesene Wanderwege.

Reiten: Gute Reiter können in den Canyon absteigen; wer nicht so sattelfest ist, sollte die Touren entlang dem Rim Trail vorziehen. Ausritte beginnen an der Bryce Canyon Lodge (2–3 mal täglich von Mai bis Anfang Oktober). Infos im Visitor Center bzw. in der Lodge.
Weiteres: Skilanglauf im Winter, Rundflüge, die in Ruby (Hubschrauber) oder auf dem Flugplatz drei Meilen vom Parkeingang starten (Flugzeug).

Wundersame Märchenlandschaft

Die wundersame „Märchenlandschaft" des Bryce Canyon lässt sich eigentlich kaum mit Worten beschreiben, und im Grunde handelt es sich nur im entferntesten Sinne um einen Canyon. Es ist ein Tal, geformt wie das Amphitheater von Cedar Breaks, nur dass im Bryce Canyon zusätzlich noch Tausende von großen und kleinen Steinsäulen und -wänden stehen. Diese leuchten durch ihren Eisen- und Manganoxyd-Anteil in den verschiedensten Farben. Mal rot, dann violett und häufig auch rosa. Man erfährt ein ähnliches Erlebnis wie beim Grand Canyon. Bis zur Abbruchkante wähnt man sich in Nadelwäldern und kann nur erahnen, was einen erwartet. Erlebt man dann den Ausblick, stellt sich gleich wieder die Frage: Wie hat die Natur dieses Meisterwerk wohl vollbracht? An jedem Aussichtspunkt erfährt man ein anderes Farbenspektrum, je nachdem, in welchem Winkel die Sonne auf die Steine einfällt und welche chemische Zusammensetzung die jeweiligen Steine aufweisen. Lassen Sie sich also Zeit, erst bei längerer Betrachtung erlebt man das wahre Schauspiel.

Das Reliefmodell im Visitor Center veranschaulicht das gesamte Gebiet vom Grand Canyon im Süden bis hin zu den Parks im Zentrum von Utah. Hier wird noch einmal klar, dass das gesamte dargestellte Gebiet einmal eine Ebene gewesen ist, die erst durch Hebungen verschoben und verkantet wurde und in die dann das Wasser der Flüsse und die klimatischen Gewalten (Regen, Temperaturschwankungen, „chemische" Niederschläge, Wind) eingegriffen haben.

Durch Frost und Regen geformt

Vom Visitor Center aus fahren Sie nun entlang dem 18 Meilen langen **Scenic Drive** (oder nehmen in der Hochsaison den Shuttlebus – „Hopp-on – Hopp-off"). Wenn Sie genügend Zeit haben, fahren Sie zuerst bis zum Ende zum **Rainbow Point**. Dabei steigt die Straße unmerklich um 300 Höhenmeter an und die Vegetation verändert sich. Während im niedrigeren Norden die Utah-Wacholder und die Bergkiefern überwiegen, kommen Sie danach durch ein Gebiet mit Ponderosa-Kiefern, und kurz vor dem Rainbow Point besteht die Baumvegetation ausschließlich aus Rottannen, Espen und Fichten. Von nun 2.775 m Höhe haben Sie bei guter Sicht einen Ausblick bis nach Arizona und manchmal sogar bis New Mexico. Auf dem Rückweg passieren Sie die **Ponderosa** und **Agua Canyons**, die weniger durch ihre Größe als vielmehr wegen ihrer Farbenpracht begeistern. Die bald folgende **Natural Bridge** wurde durch Frost- und Regenkräfte geformt (nicht wie im Natural Bridges NM durch Flüsse). Vom **Fairview Point** haben Sie noch einmal eine weite Sicht bis hin zum Kaibab Plateau am North Rim des Grand Canyon. An klaren Tagen kann man übrigens vom Bryce Canyon aus über 100 Meilen weit sehen. **Paria View** bietet einen Blick auf die südlich gelegenen White Cliffs, die ihre Farbe dem weißen Navajo-Sandstein zu verdanken haben.

Absolute Höhepunkte bilden nun die weiteren Aussichtspunkte um das **Bryce Amphitheater** (gleich zu Beginn der sagenhafte **Bryce Point)**. Hier sollte man sein festes Schuhwerk anzuziehen und hinunterzusteigen in die sagenhafte Landschaft der **Hoodoos**, wie die verschieden geformten Zinnen genannt werden. Nicht so begeistert über die zerklüftete Gegend war dagegen der erste weiße Siedler der Region, der Mormone

Ebeneezer Bryce, der sagte: *„A hell of a place to lose a cow"*. Aus diesem Grunde hielt es *Bryce* nur wenige Jahre hier am Canyon. Weniger pragmatisch dagegen die Paiute-Indianer: *„Rote Felsen, die wie Männer in einer schalenförmigen Schlucht stehen"*. Für sie hatte der Canyon eine religiöse Bedeutung und eine ihrer Legende lautet folgendermaßen:

„Einst war der Bryce Canyon vom Gott Coyote als Wohnstatt für sein Volk errichtet worden. Dieses Volk – Eidechsen, menschenähnliche Wesen, Vögel und andere Kreaturen – war aber nicht mit seiner Stadt zufrieden, sondern versuchte, sie immer weiter zu verschönern. Das erzürnte den Gott Coyote. Eines Tages nahm er all deren Farbtöpfe, schüttete sie über sein Volk aus und verwandelte alle Lebewesen in Stein. Und so stehen sie noch heute da."

Blick in den Agua Canyon

Dank dieses Mythos' haben die Paiutes den Canyon nur zu religiösen Zeremonien betreten, und trauten sich niemals alleine hinein aus Angst, selbst versteinert zu werden. Erst 1916 machte ein Zeitungsartikel auf die wundersame Landschaft aufmerksam. Schon sieben Jahre später wurde das Gebiet zum National Monument erklärt und 1928 schließlich zum Nationalpark.

Geologischer Überblick

Bis vor 65 Millionen Jahren hat ein großer See Teile des heutigen Utah bedeckt – ein See, der den gesamten nordamerikanischen Kontinent von Norden nach Süden trennte. Auf seinem Grund lagerten sich während der folgenden 20 Millionen Jahre Kies, Sand und anderes Material ab, welches mit der Zeit zu einer festen Masse wurde. Dieses Konglomerat nennt man heute „Wasatch Formation". Mangan, das sich unter dem Sauerstoffentzug während der Wasserbedeckung chemisch wandelte, ist heute für die lila Färbung verantwortlich, Eisen für die rotgelbe Färbung. Durch die tektonischen Hebungen, die bis vor etwa 15 Millionen Jahren stattgefunden haben (der See war längst ausgetrocknet), drehten und verschoben sich ganze Landblöcke und brachen teilweise auseinander. Bis zu 3.000 m Höhe erreichten deren Spitzen (siehe auch Zion NP).

Das **Paunsaugunt-Plateau** aber hob sich nur relativ wenig und kippte leicht nach Westen, wodurch im Osten eine Randstufe entstand (Pink Cliffs). Dann setzten Erosionskräfte ein, vornehmlich durch (lange versiegte) Flussläufe. Diese konnten im nördlicheren Teil des heutigen Parks stärker wirken, sodass hier ehemals tiefer gelegene Sandsteinschichten zum Vorschein kamen. In diesem Plateaugefälle liegt die unterschiedliche Färbung der Felsen begründet, die wir in den Regionen in und um den Park vorfinden. Die Pink Cliffs z.B. liegen höher und bestehen aus einem festeren Grundmaterial. So konnten die Erosionskräfte nicht so stark eingreifen wie bei den tieferen und aus weicherem Gestein bestehenden Gray Cliffs. Die Gray Cliffs sind übrigens gut sichtbar an der UT 12 auf dem Wege nach Escalante. Sie sind **flächenmäßig** stärker erodiert. Die White und Vermillion Cliffs erleben Sie am besten im Grand Staircase-Escalante NM.

Farbenvielfalt Hier im Bryce Canyon sind es aber hauptsächlich die Pink Cliffs, die für die Farbenvielfalt verantwortlich sind. Sie waren zunehmend der **physikalischen** Erosion ausgesetzt, besonders der Abflusskraft des Regenwassers, das logischerweise den tieferen Lagen entgegen fließt. An der Randstufe der Cliffs konnte es nun „tätig" werden. Immer wieder schuf das Wasser Rinnen, die sich weiter und weiter auswuschen, bis dann senkrechte Felswände von der Abbruchkante abstanden. Doch auch diese erodierten langsam aus, bis schließlich nur noch Felsspitzen, die „Hoodoos", als einzelne Zeugen des ehemaligen Hochplateaus im Tal übrigblieben. Während auch diese noch weiter der Erosion ausgesetzt sind, frisst das Wasser unaufhaltsam, mit einer Geschwindigkeit von fast 1 cm pro Jahr, an der Randstufe. Da sich das Wasser im Tal besser ausbreiten kann, verliert es gleichzeitig an „Abreibekraft". Daher werden die Hoodoos langsamer zerstört als der Klippenrand und somit dehnt sich der Zauber der Felsen im Laufe der Erdgeschichte immer weiter aus.

Reisepraktische Informationen Bryce Canyon National Park, UT

VORWAHL 435

Information

Visitor Center: *nahe Parkeingang, Mai–Sept. 8–20, Nov.–März 8–16.30, Rest des Jahres 8–18 Uhr, ✆ 834-5322, www.nps.gov/brca.*

Bryce Canyon Country: *55 Main St. Panguitch, ✆ 676-1161, 1-800-444-6689, www.brycecanyoncountry.com. Infos zur Region um den Nationalpark.*

Bryce Canyon Airlines & Helicopters, *Infos am Ruby's Inn, ✆ 834-5341, 1-866-6616, www.rubysinn.com. Rundflüge.*

Unterkunft

Bryce View Lodge $$: *Gegenüber o.g. Ruby's Inn, ✆ 834-5180, 1-888-279-2304, www.bryceviewlodge.com. Einfacheres Motel, aber für eine Nacht okay.*

Bryce Canyon Lodge $$-$$$: *An der Parkstraße (UT 63, 3 Meilen südl. des UT 12), ✆ 834-8700, 1-877-386-4383, www.brycecanyonforever.com. Rustikale Lodge von 1924. Nahe dem Canyon. Ein wenig teurer, aber von besonderem Reiz sind die „Cabins", Holzhütten mit eigenem Kamin. Restaurant im Haus (unbedingt Tisch reservieren, ✆ 834-8760)*

Best Western Ruby's Inn $$-$$$: *UT 63, kurz vor dem Parkeingang, ✆ 834-5341, 1-866-6616, www.rubysinn.com. Großes Motel mit riesigem Souvenirladen und Buchungsbüro für Canyon-Touren aller Art. Zudem empfehlenswerter Campingplatz (www.brycecanyoncampgrounds.com). Der Bryce Canyon Shuttlebus startet hier.*

Weitere **günstigere Unterkünfte** *finden Sie in Tropic, östlich am UT 12 (ca. 11 Meilen vom Parkeingang) bzw. in Panguitch westl. am US 89.*

Camping

Es gibt zwei ansprechende **Campingplätze** *im Park, buchbar über ✆ 834-8700, 1-877-386-4383, www.brycecanyonforever.com (schnell ausgebucht!) und private u.a. am Ruby's Inn, in Tropic und im Red Canyon (UT 12).*

Grand Staircase-Escalante National Monument

Falls die Zeit drängt, fahren Sie auf dem US 89 weiter nach Norden. Unsere Empfehlung ist dagegen der **Scenic Byway UT 12** über Escalante nach Torrey und ab da der UT 24 über Loa nach Sigurd. Diese Strecke bietet viele landschaftliche Reize. Zeit für Fotostopps einplanen! Und noch etwas: Rechtzeitig ein Zimmer reservieren in dieser abgelegenen Ecke.

Fotostopps planen

Zuerst geht es noch am Rand des Bryce Canyon vorbei und dann durch eine Landschaft mit den unterschiedlichsten Stein- und Erosionsformationen. Hierbei durchqueren Sie den Nordteil des erst in den 1990er Jahren aus politischen Gründen eingerichteten **Grand Staircase-Escalante National Monument**. Präsident *Clinton* entschloss sich zur Einrichtung dieses Naturschutzgebietes, als der Staat Utah den Abbau von Bodenschätzen in dieser Region durchsetzen wollte. In dem riesigen Areal verbergen sich unschätzbare Naturschönheiten: Ausgewaschene Felsen, Sandsteinformationen in den verschiedensten Farben: z.B. die Pink, White und Vermillion Cliffs.

Die Erkundung des National Monuments erweist sich als sehr mühsam, denn abgesehen vom UT 12 führen nur Schotterstraßen – zumeist als Sackgassen – in den Park. Sie sind nur bei trockenem Wetter befahrbar. Wegen der Pistenzustände und bei den Entfernungen kann z.B. der Ausflug zum Hole-in-the Rock einen ganzen Tag dauern. Es lohnt sich! Aber unbedingt vorher Infos einholen und Karten und Broschüren besorgen.

Der Ort **Escalante** bietet eine touristische Infrastruktur mit einigen Bed & Breakfast-Unterkünften. Beachten Sie auch die schönen Strecken, die nördlich des UT 12 abgehen, so z.B. die Rundtour zum **Hell's Backbone**. Und immer daran denken bei Touren auf abgelegenen Strecken: vorher tanken sowie Verpflegung und Trinkwasser mitnehmen. Sonnenschutz und festes Schuhwerk verstehen sich von selbst.

Reisepraktische Informationen Grand Staircase-Escalante National Monument, UT

VORWAHL 435

Information

Es gibt ein **Visitor Center** *in* **Boulder** *(Ecke UT 12/Burr Trail, www.boulderutah.com),* **Kanab (Park HQ***: 669 S. US 89A, Kanab, ✆ 644-1200) und* **Tropic** *(UT 12) sowie das* **Escalante Interagency Office/BLM** *(Escalante, 755 W. Main St., ✆ 826-5499, www.ut.blm.gov/monument). Wichtig: Infos zum Zustand der Straßen und Wanderwegen einholen (bes. bei Regen!). Infos zur Region: www.utah.com/escalante.*

Unterkunft

Boulder Mountain Lodge $$-$$$: *Ecke UT 12/Burr Trail, Boulder, ✆ 335-7460, 1-800-556-3446, www.boulder-utah.com. Rustikale Lodge. Von mehreren Lesern empfohlen. Das engagierte Naturschützer-Paar kann gute Tipps für die Erkundung des Nat. Monuments geben und organisiert auch Ausritte, Trekking- und Allradtouren. Der Erholungswert hier ist groß. Sehr gutes Restaurant im Hause.*

Als weiteres seien noch zwei Bed&Breakfast-Unterkünfte genannt: **Escalante-Grand Staircase B&B $$-$$$** *(280 W. Main St., Escalante, ✆ 826-4890, www.escalantebnb.com) sowie das* **Bryce Trails B&B $$-$$$** *(1001 W. Bryce Way, Tropic, ✆ 679-8700, 1-866-215-5043, www.brycetrails.com).*

s. auch: **Bryce Canyon NP** *(S. 496),* **Kanab** *(S. 484) und* **Capitol Reef NP** *(S. 462)*

Torrey und Provo

Nachdem man Escalante auf dem UT 12 passiert hat, wird es noch einmal richtig schön. Erst durch einen engen, kleinen Canyon (am Calf Creek gibt es einen sehr schönen Zeltplatz), dann auf einer Kliffkante entlang (nichts für nervenschwache Fahrer), bis man schließlich das Nest **Boulder** erreicht. Wie auch in Escalante haben es sich die Mormonen nicht nehmen lassen, in dieser abgelegenen Ecke zu siedeln. Der Boden ist zwar fruchtbar, doch mit dem Niederschlag hapert es. Bevor Boulder in den 1930er Jahren ans Straßennetz angeschlossen wurde, mussten die Bewohner alle Waren mit Lasteseln und auf Ochsenkarren über Stock und Stein und kleine Pfade hierher transportieren. Im Ort selbst gibt es das **Anasazi State Park Museum** zu besichtigen. Das ehemalige Indianerdorf, dessen Ruinenreste noch gut erhalten sind, wurde erst 1958 entdeckt. Hier können Sie Einiges über die Lebensweise der Anasazi erfahren. In Boulder beginnt übrigens eine kleine Straße zum Capitol Reef NP (im Park Piste).

Auf der Kliffkante

Anasazi State Park Museum, *✆ (435) 335-7308, www.stateparks.utah.gov, April–Okt. tgl. 8–18, Nov.–März Mo–Sa 9–17 Uhr.*

Die weitere Strecke des UT 12 führt über Bergrücken und durch Mischwälder (Kiefern/Espen) bis zu ihrem nördlich Endpunkt, dem Ort Torrey. Unzählige Punkte laden

Scenic Backways

Fast alle Abschnitte der "Scenic Backways" sind nicht asphaltiert. Je nach vorheriger Wetterlage erfordern sie daher oft Fahrzeuge mit hoher Bodenfreiheit. Erkundigen Sie sich also vorher nach dem Straßenzustand, und vor allem auch nach dem Wetterbericht. Der Burr-Trail ist zumeist mit herkömmlichen PKW befahrbar.

1 Cottonwood Canyon Rd. (49 Mi/79 km)
2 Smokey Mountain Rd. (nur 4x4, 78 Mi/125 km)
3 Hole-in-the-Rock-Rd. (nur 4x4 für letzte 5 Meilen, Sackgasse, 56 Mi/90 km, einfache Strecke)
4 Burr Trail (bei Nässe unpassierbar, 66 Mi/106 km)
5 Notom Rd. (bei Nässe unpassierbar, 29 Mi/46 km bis Burr Trail)
6 Posey Lake Rd. (Escalante - Bicknell: 40 Mi/64 km)
7 Bull Mountain Rd. (nur 4x4)
8 Griffin Top Rd. (gut befahrbar, 32 Mi/51 km)

Achtung! Diese Karte gilt nur als grobe Orientierung.

dazu ein, Fotos von der tiefer gelegenen Felsenlandschaft zu machen. Besonders während des Indian Summer (Anfang Oktober) ist es hier unbegreiflich schön.

Schön im Herbst

Torrey ist ein weiterer Flecken in der Landschaft, dessen Leben deutlich vom nahegelegenen Capitol Reef National Park bestimmt wird (kleine Hotels, Motels, B&Bs). Den Abstecher in diesen Park sollten Sie sich auf keinen Fall nehmen lassen (Adressen zu Torrey und Infos zum Park siehe S. 462).

Die Route verläuft jetzt auf dem UT 24 nach Nordwesten und führt über Bicknell (weitere Hotels), Loa bis nach Sigurd und Salina, einem kleinen, unattraktiven Ort (kleine Motels), das von den umliegenden Farmen lebt. Auf dem US 89 geht es dann entlang der **Wasatch Range** nach Provo.

Die Landschaft ist ausgesprochen schön, doch bietet sich eigentlich nichts für einen längeren Stopp an. Eine Alternative bieten die schönen „**Scenic Byways" UT 31 bzw.**

UT 264 von Fairview über die Wasatch Range nach Osten und dann weiter auf dem UT 96 und dem US 6. Der Umweg dauert aber eine gute Stunde länger.

Größte Universität der Mormonen

Provo, die zweitgrößte Stadt Utahs hat einen alten Stadtkern sowie eine Reihe von kleineren Museen, die fast alle der **Brigham Youth University** (BYU) angeschlossen sind und von denen das **Museum of Art** mit vornehmlich amerikanischer Kunst, aber auch ein paar europäischen Kunstwerken, von Bedeutung ist. Die Stadt ist geprägt von der Universität, die mit 28.000 Studenten die größte Universität der Mormonen und eine der größten konfessionellen Universitäten der Welt ist. 95 % der Studenten sind Mormonen, wobei diese nicht nur aus den USA kommen, sondern aus über 90 Ländern der Erde.
Museum of Art, *N. Campus Dr., ✆ (801) 422-8287, http://moa.byu.edu, Mo–Di+Sa 10–18, Mi–Fr 10–21 Uhr, frei.*

Hinweis
Zum Museum of Ancient Life mit seiner großen Dinosauriersammlung auf halber Strecke nach Salt Lake City lesen Sie bitte auf S. 513.

Reisepraktische Informationen Provo, UT

VORWAHL 801

Information
Utah Valley CVB: *Ecke University Ave./100 South, ✆ 851-2100, www.utahvalley.org.*

Unterkunft
Provo Marriott $$-$$$: *101 West 100th North, ✆ 377-4700, 1-800-777-7144, www.marriott.com. Sehr komfortables Hotel im Zentrum der Stadt.*
Sundance Resort $$$$$: *8841 N. Alpine Loop Road (UT 92), Sundance, ✆ 1-800-892-1600 (Lodge), 1-877-831-6224 (allg.), www.sundanceresort.com. 14 Meilen nordöstlich (US 189) im North Fork Provo Canyon. Cottages inmitten von Pinienwäldern. Spa, Sauna, Restaurant und Bar. Gut für Outdoor-Aktivitäten: Wandern, Reiten, Mountain-Biking, Fly-Fishing, Skilaufen etc.*
Zudem gibt es **unzählige Motels**, *die z.T. auch von Studenten bewohnt werden und daher manchmal etwas laut sind.*

Camping
Um Provo gibt es schöne **Campingplätze**, *so die* **Uinta-Wasatch-Cache National Forest Campgrounds** *(u.a. nahe UT 92 u. US 189, ✆ 377-5780). Am nächsten zum Stadtkern liegt der* **Koa Kampground**: *320 North 2050 West, ✆ 375-2994).*

Alternative 1: US 189 nach Nordosten fahren und dann **im** Canyon nach Norden abbiegen auf die UT 92. Hier passieren Sie zuerst das **Sundance Resort**, das von *Robert Redford* gegründet wurde. Weiter auf dieser Strecke gelangen Sie schließlich zum **Timpanogos Cave National Monument**, das vor allem Höhlenliebhaber zu empfehlen ist, denn die Erkundung dauert drei Stunden und ist anstrengend. Hinter dem Besucherzentrum muss man zuerst einen mühsamen Anstieg in Kauf nehmen, bevor man mit dem Führer die Höhlen besichtigen können. Ist man aber erst einmal oben, wird man mit dem Anblick einer Kalksteinhöhle belohnt, deren Tropfsteine in den buntesten Farben leuchten, je nachdem, welche chemische Lösung sich in dem an ihnen herunterfließenden Wasser befindet (Infos zu Tropfsteinhöhlen s. S. 266f). Nach Salt Lake City fahren Sie von hier am besten über den I-15.

Timpanogos Cave NM, ✆ *(801) 756-5238, www.nps.gov/tica, nur von Mai bis Mitte Oktober geöffnet, tgl. 8–17 Uhr. Es ist ratsam, Tickets zu reservieren.*

Alternative 2: Auf dem US 189 (Provo Canyon) nach Nordosten fahren und der Strecke bis Heber City folgen. Im Canyon bietet es sich an, am „Chalet" etwa auf halbem Wege einen Teil Ihrer Reisepartner mit der nostalgischen **Heber Valley Railroad** bis Heber City fahren zu lassen.

Nostalgische Eisenbahn

Heber Valley Railroad, ✆ *(435) 654-5601, www.hebervalleyrailroad.org, Abfahrtzeiten variieren, die meisten Züge verkehren nur von Juni bis Oktober.*

Heber Valley und Park City

Als erstes kommen Sie in das fruchtbare Heber Valley, dessen kommerzielles Zentrum das unscheinbare **Heber City** ist. Der Ort mausert sich zu einer Basis für Erkundungen des schönen Umlandes. Netter aber ist **Midway**, ein kleiner Urlaubsort, der sich ganz den „Alpen-Traditionen" gewidmet hat. „Willkommen" geheißen werden Sie bereits auf dem Ortsschild. Midway, das seinen ländlichen Charakter nicht verloren hat, bietet sich an für ein paar geruhsame Tage mit Wandern, Ausritten und Entspannen. Wer tiefer in die Tasche greifen will, der sollte sich einige Zeit im hervorragenden „The Homestead Resort" einquartieren, von wo aus viele Aktivitäten (Wanderungen, Mountain-Bike-Verleih etc.) organisiert werden.

Ganz anders dagegen **Park City**, das Sie entlang einem lohnenden Scenic Drive erreichen (Schotterpiste – nicht zwischen November und April bzw. nach Regenfällen zu befahren. Alternative: US 40). Dieser mondäne Skiort bietet Abwechslung jeglicher Art. Selbst das nationale Skiteam der USA hat sich hier niedergelassen und sein Trainingscamp eingerichtet. Und nachdem die Olympischen Winterspiele in Salt Lake City abgehalten wurden, wofür die meisten Austragungsstätten in und um Park City lagen, boomt der Ort. Sehenswert ist der Altstadtkern um die Main Street. Viele alte Häuser sind erhalten, und die neueren werden dem alten Stil angepasst. Hier kann man gut shoppen. Billig sind die Geschäfte nicht, dafür aber ausgesucht. Im **Park City Museum** gibt es einiges zur Geschichte von Park City zu sehen gibt, die 1868 mit bedeutenden Silberfunden begann. Das Museum organisiert zudem Touren zu historischen Plätzen im Ort.

Park City Museum, *528 Main St.,* ✆ *(435) 649-7457, www.parkcityhistory.org, Mo–Sa 11–18, So 12–18 Uhr, $ 10.*

Der **Utah Olympic Park** befindet sich nördlich des Ortes am UT 224. Hier trainieren die amerikanischen Wintersportler. Interessanter ist zwar das Winterprogramm, aber auch im Sommer können Besucher zuschauen bzw. teilnehmen z.B. am Skispringen in einen Pool oder als Co-Pilot im Bob mitfahren. *Infos:* ✆ *(435) 658-4200, www.olyparks.com.* Es gibt obendrein ein Skimuseum hier *(tgl. 10–18 Uhr, www.engenmuseum.org, $ 7).*

Wintersportprogramm

Pferde im Heber Valley

Um Park City herum hat sich heute eine Reihe von Resorthotels, Feriensiedlungen – und auch Feriendomizile reicher Städter – angesiedelt. Wer im Winter kommt, dem könnte die kleine Stadt zu hektisch erscheinen, doch im Sommer herrscht hier unter der Woche die richtige Mischung aus Kleinstadtatmosphäre und buntem Leben.

Bis Salt Lake City können Sie eine weitere schöne Strecke wählen, und zwar über die Berge (bis Brighton Schotterstraße): Der „Scenic Byway" UT 190 führt erst durch die Wälder und dann durch den **Big Cottonwood Canyon** bis an die südlichen Ausläufer von Salt Lake City. Brighton und Solitude, im 19 Jh. zwei raue Minenorte (zumeist Zeltsiedlungen), warten heute mit einer recht attraktive Touristik-Infrastruktur auf. Wanderwege und Mountain-Bike-Pfade gibt es zur Genüge.

Wer es eilig hat, der nehme von Park City den I-80.

Reisepraktische Informationen Heber Valley und Park City, UT

VORWAHL 435

Information

Heber Valley Chamber of Commerce: *475 N. Main St., Heber City, ✆ 654-3666, www.gohebervalley.com.*
Park City Visitor Information Center: *1910 Prospector Ave., Park City, ✆ 649-6100, www.visitparkcity.com.*

Unterkunft

Besonders in Park City ist die Auswahl an Unterkünften grenzenlos, aber meist auch hochpreisig. Am günstigsten kommen Sie hier weg, wenn Sie die Wochenenden meiden.

Swiss Alps Inn $$: *167 S. Main St., Heber City, ✆ 654-0722, www.swissalpsinn.com. Sauberes Motel im Alpen-Schick.*

Old Town Guesthouse $$-$$$: *1011 Empire Ave., Park City, ✆ 649-2642, 1-800-290-6423, www.oldtownguesthouse.com. Nette, historische Lodge. Gutes Preis-Leistungsverhältnis. Sehr persönlich geführt, nur 4 Zimmer.*

**Yarrow Hotel $$$-$$$$$**: *1800 Park Ave., Park City, ✆ 649-7000, 1-800-927-7694, www.yarrowhotelparkcity.com. Luxuriöses Hotel (Pool, Whirlpool etc.) mit teureren Suiten ($$$$$).*

Homestead Resort $$$$$: *700 N. Homestead Dr., Midway, ✆ 654-1102, 1-800-327-7220, www.homesteadresort.com. 5 Meilen westlich am US 40. Alte Farmanlage von 1896. Luxuriöse Aufmachung. Erholung, Reiten, Golf, Fahrradverleih und Wanderungen.*

Espen am Scenic Byway UT 12

Camping

River Edge at Deer Park: *Zwischen Heber City und Park City: US 40, dann abbiegen auf UT 32 nach Osten und nach ¼ Meile nach Norden auf Old Hwy. 40, ✆ 654-4049, 1-888-754-4049, www.riversedgeatdeerpark.com. Schöne, rustikale Hütten, Zelt- und RV-Plätze. Am Provo River.*

Besonders schön sind die **Natur-Campingplätze in den National- und State Forests**: *Infos: ✆ 654-0470 u. (435) 548-2321.*

Restaurants und Bars

Bandits Grill & Bar: *440 Main Street, Park City, ✆ 649-7337. BBQ-Steaks und Grillgerichte. Western-Dekor. Preiswert.*

No Name Saloon: *447 Main St., gegenüber des Bandits. Hier gibt es günstige Burger.*

Adolph's: *1500 Kearns Blvd., Park City, ✆ 649-7177. Exquisite, europäische Küche mit starkem Schweizer Einfluss (Raclette, Chateaubriand etc.). Teuer, aber gut. Unbedingt reservieren.*

The Blue Boar Inn: *1235 Warm Springs Rd., Midway, ✆ 654-1400. Gute Küche der oberen Mittelklasse. Beliebt ist auch das Menu. Leckere Wildgerichte.*

Don Pedro: *1050 S. Main St., Heber City, ✆ 657-0600. Günstige und schmackhafte mexikanische Gerichte.*

Salt Lake City

Entfernungen
Salt Lake City – Las Vegas: 417 Meilen/671 km
Salt Lake City – Denver (US 40): 493 Meilen/794 km
Salt Lake City – Arches NP: 234 Meilen/376 km

Überblick

Als 1847 der Mormonenführer *Brigham Young* mit seinen erschöpften Getreuen – 143 Männern, drei Frauen und zwei Kindern mit Planwagen am Rande der Salzwüste ankam, soll er die berühmten Worte *„This is the Place"* gesagt haben. Mit Bienenfleiß begannen die **Mormonen** nun dieses unwirtliche Land – zu dieser Zeit gehörte es noch zu Mexiko – zu kultivieren und bereits 1848 wurden Salt Lake City sowie der *State of the Deseret* (Bienenstaat) gegründet. Wenig später wurde das Gebiet als *Utah Territory* den USA angegliedert, doch erst 1896, nachdem die bis dahin herrschende Polygamie aufgehoben war, zum Bundesstaat erklärt. Heute ist Salt Lake City eine Stadt, in deren Großraum mehr als 1,6 Millionen Menschen leben. Es ist ein florierender Industriestandort mit Hightech-Firmen. Die Zuwanderung von Nicht-Mormonen nimmt ebenfalls immer mehr zu. Die **Olympischen Winterspiele** 2002 machten die Stadt letztendlich weltbekannt.

Florierender Industriestandort

„SLC", wie es die Amerikaner gerne abkürzen, bzw. „The City of the Saints", wie es die Mormonen bezeichnen, ist kein obligatorisches Reiseziel. Es ist weder eine mondäne Großstadt, noch eine verträumte Oase am Rande der Wüste. Wäre hier nicht der Sitz

Salt Lake City: die Skyline

der Mormonen, könnte man die Stadt links liegen lassen und sich auf die schöne Bergwelt der Rockies konzentrieren, die gleich östlich beginnt und sich als markante Silhouette von den Häusern der Innenstadt absetzt. Wer hierher fährt, der sollte sich vornehmlich mit der Glaubensgemeinschaft der Mormonen auseinandersetzen. Der Einfluss der Mormonenkirche wird überall deutlich, nicht nur im Umfeld des Tempelbezirks, sondern auch in wirtschaftlichen und kulturellen Bereichen.

Angenehm am Stadtbild ist, dass eine Reihe von Stadthäusern aus der Zeit der 18./19. Jahrhundertwende erhalten geblieben sind. Diese werden heute z.B. als Restaurants oder Bürohäuser genutzt. Zudem ist Salt Lake City eine der saubersten und sichersten Städte der USA. Die gesamte City ist im **Schachbrettmuster um den Temple Square** angelegt, sodass eine Orientierung leicht fällt. Am Tempel beginnt auch das Zählsystem der Straßen, sowohl in Nord-Süd- als auch in Ost-West-Richtung.

Redaktionstipps

- **Übernachten** Sie in Laufdistanz zum Temple Square. Tipp: die historischen **Inn on the Hill** bzw. **The Perry Hotel**, oder, etwas luxuriöser, das Boutiquehotel **Monaco**. S. 515.
- Ein selbstgebrautes **Bier** gibt es mittlerweile in einigen Microbreweries und in den meisten Restaurants.
- Essen: Gepflegt im **Market Street Grill** oder bestes, deftiges „Pulled Pork" in der **Sugar House Barbecue Company** (S. 516).
- **Sehenswürdigkeiten**: **Temple Square** (S. 505) und das umliegende Gebiet (**Church Office Bldg., Family Search Center** sowie ein Auftritt des **Mormon Tabernacle Choir**, S. 508); außerdem: der **Great Salt Lake**, inkl. „Salzwasserbad" auf **Antelope Island** (S. 514), die **Bingham Canyon Copper Mine** (S. 513), die größte offene Mine der Welt und das **Natural History Museum of Utah** (S. 505).
- **Zeiteinteilung: 1-2 Tage:** Einen Tag benötigt man für den Besuch des Temple Square (Führung mitmachen) und einer Shopping Mall. Ca. 2 Stunden im Family Search Center rechnen.

Neben der Tempelanlage gibt es eine Reihe anderer Sehenswürdigkeiten. Da wäre z.B. das **State-Capitol-Gebäude**, das als das schönste der USA gilt. Zudem gibt es eine Reihe von Museen und sehr gute Einkaufsmöglichkeiten in verschiedenen, gemütlich gestalteten Malls. Hervorzuheben ist das neue **Natural History Museum of Utah**, in dem die ausgesprochen interessante Biologie, Anthropologie und Geologie Utahs toll dargestellt und erläutert werden. Ein Besuch der **Copper Mine** (S. 513) bzw. ein Ausflug zum **Great Salt Lake** (S. 514) könnten den Besuch noch abrunden.

Gemütliches Einkaufen

Sehenswertes

Die wesentlichen Sehenswürdigkeiten von Salt Lake City befinden sich im Innenstadtbereich und sind alle gut zu Fuß zu erreichen.

Innenstadt um den Temple Square

Am **Visitor Information Center (1)** am **Salt Palace Convention Center**, dem wenig attraktiven „Veranstaltungspalast" für Musikkonzerte, gibt es zahlreiches Informationsmaterial. An der Nordseite des Gebäudes ist das **Salt Lake Art Center** zu finden, wo regionale Kunst ausgestellt wird. Der Rundgang startet auf dem **Tempelgelände (Temple Square) (2)**. Das Areal wird überragt von einem weißen Hochhaus, dem **Church Office Building**, Sitz der Verwaltung der Mormonenkirche. Bereits am Eingang werden Sie begrüßt von „Schwestern", die, überaus freundlich, den Weg

Verwaltung der Mormonen

info

Informationen zu Brigham Young und den Heiligen der letzten Tage

Der „Spitzname“ der „Heiligen der letzten Tage“ wird hier nur wegen der Kürze benutzt. Selbst nennt sich die Kirche „The Church of Jesus Christ of Latter-day-Saints“, auch abgekürzt „LDS“. Gründer der Mormonen war der Farmerssohn **Joseph Smith** (1805-1844). Ihm wurde in einer Vision mitgeteilt, *Jehova* habe bereits in alter Zeit in Amerika gewirkt und die Ankunft des *Messias* verkündet. Einer der Stämme Israels soll dabei um 600 v. Chr. nach Amerika ausgewandert und zu einer Glaubensgemeinschaft mit den Indianern verschmolzen sein. Später angeblich in den Wäldern des Osten gefundene Goldtafeln sollen dieses bewiesen haben (wissenschaftlich stark angezweifelt). 1830 gründete *Smith* daraufhin in Fayette (Bundesstaat New York) seine Kirche, deren Grundlage neben der **Bibel** das **Buch Mormon** ist.

Nach Auffassung der Mormonen ist Jesus Christus genauso am Leben wie die Propheten, die ihn jeweils repräsentieren. Auch *Smith* verstand sich als Prophet, dem es durch die Gründung seiner Kirche außerdem darum ging, die Idee der Urkirche wieder zu beleben und die „Ämter“ (Handauflegung, Ausgießung des Heiligen Geistes) zu erneuern.

Die neugegründete Kirche erfuhr sehr bald einen ungeheuren Zulauf, vor allem durch europäische Emigranten, die vom moralischen Verfall und den misslichen Lebensbedingungen in der Neuen Welt enttäuscht waren. Einen Großteil der Gläubigen stellten dabei skandinavische Landsleute. Die Konfrontation mit der herrschenden religiösen Auffassung war kurze Zeit später jedoch nicht die Lehre als solche, sondern die **Vielweiberei**. *Smith* hatte durch göttliche Eingebung erfahren, dass Gott die Vielehe wünsche, wie ja schon *Abraham, David* und *Salomon* laut Bibel mehrere Frauen hatten. Dabei wurde die Polygamie von den Mormonen nicht als weltlicher Genuss, sondern als Mittel der „Arterhaltung“ verstanden. Es war also die Polygamie, die den Gläubigen an der Ostküste soziale und wirtschaftliche Benachteiligungen einbrachte und sie religiöser und politischer Verfolgung aussetzte. Der Kirchengründer *Joseph Smith* wurde zusammen mit seinem Bruder *Hyrum* aus diesem Grund 1844 in einer Gefängniszelle in Carthage (Illinois) gelyncht und damit zum ersten Märtyrer seiner Kirche.

Sein Nachfolger **Brigham Young** (1801-1877) kann als der eigentliche Organisator und größte Lehrer der Mormonen bezeichnet werden. Er war es, der seine Glaubensgenossen aus der feindlichen Umwelt des Ostens führte und ihnen das neue Gelobte Land, den Garten Eden, zeigen wollte. Im April des Jahres 1847, drei Jahre nach der Ermordung von *Joseph Smith*, leitete er einen Treck von 8.000 Menschen (für die damalige Zeit eine ungeheure Zahl!) durch ein menschenleeres Land, durch weite Steppen und Wüsten, über Berge und durch feindliches Indianergebiet. Halbtot vor Erschöpfung erreichten *Young* und seine Kirchenmitglieder nach viermonatiger Wanderung - z.T. nur mit Handkarren ausgerüstet - im Hochsommer 1847 endlich den Rand des Salt Lake Valley. Hier markierte er mit einem Stab den Ort der neuen Heimat und sprach den berühmten Satz **„This is the Place!“** Kaum vorstellbar, dass die Glaubensgenossen diese Auffassung mit ihrem Kirchenoberhaupt teilten, denn am Rande des Großen Salzsees befand sich keineswegs ein Garten Eden, sondern eine trostlose, tote Wüste.

Historiker behaupten heute, *Young* stand unter dem Druck seiner Gefolgsleute, endlich das Gelobte Land zu finden und befürchtete, nur noch schlechtere geografische Verhältnisse vorzufinden. Ein Zurück aber war undenkbar und hätte die Siedler in ihrem Glauben verunsichert. Mit der Ankunft der Mormonen begann also die Besiedlung von Utah, und in einer beispiellosen Energieleistung schafften es die Gläubigen, das Land fruchtbar zu machen. Hilfreich war dabei sicherlich der Glaube, dass durch Fleiß erreichter Wohlstand als göttliche Belohnung für Rechtschaffenheit anzusehen sei. Kein Wunder, dass der Bienenkorb („Beehive“)

das Symbol von Utah ist und das offizielle Motto **„Fleiß"** heißt. Im Grunde genommen kann der gesamte Staat Utah als Produkt des mormonischen Arbeitseinsatzes gesehen werden und darin wiederum als eine der ganz großen Pioniertaten der amerikanischen Siedlungsgeschichte. Die vielen biblischen Namen (Orte, Berge, Seen etc.) des Bundesstaates sind ein sichtbares Zeichen für die zivilisatorische Tätigkeit der Siedler. Es ist merkwürdig, dass die Hauptstadt selbst recht profan nach dem benachbarten See und der Staat nach dem Indianerstamm der Ute benannt wurde.

Hinsichtlich der Polygamie gab das Kirchenoberhaupt *Young* ein deutliches Beispiel: 27 Frauen soll er geheiratet haben, wobei mindestens 56 Kinder diesen Verbindungen entstammten. Nach Auffassung der Kirche bestimmt übrigens die Anzahl der gezeugten Kinder die Stellung des Mannes im Himmel. Immer noch ist dies ein Reibungspunkt zwischen fundamentalistischen Mormonen (die sich z.T. von der offiziellen Kirche in Utah abgespalten haben) und der amerikanischen Gesellschaft.

Das 1882 von der Regierung in Washington erlassene Verbot der Vielweiberei wurde zwar von den Mormonen akzeptiert, aber immer noch leben rund 20.000–30.000 Strenggläubige in Vielehe. So ist z.B. das 3.000-Seelen-Dorf Colorado City (an der Grenze zu Arizona) als größte Polygamisten-Kolonie weithin bekannt. Andererseits verweisen die Mormonen auf ihr harmonisches Familienleben und auf die Tatsache, dass Utah die geringste Scheidungsrate des Landes hat!

Der sprichwörtliche mormonische Fleiß hat aus der Kirche inzwischen ein **Wirtschaftsimperium** gemacht. Die **„LDS Church, Inc."** besitzt riesige Vermögenswerte. Die breit gestreuten Investitionen des Kirchenkonzerns umfassen u.a. Telefongesellschaften, Hotelketten und Ölraffinerien – und auch an den großen Hotelcasinos von Las Vegas sind Mormonen maßgeblich beteiligt. In Utah ist die Kirche der mit Abstand größte Arbeitgeber. Und da wirtschaftliche Macht gleichzeitig **politischen Einfluss** bedeutet, darf es keinen wundern, dass über 70 % der Abgeordneten im Capitol der „Kirche Jesu Christi der Heiligen der letzten Tage" angehören (gleiches gilt beispielsweise auch für Richter oder Polizisten).

„The Temple": Zentrum der „Church of Jesus Christ of the Latter Day Saints"

info

Das alltägliche Leben zeichnet sich in Utah durch einen starken **moralischen Rigorismus** aus. Genüsse wie etwa Tabak, Tee, Kaffee und Alkohol sind für die Mitglieder der Kirche verboten. Andererseits verbietet die Gesetzgebung nicht den Ausschank von Kaffee, Tee oder Bier in den Restaurants und Hotels des Landes. Weiter ist auffallend, dass Salt Lake City und andere Orte einen friedlichen und sauberen Eindruck machen und dass es kaum zu Gewalttätigkeiten kommt.

Auf religiösem Sektor ist die **Missionstätigkeit** der Mormonen bekannt. Etwa 11.000 Missionare arbeiten zzt. in fast 160 Ländern. In Deutschland sind die Mormonen seit 1951 präsent (Mittelpunkt ist Frankfurt a.M.). Große europäische Mormonentempel gibt es in Bern und London. 13,2 Mio. Anhänger, davon knapp 6 Millionen in den USA zählt die Kirche.

weisen. Am **North Visitor Center** können Sie sich für die fremdsprachlichen Führungen anmelden und hier wird ein knapp einstündiger Film gezeigt. Eine Glaubensschwester führt durch das Tempelgelände. Die Führung dient nicht dazu, Sie zu bekehren. Man sollte aber angemessene Kleidung tragen und negative Äußerungen in Gegenwart der „Schwester" unterlassen. Auch am **South Visitor Center** beginnen Touren.

Öffnungs-/Vorführungszeiten: *Führungen: Jederzeit in Abständen von ca. 15 Minuten. Deutsche Führungen auf Anfrage. Das Tempelgelände tgl. 9–21 Uhr geöffnet. Orgelvorführungen im Tabernacle: Mo–Sa 12 (im Sommer im Conf. Center auch 14) Uhr, Dauer 35 Minuten, So 14 Uhr. Nationale Radioübertragung des Chores aus dem Tabernacle od. dem Conference Center (Juni-Aug., Dez.): So 8.15 Uhr (meist bereits langfristig ausgebucht), Chor (s.u.) 9.30–10 Uhr. Chorprobe des* **Mormon Tabernacle Choir** *im Tabernacle: fast jeden Donnerstag 20–21.30 Uhr, www.mormontabernaclechoir.org. Infos: www.visittemplesquare.com.*

Besonders interessante Punkte bei dem Rundgang sind:

(Salt Lake) Temple (1): Basierend auf einer Idee, die *Brigham Young* bereits in Illinois hatte, wurde 1853 mit dem Bau dieses monströsen und etwas eigenwilligen Gebäudes begonnen. Da der größte Teil der insgesamt fast 7.500 Tonnen Granitsteine mit Ochsenkarren (erst das letzte Stück mit der Eisenbahn) aus dem 20 Meilen entfernten Cottonwood Canyon herbeigeschafft werden musste, dauerte der Bau 40 Jahre. Die Wände sind am Grund fast drei Meter dick, und die höchste der sechs Turmspitzen erreicht 63 Meter. Die solide Architektur war *Young* besonders wichtig, sollte sie doch auch später die Festigkeit der Religion und die Beständigkeit der hier geschlossenen Ehen „untermauern". Nur kurze Zeit blieb der Tempel dem allgemeinen Publikum zugänglich, dann schlossen sich die Türen, und nur zu besonderen Anlässen dürfen „Auserwählte" ihn betreten. Obwohl somit auch nur wenige der gläubigen Mormonen Zutritt haben, glauben sie noch heute, dass in ihm geschlossene Ehen ewig halten. Auf der höchsten Turmspitze „thront" der kupferne Engel *Moroni*, mit Blattgold überzogen und einer Trompete in der Hand.

Bau des Tempels dauerte 40 Jahre

Tipp

In einem Parkhaus einer Shopping Mall parken (Crossroads zum Beispiel), dann wird bei jedem noch so kleinen Kauf ein Teil des Parkgeldes erstattet. Oder den in großen Teilen der Innenstadt kostenlosen „Light Traxx" (Straßenbahn) bzw. Stadtbus nutzen.

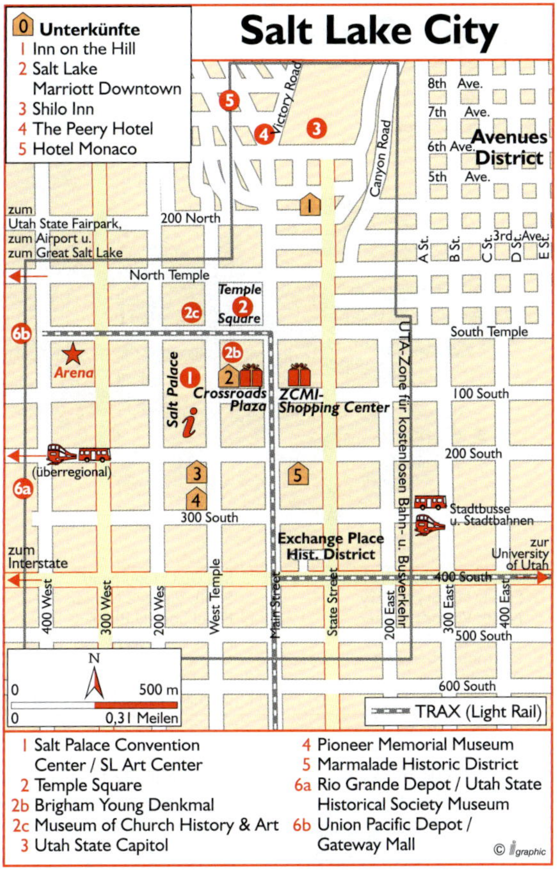

Assembly Hall (F): Beim Bau des Tempels blieben Granitsteine übrig, die zwischen 1877 und 1882 zum Bau dieser Versammlungshalle genutzt wurden. Der neugotische Stil dieses Gebäudes passt gar nicht zu den übrigen Gebäuden, doch ist eine einheitliche Architektur aller Gebäude des Temple Square ohnehin nicht zu erkennen. In der Assembly Hall finden die meisten Versammlungen und des Öfteren Konzerte statt.

Sea Gull Monument (G): Seemöwen waren es, die die ersten Siedler von einer Heuschreckenplage befreiten (indem sie sie auffraßen). Und da dieses Hunderte Kilometer von der Küste entfernt passierte, dort wo es eigentlich keine Seemöwen geben dürfte, war man sich schnell einig: Gott musste seine Hand im Spiel gehabt haben!

Tabernacle (E): Errichtet zwischen 1863 und 1867, bietet diese riesige ovale „Flunder" ein Klangerlebnis erster Güte. Beim Besuch erlebt man die Klangfülle durch eine kleine Vorführung: Ein Kugelschreiber wird am Pult fallengelassen: Rumms machts! Wenn nun aber auch noch die Orgel mit den fast 12.000 Pfeifen zu spielen beginnt, weiß man, dass die Stereoanlage zu Hause doch ihre Grenzen hat. Die Orgel zählt zu den größten der Welt. Lassen Sie sich nicht die Orgelprobe entgehen (Zeiten oben). Die Führungen enden i.d.R. nach dem Tabernacle. Oft wird dann aber noch ein Film gezeigt.

Außerordentliche Klangfülle

Im Norden des Temple Square Areals steht das riesige **Conference Center** mit einem Auditorium für 21.000 Menschen sowie einem Theater und einem reizvollen Dachgarten. Westlich lohnt dagegen der Besuch des **Museum of Church History and Art (2c)** mit Ausstellung zur Geschichte der Mormonenkirche. Hauptsächlich Gemälde und Skulpturen. Zudem wechselnde Wanderausstellungen.

Museum of Church History, *45 N. West Temple Square, ✆ (801) 240-3310, www.lds.org/churchhistory/museum, Mo–Fr 9–21, Sa+So 10–17 Uhr, frei.*

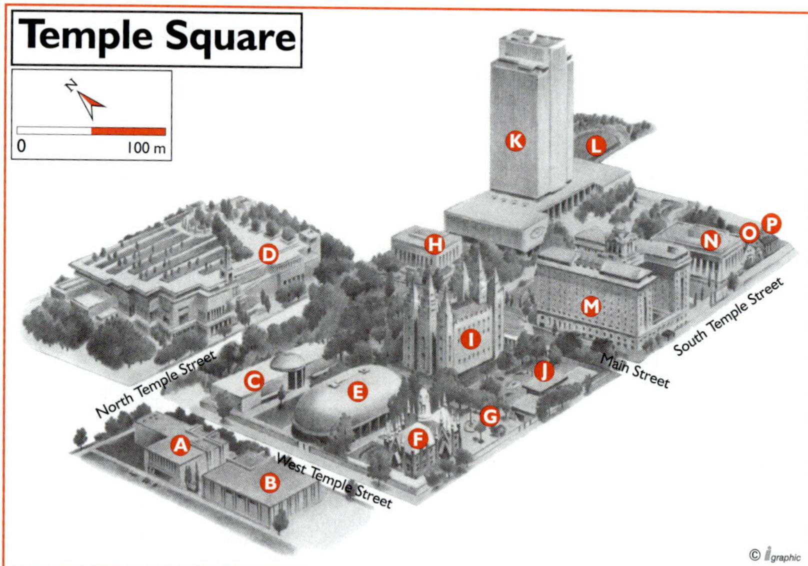

A Museum of Church History and Art
B Family History Library
C North Visitor's Center
D Conference Center
E Mormon Tabernacle
F Assembly Hall
G Sea Gull Monument/ South Visitor's Center
H Relief Society Building
I Salt Lake Temple
J Church Office Building
K LDS Office Building
L Brigham Young Historic Park
M Joseph Smith Memorial Building/ Utah Hotel (mit Family Search® Center und Kino)
N Church Administration Building
O Lion House
P Beehive House

Gleich daneben befindet sich die **Family History Library (B)** *(35th N.West Temple)*. Hier können Sie sich als Genealoge versuchen, denn die weltgrößte genealogische Sammlung sowie das Archiv reichen zurück ins 16. Jh. und enthalten 6,7 Mio. Stammbäume sowie über 700 Millionen Namen *(tgl. außer So)*.

Terrakotta und Kronleuchter

Das östlich gelegene **Joseph Smith Memorial Building (M)** (das ehemalige „Utah Hotel", 15 E. South Temple) ist im Stil der italienischen Renaissance erbaut. Bereits die Eingangshalle imponiert. Terrakotta, wohin man schaut, dazwischen riesige Kronleuchter, die zu jeder Tageszeit Licht spenden. Im Erdgeschoss befindet sich nämlich das **Family Search Center**. Hier können Sie mit Hilfe von Computern Ahnenforschung betreiben. Jeder, welcher Konfession auch immer, darf sich einen Platz aussuchen und wird freundlich in die Bedienung eingewiesen.
Mit Sicherheit hat fast jeder Europäer Ahnen, die einst nach Amerika ausgewandert sind.
Familiy Search Center, ✆ *(801) 240-4085, www.familysearch.org, Mo–Sa 9–21 Uhr. Im Haus gibt es zwei Restaurants.*

Für eine grandiose Aussicht sorgt das benachbarte 28-stöckige **Church/LDS Office Building (K)** *(50 E. North Temple, Aussichtsplattform: Mo–Fr 9–16.30 (Sommer 17) Uhr)*.

Östlich des Joseph Smith Memorial Building treffen Sie auf das bescheiden wirkende, 1856 erbaute **Lion House (O)**, das *Brigham Young* als Unterkunftsstätte für seine übergroße Familie nutzte. Der Löwe über dem Portikus erinnert daran, dass *Young* auch der „Löwe des Herrn" („The Lion of the Lord") genannt wurde. Heute befindet sich ein kleines Restaurant (mormonische Landküche) im Gebäude *(Mo–Sa 11–20 Uhr, ✆ (801) 546-6449)*. Das benachbarte **Beehive-Haus (P)**, reich verziert mit Ornamenten, war die Residenz und der Wohnsitz von *Young*. Es wurde bereits 1854 errichtet. Hier lebte *Young*, aber immer nur mit einer Frau zugleich, bis zu seinem Tode 1877. Wer hätte geahnt, dass ein Kirchenoberhaupt bereits zur Zeit der Pioniere so fürstlich lebte *(tgl. 9.30–20.30 Uhr, ✆ (801) 240-2681)*.

Prunkvoller Wohnsitz

Das nach der 1,8 t. schweren Adlerskulptur benannte **Eagle Gate** (State/S. Temple) markiert den Zugang zum *Brigham-Young*-Familiensitz am City Creek Canyon. Hier steht auch das **Brigham Young Monument**.

Weitere Sehenswürdigkeiten im zentralen Stadtgebiet

Das **Utah State Capitol (3)** liegt auf einer Anhöhe etwa 15 Gehminuten nördlich vom Tempelgelände. Nachdem sein Bau bereits Ende des 19. Jh. beschlossen war, musste die Regierung doch noch bis zum Jahre 1913 warten, bevor ausreichende finanzielle Mittel vorhanden waren. Dann aber legte man sich ins Zeug und errichtete das wohl schönste Regierungsgebäude aller Bundesstaaten in nur zwei Jahren (Baustil: „korinthisch"). Das Gebäude ist Sitz des Repräsentantenhauses und des Obersten Gerichtshofes. Im und um das Gebäude zu sehen: Statuen berühmter Utaher, Porträts früherer Gouverneure, Ausstellungen zu Geschichte und Leiden der Mormonen und eine mit Blumen verschönerte Parklandschaft. Grandioser Ausblick auf die Stadt und die Wasatch Mountains.

Regierungsgebäude im korinthischen Stil

Utah State Capitol, *✆ (801) 538-1800, www.utahstatecapitol.utah.gov, Mo–Fr 8–20, Sa+So 8–18 Uhr. Führungen Mo–Fr 9–15 Uhr, jeweils zur vollen Stunde.*

Parks und Plazas – Orte zum Entspannen

*Auf dem **Gallivan Plaza (Center)**, 36 E. South Street, finden oft, und auch tagsüber, Konzerte statt. Zudem Märkte, Flohmärkte und ein großes Schachspiel.*

*Der **Liberty Park (11)**, 600 E. 900 South Street (East Side), ist der größte Park in der Stadt: See, Paddelboote, **Folk Art Museum** sowie der Vogelpark **Tracy Aviary** (tgl. 9–17 Uhr, www.tracyaviary.org, $ 7).*

Im **Pioneer Memorial Museum (4)**, einen Block westlich des Regierungssitzes, verteilen sich auf vier Stockwerken Relikte, Dokumente, Fotos und anderes aus der Zeit der Mormonenpioniere und zur Geschichte von Utah. Durch einen Tunnel gelangt man ins benachbarte **Carriage House**, in dem alles untergebracht ist, was in der damaligen Zeit mit Fortbewegung zu tun hatte, u.a. auch der Karren, mit dem *Brigham Young* das Salt Lake Valley erreicht haben soll.

Pioneer Memorial Museum, *300 N. Main St., ✆ (801) 532-6479, www.dupinternational.org, Mo–Sa 9–17, Mi bis 20 Uhr.*

Marmelade

Nordwestlich des Capitols befindet sich der **Marmalade Historic District (5)**, in dem alte Häuser erhalten sind. Seinen Namen erhielt dieser Stadtteil durch die Obstgärten, dessen Früchte zur Herstellung von Marmelade genutzt wurden.

Wenn noch Zeit sein sollte, machen Sie einen kleinen Schlenker zum 1910 erbauten und sehr imposanten **Rio Grande Depot (6)** (*300 S. Rio Grande St.*). Der alte Bahnhof beherbergt heute das **Utah History Research Center** mit Ausstellungen zur Geschichte der Stadt und der Eisenbahn, ein Café, eine Galerie sowie den Zugang zur **Gateway Mall** (Shops, Restaurants, Kinos sowie das IMAX-Kino im Clark Planetarium).
Research Center, *✆ (801) 533-3501, www.history.utah.gov, Mo–Fr 9–16 Uhr.*

Wer noch etwas bummeln mag, der spaziert noch zum **Exchange Place Historic District** (*Main/300-400 South St.*), dem Geschäftszentrum der Stadt nach 1900.

Weitere Sehenswürdigkeiten in Salt Lake City und Umgebung

Der Campus der **University of Utah** liegt östlich der Innenstadt, am Ende der 200–500 South Sts./UT 186. Hier wurde das **Rio Tinto Center** zum neuen Zuhause für das **Utah Museum of Natural History (7)**. Das Gebäude beeindruckt mit seiner atemberaubenden Aussicht auf die Stadt und den Great Salt Lake. Die Architektur des Museums orientiert sich an der Landschaft und der Kultur Utahs. Das ausschließlich mit natürlichen Materialien errichtete Gebäude erhielt eine rund 4.000 m^2 große Fassade aus Kupfer, die an Utahs geologische und mineralogische Geschichte erinnern soll. Herzstück ist die 20 Meter hohe Empfangshalle, die in ihrer Form einem Canyon nachempfunden ist.
Die Sammlungen in den Bereichen Biologie, Anthropologie und Geowissenschaften zählen mit insgesamt rund 1,2 Millionen Exponaten zu den größten und umfassendsten der Vereinigten Staaten und bieten einen einzigartigen Einblick in die Welt der Naturwunder, der Ureinwohner und der Dinosaurier in Utah. Neben Knochen und Skeletten der Riesenechsen werden auch seltene Insekten, prähistorische Keramik und Werkzeuge ausgestellt, die von längst vergangenen Epochen erzählen.
Zudem befindet sich hier das **Utah Museum of Fine Arts (8)** mit Kunstwerken aller Art und aus allen Erdteilen.
Utah Museum of Natural History, *University of Utah, 301 Wakara Way, ✆ (801) 581-6927, www.nhmu.utah.edu, tägl. 10–17, Mi bis 21 Uhr, $ 9.*
Utah Museum of Fine Arts, *410 Campus Center Dr., ✆ (801) 581-7332, www.utah.edu/umfa, Di–Fr 10–17, Sa+So 11–17 Uhr, $ 7.*

Pioneer Trail State Park, This is the Place Heritage Park, Old Deseret Village (9)

An dieser Stelle erreichte der Mormonentreck das Salt Lake Valley, und ein Monument erinnert daran, wo *Brigham Young* die bedeutenden Worte „This is the Place" ausgesprochen hat. Im Visitor Center wird noch einmal der lange Treck von Illinois erläutert. Gleich nebenan befindet sich das **Deseret Village**, eine Rekonstruktion eines alten Pionierdorfes. Auch das **Forest-Farmhaus** von *Young* steht hier. Im Sommer Vorführungen verschiedener Handwerkskünste des 19. Jh.

Old Deseret Village, *2601 East Sunnyside Avenue, nahe dem Ausgang des Emigration Canyon, www.thistheplace.org. Village: Mem.–Labor Day tgl. 9–17 Uhr.*

Bingham Canyon/ Kennecott Utah Copper Mine (10): 24 Meilen südwestlich von Salt Lake City. Das größte von Menschenhand geschaffene Loch der Erde misst 4 km im Durchmesser und ist bis zu 1.200 m tief. Der Abbau begann bereits 1863, wobei damals Gold und Silber im Vordergrund standen. 1906 wurde auf Kupfer umgestellt, und damit fing man an, in größeren Dimensionen zu graben. Das Loch wuchs und wuchs, bis es schließlich 1950 sogar die angesiedelte Minenstadt verschluckte. Auch heute noch, 19 Millionen Tonnen Kupfer später, buddeln überdimensionale Bagger an den terrassierten Hängen. Von einer Plattform aus kann man das Loch bestaunen. Visitor Center und Touren.
Copper Mine, *April–Okt. 8–20 Uhr, ✆ (801) 204-2025, www.kennecott.com. Anfahrt: über den I-15 bis zum Exit 301 (Midvale), dann entlang dem UT 48 und noch durch Copperton.*

Das **Museum of Ancient Life** am Thanksgiving Point, rund 50 km südlich von Salt Lake City, verfügt mit 60 kompletten Skeletten über die größte Dinosaurier-Ausstellung weltweit. Hinzu kommen 50 interaktive Displays, die es ermöglichen, echte Fossilien, Dinosaurierknochen und Dinosaurier-Eier anzufassen. In der **Open-Air-Ausstellung** *(April–Okt.)* können Sie die Paläontologie hautnah erleben und in einem Steinbruch nach prähistorischen Fossilien graben. Die Fundstücke darf man behalten.
Museum of Ancient Life: *3003 N. Thanksgiving Way (über I-15 Exit 282), Lehi, Mo–Sa 10–20 Uhr, ✆ (801) 766-5030, www.trilobitetreasures.com, www.thanksgivingpoint.org/visit/museum_of_ancient_life/about.html, $ 10, Ausgrabungsstätte $ 15/Std.*

Great Salt Lake

Hoher Salzgehalt

Der Great Salt Lake gehört zu den bekanntesten geografischen Besonderheiten des Westens. Sein hoher Salzgehalt (nur das Tote Meer hat einen höheren Salzanteil), die Entstehungsgeschichte sowie die Tatsachen, dass er größer und kleiner wird und dass er für Autorennen genutzt wird, macht einen Besuch überlegenswert. Dafür muss man einige Stunden einplanen. Der Salzsee ist eine heute etwa 4.400 km² große Wasserfläche, seine Größe schwankt von 2.330 bis 6.475 km². Diese Schwankungen verursachen immer wieder Schäden an der umliegenden Infrastruktur und beeinflussen die Bewässerungsfelder.

117 km lang, nur 10 m tief

Insgesamt ist der See das Produkt der Eiszeit, deren Gletscher ein 300 m tiefes Tal ausgehobelt und anschließend mit Schmelzwasser gefüllt haben. Zwischen der Great Salt Lake Desert im Westen und den Wasatch Mountains im Osten erstreckte sich ein riesiges Wasserreservoir, in das mehrere Flüsse mündeten, das aber keinen Abfluss hatte. Wegen der enormen Sonneneinstrahlung wurde der See durch die Verdunstung immer kleiner und ist heute nur noch 117 km lang. Er ist der größte See westlich des Mississippi, wenn auch nur maximal 10 m tief. Der Salzgehalt des stickigen und biologisch toten Gewässers variiert, ist aber durchschnittlich sieben- bis achtmal höher als der der Ozeane (bis zu 27 %).

Geschwindigkeitsrekorde

Erkundung in westlicher Richtung: Eine gute Gelegenheit, den Great Salt Lake zu erleben, bietet ein Ausflug zum 22 Meilen entfernten (über I-80) **Saltair**, einem Nachbau eines großen historischen Gebäudes, welches bereits um 1900 Ausflugsziel gewesen ist. Eine Ausstellung von alten Fotos und einigen Reproduktionen von Zeitungen aus dieser Zeit bezeugen im Inneren des Gebäudes die gesellschaftliche Bedeutung, welche dieses Gebäude einst besessen haben muss. Im Visitor Center erhalten Sie u.a. Informationen zu der zumeist halophilen Tier- und Pflanzenwelt am Great Salt Lake. Wer will, kann hier auch baden. Weiter westlich, etwa 10 Meilen vor der Staatsgrenze zu Nevada, erstreckt sich auf der Nordseite des I-80 der legendäre **Bonneville Speedway**, wo einst wagemutige Autonarren versucht haben, in zigarrenförmigen Rennmaschinen Geschwindigkeitsrekorde zu brechen.

Erkundung in nördlicher Richtung: Wer Lust verspürt auf ein „Treibbad", kann einen Abstecher zur **Antelope Island** machen. Biegen Sie dazu vom I-15 ab am Exit 332 od. 335 und folgen Sie der Syracuse Rd. in westliche Richtung. Eine Straße führt auf die größte Insel des Sees und direkt in den **Antelope Island State Park**. Die Insel wurde schon von den Indianern (archäologische Funde) besucht und später auch von den Mormonen, die hier ihre Viehherden zum Grasen hinschickten.
Antelope Island State Park, *Infos: ✆ (801) 776-6734, tgl. 7–10 Uhr; bzw. Sonnenauf- bis -untergang, www.utah.com/stateparks, www.buffalopointinc.com.*

Weiter auf dem I-15 nach Norden, zweigt nördlich von Brigham City eine Straße nach Westen ab zum 28 Meilen entfernten **Golden Spike National Historic Site**. An dieser Stelle trafen sich die Eisenbahnlinien der Central Pacific und der Union Pacific Railroads im Mai 1869. Der Kontinent war damit von Ost nach West durchgehend verbunden. Visitor Center und eine alte Lokomotive erinnern an den historischen Augenblick.
Golden Spike National Historic Site, *✆ (435) 471-2209, www.nps.gov/gosp, Mai–Columbus Day tgl. 9–17 Uhr.*

Reisepraktische Informationen Salt Lake City, UT

VORWAHL: 801

Information

Salt Lake Conv. & Visitors Bureau: *90 S. West Temple, ✆ 534-4900, 1-800-541-4955, www.visitsaltlake.com. Ein weiteres* **Visitors Bureau** *gibt es am Int. Airport (Terminal II, ✆ 575-2800).*

Temple Square/ North Visitors Info Center: *50 W. North Temple, ✆ 240-2534, www.visittemplesquare.com, www.lds.org. Das* **South Visitor Center** *befindet sich Ecke S. Temple/ Main Sts.*

City Weekly *erscheint wöchentlich und enthält neben nützlichen Adressen den Veranstaltungskalender.*

Der **Visit Salt Lake Connect Pass** *ermöglicht Rabatte und schließt den Besuch von 13 Attraktionen ein. Erhältlich im Visitors Bureau, www.visitsaltlake.com/visit/connectpass.*

Krankenhaus

Salt Lake Regional, *1050 East South Temple, ✆ 350-4631.*

Unterkunft

Viele Hotels und Motels aller Preisklassen befinden sich nahe der Innenstadt, südlich der 200 South. Von hier können Sie bequem in 10–20 Minuten zum Temple Square laufen.

**Little America Inn $$-$$$**: *500 South Main St., ✆ 596-5700, 1-800-304-9346, www.saltlake.littleamerica.com. 850-Zimmer-Hotel, an Straßenbahnlinie, Innenstadt. Große Zimmer, bes. die Suiten im Tower ($$$). Riesiger Indoor-/Outdoor-Pool.*

The Peery Hotel $$$ (4): *110 W. Broadway/ 300 South St., ✆ 521-4300, 1-800-331-0073, www.peeryhotel.com. Historisches Hotel (1910), zentral gelegen. Im Hause gibt es zudem 2 Restaurants.*

Shilo Inn $$$ (3): *206 S. West Temple St., ✆ 521-9500, 1-800-222-2244, www.shiloinns.com. Modernes Mittelklassehotel im Zentrum der Stadt und günstig gelegen zu vielen netten Restaurants.*

Salt Lake Marriott Downtown $$$ (2): *75 South West Temple St., ✆ 531-0800, www.marriott.com. Modernes Hotel der oberen Mittelklasse mit postmoderner, lichtdurchfluteter Lobby. Einen Block vom Temple Square entfernt.*

Haxton Manor Bed & Breakfast $$$-$$$$: *943 East South Temple, ✆ 363-4646, 1-877-930-4646, www.haxtonmanor.com. Viktorianisches Ambiente. Gebäude von 1906. Im ruhigen Avenues District. 7 Zimmer. Große Badewannen, netter Garten, Veranda und angenehme Aufenthaltsräume.*

Hotel Monaco $$$$ (5): *15 W. 200 South, ✆ 595-0000, 1-800-805-1801, www.monaco-saltlakecity.com. Zentral gelegenes Boutique-Hotel. Schön und etwas plüschig eingerichtet. Restaurant und Bar.*

Inn on the Hill $$$$ (1): *225 North State St., ✆ 328-1466, www.inn-on-the-hill.com. Elegante Mansion von ca. 1900 auf dem Capitol Hill, nahe Temple Square. 12 Zimmer.*

Camping

Mountain Shadows RV Park: *13275 South Minute Man Drive, Draper, ✆ 571-4024, www.mountain-shadows.com. 15 Meilen südlich der Stadt, Jacuzzi, ruhig, schön gelegen.*

KOA VIP/Camp VIP: *1400 West North Temple, ✆ 328-0224, www.campvip.com. Zwischen Airport und City. Nur wenige „Short-Term"-Plätze!*
Weitere schöne, aber einfach eingerichtete Campingplätze finden Sie im National Forest entlang den **Big und Little Cottonwood Canyons**.

Restaurants/Bars

Überall, aber besonders im Gebiet südwestlich des Tempels (um die 200 St.), finden sich zahlreiche Restaurants und Clubs, die zum Teil in alten Gebäuden aus der Zeit des beginnenden 20. Jh. untergebracht sind.
Market Street Grill & Oyster Bar: *48-54 Market Street, ✆ 322-4668 (Grill) sowie 531-6044 (Oyster Bar). Hervorragende Fischgerichte in restauriertem Hotelgebäude von 1906. Im rechts gelegenen Grill gibt es auch erlesene Weine. Auch das Frühstück hier ist gut.*
Red Rock Brewing Company: *254 South/200 West, ✆ 521-7446. Unkomplizierte Atmosphäre in Microbrewery. Gute Salate, dünne Pizzen.*
Squatter's Pub & Brewery: *147 West Broadway, ✆ 363-2739. Ebenfalls lockere Atmosphäre in kleinem Brauereigebäude (ehem. Hotel). Selbst gebrautes Bier. Günstige Pubgerichte.*

Entgegen allgemeiner Vorstellung: Sie bekommen einen Drink in Utah

New Yorker: *60 Market Street, ✆ 363-0166. Gemischte Küche (mehrfach ausgezeichnet) in sehr gepflegtem Ambiente. Teuer. Günstiger ist es im angeschlossenen Café.*
Log Haven: *6451 E. Millcreek Canyon Rd (4 Meilen entlang Millcreek Canyon), ✆ 272-8255. Schön zwischen Kiefernbäumen gelegenes Holzhaus mit Patio (Blick auf Wasserfall). Gute Steakgerichte und mediterran angehauchte Küche. Erstklassige Weinkarte.*
Sugar House Barbecue Company: *2207 South 700 East, ✆ 463-4800. Für Freunde von Barbecue-Gerichten ein Muss. Die geräucherten Spare Ribs sind Klasse!*
Und wer in der Innenstadt noch auf einen Drink los möchte: **Lumpy's Downtown** *(145 West Pierpont Ave., Sportsbar),* **Red Door** *(57 W. 200 South St., Trendy Bar),* **Kris-**

tauf's Martini Bar *(16 W. Market St., u.a. 85 Martini-Mixturen) od.* **Murphys Bar & Grill** *(160 South Main Street, Neighborhood-Bar).*

Shopping Centers

Cottonwood Mall: *4835 South Highland Drive. Mit über 150 Geschäften und Boutiquen die größte Mall in der Stadt.*
ZCMI Center Uptown: *South Temple/Main St. Zentral gelegene Mall mit 90 Geschäften.*
Crossroads Plaza: *50 S.Main Street. Gegenüber dem Tempel. 140 neue, z.T. nicht ganz billige Geschäfte.*
Gardner Historic Village: *1095 West 7800 South, West Jordan (15 km südlich der Innenstadt). Einkaufsgebiet in historischem Village.*
Trolley Square: *700 East St. (500-600 South St.). Geschäfte, Lokale und Kinos in renoviertem Straßenbahndepot.*
Gateway Mall: *siehe Rio Grande Depot S. 512*
Factory Stores/Outlet Mall Park City: *I-80 Exit 145 (19 Meilen östl. von SLC). Über 60 günstige Fabrikläden (21 Meilen von der City), u.a. Nike, Polo Ralph Lauren, Bana Republic.*

Veranstaltung

Juli: **Days of '47**: **E Center in West Valley City**. *Rodeofestival mit Konzerten, Tanzveranstaltungen, Paraden etc. im Gedenken an das Ankommen des großen Trecks. www.daysof47.com.*

Sportveranstaltungen

Basketball: **The „Utah Jazz"**. *Spiele im Delta Center, 301 West South Temple, ✆ 325-2000, www.nba.com/jazz.*

Verkehrsmittel

Flughafen

Salt Lake City International Airport: *✆ 575-2400, 1-800-595-2442, www.slcairport.com.*
Anfahrt mit dem Auto: *Der Airport liegt etwa 7 Meilen von der Innenstadt entfernt. Fahren Sie über den I-80 in westliche Richtung, ab Exit 115 ausgeschildert.*
Bus: *Die Buslinien 50 und 53 verkehren zw. Airport und Innenstadt, außerdem abends die 150.*
Shuttle/Kleinbus: *Viele größere Hotels bieten einen eigenen, kostenlosen Shuttle-Service an. Alle größeren* **Mietwagenunternehmen** *haben Stützpunkte am Flughafen.*

Öffentliche Verkehrsmittel/ Taxis

Amtrak-Bahnhof: *Ecke 340 South & 600 West Streets, ✆ 322-3510, 1-800-872-7245.*
Überlandbusse: *Die* **Greyhound-Busstation** *befindet sich 300 South/ 600 West Sts., ✆ 355-9579, 1-800-231-2222.*
Stadtbusse/-bahnen: *Die „Utah Transit Authority" unterhält den Bus- und Bahnbetrieb in Salt Lake City. Im Innenstadtbereich (zw. State Capitol, 500 S, 400 W und 200 E) sind alle Fahrten frei. Die Straßenbahn, „TRAX", verkehrt von Süden kommend bis zum Delta Center in der Innenstadt, ✆ 743-3882, 1-888-743-3882, www.rideuta.com.*
Taxis: **Yellow Cab**: *✆ 521-2100 od. 1-800-826-4746,* **City Cab**: *✆ 363-8400*

7. DIE ROCKIES: VON SALT LAKE CITY ÜBER DENVER NACH SANTA FE

Kleine Einführung „Colorado“

Schon in vorgeschichtlicher Zeit gab es Felsenpueblos in dem Gebiet um Mesa Verde. Obwohl Spanier das heutige Gebiet von Colorado im 16. Jh. erkundeten, nahmen es die Franzosen 1682 in Besitz. 1763 mussten sie es an die Spanier abgeben (Pariser Frieden). 1800 kauften sie es von Spanien zurück und verkauften es drei Jahre später an die USA (Teile wurden aber erst 1848 von Mexiko übernommen). Danach war es Umschlagplatz für die Händler vom Norden und Westen, die Gold und Pelze an Händler aus dem Osten weiterverkauften. 1876 wurde es in den Staatenbund der USA aufgenommen.

Colorado ist geprägt von den Rocky Mountains und mit einer Durchschnittshöhe von 2.073 m der höchstgelegene Staat der USA. Der höchste Berg ist der Mt. Elbert (4.397 m). Unbedeutend für den Tourismus ist das Gebiet der Plains im Osten, interessant hingegen die **vielseitigen Bergregionen** (z.B. Rocky Mountain NP) sowie der Mesa Verde National Park mit den im 12. und 13. Jh. erbauten **Felsenwohnungen der Anasazi-Indianer**. Weitere Höhepunkte: alte Minenorte, der Black Canyon of the Gunnison, die Dünen des Great Sand Dunes National Parks, historische Eisenbahnen und die „High-Mile-City“ Denver.

Für **Outdoor**-Fanatiker bietet Colorado alle erdenklichen Möglichkeiten – und das für jede Altersgruppe: Wandern, Wildwasserfahrten auf dem Colorado, Reiten (z.B. mehrtägige Ausritte durch die unerschlossenen Bergwelten), Wintersport (schneesicher) usw.

Reiten durch die Berge

Colorado-Telegramm

Abkürzung: *CO;* **Beiname**: *The „Centennial State“ (Der hundertjährige Staat), auch „Silver State“;* **Namensherleitung**: *vom gleichnamigen Fluss;* **Bundesstaat seit**: *1. Aug. 1876 (38. Staat);* **Nationalgericht**: *„Cheeseburger“ (wurde 1944 in Denver von Louis Ballast erfunden;* **Fläche**: *270.000 km²;* **Einwohner**: *5,05 Mio.;* **Einwohnerdichte**: *19 E/km²;* **Hauptstadt**: *Denver (602.000 E., Großraum: 2,6 Mio. E.);* **weitere Städte** *(außerhalb des Großraums Denver): Colorado Springs (417.000 E., Metr. Area 612.000); Fort Collins (145.000 E.); Pueblo (107.000 E.);* **wichtigste Wirtschaftszweige**: *Bergbau (Gold, Silber, Molybdän, andere Metalle, Erdöl/-schiefer), High-Tech-Industrien, Forschung, Landwirtschaft (Rinderzucht, Bewässerungslandbau, Obst) sowie Tourismus.*

Von Salt Lake City nach Denver

Entfernungen
Salt Lake City – Dinosaur NM: 186 Meilen/300 km
Dinosaur NM – Steamboat Springs: 158 Meilen/256 km
Steamboat Springs – Rocky Mountains NP (Kewuneeche): 97 Meilen/156 km
Estes Park – Denver: 65 Meilen/104 km

Routenempfehlung

Von Salt Lake City über den I-80 in östlicher Richtung. Ab Exit 148 weiter auf dem US 40 bis Vernal. Evtl. US 191, um zur Flaming Gorge NRA zu gelangen (Alternative dazu: von Norden über den I-80, Exit 89 und dann WY 530). Von Vernal weiter auf dem US 40 kommt man in Jensen zur Abzweigung zum Dinosaur NM. Nach dessen Besuch weiter auf dem US 40, bis Granby, dort nach Norden abbiegen zum Rocky Mountain NP (US 34). Die Strecke führt durch den Park. Ab Estes Park folgt man entweder in südöstlicher Richtung dem US 36 über Boulder nach Denver (schneller) oder dem schöneren „Scenic Byway" (CO 7, 72 u. 119) in südlicher Richtung über Nederland nach Boulder bzw. über Central City und Golden nach Denver.

Überblick

Der erste Teil der Strecke bis Heber City entspricht der Anfahrt nach Salt Lake City. Von Heber City aus steigt die Straße auf ein fast unbewohntes, baumloses Hochplateau an. Bis Vernal ändert sich daran kaum etwas, abgesehen von ein paar kleinen Nestern, die etwas von der Landwirtschaft und dem Erdölboom profitieren. Das kleine Städtchen Vernal, inmitten des „Dinosaurierlandes" gelegen, bietet touristisch etwas mehr. Hotels und kleine Restaurants und überall die Dinosaurier (aus Pappe, Beton ...). Das Dinosaurier National Monument ist ein Muss. Wo sonst in der Welt hat man die Möglichkeit, echte (!) Dinosaurierknochen von vor 150.000.000 Jahren anfassen zu dürfen. Besonders Kinder werden begeistert sein! Bis Craig folgt dann nichts als Landschaft. Wer am ersten Tag noch die Muße und Energie hat, kann bis Steamboat Springs fahren. Dieser Ort liegt in einem der bekanntesten Skigebiete der USA. Im Sommer herrscht angenehmes Klima, und viele Lifte sind auch zu dieser Zeit in Betrieb, sodass man von den Berghöhen wieder herunter wandern kann.

Dino-Country

Von hier geht es in die Rockies. Höhepunkt ist natürlich der gleichnamige Nationalpark mit seinen über 100 Dreitausendern. Hier kann man Wan-

Dinosaurier zum Anfassen

dern, Flora und Fauna beobachten, Fotografieren oder einfach nur die mächtige Ausstrahlung der Berge genießen. Östlich davon hören die Berge abrupt auf, und eine weite Talebene öffnet sich. Hier, an den Randbergen der Rockies, hat man Ende des 19. Jh. viel Gold und Silber gefunden. Touristisch aufgemöbelte und völlig verlassene Orte erinnern an diese Zeit.

Redaktionstipps

- **Übernachtung**: Die **Red Canyon Lodge** (S. 522) in der Flaming Gorge NRA besticht durch die schöne Natur im Umfeld. In Steamboat Springs ist das **Hotel Bristol** (S. 526) nett und charmant. Wer den Rocky Mountain NP besucht, sollte unkompliziert in einer rustikalen Lodge in Grand Lake (S. 532/533) oder mondän im historischen **Stanley Hotel** (S. 534) in Estes Park nächtigen. Auch Boulder bietet sich als Übernachtungsort an, da es sich hervorragend eignet als Basis für die Erkundung der östlichen Rockies und von Denver (Anfahrtszeit: ca. 40 Min.). Denver ist teurer.
- **Besondere Sehenswürdigkeiten**: die atemberaubende Canyonlandschaft der **Flaming Gorge** (S. 521); die echten Dinosaurierknochen im **Dinosaur NM** (S. 524); der Wintersportort **Steamboat Springs** hat auch ein attraktives Sommerprogramm (S. 525) und als Highlight die Bergwelt des **Rocky Mountain NP** (S. 528).
- **Zeiteinteilung: 2 Tage:** Früh aufbrechen und gleich durchfahren bis zum Dinosaur NM. Anschließend noch weiterfahren bis Craig, besser bis Steamboat Springs (langer Tag!). Am zweiten Tag die meiste Zeit für den Rocky Mountain NP verwenden. Übernachten in Estes Park, Boulder oder sogar Denver.
3-4 Tage: In 2 Tagen bis Steamboat Springs fahren und dann in 1-2 Tagen bis Denver. Wer alle Höhepunkte an der Strecke erleben möchte, benötigt **mind. 4 Tage**.

Sehenswertes

Flaming Gorge National Recreational Area

Der Park liegt beiderseits des Flaming Gorge-Stausees. Hier wird der Green River gestaut. Hauptattraktion ist der See. Auf einer Länge von über 90 Meilen schlängelt er sich durch ein Tal, das seinen Höhepunkt im südlichen Red Canyon findet. Schön ist der Ausblick vom **Red Canyon Overlook**. Weiterhin gibt es eine Reihe geologisch interessanter Erscheinungen zu besichtigen, allen voran der südwestlich von Manila gelegene **Sheep Creek Canyon**. Hier führt eine kleine, z.T. sehr kurvenreiche Straße hinein. Enorme geologische Kräfte haben in diesem Areal die Berge entlang der Uintah-Crest-Falte „umgewälzt". Versteinerte Korallen und andere Relikte aus der Zeit des großen Meeres finden sich und auch „Neueres", wie z.B. fossiles Holz und Spuren von Krokodil-ähnlichen Reptilien. Wer sich näher darüber informieren möchte, sollte sich vorher im Visitor Center die entsprechende Broschüre dazu besorgen. Ansonsten wird der Park zu Erholungszwecken genutzt. Besonders Angelfreunde werden auf ihre Kosten kommen. Und wer noch keine Flussbootfahrt (Schlauchboot, Kanu) gemacht haben sollte, kann dieses auf dem Green River (unterhalb des Damms) machen.

Reisepraktische Informationen Flaming Gorge National Recreational Area, UT/WY

VORWAHL 435

Information

Es gibt zwei Visitor Center auf Utah-Seite: Das ganzjährig geöffnete **Flaming Gorge Dam Visitor Center** *(US 191, 2 Meilen nördl. von Greendale Jct, ✆ 885-3135) sowie das* **Red Canyon Visitor Center** *(Abzweig von UT 44, ✆ 889-3713 od. 784-3445), nur von Memorial Day bis Labor Day geöffnet (www.utah.com/nationalsites/flaming_gorge.htm).*

Unterkunft

Red Canyon Lodge $$-$$$**: *Südende der Flaming Gorge, ✆ 889-3759, www.redcanyonlodge.com. Noch südlich des Stausees nach Westen auf den UT 44 fahren, dann nach 4 Meilen abbiegen in Richtung Red Canyon Complex (hier befindet sich auch das o.g. Visitor Center). Die Lodge ist nahe dem Canyonrand an einem kleinen See gelegen. Organisation von Ausritten und Mountainbike-Trips wird angeboten. Cabins, von „Rustic ($, Gemeinschaftsbad) über „Deluxe" ($$, eigenes kl. Bad) bis zu „Luxury" ($$$, Porch, kl. Küche, eigenes, komplett eingerichtetes Bad). Ein idealer Platz zum Entspannen! Wanderwege gibt es natürlich auch, und das* **Restaurant *serviert erstklassiges Essen, u.a. frische Forelle.*

Flaming Gorge Lodge/Resort $$-$$$: *7 Meilen südwestlich von Dutch John, am US 191, ✆ 889-3773, 1-877-348-7688, www.flaminggorgeresort.com. Hier auch Verleih von Booten. Organisierte Angeltouren.*

Im Park gibt es auch eine Reihe von **Campingplätzen**.

Vernal

Vernal, für kurze Zeit reich gewesen durch den nahen Erdölboom, ist ansonsten bekannt als das touristische Zentrum des „Dinolandes". Kaum ein Etablissement ohne Dinosaurier-Attrappe oder Dino-Namen. Zentral gelegen zwischen dem Flaming Gorge NRA und dem Dinosaur NM bietet Vernal eine gute Basis zu deren Erkundung. Eines müssen Dinofans hier tun: das **Utah Field House of Natural History State Park** besuchen. Im Garten stehen mehr als ein Dutzend lebensgroße Dinosaurier-Repliken, und im Museum gibt es ausgegrabene Dinoknochen. Besonders interessant ist das geologische Reliefmodell von Nord-Utah. Man erhält hier einen bildlichen Eindruck davon, wieso gerade in diesem Gebiet so viele Funde aus der Urzeit gemacht werden.

Geologisches Reliefmodell

Utah Field House of Natural History State Park, *496 E. Main St., ✆ (435) 789-3799, www.stateparks.utah.gov/parks/field-house, Mo–Sa 9–17 Uhr, $ 6.*

Das **Western Heritage Museum** zeigt Memorabilien aus der Zeit des *Old West*. Man kann nahe Vernal auch eintägige **River-Rafting Touren** unternehmen.

Western Heritage Museum, *328 E. South St., ✆ (435) 789-7399, www.westernheritagemuseum-uc-ut.org, Mo–Fr 9–17 (Sommer bis 18), Sa 10–14 (Sommer bis 16) Uhr, frei.*

Reisepraktische Informationen Vernal, UT

VORWAHL 435

Information

Dinosaurland Travel Board: *152 East 100 North, ✆ 781-6765, 1-800-477-5558, www.dinoland.com.*

Unterkunft

Weston's Lamplighter Inn $-$$: *120 E. Main Street, ✆ 789-0312, www.goutah.com/Weston-Lamplighter. Ein Motel mit etwas mehr Komfort und Kitchenettes auf einigen*

Zimmern. Ansonsten gibt es noch eine Reihe von Motels und kleinen Hotels im Ort, so z.B. das **Best Western Dinosaur Inn $$**: *251 East Main St., ✆ 789-2660, 1-800-780-7234, www.bestwestern.com.*
Landmark Inn B&B $$$, *288 E 100 South St., ✆ 781-1800, 1-888-738-1800, www.landmark-inn.com. Empfehlenswert wegen der gemütlichen Aufenthaltsräume und des leckeren Frühstücks.*

Dinosaur National Monument

Informationen

Quarry Visitor Center *(Utah): 7 Meilen nördl. von Jensen, UT, tgl. 9–17 Uhr, ✆ (435) 781-7700, www.nps.gov/dino. Von hier gelangt man (Shuttle-Bus im Sommer, sonst Auto-Konvoi) zur Quarry Exhibit Hall.*
Canyon Visitor Center *(Colorado): ✆ (970) 374-3000.*

River Rafting

Eine tolle Erfahrung, die Geologie der Region zu erkunden sowie die Landschaft zu erleben, sind ein- bis mehrtägige River-Rafting-Touren. Anbieter dafür: **Adrift Adventures** *(Buena Vista, CO, 24070 CR 301, ✆ (435) 789-3600, www.whitewater.net/adrift.shtml) sowie* **Don Hatch River Expeditions** *(Vernal, UT, ✆ (435) 789-4316, www.hatchriver.com).*

Hochgekippt und verdreht

Bereits bei der Anfahrt zum Park fallen die hochgekippten und verdrehten Platten unterhalb der Bergkette auf. Diese Formationen machen verständlich, wieso gerade hier die Dinosaurierknochen an die Erdoberfläche gekommen sind.

Westlicher Parkabschnitt: In Jensen nach Norden abzweigen (UT 149). Die Hauptattraktion ist die **Quarry Exhibit Hall** (überdachter Steinbruch). 1909 fand der Paläontologe Earl Douglass in einer schräg stehenden, 2,4 bis 3,6 Meter dicken Sandsteinschicht unzählige Dinosaurierknochen, von denen viele Einzelknochen komplett erhalten sind. Nach deren Erforschung wurden sie den Besuchern zugänglich gemacht. Natürlich wird auch heute weiter geforscht.

150 Mio. Jahre alt: Dinosaurierknochen

Wie kommt es, dass die Knochen noch so gut erhalten sind?
Die Knochen stammen von Dinosauriern, die hier vor 150 Millionen Jahren lebten. Damals war das Areal ein Feuchtgebiet, durchzogen von kleinen Flüssen. Die sterblichen Überreste der Dinos wurden von den Anhöhen, wo sie ihre Nahrung suchten, in das Flussbett hinuntergespült, bis sie auf einer Sandbank liegenblieben. Über die Jahrmillionen bedeckte eine 200 m dicke Sediment- und Kiesschicht die Knochen und konservierte sie. Vor 100 Millionen Jahren begann sich die Erde in dieser Region zu wölben und zu falten. Die Rocky Mountains entstanden. Erst die darauf folgende Erosionstätigkeit legte die Schichten frei. Man fand auch Muscheln, Schildkröten und sogar Holzstücke. An der Club Creek Rd, die vom Visitor Center aus geradeaus weiter führt, gibt 1.000 Jahre alte **Steingravuren (Petroglyphs)** der Fremont-Kultur.

Mittlerer Parkabschnitt: Eine Meile östlich von Dinosaur (US 40) zweigt am **Canyon Area Visitor Center** eine Stichstraße nach Norden ab. Sehenswert ist der Ausblick am Ende (**Echo Park Overlook** und **Harper's Point**) auf den Canyon bzw. auf den Zusammenfluss von Green und Yampa River. Für die 100 km (62 Meilen) hin und zurück benötigt man etwa zwei Stunden. Der Abstecher zum Echo Park ist für herkömmliche Pkw nur bedingt möglich.

Der östliche Parkabschnitt: Die Zufahrt erfolgt vom US 40 ab Elk Springs über eine Piste entlang der Blue Mountain bzw. etwas weiter östlich über eine Asphaltstraße zum **Deerlodge Park**. Auf beiden Strecken ist es alleine die Landschaft, für die die Abstecher lohnen.

Östlich der halb verlassenen Ortschaft **Dinosaur** führt der US 40 durch ein fast menschenleeres, baumloses Gebiet, in dem nur die entfernten Bergketten Abwechslung bieten. Das Bild ändert sich erst 15 Meilen vor **Craig**, einem weiteren Highwaynest, beliebt bei Anglern sowie Jagdtouristen, die im Herbst in rauen Scharen eintreffen zur Hirschjagd. Eisenbahnfans können sich den **Marcia Railway Car** *(Victoria Way, beim Craig City Park, April–Okt. Mo–Fr 8–17 Uhr)* anschauen, der einst dem Eisenbahn-Tycoon *David Moffat* gehörte und vor Komfort nur so strotzt. In Craig gibt es zahlreiche Hotels/Motels sowie kleine Restaurants.

Angeln und Jagen

Canyon Area Visitor Center: *40 Meilen östl. von Vernal, ✆ (970) 374-3000, www.nps.gov/dino.*

Unterkunft
Die nächsten Hotels finden sich in **Vernal** *(S. 523),* **Dinosaur, CO** *sowie* **Rangely, CO** *(www.dinoland.com, www.rangely.com). Im Park gibt es vier einfache* **Campingplätze**, *zwei davon nahe dem Dinosaur Quarry VC, einen am Echo Park (Zufahrt Harper's Corner, Mittelabschnitt des Parks) und einen ganz im Osten (Deerlodge Park).*

Steamboat Springs

Von Craig aus geht es entlang dem Yampa River nach Steamboat Springs. Der Mt. Werner mit seinen für die Skiloipen ausgeschlagenen Wäldern ist bereits aus einiger Entfernung zu erkennen. Bereits die Ute-Indianer liebten diesen Platz, besonders weil es hier im Sommer leidlich kühl war und im Tal warme Quellen lockten. Als einer der ersten Pioniere hierher kam, hörte er die Quellen sprudeln und fühlte sich an das Geräusch der Schaufelraddampfer (Steamboats) auf dem Mississippi erinnert: Der Name war geboren. 1885 begann man mit dem Aufbau der Stadt, und neben Farmern kamen auch Minenarbeiter aus der Umgebung hierher, um ihr schwer erschürftes Gold in den Saloons umzusetzen. 1908 wurde die kleine Stadt an die Eisenbahnlinie angeschlossen. Doch Geschichte machte Steamboat Springs erst, als 1913 der Norweger *Carl Howelsen* die Stadt besuchte und ihr Wintersport-Potenzial erkannte. Er errichtete hier u.a. die erste Skisprungschanze der USA. Heute sind alle auf den Pisten, sobald der erste Schnee fällt. Kaum ein Ort der USA hat bisher so viele Teilnehmer an Olympischen Winterspielen gestellt wie dieser. Heute ist Steamboat Springs eines der bedeutendsten Ski-Resorts der USA. Es besitzt eine geschmackvolle Innenstadt, die ihren Wild-West-Charme noch nicht ganz abgelegt hat und an deren Hauptstraße sich gemütliche Restaurants und ausgesuchte Geschäfte aneinanderreihen. Zwei Meilen weiter im Osten befindet sich das eigentliche Skidorf, von wo aus die Lifte zu den 102 Abfahrtsstrecken abgehen. Versuchen Sie den Zeitplan so zu gestalten, dass Sie einmal mit der **Seilbahn auf**

Reisepraktische Informationen Steamboat Springs, CO

VORWAHL 970

Information

Chamber Resort Association: *1255 S. Lincoln Ave., ✆ 879-0880, 1-877-754-2269, www.steamboat-chamber.com.*

Unterkunft

Alpiner Lodge $$-$$$: *424 Lincoln Avenue, ✆ 879-1430, www.alpinerlodge steamboat.com. Komfortables Motel im Bayern-Look. 31 Zimmer.*

Hotel Bristol $$-$$$: *917 Lincoln Ave., ✆ 879-3083, 1-800-851-0872, www.steam boathotelbristol.com. Gutes Preis-Leistungs-Verhältnis. Das Innenstadt-Hotel befindet sich in einem Gebäude von 1848 und entgeht damit dem sterilen Charme vieler moderner Bauten dieser Preisklasse.*

Sheraton Steamboat Resort $$$-$$$$: *2200 Village Inn Court, ✆ 879-2220, 1-800-325-3535, www.starwood.com. Modernes Luxushotel mit Golfanlage.*

Camping

Steamboat Lake State Recreation Area: *26 Meilen nördlich am CO 129, ✆ 879-3922. Weitere Campingmöglichkeiten finden sich im* **Routt Nat. Forest**.

Restaurants

Three Peaks Grill: *2165 Pine Grove Rd, ✆ 879-3399. Super Steaks! Doch der Knüller ist die Raw Bar (Austern und andere Schalentiere), die sich auch gut für einen Snack samt Sundowner am frühen Abend anbietet.*

Ore House at the Pine Grove Restaurant: *1465 Pine Grove Rd., ✆ 879-1190. Ranch-Dekor. Steaks, Meeresfrüchte und Salatbar.*

The Tugboat Grill & Pub: *1865 Ski Time Square, ✆ 879-7070. Bar-Restaurant mit rustikalem Western-Ambiente. Beachten Sie die Säule an der alten Kirschholz-Bar. Sie stammt aus einem alten Saloon in Wyoming und man weist mit Stolz auf ein Einschussloch hin. Gute Burger, Burritos und tagsüber ausladende Salate.*

den Mt. Werner hinauffahren. Für die Aussicht lohnt es sich. Und wer noch Lust hat kann im **Old Town Hot Springs** *(136 Lincoln Ave, tgl.)* im warmen Mineralwasser entspannen bzw. in den Pool springen.

Die schöne Umgebung des Ortes verspricht zudem schöne Wandermöglichkeiten und das Mountainbiking ist hier auch recht populär.

Alternative Routenvorschläge für die Weiterfahrt

▶ Kurz hinter Steamboat Springs dem CO 131 nach Süden folgen (oder CO 9, bei Kremmling) und damit als nächstes Etappenziel – unter Auslassung von Denver und dem Rocky Mountain NP – Vail oder Aspen ansteuern.

▶ Oder dem US 40 folgen bis zum Anschluss an die I-70 und dort entscheiden, ob man entweder nach Süden oder in den Raum Denver fahren möchte. Sehenswert ist das Ski-Resort **Winter Park**, das auch sehr schöne Wanderwege zu bieten hat. Vor allem aber die Fahrt über den fast 3.400 m hohen **Berthoud-Pass** lohnt sich. Von oben haben Sie einen einmaligen Blick zurück auf die bewaldeten Hänge des Fraser River Valley, und nach vorne sieht man bereits die Berge bei Vail und Copper Mountain.

Heiße Quellen

Weiter auf der **Hauptstrecke** in Richtung Rocky Mountains National Park passiert man **Hot Sulphur Springs**, das seinen Cowboy Town-Charakter behalten hat und in dessen gleichnamigen Resort ebenfalls heiße Quellen auf die Wasserratten warten *(www.hotsulphursprings.com)*. Schön ist dann die Anfahrt von **Granby** zum Nationalpark, führt sie doch entlang zweier Seen, die sich im Vordergrund der hohen Bergketten des Parks als gutes Fotomotiv erweisen. Entlang der gesamten Strecke von Granby bis **Grand Lake** bietet sich alles: Motels, Cabins, Ausritte, Bootsverleihe, Ausrüster, Angeltouren, um nur einige zu nennen. Man hat also die freie Auswahl.

Blick auf Grand Lake

Rocky Mountain National Park

Hinweis

*Die **Trail Ridge Road (US 34)** ist von ca. Mitte Oktober bis Ende Mai geschlossen (Daten wechseln, je nach Schneefall – unbedingt vorher erkundigen!). Das bedeutet, dass man zu dieser Zeit einmal um den gesamten Park herumfahren muss, um zum Ostteil zu gelangen (Dauer: 3 ½ Stunden). Die unbefestigte **(Old) Fall River Road** ist nur in Ost-West-Richtung und nur von Juli bis September zu befahren (Einbahnstraße). Camper verboten!*

Größe: 107.225 ha.
Beste Jahreszeit: Die Meinungen gehen auseinander. Zum Campen und Wandern mögen die Sommermonate in den hohen Lagen angenehmer sein, doch ist der Park zu dieser Zeit z.T. oft überlaufen. Wir empfehlen daher Mai/Juni oder Sept./Oktober – aber Achtung: Vorher nach der Öffnung der Passstraße fragen!
Tierwelt: Große Tiere, wie der Wapiti-Hirsch (Amerikanischer Elch) und Rehwild kommen häufiger vor, zeigen sich aber erst in den Abendstunden. Gute Beobachtungsstellen sind die Täler im Osten (Horseshoe und Moraine). Auch Biber sind nicht selten. Typisch sind zudem die Bighorn-Schafe (eine Art Steinbock), die gerne mittags am Sheep Lake (Horseshoe Valley) grasen. Bären sind selten, aber Vorsicht mit den Essensresten. Lassen Sie nichts herumliegen. Murmeltiere sieht man häufig in den Hochlagen.
Vegetation: In den unteren Lagen (bis 2.800 m): Riesige Misch- bzw. Kiefernwälder, in Flussniederungen eher Pappeln und Espen. Zwischen 2.800 und 3.400 m: Nadelbäume aller Art, die den Berghängen zu jeder Jahreszeit ihren satten grünen „Schal" umlegen. In den höchsten Lagen: Tundra-Vegetation (ähnlich der Alpenvegetation) mit kurzer Vegetationszeit (z.T. nur 10 Wochen).

Redaktionstipps

- **Übernachten** in einem Hotel in **Grand Lake** (S. 532) oder in Estes Park, z.B. im schönen **Stanley Hotel** (S. 534). Unbedingt reservieren.
- Autofahrer sollten sich mind. 4 Stunden Zeit lassen für die **Parkdurchquerung** und wer von Südwesten einreist, sollte den Ostteil des Parks besser am zweiten Tag von Estes Park aus besuchen.
- Die **(Old) Fall River Road** ist zwar beeindruckend, doch wer von Westen anreist, sollte nicht eine Extrarundtour dafür einlegen – besser wäre es, die Zeit für eine kleine Wanderung zu nutzen.
- Eine **Wanderung um den Bear Lake** (S. 528) sollten Sie nicht auslassen. Setzen Sie sich abends zur **Tierbeobachtung an die Sheep Lakes** (3 km westl Fall River Entrance).
- **Zeiteinteilung: 1 Tag:** Zeit lassen bei der Durchfahrt entlang der Trail Ridge Road. Moraine Park Museum, und die Ausstellungen in den 3 Visitor Centers anschauen. 2 kurze Wanderungen einplanen.
2 Tage: Am ersten Tag alle Sehenswürdigkeiten auf der Westseite anschauen, dann Alpine Visitor Center und Wanderungen unternehmen. Übernachten in Estes Park und von dort aus am 2. Tag die Sehenswürdigkeiten auf der Ostseite des Parks anschauen.

Aktivitäten

Wandern: Im Park gibt es ca. 575 km Wanderwege. Festes Schuhwerk ist ein Muss, und wer etwas weniger überfüllte Wege sucht, sollte sich vorher bei den Parkrangern erkundigen und detaillierte Karten/Erläuterungsbroschüren mitgeben lassen. Nicht vergessen: Getränke und etwas Proviant einpacken. Auch wenn die Temperaturen in diesen Höhen angenehmer erscheinen als im restlichen Reisegebiet, benötigt man auch hier bei einer eintägigen Wanderung mind. 3 Liter Trinkwasser pro Person. Nicht unterschätzen sollte man die dünne Luft in der Höhenlage.
Interessante Wanderwege sind:
- **Bear Lake Nature Trail**: 0,8 km, ½ Stunde, leicht. Lehrpfad um einen Gletschersee.
- **Never Summer Ranch/Holzwarth Hist. Site**: 1,6 km, ¾ Std., leicht. Wie der Name bereits

sagt, zeigt sich hier, wie das Leben auf einer Ranch vor 70 Jahren in den Rockies ausgesehen haben muss.

- **Longs Peak Trail**: 26 km, 1 Tag (12 Stunden – früh starten, da nachmittags Sommerstürme auftreten können), schwer. Hauptwanderweg, der bis auf die Spitze des höchsten Berges im Park führt (4.345 m).

Hier geht's hoch hinauf

- **Moraine Park Nature Trail**: 0,4 km, 20 min., leicht. Lehrpfad zu Flora und Fauna der Niederungen.
- **Tundrawelt**: Zwischen Rock Cut und Forest Canyon befinden sich mehrere kürzere Lehrpfade. Achtung! Höhenlage um 3.600 m.

Empfehlenswerte, mittelschwere Trails beginnen an der Bear Lake Road. Sie führen z.T. in ehemalige Gletschergebiete. Für weitere Wege, besonders die weniger benutzten, setzen Sie sich am besten mit den Rangern in Verbindung.

Weitere Aktivitäten: Reiten (s. S. 533), Skilanglauf, Angeln, Bergsteigen und Mountainbiking – nur an zugelassenen Wänden bzw. auf gezeichneten Wegen. Erlaubnis einholen.

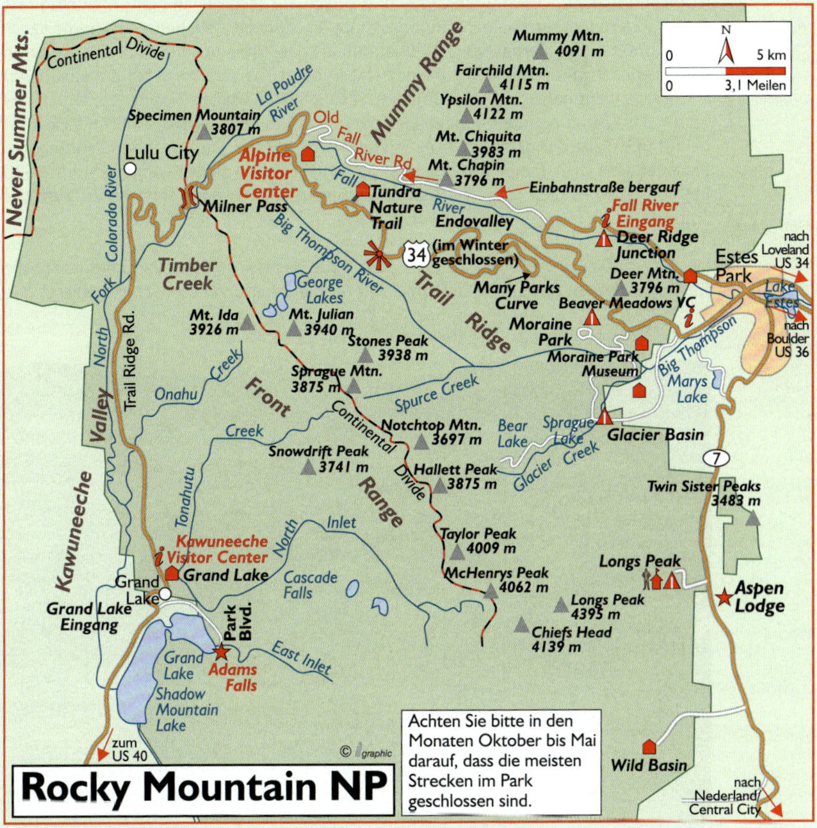

info

Mountain Pine Beetle

Besonders im Westen kann man Millionen von absterbenden, bereits rostbraunen Kiefern sehen. Sie sind vom Mountain Pine Beetle (*Dendroctonus ponderosae*), einer Unterart der *Borkenkäfer (Scolytinae)* befallen. Die wärmere Klimasituation der letzten Jahrzehnte, besonders die wärmeren Winter sind Schuld: denn je wärmer es ist, desto schneller entwickeln sich die Larven, desto mehr Eier produzieren die Weibchen und so gerät „der Ball ins Rollen". Es beginnt i.d.R. mit den Pionier-Weibchen, die Lockstoffe an den Bäumen hinterlassen, die dann massenhaft weitere Käfer, vor allem Männchen, anziehen. Die Käfer bohren sich dann durch die Borke bis in die nähstoffreiche Phloem-Schicht, ernähren sich von ihr und legen hier die Eier ab. Obwohl der Baum sich mit vermehrter Harzproduktion zu wehren versucht, reißt bereits nach wenigen Wochen der Wasser- und Nährstofftransport ab und der Baum stirbt.

Bereits vor 7.000 Jahren besiedelt

Im Park gibt es alleine 116 - um korrekt zu sein: 116 benannte Gipfel mit Höhen über 3.000 m. Der farbliche Gegensatz vom (ganzjährigen) Weiß der Spitzen, dem hellen Grün der Tundra-Vegetation und dem satten Grün der darunterliegenden Nadelwälder ist beeindruckend. Obwohl die Gipfel und Felsen ausgesprochen glatt, man mag fast sagen abgerundet, erscheinen, imponiert ihre Mächtigkeit - sie beherrschen die Landschaft unter ihnen. Bereits vor 7.000 Jahren, als das Klima noch milder war, lebten in den Talebenen jagende und sammelnde **Naturvölker**. Sie verschwanden um etwa 5500 v. Chr. aus nicht ganz geklärten Gründen. Als die ersten weißen Trapper zu Beginn des 18. Jh. das Gebiet betraten, fanden sie Spuren von Ute-Indianern, die im Estes Park-Tal gejagt und Teile der noch heute existierenden Straße als Trail zu ihren Siedlungsgebieten entlang dem Yampa River genutzt hatten. Die ersten Siedler kamen erst um 1870 hierher. Doch es hielt sie nur 50 Jahre: Zu unwirtlich war das Land und zu kurz der Sommer.

Der Naturforscher und Fotograf *Enos Mills*, Hotelbesitzer in Estes Park, entdeckte die Naturschönheiten und setzte sich um 1900 für die Schaffung eines Schutzgebietes ein.

Sehr beliebt ist das Reiten im Rocky Mountain NP

In den Höhenlagen: Tundra-Vegetation

Die Reaktion der Regierung war erst zurückhaltend, denn man vermutete hier Bodenschätze. Doch der neunjährige „Kampf" von *Mills* hatte 1915 Erfolg, und der Nationalpark wurde eingerichtet. Seither ist er einer meistbesuchten Parks der USA und zieht besonders während der Sommerwochenenden Zigtausende von Erholungssuchenden aus den Städten unterhalb der Rockies an. Mittlerweile sind es drei Millionen Besucher jedes Jahr. Somit gibt es nun während der Sommermonate im Ostteil des Parks einen kostenlosen **Shuttle-Bus** („Hopp-on-Hopp-off") und auch vom Visitor Center in Estes Park gibt es einen Shuttle-Bus zum Park. Zu Spitzenzeiten können einige Gebiete nur mit dem Shuttle-Bus erreicht werden. Das **Moraine Park Museum** informiert über die Geschichte, die Geologie sowie Fauna und Flora im Park (*Bear Lake Rd/US 36, Mai–Okt. tgl.9–16.30 Uhr*). Die **Holzwarth Trout Lodge** auf der Westseite des Parks ist heute ein Historic Site. Sie wurde von *John Holzwarth*, einem Saloonbesitzer aus Denver, während der Prohibition zuerst als Ranch betrieben. Doch bald schon bemerkte *Holzwarth*, dass die Gebäude sich viel besser als Lodge nutzen ließen. Man erreicht die Lodge zu Fuß entlang eines 800 m langen Wanderweges von der Trail Ridge Rd aus.

Beliebt und viel besucht

Neben der Gestalt der Bergzüge selbst ist die einzigartige **Tundra-Vegetation** auf den Höhenlagen besonders sehenswert. Insgesamt gibt es im Park 750 Pflanzengattungen. Reizvoll ist dies gerade im Juni, wenn die meisten Pflanzen blühen und ein bunter Teppich die Talauen und die Wiesen entlang der Trail Road bedeckt.

Geologie der südlichen Rocky Mountains

Die Rocky Mountains erlebten drei **Entstehungsperioden**. Bis vor 1,8 Milliarden Jahren lagerten sich auf einer Ebene Sedimente ab, die z.T. mit festem Gestein (Granit und Gneis) vermengt waren. In den folgenden 1,2 Milliarden Jahren verschob sich die Erde so, dass der Druck von den Seiten kleinere Gebirge entstehen ließ, die aber jeweils wieder durch Verwitterung und anschließende Erosion abgetragen wurden. Es folgte vor etwa 60 Millionen Jahren eine Phase der Überflutung, die den gesamten amerikanischen Kontinent von Norden nach Süden erfasste und deren Spuren noch heute als Mu-

Elk im Rocky Mountain National Park

schelreste und andere maritime Ablagerungen zu finden sind. Bereits zu dieser Zeit wirkte eine plattentektonische Kraft auf das Gebiet und fand nach einer „Tätigkeit" von 70 Millionen Jahren vor nun 50 Millionen Jahren ihr Ende. Dabei wurden die Rockies im wahrsten Sinne des Wortes aus der Erde herausgedrückt, begleitet und unterstützt von unterirdischen vulkanischen „Ausbrüchen", die aber nur in den seltensten Fällen an die Erdoberfläche gelangten. Die Lavamassen, die dabei ihren Weg nach oben suchten, hatten letztendlich zur Folge, dass sich magmatisches Tiefengestein unter der heute sichtbaren Oberfläche verfestigte. Die gesamte Erdkruste verdickte sich um 7 km, an manchen Stellen sogar um mehr als 10 km. Die Hitze dieses unterirdischen **Vulkanismus** wirkte sich auch auf die oberen Gesteinsschichten aus, die dabei einer chemischen Umwandlung ausgesetzt waren. Daher findet man an einigen Stellen Magma-Gestein (nicht zu verwechseln mit den wenigen echten Vulkankegeln und Gesteinsformationen). Während der jüngeren geologischen Geschichte, seit etwa zwei Millionen Jahren, sind Gletscher für die Oberflächengestaltung der höheren Lagen verantwortlich. Ihre Eismassen, die sich langsam in die Täler drückten, haben markante Talformationen geschaffen. Einige Täler sind steil und zum Talgrund hin spitz zulaufend (Kartäler), andere wiederum enden in einem Becken, in dem sich ein See gebildet hat – das ehemalige Ende des Gletschers (Trog). Heute gibt es noch fünf kleine Gletscher im Park. Mitten durch den Park verläuft die kontinentale Wasserscheide, und in den Bergen entspringt der Colorado River.

Reisepraktische Informationen Rocky Mountain National Park, CO

VORWAHL 970

Information

Es gibt fünf **Visitor Center**: *1) Moraine Park VC (Bear Lake Rd im Osten im Park), 2) im Park das Alpine VC an der Hauptstraße sowie das 3) Fall River VC am US 34, doch nur das 4)* **Beaver Creek Meadows** *VC (US 36, Einfahrt bei Estes Park) sowie das südliche 5)* **Kawuneeche VC** *am Grand Lake sind auch außerhalb der Sommermonate geöffnet, ✆ 586-1206, www.nps.gov/romo.*

Unterkunft/Camping

Im Park gibt es nur **Campingplätze**: **Timber Creek** *im Westen,* **Aspenglen**, **Moraine Park**, **Glacier Basin** *und* **Longs Peak** *im Westen. Reservierungen für Moraine Park und Aspenglen über ✆ (518) 885-3639 od. 1-877-444-6777, die anderen können nicht reserviert werden. Hotels gibt es in* **Estes Park** *(siehe S. 534) und im beschaulicheren* **Grand Lake** *(www.grandlakechamber.com).*

Black Bear Lodge $$-$$$, *12255 US 34, ✆ 627-3654, www.blackbeargrandlake.com. Relativ günstiges, rustikales Motel 3 Meilen südlich von Grand Lake mit Pool, Whirlpool.*
Gateway Inn $$-$$$, *200 West Portal Road, in Grand Lake, ✆ 627-2400 od. 1-877-627-1352, www.gatewayinn.com. Bezahlbare Unterkunftsalternative.*
Grand Lake Lodge $$$, *15500 US 34, ✆ 627-3967, 1-855-585-0004, www.grand lakelodge.com. Oberhalb von Grand Lake. 1921 erbaute Lodge. Man wohnt in rustikalen Holzhütten. Toll ist das Haupthaus mit seiner Veranda und einem guten Restaurant (Aussicht!).*

Essen und Benzin
Tankstellen gibt es im Park nicht. Snacks gibt es im Sommer am Trail Ridge Store, im Winter im Hidden Valley Store.

Aktivitäten
Reiten *ist ein besonderes Erlebnis im Park, und geübte Reiter sollten sich das nicht entgehen lassen. Für weniger Sattelfeste gibt es einfache Trails in den Talniederungen. Einziger Konzessionär im Park ist* **Hi Country Stables** *mit Ställen im Moraine Park (Straße gegenüber dem Moraine Park Museum hineinfahren) und am Glacier Creek (beim Sprague Lake), ✆ 586-4577, www.sombrero.com.*

Estes Park

Der Ort ist das Tor zum Rocky Mountain National Park und widmet sich ganz dem Tourismus. Von den Hotels sei das 1905 erbaute **Stanley Hotel** hervorgehoben, denn es kann als Sehenswürdigkeit eingestuft werden. Außerdem gibt es im Umfeld von Estes Park zahlreiche Resorts, eines besser (und auch teurer) als das andere. Die ansprechenderen und bezahlbaren Motels und Cabins liegen entlang der **nördlichen** Parkzufahrt *(US 34/Fall River Rd.)*.

Teure Resorts

Touristisch sehenswert sind das kleine **Estes Park Area Historical Museum** und die historische **MacGregor Ranch**. Eine Fahrt mit der **Aerial** auf den Prospect Mountain bietet einen attraktiven Ausblick auf die östlichen Gebirgszüge des Nationalparks. Zu erwähnen wäre schließlich noch der schöne **Big Thompson Canyon**, der östlich des Ortes vom US 34 durchquert wird.
Estes Park Area Historical Museum, *200 4th Street, Mai–Okt. Mo–Sa 10–17, So 13–17, Rest des Jahres Fr+Sa 10–17, So 13–17 Uhr, frei.*
MacGregor Ranch, *MacGregor Ave., www.macgregorranch.org, Juni–Aug Di–Sa 10–16 Uhr (nur nach Voranmeldung: ✆ 586-3749)*
Aerial Tramway, *420 Riverside Drive, www.estestram.com, Ende Mai–Anfang Sept. tgl. 9–18 Uhr, $ 12.*

Reisepraktische Informationen Estes Park, CO

VORWAHL 970

Information
Estes Park CVB: *500 Big Thompson Ave., ✆ 577-9900, 1-800-443-7837, www. estesparkcvb.com.*

Unterkunft

Alpine Trail Ridge Inn $$-$$$: *927 Moraine Ave., ✆ 586-4585, 1-800-233-5023, www.alpinetrailridgeinn.com. Motel der Mittelklasse.*

**McGregor Mountain Lodge $$$**: *2815 Fall River Rd. (3 ½ Meilen westl. am US 34), ✆ 586-3457, 1-800-835-8439, www.mcgregormountainlodge.com. Ansprechende Lodge mit 4 Zimmern ($$-$$$) sowie Suiten und Log-Cabins für Selbstversorger ($$$-$$$$). Nahe Nationalpark.*

Baldpate Inn $$$: *4900 S. CO 7, 7 Meilen südl. Estes Park, ✆ 586-6151, www.baldpateinn.com. Historisches B&B, 1917 erbaut und aufgrund eines Krimiromans, der hier spielte, berühmt-berüchtigt. Tolle Veranda mit Blick auf die Berge. Hier gibt es im Sommer zudem noch ein tolles Buffet (Lunch und Dinner).*

Allenspark B&B: *CO 7 Business Loop (ca. 15 Meilen südl. von Estes Park) in Allenspark, ✆ (303) 747-2552, www.allensparklodge.com. Sehr empfehlenswertes B&B, großes Blockhaus aus Kiefern. Alle 14 Zimmer mit Blick auf die Berge. Jacuzzi im Haus.*

Aspen Lodge Ranch Resort $$$$-$$$$$: *6120 Co 7 (7 Meilen südl. von Estes Park), ✆ 586-8133, 1-800-332-6867, www.aspenlodge.net. Schönes Resort (Dude Ranch) mit zumeist einzelnen Cottages, aber auch Zimmern (alle mit Balkon und Aussicht auf die Rockies). Das Haupthaus weist eine der größten Holzkonstruktionen Colorados auf. Gutes Restaurant. Es werden Ausritte, auch zu einer „arbeitenden" Ranch sowie in den Nationalpark organisiert. Gute Wandermöglichkeiten in der Umgebung. Hier können Sie entspannen.*

Stanley Hotel $$$$-$$$$$: *Oberhalb der Wonderview Ave., ✆ 577-4000, 1-800-976-1377, www.stanleyhotel.com. Ein Klassiker, der in der Liste der historischen Hotels steht. Oberhalb des Ortes gelegen, besitzt es in seiner Größe fast Burgcharakter. Die Deluxe-Zimmer nach vorne hin erlauben einen tollen Blick auf die Rockies.*

Stanley Hotel im Estes Park

Restaurants

Grumpy Gringo: *1560 Big Thompson Ave., Estes Park, ✆ 586-7705. Tex-Mex-Gerichte zu vernünftigen Preisen, gute Margaritas.*

Estes Park Brewery: *470 Prospect Village Dr., ✆ 586-5421. Burger, Steaks, BBQ-Gerichte und dazu gutes Bier aus der hauseigenen Microbrewerie.*

Fawn Brook Inn: *16 Meilen südlich am CO Hwy. 7 (Business Loop), Allenspark, ✆ (747-2556. Gehobenes Ambiente. Steaks, Seafood, Wildgerichte, aber vom Feinsten! Mehrgängige Gourmet-Dinner. Relativ teuer.*
Balpate Inn: *Adresse s.o., ✆ 586-5397. Im Sommer gibt es ein leckeres und günstiges Buffet. Besonders die Salatbar lockt. Abends nur bis 20 Uhr geöffnet!*

Weiterfahrt nach Denver

Von Estes Park aus gibt es zwei Möglichkeiten, nach Denver zu fahren:

Alternative 1: „Auf den Spuren der ersten Goldsucher"

Die Strecke führt entlang dem landschaftlich einmaligen – aber auch z.T. sehr befahrenen – „Scenic Byway" (CO 7, 72 und 119) in südlicher Richtung. Zuerst verläuft er durch eine bewaldete Hochebene, und im Süden, bei Central City, führt er in eine atemberaubende Schlucht, die gerade genug Platz für den Fluss und die Straße lässt. Orte wie **Ward**, **Nederland** und **Central City** waren einst bedeutende Bergbaustädte. Heute widmen sie sich ganz dem Tourismus und Nederland, wo sich die meisten Hotels und Campingplätze befinden, lädt zu Wanderungen ein.

Natur, Bergbau und Casinos

Central City und seine Partnerstadt Black Hawk warten mit schön restaurierten Gebäuden aus der Blütezeit des Bergbaus auf. Interessant zu sehen, doch leider locken am Wochenende die hier ansässigen Spielcasinos so viele Besucher an, dass man geneigt ist, sich dem Stress des Parkplatzsuchens zu entziehen. Selbst der große Parkplatz vor den Toren des Städtchens, von dem aus ein Shuttlebus verkehrt, ist dann gerammelt voll.

Als „Unternehmungen" in Central City empfehlen sich eine 30-minütige Fahrt mit der Schmalspurbahn zu den ehemaligen Goldfeldern, die Besichtigung des **Opera House** *(120 Eureka Street, ✆ (303) 292-6700, www.centralcityopera.org)*, ehemals **das** Luxushotel des Westens, heute Veranstaltungsort, und der Besuch des **Gilpin County Historical Museum** *(228 E. High St., ✆ (303) 582-5283, www.gilpinhistory.org, nur im Sommer, tgl. 10–16 Uhr, Rest des Jahres auf Anmeldung)*, wo u.a. die Geschichte der ersten Goldfunde von Colorado dokumentiert wird. Anschließend bietet sich ein kurzer Bummel durch die alten Straßenfassaden an.

Etwa zwei Meilen südlich von Black Hawk, beim Coyote Inn, können Sie übrigens selbst „Goldpanning" ausprobieren. Gold ist garantiert, und man darf es auch mitnehmen! Über Golden geht es dann nach Denver.

Reisepraktische Informationen Central City/Black Hawk, CO

VORWAHL 303

Information
Visitor Center: *141 Nevada St., ✆ 582-5251, www.centralcitycolorado.com.*

Unterkunft

Central City: *Hier dominieren die Casino-Hotels* **($$-$$$)**, *so z.B. das moderne* **Century Hotel ($$$**, *102 Main St.,* ✆ *582-5050, www.cnty.com/casinos/centralcity) oder das* **Reserve Casino & Hotel ($$$**, *321 Gregory St.,* ✆ *582-0800, 1-800-924-6646, www.reservecasino.com).*

Schöner aber wohnen Sie in einem B&B in einem historischen Haus in **Black Hawk**: *z.B. dem* **Chase Creek B&B ($$**, *250 Chase St.,* ✆ *582-3550, www.chasecreekinn.com) oder dem* **The After Supper B&B ($$**, *101 Marchant Street,* ✆ *582-5787, www.after supper.com). Zudem gibt es eine Reihe günstigerer Motels und Hotels.*

Restaurants

Zum Dinner ins „deutsche" **Black Forest Inn** *(✆ 279-2333) in Nederland (24 Big Springs Dr.), wo es nicht nur gute deutsche Küche gibt, sondern auch Wildgerichte. Die Alternative vor Ort:* **White Buffalo Grill**: *Lodge Casino, 240 Main St., Black Hawk,* ✆ *582-6375. Gepflegte Atmosphäre. Fisch- und Fleischgerichte.*

info

Die Geschichte von Central City

Central City war im 19. Jh. das, was man heute als eine richtige **Wildwest-Stadt** bezeichnen würde. Am 6. Mai 1859 war es *John H. Gregory*, der hier das erste Gold fand. Lange Jahre vom Pech verfolgt, wurde *Gregory* durch sein unsagbares Glück so überwältigt, dass er den Verstand verlor. Listige Spekulanten nutzten dies sofort aus: Sie füllten *Gregory* mit Alkohol ab und kauften ihm seine Mine für 21.000 $ ab – fast nichts im Vergleich zu den 60 Millionen Dollar, die aus der Mine in den Folgejahren herausgeholt wurden. Doch damit nicht genug: Weil es sich anfangs noch nicht genügend herumgesprochen hatte mit den Goldfunden, nutzten windige Geschäftsleute den Besuch des Herausgebers des „New York Tribune", *Horace Greeley*, aus, indem sie eine Mine „vergoldeten". Sie schossen Goldstaub hinein und leuchteten das Ganze geschickt aus. Nachdem dieser die „Goldader" gesichtet hatte, veröffentlichte er sofort einen Artikel, der Tausende von Glücksrittern nach Central City lockte. Viele der Neuankömmlinge waren gerade erst aus Europa übergesiedelt und sprachen kein Wort Englisch. Sprachliche Missverständnisse führten so oft zu Schießereien vor den Saloons. Während der ersten Sheriff-Wahlen 1861 wurden 217 Schlägereien, 97 Schießereien, 11 Messerstechereien und ein Hundekampf offiziell registriert!

In der Folgezeit boomte die Stadt und zählte um 1870 bereits 42.000 Einwohner. Weitere folgten, als 1872 die Eisenbahnlinie Black Hawk erreichte. Zwei Jahre später wurde die Stadt von einer Feuersbrunst gänzlich zerstört. Doch bereits nach neun Tagen war das erste Haus wieder hergestellt, und keine zwölf Monate später stand die ganze Stadt wieder, diesmal aber aus Stein errichtet. Central City stand am Höhepunkt: Das 1876 fertiggestellte Opernhaus zog Showgrößen aus allen Himmelsrichtungen an, u.a. *Lillian Russell* und *Edwin Booth*. 1890 war fast alles Gold gefördert, und auch die Silberfunde brachten keine Gewinne mehr ein. Beinahe über Nacht waren 90 % der Goldsucher verschwunden, viele von ihnen in Richtung Alaska, wo sie auf neues Glück hofften. Bis dato aber hatten sie der Erde um Central City, der „richest squaremile on earth", Gold und Silber im Werte von 630 Millionen $ entlockt. Eine zu dieser Zeit unvorstellbare Summe.

1925 zählte Central City noch 400 Einwohner, und keiner gab auch nur einen Pfifferling auf die ehemals so florierende Stadt. Doch wie Tombstone in Arizona gaben auch in Central Ci-

Es gibt viele verlassene Minen zwischen Estes Park und Denver

ty die Bewohner nicht auf. Mit Hilfe der Central City Opera Association, die unterstützt wurde von Geschäftsleuten aus Denver, wurde 1932 das Opera House renoviert und wiedereröffnet. Bis in die 1960er Jahre hinein vegetierte die Stadt aber weiter am Rande des Geschehens dahin und war nur Ziel von wenigen abenteuersuchenden und trinkfreudigen Touristen. Erst mit der Zunahme des Autotourismus setzte der zweite große Boom Ende der 1960er Jahre ein. Die alten Häuser wurden restauriert, Souvenirshops kamen dazu, und Fast-Food-Restaurants schossen aus dem Boden. 1990 wurde schließlich durch ein Referendum erreicht, dass in Central City „Gambling" erlaubt wurde. Obwohl der erlaubte Höchsteinsatz sehr gering ist, sorgte dies für eine Flut von Wochenendbesuchern. Es wurden Parkplätze entlang dem ganzen Tal angelegt, und eines ist wieder eingekehrt: der (moderne) Wilde Westen.

Tipp

Der an zwei Punkten ausgeschilderte ***Golden Gate Canyon State Park*** *bietet zwar eine schöne und waldreiche Tallandschaft mit etlichen Wanderwegen, doch erwarten Sie keine ausgefallenen Naturhöhepunkte.*

Alternative zu dieser Strecke: Fahren Sie bei Nederland nach Osten über den CO 119 nach Boulder. Er führt durch den markanten **Boulder Canyon**, von dem aus Sie kurz vor Boulder noch einmal abzweigen können, um entlang dem 18 Meilen langen **Four Mile Canyon Drive** in die Stadt zu fahren.

Alternative 2: über Boulder

Die direkte Strecke von Estes Park (US 36) nach Boulder hat nicht viel zu bieten, ist aber um einiges schneller. **Boulder** ist im Gegensatz zu Denver ein überschaubares Städtchen mit einer alles bestimmenden Universität, einer Reihe von technischen Instituten und Labors sowie ein paar „üblichen" Museen, die meist an die Universität angeschlossen sind. Boulder hat Charme und bietet sich hervorragend an für Ausflüge in die östlichen Rocky Mountains. Im Touristenbüro *(2440 Pearl Street)* erhalten Sie ausgezeichnete Faltblättchen mit Routenvorschlägen – nicht nur fürs Auto, auch für Fahrrad- bzw. Wandertouren. Bereits die nahe Umgebung bietet neben bezaubernder Landschaft historische Minen und Ghosttowns. Beliebt ist z.B. eine Wanderung oder Fahrradtour entlang des **Boulder Creek Path**, wobei dieser an Wochenenden stark frequentiert wird. Die Stadt selbst hebt sich durch ein reges, kulturelles Leben hervor (Shakespeare Festival, Symphoniekonzerte, Theater etc.), kein Wunder bei 30.000 Studenten.

Uni, Kultur und Outdoor-Aktivitäten

In der City lädt die sehr ansprechende **Pearl Street Pedestrian Mall** zum Flanieren ein. Besonders am Abend, wenn die Restaurants, Straßencafés, Pubs und „Minibreweries" Hochkonjunktur haben, ist hier etwas los. **Outdoor-Fans**, vom Bergsteiger bis zum Mountainbiker, finden alle Möglichkeiten vor: Fast an jeder Ecke bietet sich ein Geschäft (oder zumindest dessen Werbung) für Unternehmungen aller Art an. Eine außergewöhnliche Sehenswürdigkeit ist sicherlich Amerikas größter Kräuter-Tee-Produzent, **Celestial Seasoning** nordöstlich der Stadt. Aus mehr als 100 verschiedenen Kräutern und Gewürzen werden hier an die 60 Tees produziert.
Celestial Seasoning, *4600 Sleepytime Dr., abgehend von der Spine Rd. am CO 119, Longmont-Diagonal, ✆ (303) 581-1202, www.celestialseasonings.com, Führungen Mo–Sa 10–16, So 11–15 Uhr.*

Boulder hebt sich aber vor allem als **Forschungsstandort** von anderen Städten der Region ab. Die interaktive Freiluft-Ausstellung **Wonder of Science at Twenty Ninth Street** erklärt Besuchern anhand beleuchteter Planetenmodelle, einer Sonnenuhr sowie einer Wetterstation spielerisch das Planetensystem sowie die Zusammenhänge von Raum und Zeit. Höhepunkt der Ausstellung ist eine zehn Meter hohe Rakete, die für Forschungen im All eingesetzt wurde.
Wonder of Science at Twenty Ninth Street, *29th Street Mall, 29th St. & Canyon, ✆ (303) 444-0722, www.twentyninthstreet.com/entertainment.*

Wer lieber Laborluft schnuppern möchte, schaut den Profis in folgenden Einrichtungen über die Schulter:

▸ **National Center for Atmospheric Research (NCAR)**

Hier werden der weltweite Klimawandel sowie die Entstehung gefährlicher Wetterphänomene erforscht. Herzstück des Instituts ist das *Mesa Laboratory*, das in den 1960er Jahren von dem berühmten Architekten *I.M. Pei* entworfen wurde. Heute zählt es mit seinen abstrakten, geometrischen Formen zu den architektonischen Highlights der Stadt. Hier können Sie mehr über die Auswirkungen des Klimawandels und die Wetterexperimente der Wissenschaftler lernen.

Klimaforschung

NCAR, *1850 Table Mesa Dr, ✆ (303) 497-1174, www.ncar.ucar.edu, Mo–Fr 8–17, Sa+So 9–16 Uhr, Instituts-Führungen: Mo–Fr 12 Uhr bzw. auf Anfrage, frei.*

▸ **National Oceanic and Atmospheric Administration (NOAA)**

Wer schon immer einmal wissen wollte, wie Wettervorhersagen erstellt werden, der ist hier richtig. Hier lernen Sie Hoch- und Tiefdruckgebiete richtig zu deuten und erleben, welchen Einfluss das Wetter auf das tägliche Leben hat. Im *Earth System Research Laboratory* des NOAA verfolgen Wissenschaftler Schwankungen in der Atmosphäre und

suchen nach Möglichkeiten und Methoden, die Luftqualität langfristig zu verbessern.
NOAA, *325 Broadway, ✆ (303) 497-3333, www.noaa.gov, Zeiten für Führungen erfragen.*

Nach Denver benötigt man über den Highway nur noch 40 Minuten, wobei ein Schlenker über Golden (S. 555) bei genügend Zeit Sinn machen würde.

Reisepraktische Informationen Boulder, CO

VORWAHL 303

Information

Convention & Visitors Bureau: *2440 Pearl St., ✆ 442-2911, 1-800-444-0447, www.bouldercoloradousa.com.*

Unterkunft

Boulder International Youth Hostel: *1107 12th St., ✆ 442-0522, www.boulderhostel.com. Jugendherberge. Schlafräume ($) und private Zimmer ($$)*
Days Inn Boulder $$-$$$: *5397 Boulder Rd, Boulder, ✆ 499-4422, www.dayshotelboulder.com. Gut geführtes Mittelklasse-Hotel, einige Zimmer mit Aussicht auf die Berge.*
The Bradley Boulder Inn / Bed and Breakfast $$$$: *2040 16th Street, ✆ 545-5200, 1-800-858-5811, www.thebradleyboulder.com. Schöne Pension, elegant und persönlich. Nahe Pearl Street. Einige Zimmer mit Jacuzzi.*
Briar Rose Bed & Breakfast $$$$: *2151 Arapahoe Ave., Boulder, ✆ 442-3007, 1-888-786-8440, www.briarrosebb.com. Schnuckelige, persönlich gehaltene Unterkunft – manch einem vielleicht zu kitschig.*
The Boulderado $$$$-$$$$$: *2115 13th St., ✆ 442-4344, 1-800-433-4344, www.boulderado.com. Hotel von 1909. Vollkommen renoviert, aber im alten viktorianischen Stil belassen. Ohne Frage ein kleiner Genuss.*
Ein guter Tipp für Boulder sind die **Bed-&-Breakfast-Häuser**, *von denen Ihnen das Touristenbüro eine lange Liste geben kann.*

Restaurants

In punkto gutes Essen sollten Sie sich einfach treiben lassen – **entlang der Pearl Mall**. *Hier bieten unterschiedliche ethnische Restaurants ihre Mahlzeiten an, so z.B. das hippe und nicht ganz preiswerte* **The Kitchen** *(1039 Pearl St., ✆ 544-5973), ein Bistro mit einer coolen Lounge im Obergeschoss. Zum geselligen Beisammensein bietet sich nach dem Dinner noch ein Gang zur* **Walnut Brewerie** *in der parallel verlaufenden Walnut Street (Nr. 1123, ✆ 447-1345) an. Jazz-, Soul- und auch mal Rockmusikgruppen treten hier des Öfteren auf, und das frisch gezapfte Bier schmeckt auch sehr gut. Natürlich gibt es hier auch Pub-Gerichte (Burger, Fish'n Chips usw.)*
Wer nun bereit ist, ganz tief in die Tasche zu greifen, sollte sich auf den Flagstaff Mountain hinaufbegeben und im legendären, weithin bekannten **Flagstaff House Restaurant** *(1138 Flagstaff Rd, ✆ 442-4640) speisen. Der Weinkeller zählt zu den besten Colorados und das Buffalo Steak ist auch nicht zu verachten. Dazu gibt es bei rechtzeitiger Reservierung auch noch eine schöne Aussicht auf Boulder und die Plains.*

Denver

Entfernungen

Denver – Salt Lake City (Hwy. 40): 493 Meilen/793 km
Denver – Kansas City (I-70): 615 Meilen/990 km
Denver – Aspen: 159 Meilen/256 km
Denver – Santa Fe (I-25): 386 Meilen/621 km

Überblick und Geschichte

Hier regiert das Geld

Denver ist die pulsierendste Großstadt in den Weiten des Westens und der Berge. Somit zuerst einmal: Geldbeutel anschnallen – und nicht zu locker! Das **Warenangebot** ist besonders exklusiv und verlockend. Man erkennt, dass in Denver das Geld regiert. Doch nicht nur beim Shopping kann man schnell ein Vermögen loswerden, auch in den z.T. gar nicht so teuer erscheinenden Restaurants. Doch wenn man schon mal hier ist, sollte man auch die Wildgerichte des Südwestens ausprobieren. Und da in einer Großstadt wie Denver auch nach dem Dinner nicht die Bürgersteige hochgeklappt werden, wird noch der eine oder andere Dollar in einem Jazzclub oder einer gemütlichen Microbrewery verschwinden.

Natürlich lockt Denver nicht nur mit den süßen Seiten des Lebens, eine ganze Reihe von Sehenswürdigkeiten gibt es auch, darunter auffallend viele Museen und seit einigen Jahren erblüht die Kunst- und Kulturszene zu überregionaler Bedeutung. Sie hat sich vorwiegend um Santa Fe und Colfax Avenue sowie im Golden Triangle um das Denver Art Museum angesiedelt.

Downtown Denver

Wie überall in Amerika ist die City durch Hochhausbauten bestimmt, die in aber Denver keine besondere Augenweide darstellen (außer als Skyline vor den Bergen). Architektonisch reizvoll dagegen sind die Häuser der Randcity, so z.B. in den östlichen Parallelstraßen des South Boulevard (Logan u. Lincoln Street), wo sich ein „Puppenhaus" an das andere reiht – und das 30 Blocks weit. Die Häuser sind aus der Zeit der 1920er Jahre. Wenn man hier entlang fährt, fällt auf, wie die Häuser nach Norden, zur City hin immer größer und feudaler werden.

Skyline mit Bergen

Denver bietet also in erster Linie viele **Museen**, und zwar auch eine Reihe ausgefallene: natürlich ein Kunst- und Geschichtsmuseen; zudem ein Puppen- und Spielzeugmuseum, ein Eisenbahnmuseum, eine Münzpresse, ein Feuerwehrmuseum, ein Kindermuseum, ein den schwarzen Cowboys gewidmetes Museum, das Buffalo Bill-Museum, Museen in historischen Häusern, Brauereimuseen etc. Insgesamt sind es weit über 40. Zudem kann man hier **Großstadtatmosphäre** mit dem neuzeitlichen Flair des Geldadels erleben – man mag es oder nicht. Schauen Sie sich die exklusiven Boutiquen an oder die Geschäfte in der restaurierten „Historic Lower Downtown" (LoDo). Wer mit den Füßen lieber auf dem Boden bleiben möchte, dem empfehlen wir einen ausgedehnten Besuch des „Tattered Cover Bookstore".

Redaktionstipps

- Komfortabel **übernachten** im klassischen **Brown Palace** oder einem der (relativ) günstigen **Motels am Innenstadtrand**. Für eine Nacht lohnen die weiten Anfahrten aus der Peripherie nicht. Empfehlenswertes B&B: das **Adagio B&B** (S. 550f).
- Ein **Wildgericht** (z.B. Elchfleisch) zum Abendessen im historischen **Buckhorn Exchange** wird durch nichts übertroffen. Ansonsten mexikanisch im **El Chapultepec** bzw. Burger in einem **Microbrew-Pub** (S. 552).
- Einen **Jazzauftritt** im **El Chapultepec** sollte man nicht verpassen. Das Lokal wirkt heruntergekommen, doch der Wirt liebt erstklassige Musik. Eine echte Jazzkneipe!
- **Die bedeutendsten Sehenswürdigkeiten**: Das **Colorado History Museum** (S. 544); das **Museum of Natur & Science** (S. 546); das **Denver Art Museum** (S. 543), das **Denver Aquarium**, eine der größten Brauereianlagen der Welt: **Coors Brewery** in Golden (S. 556); zahlreiche weitere gute Museen.
- **Shoppen**: **16th Street Mall** und **Larimer Square** in der Innenstadt oder **Cherry Creek Shopping District**. Bücherfreunde sollten noch dem **Tattered Cover Book Store** einen Besuch abstatten (S. 547).
- **Zeiteinteilung: 1-2 Tage:** Am ersten Tag die Innenstadt erkunden: 16th Street Mall, LoDo und den Larimer Square und Besuch von ein oder zwei Museen bzw. dem Capitol. Am zweiten Tag evtl. noch ein Museum in der Innenstadt und dann zum Shoppen zum Cherry Creek Shopping District.

Entwicklung der Stadt

Bis Mitte des 19. Jh. tat sich überhaupt nichts in der Region, und nur ein paar Trapper und Pelzhändlern streunten in den nahen Bergwäldern herum. Um 1858 fand dann ein einsamer Schürfer Gold am South Platte River. Obwohl es sich nur um kleine Mengen handelte, kamen daraufhin weitere Glücksucher und errichteten eine kleine Stadt aus einfachen Hütten.

Doch der Goldrausch dauerte nur wenige Monate. Die Siedlung wurde von allen verlassen – bis auf eine kleine Gruppe, die erneut ihr Glück ein paar Meilen weiter südlich versuchte, am Zusammenfluss von South Platte River und Cherry Creek. Ihre Funde waren weitaus erfolgversprechender, und man begann damit, zwei richtige Städte zu bauen: Auraria (jetzt der Universitätscampus) und St. Charles City. Ermutigt durch die Funde, kamen viele aus den östlichen Staaten und *General William Larimer* aus Kansas ließ als dritte Stadt Denver City errichten, benannt nach einem ehemaligen Gouverneur von Kansas (zu dieser Zeit gehörte Colorado noch zu Kansas). 1861 wurden die Städte vereinigt.

Obwohl das **Goldfieber** um Denver noch 20 Jahre anhielt, blieben die geförderten Mengen insgesamt eher bescheiden. Es waren die Saloons, Hotels, Geschäfte und Banken, die der Stadt zu einem leidlichen Wohlstand verhalfen. Das meiste Geld kam aus den Minenstädten in den Bergen, wo tatsächlich reiche Goldadern lagen, während man in der Ebene nur den Goldstaub fand, den die Flüsse hinabgetragen hatten. Viele hochherrschaftliche Häuser im alten Denver wurden damals von erfolgreichen Schürfern gebaut. Ab 1880 kam weiteres Geld aus den neu entdeckten Silberminen, die die Goldförderung bald in den Schatten stellten. Eine schillernde Persönlichkeit für Denver war damals der Silberbaron *Horace A. Tabor* (s. S. 566), der u.a. ein großes Opernhaus bauen ließ. Das Großbürgertum hielt nun Einzug. Als in den 1890er Jahren der Silberpreis rapide fiel, war es mit den Weltstadt-Träumen vorbei. Denver vegetierte über Jahrzehnte dahin. Geld war zwar immer noch vorhanden, doch lag die Stadt geografisch im Randbereich und konnte somit nicht mit der Entwicklung der Städte am Pazifik oder entlang der Ostküste mithalten. Dies änderte sich ein wenig, als die Eisenbahnlinie nach Westen fertiggestellt wurde (1928), doch blieb Denver in den Augen der Küstenstädter eine Wildwest-Stadt.

Spendabler Silberbaron

Erst zu Beginn den 1980er Jahre wendete sich das Blatt erneut: wieder aufgrund von reichen Bodenschätzen – diesmal **Öl** und Kohle. Rings um die Stadt fördern heute Ölpumpen – ob auf Getreidefeldern oder mitten in den Ortschaften. Dieser zweite Boom bescherte Denver also das Geld, welches heute in der Stadt allgegenwärtig ist. Innerhalb von nur zehn Jahren verdoppelte sich die Einwohnerzahl. Die Folgen dieser Geldschwemme sind nicht zu übersehen: ein ungezügelter Bauboom, der keine Rücksicht auf historische Bauten der Jahrhundertwende nimmt sowie der flächenmäßig größte Flughafen der USA, kurz „DIA" (Denver International Airport) genannt.

Riesen-Airport

Sehenswertes in und um die Downtown

Orientierung: Die Sehenswürdigkeiten in der Stadt verteilen sich im Wesentlichen auf vier geografische Gebiete, die sich insgesamt über eine Distanz von 6 km erstecken:

- **Golden Triangel und State Capitol**: Südwestlich der Innenstadt. Das kulturelle Herz der Stadt mit Civic Center Park, Denver Art Museum, State Capitol u.a.
- **Innenstadt**: Zwischen Platte River und State Capitol: Shopping, Historic Lower Downtown, Veranstaltungsorte.
- **Um den Platte River**: Nordwestlich der Innenstadt: Aquarium, Amusement Park.
- **Östlich bzw. südlich des State Capitol**: Museum of Nature & Science, Zoo, Cherry Creek Shopping District und nahe der Uni South Pearl.

Golden Triangel und State Capitol

US Mint (3)

Die erste „Münze" wurde 1863 in Denver eingerichtet. Zuerst wurden die Münzen von der privaten Firma *Clark, Gruber & Co* geprägt. Der Staat erteilte nur die Genehmigung, denn ihm war es zu dieser Zeit zu gefährlich, da die Goldmünzentransporte laufend überfallen wurden. Das Gold stammte zum größten Teil von Goldschürfern aus den Bergen. 1895 wurde schließlich von Seiten der Regierung beschlossen, eine staatliche Prägeanstalt in Denver einzurichten, doch es sollte noch 11 Jahre dauern, bis der Bau in der

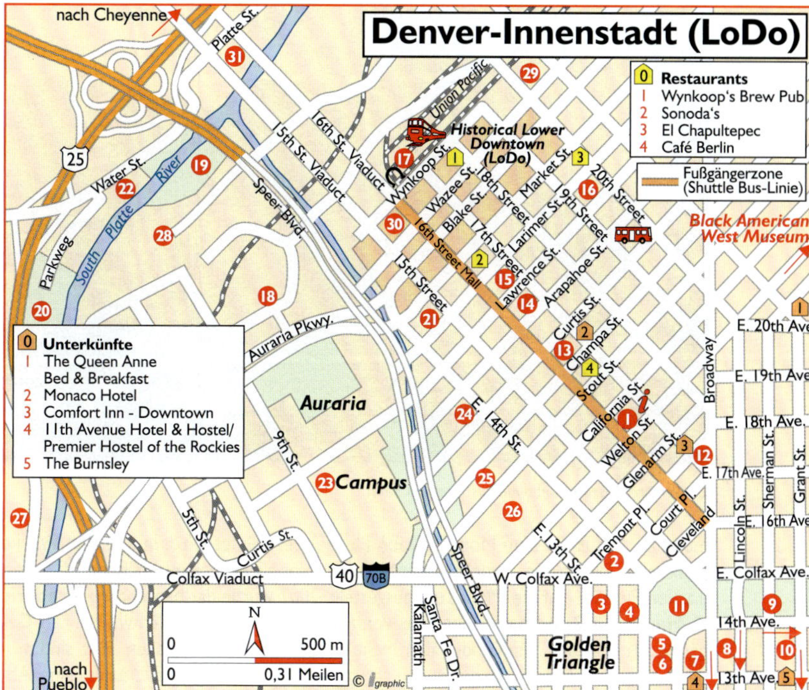

1 Denver Metro Convention & Visitor Bureau
2 Denver Firefighters Museum
3 U.S. Mint
4 Denver City Hall & County Bldg.
5 Denver Art Museum
6 Byers-Evans House Museum
7 Denver Public Libary
8 Colorado History Museum
9 Colorado State Capitol
10 Molly Brown House Museum/ Vance Kirkland Museum
11 Civic Center Park
12 The Brown Palace Hotel
13 16th Street Mall
14 D&F- Tower,
15 Tabor Center
16 Sakura Square
17 Union Station
18 Pepsi Center
19 Centennial Gardens
20 Children's Museum
21 Larimer Square
22 Downtown Aquarium
23 University of Colorado
24 Denver Performing Arts Complex
25 Currigan Exhibition Hall
26 Colorado Convention Center
27 Mile High Stadium/ McNichols Arena
28 Elitch Gardens Amusem. Park, Six Flags
29 Coors Field Stadium
30 Tattered Cover Bookstore
31 REI (Outdoorshop)

Colfax Avenue fertiggestellt war. Die „Denver Mint" ist eine von nur 4 Prägeanstalten in den USA, und jährlich werden hier 15 Milliarden Münzen produziert.

US Mint, *Ecke W. Colfax Ave., Cherokee St., ✆ (303) 405-4761, www.usmint.gov; Touren nach Voranmeldung Mo–Fr 8–14 Uhr (frühzeitig buchen!); Shop, in dem man Sondermünzen kaufen kann.*

Die **City Hall**, Sitz der County Verwaltung, ist ein imposantes, aber in seiner Architektur etwas unpassendes Gebäude. Der Vorplatz erinnert an den Petersplatz in Rom.

Denver Art Museum (5)

Der Hauptbau des Museums ist in einem sechsstöckigen Gebäude untergebracht, welches 1971 von dem Mailänder Architekten Geo Ponti entworfen wurde und im Volks-

Denver Art Museum: Gebäude aus Glas und Titan

mund als „Haus auf dem Mond“ (Moon House) bezeichnet wird. In ihm sind Werke (Malereien, Skulpturen, Drucke) amerikanischer, vor allem aber europäischer Künstler, u.a. von Picasso, Matisse, Monet u.a. ausgestellt. 2007 wurde das benachbarte **Frederic C. Hamilton Building** eröffnet, das von *Daniel Libeskind* entworfen wurde. Das Gebäude aus Glas und Titan findet aber nicht bei allen Kritikern Gefallen. Hier sind moderne, amerikanische Kunstwerke zu sehen, u.a. Installationen, Skulpturen, eine Abteilung mit Western-Art und auch eine Fotoausstellung. Das Bild runden dann tolle präkolumbianische und indianische Sammlungen ab. Das Denver Art Museum ist übrigens das größte Kunstmuseum zwischen Mississippi und West Coast.

Daniel Libeskind

Denver Art Museum, *100 W. 14th Ave., Pkwy., ✆ (720) 865-5000, www.denverartmuseum.org, Di–So 10–17, Fr bis 20, $ 13.*

Das **Byers-Evans House (6)**, gleich hinter dem Art Museum, ist ein Zeugnis wohlhabender Pionierfamilien in Denver. Es ist weniger das Innere des Hauses, das „nur“ aus alten Möbeln besteht, als vielmehr die Ausstellungen und Fotos, zusammengestellt von der *Colorado Historical Society*, die einen Besuch wert sind (ebenso wie das angeschlossene **History Museum**). Sie bieten hervorragende Einblicke in die Geschichte von Denver. Das Haus wurde 1883 erbaut und der erste Besitzer war *William Evans*, Herausgeber der *Rocky Mountain News*.

Historische Denver-Fotos

Byers-Evans House, *1310 Bannock Street, ✆ (303) 620-4933, www.coloradohistory.org, Mo–Sa 10–16, Haus-Touren 10.30, 11.30, 12.30, 13.30 und 14.30 Uhr, $ 6.*

Colorado History Museum/History Colorado Center (8)

Das Museum bietet Gelegenheit, sich mit der Geschichte von Colorado auseinanderzusetzen. Ob als Skispringer auf dem Schanzentisch, als Handelsreisender in Bent's Old Fort oder auf Silbersuche in einer Mine – hier wird der Besucher Teil der Geschichte. Das über 18.000 qm große Museum lässt Interessierte dank zahlreicher interaktiver Elemente, Videos, Fotos und Soundeffekte an den markantesten historischen Ereignissen

des US-Bundesstaats teilnehmen. Ein Highlight ist die überdimensionale, in den Boden eingelassene topografische Karte des Künstlers Steven Weitzman. Mittels einer „Zeitmaschine" können Besucher darauf die geschichtsträchtigen Orte Colorados abreisen.
Colorado History Museum/History Colorado Center, *1200 Broadway, Ecke 12th St., ✆ (303) 447-8679, www.historycoloradocenter.org, Mo–Sa 10–17, So 12–17 Uhr, $ 10.*

Colorado State Capitol

Colorado State Capitol (9)

Das Kapitol wurde 1908, nach 22-jähriger Bauzeit, fertiggestellt. Einzig Rohmaterial aus Colorado wurde dazu verwendet, was zur Folge hatte, dass der graue Granit aus der Region um Gunnison dem Gebäude ein weniger positives Antlitz vermittelt, eher das einer „grauen Maus". Dafür aber hat man die Kuppel mit Blattgold überzogen. Der Gegensatz ist ziemlich krass, macht das Gebäude aber wiederum einzigartig unter allen Capitol-Bauten der USA. Eine 30-minütige Rundtour durch einen Teil der 160 Räume macht den Reichtum des Staates deutlich. Der Kandelaber im Supreme Court Chamber wiegt eine ganze Tonne! Ansonsten viel Marmor, Prunk und Protz. Die Rundtour endet auf den Stufen des Baus vor dem **Civic Center Park**, von wo aus man einen guten Blick auf die Downtown und die Berge hat. Der große Park gilt als grüne Lunge, auf dem Veranstaltungen, Konzerte aber auch Demonstrationen abgehalten werden.
Colorado State Capitol, *200 E. Colfax Ave., ✆ (303) 866-2604, Mo–Fr 7–15.30, Touren 9–14.30 Uhr.*

Östlich bzw. südlich des State Capitol

Molly Brown House (10)

Rund sechs Blocks östlich des State Capitols liegt das im viktorianischen Stil errichtete Haus. *Molly Brown* war eine der ausgefallensten Frauen Amerikas zu Beginn des 20. Jh. Sie gelangte zu Berühmtheit, als sie den Untergang der „Titanic" nicht nur überlebte und bei der Rettung vieler Passagiere beteiligt war, sondern dass sie sich auch nach diesem Unglück aufopferungswürdig um die verbliebenen Immigranten gekümmert hat. Dieses brachte ihr den Spitznamen „Unsinkable Molly" ein. Doch schon vorher führte sie ein abenteuerreiches Leben. Aus Missouri stammend, wohnte sie zuerst in verschiedenen Minenstädten Colorados. Dort lernte sie sich durchzusetzen, was 1909 sogar dazu führte, dass **sie** sich von ihrem Ehemann trennte – zu jener Zeit undenkbar! –, um sich ganz ihrer Leidenschaft, dem Reisen, hinzugeben, von denen sie auch einen Großteil der Möbel im Haus mitgebracht hat.

„Unsinkable Molly"

Molly Brown House, *1340 Pennsylvania St., ✆ (303) 832-4092, www.mollybrown.org, Di–Sa. 10–15.30, So 12–15.30 Uhr, im Sommer auch Mo, $ 8.*

Nahezu benachbart ist das **Vance Kirkland Museum (10)** in einem Haus von 1911. Auf engstem Raum wird hier dekorative Kunst von Jugendstil über Bauhaus bis zur Moderne gezeigt. *Vance Kirkland* (1904-81) hat diese imposante Sammlung begonnen und gilt als einer der führenden modernen Künstler des Westens.
Vance Kirkland Museum, *1311 Pearl St., ✆ (303) 832-8576, www.kirklandmuseum.org, Di–So 11–17 Uhr, $ 7.*

Hippe Szene

Schlendern Sie weiter entlang der **Colfax Avenue** (stadtein- oder -auswärts). Die Straße ist das genaue Gegenstück zur Downtown. Hippe Leute und Szenegeschäfte mit Comic-Heften, gebrauchten Schallplatten, ausgefallener Second-Hand-Mode, Antiquariate, günstige Restaurants und, und, und. Bei dem auffälligen Kirchenbau in Richtung Innenstadt handelt es sich übrigens um die **Cathedral of the Immaculate Conception**, die größte Kirche von Denver.

Botanic Gardens (**(1)** auf der Metro-Karte): Zu sehen gibt es Pflanzen aus aller Welt (sehr schönes Tropenhaus), doch sind für Sie bestimmt die Abteilungen mit den Pflanzen aus den Rockies am interessantesten. Im Sommer Konzerte.
Botanic Gardens, *1005 York St., ✆ (720) 865-3500, www.botanicgardens.org, tgl. 9–17 Uhr, Mitte Mai–Sept. 20 Uhr, $ 12,50.*

In einem kleinen Wohnhaus untergebracht ist das **Denver Museum of Miniatures, Dolls & Toys** (**(18)** auf der Metro-Karte). Ausgestellt sind neben Puppen auch Spielzeug und Miniaturen. Besonders eindrucksvoll sind die Puppenhäuser.
Denver Museum of Miniatures, *1880 Gaylord St. (westl. City Park), ✆ (303) 322-1053, www.dmmdt.org, Mi–Sa 10–16, So. 13–16 Uhr, $ 6.*

Fossilien und prähistorische Skelette

Denver Museum of Nature & Science (auch: Natural History, **(2)** auf der Metro-Karte): Für das Museum sollte man mind. zwei Stunden Zeit haben. Es ist das siebtgrößte Museum der USA und bietet unzählige sehenswerte Ausstellungsstücke. Da wären z.B. eine der größten Mineralien- und Fossiliensammlungen der Welt, lebensgroße, vollständige Dinosaurierskelette, Skelette von anderen prähistorischen Tieren, Dioramen von Pflanzen und Tieren aus vier Kontinenten. Die Entwicklung des Menschen wird erläutert mit Hilfe der Kopie von „Lucy", einem 3,2 Mio. Jahre altem Skelett aus Afrika. Die Leinwand des **IMAX-Theater** erstreckt sich über vier Etagen und ist damit eine der größten der Welt. Die Filme variieren, betreffen aber meist naturhistorische Themen. Im **Charles C. Gates Planetarium** gibt es Lasershows und Einführungsprogramme zur Astronomie. Der Sternenhimmel wird an einer riesigen Decke dargestellt. Für alle drei Abteilungen wird getrennt Eintritt verlangt.
Denver Museum of Nature & Science, *2001 Colorado Blvd., ✆ (303) 370-6000, www.dmns.org, tgl. 9–17 Uhr, $ 11 nur Museum, $ 21 für Museum, IMAX und Planetarium.*

Black American West Museum & Heritage Center
(**(14)** auf der Metro-Karte)
Weil so wenig über die Pionierleistungen der schwarzen und „coloured" Bevölkerung bekannt ist, sollte man diesem Museum einen Besuch abstatten. Wussten Sie z.B., dass jeder dritte Cowboy ein Farbiger war, dass ein schwarzer Goldsucher zu den ersten Fündigen in Idaho Springs gehörte und dass eine farbige Frau, *Dr. Justina Ford* („The Lady Doctor"), 1902 alle Barrieren, die ihr in den Weg gelegt wurden, überwand und ei-

ne Praxis für die Armen und Mittellosen in Denver eröffnete? Es gibt noch einiges andere in diesem Museum zu entdecken, was die Geschichtsschreibung bisher unter den Tisch gekehrt hat.

Black American West Museum, *3091 California Street, nordöstl. der Innenstadt (Five Points), ✆ (720) 242-7428, www.blackamericanwestmuseum.com., Di–Sa 10–14, Juni–Aug. 10–17 Uhr, $ 8.*

Einen Einblick in Kunst und Kultur der konstant wachsenden lateinamerikanischen Bevölkerung der Stadt gibt das **Museo de Las Americas** (**(17)** auf der Metro-Karte), *861 Santa Fe Dr, südl. der Innenstadt, ✆ (303) 571-4401, www.museo.org, Di–Fr 10–17, Sa+So 12–17 Uhr, $ 5.*

Innenstadt

Mit dem Elektrobus entlang der Mall

Die **16th Mall** ist die Fußgängerzone und wichtigste Einkaufsstraße von Denver. Die wirklich ausgesuchten Boutiquen und Galerien finden Sie aber in der **Larimer Street (21)** in der **Historic Lower Downtown (LoDo)**, dem ältesten Stadtteil von Denver *(zwischen Larimer Street und Union Station)* und in dem Einkaufszentrum **Tabor Square (15)**, welches am nördlichen Ende der Mall liegt. Einzig erlaubtes Verkehrsmittel in der Mall ist ein Elektrobus, der Sie kostenlos die Mall auf und ab befördert und an jeder Straßenkreuzung hält. Den auffälligen **D&F Tower (14)** ließ 1910 ein Kaufhausmagnat als Nachbau des Turmes am Markus-Platz in Venedig errichten. Damals war er das dritthöchste Gebäude Amerikas, heute geht er eher unter zwischen den ganzen Wolkenkratzern. Wenn Sie in der o.g. LoDo stöbern und laufen wollen, müssen Sie sich die Zeit nehmen für den Besuch des riesigen **Tattered Cover Book Store (30)** *(Ecke 16th Street Mall/Wynkoop St.)*. Der noch größere Hauptladen befindet sich aber außerhalb der Innenstadt *(2955 E. First Ave., gegenüber Cherry Creek Shopping Center)*. Für Erfrischung

Straßenmalerei auf der Larimer Street

und Stärkung sorgen kleine Restaurants und Kneipen. Am Nordrand von LoDo befindet sich das **Coors Field** (Führungen s. S. 554), Heimat des Baseballclubs *Colorado Rockies*. Das Stadion fasst 50.000 Zuschauer. Zwischen Larimer u. Lawrence Sts sowie 19th u. 20th Sts liegt **Sakura Square**, Denvers japanisches Zentrum.

Platte River Valley („Play-Do")

Elitch Gardens (28)

Der 100 Millionen Dollar teure Freizeitpark liegt für einen solchen Park sehr nahe an der Innenstadt. Darauf ist Denver besonders stolz. Über 40 unterschiedliche Fahrten und Attraktionen werden angeboten. Besonders schön ist es, vom Riesenrad aus auf die Stadt zu schauen. Abends Entertainment-Programme.
Elitch Gardens, *2000 Elitch Circle, I-25 Exit 212A, ✆ (303) 595-4386, www.elitchgardens.com, Juni–Labor Day Kernzeiten tgl. 10–20 Uhr, Apr., Mai, Sept. u. Okt. Fr–Sa, Zeiten variieren, $ 43, online günstiger.*

Spielen und Lernen

Auf der anderen Seite des Platte River liegt das **Children's Museum of Denver (20)** besuchen, das als eines der besten in den USA gilt. Kinder können sich hier nicht nur austoben – was ja schon für ein Museum nicht üblich ist –, sondern auch an Kursen teilnehmen, die wichtige Punkte wie z.B. „Recycling" ansprechen. Zudem dürfen sie ausgestellte Geräte anfassen, ja sogar runterschmeißen! Höhepunkt aber ist, neben dem Live-Theater, das Fernsehstudio, in dem Kinder ihren eigenen Film drehen können.
Children's Museum of Denver, *2121 Children's Museum Dr. (I-25, Exit 211), Westufer des Platte River, ✆ (303) 433-7444, www.mychildsmuseum.org, Mo–Fr 9–16 (Mi–19.30), Sa+So 10–17 Uhr, $ 8.*

Ab dem Museum gibt es Trolley-Touren zum nahen **REI-Shop** (s. S. 554) sowie zum nicht weit entfernten **Downtown Aquarium (22)**, dem größten Aquarium zwischen Chicago und Westküste. Besucher können hier zum einen den Weg des Colorado River zum Pazifik nachverfolgen, zum anderen durch einen indonesischen Regenwald zum Pazifik spazieren. Zudem gibt es ein Unterwasser-Restaurant.

Freizeitpark Six Flags Elitch Gardens

Downtown Aquarium, *700 Water St./Children Museum's Dr.,* ✆ *(303) 561-4450, www.aquariumrestaurants.com, So–Do 10–21, Fr+Sa 10–21.30 Uhr, $ 17.*

Nahe diesen Sehenswürdigkeiten ragt das **Invesco Field at Mile High Stadium**, wo das Football-Team, die *Denver Broncos* vor 80.000 Zuschauern zwischen September und Dezember spielen. Entlang des Platte River verläuft ein langer Rad- und Fußweg (zw. Lo-Do und South Platte River), zu dem der **Platte River Greenway**, der sehr bleibt ist bei Kajakern und Fahrradfahrern.

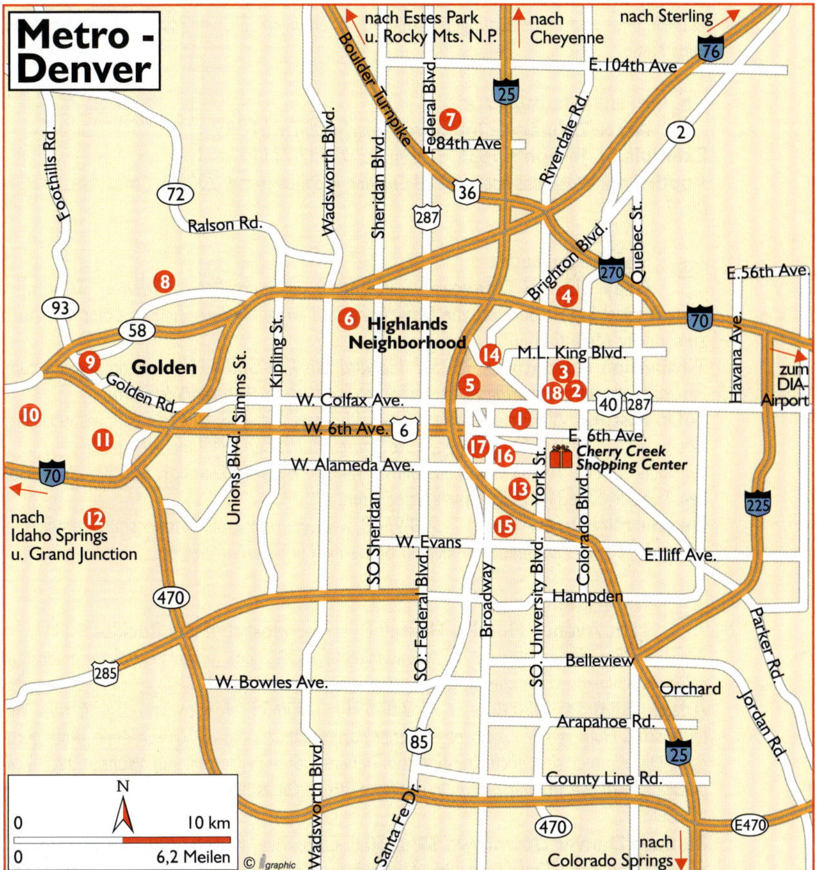

1 Denver Botanic Gardens
2 Denver Museum of Natural History
3 Denver Zoo
4 National Western Stock Show Complex
5 Elitch Gardens Amusement Park / Six Flags
6 Lakeside Amusement Park
7 Water World
8 Colorado Railroad Museum
9 Coors Brewing Company
10 Buffalo Bill's Grave & Museum
11 Heritage Square
12 Red Rocks Amphitheater
13 Washington Park
14 Black American West Museum
15 South Pearl (University of Denver
16 Old South Gay Lord (Shopping/Restaurants)
17 Museo de Las Americas
18 Denver Museum of Miniatures, Dolls & Toys
Innenstadt / Downtown

Reisepraktische Informationen Denver, CO

VORWAHL 303 (Vororte 720)

Information

Denver Visitor Center: *Ecke 16th Street Mall/ California St., ✆ 892-1505, www.denver.org*
Denver Metro CVB: *1555 California St., Ste 300, ✆ 892-1112, 1-800-393-8559*
Denver Int. Airport: *5th Floor, Jeppesen Terminal, ✆ 317-0629*
Aktuelle Infos und Veranstaltungen in den Tageszeitungen „Denver Post" und „Rocky Mountains News".

Krankenhaus/Ärzte

Ärzte/Zahnärzte Infonummer: *1-800-DOCTORS*
Exempla St. Joseph's: *1835 Franklin St., ✆ 837-7111*
Apotheken: *Walgreens haben oft 24 Stunden geöffnet, so z.B. 2000 E. Colfax Ave., ✆ 331-0917.*

Sightseeingtours

Gray Line of Denver: *✆ 394-6920, www.grayline.com/denver. Stadtrundfahrten (3–9 Std.), Touren in die Umgebung und einige andere Ziele in Colorado. Auch zum Rocky Mountain NP!*
Timberline Adventures: *7975 E. Harvard, Ste. J, ✆ 368-4418, www.timbertours.com. Ein-, aber vor allem mehrtägige Touren durch die Rockies (Fahrrad/Wandern).*
LoDo Historic Walking Tours: *1616 17th Street, Ste. 478, ✆ 628-5428, www.lodo.org/lodo-walk-tour. Unterschiedliche, geführte Touren durch den hist. Innenstadtbezirk.*
Fahrräder für eine Touren in und um Denver verleiht: **Bicycle Doctor**: *860 Broadway, Golden Triangle, ✆ 831-7228, www.bicycledr.com.*
Denver Microbrew Tour: *✆ 578-9548, www.denvermicrobrewtour.com. 2-stündige Innenstadt-Tour zu verschiedenen kleinen Brauereien und deren Kneipen.*

Unterkunft

11th Avenue Hotel & Hostel/ Premier Hostel of the Rockies $ (4): *11th Ave./1112 Broadway, ✆ 861-7777, www.innkeeperrockies.com. Relativ zentral zur Innenstadt gelegen. Schlafsäle, Privatzimmer.*
Adagio B&B $$: *1430 Race St., ✆ 370-6911, 1-800-533-4640, www.adagiobb.com. Viktorianisches Haus von 1892. Etwas einfacher ausgestattet als das u.g. Queen Anne, dafür günstiger. Die Zimmer sind nach Komponisten benannt. Spa im Garten. Auf Wunsch auch Vollpension. 3 km östl. der Innenstadt. In der Race Street gibt es noch weitere B&Bs in historischen Häusern.*

Ramada Denver Downtown $$: *1150 E. Colfax Ave, ✆ 831-7700, www.ramada.com. Hotel der bekannten Kette. Gutes Preis-Leistungsverhältnis, etwa 1 km östlich des Colorado State Capitol.*

Tipp

Günstigere und doch akzeptable Unterkünfte *finden sich entlang der Colfax Avenue zwischen Denver und Golden – häufig im Stil der 1950er-Jahre-Motels.*

Denver ist bekannt für viele Straßencafés

Econo Lodge Denver Downtown $$: *930 E. Colfax Ave., ✆ 813-8000, www.econo lodge.com. Ebenfalls eine günstige Alternative für die Innenstadt.*

Comfort Inn – Downtown $$$ (3): *401 17th Street, ✆ 296-0400, 1-800-237-7431, www.denvercomfortinn.com. Modernes, aber einfacheres Hotel inmitten der City. Relativ preisgünstig.*

The Queen Anne Bed & Breakfast $$-$$$$ (1): *2147 Tremont Place (½ Meile nordöstlich der City), ✆ 296-6666, 1-800-432-4667, www.queenannebnb.com. Mehrfach ausgezeichnet. Zwei Gebäude aus dem 19. Jh. und entsprechend eingerichtet. Persönlich geführt. Wer $$$$ ausgeben möchte, kann eine der Suiten (Dachbalkon mit Spa) bzw. Spa im Badezimmer buchen. 700 m zur 16th Mall (South)*

Monaco Hotel $$$-$$$$ (2): *1717 Champa St., ✆ 296-1717, 1-800-990-1303, www.monaco-denver.com. 190 Zimmer, aber trotzdem mit dem Charme eines Boutique-Hotels. Untergebracht in zwei Gebäuden, einem Art-Deco-Building (1937) und einem ehem. Eisenbahn-Gebäude.*

The Burnsley $$$$ (5): *1000 Grant St., ✆ 830-1000, 1-800-231-3915, www.burns ley.com. Elegantes Boutique-Hotel im Bauhaus-Stil. Ruhig. Restaurant im Haus.*

Brown Palace Hotel $$$$-$$$$$ *(s. Punkt* **(12)** *der Sehenswürdigkeiten): 321 17th St., ✆ 297-3111, 1-800-321-2599, www.brownpalace.com. Sehr elegantes Hotel in historischem Gebäude von 1892. Wegen der Architektonik alleine einen Besuch wert. Der „Klassiker" in Denver.*

Camping

Wer schönere Plätze sucht und abends nicht lange in der Stadt verweilen möchte, sollte einen der im Westen (bereits in den Bergen) liegenden Campingplätze wählen. Stadtnäher wären:

Denver Shady Meadows RV Park: *2075 Potomac St., Aurora, I-225, Exit B.R.-70 Business, dann bis Potomac St. und nach Norden abbiegen, ✆ 364-9483, 1-800-364-9487, www.denvermeadows.com. 10 Meilen von der City. Meist nur Campingmobile und RVs.*

Denver North Campground: *16700 N. Washington St., Broomfield, CO 80020, ✆ 452-4120. I-25 Exit 229, 8 km nördl. von Denver. Hier können auch Zelte aufgebaut werden. Der wegen des nahen Interstates am günstigsten gelegene Platz nahe der Stadt. Hier gibt es auch Log-Cabins.*

Restaurants

Denver verfügt über eine gute Auswahl an Restaurants, die aber z.T. nicht ganz billig sind. Die Spezialität sind Wildgerichte (Elch, Büffel oder Fasan). Am besten schmeckt das Büffelfleisch – ist aber auch am teuersten.

Buckhorn Exchange (Saloon): *1000 Osage St., Ecke 10th Ave., Lincoln Park/ westl. Innenstadt, ✆ 534-9505. Steaks und Wildgerichte (u.a. Büffel-Wurst) in altem Saloon von 1893. Einrichtung gleicht einem Museum. In der Bar häufig (ruhige) Livemusik. Hier haben bereits Hemingway und Teddy Roosevelt gespeist und Buffalo Bill getrunken. Reservierung dringend empfohlen. Nicht billig!*

Wynkoop's Brew Pub (1): *1634 18th Street (Wynkoop St.), LoDo, ✆ 297-2700. Microbrewerie mit ausgefallenen Essensvariationen (neben Burgern gibt es z.B. Elch-Filet). Besichtigung der Brauerei möglich. Unkomplizierte Atmosphäre.*

Sonoda's (2): *1620 Market St., LoDo, ✆ 595-9500. Das wohl frischeste Sushi in der Stadt (wird täglich eingeflogen) zu akzeptablen Preisen. Auch gute andere Fischgerichte.*

Café Berlin (4): *1600 Champa St., Unit 230, Downtown, ✆ 377-5896. Nicht nur deutsche Gerichte (Schnitzel, Rouladen, Kassler, Rotkohl, Kartoffelpuffer etc.), sondern auch deutsches Bier und Schnäpse.*

El Chapultepec (3): *Ecke 20th/ 1962 Market Street, ✆ 295-9126. Legendäre mexikanische Cantina.*

Brother's BBQ: *568 N. Washington St., Central Denver (südwestl. der Downtown), ✆ (720) 570-4227. Leckere BBQ-Gerichte (geräuchertes Fleisch) in einfachem Ambiente. Besonders zu empfehlen: Pulled Pork, die essighaltige Soße mit dicken Bohnen und Cole Slaw. Weitere Filialen finden Sie unter: www.brothers-bbq.com.*

Guten Appetit!

T-WA Inn: *555 S. Federal Blvd. (zw. Alameda und Mississippi Ave.), Denver West, ✆ 922-2378. Erstes Vietnam-Restaurant in Denver. Mittlerweile eine Institution. Günstig und die authentische Küche wurde mehrfach prämiert. Einfach eingerichtet und nur mit dem Fahrzeug zu erreichen.*
Wer nicht ganz so tief in die Tasche greifen, sollte einmal die **Colfax Avenue** *rauf- und runterfahren oder den* **South Boulevard**. *Dort gibt es eine Reihe kleinerer Restaurants. Fürs Lunch bieten sich ansonsten Restaurants an der* **Larimer Street** *an (die mittags oft günstiger servieren als abends). Und nicht zu vergessen: Denver ist bekannt für seine zahlreichen* **Microbreweries**. *Fragen Sie am besten im Hotel nach der nächstgelegenen.*

Livemusik

El Chapultepec: *Ecke 20th/Market Sts, ✆ 295-9126. Wer guten Jazz hören möchte, sollte erst gar nichts anderes ausprobieren. Hier finden sich des Öfteren Jazzgrößen ein (der Besitzer zeigt gerne Fotos). Livemusik jeden Abend, mexikan. Küche. Wer doch noch etwas anderes ausprobieren möchte, schaut mal im* **Dazzle Restaurant & Lounge** *(930 Lincoln St., ✆ 839-5100) rein. Jazz jede Nacht. Hier können Sie auch essen (Burgers, Pizza, aber auch gute Salate, Hühnchengerichte u.a.).* **Herman's Hideaway** *(1578 South Broadway (d.h. 29 Blocks südlich des State Capitol) dagegen ist ein großes Veranstaltungslokal. Meist Rockmusik (Mi–Sa). Laut, aber mit der passenden Atmosphäre für Rockmusik-Fans.*

Einkaufen

Die **Haupteinkaufsstraße von Denver ist die 16th Street Mall**, *wo es eigentlich alles gibt. Am nordwestlichen Ende der Mall (Ecke Lawrence St.) steht das* **Tabor Center** *mit recht vornehmen Geschäften. Um den Tremont Place befinden sich zudem die* **Denver Pavilions**, *ebenfalls mit zahlreichen Geschäften.*
Ein weiteres exklusives Einkaufsgebiet ist der **Larimer Square** *(Larimer Street), wo auch das historische Stadtzentrum (zwischen Larimer Street und Union Station) ist. Viele Boutiquen und Spezialgeschäften.*
Einkaufsmalls: *Die größte Shopping Mall außerhalb des Stadtzentrums ist das* **Cherry Creek Shopping Center** *südöstlich der Stadt. Anfahrt: I-25, Exit 208 und nach Osten fahren auf der Alameda Ave. Die Mall liegt zwischen University St. und Colorado Blvd, sowie Alameda Ave. und Speer Blvd. und um die Mall herum, an der E. First und Second Aves. gibt es ebenfalls viele Geschäfte, darunter auch Schmuck- und Designer-Läden.*
Weitere Stadtteile, *wo Sie schön shoppen, aber auch in Cafés und Restaurants einkehren können, sind:* **Die Highlands Neighborhood** *(nordwestlich der Innenstadt, um 32nd/Lowell Sts.)* **Old South Gaylord** *(südlich der Innenstadt, 1100er Block S. Gaylord St.) sowie* **South Pearl** *(südöstlich der Innenstadt, nahe der Universität). Im Sommer findet hier an Sonntagen in der* **Old South Pearl Street** *ein Farmer's Market statt.*
Colorado Mills: *14500 W. Colfax, Lakewood, westl. Denver. 200 Shops, teilweise Fabrikläden und Outdoor-Bekleidungs-Läden.*
Die nächste **Outletmall** *(günstige Restposten) befindet sich in Castle Rock (20 Meilen südl., I-25 Exit 184):* **Prime Outlet at Castle Rock**.
Antiquitäten: *Denver ist bekannt für seine Antiquitätengeschäfte und Galerien. Erkundigen Sie sich im Visitor Center nach genauen Adressen. Vorweg nur ein Tipp zum Bummeln:* **Antique Row**, *entlang des South Broadway zwischen 1st Ave. und Evans Sts. mit über 400 Geschäften.*
Bücher: **Tattered Cover**, *2526 East Colfax Avenue at Elizabeth Street (im histor. Lowenstein Theater). Sehr ausgesuchter Buchladen (über 250.000 Titel vorrätig), in dem man*

16th Street Mall, Haupteinkaufsstraße in Denver

schlicht alles findet, was mit Colorado zu tun hat, und natürlich auch andere Literatur. Eine Filiale gibt es auch in der Innenstadt: 1628 16th Street, nahe Wynkoop St.

REI: *1416 Platte St., Jefferson Park, Westseite des Platte River, www.rei.com. DER Laden für alle möglichen Outdoorausrüstungen. Ob Sie nun wandern bzw. bergsteigen wollen oder einfach nur eine Regenjacke suchen. Hier finden Sie auf nahezu 10.000 m² alles!*

Rockmount Ranch Wear: *1626 Wazee/16th Sts., www.rockmount.com. Legendärer, alteingesessener Westernladen. Hüte, Jacken, Hemden, Bücher, Andenken…, aber keine Boots.*

Veranstaltungen (Auswahl)

Januar: **National Western Stock Show and Rodeo**. *Rodeos, Westernshows, Pferdeshow, Viehhandel etc. Behauptet von sich, die größte diesbezügliche Show Nordamerikas zu sein, ✆ 297-1166, www.nationalwestern.com.*

Juni/Juli: **Colorado Renaissance Festival**: *in Larkspur (halbe Strecke nach Colorado Springs). Volksfest mit Musik, Tanz, Ritterspiele, Verkleiden und kunsthandwerklichen Ständen. Thema: England im 16. Jh., ✆ 688-6010, www.coloradorenaissance.com.*

Ende Sept./Anfang Okt.: **Great American Beer Festival** *im Colorado Conv. Center, ✆ 447-0816, www.gabf.org. 3 Tage lang präsentieren sich hier über 400 Brauereien und Sie können die Biere testen.*

Sportveranstaltungen

Tickets für alle Veranstaltungen in der Stadt auch über: **Ticket Master**, *✆ 830-TIXS bzw. in einem der Filialen in der Stadt (siehe Gelbe Seiten im Telefonbuch)*

Baseball: **„Colorado Rockies"**, *2001 Blake St., Coors Stadium westlich der City, ✆ 292-0200, www.coloradorockies.com. Erläuterte* **Coors-Stadium-Touren**: *Apr.–Sept. tgl. 10, 12 und 14, an Spieltagen nur 10 und 12 Uhr. Ab Gate D.*

Basketball: **„Denver Nuggets"**, *Pepsi Arena (Speer Blvd/Auraria Pkwy.), westlich der City, ✆ 405-8555, www.nba.com/nuggets.*

Football: **„Denver Broncos"**, *1701 Bryant St., Mile High Stadium/Invesco Field, ✆ (720) 258-3000, www.denverbroncos.com.*

Hockey: **„Colorado Avalanche"**, *Pepsi Arena (Speer Blvd/Auraria Pkwy.), westlich der City, ✆ 405-8555, www.coloradoavalanche.com.*

Verkehrsmittel

Flughafen

Denver International Airport (DIA): *✆ 342-2000, 1-800-247-2336, www.flydenver.com, www.diadenver.net. Der Flughafen fungiert als Luftkreuz des Mittelwestens. 5 Start- u. Landebahnen. Fläche: 137 km² (Frankfurt: 14 km², Dallas: 72 km²).*

Anfahrt mit dem Auto: *I-70 folgen in östlicher Richtung. Etwa 16 Meilen von der Innenstadt zweigt der Pena Blvd. nach Norden ab zum Flughafen (gut ausgeschildert). City zum Airport: 23 Meilen, mind. 35 Minuten.*
Kleinbus/Shuttle: **SuperShuttle**, *✆ 370-1300, www.supershuttledenver.com. Vom/zum Flughafen in die Innenstadt, zu Hotels und nach Boulder. Abholung vom Hotel bei rechtzeitiger Anmeldung.*
Stadtbusse: *Die RTD unterhält mehrere Buslinien („Sky Rides") zum Flughafen. Abfahrten jeweils vom Civic Center Station, Denver Federal Center, Boulder Transit Center, Northglenn Transit Center, Olde Town Arvada Park-n-Ride und dem Arapahoe Road Park-n-Ride. Auch Anbindung an Boulder und Nachbargemeinden von Denver, ✆ 299-6000, www.RTD-Denver.com.*
Grundsätzlich: *Am* **Ground Transportation Information Counter** *(✆ 342-4059) auf Level 5 im Jeppesen Terminal erhalten Sie alle Infos für die Fahrt zum gewünschten Ziel. Hier auch Infos zur aktuellen* **Flatrate für eine Taxi-Fahrt** *in die Innenstadt.*
Alle größeren **Mietwagenunternehmen** *haben Stützpunkte am Flughafen.*

Öffentliche Verkehrsmittel/ Taxis
Amtrak-Bahnhof: *Union Station am nordwestl. Ende der 17th Ave. (Wynkoop Street). 1-800-USA-RAIL, ✆ 534-2812.*
Überlandbusse: *Busbahnhof an der 1055 19th, Ecke Arapahoe St. Auskünfte zu Greyhound-Routen: 1-800-231-2222, ✆ 293-6555.*
Stadtbusse/Light Rail: *„Regional Transportation District" (RTD). Busse und Straßenbahn (vornehmlich Innenstadt-südl. Vororte). Das Busnetz reicht bis Boulder (✆ 299-2720, 1-800-366-7433, www.RTD-denver.com). Der „Mall Ride" ist eine Buslinie, die kostenlos die 16th Street Mall abfährt. Tgl. 6–1 Uhr. Es gibt auch Nachtbusse.*
Taxis: Yellow Cab: *✆ 777-7777,* **Metro Taxi**: *✆ 333-3333*

Ausflug nach Golden

s. Karte S. 549

Empfehlenswert ist die Anfahrt über den US 40 (Colfax Avenue) – alternativ geht es über den Interstate natürlich schneller. Die vielen rosa oder hellgrün bemalten Highway-Motels aus den 1950 und -60er Jahren entlang der Straße lassen erkennen, dass dies einmal die Hauptzufahrtsstrecke nach Denver gewesen ist. Wer in Denver nicht so tief in den Geldbeutel greifen möchte, der kann sich günstig einbuchen.

Golden (18.000 E.) konkurrierte im 19. Jh. mit Denver um die Vormachtstellung in Colorado, dessen Hauptstadt es von 1862–67 gewesen ist. Bedingt durch Goldfunde, die Errichtung der *School of Mines* und letztendlich der *Coors-Brauerei*, entwickelte sich Golden in der Folgezeit zu mehr als einer Saloon- und Cowboystadt. Doch es blieb immer die Nummer 2 hinter Denver – eine Stichwahl entschied 1867 mit einer Stimme Mehrheit, den Regierungssitz in die größere Nachbarstadt zu verlegen. Heute bietet Golden eine restaurierte Innenstadt und einige Attraktionen.

Nur Nummer 2

Coors Brewery (9)

Die Gründung dieser Brauerei symbolisiert wieder einmal die amerikanische Geschichte vom „Erfolg des Tüchtigen". Der deutschstämmige *Adolph Coors* immigrierte 1868 ohne finanzielle Mittel in die USA, erfüllte sich aber bereits fünf Jahre später, gerade 26 Jahre alt, in Golden den Traum einer eigenen Brauerei, zusammen mit *Jacob Schueler*, einem Geschäftsmann aus Golden. Die Brauerei wuchs stetig, da es immer mehr durstige Gesellen in den Westen zog, meist auf der Suche nach der überwältigenden Goldader. Der Frust wurde dann in *Coors* ertränkt. So kam es auch, dass *Coors* das Symbolgetränk für die Erschließung des Nordwestens wurde – „The Cowboys mostwanted Draft" war eine der ersten Werbeparolen. 1880 stieg *Schueler* wieder aus dem Betrieb aus. Die Prohibition (1916–33) bescherte natürlich wirtschaftliche Probleme, doch stellte die Brauerei schnell um auf „Near Beer" und „Malt Milk", zudem wurden Malzbonbons produziert. Nach 1933 waren aber schnell wieder die Bierbrauer am Werk, und 2005 schloss sich *Coors* mit der Brauerei *Molson* zusammen mit einer der größten Bier-Produktionsstätten der Welt in Golden. 5.000 Menschen und produzieren hier täglich zwischen 5 und 6 Millionen Liter Bier. Coors recycelt bereits seit 1973 seine Aluminiumdosen.

Bier für die Pioniere

Eine Tradition seit 1873

Die 45–60-minütige Besichtigungstour beginnt auf einem gut ausgeschilderten Parkplatz, von wo aus Sie mit einem Bus zuerst durch die Innenstadt und dann in das Fabrikgelände gefahren werden. Wer eine nostalgisch angehauchte Fabrik mit dem Flair der Gründerzeit und dem Touch der alten Bierbrauer erwartet, wird hier enttäuscht. Die Anlage ist hochmodern und wird von Computern gesteuert. Wer lieber den einfachen Prozess des Bierbrauens miterleben möchte, schaut sich besser eine der vielen Microbreweries in Colorado an.

Coors Brewery, *13th/Ford Sts, ✆ (303) 277-2337, www.millercoors.com/golden-brewery-tour.aspx, Touren Do–Sa+Mo (im Sommer Mo–Sa) 10–16, So 12–16 Uhr, frei.*

Weitere Sehenswürdigkeiten

Die **Colorado School of Mines** bietet ein geologisches Museum mit Schwerpunkt auf dem Bergbau in Colorado. Nach Voranmeldung kann man sich zu begrenzten Zeiten das **National Earthquake Information Center** ansehen, wo die Daten von allen Beben der Welt gespeichert und verarbeitet werden.
Colorado School of Mines, *Ecke 16th/Maple St., ✆ (303) 273-3815, www.mines.edu. Mo–Sa 9–16, So 13–16 Uhr. Earthquake Center Voranmeldung: Tel. (303) 273-8500 od. 273-3815.*

Im **Golden History (Astor House) Museum** , einer ehemaligen Herberge für Arbeiter, lernen Sie mehr zur Geschichte der Stadt und seinem Umfeld. Zum Museum gehören ein historischer Distrikt sowie der Clear Creek Hist. Park.
Golden History Museum, *822 12th St., ✆ (303) 278-3557, www.goldenhistorymuseums.org, Nov.–April Mi–Sa 11–16.30, So 12–16.30, Mai–Okt. Di-Sa 10–16.30, So 12–16 Uhr, $ 5.*

Das **Buffalo Bill Memorial Museum & Grave (10)** liegt auf einer Anhöhe östlich von Golden. Hier fand der berühmte *Buffalo Bill Cody* (1846–1917) seine letzte Ruhe. Er war einer der schillerndsten Figuren des Wilden Westens. Army Scout, Pony-Express-Reiter (inkl. Rekordritte), Schausteller in Sachen Reiten und Schießen – nichts, was *Buffalo Bill* nicht gemacht hat. Er hat selbst in Europa Auftritte gehabt. Sicher ist es zum Teil *Buffalo Bill* zu verdanken, dass der Mythos des Wilden Westens und die Abenteuerromantik aufrechterhalten wurden, und zugleich den Leuten in den „zivilisierten" Großstädten vor Augen geführt wurde, dass gerade der Westen entscheidend zur Entwicklung der USA beigetragen hat. *Buffalo Bill* war damals einer der angesehensten Männer, und besonders auch die Kinder freuten sich, wenn er und seine Schaustellertruppe

Wild-West-Guru

„The Galloping Goose"

in ihre Stadt kamen. Bei all dem Rummel und den Versuchungen, die ihm in den Großstädten geboten wurden, blieb er aber ein Mensch des Westens. Einmal sagte er: *„An einem Tag, irgendwo in den Plains, fragte mich General Sheridan, ob ich jemals im Osten gewesen sei. Ich sagte ihm daraufhin stolz: Ja, ich war eine gute Woche in Omaha (damals eine Kleinstadt des mittleren Westens). Woraufhin er mir antwortete, ich solle doch mal nach New York fahren. Ich entgegnete aber: Wenn es nur annähernd so ist wie Omaha, habe ich genug gesehen.“* Im Museum gibt es Briefe, Fotos, Kleidungsstücke, seinen Sattel und eine Reihe anderer Erinnerungsstücke zu sehen. Beachten Sie auch den Ausblick von der Terrasse.

Bloß nicht New York

Buffalo Bill Memorial Museum & Grave, *987 1/2 Lookout Mountain Rd., I-70, Exit 256, ✆ (303) 526-0744, www.buffalobill.org, Di–So 9–16, Mai–Okt. tgl. 9–17 Uhr, $ 5.*

Eisenbahnfans sollten sich das **Colorado Railroad Museum (8)** nicht entgehen lassen, wo es neben echten Dampflokomotiven auch Miniatureisenbahnen zu sehen gibt – inklusive eines Modells der Stadt Golden. Die Eisenbahn bildete eine wichtige Stütze in der Entwicklung des Westens. Das Museum ist das größte dieser Art in Colorado und liegt nördlich von Golden.

Colorado Railroad Museum, *17155 W. 44th Ave., I-70 Exit 265, ✆ (303) 279-4591, www.crrm.org, tgl. 9–17 Uhr, $ 10.*

Reisepraktische Informationen Golden, CO

VORWAHL 303

Information

Golden Area Chamber of Commerce: *1010 Washington Ave., ✆ 279-3113, www.ingolden.com*

Unterkunft

Hotels der mittleren Preisklasse finden Sie meist um den US 6.

Dove Inn Bed & Breakfast $$ ($$$): *711 14th Street, Golden, ✆ 278-2209, 1-888-278-2209, www.doveinn.com. Günstiges Bed & Breakfast-Haus. Gebäude von 1878. Schöne Zimmer und selbst die (kleine) Suite erreicht gerade eben die Preisklasse $$$. Hier sind Sie richtig, wenn Sie nicht unbedingt in der Großstadt Denver (und zu entsprechenden Preisen) nächtigen möchten.*

The Golden Hotel $$$, *800 11th St., ✆ 279-0100, 1-800-233-7214, www.thegoldenhotel.com. Das beste Hotel der Stadt, in dem es auch ein nettes* **Grill-Restaurant** *gibt.*

Restaurant

Hops Restaurant-Bar-Brewery: *14285 W. Colfax Ave. (im Denver West Shopping Village), Lakewood (nahe I 70/US 40), ✆ 216-2469. Wer bei der Besichtigung der Coors-Brewery auf den Gedanken an ein gutes Bier gekommen ist, der sollte in diese Microbrewerie einkehren. Hier gibt es die üblichen Burger, Steaks usw.*

Die Rocky Mountains zwischen Denver und Santa Fe

Entfernungen

Denver – Vail: 100 Meilen/161 km
Vail – Aspen: 94 Meilen/151 km
Aspen – Montrose (über US 24/50/Gunnison): 292 Meilen/470 km
Aspen – Montrose (über Redstone/ Hotchkiss und CO 92): 210 Meilen/336 km
Montrose – Durango: 108 Meilen/174 km
Durango – Santa Fe: 212 Meilen/341 km
Vail – Alamosa: 185 Meilen/298 km
Alamosa – Taos: 84 Meilen/135 km
Taos – Santa Fe: 60 Meilen/96 km

Routenempfehlung

Der Übersichtlichkeit wegen hier nur die wesentlichen Orte und Sehenswürdigkeiten entlang der empfohlenen Hauptroute: Georgetown, Vail, Aspen (alternativ über den Cottonwood Pass nach Crested Butte), Black Canyon of the Gunnison NP, Montrose, Telluride, Ouray, Silverton, 1 Million Dollar Highway, Durango, Mesa Verde NP, Aztek NM, Farmington und Santa Fe.

Überblick

Zweifellos sind die Rocky Mountains der zweite große Höhepunkt im Südwesten. Die Dramatik der Rockies sucht ihresgleichen, was selbst eingefleischte Alpenfreunde zugeben müssen. Die vorgeschlagene Hauptroute führt zu allen wesentlichen Höhepunkten, wobei bei der Streckenführung besonderer Wert darauf gelegt wurde, dass man die Naturschönheiten erleben kann.

Auch mal abzweigen von der Hauptroute

Doch die Rockies haben auch noch mehr zu bieten. Da wäre vor allem die Geschichte der Bergbaupioniere des 19. Jh., die für die Gründung vieler kleiner Städtchen ausschlaggebend war. Schauen Sie sich das eine oder andere örtliche Museum an, und planen mind. zwei Stunden für das Mining Museum (Hall of Fame) in Leadville ein, um den geschichtlichen Werdegang dieses Reisegebietes nachvollziehen zu können. Auch Abzweigungen von der Hauptroute sollte man machen, z.B. nach Crested Butte. Beeindruckender Höhepunkt der Indianerkulturen ist der Mesa Verde NP, für den man mind. einen halben, eher aber einen Tag erübrigen sollte. Im Süden dann eröffnet sich wieder die Halbwüstenlandschaft von New Mexico, deren herausragende Stadt Santa Fe ist mit ihren faszinierenden Adobehäusern.

Ski-Enthusiasten werden in den Rockies auch auf ihre Kosten kommen. Die „spezielle" Atmosphäre ist selbst im Sommer in mondänen Orten wie Aspen, Vail und Telluride vorhanden. Einmal dort gewesen zu sein ist schon ein Highlight. Die Hotelpreise liegen in Colorado etwas höher als im restlichen Südwesten, vor allem in den Skiresorts. In der Regel wird dafür zwar mehr geboten, aber die entsprechenden Zusätze, wie z.B.

Achtung! Die zahlreichen Pässe können viel Zeit in Anspruch nehmen

Preisnachlässe in nahen Shops, Whirlpools, ein Continental Breakfast oder der zweite Fernseher auf dem Zimmer, gehören wahrscheinlich nicht zu den favorisierten Extras. Buchen Sie z.B. eine Nacht ein günstiges Motel, um die nächste Nacht dann über die Stränge schlagen zu können. Achten Sie vor allem auf Sonderpreise und „Gutscheine" in Broschüren.

Outdooraktivitäten in den Rockies

***Wildwasserfahrten**: Ein unvergessliches Erlebnis ist mit Sicherheit eine Wildwasserfahrt in einem Schlauchboot auf dem Colorado und den anderen Flüssen in den Rockies. Es gibt unzählige Anbieter. Orte, die sich darauf spezialisiert haben, sind z.B. Buena Vista 36 sowie Salida, 61 Meilen südlich von Leadville.*
***Skilaufen:** Das hier angesprochene Reisegebiet ist ohne Zweifel das herausragende Skiareal der USA – mit fast hundertprozentiger Schneegarantie. Da dieses Buch keinen Skiführer darstellen kann, ist es ratsam, sich bereits in Europa im Reisebüro über Skiorte zu informieren. Auf der Internetseite www.themountainsusa.com kann man sich schon mal ein Bild machen.*
***Angeln:** Colorados Flüsse sind ein Eldorado für Angelfreunde. Lachs und Forellen gehören zu den beliebtesten Fängen. Eine Reihe privater Teichbesitzer bieten die Gelegenheit zum Angeln. Ausrüstungen kann man in fast jedem Ort leihen/kaufen. Für das Angeln in privaten Gründen bedarf es keiner weiteren Genehmigung (außer der vom Besitzer natürlich). Für öffentliche Gewässer benötigt man ein Permit der zuständigen Forstverwaltung bzw. Gemeindeverwaltung. Die Touristenbüros geben die erforderlichen Infos.*
***Reiten:** Kaum eine Landschaft eignet sich besser für Ausritte als die Rocky Mountains. Dies haben auch unzählige Ranchen, Hotels und Operators erkannt und bieten in fast jedem entlegenen Winkel Ausritte an. Ein Tipp: Wenn Sie wirklich gerne reiten, nehmen Sie sich mindestens einen ganzen Tag Zeit dafür (es gibt auch Ausritte über mehrere Tage). Das ermöglicht Ausritte in abgelegene und landschaftlich noch reizvollere Gebiete. Landschaftlicher Tipp: die Rockies zwischen Silverton und Durango. Dort gibt es entlang dem Highway genügend Anbieter, u.a. das „Iron Horse Inn" 4 Meilen nördlich von Durango, das jegliche Art von Ausritten organisieren kann*

Sehenswertes

Von Denver aus geht es auf dem I-70 in westliche Richtung. 30 Meilen hinter Denver steigt die Straße an und führt durch eine eindrucksvolle Schlucht bis hinauf zum Loveland Pass (3.600 m). Vorher aber passiert man zwei interessante kleine Bergbaustädtchen.

Idaho Springs und Georgetown

Idaho Springs ist etwas „städtischer". Von hier wurde 1910 der **6,6 km lange Argo-Tunnel** nach Central City gebohrt, durch den Erze nach Idaho Springs befördert wurden. Der Tunnel und die **Argo Mill**, wo das Erz weiterverarbeitet wurde, sind auf Touren zu besichtigen. Das dunkelrote Holzgebäude am nördlichen Bergrand ist nicht zu übersehen *(Mitte Apr.–Mitte Okt., tgl. 9–18 (letzte Tour 16.30) Uhr, ✆ (303) 567-2421, www.historicargotours.com, $ 16)*.

Auch die alten Häuser im Ortskern von Idaho Springs (vom beginnenden 20. Jh.) sind sehenswert. Eine andere Minentour führt in die historische – aber noch arbeitende – **Phoenix Gold Mine** *(tgl. 10–16 Uhr, ✆ (303) 567-0422, www.phoenixgoldmine.com)*. Südlich von Idaho Springs führt der knapp 30 Meilen lange **Mt. Evans Scenic and Historic Byway** auf die Spitze des Mt. Ewans (4.348 m). Es ist die höchste Asphaltstraße in den USA. Wunderschön, gute Chancen auf Tiere, aber hin und zurück benötigen Sie knapp 3 Stunden reine Fahrzeit.

Georgetown wirkt viel lieblicher, war aber eigentlich der bedeutendere Minenort. Nachdem in den 1850er Jahren zuerst Gold gefunden wurde, ist es schließlich Silber gewesen, welches Georgetown Reichtum bescherte, solange, bis 1893 der Preis für Silber stark absackte. Die Ortsmitte erinnert eher an die Häuser auf einer Modelleisenbahn. Sie sind hier übrigens in der Mehrzahl aus Holz, was für Minenstädte selten ist. Fotogen sind die viktorianischen Wohnhäuser, die um das Zentrum angesiedelt sind. In der

Redaktionstipps

- **Übernachten**: die historischen Hotels: **Hotel Jerome** (S. 571, Aspen); **Strater Hotel, General Palmer Hotel** sowie das **(New) Rochester Hotel** (S. 591, Durango); **New Sheridan Hotel** (S. 582, Telluride) sowie das **La Fonda** (S. 608, Santa Fe).
- **Essen**: in Aspen: **Jerome's Century Room** (S. 572). In Durango: vornehm im **Mahogany Grille**, deftig dagegen in den **Microbreweries** (S. 591). In Santa Fe: mexik. Leckereien im **Tomasita's** bzw. BBQ-Gerichte in der **Cowgirl Hall of Fame** (S. 609).
- Wenn Sie Zeit haben, fahren Sie die erste hier im Kapitel vorgestellte Route in südlicher Richtung und anschließend die zweite wieder nach Norden und dann nach Osten bis Colorado Springs. Viele Bergstrecken: Tagesetappen nicht zu lang planen.
- Die **schönsten Wintersportorte** (aber auch sehr schön im Sommer): Aspen (S. 569) und Telluride (S. 579).
- **Reizvolle Orte**, die sich als Basis für Touren in die Rockies anbieten: **Breckenridge** (S. 564), das ruhigere **Crested Butte** (S. 573), das hist. Minenstädtchen **Leadville** (S. 566), **Ouray** (alte Minenstadt mit heißen Quellen (S. 583)) sowie **Durango** (S. 589), das eine erstklassige Basis für Ausflüge in alle Himmelsrichtungen darstellt.
- **Eindrucksvolle Routen durch die Rockies**: Schlucht zwischen Denver und Breckenridge (S. 561ff); Independence Pass (S. 568); Dreieck „Telluride-Ridgway-Ouray" (S. 579ff) und der „Million Dollar Highway" (S. 585).
- **Andere bedeutende Sehenswürdigkeiten**: das Minenmuseum in **Leadville** (S. 567); **Black Canyon of the Gunnison NP** (tiefer, schmaler Canyon (S. 575); **Mesa Verde NP** (Indianerruinen an den Canyonwänden (S. 592)); riesige Sanddünen im **Great Sand Dunes NP** (S. 611); die Pueblostadt **Santa Fe** (S. 601) und die ursprünglichere Pueblostadt **Taos** (S. 618). Die **schönsten historischen Eisenbahnen**: *Georgetown Loop Railroad* (S. 563), *Durango-Silverton Railroad* (S. 587) sowie *Cumbres & Toltec Railroad* (S. 614).
- **Zeiteinteilung: 4-7 Tage:** 2-3 Tage, um bis Telluride zu fahren (Übernachtungsstopps in Aspen, Crested Butte, nahe Black Canyon of the Gunnison NP, Leadville, je nach Route). Anschließend 1-2 Tage für Weiterfahrt nach Durango (inkl. Umwegen bzw. Fahrt mit der Eisenbahn von Silverton und Besuch im Mesa Verde NP. Fahrt von Durango bis Santa Fe: 1-3 Tage. Falls es zeitlich passt: Über Pagosa Springs, Chama und Taos fahren.

Von Denver durch die Rocky Mountains nach Santa Fe

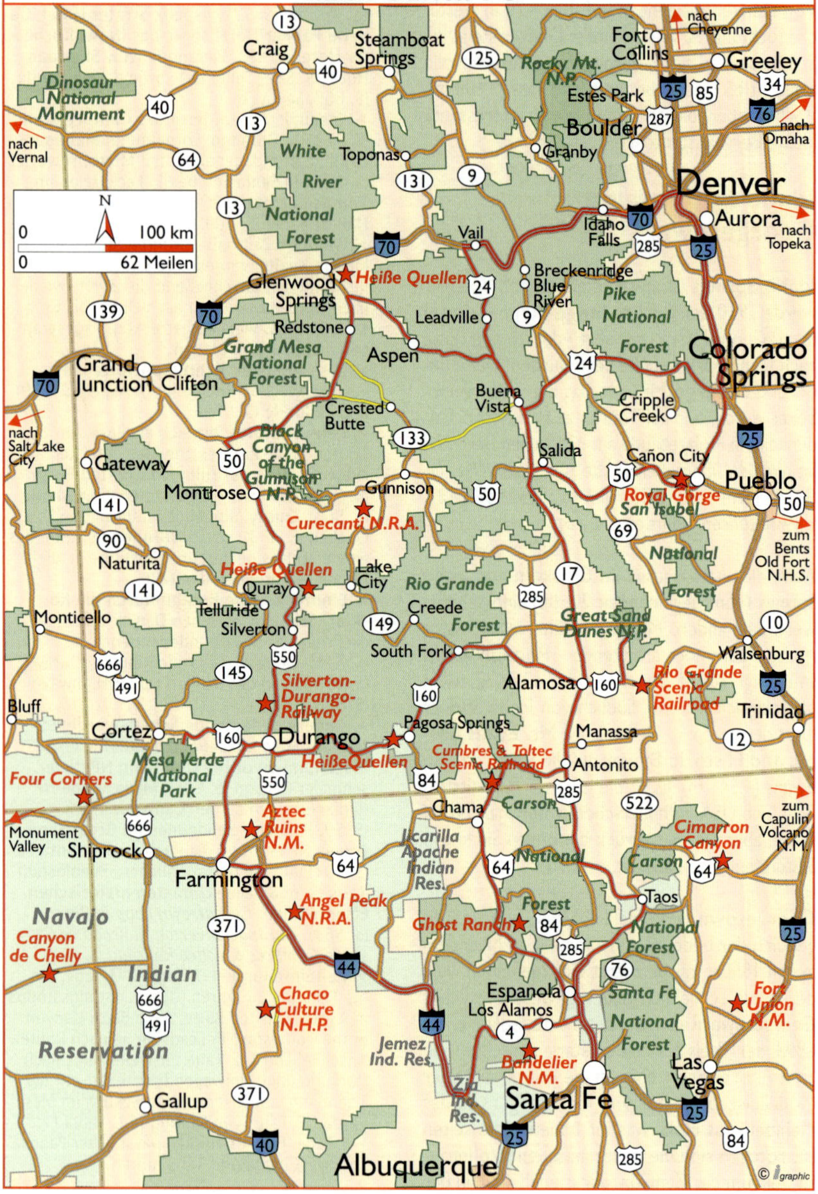

6th Street sollten Sie sich das ehemalige **Hotel de Paris** ansehen. Es wurde von *Louis du Puy* 1875 als Hotel mit exquisiter Küche eingerichtet, was ihm einen guten Ruf in ganz Amerika einbrachte. Der Franzose war selbst ein Gourmet, und wer sein Essen nicht entsprechend würdigte, wurde sogleich vor die Tür gesetzt.
Hotel de Paris, *Juni–Sept. Mo–Sa 10–17, So 12–17 Uhr, Okt.–Dez. nur an Wochenenden, ✆ (303) 569-2311, www.hoteldeparismuseum.org, $ 5.*

Benötigt für den 3½-Meilen-Anstieg eine Stunde

Hauptattraktion aber ist die **Georgetown Loop Railroad**: Die Strecke bis zu den Minen im benachbarten **Silver Plume** ist zwar nur drei Meilen lang, aber durch den starken Anstieg und verschiedene enge Kurven dauert eine Fahrt über eine Stunde – ein Stopp an der Lebanon Mine eingeschlossen. Der Einstieg in diese Mine dauert zusätzliche 1 ½ Stunden. Festes Schuhwerk und warme Kleidung sollten Sie dafür mitnehmen. Die Fahrt lohnt sich. Das Warten in Silver Plume kann man sich durch einen Besuch des **George-Rowe-Museums** verkürzen, welches einiges zur Bergbaugeschichte der Region zu bieten hat *(Mai bis September 10–16 Uhr).*
Georgetown Loop Railroad, *Mai–Okt. tgl. 10–15.40 Uhr, ✆ 1-888-456-6777, www.georgetownlooprr.com. Round trip $ 26, mit Minenbesichtigung $ 34.*

Reisepraktische Informationen Idaho Springs und Georgetown, CO

VORWAHL 303

Information
Georgetown Visitor Center: *I-70 Exit 228, ✆ 569-2555, 1-88-569-1130, www.georgetowncolorado.com*

Unterkunft und Essen
Beide Orte verfügen über eine **Reihe von Motels, B&Bs und Campingplätzen**. *Ein Tipp ist das mit vielen Antiquitäten eingerichtete* **Peck House $$$** *(US 40, 2 Meilen nördl. I-70, ✆ 569-9870, www.thepeckhouse.com, gutes Restaurant im Hause). „Down to Earth" (Burger, Ribs etc.) und seit Jahrzehnten in Georgetown etabliert ist das Restaurant* **Red Ram** *(606 6th St., ✆ 569-2300).*

Weiter geht es entlang der Hauptstrecke auf dem I-70. Zuerst folgt der 1973 eröffnete, 2.725 m lange **Eisenhower Memorial-Tunnel**, der bereits heute mit über 11 Millionen Autos pro Jahr hoffnungslos überlastet ist, besonders an den Winterwochen-

Off the beaten Track

Eine landschaftlich wunderschöne Schotterstraße, der ***Guanella Pass Scenic Byway****, führt von Georgetown in südlicher Richtung nach Grant. Nicht zu empfehlen für Wohnmobile, aber ansonsten einen Umweg wert. Von Grant ist die Strecke wieder geteert, und über den US 285 und den CO 9 (mit dem Skiort Breckenridge) gelangen Sie bei Frisco wieder auf die Hauptroute. Sehenswert hier vor allem die* ***unberührte*** *Berglandschaft. Georgetown - Grant - Fairplay - Frisco: ca. 85 Meilen.*

enden, wenn halb Denver sich zu den Skiresorts aufmacht. Als nächstes kommt der kleine Touristenort **Frisco**, der sich für eine kurze Pause anbietet. Der nahegelegene See und die Berglandschaft lohnen zumindest einen Fotostopp. Von Frisco aus führt der CO 9 zum Skiort **Breckenridge**.

Nachdem Sie schließlich den Vail-Pass (3.200 m) überquert haben, gelangen Sie zum gleichnamigen Skiort.

Vail

Super Pisten

Vail ist den meisten wahrscheinlich vom Namen her bekannt. Kaum eine Größe des amerikanischen Showbusiness und der Politik, die hier nicht mindestens einmal den Skiurlaub verbracht hat. Die Skipisten gehören zu den besten in Colorado, und die verkehrsgünstige Lage direkt am I-70 lockt natürlich auch. Doch ist Vail eher „nur" ein Skiort, und sonst gar nichts. Erst Mitte der 1970er Jahre begann die kleine Gemeinde zu realisieren, welches Potenzial ihre Berge in sich haben. In kaum zehn Jahren wurde ein imposantes Skiresort aus dem Boden gestampft, und die Prominenz, allen voran Ex-Präsident *Gerald Ford*, sorgte für die nötige Publicity. Die Vorgeschichte begann aber während des 2. Weltkriegs, als im Vail Valley ein Teil der amerikanischen Gebirgstruppe

Besonders im Winter ein Highlight

stationiert war. Zu Trainingszwecken schwärmte diese in die Umgebung aus, bis sie schließlich zu ihren Einsätzen in Norditalien geschickt wurden. *Peter Seibert*, einer von ihnen, war so beeindruckt von den Skiorten in den Alpen, dass er beschloss, auch in Vail eine Skigemeinde zu gründen. Bis in die 1970er Jahre, als der o.g. Boom einsetzte, beförderten gerade einmal drei Lifte eine Handvoll Ski-Enthusiasten auf die Höhen. Doch dann wendete sich das Blatt.

Sofern man keine Outdoor-Aktivitäten plant, erscheint Vail eher langweilig. Moderne – wenn auch zum Teil auf Alpenromantik getrimmte – Hotelbauten und Shopping Malls bilden den Ortskern. An den Hängen rundherum die exklusiven Wohnhäuser der High Society, sonst nichts. Ein paar Meilen westlich der noch noblere Ortsteil **Beaver Creek** mit eigenem Skiresort. Wer ausgewählte und neueste Mode bewundern möchte, kann sich einmal dem Windowshopping im „Zentrum" widmen.

Exklusives Shoppen

Im Sommer bietet Vail ein reichhaltiges Programm. Wandern, Reiten und Wildwasserfahrten stehen ganz oben auf der Liste, doch sind diese Unternehmungen in anderen Orten günstiger. Fürs kulturelle Programm sorgt das **Colorado Ski Heritage Museum & Ski Hall of Fame**. Ganz interessant, mit welch einfacher Ausrüstung sich die ersten Trapper durch den Schnee gekämpft haben und wie die ersten Skisportler die Pisten „heruntergepflügt" sind *(Vail Village Transportation Center, 231 S. Frontage Rd, tgl. 10–17, Dez–Apr. bis 18.30 Uhr, ✆ (970) 476-1876, www.skimuseum.net)*.

Pflanzenfreunde sollten noch den **Betty Ford Alpine Gardens** (Rosen, Forsythien etc.) einen Besuch abstatten *(Ford Park, Ende Mai–Mitte Sept., Sonnenauf bis -untergang, www.bettyfordalpinegardens.org)*

Zweigen Sie nun fünf Meilen westlich von Vail nach Süden ab auf den US 24. Bereits die parallel durch das Tal verlaufende Eisenbahnlinie verrät, dass ein wichtiger Ort folgen wird. Lange Züge, beladen mit Kohle und Erzen, kommen einem vom Tennessee Pass (3.177 m) aus entgegen. An einigen Stellen müssen diese endlosen Raupen bis zu zwei Stunden warten, damit die Bremsen wieder abkühlen können. Kurz hinter dem Pass erreichen Sie Leadville.

Reisepraktische Informationen Vail, CO

VORWAHL 970

Information

Vail Valley Partnership: *Avon's Traer Creek Plaza, US 70, Exit 168, ✆ 476-1000, 1-800-653-4523, www.visitvailvalley.com.*

Unterkunft

Comfort Inn $$-$$$: *161 W. Beaver Creek Blvd., Avon, ✆ 949-5511, www.comfortinn.com/hotel/co052. Zwar 10 Meilen westlich von Vail, aber erheblich günstigere Preise als bei den Hotels in Vail selbst.*

Savory Inn $$$: *2405 Elliott Rd., ✆ 476-1304, www.savoryinnvail.com. Riesiges Blockhaus. 12 Zimmer. Familienfreundlich. Frühstück inbegriffen. Kochschule im Haus.*

Gasthof Gramshammer $$$-$$$$: *231 E. Gore Creek Drive, ✆ 476-5626, 1-800-610-7374, www.pepis.com. Kleine, aber nett eingerichtete Zimmer und sehr ansprechend wegen der „Alpen-Atmosphäre". Eines der „In"-Hotels am Platze.*

Camping

Sylvan Lake State Park: *I-70, Exit 147 in Richtung Eagle (ca. 18 Meilen vom Highway). Zwei schön gelegene Plätze. Reservierungen über ✆ 328-2021.*

Restaurants

Gramshammer: *Das Restaurant im gleichnamigen Hotel (s.o.) bietet eine gute Küche; u.a. mit Wildspezialitäten und Fonduegerichten.*
Weitaus günstiger sind **Bart & Yeti's** *(553 E. Lionshead Circle, Lionshead, ✆ 476-2754, Sandwiches, Chili, Ribs etc.) sowie* **Pazzo's Pizzeria** *(2077 N. Frontage Rd. #103B, ✆ 476-9026).*

Leadville

Der Silberbaron von Leadville: Horace A. Tabor

Leadville ist die höchstgelegene Stadt der USA (3.050 m) und befindet sich damit fast an der Baumgrenze. Gegründet wurde sie 1860, als hier die ersten Goldadern entdeckt wurden. Bereits kurz darauf setzte der Silberboom die Maßstäbe. Innerhalb von kürzester Zeit entwickelte sich Leadville zu einem der reichsten, aber auch rauesten Pflastern des Westens. Kleine Schürfer wurden über Nacht zu Millionären und verspielten ihr Glück bereits am nächsten Tag wieder im Saloon. Liest man die Geschichte von Leadville, entdeckt man viele Eigenarten des amerikanischen Lebens, denen man heute überall begegnet: „The Best Hotel in Town" hieß 1865 die verlockende Reklame an einem eilig aufgestellten Zelt, und aufgrund von Transportschwierigkeiten gab es Zeiten, in denen ein 100-l-Fass mit Whiskey stolze 1.500 $ kostete.

Trotz allem gaben sich alle „Persönlichkeiten" der Pionierzeit mindestens einmal ein Stelldichein in Leadville. Einer der bekanntesten war *Horace A. Tabor*, der mit seinem hier verdienten Geld u.a. die Oper in Denver errichten ließ. Mit seiner berühmten Matchless Mine wurde er über Nacht zu einem der wohlhabendsten Bürger des Westens. Seine ergiebige Mine lockte Anfang der 1880er Jahre auf einen Schlag 30.000 Schürfer samt Anhang an. *Tabor* wurde während dieser Zeit in die höchsten politischen Ämter gewählt, obwohl sein privates Leben einige Kritiker fand: Er ließ sich nämlich in Leadville von seiner Frau *Augusta* scheiden und heiratete die Saloon-Dirne *Elizabeth McCourt Doe*, besser bekannt als *„Baby Doe"*. 1893 fielen die Silberpreise drastisch. Als *Tabor* – mittlerweile bettelarm – 1899 starb, waren seine letzten Worte an *Baby Doe*: „Hang on to the Matchless". Sie befolgte seine Worte und hoffte, die Silberpreise würden wieder steigen. So verbrachte *Baby Doe* den Rest ihres Lebens ein asketisches Leben in einer heruntergekommenen Holzhütte, gleich neben der Mine – in der sie 1935 starb – erfroren.

Geldbaron und Dirne

Auch andere machten viel Geld in Leadville, legten es aber besser an als *Tabor*. Unter ihnen *Molly Brown* (siehe Denver) und *Meyer Guggenheim*. Während der ersten Hälfte des 20. Jh. vegetierte Leadville immer mehr dahin, obwohl mittlerweile auch Blei, Zink, Mangan und Molybden abgebaut wurden. Ein Investitionsschub in den 1950er Jahren ließ den Bergbau aber wieder aufleben. Heute wird neben Blei und Zink auch Kohle gefördert.

Nicht verpassen sollten Sie in Leadville das **National Mining Hall of Fame and Museum**, in dem auf hervorragende Weise die Geschichte des Bergbaus in den USA erläutert wird. Sehr beeindruckend ist die in mehreren Schaukästen dargestellte Geschichte der Goldförderung in Colorado und die nachgebaute Mine. Dieses Museum ist ein Muss, um den Werdegang Colorados besser verstehen zu können.

Gold und Silber lieb ich sehr …

National Mining Hall of Fame and Museum, *120 W. 9th St., ✆ (719) 486-1229, www.mininghalloffame.org, tgl. 9–17, Nov.–Apr. 11–18 Uhr, $ 7.*

Nicht weit entfernt runden das **Heritage Museum** sowie das **Healy House and Dexter Cabin** das Bild in Puncto Geschichte noch ab. Schauen Sie sich auch noch das **Tabor Home** und das **Tabor Opera House**, eine der ersten Opern im Westen, an. In letzterem, einst „The best West of the Mississippi" finden gelegentlich noch Aufführungen statt.

Heritage Museum, *120 E. 9th St., Ende Mai–Okt tgl. 10–16 Uhr, ✆ (719) 486-1878.*
Healy House and Dexter Cabin, *912 Harrison St., Mem. Day–Labor Day tgl. 10–16.30 Uhr.*
Tabor Home, *116 E. 5th St., Mem Day–Labor Day.*
Tabor Opera House, *308 Harrison St., Mem–Labor Day, Mo–Sa 10–17 Uhr, ✆ (719) 486-8409, www.taboroperahouse.net, $ 5.*

Bei der **Matchless Mine and Baby Doe Cabin** kann man die Mine und die Hütte besichtigen, in der *Baby Doe* 40 Jahre gelebt hat. Die alten Möbel stehen immer noch an ihrem Platz, so wie man sie 1935 vorfand, als man *Baby Does* erstarrten Leichnam entdeckte.

Matchless Mine and Baby Doe Cabin, *7th St. 2 Meilen östlich der Stadt, tgl. 9–17 Uhr, ✆ (719) 486-1229, www.matchlessmine.com.*

Leadville, Colorado and Southern Railroad Company bieten Halbtagestouren mit der Schmalspurbahn zur Quelle des Arkansas River und nach French Gulch (Minendistrikt). Schön, aber die Zugfahrten von Georgetown, Chama bzw. Silverton sind um einiges interessanter.

Abfahrt am Old Depot an der 7th St., ✆ (719) 486-3936, www.leadville-train.com, Mem. Day–Anf. Okt., $ 35.

Tabor Opera House

Alternative zur Hauptroute
Von Leadville aus in südlicher Richtung weiterfahren über Buena Vista, Salida, dem Great Sand Dunes NP bis nach Taos und Santa Fe. Darüber hinaus gibt es auch eine schöne Strecke von Buena Vista über den Cottonwood Pass und Almont nach Crested Butte. Infos im Abschnitt über Aspen.

Die Hauptroute zweigt 14 Meilen südlich von Leadville nach Westen ab (CO 82). Vorbei an den Twin Lakes und über den **Independence Pass** (3.630 m), von dem aus man herrliche Fotos von den höchsten Bergen der Colorado-Rockies (der höchste ist der *Mt. Elbert* mit 4.399 m) machen kann, geht es nun nach Aspen. Auf der westlichen Passseite müssen besonders Wohnmobilfahrer vorsichtig sein, da die Straße teilweise einspurig verläuft.

Im Westen wird's eng

Reisepraktische Informationen Leadville, CO

VORWAHL 719

Information

Chamber of Commerce: *809 Harrison St., ✆ 486-3900, 1-855-488-1222, www.visitleadvilleco.com.*

Unterkunft

Delaware Hotel $$-$$$: *700 Harrison Rd, ✆ 486-1418, 1-800-748-2004, www.delawarehotel.com. Historisches Hotel (1886) mit viktorianischem Ambiente. Schauen Sie sich die Lobby an. Im Hause gibt es das* **Callaway's Restaurant** *mit amerikanischer Hausmannskost.*

Ice Palace Inn B&B $$-$$$: *813 Spruce St., ✆ 486-8272, 1-800-754-2840, www.icepalaceinn.com. B&B mit viktorianisch-historischem Touch. Schöne Antiquitäten. Plüschig-romantisch. Hausschuh-Pflicht!*

Camping

Es gibt zwei Camping/RV-Parks, den stadtnahen **Leadville RV Corral** *(135 West 2nd Street, Südende d. Stadt, ✆ 486-3111, www.mountainrvpark.com) sowie den schöneren* **Sugar Loafin' RV/Campground & Cabins** *4 Meilen westlich (2665 County Road 4, ✆ 486-1031, www.sugarloafin.com).*

Restaurants

The Grill Bar & Café: *715 Elm St., ✆ 486-9930. Mexikanische und amerikanische Küche. Gute Margaritas.*

Ansonsten bieten einige „Old-West-Saloons" gutes Microbrew mit Steak- und Burgergerichten so z.B. die historischen **Silver Dollar Saloon** *bzw.* **Doc Holliday's** *(315 bzw. 316 Harrison Ave.), die bereits Doc Holliday für seine Pokerpartien zu schätzen wusste.*

Aspen

Aspen wurde Ende der 1870er Jahre gegründet, begann aber erst 10 Jahre später zu boomen. 1887 zählte man offiziell 15.000 Einwohner, schätzte die Zahl aber eher doppelt so hoch ein. Das **Hotel Jerome** *(330 E. Main St.)* und das **Wheeler Opera House** *(320 E. Hyman St.)* wurden eröffnet. Aspen erlebte ein paar überaus reiche Jahre und erlangte zudem den Ruf, die wildesten Frauen zu haben. Wenige Jahre später war dann Spuk vorbei. Wie bereits erwähnt, fiel der Silberpreis. Aspen wurde zu einer Ghosttown mit knapp 700 Seelen (1932 sogar nur noch 249). Doch 1936 begannen der Bobfahrer *Billy Fiske*, sein Partner *Ted Ryan* und der Schweizer Bergsteiger *André Roche* die erste Lodge aufzubauen und Skipisten zu roden.

Wilde Frauen

Bereits 1941 wurde Aspen Stützpunkt der amerikanischen Skinationalmannschaft. Nach dem Krieg erlangte es durch die Austragung verschiedener internationaler Rennen schließlich Weltruf. Zu dieser Zeit war der Skisport noch nicht so populär und medienpräsent. Das genügte den Betuchten, um unter ihresgleichen zu bleiben. Erst mit der Eröffnung von drei weiteren, familienfreundlichen Resorts um Aspen (**Highlands**, **Snowmass** und **Buttermilk Mountain**) zog es auch die Mittelschicht hierher.

Hochpreisig

Zum Kauf eines Hauses in der Gegend benötigt man ein sattes Bankkonto. Unter 1 Mio. $ für eine 50-m²-Wohnung braucht man gar nicht zu rechnen. Auch die Preiskategorien in den feinen **Boutiquen** und in den zahlreichen **Kunstgalerien** suchen ihresgleichen. Doch das ist es wohl, was die High Society, besonders aus Film und Fernsehen, sucht (die Politiker zieht es übrigens eher nach Vail). Trotz allem ist Aspen ein attraktiver Bergort geblieben, der sich einen gemütlichen und historischen Charakter erhalten hat, der jeden anspricht und den man nur in wenigen der großen Skiorte wiederfinden wird. In der „Innenstadt“ sind, soweit es möglich war, die alten Fassaden er-

Exklusive Läden sorgen für den Erhalt der historischen Innenstadt

halten worden, und drum herum reihen sich zahllose Holzhäuser im viktorianischen Stil aneinander. Die Stadtverwaltung ist auch heute noch bemüht, diesem Stil gerecht zu werden, und häufig finden Bürgeranhörungen statt, die weitere Ausbaupläne beraten und darüber abstimmen. Lebendig ist auch die Kulturszene. Das Aspen Art Festival, das Aspen Music Festival, das Aspen Film Festival sowie die Food & Wine Magazine Classics (s. S. 572) sind nur die absoluten Highlights und erfreuen sich mittlerweile internationaler Anerkennung. Nahezu jedes Wochenende gibt es etwas Anderes zu erleben. Übrigens finden im o.g. Wheeler Opera House erstklassige Aufführungen und Konzerte statt *(✆ (970) 920-5770, www.wheeleroperahouse.com)*.

Festivals der Extraklasse

Outdoor-Aktivitäten wie Mountain Biking, Jeeping und Wildwasserfahrten werden von etlichen Unternehmen angeboten. Zudem laden unzählige Wanderwege zum Erkunden der Berglandschaft ein. Und wer gerne reitet, braucht auch nicht lange nach Angeboten zu suchen.

Die **Aspen Historical Society** *(✆ (970) 925-3721, www.aspenhistorysociety.com)* verwaltet die historischen Museen und organisiert geführte Touren, u.a auch die *History Coach Tour* mit einem Bus zu den wesentlichen Sehenswürdigkeiten der Stadt:

Das **Wheeler-Stallard House Museum** bietet einen Eindruck vom alten Aspen, vornehmlich sieht man sich aber mit alten Möbeln konfrontiert. Interessanter ist das **Holden-Marolt Mining and Ranching Museum**, wo erläutert wird, wie die Stadt sich von einer Minenstadt zu einem Farmort verändert hat. Ghosttownfans sollten sich aufmachen zu dem 10 Meilen südlich gelegenen und etwas restaurierten **Ashcroft**.
Wheeler-Stallard House Museum, *620 W. Bleeker St., Di–Sa 13–17 Uhr, $ 6 (inkl. Holden Marolt Mining).*
Holden-Marolt Mining and Ranching Museum, *40180 Highway 82, Mitte Juni–Ende Sept, Di–Sa 13–17 Uhr, $ 6.*
Ashcroft, *11 Meilen südlich an der Castle Creek Road, Touren Juni–Sept., ✆ (970) 925-5657, $ 3.*

Die berühmteste Mine Aspens ist die **Smuggler Mine** im Smuggler Mountain, in der 1894 ein 1.000 Kilogramm schweres Silbernugget (Silberanteil: 93 %) gefunden wurde. Heute können sich Besucher bei geführten Touren in das Herz des Berges wagen und die historische Mine zu Fuß erkunden.
Smuggler Mine, *110 Smuggler Mountain Rd, Touren das ganze Jahr, ✆ (970) 925-2049 www.mining.state.co.us, Reservierung erforderlich.*

Hinein in den Berg

Das **Aspen Art Museum** zeigt wechselnde Ausstellungen. Achten Sie auf Aushänge. Weitere Kunstwerke kann man in den verschiedenen **Gallery-Shops** in der Stadt bewundern.
Aspen Art Museum, *590 N. Mill St., Di–Sa 10–18, So 12–18 Uhr, ✆ (970) 925-8050, www.aspenartmuseum.org, frei.*

Wer die majestätischen und viel fotografierten **Maroon-Belles**-Berge („Twin Peaks", 4.318 m) bewundern möchte, nimmt am besten einen Shuttle-Bus *(✆ (970) 925-8484, www.rfta.com)* vom Transportation Center, denn die Straße dorthin darf nur ein Stück mit einem privaten Auto befahren werden.

Interessant ist noch, dass sich um Aspen einige Institute niedergelassen haben, die modernen und ökologischen Baustil probieren und propagieren. Doch warum hier? Die Antwort kommt prompt: „Diesen Baustil können sich nur die Reichen leisten. Erst wenn die ihn 'ausprobiert' haben, wird er vielleicht in die billigere Massenproduktion gehen.“ Eines dieser Institute, das Sie nach Voranmeldung besichtigen können, ist das **Rocky Mountain Institute** in Snowmass *(1739/ 2317 Snowmass Creek Rd., ✆ (970) 927-3851, www.rmi.org)*. Hier bemüht man sich um die Entwicklung von Energie und Wasser sparenden Geräten.

Reisepraktische Informationen Aspen, CO

VORWAHL 970

Information

Aspen Chamber Resort Assn.: *425 Rio Grande Pl., ✆ 925-1940, 1-800-670-0792, www.aspenchamber.org. Nur Mo–Fr. Tgl. geöffnet ist das* **Visitor Center at the Wheeler Opera House**: *320 E. Hyman Ave., ✆ 920-7148.*

Unterkunft

**St. Moritz Lodge & Condominiums $$**: *334 West Hyman Ave., ✆ 925-3220, 1-800-817-2069, www.stmoritzlodge.com. Pool, Whirlpool, Sauna, Waschautomat. Fast ein Hostel, und so gibt es auch einen Schlafsaal ($-$$).*

Tyrolean Lodge $$-$$$$: *200 W. Main St., ✆ 925-4595, 1-888-220-3809, www.tyroleanlodge.com. Günstige Lodge, zentral im Ort gelegen. Zumeist sehr große Zimmer. Ein Schnäppchen für diesen Ort.*

Independence Square $$$-$$$$: *404 S. Galena St., ✆ 920-2313, 1-800-633-0336 www.indysquare.com. Selbstversorger-Apartements in Hotel. 4-6-Personen-Suiten. Somit gutes Preis-Leistungsverhältnis für Familien. Zentral. Hot Tub auf dem Dach (Sonnendeck).*

Innsbruck Inn $$$-$$$$: *233 W. Main St., ✆ 925-2980, 1-866-925-2980, www.theinnsbruck.com. Im österreichischen Stil erbaut. Obere Mittelklasse. Outdoor-Pool (ganzjährig benutzbar!). Hot Tub.*

Hotel Jerome $$$$$: *330 E. Main St., ✆ 920-1000, 1-800-331-7213, www.hoteljerome.aubergeresorts.com. Historisches Luxushotel im Zentrum des Ortes. Viktorianischer Baustil. Nach der Fertigstellung 1889 war es das erste Hotel Colorados mit Elektrizität. Große Badewannen, Marmorbäder, ein Restaurant der Spitzenklasse u.v.m. sorgen für einen sehr hohen Preis, der ihn aber wert ist. Beliebt auch die legendäre* **J-Bar**.

Camping

Schöne **Plätze** *betreibt die White-River-Forstverwaltung (Aspen-Sopris Ranger District, ✆ 925-3445, www.fs.fed.us/r2/whiteriver/index.shtml bzw. www.recreation.gov).*

Restaurants

Keine Frage, dass ein Ort wie Aspen über Restaurants aller Geschmacksrichtungen verfügt und diese sich an Exklusivität gegenseitig übertreffen. Fragen Sie im Visitor Center nach einem besonderen Food-Happening in einem Restaurant nach.

Jerome's Century Room: *im gleichnamigen Hotel, ✆ 920-1000. Wild, Forellen und ausgezeichnete Steaks. Oft in Begleitung von Pianomusik oder Jazzrhythmen.*

Aspen Brewing Company: *304 E. Hopkins Ave., ✆ 920-2739. Gutes Bier (Microbrewery) und gute Stimmung, aber kein Essen (darf mitgebracht werden).*

Günstiger speist und trinkt man im **Boogie's Diner** *(534 E. Cooper Ave., auch Frühstück) oder dort, wo die Einheimischen hingehen:* **Woody Creek Tavern** *(westl. des Ortes, Woody Creek Canyon, 2 Woody Creek Plaza, ✆ 923-4585), deftig-gute Gerichte (Steaks, Burger, Ribs etc.*

Festivals

Im Juni lädt Aspen zum **FOOD & WINE Magazine Classic** *(✆ 925-1940, www.foodandwine.com/classic) ein, wo Spitzenweine getestet werden können sowie die besten Köche ihr Können vorführen:*

Mitte Juli findet das **Arts Festival** *(✆ 925-1940, www.artfestival.com), meist in Verbindung mit dem* **Aspen Music Festival** *(✆ 925-3254, www.aspenmusicfestival.com) statt. Beides sind hochrangige Veranstaltungen!*

Redstone und Crested Butte

Nun verlässt man Aspen in westlicher Richtung, ab Carbondale geht es nach Süden auf dem CO 133 (nach Norden käme man nach **Glenwood Springs**, das wegen seiner größten Thermalquellen der Welt erwähnenswert ist). Bereits nach 17 landschaftlich schönen Meilen durch das teilweise schluchtartige Flusstal des Crystal River liegt linker Hand der kleine Ort **Redstone**.

Industrielle Mustergemeinde

Obwohl auf vielen Karten nicht einmal eingezeichnet, war Redstone einst ein bekannter „Industriestandort". *John Cleveland Osgood*, ehemals einer der Stahlbarone des Ostens, errichtete hier eine industrielle Mustergemeinde mit heute noch sichtbaren Koksöfen. Für die Arbeiterfamilien baute er kleine Häuser und für die Junggesellen richtete er ein Heim – heute das **Redstone Inn** – ein.

Das Gebäude steht unter Denkmalschutz und bietet **die** Gelegenheit, abseits vom großen Rummel, inmitten der Rocky Mountains, ein paar gepflegte Ruhetage einzulegen, gespickt mit Wanderungen entlang dem Crystal Creek bzw. in die Berge oder einem Aus-

Streckenalternative

Kurz hinter dem ***Paonia Dam*** *zweigt nach links eine Straße (CO 135/12) nach Crested Butte und Gunnison ab. Die überwiegend nicht asphaltierte Straße über den Kebler Pass ist in gutem Zustand und mit einem herkömmlichen Auto zu bewältigen (nicht zu empfehlen für Wohnmobile). Crested Butte kann auch einfacher vom Osten über den Cottonwood Pass und entlang einer bezaubernden Landschaft (Camping- und Picknickplätze westl. des Passes) bzw. von Süden von Gunnison aus erreicht werden.*
Achtung: *Winterfahrverbote auf allen drei Anfahrten!*

Kebler Pass: atemberaubende Blicke auf die Rockies und Grand Mesa

flug ins nahe **Marble** (hist. Gebäude, ehem. Marmor-Steinbruch). Mittlerweile haben sich auch ein paar Künstler mit ihren Galerien im Ort niedergelassen. Sich selbst ließ *Osgood* einen burgähnlichen Palast errichten, das **Redstone Castle**, wo er dann Gäste wie *John D. Rockefeller* und *Teddy Roosevelt* empfing. Das Castle kann besichtigt werden.
Redstone Castle: *✆ (970) 963-2526, www.redstonecastle.us, Touren: Mem. Day–Labor Day tgl. 13.30, Rest des Jahres Fr–Mo 13.30 Uhr, $ 15.*

Crested Butte ist ein weiteres Skiresort, das aus einer historischen Minenstadt (Gold und Silber) entstanden und in eine wunderschöne Naturlandschaft eingebettet ist. Der alte Baustil des Ortskerns ist zum größten Teil erhalten worden und steht jetzt unter Denkmalschutz. Daher würde sich hier eine Übernachtung durchaus anbieten, bevor Sie über das weniger attraktive Gunnison zum Black Canyon weiterfahren. Es gibt zahlreiche Hotels und nette Bed & Breakfast-Unterkünfte. Wer sich mit der Minengeschichte auseinander setzen möchte, der sollte einen Blick in das **Crested Butte Mountain Heritage Museum** werfen, dem auch die **Mountain Bike Hall of Fame** angeschlossen ist.

Eine schöne Übernachtungsalternative

Hall of Fame, *331 Elk Ave., Juni–Sept: tgl. 10–20, Dez.–März: tgl. 12–18 Uhr, ✆ (970) 349-1880, www.mtnbikehalloffame.com, $ 3.*

Im **Nordic Center** *(620 2nd St., ✆ (970) 349-1707, www.cbnordic.org, nur Winter-Saison!)* wird ein großes Winterprogramm angeboten, so z.B. Skitouren oder Eislaufen. Das eigentliche Skiresort des Ortes, **Mt. Crested Butte**, liegt drei Meilen entfernt. Bekannt ist Crested Butte auch für Outdooraktivitäten: Mountainbiking, Wandern und Angeln werden ganz groß geschrieben, es werden aber auch Ausritte, Kajak- sowie Wildwassertouren von hier organisiert.

Reisepraktische Informationen Redstone und Crested Butte, CO

VORWAHL 970

Information

Crested Butte Chamber of Commerce: *601 Elk Ave., Crested Butte, ✆ 349-6438, 1-800-545-4505, www.cbchamber.com.*

Unterkunft/Restaurants

Elk Mountain Lodge $$-$$$: *129 Gothic Ave., Crested Butte, ✆ 349-7533, 1-800-374-6521, www.elkmountainlodge.net. 1919 errichtet als Pension für die Minenarbeiter, beweist die Lodge heute einen historischen Charme. Alte Bar im Hause, zentral gelegen.*
Inn at Crested Butte & Spa $$-$$$: *510 Whiterock Ave., Crested Butte, ✆ 349-2111, 1-877-343-2111, www.innatcrestedbutte.net. Relativ neue, sehr gemütlich und komfortabel eingerichtete Lodge. Frühstück im Preis inbegriffen. Großes Jacuzzi.*
Restaurants und Bars *finden Sie in Crested Butte besonders entlang der Elk Avenue.*
Redstone Inn $$-$$$$: *82 Redstone Blvd., Redstone, ✆ 963-2526, 1-800-748-2524, www.redstoneinn.com. Romantisches Haus mit gutem Restaurant.*

Klein, aber fein: Crested Butte

Entlang der Hauptstrecke geht es auf dem CO 133 weiter hinein in das fruchtbare Tal von Gunnison und North Fork River. Obstbaumplantagen (Äpfel, Kirschen, Aprikosen) und riesige Rinderherden wechseln einander ab. In dem Flecken **Hotchkiss** geht es nun nach Süden auf dem CO 92. Die Strecke ist um 25 Meilen länger und auch kurvenreicher, aber um einiges schöner. Unterwegs haben Sie die Möglichkeit, zum **Nordrand des Black Canyon** zu fahren (im Winter geschlossen). Doch gibt es dort kein Visitor Center, und die Lichtverhältnisse sind vom Süden her besser. Achten Sie auch auf die tief gelegenen Seen rechterhand, wenn Sie parallel zum Canyonrand fahren. Sie erinnern an Kraterseen, aber in Wirklichkeit handelt es sich um Reste ehemaliger Flussarme, die durch Erosion teilweise zugeschüttet und abgeschnitten wurden und sich jetzt immer wieder mit Regenwasser füllen.

Der CO 92 verlässt für eine Weile das Gunnison Valley, führt über einen Pass, um dann am westlichen Canyon-Austritt wieder parallel zum Fluss zu verlaufen, bis er am Blue-Mesa-Staudamm auf den US 50 trifft, dem Sie in westlicher Richtung folgen. 8 Meilen vor Montrose führt eine Straße zum Südrand des Black Canyon of the Gunnison National Park.

Alternative Strecke

*Kurz vor Delta geht eine Stichstraße nach Norden zum **Grand Mesa National Forest**. Die auf 3.000 m gelegene Grand Mesa gilt als eines der größten Hochplateaus (Basalt) der Erde. Über 300 Seen gibt es hier, zudem Wanderwege, Skiresorts und am „Lands End“ im Westen des Plateaus einen Aussichtspunkt mit Blick über West-Colorado. Infos über die Region erteilt der Forest Supervisor in Delta (2250 US 50).*

Black Canyon of the Gunnison National Park

Ein Dichter, der einen Teil seines Lebens in der Region verbrachte, schrieb einmal: *„Einige Canyons im Westen übertreffen den Black Canyon an Größe; einige sind länger; einige sind tiefer; und ein paar wenige haben ebenso steile Wände. Aber kein Canyon in Nord-Amerika verbindet Tiefe, Enge, Steilheit und düsteres Aussehen miteinander wie der Black Canyon of the Gunnison.“* Wer das erste Mal über den Rand des Abgrundes schaut, dem wird mit Sicherheit eine Gänsehaut über den Rücken laufen, so tief geht es hier runter: Die *Painted Wall*, die höchste Wand, ist über 700 m hoch – der Canyon ist an dieser Stelle aber nur knapp 400 m breit (Oberkante). Durch die Enge des Canyons ist die Wirkung umso eindrucksvoller. Fast glaubt man, den Fluss gar nicht mehr erkennen zu können. Nur am späten Vormittag fällt Licht in die unwirtliche Landschaft dort unten. Bald danach neigt sich die Sonne, und die Felswände liegen wieder im Schatten.

Eine enge, düstere Schlucht

Der Lichtmangel und das dunkle Gestein haben dem Canyon seinen Namen gegeben. Eine Durchquerung dieser 16 überaus dramatischen Schluchtkilometer (der gesamte Canyon ist übrigens 85 km lang) ist fast unmöglich. Die ersten Bewohner der Region, die Ute-Indianer, waren wohl niemals ganz im Innern gewesen, und der erste Expeditionstrupp, eine Handvoll Vermessungstechniker der Eisenbahngesellschaften, erklärten ihn für „unzugänglich“. Erst 1901 schafften es zwei Abenteurer. Sie benötigten neun Tage für 53 km.

Vom Canyonrand wurden sie an verschiedenen Punkten mit Lebensmitteln versorgt. Aufgrund ihrer Aufzeichnungen entschied man sich bereits wenige Jahre später dazu, den 9,3 km langen Gunnison-Diversion-Wassertunnel vom östlichen Canyon-Austritt aus zu einer südlich gelegenen Farmgemeinde zu bauen.

Redaktionstipps

- Wegen des **besseren Lichtes** ab dem späten Vormittag ist der Südteil des Parks eher zu empfehlen.
- Schönste **Aussichtspunkte**: Chasm View, Cedar Point und Dragon Point.
- **Zeiteinteilung**: Wenn Sie nur die wesentlichen Aussichtspunkte anfahren und sich die Ausstellung im Visitor Center anschauen möchten, dann genügen drei Stunden. Wer noch wandern möchte, der kann auch einen Tag einplanen.

Heute kann man zu dem dort angelegten Damm mit dem Auto hinunterfahren. Die Straße dorthin zweigt gleich hinter dem südlichen Parkeingang nach rechts ab. Ansonsten fahren Sie einfach entlang dem Scenic Drive bis zum High Point und zurück. Nur dafür, ohne Damm und Nordrand, benötigen Sie etwa zwei Stunden (inkl. Visitor Center).

Geologische Entstehung: Zuerst musste sich der Fluss durch ein weiches, vulkanisches Abdeckungsmaterial „fressen". Erst dann gelangte er auf die harten, kristallinen Gesteinsschichten, die heute zu sehen sind. Um durch sie hindurchzudringen und den heutigen Canyon zu schaffen, brauchte der Gunnison über zwei Millionen Jahre.

White Water Rafting: Wer einmal einen Tag in einem Schlauchboot in der Gunnison Gorge verbringen möchte, kann sich an einige Unternehmen in Montrose wenden (Reservierung empfehlenswert).

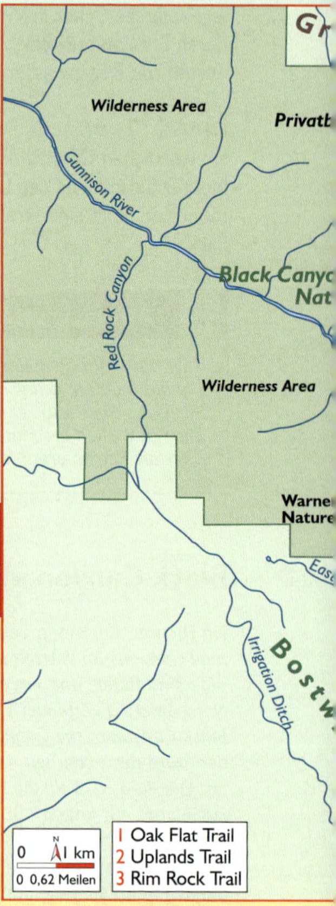

Reisepraktische Informationen Black Canyon of the Gunnison National Park und Montrose, CO

VORWAHL 970

Information

South Rim Visitor Center: *Südteil des Nat. Parks, Tel. 249-1914, ext. 423, www.nps.gov/blca. tgl. ganzjährig.*
Montrose Visitor Center: *1519 E. Main St., Tel. 249-5000, www.visitmontrose.com.*

Der Name verrät's: Es ist dunkel im Black Canyon

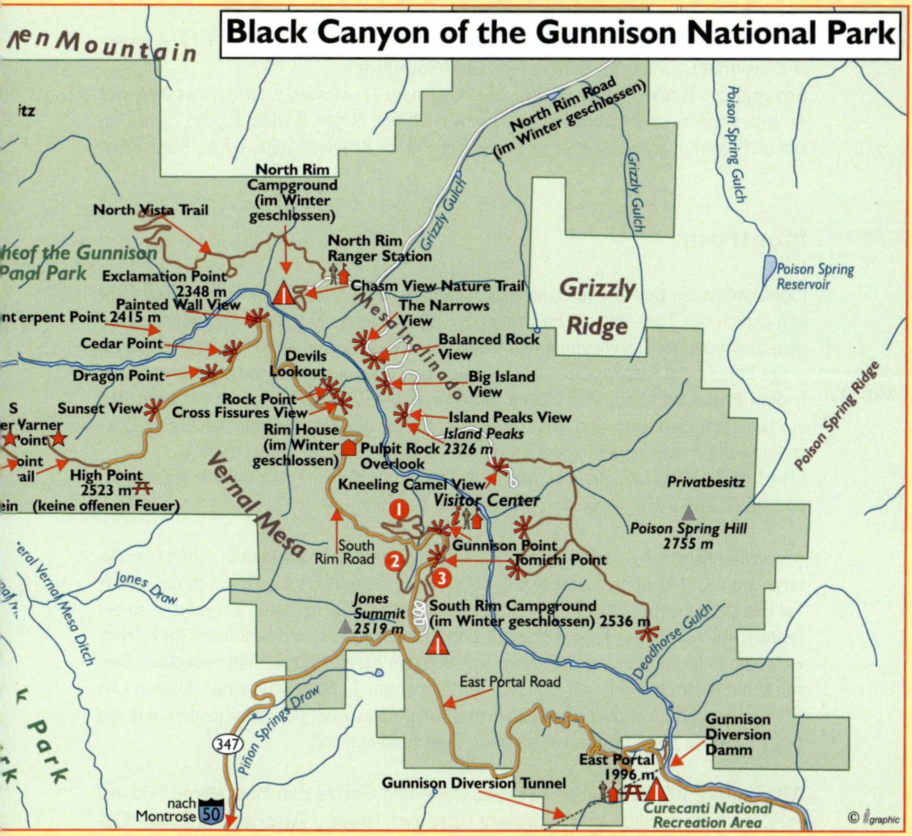

Unterkunft

In Montrose gibt es eine Reihe von Hotels und Motels, so z.B.:

Holiday Inn Express $$-$$$: *1391 S. Townsend Ave., Montrose, ✆ 240-1800, 1-888 465 4329, www.hiexpress.com. Sauber, modern und guter Service.*

Best Western Red Arrow $$-$$$: *1702 E. Main (US 50), Montrose, ✆ 249-9641, 1-800-468-9323, www.bestwestern.com/redarrow. Ein Beweis dafür, dass ein von außen trostlos erscheinendes Motel doch auch ein angenehmes „Innenleben" bieten kann. Schöne, große Zimmer.*

Camping

Es gibt eine Reihe weiterer Hotels in Montrose sowie in Gunnison und jeweils einen **Campingplatz** *am Nord- und am Südrand des Canyons (Wasser und Feuerholz müssen mitgebracht werden), aber kein Hotel im Park. In Montrose gibt es noch den* **Cedar Creek RV Park**: *126 Rose Lane, ✆ 249-3884, 1-877-425-3884, www.cedarcreekrv.com. Auch Zeltmöglichkeit.*

Restaurants

Gesseppi's Italian Delicatessen: *Ecke S.12th/Townsend, ✆ 249-1717. Leckere italienische Gerichte. Sehr authentisch. Gute Nachspeisen.*
Smuggler's Brew Pub & Grille: *1571 Ogden Rd, ✆ 249-0919. Hier gibt es alles, was die amerikanische sowie mexikanische Küche hervorbringt: Burger, Burritos, Suppen, Steaks Salate und natürlich gutes, selbst produziertes Bier. Fr+Sa „Rib-Night" (Spare Ribs, Prime Ribs)!*

Montrose

Landmaschinentechniker und Indianer

Montrose ist ein ziemlich verschlafenes „Country-Nest". Gäbe es nicht den Black Canyon östlich der Stadt und die im Winter z.T. überlaufenen Skigebiete im Süden, würde man hier wohl nur Cowboyhüte und Landmaschinentechniker antreffen. So gibt es aber einige Motels und Fast-Food-Restaurants. Von den drei Museen ist einzig das kleine **Ute Indian Museum**, knapp drei Meilen südlich am US 550, erwähnenswert, in dem neben ein paar Erläuterungen und Artefakten zur Kultur der Ute-Indianer auch eine Darstellung einer spanischen Expedition (1776) in diese Gegend geboten wird.
Ute Indian Museum, *Juli–Okt. Mo–Sa 9–16.30, So 11–16.30, Rest des Jahres Di–Sa 9–16 Uhr, ✆ 249-3098, www.coloradohistory.org, $ 4,50.*

Ansonsten kann die Reise auf dem US 550 in südlicher Richtung weiter gehen (zur Alternative CO 141 über Gateway s. S. 480). Die Strecke führt zuerst durch das offene Tal des Uncompahgre River. Am Horizont sind schon die nächsten Bergketten zu erkennen. Auch in dieser Region wurden einige Filme gedreht, und besonders im Herbst, wenn die tiefgelben Blätter der Espen sich von den bereits mit Schnee bedeckten Bergen abheben, lockt sicherlich nicht nur ein Fotostopp. In **Ridgway**, einem kleinen Ort mit einem schnuckeligen **Eisenbahnmuseum**, muss man sich entscheiden, wie die Fahrtroute für die nächsten ein bis zwei Tage aussehen soll.

Alternative 1 führt Sie über Telluride, Ophir und Cortez zum Mesa Verde National Park, die landschaftlich etwas schönere (aber auch längere) **Alternative 2** über Ouray und Silverton nach Durango, von wo aus Sie dann den Nationalpark besuchen kön-

Off the beaten track

*Wer ein geländegängiges Fahrzeug hat (es muss nicht Allrad sein - aber bitte keine Wohnmobile), der sollte von Silverton aus über eine Schotterstraße, nach Ophir fahren (insgesamt 45 Meilen). Die Berglandschaft entlang dieser historischen Verbindungsroute ist einmalig. Von Ophir sind es dann noch 13 Meilen in nördlicher Richtung bis Telluride. **Achtung!** Es handelt sich um eine Einbahnstraße, die nur von Ost nach West befahren werden darf! Die tiefen Abbruchkanten verlangen einen schwindelfreien Fahrer. Übrigens gilt das gesamte Gebiet um Telluride, Ouray und Silverton als das beste fürs Jeeping in den Rockies. Etliche Firmen verleihen Fahrzeuge oder führen Touren durch. Manch einer mag diesem Querfeldeinfahren verhalten gegenüberstehen, doch es muss dazu gesagt werden: Die Wege sind extra dafür ausgelegt und die Unternehmen unterliegen strengen Richtlinien. Es gibt spezielle Jeeping-Landkarten.*
Man kann die Landschaft auch vom Rücken der Pferde aus erkunden, selbst als wenig erfahrener Reiter. Für die Sattelfesteren gibt es aber auch mehrtägige Ausritte in die Berge. Unternehmen dafür gibt es vor allem in Durango.

nen. Diese Route empfehlen wir grundsätzlich, denn Sie bietet die Möglichkeit, in Durango eine passende Unterkunft zu nutzen, von der aus Sie einen Tagesausflug zum Mesa Verde Park unternehmen können. Telluride kann auf einem Abstecher besucht werden.

Alternative I: über Telluride, Ophir und Cortez

Ab Ridgway sind es 37 Meilen bis Telluride. Einige Meilen hinter Ridgway am CO 62 liegt linkerhand übrigens die riesige Ranch von *Ralph Lauren*.

Cowboy der R L Ranch

Telluride wurde 1875 gegründet und diente vornehmlich als Basislager für die Minen hoch in den Bergen. Zuerst hieß es übrigens Columbia. Der jetzige Name entstammt dem Metall Tellur, welches man häufig in Gold findet, obwohl eigentlich das Silber für den Wohlstand des Ortes sorgte. Die Legende, der Name komme von *„To Hell You Ride"*, ist nicht „wissenschaftlich" belegt, aber doch in aller Munde.

„To hell you ride"

Nach dem Silber-Crash 1893 drohte die Stadt verlassen zu werden, doch fanden sich einige Investoren, die die Minen in Gang hielten – auf Kosten der Arbeiter, die bei stets niedrigen Löhnen noch länger schuften sollten. 1904 kam es daher zu Aufständen, die nur durch militärische Einheiten gestoppt werden konnten. Mitte der 1930er Jahre aber war es mit den Minen endgültig vorbei. Telluride zählte nur noch 478 Einwohner. Doch bereits 1938 erkannte man das Skipotenzial des in sich abgeschlossenen Tals. Es bietet ausgezeichnete Abfahrtsstrecken in drei Himmelsrichtungen. Es kam aber nicht zum großen Run auf Telluride, zu weit waren die Wege von Denver, und zu unattraktiv war das damalige Angebot an Hotels. Bis zur Mitte der 1980er Jahre ging es auf und ab. Mitte der 1970er bekam man noch ein Zimmer im *New Sheridan* für 100 $ pro Monat. Mit

Redaktionstipps

- Neben Aspen und Crested Butte ist Telluride sicherlich der **schönste Skiort**, und im Sommer gibt es erstklassige Wanderrouten, so z.B. zu den alten Minenorten in der Umgebung.
- Sollten Sie vorhaben, **nach Osten über die Pässe** zu fahren, erkundigen Sie sich vorher über den Straßenzustand Einige Strecken sind One-Way und nur von Osten kommend(!) zu befahren.
- Es ergeben sich hier gute **Fotoperspektiven** (historischer Minenort mit Bergen im Hintergrund).

dem Bau des Flughafens aber änderte sich alles schlagartig. Telluride war damit schneller erreichbar, und zwar besonders für diejenigen, die mit ihrem eigenen Jet einfliegen konnten. Des zunehmenden Wintersporttourismus' in Vail und Aspen überdrüssig, kamen Filmstars, Industrie-Magnaten und selbst Ölscheichs. Häuser wechselten den Besitzer, und jedes Jahr verdoppelten sich ihre Preise. Seitdem werden Skiresorts aus dem Boden gestampft und Wälder für neue Pisten abgeholzt.

Charmant, aber nicht ganz billig

Doch hat Telluride einen Teil seines beschaulichen Charakters erhalten. Der historische Stadtkern ist kaum verändert (abgesehen von Boutiquen und Souvenirshops), und die modernen Skianlagen und -resorts liegen vor dem Ort. Die Gemeinde hat zudem ihren alteingesessenen Bürgern versprochen, aus den Fehlern anderer Skiresorts zu lernen und bemüht sich, Wohnraum und Bodenpreise im erträglichen Rahmen zu halten. Man kann nur hoffen, dass Telluride so viel wie möglich von seinem alten Charme behält. Der Veranstaltungskalender zumindest ist voll: Jazz-, Bluegrass-, Film-, Ballon-, Hanggliding- und andere Festivals. Neben Skilaufen, Jeeping, Golfen erfreut sich auch das Mountainbiking immer größerer Beliebtheit.

Die Attraktionen der Stadt sind schnell aufgelistet, denn das schönste ist die Altstadt sowie vor allem die Lage. Im **Telluride Historical Museum** geht es um die Geschichte der Stadt und seiner Minen. Wer sich näher mit der Geschichte befassen möchte, nimmt an einem historischen Stadtrundgang teil (Infos im Visitor Center), auf dem

Blick entlang der Colorado Avenue in Telluride

Nicht verpassen: die Seilbahn zum Resort

u.a. mit Stolz darauf hingewiesen wird, dass *Butch Cassidy* hier 1889 seinen ersten Bankraub verübte und dass im **New Sheridan Hotel & Opera House** 1896 ein Präsidentschaftskandidat gesprochen hat.
Telluride Historical Museum, *201 W. Gregory Ave., ✆ (970) 728-3344, www.telluridemuseum.org, Winter: Di–Sa 11–17, Sommer: Mo–Sa 11–17, So 12–17 Uhr, Rest des Jahres variiert, $ 5.*

In jedem Fall sollte man mit der kostenlosen **Gondola**, der Seilbahn zum Resort fahren. Die tolle Aussicht belohnt dafür, bei Tag und bei Nacht!

Reisepraktische Informationen Telluride, CO

VORWAHL 970

Information

Telluride & Mountain Village Visitor Services: *630 W. Colorado Ave., ✆ 728-3041, 1-888-605-2578, www.visittelluride.com und www.telluride.com. Es gibt hier einen Buchungscounter für Unterkünfte. Im Sommer/Herbst bieten die Hotels im modernen Mountain Village besonders günstige Tarife an. Eine Übernachtung in der historischen Stadt hat aber mehr Charme.*

Unterkunft

Mountainside Inn $$-$$$: *333 S. Davis St., ✆ 970) 369-7523. 79 Zimmer, zum Teil sehr günstig. Von Doppelzimmer bis 3-Zimmer-Condo mit kleiner Küche. Die wohl beste Adresse im Ort für Preisbewusste.*

**Victorian Inn $$-$$$**: *401 W. Pacific Ave, ✆ 728-6601, 1-800-611-9893, www.thevictorianinn.org. Nette Lodge, zentral gelegen mit einer Vielzahl von Übernachtungsmöglichkeiten: Zimmer mit und ohne Kitchenette, 2 große Betten, Suite, Cottage ($$$-$$$$).*
New Sheridan Hotel $$-$$$$: *231 W. Colorado Ave., ✆ 728-4351, 1-800-200-1891, www.newsheridan.com. Historisches Hotel im historischen Stadtkern. Der Klassiker. Gutes Restaurant im Hause und die dazugehörige Bar nebenan erinnert an alte Zeiten.*
Peaks Resort at Telluride $$$$-$$$$$: *136 Country Club Dr., ✆ 728-6800, 1-800-789-2220, www.thepeaksresort.com. Luxus-Resort mit allem Schnickschnack. Im Sommer „Bargains". Golfanlage, Spa, Beauty-Salons etc. Gut geeignet für einen (wenn auch teuren) Wellness-Aufenthalt.*

Camping

Der nächste Camping/RV-Park ist der **Telluride Town Park** *am Ostende der Stadt (Colorado Ave./Willow Creek Rd, ✆ 728-2173, www.telluride-co.gov), am Zusammenfluss von San Miguel River und Bear Creek. Von ihm aus kann man gut in die Innenstadt laufen. Im weiteren Umfeld von Telluride gibt es noch schöne,* **naturbelassene Campingplätze**, *die von der Forstverwaltung unterhalten werden: ✆ 327-4261.*

Restaurants

Das **Chop House** *im o.g. New Sheridan Hotel bietet exquisite Küche und, wie der Name bereits verrät, hat sich auf Steaks spezialisiert.*
Honga's: *135 E. Colorado Ave., ✆ 728-5134. Die erste Adresse für (z.T. experimentelle) asiatische Küche: Sushi, Thai und Balinesisch.*
Fat Alley: *122 S. Oak St., ✆ 728-3985. 1A-BBQ-Gerichte. Sehr gutes „Pulled Pork". Einfach gehalten, aber den Besuch wert. Und damit es besser rutscht, lockt hinterher eine lange Liste an verschiedenen Whiskeys.*
Smuggler Joe's Brew Pub & Grille: *225 S. Pine Street, ✆ 728-0919. Deckt alles ab, was man im Westen sucht: Bierdurst, Snacks, Burgers, Südwester-Küche und Steaks. Dazu günstig. Ansonsten gibt es in Telluride alles: Vom Gourmet-Italiener über Microbrews bis hin zu vielen kleinen Pinten und Bars.*

Festivals

Es gibt zahlreiche Festivals, doch zwei ragen heraus: Das **Filmfestival** *Anfang September (www.telluridefilmfestival.com) sowie das* **Bluegrass Festival** *(www.bluegrass.com/telluride). Auf letzterem wird auch Folk-Rock-Musik geboten.*

Der nächste Ort an dieser Strecke (CO 145-South) ist das kleine **Ophir**. Die Straße führt von hier über den **Lizard Head Pass**, der seinen Namen wegen des über 100 m hohen Monolithen nordwestlich des Highways trägt. Seitdem aber ein Teil abgebrochen ist, sieht er dem Kopf einer Echse nicht mehr so ähnlich.

Off the beaten track

Für hochachsige Fahrzeuge besteht die Möglichkeit, sechs Meilen nördlich von Rico nach rechts abzubiegen auf eine Piste der Forstverwaltung. Sie folgt großenteils dem West Dolores Creek, der durch eine beeindruckende Waldlandschaft fließt. Kurz hinter Stoner trifft sie wieder auf den CO 145.

In **Dolores** befindet sich das **Anasazi Heritage Center**, wo Studien über die alten Indianerkulturen unternommen werden. Zudem gibt es ein Museum mit einem nachgebauten „Cliff Dwelling" und einen Giftshop.
Anasazi Heritage Center, *27501 CO 184, ✆ (970) 882-5600, www.co.blm.gov/ahc, März–Okt. tgl. 9–17, Nov.–Febr. 10–16 Uhr, $ 3.*

Westlich von Dolores verbirgt sich im noch schwer zugänglichen (raue Pisten, wenig Wanderwege) **Canyons of the Ancients Nat. Monument** *(tgl., www.co.blm.gov/canm)* ein wahrer Schatz an historischen Pueblos, Felsmalereien und anderen Relikten aus der Zeit von 450–1300 n. Chr. (man zählt bereits 6.000 archäologische Fundorte). Das o.g. Heritage Center verwaltet das National Monument und hier sollten Sie sich unbedingt Infos und Karten für einen Besuch holen. *Noch schwer erreichbar*

Cortez bietet Unterkünfte und Campingplätze für Besucher des Mesa Verde National Parks (siehe S. 592). Wer mag, kann im **Cortez Cultural Center** Ausstellungen über die Indianer-Pueblos, die Ute-Indianer sowie indianische Tänze anschauen. Herkunft und Besonderheiten der Tänze werden erläutert. In der Umgebung von Cortez hat man eine Reihe von alten Indianerdörfern und Felsmalereien entdeckt, die aber nur auf geführten Wanderungen oder überhaupt nicht zu erreichen sind. Am besten ist, Sie schauen sich die Ruinen im Mesa Verde National Park an, dessen Eingang nur 11 Meilen östlich (US 160) liegt.
Cortez Cultural Center, *25. N. Market St., ✆ (970) 565-1151, www.cortezcultural center.org, Juni–Aug. Mo–Sa 10–22, Sept.–Mai Mo–Sa 10–17 Uhr.*

Von Cortez entlang dem US 160 in südwestlicher Richtung gelangt man nach ca. 40 Meilen zum **Four Corners Monument**. An dieser Stelle grenzen vier Bundesstaaten aneinander (Utah, Colorado, Arizona, New Mexico). Sie können sich auf den Boden legen und jeweils ein Körperteil in einem anderen Staat „ablegen". Typisch amerikanisch, wird dieses ziemlich hochstilisiert. Übrigens haben Geodaten nachgewiesen, dass der eigentliche Schnittpunkt 2–4 Meilen entfernt liegt *(tgl. geöffnet, www.navajonationparks.org)*. *Vermessen*

Alternative 2: über Ouray, Silverton und Durango

Die Strecke zwischen Ridgway und Durango zählt zu den schönsten Straßen des Kontinents. Hohe Pässe, weite Waldlandschaften, verlassene Minen und dazwischen die alten Minenstädte Ouray und Silverton. In Ridgway bleibt man auf dem US 550 und erreicht nach 11 Meilen Ouray.

Ouray

Der Ort liegt in einem natürlichen Becken, umgeben von mehreren Viertausendern. Seine Lage erinnerte bereits die ersten Gold- und Silberprospektoren an die Alpen. Daher gaben sie dem Ort den Spitznamen „Little Switzerland", während er offiziell nach dem hier ansässigen Häuptling der Süd-Ute benannt ist. Der Einsatz dieses Ute-Häuptlings hatte geschafft, was in kaum einer anderen Minenstadt möglich war: Hier vertrugen sich Pioniere und Indianer. *Chief Ouray* hatte schnell erkannt, dass er und sein Volk dem weißen Mann nichts entgegenzusetzen hatten. Um nun weiterhin das Vieh an die war-

Von Bergen umgeben

men Quellen des Tals führen zu können, schloss er gleich zu Beginn einen Frieden, und in der Folgezeit konnten viele seiner Stammesangehörigen in den Minen arbeiten – und das für normale Löhne.

Als der Silberpreis 1893 abrutschte, drohte auch Ouray wieder auszusterben, doch 1896 fand der Zimmermann *Thomas F. Walsh* lohnende Goldadern in der Camp Birds Silver Mine. Er kaufte sie für 20.000 $ und holte bis 1910 Gold im Werte von 26 Millionen Dollar aus den Schächten. Auch heute noch wird in einigen Minen gearbeitet, doch ist mittlerweile der Tourismus die Haupteinnahmequelle der knapp 700 Einwohner. Wer sich für Minen interessiert, sollte einen Besuch der **Bachelor-Syracuse-Mine** nicht verpassen. Sie liegt knapp zwei Meilen nordöstlich. Ihren Namen erhielt sie durch ihre Besitzer: drei Junggesellen („Bachelors") und eine Investorengruppe aus Syracuse. Die Mine erwirtschaftete Bodenschätze im Wert von weit über 100 Millionen Dollar, hauptsächlich Gold und Silber. Auch heute noch ist sie in Betrieb und kann von Mai bis September besichtigt werden. Nach dem sehr interessanten Minenbesuch – für den Sie übrigens einen Pullover mitnehmen sollten (Temperaturen unter 10 °C) – können Sie sich noch im „Goldpanning" versuchen. Die Ausbeute darf man behalten.

Drei Junggesellen wurden fündig

Bachelor-Syracuse-Mine, *erst US 550, dann County Rd. 14 – ausgeschildert, ✆ (970) 325-0220, www.bachelorsyracusemine.com, Ende Mai–Mitte Sept. tgl. 9–16 (Hochsommer bis 17) Uhr, Führungen alle halbe Stunde.*

Das kleine **Ouray County Historical Museum** in der 420 6th Avenue *(✆ (970) 325-4576, www.ouraycountyhistoricalsociety.org)* bzw. ein Bad in den **Ouray Hot Springs** *(US 550 am Nordende des Ortes, Sommer tgl. 10–22, Okt.–Mai 12–20.45 Uhr)* würden schließlich einen Besuch in Ouray abrunden. Ouray bietet sich übrigens auch gut an für ein paar gemütliche Tage in den Bergen. Hier gibt es einiges zu sehen und zu erwandern.

Der US 550 beginnt gleich südlich von Ouray anzusteigen. Bereits hinter der ersten Haarnadelkurve erwartet Sie ein unvergesslicher Ausblick auf den zurückliegenden Ort. Der nun folgende Streckenabschnitt wird als **One Million Dollar Highway** bezeichnet. Die Gemüter streiten sich noch heute, woher der Name wohl stammt. Folgende drei Varianten werden am häufigsten genannt:

- Die Straße wurde mit **goldhaltigem Teer** asphaltiert, dessen Wert man erst im Nachhinein erkannte. *Goldige Straße*
- Die Straße war so steil, dass ein Reisender geschworen haben soll „*You couldn't pay me a million dollars to go back over that pass*".
- Es kostete in den 1920er Jahren eine Million Dollar, um sie zu asphaltieren.

Die nun folgende Landschaft spricht für sich: Nadelwälder, Bergseen, Berge mit einer ganzjährigen Schneekappe und mit etwas Glück, vor allem am späteren Nachmittag, die Chance auf Wild. Selbst Elche soll es hier noch geben.

Reisepraktische Informationen Ouray, CO

VORWAHL 970

Information

Ouray County Chamber: *1230 Main St., ✆ 325-4746, 1-800-228-1876, www.ouraycolorado.com.*

Unterkunft

St. Elmo $$-$$$: *426 Main Street, ✆ 325-4951, 1-866-243-1502, www.stelmohotel.com. Ehemalige Pension (heute nur B&B) von 1898 mit viktorianischen Möbeln. Komfortabel und gutes Preis-Leistungsverhältnis. Frühstück inbegriffen.*

**Box Canyon Lodge & Hot Springs $$-$$$**: *45 3rd Ave., ✆ 325-4981, 1-800-327-5080, www.boxcanyonouray.com. Kamine in den Suiten ($$$), warme Quellen, die an die Whirlpools angeschlossen sind. Gute Möglichkeiten für kleine Wanderungen im nahe gelegenen Canyon.*

Beaumont Hotel $$$: *505 Main St., ✆ 325-7000, 1-888-447-3255, www.beaumonthotel.com. Mit Liebe restauriertes Hotel aus der Zeit des Goldrausches. Gutes, wenn auch teures Restaurant im Hause (Wildgerichte, frische Flussfische).*

Camping

Amphitheater Campground, *US 550 South, Ouray, ✆ 1-877-444-6777, www.recreation.gov. Schön gelegen oberhalb von Ouray, wird vom Forstamt verwaltet.*

Ridgway State Park, *28555 US 550, Ridgway, ✆ 626-5822, 1-800-678-2267, www.parks.state.co.us/Parks/Ridgway. Am Ridgway Reservoir (15 Meilen nördl. von Ouray), wird als einer der schönsten Campingplätze Colorados bezeichnet.*

Restaurants

Coachlight: *118 W. 7th St., ✆ 325-4361. In altem Hotel untergebracht. Ausgefallene Fisch- und Steakgerichte. Taverne im Obergeschoss. Hier gibt es einfachere Gerichte (Pasta, Pizza, Salate etc.)*

Bon Ton: *Pasta und Steaks im o.g., historischen St. Elmo Hotel. Gute Weinkarte. Sonntags Brunch.*

Silverton

Bleihaltige Luft

Silverton liegt in einem Tal, in dessen Umkreis sich reiche Gold- und besonders Silberminen befunden haben. Das Leben war rau damals. Nicht wegen des Klimas alleine, sondern besonders wegen der „bleihaltigen Luft". Schießereien waren an der Tagesordnung, sodass letztendlich sogar Revolverhelden aus dem Osten angeheuert werden mussten, um zumindest für einige Zeit Ruhe zu schaffen. Zwei Straßen im Ort waren im gesamten Westen beliebt und berüchtigt: Die Greene Street war das „Shopping Center" der Prospektoren, die Blair Street das Vergnügungszentrum: Pubs und Spielhallen hatten 24 Stunden geöffnet, und schnell war das hart „erbuddelte" Geld verloren und versoffen. Die letzte Mine wurde erst 1991 geschlossen. Der hohe Silberanteil der Erze im Gebiet hat Silverton sogar nach dem Abrutschen der Preise 1893 weiterhin Wohlstand beschert. *„The miningtown that never quit"* wurde zu einem geflügelten Wort.

Downtown Silverton: einst Schauplatz zahlreicher Schießereien

Unter Tage ist es kalt

Heute sind es die Passagiere der historischen Eisenbahn (s.u.), die Leben in die Straßen der Stadt bringen, zumindest im Sommer zwischen 11 und 16 Uhr. Falls man diesem Trubel aus dem Weg gehen möchte, kann man sich in der Umgebung im Goldpanning probieren. Ausrüstung und Tipps gibt es in vielen Geschäften. Das Land gehört auch heute noch Minengesellschaften oder ehemaligen Privatschürfern. Eine Genehmigung ist also erforderlich. Erkundigen Sie sich vorher beim Touristenbüro. Auch eine alte Goldmine, die **Old Hundred Gold Mine** kann auf einer einstündigen Tour unter Tage besichtigt werden (Pullover mitnehmen!). Sie liegt 5 Meilen östlich von Silverton

Old Hundred Gold Mine, *CO 110 und dann CR 4A, Mitte Mai–Ende Sept. tgl. 10–16 Uhr, ✆ (970) 387-5444, www.minetour.com, $ 18.*

Hinweis

*Ausführliche **Informationen über Minentouren** sowie die über 20.000 Minen Colorados gibt es auf der offiziellen Homepage der Colorado Division of Reclamation, Mining & Safety www.mining.state.co.us unter „Tourist Mines".*

Nachmittags kann man dann in Ruhe durch die Straßen von Silverton laufen und in der Geschichte der Stadt „wühlen". Eine Historical Walking Map gibt es ebenfalls im Touristenbüro und an Bars, Restaurants und Cafés mangelt es auch nicht. Aber Vorsicht! Noch immer gibt es Schießereien ... organisiert von der Silverton Gunfighter Association, stecken heute natürlich brave Bürger hinter den bärbeißigen Gesichtern der Revolverhelden.

Das kleine **Historical Society Museum** *(Ecke 15th/Greene Street, Mai–Mitte Okt. tgl. 9–17 Uhr)* ist im alten County-Gefängnis untergebracht. Außer den „üblichen" Dingen gibt es eine Reihe von Eisenbahnartefakten, die Küche vom Sheriff und die Frauenzelle zu sehen. Diese soll fast immer voll gewesen sein.

Höhepunkt aber ist die historische Eisenbahn, die **Durango & Silverton Railroad („The Silverton")**. Die Züge verlassen Durango im Sommer morgens/vormittags und treffen gut drei Stunden später in Silverton ein, um dann nach 2- bis 3-stündigem Aufenthalt wieder zurückzufahren. Sie können aber auch in Silverton einsteigen, doch fährt der Zug erst am folgenden Tag wieder zurück. Ohne Zweifel eine der beeindruckendsten historischen Züge in den Rocky Mountains. Während die Straße sich durch die Berge schlängelt, verläuft die Schienentrasse parallel zum Animas River, überquert ihn einige Male, passiert Canyons und Schluchten und hält sich wacker an den z.T. sehr steilen Felswänden. Nicht selten schaut man vom Aussichtswagen über die Balustrade und entdeckt, dass es gleich neben der Strecke in die Tiefe geht. Man muss kein Eisenbahnfan sein, um dieses Erlebnis zu genießen. Es ist ratsam vorzubuchen. Infos siehe Reisepraktische Informationen Durango, S. 592.

Immer an der Wand lang

Zur Geschichte: Durango wurde von der *Denver & Rio Grande Railway* 1879 gegründet. 1882 war der Ausbau der Strecke von Osten (Antonito) über Durango bis nach Sil-

Los geht's! Durango und Silverton Railroad

verton vollendet. Während der folgenden 85 Jahre wurden Gold und Silber im Wert von über 300 Millionen Dollar mit der Bahn transportiert. Ende der 1960er Jahre aber wurde die Verbindung nach Antonito (z.T.) demontiert, und Durango war damit vom amerikanischen Eisenbahnnetz abgeschnitten. Nur die 45 Meilen bis Silverton blieben erhalten. Die Dampflokomotiven, die jetzt die alten Waggons ziehen, stammen aus den 1920er Jahren. Auch heute noch hält der Zug an zwei Punkten entlang der Strecke, um Passagiere aufzunehmen, vornehmlich Wanderer, aber auch Gepäck. Selbst die Forstverwaltung nutzt die Eisenbahn für den Abtransport von Nutzhölzern.

Nicht nur Passagiere

Der US 550 führt nun weiter nach Süden. Wie schon erwähnt, bietet sich nach wenigen Meilen eine schöne Aussicht zurück auf Silverton. Die nun folgende Landschaft aber ist ein weiteres Mal atemberaubend – sie zwingt regelrecht zu Fotostopps und lässt auch das Herz der Wanderer höher schlagen. Falls Sie sich spontan in die Szenerie verlieben, bietet das **Purgatory Winterresort** am Fuße des Molas-Divide-Passes Unterkunftsmöglichkeiten in verschiedenen Hotels. In dem Resort kann man auch Pferde ausleihen und andere Outdoor-Aktivitäten buchen. Falls Sie lieber in Durango wohnen, trotzdem aber Ausritte in die Berge unternehmen möchten, bietet sich das wenige Meilen nördlich der Stadt gelegenen „Iron Horse Inn" an. Auch hier können Sie Pferde ausleihen.

Reisepraktische Informationen Silverton, CO

VORWAHL 970

Information

Silverton Chamber of Commerce: *414 Greene St., ✆ 387-5654, 1-800-752-4494, www.silvertoncolorado.com.*

Unterkunft

Inn of the Rockies – Alma House Bed & Breakfast $$: *220 E. 10th St., ✆ 387-5336, 1-800-267-5336, www.innoftherockies.com. Viktorianisch eingerichtetes B&B in Haus von 1898.*

Teller House Hotel $$-$$$: *1250 Greene St., ✆ 387-5423, 1-800-342-4338, www.tellerhousehotel.com. Historisches Hotel inmitten des Ortes.*

Wyman Hotel & Inn $$$: *1371 Greene St., ✆ 387-5372, 1-800-609-7845, www.thewyman.com. Sehr schönes, historisches Hotel (1902). Die Zimmer sind alle sehr unterschiedlich und es empfiehlt sich daher, bei der Reservierung seine Vorstellungen zu nennen bzw. die Zimmer vorher anzuschauen. Alternative können Sie auch in einem „Caboose" (Eisenbahnwaggon) nächtigen. Super-Frühstück!*

Hinweis

Beachten Sie, dass die meisten Unterkünfte und Restaurants von November bis April geschlossen sind.

Camping

Silver Summit RV Park: *640 Mineral Street, ✆ 387-0240, 1-800-352-1637, www.silversummitrvpark.com, Vermietung von Jeeps).*

Red Mountain Motel and RV Park: *664 Greene St., ✆ 387-5812, www.redmtmotelrvpk.com. Hier kann man auch Hütten mieten und ein Zelt aufschlagen. Ebenfalls Jeep-Vermietung.*

Restaurants

Bent Elbow Bar & Restaurant: *1114 Blair St., ✆ 387-5775. „Gute-Laune-Bar" (inkl. Sing-along-Piano). Einfache Gerichte, aber sehr gut und mit historischem Ambiente.*
Handlebars Food & Saloon: *117 13th St., ✆ 387-5395. Genauso unkompliziert, aber mit vielen Relikten aus der alten Minenzeit ausstaffiert. Handlebars ist bekannt für die Country- und Rock Bands, die am Wochenende auftreten sowie für seine BBQ-Ribs.*

Durango

Kommt man von Norden in die Stadt, ist das Bild zuerst etwas düster und langweilig. Nur Motels und Fast-Food-Restaurants. Im Zentrum sieht das aber schon ganz anders aus. Alte, z.T. recht solide und vornehme Kleinstadthäuser säumen die **Main Street** und den **3rd Avenue National Historic District** zwei Blocks weiter. Doch auch die große Auswahl an Geschäften, Restaurants und Hotels lassen nichts zu wünschen übrig.

Bereits bei seiner Gründung 1879 durch die Denver & Rio Grande Railroad hieß es: „*It's out of the way and glad of it*". Durango lebte schon immer von dem, was in einem Radius von 200 km herum passierte und verdient wurde. Ob es die Minenarbeiter aus Silverton und Ouray waren, das gelangweilte Zugpersonal, das aus Denver kommend hier zwei Tage Aufenthalt hatte, oder ob es die Indianer waren, die aus den Reservaten im Westen und Süden her anreisten, um hier ihre Waren loszuschlagen: Durango bildete den Mittelpunkt. Nicht immer lief der Handel friedlich ab. Wo Geld ist, sind auch die Banditen nicht fern. So verwickelte die berüchtigte *Stockton-Eskridge-Bande* die Bevölkerung in eine mehr als eine Stunde dauernde Schießerei. Und auch die Einwohner selbst hatten es faustdick hinter den Ohren: Entsandten sie doch einen Trupp mit Tabak, Whisky, Brot und Gummistiefeln, um die Indianer im Süden endgültig zu beruhigen … und es klappte.

Handelszentrum

Auch heute noch lebt Durango von seiner geografischen Lage. Doch sind es jetzt die Touristen, die die Stadt als Basis wählen für Ausflüge in die nördlichen Berge, zu den Indianerruinen von Mesa Verde oder Aztek oder auch für einen Ausflug zu den **heißen Quellen von Pagosa Springs** *(60 Meilen östlich, www.pagosahotsprings.com)*. Entsprechend wird auch fürs Entertainment gesorgt. Ob Country, Jazz oder Rock'n Roll, Festivals, irgendetwas findet immer irgendwo in der Stadt statt. Das **Fort Lewis College** *(1000 Rim Rd, ✆ (970) 247-7184, www.fortlewis.edu)* sorgt mit seinen Studenten und einer **Art Gallery** (Southwest-Kunst, *Mo–Fr 10–16 Uhr)* schließlich für ein kulturelles Ambiente.

Topattraktion – bereits bei Silverton vorgestellt – ist die **„Durango & Silverton Narrow Gauge Railroad"**, die im Sommer mehrmals nach Silverton und zurück fährt. Auch hier sei noch mal darauf hingewiesen, dass eine recht-

Redaktionstipps

- Wählen Sie Durango als Basis für den Besuch des **Mesa Verde NP** (S. 592).
- Das Angebot an Outdoor-Aktivitäten ist groß: Mountain-Biking, Kayaking, Jeep-Touren, zahlreiche Wanderwege und warme Quellen (**Trimble Hot Springs** nördlich der Stadt).
- Durango eignet sich hervorragend für **Ausritte** in die Rockies. Es gibt eine Menge Unternehmen hier, die das organisieren.

zeitige Reservierung sehr zu empfehlen ist. Und selbst wenn Sie nicht mit der Bahn fahren möchten, sollten Sie dem Bahnhof (1882) und dem **Eisenbahnmuseum** einen Besuch abstatten *(479 Main St., ✆ (970) 247-2733, Mai–Okt. tgl.)*. Übrigens gibt es auch die Möglichkeit, einen Teil der Strecke mit dem Bus zu fahren, um Zeit zu sparen.

Falls Sie mehr als eine Nacht bleiben oder sowieso direkt nach Süden fahren, schauen Sie mal ins **Southern Ute Indian Cultural Center & Museum** hinein. Es befindet sich in Ignacio, etwa 25 Meilen südöstlich von Durango (via US 160/CO 172) und bietet interessante Eindrücke der Ute-Kultur.
Cultural Center & Museum, *Ecke CO 172/ CR 517, Di–Fr 9–17, Sa 10–16 Uhr, ✆ (970) 563-9583, www.southernutemuseum.org, $ 7.*

Reisepraktische Informationen Durango, CO

VORWAHL 970

Information

Durango Tourism Office: *111 S.Camino del Rio, ✆ 247-3500, 1-800-525-8855, www.durango.org.*

Historische Eisenbahn

The Silverton (Durango & Silverton Narrow Gauge Railroad): *Depot, 479 Main Ave., ✆ 247-2733, 1-888-872-4607, www.durangotrain.com. Fahrzeit: knapp 3 ½ Std. je Strecke. Die Rückfahrt kann auch mit einem dafür bereitgestellten Bus angetreten werden (bei Ticketkauf angeben!). Einen regelmäßigen Fahrplan gibt es von Mai bis Oktober (3 Fahrten im Sommer, 1–2 in der Nebensaison). Abfahrt ist morgens (ca. 8–10 Uhr) in Durango. Rest des Jahres: Ein paar wenige „Special Tours". Ab $ 83.*

Unterkunft

Durangos Hotelpreise schwanken sehr, je nach Saison. Am teuersten ist es von Mai bis Oktober sowie zu Weihnachten.

Iron Horse Inn $$-$$$: *5800 N. Main Ave., 4 Meilen nördl. der Stadt, ✆ 259-1010, 1-800-748-2990, www.ironhorseinndurango.com. Von außen wenig auffällig und ansprechend, aber mit geräumigen, schönen 1 ½-Zimmer-Wohnungen (mit Kamin) und allen wesentlichen Annehmlichkeiten. Ausritte können von hier arrangiert werden. Indoorpool.*

General Palmer Hotel $$-$$$, *567 Main Ave., ✆ 247-4747, 1-800-523-3358, www.generalpalmerhotel.com. Historisches Hotel, zentral gelegen, gut und ruhig,.*

(New) Rochester Hotel $$$: *726 E. Second Ave., ✆ 385-1920, 1-800-664-1920, www.rochesterhotel.com. Eleganz und Historie machen dieses Hotel zum Klassiker. Ein echtes Hotel des Westens. Gebäude von 1892. Ambiente und Ausstattung stimmen (Möbel aus dem 19. Jh., alte Fotos, leckeres, im Preis inbegriffenes Frühstück).*

Strater Hotel $$-$$$$: *699 Main Ave., ✆ 247-4431, 1-800-247-4431, www.strater.com. Historisches Hotel mitten im Ort. Hier wohnten schon Butch Cassidy, John F. Kennedy und Marilyn Monroe. 1887 erbaut und liebevoll erhalten/restauriert – bis ins Detail! Lebhafte Bar („The Diamond Belle Saloon und Theater“, hier häufig Live-Musik), sodass Sie versuchen sollten, nicht gerade ein Zimmer über der Bar zu bekommen.*

An der **nördlichen Ortsausfahrt (Main Avenue)** *reihen sich zudem noch zahlreiche Hotels/Motels aneinander. Dort finden Sie auch gute „Bargains“.*

Übernachten wie schon Butch Cassidy und JFK

Camping

Es gibt neben den hier genannten noch eine Reihe anderer Plätze nördlich der Stadt entlang dem US 550.

Alpen Rose RV Park: *3518 C.R.203, 3 Meilen nördlich am US 550, ✆ 247-5540, 1-877-259-5791, www.alpenroservpark.com.*

Durango East KOA: *30090 US 160, 7 Meilen östlich, ✆ 247-0783, 1-800-562-0793, www.durangokoa.com.*

Restaurants

Es gibt entlang der südlichen Main Street Restaurants und Pubs jeglicher Schattierung und Preisklassen.

Der **Mahogany Grille** *im Strater Hotel (699 Main Ave., ✆ 247-4433) besticht durch die gediegene Atmosphäre – selbst was die Kleidung der Kellner angeht. Gute Weinkarte und bekannt für die exquisiten Steaks und Fischgerichte. Hinterher nicht den Drink im legendären* **Diamond Belle Saloon** *vergessen (ebenfalls im Hotel Strater). Hier gibt es übrigens Pizzas, Burger und anderes „Pub-Food“.*

Wer es bodenständiger mag, der gehe zur **Carver's Bakery & Brew Pub**, *1022 Main Ave., ✆ 259-2545. Hier gibt's von Barfood (Burgers, Pizza etc.) bis hin zu Bison-Steaks alles. Und natürlich selbst gebrautes Bier. Morgens besticht die große Auswahl an Frühstücksgerichten.*

Mesa Verde National Park

Hinweis

Die Cliff Dwellings dürfen i.d.R. nur in Begleitung eines Rangers betreten werden. Führungen, für die Sie sich anmelden müssen finden regelmäßig statt. Vorher über die Zeiten erkundigen.

Größe: 21.000 ha
Beste Jahreszeit: Im Sommer (Juni–August) kann es nicht nur voll, sondern am Tag auch sehr heiß werden. Empfehlenswert sind Mai und September. Dann herrscht gutes Licht, und die Tagestemperaturen sind recht milde. Der Winter auf der Hochebene ist eher kalt.
Tierwelt: Als Großtier vor allem der Maultierhirsch. Viele Tierarten, wie z.B. Bären und Berglöwen, sind abgewandert bzw. ausgerottet. Ansonsten Luchse und andere Wildkatzen sowie die kleinen Erdhörnchen. Zur Beobachtung der größeren Tiere empfiehlt sich die Rückfahrt während der späten Nachmittagsstunden, wenn diese z.T. direkt am Straßenabschnitt zwischen Eingang und Visitor Center grasen.

Berglöwen

Pflanzenwelt: Die Vegetation des Parks ist durch geringen Niederschlag, kühle Winde in den Herbst- und Wintermonaten und die Höhenlage (über 2.000 m) geprägt. Daher sind auf den Hochlagen Sträucher und Büsche bestimmend (z.B. Koniferenarten wie Wacholder und Steinkiefer). In den heißeren Canyons dominieren Dornensträucher.

Redaktionstipps

- **Übernachten** in der **Fairview Lodge** im Park, in **Cortez** oder noch besser in **Durango** (des abendlichen Programms wegen), von wo aus man den Park gut an einem Tag besuchen kann.
- **Verpassen Sie nicht** das archäologische Museum, in dem die alten Indianerkulturen sehr gut erläutert werden.
- Im Sommer werden Reservierungen für den **Besuch der Ruinen** vorgenommen. Also: Als erstes zum Reservierungsschalter im Far View Visitor Center. Das Hauptaugenmerk auf die Besichtigung legen, die Natur kann man auch woanders erleben. Die eindrucksvollsten Ruinen sind Balcony House und Cliff Palace.
- **An den Wanderrouten gibt es kein Trinkwasser**, auch das Wasser in den Flüssen/Bächen ist nicht trinkbar. Genügend Trinkwasser mitnehmen.
- **Beste Fotozeit**: ab 14 Uhr, wenn die Sonne für die meisten Ruinen günstiger steht.
- **Zeiteinteilung: mind. 3 Stunden** Zeit mitbringen (gerechnet vom Parkeingang!), sonst lohnt der Besuch nicht. Die Fahrt vom Eingang bis zu den Ruinen und zurück (ohne Besichtigungszeit) nimmt bereits 2 Stunden in Anspruch. Inkl. einer Besichtigung eines Cliff Dwelling benötigt man einen ganzen Tag. Und wer sich mehrere Dinge anschauen möchte, der sollte fast zwei Tage einplanen.

Aktivitäten

Wie fast in allen Parks, bieten sich auch hier einige Möglichkeiten zum Wandern und zur Tierbeobachtung, aber der Mesa Verde NP besticht durch seine Indianerruinen (*Cliff Dwellings*). Nutzen Sie zum Wandern besser die Wege in den Bergen nördlich von Durango und Cortez. Als „Wanderrouten" zur Erkundung der Anasazi-Ruinen nur folgende Kurzvorstellungen (Auswahl):

- Die meisten Ruinen an der Ruins Road sind in wenigen Minuten vom Parkplatz aus zu erreichen. Der Besuch muss in der Hochsaison aber reserviert werden.
- **Soda Canyon Overlook Trail**: Start und Ziel an der östlichen Ruins Road, nördlich des Balcony House. 1,3 km, 1 Std., der südliche Aussichtspunkt ermöglicht eine gute Sicht auf das „Balcony House".
- **Spruce Tree Trail**: vom Spruce-Tree House zur Spruce Tree Picknick Area, 3,3 km, 2 Std. Rundweg, Abstieg erfordert festes Schuhwerk. Führt hinab in den Canyon. Registrierung beim Ranger erforderlich (Rangerführung).
- **Petroglyph Point Trail**: Spruce-Tree House bis zurück zum Parkplatz. 3,6 km, 2 Std. Rund-

Blick von der Mesa hinunter auf das 500 m tiefer liegende Umland

weg. Am unteren Canyonrand entlang. Aussichten in den Canyon. Registrierung beim Ranger erforderlich.

- Die Trails vom **Morefield Village** aus bieten vor allem gute Aussichten auf die Ebene. Vom **Knife Edge Trail** aus erleben Sie einen herrlichen Sonnenuntergang.

Die Mesa Verde („grüne Tafel") bildet eine über 2.000 m hohe Fläche, die das umliegende Gebiet um bis zu 500 m überragt. Nach Süden hin neigt sie sich ein wenig. Hier oben wohnte ab 500 n. Chr. für 800 Jahre ein großer Stamm der Anasazi, u.a. auch Vorfahren der Navajos. Sie fanden hier nicht nur ein milderes Klima als in der Ebene vor, sondern auch gute Böden für die Ackerwirtschaft. Zudem bot die von mehreren Canyons zerschnittene Landschaft Schutz vor möglichen Angreifern. Bis etwa 1300 siedelten die Anasazi hier und bauten fast 200 *Cliff Dwellings* (Felswohnungen) und Häuser. Dann verließen sie das Gebiet, höchstwahrscheinlich aufgrund mehrerer Trockenperioden. Denn einen Nachteil hatte die Hochfläche: Aus geologischen Gründen konnte die Erde nur relativ wenig Wasser speichern, sodass wahrscheinlich das Trinkwasser knapp wurde. Wissenschaftlich belegt ist die Abwanderung aber bis heute nicht. Im 12. Jh. lebten hier zwischen 5.000 und 6.000 Menschen, die eines der belebtesten Handelszentren ihrer Zeit unterhielten. Auf den Märkten trafen sich Händler aus allen Teilen des Südwestens. Es entwickelte sich ein reger kultureller Austausch, der dazu führte, dass die Häuser nach damals modernsten Richtlinien erbaut wurden. Denn Ideen und neueste Erkenntnisse aus allen Landesteilen wurden beim Handel ausgetauscht. So wurde z.B. 100 Jahre früher als in den meisten anderen Gebieten damit begonnen, mehrstöckige Häuser aus Stein zu errichten.

Gute Böden

Geologische Entstehung der Mesa

Die Mesa ist Teil des Colorado-Plateaus, das sich vor gut 17 Millionen Jahren gehoben hat. Die Auflageschichten bestehen aus ehemaligen Meeres- und Sumpfablagerungen. Die hiesige Hochebene kippte im letzten Stadium etwas nach Süden. Nachdem der Hebungsprozess beendet war, setzte die Erosion ein, und Flüsse gruben die Canyons. Die Felsnischen wiederum haben sich auf folgende Weise gebildet: Leicht saures Regen-

Umgekippt

info

Die Anasazi in Mesa Verde

Schon vor 2.000 Jahren lebten Indianer in den fruchtbaren Ebenen nahe des Rio Grande. Doch um ca. 500 n. Chr. war dieses Gebiet hoffnungslos überbevölkert und viele Gruppen wanderten ab. Die meisten blieben aber im Einzugsgebiet des großen Flusses. Doch spaltete sich eine Gruppe vollkommen ab und zog in das heutige „Four-Corner-Gebiet“, wo sie ihre größten Siedlungen, Mesa Verde und Chaco Canyon, errichteten. Sie galten als ausgesprochen friedlich und widmeten sich voll und ganz dem Ackerbau und dem Handel. Dabei entwickelten sie bereits früher als die anderen Gruppen Bewässerungssysteme und erlernten, wie oben bereits erwähnt, wie man mehrstöckige Häuser baut (ab 1100 n. Chr.) und auch das Töpfern. Es ist zwar heute noch gängige Meinung, dass die Felshäuser als Schutzbauten vor möglichen Feinden fungierten, aber andere wissenschaftliche Studien behaupten, dass die Anasazi die Felsüberhänge wählten, weil sie kühler waren.

wasser sickerte in die Sandsteinschichten ein und bildete in ihnen kleine Höhlen und Löcher. Dort wo das Wasser am Canyonrand waagerecht nach außen treten konnte, öffnete es mit der Zeit den Sandstein und bildete Hohlräume. Jetzt war es nur eine Frage der Zeit, bis diese zu Nischen erweitert wurden.

Eine Rundfahrt im Park

Ritt über die Mesa

Im Visitor Center hinter dem Parkeingang kann man sich für Besichtigungen anmelden und mit Infos eindecken. Dorthin steigt die Straße auf die 500 m höher gelegene Hochebene an. Oben angelangt führt sie entlang der nördlichen Abbruchkante. Heben Sie sich die Fotostopps für den späten Nachmittag auf, dann ist das Licht besser. Nach 15 Meilen, auf denen die Straße die einzelnen Täler „abreitet“, erreichen Sie das Visitor Center. Von hier aus können Sie die Hochebene überblicken, in die die Flüsse unzählige Canyons geschnitten haben. Hier ist auch die Lodge. Falls Sie dort bleiben möchten, reservieren Sie am besten zuerst. Weiter geht es über die Hochebene zum Museum. An der Strecke gibt es zwei lohnende Stopps: Als ersten die **Far View Ruins**, wo weniger die Gebäude sehenswert sind als vielmehr das umliegende Gebiet. Hier haben

Nur einen Vorgeschmack bieten die Far View Ruins

die Anasazi ehemals Felder angelegt, die noch heute zu erahnen sind. Der **Cedar Tree Tower** ist eine kleine Turmruine. Diesen Turm nutzten die Anasazis höchstwahrscheinlich als Ausguck.

Das **Chapin Mesa Museum** ist mit Sicherheit eines der besten Museen in Bezug auf die frühe Indianerkultur und ermöglicht einen genauen Überblick über die Besiedlungsgeschichte und auch die Lebensweisen der Anasazis. Hinter dem Museum führt ein kleiner Pfad zu den **Spruce Tree Ruins** (ein *Dwelling*), die nur in Begleitung eines Rangers zu besichtigen ist.

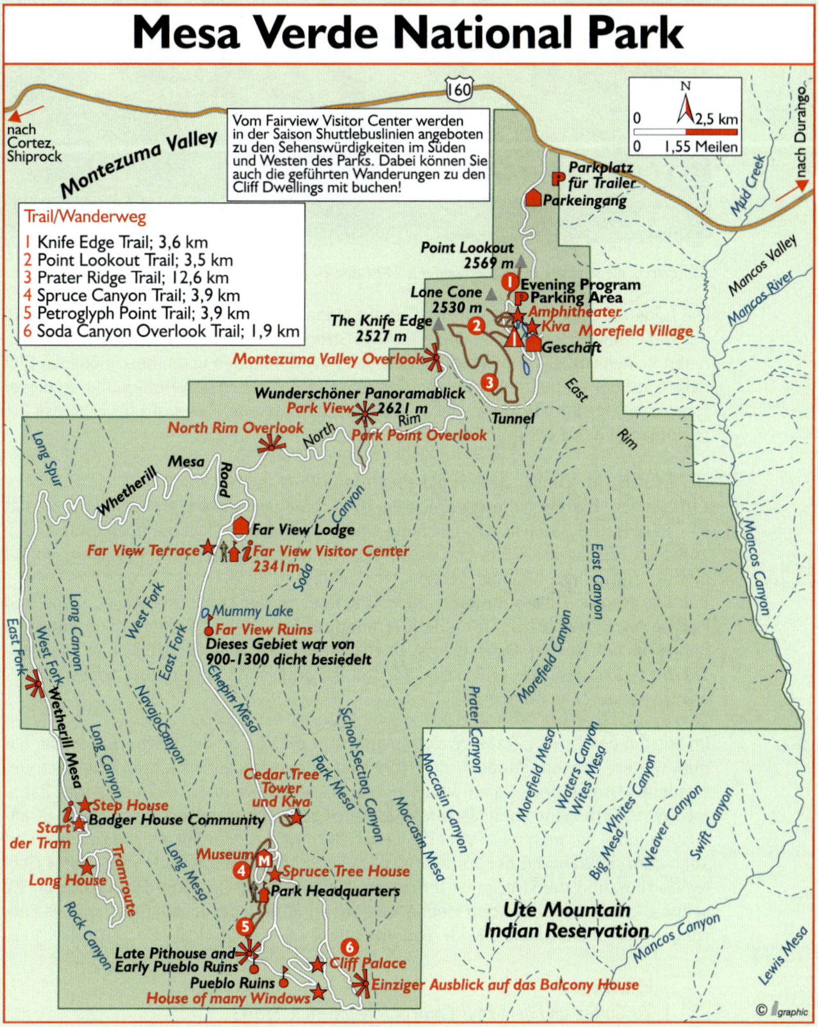

Cliff Palace: die schönste der Ruinen und mit 217 Räumen auch die größte

Die folgende Strecke führt auf der **Chapin Mesa** entlang der **Ruins Road**, die sich in der Nähe des Museums teilt. Der westliche Streckenabschnitt führt an mehreren kleineren Ruinen vorbei. Vom östlichen View Point kann man den unten beschriebenen Cliff Palace auf der gegenüberliegenden Canyonseite gut sehen. Ein Höhepunkt an dieser Strecke ist der **Sun Temple**: Ein unüberdachtes Gebäude, das wohl für religiöse Zeremonien genutzt wurde.

Der östliche Abschnitt tangiert die absoluten Höhepunkte:

Palast mit 217 Räumen

Cliff Palace: Hierbei handelt es sich um die größte und wohl schönste Ruine. Sie hat 217 Räume und 23 Kivas. Die Gebäude sind bis zu vier Stockwerke hoch und wurden zwischen 1209 und 1273 n. Chr. erbaut. Die Ruine darf nicht betreten werden, worauf ein hier stationierter Ranger genauestens achtet.

Balcony House: Dieses 40-Räume-Dwelling liegt an der Kante des Soda Canyon und konnte von den Anasazi nur mit Stricken und Leitern erreicht werden. Heute führt ein Ranger zu den Ruinen. Dabei gilt es, eine Leiter und den ehemaligen „Tunnel" der Anasazi zu bewältigen. Wer nicht schwindelfrei ist, unternimmt diese Tour besser nicht – ansonsten durchaus lohnend.

Im Westen des Parks (Straße zweigt ab am Far View VC), an der **Wetherhill Mesa**, hat man weitere Ruinen entdeckt, die 1959 und in den folgenden Jahren gründlich untersucht worden sind. Dabei waren neben Archäologen und Geologen sogar Zahnmediziner, Orthopäden und Meteorologen beteiligt. Durch diese wissenschaftliche „Kraftanstrengung" hat man mehr über das Leben der Anasazi erfahren als jemals zuvor und auch danach. Während der Sommermonate verkehrt ein Shuttle-Bus vom Visitor Center dorthin, und die Strecke ist für private Pkw gesperrt. Das **Step House** dürfen Sie selbst erkunden, für das **Long House**, das zweitgrößte Gebäude des Parks, gibt es Führungen mit einem Ranger. Beide Touren dauern ca. eine Stunde.

Hinweis

Zu Cortez und dem Four Corners Monument s. S. 583.

Reisepraktische Informationen Mesa Verde National Park und Cortez, CO

VORWAHL 970

Information

Far View Visitor Center: *15 Meilen vom Eingang, nur Apr.–Okt., ✆ 529-5036.* **Chapin Mesa Arch. Museum**, *20 Meilen vom Eingang, ✆ 529-4465, www.nps.gov/meve.* **Cortez: Colorado Welcome Center**: *928 E. Main St., ✆ 565-3414, www.mesaverdecountry.com, www.cityofcortez.com/visitors.*

Touren

Da es sich bei diesem Park um ein archäologisch sehr interessantes Gebiet handelt und man davon noch mehr profitiert, wenn man die Geschichten und Hintergründe dazu genau kennen lernen kann, wäre eine Tour mit Führer eine gute Idee. Diese vermittelt/unternimmt: **Aramark – Mesa Verde Co**. *(✆ 564-4300, www.visitmesaverde.com). Im Sommer können Ranger-Touren auch am Far View Visitor Center gebucht werden (früh erscheinen!).*

Unterkunft/Camping im Park

Neben zahlreichen Hotels und Campingplätzen in den umliegenden Orten wie Cortez, Mancos und Durango (siehe S. 591) gibt es im Park selbst eine Lodge und einen Campingplatz (beide nur Apr.–Okt.!). Diese sind zu buchen über **Aramark-Mesa Verde Co.**: *✆ (602) 331-5210, 1-800-449-2288, www.visitmesaverde.com.*
Far View Lodge $$$: *am Visitor Center. Von der Lodge aus haben Sie einen ausgezeichneten Blick über den Canyon. Hier gibt es auch ein Restaurant.*
Morefield Campground: *4 Meilen südlich des Parkeingangs und sehr ansprechend.*

Unterkunft/Camping in Cortez

Cortez Mesa Verde Inn $$: *640 S. Broadway, ✆ 565-3773, 1-888-565-1027, www.cortezmesaverdeinn.com. Motel mit relativ geräumigen Zimmern, Pool und Hot Tub.*
Best Western Turquoise Inn $$-$$$: *535 E Main, ✆ 565-3778, 1-800-547-3376, www.bestwesternmesaverde.com. Sauberes, familienorientiertes Motel. Pool.*
Weitere Motels der bekannten Franchise-Unternehmen liegen vor allem an der East Main Street. Im o.g. Welcome Center werden auch Unterkünfte auf Ranchen vermittelt.
Ein netter Campingplatz ist der **Cortez Mesa Verde KOA**: *27432 E. US 160, ✆ 565-9301, www.cortezkoa.com.*

Restaurants

Das beste, aber auch teuerste Restaurant im Park ist der **Metate Room** *in der Fair View Lodge mit southwestern und mexikanischen Gerichten. Super ist die Aussicht. Reservierungen werden nicht angenommen. Günstiger und einfacher sind die* **Fair View Terraces** *ebenfalls an der Lodge.*
Main Street Brewery: *21 East Main Street, Cortez, ✆ 564-9112. Diese Microbrewery wurde von einem Deutschen gegründet und das Bier wird von einem Braumeister aus Bayern gebraut. Die Speisekarte umfasst nicht nur typische Microbrew-Gerichte (Burger, Fish'n Chips etc.) sondern auch einen Bratwurst-Burrito, Fischgerichte, Pizzen, Pasta u.a. Gutes Preis-Leistungs-Verhältnis und natürlich leckeres Bier.*
Blondies Pub & Grub: *45 W. Main St., ✆ 565-4015. Eine echte Biker-Bar, wo es neben Burgern oft auch Biker-Programm (Livemusik, Poker, Bike-Auctions etc.) gibt.*

Streckenalternative zwischen Durango und Chama/Santa Fe

Entlang US 160 und US 84. Dabei passieren Sie nach ca. 40 Meilen den Abzweig zum ***Chimney Rock Archaeological Site****. Hier können Sie auf geführten, 2 ½-std. Touren eine Anasazi-Ruine besichtigen.*
Chimney Rock Archaeological Site*, CO 151, Mitte Mai-Ende Sept., tgl. 9-16.30 Uhr, ✆ (970) 883-5359 , www.chimneyrockco.org, $ 10.*
Es folgt ***Pagosa Springs*** *(www.pagosa.com) mit seinen heißen Quellen. Noch ist dieser Ort nicht vom teuren „Wellness-Tourismus" erfasst und hier nächtigt man relativ günstig und kann in heißem Quellwasser baden, das schon den Ute-Indianern Freude bereitet hat.*

Von Durango geht es Richtung Süden auf dem US 550. Sie lassen nun die hohen und schroffen Berge der Rockies hinter sich und die Landschaft nimmt Halbwüstencharakter an. Nach einer Stunde erreichen Sie den wenig attraktiven Ort Aztec. Einzig interessant hier ist das **Aztec Ruins National Monument**. Fälschlicherweise von den ersten Spaniern als Siedlungsort mexikanischer Indianer angesehen, war diese große Ruine eine weitere Wohnstätte der nach Westen gewanderten Anasazi-Gruppe. Die Anlage enthält über 400 Räume, die einmal bis zu vier Stockwerke hoch waren. Die meisten Stätten wurden (teilweise) renoviert, wobei man das zentrale Kiva komplett wieder hergerichtet hat, sodass Sie hier einmal einen reellen Überblick über ein solches Gebäude erhalten. Man darf hinein. Mit Hilfe eines Grundrisses kann man somit das Dorfleben der Anasazi „nachspielen".

Wieder hergerichtet

Aztec Ruins National Monument, *CO 516, tgl. 8–17 (Sommer bis 18) Uhr, ✆ (505) 334-6174 Ext. 230, ✆ (505) 334-6174 (Band/Ansage), www.nps.gov/azru.*

Farmington

Touristisch gesehen bietet die Stadt fast gar nichts außer Hotels, wenig interessante Museen und das **San Juan County Archaeological Research Center & Library** für archäologisch Interessierte. Es befindet sich an den (wenig aussagekräftigen) **Salmon Ruins** (150-Räume-Anasazi-Komplex) 12 Meilen östlich von Bloomfield. In diesem Museum und der Bücherei können Sie Ihr Fachwissen weiter aufbessern.
Salmon Ruins, *6131 US 64, ✆ (505) 632-2013, www.salmonruins.com, tgl. 9–17, Okt–Apr. So 12–17 Uhr, $ 3.*

Farmington ist zwar die größte Stadt der Region und rührt kräftig die touristische Werbetrommel mit Zielen im weiteren Umkreis, doch selbst im Stadtzentrum wird man das Gefühl nicht los, sich in einem zu schnell gewachsenen Highway-Nest zu befinden – so trostlos und funktionell wirkt alles. Die wirtschaftliche Grundlage bilden drei Dinge: die zentrale Lage für die Farmen im fruchtbaren San Juan Valley, die Funktion als Energiezentrum (u.a. ein großes Kohlekraftwerk) der „4-Corner-Region" und der Sitz des „Navajo-Irrigation-Project", welches im Süden 50.000 ha Ackerland bewässert

Energiezentrum

An Farmington vorbei in Richtung Santa Fe über den US 550 kommen Sie zu dem Nest **Cuba**. Wer ein robusteres Fahrzeug hat, kann hier auf die NM 126 abbiegen, die über La Cueva (ab hier NM 4) vorbei am schönen **Valle Caldera Nature Reserve** nach Los Alamos führt. Ein Teil ist noch nicht asphaltiert. Alternativ kann man auf dem

US 550 weiterfahren bis San Ysidiro und dort auf die NM 4 abbiegen oder, falls man Los Alamos und das Bandelier National Monument auslassen möchte, auf dem schnellsten Wege über den I-25 nach Santa Fe bzw. Albuquerque fahren.

Eine interessante **Streckenalternative zwischen Farmington und Santa Fe** bietet die Route in Richtung Osten (US 64) nach **Chama** und dann weiter nach Süden auf dem US 84. Chama liegt schön zwischen bewaldeten Wilderness Areas (gute Wandermöglichkeiten) und kann auch mit einer historischen Dampf-Eisenbahnfahrt aufwarten, der **Cumbres & Toltec Scenic Railroad**. Unterkünfte und Restaurants gibt es in Chama (s. S. 614f).

Atom-Labor

Los Alamos wurde 1942 gegründet als Sitz für die Wissenschaftler, die an der Entwicklung der Atombombe gearbeitet haben. Zwei Jahre lang wusste, mit Ausnahme eines kleinen Kreises, niemand von der Existenz des Atom-Labors. Als Anfahrtsweg fungierte ein kleiner Schotterweg, der als Farmpiste getarnt war. Hier war es dann auch, wo *Robert Oppenheimer* und Hunderte von Wissenschaftlern die Atombombe bis zu ihrem endgültigen Einsatz über Japan zu Ende entwickelten. Beim letzten Test, 60 Meilen nordwestlich von Alamogordo, war *Oppenheimer* so entsetzt und fasziniert zugleich, dass er die berühmten Worte sprach: *„I am become Death, destroyer of worlds."* Seine Erfindung sollte von nun an die Geschichte der Welt bestimmen. Im **Bradbury Science Museum of the Los Alamos National Laboratory** (**LANL**), wo heute noch 13.000 Menschen arbeiten und im **Los Alamos Historical Museum** können Sie sich näher informieren über die Entwicklung der Atombombe und auch über neuere wissenschaftliche Projekte. Letztgenanntes Museum bietet auch Einblick in andere historische Ereignisse der Gegend.

LANL, *Ecke 15th St./Central Ave., ✆ (505) 667-4444, www.lanl.gov/museum, Di–Sa 10–17, So+Mo 13–17 Uhr, frei.*

Los Alamos Historical Museum, *1050 Bathtub Row, ✆ (505) 662-4493, www.losalamoshistory.org, Mo–Fr 10–16, Sa 11–16, So 13–16 Uhr, im Sommer etwas länger, frei.*

Ganz in der Nähe befindet sich das **Bandelier National Monument**. Auch hier haben die Anasazi ihre Felssiedlungen erbaut und lebten dort sogar bis ca. 1550. Auf einem 2 ½ km langen Trail kann man durch den Frijole Canyon

Eingang zum Cave Room im Bandelier National Monument

wandern, wo es einige Ruinen zu sehen gibt, die man zum Teil sogar betreten darf. Ein weiterer Höhepunkt ist die „Ceremonial Cave" an einer Felsklippe, die über eine Leiter erreicht werden kann. Oben angekommen, werden Sie durch den Einstieg in eine Kiva belohnt. Der Park bietet mit über 110 km Trails beste Wandermöglichkeiten und wird von den Städtern als Erholungsgebiet genutzt. Es steht ein Campingplatz zur Verfügung, der aber an schönen Wochenenden häufig überfüllt ist.
Bandelier National Monument, *NM 4, ✆ (505) 672-3861 ext. 517, www.nps.gov/band, tgl. Kernzeit 9–16.30, im Sommer 8–18 Uhr.*

Fahren Sie von hier den Hwy. 4 weiter und anschließend den Hwy. 502 bis Pojoaque. Ab hier sind es dann noch 24 Meilen auf dem Freeway bis Santa Fe.

Reisepraktische Informationen Farmington, NM

VORWAHL 505

Information

Farmington Conv. & Visitors Bureau: *3041 E. Main St., ✆ 326-7602, 1-800-448-1240, www.farmingtonnm.org. Hier erhalten Sie auch weitere Infos über die „Four Corner Region".*

Unterkunft

Zahlreiche Hotels/Motels finden Sie in Farmington an Scott Avenue und E. Broadway.
Step Back Inn $$: *123 W. Aztec Blvd., Aztec, ✆ 334-1200, 1-800-334-1255, www.stepbackinn.com. Sehr persönliches Hotel. Man hat sich mit Repliken darum bemüht, ein historischeres Ambiente zu schaffen. Die Zimmer sind etwas geräumiger als in den typischen Motels.*
Red Lion Hotel $$: *700 Scott Avenue (Bloomfield Hwy.), Farmington, ✆ 327-5221, 1-800-528-1234, www.redlion.rdln.com. Gutes Motel. Indoorpool, Whirlpool, größere „Suiten", Restaurant.*
Casa Blanca B&B $$$: *505 E. La Plate St., Farmington, ✆ 327-6503, 1-800-550-6503, www.casablancanm.com. Gemütlich eingerichtetes B&B. Gebäude von 1940. Südwest-/indianische Dekorationen, reichhaltiges Frühstück. Zentral gelegen. 15 Zimmer.*

Camping

Mom & Pops RV Park: *901 Illinois St., in der Nähe des US 64, Farmington, ✆ 327-3200, 1- 800-748-2807. Zelten möglich. Schöner zum Zelten sind die Campsites im* **Navajo Lake State Park** *30 Meilen östl. von Farmington (448 NM 511 #1, ✆ 632-2278, www.emnrd.state.nm.us/PRD/navajo).*

Restaurants

Clancy's Irish Cantina *(2703 E. 20th St., ✆ 325-8176) und das* **Three Rivers Eatery & Brewhouse** *(101 E. Main St., ✆ 324-2187) bieten die nötige Abwechslung in dieser „staubtrockenen" Stadt. Letzteres besticht zudem durch ein historisches Gebäude und selbstgebrautes Bier, ist dafür aber auch etwas teurer.*

Santa Fe

Überblick und Geschichte

Die Geschichte der Stadt bietet einen guten Eindruck vom historischen Werdegang des gesamten Südwestens: La Villa Real de la **Santa Fe** de San Francisco de Asis wurde 1610 von *Don Pedro de Peralta* gegründet. Er ließ auch die Plaza und den Palace of the Govenors erbauen – heute das älteste öffentliche Gebäude der USA. Damals war die kleine Siedlung eine von mehreren „Stützpunkten“, die *de Peralta* anlegen ließ um die Indianer zum Katholizismus zu bekehren. Bereits um 1650 waren 15.000 Indianer der Region christianisiert. Die Spanier gingen dabei nicht zimperlich vor: Dörfer, die sich gegen die Missionare wehrten, wurden oft niedergebrannt – und die Frauen wurden entführt, z.T. sogar getötet.

Christianisierung

Auch am Governor's Palace wird Kunsthandwerkliches verkauft

Santa Fe wurde gleich zu Beginn als Hauptstadt des neuen Staates New Mexico (damals spanisch) erkoren und ist damit die älteste Hauptstadt der USA. Als 1680 die Pueblo-Revolte ausbrach – die Indianer wollten sich nicht weiter den Christianisierungsbestrebungen aussetzen –, mussten die Spanier Santa Fe verlassen. Erst 1691 gelang es ihnen unter Führung des Generals *Don Diego de Vargas*, Santa Fe zurückzuerobern. Er ließ dabei 70 Indianer exekutieren und nahm 400 als Sklaven. Bis zum Beginn des 19. Jh. regierten die Spanier unangefochten und waren gegenüber den langsam vordringenden Siedlern und Händlern aus dem Osten wenig aufgeschlossen. Dieses änderte sich erst mit der Unabhängigkeit Mexikos von Spanien 1821. Der Handel blühte auf, besonders dank des berühmten „Santa Fe Trail“.

Im 19. Jh. kamen immer mehr Siedler durch die Region, zumeist auf dem Weg nach Westen. General *Stephen Kearny* besetzte die Stadt am 18. August 1846 und erklärte sie zu amerikanischem Staatsgebiet. Fünf Jahre später wurde das gesamte New Mexico einverleibt. Ab dann ging alles schnell: Der Santa Fe Trail wurde jährlich von Zehntausenden von Siedlern genutzt, 1879 erreichte die Eisenbahnlinie die Stadt, und die wirtschaftlichen Geschicke wurden immer mehr von Anglo-Amerikanern bestimmt. Ein Boom setzte mit der Ernennung New Mexicos zum regulären Bundesstaat ein. Es kamen nicht nur Investoren nach Santa Fe, sondern es bildete sich auch eine angesehene Künstlerkolonie – allen voran *„Los Cinco Pintores“* (die fünf Maler), eine Gruppe von impressionistischen Malern.

Künstlerkolonie

Heute ist Santa Fe eine der wenigen Städte, die indianisches, spanisches und angloamerikanisches Kulturgut verbinden. Strikte Bauvorschriften sorgen dafür, dass der tra-

Auch im Adobe-Stil erbaut: Institute of American Indian Arts Museum

ditionelle **Adobebaustil** im Stadtbereich eingehalten wird. Hochhäuser oder Industrieanlagen findet man kaum. Das hat natürlich auch zur Folge, dass kaum ein Unternehmen in Santa Fe investiert, mit einer einzigen Ausnahme: der Tourismusbranche. Zwei Dinge werden bei den strengen Bauvorschriften anscheinend nicht angetastet: der Autoverkehr und die Entwicklung des Tourismusgeschäftes. Und so bedarf es schon einer gewissen Vorsicht, um sich durch die Straßen zu zwängen, ohne von einem Auto erfasst zu werden oder über einen Souvenirstand zu stolpern.

Redaktionstipps

- **Übernachten** Sie im stilgerechten „La Posada de Santa Fe" oder günstiger in einem historischen Bed-&-Breakfast-Haus (S. 608).
- **Dinner** auf der Terrasse (an der Plaza!) des „Ore House". Der Cocktail zum Sonnenuntergang hat bereits Tradition (S. 609).
- Es gibt **vergünstigte Museumspässe („2 Museen"/„4 Days")**, die das Museum of Indian Arts & Culture, das Museum of Folk Art, das Museum of Fine Arts, den Palace oft he Governors sowie des Museum of Spanish Colonial Art einschließen.
- **Die bedeutendsten Sehenswürdigkeiten**: die Adobehäuser der Innenstadt im Allgemeinen (S. 602ff), im Besonderen aber der Palace of the Governor; St. Francis Cathedral und Loretto Chapel; die ausgewählten Kunstwerke im Museum of Fine Arts (S. 604); Interessantes zur Pueblokultur im Museum of Indian Arts and Culture (S. 605ff).

Sehenswertes im Bereich der Innenstadt

Die meisten Sehenswürdigkeiten können Sie gut zu Fuß erreichen. Am besten beginnt man den Rundgang an der kleinen **Loretto Chapel (1)**, die der Erzbischof Lamy 1878 für die 6 Loretto-Schwestern errichten ließ. Kurz vor Abschluss der Bauarbeiten wurde der Architekt von Lamys Neffen umgebracht – man munkelt, es ging um dessen Frau –, und keiner wusste, wie man nun die Treppe zum Chor bauen sollte. Der Zufall wollte es aber, dass ein Zimmermann nach Santa Fe kam, der binnen 6 Monaten die Treppe fertiggestellt hatte, ohne auch nur einen Nagel zu benötigen. Er verschwand gleich darauf spurlos, ohne Geld zu verlangen. Seither wird diese Treppe „Miraculous Stairs" genannt.

Loretto Chapel, *207 Old Santa Fe Trail, zw. Alameda und Water St., ✆ (505) 982-0092, www.lorettochapel.com, Mo–Sa 9–17/18, So 10.30–17 Uhr.*

Treppe ohne Nägel

An der Kreuzung Palace und Cathedral Rd. steht der größte Kirchenbau der Stadt, die **Cathedral of St. Francis of Assis (2)**. Die Kathedrale, entworfen von französischen Architekten im Auftrage des bereits erwähnten Erzbischofs Lamy, passt eigentlich gar nicht in das Stadtbild, beherrscht es aber. Sie wurde zwischen 1869 und 1886 an der

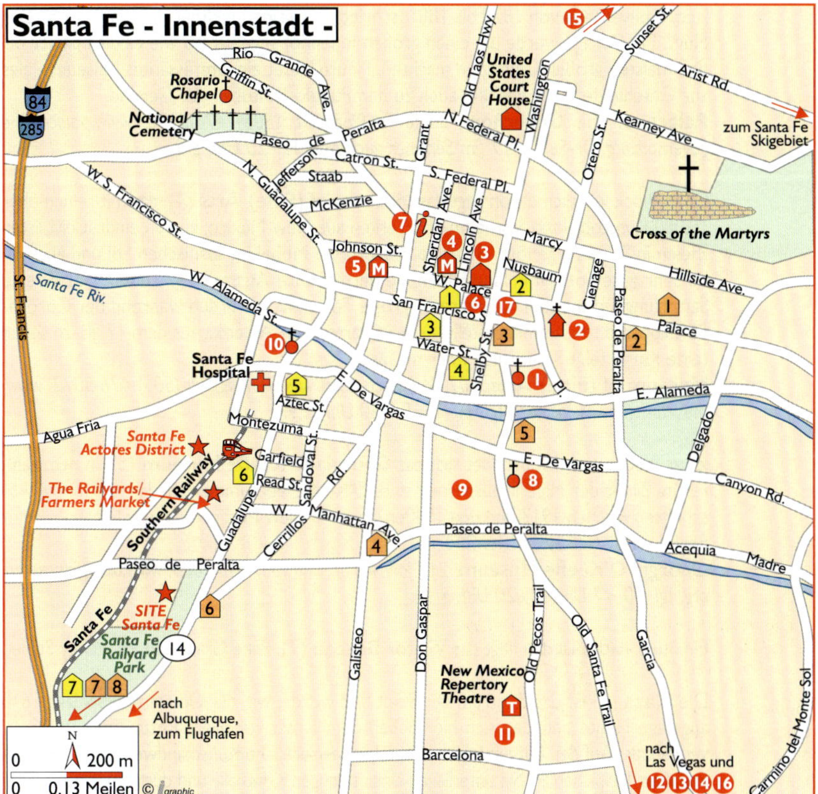

	0 Unterkünfte	**0 Restaurants**
1 Loretto Chapel	1 The Madeleine B&B	1 Ore House at Milagro
2 Cathedral of St. Francis of Assis	2 La Posada de Santa Fe	2 Shed
3 Palace of the Governors	3 La Fonda	3 Café Pasqual's
4 Museum of Fine Arts/Santa Fe Plaza	4 Pueblo Bonito B&B	4 Blue Corn Café
5 Georgia O'Keeffe Museum	5 Garrett's Desert Inn	5 Cowgirl Hall of Fame
6 Plaza	6 Santa Fe Sage Inn	6 Tomasita's
7 Visitors Bureau/Touristeninformation	7 Santa Fe's International Hostel	7 Horseman's Haven
8 Mission San Miguel	8 Stage Coach Motor Inn	
9 State Capitol		
10 Guadalupe Hist. District/Santuario de Nuestra Señora de Guadalupe (Kirche)		
11 Center for Contemporary Arts		

Stelle errichtet, wo bereits 1610 die erste Missionskirche, „Our Lady of Assumption", stand. Diese erste Kirche fiel der Pueblo-Revolte von 1680 zum Opfer.
Cathedral of St. Francis of Assis, *tgl. 6–18 Uhr, ✆ (505) 982-5619. Gottesdienste: Mo–Sa 7 und 15.15, So 8, 10, 12 und 15.15 Uhr.*

Der **Palace of the Governors (3)** wurde 1610 an der Plaza erbaut und gilt als das älteste öffentliche Gebäude der USA. Über 300 Jahre war es der Regierungssitz von New Mexico, und während der Pueblo-Revolte hausten auch deren Führer hier. Lew Wallace, Gouverneur von 1878 bis 1881, schrieb hier seinen weltberühmten Roman „Ben Hur". Die Anlage wurde um einen großen Innenhof angelegt, so wie es die Spanier bei den meisten großen Gebäuden machten. Heute bietet ein interessantes Museum vieles zur Geschichte Santa Fes und auch zu den Pueblo-Kulturen der Gegend.
Palace of the Governors, *Santa Fe Plaza, ✆ (505) 476-5100, www.palaceofthegovernors.org, Di–So 10–17 (im Sommer auch Mo), Fr –20 Uhr, $ 9.*

Vielseitig

Einen Block westlich davon liegt das **Museum of (Fine) Arts (4)**, das mit seinen über 10.000 Kunstobjekten, vornehmlich Werken aus New Mexico, zu den eindrucksvollsten Zielen in Santa Fe gehört. Gemälde, Skulpturen, Möbel im spanischen Stil und auch eine sehr gute Fotosammlung bilden die permanente Ausstellung. Zudem gibt es eine Sammlung indianischer Tonwaren – große Teile davon wurden während der Coronado-Expedition zusammengestellt – sowie Karten von Amerika aus dem 17. Jh. zu sehen (eine Karte zeigt Kalifornien noch als Insel).
Museum of (Fine) Arts, *107 W. Palace (Ecke Lincoln Ave.), ✆ (505) 476-5072, www.museumofnewmexico.org, tgl. 10–17, Fr –20 Uhr, $ 9.*

Zwei Blocks westlich befindet sich das **Georgia O'Keeffe Museum (5)**, in dem zahlreiche Bilder der Malerin ausgestellt sind. O'Keeffe lebte immer wieder für längere Abschnitte zwischen 1917 und den 1940er Jahren in New Mexico und wurde hier bekannt für ihre Wüstenlandschafts-Bilder.
Georgia O'Keeffe Museum, *217 Johnson St., ✆ (505) 946-1000, www.okeeffemuseum.org, tgl. 10–17 Uhr, Fr –20 Uhr, $ 12.*

Ein Stück nach Norden liegt das **Visitor Bureau (7)**, Ecke Grant und W. Marcy Street.

Nur Echtes

Die **Plaza (6)** ist das Zentrum der Stadt und wurde, wie der Gouverneurspalast, 1610 angelegt. Heute befinden sich hier neben dem Palast vor allem Restaurants und Souvenirshops. Auf den Bürgersteigen bieten Indianer einfache Kunsthandwerke auf selbst geknüpften Teppichen an. Sie unterliegen einer strengen Kontrolle und dürfen nur echte Ware verkaufen, also nichts aus Taiwan oder Hongkong. Dafür sind die Preise aber fest, und Handeln ist meistens zwecklos. Mitten auf der Plaza steht ein Soldatenehrenmal, das heute Treffpunkt und sozialer Mittelpunkt der Stadtjugend zu sein scheint. In der südöstlichen Ecke des Platzes steht ein „Marker", der den Endpunkt des Santa Fe Trail kennzeichnet, und an der Nordseite ein weiterer, der an die Kearny-Proklamation erinnert.

Die Geschichte des **La-Fonda-Hotels** erinnert an alte Tage, als es **das** Hotel der Stadt war und die Parole hieß „sehen und gesehen werden". Jeder kam hierher: Händler, Reisende, Sauf- und Raufbolde, Diebe und auch Bettler. Das heutige Gebäude stammt von 1920 und beherbergt eines der vornehmsten Hotels der Stadt. Östlich der Plaza lohnt

der Besuch des **Institute of American Indian Arts (Contemporary Native Arts) Museum (17)**, dem wohl größten Museum, in dem zeitgenössische und traditionelle Kunst der Indianer gezeigt wird (hierzu zählen auch die Eskimos). Es gibt eine permanente Ausstellung und hochrangige Wanderausstellungen.
Institute of American Indian Arts (Contemporary Native Arts) Museum, *108 Cathedral Place, ✆ (505) 983-8900, www.iaia.edu/museum, Mo, Mi–Sa 10–17, So 12–17 Uhr, $ 10.*

Weitere Sehenswürdigkeiten

Drei Blöcke südlich der Plaza befindet sich die älteste Missionsstation der USA, die **Mission of San Miguel (8)**. Sie wurde gleich zu Beginn der Stadtgründung errichtet, aber während der Indianerrevolte fast völlig zerstört. Heute finden sich hier ein paar Kunstwerke der verschiedensten Zeitepochen, so z.B. die Kirchenglocke im Vorraum, die bereits 1312 in Spanien gegossen wurde, und der älteste Holzaltar von Santa Fe (1798).
Mission of San Miguel, *401 Old Santa Fe Trail, ✆ (505) 983-3974, Mo–Sa 9–17, So 9–16 Uhr.*

Das **State Capitol („Roundhouse") (9)** ist ganz anders als das der anderen Staaten. Es wurde 1966 erbaut und einem indianischen Kiva nachempfunden. In der Rundhalle finden rotierende Ausstellungen statt.
State Capitol, *✆ (505) 986-4589, www.nmcapitolart.org/tours, Mo–Fr 8–17.30 Uhr, im Sommer auch Sa sowie Führungen auf Anfrage.*

Wer weitere historische Gebäude sehen möchte, kann noch zum **Guadeloupe Historic District (10)** südwestlich der Innenstadt gehen (siehe Karte). Nicht weit davon entfernt, zwischen Montezuma Street, S. Guadalupe Street und Paseo de Peralta, befindet sich der ehemalige Railroad District, heute eher bekannt als **The Railyard**. Wo früher täglich zig Personen- und Güterzüge hielten und Waren umgeschlagen wurden, verlaufen heute nur noch wenige Gleise, die am **Depot**, dem Bahnhof von Santa Fe enden. Von hier aus verkehren heute nur noch der RailRunner Express, der Pendler zwischen Albuquerque und Santa Fe bedient, sowie die **Santa Fe Southern Railway**, ein von einer Diesellok gezogener Ausflugszug *(meist nur Fr+Sa, ✆ (505) 989-8600, www.sfsr.com)*. Dafür aber hat man sich Mühe gegeben mit der Restaurierung der alten Lagerhallen und des Umfeldes. Heute finden sich hier Kunstgalerien, der Farmers Market, ein paar Geschäfte (u.a. ein R.E.I.) und **SITE Santa Fe**, eine 1.800 m² große Ausstellungshalle, in der zumeist zeitgenössische Kunst zu sehen ist.
SITE Santa Fe, *1606 Paseo de Peralta, ✆ (505) 989-1199, www.sitesantafe.org, Do–Sa 10–17 (Fr –19), So 12–17 Uhr, $ 10, Freitag frei.*

Vorzugsweise mit dem Auto zu erreichen sind die folgenden Museen:
Das **Center for Contemporary Arts (CCA) (11)** liegt sechs Meilen südlich der Innenstadt. Hier werden Wanderausstellungen mit zeitgenössischer Kunst gezeigt sowie Filme vorgeführt. Achten Sie auf Aushänge/Ankündigungen.
CCA, *1050 Old Pecos Trail, Öffnungszeiten variieren, ✆ (505) 982-1338, www.ccasantafe.org.*

Geschichte der Indianer

Museum of Indian Arts and Culture (12): Das Kulturzentrum beschäftigt sich mit der Geschichte der Indianer und bietet dazu in mehreren Räumen permanente und

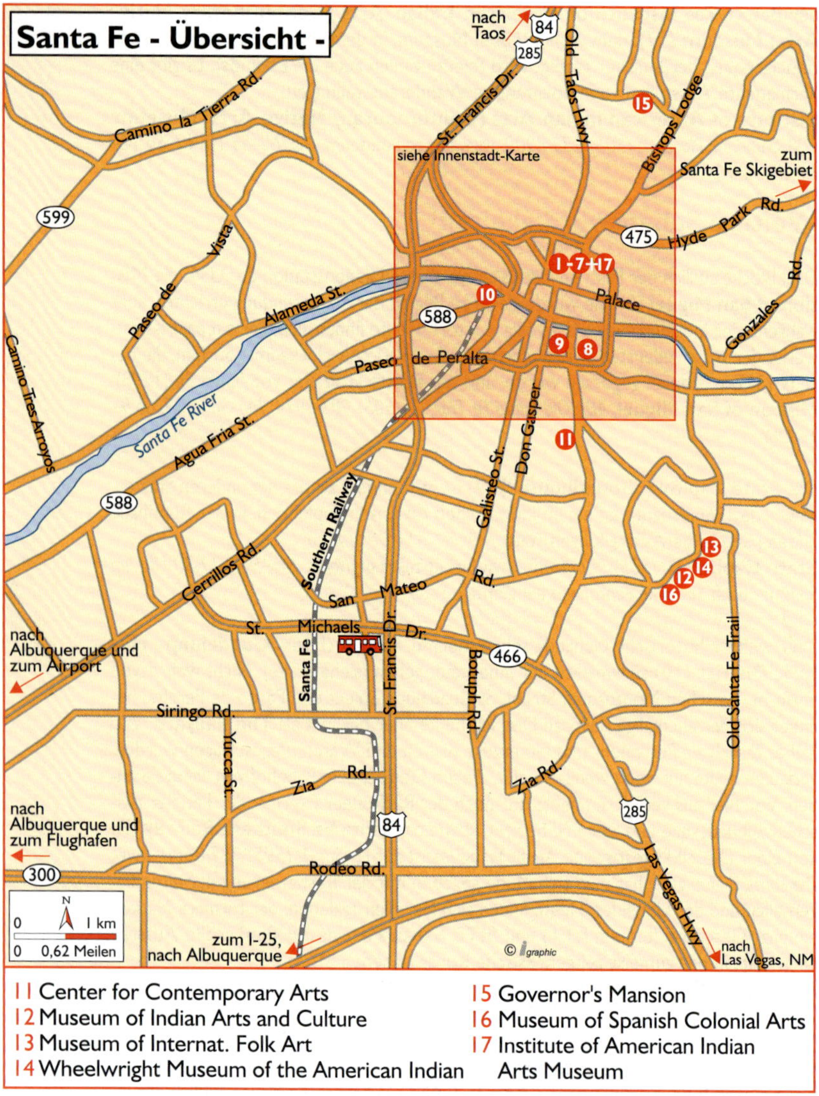

11 Center for Contemporary Arts
12 Museum of Indian Arts and Culture
13 Museum of Internat. Folk Art
14 Wheelwright Museum of the American Indian
15 Governor's Mansion
16 Museum of Spanish Colonial Arts
17 Institute of American Indian Arts Museum

wechselnde Ausstellungen sowie ausgezeichnete Literatur und Informationen zu Veranstaltungen und Pow Wows im gesamten Südwesten. Besonders interessant sind die Darstellung der Indianerwanderungen im Rio-Grande-Tal, welche für New Mexico von entscheidender Bedeutung waren, und alte Fotografien von Pueblos dieser Region. In der Cafeteria gibt es übrigens ein täglich wechselndes, typisch indianisches Menu, immer von einer anderen Stammesgruppe zubereitet.

Museum of Indian Arts and Culture, *710-708 Camino Lejo, ✆ (505) 476-1250, www.miaclab.org, Di–So 10–17 (Sommer auch Mo) Uhr, $ 9.*

Gleich nebenan liegt das **Museum of International Folk Art (13)**: Nicht unbedingt ein Museum, das man in Santa Fe erwarten würde. Es stellt nämlich volkstümliche Kunsthandwerke und Kleidung aus über 100 Ländern aller Kontinente aus und soll das größte seiner Art auf der Welt sein.

Museum of International Folk Art, *706 Camino Lejo, ✆ (505) 476-1200, www.internationalfolkart.org, Di–So 10–17 (im Sommer tgl.) Uhr, $ 9.*

Santa Fe ist bekannt für seine Szene zeitgenössischer Kunst

Das **Wheelwright Museum of the American Indian (14)**, ebenfalls hier an der Camino Lejo, zeigt auf lebendige Weise Kunst der unterschiedlichen indianischen Stammesgruppen im Südwesten. Zudem locken interessante Wanderausstellungen. Beliebt ist auch der angeschlossene „Trading Post", der einem alten Handelsposten nachempfunden wurde, aber natürlich auch Souvenirs verkauft.

Wheelwright Museum, *✆ (505) 982-4636, www.wheelwright.org, Mo–Sa. 10–17, So 13–17 Uhr, frei.*

Kunstmuseen

Um die Beschreibung dieses Museumsareals zu vervollständigen, sei noch auf das **Museum of Spanish Colonial Art (16)** hingewiesen, in dem das ausgestellt ist, was der Name bereits verrät: Bilder, Möbel, Textilien, religiöse Skulpturen aus der Zeit als die Spanier Mexiko (und eben auch New Mexico) zu ihren Kolonien zählte.

Museum of Spanish Colonial Art, *750 Camino Lejo, ✆ (505) 982-2226, www.spanishcolonial.org, Di–So 10–17 (im Sommer tgl.) Uhr, $ 8.*

Beenden Sie die Besichtigungstour von Santa Fe am besten mit einem Spaziergang oder einer Spazierfahrt durch die **Canyon Road**. Diese wohl berühmteste Straße der Stadt diente schon vor Jahrhunderten den Indianern als Verbindung zu einer ihrer Siedlungen. Um 1920 siedelten sich hier vornehmlich Künstler an, deren „Crème de la Crème" aber mittlerweile ganz woanders wohnt. Heute finden sich hier und in den Seitenstraßen neben den üblichen Souvenirläden, hervorragende Galerien, in denen Sie z.T. einen besseren Eindruck von modernen Kunstrichtungen der Region bekommen als in den Museen.

In der Umgebung von Santa Fe befindet sich heute noch eine Reihe **alter Indianer-Pueblos** (zumeist kleine Ruinen). Das Touristenbüro informiert über die genaue Lage, auch in der Roadmap „New Mexico and Northern New Mexico Recreational Area" von Gousha Travel Publication sind fast alle eingezeichnet.

Reisepraktische Informationen Santa Fe, NM

VORWAHL 505

Information

Santa Fe Convention & Visitors Bureau: *201 W. Marcy St. (Sweeney Center), ✆ 955-6200, 1-800-777-2489, www.santafe.org.*

Sightseeingtouren

Walking Santa Fe: *Zahlreiche ortskundige Führer erläutern auf Spaziergängen die Stadt und ihre Geschichte. Infos dazu gibt es im Visitor Center.*
Loretto Line: *Hotel Loretto, 211 Old Santa Fe Trail, ✆ 983-3701. Erläuterte Bus- bzw. Trolleytouren. Abfahrt Loretto Chapel tgl. 10, 12 und 14 Uhr, April-Okt., Dauer: 90 Minuten.*
Santa Fe Detours: *✆ 983-6565, 1-800-338-6877, www.sfdetours.com. Die Agentur vermittelt Touren aller Art. Ob Stadtführungen, Ausritte, Rundflüge oder River-Rafting. Hier können Sie sich bereits zu Hause übers Internet anmelden bzw. informieren.*
Rail Runner Express: *Nahverkehrszug, der zwischen Belen, Albuquerque, Bernalillo und Santa Fe verkehrt. Keine Erläuterungen. ✆ 245-7245, www.nmrailrunner.com.*

Unterkunft

Santa Fe's International Hostel $ (7): *1412 Cerrillos Rd., ✆ 988-1153, www.hostelsantafe.com. Schlafsäle und private Zimmer. 2 km zur Plaza.*
Stage Coach Motor Inn $-$$ (8): *3360 Cerrillos Rd., ✆ 471-0707. Günstige Alternative zu den Innenstadthotels. Im Bereich ab dem 3000-Block der Cerrillos Rd. finden Sie noch weitere Motels.*
Santa Fe Sage Inn $$ (6): *725 Cerrillos Rd., ✆ 982-5952, 1-866-433-0335, www.santafesageinn.com. Im Adobe-Stil gehaltenes Motel 15 Fußminuten zur Plaza. Fragen Sie unbedingt nach einem Zimmer zum Hinterhof (vorne Straßenlärm!).*
Garrett's Desert Inn $$-$$$ (5): *311 Old Santa Fe Trail, ✆ 982-1851, 1-800-888-2145, www.garrettsdesertinn.com. Nur drei Blocks von der Plaza. Im Stile der 1950er Jahre gehalten. Der Preis-Leistungs-Tipp für Santa Fe.*
The Madeleine B&B $$$-$$$$ (1), *106 Faithway St., ✆ 982-3465, 1-888-877-7622, www.madeleineinn.com. Es liegt ruhig, 500 m entfernt von der Plaza und die Zimmer im Cottage sind besonders schön. Und gleich nebenan lockt das asiatische Spa* **Absolute Nirvana**.
Pueblo Bonito B&B $$$-$$$$ (4), *138 West Manhattan, ✆ 984-8001, 1-800-461-4599, www.pueblobonitoinn.com. 18 Casitas, meist sogar mit Küchen. 800 m zur Plaza. Ansonsten versuchen Sie es über mal über* **B&B of New Mexico**: *✆ 982-3332, www.bnbsonline.com/nm/santafe.*
La Posada de Santa Fe $$$$-$$$$$ (2): *330 E. Palace Ave., ✆ 986-0000, 1-855-278-5276, www.laposadadesantafe.com. Adobehäuser um ein viktorianisches Haupthaus von 1882. In hübscher Gartenanlage gelegen und nicht weit von der Plaza, bietet dieses Hotel alle Annehmlichkeiten, was Platz, Komfort und Ambiente betrifft. Pool, Bar, Spa, Restaurants und eine gemütliche Bar.*
La Fonda $$$$-$$$$$ (3): *100 E. San Francisco Street, ✆ 982-5511, 1-800-523-5002, www.lafondasantafe.com. Hotel von 1864 (1920 komplett erneuert), dessen Räume alle individuell eingerichtet sind und in denen z.T. echte Gemälde indianischer Künstler hängen. Direkt an der Plaza.*

Camping

Los Campos RV Resort: *3574 Cerrillos Rd., ✆ 473-1949, 1-800-852-8160, www.loscamposrv.com. Mit 5 Meilen (südlich) der nächste zur Plaza, aber dafür noch im städtischen Umfeld. Keine Zeltmöglichkeit.*
Hyde Memorial State Park: *740 Hyde Park Rd., ✆ 983-7175, 1-877-664-7787, www.emnrd.state.nm.us. Wenige RV-Plätze, dafür aber ausreichend Zeltmöglichkeiten. Relativ ruhig. Bäume. 8 Meilen zur Stadt.*
Empfehlenswert auch die einfachen, aber meist schön gelegenen Plätze im nahen **Santa Fe National Forest**: *✆ 438-7840 od. 753-7331.*

Restaurants und Bars

Santa Fe bietet ausreichend Restaurants, doch oft sehr teuer, denn man kocht hier „Creative Southwestern", „Eclectic" bzw. „Modern with Latino Flair".
Ore House at Milagro (1): *139 West San Francisco Street/Ecke Plaza., ✆ 983-8687. Steaks und Seafood-Gerichte mit mexikanischem Einschlag. Bekannt für seine Margaritas und den herrlichen Sonnenuntergang auf der Terrasse.*
Tomasita's (6): *500 S. Guadalupe St., ✆ 983-5721. Typische, bei Einheimischen sehr beliebte New Mexican-Küche.*
Shed (2): *113 & ½ E. Palace Ave., ✆ 982-9030. Tex-Mex- und Südstaatengerichte. Relativ einfach, aber gut und echt. Tipp: Green Chile Stew!*
Café Pasqual's (3): *121 Don Gaspar Ave. (ein Block von der Plaza), ✆ 983-9340. Mexikanische Pfannkuchengerichte und die besten Burros der Stadt.*
Horseman's Haven (7): *4353 Cerrillos Rd, ✆ 471-5420. Bar und Kneipenrestaurant mit dem wohl „Hottest Chili in Town"!*
Blue Corn Café (4): *133 Water St., ✆ 984-1800. Unkompliziertes Restaurant mit einer guten Mischung aus mexikanischen Gerichten (auch Fajitas) und Burgern. Das Bier kommt aus der hauseigenen Microbrewery.*
Cowgirl Hall of Fame (BBQ & Western Grill) (5): *319 S. Guadalupe St., ✆ 982-2565. Bar-Restaurant mit häufiger Livemusik. Gute Burger, Steaks und BBQ-Gerichte, aber auch einige Cajun-Gerichte.*
Ein weiterer Spartipp wäre **Upper Crust Pizza**: *329 Old Santa Fe Trail, ✆ 982-0000. Gute Pizzen und auch Lieferservice ins Hotel.*

Einkaufen

Santa Fe bietet sich an für diejenigen, die ausgesuchte **indianische Kunsthandwerke** *(Teppiche, Umhänge, Schmuck, Türkise) oder auch* **moderne Kunst amerikanischer Künstler** *erwerben möchten. Zu den besten Einkaufsstraßen zählen die* **San Francisco Street** *und die* **Canyon Road**. *Letztere weist so viele Shops und Galerien auf, dass man zwei Tage benötigen würde, um sie gründlich zu erkunden. Einkaufen in Santa Fe ist aber teuer, und vieles erhält man in abgelegeneren Orten erheblich billiger. Über aktu-*

An der Canyon Road

elle Angebote/Ausstellungen informieren Kataloge, so z.B. „The Collector's Guide to Santa Fe and Taos", www.collectorsguide.com.

Todos Santos: *125 E. Palace Ave. Leckere Schokoladen und Süßwaren. Hier kommen Süßmäuler auf ihre Kosten.*

Santa Fe Farmers Market: *Santa Fe Railyard (nahe Paseo de Peralta), Apr.–Nov. Sa + Di 7–12 Uhr. Frische Marktprodukte, aber auch leckere Kleinigkeiten (Burritos, Gourmet-Café, Kuchen) gibt es hier.*

Veranstaltungen (Auswahl)

Juni: **El Rancho de las Golondrinas**. *Im gleichnamigen Museum in La Cienaga. Volksfest der spanischen Gemeinde mit vielen Kostümen und Vorführungen, Infos: ✆ 471-2261, www.golondrinas.org.*

Anfang Juli: **Annual Rodeo of Santa Fe**: *Santa Fe Rodeo Grounds. Rodeo, Stierkämpfe und Volksfest, ✆ 471-4300, www.rodeodesantafe.org.*

Mai–August: **Festival Santa Fe**: *Musikalische Festivitäten, wie z.B. „The Santa Fe Opera" (www.santafeopera.org), „Santa Fe Chamber Music Festival" (www.sfcmf.org) sowie das „Santa Fe Film Festival" (www.santafefilmfestival.com).*

Mitte Juli: **Annual Northern Pueblos Artists and Craftsman Show**. *Kunsthandwerkliche Ausstellung und Vorführungen der Pueblo-Indianer. Infos ✆ 852-4265, www.southwestart.com/events.*

Juli: **Annual Spanish Market**: *Auf der Plaza (Palace of the Governors). Kunsthandwerker der spanischen Gemeinde stellen aus. Hier findet sich alles: von Teppichen über Textilien bis hin zu Tonwaren. Infos ✆ 983-4038, www.spanishmarket.org.*

August: **Annual Indian Market**: *Auf der Plaza und in der De Vargas Mall. Der größte Kunsthandwerksmarkt der amerikanischen Indianer. Mehr als 800 Künstler stellen aus. Infos ✆ 983-5220, www.swaia.org.*

2. Wochenende im September: **Fiestas de Santa Fe**: *Im ganzen Innenstadtbereich. Großes Volksfest mit Tanzvorführungen, Kunsthandwerkermärkten und religiösen Festivitäten. Historischer Hintergrund.*

Alternativroute 1: von Leadville über Taos nach Santa Fe

Landschaftlich ist diese Strecke nicht so schön wie die über Montrose und Silverton, dafür aber um mindestens zwei Tage kürzer. Außerdem bietet sie die Gelegenheit, bei Alamosa (oder sogar schon bei Salida) die Rocky Mountains Richtung Osten zu verlassen und dann den Routen des letzten Kapitels zu folgen.

Rowdy Dance Hall of the West

Auf dem US 24 geht es in südlicher Richtung. Erster auffälliger Ort an dieser Strecke ist **Buena Vista**. Ehemals ein rauer Platz mit z.T. sehr bleihaltiger Luft und einem Ruf als „Rowdy Dance Hall of the West", bietet es heute vor allem den Outdoorfans eine Reihe von Möglichkeiten. Diese Tatsache hat ihm nun den eher friedlichen Beinamen „Whitewater Capital of Colorado" eingebracht. Hinter Buena Vista nehmen Sie den US 285, der kurz hinter Poncha Springs den Poncha-Pass hinaufführt. Oben angekommen, bleiben Sie fast auf dieser Höhe, und das weite **San Louis Valley** öffnet sich vor

Ihnen. Das wüstenartige Hochtal des San-Louis-Flusses liegt auf etwa 2.300 m Höhe und ist so groß wie Zypern. Bei Mineral Hot Spring fahren Sie weiter auf dem CO 17. Kurz vor Mosca geht nach links eine kleine Straße zum **Great Sand Dunes NP**. Die großen und in dieser Landschaft unnatürlich wirkenden Dünen am Fuße der über 4.000 m hohen Sangre de Christo Range fallen schon von weitem auf.

Redaktionstipps

- **Unterkünfte**: In einem Motel in **Alamosa** nahe dem Great Sand Dunes NP (S. 611), in der rustikalen **The Lodge at Chama** (S. 615) und im **Historic Taos Inn** (S. 618).
- **Fahren Sie sehr früh los**, um am selben Tag vielleicht noch bis Taos zu kommen. Sollten Sie aber eine Fahrt mit einem historischen Zug einplanen, benötigen Sie zwei Tage.
- Nehmen Sie sich **die meiste Zeit für den Great Sand Dunes NP** (S. 611), und unternehmen Sie dort auch eine Wanderung auf die Dünen. Die **Jeeptouren durch den Great Sand Dunes NP** werden hervorragend erläutert, die Zeit dafür lohnt sich.
- Ein Fahrt mit der historischen **Cumbres & Toltec Scenic Railroad** (S. 614) ist ein weiteres Highlight.
- **Taos** (S. 615) **ist beschaulicher und angenehmer als Santa Fe** (S. 601ff), das bereits beginnt, unter dem Tourismusdruck zu leiden.

Great Sand Dunes National Park

Die Dünen hier gehören mit über 200 m Höhe zu den größten der Welt. Wie kamen sie hierher? Es gibt hier alle drei Voraussetzungen für die Formung von Sanddünen: Sand, Wind und eine natürliche Falle. Von schmelzendem Schnee genährt, haben die Flüsse seit Jahrtausenden Sand, Schlamm und Kies in das San-Louis-Becken getragen. Die meisten der Flüsse versiegen hier, da keine Abflussmöglichkeit gegeben ist. Der spärliche *Abflusslos*

Bis zu 210 m hohe Sanddünen gibt es im Great Sand Dunes NP

Hinweis

- *Bei **Gewitter** wegen Blitzgefahr sofort die Dünen verlassen!*
- *Der **Sand wird im Sommer so heiß**, dass man nicht barfuß laufen sollte – und immer **Trinkwasser** mitnehmen!*

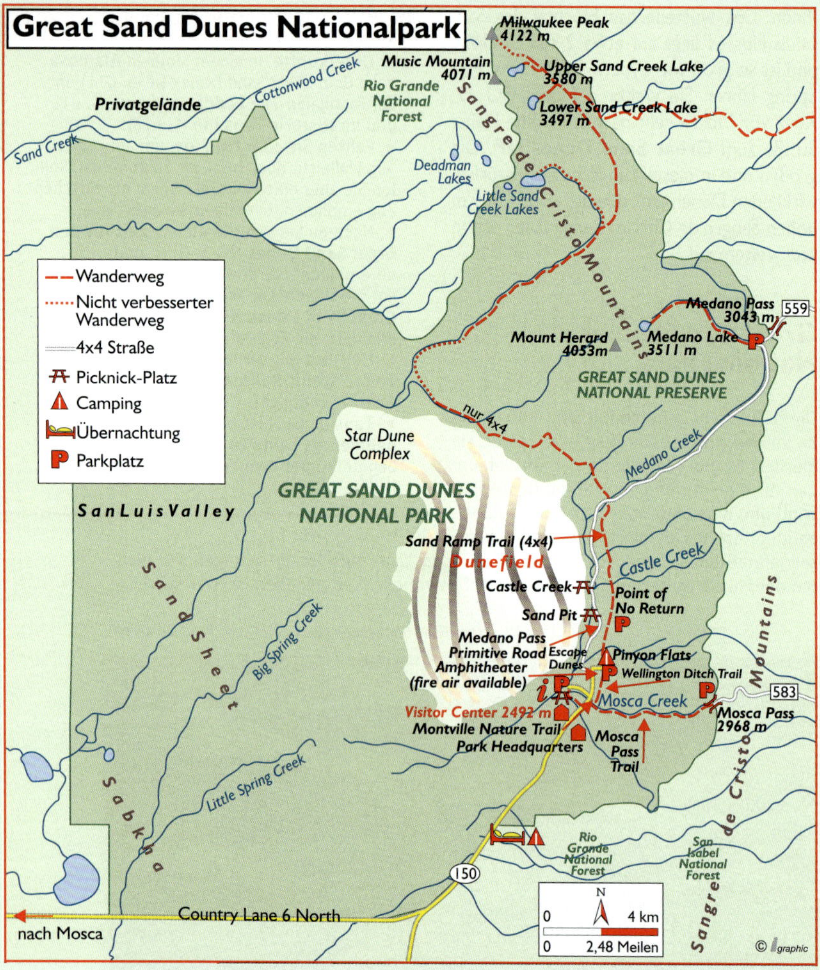

Pflanzenbewuchs des Tals kann den Sandboden nicht festhalten. Südwestliche Winde tragen nun Staub- und Sandkörner in Richtung Sangre de Christo Range. Aber nur der feine Staub kann die Berge „passieren". Der Sand bleibt in der Krümmung unterhalb der Bergkette hängen und häuft sich zu Dünen an. Vergleiche von Fotografien von 1927 und heute belegen mittlerweile, dass die Dünen sich nur noch wenig verändern. Durch die künstlich geschaffenen Grasflächen für die Rinderfarmen wird weniger Sand als früher freigesetzt und eingeblasen.

Östlich des Parks fließt der Medano-Creek in die Dünen und versickert in ihnen, mal weiter vorne, mal weiter in den Dünen selbst. **Vegetation** gibt es auf den Dünen wenig, da Wassermangel und die sich immer wieder verändernde Oberfläche den Pflanzen keine

Chance geben, „Fuß zu fassen". Ausnahmen bilden geschützte Vertiefungen, wo sich schon mal Grasfluren bilden können (eine Art von Wicken).

Man fährt am besten zuerst zum Visitor Center, wo es u.a. eine Ausstellung zur Naturgeschichte des gesamten San-Louis-Tals gibt. Etwa eine Meile vom Visitor Center entfernt gibt es ein Picknickgebiet, dessen Parkplatz sich als Startpunkt für Wanderungen anbietet (wegen der Hitze am besten vormittags bzw. spät nachmittags). Wege gibt es nur wenige. Laufen Sie einfach mal los, weit kommt man ohnehin nicht. Das Sandlaufen strengt ungemein an. Für den Rückweg daran denken! Die beliebteste Wanderung führt zur **High Dune** (210 m hoch, Dauer 1 ½–2 Std.), von wo Sie aus auf die anderen Dünen schauen können. Schön ist auch die halbtägige Wanderung entlang des auf langen Strecken beschatteten **Mosca Pass Trail**, den bereits die Indianer genutzt haben. *Sandlaufen*

Weiter geht es durch das Farmnest **Alamosa** und dann entlang dem US 285 in südlicher Richtung. Bei Romeo bietet sich dem Boxfan die Gelegenheit, 3 Meilen nach Osten nach **Manassa** zu fahren, dem Geburtsort des legendären Champs Jack Dempsey. Ein kleines Museum *(401 Main St., Juni–Aug. Di–Sa 9–17 Uhr, Rest des Jahres vorher anrufen, ✆ (719) 843-5207)* erinnert an den „Manassa Mauler", wie er besonders in seiner frühen Zeit genannt wurde. Die **Rio Grande Scenic Railroad**, eine historische und sehr schöne Bahnlinie verkehrt an Sommerwochenenden von Alamosa nach La Veta (mit zusätzlicher Verbindung nach Antonito, s.u.). Sie passiert dabei die Great Sand Dunes und führt über den La Veta Pass *(✆ 1-877-726-7245, www.coloradotrain.com)*. *Jack Dempsey*

Reisepraktische Informationen Great Sand Dunes National Park und Alamosa, CO

VORWAHL 719

Information

Visitor Center, *11500 CO 150, Mosca, 4 Meilen in den Park hinein, tgl. geöffnet, ✆ 378-6399, www.nps.gov/grsa. Es gibt keine Hotels im Park.*

Unterkunft

Best Western Alamosa Inn $$: *2005 Main St., Alamosa, ✆ 589-2567, www.bestwesterncolorado.com/alamosa-hotels. Mit ansprechendem Restaurant.*
Great Sand Dunes Lodge $$-$$$: *Nahe dem Parkeingang, 7900 CO 150 (Mile Marker 16), Mosca, ✆ 378-2900, www.gsdlodge.com. Eher ein Motel. Unspektakulär, aber am nächsten zum Park. Restaurant nahe bei (Mai–Sept.)*
Zapata Ranch $$$$-$$$$$: *5303 CO 150 (wenige Meilen südlich des Parks), ✆ 378-2356, 1-888-592-7282, www.zranch.org. Dieses schöne Resort wurde von der „Nature Conservancy" (Non-Profit-Organisation) übernommen, die hier jetzt Bisons züchtet und Hirsche schützt. Seitdem kann man hier nur noch im Rahmen eines naturbezogenen Programms übernachten (Minimum 3 Nächte, dafür ca. $ 1.000 p.P., alles inkl.). Die Programme dauern 3–7 Tage und mit dabei sind z.B. Rindertriebe (Sie reiten selbst!). Viele Wanderwege umgeben das Resort. Die Zimmer sind rustikal eingerichtet und das alte Farmhaus stammt von 1889. Von November bis Memorial Day (im Mai) geschlossen.*
Weitere Hotels unter www.alamosa.org.

Campinggelegenheit

im Park (einfach) und auf einem Platz am Parkeingang. First come, first served! Also früh ankommen und Platz besetzen.

Antonito, ein paar Meilen südlich am Highway, ist heute ein ziemlich heruntergekommenes Städtchen, dessen Häuser aber auf eine wohlhabendere, oder besser: belebtere, Zeit hinweisen, nämlich als die Eisenbahn hier noch einen wichtigen Versorgungsstützpunkt unterhielt. Heute erinnert daran die **Cumbres & Toltec Scenic Railroad**, eine weitere historische Bahnlinie für Touristen und – neben dem „The Silverton" von Durango aus – die schönste. Die Strecke, die früher bis Durango führte, ist großenteils demontiert. Wenn Sie aber Spaß an Eisenbahnen haben und einen halben bzw. ganzen Tag erübrigen möchten, können Sie von Antonito aus die 64 Meilen auf der

In Osier treffen sich die Züge – Mittagspause

Mit der Bahn auf 3.000 m

alten und wunderschönen Bahnroute bis **Chama**, NM, mitfahren. Unterwegs geht es an der Toltec Gorge vorbei und über den gut 3.000 m hohen Cumbres Pass. Zurück werden Sie dann mit einem Kleinbus befördert. Natürlich können Sie auch in Chama starten (was eigentlich besser wäre). Für die Halbtagesstrecke steigen Sie bei Osier aus und werden von dort zurückgebracht. Der Bahnhof ist in Antonito nicht zu übersehen. Übrigens ist auch die Straße nach Chama (CO 17) schön!

Reisepraktische Informationen Chama, NM

VORWAHL 575

Information

Visitor Info Center/Chamber of Commerce: *2372 NM 17, ✆ 756-2235, www.chama.com, www.chamavalley.com.*

Historische Eisenbahn

Cumbres & Toltec Scenic Railroad: *✆ 756-2151, 1-888-286-2737, www.cumbrestoltec.com. 64 Meilen (One-Way) lange, historische Bahnfahrt über Amerikas höchsten Eisenbahnpass nach Antonito, CO. Die Bahn verkehrt von Memorial Day bis Mitte Oktober. Abfahrt tgl. 10 Uhr. Von Antonito geht es zurück mit einem Bus (die Tour gibt es auch andersherum). Es gibt auch die Möglichkeit, zwischendurch in Osier auszusteigen bzw. dort hin- und zurückzufahren. Rechnen Sie bei der Antonito-Tour mit einem vollen Tag.*

Unterkunft

Luxuriös und für $$$$ übernachten Sie u.a. auf den rustikalen „Ranch-Lodgen" wie z.B.: **The Lodge at Chama** *(S. Highway 64/84, ✆ 756-2133, www.lodgeatchama.com) od.* **The Timbers at Chama** *(NM 512 to the Brazos, ✆ 588-7950, www.thetimbersatchama.com). Die* **Elkhorn Lodge $$** *(Rt. 1, ✆ 1-800-532-8874, www.elkhornlodge.net) ist ein recht günstiges Motel mit rustikalem Restaurant (auch Holzhäuschen). Es gibt weitere, einfache Motels im Ort sowie ein paar kleine Restaurants.*
Für Camper und Wohnmobilisten eignet sich der **Rio Chama RV-Campground** *am besten, denn er liegt nicht zu weit entfernt vom Bahnhof: 2,5 Mi nördl. der Kreuzung US 84/64/NM 17, ✆ 756-2303.*

Der US 285 führt jetzt weiter bis nach New Mexico hinein. In Tres Piedras biegen Sie auf den US 64 ab, der nach Taos führt. Dieser überquert den Rio Grande Canyon über die **Rio Grande Gorge Bridge**. Hier bietet sich ein eindrucksvoller Blick in den Canyon. Laufen Sie einmal über die 200 m hohe Brücke. Nach der Royal Gorge Bridge bei Cañon City ist sie die zweithöchste in Amerika.

Amerikas zweit-höchste Brücke

Taos

Um 1615 siedelten in dieser Gegend die ersten Spanier, und keine zwei Jahre später stand die erste Kirche. Während der Pueblo-Revolte von 1680 und auch in den folgenden 200 Jahren gab es in der Region häufig Probleme zwischen Indianern und Siedlern. 1880 entdeckten dann Künstler und Dichter diesen reizenden Flecken Erde. Sie gaben dem kleinen Ort einen weltoffenen Charakter. Trotz ansteigenden Tourismus ist die Bevölkerung darum bemüht, den Charakter dieser „Oase", wie sie es nennen, zu erhalten. Taos hatte dafür einen besonderen Vorteil: Es war von vornherein kleiner angelegt, und ein generelles Bebauungsverbot für das Zentrum hat Schlimmeres verhindert.

Neben den unzähligen Adobehäusern gibt es folgende wesentlichen **Sehenswürdigkeiten** in Taos:

Taos Pueblo: Dieses echte Pueblo, zwei Meilen nördlich der Stadt gelegen, wird seit über 700 Jahren kontinuierlich von Indianern des Tiwa-Stammes bewohnt – andere Quellen sprechen sogar von einer über tausendjährigen Besiedlung. Die Tiwas waren es, die während der Revolte 1680 den Spaniern das Leben schwer gemacht haben. Das Pueblo liegt direkt unterhalb der Sangre de Christo Mountains, deren höchster Punkt, der Wheeler Peak, über 4.000 m misst. Für die Tiwas ist der Berg heilig und beschützt sie und ihr Dorf. Das Pueblo wird durch den Pueblo Creek zweigeteilt, und der jeweilige Ortskern wird bestimmt durch zwei bis zu 5-stöckige Bauten. Diese Teilung hat mit der

Heiliger Berg

Zeit auch zu einem gewissen Konkurrenzdenken geführt: Während eines Festes im September z.B. findet auch heute noch ein traditioneller Wettlauf zwischen den beiden schnellsten Männern der beiden Pueblos statt. Sie können das Pueblo besuchen.
Taos Pueblo, *tgl. 8–16.30 Uhr, es gibt Führungen, ✆ (575) 758-1028, www.taospueblo.com, $ 10. Achten Sie die Menschenrechte. Fotografieren und Filmen kostet eine Gebühr.*

Ganz in der Nähe des Pueblos befindet sich die **San Geronimo Mission**, die hier 1847 an der Stelle errichtet wurde, auf der bereits 1617 die erste Kirche stand. Diese fiel aber, wie auch die zweite von 1707, den ständigen Indianerangriffen zum Opfer.

Hier liegt Kit

Kit Carson Museum: In dem heutigen Museumsgebäude wohnte der berühmte Scout von 1843–1868. Neben einer Reihe von Memorabilien zu seinem Leben finden Sie hier auch Ausstellungsstücke, die die Zeit um 1850 dokumentieren. Carson und seine Frau sind auf dem **Kit Carson Cemetery** an der Paseo del Pueblo Norte begraben.
Kit Carson Museum, *113 E.Kit Carson Rd., einen Block östl. der Plaza, ✆ (575) 758-4613, tgl. 9–18 Uhr (im Winter etwas kürzer).*

Blumenschein-Haus: In diesem Adobe-Haus von 1790 lebte der Maler Ernest L. Blumenschein (1874–1960), 1915 Mitbegründer der Künstlergemeinschaft „Taos Society of Arts". Heute sind besonders die Gemälde von ihm und seiner Familie die Hauptattraktion.
Blumenschein-Haus, *2 Blocks östl. der Plaza, ✆ (575) 758-0505, www.taoshistoricmuseums.com, Juni–Sept. Mo–Sa 10–17, So 13–17 Uhr, Rest des Jahres variiert, $ 8.*

Martinez Hacienda: Das Wohnhaus des Kaufmanns und Bürgermeisters Don Antonio Severino Martinez, erbaut um 1804. Die 21 Räume dieser Hacienda, eingerichtet mit stilechten, alten Möbeln, geben einen guten Eindruck von der Zeit vor den ersten Pionieren anglo-amerikanischer Abstammung.
Martinez Hacienda, *Lower Ranchitos Rd., 2 Meilen südlich an der NM 240, ✆ (575) 758-1000, www.taoshistoricmuseums.com, Juni–Sept. Mo–Sa 10–17, So 13–17 Uhr, Rest des Jahres variiert, $ 8.*

Der Besuch aller drei Museen gibt Ihnen die Möglichkeit, verschiedene historische und kulturelle Gesichter von Taos kennen zu lernen.

Bilder von D. H. Lawrence

D. H. Lawrence Gallery: In einem kleinen Raum im La Fonda de Taos Hotel hängen Bilder des berühmten Dichters. Ein etwas gewöhnungsbedürftiger Kunststil und nicht das, was man von Lawrence erwartet hätte. Die **Ranch**, auf der Lawrence zeitweise gelebt hat, liegt nördlich von Taos.

Tipp

*Das Millicent Rogers Museum, die Martinez Hacienda, das Blumenschein Home, das Taos Art Museum und das Harwood Museum of Art werden von **„Museum Association of Taos"** verwaltet (www.taosmuseums.org); somit ergeben sich günstigere Eintrittsgelder, falls Sie mehr als eines dieser Museen besuchen möchten ($ 25 für alle fünf Museen). Ein Kombiticket für Kit Carson House, Martinez Hazienda und Blumenschein Haus kostet $ 10.*

D. H. Lawrence Gallery, *NM 522, San Cristobal, ca. 21 Meilen Fahrt, tgl. 8–17 Uhr, ✆ (575) 776-2245, in der Sangre de Christo Range.*

Taos Art sowie **Harwood Art Museum**: Hier sind Werke von Künstler ausgestellt, die in Taos gelebt haben. Ein interessanter Einblick in die neue Geschichte von Taos.
Taos Art Museum, *227 Paseo del Pueblo Norte, ✆ (575) 758-2690, www.taosart museum.org, Juni–Sept. Mi–So 10–17 Uhr, Rest des Jahres variiert, $ 8.*
Harwood Art Museum: *238 Ledoux St., ✆ (505) 758-9826, www.hardwoodmuseum.org, Juni–Sept. Di–Sa 10–17, So 12–17 Uhr, Rest des Jahres variiert, $ 10.*

San Francisco de Asis Church: Berühmte und viel gezeichnete Kirche im Adobe-Stil. Bei schwacher Beleuchtung erscheint auf einem Jesus-Gemälde von Henry Ault hier ein mysteriöses Kreuz (The Shadow oft he Cross).
San Francisco de Asis Church, *Ranchos de Taos Plaza, am NM 68 4 Meilen südlich, ✆ (575) 758-2754, Mo–Sa 9–16 Uhr.*

Millicent Rogers Museum: Die reiche Erbin des Standard Oil Konzerns lebte sechs Jahre bis zu ihrem Tode 1953 in Taos. Heute stehen ihre Sammlung indianischer Kunsthandwerke (meist Schmuck und Töpferarbeiten) und einige Arbeiten ihrer Künstlerfreunde der Öffentlichkeit zur Ansicht. Durchaus ausgesuchte Stücke und teilweise von namhaften Künstlern gefertigt, erdrückt den Laien aber die Vielfalt von kulturellen Richtungen.
Millicent Rogers Museum, *Millicent Rogers Rd., 4 Meilen nördlich am US 64. Achten Sie auf die Schilder. ✆ (575) 758-2462, www.millicentrogers.org, tgl. 10–17 Uhr, Nov.–März Mo. geschlossen, $ 10.*

Der Norden von New Mexico: einsam und bezaubernd

Nach Santa Fe können Sie nun dem NM 68 und anschließend dem US 84 folgen. Die reine Fahrzeit beträgt gut eine Stunde.

Wenn Sie etwas mehr Zeit haben, wählen Sie lieber die um knapp zwei Stunden längere Bergroute: wenige Meilen südlich von Taos nach links über die NM 518, dann die 75, die 76 und schließlich die 503. Landschaftlich bietet sie mehr und einige weniger bekannte Pueblos befinden sich entlang der Strecke (u.a. das Picuris Pueblo). Zudem können Sie noch einen Abstecher zu dem kleinen Ort **Chimayo** machen, einem Wallfahrtsort („heilende Kräfte"), der heute ein wichtiges Zentrum der Indianerwebkunst ist.

Wallfahrtsort

Tipp: Ghost Ranch

Von dieser Ranch, gelegen in einer bezaubernden Canyon-Landschaft, hat sich einst die Malerin Georgia O'Keeffe einen Teil gekauft. Hier lebte sie über 50 Jahre, die meiste Zeit davon in einem typischen Adobe-Haus, und ließ sich von der Landschaft inspirieren. Heute, der größte Teil der Ranch gehört einer Kirche, werden hier Seminare, Malkurse, Wanderungen zu bekannten Punkten u.a. angeboten. Außerdem gibt es ein anthropologisches sowie ein paläontologisches Museum.
Übernachten können Sie ebenfalls hier, sowohl in einer relativ einfachen Lodge als auch auf einem Campingplatz.

Ghost Ranch, *zw. Espanola und Tierra Amarilla, Abzweig vom US 84 (nördl. Abiquiu Dam), ✆ (575) 685-4333, 1-877-804-4678, www.ghostranch.org.*

Reisepraktische Informationen Taos, NM

VORWAHL 575

Information

Taos County Chamber of Commerce: *Ecke NM 68/NM 585, ✆ 758-3873, 1-800-732-8267, www.taoschamber.com.*

Unterkunft

Adobe Sun God Lodge $$-$$$: *919 Paseo del Pueblo Sur, ✆ 758-3162, 1-800-821-2437, www.sungodlodge.com. Mehrfach erweitertes Motel. Gutes Preis-Leistungs-Verhältnis. Jacuzzi.*

Little Tree Bed & Breakfast $$-$$$, *2 Meilen auf Country Road in Richtung Taos Ski Valley, ✆ 776-0911, 1-800-334-8467, www.littletreebandb.com. Inmitten von Sagebrush und Kiefern gelegen. Ruhig, Adobe-Stil. Nur 4 Zimmer.*

Sagebrush Inn $$$: *3 Meilen südl. an der Paseo del Pueblo Sur (NM 68), ✆ 758-2254, 1-800-428-3626, www.sagebrushinn.com. Romantische Patios und Gartenanlage sowie eine bezaubernde Adobe-Architektur machen es zu einem der schönsten Hotels im Ort. Aber nicht alle Zimmer liegen im historischen Adobe-Teil. 2 Pools, 3 Jacuzzis.*

The Historic Taos Inn $$-$$$$: *125 Paseo del Pueblo Norte, ✆ 758-2233, 1-888-518-8267, www.taosinn.com. Altes Adobegebäude (1895) im Zentrum der Stadt, eingerichtet mit antiken Möbeln (jedes Zimmer hat individuelle Möbel). Fragen Sie nach einem ruhig gelegenen Zimmer, denn einige liegen über der beliebten* **Adobe Bar** *(Musik, laute Gäste).*

Camping

Es gibt ausreichende RV-/Campinggelegenheiten um den Ort. So z.B.
Taos RV Park: *NM 68, südl. d. Taos Motel, ✆ 758-1667, 1-800-323-6009, www.taosbudgethost.com. Nahe der Stadt, auch zelten.*
Südlich von Taos in der **Orilla Verde Recr. Area** *kann man am Fluss zelten und im umliegenden* **Carson National Forest** *gibt es neun Wald-Campingplätze (Infos: Bureau of Land Management, 208 Cruz Alta Rd., ✆ 758-6200, www.fs.fed.us/r3/carson).*

Restaurants

Doc Martin's *im Historic Taos Inn (s.o., ✆ 758-1977) gehört zur gehobenen Klasse und bietet Ambiente und rustikal-historische Atmosphäre. Südwester und mexikanische Küche sowie eine gute Weinkarte.*
The Bavarian: *100 Kachina Rd, Taos Ski Valley, ✆ 776-8020. Natürlich bayerisches Outfit! Küche: Mischung aus bayerisch (Sauerbraten, Wurstspeisen), schwäbisch (Spätzle etc.) und amerikanisch (Steaks, Salate).*
Und wer mehr auf den Durst achtet als auf die exquisite Speisekarte, der kann günstige Pubgerichte in **Eske's Brew Pub and Eatery** *einnehmen: 106 Des Georges Lane, ✆ 758-1517.*

Alternativroute 2: Hwy./US 50, „Crossroad of the Rockies"

Biegen Sie bei Poncha Springs nach Osten auf den US 50 ein. Die erste kleine Stadt ist **Salida** mit ein paar netten Häusern aus der Zeit um 1900 im Zentrum sowie einem beeindruckenden Angebot an Whitewater-Rafting-Abenteuern. Ghost Towns (und solche, die es gerne sein wollen) finden sich in der Umgebung.

Der Highway selbst führt nun durch das z.T. schluchtartige Tal des Arkansas River. Bei Parkdale trennt sich die Straße vom Fluss, und wenige Meilen weiter beginnen Sie bereits zu ahnen, was auf Sie zukommt. Dutzende von Schildern, bunt, groß und die unmöglichsten Dinge anbietend, begleiten Sie bis zum Abbieger zur **Royal Gorge Bridge**. *350 m hohe Brücke* Diese Brücke ist die höchste der Welt und überspannt die über 350 m tiefe Schlucht, die der Arkansas River hier in den Felsen geschnitten hat und wurde niemals für den Autoverkehr freigegeben. Ein imposanter Anblick, besonders wenn sich tief unten im Canyon die **Royal Gorge Route Railroad** (s.u.) wie eine kleine Raupe am Fluss entlang windet. Einmalig ist auch das Gefühl der Tiefe, wenn man die Holzplanken dieses architektonischen Meisterwerks überquert. Von einer Aussichtsplattform hinter dem Souvenirshop lassen sich die besten Fotos von dem Gesamtwerk machen. Es gibt hier unzählige Souvenirshops, Anbieter von Wildwasserfahrten und Hubschrauberflügen, Fast-Food-Imbisse, Campingplätze usw.

Entlang der 3 ½ Meilen von der Hauptstraße zur Brücke selbst nimmt das auch kein Ende: Wildwestdörfer, Wasserrutschen und, und, und… Die Brücke zu betreten kostet Eintritt. Mit der **Seilbahn** über die Schlucht zu fahren lohnt sich wirklich, kostet aber noch mal extra. Schauen Sie sich auch den Film über den Bau der Brücke und die Geschichte der Region an.

Steile Bahn

Sie können auch mit einer **Zahnradbahn** in die Schlucht fahren. Es ist die steilste Zahnradbahn der Welt (Winkel: 45°!). Das Tierfutter, um die „wild“ herumlaufenden Rehe und Hirsche zu füttern, müssen Sie kaufen. Hierzu noch der Tipp: Fahren Sie auf der gesamten Zufahrtsstraße vorsichtig, die Tiere stehen an der Straße.
Royal Gorge Bridge, *✆ (719) 275-7507, www.royalgorgebridge.com, $ 26 in der Hochsaison (inkl. Brücke, Aerial Tramway, Zahnradbahn, Plaza Theatre und Historical Display, Wildlife Park), Öffnungszeiten variieren, in der Hauptsaison (bis Mitte August) Mo–Fr 10–19, Sa/So 9.30–19.30 Uhr, Rest des Jahres meist Mo–Fr ab 10 Uhr bis 16/17 bzw. 17/18 Uhr am Wochenende. Brücke ist ganzjährig offen bis Sonnenuntergang.*

Nachdem Sie das Umfeld der Brücke verlassen haben, kommen Sie als nächstes nach Cañon City.

Cañon City

Poker und Geballer

Die Gegend am unteren Ausgang des Arkansas Canyon wurde bereits von den frühen Ute-Indianern als Jagd- und Weidegebiet genutzt. Mit den Gold- und Silberfunden in den umliegenden Bergen kamen während der zweiten Hälfte des 19. Jh. dann die Prospektoren und verspielten beim Poker in den zahllosen Saloons ihr Geld. Auch Schießereien waren an der Tagesordnung. Kein Wunder also, dass hier bereits damals eines der größten Gefängnisse des Westens gebaut wurde. Einen Aufschwung erlebte die kleine Stadt dann mit dem Bau der Eisenbahnlinie, die hier durch den Canyon in den Westen führt.

Heute ist die Stadt selbst eigentlich weniger attraktiv, sieht man einmal von den historischen Gebäuden entlang der Mainstreet sowie den Dinosaurierfunden in der Umgebung ab (Infos im Visitor Center). Interessant mag für den einen oder anderen Mutigen vielleicht das **Museum of Colorado Prisons** in der 1st St. sein. Das moderne Gefängnis fällt bereits vom Highway aus auf. Hier wird die Geschichte des Strafvollzugs z.T. sehr plastisch und „realitätsnah“ präsentiert: Eine Revolte wird z.B. mit einer aufgebrochenen Tür und Blutflecken am Boden nachgestellt, und manches echte Foto von Gehängten ist nicht jedermanns Sache. Hier im Gefängnis wurden zahlreiche Exekutionen durchgeführt.
Museum of Colorado Prisons, *Mitte Mai–Mitte Okt. tgl. 8.30–18, Mitte Okt.–Mitte Mai Mi–So 10–17 Uhr, ✆ (719) 269-3015, www.prisonmuseum.org, $ 7.*

Eisenbahnfans haben in Canon City die Gelegenheit, mit der **Royal Gorge Route Railroad** (Santa Fe Depot) auf einer 24 Meilen langen Fahrt (2 Stunden) durch den Canyon zu fahren.
Royal Gorge Route Railroad, *Abfahrten und Themen der Tour variieren. Grundsätzlich gibt es Fahrten von Mitte März bis Dezember, wobei diese im Sommer natürlich häufiger stattfinden, ✆ (719) 569-2403 bzw. 1-888-724-5748, www.royalgorgeroute.com, ab $ 35.*

Eine weitere Möglichkeit, den Canyon zu erleben, sind **Wildwasserfahrten (Rafting)**, die von Cañon City aus organisiert werden.

Ansonsten lebt Cañon City heute von den Sehenswürdigkeiten der Umgebung. Besonders empfehlenswert sind die Berge nördlich der Stadt. Es bietet sich z.B. die Möglichkeit, über eine Piste entlang dem Fourmile Creek nach **Cripple Creek** und **Victor** zu fahren. Erkundigen Sie sich aber im Visitor Center über den Zustand der Strecke, diese ist eigentlich nur für Geländewagen ausgelegt.

Nach Pueblo führt nun von Canon City ein vierspuriger Highway. Wer nach Colorado Springs möchte, biegt bereits bei Florence auf den CO 115 ab.

Reisepraktische Informationen Cañon City, CO

VORWAHL 719

Information

Chamber of Commerce: *403 Royal Gorge Blvd., ✆ 275-2331, 1-800-876-7922, www.canoncity.com.*

Unterkunft

Florence Rose Bed & Breakfast $$-$$$: *1305 West 3rd St., Florence, CO 81226, ✆ 784-4734, www.florencerose.com. 5 Zimmer in einem angenehmen Haus von 1886. Zudem gibt es noch eine Reihe von* **Franchise-Motels** *entlang dem US 50.*

Camping

Royal View Campground: *43590 US 50 W (8 Meilen westl. Von Cañon City, nahe Royal Gorge), ✆ 275-1900, www.royalviewcampground.com. Neben einer Reihe anderer Campingplätze in der Gegend erschien uns dieser am schönsten. RV und zelten.*

Die schnelle Alternative: von Denver über Colorado Springs nach Santa Fe

Entfernungen

Denver – Colorado Springs: 70 Meilen/113 km
Colorado Springs – Pueblo: 40 Meilen/64 km
Pueblo – Trinidad: 89 Meilen/143 km
Trinidad – Santa Fe: 190 Meilen/305 km

Überblick und Sehenswertes

Diese Strecke sei nur denjenigen als Alternative angeboten, die wenig Zeit haben bzw. die sich Colorado Springs und seine Sehenswürdigkeiten ansehen möchten. Die Streckenführung verläuft immer entlang dem I-25, unterhalb der Rocky Mountains. Größere Städte sind Colorado Springs und Pueblo.

Colorado Springs bietet einige touristisch interessante Punkte und eine weitere Chance einen kurzen Abstecher in die Berge zu machen, wenn Sie zwei Tage für diesen Stre-

Von Denver über Colorado Springs nach Santa Fe

Routenempfehlung

Immer entlang dem I-25

ckenabschnitt einplanen. Pueblo ist eine Industriestadt, deren Reiz nur in der Architektur des frühen 20. Jh. besteht, Wirtschafts- und Industriegebäude eingeschlossen. Las Vegas (New Mexico) ist wegen seines historischen Stadtkerns ebenfalls einen kurzen Stopp wert.

Redaktionstipps

- Absoluter **Übernachtungsknüller** ist das „Broadmoor Hotel", das aber wirklich seinen Preis hat (S. 624/628)!
- Konzentrieren Sie Ihre Zeit auf dieser Route auf **Colorado Springs** und seine landschaftlich bezaubernde Umgebung mit: **Manitou Springs** (S. 626), **Tour auf den Pikes Peak** (mit Auto oder Zahnradbahn (S. 626), Steinformationen im **Garden oft he Gods** (S. 624), **hist. Minenstädten** (S. 624f) u.v.m.
- Die National-Monumente weiter südlich sind zwar sehenswert, bieten aber nichts Besonderes und sollten höchstens als „Lückenbüßer" auf dem Weg nach Santa Fe dienen.
- **Zeiteinteilung: 2 Tage**, davon die meiste Zeit für Colorado Springs

Colorado Springs

Colorado Springs wurde 1871 als Erholungsort für Eisenbahner und Soldaten gegründet. Gründungsvater war General William J. Palmer. Heute ist „Colo Spg", wie es auf vielen Straßenschildern lautet, eine blühende Industriestadt mit Firmen wie z.B. Hewlett Packard und Sitz verschiedener militärischer Einrichtungen, vornehmlich der **US Airforce (1)**, die im Norden der Stadt eine Akademie besitzt, die man täglich besichtigen kann (Exit 156B vom I-25). Das Militär ist mit 45.000 Angestellten der größte Arbeitgeber. Der Großraum der Stadt selbst zählt heute über 375.000 Einwohner. Die Stadt Colorado Springs ist wenig ansehnlich, dafür aber umso mehr ihr Umfeld mit den Gardens of the Gods, der herausragenden Hotelanlage des The Broadmoor und vor allem Manitou Springs, einem überschaubaren Urlaubsort im Tal oberhalb von Colorado Springs, von aus auch die Zahnradbahn hinauf zum Pikes Peak fährt. Auch die weitere Umgebung ist besuchenswert, sodass sich ein zweitägiger Aufenthalt für die Erkundung hier anbieten würde.

Militärakademie

Als Tor zu den Rocky Mountains spricht die Stadt viele Familien aus dem Osten an, die im Vorort Manitou Springs absteigen. Besonders für Familien mit Kindern gibt es zudem nette, kleine Museen in Colorado Springs, wie z.B.:

Pro Rodeo Hall of Fame mit dem Cowboy Museum (9), *101 Pro Rodeo Drive/am Rockrimmon Blvd., I-25-Exit 148, ✆ (719) 528-4764, www.prorodeohalloffame.com, tgl. 9–17 Uhr (Sept.–April nur Mi–So), $ 6.*

World Figure Skating Museum & Hall of Fame (8), *20 1st St. (beim Broadmoor Hotel), ✆ (719) 635-5200, www.worldskatingmuseum.org, Di–Fr 10–16 Uhr, $ 5, zum Thema Eiskunstlauf.*

Peterson Air & Space Museum (6), *Peterson Air Force Base, 150 East Ent Avenue, nahe dem US 24, Di–Sa 9–16 Uhr, www.petemuseum.org, den Besuch muss man vorher anmelden, ✆ (719) 556-4615.*

Ghost Town, *400 S. 21st St., ✆ (719) 634-0696, www.ghosttownmuseum.com, Juni–Aug. Mo–Sa 9–18, So 10–18 (sonst tgl. 10-17) Uhr, $ 7. Das Museum befasst sich mit dem Leben im „Wilden Westen".*

Der **US Olympic Complex**, wo die Olympia-Hoffnungen der USA trainieren, kann ebenfalls besucht werden *(1750 E. Boulder St., Touren: Mo–Sa 9–16, So 11–18 Uhr, ✆ (719) 866-4618, www.teamusa.org, frei).*

Olympia-Hoffnungen

Geologisch einzigartig an dieser Stelle: Garden of the Gods

Das **Western Museum of Mining & Industry** ist ein durchaus lohnendes Minenmuseum mit vielen Vorführungen *(I-25 Exit 125 A, gegenüber der US Airforce Base im Norden der Stadt* **(1)**, *Mo–Sa 9–16 Uhr, ✆ (719) 488-0880, www.wmmi.org, $ 8.*

Die **Downtown (2)** von Colorado Springs ist wenig einladend, sieht man einmal ab von den Restaurants und Abendkneipen entlang der Tejon Street und dem **Pioneers Museum**, das sich im ehemaligen Gerichtsgebäude der Stadt befindet. Es zeigt eine interessante Ausstellung zur Geschichte der Region.
Pioneers Museum, *215 S. Tejon St., ✆ (719) 385-5990, www.cspm.org, Di–Sa 10–17, frei.*

Ein Höhepunkt, der zwar nicht ganz mithalten kann mit den Farben und Formen der Canyonlands in Utah, ist der **Garden of the Gods Park (3)** (Garden Drive). Verschiedene bunte, bis zu 300 Mio. Jahre alte Felsformationen, die durch Erosion anders geformt sind als ihr Umfeld und die sich im Licht von den dunklen bzw. grünen Bergen im Hintergrund abheben, ziehen viele Reisende und vor allem geologisch Interessierte an. Die Entstehung und der Erhalt der Felsen, den Kräften von Wind und Wasser zum Trotz, sind eine erdgeschichtliche Einmaligkeit. Im Visitor Center gibt es eine Multimedia-Präsentation zur geologischen Entstehung. Man kann hier wandern oder sich Pferde ausleihen. Für Fotografen bieten sich besonders abends eindrucksvolle Motive und Farben.
Garden of the Gods Park, *1805 N. 30th St./ Greenway Rd, ✆ (719) 634-6666, www.gardenofgods.com, tgl. 9-17, im Sommer 8–20 Uhr, frei.*

Puppen- und Marionetten-Spiele

Die **Historic Old Colorado City** *(Colorado Avenue zw. 23rd und 30th St.)* lädt zu einem kurzen Schlendern ein. Es gibt ein paar nette Geschäfte sowie Restaurants und Lokale für junge Leute. Vieles davon in historischen Gebäuden. Hier finden Sie auch das kleine **Simpich Museum** *(2413 W. Colorado St., ✆ (719) 465-2492, www.simpich.com, Di–Do, Sa 10–17, Fr 10–20, So 13.30–17 Uhr, frei)*. Ehemals eine Puppen-Manufaktur, wurde das Gebäude von dem Sohn des Puppenmachers nun umfunktioniert zu einer Galerie, in der u.a. auch Puppen sowie Marionetten aus der alten Zeit zu sehen sind und Marionetten-Spiele aufgeführt werden.

Broadmoor Hotel (4)

Das Broadmoor am Lake Circle (an der Lake Avenue) ist eine Institution für sich und mit Sicherheit **das** Hotel im Südwesten. Natürlich bieten Hotels und Ressorts in Phoenix, Dallas oder Houston den gleichen Standard, aber nirgendwo sonst hat man die Ru-

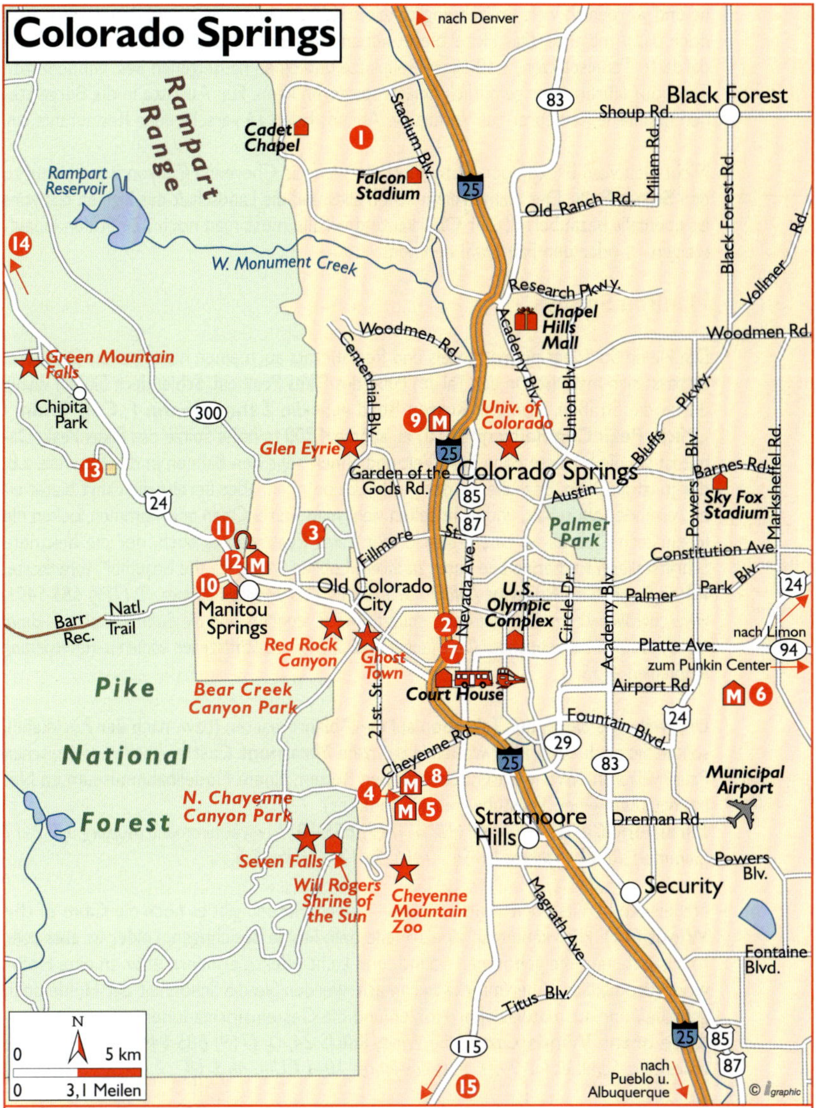

1 Air Force Academy/Western Museum of Mining & Industry
2 Hist. Downtown/Pioneers Museum/ Fine Arts Center/Visitors Bureau
3 Garden of the Gods Park
4 Broadmoor Hotel
5 Carriage House Museum
6 Peterson Air and Space Museum
7 Mc Allister House Museum
8 World Figure Skating Museum and Hall of Fame
9 Pro Rodeo Hall of Fame and Museum of the American Cowboy
10 "Cog Train"-Talstation/Miramont Castle
11 Cave of the Winds
12 Manitou Cliffs Dwellings
13 Pikes Peak Highway (Straßengebühr)
14 nach Cripple Creek
15 nach Canyon City (Royal Gorge Bridge)

he und werden so viele Freizeitmöglichkeiten geboten wie hier … und dazu stimmt auch noch das Ambiente. Das Hotel bietet neben einer Eiskunsthalle internationalen Standards 16 Tennisplätzen, 3 18-Loch-Golfplätze und einen hauseigenen See, auf dem man Tretboot fahren oder gemütlich herum spazieren kann. Für Ausritte in die Berge stehen erfahrene Reitlehrer zur Verfügung. Abends laden 14 verschiedene Restaurants ein.

14 Restaurants

Nicht weit vom Broadmoor Hotel führt übrigens die Cheyenne Canyon Road hinauf zu den **Seven Falls**. Der Name verrät schon alles und die Landschaft des kleinen Canyons ist ebenfalls bezaubernd! Zur Oberkante der Fälle muss man noch 224 Stufen hinaufsteigen … oder den Fahrstuhl nehmen.

Manitou Springs

Die kleine Stadt hat neben Motels und Restaurants auch einen historischen Ortskern. Er passt sich malerisch in das Tal am Fuße des Pikes Peak ein. Schlendern Sie ein wenig durch die Straßen. Von der Ruxton Road geht die **Zahnradbahn („Cog Train"/ „Pikes Peak Cog Railway") (10)** ab auf die 4.300 m hohe Spitze des Pikes Peak. Damit ist sie die höchste Bahn der Welt und ähnelt sehr den Bahnen in der Schweiz, z.B. der Jungfrau-Bahn. Bezaubernd der Ausblick von oben, aber bereits die Fahrt bietet eine reizende Landschaft, und nicht selten sieht man Tiere. Oben angekommen locken die legendären Donuts zu einem Snack. Der Pikes Peak war es auch, der die bekannte Schriftstellerin Katherine Lee Bates zu ihrem Loblied „America the Beautiful" veranlasste.

„America the Beautiful"

Pikes Peak Cog Railway, *Abfahrt: 515 Ruxton Ave., Manitou Springs, ✆ (719) 685-5401, www.cograilway.com. Die Rundfahrt dauert etwa 3 Stunden, und die Bahn verkehrt 5–8mal täglich von Mai bis September (im Oktober noch 2 Mal). Abfahrtszeiten variieren. Reservierung empfohlen, $ 35.*

Und während Sie an der Talstation auf die Abfahrt warten (bzw. nach der Rückkehr), sollten Sie noch einen Blick werfen in das nahe **Miramont Castle**, einer viktorianischen Prunkvilla von 1895 mit architektonischen Reizen, einem Modellbahnmuseum im Nebenhaus und einer Teestube (nur im Sommer).

Modellbahn

Miramont Castle, *9 Capitol Hill, ✆ (719) 685-1011, www.miramontcastle.org, tgl. 9–17 (Sommer), Rest des Jahres Di–Sa 10–16, So 12–16 Uhr, $ 8.*

Neben den bereits oben angeschnittenen kleinen Museen gibt es noch die **Cave of the Winds (11)**. Hier kann man eine 1 Meile tiefe Höhle besichtigen. Leider ist alles sehr touristisch, und die gebotenen Sound- und Licht-Effekte erinnern eher an eine Hollywood-Produktion. Aber mit etwas Fantasie werden Sie die Schönheit der Höhle doch genießen und auch etwas über Höhlen und die Gesteinsformationen erfahren.

Cave of the Winds, *Cave of the Winds Rd/US 24, ✆ (719) 685-5444, www.caveofthewinds.com, Sommer tgl. 9–21, Rest des Jahres 10–17 Uhr, ab $ 18.*

Eine letzte erwähnenswerte Sehenswürdigkeit in Manitou Springs wären die **Manitou Cliff Dwellings (12)**, eine kleine, 900 Jahre alte Pueblo-Felswohnung, die hier in das Museum gebracht wurde. Man munkelt, die Dwellings stammen aus dem Mesa Verde Park. Ob das stimmt, ist schwer zu beurteilen.

Manitou Cliff Dwellings, *US 24, ✆ (719) 685-5242, www.cliffdwellingsmuseum.com, tgl. 9–17/18 (Randsaison/Sommer), 10–16 Uhr (Dez.–Febr.), $ 10*

Colorado Springs bietet sich weiterhin an als Ausflugsziel in die Berge. Sehr zu empfehlen wäre hierzu die Straße, die auf den **Pikes Peak** hinauf führt **(13)**. Die kostenpflichtige Straße beginnt in Cascade, wenige Meilen nordwestlich von Manitou Springs. Auf 20 Meilen werden über 2.000 Höhenmeter überwunden, und das auf einer z.T. sehr steilen und kurvenreichen Strecke. Das ist nur etwas für Schwindelfreie, doch die Landschaft entlang der Straße ist faszinierend. Nach 13 Meilen gibt es im Glen Cove Inn die Möglichkeit zu einem Snack, und auf der Spitze steht das Summit House für eine heiße Schokolade und Donuts zur Verfügung. Die braucht man sicherlich, denn selbst im Sommer ist es auf 4.300 m sehr kalt.

Schwindelfrei sollte man sein

Reisepraktische Informationen Colorado Springs, CO

VORWAHL 719

Information

Colorado Springs Conv. & Visitors Bureau: *515 S.Cascade Ave., Colorado Springs, ✆ 635-7506, 1-800-888-4748, Mo–Fr, im Sommer auch Sa+So, www.visitcos.com.*

Krankenhaus

Memorial Hospital: *1400 E. Boulder St., ✆ 365-5000*

Hotels und B&Bs

Two Sisters Inn $$-$$$: *10 Otoe Place, Manitou Springs, ✆ 685-9684, 1-800-274-7466, über www.pikespeakareabnbs.com (hierüber finden Sie auch viele andere*

Ein Klassiker: The Broadmoor Hotel

B&Bs). Schönes B&B mit 5 Zimmern und Cottage. Davon drei Zimmer mit geteiltem Bad ($$). Haus von 1919. Viktorianisches Ambiente.

El Colorado Lodge $$-$$$: *23 Manitou Ave., Manitou Springs, ✆ 685-5485, 1-800-782-2246, www.elcolorado.pikes-peak.com. Rustikales Motel im mexikanischen Stil. Saubere Zimmer (verteilt auf 26 „cabins") und günstige Preisen. In Manitou Springs gibt es zudem entlang der Manitou Avenue (Bus US 24) und seiner Seitenstraßen noch viele andere Hotels und Motels.*

Holden House 1902 B&B $$$: *1102 W. Pikes Peak Ave., Colorado Springs, ✆ 471-3980, 1-888-565-3980, www.holdenhouse.com. 5 verschiedenste Zimmer (teilweise ohne Bad, teilweise mit allem, bis hin zum eigenen Kamin). 3 Zimmer im Haupthaus sowie 2 im ehemaligen Kutschenhaus. Super-Frühstück. Ruhig gelegen.*

The Broadmoor Hotel $$$$$: *Lake Ave. am Lake Circle, I-25 exit 138, ✆ 577-5775 od. 634-7711, 1-866-837-9520, www.broadmoor.com. Eines der luxuriösesten Hotels westlich des Mississippi. Ein „Klassiker", s. S. 624.*

Camping

Garden of the Gods Campground: *3704 W. Colorado Ave., Colorado Springs, CO 80904, ✆ 475-9450, www.coloradocampground.com. Alles vorhanden: Schatten, Pool, Waschautomaten, Whirlpool, Spielplatz etc. Zelten erlaubt.*

Restaurants/ Pubs

Die Preisliste führen sicherlich das **Charles Court** *(Fine Dining im englischen Landhausstil, bekannt für die Wildgerichte) sowie der* **Penrose Room** *(Fine Dining mit französisch-eklektischem Touch) im Broadmoor Hotel (✆ 577-5733) an. Im Broadmoor Hotel gibt es zudem noch zahlreiche andere Restaurants/Lokale, so z.B. das* **Golden Bee**, *ein englischer Pub mit entsprechenden Gerichten und abends Sing-along-Pianomusik.*

The Warehouse: *25 W. Cimarron St., ✆ 475-8880. Wild- und Fischgerichte aus der Region. Etwas teurer, aber wer nicht so tief in die Tasche greifen möchte, kann auch einen Elk- bzw. einen Bison-Burger bestellen.*

Edelweiss: *34 E. Ramona Ave., ✆ 633-2220. Bayerische Atmosphäre mit ebensolchen Gerichten (Schnitzel, Weißwurst etc.). Oft bayerische Volksmusik.*

Phantom Canyon Brewing Company: *2 E. Pikes Peak Ave. (Downtown), ✆ 635-2800. Brewpub im historischen Gebäude einer Eisenbahngesellschaft. Stimmung und typische amerikanische Gerichte (Burger, Pizzas, Salate, Steaks). Im Obergeschoss Billardraum. In der Innenstadt gibt es nicht weit von hier an der* **Tejon Street** *zahlreiche Restaurants und Kneipen aller Preisklassen.*

Weitere Restaurants, eher besucht von den Einheimischen, gibt es im **Old Colorado City Hist. District** *(entlang der Colorado Ave.) sowie am* **Business US 24** *in Manitou Springs, wo wir das* **Craftwood Inn** *(404 El Paso Blvd, ✆ 685-9000), in dem es u.a. gute Wildgerichte (u.a. Elch) und Steaks gibt, empfehlen.*

Verkehrsmittel

Greyhound Busterminal: *120 S.Weber St., ✆ 635-1505*

Stadtbusse: *Metro Rides: ✆ 385-7433, www.mmtransit.com/metrorides*

Taxis: *Yellow Cab: ✆ 634-5000*

Cripple Creek

Cripple Creek besaß um 1900 die reichsten Goldvorkommen der Welt, und selbst bis in die 1960er Jahre hinein, als die letzte Mine geschlossen wurde, gab es keinen geologischen Standort auf der Welt, der so viel Gold hervorbrachte wie diese Region. Heute ist besonders Cripple Creek dem Tourismus im wahrsten Sinne des Wortes zum Opfer gefallen. Im Sommer stürmen Tausende von Menschen die Stadt … der Spielcasinos wegen. Etwas ruhiger ist dagegen das nahe **Victor**, wo heute nur noch knapp 300 Menschen leben, von dem aber behauptet wird, dass seine Straßen mit Gold gepflastert sind. Hier befindet sich zudem Colorados ergiebigste und noch tätige Goldmine.

Weltrekord

Nett ist eine Fahrt mit der **Cripple Creek & Victor Narrow Gauge Railway**. Die historische Bahn fährt auf einer 4-Meilen-Strecke vorbei an mehreren Minen und über restaurierte Holzbrücken.
Narrow Gauge Railway, *520 E. Carr St/Bennet Ave., ✆ (719) 689-2640, www.cripplecreekrailroad.com, Ende Mai bis Anfang Oktober, tgl. 10–17 Uhr (Abfahrten alle 40 Minuten), $ 13.*

Hauptattraktion am Ort ist die sehr gut erläuterte Tour durch die **Mollie Kathleen Mine**. Unter den Pionieren des 19. Jh. gab es nämlich auch Frauen, die es zu Geld, Ruhm und Ansehen brachten. Eine davon war Mollie Kathleen Gortner, die 1891 ihren Claim in der Nähe von Cripple Creek entdeckte und als erste Frau auf ihren Namen eintragen ließ. Die Goldmine hat die bis 1961 gefördert und auf der Tour fahren Sie u.a. in den 300 m tiefen Schacht.
Mollie Kathleen Mine, *nördlich am CO 67, ✆ (719) 689-2466, www.goldminetours.com. Geöffnet: 9–17, Ende Apr.–Okt. tgl. 10–16, im Sommer 9–17 Uhr, $ 18.*

Im **Pikes Peak Heritage Center** *(9283 S. CO 67)* erhalten Sie Infos und Karten für eine (selbstgeführte) historische Rundfahrt. Sie ist ca. 18 Meilen lang, dauert eine gute Stunde und begleitet Sie zu den wesentlichen Punkten, u.a. auch zum District Museum. Bleibt man über Nacht, sollte man eine Vorstellung im historischen und toll restaurierten **Butte Theater** nicht verpassen: gelungene Aufführungen überregional bekannter Schauspiel- und Musikgruppen *(139 E. Bennett Ave., ✆ (719) 689-6402, www.butteoperahouse.com. Kernsaison Ende Mai–Oktober).*

Butte Theater

17 Meilen nördlich von Cripple Creek liegt das **Florissant Fossil Beds National Monument**. Vor fast 40 Mio. Jahren hat hier vulkanische Asche einen Regenwald bedeckt und damit konserviert. Wanderwege führen zu versteinerten Hölzern und zu Fossilien-Fundstellen.
Florissant Fossil Beds NM, *US 24 Abzweig bei Florissant, Teller County Road, ✆ (719) 748-3253, www.nps.gov/flfo, tgl. 9–17/18 Uhr.*

Alternativ zur direkten Rückfahrt nach Colorado Springs bieten sich zwei Schotterpisten an nach Süden zum US 50 (unbedingt vorher erkundigen, ob Strecken passierbar sind! Landschaftlich sind sie besonders eindrucksvoll, für Wohnmobile nicht zu empfehlen. Am US 50 angekommen (Dauer: knapp 2 Std.), können Sie direkt nach Pueblo und weiter nach Süden fahren oder über den CO 115 zurück nach Colorado Springs. Für **Cañon City** und der **Royal Gorge Bridge** s. S. 619ff.

Auf Schotter gen Süden

Reisepraktische Informationen Cripple Creek, CO

Information
Cripple Creek Heritage Center: *9283 S. Highway 67, Cripple Creek, CO 80813, ✆ 1-877-858-4653, www.cripple-creek.co.us.*

Unterkunft
Imperial Hotel $$: *123 N. 3rd St, ✆ (719) 689-2561, 1-877-546-0925, www.imperialhotelrestaurant.com. Historisches Hotel (1896) mit viktorianischem Dekor, welches alleine schon eine Attraktion darstellt. Leider auch ein kleines Casino im Haus.*
Zudem gibt es auch eine Reihe von Bed & Breakfast-Unterkünften, so z.B. das historische **Carr Manor Historic Inn $$$** *(350 E. Carr Ave., ✆ (719) 689-3709, www.carrmanor.com), dessen Gebäude Ende des 19. Jh. als High School diente.*

Pueblo

Produktionszentrum

Pueblo ist eine wenig ansprechende Industriestadt, und die u.g. Touristen-Fazilitäten erwähnen wir nur für diejenigen, die hier übernachten müssen. Die Stadt war bis in die 1960er Jahre das Stahl- und Eisenzentrum des Westens. Mit dem auf der ganzen Welt einsetzenden Hüttensterben begann auch Pueblos Stern zu sinken. Falls Sie trotzdem einmal ein Auge in die Stadt werfen möchten, fahren Sie dazu einfach durch die endlosen Vorort-Straßen mit den reizenden viktorianischen Häusern, und zielen Sie anschließend auf den historischen Distrikt um die **Union Avenue** und an die **Mesa Junction**, wo im 19. Jh. das Einkaufszentrum gewesen ist. Die Architektur dieses Stadtteils, einschließlich der alten Warenhäuser und Kontore, erinnert in vieler Hinsicht an die Städte im Nordosten.

Folgende Museen bieten sich an:
Pueblo-Weisbrod Aircraft Museum: Flugzeuge inkl. flughistorischer Erläuterungen und gleich gegenüber ein „Gedenkmuseum" für die Besatzungen der B-24-Bomber aus dem 2. Weltkrieg *(3½ Meilen östlich am Airport, ✆ (719) 948-9219, www.pwam.org, Mo–Sa 10–16, So 13–16 Uhr, $ 7).*
El Pueblo History Museum: das lokale Geschichtsmuseum *(301 N Union Ave., ✆ (719) 583-0453, www.coloradohistory.org, Di–Sa 10–16 Uhr, $ 5).*

Prunk

Rosemount House Museum: ehemaliges Wohnhaus des reichen Kaufmanns John A. Thatcher. Prunk von Marmor bis Gold *(419 W.14th St. ✆ (719) 545-5290, www.rosemount.org, Di–Sa 10–15.30 Uhr, $ 6).*
Steelworks Museum of Industry and Culture: eindrucksvolles Museum, das sich nicht nur mit der Geschichte des Stahlerzeugung beschäftigt, sondern auch andere Wirtschaftszweige der Stadt vorstellt. Auf Gelände des ehemaligen Stahlwerks *(215 Canal St., ✆ (719) 564-9086, www.steelworks.us, Mo–Sa 10–16 Uhr, $ 5).*

Ein Abstecher lohnt zum gut 70 Meilen östlich am US 50 gelegenen Bent's Old Fort. Von dort gäbe es dann auch die Möglichkeit weiter auf dem US 50 und dann nach Süden auf dem US 287 bis nach Amarillo zu fahren.

Reisepraktische Informationen Pueblo, CO

VORWAHL 719

Information
Pueblo Visitors Information Center: *302 N. Santa Fe Ave., ✆ 542-1704, 1-800-233-3446, www.pueblochamber.org.*

Unterkunft
Ramada Inn $$: *4703 N. Freeway, I-25 N Exit 102, ✆ 544-4700, www.ramada.com. 91 Zimmer, Pool, Waschautomat.*
Edgar Olin House B&B $$-$$$: *727 W. 13th St., ✆ 544-5727, www.olin-house.com. Klassisches B&B, reichhaltiges Frühstück. Viktorianischer Charme. Die zwei, unwesentlich teureren Suiten haben einen Whirlpool.*
Franchise-Hotels *befinden sich vor allem am North Freeway (nördl. US 50).*

Camping
Es gibt mehrere Campingplätze im Umkreis, am schönsten empfanden wir dabei den im **Lake Pueblo State Park**: *640 Pueblo Reservoir. I-25 Exit 101, dann 6 Meilen westlich auf US 50, Reservierung: ✆ (303) 470-1144, 1-800-678-2267, www.parks.state.co.us/Parks/lakepueblo. Am McCullogh Blvd. bereits Schilder in Richtung Süden. Gelegenheiten zum Reiten, Wandern und zu Wassersport.*

Restaurants
Shamrock Brewing Company: *108 W. 3rd St., ✆ 542-9974. Pub und Grill, vornehmlich irische Pubgerichte und natürlich selbstgebrautes Bier.*
La Renaissance: *217 E.Rouett Ave., ✆ 543-6367. Fine Dining. Seafood, Steaks und leckere Spare Ribs. Untergebracht in einem historischen Kirchengebäude von 1880.*

Bent's Old Fort Nat. Historical Site

Das Fort wurde 1833 aus Lehm erbaut, und zwar von drei Privatleuten: den Gebrüdern Charles und William Bent und dem eingewanderten Franzosen Ceran St. Vrain. Es war zu dieser Zeit der wichtigste Stützpunkt entlang dem Santa Fe Trail zwischen Dodge City und Santa Fe. Da die Bents sehr indianerfreundlich eingestellt waren – William heiratete sogar eine Cheyenne-Frau – verhielten die Indianer sich lange Zeit friedlich. William schlichtete 1837 in einem Streit zwischen zwei Stämmen. Neben diesem Hauptfort wurden kurze Zeit später noch zwei „Satelliten-Forts" nördlich und südlich errichtet. Das südliche Fort lag am Cimarron-Cutoff, der um einiges kürzer war, da er bereits bei Dodge City direkt nach Südwesten führte. Er galt aber wegen häufiger Indianer- bzw. Banditenüberfälle und nur weniger Wasserstellen als sehr riskant.

Streitschlichter William

Der Handel im Fort lief blendend, und zu Spitzenzeiten arbeiteten über 100 Leute hier. Außer dem Geschäft und verschiedenen Store-Rooms gab es einen kleinen Saloon mit Billardtisch, Handwerksbetriebe und ein Restaurant. Interne Indianerunruhen, das Verschwinden von St. Vrain, der Tod von Charles Bent, erste Indianeraufstände und eine

Cholera-Epidemie unter den Indianerstämmen, die diese dezimierte, veranlassten William Bent 1849, das Fort wieder zu verlassen. Man hat das Fort wieder im alten Zustand aufgebaut.
Bent's Old Fort Nat. Historical Site, *etwa 7 Meilen nordöstlich von La Junta, damit insg. 72 Meilen östl. von Pueblo. Achten Sie am östlichen Ortsausgang auf die Beschilderung, ✆ (719) 383-5010, www.nps.gov/beol, Juni–Aug. tgl. 8–17.30, Rest des Jahres tgl. 9–16 Uhr.*

Lohnender Umweg

Weiter auf der Hauptroute von Pueblo nach Süden geht es auf dem I-25 bis **Walsenburg**. Hier bietet sich westlich des Ortes ein **Scenic Byway (CO 12)** an durch die Berge, der bei Trinidad wieder auf den I-25 stößt. Die Strecke führt über den 3.000 m hohen Cucharas-Pass (schöne Ausblicke). Rechnen Sie für den lohnenden Umweg mit einer Mehrzeit von etwa 1 ½ Stunden.

Trinidad

Trinidad ist ein nettes kleines Städtchen, welches in früheren Zeiten als Versorgungspunkt am Santa Fe Trail diente. Heute ist es eine Mischung aus Industriestandort, Verkehrsknotenpunkt und Farmercommunity. Viel zu sehen gibt es aber eigentlich nicht, außer einem **historischen Stadtkern** sowie dem **Trinidad History Museum**, welches sich, über einen Block verteilt (Museum, Gebäude, Gärten etc.), mit der Geschichte des Santa Fe Trail und Trinidads selbst beschäftigt.
History Museum, *312 E. Main St., ✆ (719) 846-7217, www.coloradohistory.org, Mai–Sept. Mo–Sa 10–16 Uhr, Rest des Jahres variiert, $ 8.*

Dann gibt es noch das **A.R. Mitchell Memorial Museum of Western Art**. Weniger die Gemälde von Mitchell beeindrucken hier, als eher die Sammlung historischer Fotos aus allen Epochen.
Museum of Western Art, *150 E. Main Street, ✆ (719) 846-4224, www.armitchell.us, Di–Sa 10–16, So 12–16 Uhr, $ 6.*

Ausbruch vor 10.000 Jahren

Bei Raton zweigt am Exit 451 der US 64/87 ab nach Osten zum 30 Meilen entfernten **Capulin Volcano National Monument**. Der hier vor etwa 10.000 Jahren ausgebrochene Vulkan erhebt sich 300 m über das flache Grasland. Im Visitor Center gibt es einen 10-minütigen Film über die Vulkantätigkeiten zu sehen, und anschließend können Sie entlang einer Straße bis fast zur Oberkante des Kraters fahren, von wo aus einige Wanderwege abgehen.
Capulin Volcano NM, *✆ (505) 278-2201, www.nps.gov/cavo, tgl. 8–16.30 Uhr.*

Alternativstrecke

*Am Exit 466 hinter Raton können Sie entlang dem US 64 über Cimarron und **Taos** nach Santa Fe fahren (ehem. „Cimarron Shortcut"). Die Strecke ist um einiges schöner und bietet die Gelegenheit, Taos zu besichtigen. Zu Taos s. S. 615.*

Reisepraktische Informationen Trinidad, CO

VORWAHL 719

Information

Colorado Welcome Center: *N. Main St., ✆ 846-9512, www.trinidadco.com. Von hier fährt regelmäßig der Trinidad Trolley, ein kleiner Sightseeing-Bus ab.*

Unterkunft

Black Jack's Saloon, Steakhouse & Inn $$: *225 W. Main St., ✆ 846-9501, www.blackjackssaloon.com. Ehemals nicht nur Saloon, sondern auch ein Bordell. Fünf der Zimmer stehen jetzt den Gästen zur Verfügung. Historisches Ambiente, Haus von 1892.*
The Stone Mansion Bed & Breakfast $$: *212 E. 2nd St., ✆ 845-1625, 1-877-264-4279, www.stonemansionbb.com. 4-Zimmer-B&B in viktorianischem Stil (Haus von 1904).*

Camping

Trinidad Lake State Recr. Park: *3 Meilen westl. am CO 12. Sehr schönes Areal mit Bootsverleih, Wandermöglichkeiten etc. An sommerlichen Wochenenden manchmal etwas voll. ✆ 846-6951, Reservierung: ✆ (303) 470-1144, www.parks.state.co.us/parks/trinidadlake.*

Entlang dem I-25 zweigt am Exit 366 eine kleine Straße ab zum **Ft. Union National Monument**. Es ist ein Relikt aus der Zeit der Indianerüberfälle, wurde 1851 erbaut und diente Reisenden entlang dem Santa Fe Trail als Schutz. Es gab ihnen zudem die Gelegenheit, in Friedenszeiten ihre Waren an die Indianer, Soldaten und Trapper zu verkaufen.

Schutz vor Indianerangriffen bot das Ft. Union

Bei einem Rundgang können Sie sich so richtig in die Western einfühlen und erwarten jeden Augenblick den Angriff der Rothäute. Ein Visitor Center bietet Artefakte und „Histörchen" aus der wilden Zeit.
Ft. Union NM, *✆ (505) 425-8025, www.nps.gov/foun, tgl. 8–16, im Sommer bis 18 Uhr.*

Gut 20 Meilen weiter auf dem I-25 erreichen Sie **Las Vegas, NM**. Diesen Ort als „Juwel von New Mexico" zu bezeichnen, mag wohl etwas übertrieben sein, aber einen kleinen Schlenker könnte man bei genügend Zeit ruhig machen. Malerisch, wie sich hier z.T. der spanische und der viktorianische Baustil ineinanderfügen. Beim Chamber of Commerce *(Exit University Ave., gleich an der Kreuzung Grand Ave., ✆ (505) 425-8631, www.lasvegasnm.org)* gibt es Karten für die **Historical Walking Tour**. Am besten parkt man an der **Plaza**, um den Rundgang zu beginnen. Höhepunkte bilden das 1882 erbaute **Plaza Hotel** *(**$$-$$$**, 230 Old Town Plaza, ✆ (505) 425-3591, www.plazahotel-nm.com)* und das **Las Vegas City Museum & Rough Riders Memorial Collection**, wo es einiges zur Geschichte der Stadt zu lernen gibt *(727 Grand Ave., ✆ (505) 426-3205, www.lasvegasmuseum.org, Di–Sa 10–16 Uhr, $ 2)*. Die „Rough Riders" waren übrigens eine berühmt-berüchtigte Kavallerie, die 1898 im Spanisch-Amerikanischen Krieg zu Ehren kam. Die meisten Soldaten stammten dabei aus New Mexico.

Rough Riders

Eisenbahnfans sollten noch kurz durch den **Railroad District** im Osten der Stadt fahren. Hier findet man Relikte und Gebäude aus allen Epochen der Eisenbahn.

Von Las Vegas sind es nun noch 62 Meilen auf dem I-25 bis Santa Fe. Ein kurzer Stopp am **Pecos National Historical Park**, 25 Meilen vor Santa Fe, lohnt nur für diejenigen, die noch keine Pueblo-Ruinen gesehen haben. Ansonsten bieten andere Ruinen im Südwesten mehr.
Pecos National Historical Park, *✆ (505) 757-7241, www.nps.gov/peco, tgl. 8–17, im Sommer bis 18 Uhr.*

Alternativstrecke über Amarillo nach Dallas (US 87 und US 287)

Landschaftlich eine großenteils langweilige Strecke, wobei der Besuch der Cowboy-Route 66-Stadt **Amarillo** schon seinen Reiz hat. Hier gibt es das **American Quarter Horse Hall of Fame & Museum** *(2601 I-40 East, Mo–Sa 9–17, ✆ (806) 376-5181, www.aqha.com/Foundation/Museum.aspx, $ 6)*, die größten Steaks von Texas, den lebendigen **Route 66 Historic District** *(6th Ave.)*, die weltberühmte **Cadillac Ranch** (jeder hat sie bestimmt schon mal gesehen, die alten, bunten Cadillacs mit ihrer Schnauze im Sand) *(Old Route 66, westl. der Stadt, im Freien)*, deftige Cowboy-Frühstücke und 20 Meilen südöstlich der Stadt den schönen **Palo Duro Canyon** *(www.tpwd.state.tx.us)*, in dem von Mitte Juni bis Ende August das **Musical „Texas"** aufgeführt wird. Ein eher melodramatisches Stück über die Besiedlung des Panhandle-Gebietes *(✆ (806) 655-2181, www.texas-show.com)*.

Die größten Steaks

Reisepraktische Informationen Amarillo, TX

VORWAHL 806

Information

Visitor Information Center: *401 S Buchanan, Suite 101, ✆ 374-8474, 1-800-692-1338. www.visitamarillotx.com.*

Unterkunft

Günstige Motels *finden Sie am Amarillo Boulevard (nördl. der Innenstadt), etwas besser, aber teurer, sind die Motels entlang des I-40. Ein Tipp für die Texas-Fans:* **Big Texan Motel $$**: *7701 I-40 E., ✆ 372-5000, 1-800-657-7177, www.bigtexan.com. Alles Texas-Size! Lassen Sie sich überraschen. Gleich neben u.g. Big Texan Steak Ranch.*

Amarillo Parkview House B&B $$: *1311 S. Jefferson St., ✆ 373-9464, www.parkviewhousebb.com. Nettes, fast schon uriges B&B im viktorianischen Stil. Tolles Frühstück. 4 Zimmer + Garden Cottage. 2 der Zimmer müssen Bad teilen.*

Bar H Dude Ranch $$$-$$$$: *Texas FM 3257, off US 287, 3 Meilen von Clarendon (ca. 1 Std. von Amarillo), ✆ 874-2634, 1-800-627-9871, www.barhduderanch.com. Hier wird echtes Cowboyleben vorgeführt. Gute Zimmer mit Aircondition.*

Camping

Ein netter **KOA Campground** *(auch RVs) ist an der 1100 Folsom Road, ✆ 335-1792, 1-800-562-3431, www.koa.com/campgrounds/amarillo und im* **Palo Duro Canyon State Park** *können Sie auch campen, ✆ 488-2227, www.tpwd.state.tx.us.*

Restaurants

Egal wie viele Steaks Sie bereits gegessen haben sollten, in Amarillo gehört ein saftiges T-Bone-Steak zum Pflichtprogramm. Kaum woanders werden Sie es auch so billig bekommen. Für diesen Vorteil müssen Sie aber eher ein 'einheimisches' Restaurant aufsuchen statt des 'Big Texan'.

Big Texan Steak Ranch: *7701 I-40E, ✆ 372-6000. Berühmt für seine Steaks. Wer hier sein 2-kg-Steak (72 oz.) – inkl. Beilagen! – innerhalb einer Stunde aufessen kann, erhält es kostenlos. Kaum zu schaffen für einen Mitteleuropäer. 200.000 haben es bereits versucht, und nur ein Fünftel hat es vollbracht, die restlichen 80 % durften den Preis von über $ 50 zahlen (es gibt hier natürlich auch kleinere Steaks).*

Eine besondere Attraktion der Region ist das **Cowboyfrühstück** *am Rande des Canyons. Morgens fahren Sie mit einem Jeep oder Planwagen von einer Ranch zum Canyon, wo dann am Lagerfeuer der Kaffee gekocht und ein deftiges Frühstückt mit Eiern, Schinken u.v.m. gereicht wird, ganz wie vor hundert Jahren. Hinterher können Sie sich zudem noch ein wenig die Ranch zeigen lassen, sodass Sie einen Eindruck bekommen, wie das moderne Cowboyleben in Texas aussieht. Weitere Infos zu den Ranchen, die dieses anbieten, erhalten Sie im Visitor Center.*

Einkaufen

Cavender's Boot City: *7920 I-40 W. Riesige Auswahl an Western-Boots (über 12.000 Paare).*

8. ANHANG

Kulinarische Sprachhilfe

Teigwaren:

biscuit	weiche Brötchen (süßlich)
bread	Brot
white bread	Weißbrot
rye bread	Roggenbrot
rolls	Brötchen (weich)
sandwich	belegtes Brot (meist recht dick belegt)
cornbread	Maisbrot
cookies	Kekse
Danish Pastry	Blätterteigstückchen
muffins	kleine Teekuchen
hush puppies	kleine Bällchen aus Maismehl
pancake	Pfannkuchen
shortcake	Mürbeteigkuchen, oft mit Früchten und manchmal Sahne
waffles	Waffeln (werden meist mit salziger Butter und/oder Sirup gegessen)
cornflakes	unterschiedliche Maisflocken

Belag/Beilagen:

Bologna sausage	der Fleischwurst ähnelnde Wurst
butter	Butter (entweder in der „*sweet*" oder „*salty*" Variante)
cottage cheese	Hüttenkäse
jam Marmelade	
jellyGelee	
maple syrup	Ahornsirup
peanut butter	Erdnussbutter
hash browns	geschnetzelte und gebratene Kartoffeln

Eierzubereitungen:

bacon/ham/ sausage and eggs	Schinkenspeck/gekochter Schinken/ Würstchen mit Eiern
boiled eggs	gekochte Eier (das „weich gekochte" bereitet den meisten Küchen aber Probleme)
scrambled eggs	Rührei
fried eggs	Spiegeleier, dabei gibt es folgende Varianten:

over – auf beiden Seiten fest gebraten, das Eigelb ist hart,
over easy – auf beiden Seiten leicht gebraten, das Eigelb ist leicht angebraten,
sunny side up – nur auf einer Seite gebraten, das Eigelb ist weich.

omelette	Omelett (in verschiedenen Variationen, je nach Zutaten)

Vorspeisen (starters/appetizers):

soup	Suppe (verschiedene Arten)
crab bisque	Krabbencremesuppe
shrimp cocktail	Shrimpcocktail, meist mit Tomatensauce
chicken wings	Hähnchenflügel (in verschiedenen Schärfegraden)
chicken fingers	panierte Hähnchenbruststreifen (mit Dip nach Wahl)

Hauptgerichte (entrees/main course):

Fleisch (*meat*):

beef	Rind
lamb	Lamm
pork	Schwein
vealKalb	

besondere Arten und Zubereitungen von Fleisch:

prime rib of steak	Rinder-Rippenstück
spare ribs	Schweinerippchen (man nagt Rippenknochen ab, ein Vergnügen für alle)
steaks	Steaks
sirloin steak	Lendensteak (äußerst zart), ähnlich dem Rumpsteak
tenderloin steak	sehr feines Filet
T-bone steak	Steak mit T-förmigem Knochen
club steak	aus dem Mittelrücken
round steak	aus der Keule
well done	ganz durchgebraten
medium	halb durchgebraten, innen rot-rosa
rare	innen ganz roh, nur außen gebraten (häufig verwendet man auch die Bezeichnung medium-rare)

Fisch (*fish*):

seafood	Fischgerichte/Meeresfrüchte allgemein
fish chowder	Fischcremesuppe (meist mit Gemüseeinlage)
clam chowder	Muschelcremesuppe
clams	Herz-Muscheln
scallops	Jakobsmuschel
mussels	Muscheln (meist Miesmuscheln)
oysters	Austern
squid	Tintenfisch
crab	Krabbe/Krebs
king crab	große Alaskakrebse
lobster	Hummer
crayfish	Languste (große Krabbe)
shrimps	große Krabben bzw. Garnelen
salmon	Lachs
tuna	Tunfisch
catch of the day	das Tagesgericht mit Fisch (z.B. Red Snapper, Kingclip)

Geflügel (*poultry*):

chicken	Hähnchen
duck	Ente
turkey	Truthahn

Mexikanische Spezialitäten:

burritos	zugedeckte Tortillas mit Hackfleisch und Bohnen
chilli relleno	mit Käse gefüllte Pfefferschoten
enchiladas	gerollte Tortillas mit Chili und Fleisch
guacamole	mächtige, mit Gewürzen angereicherte Avocadocreme
nachos	Tortillachips
blue corn tortillas	Tortillas aus blauem Mais
tacos	(meist) feste Maistortillas mit Füllung oder gebackenes Brot mit Käse

tamales	Maisblätter mit Füllung
sopapillas	Fladenbrot, je nach Geschmack mit Honig oder scharfer Sauce; eine Köstlichkeit!!
fry bread	frittierte Mehlfladen, wahlweise mit Marmelade oder Honig
fajitas	in Streifen geschnittenes Fleisch (Huhn oder Rind). Würzig angebraten auf dem Grill und mit Beilagen und kleinen Tortillas serviert. (Hhmmm, lecker!!)
salsa	mit Tomaten und scharfen Gewürzen durchsetzte Saucenbeilage
jalapenos	scharfe Schotenfrucht, Form und Farbe (grün oder rot) erinnern an eine kleine Paprika
habaneros	die wohl schärfste Art der Schotenfrucht; Vorsicht!!!

Beilagen (*side dishes*):

vegetable	Gemüse
baked potato	Folienkartoffel
chips	gebratene Kartoffelscheiben
french fries	Pommes Frites
salads	Salate, oft auf Salatbars angerichtet
cole slaw	roher, geschnitzelter Kohl in saurer Sahnesauce

Nachtisch (*dessert*):

ice cream	Eis
hot fudge (sundeas)	Eis mit dicker Schokoladensauce
pie/tart	Kuchen, mit verschiedenem Belag oder Füllung (z.B. Pecan Pie, Apple Tart)

Literaturverzeichnis

Auf Deutsch erhältliche Literatur

Rudolfo A. Anyana: *Segne Mich, Ultima (engl. Bless me, Ultima).* Der Roman gilt als eines der erfolgreichsten Werke der Chicano-Literatur und schildert das Heranwachsen eines mexikanischen Jungen im ländlichen New Mexico. Vor dem Hintergrund des Zweiten Weltkrieges und der Entwicklung der Atombombe beschreibt der Autor einfühlsam die Veränderungen im Leben einer Familie in den 1940er Jahren.

Tony Hillerman: *Der Kojote wartet; Das Labyrinth der Geister; Schüsse aus der Steinzeit, Die sprechende Maske; Das Tabu der Totengeister; Tod der Maulwürfe; Die Wanze; Wer die Vergangenheit stiehlt; Der Wind des Bösen; Wolf ohne Fährte, Die Nacht der Skinwalkers.* Hillermans Kriminalromane bieten nicht nur spannende Unterhaltung, sie gewähren dem Leser auch interessante Einblicke in Leben und Gebräuche der Navajos. Bei der Aufklärung oftmals mysteriöser Mordfälle haben es die Polizisten der „Navaho Tribal Police" keineswegs immer mit „gewöhnlichen" Verbrechern zu tun, sondern auch mit Medizinmännern, Hexern und weisen Frauen und Grabräubern.

D.H. Lawrence: *Mexikanischer Morgen. Reisetagebücher.* D.H. Lawrence lebte von 1922–1924 auf einer Ranch in den Bergen nahe Taos (NM). Die in dieser Zeit gesammelten Eindrücke veröffentlichte er 1927 unter dem Titel „Mornings in Mexico". Sein besonderes Interesse galt hierbei der Kultur der Indianer.

Scott N. Momaday: *Haus der Morgendämmerung.* Für diesen Roman erhielt Momaday den Pulitzer-Preis. Er erzählt die Geschichte des jungen Indianers Abel, der aus seiner Reservation flieht, um sich dem Militärdienst zu entziehen, und so gezwungen wird, sich mit der Kultur des Weißen Mannes auseinander zu setzen.

Leslie M. Silko: *Ceremony. Gestohlenes Land wird ihre Herzen fressen.* „Ceremony" ist die Geschichte eines Laguna-Halbbluts, dem es durch die Hinwendung zu traditionellen indianischen Kulten gelingt, mit seinen eigenen traumatischen Erfahrungen und dem Verlust seines Halbbruders im Zweiten Weltkrieg fertig zu werden.

Märchen der Prärieindianer (Fischer Taschenbuch). Eine sehr schöne Sammlung alter überlieferter Geschichten der Sioux und Cheyenne Indianer.

Indianermärchen der Pueblo, Hopi und Navajo (Fischer Taschenbuch). Die kurzen Geschichten geben einen sehr schönen Einblick in die Denkweise der Indianer.

Auf Englisch erhältliche Literatur

Edward Abbey: *Desert Solitaire*. Eine Sammlung von Erzählungen, in deren Mittelpunkt die Aktivitäten des Autors als Park Ranger im Arches National Monument (jetzt NP) stehen. Faszinierende Beschreibungen von Natur und Landschaft, und Geschichten (z. T. fiktionalisierte) um Mormonen, Rettungsaktionen und Touristen.

Mary Austin: *The Land of Little Rain*. Dieser Roman gilt vielen Kritikern als die klassische Beschreibung des 'border desert land', des amerikanisch-mexikanischen Grenzgebietes. Neben faszinierenden Naturbeschreibungen bietet er einen Einblick in das Leben der Indianer.

Benjamin Capper: *The White Man's Road*. In diesem Roman schildert Capper das Leben der Indianer, die im 19. Jh. gezwungen wurden, in Reservaten zu leben.

Edna Ferber: *Giants*. Dieser Roman dürfte dem deutschen Publikum besonders durch den gleichnamigen Film mit Elizabeth Taylor und James Dean bekannt sein. Er gilt als ein gelungenes Sittengemälde des ländlichen Texas, des Texas der Rancher und Ölbarone.

Elmer Kelton: *The Day of the Cowboy Quit, The Good Old Boys* und *The Time it Never Rained*. Elmer Kelton, selbst Sohn eines texanischen Cowboys, veröffentlichte eine Vielzahl von Romanen, in denen er die Bedeutung der Cowboy-Kultur für den amerikanischen Westen würdigt und gleichzeitig ihr Verschwinden betrauert.

Charles F. Lummis: *Pueblo Indian Folk Stories*. Lummis war gegen Ende des 19. Jh. einer der bedeutendsten Journalisten des amerikanischen Südwestens. In seinem Hauptwerk „The Land of Poco Tiempe" beschrieb er das entbehrungsreiche Leben der Pueblo-Indianer in New Mexico.

Conrad Richter: *The Sea of Grass*. Gilt als einer der literarischen Klassiker dieser Region. Beschrieben wird der Konflikt zwischen Ranchern und Farmern Ende des 19. Jh. Im Gebiet um West Texas und New Mexico.

Richard Vásquez: *Chicano*. Dieser Roman ist ein Bestseller der Chicano-Literatur. Vázquez schildert über vier Generationen die Geschichte der mexikanischen Familie Sandoval, die zu Beginn des 20. Jh. nach Kalifornien einwandert.

Frank Waters: *The Man Who Killed the Deer*. Der 1942 erschienene Roman erzählt die Geschichte eines jungen Pueblo-Indianers, der unter Zwang auf eine amerikanische Schule geschickt wird, um aus ihm einen „richtigen" Amerikaner zu machen. Als er in sein Pueblo zurückkehrt, ist er der Kultur seines Volkes entfremdet.

Kartenmaterial

Rand McNally; In Europa herausgegeben vom Hallwag-Verlag, Bern. Das Standardkartenwerk für die USA. Karten nach Bundesstaaten gegliedert. Kurzer touristischer Einleitungstext. In den USA an allen Tankstellen erhältlich und dort auch billiger. Es gibt verschiedene Ausführungen, achten Sie auf die mit den touristischen Ausführungen.

Stichwortverzeichnis

Abbildungsverzeichnis

Alle Abbildungen Marita Bromberg/Dirk Kruse-Etzbach, außer:
Austin Convention and Visitors Bureau: S. 242; **Colorado Tourism Board**: S. 579; **Flickr.com**: S. 36 (Alkula's), 55 (slideshow bob), 65 (Leoncillo Sabina), 245 (R. Hensley), 260 (dground), 462 (Esther Lee); **Fotolia.com**: S. 28 (Vacclav), 58 (mtrommer), 63 (Katrina Brown), 153 (Brandon Seidel), 184 (FotoLuminate), 209 (cbphoto), 437 (Katrina Brown), 480 (pedrosala); **Fredericksburg Convention and Visitors Bureau**: S. 222, 227, 228; **Istockphoto.com**: S. 308 (Sandra Layne); **Iwanowski, Andreas**: S. 230, 404; **Kenny Braun/Texas Tourism**: S. 211, 218, 226, 240, 247, 269; **National Park Service**: S. 596, 611; **New Mexico Tourism**: S. 125, 288, 291, 295, 297, 316, 323, 332; **Salt Lake City Convention and Visitors Bureau**: S. 520, 523; **Texas Tourism**: S. 80, 144, 160, 173, 189, 201, 205, 215, 216, 224, 230, 235, 238, 271, 275, 285, 288, 294; **Tucson Convention and Visitors Bureau**: S. 365

IWANOWSKI'S ebook
Individuelle Tipps
101 LONDON
GEHEIMTIPPS UND TOP-ZIELE

IWANOWSKI'S ebook
Individuelle Tipps
101 MALLORCA
GEHEIMTIPPS UND TOP-ZIELE

IWANOWSKI'S ebook
Individuelle Tipps
101 SÜDAFRIKA
DIE SCHÖNSTEN REISEZIELE UND LODGES

IWANOWSKI'S ebook
Tipps für individuelle Entdecker
BARCELONA
& UMGEBUNG

IWANOWSKI'S ebook
Tipps für individuelle Entdecker
BOTSWANA
OKAVANGO & VICTORIAFÄLLE

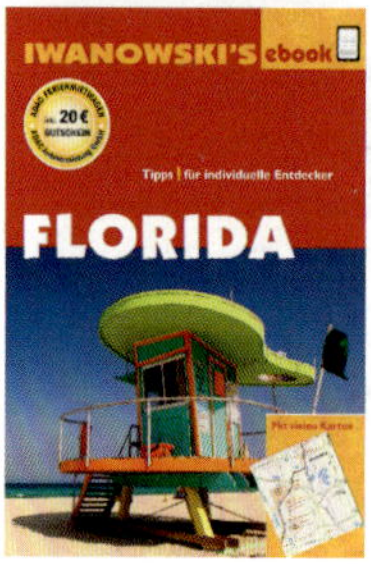
IWANOWSKI'S ebook
Tipps für individuelle Entdecker
FLORIDA

IWANOWSKI'S ebook
Tipps für individuelle Entdecker
MAURITIUS
MIT RODRIGUES

IWANOWSKI'S ebook
Tipps für individuelle Entdecker
SINGAPUR

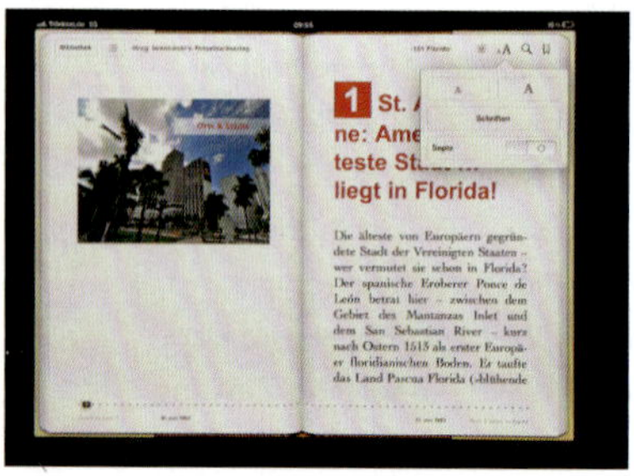

INFO